Wissenschaftliche Untersuchungen
zum Neuen Testament

Herausgegeben von
Martin Hengel und Otfried Hofius

108

Wissenschaftliche Untersuchungen
zum Neuen Testament

Herausgeber von
Martin Hengel und Otfried Hofius

108

Martin Hengel
und
Anna Maria Schwemer

Paulus zwischen Damaskus und Antiochien

Die unbekannten Jahre
des Apostels

mit einem Beitrag von Ernst Axel Knauf

Mohr Siebeck

MARTIN HENGEL: geboren 1926; 1947–51 Studium der Theologie in Tübingen und Heidelberg; 1951–52 Vikar; 1953–54 Verkaufsleiter in der elterlichen Textilfirma; 1954–55 Repetent am Tübinger Stift; 1955–57 Neutestamentlicher Assistent; 1957–64 Geschäftsführer im Textilbetrieb; 1959 Promotion; 1964–67 Forschungsassistent an der Universität Tübingen; 1967 Habilitation; 1968–72 Professor für Neues Testament in Erlangen; 1972–92 Professor für Neues Testament und antikes Judentum in Tübingen, Direktor des Instituts für antikes Judentum und hellenistische Religionsgeschichte in Tübingen; seit 1992 emeritiert.

ANNA MARIA SCHWEMER: geboren 1942; Studium der Theologie in Heidelberg und Tübingen (1963–66; 79–81); Promotion 1994; Habilitation 1997 Erlangen. Geschäftsführerin der Philipp-Melanchthon-Stiftung, Tübingen.

Die Deutsche Bibliothek – CIP-Einheitsaufnahme

Hengel, Martin:
Paulus zwischen Damaskus und Antiochien: die unbekannten Jahre des Apostels / Martin Hengel und Anna Maria Schwemer. Mit einem Beitr. von Ernst Axel Knauf. – Tübingen: Mohr Siebeck, 1998
 (Wissenschaftliche Untersuchungen zum Neuen Testament; 108)
 ISBN 3-16-146749-3

© 1998 J.C.B. Mohr (Paul Siebeck) Tübingen.

Das Werk einschließlich aller seiner Teile ist urheberrechtlich geschützt. Jede Verwertung außerhalb der engen Grenzen des Urheberrechtsgesetzes ist ohne Zustimmung des Verlags unzulässig. Das gilt insbesondere für Vervielfältigungen, Übersetzungen, Mikroverfilmungen und die Einspeicherung und Verarbeitung in elektronischen Systemen.

Das Buch wurde von Gulde-Druck in Tübingen aus der Times-Antiqua belichtet, auf alterungsbeständiges Werkdruckpapier der Papierfabrik Weissenstein in Pforzheim gedruckt und von der Großbuchbinderei Heinr. Koch in Tübingen gebunden.

ISSN 0512-1604

Peter Schäfer in Dankbarkeit
und Freundschaft

Vorwort

Dieses Buch ist im Grunde die direkte Fortsetzung der kleineren Studie „Der vorchristliche Paulus", die 1991 in dem Sammelband des Tübingen-Durham Symposiums 1988 „Paulus und das antike Judentum", hg. v. M. Hengel und U. Heckel, WUNT 58, 1991, S. 177–295 und in Buchform und englischer Sprache unter dem Titel: ‚The Pre-Christian Paul', 1991 übersetzt von John Bowden in SCM Press und Trinity Press International, Philadelphia erschien (2nd impression 1996).

Es behandelt jene unbekannten Jahre des Apostels zwischen seiner Bekehrung vor Damaskus und seiner Wirksamkeit in Antiochien bis zur sogenannten ersten Missionsreise nach Zypern und in das südöstliche Kleinasien bzw. bis zum Apostelkonzil, d. h. einen Zeitraum von ca. 14–16 Jahren, etwa zwischen 33 und 47 bzw. 49 n. Chr. Die Darstellung geht zurück auf eine Reihe von 24 Joseph Gregory McCarthy-Vorlesungen, die im Februar/März 1996 am päpstlichen Bibelinstitut in Rom gehalten wurden. John Bowden hatte sie freundlicherweise ins Englische übertragen. In wesentlich kürzerer Form kam diese englische Version im Frühjahr 1997 bei SCM Press London heraus. Die hier vorliegende endgültige deutsche Fassung dürfte etwa 30% umfangreicher sein und enthält zahlreiche neue Argumentationsgänge, Materialien und Exkurse. Eine ganz knappe Skizze der Grundthesen erschien bereits in: Paul and the Mosaic Law, ed. J. D. G. Dunn, The Third Durham-Tübingen Research Symposium on Earliest Christianity and Judaism (Durham September 1994), WUNT 89, 1996, 25–51. D. h. die Anfänge des Buches liegen im Jahr 1994. Es wird darin versucht, die für die Entwicklung der Theologie des Apostels und seiner Missionsstrategie, ja der jungen christlichen Gemeinde überhaupt, entscheidende Zeit auf dem geschichtlichen Hintergrund des Judentums und seiner heidnischen Umwelt in Palästina und Syrien darzustellen, wobei neben den Paulusbriefen vor allem die viel verkannte Apostelgeschichte des Lukas eine Schlüsselstellung erhält.

Der größte deutsche theologische Historiker der Neuzeit, Adolf Harnack, klagte schon vor 91 Jahren über die Lukasforschung des 19. Jh.s:

„u. a. gilt die Unhaltbarkeit der Tradition (daß Lukas, der sich als Paulusbegleiter in den Wir-Berichten der Apg zu erkennen gibt, der Verfasser der Apostelgeschichte ist) für so ausgemacht, daß man sich heute kaum mehr die Mühe nimmt, sie zu erweisen und die Argumente der Gegner überhaupt nur zu beachten. Sogar daß es solche Argumente gibt, scheint man nicht mehr anerkennen zu wollen."[1]

---

[1] Beiträge zur Einleitung in das Neue Testament I. Lukas der Arzt. Der Verfasser des dritten Evangeliums und der Apostelgeschichte, Leipzig 1906, 5.

Diese Klage ist heute noch genauso, ja noch mehr berechtigt. An keinem urchristlichen Autor zeigt sich das *historische* Unvermögen weiter Kreise der neutestamentlichen Wissenschaft so sehr wie am lukanischen Doppelwerk. Erst in den letzten Jahren beginnt sich dies, aufgrund eines ganz neuen Interesses an den antiken Quellen, allmählich zu ändern.

Der Preis für dieses Unvermögen war eine z.T. direkt enthemmte ahistorische Spekulation. Der vorliegende Band gibt eine Auswahl von Beispielen dafür. Wir können aber Paulus nicht sinnvoll geschichtlich einordnen, und d.h. zugleich verstehen, ohne daß wir die Nachrichten, die uns Lukas übermittelt hat, ernstnehmen; wobei dieses Ernstnehmen selbstverständlich immer auch eine kritische Prüfung voraussetzt. Die philologisch-historische Methode des Geschichtsforschers ist stets zugleich eine kritische, aber es gibt heute gerade im Bereich der neutestamentlichen Wissenschaft seit der alten Tübinger Schule eine radikale Form der Kritik, die man letztlich als unkritisch bezeichnen muß, weil sie die Quellen weder wirklich verstehen noch interpretieren will, sondern im Grunde zerstört, um Raum für die eigenen Konstruktionen zu schaffen. Trotz seiner fragmentarischen, durchaus unzulänglichen Berichterstattung gibt uns der auctor ad Theophilum überhaupt erst die Möglichkeit, den Lebensweg des Apostels im Rahmen einer Geschichte des frühesten Christentums zu betrachten. Im Gegensatz zu einer heute verbreiteten Anschauung standen die markanten Grundlinien der paulinischen Theologie schon relativ früh fest, erweitert hat sich dagegen der geographische Rahmen seiner Missionspläne. Die Basis seines Denkens erweist sich dabei als ganz und gar jüdisch, auch wenn er radikal Revolutionäres sagt, wobei wir freilich die Vielfalt des Judentums um die Zeitenwende nicht unterschätzen dürfen und die traditionellen falschen Gegensätze zwischen „Judentum" und „Hellenismus" bzw. zwischen „palästinischem" und „hellenistischem" Judentum überwinden müssen.

Da die Bruchstückhaftigkeit der Quellen die neutestamentliche Disziplin zu einem guten Teil zu einer „Vermutungswissenschaft" macht, und wir uns der geschichtlichen Wirklichkeit häufig nur annähern können, haben auch wir vielfach mit Hypothesen gearbeitet. Keine Darstellung der frühchristlichen Geschichte kommt ohne diese aus. Wir versuchten, diese jedoch mit Argumenten aus den Quellen plausibel zu machen und den Weg des Paulus in die geschichtliche Szenerie und die religiöse Situation in der römischen Provinz Syrien-Kilikien des 1. Jh.s n. Chr. einzuzeichnen. Bei einem solchen Versuch kommen der oft stiefmütterlich behandelten Chronologie und der Geographie besondere Bedeutung zu. Wir haben uns daher um sie bemüht und dem Band eine Zeittafel und Karten beigegeben. Für die Herstellung der letzteren danken wir besonders Herrn Dr. Hanswulf Bloedhorn. Gerade was Geographie und Chronologie anbetrifft, sind wir, mehr als oft zugegeben wird, auf die Angaben des Lukas angewiesen. Für die ganze Untersuchung wünschen wir uns Leser, die Sinn und Interesse für die geschichtlichen Realitäten in ihrer oft fast verwirrenden Vielfalt haben und die die Mühsal historisch-philologischer Detailarbeit zu schätzen wissen. Solche Leser sind in der neutestamentlichen

Fachwelt heute keine Selbstverständlichkeit mehr. Die beliebte „rein literarische" oder „rein theologische" Betrachtungsweise ist einfacher.

Unsere Untersuchung ist ein Gemeinschaftswerk, auch wenn der erstgenannte Autor durch den Gebrauch der 1. Person Singular je und je als der Federführende erscheint. Der Wechsel zwischen der 1. Person Singular und Plural braucht den Leser nicht zu irritieren. Ohne die intensive Mitarbeit der Mitautorin hätte die Untersuchung nie in dieser Form erscheinen können. Eine ganze Reihe von Abschnitten sind überwiegend von ihr verfaßt: Die kundigen Literarkritiker unserer Disziplin mögen versuchen, diese Teile herauszufinden.

Zusammen mit anderen Aufsätzen und Studien handelt es sich um eine – freilich grundlegende – Vorarbeit zu einer umfassenden Geschichte des Christentums im 1. und 2. Jh., wobei versucht wird, die u. E. entscheidenden beiden ersten Jahrzehnte in einem größeren geschichtlichen Zusammenhang zu sehen. Dabei müssen die einzelnen Probleme und Stationen häufig „mit der Lupe" betrachtet werden. Zusammen mit der abwägenden Argumentation kann das zuweilen den Eindruck einer „epischen Breite" erwecken. Der allzu enge Rahmen unserer Disziplin macht jedoch eine derartige Arbeitsweise immer wieder notwendig, denn nur auf diese Weise können neue Gesichtspunkte gewonnen werden.

Wir danken Herrn Prof. Dr. Ernst Axel Knauf, Bern, für einen wichtigen Beitrag zu 2. Kor 11,32f. Weiter danken wir für die Mithilfe beim Lesen der Korrekturen Frau Frances Back und Herrn Jan Dochhorn, sowie für das sorgfältige Erstellen der Register Frau Dorothea Betz.

Der Band ist Peter Schäfer gewidmet als Zeichen des Dankes für eine nun fünfundzwanzigjährige fruchtbare und freundschaftliche Zusammenarbeit, die in dem Tübinger Institutum Judaicum 1972 begann.

Tübingen, Dezember 1997   Martin Hengel und Anna Maria Schwemer

Inhaltsverzeichnis

Vorwort	VII
Verzeichnis der abgekürzt zitierten Literatur	XV
Abkürzungsverzeichnis	XXII

1. Vorüberlegungen 1
   1.1 Der ‚fragmentarische' Paulus 1
   1.2 Was wir Lukas verdanken 9
       Exkurs I: Lukas der Arzt 18
   1.3 Zum Problem der Entwicklung bei Paulus 27
   1.4 Zu den Quellen: Paulus, Lukas und die Nebenquellen .. 31
   1.5 Zum geographischen Raum: Das Problemfeld Syrien .. 40

2. Damaskus und die Lebenswende des Apostels 43
   2.1 Zur Chronologie der „vorpaulinischen" Zeit und ihren grundlegenden Ereignissen 43
   2.2 Paulus und die Stadt Damaskus 60
       2.2.1 Damaskus, der Ort der Verfolgung? 60
       2.2.2 Die Bekehrung vor Damaskus: Ein Vergleich 63
       2.2.3 Die Taufe des Saulus/Paulus in Damaskus, seine Selbständigkeit und Verbindung mit der Gemeinde 72
       2.2.4 Die Sendung zu den Völkern 77
   2.3 Die jüdische Gemeinde in Damaskus und ihre politische Bedeutung 80
       2.3.1 Die Synagogen der Stadt und ihre „Gottesfürchtigen" 80
       2.3.2 Zur Geschichte der Stadt, ihrer jüdischen Gemeinde und ihren heidnischen Kulten 86
       Exkurs II: Das Problem der „Sympathisanten" und der jüdischen Propaganda 101
           1. Sympathisanten, „Gottesfürchtige", Mischehen und Proselyten .. 101
           2. Die Auseinandersetzung um die Beschneidung und die Verbindlichkeit der Gebote 119
           3. Zur Synagogenpredigt als Mittel religiöser Propaganda 125
           4. Nicht „Mission", sondern „Anziehungskraft"? 129

2.4 Die Anziehungskraft des jüdischen Monotheismus in Syrien und das Problem des Synkretismus 132
2.5 Die Anfänge der christlichen Gemeinde in Damaskus 139
2.6 Zur frühesten Mission der „Hellenisten" außerhalb Palästinas 147

3. Das neue apostolische Selbstbewußtsein des Paulus und die Grundlegung seiner Theologie 153
3.1 Das neue apostolische Selbstbewußtsein 153
3.2 Zur Grundlegung der paulinischen Theologie 162
3.2.1 Die Rechtfertigung des Sünders allein aus Gnade 162
3.2.2 Zu den christologischen Voraussetzungen 167

4. Arabien und der Nabatäerkönig Aretas IV. (9 v. – 40 n. Chr.) 174
4.1 Der theologische Anlaß und die politischen Umstände 174
4.2 Petra, Hegra, Hagar, der Sinai und Abraham 184
Exkurs III: Zur religiösen Situation in Arabien und Syrien und zum Gebrauch des Titels Kyrios 194

5. Die Rückkehr nach Damaskus und die Flucht aus der Stadt 208
5.1 Die Rückkehr und erneuter Aufenthalt 208
5.2 Die Flucht 209

6. Der Besuch bei Petrus in Jerusalem 214
6.1 Die beiden Berichte Gal 1,18–20 und Apg 9,26–30 214
6.2 Gemeinsame Voraussetzungen 216
6.4 Apg 22,17–21: Ein alternativer Bericht des Lukas 227
6.5 Paulus als Gast bei Petrus 229

7. Das neue Missionsgebiet im Norden: Tarsus und Kilikien 237
7.1 Warum ging Paulus nach Tarsus, und hat er dort missioniert? 237
7.2 Tarsus und seine jüdische Gemeinde 246
Exkurs IV: Jüdisch-paganer „Synkretismus" im Rauhen Kilikien und den angrenzenden Gebieten Kleinasiens 251
7.3 Heidnische und philosophisch-rhetorische Einflüsse auf Paulus? 260
7.4 Zur Chronologie und Geographie 267

8. Antiochien 274
8.1 Die Anfänge der Gemeinde in Antiochien 274
8.1.1 Der Wechsel des Paulus von Tarsus nach Antiochien 274
8.1.2 Die unter Caligula ausgelöste Krise Herbst 38 – Frühjahr 41 n. Chr. . . 276

Inhaltsverzeichnis

8.1.3 Die antijüdischen Unruhen in Antiochien	281
8.1.4 Zur rechtlichen Situation der Juden in Antiochien und ihrer Geschichte	286
Exkurs V: Antiochien, das 4. Makkabäerbuch und Paulus	293
8.1.5 Zur Entstehung der Christengemeinde in Antiochien	300
8.1.5.1 Die Großstadt und die Konsequenzen der gesetzeskritischen Predigt	300
8.1.5.2 Die neue Gemeinschaft und ihr Gottesdienst	307
8.2 Antiochien und Jerusalem	313
8.2.1 Paulus und Barnabas	314
8.2.2 Das gemeinsame Jahr in Antiochien	336
8.2.3 Der Christenname	340
Exkurs VI: Die Piso-Inschrift und die Bezeichnung *Christianoi*	350
8.2.4 Der Profetenbesuch und das profetisch-ekstatische Milieu in Antiochien	351
8.2.5 Die Weissagung des Hagabos, die Hungersnot und die Reise nach Jerusalem	364
8.2.6 Die Verfolgung unter Agrippa I. und die Veränderung der Situation in Jerusalem	369
8.2.7 Jakobus und die Ältesten in Jerusalem	383
8.2.8 Die Anfänge der Gemeinde in Rom und das Schweigen über Ägypten	389
8.2.9 Die Kollegialmission in Syrien und in Kilikien	394
8.3 Antiochien und die paulinische Theologie	404
8.3.1 Die religiöse Situation in der Stadt: Syrischer „Synkretismus"?	404
8.3.2 Ist Antiochien der Quellort christlicher Theologie?	423
8.3.2.1 Antiochenische Formeln und Traditionen bei Paulus?	434
8.3.2.2 Zum Problem der paulinischen Tauftheologie	438
Exkurs VII: Zur Gewand-Metaphorik	443
8.3.2.3 Die Paulusbriefe als Quelle für die paulinische Theologie der Frühzeit dargestellt am Beispiel des 1. Thessalonicherbriefes	451
Schluß: Ein chronologischer Vergleich – Paulus und Luther	462
Appendix: Die Arabienreise des Apostels Paulus von Ernst Axel Knauf	465
Zeittafel	473
Karten	
Stadtplan von Damaskus	476
Stadtplan von Antiochien	477
Übersicht zu Palästina, Arabien, Syrien und Kilikien	478
Stellenregister	479
Autorenregister	515
Geographisches Register	524
Sachregister	528
Griechische Begriffe und Wendungen	542
Hebräische und aramäische Begriffe	543

Verzeichnis der abgekürzt zitierten Literatur

ALEXANDER, L.: The *Preface* to Luke's Gospel, MSSNTS 78, Cambridge 1993

ALT, A.: Der *Gott* der Väter, BWANT III,12, 1929 = Kleine Schriften zur Geschichte des Volkes Israel, München 1959, 1–78

AVEMARIE, F.: *Tora* und Leben. Untersuchungen zur Heilsbedeutung der Tora in der frühen rabbinischen Literatur, TSAJ 55, Tübingen 1996

BARRETT, C. K.: The *Acts* of the Apostles I., ICC, 1994

BAUDISSIN, W. W. Graf: *Kyrios* als Gottesname im Judentum und seine Stelle in der Religionsgeschichte, hg. v. O. Eissfeldt, 4 Bde Gießen 1929

BAUR, F. C.: *Paulus*, der Apostel Jesu Christi, Stuttgart 1845

BECKER, J.: *Paulus*. Der Apostel der Völker, Tübingen ²1992

BERGER, K.: *Theologiegeschichte* des Urchristentums, Tübingen/Basel 1994

BEYER, K.: Die aramäischen *Texte* vom Toten Meer samt den Inschriften aus Palästina, dem Testament Levis aus der Kairoer Genisa, der Fastenrolle und den alten talmudischen Zitaten..., Göttingen 1984

BEYER, K.: Die aramäischen *Texte* vom Toten Meer samt den Inschriften aus Palästina, dem Testament Levis aus der Kairoer Genisa, der Fastenrolle und den alten talmudischen Zitaten... Ergänzungsband, Göttingen 1994 (*Texte II*)

Beginnings: The *Beginnings* of Christianity, ed. by F. J. F. Jackson/K. Lake, 5 Bde, Nachdruck Ann Arbor Mich. 1979

BICKERMAN, E.: *Studies* in Jewish and Christian History I–III, AGAJU IX, Leiden 1976–1986

BIETENHARD, H.: Die syrische *Dekapolis* von Pompeius bis Trajan, ANRW II, 8, 1977, 220–261

BÖHLIG, H.: Die Geisteskultur von *Tarsus*, FRLANT 19, 1913

BOTERMANN, H.: Das *Judenedikt* des Kaisers Claudius, Hermes Einzelschriften 71, Stuttgart 1996

BOUSSET, W.: *Kyrios Christos*. Geschichte des Christusglaubens von den Anfängen des Christentums bis Irenaeus, Göttingen (1913) ²1921 (zitiert nach 5. Aufl. unv. 3. Abdruck der 2. umgearbeiteten Aufl. 1921, hg. v. R. Bultmann, Darmstadt 1965)

BOWERSOCK, G. W.: Roman *Arabia*, London 1983

BREYTENBACH, C.: *Paulus* und Barnabas in der Provinz Galatien. Studien zu Apostelgeschichte 13f.; 16,6; 18,23 und den Adressaten des Glaterbriefes, AGAJU 38, Leiden u. a. 1996

BULTMANN, R.: *Theologie* des Neuen Testaments, Tübingen ⁹1984

BURCHARD, Chr.: Der dreizehnte *Zeuge*. Traditions- und kompositionsgeschichtliche Untersuchungen zu Lukas' Darstellung der Frühzeit des Paulus. FRLANT 103, Göttingen 1970

BURKERT, W.: Antike *Mysterien*, München ³1994

CONZELMANN, H.: Die *Apostelgeschichte*, HNT 7, Tübingen ²1972

DAUER, A.: *Paulus* und die christliche Gemeinde im syrischen Antiochia, BBB 106, Weinheim 1996

DENTZER, J.-M. (Hg.): *Hauran* I, 2, Inst. franc. d. arch. du proche Orient, Bibl. archeol. et hist. 124, Paris 1986

DIETZFELBINGER, Chr.: Die *Berufung* des Paulus als Ursprung seiner Theologie, WMANT 58, Neukirchen-Vluyn 1985

DIJKSTRA, K.: *Life and loyality*. A study in the socio-religious culture of Syria and Mesopotamia in the Graeco-Roman period based on epigraphical evidence, (EPRO) RGRW 128, Leiden 1995

DOWNEY, G. A History of *Antioch* in Syria from Seleucus to the Arab Conquest, Princeton 1961

ECK, W. /CABALLOS, A./FERNÁNDEZ, F.: Das *senatus consultum* de Cn. Pisone patre, Vestigia 48, München 1996

ECKSTEIN, H.-J.: *Verheißung* und Gesetz. Eine exegetische Untersuchung zu Galater 2,15 –4,7, WUNT 86, Tübingen 1996

FAUTH, W.: *Helios Megistos*. Zur synkretistischen Theologie der Spätantike, RGRW 125, Leiden 1995

FELDMAN, L.H. *Jew* and Gentile in the Ancient World: Attitudes and Interactions from Alexander to Justinian, Princeton 1993

FELDMEIER, R./HECKEL, U. (Hgg.): Die *Heiden*. Juden, Christen und das Problem des Fremden, WUNT 70, Tübingen 1994

FELDTKELLER, A.: *Identitätssuche* des syrischen Urchristentums. Mission, Inkulturation und Pluralität im ältesten Heidenchristentum, NTOA 25, Freiburg/Göttingen 1993

FELDTKELLER, A.: Im Reich der syrischen *Göttin*. Eine religiös plurale Kultur als Umwelt des frühen Christentums, Studien zum Verstehen fremder Religionen Bd. 8, Gütersloh 1994

FORBES, C.: *Prophecy* and Inspired Speech in Early Christianity and its Hellenistic Environment, WUNT II/75, Tübingen 1995

FREYBERGER, K.S.: Untersuchungen zur *Baugeschichte* des Jupiter-Heiligtums in Damaskus, Damaszener Mitteilungen 4, 1989, 61–86

GATIER, P.-L./HELLY, B./REY-COQUAIS, J.-P. (Hg.): *Géographie* historique au Proche-Orient, Paris 1988

GNILKA, J. *Paulus* von Tarsus. Zeuge und Apostel, HThK Suppl. 6, Freiburg i. B. u. a. 1996

GOODMAN, M.: *Mission* and Conversion. Proselytizing in the Religious History of the Roman Empire, Oxford 1994

HAACKER, K.: Der *Werdegang* des Apostels Paulus. Biographische Daten und ihre theologische Relevanz, in: ANRW II, 26.2, 1995, 815–938

HAENCHEN, E. Die *Apostelgeschichte*, KEK III, Göttingen ⁷1977

HAJJAR, Y. *Divinités* oraculaires et rites divinatoires en Syrie et en Phénicie à l'époque gréco-romaine, ANRW II, 18.4, 1990, 2236–2320

HARNACK, A. v.: Beiträge zur Einleitung in das Neue Testament I: *Lukas der Arzt*, Leipzig 1906

HARNACK, A. v.: Beiträge zur Einleitung in das Neue Testament III: Die *Apostelgeschichte*, Leipzig 1908

HARNACK, A. v.: Die *Mission* und Ausbreitung des Christentums in den ersten drei Jahrhunderten, Leipzig ⁴1924

HARNACK, A. v.: *Geschichte* der altchristlichen Litteratur bis Eusebius. I: Die Überlieferung und der Bestand; II: Die Chronologie der altchristlichen Litteratur I, Leipzig 1887

HECKEL, U.: *Kraft* in Schwachheit, WUNT II/56, Tübingen 1993

HEITMÜLLER, W.: Zum Problem *Paulus* und Jesus, ZNW 13 (1912), 320–337 = Ndr. in: Das Paulusbild in der neueren Forschung, hg. v. K. H. Rengstorf, dF 24, Darmstadt 1964, 124–143

HEMER, C. J.: The Book of *Acts* in the Setting of Hellenistic History, WUNT 49, Tübingen 1989

HENGEL, M.: *Christologie* und neutestamentliche Chronologie, in: Neues Testament und Geschichte, FS O. Cullmann z. 70. Geburtstag, Zürich/Tübingen 1972, 43–67

HENGEL, M.: Der alte und der neue *Schürer*, JSS 35 (1990), 19–72

HENGEL, M.: Der Historiker *Lukas* und die Geographie Palästinas in der Apostelgeschichte, ZDPV 99 (1983), 147–183

HENGEL, M.: Der *Sohn Gottes*, Tübingen ²1977

HENGEL, M.: *Der vorchristliche Paulus*, in: Paulus und das antike Judentum, hg. v. M. Hengel/U. Heckel, WUNT 58, Tübingen 1991, 177–291.

HENGEL, M.: Die *johanneische Frage*. Ein Lösungsversuch. Mit einem Beitrag zur Apokalypse von Jörg Frey, WUNT 67, Tübingen 1993

HENGEL, M.: Die Ursprünge der christlichen *Mission*, NTS 18 (1971/72), 15–38

HENGEL, M.: Die *Zeloten*. Untersuchungen zur jüdischen Freiheitsbewegung in der Zeit von Herodes I. bis 70 n. Chr., AGAJU 1, Leiden ²1976

HENGEL, M.: *Eigentum* und Reichtum in der frühen Kirche. Aspekte einer frühchristlichen Sozialgeschichte, Stuttgart 1973

HENGEL, M.: Entstehungszeit und Situation des Markusevangeliums, in: Markus-Philologie. Historische, literargeschichtliche und stilistische Untersuchungen zum zweiten Evangelium, hg. v. H. Cancik, WUNT 33, Tübingen 1984, 1–45

HENGEL, M.: *Jakobus* der Herrenbruder – der erste »Papst«?, in: Glaube und Eschatologie, FS W. G. Kümmel, hg. v. E. Gräßer/O. Merk, Tübingen 1985, 71–104

HENGEL, M.: *Judaica et Hellenistica*. Kleine Schriften I, WUNT 90, Tübingen 1996

HENGEL, M.: Judentum und Hellenismus. Studien zu ihrer Begegnung unter besonderer Berücksichtigung Palästinas bis zur Mitte des 2. Jh.s v. Chr., WUNT 10, Tübingen ³1988 [*JuH*]

HENGEL, M.: *Probleme* des Markusevangeliums, in: Das Evangelium und die Evangelien, hg. v. P. Stuhlmacher, WUNT 28, Tübingen 1983, 252–257

HENGEL, M.: „*Setze dich zu meiner Rechten!*". Die Inthronisation Christi zur Rechten Gottes und Psalm 110,1, in: Le Trône de Dieu, ed. M. Philonenko, WUNT 69, Tübingen 1993, 108–194

HENGEL, M.: Zur urchristlichen *Geschichtsschreibung*, Stuttgart ²1984

HENGEL, M.: *Zwischen Jesus und Paulu*s. Die „Hellenisten", die „Sieben" und Stephanus (Apg 6,1–15; 7,54–8,3), ZThK 72 (1975), 151–206

HENGEL, M./DEINES, R.: E.P. Sanders' 'Common Judaism', Jesus, and the Pharisees. Review article of 'Jewish Law from Jesus to the Mishnah' and 'Judaism: Practice and Belief' by E.P. Sanders, JTS 46 (1995) 1–70 = erweiterte dt. Fassung in: DERS., Judaica et Hellenistica, 392–479 [*Rezension Sanders*]

HOFIUS, O.: *Paulusstudien*, WUNT 51, Tübingen 1989

HORBURY, W./NOY, D.: *Jewish inscriptions* of Graeco-Roman Egypt, Cambridge 1992

JERVELL, J.: The *Unknown Paul*. Essays on Luke-Acts and Early Christian History, Minneapolis 1984, 52–67

KASHER, A.: Jews and *Hellenistic Cities* in Eretz-Israel, TSAJ 21, Tübingen 1990

KASHER, A.: Jews, *Idumaeans and Arabs*, TSAJ 18, Tübingen 1988

KLAUCK, H.-J.: *Magie* und Heidentum in der Apostelgeschichte des Lukas, SBS 167, Stuttgart 1996

KLEIN, G.: Die zwölf *Apostel*, FRLANT 77, 1961

KNAUF, A.: Zum *Ethnarch*en des Aretas 2. Kor 11,32, ZNW 74 (1983), 145–147

KOLB, F.: *Antiochia* in der frühen Kaiserzeit, in: FS Hengel II, hg. v. H. Cancik, Tübingen 1996, 97–118

KRAUSS, S.: *Synagogale Altertümer*, Wien 1922 (Ndr. Hildesheim 1966)

LAMPE, P.: Die stadtrömischen *Christen* in den ersten beiden Jahrhunderten, WUNT II/18, Tübingen ²1989

LIPSIUS, R.A.: Die apokryphen *Apostelgeschichten* und Apostellegenden, I–II,2, 1883f (Ndr. Amsterdam 1976)

LOISY, A.: Les *Actes* des Apotres, Paris 1920

LÜDEMANN, G.: Das frühe Christentum nach den Traditionen der *Apostelgeschichte*. Ein Kommentar, Göttingen 1987

LÜDEMANN, G.: *Paulus der Heidenapostel* I. Studien zur Chronologie, 1980

MALHERBE, A.J.: *Paul* and the Popular Philosophers, Minneapolis 1989

MARKSCHIES, C.: *Valentinus Gnosticus*. Untersuchungen zur valentinischen Gnosis mit einem Kommentar zu den Fragmenten Valentins, WUNT 65, Tübingen 1992

MCKNIGHT, S.: A Light Among the *Gentiles*. Jewish Missionary Activity in the Second Temple Period, Augsburg Fortress 1991

MERKELBACH, R.: *Isis* regina – Zeus Sarapis. Die Religion um Isis und Sarapis in griechisch-römischer Zeit, Stuttgart/Leipzig 1995

MEYER, E.: *Ursprung* und Anfänge des Christentums III: Die Apostelgeschichte und die Änfange des Evangeliums, Stuttgart u.a. 1923

MILIK, J.T.: *Dédicaces* faites par des dieux, Paris 1972

MILLAR, F.: The Roman Near East 31 BC – AD 337, Cambridge Mass./London 1993 [*RNE*]

MITCHELL, S.: *Anatolia* II, Oxford 1993

MURPHY-O'CONNOR, J.: *Paul*. A critical Life, Oxford 1997

MUSSNER, F.: Der *Galaterbrief*, HThK IX, ⁴1981

NEGEV, A.: The *Nabataeans* and the Provincia Arabia, ANRW II, 8, 1977, 520–686

NILSSON, M.P.: *Geschichte* der griechischen Religion II, HAW, München ²1961

NOCK, A.D.: *Paulus*, übersetzt von H.H. Schaeder, Zürich/Leipzig 1940

NORRIS, F.W.: *Antioch* on-the-Orontes as a Religious Center I, Paganism before Constantine, ANRW II, 18.4, 1990, 2322–2379

NOY, D.: Jewish *Inscriptions* of Western Europe. Vol. 1. Italy (excluding the City of Rome), Spain and Gaul, Cambridge 1993

NOY, D.: Jewish *Inscriptions* of Western Europe. Vol. 2. The City of Rome, Cambridge 1995

OLLROG, W.-H.: *Paulus* und seine Mitarbeiter, WMANT 50, Neukirchen 1979

PESCH, R.: Die *Apostelgeschichte* 1. Teilband (Apg 1–12), EKK V/1, Zürich 1986

PILHOFER, P.: *Philippi* I. Die erste christliche Gemeinde Europas, WUNT 87, Tübingen 1995

PRATSCHER, W.: Der Herrenbruder *Jakobus* und die Jakobustradition, FRLANT 139, Göttingen 1987

PREUSCHEN, E.: Die *Apostelgeschichte*, HNT 4,1, Tübingen 1913

RAHMANI, L.Y.: A *Catalogue* of Jewish Ossuaries, Jerusalem 1994

RÄISÄNEN, H.: Die „*Hellenisten*" der Urgemeinde, ANRW II, 26.2, 1995, 1468–1516

RAMSAY, W.M.: The *Cities* of St. Paul, London 1907

REY-COQUAIS, J.-P.: Des *montagnes* au désert: Baetocécé, le Pagus Augustus de Niha, la Ghouta à l'est de Damas, in: Sociétés urbaines, sociétés rurales dans l'Asie Mineure et la Syrie hellénistiques et romaines, Actes du colloque de Strasbourg (novembre 1985), ed. par E. Frézouls, Université des Sciences humaines de Strasbourg. Contributions et travaux de l'Institut d'Histoire Romaine IV, Strasbourg 1987, 191–216 (213 f)

REYNOLDS, J.M./TANNENBAUM, R.: *Jews* and Godfearers at Aphrodisias, Cambridge 1987

RIESNER, R.: Die *Frühzeit* des Apostels Paulus. Studien zur Chronologie, Missionsstrategie und Theologie, WUNT 71, Tübingen 1994

SANDNES, K.O.: *Paul* – One of the Prophets, WUNT II/43, Tübingen 1991

SCHÄFER, P.: *Judeophobia*. Attitudes toward the Jews in the Ancient World, Cambridge Mass. 1997

SCHALIT, A.: König *Herodes*. Der Mann und sein Werk, SJ 4, Berlin 1969

SCHILLE, G.: Die *Apostelgeschichte* des Lukas, ThHK 5, Berlin (Ost) 3. Aufl. 1990

SCHLIER, H.: Der Brief an die *Galater*, KEK VII, [12]1962

SCHMITHALS, W.: Die *Apostelgeschichte*, ZBK 3,2, 1982

SCHMITHALS, W.: *Theologiegeschichte* des Urchristentum. Eine problemgeschichtliche Darstellung, Stuttgart etc. 1994

SCHNEIDER, G.: Die *Apostelgeschichte*, HThK V,1.2, 1980.1982

SCHNELLE, U.: *Gerechtigkeit* und Christusgegenwart. Vorpaulinische und paulinische Tauftheologie, GTA 24, Göttingen 1983

SCHOTTROFF, W.: Die *Ituräer*, ZDPV 98 (1982) 125–152

SCHÜRER: Emil Schürer. The History of the Jewish people in the Age of Jesus Christ (175 B.C. – A.D. 135). A New English Version, revised and edited by G. Vermes and F. Millar u.a., 3 Bde, Edinburgh 1976ff [SCHÜRER]

SCHWARTZ, D.R.: *Agrippa* I., TSAJ 23, Tübingen 1990

SCHWEMER, A.M.: Studien zu den frühjüdischen Prophetenlegenden. Vitae Prophetarum I.II, TSAJ 49.50, Tübingen 1995.1996 [*VP I.II*]

SCOTT, J.M.: *Luke*'s Geographical Horizon, in: The Book of Acts in Its First Century Setting II. The Book of Acts in Its Graeco-Roman Setting, ed. by D.W.J. Gill/C. Gempf, Grand Rapids Mich. 1994, 483–544

SCOTT, J.M.: *Paul* and the Nations. The Old Testament and Jewish Background of Paul's Mission to the Nations with Special Reference to the Destination of Galatians, WUNT 84, Tübingen 1995

SIEGERT, F.: Drei hellenistisch-jüdische Predigten. Ps.-Philon, ‚Über Jona', ‚Über Simson'... I, Übersetzung aus dem Armenischen und sprachliche Erläuterungen, WUNT 20, Tübingen 1980 [*Predigten I*]

SIEGERT, F.: Drei hellenistisch-jüdische Predigten. Ps.-Philon, ‚Über Jona', ‚Über Jona' (Fragment) und ‚Über Simson' II, Kommentar, WUNT 61, Tübingen 1992 [*Predigten II*]

SIEGERT, F.: *Gottesfürchtige* und Sympathisanten, JSJ 4 (1973), 109–164

SMALLWOOD, E.M.: The *Jews* under Roman Rule, SJLA 20, (1976), Leiden [2]1981

SOURDEL, D.: Les *cultes* du Hauran à l'époque romaines, Paris 1952

SPICQ, C.: *Notes* de Lexicographie Néo-testamentaire, I.II, OBO 22,1.2, 1978

STARCKY, J.: *Pétra* et la Nabatène, DBS VII, Paris 1966

STERN, M.: Greek and Latin Authors on Jews and Judaism. Edited with Introductions, Translations and Commentary by M.S., 3 Bde, Jerusalem 1976ff [*GLAJ*]

STERN, S.: Jewish *Identity* in Early Rabbinic Writings, AGAJU 23, Leiden u.a. 1994

STUHLMACHER, P.: Biblische *Theologie* des Neuen Testaments I. Grundlegung. Von Jesus zu Paulus, Göttingen 1992

TEIXIDOR, J.: The *Pagan God*. Popular Religion in the Greco-Roman Near East, Princeton 1977

THORNTON, C.-J.: Der *Zeuge* des Zeugen. Lukas als Historiker der Paulusreisen, WUNT 56, Tübingen 1991

TREBILCO, P.: *Jewish Communities* in Asia Minor, SNTS MonSer 69, Cambridge etc. 1991

TUBACH, J.: Im Schatten des *Sonnengott*es. Der Sonnenkult in Edessa, Ḥarrān und Ḥaṭrā am Vorabend der christlichen Mission, Wiesbaden 1986

VOUGA, F.: *Geschichte* des frühen Christentums, UTB 1733, Tübingen 1994

WEBER, T./WENNING, R. (Hg.), *Petra*. Antike Felsstadt zwischen arabischer Tradition und griechischer Norm, Zaberns Bildbände zur Archäologie, Mainz 1997

WEBER, T.: ‚*Damaskòs* Pólis Epísemos', Hellenistische, römische und byzantinische Bauwerke in Damaskus aus der Sicht griechischer und lateinischer Schriftquellen, Damaszener Mitteilungen 7 (1993), 135–176

WEBER, T.: *ΔΑΜΑΣΚΙΝΑ*. Landwirtschaftliche Produkte aus der Oase von Damaskus im Spiegel griechischer und lateinischer Schriftquellen, ZDPV 105 (1989), 151–165

WEISS, J.: Das *Urchristentum*, Göttingen 1917

WEDDERBURN, A.I.M.: *Baptism* and Resurrection, WUNT 44, Tübingen 1987

WENNING, R.: Die *Dekapolis* und die Nabatäer, ZDPV 110 (1994), 1–35

WENNING, R.: Die *Nabatäer* – Geschichte und Denkmäler, NTOA 3, 1987

WETTE, W.M.L. de /OVERBECK, F.: Kurze Erklärung der *Apostelgeschichte*, 4. Aufl. bearbeitet und stark erweitert von F. Overbeck, I,4, Leipzig 1870

WILL, E./ORRIEUX, C.: ‚*Proselytisme* juif'? Histoire d'une erreur, Paris 1992

Abkürzungsverzeichnis

Die Abkürzungen richten sich in der Regel nach S.M. Schwertner, Internationales Abkürzungsverzeichnis für Theologie und Grenzgebiete, 2. Aufl. Berlin/New York 1992.
   Darüberhinaus bzw. abweichend werden folgende Abkürzungen verwendet:

AAA	Acta Apostolorum Apocrypha, post C. Tischendorf denuo ed. R. A. Lipsius et M. Bonnet, 3 Bde, Leipzig 1891–1903
BAR	British Archaeological Reports (International Series, Oxford)
BAUER/ALAND, WB	W. Bauer, A. Aland, Griechisch-deutsches Wörterbuch zu den Schriften des Neuen Testaments und der frühchristlichen Literatur, 6. völlig neu bearbeitete Aufl., Berlin/New York 1988
BGU	Berliner griechische Urkunden
DDD	Dictionary of Deities and Demons in the Bible, ed. by K. van der Toorn, B. Becking, P. W. van der Horst, Leiden u. a. 1995
DENIS, Concordance	DENIS, A.-M.: Concordance grecque des Pseudépigraphes d'Ancien Testament, Louvain-la-Neuve 1987
FS	Festschrift
HABES	Heidelberger althistorische Beiträge und epigraphische Studien
HOFTIJZER/JONGELING, Dictionary	J. HOFTIJZER, K. JONGELING, Dictionary of the North-West Semitic Inscriptions, Leiden u. a. 1995
LSJ	H. G. Liddell/R. Scott/H. S. Jones, A Greek-English Lexicon, Ndr. Oxford 1961
NewDoc	G. H. R. Horsley (Hg.), New Documents Illustrating Early Christianity
PW	Paulys Real-Encyclopädie der classischen Altertumswissenschaft
RGRW	Religions in the Graeco-Roman World
VP	Vitae Prophetarum
WADDINGTON	W. H. Waddington, Inscriptions grecques et latines de la Syrie, 1870

1. Vorüberlegungen

1.1 Der ‚fragmentarische' Paulus

Wir kennen unter allen frühchristlichen Autoren bis zur 2. Hälfte des 2. Jh.s Paulus bei weitem am besten. Er, der früheste neutestamentliche und einzige im vollen Sinne „apostolische" Verfasser,[1] ist auch der einzige, bei dem in seinen Originalbriefen nicht nur das theologische Denken, sondern zugleich die spannungsreiche Persönlichkeit lebendig hervortritt. Wenn überhaupt, könnte man mit ihm nur noch den in manchem geistesverwandten, aber als Theologe weit hinter ihm zurückstehenden Ignatius vergleichen, der auf ihn Bezug nimmt,[2] von dem wir jedoch sehr viel weniger wissen. Für Harnack war gar erst „Tertullian das erste christliche *Individuum* nach Paulus, von dessen Innenleben und Eigenart wir uns ein deutlicheres Bild zu machen vermögen".[3] Es ist weiter kein Zufall, daß Paulus nicht nur für Marcion, sondern überhaupt für die frühen Väter, die sich auf ihn berufen, „der Apostel" schlechthin wurde, so schon für Athenagoras und vor allem für Irenäus.[4] In gewisser Weise

---

[1] Das 4. Evangelium stammt so wenig unmittelbar vom Zebedaïden wie das 1. vom Apostel Matthäus. Die Evangelien der ‚Apostelschüler' Markus und Lukas sind älter. S. dazu M. HENGEL, Johanneische Frage, 204–325; vgl. auch DERS., Zur matthäischen Bergpredigt und ihrem jüdischen Hintergrund, ThR 52 (1987), 327–400. Auch 1. Petr, der Mk in manchem nahesteht (s. E. SCHWEIZER, Markus als Begleiter des Petrus in: The Four Gospels, Festschrift für Frans Neirynck, BEThLC, 1992, 751–773), ist – vermutlich entstanden zwischen 90–95, d.h. wohl etwas später als die lukanischen Schriften – am ehesten das Werk eines Autors, der sich als „Petrusschüler" versteht. Zu den „Einleitungsfragen" s. R. FELDMEIER, Die Christen als Fremde, WUNT 64, 1992, 193–199. Der Autor kann, ca. 25–30 Jahre nach dem Martyrium des Petrus in der neronischen Verfolgung, Petrus sehr wohl noch gekannt haben. Das gilt erst recht vom Evangelisten Markus um 70! D.h. die meisten neutestamentlichen Autoren sind „Apostelschüler".

[2] Ign. Eph 12,2; Röm 4,3.

[3] Lehrbuch der Dogmengeschichte, Tübingen ⁴1909, 1, 556 Anm. 1. Hervorhebung vom Vf.

[4] Athenag., resurr. 18; Apollonius bei Euseb, h.e. 5,18,3; Iren., haer 4,21,1f; 24,1; 27,3f; 29,1; 33,10 etc. S. auch LAMPE, PGL, 212 G. Daß er darüber hinaus zum *haereticorum apostolus* wird (Tert., adv. Marc. 3,6,4), steht auf einem anderen Blatt. Zu Irenäus s. jetzt R. NOORMANN, Irenäus als Paulusinterpret, WUNT II/66, Tübingen 1994. Irenäus' Sprachgebrauch ist auffallend, weil er als erster Autor nach der Epistula Apostolorum ausführlich von der Apostelgeschichte Gebrauch macht, in der Paulus der Aposteltitel verweigert wurde. S. dazu S. 47–52: „Die Briefe werden der Apostelgeschichte nicht untergeordnet, sondern durch diese in ihr volles Recht gesetzt" (51). Die Apg wird „vermittelt über Lukas – durch Paulus legitimiert".

erscheint daher für uns der „Apostel der Heiden",[5] der besondere „dreizehnte Zeuge"[6] des Lukas, historisch betrachtet als der eigentliche missionarische „Begründer" des Christentums in der antiken Welt und zugleich als der erste „*christliche* Theologe",[7] eines Christentums, das vornehmlich durch ihn zu etwas ganz anderem wurde als der jüdischen messianisch-apokalyptischen ‚Sekte', die es in seinen ersten Anfängen gewesen war. Und doch können wir auf Grund dieser ersten christlichen Originalzeugnisse (und der sie ergänzenden und historisch einordnenden Hinweise der Apostelgeschichte) nur einen *kleinen Ausschnitt* aus seinem Wirken erfassen, nämlich den Zeitraum der missionarischen Arbeit des Apostels in Makedonien, Achaia und an der Westküste Kleinasiens etwa zwischen 49/50 und 56/57 n. Chr., d. h. jene *sieben Jahre*, in denen er die meisten (wenn nicht alle) seiner Briefe schrieb.[8] Von keiner

---

[5] Röm 11,13, vgl. Iren., haer 4,24,1.

[6] S. dazu die immer noch grundlegende Studie von CHR. BURCHARD, Zeuge, besonders 173 ff, die einen wesentlichen Beitrag zum allmählichen Wandel des Lukasbildes in Deutschland leistete, der freilich auch jetzt noch nicht abgeschlossen ist. E. HAENCHEN, Die Apostelgeschichte, KEK III, [7]1977, 318 mißversteht eben diese Funktion des Paulus als des 13. – d. h. besonderen – Zeugen und verkennt damit seine Rolle in der Apg. Als dieser ganz besondere Zeuge ist er Mittelpunkt des ganzen Werkes, auf den alles zuläuft. Lukas selbst erscheint dadurch als „der Zeuge des Zeugen", so der Titel der grundlegenden Monographie von C.-J. THORNTON, WUNT 56, 1991, der zeigt, daß das Werk von einem Augenzeugen geschrieben wurde. Erst jüngst mußte ein Doktorand aus dem Munde seines jungen deutschen Ordinarius hören, die Apg sei „keine Quelle, sondern Sekundärliteratur". Die Lektüre von Droysens Historik würde auch einem Neutestamentler gut tun. S. jetzt die berechtigte scharfe Kritik der Althistorikerin H. BOTERMANN, Das Judenedikt des Kaisers Claudius, Hermes Einzelschriften 71, Stuttgart 1996, 14–43: Die Neutestamentler „arbeiten zwar nach der sog. ‚historisch-kritischen' Methode, aber blickt man auf die Behandlung der urchristlichen Quellen, ist es offensichtlich eine andere ‚historische' Methode, als die, die der Althistoriker handhabt" (21); vgl. S. 24 Anm. 39: „Wenn die Althistoriker ihre Quellen so ‚kritisch' bearbeiteten wie die meisten Theologen, müßten sie die Akten über Herodot und Tacitus schließen." So schon J. B. LIGHTFOOT, s. M. HENGEL, Bishop Lightfoot and the Tübinger School on the Gospel of John and the Second Century, in: The Lightfoot Centenary Lectures, ed. J. D. G. Dunn, DUJ, Complementary Number for Subscribers, January 1992, 23–51 (30f); = ThBeitr 92 (1992), 5–33 (16) sowie A. v. HARNACK, Geschichte der altchristlichen Litteratur bis Eusebius. Die Chronologie, II,1, 1887, S. IX zitiert bei H. BOTERMANN, Judenedikt, 25 Anm. 42.

[7] G. EBELING, Artk. Theologie, RGG[3] VI, 1962, Sp. 760: „Die Th(eologie) in dem jetzt erörterten Sinne beginnt eindeutig mit Paulus"; vgl. W. WREDE, Paulus, RGV I 5/6, Halle 1904, 102. Das schließt aus, daß es schon lange vor ihm höchst eindrucksvolle *alttestamentliche und jüdische theologische Entwürfe* gab: Das deuteronomistische und chronistische Geschichtswerk, Deuterojesaja, die Priesterschrift, Ben-Sira, die Schriften der Essener von Qumran, Philo u. a. m.

[8] Beim Philemon- und Philipperbrief, den wir nach wie vor als einheitlich betrachten, kann man sich fragen, ob sie statt in Ephesus in Rom oder in Cäsarea geschrieben worden sind; s. C.-J. THORNTON, Zeuge, 202–207.212. Dann würde sich der Zeitraum um ca. 2–6 Jahre erweitern, je nachdem wie man beide Briefe datiert und ob man den Tod des Paulus schon in das Jahr 62 (vgl. Apg 28,30) oder in die neronische Verfolgung 64 n. Chr. verlegt. Bei Phil scheint uns die Annahme von 2 oder gar 3 Brief(fragment)en unnötig zu sein. Gegen eine ephesinische Gefangenschaft, die Voraussetzung für eine Abfassung in Ephesus, spricht nicht nur der bis auf die die „Wahrheit des Evangeliums" betreffenden Partien 3,2–19 (s. dazu u.

Gestalt des frühen Christentums bis Tertullian und Origenes erfahren wir so viele biographische Einzelheiten und erhalten wir ein so deutliches Charakterbild wie von ihm, und doch bleibt der größte Teil seiner Wirksamkeit als Apostel, die sich von ca. 33–62 oder 64, d. h. über rund 30 Jahre erstreckt, für uns im Dunkeln. Im Grunde wissen wir also auch von ihm relativ wenig. Wenn Chr. Burchard abschließend feststellt: „eine *zusammenhängende* Darstellung auch nur der Wirksamkeit des Paulus, geschweige denn eine Geschichte des Urchristentums, läßt sich auf Grund der Apostelgeschichte ebensowenig schreiben wie ein Leben Jesu auf Grund der Evangelien – und das heißt, sie läßt sich überhaupt nicht schreiben",[9] so kann man dem mit der Einschränkung zustimmen, daß das Wenige gemessen an den Maßstäben der Alten Geschichte doch relativ viel ist und daß auch fragmentarische, umrißhafte Darstellungen möglich sind und in ihrer Bruchstückhaftigkeit immer noch den Namen ‚Geschichte' verdienen. Dieser Nachsatz gilt erst recht unter Einbeziehung der Paulusbriefe.

Was wir besitzen, sind *Fragmente* aus einer rund dreißigjährigen Arbeit als Verkündiger einer neuen Botschaft, als theologischer Denker, Gemeindegründer und Seelsorger, freilich – auch im Vergleich mit der antiken Literatur überhaupt – in ihrer Weise einzigartige Fragmente. Eduard Schwartz wagte zu sagen: „Nicht der Heidenapostel, sondern der Schriftsteller Paulus ist eine weltgeschichtliche Größe".[10] Das klingt im Blick auf die ungeheure Wirksamkeit dieser frühesten „christlichen" Schriften plausibel. Und doch ist es zu kurzschlüssig. Denn die Briefe sind ohne den „Heidenapostel", genauer ohne den Missionar und Prediger, undenkbar, sind sie doch ganz und gar aus seiner Predigt, seinem lebendigen Lehrvortrag herausgewachsen. Auch hat er sich – nach seinem eigenen Urteil – als erfolgreicher Verkündiger, d. h. hier als Missionar, „mehr" und erfolgreicher „abgearbeitet" als alle seine Konkurrenten.[11] Und sind die Briefe im Grunde nicht nur der „Abglanz" dieser *seiner unvorstellbar reichen apostolischen Predigt*? In Wirklichkeit bedingen sich Verkündigung und Briefe, Missionar und Autor gegenseitig. Ohne den in besonderer Weise, ja einzigartig erfolgreichen Missionar und seine charismatisch-apostolische „Autorität" als Verkündiger und Seelsorger wären die Briefe nicht gesammelt worden, und ohne Briefe hätte man den Missionar am Ende doch vergessen und Paulus wäre nicht zum ersten uns wirklich bekannten Lehrer der Kirche geworden. Dabei sollte man bedenken, daß die Apostelgeschichte ohne nähere Kenntnis bzw. ohne Zuhilfenahme der Briefe geschrie-

---

S. 28f) „abgeklärte" Stil, sondern auch die Tatsache, daß sich eine länger dauernde, mehrmonatige Gefangenschaft des Paulus in Ephesus nicht eindeutig nachweisen läßt.

[9] CHR. BURCHARD, Zeuge, 173. Hervorhebung M.H./A.M.S. Hier könnte man dagegen auf B.G. NIEBUHR, den Begründer moderner historischer Kritik, verweisen: „Ich bin ein Historiker, denn ich kann aus dem einzeln Erhaltenen ein vollständiges Gemälde bilden"; zitiert bei H. BOTERMANN, Judenedikt, 24f Anm. 39. Ein Gemälde wäre vielleicht schon zu viel, wohl aber werden aufgrund der Fragmente deutliche Umrisse sichtbar.

[10] Charakterköpfe aus der Antike, hg. v. I. Stroux, Leipzig ²1943, 219.

[11] 1. Kor 15,10 vgl. 9,1ff; 2. Kor 11,5.23; Röm 15,16–21.

ben wurde.[12] Lukas wird gewußt haben, daß Paulus auch Briefe schrieb, doch er kommt in seiner Erzählung ganz ohne sie aus. Auch der Jesus der Evangelien bedurfte keiner Schriften. Man wird gleichwohl den Gemeindegründer, Predi-

[12] Trotz vieler andersartiger Behauptungen seit F. C. BAUR und seinen Schülern läßt sich irgendeine Kenntnis der Paulusbriefe bei Lukas nirgendwo nachweisen. Das gilt auch für seine von manchen behauptete Kenntnis des Josephus. Übereinstimmungen haben traditionsgeschichtlich-historische Gründe. Die Paulusbriefe mögen, als Lukas schrieb, in dem einen oder anderen Gemeindearchiv geruht haben. Ihre *literarische Verwendung* setzt erst mit 1. Clem um oder kurz nach 100 n. Chr. ein (1. Clem 47,1–3; vgl. 37,3: Phil 4,15. Selbst Ignatius kennt sie nur oberflächlich, s. dazu die unrichtige Angabe Ign. Eph 12,2). Um diese Zeit werden sie gesammelt und herausgegeben worden sein. Lukas schreibt dagegen ca. 20 Jahre früher, ohne Zugang zu den Briefen zu haben. Bestenfalls könnte man fragen, ob nicht einzelne Nachrichten aus den Briefen indirekt zu ihm gelangt sind. Aber selbst das ist nicht wahrscheinlich zu machen. Lukas weiß in vielem mehr, als in den Briefen steht, und hätte umgekehrt mit vielen Einzelheiten der Briefe sein Werk wunderbar ausgestalten können. Er schildert Paulus eindrücklich als Prediger (s. u. S. 141), den Briefschreiber, der für uns verständlicherweise grundlegend ist, übergeht er: Doch wohl darum, weil die Faszination, die von dem Missionar und Prediger Paulus ausging, ungleich größer und für ihn wichtiger war. Ein Sonderfall ist die Abhängigkeit des 2. Thess vom 1. Thess. Aber hier handelt es um einen engen historisch-literarischen Zusammenhang, der nicht mehr durchschaubar ist. Ähnlich schwer durchschaubar ist der von Phlm und Kol. Eph setzt seinerseits nur Kol voraus. D. h. zunächst wurden bestenfalls *einzelne* Briefe verwendet. Eine Sammlung wird erst seit Anfang des 2. Jh.s sichtbar. Dem weitgehenden Konsens der Forschung, daß Lukas die Briefe bei der Abfassung der Apg nicht verwendet hat, wird freilich auch heute noch gelegentlich widersprochen, so z. B. M. D. GOULDER, Did Luke Know Any of the Pauline Letters?, PerpRelSt 13 (1986), 97–112; dazu mit Recht kritisch R. RIESNER, Aus der Frühzeit des Apostels Paulus. Studien zur Chronologie, Missionsstrategie und Theologie, WUNT 71, Tübingen 1994, 326 Anm. 174 vgl. 364 Anm. 49. F. VOUGA, Geschichte des frühen Christentums, UTB 1733, Tübingen 1994, 83 f u. ö., setzt jetzt in einem Lehrbuch für Studenten die Verwendung der Paulusbriefe für die Chronologie der Acta ohne weitere Begründung voraus (s. u. Anm. 35). Hätte Lukas die Briefe gekannt, hätte er sicher nicht darauf verzichtet, sie partiell in sein Werk einzuarbeiten, zumal sie gerade biographisch vieles enthalten, was seinen Helden noch mehr verklären konnte (z. B. 2 Kor 11). Sein Werk würde dann wesentlich anders aussehen! Vorsichtiger urteilt BURCHARD, Zeuge, 155–158, der zu Recht betont, daß Lukas nicht (oder zumindest nichts Näheres darüber) wußte, was in ihnen steht, und auch die Meinung von G. KLEIN zurückweist, „daß er sie nicht benutzen *wollte*" (157 = G. KLEIN, Apostel, 192 [Hervorhebung G. KLEIN]). Er hält es bestenfalls für möglich, „daß Lukas von Paulusbriefen wußte und sie dennoch nicht benutzte" (157). Eine Abhängigkeit lasse sich an keiner Stelle nachweisen. D. h. er konnte auf die Briefe verzichten, weil ihm die viva vox der mündlichen Tradition und d. h. die lebendige Erinnerung wichtiger war. Er wollte – z. T. aus eigener Erfahrung – vom Missionar, Gemeindegründer und Zeugen Jesu im Leiden erzählen und nicht vom Briefautor. Zu den spärlichen altkirchlichen Vermutungen, daß Lukas der Überbringer des Galater- (arabische *subscriptio* NTG[25]) oder des 2. Korintherbriefes (Origenes, Hom in Lk 1, 6) gewesen sei, s. THORNTON, Zeuge, 228 u. 271.312. P. PILHOFER, Philippi I. Die erste christliche Gemeinde Europas, WUNT 87, 1995, 256f setzt die Sammlung der Paulusbriefe analog zu der der Ignatiusbriefe in Philippi an und vermutet mit Berufung auf A. LINDEMANN, daß Lukas zumindest den Philipperbrief dort eingesehen habe (251). Das ist so wenig überzeugend wie PILHOFERS Spätdatierung der Apg ans Ende des 1. Jh.s, für die er keine Gründe anführt. Das Werk muß vielmehr vor der Sammlung und Verbreitung der Paulusbriefe verfaßt sein: „Obgleich der Verfasser die paulinische Predigt kennt, s. c. 13,38f (sind) die paulinischen Briefe in dem Werke weder als Quellen für die Geschichtserzählung noch als Fundgruben für die Lehre benutzt, und es kann überhaupt kein einziger Brief genannt werden, dessen

ger, Lehrer, Seelsorger, Wundertäter, Organisator und Schriftsteller nicht auseinanderreißen können, auch wenn wir die *Kunde von ihm* am Ende doch ausschließlich dem Schriftsteller verdanken. Denn die Apostelgeschichte wurde zwar verfaßt, ohne die Briefe vorauszusetzen, doch nur, weil die Briefe später so wirksam waren, blieb sie uns zuletzt auch erhalten. Umgekehrt hat sie ihrerseits vielleicht mitgeholfen, daß es ca. 20 Jahre später zu der ersten Sammlung von zunächst zehn und am Ende von dreizehn Paulusschriften (bzw. 14 mit Hebr) kam, die dann zur Grundlage der neutestamentlichen Briefsammlung überhaupt wurden. Denn das lukanische Doppelwerk ist das erste, das nach dem Schema „Evangelium und Apostolos" aufgebaut war, ein Schema, das dann im Corpus Johanneum, im „Kanon" Marcions und schließlich – vervielfältigt – im Aufbau des kirchlichen Kanons neue Gestalt gewann, wobei freilich an die Stelle der „apostolischen Erzählung" die Vielfalt der apostolischen Lehrbriefe trat.[13] Zunächst war die lebendige Erinnerung an diesen einzigartigen Missionar und Lehrer stärker als die Wirkung seiner sieben Briefe. Die Apostelgeschichte als Bericht über den Apostel könnte dabei auch das Interesse an den in einzelnen Gemeindearchiven ruhenden Briefen verstärkt haben: Man wollte noch mehr, Authentisches, von diesem Zeugen und Apostel wissen. Nicht nur die Deuteropaulinen bis hin zu den Pastoralbriefen, sondern auch die „katholischen Briefe", die freilich – mit Ausnahme vielleicht von Jak – um ca. 90–100 oder noch später entstanden sind, setzen ihrerseits wieder das Wissen um den apostolischen Missionar und Briefschreiber Paulus voraus. Dies gilt selbst, ja gerade für den Jakobusbrief, ob er nun authentisch ist oder nicht. Auch er ist – falls er von Jakobus stammt – u. E. am ehesten als eine Reaktion auf die nur wenige Jahre zuvor geschriebenen Briefe an die Römer und Galater verständlich.[14] Überhaupt ist der christliche Brief der Spätantike, der der in der griechischen Antike eher vernachlässigten literarischen Gattung des Briefes einen ganz neuen Impetus gibt, eine Frucht der

---

Benutzung durch den Verfasser erweislich ist": A. v. HARNACK, Die Geschichte der altchristlichen Litteratur bis Eusebius. Chronologie, Leipzig 1897, II,1, 248f; DERS. Lukas der Arzt, 18.101 Anm. 2. Diese Tatsache verbietet eine Spätdatierung am Ende des 1. Jh.s oder gar im 2. Jh. S. dazu u. S. 11–17. HARNACK verweist auf die bis heute nicht überholte Untersuchung von A. SABATIER, L'auteur du livre des Actes des Apôtres a-t-il connu les Epîtres de S. Paul, Bibliotheque d' École des Hautes Études, Section des sciences relig., 1889; s. auch C.W. EMMET in: Beginnings II, 265–297 mit dem Fazit: „ One result at least stands out; Acts is independent of the Epistles. It neither uses them nor corrects them in such a way as to suggest that they are before the writer" (297); noch deutlicher sein „kritischer Widerpart" H. WINDISCH in: Beginnings II, 308f.

[13] S. dazu C.K. BARRETT, The First New Testament?, NT 38 (1996), 94–104 (102f). Vor Basilides und Marcion haben wir noch keine Spuren der ganzen paulinischen Briefsammlung. Eph setzt nur Kol, 2. Thess nur 1. Thess und 1.Clem nur 1.Kor, Röm und wohl auch Phil voraus. Vielleicht wurden die Briefe damals in Rom gesammelt. Zu PILHOFERS Vorschlag vgl. auch u. Anm. 1651.

[14] M. HENGEL, Der Jakobusbrief als antipaulinische Polemik, in: Tradition and Interpretation, FS E. Earle ELLIS, ed. by G.F. HAWTHORNE/O. BETZ, 1987, 248–278. Vgl. 2. Petr 3,15f ein ebenfalls universaler und sehr viel späterer Text.

paulinischen Briefschreibung. Um so mehr fällt auf, daß die Apg vom Briefschreiber Paulus nichts sagt. Dies alles setzt ein – relativ – frühes Datum der Apg voraus, als der Missionar Paulus noch in lebendiger Erinnerung, der Briefschreiber jedoch noch nicht in gleicher Weise allgemein bekannt und für die Gemeinden wesentlich war. D. h. sie entstand in jener Zeitlücke etwa zwischen 65 und 100 n. Chr., als die unmittelbare Wirkung der Paulusbriefe auf die Gemeinden nachgelassen und die Sammlung derselben noch nicht vorlag, genauer etwa um 75–83 n. Chr. Vermutlich zeugen die Zusammenstellung der Briefe kurz vor oder bald nach 100, der wenig früher entstandene 1. Petrusbrief und wohl bald danach auch 1.–3. Joh von einem neuen Interesse an „Apostelschreiben", analog zu dem ersten „apostolischen" Evangelium nach Matthäus (um ca. 90/95 n. Chr.). Dieses neue, besondere Interesse an der „Apostolizität" bezeugen unabhängig voneinander 1. Clem, Apk 21,14, Ignatius, Papias (der freilich nur johanneisch von „Jüngern des Herrn" spricht), wie auch die sekundären Buchtitel der Apg, πράξεις ἀποστόλων (der die Trennung des Doppelwerkes voraussetzt), und der Didache. Bei alledem gilt: So einzigartig seine Briefe sind, noch eindrücklicher muß seine von der Leidenschaft des Glaubens bewegte missionarische Wirksamkeit gewesen sein, die diese hervorbrachte. Was soll man mehr bewundern, die beiden Korintherbriefe oder das wirkliche Leben des Apostels, das hinter der erschütternden Schilderung von 2. Kor 11,22–12,6 steht und das sich in den Apg 21–26 geschilderten Ereignissen nahtlos fortsetzt? Aus den sieben echten Briefen ergeben sich nicht nur die Konturen eines religiösen Wandermissionars, wie ihn die antike Welt bisher nicht (und später nicht mehr) kannte – ein Bild, das durch Apg 9–28 im Grunde nur bestätigt wird[15] –, sondern es begegnen uns darin zugleich die Umrisse einer *zunächst mündlich verkündigten einzigartigen lebendigen Botschaft*, die viva vox evangelii, deren Fülle in den Briefen nur einen ganz eingeschränkten literarischen Niederschlag findet, deren Kraft aber – eben durch diese – bis heute fortwirkt.

Auffallend ist dabei, daß der Apostel in seinen Briefen „alle Lebendigkeit des gesprochenen Wortes beibehielt".[16] Die Kritik der Gegner in Korinth 2. Kor 10,10: „Seine Briefe sind gewichtig und kraftvoll, aber seine physische Gegenwart ist schwach und das (gesprochene) Wort verachtenswert", bezog sich auf sein äußeres Auftreten und die Art des mündlichen Vortrags – darüber hinaus könnte überhaupt an den Mangel an „zünftiger Schulrhetorik" gedacht sein, da er sich in 11,6 ironisch als „naiv in der Rede" bezeichnet.[17] In dieser

---

[15] A. v. HARNACK hat auf die erstaunlichen – voneinander unabhängigen – Übereinstimmungen zwischen Acta und den „historischen" Angaben der Paulusbriefe hingewiesen: Die Apostelgeschichte, Leipzig 1908 (Btr. z. Einl. in d. NT III), 199–206; DERS., Neue Untersuchungen zur Apg..., Leipzig 1911, (Btr. Einl. in d. NT IV), 21–26; vgl. schon DERS., Lukas der Arzt, 89–103. Überlegungen zum Titel (und Verfasser) der Apg finden sich bei M. DIBELIUS, Aufsätze zur Apostelgeschichte, FRLANT 60, ²1953, 118f, vgl. 80f.

[16] A.D. NOCK, Paulus, üs. von H.H. Schaeder, Zürich/Leipzig 1940, 116.

[17] U. HECKEL, Kraft in Schwachheit, WUNT II/56, Tübingen 1993, 14ff.122ff, s. auch Index. Zur heute – fast über Gebühr – diskutierten Frage der rhetorischen Bildung des Paulus

Kritik steckt jedoch im Grunde ein Widerspruch, denn der theologische Gehalt seiner Predigt muß doch wohl überwältigend gewesen sein, sonst hätte er nicht solche Briefe schreiben und als Missionar so erfolgreich sein können! Es ist gerade ihr Mangel an schulmäßiger Rhetorik, der ihnen jene gegenüber der ganzen vergleichbaren antiken Literatur auffallende Frische und Unmittelbarkeit verleiht. Hier schrieb ein Autor getrieben von der Glut des Geistes in der gleichen brennenden Leidenschaft, mit der er auch in der Predigt seinen Herrn verkündigte. Dasselbe gilt von seiner physischen Konstitution, die nach dem Urteil seiner Gegner in Korinth „schwächlich" (ἀσθενής) gewesen sein soll (2. Kor 10,10). Was hat er – wie er wenige Verse später selbst schildert – nicht alles durchgestanden und was erwartete ihn noch – bis hin zum Martyrium ca. 6–8 Jahre später? Dieser Widerspruch löst sich am besten durch die Annahme eines bewußten ironisch-rhetorischen Understatements, das die „Narrenrede" 11,16–12,10 vorbereitet. Die Warnungen 13,2 und 10 machen keinen „schwächlichen Eindruck".[18] Ein unbekannter kleinasiatischer Presbyter schildert seine Gestalt in den Acta Pauli et Theclae[19]:

„einen Mann, kleiner Gestalt, mit kahlem Kopf und krummen Beinen, in edler Haltung mit zusammengewachsenen Augenbrauen und ein klein wenig hervortretender Nase...".

Dahinter steht jedoch nicht 2. Kor 10,10, sondern die Phantasie eines frühchristlichen Romanautors gegen Ende des 2. Jh.s., der damit Paulus weniger als Schwächling, sondern entsprechend antiker Physiognomik eher „as a hero among the Greeks" darstellen will. Erst recht handelt es sich nicht um einen Rest dunkler Erinnerung. Auffallend ist jedoch, daß im Gegensatz zur antiken Biographie Lukas an solchen persönlichen Details überhaupt nicht interessiert war.[20] Ihm kommt es allein auf die geistliche Wirksamkeit, nicht auf die äußere Gestalt an. Dies spricht für ihn als Berichterstatter.

---

s. das abgewogene im Ganzen positive Votum von C. J. CLASSEN, Philologische Bemerkungen zur Sprache des Apostels Paulus, Festschrift H. Schwabl, Wiener Studien 107/8 (1994/95), 321–335 (Lit.). Dabei ist zu beachten, daß die antike Epistolographie nicht dieselben strengen Regeln kannte wie die eigentliche Rede und die hohe Prosaliteratur. S. weiter das Urteil von S. VOLLENWEIDER, Die Waagschalen von Leben und Tod. Zum antiken Hintergrund von Phil 1,21–26, ZNW 85 (1994), 93–115 (101.108ff) und zur rhetorischen Schulung u. S. 266. Vgl. auch J. MURPHY-O'CONNOR, Paul. A critical Life, Oxford 1997, 50 etwas überpointiert: „Paul's disclaimer in 2 Corinthians 11,6 is a rhetorical convention". Die Kritik der Korinther mußte ja Gründe gehabt haben. Die Kraft des paulinischen Stils zeigt seine geniale „Naturbegabung" und nicht so sehr den Einfluß der höheren schulmäßigen Rhetorikausbildung. Eben darum wurden seine Briefe von gebildeten Heiden bis ins 4. Jh. hinein verachtet. Zwischen Paulus und der neuen Sophistik besteht ein Graben.

18 Vgl. schon 12,21b und die ironische Rede 1. Kor 4,8–13, dazu die Warnung 4,19–21!
19 AAA (Lipsius/Bonnet) I, 237 = NTApo[5] 2, 216. Üs. nach Schneemelcher. Zum Verfasser s. Tertullian, de bapt. 17,5 (CChr.SL 1, 291f, ed. Barleffs). S. dazu J. MURPHY-O'CONNOR, Paul, 44f und A. J. MALHERBE, A Physical Description of Paul, in: Paul and the Popular Philosophers, Minneapolis 1989, 165–170 = HTR 79 (1986), 70–75.
20 Zitat: MALHERBE, Paul (Anm. 19), 170; anders Th. ZAHN, Artk. Paulus, PRE[3], 15, 1904, 70. Der Hinweis auf die kleine Gestalt mag mit dem Cognomen Paul(l)us/Παῦλος zusammenhängen. Das Desinteresse an allen äußeren Zügen verbindet Lukas gegen die antike Biographie

Aber auch die *Briefe* geben nur ein ganz bruchstückhaftes Bild und lassen unzählige Fragen offen.

Wer möchte selbst nach einer bald 2000jährigen Auslegungsgeschichte dem Urteil eines großen Gräzisten und Kenners der antiken Religion wie A. D. Nock widersprechen: Ihre „Auslegung" sei „außerordentlich schwierig": „Seine Worte überstürzen sich manchmal; es finden sich die kurzen, lebhaften Gewaltsamkeiten des Ausdrucks, die ein anderer bei späterer Überlegung beseitigt haben würde. Vor allem herrscht ein Stil ständiger Anspielungen, und was für ihn und seine Gegner oder für ihn und seine Schüler gemeinsamer Boden ist, wird als gegeben vorausgesetzt. Mehr noch: die Paulusbriefe *geben uns keinen Aufschluß über die frühe Gestaltung von Paulus' Vorstellungen*".[21]

Sie sind auch alles andere als in sich geschlossene religiöse Traktate, „nicht in einer Stimmung der Ruhe und Überlegung geschrieben", vielmehr – mit Ausnahme des Römerbriefs – „sämtlich Zeugnisse der Erregungen und Auseinandersetzungen bestimmter Zeitpunkte und Umstände", in denen „das geschriebene Wort als Ersatz der unmittelbaren Rede diente".[22]

Nur der Römerbrief, mit dem sich der Apostel bei der ihm unbekannten römischen Gemeinde einführen will, macht hier eine gewisse Ausnahme. Obwohl auch er an eine einmalige, konkrete historische Situation gebunden ist,[23] zeigt er in besonderer Weise die systematische Kraft des paulinischen Denkens. Dies ist um so erstaunlicher, als hier ein ehemaliger pharisäischer Schriftgelehrter schreibt, und die Rabbinen als Enkel der Pharisäer ein oder zwei Generationen später gerade diese systematische Darstellungsform theologischer Gedanken bewußt ablehnten.[24] Andererseits baut auch er kein fugenloses geschlossenes Deutesystem auf, sondern argumentiert häufig aspekthaft-perspektivisch, d. h. im besten Sinne „viel-seitig", unter Berücksichtigung der konkreten Gemeindesituation. Es ist nur zu verstehen, daß bei dem fragmentarischen Charakter seiner uns erhaltenen, doch relativ schmalen Hinterlassenschaft von ca. 112 Nestleseiten und 18825 Worten (nach Nestle 25. A.)[25] vieles umstritten und u. U. widersprüchlich bleibt, und es relativ leicht (und billig) ist, dem Apostel angebliche Unklarheiten, Gegensätze in seinem Denken oder über-

---

mit der Evangelienschreibung, aber auch mit weiten Teilen der alttestamentlichen Geschichtserzählung.

[21] NOCK, Paulus (Anm. 16), 8f, Hervorhebung M. H./A. M. S.

[22] NOCK, loc. cit. Darum ist der neutestamentliche Exeget auf dem Holzwege, wenn er glaubt, Paulus wirklich verstehen zu können, ohne möglichst viele griechische Vergleichstexte von der LXX über Philo und Josephus bis hin zu Epiktet, Plutarch und Plotin gelesen zu haben. Wir müssen heute mehr denn je versuchen, Paulus in seine historische und sprachliche Umwelt hineinzustellen: Nur so können wir auch die großen Unterschiede sehen. S. M. HENGEL, Aufgaben der neutestamentlichen Wissenschaft, NTS 40 (1994), 321–357 (345f). Das Abfragen des Thesaurus linguae graecae in CD-ROM genügt dazu nicht.

[23] S. dazu A. J. M. WEDDERBURN, The Reasons for Romans, Edinburgh 1988, 140ff.

[24] S. dazu F. AVEMARIE, Tora und Leben. Untersuchungen zur Heilsbedeutung der Tora in der frühen rabbinischen Literatur, TSAJ 55, Tübingen 1996.

[25] Das ist der Inhalt von drei bis vier einstündigen Vorträgen! Paulus hätte sie ohne Mühe an einem Nachmittag in der Schule des Tyrannos in Ephesus, Apg 19,9 von der 5.–10. Stunde nach Cod D (gig 614 sy[h]), vortragen können.

haupt mangelnde Logik vorzuwerfen.[26] Man bedenkt hier weder die Besonderheit und Situationsgebundenheit der Briefform, noch die völlig verschiedenen Konflikte, aus denen heraus diese Briefe entstanden sind. Der Apostel war an Argumentations- und Darstellungskraft wohl den allermeisten seiner alten und modernen Kritiker überlegen. Schließlich und endlich wird zu wenig bedacht, daß es überhaupt als ein Wunder erscheinen muß, daß er trotz der intensiven Naherwartung solche für sein Milieu und seine Zeit ungewöhnlichen Briefe schrieb, denn wenn man genau weiß, daß „die Nacht vorgerückt und der Tag nahe herbeigekommen ist", und darum selbst eine Familiengründung für nicht mehr sinnvoll hält,[27] kann man eigentlich keine literarischen Ambitionen mehr besitzen. Gerade heute, wo „reader's response" so hoch in Kurs steht, sollte man besonders bedenken, daß der Apostel bei allem – auch ihm eigenen – Ehrgeiz ausschließlich an seine gegenwärtigen (d. h. für uns damaligen) Leser dachte und nicht an ein irgendwie geartetes theologisches Fortwirken oder gar schriftstellerischen Nachruhm, der großen Autoren oft so wichtig ist. Der literarische Ehrgeiz, den Horaz in seiner Ode „Exegi monumentum aere perennius ... non omnis moriar ... usque ego postera/crescam laude recens"[28] zum Ausdruck bringt, war ihm fremd. Seinen „Ruhm" suchte und erwartete er nicht mehr in „diesem Äon", sondern vom kommenden Christus.[29] Eine spätere „Wirkungsgeschichte" hatte er gerade nicht im Sinn. Das sollten wir als seine Ausleger nicht vergessen. Ein ebenso großes Wunder wie daß sie entstanden, ist es, daß diese „endzeitlichen" Briefe der Kirche erhalten blieben. So konnten sie entgegen ihrer ursprünglichen Intention Anreiz und Nukleus für eine lebhafte neue urchristliche theologische Schriftstellerei – und damit auch für den neutestamentlichen Kanon – werden.

1.2 Was wir Lukas verdanken

Weil aber die Nachrichten über den Apostel so fragmentarisch bleiben, *sind alle Details über ihn in den Quellen es wert, mit großer Sorgfalt*, gewissermaßen mit der Lupe (und d.h. immer zugleich kritisch), *daraufhin betrachtet zu werden, was sie zum „Gesamtbild" (so wie es uns noch zugänglich ist) des Apostels beitragen*. Dabei sind die Selbstaussagen der Briefe im Vergleich mit den anderen Quellen gewiß am wertvollsten, obwohl gerade sie, zumeist in kritische Situationen hineingesprochen, alles andere als frei von persönlichen

---

[26] Dies ist heute z.T. Mode geworden. Typisch etwa H. RÄISÄNEN, Paul and the Law, WUNT I/29, Tübingen ²1987 (1983), 199ff.264ff. S. die begründeten Einwände von T.E. VAN SPANJO, Inconsistentie bij Paulus? Een confrontatie med het werk van Heikki Räisänen, theol. Diss. Kampen 1996.

[27] Röm 13,12; 1. Kor 7,8.29–35; vgl. 1. Thess 5,1–11; Phil 4,5.

[28] Oden 3,30,1; vgl. Pindar, Pyth 6; Isokrates, Antid 7; dazu V. PÖSCHL, Horazische Lyrik. Interpretationen, Heidelberg ²1991, 248ff.

[29] 1. Kor 1,31; 2. Kor 10,17, vgl. U. HECKEL, Kraft, 14f.172–185; S. VOLLENWEIDER, Waagschalen (Anm. 17), 114 Anm. 91 zum eschatologischen Aspekt des „Ruhmes".

Tendenzen sind. Paulus berichtet in der Regel *cum ira et studio*. „Neutrale" Berichterstattung darf man von diesem Feuerkopf (2. Kor 11,29) nicht erwarten.

Aber auch die Nachrichten über Paulus aus der *Apostelgeschichte*, die Hinweise aus den Deuteropaulinen und verwandten Texten verdienen es nicht, so wie es seit den Tagen der Tübinger Schule üblich geworden ist, von vornherein als weitgehend oder gar als ganz unglaubwürdig vorverurteilt zu werden: Wir wissen zu wenig, als daß wir es uns leisten könnten, in hyperkritischer und d. h. zugleich geschichtsfeindlicher Attitüde Quellenaussagen ohne genaue ins Detail gehende Prüfung von vornherein zu verwerfen, d. h. wertvolle, da spärliche Quellen vor eingehender Prüfung zu „zerstören". Dies geschieht, wenn man Lukas ohne wirkliche Begründung vorwirft, er habe diese oder jene Fakten einfach frei erfunden.[30] Eine derartige Haltung müßte heute, nach über 200 Jahren „historisch-kritischer" Arbeit am Neuen Testament und den damit verbundenen Sünden (s. o. Anm. 6), eher als unkritisch-unhistorisch bezeichnet werden. Die eigentliche Gefahr in der (Evangelien- und) Actaauslegung ist nicht mehr eine ängstliche Apologetik, sie führt inzwischen in der wissenschaftlichen Arbeit weithin ein Schattendasein, sondern die hyperkritische Ignoranz und Arroganz, die – oft in Verbindung mit einer enthemmten Phantasie – jedes Verständnis für die lebendige geschichtliche *Wirklichkeit* verloren hat.

Die *Apostelgeschichte* halten wir gegen eine verbreitete Anti-Lukas-Scholastik für ein Werk, das bald nach dem 3. Evangelium von Lukas dem Arzt verfaßt wurde, dem Reisebegleiter des Paulus ab der Kollektenreise nach Jerusalem. D. h., sie ist, zumindest zum Teil, als Augenzeugenbericht *für die Spätzeit* des Apostels, über die wir aus den Briefen nur wenig erfahren, eine Quelle aus erster Hand.[31] Dies gilt für Apg 16,11 ff bis Philippi und dann wieder 20,4 ff ab Philippi. Die eingehenden Reiseschilderungen und die Darstellung der Vorgänge in Jerusalem, in Cäsarea und bei der Seereise nach Rom sprechen hier für sich. Sie unterscheiden sich wesentlich von der „Vorgeschichte" c.

---

[30] Vgl. dagegen schon J. JERVELL, The Unknown Paul, in: Ders., The Unknown Paul. Essays on Luke-Acts and Early Christian History, Minneapolis 1984, 52–67.

[31] Phlm 24; Kol 4,14; vgl. dazu M. HENGEL, Geschichtsschreibung, 60f; nach wie vor grundlegend sind die oben zitierten Untersuchungen A. v. HARNACKS (Anm. 15); E. MEYER, Ursprung und Anfänge des Christentums III: Die Apostelgeschichte und die Anfänge des Evangeliums, Stuttgart u. a. 1923, 17 ff; M. DIBELIUS (der Schüler Harnacks war), Aufsätze (Anm. 15), 118 f; C.-J. THORNTON, Zeuge, 67–70.227 ff u. ö.; s. jetzt auch H. BOTERMANN, Der Heidenapostel und sein Historiker, ThBeitr 24 (1993), 62–84; DIES., Judenedikt, 35; weiter W. GASQUE, A History of the Criticism of the Acts of the Apostles, BGBE 17, 1975; C. HEMER, The Book of Acts in the Setting of Hellenistic History, WUNT 49, 1989. Der Einwand von K. HOLL in seinem Dankschreiben an A. v. HARNACK (s. H. Karpp [Hg.], Karl Holl. Briefwechsel mit Adolf von Harnack, Tübingen 1966, 47), den H. MERKEL als Gegenargument zitiert (Das Gesetz im lukanischen Doppelwerk, in: Schrift und Tradition. FS für Josef Ernst zum 70. Geburtstag, hg. v. K. Backhaus/F. G. Untergaßmeier, Paderborn u. a. 1996, 119 Anm. 2) und der an der Schilderung Apg 23,6 ff Anstoß nimmt, geht eher von einem kantisch-protestantischen Wahrheitsethos aus als von der Lebenswirklichkeit eines antiken Berichterstatters.

1—15 und sind das Ziel der lukanischen Erzählung.[32] Diese Quelle würde historisch völlig unverständlich, wenn sie mit F.C. Baur und seinen Schülern etwa um 120/130 n. Chr. anzusetzen wäre. Das Werk paßt in keiner Weise mehr in die Zeit der ersten gnostischen Systembauer, der frühen Apologeten und der romanhaften Apostelakten. Dagegen sprechen schon seine Christologie und das Bild der Kirche und ihrer Ämter. Vor allem bliebe unerklärlich, warum der anonyme Autor sein Werk mit der Ankunft in Rom enden läßt, das Martyrium des Heidenapostels, das den späteren Akten besonders wichtig ist, unterschlägt und auch auf die unter Trajan 98—116 zunehmenden Christenprozesse nicht eingeht. Schon die Zeit des betonten Herrscherkultes und der wachsenden Unterdrückung in den letzten Jahren Domitians paßt nicht mehr in sein Werk. Bei einer Abfassung durch Lukas selbst könnte man dagegen das Abbrechen mit der römischen Gefangenschaft leicht damit begründen, daß der Empfänger Theophilus die Ereignisse seit jener Zeit, d.h. etwa seit dem Jahre 62, selbst kannte.[33] Baur und die radikalen Lukaskritiker nach ihm waren aber auch mit dem antiken Judentum, dem Lukas in manchem nahestehenden Zeitgenossen Josephus und dem besonderen historischen Milieu der Flavierzeit einfach zu wenig vertraut. Λουκᾶς ist zudem ein relativ seltener Name. Bei Josephus und in den jüdischen Papyri erscheint er überhaupt nicht im Gegensatz zu dem häufigen Lucius/Λούκιος, in den jüdischen Inschriften ist das Verhältnis 1:5. Es ist so wenig sinnvoll, verschiedene urchristliche Träger dieses Namens anzunehmen. Wäre das lukanische Doppelwerk ein späteres Pseudepigraphon, hätte man es sicher nach einem anderen Autor benannt als nach dem relativ

---

[32] E. MEYER, Ursprung, 17—23; C.-J. THORNTON, Zeuge, 313ff0.341—367; H. BOTERMANN, Judenedikt, 29—47. Zur sachgemäßen Darstellung der von den wirklichkeitsfernen Theologen völlig verkannten Schiffsreise s. H. HELLENKEMPER, in: Das Wrack. Der antike Schiffsfund von Mahdia, hg. v. G. Hellenkemper u. a., Kataloge des Rheinischen Landesmuseums Bonn, Bd. 1,1, 1994, 158 ff: „Der genaueste und umfangreichste Bericht über eine Schiffskatastrophe", die von antiken „Autoren geschildert ... wird" (159).

[33] H. WINDISCH, Beginnings II, 311 weist mit Recht die Vermutung von Zahn zurück, daß Lukas einen dritten Band geplant habe, aber seine eigene Erklärung „that the author felt that he had done enough when he had brought the account of Paul's testimony to Christ down to the visit to Rome ... and that he kept silence about the unfortunate outcome of the trial, in order not to cloud the unfortunate picture of the Roman government which he paints elsewhere", ist völlig unbefriedigend. Warum sollte in späterer Zeit nach den sporadischen Unterdrückungsmaßnahmen und Verfolgungen unter dem späten Domitian und unter Trajan die Ankunft des Paulus in Rom eine positive Bedeutung haben, während sein Martyrium, das von größter Bedeutung war, verschwiegen werden sollte? Vgl. 1. Clem 5,5—7; 2. Tim 4,16—18; Ign. Röm 4,3; vgl. Apk 2,13; 11,7. Alle diese Texte wurden z. Z. Trajans 98—117 n. Chr. veröffentlicht und werden vom Briefwechsel Plinius/Trajan um 110 und den wenig späteren Ignatianen beleuchtet. Gegen eine einseitig prorömische Tendenz bei Lukas sprechen Texte wie Lk 4,6 (Sondergut vgl. Apk 13,2); 21,12f; vgl. auch Apg 24,26a. Zu den Traditionen vom Paulusmartyrium s. H.W. TAJRA, The Martyrdom of St. Paul, WUNT II/67, 1994. Lukas schreibt gerade *nicht* wie die apokryphen Evangelien und Apostelakten des 2. Jh.s. Er erfindet weder Personen noch ganze Geschichten. Die Haltung des Lukas gegenüber den politischen Mächten entspricht in etwa der des Paulus und der des griechischsprechenden Diasporajudentums.

unbekannten und unbedeutenden Lukas, etwa nach Silvanus/Silas, Timotheos, Aquila, Aristarchos, Titus oder Tychikos. Die Auswahl für einen „besseren" Autorennamen wäre groß gewesen.[34] Eine sinnvolle Begründung für eine spätere Übertragung dieses Namens auf das Evangelium, die das Doppelwerk zum Pseudepigraphon macht, wurde in 150 Jahren „kritischer" Lukasforschung bisher *noch nie* vorgelegt.[35] Entstanden ist es m.E. in der Zeit des späten Vespasian (68–79) oder des Kaisers Titus (79–81), bestenfalls noch in der des frühen Domitian (81–96), d.h. *etwa zwischen 75 und 83 n.Chr.*, – wobei zwischen Evangelium und Apostelgeschichte wohl ein kleiner zeitlicher Abstand liegt, obwohl beide sachlich eng zusammengehören. Das Doppelwerk des Lukas schaut so auf die noch relativ nahe Zerstörung Jerusalems zurück und ist außerdem erstaunlich gut über die jüdischen Verhältnisse in Palästina *vor 70* informiert und darin nur noch dem seines Zeitgenossen Josephus vergleichbar, den Lukas aber nicht kennt.[36] Das war, wie schon Mt und Joh

---

[34] Zu Λούκιος s. Röm 16,21; Apg 13,1; Justin, apol I, 1,1; II, 2,15.17f; Athenagoras, suppl. inscriptio = Lucius Verus; bei Josephus erscheint dieses häufige römische Pränomen elfmal; zu den jüdischen Inschriften: D. Noy, Rome, 244.377; Ders., Italy, Nr. 7; CIJ II, 766; G. Lüderitz/J.M. Reynolds, Corpus jüdischer Inschriften aus der Cyrenaika, BTAVO B53, 219 Nr. 51a. Nur hier erscheint ein Lukas: Die angeblich populäre Namensform ist auch im Osten nicht allzu häufig, s. Preisigke, Namenbuch, Heidelberg 1922, 198 im Vergleich zu Λούκιος etc. Zu den Reisebegleitern des Paulus s. den Namensindex von W.-H. Ollrog, Paulus und seine Mitarbeiter, WMANT 50, Neukirchen 1979, 272ff. Lukas ist eine ausgesprochene Randfigur mit relativ seltenem Namen.

[35] Ein gescheiterter Versuch bei R. Pesch, Die Apostelgeschichte 1. Teilband (Apg 1–12), EKK V/1, Zürich 1986, 26; dagegen Thornton, Zeuge, 7f.145–148 u.ö., s. Index 426 s.v. Lukas (– als Autor von Acta; – als Autor des 3. Evangeliums). Typisch für diese völlige Verkehrung der historischen Perspektive ist F. Vougas „Geschichte des frühen Christentums", der das Problem der Apg samt ihrem Inhalt praktisch ganz übergeht und nur in verzerrter, unqualifizierter Weise die lukanische Chronologie von den Briefen abhängig machen will (82–85) und dabei gar nicht bemerkt, daß wir die absolute Chronologie allein Lukas verdanken. Dafür phantasiert er umso mehr über das Thomasevangelium als ernstzunehmende Quelle für das früheste Christentum s. Index S. 286f und 91ff zur ganz frühen Thomastradition aus Edessa und zum Lieblingsjünger in Syrien. Dazu u. S. 41. Das in diesem Zusammenhang angeführte Perlenlied stammt aus dem Anfang des 3.Jh.s n.Chr. Vougas Buch mit seinem anspruchsvollen Titel ist ein abschreckendes Beispiel dafür, wie man eine „Geschichte des frühen Christentums" nicht schreiben sollte.

[36] Dazu u. Anm. 48. Zur Datierung des Doppelwerks s. A. v. Harnack, Lukas der Arzt, 18 Anm. 1; 96.108.115. Nach der späteren Tradition der Evangelienprologe, s. K. Aland, Synopse, 533 und A. v. Harnack, Die ältesten Evangelienprologe und die Bildung des Neuen Testaments, SPAW.PH 1928, 322–341 (324f) = Kleine Schriften zur Alten Kirche, Leipzig 1980, 803–822; vgl. J. Regul, Die antimontanistischen Evangelienprologe, AGLB 6, 1969, 45f.198ff, schrieb Lukas Evangelium und Acta nach dem Märtyrertod des Paulus in Achaia. Die Herkunft der Traditionen dieser Evangelienprologe mit ihren eigenartigen Traditionen sind nach wie vor ein ungelöstes Rätsel. Könnten sie aus den verlorengegangenen Hypotyposen des Clemens von Alexandrien stammen? In ihrer überlieferten Form hängen sie mit Priscillian (Ende 4.Jh.) zusammen, s. H. Chadwick, Priscillian of Avila, Oxford 1976, 102–109; zu Lukas s. 106f. Die Traditionen müssen älter sein. Harnack, Die Apostelgeschichte, 217ff; vgl. in ders., Neue Untersuchungen zur Apostelgeschichte, 81ff, erwog er einen Ansatz für das Doppelwerk vor 70. Der ist jedoch aufgrund von Lk 21,24–26 vgl.

zeigen, ca. 10−20 Jahre später so nicht mehr der Fall, ganz zu schweigen von den massiven historischen Irrtümern des aus dem samaritanischen Neapolis stammenden ehemaligen platonischen Philosophen Justin, der ca. um 100 n. Chr. geboren wurde.[37] Man muß auch annehmen, daß die „nichtapostolischen" Evangelien eines Mk und Lk älter sind als die, die einem Apostel zugeschrieben wurden, so Mt und Joh, Petrus, Thomas und noch spätere apokryphe Evangelien.[38] Nachdem einmal „apostolische" Evangelien vorlagen, konnte man nicht mehr „Apostelschüler" als Evangelien*autoren* erfinden. Marcion hielt konsequent das von ihm kritisch redigierte 2. Evangelium für das dem Paulus Gal 1,11f offenbarte.

Für die Datierung ist weiter wichtig, daß Lukas noch glaubt, daß trotz mancher Schwierigkeiten ein relativ positives Verhältnis der Christen gegenüber den Imperiumsträgern des römischen Reiches möglich sei. Er bringt daher zahlreiche konkrete Beispiele dafür, wie wir sie so bis Melito um 170 nicht mehr finden. Bei allem „christlich-apokalyptischen Realismus" (Lk 4,6; 21,12f; Apg 14,22) ist von einem Haß gegenüber der römischen Herrschaft wie in der Johannes-Apokalypse und von Berichten über unmittelbare Verfolgungen wie in 1. Petr, Hebr, 1. Clem und bei Ignatius oder auch Vorwürfen wegen ungerechter Verurteilungen durch die Römer wie bei den Apologeten in seinem Doppelwerk noch nichts zu finden. Wie bei Paulus sind in erster Linie die Juden die Verfolger. Es handelt sich ja noch um eine im Grunde innerjüdische Auseinandersetzung, um einen schmerzlichen Familienstreit. Eben darum kann er, aus der Sicht seiner Zeit, mit gutem Recht die Nähe der neuen Bewegung zu ihren jüdischen Wurzeln betonen. Sie vertritt die wahre, „messianische", in der ‚Endzeit' (Apg 2,17) sich universalistisch öffnende Ausprägung des alten Gottesvolkes, in dem sich die profetischen Verheißungen erfüllen. D. h. sie hat das Zeugnis der Erzväter und Profeten in Gesetz, Profeten und Psalmen auf ihrer Seite und ist keine verachtenswerte neue Winkelsekte.[39] Wo der römische Staat gegen sie eingreift, geschieht es auf jüdische Anklagen oder

---

19,27.43 und Aussagen wie Apg 20,29, die auf spätere Auseinandersetzungen in den Gemeinden hinweisen, abzulehnen. Dagegen spricht auch die Entstehung von Mk um 69/70.

[37] Vgl. Apol 31,2ff; 35,9; 40,6; 48,3; 103,3f: Herodes d. Gr. sei Zeitgenosse des Königs Ptolemaios (II.), Herodes Antipas König von Judäa und Nachfolger des Archelaos. Die Akten des Pilatus könnten noch eingesehen werden; Dial 80,4: Sadduzäer, Pharisäer, Galiläer etc. seien so wenig echte Juden wie die gnostischen Häretiker Christen sind!

[38] S. dazu M. HENGEL, Die Evangelienüberschriften, SHAW.PH 1984, 3, Heidelberg 1984, 25ff; C.-J. THORNTON, Zeuge, 69−81.

[39] S. H. MERKEL, Gesetz (Anm. 31), 119−133, der auf P. PILHOFER, Presbyteron kreitton. Der Altersbeweis der jüdischen und christlichen Apologeten und seine Vorgeschichte, WUNT II/39 verweist; vgl. dagegen das Verdammungsurteil Suetons, Nero 16,3: *superstitio nova et malefica*. S. Lk 24,25−27.44; Apg 2,16ff; 3,18.21−25; 26,27; 28,23 u. ö.; vgl. 26,26: οὐ γάρ ἐστιν ἐν γωνίᾳ πεπραγμένον (dazu u. S. 51); vgl. dazu auch den Vorwurf des Heiden Caecilius bei Minucius Felix, Octavius 8,4: *lucifugax natio, in publicum muta, in angulis garrula*. Von einer innerkirchlichen Polemik gegen einen das AT ablehnenden „Prämarcionitismus" (s. W. SCHMITHALS, Einleitung in die Evangelien, Berlin 1985, 362−365) ist nichts zu spüren. Die Verwendung des AT muß nicht verteidigt werden.

auf Proteste abergläubischer Heiden hin. Das aber war schon bei Paulus so.[40] Von der generellen Rechtsunsicherheit bzw. sporadischen Prozessen gegen Christen mit tödlichem Ausgang unter dem späten Domitian und dann unter Trajan (98–117) wird kaum etwas sichtbar (s. o. Anm. 33). Übergriffe geschehen durch örtliche Magistrate und sind z. T. durch die Synagogengemeinden angestiftet. Vom Leiden der Christen ist noch in relativ allgemeiner Weise die Rede, die neronische Verfolgung in Rom 64 n. Chr. mag er – realistischer als die Johannesapokalypse – als einmalige Episode betrachtet haben. Einen Satz wie Joh 16,2 sucht man bei ihm noch vergebens. Die πολλαὶ θλίψεις (14,22) deuten eher auf allgemeine gesellschaftliche Ausgrenzung und Feindschaft hin. Diese aber war von Anfang an reichlich gegeben und bestätigte nur die Verkündigung Jesu. In dem ca. 10–15 Jahre späteren Mt, dem 1. Petrusbrief und dem ca. 20 Jahre späteren Corpus Johanneum hat sich die Situation gegenüber den Juden und Römern nicht unwesentlich gewandelt. Wäre sein Werk später entstanden, hätte Lukas sicher auch weitere Quellen wie Mt mit seinen großen Reden, die ihm noch nicht verfügbare Paulusbriefsammlung oder das Corpus Johanneum verwendet bzw. sich durch diese Texte anregen lassen. Eben das ist nicht der Fall. Joh setzt vielmehr das Lkevg voraus, und selbst die minor agreements bei Mt könnten bei größeren Übereinstimmungen durchaus von Lk ausgehen.[41] Daß der judenchristliche Schriftgelehrte Matthäus in Syrien oder Palästina das ihm suspekte Werk des Pauliners Lukas ignoriert hat, wäre nur zu gut verständlich.[42] Weiter fehlt im Evangelium und der Apg noch jeder Hinweis auf die spätere gnostische Gefahr,[43] und ebenso wenig tauchen Fragen,

---

[40] 2. Kor 11,24f; vgl. Apg 18,12ff; 21,27–26; 17,1–10.

[41] Vgl. etwa Lk 10,25f u. Mt 22,35f; Lk 20,3 u. Mt 21,24; Lk 22,64 u. Mt 26,68; Lk 22,62 u. Mt 26,75; Lk 23,53 u. Mt 27,59f. Wir hätten hier dann bei Mt ein ähnliches Phänomen wie im Verhältnis von Joh zu Mk und Lk. Er kennt sie, aber ignoriert sie bis auf kleine zufällig erscheinende Berührungen. Lk hat auch Q besser erhalten als Mt.

[42] Zu den Semitismen bei Mt vgl. den großen Kommentar von A. SCHLATTER; weniger gründlich S. T. LACHS, Studies in the Semitic Background of the Gospel of Matthew, JQR 67 (1976), 195–217; weiter M. HENGEL, Bergpredigt (Anm. 1), 327–400. E. FRANKLIN, Luke: Interpreter of Paul. Critic of Matthew, JSNT Suppl. Ser. 92, Sheffield 1994 nimmt jetzt, einer neuen Tendenz folgend, mit unzureichenden Gründen ein umgekehrtes Verhältnis an. Undenkbar, daß Lukas die eindrücklichen Reden des Mt übersehen oder zerschlagen hätte.

[43] Davon, „daß sich die lukanische Kirche im akuten Abwehrkampf gegen die aus ihrer Mitte entsprungene gnostische Bewegung befindet", läßt sich trotz der Warnung vor Irrlehrern Apg 20,29f, die ja auch schon bei Paulus allgegenwärtig waren – gegen G. KLEIN, Apostel, 214 –, im lukanischen Doppelwerk schlechterdings nichts finden. Es gab weder zur Zeit des Lukas schon eine „orthodoxe Kirche", noch werden „gnostische Reklamationen" gegenüber Paulus sichtbar. Wenn Paulus in Apg 20,20 u. 27 die ‚sufficientia' seiner Lehre betont, so erinnert dies an ähnliche Vorwürfe in Korinth. Mit den gnostischen Systemen hat dies nichts zu tun. Bestenfalls könnte man vermuten, daß gebildete Christen erste „doketische" Vorstellungen entwickelten, vgl. Lk 24,37.39 etc.; diese mußten aber noch nicht gnostisch sein und lagen gerade im Judentum immer nahe (Gen 18f; Ri 13,6ff; Tob 5,4–12,21; Dan 8,15; 9,21 u. a.). Dieser ganze von Marburg ausgehende unhistorische Pangnostizismus ist inzwischen zusammengebrochen. S. M. HENGEL, Johanneische Frage, 39 Anm. 85 und DERS., Gnosis und Neues Testament, in: Evangelium, Schriftauslegung, Kirche. FS P. Stuhl-

die mit dem entstehenden monarchischen Episkopat und dem Streit um die rechte Gemeindeordnung zu Beginn des 2. Jh.s zusammenhängen, auf.[44] Schließlich würde es bei einer späten Entstehung nicht verständlich werden, warum Lukas auf den Märtyrertod des Paulus nur in Andeutungen anspielt (s. o. S. 11); für einen Paulusroman im Stil der Apostelakten wäre das Martyrium der eigentliche Höhepunkt gewesen. Weil Lukas jedoch im Schlußteil seines Werkes Selbsterlebtes aus den letzten Jahren des Paulus erzählt und für Personen schreibt, die noch selbst um diese Vorgänge wußten, waren Anspielungen ausreichend.[45] Aus all diesen Gründen ist es das Wahrscheinlichste, daß Lukas sein „zweites Buch" ca. 20 Jahre nach jener Zeit verfaßte, in der er Reisebegleiter des Apostels auf der Kollektenreise nach Jerusalem und der zwei Jahre späteren Romreise war.[46] Ein Zeitgenosse und in manchem ein Geistesverwandter ist – wie schon gesagt – *Josephus*,[47] der gleichfalls in der Flavierzeit schreibt, dessen Werk aber Lukas ebenfalls noch nicht kennt. So sicher Lukas Markus und die Logienquelle, deren genauen Umfang wir freilich nicht mehr wissen, verwendet, so sicher kennt er weder die Paulusbriefe noch die Werke des Josephus.[48] Der *fehlende echte „Paulinismus"* des Autors ist bei

---

macher zum 65. Geburtstag, hg. v. J. Ådna u. a., Göttingen 1997, 190–223. Im Rückblick kann man sich über die breite Wirkung dieser einst so selbstsicher vorgetragenen und an den Quellen nicht verifizierbaren Hypothesen nur wundern.

[44] Diese Probleme werden dagegen in den Pastoralbriefen behandelt, die wir mit H. v. CAMPENHAUSEN zwischen ca. 110–120 ansetzen, wobei aber ein direkter Zusammenhang mit Polykarp selbst nicht nachweisbar ist. S. H. v. CAMPENHAUSEN, Aus der Frühzeit des Christentums, 1963, 195–252. Sie setzen die Apg bereits voraus und verwenden sie z. T. legendär ergänzt unter einem späteren Gesichtswinkel – s. das „Märtyrerbekenntnis" in 2. Tim – (dazu nächste Anm.). S. dazu H. W. TAJRA, Martyrdom (Anm. 33), 84–98. Vgl. 2. Tim 3,11 = Apg 13 und 14: Die lukanische Reihenfolge Antiochien, Ikonium, Lystra ist auffallend und beruht auf Tradition. Vgl. auch Apg 16,2f mit der Erweiterung 2. Tim 1,5 und 3,15; Apg 23,6 mit 2. Tim 1,3 und Apg 20,24 mit 2. Tim 4,7 und u. Anm. 51. Zur Gnosis vgl. 1 Tim 6,20; weiteres u. Anm. 52; zum Episkopat s. auch die Ignatiusbriefe.

[45] Vgl. Apg 9,16; 20,22–25.38; 25,23ff; vgl. dagegen Phil 1,24f; 2,24; Phm 22: Paulus ist, solange er lebt, noch voller Hoffnung; Lukas weiß dagegen um seinen Märtyrertod. Vgl. eine Generation später 2. Tim 4,16–18; auch 1. Clem 5,1–7; 6,1ff (nach 96 n. Chr.) ist nur im Vergleich mit dem Bericht des Tacitus, Ann 15,44 verständlich. Clemens rechnet sich noch zur Generation derjenigen, die persönliche Erinnerung an die neronische Verfolgung haben.

[46] S. M. HENGEL, Lukas, 147–183.

[47] Vgl. C. J. HEMER, Acts, 94–100; G. E. STERLING, Historiography and Selfdefinition. Josephus, Luke-Acts and Apologetic Historiography, NT.S 64, Leiden u. a. 1992 (bes. S. 365–369); vgl. dazu D. W. PALMER, Acts and the Ancient Historical Monograph, in: The Book of Acts in Its First Century Setting I., The Book of Acts in Its Ancient Literary Setting, ed. by B. W. Winter/A. D. Clarke, Grand Rapids Mich. 1993, 1–29 (15–18); vgl. den Index dieses Sammelbandes. Das Bellum ist kurz vor dem Tode Vespasians 79 n. Chr., die Antiquitates ca. 15 Jahre später 93/95 n. Chr. entstanden, s. SCHÜRER I, 47f.

[48] Zu den Paulusbriefen s. o. Anm. 12. Den Nachweis der Abhängigkeit versuchte u. a. M. KRENKEL, Josephus und Lukas. Der Einfluß des jüdischen Schriftstellers auf den christlichen, Leipzig 1894, zu liefern. An KRENKELS Ausführungen läßt sich ablesen, daß nur mit recht gewaltsamen geistigen Verrenkungen diese Beweisführung durchführbar ist. Dazu HEMER, Acts, 95 „the theory of Lukan dependence on Josephus has had in its day a certain vogue, and has been used as a major argument for the late dating of Luke-Acts"; vgl. auch STERLING,

alledem kein Gegenargument gegen den späteren Reisebegleiter und Augenzeugen.[49] Nicht jeder Reisegefährte des Paulus muß lebenslang theologisch ein echter „Pauliner" geblieben sein. Bei Lukas wird der Kontakt mit den Traditionsträgern der in seinem Evangelium verarbeiteten, spezifisch palästinischen Jesustradition auch einen gewissen *theologischen* Positionswandel bewirkt haben, möglicherweise schon während der Zeit der Gefangenschaft des Paulus in Caesarea. Seine Liebe zu Paulus wurde davon nicht berührt. Sollte, was in unserem Jahrhundert bei vielen Theologen fast zur Selbstverständlichkeit wurde, damals in moderierter Form nicht möglich gewesen sein? So manche Theolog(inn)en begannen als Anhänger der dialektischen oder existential interpretierenden Theologie, wandten sich dann dem Zeitgeist entsprechend der neomarxistischen Befreiungstheologie zu und suchen heute ihr Heil in der Rückkehr zum jüdischen oder – ganz „progressiv" – zum feministischen „ganzheitlichen" Denken. Im Blick auf solche Metamorphosen ist Lukas seinem Lehrer Paulus eher treu geblieben. Man wird dem Urteil Harnacks[50] zustimmen können: „*Er ist kein Pauliner*, aber er zeigt ganz deutlich, daß er den Paulinismus kennt und aus ihm schöpft", und weiter die Frage des größten deutschen historischen Theologen bedenken: „Wenn sie (die griechischen Begleiter und Freunde des Paulus) sämtlich oder auch nur in der Mehrzahl noch Pauliner im strengen Sinne gewesen sind – wie ist dann die Heidenkirche in Asien, Griechenland und Rom so ganz unpaulinisch geworden?" Man wird zumindest für die spätere Zeit nach 70 zwischen der sehr verschiedenartigen Fortwirkung der paulinischen Theologie und der bahnbrechenden missionarischen Arbeit des Apostels unterscheiden müssen. Es gibt m. E. im ganzen paulinischen Christentum keinen „echten" Pauliner. Das gilt selbst für den Verfasser des Epheserbriefs und für Marcion. Gerade diese Einzigartigkeit spricht für die Größe des Apostels, wie auch die Tatsache, daß Lukas seinen eigenen, einmal gewonnenen Anschauungen trotz der Liebe zu Paulus treu blieb, seine Glaubwürdigkeit eher unterstützt.

Historiography (Anm. 47), 365f Anm. 281; P. Bilde, Flavius Josephus between Jerusalem and Rome. His Life, his Works, and their Importance, JSPS.S 2, Sheffield 1988, 224, sieht Josephus im „Hintergrund" mancher lukanischer Texte, behauptet jedoch keine literarische Abhängigkeit. Daß Lukas Josephus benutzt hat, wird neuerdings wieder von S. Mason, Josephus and the New Testament, Massachusetts 1992, 186–225; ders. Chief Priests, Sadducees, Pharisees and Sanhedrin in Acts, in: The Book of Acts in its First Century Setting 4, hg. v. R. Bauckham, Grand Rapids Michigan 1995, 115–177 mit völlig unzureichenden Gründen vertreten. Auch die von D. Schwartz, God, Gentiles, and Jewish Law: On Acts 15 and Josephus' Adiabene Narrative, in: FS Hengel I, hg. v. P. Schäfer, Tübingen 1996, 263–282, vermutete Abhängigkeit von Apg 15 von Jos. Ant 20,34–48 halten wir für ausgeschlossen. Die Berührungen zwischen Lukas und Josephus sind entweder durch die Konventionen der jüdisch-hellenistischen Historiographie bedingt oder beruhen auf gemeinsamen mündlichen und schriftlichen Quellen, die beide je in ihrem Sinn verarbeitet haben.

[49] Gegen Ph. Vielhauer, Zum „Paulinismus" der Apostelgeschichte, EvTh 10 (1950/51), 1–15; G. Klein, Apostel. S. dazu schon A. v. Harnack, Lukas der Arzt, 86–103 und 14f Anm. 1 die Liste zum gemeinsamen Wortschatz. S. auch u. Anm. 80.

[50] Lukas der Arzt, 101. Hervorhebung A. H.

Lukas' Werk wollte bei größter persönlicher Hochschätzung des Heidenmissionars und seines einzigartigen Lebenswerks zwischen diesem und den Führern der Urgemeinde und ihren auch im Westen verbreiteten Anhängern *vermitteln*. Eine solche Vermittlung war nur sinnvoll, als sie noch notwendig war, d. h. nicht allzulange nach 70. Bei der Paulusverfälschung eines Kerdon oder Marcion gab es nichts mehr zu vermitteln. Lukas ist von einer Polemik gegen solche Kreise noch weit entfernt. Auch die Situation der Pastoralbriefe ist noch lange nicht die seine. Evangelium und Acta passen unter Berücksichtigung aller Gesichtspunkte bei weitem am besten in die frühe Flavierzeit zwischen dem späten Vespasian und dem frühen Domitian. Man wußte damals, als Lukas schrieb, noch genau, wer Petrus, Johannes, Jakobus, Stephanus, Paulus, Philippus, Barnabas aber auch Markus, Silas/Silvanus, Timotheus, Apollos oder Aristarchos wirklich gewesen waren. Das war um 100 oder 120 nicht mehr in dieser Weise der Fall. Im 1. Clem oder bei Ignatius wird eine viel größere Distanz sichtbar. Im Gegensatz zu den späteren Apostelakten, ja schon zu den Pastoralbriefen braucht Lukas keine Personen zu erfinden.[51] Der „Vermittler" aber, der zudem noch einen katechetischen Zweck gegenüber einem Angehörigen der Oberschicht (und dessen Freundeskreis) erfüllen will,[52] *mußte* harmonisieren, „verschönern", Konflikte entschärfen und *vieles Unangenehme übergehen*. Er wollte ja den angesprochenen Theophilos nicht durch Hinweise auf ständige Streitigkeiten, an denen viel später noch Porphyrius Anstoß nahm, abstoßen. Denn es bleibt ungewiß, ob „Theophilos" überhaupt getauft war. Es könnte sich bei ihm auch um einen Fall ähnlich wie bei Sergius Paulus (Apg 13,12), d. h. um einen „Sympathisanten" handeln, dem der neue Glaube noch intensiver nahegebracht werden soll (s. u. Anm. 479). Das mag auch für „schwierige" Lehren wie die Sühnopfertheologie oder eine theologia crucis im paulinischen Sinne gelten. In dieser harmonisierenden Tendenz *ad usum Delphini* liegt seine theologische *und* historische Schwäche. Sie gehört zum Stil der Apologie, die sein Werk (u. a. auch) darstellt. Eben darin ist er seiner Zeit voraus. Aber trotz dieser Tendenz blieb er sich selber treu. Er möchte nicht Tatbestände bewußt verfälschen. Wer zwischen den Zeilen lesen konnte, ver-

---

[51] Vgl. z. B. 2. Tim 1,5 und die Namen der Mutter und Großmutter des Timotheus mit der nüchternen historischen Notiz Apg 16,1. Lukas kennt auch außer dem – richtig eingeordneten – Simon Magus keine Namen von Ketzern und Apostaten; vgl. dagegen 1. Tim 1,20; 2. Tim 1,15; 2,17; 4,10.14. Wie schon oben gesagt, kennt der spätere Vf. der Pastoralbriefe die Apg; vgl. 1. Tim 1,3.12−16; 2. Tim 3,11; 4,7 etc. Der Autor − um ca. 110/120 n. Chr., eine Generation nach Lukas, vielleicht ein „Lukasschüler"? − hat zwar noch paulinische Nachrichten, kann sie aber nicht mehr historisch sinnvoll einordnen. Er ist auf dem halben Wege zu den Paulusakten. S. o. Anm. 44.

[52] Lk 1,1−4; Apg 1,1 f. Zum Prolog und seinem sozialen Kontext s. jetzt L. ALEXANDER, Preface, 132 f. 145. 187 ff. Dagegen sollte man nicht so ohne weiteres von einer „lukanischen Gemeinde" sprechen s. H. MERKEL, Gesetz (Anm. 31), 131 f und D. C. ALLISON, Was there a Lucan Community, IBSt 10 (1988), 62−70. Auf völlig falscher Fährte dagegen W. STEGEMANN, Zwischen Synagoge und Obrigkeit. Zur historischen Situation der lukanischen Christen, FRLANT 152, 1991. Zur Person des Lk s. auch o. S. 10 Anm. 31 vgl. u. Anm. 1276 zur angeblichen Herkunft aus Antiochien.

mochte immer noch genügend Konflikte zu entdecken. So ist sein Bild der frühesten Gemeinde „zwischen Jesus und Paulus" kräftig geschönt und läßt gewiß vieles weg, was der Verfasser wußte, aber lieber verschwieg, weil es nicht in den Duktus seines Werkes paßte. Manches deutet er nur an, und auch sein Schweigen kann des öfteren bewußt und daher zuweilen sehr beredt sein. Über vieles hatte er zudem keine oder auch falsche bzw. einseitige Informationen.[53] Er gibt ja keine kontinuierliche Geschichtsdarstellung, sondern reiht – biblischem Stil und jüdischer Geschichtsschreibung entsprechend – mit knappen Übergängen Szenen aneinander, die oftmals dramatisch ausgestaltet sind. Da er seinen „zweiten Bericht" (vgl. Apg 1,1) in eine Buchrolle zusammenpressen muß und dieser darum nicht größer sein darf als der „erste", das Evangelium, muß er den Stoff rigoros beschränken,[54] wobei die Herausarbeitung des Typischen und Paradigmatischen und d. h. zugleich die erzählerisch-kerygmatische Wirkung natürlich wesentlich wichtiger ist als die strenge Geschichtstreue. Das alles entspricht dem Milieu, aus dem er kommt.

Exkurs I: Lukas der Arzt

Ganz gewiß war er kein professioneller, rhetorisch versierter „Historiker", aber ein nicht unfähiger „Amateur", vergleichbar mit dem, den Lukian in seiner Parodie auf einen biederen Militärarzt, Kallimorphos, beschreibt, der einen Bericht über den Partherfeldzug in sechs Büchern verfassen will und der nach einem naiven, Lukian spricht von einem „frostigen" (ὑπέρψυχρον) Prooemium und einigen jonischen Floskeln rasch in die „Alltags-" und „Straßensprache" verfällt. Lukian hätte über Lukas gewiß noch mehr gespottet als über diesen.[55] Lukas' aretalogisch gefärbte zweibändige Geschichte der Entstehung und missionarischen Ausbreitung einer messianischen jüdischen Sekte von Galiläa bis nach Rom ist ein absolutes Unikum in der antiken Literatur und konnte bei gebildeten Literaten nur Kopfschütteln hervorrufen. Möglicherweise spielt Lukian bei diesem als Historiker dilettierenden Arzt „Kallimorphos" u. a. auch auf Kriton an, den Leibarzt Trajans, der diesen auf dessen Dakerfeldzug begleitete und neben medizinischen Schriften, darunter ‚Kosmetika', auch ‚Getika' schrieb, ein „Titel (der) die gute tradition der griechischen ethnographie und kriegsmonographie zeigt". Dabei konnte er wohl auf „die offiziellen aufzeichnungen des hauptquartiers" zurückgreifen.[56] Ein anderer berühmter Arzt und Zeitgenosse des Lukas, Soranus von Ephesus, verfaßte unter seinen zahlreichen Schriften nicht nur einen populären Φιλίατρος, sondern auch zehn Bücher Βίοι ἰατρῶν, von denen eine Zusammenfassung seiner Hippokratesvita erhalten ist.[57]

---

[53] S. dazu M. DIBELIUS, Aufsätze (Anm. 15), 113–116. Lukas will „den Richtungssinn des Geschehens herausarbeiten" (113); vgl. u. S. 26 Anm. 95; 248; 368f; 372 Anm. 1555; 392 u. ö.

[54] Nach R. MORGENTHALER, Statistik des neutestamentlichen Wortschatzes, Frankfurt a. M. 1959, 164 hat das Evg 19428 und Acta 18382 Worte.

[55] Quomodo hist. conscr. 16.

[56] Jacoby, FGrH 700 s. dazu Kommentar S. 626 (Zitat). S. auch E. KIND, PW 11, 1935f.

[57] E. KIND, PW 2. R. 3, 1115–1130: Der genaue Titel lautet Βίοι ἰατρῶν καὶ αἱρέσεις καὶ συντάγματα ι', in der Suda τῶν ἰατρῶν διαδοχαί. Die Zusammenfassung der Hippokratesvita findet sich bei A. WESTERMANN, ΒΙΟΓΡΑΦΟΙ, Braunschweig 1845, 449–452. Vgl. dazu A. E.

Exkurs I: Lukas der Arzt

Die Identität des Verfassers von Evangelium und Acta mit „Lukas, dem geliebten Arzt" wird u. a. nahegelegt durch die meisterhafte Untersuchung von L. Alexander zum *Lukasprolog*,[58] die den ganz engen Zusammenhang der Lukasprologe Lk 1,1−4 und Apg 1,1 in ihrer knappen Form mit denen der wissenschaftlich-technischen Literatur in der Zeit vom 2. Jh. v. bis zum 2. Jh. n. Chr. aufzeigen konnte, und hier wieder besonders mit den Einleitungen der von Ärzten verfaßten Schriften:

„It will be clear immediately that our reading of the preface accords well with the traditional belief that the author of Luke-Acts was the ‚beloved physician' of Col. 4.14. It does not of course constitute a proof of that tradition. All it provides is the collateral observation that Luke's preface is a kind of preface a doctor might write, especially if he was a doctor whose acquaintance with Greek literature went little further than the handbooks of his trade."[59]

Man wird ihn daher der gehobenen Mittel- und Theophilos der Oberschicht zurechnen dürfen, denn: „Medicine in the ancient world was a craft before, and as much as, it was an intellectual discipline".[60] Auf diesem Hintergrund verdienen auch die Untersuchungen von W. K. Hobart und A. v. Harnack zur „medizinischen" Sprache bzw. zum ärztlichen Interesse bei Lukas neue Beachtung, denn der Nachweis von H. J. Cadbury, daß derselbe „medizinische" Wortschatz auch in der LXX, Josephus, Plutarch und Lukian erscheine, wird noch nicht allen Beobachtungen von ihrer Seite gerecht. Lukas berichtet nicht nur mit Abstand am meisten Heilungsgeschichten im Neuen Testament, sondern auch oft mit interessanten Einzelheiten, und vor allem im 2. Teil der Apg haben wir einige auffallende Erzählungen dieser Art.[61] Der Irrtum von Hobart und Harnack lag darin,

---

Hanson/M. H. Green, Soranus of Ephesus: Medicorum Princeps, ANRW II 37,2, 1994, 968−1075 (1007−1018). Die bekannten Ärzte des 1. und 2. Jh.s n. Chr. waren überhaupt vielseitige Schriftsteller. Vgl. auch J. Scarborough, Roman Medicine to Galen, ANRW II 37,1, 1993, 40−48.

[58] L. Alexander, Preface. Die Historikerprologe sind sehr viel ausführlicher und vom eigentlichen Textcorpus nicht so scharf geschieden. Schon L. Rydbeck, Fachprosa, vermeintliche Volkssprache und Neues Testament. Zur Beurteilung der sprachlichen Niveauunterschiede im nachklassischen Griechisch, Studia Graeca Upsaliensis 5, Uppsala 1967, hatte darauf hingewiesen, daß die Sprache des Lukas Verwandtschaft mit der nichtattischen „wissenschaftlichen" Fachprosa seiner Zeit besitzt. Zu Kol 4,14 vgl. A. v. Harnack, Marcion. Neue Studien, Darmstadt 1960, 124* Anm.: Marcion habe ὁ ἰατρὸς ὁ ἀγαπητός weggelassen, weil ihm das zuviel Ehre schien für den Verfälscher des Evangeliums und der Apostelgeschichte. Vgl. Ders., Lukas der Arzt, 1.

[59] Preface, 176f. Zum letzten Satz s. jedoch u. Anm. 62−64.

[60] Preface, 177. L. Alexander ist dabei vielleicht doch in der Gefahr, Lukas auf der sozialen Leiter etwas zu weit unten anzusiedeln, denn er wird bei seinen literarisch-erzählerischen Fähigkeiten weder zu den reisenden Quacksalbern noch zu den reinen, relativ ungebildeten ‚Technikern' gehört haben. Die Ärzteschaft ging durch alle sozialen Stufen, vom Sklaven bis zum ordo equester, hindurch, und einzelne konnten sehr viel Geld verdienen und zu hohem sozialen Ansehen aufsteigen, s. L. Friedländer/G. Wissowa, Darstellungen der Sittengeschichte Roms, [10]I, 197f. Soranus forderte selbst für gute Hebammen „eine vollständige ärztliche Bildung". So „sollte(n) (sie) lesen können, damit sie imstande wäre(n), ihre Kunst auch theoretisch zu erlernen", op. cit. 195. Vgl. A. E. Hanson/M. H. Green, Soranus (Anm. 57), 1026.

[61] W. K. Hobart, The medical Language of St. Luke, Dublin 1882, reprint Grand Rapids 1954; A. v. Harnack, Lukas der Arzt, s. besonders 9−13.122−137; vgl. auch Th. Zahn, Einleitung in das Neue Testament, [3]II, 1907, 433f0.442−444; dagegen H. J. Cadbury, The

daß sie glaubten, aufgrund der „medizinischen Sprache" des Lukas einen stringenten Beweis führen zu können. In Wirklichkeit geht es überhaupt um sein auffallendes und nicht widerlegtes „ärztliches Interesse", das schon in Harnacks Buch deutlich herausgearbeitet wird und das nach der überzeugenden Untersuchung des Prologs von L. Alexander erst recht einer Erklärung bedarf.[62] Folgende Überlegungen könnten die Option für Lukas den Arzt noch verstärken. Die Apg ist von einem *reiseerfahrenen Autor* geschrieben. Die Ärzte der frühen Kaiserzeit waren ebenfalls nach vielfältigen Nachrichten große Reisende, darin nur noch Kaufleuten, Schauspielern und hohen Beamten vergleichbar. Diese Reisen dienten der wissenschaftlichen Fortbildung und den dazu notwendigen Kontakten, aber auch der ärztlichen Praxis und den damit verbundenen häufig öffentlichen Darbietungen, weiter der Suche nach Informationen über neue Heilmittel, Pflanzen und Mineralien oder auch Heilverfahren.[63] Darum war für antike Ärzte,

---

Style and Literary Method of Luke, HThS 6, 1920, 29–72. In dem Exkurs S. 66ff findet CADBURY in den Schriften Lukians mit demselben Umfang wie dem des lukanischen Doppelwerks (Alexander, verae historiae, Peregrinus) rund das Zweifache an medizinischen Termini als bei Lukas. Aber diese bizarren Erzählungen haben eine besondere Affinität zu medizinischer Terminologie. Alexander behauptet nicht umsonst, Profet und Enkel des Asklepios zu sein, und ist diesem Gott in besonderer Weise verpflichtet (10f.13f.22.38f.58). Lukian schreibt zudem in der 2. Hälfte des 2. Jh.s für ein gebildetes Publikum, das, wie das vielseitige Werk und Wirken seines Zeitgenossen Galen zeigt, sich für medizinische Fragen und Begriffe besonders interessierte. Seine Einleitung zu ‚Alexander' hat, wie CADBURY (70) bemerkt, eine gewisse Ähnlichkeit mit dem Prolog von Dioscorides materia medica. Das auffallende „medizinische" Vokabular gehört zum ironischen Stil der beiden Bioi, des Scharlatans Alexander und des exzentrischen, halbverrückten Peregrinus.

[62] Lukas verwendet 15 mal ἰᾶσθαι bei 26 Vorkommen im NT, ἴασις erscheint dreimal nur bei ihm; dreimal hat er ὑγιαίνειν: Lk 5,31; 7,10; 15,27, das dann auf die Lehre bezogen Lieblingsfloskel der Pastoralbriefe wird. S. auch Apg 9,34: ἰᾶταί σε Ἰησοῦς Χριστός, ist bei ihm ein programmatischer Satz vgl. Lk 5,17c (aber auch 4,23); 4,38; 10,30.34; 11,27; 13,11–13; 14,2; 16,20f u. ö.; Apg 3,7f; 9,33f.40f; 13,11f; 14,8–10; 20,9f; 27,33f; 28,8f u. ö.

[63] Zu Galen s. FRIEDLÄNDER, Sittengeschichte (Anm. 60), 194.203; s. auch G. HARIG, Zur Datierung der Reisen Galens, Beiträge zur Hochschul- und Wissenschaftsgeschichte Erfurts 21 (1987/8), 13–20; zu Dioscorides s. J.M. RIDDLE, High Medicine and Low Medicine, ANRW II, 37,1, 1993, 10ff: „Travelling was apparently very much of his life"; zu Asklepiades: J. VALLANCE, The Medical System of. A., in: op. cit. 708: „He seems to have travelled widely". Nach Galen mußten ärztliche Spezialisten in der Provinz von Stadt zu Stadt reisen, s. V. NUTTON, Roman Medicine, in: op. cit. 64f. Vgl. auch die beiden Grabgedichte für Ärzte:
„Dorotheos, Fremdling, birgt diese Erde. Verständig war er,
ein Arzt, im Alter schied er vom Leben.
Die Heimat, die ihn zeugte, war das große vom Nil bespülte Alexandreia.
Ein Mann war er, der sich um jegliche Weisheit bemühte.
Viele Städte besuchte er auf seinen Wanderungen, und nun hat ihn Tithoreia
in diesem kalten Felsengrab geborgen,
als das vom Schicksal bestimmte Ende gekommen war: deckt doch auch Homer,
den göttlichen Sänger, das kleine Eiland Ios."
(1. Jh. v. Chr.); Text und Üs. bei W. PEEK, Griechische Grabgedichte, Darmstadt 1964, 98f Nr. 135; und Nr. 138 (aus dem 3. Jh. v. Chr.) das Grabgedicht für Phaidas (σοφώτατον Ἑλλὰς ἔκλειψεν), dessen Heimat Tenedos war und dessen Grabmal in Paphos errichtet wurde. Das Grab in der Fremde, das man in der Antike scheute, diente den weitgereisten Ärzten zum Ruhm. Vgl. auch den weitgereisten christlichen Arzt, „Alexander, der aus Phrygien stammte, und der viele Jahre in verschiedenen Teilen Galliens wirkte und nahezu allen (christlichen Gemeinden) bekannt war wegen seiner Gottesliebe und seinem Freimut in der Wortverkündi-

Exkurs I: Lukas der Arzt 21

ähnlich wie für Historiker der Gegenwartsgeschichte, die eigene, ganz persönliche „Augenzeugenschaft" so wichtig. Αὐτόπτης ist kein sehr häufiges Wort, bei Galen finden wir es auffallend oft, ebenso auch bei Polybius und einige Male bei Josephus und Cassius Dio.[64] Es war für den Arzt fast noch wichtiger als für den Historiker. Vermutlich war es nicht zuletzt die Erfahrung der δύναμις κυρίου ... εἰς τὸ ἰᾶσθαι (Lk 5,17) oder, um mit Paulus zu sprechen, der χαρίσματα ἰαμάτων (1. Kor 12,28) bei den „Christen", die Lukas als den am empirischen Heilerfolg interessierten Arzt und den mit dem jüdischen Monotheismus sympathisierenden Griechen auf diese messianische „Sekte" aufmerksam werden ließ.[65] Das könnte seine für das moderne theologische Verständnis anstößige Liebe zur „Faktizität" des wunderbaren Handelns Gottes erklären. Selbst für Harnack ist er darum nur „glaubwürdig, soweit nicht seine Wunderreligion ins Spiel kommt und seine Eigenschaft als pneumatischer Medicinmann".[66] Der große liberale Theologe sieht daher in „Seine(r) ‚Soteriologie' ... das Schlimmste", darum werde „auch die Wunderheilung die eigentliche Funktion und Probe der neuen Religion".[67] Auf der anderen Seite sollte man die elementare Erfahrung der heilenden Kraft des Gottesgeistes, die unserer Wahrnehmungsfähigkeit so sehr widerstrebt – Harnack spricht in diesem Zusammenhang gerne von „Christian Science" – bevor man sie verurteilt, in ihrem damaligen historischen Kontext sehen. Für Jesus und das Urchristentum hatten Heilungswunder und Exorzismen eine unübersehbare Bedeutung als Hilfe in konkreter Not und als Zeichen der messianischen Erlösung. Nicht umsonst legt Lukas mit Jes 61,1f Jesus bei seiner „Antrittspredigt" in der Synagoge in Nazareth ein Wort in den Mund, das wohl schon für Jesus selbst bedeutsam war.[68] Der von Harnack zu Recht

---

gung. Er hatte nämlich wirklich Anteil an der apostolischen Gnadengabe (der Krankenheilung)", (ἰατρὸς δὲ τὴν ἐπιστήμην, πολλοῖς ἔτεσιν ἐν ταῖς Γαλλίαις διατρίψας καὶ γνωστὸς σχεδὸν πᾶσι διὰ τὴν πρὸς τὸν θεὸν ἀγάπην καὶ παρρησίαν τοῦ λόγου. ἦν γὰρ καὶ οὐκ ἄμοιρος ἀποστολικοῦ χαρίσματος). Er stand während der Verfolgung den christlichen Gemeinden in Lyon und Vienne (177 n.Chr.) bei, ermunterte die Angeklagten, tapfer ihr Bekenntnis abzulegen, und starb selbst als Märtyrer (Euseb, h.e. 5,1,49ff).

[64] S. dazu das für die frühchristliche Sprache ungewöhnliche καθὼς παρέδοσαν ἡμῖν οἱ ἀπ' ἀρχῆς αὐτόπται καὶ ὑπηρέται τοῦ λόγου Lk 1,2. Der Satz weist darauf hin, daß Lukas mit solchen αὐτόπται des Wirkens Jesu selbst noch Kontakt hatte. Das Wort erscheint weder sonst im NT noch bei den apostolischen Vätern noch bei den Apologeten; auch in der LXX und in den Pseudepigraphen sucht man es vergebens! L. ALEXANDER, Preface, 34–41.120-125 zählt ca. 90 Belege aus der griechischen Literatur ohne Papyri und die späteren christlichen und magischen Texte. 30 davon sind von Galen, 22 von Polybius, 38 zerstreut von Herodot bis Cassius Dio (35). „Closer analysis of the objects of the *autopsia* claimed reveals that the word occurs most frequently in connection with two kinds of information, medical and geographical." (36). Geographie ist jedoch ein wichtiger Bestandteil antiker Geschichtsschreibung. Zu Josephus s. bell 3,432; 6,134: Titus bei den Kämpfen auf dem Tempelvorplatz als ἃ. καὶ μάρτυς ἁπάντων; c. Ap.1,54: Jos. als Verfasser des Bellum war πολλῶν μὲν αὐτουργὸς πράξεων, πλείστων δ' αὐτόπτης; ant 18,432; 19,125. In der Apg treten dafür die Wir-Berichte ein. S. dazu C.-J. THORNTON, Zeuge, 7.360f und Index 421 s.v. Augenzeuge und Autopsie.

[65] Vgl. Apg 3,6; 9,34; 19,11; 2. Kor 12,12; Röm 15,19. Auffallend ist weiter seine Vorliebe für αἵρεσις, das er im Gegensatz zu dem zweimaligen negativen Gebrauch bei Paulus 1. Kor 11,19 u. Gal 5,20 sechsmal positiv für Pharisäer (15,5; 28,2), Sadduzäer (5,17) und dreimal für die Christen (24,5.14; 28,22) verwendet. Ihm war der Begriff von den verschiedenen medizinischen „Schulen" her wohl vertraut.

[66] Lukas der Arzt, 89. Heute stehen dagegen „Geistheiler" hoch im Kurs.

[67] Lukas der Arzt, 100.

[68] Lk 4,16–29 vgl. 7,22f dazu 4Q 521 und 11QMelch.

hervorgehobene „Optimismus" und die Betonung der Freude mögen mit dieser „ärztlichen" Haltung zusammenhängen.[69] Heilungen und Exorzismen waren Zeichen der „Befreiung" aus dämonischer „Gebundenheit".[70] Ein guter Arzt kann schwerlich ein notorischer Pessimist sein. Vielleicht hat der ältergewordene Paulus den Arzt Lukas und seine Glaubenszuversicht besonders geschätzt und sich darum von ihm auf seiner Romreise (neben dem „Mitgefangenen" Aristarchos) begleiten lassen.[71] Noch ein letzter Punkt soll erwähnt werden. Lukas ist nicht nur ein vorzüglicher Erzähler, sondern auch ein relativ gewandter Stilist, der den LXX-Stil im Evangelium und in Apg 1—15 meisterhaft nachahmt, dagegen bei der Schilderung des Paulus in Athen oder Ephesus und dann vor allem beim Prozeß eine wesentlich andere Sprache spricht. Die Rede des Rhetors Tertullus Apg 24,2—8 ist ein Glanzstück der Stilanpassung. D. h. er ahmt den Stil der LXX nicht aus Mangel an rhetorischer Bildung nach, sondern weil diese für ihn inspirierte Heilige Schrift darstellt; auch vermeidet er außer dem bekannten Aratzitat in Apg 17,28[72] eindeutige Zitate aus der klassischen Literatur nicht aus Bildungsmangel, sondern bewußt, weil sie als heidnische Literatur in den Kontext seines Doppelwerkes nicht passen. Eine gewisse Analogie stellt der Arzt und Zeitgenosse Aretaios von Kappadokien dar, der in seinen Schriften den jonischen Stil eines Hippokrates, d. h. seines medizinischen Heros[73], nachahmte. Die Werke des Meisters, die in der frühen Kaiserzeit häufig kommentiert wurden, galten für ihn gewissermaßen als „Heilige Schriften".[74] Unter Berücksichtigung aller Gesichtspunkte gewinnt die These von „Lukas dem geliebten Arzt" doch ein erhebliches Maß an Wahrscheinlichkeit. Er hätte dann seinen beiden ‚missionarischen Monographien' trotz ihres biographisch-historischen und kerygmatisch-aretalogischen Charakters die ihm aus seiner medizinischen „Fachliteratur" vertraute Form des Prologs vorangestellt und ihnen damit eine literarische Gestalt gegeben, die um 80 n. Chr. völlig aus dem Rahmen des in der christlichen Gemeinde Üblichen herausfiel. Eine spätere Zuschreibung des 3. Evangeliums gerade an diesen Autor kann dagegen nicht sinnvoll erklärt werden.

---

[69] Lukas der Arzt, 95: „Der große Optimismus, in welchem Lukas erzählt und durch den er bereits ein Vorläufer der Apologeten und des Eusebius geworden ist, erlaubte es nicht, störende Kleinigkeiten zu buchen"; vgl. DERS., Die Apostelgeschichte, 207ff; DERS., Mission, 1, 147—170 hat zu Recht die große Bedeutung von Krankenheilung und Exorzismus für das frühe Christentum hervorgehoben.

[70] Lk 13,16 vgl. 2. Kor 12,7—9.

[71] HARNACK (Lukas der Arzt, 92 Anm. 1) hat recht, wenn er gegen RAMSEY betont, daß Lukas nicht schon bei der schweren Krankheit des Paulus in Galatien als Arzt und Begleiter dem Paulus beigestanden hat, denn nach dem Wir-Bericht stößt er erst in der Troas zu Paulus. Auf der anderen Seite wird Paulus, der von Krankheit, Unglücksfällen auf Reisen und körperlichen Strafen zur Genüge heimgesucht wurde (2. Kor 12; Gal 4,13ff), auf die Begleitung durch einen reiseerfahrenen Arzt auf der Fahrt nach Rom Wert gelegt haben. Lange Gefangenschaft war auch in der Antike der Gesundheit nicht förderlich, und Paulus hatte noch große Missionspläne.

[72] Vgl. noch das Zitat aus einer unbekannten stoischen Quelle Apg 17,28b, dazu CONZELMANN, Apostelgeschichte, 109; weiter 4,19 und 5,29, hinter dem wohl Sokrates nach Platon, Apol 29d steht, und 26,14 mit Euripides, Bakchen 794f. Zum Stil von Apg 24,2ff s. LÖSCH, ThQ 112 (1931), 295—319.

[73] FABRICIUS, PW VIII,2, 1802f: H. „wurde in eine sagenhafte Verbindung mit Padaleiros, Asklepios und Herakles gebracht".

[74] S. dazu S. M. OBERHELMAN, On the Chronology and Pneumatism of Aretaios of Cappadocia, ANRW 37,2, 1994, 941—966 (944f).

Auf diesem Hintergrund wird verständlich, daß Lukas zwar äußerlich in quasi „wissenschaftlicher" Form, aber (so wenig wie Paulus selbst) auf keine Weise tendenzfrei, *sine ira et studio*, schreiben wollte und konnte. Das tut kein frühchristlicher, jüdischer oder überhaupt antiker Autor und Historiker, am allerwenigsten Tacitus, von dem diese Forderung stammt.[75] Die Baur-Schule, die diese „Tendenz" entdeckte, sah hier nur die halbe Wahrheit: „Acts is indeed a *Tendenzschrift*, but not a *Tendenzroman*"[76]. Wie die meisten antiken Menschen kann Lukas auch seinen Haß äußern, wenn auch nicht so kräftig wie Paulus, Johannes[77] oder Matthäus. Vor allem aber verehrt er *eine* Person: Paulus. In ähnlicher Weise wie er verfährt Josephus in seiner Darstellung der jüdischen Geschichte seit der makkabäischen Erhebung (Bellum, Buch 1–2 und Antiquitates, Buch 12–20), der ebenfalls aus seinen Sym- und Antipathien keinen Hehl macht, freilich sehr viel stärker von seinen schriftlichen Quellen abhängig ist als Lukas in der Apostelgeschichte, der nicht ca. 250 Jahre, sondern (wenn man die Vorgeschichte des Evangeliums ausklammert) nur einen schmalen Zeitraum von etwas mehr als 30 Jahren beschreibt, der nur ein bis zwei Generationen zurückliegt. Trotz dieser unleugbaren, nicht selten fast etwas penetrant erscheinenden Tendenzen bleibt sein Doppelwerk von unschätzbarem Wert. Erst über 200 Jahre später hat dann Euseb wieder eine „Kirchengeschichte" geschrieben, auch „episodenhaft", aber sehr viel universaler und als die erste christliche Literaturgeschichte. Dazwischen könnte man noch vielleicht Hegesipps Hypomnemata in 5 Büchern um 180 n. Chr. mit dem lukanischen Opus in zwei Bänden vergleichen, aber von diesen wissen wir zu wenig.[78] D. h. Lukas will durchaus ein fachgerechter „historisch-biographischer" Erzähler in antikem Sinne sein, der freilich – und das ist das besondere, ja einzigartige – nicht nur in ansprechender Form informieren, sondern zugleich damit seinen Lesern eine heilvolle Botschaft verkündigen will, wobei er je und je die heilsgeschichtliche Erzählung der LXX zum Vorbild nahm und – von der Sache her – seinen Lesern Neues, Unerhörtes zu berichten hatte.[79] *D. h., der Auctor ad Theophilum war als „biographisch-historischer" Erzähler, der zugleich predigt, seiner Zeit weit voraus*. Kein Wunder, daß es seit Overbeck so viele verärgerte Urteile über ihn gibt.[80] Diese sind freilich nicht im strengen

---

[75] Ann 1,1,3; vgl. Jos. bell 1,2f.7.9. Lukian, op. cit. 7–13.

[76] W. GASQUE, A History of the Criticism of the Acts of the Apostles, BGBE 17, 1975, 37.

[77] M. HENGEL, Johanneische Frage, 148f.164f.202.

[78] Ob sie als eine Art von Kirchengeschichte betrachtet werden dürfen, scheint uns fraglich zu sein. S. dazu M. HENGEL, Problems of a History of Earliest Christianity, Bib. 78 (1997), 140f.

[79] S. dazu L. ALEXANDER, Preface, und dazu die informative Rezension von A. DIHLE in: International Journal of the Classical Tradition, Winter 1995, 122–129 und C. K. BARRETT, NT 28 (1996), 94–104.

[80] S. das strenge, viel wiederholte Urteil F. OVERBECKS, Christentum und Kultur. Aus dem Nachlaß herausgegeben von C. A. Bernoulli, 1919, Nachdr. Darmstadt 1963, 78: Die Tatsache, daß er „dem Evangelium eine Apostelgeschichte als Fortsetzung gibt", ist „eine Taktlosigkeit von welthistorischen Dimensionen, der größte Exzeß der falschen Stellung, die sich

Sinne „historische" Urteile, sondern ideologisch begründet. Schon bei der Tübinger Schule war es der „Tendenzschriftsteller" und „Vermittlungstheologe", der Ärgernis erregte, wobei man ein ‚philosophisch-romantisches' oder aber später im 20. Jh. ein ‚dogmatisch-dialektisches' Bild des Urchristentums voraussetzte und den Verfasser des Doppelwerkes an der einzigartigen Größe des Paulus maß.[81] Hinzu kommt die Meinung, daß dieses und jenes, wie sonderbare Wundergeschichten, erzählerische Nachlässigkeiten oder gar Ungereimtheiten,[82] nur von einem zwei bis drei Generationen späteren Autor und nicht von einem – partiellen – Zeit- bzw. Augenzeugen stammen könne. Hier könnte uns ein eingehenderes Studium der hellenistisch-römischen, jüdischen und späteren christlichen Geschichtsschreibung und hagiographischer Biographie eines anderen belehren. Man sollte eben mehr antike Texte und weniger kritizistisch-scholastische Sekundärliteratur lesen.[83]

Lukas zum Gegenstand gibt". Sie stehe neben den Evangelien „wie eines der armseligsten und ärmsten Bücher". Hier spricht der Haß Overbecks gegen den Lukasverehrer Harnack. Im Grunde hat Overbeck weder Lukas noch Paulus verstanden. Er verkannte das Verdienst des Lukas, der als einziger die Brücke von Jesus zu Paulus zu schlagen versucht, und sah nur als aufgeklärter Zeitgenosse die völlige – bei aller romantischen Verklärung der ersten Anfänge – für ihn letztlich doch absurde *Fremdheit* des Urchristentums. Zur Lukaskritik in den Spuren Overbecks (und der dialektischen Theologie) s. Vielhauer, „Paulinismus" (Anm. 49) und besonders rabiat G. Harbsmeier, Unsere Predigt im Spiegel der Apostelgeschichte, EvTh 10 (1950/51), 352–368. Zur vornehmen Auseinandersetzung mit beiden s. O. Bauernfeind, Zur Frage der Entscheidung zwischen Paulus und Lukas, ZSTh 23 (1954), 59–88 = Kommentar und Studien zur Apostelgeschichte, WUNT 22, Tübingen 1980, 354–382, dazu auch 416–422 u. ders., EvTh 13 (1953), 347–54. Vgl. auch die scharfe Kritik an Lukas von E. Käsemann, Exegetische Versuche und Besinnungen I, 1960, 198f und dazu II, 1964, 29f. Als ich 1949 in Heidelberg studierte, hörte ich von Mitstudenten, daß ein Professor in Mainz über das lukanische Doppelwerk mit dem Motto gelesen habe: „Haut den Lukas auf den Kopf". Ich denke freilich, daß diese Studenten Ernst Käsemann damals nur halb verstanden haben. Hinter dieser radikalen Lukaskritik einer ganzen theologischen Generation in Deutschland steht ein tiefes Unverständnis gegenüber der lebendigen, unseren Vorurteilen widersprechenden Wirklichkeit der Geschichte. Man glaubte, die Wahrheit einseitig im dogmatischen Klischee zu finden. S. auch o. Anm. 49.

[81] S. dazu A. v. Harnack, Lukas der Arzt, 87 mit dem Zitat im Vorwort o. S. VII.

[82] Zur schriftstellerischen Sorglosigkeit des Lukas s. A. v. Harnack, Lukas der Arzt, 80ff; dazu die Liste der „Inkorrektheiten" in: ders., Die Apostelgeschichte, 159–178. Sie dürfen nicht einfach durch die schriftlichen Quellen erklärt werden, könnten aber z. T. auf differierender mündlicher Überlieferung beruhen.

[83] S. dazu C.-J. Thornton, Zeuge, Index s. v. „Historiker", „Historiographie", „Lukas"; L. Alexander, Preface, 102ff (und passim) und die bei M. Hengel, Probleme, 244–252, zur Papiasnotiz, und ders., Entstehungszeit, 16–18 angeführten Belege zur Alexander- und Augustusüberlieferung und zum Wunder in der christlichen Geschichtsschreibung bei gleichzeitiger Augenzeugenschaft. Die Beispiele könnten vervielfacht werden. Ich empfehle hier vor allem die Lektüre der vier Bücher Gregors d. Gr. (ca. 540–604), Dialogorum Gregorii Papae libri quatuor de miraculis Italicorum, SC 260, 1979; 265, 1980, die u. a. die Viten des Benedikt v. Nursia (ca. 480–547) und des Paulinus v. Nola (353–431) enthalten, deren Wunderglaubigkeit Lukas als nüchternen Erzähler erscheinen läßt. S. auch O. Betz, Das Problem des Wunders bei Flavius Josephus..., in: ders., Jesus. Der Messias Israels, Aufsätze zur biblischen Theologie, WUNT 42, 1987, 398–419; ders., Miracles in the Writings of Flavius Josephus, in: L.H. Feldman/G. Hata, Josephus, Judaism and Christianity, Leiden

Der vor allem seit Conzelmanns ‚Die Mitte der Zeit'[84] gegen Lukas erhobene Vorwurf, daß er die urchristliche Eschatologie zugunsten eines heilsgeschichtlichen Schemas verraten habe, in dem Christus nicht mehr das eschatologische Heil verkörpere, sondern als „die Mitte der Zeit" erscheine, auf die im Fortgang der Geschichte die „Zeit der Kirche" folge, geht an der Sache völlig vorbei. Nach der Zeitrechnung der LXX lag zwischen der Geburt Jesu und der Erschaffung der Welt ein Zeitraum von ca. 5000 Jahren.[85] Sollten dem gegenüber jene ca. 30 Jahre der Vita Christi (Lk 3,23), von der er nur den Anfang und das Ende berichtet, als die Mitte und die wenig mehr als 40 Jahre bis zur Gegenwart des Autors als die zweite „Hälfte der Weltgeschichte" erscheinen? Die These Conzelmanns setzt die Perspektive des 20. Jh.s voraus. Derartige Konstruktionen richten sich selbst. In Wirklichkeit beginnt auch für Lukas, wie für das gesamte Urchristentum, die Erfüllung der profetischen endzeitlichen Verheißungen mit Johannes dem Täufer, die Geschichte Jesu steht im Mittelpunkt dieses „Endgeschehens", darauf folgt in zeitlicher Erstreckung die Zeit der Apostel und der Missionspredigt, die zugleich eine „Gnadenfrist" der Entscheidung und der Umkehr ist.[86] Dabei zeigt die in der programmatischen Pfingstrede des Petrus Apg 2,17[87] vorgenommene Änderung des Joeltextes (Joel 3,1) der LXX durch ein ἐν ταῖς ἐσχάταις ἡμέραις anstatt von μετὰ ταῦτα, daß auch diese „Entscheidungszeit" für Israel und die Völker „letzte Zeit" vor dem Ende ist.[88] Daß Lukas gleichzeitig das apokalyptische Fieber, das im Zusammenhang des jüdischen Krieges auch die christlichen Gemeinden gepackt hatte,[89] dämpft und alle apokalyptische Nächsterwartung ablehnt,[90] ist

---

1987, 212−235; MORTON SMITH, The Occult in Josephus, ibid. 236−254: „For him ... the occult was more than a decorative element. It was a constituent part of the Graeco-Roman world, a part made particularly important by the conflict between that world and his inherited Israelite monotheism." Auch er schreibt zu einem guten Teil tendenziöse und zuweilen die historische Wirklichkeit (vgl. z. B. das Bellum zugunsten der späteren Darstellung in der Vita) ‚korrigierende' *Zeitgeschichte* (s. u. Anm. 124). Warum darf das bei Lukas nicht so sein? Mehr Gerechtigkeit läßt der lukanischen Darstellung des Paulus als Wundertäter S. SCHREIBER, Paulus als Wundertäter, BZNW 79, 1996, 19−158 widerfahren: „Fast allen Texten ... liegt in irgendeiner Weise historische Erinnerung zugrunde". Er will dann aber als historisch nur die Gelähmtenheilung und den Exorzismus gelten lassen. Damit wird vielleicht doch zu sehr unser modernes aufgeklärtes Vorurteil eingetragen. Vgl. jetzt H.-J. KLAUCK, Magie und Heidentum in der Apostelgeschichte des Lukas, SBS 167, Stuttgart 1996; E. PLÜMACHER, TERATEIA, ZNW 89 (1998), 66−90.

[84] BHTh 17, 1954, ⁵1964. Das vielgerühmte Buch ist in vielen Teilen eine Lukas-Karikatur.

[85] S. die Chronik des Hieronymus, p. 13 und 20a/b (GCS 47, ed. Helm 1956): 5.600 Jahre; Josephus, ant 1,13 spricht von 5.000 Jahren. S. dazu E. NODET, Flavius Josèphe. Les Antiquités Juives, V. I B, Traduction et notes, 1990, 3 Anm. 4, und B. REICKE, BHH 3, 2217.

[86] Lk 24,27; Apg 1,8; 5,31; 11,18; 13,47; 17,30; 20,21; 26,20.

[87] S. C. K. BARRETT, Acts 1, 136f z. St.

[88] Vgl. Lk 24,21; Apg 1,5−8; 4,20−26; 17,31.

[89] Vgl. Mk 13,7f.14. Auch 2. Thess könnte um 68 oder bald nach 70 entstanden sein und vor dem Ende das Kommen des „Antichrists" in der Form des Nero redivivus eingeschoben haben. 1. Joh 2,18 und Apk 13 ist dieser schon feste Tradition. Lukas weiß davon noch nichts. Vgl. u. Anm. 1138.

[90] Lk 19,11; Apg 1,6f.

Ausdruck seiner Nüchternheit, die den Zeitpunkt des Endes durchaus nicht ad infinitum verschiebt,[91] sondern dem überraschenden Handeln Gottes anheim stellt.[92] Dabei schaut er – wie Mk – auf die neronische Verfolgung zurück,[93] aber im Gegensatz zu diesem auch auf das Strafgericht, das über Jerusalem erging:[94] Die Heilige Stadt, an der sein Herz hängt und die er selbst besucht hatte, wird „von den Völkern zertreten werden" bis ihre von Gott bestimmten „Zeiten erfüllt sind". Diese καιροὶ ἐθνῶν bedeuten zugleich die letzte Frist der Missionspredigt und Umkehr in der Gegenwart des Autors. Lukas ist hier ganz und gar „Missions-", man könnte auch sagen „Wort-Gottes-Theologe".

Wir wissen im Grunde gar nicht, was wir Lukas verdanken. Nicht nur unser Wissen über Jesu Verkündigung, die bereits Hinweise auf die bedingungslose Gnade enthält, und seine historische Einordnung,[95] sondern auch über die Lebensdaten des Paulus und sein Missionswerk von Damaskus bis Rom gehen weitgehend auf ihn zurück. Das Urteil Harnacks gilt nach 90 Jahren immer noch uneingeschränkt: „In Wahrheit hat ... niemand einen glaubhaften Paulus nur nach seinen Briefen gezeichnet. Die Versuche in dieser Richtung haben zu grotesken Einseitigkeiten geführt, über welche die Geschichtsschreibung hinweggegangen ist."[96] Zusammen mit dessen Briefen bildet die Apg darüberhinaus *den einzigen*, gewiß sehr engen, aber doch noch – einigermaßen – *durchgängigen „Korridor"* zu den ersten Anfängen der Urgemeinde, d. h. sie hilft uns, die Brücke, oder besser einen schmalen Steg, „zwischen Jesus und Paulus" zu schlagen. Unter diesem Titel hatte ich vor 20 Jahren versucht, das uns in Apg 6 und 7 vorgegebene Problem der „Hellenisten" zu erhellen, das auf diesem „Steg" ein besonders wichtiges „Zwischenglied" darstellt.[97] Unmittelbar mit diesem Thema hängt das in der Forschung stark vernachlässigte Problem des „vorchristlichen Paulus" zusammen, das ich 1991 in einer kleinen Monographie behandelte, und das m. E. eine weitere, nicht unwichtige Voraussetzung zum Verständnis des Apostels und seiner Theologie darstellt.[98]

---

[91] Lk 21,28.31f; 19,11.

[92] Apg 1,7 vgl. Mk 13,22f; Apg 3,20f. Das ist allgemein urchristlich: vgl. 1. Thess 5,1f und Lk 12,33.39; Apk 16,15. Zum überraschenden Kommen des Kyrios s. Lk 12,35–46; 19,34–36 u. ö.

[93] Lk 21,16f vgl. Mk 13,12f.

[94] Lk 21,20–24 vgl. 19,27.41–44.

[95] Lk 2,1; 3,1ff. Daß Lukas sich nicht klargemacht hat, daß eine „Schätzung" des römischen Statthalters von Syrien im Reich Herodes I. schlechterdings nicht möglich war, ist einer seiner von der historischen Situation her verständlichen Irrtümer. S. dazu SCHÜRER I, 399–427; RIESNER, Frühzeit, 293f (neuere Lit.). Wahrscheinlich war er hier von einer judenchristlichen, mündlichen oder (u. E. eher) schriftlichen Quelle abhängig, die die Geburt Jesu in Bethlehem legendär begründete.

[96] Lukas der Arzt, 99. Die seither vergangenen 90 Jahre können dieses Urteil bis hin zu den jüngsten Versuchen nur bestätigen. Es gibt eine „radikale Kritik", die nichts dazu lernt und sich immer nur im Kreise dreht.

[97] Zwischen Jesus und Paulus. Die „Hellenisten", die „Sieben" und Stephanus (Apg 6,1–15; 7,54–8,3), ZThK 72 (1975), 151–206.

[98] The Pre-Christian Paul, London/Philadelphia 1991 (in Zusammenarbeit mit ROLAND DEI-

1.3 Zum Problem der Entwicklung bei Paulus

Die vorliegende Studie soll dazu die Fortsetzung bilden und nach der jüdischen Vorgeschichte des Apostels *jene dunkle Zeit der 13–16 Jahre zwischen seiner Bekehrung und seiner „ersten Missionsreise" bzw. dem darauffolgenden „Apostelkonzil" untersuchen* (ca. 33–46/7 bzw. 49 n. Chr.),[99] über die wir von Paulus selbst, aber auch von Lukas im Vergleich zu den darauffolgenden sieben Jahren der „missionarischen und literarischen Ernte" relativ wenige Nachrichten besitzen, wobei diese geringen Informationen sich zudem vor allem auf den Anfang und das Ende dieser Epoche, die Bekehrung und das „Apostelkonzil", konzentrieren. Dieser dunkle Zeitraum, der die sieben „Erntejahre" um das Doppelte übertrifft, ist besonders wert, eingehender untersucht zu werden, denn gerade die unbekannten Jahre zwischen Damaskus und dem Ende der syrisch-antiochenischen Zeit muß man als die entscheidende Epoche betrachten, in der Paulus jenes herausragende missionarische (und theologische) Profil gewann, das uns in seinen Briefen während der Missionsarbeit rund um die Ägäis in gleichbleibender Weise begegnet. Über die Qualität dieser Missionsarbeit war er sich, wie 1. Kor 15,10 und verwandte Texte zeigen, im Vergleich mit anderen konkurrierenden Missionaren sehr wohl bewußt. M.a.W.: in diesen dreizehn bis sechzehn „Lehrjahren" muß sein theologisches Denken wie auch seine missionarische Strategie und sein „apostolisches Selbstbewußtsein" so ausgereift sein, daß er in den sieben bis acht darauffolgenden weitgespannten, westlichen „Wanderjahren" reiche Früchte einbringen konnte. Denn bereits gegenüber den drei „Säulen" in Jerusalem beim „Apostelkonzil" am Ende der Mission in „Syrien und Kilikien" und in dem Zusammenstoß mit Petrus, der zum endgültigen Bruch mit Antiochien führte, vertritt der Apostel in der für ihn zentralen Frage der „Rechtfertigung allein aus Glauben" und der Unfähigkeit des Gesetzes, den Menschen zum Heil zu führen, auf recht selbstbewußte Weise eine so eindeutige und klare Position, daß eine spätere weitergehende, wesentliche Positionen abändernde Fortentwicklung in diesem seine ganze Existenz betreffenden theologischen Fundament äußerst unwahrscheinlich wird. Lassen wir nochmals A.D. Nock sprechen:

„Die dreizehn oder vierzehn Jahre ‚in den Gegenden Syriens und Kilikiens' müssen für Paulus' Entwicklung von höchster Bedeutung gewesen sein, denn während dieser Zeit übt er Mission an Heiden aus und hatte das Bedürfnis und die Zeit, um seine persönliche

---

NES). Durchgesehene und ergänzte Fassung: Der vorchristliche Paulus, 177–291. Die postum erschienene Kritik: Der vorchristliche Paulus. Überlegungen zum biographischen Kontext biblischer Überlieferung – zugleich eine Antwort an Martin Hengel, GEORG STRECKER in Zusammenarbeit mit TORSTEN NOLTING, in: Texts and Contexts. Biblical Texts in Their Textual and Situational Contexts. Essays in Honor of Lars Hartman, ed. T. Fornberg/D. Hellholm, Scandinavian University Press, Oslo-Copenhagen-Stockholm 1995, 714–741 hätte in dieser Form nie veröffentlicht werden sollen. Der Artikel ist voll von sachlichen und historischen Fehlern.

[99] Zur ungefähren Chronologie des Apostels s.u. S. 473f: Zeittafel.

Theologie sowie seine Technik der Predigt und Beweisführung zu entwickeln. Eine gewisse Entwicklung läßt sich in seinen erhaltenen Briefen aufweisen; aber sie ist mehr eine Angelegenheit der Anpassung an Situationen: *die eigentliche persönliche Entwicklung liegt vor den Jahren, denen die Briefe angehören*".[100]

Die „Wahrheit des Evangeliums", wie er sie in Jerusalem vor Jakobus, Kephas/ Petrus und Johannes und wohl ca. 2½ Jahre später in Antiochien vor Petrus, Barnabas und den antiochenischen Judenchristen vertrat[101] und wie er sie dann im Galaterbrief erbittert verteidigte, war keine andere als die, die er ca. 7–8 Jahre nach dem „Apostelkonzil" in systematischer Form im Römerbrief als sein theologisches Vermächtnis entfaltete.

Damit widersprechen wir entschieden der heute von manchen Exegeten in und außerhalb Deutschlands vertretenen Anschauung, daß der Apostel wesentliche Bestandteile seines theologischen Denkens, wie seine Lehre vom Gesetz, das die völlige Sündenverfallenheit des „natürlichen Menschen" aufdeckt und ihn ganz von Gottes Gnade abhängig macht, und der daraus resultierenden Rechtfertigung des Sünders allein aus Glauben ohne „Werke des Gesetzes", auf Grund der unerfreulichen Vorgänge in Galatien erst ab dem Galaterbrief in einer „Spätphase" entwickelt habe, während in der „Frühphase" von Paulus „die ... Tora mehr im Sinne eines ‚Adiaphorons'" behandelt worden sei.[102] Wenn man die von Paulus und Lukas übereinstimmend bezeugte Herkunft des Apostels aus dem pharisäischen Lehrhaus wirklich ernst nimmt, d.h. seine Ausbildung als pharisäischer Schriftgelehrter, die nach dem Zeugnis der uns bekannten Quellen nirgendwo anders als in Jerusalem stattgefunden haben kann, wie auch seinen „Eifer für das Gesetz" als Motiv des Versuchs, die christliche Gemeinde der Hellenisten – doch wohl in Jerusalem – zu „zerstören", dann *muß* die Begegnung mit dem auferstandenen Christus vor Damas-

---

[100] Nock, Paulus (Anm. 16), 67f. Sperrung M.H./A.M.S. Ob man in den Briefen wirkliche, in die Tiefe gehende Entwicklungen nachweisen kann, möchten wir bezweifeln. Die Unterschiede ergeben sich jeweils aus der verschiedenen Situation.

[101] Gal 2,5.14. S. dazu u. S. 29. 402 Anm. 1658.

[102] So G. Strecker, Befreiung und Rechtfertigung, in: Rechtfertigung. Festschrift für E. Käsemann, hg. von J. Friedrich etc., Tübingen/Göttingen 1976, 479–508 (480) = ders., Eschaton und Historie, Aufsätze, Göttingen 1979, 227–259 (230). S. vor allem seinen Schüler U. Schnelle, Gerechtigkeit und Christusgegenwart. Vorpaulinische und paulinische Tauftheologie, GTA 24, Göttingen 1983, 100ff u.ö.; ders., Wandlungen im paulinischen Denken, SBS 137, 1989, (Lit.); vgl. auch H.H. Schade, Apokalyptische Christologie bei Paulus, GTA 18, Göttingen ²1984 (1981), 49f; F.H. Horn, 1 Korinther 15,56 – ein exegetischer Stachel, ZNW 82 (1991), 88–105, der 1. Kor 15,56 als Interpolation eines Paulusschülers erweisen will, weil eine solche Aussage über Gesetz und Sünde „innerhalb der paulinischen Theologie z.Zt. des 1Kor" (101) noch nicht und erst in Röm 7 möglich sei; J. Becker, Paulus, 395 bescheinigt dem Apostel „Wandlungsfähigkeit" bei „einem beharrlich durchgehaltenen Ansatz theologischen Denkens"; s. dagegen T. Söding, Der erste Thessalonicherbrief und die frühpaulinische Evangeliumsverkündigung. Zur Frage einer Entwicklung der paulinischen Theologie, BZ 35(1991), 180–203; Riesner, Frühzeit, 349–58; D. Sänger, Die Verkündigung des Gekreuzigten in Israel, WUNT I/75, Tübingen 1994, 236–44. Zum Problem s. schon das G. Strecker nahekommende Urteil A. Schweitzers, u. Anm. 707.

kus *gerade in der Frage der Tora eine radikale Lebenswende mit sich gebracht haben.* Phil 3,2–11 mag ca. 23 oder 30 Jahre nach dieser Wende geschrieben worden sein, aber der Rückblick gibt diese einschneidende Veränderung sachlich zutreffend wieder: An die Stelle der Welt, Existenz und Heil umfassenden Bedeutung der Tora als „Weg zum Leben", ja als göttlicher Lebensquelle an sich,[103] tritt der gekreuzigte und auferstandene Christus, d.h. in Bezug auf die Lehre die Einheit von Christologie und Soteriologie, die – wie könnte es anders sein – seit Damaskus die Grundlage seines Denkens und Lebens bildete, ganz gleich unter welchen einzelnen Aspekten er diese Einheit später in seinen Briefen zur Sprache brachte. Die dialektische Spannung zwischen Tora und Christus bzw. Tora und Evangelium bestimmt von jetzt an seinen Lebensweg. „In Christus" ist die Tora – im doppelten Sinne des Wortes – „aufgehoben", fast möchte man sagen „allein gut aufgehoben". Daß die entscheidende theologische Wendung am Anfang steht, wurde schon von F.C. Baur deutlich gesehen:

„Nach seiner Individualität überhaupt, so wie nach der Art und Weise seiner Bekehrung, die eine so plötzliche und so durchgreifende Umwandlung seines Innern war, läßt es sich nicht anders denken, als daß er nicht erst durch verschiedene vermittelnde Stufen hindurchging, sondern sobald er einmal sich in sich selbst gesammelt und fixiert hatte, mit einem Male das war, was wir seitdem in ihm erblicken".[104]

Das bedeutete natürlich nicht, daß dort, wo die Frage der Weitergeltung der Tora überhaupt nicht virulent war, wie in Thessalonich, oder dort, wo enthusiastische Antinomisten, die seine eigene Predigt von der Freiheit gründlich mißverstanden hatten und daher jegliches Ethos grundsätzlich in Frage stellten, wie in Korinth, seine Gesetzes- und Rechtfertigungslehre immer expressis verbis ausführlich dargestellt werden mußte.[105] Nur ein ganz schlechter Prediger trägt ohne Rücksicht auf die Situation der angesprochenen Gemeinde immer ein und dasselbe vor oder spricht ständig von seiner Bekehrung. Ein so erbärmlicher Prediger war Paulus ganz gewiß nicht. Man sollte ihm das darum auch nicht unterstellen. Der Apostel kommt darauf zu sprechen, wo es von der Sache her, etwa in einem Konfliktfall (jedoch nicht nur dort), notwendig ist. Aber gerade die Tatsache, daß er, wenn es sein muß, sehr deutlich darauf Bezug nimmt, zeigt, wie wichtig für ihn die Gesetzesfrage bzw. seine Bekehrung und Berufung waren. Zwischen der Theologie des Heidenapostels und seiner Biographie besteht so ein tiefer innerer Zusammenhang, wobei freilich „die Wahrheit des Evangeliums" (Gal 2,5.14), d.h. die „Theologie", oder besser der gekreuzigte und auferstandene Christus, die sein Leben bestimmende Macht wird und nicht umgekehrt. Mit der heute so beliebten Pauluspsycho-

---

[103] S. dazu F. AVEMARIE, Tora.
[104] Paulus, der Apostel Jesu Christi, Stuttgart 1845, 90.
[105] Einige, der in Anm. 102 genannten Autoren möchten gerne 1. Thess und 1. Kor gegen Gal und Röm ausspielen. Sie verkennen, daß Paulus nie abstrakt argumentiert, sondern seine christozentrische Verkündigung immer in einem bestimmten Kontext vertritt, und man daher in keinem seiner Briefe eine vollständige Darlegung seiner ganzen aspektreichen Verkündigung erhält. Zu 1. Thess s. u. S. 451–461.

logie verschließt man sich einem wirklich in die Tiefe gehenden Verständnis seiner Botschaft. Sie endet – vestigia terrent – in der Regel in Banalitäten. „Die Einheit von Biographie und Theologie im Leben des Apostels"[106] erweist sich nicht zuletzt in dem für Paulus grundlegenden Gegensatz zwischen dem Einst seiner pharisäischen Vergangenheit im untadeligen Gesetzesgehorsam „unter dem Gesetz"[107] und dem Jetzt seiner Wirksamkeit als „berufener Apostel für die Völker", der diesen das Evangelium von der befreienden Gnade in Christus verkündigt. Daß zwischen seiner Lebenswende, die den Bruch mit der Tora als Heilsweg im bisherigen Sinne und die völlige Hingabe an den gekreuzigten und auferstandenen Gottessohn und Kyrios bedeutet, und jenem Höhepunkt seines apostolischen Dienstes von ca. sieben Jahren rund um die Ägäis, den wir aus den Briefen kennen, die anstößig lange, für uns dunkle, Zeitspanne von ca. sechzehn Jahren liegt (33–49 n. Chr.), ändert an diesem Tatbestand nichts.

Denn gerade bei einer *eingehenderen Untersuchung* wird sich zeigen, daß bestimmte Grundelemente der paulinischen Theologie, wie sie in den Briefen zutage treten, zumindest andeutungsweise schon viel früher vorauszusetzen sind und das Wirken und Denken des frühen Paulus überhaupt erst verstehbar machen. Die Untersuchung der *historischen* Details in den Briefen des Apostels selbst, aber auch in der lukanischen Apostelgeschichte, über die vielleicht doch noch mehr gesagt werden kann, als gemeinhin geschieht, würde auch zu einem besseren *theologischen* Verständnis des Apostels der Völker führen und helfen, manche heute unerklärte oder umstrittene Frage zu lösen. Dabei können wir uns je und je auch auf Ergebnisse der älteren Untersuchung über den vorchristlichen Paulus stützen. Eine große Hilfe ist weiter die meisterhafte Studie von *Rainer Riesner*, *Die Frühzeit des Apostels Paulus*, die vor allem im Bereich der Chronologie und der paulinischen Missionsstrategie unter Heranziehung aller verfügbaren historischen und epigraphischen Quellen einen gangbaren Pfad durch das Dickicht der Hypothesen geschlagen hat.[108] Sie sollte ein Standardwerk der Paulusforschung werden; doch fürchte ich, daß dieses gelehrte Werk bei der immer verbreiteter werdenden Unfähigkeit im Bereich unserer unglückseligen „neutestamentlichen Wissenschaft",[109] antike Quellen sachgemäß zu verarbeiten und damit *historisch* zu argumentieren, nicht so leicht Anerkennung finden wird. Es ist auf jeden Fall einfacher, ohne nähere Prüfung weiterhin pseudokritisch mit scholastischen Klischees und alten Vorurteilen herumzuhantieren, als sich um die vielfältigen, oft schwer interpretierbaren und entlegenen antiken Quellen zu bemühen.

---

[106] D. Sänger, Verkündigung (Anm. 102), 222.
[107] Phil 3,6; vgl. Chr. Dietzfelbinger, Berufung, 84.88 u.ö.
[108] Riesner, Frühzeit. Vgl. jetzt die eingehende Kritik der divergierenden chronologischen Entwürfe vor Riesner bei A. Suhl, Paulinische Chronologie im Streit der Meinungen, ANRW II, 26,2, 939–1188, der in manchem zu einem mit Riesner vergleichbaren Ergebnis kommt (S. 997), freilich die Bekehrung des Paulus etwas zu früh und den Aufenthalt in Arabien zu kurz berechnet.
[109] S. dazu M. Hengel, Aufgaben (Anm. 22), 321–357.

1.4 Zu den Quellen: Paulus, Lukas und die Nebenquellen

Als *Quellen* stehen uns zunächst die bekannten Hinweise des Paulus auf seine Vergangenheit vor und nach seiner Lebenswende zur Verfügung, darüberhinaus zahlreiche kleinere Indizien in seinen Briefen, die indirekt auf die Bedeutung seiner Berufung und seines Apostolats hinweisen.[110]

An erster Stelle wäre hier *Gal 1,10–2,18* zu nennen, 34 Verse, die so etwas wie eine *„Apostelgeschichte in nuce"* enthalten. Sie sind in Verbindung mit Phil 3,2–11 die wichtigste ‚biographische' Quelle für die paulinische Frühzeit. Hinzu kommen andere autobiographische bzw. geschichtliche Mitteilungen wie 1. Kor 9,1–23; 15,1–11; Röm 1,1–17; 9,1–5; 15,14–33 u.a.m. Es ist erstaunlich, in welchem Maße Paulus ganz selbstverständlich Kenntnisse über die eigene Vergangenheit wie auch über die Urgemeinde in Jerusalem bzw. Judäa und über führende Männer des Urchristentums in den von ihm begründeten Gemeinden in Korinth oder „Galatien" ständig voraussetzt. Kephas, die Zwölf und die anderen Apostel, Jakobus und die Brüder Jesu waren dort keine Unbekannten. D. h., zur gemeindegründenden Predigt gehörten u. a. auch Mitteilungen über die Anfänge der Urgemeinde in Jerusalem und ihre wichtigsten Vertreter. Paulus hat nicht nur „das Evangelium verkündigt", sondern auch die gesunde, berechtigte Neugier seiner Zuhörer über die Vorgänge in Judäa befriedigt. Ein Text wie 1. Kor 15,1–11 wäre ohne die vorausgehende gründliche Information über die aufgeführten Personen und Vorgänge im Anschluß an die Gemeindegründung gar nicht richtig verständlich gewesen. Eben darum bereitet er *unserer* „Unwissenheit" solche Schwierigkeiten. Den notwendigen „Kommentar" dazu hatte Paulus bei seiner Gemeindegründung mündlich gegeben. Aber auch Angaben über seine eigene Biographie gehörten dazu. So muß er die Galater damals über seine Vergangenheit als eifriger Torastudent und heftiger Verfolger der Gemeinden informiert haben.[111] Dasselbe gilt für Korinth, wo er nicht nur die Bekanntschaft mit Kephas/Petrus, auf den sich sogar eine eigene Gemeindefraktion beruft, sondern auch mit Jakobus und den Brüdern des Herrn und mit Barnabas voraussetzt. U. E. haben wohl Vertreter der Kephasmission, vielleicht sogar Kephas/Petrus selbst, bald nach dem antiochenischen Zwischenfall Korinth besucht.[112] Die besondere Bezie-

---

[110] Vgl. J. BECKER, Paulus, 34 ff. 73 ff, der freilich, den alten Vorurteilen verpflichtet, die Bedeutung der Apg notorisch unterschätzt, obwohl er ohne sie sein umfangreiches Paulusbuch gar nicht hätte schreiben können. S. dazu die Rezension von H. BOTERMANN, Paulus und das Urchristentum in der antiken Welt, ThR 56 (1991), 296–305.

[111] Gal 1,13 Ἠκούσατε γὰρ τὴν ἐμὴν ἀναστροφήν ποτε ἐν τῷ Ἰουδαϊσμῷ, vgl. 1. Kor 15,9; Phil 3,6, dazu M. HENGEL/R. DEINES, Rezension Sanders, JThS 46 (1995), 1–70.

[112] S. H. LIETZMANN, Kleine Schriften II, TU 68, 1958, 288 ff: „Petrus ist wirklich in Korinth gewesen und hat da verhängnisvoll gewirkt". Schon Th. ZAHN, Apostel und Apostelschüler in der Provinz Asien, FGNK VI, 1900, 7, vermutete, daß sich „Petrusleute ... in Korinth als Apostel einführten" und von der „Muttergemeinde" Jerusalem ausgingen. S. auch E. MEYER, Ursprung und Anfänge des Christentums, Stuttgart/Berlin 1923, 441, Anm. 2; E. SCHWARTZ (Anm. 10), 218f; s. dazu Dionysios v. Korinth, hist. eccl. 2,58,8. Die neuere Literatur bei M.

hung zu Jerusalem samt den damit verbundenen Schwierigkeiten wird am Ende des Römerbriefes sichtbar. All das muß umso mehr auffallen, als Paulus sonst mit privaten oder gar politischen Mitteilungen äußerst sparsam umgeht: Wir erfahren von ihm nichts über seine Herkunft aus Tarsus und seine Familie, sein doppeltes römisches und tarsisches (?) Bürgerrecht,[113] seinen jüdischen (und seinen offiziellen dreiteiligen römischen) Namen, ja nicht einmal etwas über die Bedeutung Antiochiens und seines langjährigen Aufenthalts in Syrien und Kilikien für seine Biographie,[114] nichts über seine Mission im Inneren Kleinasiens,[115] über die Gründung und die Schicksale der Gemeinde in Rom, über die Gründe der akuten Lebensgefahr (oder gar der Gefangenschaft) in Ephesus. Die einzige politische Autorität, die er erwähnt, ist – ein reiner Zufall – der Nabatäerkönig Aretas IV, eine Nachricht, die sich im Kern mit der Apg berührt.[116] Das römische Reich, der Kaiser, die Statthalter in den Provinzen, der Hohepriester und die Autoritäten in Jerusalem, die Magistrate der Städte, mit denen er zu tun hatte, kein Name eines Heiden – außer diesem Aretas –, all diese für das Leben des Paulus und die Gemeinden durchaus wichtigen Dinge bleiben unerwähnt. Nicht nur Lukas, auch der Apostel ist in seinen Briefen groß im Verschweigen, nur wieder auf andere Weise. Um so mehr fällt auf, was er dann doch gesagt hat. Man wird auch schwerlich die Schlußfolgerung a minore ad maius umgehen können, daß, wenn Paulus seinen Gemeinden so viele Details über die Urgemeinde und seinen eigenen Bruch mit der Vergangenheit mitgeteilt hat, er ihnen in reichem Maße auch Jesusgeschichte und -tradition erzählt haben muß. Denn daran waren seine Hörer mindestens ebenso sehr, ja noch mehr interessiert als an Nachrichten über Gestalten der Urgemeinde oder über sein eigenes Schicksal. Der Grund ihres Heils war ja nicht Paulus, sondern der Messias und Kyrios Jesus, seine Person, sein Wirken

---

KARRER, Petrus im paulinischen Gemeindekreis, ZNW 80 (1989), 210–231, der durch seinen irreführenden Gebrauch des argumentum e silentio zu unwahrscheinlichen Ergebnissen kommt. Seit dem Zwischenfall in Antiochien bestand zwischen Paulus und Petrus eine – verständliche – Spannung, die Paulus in den Gemeinden Schwierigkeiten bereitete. Die „Aussagelücke der deuteropaulinischen Literatur in der zweiten Hälfte des 1. Jh." (213) besagt gar nichts. Dort verschweigt man die Schwierigkeiten oder harmonisiert wie schon Lukas und später 1. Clem, Ignatius und Polykarp.

[113] M. HENGEL, Der vorchristliche Paulus, 193–208. S. LÉGASSE, Paul's Pre-Christian Career according to Acts, in: The Book of Acts in its First Century Setting. Vol. 4. Palestinian Setting, ed. by R. Bauckham, Grand Rapids 1995, 365–390; J. MURPHY-O'CONNOR, Paul, 33–51.

[114] Er spricht von einem vierzehnjährigen Aufenthalt in der Doppelprovinz nach seinem Besuch in Jerusalem, von seinen Erlebnissen hören wir jedoch mit Ausnahme von Gal 1,18–2,14; 2. Kor 11,32 (vgl. Apg 9,24f) und dem rätselhaften Röm 15,19 nichts.

[115] 1. Kor 16,1 können wir nur entnehmen, daß er in „Galatien" Gemeinden gegründet hat. Im Galaterbrief finden wir nur dunkle Andeutungen, darum der Streit über die nord- und südgalatische Hypothese s. C. J. HEMER, Acts, 277–307; RIESNER, Frühzeit, 257.350ff. Vgl. u. Anm. 1634.

[116] 2. Kor 11,32; vgl. Apg 9,23–25; zu Aretas IV. RIESNER, Frühzeit, 66–74 (Lit.), dort zum Ethnarchen 74–79; weiter E. A. KNAUF, Ethnarch, 145ff und seinen Beitrag u. S. 465–471. Weiteres u. S. 208–213.

und Sterben und seine Auferweckung.[117] Das gilt auch für Jesusworte, vor allem aber für die Einzelheiten der Passion Jesu.[118] Die kerygmatischen paulinischen Grundformeln „Christus starb für uns" und „Gott hat Jesus von den Toten auferweckt" waren ohne ursprüngliche Erzählung der realen Ereignisse vor und bei der Kreuzigung für die Gemeinden überhaupt nicht verständlich. Darum bedurfte es von Anfang an der Jesusüberlieferung. Der Schreibtischgelehrte vergißt über seinen fragmentarischen Texten allzuleicht die elementare Bedeutung menschlicher Neugier, vor allem wenn es um die mit einer lebendigen Person verbundenen Grundfragen der eigenen Existenz geht. Nirgendwo sagt Paulus, daß solche Fragen verboten sind. Ein solches Verbot wurde erst von radikalen Vertretern der Bultmannschule wie W. Schmithals[119] ausgesprochen. Ein interessantes Beispiel ist Gal 3,1. Auch wenn dort das προεγράφη ἐσταυρωμένος mit „er wurde öffentlich als Gekreuzigter bekannt gemacht" zu übersetzen ist und nicht mit „vor Augen gemalt", so setzt es doch die Mitteilung der Kreuzigung Jesu Christi voraus, und wie anders sollte ein so abstoßender Vorgang bei der Neugründung einer Gemeinde erklärt werden als durch *Erzählung* der Passionsgeschichte? Das κατ' ὀφθαλμούς legt dabei eine erzäh-

---

[117] 1. Kor 1,13; s. schon F. C. BAUR, Paulus (Anm. 104), 90: „Nur soviel ist gewiß, daß er, so sehr er auch sein ganzes apostolisches Thun und Wirken auf die Unmittelbarkeit seiner apostolischen Berufung gründete, und Alles, was er war, nur durch den ihm erschienenen Christus sagen wollte, nicht unterlassen hatte, Erkundigungen über die Lebensgeschichte Jesu einzuziehen. Wer von Thatsachen der evangelischen Geschichte so bestimmt und so speziell reden kann, wie der Apostel thut, 1. Cor. 11, 23f. 15,8f, kann auch mit dem übrigen Hauptinhalt derselben nicht unvertraut gewesen seyn". Die moderne Kritik scheint diese Einsicht ihres Urahnen vergessen zu haben.
[118] 1. Kor 11,23ff; 15,3f.
[119] Jesus Christus in der Verkündigung der Kirche, Neukirchen 1972, 75f: „Mag die Frage nach dem historischen Jesus auch historisch möglich und erlaubt sein, so ist sie theologisch doch verboten. Die Kirche hat sich für das Was und Wie des Lebens Jesu nie interessiert, stand für sie doch dieses Leben im Zeichen der Kenosis, der Entäußerung der Gottheit Christi (Phil 2,6ff)". Ich verstehe dieses abwegige Argument nicht. Der Philipperhymnus nötigt ja geradezu, nach der „Sklavengestalt", der „Menschenexistenz" des inkarnierten Gottessohnes zu fragen, d. h. nach seinem konkreten Wirken und Leiden, seinem Gehorsam „bis zum Tode, zum Tode aber am Kreuz", das zeitliche μέχρι θανάτου verweist auf den Menschen Jesus in Raum und Zeit, in dem gewiß die „Präsenz Gottes" vorauszusetzen ist. In einer Anmerkung (S. 76 Anm. 0) warf mir SCHMITHALS vor, ich sei „historisch naiv", da ich den „eindeutig(en)" „Tatbestand (ignoriere), daß Paulus nichts darüber sagt, was Jesus lehrte und tat". Nun, ganz abgesehen davon, daß Paulus in seinen Briefen wohl *einiges darüber schreibt*, was „Jesus lehrte und tat" (z. B. 1. Kor 11,23ff), mißbraucht S. das hier völlig irreführende argumentum e silentio: Von seiner reichen und vielseitigen Missionspredigt bei der Gemeindegründung sagt Paulus *fast* nichts. In ihr spielte das Schicksal Jesu die zentrale Rolle. Dies setzt er immer als bekannt voraus, sonst würde man die christologischen Formeln gar nicht verstehen. *Ohne die Evangelien blieben die Paulusbriefe für die Kirche unverständlich!* Ohne den Ärger in Korinth beim Abendmahl würde die radikale Kritik die Kenntnis desselben bei Paulus leugnen. Ohne den Ärger mit den Galatern wüßten wir nichts von seiner Bekehrung bei Damaskus, über die Rolle Antiochiens inklusive des Streits mit Petrus und das Apostelkonzil etc. Lukas könnte dann noch mehr als erfindungsreicher Romanschreiber diffamiert werden, als es in SCHMITHALS' Actakommentar schon jetzt geschieht.

lerische Anschaulichkeit nahe.[120] Anders als es heute beliebt ist, *konnte* Paulus über den Gekreuzigten noch nicht völlig unanschaulich-abstrakt reden. Der Hörer konnte, ja *mußte* sich diese unsäglich anstößige Tatsache sehr konkret vorstellen. Es bedeutete ein ganz langsam zu Tode gefoltert werden, so daß „die Seele tropfenweise ausgehaucht" wird.[121] Dies aber schon von der Predigt des Paulus vom „gekreuzigten Messias" in Damaskus oder in Arabien, ebenso später in „Galatien". Die Frage ist hier nur, ob und wie weit die – immer auch erzählende – „Predigt des Gekreuzigten" für die paulinische Missionsverkündigung von Anfang an bestimmend war, oder ob es sich hier um eine spätere „Entwicklung" handelt. U. E. ist letzteres unmöglich. Im Gegenteil: Die zeitliche Nähe von wenigen Jahren und die unerhörte Neuheit dieses Ereignisses machten die konkrete Predigt vom „gekreuzigten Messias" für die Hörer besonders anstößig und eben darum notwendig. Viele, allzu viele hatten damals in Jerusalem diesen Jesus am Todespassa 30 n. Chr. in stundenlanger Todesqual elendiglich am Kreuz sterben sehen oder von diesem „Ärgernis" gehört. Es war ja eine öffentliche Hinrichtung, eben zu der Zeit, als der Großteil der Bevölkerung des jüdischen Palästina samt zahlreichen Pilgern aus der Diaspora zum Fest in Jerusalem zusammengeströmt war, und der Delinquent war de jure als Verführer und Gotteslästerer bzw. als Aufrührer auf schändliche Weise, d. h. als „Verfluchter"[122] hingerichtet worden. Gal 3,1 und 13 hat einen brutal-konkreten Hintergrund. Dieser Einwand muß gerade unter Juden von Anfang an gegen den als Messias verkündigten gekreuzigten Jesus erhoben worden sein. Er gehörte wohl zu den Hauptmotiven des Verfolgers Paulus.[123]

Neben diese Paulustexte tritt *Apg 9–15*. Zu dem Geschichtswert dieser Kapitel, der seit der Tübinger Schule gerne radikal abgewertet wurde, haben wir schon das Notwendige gesagt. Im Gegensatz zur vorherrschenden Meinung würden wir unter Berücksichtigung ihrer etwa eine Generation späteren Ent-

---

[120] J. B. LIGHTFOOT, St. Paul's Epistle to the Galatians, London [10]1890, z. St., 134, übersetzt mit „placarded" im Sinne der öffentlichen Bekanntmachung, s. auch MOULTON-MILLIGAN, 538, und SCHRENK, ThWNT I, 771f. Man kann schwerlich behaupten, Paulus hätte hier nur das „daß" verkündigt und die verständliche Frage nach dem „wie" verboten!

[121] Seneca, ep. 101,14: *per stilicidia emittere animam*; vgl. dazu den ganzen Brief u. M. HENGEL, La crucifixion et la folie du message de la croix, Paris 1981, 13–113 in der Auseinandersetzung mit H. W. KUHN. Zur Kreuzigung eines römischen Centurio und anderer Soldaten in Antiochien 19 n. Chr. durch Cn. Piso s. u. *Exkurs* VI u. S. 350f. Diese selbstverständlich bekannte Grausamkeit der Hinrichtung am Kreuz macht den Schrei Mk 15,34 erst richtig verständlich. S. dazu A. M. SCHWEMER, Jesu letzte Worte am Kreuz, ThBeitr 29 (1998), 5–29.

[122] Gal 3,13 vgl. Dtn 21,23; 27,26 11QTemple 64,12: „Verfluchte Gottes und der Menschen sind ans Holz Gehenkte" (Üs. J. Maier).

[123] Eben darum läßt Lukas in den Actareden mehrfach die Kreuzigung mit dem „Aufhängen am Holz" umschreiben; vgl. 5,30; 10,39 vgl. 13,29 und Lk 23,39, s. auch BAUER/ALAND, WB, 1112f und die christliche Ergänzung von Ps 95(LXX),10 bei Justin, apol 41,4; dial 73,1: ὁ κύριος ἐβασίλευσεν ἀπὸ τοῦ ξύλου, die schon Barn 5,13 als christliche, apologetische Antwort auf jüdische Vorwürfe voraussetzt. Gerade die Gegner Jesu werden in Jerusalem die Vorgänge beim Prozeß Jesu immer wieder gegen dessen Anhänger vorgebracht haben.

stehung, ihrer anderen theologischen Tendenz, die, wie wir schon sagten, mit einem persönlichen Stellungswechsel des Autors zusammenhängt, und der völlig anderen literarischen Form – an die Stelle von autobiographischen Notizen in Apostelbriefen tritt jetzt ein erzählendes dramatisch-kerygmatisches Geschichtswerk – die *Übereinstimmungen als ganz erstaunlich* betrachten. Sie sind u. E. am besten dadurch zu erklären, daß der Verfasser Lukas in einer früheren Zeit Paulus persönlich nahe stand. Die Unterschiede zeigen mehrfach den wesentlich anderen Blickwinkel beider Autoren, wobei es selbstverständlich ist, daß bei eindeutigen Widersprüchen, die nicht durch den Aspekt des Betrachters zu erklären sind, dem Bericht des Paulus der Vorzug zu geben ist, obwohl natürlich auch er nicht ohne deutliche Tendenzen schreibt.[124] Er war bei seinem Temperament alles andere als ein kühler, objektiver Berichterstatter, sondern „eiferte" für seine Gemeinden „mit Gottes Eifer".[125] D. h. er konnte so durchaus Ereignisse der Vergangenheit von seinem eigenen subjektiven Blickwinkel aus sehen, vor allem wenn er angegriffen wurde.

Noch ein Wort zu den *Quellen* des Lukas. Im Gegensatz zum Evangelium,[126] wo er auf Markus, die nicht eindeutig festzulegende Logienquelle und verschiedene Sonderüberlieferungen, wohl schon z. T. in schriftlicher Form, zurückgreifen konnte, hatte er u. E. für die Apg keine umfangreicheren schriftlichen Vorlagen aus fremder Hand. Die sogenannte „Wir-Quelle" beruhte auf eigenen schriftlichen Aufzeichnungen, mit denen er – wie C.-J. Thornton gezeigt hat – sehr zurückhaltend auf seine eigene Augenzeugenschaft vor allem wäh-

---

[124] Es sind uns aus der Antike mehrfach Berichte aus erster Hand (Briefe etc.) von beteiligten Personen und Geschichtsdarstellungen über dieselben Vorgänge erhalten. Dabei lassen sich immer zumindest ähnliche Divergenzen wie zwischen den paulinischen Briefen und der Apg feststellen. So erwähnt Sallust lediglich mit einem Satz, daß Cicero zur Zeit der Verschwörung des Catilina (nur) ein bedeutender Consul war. Obwohl Sallust in Bezug auf die schriftliche Quellenlage in einer sehr viel besseren Situation als Lukas war und Ciceros Reden, die aber – im Unterschied zu den paulinischen Briefen – von diesem nachträglich literarisch bearbeitet waren, neben weiteren Schriftzeugnissen über das Jahr 63 v. Chr. kannte, zog er es vor, eine eigene allgemeine Schilderung der Vorgänge zu geben. Weitere, spätere Beispiele bei T. HILLARD/A. NOBBS/B. WINTER, Acts and the Pauline Corpus I: Ancient Literary Parallels, in: The Book of Acts in its First Century Setting I, ed. by B. W. Winter/ A. D. Clarke, Grand Rapids Mich. 1993, 183–213. Josephus sah sich durch die Kritik von Justus von Tiberias an seiner Darstellung des jüdischen Krieges zur Abfassung seiner Vita als einem Appendix zu seinen Antiquitates veranlaßt, um Widersprüche und Mißverständnisse auszuräumen und seine eigene Augenzeugenschaft und zuverlässige Berichterstattung zu unterstreichen. Er weicht darin oft erheblich von seinem Bericht im 2. Buch des Bellum ab. Auch zwischen Bellum Buch 2 und Antiquitates Buch 18–20 bestehen zahlreiche Diskrepanzen. Widersprüche fehlen bei Josephus so selbst im eigenen Werk nicht; sie lassen sich auf unterschiedliche Tendenzen und auf die Quellen, die er ausschreibt, zurückführen, aber dokumentieren auch seine eigene geistige Haltung.

[125] 2. Kor 11,2 vgl. Gal 4,18 und dagegen 1. Kor 13,4. 2. Kor 11,29: τίς σκανδαλίζεται καὶ οὐκ ἐγὼ πυροῦμαι; S. auch die von Lukas sehr realistisch geschilderte ‚Explosion' des Paulus gegenüber dem Hohenpriester Apg 23,3, die der Mahnung Jesu Lk 6,29 entschieden widerspricht. Das ist nicht romanhafte Erfindung.

[126] Lk 1,1–4.

rend der letzten Jahre des Apostels hinweisen wollte,[127] darüberhinaus wird er, wie er schon im Prolog des Evangeliums auf konventionelle und etwas übertreibende Weise andeutet, im Rahmen des ihm notwendig Erscheinenden und Verfügbaren recherchiert und Überlieferungen gesammelt haben.[128] Im Grunde müssen wir bei allen neutestamentlichen Erzählungen, den Evangelien und der Apostelgeschichte, zunächst einmal mit gewissen Vorentwürfen und Materialsammlungen rechnen, die wir freilich kaum mehr verifizieren können. Wir wissen ja nicht, wie lange die Autoren an ihren – durchaus neuartigen – erzählenden Werken gefeilt und gearbeitet haben. Dies können Jahre gewesen sein.[129] Ob Lukas gegen 75 oder 80 n. Chr. schon Gemeindearchive in größerer Zahl einsehen und dort schriftliche Quellen sammeln konnte, bleibt mehr als ungewiß.

Auch für die vieldiskutierte „*antiochenische Quelle*" läßt sich keine selbständige Vorlage nachweisen.[130] Wahrscheinlich liegen von Lukas gesammelte Notizen zugrunde, denn wenn man die Reste derselben zusammenstellt, ergibt sich bei weitem keine zusammenhängende „Quelle". Wie diese Nachrichten zu Lukas gelangt sind, wissen wir nicht. Er stand noch mit den αὐτόπται καὶ ὑπηρέται τοῦ λόγου in persönlicher Verbindung (Lk 1,2). Gegen eine größere, vorlukanische literarische Quelle spricht vor allem, daß Lukas über die Vorgänge in Antiochien so wenig erzählt. Dabei müssen die Ereignisse zwischen der Ankunft des Paulus ca. 39/40 und dem Apostelkonzil doch relativ bedeutsam gewesen sein. Es sind nicht zuletzt diese spärlichen Nachrichten über Antiochien, die eine persönliche Herkunft des Lukas aus der syrischen Metropole, wie sie in späteren altkirchlichen Quellen berichtet wird, sehr unsicher machen. Möglicherweise hat sich Lukas, bevor er die Apg schrieb, ein Gerüst in Form eines Hypomnema verfaßt, das er dann ausgearbeitet hat.[131]

---

[127] E. MEYER, Ursprung, 3ff; C.-J. THORNTON, Zeuge, 192ff0.361–366; s. auch U. SCHNELLE, Einleitung in das Neue Testament, UTB 1830, Göttingen ²1994, 313–317.

[128] Dazu L. ALEXANDER, Preface, 207–210.

[129] S.M. HENGEL, Johanneische Frage, 252–264 u.ö. vgl. 471, Index s.v. „Entstehung"; dort auch S. 58f zu Mk, weiter DERS., Entstehungszeit.

[130] Gegen A. v. HARNACK, Die Apostelgeschichte, 131–158.169-173; J. JEREMIAS, Untersuchungen zum Quellenproblem der Apostelgeschichte, ZNW 36 (1937), 205–221 (= Abba. Studien zur neutestamentlichen Theologie und Zeitgeschichte, Göttingen 1964, 238–255); R. BULTMANN, Zur Frage nach den Quellen der Apostelgeschichte, in: DERS., Exegetica, Tübingen 1967, 412–423; s. J. DUPONT, The Sources of Acts, London 1964, 62–72.166f; M. HENGEL, Zwischen Jesus und Paulus, 156f; DERS. Geschichtsschreibung, 59f (ihre Existenz beurteile ich heute mit größerer Zurückhaltung); vgl. die Literaturübersicht bei SCHNEIDER, Apostelgeschichte, 84–89. BARRETT, Acts 1, 53–56; zur ‚Antiochenischen Quelle' s. die Literaturübersicht von A. DAUER, Paulus, 13.134f Anm. 21–28.

[131] Gegen G. LÜDEMANN, Das frühe Christentum nach den Traditionen der Apostelgeschichte, Göttingen 1987, der die einzelnen Abschnitte der Apg in „Redaktion", „Traditionen" und „Historisches" unterteilt behandelt. Zur Herkunft des Lukas aus Antiochien, die auch ZAHN und HARNACK annahmen und andere bis heute vertreten, vgl. auch u. Anm. 1276. Bei den Kirchenvätern ist diese seit dem ältesten Evangelienprolog (vgl. J. REGUL, Die antimarkionitischen Evangelienprologe, BVLI 6, Freiburg 1969, 45–47), Euseb, h. e. 3,4,6, Hieronymus, De vir. ill. 7 (ed. Richardson, TU XIV,1), dann z.T. noch in den Apostel- und

Für eine Bewegung, die das Ende der Welt erwartete, waren Archive mit „Dokumentensammlungen" zunächst von ganz sekundärer Bedeutung.[132] Vielleicht hat er aus einem der noch seltenen Gemeindearchive seiner Zeit die eine oder andere jener Listen bezogen, die in seinem Werk eine gewisse Rolle spielen.[133] Das Problem ist, daß wir nicht wissen, welche Orte er etwa in der Zeit zwischen 65 und 80 besuchte und wann er mit der Zusammenstellung von Materialien für die Apg begann. An sich macht Apg nicht den Eindruck eines schnell niedergeschriebenen Werkes. Wichtiger war auf jeden Fall die unmittelbare mündliche Überlieferung auch im Zusammenhang mit Personen und Ortsangaben, die er sammelte und dem Ziel seines Werkes entsprechend „kritisch" auswählend verwertete. Mit dieser die nachösterliche Zeit betreffenden Sammlung von Informationen, die damals noch ganz unzeitgemäß war, hat er dem christlichen Glauben einen großen Dienst erwiesen. Da er zugleich ein nicht unfähiger Stilist war – Hieronymus, der größte Philologe unter den Kirchenvätern, bezeichnet ihn als „inter omnes euangelistas graeci sermonis eruditissimus"[134] – ist es auch müßig, in der Apg, wo wir keine fixierbaren schriftlichen Quellen außer seinen eigenen Aufzeichnungen voraussetzen können,[135] durch Wortstatistik u. a. „Redaktion" und „Tradition" trennen zu wollen. Der Begriff „Redaktion" ist bei diesem rhetorisch geschickten Erzähler und Autor sowieso irreführend. Lukas war alles andere als ein bloßer „Redaktor".[136] Die Bemühungen, vor allem im ersten Teil des Werkes, wo die Parallelen zu den Paulusbriefen noch spärlich sind, bei möglichst wenig „Tradi-

---

Jüngerlisten (T. Schermann, Prophetarum vitae ... Indices Apostolorum, Leipzig 1907, 117.217. vgl. 200) belegt, Irenäus und das Muratorische Fragment erzählen davon (noch) nichts. Dennoch mag diese Überlieferung bis ins 2. Jh. n.Chr. zurückreichen. Wenn Lukas aus Antiochien stammt, dann ist er dort noch nicht Christ geworden, sondern erst später anderswo, vermutlich durch eine Begegnung mit Paulus.

[132] Zu den späteren Gemeindearchiven s. M. Hengel, Evangelienüberschriften (Anm. 38), 37–40.

[133] Apg 1,13f vgl. Lk 6,13–16; Apg 6,5; 13,1 vgl. 20,4.

[134] Ep. ad Damasum Nr. 20,4. Vgl. D.L. Mealand, Hellenistic Historians and the Style of Acts, ZNW 82 (1991), 42–66, der betont, daß die Nähe des lukanischen Stils zu Historikern wie Polybios zumeist unterschätzt wurde.

[135] Das zeigt u.a. der Stilvergleich der zu Unrecht so genannten „Wir-Quelle" mit der übrigen Apg, s. C.-J. Thornton, Zeuge, 275–278. Zutreffend L. Schenke, Die Urgemeinde, Stuttgart etc. 1990, 317f.

[136] Dieser irreführende Sprachgebrauch kommt aus einer unreflektierten „scholastischen" Anwendung der Formgeschichte, s. M. Dibelius, Die Formgeschichte des Evangeliums, ²1933, 2f mit seiner vielzitierten, doch irreführenden generellen Behauptung: „Die Verfasser sind nur zum geringsten Teil Schriftsteller, in der Hauptsache Sammler, Tradenten, Redaktoren". Immerhin macht Dibelius einen Unterschied zwischen Lukas, dem Evangelisten, und dem Vf. der Apg. In letzterer „arbeitet er als Schriftsteller". In Wirklichkeit ist er in beiden Werken „als Sammler *und* Bearbeiter" zugleich „Schriftsteller". Der Unterschied ist graduell. Der Begriff „Redaktion" ist in der Apg zu vermeiden. Keinesfalls ist bei den Evangelisten „der Stil" in diesem Sinne „eine soziologische Tatsache", so Dibelius S. 7 im Anschluß an K.L. Schmidt, RGG² II, 639; vgl. jetzt D.L. Mealand, Hellenistic Historians (Anm. 134), 42–66.

tion" eine Überfülle von frei erfindender „Redaktion" nachzuweisen,[137] muten oft naiv an, denn wir wissen nicht, wie sehr er im Einzelfall ältere, mündliche Tradition ganz in seinem eigenen Stil wiedergegeben hat, und oft ergibt sich bei genauerem Hinschauen, daß das, was von oberflächlichen Kritikern z. T. fast verächtlich als lukanische „Redaktion", oder sagen wir ruhig „Erfindung", beiseitegeschoben wird, sich durchaus als historisch wohl begründet erweist. Gerade Sammelberichte können gute geschichtliche Überlieferung verarbeiten. Die Lukas-Kritik machte es sich hier häufig zu leicht. Noch einmal: Sie weiß oft wirklich nicht, was sie ihm an konkretem *historischem* Wissen über eine Zeit verdankt, aus der wir sonst fast gar nichts wissen.

Diese Fehlbeurteilung hat m. E. einen typisch deutschen Hintergrund: Baur, seine Schüler wie Zeller und Schwegler und die späteren Nachfahren (bis heute) betrachteten die Quellen allzusehr von einer höheren, rein geistesgeschichtlichen Warte aus, denn mit Fichte machte ja „nur das Metaphysische, keineswegs aber das Historische selig", letzteres machte bestenfalls „verständig"[138]. Aber man wollte um jeden Preis „selig" sein und glaubte auch nicht mehr so recht, daß das Historische wenigstens „verständig" mache. Wie später bei Bultmann war die reale Geschichte der „objektiven", „vorfindlichen", „weltförmigen", gerne verächtlich abqualifizierten „bruta facta", d. h. der „törichten Tatsachen",[139] im Grunde uninteressant, da theologisch „irrele-

---

[137] Hier sollte man ehrlicher von romanhafter „Fiktion" sprechen. Vor allem G. LÜDEMANN, Christentum (Anm. 131), möchte wortstatistisch ständig zwischen „Redaktion" und „Tradition" scheiden: Ein unmögliches Unterfangen. S. jetzt die Übersicht bei A. DAUER, Paulus, 13 f. 135 f. Vgl. dazu u. S. 214—226 zum Besuch in Jerusalem und u. S. 321—331 zu Barnabas.

[138] Anweisung zum seligen Leben, 1806, 6. Vorlesung. Das Problem ist viel älter. Zur Relativität aller historischen Erkenntnis s. schon Origenes, c. Celsum 1,42 f; dazu die Bemerkungen von H. CHADWICK, Origen: Contra Celsum. Translated with an Introduction and Notes, Cambridge 1980 (1953), 39 und DERS., Lessing's Theological Writings, Selections in Translation with an Introductory Essay, London 1956, 40 Anm. 1: „a certain devaluation of the process of history is a perennial characteristic of all idealism, whether in Plato, Clement and Origen, Leibniz and Lessing..."

[139] Im Munde der Theologen Marburger Prägung klingt das wie ein Schimpfwort entsprechend Nietzsches: „während das Factum immer dumm ist" (Vom Nutzen und Nachteil der Geschichte fürs Leben, Nietzsches Werke. Kritische Gesamtausgabe, hg. v. G. Colli/M. Montinari, III,1, 1972, 306). Diese Polemik hat – u. a. auch – einen antichristlichen Unterton. Vgl. etwa Zur Geburt der Tragödie, op. cit., 70: „Denn es ist das Loos jedes Mythus, allmählich in die Enge einer angeblich historischen Wirklichkeit hineinzukriechen und von irgendeiner Zeit als einmaliges Factum mit historischen Ansprüchen behandelt zu werden... dies ist die Art wie Religionen abzusterben pflegen: ... wenn also das Gefühl für den Mythus abstirbt und an seine Stelle der Anspruch der Religion auf historische Grundlagen tritt". Vgl. BULTMANN, Index zu Glauben und Verstehen, 57 zu den Stichworten Fakten/Faktum. Es konzentrierte sich alles allein auf das eine „eschatologische", allein im Glauben zu erfassende „Faktum" der Sendung Jesu in die Welt (so Johannes) oder des Kreuzes und der Auferstehung Jesu. Dieses eine, grundlegende Heilsgeschehen macht jedoch den urchristlichen Erzählern die anderen „Fakten" der Geschichte Jesu und der apostolischen Wirksamkeit gerade nicht irrelevant oder auch nur uninteressant. Sie wollen bewußt *Jesus-Geschichte* erzählen. Der Glaubende kann aus der Relativität der überlieferten „historischen Fakten" nicht einfach in das „sturmfreie Gebiet" (M. KÄHLER, Der sogenannte historische Jesus und der geschichtliche

vant", und d.h. zugleich fast ‚minderwertig', da sie eben immer nur ‚relative', d.h. mit erheblicher Unsicherheit erfaßbare Ereignisse einer fernen, ja toten Vergangenheit enthält. Lukas lag aber im Anschluß an die „objektivierende" alttestamentliche Geschichtsschreibung, die er nachahmt und – auf neue Weise – fortführt, gerade an diesen „facta". Sie wollte er als „die großen Taten Gottes" erzählen (Apg 2,11). Von einem Historiker, der wie Baur bei dem Religionsstifter Alexander von Abonuteichos die Meinung vertritt, „daß Lucian in diesem Betrüger keine historische Person schildern, sondern nur ein Sittengemälde seiner Zeit geben wollte", darf man auch nicht erwarten, daß er der Geschichtserzählung des Lukas mit größerem Verständnis entgegentritt.[140] An dieser, die Möglichkeiten unseres Wissens und Verstehens zu Unrecht einschränkenden Tendenz leidet die Forschung bis heute. Sie verbindet sich – auch bei Paulus – häufig mit fragwürdigen Hypothesen, nicht zuletzt auf literarkritischem Gebiet,[141] und bei Lukas mit einer realitätsfernen, oft hämisch geäußerten Skepsis. Dieser Tendenz gegenüber müssen wir versuchen, zur Aufhellung des zeitgeschichtlichen Hintergrunds der paulinischen und lukanischen Texte und des darin geschilderten historischen Milieus *weitere Quellen* heranzuziehen, vor allen anderen Josephus, aber auch Strabos Schilderung Syriens, weiter einzelne Hinweise bei Plinius maior und minor, Tacitus, Cassius Dio, Euseb und anderen Kirchenvätern, Pseudepigrapha und rabbinische Nachrichten über die jüdische Diaspora in Damaskus, Antiochien und überhaupt in der römischen Provinz Syrien, dazu archäologische Zeugnisse, hier vor allem Inschriften (besonders die jüdischen und semitischen), aber auch Münzen, d.h. Belege über die politische, religiöse und soziale Situation in

---

biblische Christus, hg. v. E. Wolf, ThB 2, 1953, 78 [2. A. 201f]/79) „dogmatischer Gewißheiten" entfliehen. Konkrete Geschichte (nicht nur existentiale „Geschichtlichkeit") und lebendiger Glaube bleiben stets in spannungsreicher Weise aufeinander bezogen. Der rettende λόγος τοῦ σταυροῦ (1. Kor 1,18) bezieht sich vor allem anderen auf nacherzählbare historische Vorgänge, s. 1. Kor 5,3f.

[140] Paulus, der Apostel Jesu Christi. Stuttgart 1845, 94; vgl. 470ff zu dem Clemens Phil 4,3, den er mit dem römischen Titus Flavius Clemens eines Sueton und Dio Cassius identifiziert und darin eines der Indizien für die Unechtheit des Philipperbriefes sieht. Zum Protest J.B. LIGHTFOOTS gegen diese und andere zahllose Gewaltsamkeiten der Tübinger Schule s. M. HENGEL, Bishop Lightfoot (Anm. 6), 23–51 (31f) = ThBeitr 23 (1992), 5–33. Zu Alexander v. Abonuteichos s. W. SONTHEIMER, KP 1, 254 Nr. 22; D. SIGEL, Der Neue Pauly 1, 482f. Es ist der deutschen historischen Theologie nicht bekommen, daß die Erforschung der christlichen Urgeschichte vor allem durch eine Schule angeregt wurde, die das konkrete historische Detail und das Individuelle verachtete und von der übergreifenden geistigen Bewegung – bzw. dem, was sie dafür hielt – ausging. Im 20. Jh. wiederholte sich dies unter den Stichworten „Existenz" und „Selbstverständnis".

[141] Die jüngste ‚konsequente' Sumpfblüte in dieser Richtung ist die Bestreitung der Echtheit aller Paulusbriefe durch den Schmithalsschüler H. DETERING, Der gefälschte Paulus, Düsseldorf 1994, der die Briefe als Machwerk Marcions erklären will. Vgl. aber auch W. SCHMITHALS, Der Römerbrief als historisches Problem, Gütersloh 1975, 152–211 zur Zerschneidung des Römerbriefs und W. SCHENK, Artk. Korintherbriefe, TRE 19, 1970, 620–632, der die beiden Briefe in 28 Brieffragmente und einige Glossen aufteilt. Zum naiven Vertrauen in die Möglichkeiten der Literarkritik s. M. HENGEL, Aufgaben (Anm. 22).

"Arabien", Phönizien, Syrien und Kilikien mit seinen großen Städten Damaskus, Tarsus und Antiochien, in denen Paulus wirkte.

1.5 Zum geographischen Raum: Das Problemfeld Syrien

Es ist eigenartig, daß *Syrien* in der neutestamentlichen Forschung eine so überragende Rolle spielt. Die meisten Evangelien, Mk, Mt und Joh, sollen dort entstanden sein, weiter das Petrus- und das Thomasevangelium, die Didache und der Jakobusbrief, und vor allem wurde es seit der religionsgeschichtlichen Schule als der Ort der Durchdringung des frühesten Christentums mit synkretistischen Elementen, insbesondere der Gnosis und der Mysterienreligionen betrachtet. Eine einzigartige Rolle erhält dabei Antiochien. Dieser *„Pansyrismus"* oder *„Panantiochianismus"* ist bis heute sehr beliebt, obwohl er sich, was die Evangelien anbetrifft, außer auf Mt 4,24 kaum auf ernstzunehmende Zeugnisse berufen kann, wie überhaupt die wichtigsten urchristlichen Literaturwerke – die Paulusbriefe, Mk, Lk-Apg, Joh, Hebr, 1. Petr, 1. Clem, Hermas – gerade nicht in Syrien entstanden sind. Gewiß hat sich das früheste Christentum zwischen ca. 30 und 49 n. Chr. vor allem in Palästina und etwa ab 32/33 auch in Syrien und Kilikien ausgebreitet. Aber die angeführten „syrischen" Quellen sind alle viel jünger, und das Mutterland des Urchristentums, Palästina selbst, d.h. das Gebiet zwischen dem Hermon und Idumäa und zwischen der Dekapolis und der Küste von Ptolemais bis Raphia, wird in der Forschung gegenüber Syrien entschieden unterbewertet. Eine ganz neue Untersuchung behilft sich dadurch, daß sie einfach palästinische bzw. unmittelbar an Galiläa angrenzende Ortsangaben als syrische ausgibt.[142] Dieses spekulative Interesse

---

[142] So in den Ausführungen von A. FELDTKELLER, Identitätssuche, 16ff. Das *wirkliche* Syrien des 1. Jh.s wurde dagegen bisher in der neutestamentlichen Forschung sehr vernachlässigt. A. FELDTKELLER hat in zwei Monographien reichliches, z.T. recht interessantes Material zusammengetragen; seine Auswertung ist freilich historisch äußerst unbefriedigend. Typisch für die Tendenz in „Identitätssuche" ist, daß die zentrale Rolle der jüdischen Diasporagemeinden in Syrien mit ihren zahlreichen Synagogen und ihr Verhältnis zur heidnischen Umwelt dem Verfasser kaum in den Blick kommt. Der Begriff „Heidenchristen" bleibt ungeklärt. Auch die politisch-soziale Situation in der römischen Provinz wird nur am Rande erörtert. Gerade hier hätte man eigentlich mehr Auskünfte erwartet. Der Vf. fällt einem dem alten „Pangnostizismus" vergleichbaren „Pansyrismus" zum Opfer und postuliert unbelegbare frühchristliche Bewegungen, wobei er die Unterschiede zwischen Palästina und Syrien, zwischen Jesus und den m. E. völlig hypothetischen „Wanderradikalen" (s. dazu auch u. Anm. 596) verwischt und chronologische und geographische Fragen ebenso mißachtet wie das Faktum, daß das Urchristentum eine akut eschatologische Bewegung war. Eine so grundlegende Aussage wie 1. Kor 15,11 wird überhaupt nicht zur Kenntnis genommen, ebensowenig das Faktum, daß die „Anrufung des Kyrios Jesus" das Bekenntnis zur Auferstehung und Erhöhung Jesu voraussetzt. Das Buch ist ein sehr fleißiges und partiell gelehrtes, aber ebenso oft fehlerhaftes Produkt modern-modischer soziologisierender Exegese. Richtig sieht er, daß zur Zeit der frühen christlichen Mission weder Mysterienkulte noch die Gnosis in Syrien eine Rolle spielten. Die „religionswissenschaftliche Hälfte" dieser Untersuchung, FELDTKELLER, Im Reich der syrischen Göttin. Eine religiös plurale Kultur als Umwelt des frühen Christen-

steht in eigenartigem Gegensatz zu dem wenigen, was wir über das christliche Syrien zwischen dem Bericht des Paulus in Gal 1,16–2,15 bzw. Apg 9–15 und Ignatius von Antiochien wirklich wissen, wobei man zwischen der römischen Provinz Syrien und den Nachrichten aus dem östlich des Euphrat gelegenen Edessa in der Osroëne ab dem Ende des 2. Jh. sorgfältig unterscheiden sollte.[143] Eine Bedeutung Edessas, das im 1. Jh. n. Chr. nicht zum römischen Reich gehörte, sondern noch ein Klientelstaat des Partherreiches war, für das früheste Christentum läßt sich nicht nachweisen.[144] Die Vorliebe von Neutestamentlern für diesen Raum entstammt nicht frühen Quellen, sondern einem romantischen *ex oriente lux*. Gegenüber dieser verbreiteten Spekulation können wir auf die in brillanter Nüchternheit und souveräner Quellenkenntnis geschriebe-

---

tums, Studien zum Verstehen fremder Religionen 8, Gütersloh 1994, macht jedoch trotz des reichlich herangezogenen Materials diese Mängel nicht wett. Denn sie erschöpft sich weitgehend in der Beschreibung des Verhältnisses von verschiedenen Religionen in „Systemen" und „Modellen" und der Erstellung von Tabellen. Die zahlreichen kritischen Einwände von Chr. MARKSCHIES hat FELDTKELLER leider kaum wirklich beachtet. Vgl. dazu die Rezensionen von DRIJVERS zu „Identitätssuche" in VigChr 50 (1996) 161: „a product of purely academic acrobatics"; zu „Im Reich der syrischen Göttin" s. Chr. MARKSCHIES, ThLZ 122 (1997), 337–340. Auch F. VOUGA, Geschichte, leidet unter diesem unkritischen „Pansyrismus", die „chaotisch(e)" Darstellungsweise, die er der lukanischen Chronologie vorwirft (83), gilt für große Teile seines eigenen Werks, s. dazu o. Anm. 35 und M. HENGEL/Chr. MARKSCHIES, The ‚Hellenization' of Judaea in the First Century after Christ, London/Philadelphia 1989, 3 ff (erweiterte deutsche Fassung in: M. HENGEL, Judaica et Hellenistica. Kleine Schriften I, WUNT 90, 1996, 1–90 [7–12]).

[143] J. WEISS, Das Urchristentum, Göttingen 1917, 575, beginnt sein Kapitel „Syrien" mit dieser heute oft unterlassenen Unterscheidung: „Unter dieser Überschrift sollen nicht die Anfänge der späteren nationalsyrischen Kirche von Edessa behandelt werden, sondern es ist die römische Provinz mit der Hauptstadt Antiochia gemeint." Zur unbedeutenden christlichen Minorität in Hierapolis/Bambyke noch im 3. Jh. s. G. GOOSSENS, Hiérapolis de Syrie. Essai de monographie historique, Louvain 1943, 154 f.

[144] Gegen H. KÖSTER in: H. KÖSTER/J. M. ROBINSON, Entwicklungslinien durch die Welt des frühen Christentums, Tübingen 1971, 107–134, der Palästina und Westsyrien auf 7 Seiten abhandelt, Edessa und Osroëne (und der Thomaschristenheit) dagegen 16 Seiten widmet, wobei er die brüchigen Fäden Walter BAUERS weiterspinnt. S. DERS., Einführung in das Neue Testament, Berlin/New York 1980, 434 f. 527. 587 ff. 601 ff; DERS., Ancient Christian Gospels, Cambridge Mass. 1990, 79 f. 165. 205. 245. 290. Dabei will K. außer dem Petrusevangelium auch noch das Kerygma Petri und die Petrusapokalypse in Syrien ansiedeln. Mk sei dort von einem unbekannten Heidenchristen geschrieben worden: Hier werden „Fakten" gegen die ganze altkirchliche Überlieferung frei erfunden. Ein weiteres Beispiel unter vielen bietet wieder: VOUGA, Geschichte, 91–94, der die Thomastradition in Edessa auf eine unabhängige Entwicklung „*früh*österlicher Bewegungen" (93 Hervorhebung M. H./A. M. S.) zurückführt. S. dagegen die gründliche Untersuchung von J. TUBACH, Im Schatten des Sonnengottes. Der Sonnenkult in Edessa, Ḥarrān und Ḥaṭrā am Vorabend der christlichen Mission, Wiesbaden 1986. Vgl. auch den Überblick von H. J. W. DRIJVERS, TRE 9, 277–288. Ein falscher Ansatz wird schon bei W. BOUSSET (s. u. S. 424 ff) und vor allem bei W. BAUER, Rechtgläubigkeit und Ketzerei im ältesten Christentum, BHTh 10, ²1964, sichtbar. BAUER beginnt sein in vielem fragwürdiges Werk mit Edessa (6–48). Wenn die ersten Christen in E. „Marcioniten" gewesen wären, hätte dort das Christentum erst in der 2. H. des 2. Jh.s begonnen. Der Weg von Rom nach Edessa ist weit. Aber auch diese Vermutung ist unbegründet. Man muß von Judenchristen irgendwann im (frühen?) 2. Jh. ausgehen.

ne Untersuchung des Althistorikers Fergus Millar, The Roman Near East, verweisen, der wir viel verdanken. Im jetzigen Zusammenhang möchten wir nur den Eindruck eines Rezensenten wiedergeben:

„Among the many observations which impressed me was the quiet criticism of the standard notion of religious syncretism ... The bankruptcy of the ‚syncretism model' is thus neatly exposed".[145]

Ein ganz wesentlicher Gesichtspunkt ist weiter, daß das römische Syrien im 1. Jh. kulturell und politisch überwiegend nach Westen orientiert war, daß der Euphrat als die Grenze Roms zum Partherreich eine Barriere bildete und sich dieser Zustand erst im 2. Jh. änderte. Edessa wurde im Partherkrieg (um 161–165 n. Chr.) von Rom dem Reich einverleibt. Das Christentum ist dort erst im letzten Drittel des 2. Jh.s wirklich *nachweisbar*.[146] Dagegen bildete Syrien zusammen mit dem im Nordwesten angrenzenden Kilikien bis 72 n. Chr. eine Doppelprovinz,[147] und der Weg des Paulus und später auch des Petrus bestätigt die bewußte einseitige Westorientierung. Nicht zufällig spricht Paulus Gal 1,21 von τὰ κλίματα τῆς Συρίας καὶ τῆς Κιλικίας, „den Gebieten von Syrien und Kilikien".[148] Wir werden uns daher im folgenden vor allem für Quellen zu interessieren haben, die einen geographischen Raum betreffen, der im Süden durch Palästina und das Nabatäerreich, im Osten durch das Klientelkönigreich Kommagene und die Reichsgrenze am Euphrat, im Norden durch Kappadozien und den Taurus, im Nordwesten durch das Rauhe Kilikien und im Westen durch das Mittelmeer und die Insel Zypern begrenzt ist. Ein Blick auf die Karte zeigt, daß dieses Gebiet alles andere als geographisch, politisch und ethnisch einheitlich war. Das ergibt sich schon aus seiner bewegten Geschichte zwischen der Seleukidenzeit und dem 2. Jh. n. Chr. Zugleich erhebt sich die Frage: *Warum* beschränken sich die ersten 15–17 Jahre des Apostels vornehmlich auf dieses Gebiet? Darauf werden wir immer wieder einzugehen haben. Sie ist *eine* der Grundfragen unserer Untersuchung.

---

[145] Seth Schwartz, TLS April 18, 1994, 13. Zum Synkretismusproblem s. u. S. 404–423.

[146] F. Millar, RNE, 460–466. J. Tubach, Sonnengott, 49 rechnet mit dem Beginn des 2. Jh.s ohne Belege. Weiter dazu u. Anm. 788. Die Thomastradition mag einen alten historischen Kern haben, aber der läßt sich historisch in keiner Weise verifizieren. Ihr Geschichtswert ist kaum größer als der anderer Apostellegenden.

[147] Wohl schon seit der Zeit Cäsars. S. Anm. 148 und u. 991.992.

[148] Vgl. auch Apg 15,23. Zur Doppelprovinz s. E. Bickerman, Studies in Jewish and Christian History I, AGAJU 9, Leiden 1976, 279 (= Louis Ginzberg Jubilee Volume 1945); ders., Syria and Cilicia, AJP 68 (1947), 353–362, der zu Unrecht die Zeit der Doppelprovinz auf die Jahre 20–54 n. Chr. beschränken will. Weder Tacitus, ann 2,58 noch 13,8 vgl. 14,26 weisen auf eine Trennung der Provinz unter verschiedenen Statthaltern hin. Die enge Verbindung zwischen Syrien und Kilikien wird schon in seleukidischer Zeit bezeugt. E. M. B. Green, Syria and Cilicia – A Note, ET 71 (1959/60), 52f; C. J. Hemer, Acts, 172.179; R. Riesner, Frühzeit, 236. Erst Vespasian trennte 72 n. Chr. beide Provinzen und vereinigte Cilicia campestris mit der bisher dem Klientelkönig von Kommagene, Antiochos IV., untergebenen Gebirgsprovinz Cilicia tracheia, nachdem er diesen abgesetzt hatte. S. dazu u. S. 245 Anm. 991.

2. Damaskus und die Lebenswende des Apostels

2.1. Zur Chronologie der „vorpaulinischen" Zeit und ihren grundlegenden Ereignissen

Sonderbarerweise spielt bei vielen Darstellungen des frühesten Christentums in statu nascendi, das ja noch als eine ganz neue, auch für antike Verhältnisse absonderliche, von messianischen Utopien beherrschte jüdische Sekte erscheinen mußte, das Moment der Zeit, genauer der *Chronologie*, keine oder eine ganz nebensächliche Rolle. Manche, vor allem dogmatisch interessierte Exegeten scheinen fast vergessen zu haben, daß sich „Geschichte" nur in Zeit und Raum abspielt, d. h. in einer ständig fortschreitenden, sich verändernden Gegenwart, und daß auch „theologische Wahrheit" nur geschichtlich vermittelt wird.[149] Die Kürze einer Zeitspanne und die Enge eines Raumes sind gerade bei einem „Urgeschehen", wo sich alles erst „anbahnt" und doch schon die entscheidenden Weichen gestellt werden, von grundlegender Bedeutung. Wieviel wird leichthin über *„vorpaulinische"* Traditionen oder Entwicklungen geschrieben, ganz gleich, ob sie die Christologie und Soteriologie, die Mission oder auch die Gemeindestruktur betreffen.[150] So vermutet man schon vor Paulus eine „gesetzesfreie" Mission von „Hellenisten" in Damaskus, die Paulus dort dann als Verfolger verhindern wollte, ja u. U. schon gar in Jerusalem, oder auch bereits massive synkretistische Einflüsse, etwa gnostischer Art, oder eine von Galiläa ausgehende „Wanderradikalenbewegung"[151], die das südliche Sy-

---

[149] Vgl. J. G. Droysen, Vorwort zur Geschichte des Hellenismus II, 1843 (Theologie der Geschichte), in: Historik, hg. v. R. Hübner, Darmstadt 1972 (1937), 385: „selbst was wahr, recht, edel ist, steht nicht über Raum und Zeit, sondern hat sein Maß und seine Energie darin, daß es gleichsam projiziert erscheint auf ein Hier und Jetzt". Hinweis von stud. theol. Tobias Jersak. Dieser Bezug auf konkrete Geschichte in Raum und Zeit gilt noch viel mehr als bei dieser von Hegel beeinflußten Formulierung von einer Theologie, die der Inkarnation verpflichtet vom menschgewordenen Gottessohn Jesus, seiner Kreuzigung und Auferweckung ausgehen will.

[150] Zum Problem s. M. Hengel, Christologie und neutestamentliche Chronologie, in: Neues Testament und Geschichte, FS O. Cullmann z. 70. Geburtstag, Zürich/Tübingen 1972, 43–67.

[151] Vgl. schon W. Heitmüller, Zum Problem Paulus und Jesus, ZNW 13 (1912), 320–337 und im Anschluß an ihn R. Bultmann, Glauben und Verstehen, I, 1933, 189f; ders., Theologie des Neuen Testaments, [9]1984, 188. Phantasievoll ausgemalt bei W. Schmithals, Theologiegeschichte, s. Index s.v. „Damaskus; damaszenische Theologie" 331 und s.v. „Stephanus" 332, dem er samt seiner Gruppe eine „grundsätzliche Gesetzesfreiheit" und „christlichen Universalismus...", wie wir ihm auch in der ‚Bekehrungstheologie' des Paulus

rien einschließlich Damaskus mit einer ganz eigenen unkerygmatischen Jesusüberlieferung bekannt gemacht haben soll. Hier erhebt sich von vornherein die Frage: *Wann und wie* soll sich das alles schon *vor* der Bekehrung des Paulus ereignet haben? Aus 1. Kor 15,8, dem ἔσχατον δὲ πάντων ὡσπερεὶ τῷ ἐκτρώματι[152] ὤφθη κἀμοί, wo Paulus seine eigene Christusvision bereits als zeitlich aus der Reihe fallenden eindeutigen Abschluß aller Erscheinungen des Auferstandenen darstellt, ergibt sich, daß der Abstand zwischen dem Todespassa Jesu und der Lebenswende des Paulus nicht allzu groß gewesen sein kann. Dem entspricht, daß er spätere Christusvisionen (2. Kor 12,1: ὀπτασίαι καὶ ἀποκαλύψεις κυρίου) von dem ganz besonderen, einzigartigen „Sehen" des auferstandenen Herrn (1. Kor 9,1) deutlich unterscheidet. Von diesem einzigartigeinmaligen „Sehen" mußte er um der angefochtenen Legitimität seines Apostolats willen reden, von den späteren Visionen und Entrückungen wollte er lieber schweigen und spricht nur unter dem Druck der Vorwürfe in Korinth in der ‚Narrenrede' über sie.[153]

Die *Jerusalemer Gegenposition* dazu vertritt Lukas in Apg 1,3, der die Erscheinungen des Auferstandenen auf vierzig Tage nach Ostern beschränkt, wobei der Kreis der „Auferstehungszeugen" auch bei ihm über der Apg 1,13 namentlich aufgezählten elf Jünger[154] wesentlich hinausgehen muß, sonst hätte Matthias nicht zugewählt und zusammen mit Barsabbas Justus für den Losentscheid als Kandidat aufgestellt werden können. Das heißt, auch er deutet einen weiteren Kreis von „Auferstehungszeugen" an, die in den ca. 120

---

begegnen", zuschreibt. Stephanus sei „erst sekundär nach Jerusalem transportiert worden". Jerusalem wird entsprechend mit keinem Stichwort im Index gewürdigt. Zu den „Wanderradikalen" vgl. F. Vouga, Geschichte, 30ff.88f, der die These von Downing und Mack aufnimmt, diese galiläischen Wanderprediger seien „soziologisch" mit den kynischen Predigern in Griechenland des 4. Jh.s v.Chr. zu vergleichen. U. a. möchte er selbst Petrus damit in Verbindung bringen, der sich freilich – das kann er nicht leugnen – „zunächst in Jerusalem niedergelassen" haben soll. Kritisch zur kynischen Wanderpredigerhypothese ist mit Recht H.D. Betz, Jesus and the Cynics: Survey and Analysis of a Hypothesis, JR 74 (1994), 453–475. H. Räisänen, Hellenisten, 1508 vermutet gar, daß die Hellenisten von den „charismatischen Jesusboten" in Galiläa „Teile der Jesusüberlieferung übernommen ... (und) ins Griechische übersetzten". Es handelt sich bei diesen Spekulationen um typische ‚Zersetzungsprozesse' radikaler historischer Kritik.

[152] In LXX ist ἔκτρωμα Übersetzung für das im Mutterleib gestorbene Kind, dessen Geburt zur erwarteten Zeit ausbleibt und das u. U. das Leben der Mutter gefährden kann, s. Num 12,12 vgl. Hiob 3,16; Koh 6,3. M. Goguel, ΚΑΤΑ ΔΙΚΑΙΟΣΥΝΗΝ ΤΗΝ ΕΝ ΝΟΜΩΙ ΓΕΝΟΜΕΝΟΣ ΑΜΕΜΠΤΟΣ (Phil. 3,6). Remarques sur un aspect de la conversion, JBL 53 (1934), 259 verstand ἔκτρωμα als ein gewaltsam aus dem Mutterleib gerissenes Kind, das normalerweise nicht lebensfähig ist; es sei eine Spottbezeichnung der Gegner, die Paulus als „un titre de gloire" verwendet. Vgl. weiter Fridrichsen, Paulus abortivus, 1932; Ndr. in: Ders., Exegetical Writings, WUNT 76, 1994, 211–216; H.W. Hollander/G.E. van der Hout, The Apostle Paul Calling himself an Abortion, NT 38 (1996), 224–236.

[153] 2. Kor 12,1–4, dazu U. Heckel, Kraft, 54–66. Ähnliches gilt von der einen „grundlegenden" ἀποκάλυψις Ἰησοῦ Χριστοῦ, der er sein Evangelium verdankt (Gal 1,12) im Verhältnis zu den späteren ἀποκαλύψεις, vgl. auch Gal 2,2.

[154] Vgl. Lk 24,9.33.

Personen von Apg 1,15, zu denen ja auch schon die beiden Emmausjünger und die Brüder Jesu (1,14) gehören, miteinbezogen sind;[155] freilich enthält er ihnen die Ehrenbezeichnung Apostel vor, die er auf die „Elf" (1,26; 2,14) bzw. nach der Zuwahl auf „die Zwölf" beschränkt, obwohl er später nie mehr von den „zwölf Aposteln" und von „den Zwölfen" nur einmal spricht. Außer Petrus und mit deutlichem Abstand Johannes wirken sie wie unpersönliche Statisten.[156] Er begnügt sich mit dem formelhaften „die Apostel", die in c. 15 zum letzten Mal zusammen mit „den Ältesten" erscheinen und dann in c. 21 von diesen verdrängt werden. Die Elf (bzw. Zwölf) werden von ihm so hervorgehoben, weil sie – historisch zutreffend – von Jesus als engster Kreis „auserwählt" worden waren.[157] Die runde Frist von 40 Tagen (Apg 1,3) bis zur Himmelfahrt, die alttestamentlichen Vorbildern entspricht, hat er sicher so wenig erfunden[158]

---

[155] S. schon die Aussendung der 72 Jünger Lk 10,1, „die Menge der *Jünger*" 19,37 und 24,9.10.33, wo „die Elf" durch „die übrigen" ergänzt werden.

[156] Vgl. jedoch Apg 14,4.14 die Apostelbezeichnung bei Paulus und Barnabas. Dieser abweichende Sprachgebrauch könnte *vielleicht* auf eine „Quelle" zurückgehen. Lukas gebrauchte ihn m. E. ganz bewußt, um auf das Problem aufmerksam zu machen, das ihm vertraut ist. Die Beibehaltung des Titels ἀπόστολοι bei der ersten Schilderung einer größeren Missionsreise soll darauf hinweisen, daß es in der Kirche auch die Meinung gab, daß Paulus und Barnabas (u. a.) ebenfalls „Apostel" genannt wurden. Auffallend ist weiter, daß er „die Zwölf" nur noch in 6,2 als Gegengröße zu den „Sieben" verwendet (6,3.5; vgl. 21,8: ὄντος ἐκ τῶν ἑπτά, wo deutlich wird, daß es sich hier ebenfalls um eine feste Gruppe handelte). Auch hier könnten Zahlen und Namen auf eine „Quelle" hinweisen. S. zu diesen Texten C. K. BARRETT, Acts 1, 305f0.310−315.666f.671f.678f. Lukas weiß viel mehr, als er schreibt. Delikate Fragen deutet er gerne nur an: Sapienti sat.

[157] Lk 6,13: ἐκλεξάμενος; 9,1.12; 18,31; 22,3.30; vgl. die Mk-Vorlage 3,14.16 u. ö. Dazu J. JERVELL, The Twelve on Israel's Thrones. Luke's Understanding of the Apostolate, in: DERS., Luke and the people of God, Minneapolis 1972, 75−112. Die Auswahl der Zwölf (Mk 3,14; Mt 10,1; Lk 6,13) deutet Jesu profetisch-messianischen Anspruch gegenüber ganz Israel als dem Zwölfstämmevolk an; vgl. Lk 22,30; Mt 19,28.

[158] Gegen G. LOHFINK, Die Himmelfahrt Jesu, SANT 26, München 1971. Möglicherweise wurde schon in der vorlukanischen Tradition 40 als runde Zahl für die Offenbarungszeit eingeführt: Moses Aufenthalt auf dem Berg war das Vorbild (Ex 24,18; 34,28; Dt 9,9; 18,25; 10,10; vgl. 4. Esr 14,23.36.42.44; syrBar 76,2−4). Lk 24,36−51 steht zu Apg 1,3ff in direktem Widerspruch. Auch damit weist Lukas auf verschiedene Überlieferungen hin (vgl. auch 13,31: πλείους). Außerdem könnte zwischen der Abfassung von Evangelium und Apostelgeschichte eine Frist bis zu einigen Jahren liegen. Normalerweise helfen sich die antiken Historiker bei solchen divergierenden Traditionen mit der Auskunft: „die einen sagten das ..., die anderen aber dies ..."; vgl. etwa Dionysios von Halikarnass, Ant Rom 1,64,4 (Aeneas); 2,56,2 (Romulus); Livius 1,16,1−8 (Entrückung des Romulus) oder der jüdische Historiker Artapan (F 3, 35). Auch Josephus gefällt sich in entsprechender Vorsicht, so etwa beim Schilfmeerwunder (Ant 2,347f), bei Moses Tod (4, 326f) und Elias Entrückung (9, 28). Doch Lukas, der ἀκριβῶς καὶ καθεξῆς über die Zuverlässigkeit der Überlieferung berichten will, kann und will sich der profan-skeptischen Attitüde nicht bedienen, denn in der „heiligen Geschichte" der LXX finden wir sie nicht. Er zieht es vor, kleinere Gegensätze bewußt stehen zu lassen. Zur Abhängigkeit seiner Darstellung vom Bericht über Elias Entrückung s. U. KELLERMANN, Zu den Elia-Motiven in den Himmelfahrtsgeschichten des Lukas, in: Altes Testament. Forschung und Wirkung, FS Henning Graf Reventlow, hg. v. P. Mommer/W. Thiel, Frankfurt a. M. u. a. 1994, 123−137. Vgl. jetzt H.-J. KLAUCK, Magie, 16f.

wie die Zwölfzahl der Apostel.[159] Im Grunde vertritt er in der schroffen Beschränkung auf vierzig Tage nach Ostern wie in der Reduktion der Apostel auf zwölf ehemalige Jesusjünger die heilsgeschichtlich-typologische Position der Jerusalemer, genauer des Petruskreises, denn Petrus und die Zwölf sind in den Synoptikern und in der Apg aufs Engste verbunden, und in Korinth, wo das Apostolat des Paulus bestritten wurde,[160] haben offenbar Gegner des Paulus die größere Autorität des Petrus hervorgehoben.[161] D. h., Lukas wurde an diesem Punkt, wie wir schon sagten, von der Jerusalemer Position überzeugt: Darum läßt er in Apg 13,31 Paulus selbst im pisidischen Antiochien die besondere Augenzeugenschaft der Jesusjünger aus Galiläa betonen und seine eigene dahinter zurücktreten und eben darum kann er auch ein Evangelium als Geschichtsbericht über Jesus schreiben und Jerusalem im Evangelium wie in der Apostelgeschichte in einzigartiger Weise hervorheben. Dorthin mußte Jesus ziehen, dort wurde er gekreuzigt und auferweckt, dort ist der Herr den Jüngern erschienen und dort müssen sie bleiben,[162] dort wird er wiederkommen,[163] dort wird die endzeitliche Gabe des Geistes ausgegossen.[164] Für Paulus dagegen wäre die Abfassung einer ausführlichen „Jesusgeschichte" in dieser biographischen Form wohl kaum sinnvoll gewesen. Auch wenn er in seiner Missionspredigt selbstverständlich über vielfältige Jesustradition verfügte, war der ‚irdische' Jesus bei ihm wohl kaum eine Person, die durch eine biographische Erzählung vom „erhöhten" scharf abgesetzt werden mußte. Der Schwerpunkt lag bei ihm, anders als beim ersten „christlichen Historiker", ganz überwiegend auf Jesu Tod am Kreuz und seiner Auferstehung. Doch selbst bei ihm wird – apologetisch in 1. Kor 9,1f und biographisch in 1. Kor 15,8ff – der *relative* Unterschied seines Apostolats gegenüber den Jerusalemer Jesusjüngern deutlich. Auch wenn man die lukanische Position nicht teilt: sie bleibt sachlich verständlich und ist nicht einfach ein geschichtsfernes spätes Konstrukt.

Wie lange nun die Zeitspanne zwischen dem Todespassa und der Bekehrung des Paulus wirklich gedauert hat, können wir nur vermuten. Gegen eine zu

---

[159] Das behauptete G. KLEIN, Apostel. Seine Auslegung von Apk 21,14 (S. 76ff) und das praktische Übergehen von Mt 10,2 kennzeichnen die Art und Weise seiner Methode. Auffallend ist weiter, daß Lukas im Evangelium (wie Mt 10,2; vgl. Mk 3,14 v.l.) von den zwölf Aposteln und einmal in der Apg von den elf Aposteln spricht, dazu in Apg 6,2 einmal von „den Zwölfen". Ob er bei den 32 Belegen für „Apostel" bis 16,4 (außer 14,4.14) immer nur die Namen von Apg 1,13.26 im Sinne hat, wissen wir nicht. Nach 12,2 wird ja der Zebedaide Jakobus hingerichtet. Lukas ist in solchen Fragen vielleicht doch weniger „dogmatisch", als dogmatisierende Exegeten in ihn hineinlesen wollen.

[160] 1. Kor 9,1; 2. Kor 11,5; 12,11.

[161] 1. Kor 1,12; 3,22; 9,3. Auch in 1. Kor 15,5 folgen Kephas und die Zwölf unmittelbar aufeinander. S. auch o. S. 31 Anm. 112 zu Kephas in Korinth.

[162] Lk 24,49; Apg 1,2ff; vgl. dagegen Mk 14,28; 16,7 par. Der Gegensatz läßt sich historisch nicht auflösen. Hier steht Aussage gegen Aussage, und das deutet auf einen Traditionskonflikt hin.

[163] Apg 1,11 vgl. Röm 11,26; Lk 21,24.27.

[164] Apg 2. Wahrscheinlich hat Lukas selbst Jerusalem gekannt, s. M. HENGEL, Lukas, 152–162.182.

lange Frist sprechen außer 1. Kor 15,8f auch die für uns so wertvollen Zeitangaben in Gal 2,1 und 1,18 von 14 plus 3 Jahren, die begonnene Jahre eventuell miteinbeziehen, so daß man mit ca. 16−17 Jahren rechnen kann. Wenn man, was immer noch das Wahrscheinlichste ist, von 30 n. Chr. als Todesjahr Jesu ausgeht und das Datum des Apostelkonzils etwa auf Ende 48/Anfang 49 festlegt, dann kommt man ungefähr auf 33 n. Chr. Es ist der Ausgangspunkt unserer Chronologie, wobei eine Differenz von plus/minus einem Jahr am Gesamtbild kaum etwas ändert.[165]

R. Riesner geht in seiner sorgfältigen Untersuchung der paulinischen Chronologie u. a. einigen auffallenden altkirchlichen Überlieferungen nach.[166] Ascensio Iesaiae 9,16 spricht von 545 Tagen zwischen Auferstehung und Himmelfahrt, das Jakobus-Apokryphon nennt 550 Tage (NC I 2,19−24) bzw. 18 Monate (NC I 8,3), ebenso die Ophiten und Ptolemäus nach Irenäus.[167] Da der zweite Teil der Ascensio Iesaiae wahrscheinlich am Ende des 1. Jh.s n. Chr.[168] entstanden ist und die Ep. Jac. in der 1. H. des 2. Jh.s, muß diese Überlieferung noch aus dem 1. Jh. stammen, sie braucht so nicht sehr viel jünger zu sein als die 40 Tage des Lukas und steht in deutlichem Gegensatz zu ihnen. Spätere altkirchliche Überlieferungen datieren die Bekehrung des Paulus bzw. seine Taufe in das 2. Jahr nach der Himmelfahrt des Herrn.[169] Riesner kommt „bei

---

[165] Zur Chronologie s. die Tabelle u. S. 472ff; zur Lit. vgl. den Forschungsüberblick bei RIESNER, Frühzeit, 2−26; RIESNER plädiert am Ende seiner Untersuchung dafür, daß man zu dem älteren „relativen Konsens" (367) für die mittleren Jahre des Apostels zurückgehen sollte mit Verweis auf BECKER, Paulus, 32; dabei geht RIESNER vom Jahr 31/32 für die Berufung des Paulus aus (52−56; vgl. die Tabelle S. 286); wir selbst würden doch eher 33 vorziehen. Die jüngst erschienene Monographie von J. GNILKA, Paulus von Tarsus. Zeuge und Apostel, HThK Suppl. 6, Freiburg i. B. u. a. 1996, rechnet dagegen wieder mit der ersten „Europamission" vor dem Apostelkonzil mit Verweis auf JEWETT, LÜDEMANN, KNOX und BARNIKOL (66 vgl. 309−313), eine u. E. ganz unwahrscheinliche Konstruktion. Erst das Apostelkonzil öffnete für Paulus den Weg nach Europa. S. dazu jetzt auch J. MURPHY-O'CONNOR, Paul, 1−31 (8: Conversion 33; Arabia 34, Damascus 34−37, 1. Besuch in Jerusalem 37, Syria and Cilicia 37−?). Da er den 2. Besuch in Jerusalem zum Apostelkonzil mit JEWETT auf das Jahr 51 verlegt, kommt er für die spätere Zeit zu einer etwas konfusen Chronologie. S. auch seine völlig verfehlte wilde Polemik gegen RIESNER, in: RB 103 (1996) 141 ff. Sein ganzes Paulusbild gründet auf einer – teilweise überzogenen – Lukaskritik und völlig hypothetischen Briefteilungen.

[166] R. RIESNER, Frühzeit, 56−65.

[167] Adv. Haer. 1,30,14, 1, 3,2; s. dazu R. RIESNER, Frühzeit, 56−60.

[168] Zur Datierung und Herkunft vgl. A. ACERBI, Serra lignea. Studi sulla fortuna della Ascensione di Isaia, Rom 1984; DERS., L'Ascensione di Isaia. Cristologia e profetismo in Siria nei primi decenni del II secolo, Studia Patristica Mediolanensia 17, Mailand ²1989; korrigiert von E. NORELLI, Ascension d'Isaïe, traduction, introduction et notes, Apocryphes. Collection de poche de l'AELAC, Turnhout 1993, 87−99; DERS., Ascensio Iesaiae. Commentarius, CChr.SA 8, Turnhout 1995, 53−66, der AscJes 6−11 ans Ende des 1. Jh.s und AscJes 1−5 an den Beginn des 2. Jh.s datiert und für eine Entstehung im syrischen Antiochien plädiert. Gegen RIESNER, Frühzeit, 58, der noch mit einer jüdischen Grundschrift des „Martyriums Jesajas" aus essenischen Kreisen rechnet, setzt sich die Erkenntnis, daß AscJes in beiden Teilen eine genuin christliche Schrift mit starkem jüdischen Einfluß ist, durch.

[169] RIESNER, Frühzeit, 61−63. Diese Nachricht könnte vielleicht auf den verlorengegange-

aller angesichts der Quellenlage gebotenen Zurückhaltung" auf „die Jahre 31/ 32". Dies kann bestenfalls eine äußerste *Möglichkeit* sein, ist aber doch wohl im Blick auf die von Lukas Apg 1–8 erzählten Ereignisse mit der Ausbreitung der Gemeinde, der Trennung der „Hellenisten" von den „Hebräern" und den daraus resultierenden Spannungen, der Steinigung des Stephanus, der Verfolgung durch Saulus, der Verbreitung der Hellenisten außerhalb des jüdischen Kernlandes und der Anfänge der Gemeinde in Damaskus zu knapp. Aber auch eine längere Frist als drei Jahre halten wir für unwahrscheinlich.[170]

Die ersten Anfänge der Jesusgemeinde nach Ostern waren nicht, wie Dibelius und Haenchen vermuteten, von einer konventikelhaften quietistischen Ruhe und einer dementsprechenden missionarischen Zurückhaltung geprägt,[171] sondern sie wirkten eher wie eine unerwartete kräftige Explosion mit ihren aufeinander folgenden Druckwellen. Sowohl der sogenannten kritischen Forschung als auch unserer domestizierten Gemeindefrömmigkeit ist der Sinn für die Ungeheuerlichkeit und – für die Augen des außenstehenden jüdischen Betrachters – erschreckende Anstößigkeit jener Ereignisse verlorengegangen, die Paulus in 1. Kor 15,2–8 aufs äußerste verkürzt aufgelistet hat und die in den Ostergeschichten der Evangelien in z. T. ausgemalter, man kann auch sagen: legendärer Form erzählt werden. Auch wenn wir die Details nicht mehr im Zusammenhang rekonstruieren können, muß es sich um eine Kette von ganz außerordentlichen Vorgängen gehandelt haben. Der Ausgangspunkt war äußerlich gesehen ein politischer: Die oberste religiös-politische Behörde Jerusalems hatte einen wegen messianischer Ambitionen und revolutionärer Umtriebe verdächtigen, beim einfachen Landvolk beliebten Galiläer an den römischen Präfekten ausgeliefert, der diesen unverzüglich als Messiasprätendenten am 1. Tag des Passafests, einem Freitag, kreuzigen ließ. Frauen fanden am Morgen des ersten Tages nach dem Sabbat das Grab des Gekreuzigten leer. In Galiläa und wohl auch in und bei Jerusalem kam es darauf zu Erscheinungen des Getöteten unter Gliedern des engeren und weiteren Jüngerkreises und bei Verwandten. Eine besondere „Druckwelle" begegnet uns, als die bei der Verhaftung Jesu geflüchteten galiläischen Anhänger 50 Tage später zum nächsten Wallfahrtsfest, Šebûʿot, zum ersten Mal wieder öffentlich in Jerusalem auftraten und, mit Petrus als Sprecher und getrieben vom endzeitlichen profetischen Geist, dem dort versammelten Volk verkündeten, Gott habe ihren Meister als Messias, Herrn und Gottessohn von den Toten auferweckt und zu seiner Rechten auf den Merkabathron erhöht. Von dort werde er in Bälde als

---

nen Anfang der Paulusakten zurückgehen und an die ältere Tradition von den 1½ Jahren anknüpfen. Valentin behauptete um ca. 130/140, noch über Theodas in der mündlichen Lehrtradition des Paulus zu stehen, s. Clem Alex, Strom 7,106,4.

[170] In M. HENGEL, Christologie (Anm. 150), 61, hatte ich ca. 32/34 vermutet; s. auch DERS., Geschichtsschreibung, 8. Heute würde ich dazu neigen, diesen Zeitraum auf Grund der eindeutigen Aussage von 1. Kor 15,8f eher noch etwas zu verkürzen.

[171] M. DIBELIUS, Der erste christliche Historiker, in: DERS., Aufsätze zur Apostelgeschichte, hg. v. H. Greeven, Berlin (Ost) 1951, 109; E. HAENCHEN, Apostelgeschichte, 252 u. ö. Dagegen M. HENGEL, Mission, NTS 18 (1971/72), 30f.

Gottes Bevollmächtigter und Richter wie der „Menschensohn" in Dan 7,13 wiederkommen und Israel und alle Welt richten. Doch jetzt sei diesem Volk noch eine Frist zur Umkehr und vertrauensvollen Zuwendung zu dem gekreuzigten und erhöhten Messias-Menschensohn gegeben, ja es dürfe die Vergebung seiner Verfehlungen erwarten, da dieser stellvertretend für die Sünde aller gestorben sei. Falls es dieses Heilsangebot verwerfe, drohe ihm das Gericht.[172]

So oder ähnlich könnte die Tradition ausgesehen haben, die Lukas zu dem ersten großen Gemälde in seinem zweiten Buch verarbeitete, wobei er einseitig den Ereignissen in Jerusalem den Vorrang gab. Die Schilderung der Pfingstgeschichte in der Apg und die Predigt des Petrus haben einen historischen Anlaß, auch wenn sie Lukas relativ frei gestaltet.[173] Es ist dabei unwesentlich, ob die genannten Motive, die etwa in den von Lukas „nachgestalteten" Predigten des Petrus Apg 2—4 auftauchen, im einzelnen bei der ersten öffentlichen Verkündigung in Jerusalem präsent waren. Wir können diese in keiner Weise mehr zureichend „rekonstruieren". Auffallend bleibt, daß Lukas dabei gerne „altertümlich" klingende Titel und Formeln verwendet.[174] Wir dürfen jedoch gewiß sein, daß die Entwicklung der christologischen Vorstellungen aufgrund der Begegnungen mit dem Auferstandenen stürmisch war und daß das grundlegende Kerygma der Urgemeinde relativ bald ausformuliert wurde,[175] denn nur so werden deren missionarischer Erfolg und die daraus resultierenden ersten Verfolgungen verständlich. Diese Verkündigung des Gekreuzigten und von Gott Auferweckten in Jerusalem seit dem Wochenfest wurde intensiviert durch den Anspruch, die von den Profeten verheißene Gabe des Geistes sei – als Zeichen der in die Gegenwart einbrechenden Endzeit – über seine Anhänger ausgegossen. Die Gewißheit der Auferstehung Jesu stellte sich dabei als einzigartiger Anfang der allgemeinen Totenauferweckung „aus den Gräbern"[176] dar, man

---

[172] S. dazu M. HENGEL, Sohn Gottes, 93—104; DERS., »Setze dich zu meiner Rechten!«, 150ff.185—194.

[173] S. BARRETT, Acts I, z. St.; KLAUCK, Magie, 17—23.

[174] Zum Beispiel παῖς θεοῦ: Apg 3,13.26; 4,27.30; Erhöhung zur Rechten Gottes: 2,33f; 5,31; adoptianisch klingende Formel: 2,36; Leiden des Messias 3,15 vgl. 2,23; Sendung des Messias und „Apokatastasis" 3,20f. S. BARRETT, Acts I, z. St.

[175] Dafür spricht z. B. 1. Kor 15,11, ein weithin zu wenig gewürdigter Text. Das bedeutet freilich nicht, daß man die Hochchristologie eines Hebräerbriefs oder des Johannesevangeliums einfach auf die ersten Auferstehungserscheinungen zurückführen kann. Die geschichtliche Vermittlung und Entwicklung der einzelnen christologischen Vorstellungen in Raum und Zeit dürfen nicht zugunsten dogmatischer Postulate unterschlagen werden. Das ändert nichts an der „stürmischen Entwicklung". Das apostolische Kerygma beruht nicht auf geheimen Mitteilungen des Auferstandenen bei seinen Erscheinungen vor den Jüngern, sondern ist – theologisch gesehen – als Wirkung des Geistes zu verstehen. Das hat Joh in den Abschiedsreden (14,16f.26; 15,26; 16,5—15; vgl. 20,21ff) sachlich zutreffend dargestellt.

[176] Vgl. Mt 27,53; Joh 5,28; 11,38ff; 12,17; vgl. Jes 26,19; Hes 37,12; Dan 12,2. Aus diesem Grunde mußte das leere Grab von Anfang an in der Urgemeinde eine wesentliche Rolle spielen, vgl. 1. Kor 15,4; Röm 6,4; Mk 16,1—8 parr. Eine rein geistige „Auferstehungsvorstellung", bei der Körper verwest, ist im vorherrschend pharisäisch geprägten palästinischen Judentum nicht nachweisbar. Sie wäre zudem von der Unsterblichkeit der Seele nicht zu

glaubte, er sei der „Erstgeborene" oder die „Erstlingsfrucht" aus den Toten, mit dem die Gottesherrschaft und d. h. das Ende der bisherigen Menschheitsgeschichte anbreche. Die Auferstehungshoffnung und vor allem die Gewißheit der bereits angebrochenen endzeitlichen Überwindung des Todes waren von fundamentaler Bedeutung für die neue Botschaft.[177] Wir begegnen hier einem endzeitlich-apokalyptischen Enthusiasmus, der nach unserem Wissen in der jüdischen Geschichte zwischen der Rückkehr aus dem Exil und der talmudischen Zeit ohne Beispiel ist.[178] Denn im Gegensatz zu der verbreiteten apokalyptischen Erwartung verkündigten die Jünger Jesu, *daß der Messias schon gekommen* und durch seine Auferweckung von Gott in himmlischer Macht und Glorie als endzeitlicher Bevollmächtigter eingesetzt sei, daß damit die Auferstehung von den Toten schon begonnen habe und die Verheißung der Geistausgießung nach Joel 3,1 schon erfüllt sei. Kein Wunder, daß die hochpriesterlichen Volksführer, die aus durchaus verständlichen Gründen den Unruhestifter Jesus an Pilatus ausgeliefert hatten, sich erneut angegriffen fühlten und – so wie sie es im Interesse der Machterhaltung gewohnt waren – auf relativ moderate Weise gegen diese galiläischen Schwärmer, die die Stadtbevölkerung irritierten, vorgingen. Die holzschnittartige idealtypische Schilderung des Lukas Apg 2 – 5 hat so einen recht realen Hintergrund, wobei die Vorgänge zeitlich relativ rasch aufeinander folgten und gewiß noch sehr viel turbulenter waren, als die

---

unterscheiden. Darum geht es in der Auferstehungsbotschaft gerade nicht. S. dazu M. HENGEL/R. DEINES, Rezension Sanders, 1 – 70. Man konnte in Jerusalem auch keinen Gekreuzigten als „Auferstandenen" verkündigen, der noch für alle nachweisbar, im Grabe ruhte. Daß die Grabtradition spät und sekundär sei, ist die unbegründete Behauptung eines „kritizistischen Biblizismus", der die religiösen Vorstellungen des palästinischen Judentums nicht ernst nimmt. Außer 1. Kor 15,4 setzen Röm 6,4 und Kol 2,12 die Grabtradition voraus.

[177] 1. Kor 15,20.23; Kol 1,18; Apk 1,5; Apg 26,23 vgl. 3,15.26; Hebr 2,10. Zur Erstauferstehung der Patriarchen in der Endzeit vgl. TestJud 25,1; TestBen 10,6ff, von der Erstauferstehung der „Lade des Gesetzes" spricht die Jeremia-Vita der Vitae Prophetarum (VP 2,12); zum Text der sog. anonymen Rezension s. T. SCHERMANN, Prophetarum Vitae ..., Leipzig 1907, 73, 5; A.-M. DENIS, Concordance grecque des Pseudépigraphes d'Ancien Testament, Louvain-la-Neuve 1987, 868; vgl. dazu A.M. SCHWEMER, VP I, 221ff; D. SATRAN, Biblical Prophets in Byzantine Palestine. Reassessing the Lives of the Prophets, SVTPs, Leiden 1995, der die VP für eine christliche Schrift des ausgehenden 4. Jh.s hält, geht auf diese ausgesprochen jüdische Passage nicht ein. Zu den neuen Belegen über die Auferstehungshoffnung in Qumran s. 4Q521 Fr. 2,II Z. 12 und Fr. 7,6; dazu E. PUECH, La croyance des esséniens en la vie future: immortalité, résurrection, vie éternelle? Histoire d'une croyance dans le Judaïsme ancien, EtB.NS 22, 2Bde, Paris 1993; J. ZIMMERMANN, Messianische Vorstellungen in den Schriftfunden von Qumran, Diss. theol. Tübingen 1996, 298f.307 (erscheint in WUNT). Vgl. zur todesüberwindenden Hoffnung auch u. Anm. 1235.

[178] Man könnte bestenfalls noch auf die Weissagung Daniels über das baldige Gottesgericht über Antiochos IV. und die Erlösung des wahren Israels (Dan 11,45 – 12,3) sowie die verzweifelte Naherwartung gegen Ende der Belagerung Jerusalems durch Titus und das Wirken zelotischer Profeten verweisen, als man die Errettung am 9. Ab im Tempel erwartete, Jos. bell 6, 283 – 286. Hier gab die tödliche Gefahr des Untergangs den entscheidenden Anstoß zu einer äußerst intensiven – aber immer noch – zukünftigen Erwartung: Der Messias war hier noch nicht gekommen, die Auferstehung der Toten hatte noch nicht begonnen; s. M. HENGEL, Zeloten, 248f.

Apg sie schildert. Der Auctor ad Theophilum, der die christliche Urgeschichte für ein Glied der griechisch-römischen Oberschicht beschreibt, liebte eher die maßvollen Töne und die geordneten Verhältnisse. Ein so befremdlicher Vorgang, wie er in Apg 5,1—11 erzählt wird, setzt ein enthusiastisches, vom endzeitlichen Eifer erfülltes Milieu voraus und muß sehr erregt abgelaufen sein.[179] Daß die für das politisch-religiöse Establishment in Jerusalem als Provokation erscheinende neue messianische Sekte trotz ihrer von außen betrachtet anstößigen Botschaft einen größeren Kreis von Anhängern gewann,[180] muß dabei vor allem auch als Nachwirkung des Auftretens Jesu betrachtet werden, der – im Anschluß an das Wirken des Täufers – eine neue messianische Volksbewegung ausgelöst hatte. Die lebendige Erinnerung an ihn war in einer Weise unmittelbar gegenwärtig, wie wir sie uns gar nicht vorstellen können, und die alten Sympathisanten Jesu (und des Täufers) in und außerhalb Jerusalems waren durch die unerwartete und unerhörte Botschaft der Jünger in positiver Weise alarmiert und bildeten den Kern der wachsenden neuen Gemeinde.

Dabei rückt die *Heilige Stadt* von jetzt an in den Mittelpunkt, denn um ganz Israel zu erreichen, mußte man dort auf der „Agora" Israels, dem äußeren Tempelplatz, das Volk ansprechen, vor allem dann, wenn es zu den Gottesdiensten im Tempel und zu den großen Festen zusammenkam. Die neue messianisch-endzeitliche Jesusbewegung wollte und konnte keine galiläische „Winkelsekte" bleiben. Der lukanische Paulus trifft mit seinem Urteil Apg 26,26 (vgl. o. Anm. 39) und dem Hinweis auf die Kenntnis dieser Vorgänge bei König Agrippa II. den historischen Sachverhalt: Die *entscheidenden* Ereignisse, die Hinrichtung Jesu als messianischem Prätendenten und die Verkündigung von ihm als des zur Rechten Gottes erhöhten Menschen- und Gottessohnes ereigneten sich nicht „in einem Winkel", sondern öffentlich in Jerusalem. Wenn Lukas zweimal die „Halle Salomos" an der steil zum Kidrontal abfallenden Ostseite des Tempels nennt, so greift er auf Erinnerung zurück.[181] In Jerusalem liefen von nun an die Fäden der Gemeinden im jüdischen Palästina zusammen, nicht zuletzt auch deswegen, weil es die Stadt war, in der Jesus gekreuzigt und auferweckt wurde.[182] Jerusalem war – negativ und positiv – die Stadt des Heilsgeschehens und zugleich der Ort, an dem man die Parusie erwartete.[183] *Galiläa* tritt dagegen in auffallender Weise zurück, so daß wir über seine judenchristlichen Gemeinden *fast* nichts mehr erfahren. Die Apg nennt es

---

[179] Es ist kein Wunder, daß spätere heidnische Kritiker des Christentums wie Porphyrius an dieser Erzählung Anstoß nahmen, s. Hieronymus, ep. 130,14 und Macarius Magnes, apocrit. 3,21 bei G. RINALDI, Biblia Gentium, Roma 1989, Nr. 609f, p. 616ff.

[180] Darauf weisen die an sich übertriebenen Zahlen bei Lukas hin: Apg 1,15; 2,41; 4,4; 21,20; vgl. (aber) realistischer 1. Kor 15,6.

[181] Apg 3,11; 5,12. Vermutlich versammelte man sich dort in Erinnerung an Jesu Predigt: Joh 10,23. Tertullian stellt diesen Ursprungsort christlicher Verkündigung in Jerusalem Athen und seinen Philosophenschulen gegenüber (praescr.haer. 7,9ff).

[182] Mk 10,32 parr. Lk 13,33f par.; Apg 2,22—36; Apk 11,8 etc.

[183] Apg 1,11 vgl. Röm 11,26.

nur noch in 9,31, und für die ganze frühchristliche Literatur spielt es lediglich noch eine Rolle als Heimat Jesu und Ort seiner ersten Wirksamkeit. Außer den Evangelisten erwähnt es kein frühchristlicher Autor mehr.[184] Dies fällt umso mehr auf, als Lukas, Matthäus und Markus dem Wirken Jesu in Galiläa breitesten Raum einräumen und sehr genau wissen, daß die Jünger Galiläer und in Jerusalem Fremde sind.[185] Darum sollte man auch nicht mehr soviel über die späteren galiläischen Gemeinden phantasieren. Dagegen steht bereits bei Paulus und späteren christlichen Autoren *allein Jerusalem* im Mittelpunkt,[186] obwohl die Stadt nur 40 Jahre nach dem Todespassa 30 n. Chr. zerstört wurde und der Schwerpunkt des palästinischen Judentums und damit auch der Judenchristen sich danach wohl wieder mehr und mehr nach Galiläa verlagerte. Von dieser Verlagerung ist in den urchristlichen Quellen überhaupt nichts mehr zu spüren. Schon Paulus spricht nur noch von den *„Gemeinden in Judäa"* und meint dabei wohl das ganze jüdische Palästina mit Jerusalem als Zentrum.[187] Die heute gerne betonte Sonderrolle galiläischer Gemeinden, ihrer Theologie und ihrer angeblichen intensiven missionarischen Expansion etwa durch „Wanderradikale" nach Syrien ist in den Quellen nicht begründet und beruht auf einer Fehlinterpretation von Evangelientexten und darauf aufbauenden Spekulationen.[188]

---

[184] Wir finden es als Wohnort von Christen weder in der Briefliteratur noch bei den Apostolischen Vätern noch bei dem aus Neapolis in Samarien stammenden Justin (s. jedoch u. Anm. 185) noch bei den anderen Apologeten. Apg 10,37 u. 13,31 bezieht sich auf die Wirksamkeit Jesu.

[185] Apg 1,11; 2,7; 5,37; Mt 26,69 vgl. Mk 14,70. Mt 26,73 weiß sogar, daß sie einen eigenen Dialekt sprechen. Vgl. noch Justin, dial 80,4, wo sie in einem jüdischen Sektenkatalog erscheinen und 108,1, wo jüdische Sendboten Jesus als galiläischen Betrüger bezeichnen. Man wird hier an Judas Galiläus erinnert, s. M. HENGEL, Zeloten, 57–61. Epiktet, diss 4,7,6 berichtet von der verrückten Martyriumsbereitschaft der „Galiläer" und meint damit die Christen überhaupt. S. auch S. FREYNE, Galilee from Alexander the Great to Hadrian. 323 B.C.E. to 135 C.E., Notre Dame 1980, 208–211. Auch für den Vf. des 4. Evangeliums, der m.E. aus Jerusalem stammt, steht Jesu Herkunft und Wirksamkeit in Galiläa außer Zweifel, auch wenn bei ihm – vielleicht historisch zu Recht – Jerusalem eine größere Bedeutung für Jesu Kampf erhält. S.M. HENGEL, Johanneische Frage, 306 ff; die Ortsangabe „Galiläa" erscheint bei ihm sogar etwas häufiger als bei den Synoptikern: 17 × gegen 16 × bei Mt, 13 × bei Lk und 12 × bei Mk. Die drei Untersuchungen zum Thema ,Early Christianity in the Galilee' von H.C. KEE; A.J. SALDARINI und A.I. BAUMGARTEN in dem Sammelband: Lee I. LEVINE, The Galilee in Late Antiquity, New York/Jerusalem 1992, 3–50 zeigen nur, wie wenig zuverlässige Nachrichten wir über das Christentum vom 1.–4. Jh. in Galiläa haben. Galiläa ist für das frühe Christentum nur als Heimat und erste Wirkungsstätte Jesu von Bedeutung.

[186] Vgl. selbst Q, Mt 23,37 = Lk 13,34 oder Mt 5,35 und Apk 11,1–13(8). S. auch o. Anm. 182. Zu Paulus und Jerusalem s. P. STUHLMACHER, Die Stellung Jesu und des Paulus zu Jerusalem, ZThK 86 (1989), 140–156, gegen K. BERGER.

[187] Gal 1,22 (s. u. Anm. 216); 1. Thess 2,14; vgl. Röm 15,31; 2. Kor 1,16.

[188] E. LOHMEYER, Galiläa und Jerusalem, Göttingen 1936; W. MARXSEN, Der Evangelist Markus, FRLANT 67, Göttingen ²1959; GRUNDMANN (s. nächste Anm.); FELDTKELLER, Identitätssuche, 26.152–155, vgl. dazu o. Anm. 142; VOUGA, Geschichte, 30–37; aber auch M. SATO, Q und Prophetie, WUNT II/29, 1986, 382–388 u. ö. Dagegen schon M. GOGUEL, La

Wie sehr bei derartigen Vermutungen über eine – theologische – Sonderrolle der Galiläer gegen alle Quellenaussagen der Wunsch der Vater des Gedankens ist, zeigen die Aufstellungen von W. Schmithals[189] und anderen Exegeten. Es ist ein Mißbrauch der formgeschichtlichen Betrachtungsweise, wenn man auf Grund der Evangelien missionarisch besonders aktive nachösterliche galiläische Gemeinden als Begründer der Heidenmission erfindet. Ebenso fragwürdig ist es, wenn man diese galiläischen Gemeinden zu Urhebern der Logienquelle macht, die von der Christologie der Jerusalemer Urgemeinde nicht infiziert gewesen seien. Vereinzelte rabbinische Nachrichten weisen im 2. Jh. auf Judenchristen in Galiläa hin,[190] noch später sind die wenigen Nachrichten von Julius Africanus.[191] Natürlich gab es dort judenchristliche Gemeinden,

---

Naissance du Christianisme, Paris 1946, 198f. Zur angeblichen galiläischen Heidenmission s. nächste Anm. Dahinter steht der nicht auszurottende Aberglaube vieler Exegeten, derartige geographisch-historische Angaben könnten sich nur auf die Gegenwart der so beliebten „Gemeinde" des Evangelisten bzw. des „Trägerkreises" der jeweiligen Schrift beziehen: eine Quelle zahlreicher historischer Irrtümer. Man konnte schon damals zwischen Vergangenheit und Gegenwart sehr wohl unterscheiden. Zu den „Wanderradikalen" s.u. Anm. 596.

[189] Paulus und Jakobus, FRLANT 85, 1963, 25f: „Nicht Jerusalem, sondern Galiläa ist die Heimat des Christentums... Aber natürlich blieb in Galiläa eine Urgemeinde lebendig, deren Ausstrahlungen haben nicht nur über Samarien Jerusalem erreicht, sondern auch Syrien, Damaskus, Antiochien, wo überall die Apostelgeschichte frühe Christengemeinden voraussetzt. Die religiösen und politischen Beziehungen des ‚Galiläa der Heiden' waren nach Norden mindestens so stark wie nach Süden". „Das synkretistisch durchsetzte Galiläa" (S. 26, Anm 0) ist für ihn auch der Ausgangspunkt des von Paulus zunächst „verfolgten gesetzlosen Christentums". Ähnlich abwegig W. SCHNEEMELCHER, Das Urchristentum, UB 336, 1981, 107f: Die von Paulus verfolgte Gemeinde in Damaskus steht in keinem Zusammenhang mit den Jerusalemer Hellenisten: „Es könnte sein, daß Erscheinungen des Auferstandenen in Galiläa zu der Bildung einer kleinen Gemeinschaft von christusgläubigen Juden in der Synagoge von Damaskus... geführt hat." Aber warum soll Paulus gerade diese messiasgläubigen Galiläer dort verfolgt haben? Zu diesen Spekulationen s. schon W. GRUNDMANN, Das Problem des hellenistischen Christentums innerhalb der Jerusalemer Urgemeinde, ZNW 38 (1939), 45–73; DERS., Jesus der Galiläer und das Judentum, ²1941, 82–90, der sich wie SCHMITHALS auf LOHMEYER und W. BAUER beruft und als Deutscher Christ ein z.T. nichtjüdisches „arisches" Milieu in Galiläa vermutete. Daß die Galiläer gesetzestreue, national denkende Juden waren, wird dabei verdrängt, s. dazu M. HENGEL, Zeloten, 57–61.77.288f.319ff. Wie sehr diese Vermutungen von W. BAUER, SCHMITHALS u. a. über einen galiläischen Synkretismus irreführend sind, haben die Arbeiten von S. FREYNE gezeigt. Ein solcher Synkretismus läßt sich in keiner Weise aus den Quellen belegen.

[190] BILL. I, 36ff: tHul 2,22f (Z. 503); yAZ 2,2 (40d-41a); QohR 1,8 (4d) u. ö.: die Geschichte von Eleazar ben Dama und dem Judenchristen Jakob aus Kefar Sema(i); ebenso die in tHul 2,24 (par.: bAZ 17a. 27b; QohR 1,8 [4a-b]) anschließend erzählte „Begebenheit" von R. Eliezer, dem Jakob von Kefar Sakhnin eine „Häresie" gesagt hatte, die ihm gefiel. Kefar Sema(i) (Palestine Grid: 178/264) lag in Galiläa, und bei Kefar Sakhnin (Palestine Grid: 177/252 oder 178/264) handelt es sich vielleicht um denselben Ort in Galiläa, d.h. die beiden Jakobs sind wohl identisch; s. dazu G. REEG, Die Ortsnamen Israels nach der rabbinischen Literatur, BTAVO B 51, Wiesbaden 1989, 356ff.

[191] Ep. ad Aristidem (bei Euseb, h.e. 1,7,14). Das Judentum blieb in Galiläa bis ins 5./6. Jh. hinein vorherrschend. Epiphanius, Pan 30,11f berichtet über Josef von Tiberias (s.u. Anm. 1061) seine Wirksamkeit in Kilikien). Am Konzil von Nicäa 325 nahm ein (!) Bischof aus „Zabulon" teil, der vielleicht aus Kabul in Galiläa kam; vgl. RIESNER, Artk. Galiläa, GBL I,

aber nach allem, was wir wissen, gewannen sie im Verlauf des 1. Jh.s nicht größere Bedeutung, vielmehr ging ihr Einfluß eher zurück. Es ist methodisch unzulässig, die Tatsache, daß die Evangelien – historisch zu Recht – ausführlich von den Taten und Worten des Galiläers Jesus in seiner Heimat berichten, auf eine spätere, besondere, grenzüberschreitende missionarische Wirksamkeit galiläischer Gemeinden zu beziehen und diese zu Erfindern großer Teile der Jesustradition zu machen. Zu derartigen phantastischen Extrapolationen geben uns die Evangelien kein Recht; Mt 10,5f.23 widersprechen hier direkt. Aber auch bildungssoziologische Gründe sprechen dagegen: Die galiläischen Jünger, von Beruf vor allem Bauern, Fischer, kleine Handwerker und des Griechischen gar nicht oder recht unvollkommen mächtig, taugten schlecht zu einer grenzüberschreitenden (Heiden-)Mission in hellenistischen Städten, wo man die griechische Sprache einwandfrei beherrschen mußte, sondern bestenfalls zu einer räumlich begrenzten Propaganda in nahen ländlichen Gebieten, die wie die Gaulanitis, Trachonitis, Dekapolis oder die Stadtterritorien von Ptolemais, Tyrus und Sidon einen starken jüdischen Bevölkerungsanteil besaßen, und wohin bereits der Ruf Jesu gedrungen war.

Der Gegensatz bei den Ersterscheinungen des Auferstandenen vor den Jüngern zwischen Galiläa (Mk, Mt, Petrusev.) und Jerusalem (Lk und – vermittelnd – Joh) weist auf eine alte Kontroverse hin, ist aber kein Indiz für eine christologische Sonderrolle der galiläischen Judenchristen. Kephas und die Zwölf (Mk 16,7), aber auch der Herrenbruder Jakobus, wählten rasch Jerusalem als Zentrum ihrer Wirksamkeit (Gal 1,17ff), d. h. sie haben Galiläa als „Heimat" verlassen, galten aber in Jerusalem noch als „Galiläer"[192] und wurden wohl von den Jesusgemeinden in Eretz Israel versorgt.[193] Sie wirkten zunächst auch nur im jüdisch-palästinischen Raum.[194] Vermutungen darüber, daß das jüdische Galiläa in besonderer Weise „hellenisiert", synkretistisch oder

---

406f. In Sepphoris ist ein sonst unbekannter Bischof im 5./6. Jh. (?) zweimal inschriftlich belegt (Hinweis von Prof. Dr. Ehud Netzer). Vgl. M. Goodman, State and Society in Roman Galilee, A.D. 132–312, Oxford Centre for Postgraduate Hebrew Studies, Totowa 1983, 32.104–107 weist auf die Notiz des Epiphanius (Pan 30,11) hin, daß es zu Beginn des 3. Jh.s keine Christen in den größeren jüdischen Städten in Galiläa gegeben habe. Er verfällt freilich ins andere Extrem und will überhaupt keine (Juden-)Christen im Galiläa des 2. u. 3. Jh.s finden. S. auch A.M. Schwemer, VP II, 34f.179 Anm. 15 zur Verlagerung von jüdischen Profetentraditionen nach Galiläa, das nach dem Bar Kokhba-Aufstand zum eigentliche jüdische Kernland wurde. Dörfer, die im Süden Palästinas zu seiner Zeit jüdisch besiedelt sind, vermerkt Euseb im Onomastikon ausdrücklich als Ausnahmen (22,9; 26,9; 78,6; 86,18.21; 88,17; 92,21; 98,26; 108,9; 136,2.25), nicht dagegen in Galiläa: dort war es selbstverständlich. Der judenchristliche Einfluß in Galiläa blieb auf wenige Dörfer beschränkt. D.h. das frühchristliche Wissen um das wirkliche Galiläa war – wenn wir von den Evangelien absehen – sehr eingeschränkt. Wir sollten daher nicht mehr wissen wollen! Zu einzelnen christlichen Dörfern in Palästina s.u. Anm. 201.

[192] Mk 14,70 parr.; Apg 1,11; 2,7 vgl. 10,37: ἀρξάμενος ἀπὸ τῆς Γαλιλαίας.
[193] 1. Kor 9,4ff.14 vgl. Lk 10,7; Mt 10,10.
[194] Mt 10,5; 10,33; Apg 9,32–43: Petrus besucht nur die jüdischen Orte der Küstenebene. Vgl. dagegen Philippus in Apg 8. Dazu M. Hengel, Lukas.

den Heiden zugewandt gewesen sei, sind unbegründete Spekulationen. In ihrer umkämpften Grenzlandsituation im Norden waren die Galiläer eher besonders nationalgesinnte Juden, ähnlich wie die Idumäer im Süden. Von dort gingen keinerlei *nachweisbaren* Impulse mehr für das frühe Christentum aus.

Erst recht ist es unbegründet, um nicht zu sagen unsinnig, wenn man annimmt, es habe bereits zwei bis drei Jahre nach Golgatha und noch vor der Bekehrung des Paulus eine blühende „gesetzesfreie" und – wie man gerne sagt – „vorpaulinische" *Heidenmission* gegeben, die, so meinen manche Autoren, damals schon bis Antiochien reichte. Das ist schon aus Gründen der Chronologie völlig unmöglich und verkennt den Charakter der frühesten Jesusbewegung in Galiläa und Judäa. Wenn etwa Hans Conzelmann in seinem Artikel „Heidenchristentum"[195] schreibt:

„Als Paulus Christ wird, findet er bereits eine aus Juden- und Heidenchristen gemischte ‚hellenistische' Gemeinde (Heitmüller, Bousset, Bultmann) vor, deren Leben gegenüber dem der Urgemeinde (...) vielfach neue, eigenartige Züge aufweist (Kyrioskult, Rolle der Sakramente, Pneumatismus). In ihr ist dasjenige Problem, welches sich bald als das bewegende enthüllen wird, zunächst noch nicht offen an den Tag getreten, eben das des Gesetzes (...), damit aber der Stellungnahme der Kirche zu ihrem eigenen geschichtlichen Ursprung, zum Judentum, und insgesamt die Frage der inneren Einheit der Kirche",

so geht dies an der historischen Wirklichkeit vorbei. Die ersten tastenden Versuche der aus Jerusalem vertriebenen „Hellenisten", in benachbarten heidnischen Städten neben Juden auch einzelne unbeschnittene „Gottesfürchtige" für den Glauben an den gekreuzigten und zu Gott erhöhten Messias Jesus zu gewinnen, kann man nicht als selbständige „Heidenmission" bezeichnen, sie begründen auch kein eigenständiges „Heidenchristentum". Die Ablösung vom Judentum war viel komplizierter und dauerte wesentlich länger, als es eine derartige von einem antijüdischen Vorurteil geprägte Geschichtsklitterung glauben machen will. Auf der anderen Seite war die Gesetzesfrage schon seit der Predigt Jesu und dann wieder bei den „Hellenisten" durchaus virulent. Nur so wird die Steinigung des Stephanus und die anschließende Verfolgung, bei der Saulus/Paulus so eine unheilvolle Rolle spielte, verständlich – und zwar in Jerusalem selbst. Sie war nur noch nicht bis zu ihrer letzten Konsequenz theologisch zu Ende gedacht. Das geschieht erst bei Paulus nach seiner Bekehrung. Es wirkt hier der irreführende Schematismus F.C. Baurs und seiner Schüler sowie das romantische antijüdisch geprägte Geschichtsbild der Religionsgeschichtlichen Schule nach. Conzelmann muß dann auch zugeben, daß wir „Für das *vorpaulinische* Heidenchristentum ... keine direkten *Quellen* (besitzen)." „Einige Ereignisse" habe Lukas „aufbewahrt". Hier stellt sich sofort die Gegenfrage: Aus der *vor*paulinischen Zeit? Anderes will er auch bei Paulus finden: So u. a. „alte Glaubensformeln (passim), kultische Rufe (1 Kor 12,3), die Kultformel der Eucharistie (1 Kor 11,23 ff vgl. die synoptischen

---

[195] RGG³, III, Sp. 129. S. auch u. S. 424 ff zur *vor*paulinischen Gemeinde.

Abendmahlsberichte ...), Deutungen des Sakraments (Röm 6,1 ff ...), schematische Zusammenfassungen des Missionskerygmas (1 Thess 1,9f)." Aber was ist daran *vor*paulinisch und (von 1. Thess 1,9 abgesehen: hier spricht *paulinische* Missionserfahrung) spezifisch *heiden*christlich? Dahinter steht eine völlige Verkennung der religiösen Situation der *juden*christlichen Gemeinde in Palästina und Syrien. Diese Frage wird uns im Folgenden ständig beschäftigen müssen.[196]

Nicht in der Heimatprovinz Jesu, wohl aber in der Metropole *Jerusalem* schlossen sich ganz rasch nach Ostern *griechischsprechende Judenchristen*, die kein bzw. wenig Aramäisch verstanden oder aber bewußt ihre griechische Muttersprache im Gottesdienst pflegen wollten, die sogenannten *Hellenisten*[197], durch die – auch missionarisch bedingte – Notwendigkeit von Gottesdiensten in der eigenen Sprache zu einer eigenständigen Gemeindegruppe zusammen. Vermutlich gingen sie aus den verschiedenen Diasporasynagogen hervor, in denen auch in Jerusalem der Gottesdienst auf Griechisch abgehalten wurde. Durch ihre Kritik am Tempelkult und an einzelnen rituellen Gesetzesbestimmungen, beides kann man nicht trennen, gerieten sie in einen heftigen Konflikt mit den griechischsprechenden landsmannschaftlichen Synagogen, an dessen Ende die Steinigung des Stephanus stand. Wie leicht Steine zur tödlichen Waffe werden und wie rasch sie bei der Hand sind, lehrten uns gerade die vergangenen Jahre im selben Land. Der junge Gelehrtenschüler Šaʾûl/Paulus war an diesen Ereignissen beteiligt,[198] ja wurde zu einem Hauptantreiber einer

---

[196] CONZELMANN, RGG³, III, Sp. 130; vgl. M. HENGEL, Christologie (Anm. 150), 43–67.

[197] M. HENGEL, Zwischen Jesus und Paulus; DERS., Der vorchristliche Paulus, 257–260.292f; K. HAACKER, Der Werdegang des Apostels Paulus. Biographische Daten und ihre theologische Relevanz, in: ANRW II 26,2, 849; gegen H. CONZELMANN/A. LINDEMANN, Arbeitsbuch zum Neuen Testament, UTB 52, ⁹1988, 428, die als zweite Möglichkeit erwägen, daß es sich „einfach um Griechen" handle, läßt der ganze Kontext in Jerusalem *nur* die Bedeutung „Griechisch sprechende Juden" zu. Bestenfalls könnte man noch an vereinzelte „Griechisch sprechende" Nichtjuden denken, aber die gab es in Jerusalem nicht in größerer Zahl und sie waren sicher nicht von Anfang an Ziel einer Missionsbemühung. Das Wort ist eindeutig von ἑλληνίζειν = „Griechisch sprechen" abzuleiten. Neben Ἕλλην, Grieche, wäre ein Ἑλληνιστής mit derselben Bedeutung sinnlos. Zum hellenistischen Milieu in Jerusalem s. auch M. HENGEL, Judaica et Hellenistica. Kleine Schriften I, WUNT 90, Tübingen 1996, 1–90. Zur neuesten Forschung H. RÄISÄNEN, Hellenisten, 1468–1516 (Lit.). Er betont zu Recht die vernachlässigte chronologische Frage und widerspricht C. C. HILL, Hellenists and Hebrews, Minneapolis 1992, der „jeden ideologischen Unterschied zwischen ‚Hebräern und Hellenisten' (bestreitet)". Mit Recht hebt er auch die Rolle der zweisprachigen Gräkopalästiner hervor (1475f). Unwahrscheinlich ist dagegen, daß der Konflikt in Jerusalem durch die Aufnahme von gottesfürchtigen Heiden ohne Beschneidung ausgelöst worden sei (1500f). Das verkennt die historische Situation in Jerusalem völlig, wo Gottesfürchtige als nach wie vor unreine Heiden verachtet waren, im Gegensatz zu den Proselyten, die ganz zum Judentum übertraten. In den hellenistischen Städten wie in Damaskus wurden sie dagegen in den Synagogen geschätzt (s. u. S. 109–118). Bei der Untersuchung RÄISÄNENS rächt sich, daß er nur die Sekundärliteratur kritisch durchmustert, aber auf das historische Milieu in Jerusalem und Syrien nicht eingeht.

[198] Apg 7,58; 8,1a; dazu Chr. BURCHARD, Zeuge, 26–31; RIESNER, Frühzeit, 53 ff.

nun weitergehenden oder bald erneut aufbrechenden Verfolgung, die zur Folge hatte, daß diese griechischsprechende Gemeindegruppe aus der Heiligen Stadt vertrieben wurde.[199] Warum soll sich diese Entwicklung nicht während der stürmischen Anfangszeit von zwei oder maximal drei Jahren, d. h. bis Ende 32/Anfang 33, ereignet haben? In statu nascendi können Gruppenentwicklungen besonders heftig und u. U. auch schmerzhaft verlaufen, mit fortschreitender Zeit nimmt alles einen ruhigeren Verlauf und die Beteiligten gewöhnen sich an die neuen Verhältnisse. Daß sich „konservativere" aramäischsprechende Judenchristen, d. h. die ‚Hebräer' von Apg 6,1, unter Führung der aus Galiläa stammenden Jesusjünger, an erster Stelle des Petrus und der Zebedäussöhne, eingedenk des zwar beruhigten, aber immer noch latenten Konflikts mit der priesterlichen Volksführung bei diesen Auseinandersetzungen innerhalb der griechischsprechenden Synagogengemeinden zurückhielten, ist nur zu gut verständlich. Sie hatten die von Lukas wohl etwas allzu heroisch geschilderten Vorgänge bei den Unterdrückungsmaßnahmen der priesterlichen Aristokraten noch in unmittelbarer Erinnerung.[200] Jeder offene Streit hätte ihre Möglichkeit eingeschränkt, die eigenen Volksgenossen in Eretz Israel zur Umkehr zu rufen. Dagegen war die am Ende des Konflikts in Jerusalem stehende Vertreibung der Hellenisten für diese selbst ein Fingerzeig, sich ihren jüdischen Genossen *in den hellenistischen Städten* an den Grenzen des Heiligen Landes und jenseits derselben zuzuwenden. Hier ereignete sich der folgenreiche Schritt von der offenen Landschaft Judäas zu den Städten ringsum und wenig später zu den großen Metropolen. Durch sie wird der junge Glaube Schritt für Schritt zur „*Stadtreligion*", denn *griechischsprechende* Juden und ihre Synagogen fand man in den Städten, in Palästina selbst und erst recht in Phönizien und Syrien. Jesus hatte zwar einst ebenfalls, als er von Herodes Antipas bedroht war, die Grenzen Galiläas nach Westen, Norden und Osten überschritten, jedoch die Städte gerade gemieden und wirkte – nach allem, was wir wissen – eher in den Dörfern.[201] Lukas greift hier paradigmatisch das Beispiel des Philippus in der „Stadt Samarias", d. h. vermutlich dem damaligen samaritanischen Hauptort Sychar – nicht in dem heidnischen Sebaste, und unter den Städten der Küstenebene Asdod und Caesarea (Apg 8) heraus. Philippus war jedoch gewiß nicht der einzige Missionar der Hellenisten,[202] auch nach dem mit profetischen Verheißungen verbundenen Damaskus werden dieselben ausgewichen sein,

---

[199] Apg 8,1b-4; 9,1f; 11,19.
[200] Apg 4,5–5,42. Zur Christenfeindschaft der Priesteraristokratie s. u. S. 379f.
[201] Mk berichtet hier auffallend präzise: 7,24 τὰ ὅρια Τύρου καὶ Σιδῶνος vgl. 31; 8,27 εἰς τὰς κώμας Καισαρείας τῆς Φιλίππου. Es geht immer nur um das Stadtterritorium, nicht um die Stadt selbst. In Palästina und seinen Randgebieten gab es später einzelne rein christliche Dörfer, aber als seltene Ausnahme s. Euseb, Onomastikon (ed. Klostermann), 112,14: Kariathaim, 10 Meilen westlich von Madaba, „ein Dorf, das jetzt ganz christlich ist"; Anim im Gebiet von Juda, op. cit., 26,13f; Iethira 20 Meilen von Eleutheropolis im südlichen Judäa, op. cit., 108,1ff. Im Gegensatz zu Julius Africanus (zitiert bei Euseb, h. e. 1,7,14) nennt Euseb kein galiläisches Dorf.
[202] M. HENGEL, Zwischen Jesus und Paulus, 196f; DERS., Lukas, 164–182; DERS., Ge-

andere in die phönizischen Städte, bis schließlich nach einer sich über mehrere Jahre hinziehenden ‚Wanderschaft' Antiochien erreicht wurde.[203]

Die *Erinnerung an Jesu Verhalten und Autorität* war in diesen Monaten und wenigen Jahren nach Ostern noch unmittelbar gegenwärtig. Die heute viel verhandelten, historisch unwirklich-abstrakten Probleme der Kontinuität und Diskontinuität oder der Bedeutung des irdischen Jesus für das früheste Kerygma zeigen nur, wie wenig real unsere Vorstellungen über das Urgeschehen sind, als auf Jesu Weg nach Jerusalem und seine Passion – völlig unerwartet – Erscheinungen des Auferstandenen und zu Gott Erhöhten folgten. Für die Hörer und Nachfolger Jesu bedeutete die Würdebezeichnung mārān/marî bzw. ʾadonenû/ʾadonî einerseits eine Erinnerung an den Meister vor dem denkwürdigen Passafest 30 n. Chr., aber zugleich auch die Möglichkeit zur Anrufung des zur Rechten Gottes Erhöhten: Es war *dieselbe Person*, deren Aussehen und Wirksamkeit in Worten und Taten, kurz der Eindruck seiner Persönlichkeit noch den allermeisten unmittelbar vertraut war.[204] Was wir uns so schwer vorstellen können (oder auch wollen), war damals noch ganz selbstverständlich gegenwärtig, was uns als Gegensatz erscheint, bildete damals eine untrennbare Einheit: Einerseits war Erinnerung an Jesus, den „Meister" oder „Herrn" (rabbûn – bzw. das etwas schwächere rab – und mareh/ʾadôn bedeuten im Grunde dasselbe), in überreichem Maße gegenwärtig: Jesus hatte ja eine Volksbewegung ausgelöst; andererseits beantwortete je und je der Geist als die endzeitliche Gabe des erhöhten Herrn die immer neuen Fragen der mit der fortschreitenden Zeit sich verändernden, oftmals notvollen Gegenwart auf spontane Weise. Darum *konnte* es bei diesen nachösterlichen *Geistworten* in der Gemeinde zu keiner wirklichen Traditionsbildung kommen. Diese waren ja immer neu präsent und aktuell verfügbar.[205] Ganz anders bei den *Jesusworten*. Wenn diese festgehalten wurden, dann deswegen, weil sie autoritative, bleibende Weisung und Glaubensstärkung bedeuteten und *man sie als einzigartige Worte des Messias Jesus, des einen Meisters,*[206] *in Erinnerung behalten wollte,* obwohl der Geist immer gegenwärtig war. Darum mußte man sie auch ins Griechische übersetzen und an Dritte weitergeben.[207] Dies würde verständlich

---

schichtsschreibung, 66−70; DERS., Der vorchristliche Paulus, 279 ff; C. J. HEMER, Acts, 175 f; RIESNER, Frühzeit, 97.

[203] S. u. S. 147 u. S. 268.

[204] Zum von alters her im aramäischen, westsemitischen Sprachraum für Götter und menschliche Autoritäten verbreiteten Herrentitel, s. u. S. 195−203. In einzelnen Inschriften können gleichzeitig Gott und der menschliche Herrscher als „Herr" angesprochen werden; vgl. schon Ps 110,1.

[205] Eine solche Tradition erscheint erst wieder bei den einzigartigen montanistischen Profetinnen Maximilla, Priscilla und Quintilla und ihrem Meister Montanus s. R. E. HEINE, The Montanist Oracles and Testimonia, NAPS.PMS 14, Macon 1989.

[206] Mt 23,8.10 vgl. Joh 20,12; 11,28.

[207] H. RÄISÄNEN, Hellenisten, 1507 hält eine solche Übersetzung für unmöglich, „falls die Hellenisten kein Aramäisch konnten" unter Verweis auf HENGEL, Zwischen Jesus und Paulus, 171, wo das Gegenteil steht. Selbstverständlich gab es unter den Hellenisten zweisprachige „Gräkopalästiner", auch wenn viele „Hellenisten" nur Griechisch verstanden. Gerade für sie

machen, daß gerade die „Hellenisten" eher auf eine Fixierung von Jesusworten und feste Traditionsbildung angewiesen waren als die frei aus der Fülle der Erinnerung schöpfenden „Hebräer", zu denen ja auch die Familienangehörigen Jesu einschließlich seiner Mutter Maria gehörten (Apg 1,14). Bei letzteren war wie bei den Zwölfen an lebendiger mündlicher Überlieferung sicher kein Mangel. Da jedoch das palästinische Judenchristentum durch verschiedene Verfolgungen und noch mehr durch die jüdischen Kriege 66–73 und 132–135 dezimiert und z.T. auch vertrieben wurde, ist diese Überlieferung praktisch weitgehend verloren gegangen. Die griechischsprechenden „Hellenisten", die ja wohl kaum Jünger Jesu gewesen waren und die nach der Verfolgung durch den Pharisäer Saulus und seine Gesinnungsgenossen relativ rasch Jerusalem verließen, werden aufgrund des sprachlichen Traditionsbruches auch als erste in ihrer Sprache Jesusüberlieferung *schriftlich* fixiert haben.[208] Die m.E. in ihren Anfängen offene, nicht völlig einheitliche sehr alte „Logienquelle" mag – zunächst wohl in der Form eines Notizbuches[209] – auf ihre Kreise zurückgehen und immer nur in verschiedenen Versionen vorgelegen haben.[210] Gerade die Übertragung in eine ganz andere Sprache machte für sie eine derartige schriftliche Festlegung notwendig, obwohl sie gleichzeitig mit ihrem erhöhten Herrn durch den Geist in Verbindung standen. Das eine schloß das andere nicht aus, vielmehr ergänzte sich beides. Der größte Traditionsverlust und die erste bedeutende Traditionsänderung ereignete sich dabei wohl bei der Überschreitung dieser

---

mußte die Jesustradition erstmals übersetzt werden! Wesentlich ist dabei, daß man in der Regel aus der fremden in die Muttersprache übersetzt. Das z.T. recht gute Griechisch der (durchaus nicht einheitlichen) Logienquelle läßt vermuten, daß der bzw. die Übersetzer Griechisch als Muttersprache sprechende Juden waren.

[208] Die Behauptung RÄISÄNENS, Hellenisten, 1507f, die Hellenisten hätten von vornherein nur einen ganz „begrenzten Zugang zur Jesustradition" gehabt und dies hätte sich in Antiochien fortgesetzt, ist so irreführend: Ohne Jesustradition wären sie weder in Jerusalem noch in Antiochien Christen geworden. R. unterschätzt die Zweisprachigkeit und die zeitliche Nähe zu Jesus mit einer Fülle von Erinnerungen. Auf der anderen Seite war ihr Zugang zur Jesusüberlieferung natürlich begrenzter als für die Hebräer, die dafür aber an der schriftlichen Fixierung weniger interessiert waren.

[209] Vgl. M. SATO, Q und Prophetie (Anm. 188), 62ff. S. u. S. 311 Anm. 1289.

[210] Daraus ergibt sich auch, daß für die Fixierung der Sammlung von Q am ehesten Jerusalem in Frage kommt (vgl. Lk 13,34f = Mt 23,37–39). Vielleicht war die älteste Fassung mit dem Namen des Matthäus verbunden und hat dann später a parte potiori dem 1. Evangelium den Namen gegeben, möglicherweise weil der schriftgelehrte judenchristliche Verfasser (Mt 13,52) um ca. 90/95 n.Chr. sich noch als Schüler des Zöllners Matthäus verstand (9,9; 10,3). In kaum einem Gebiet hat die „analytische Phantasie" in den letzten 20 Jahren solche Blüten getrieben wie in der Q-Forschung. Auch H. RÄISÄNEN, Hellenisten, 1507f gerät nur in Aporien, wenn er die Übersetzung der Jesusüberlieferung nach Galiläa verlegt. Sie läßt sich durch nichts wahrscheinlich machen. Das Zentrum der Urgemeinde mit Petrus, Johannes und Jakobus an der Spitze lag schon vor der Bekehrung des Paulus in Jerusalem (Gal 1,16ff), nirgendwo anders. Bereits Mk setzt u.E. die Kenntnis der Q-Traditionen voraus, die bei ihm durchweg schon sekundären Charakter haben, s. H.T. FLEDDERMANN, Mark and Q. A Study of the Overlap, BEThL 122, 1995.

Sprachbarriere vom Aramäischen zum Griechischen. Um so mehr bleibt es erstaunlich, wie*viel* sich an Jesusüberlieferung in den etwa zwischen 69/70 und 90/95 entstandenen synoptischen Evangelien erhalten hat.

2.2. Paulus und die Stadt Damaskus

2.2.1. Damaskus, der Ort der Verfolgung?

In zahlreichen Paulusmonographien, Untersuchungen zur Geschichte des Urchristentums und Kommentaren wird – es ist schon fast die Regel – ohne weitere Begründung ganz selbstverständlich behauptet, *Paulus habe die christliche Gemeinde in Damaskus verfolgt.*[211] Der gegenteilige Bericht der Apg, der oft gar nicht mehr erwähnt wird, gilt bei diesen Autoren offenbar als freie Erfindung des Lukas. Teilweise lehnt man dabei generell ab, daß Paulus zuvor überhaupt je in Jerusalem gewesen sei, daß er pharisäischer Schriftgelehrter war, übersieht man gerne geflissentlich oder redet sich mit dem in den Quellen nirgendwo nachweisbaren „Diasporapharisäer" heraus, bestenfalls vermutet man, daß er früher vielleicht einmal in Jerusalem das pharisäische Lehrhaus besucht habe. Eine paulinische Verfolgung der Christen in Damaskus wird seit

---

[211] So etwa J. KNOX, Chapters in a Life of Paul, Nashville 1950, 35 f; R. BULTMANN, RGG[2] IV, Sp. 1021; DERS., Glauben und Verstehen I, 188f; DERS., Theologie, 188; G. BORNKAMM, Artk. Paulus, RGG[3] V, Sp. 169; E. HAENCHEN, Apostelgeschichte, 289: „dort, in oder bei Damaskus, hat Paulus ‚die Gemeinde' verfolgt"; vgl. wieder H. RÄISÄNEN, Hellenisten, 1499: „Paulus hat Christen im Damaskusgebiet verfolgt"; vgl. 1469: „Er hat andere Leute verfolgt und zwar in der Gegend (!) von Damaskus": Wie soll man sich das vorstellen? In den Dörfern des Stadtgebietes? Anm. 5 begründet dies mit Gal 1,17, der Rückkehr nach Damaskus. Aber ist Paulus wirklich ohne weiteres an den Ort seiner Untaten zurückgekehrt? Kehrte er nicht vielmehr in die Gemeinde zurück, die ihn aufgenommen hatte, während er Jerusalem mit guten Gründen zunächst mied? Völlig abwegig auch W. SCHNEEMELCHER, Das Urchristentum, UB 336, 1981, 107f; vgl. weiter J. BECKER, Paulus, 70ff; DIETZFELBINGER, Berufung, 21 f; D. SÄNGER, Verkündigung (Anm. 102), 237f läßt die Frage unentschieden. Vgl. dagegen schon W. BOUSSET, Kyrios Christos. Geschichte des Christusglaubens von den Anfängen des Christentums bis Irenaeus, Göttingen (1913) [2]1921 (zitiert nach 5. Aufl., unveränderter 3. Abdruck der 2. umgearbeiteten Aufl. 1921, hg. v. R. Bultmann, Darmstadt 1965), 75 Anm. 2: „In der ersten Auflage bezweifelte ich hier die Tatsache, daß Paulus überhaupt als Verfolger der palästinischen Urgemeinde angetreten sei, und versuchte ihn als Gegner der christlichen Bewegung in Damaskus beginnen zu lassen. Ich glaube nicht mehr, daß Ga. 1,22 das Recht zu so einschneidender Kritik gibt." Weiter A. J. HULTGREN, Paul's Pre-christian Persecutions of the Church: Their Purpose, Locale, and Nature, JBL 95 (1976), 97–111; BURCHARD, Zeuge, 26–31; M. HENGEL, Der vorchristliche Paulus, 218f.276–283; K. HAACKER, Werdegang, 882. J. MURPHY-O'CONNOR, Paul, 52–70 in kritischer Auseinandersetzung mit KNOX, aber mit z. T. phantastischen Vermutungen; A. DAUER, Paulus, 165–169 mit einem Überblick über die gesamte neuere Literatur. Er selbst folgt Chr. BURCHARD, Zeuge, 50 Anm. 37, für den „mit den ehemals verfolgten ‚wir' dieselben gemeint sind, die jetzt ‚hören'", d. h. „die Gemeinden von Judäa (was Jerusalem einschließt …)".

einem Hinweis von Th. Mommsen[212] indirekt aus einer Kombination von Gal 1,22f mit 17 erschlossen. Paulus schreibt:

„Ich blieb aber den Gemeinden *in Judäa*, die ‚in Christus' sind, persönlich unbekannt. Sie hörten vielmehr nur: ‚Der uns einst verfolgte, verkündigt jetzt den Glauben, den er zu zerstören suchte'; und sie priesen Gott meinethalben."[213]

H. D. Betz bemerkt zu 1,22 völlig richtig: „Wegen seiner Abreise nach Syrien und Kilikien[214] blieb Paulus den judenchristlichen Gemeinden Judäas persönlich unbekannt", d. h. bei seinem 14tägigen Aufenthalt in Jerusalem „konnte (er) nicht an ihren Zusammenkünften teilgenommen und Instruktionen von ihnen empfangen haben".[215] Paulus hat dabei, auch das wird gerne übersehen, mit Ἰουδαία weder nur die Gemeinde in Jerusalem im Blick, noch die Teilprovinz Judäa, sondern die ganze römische Provinz dieses Namens, die auch Samaria, Peräa, Galiläa und die Küstenstädte umfaßte und die nach dem Tode Agrippas I. 44 n. Chr. an Rom zurückgefallen war. Judäa bildet für ihn immer eine geographische Einheit, von seinen Teilen spricht er nie, auch wenn er primär an das jüdisch bevölkerte Gebiet denken mochte, das freilich – etwa im Küstengebiet – nicht immer leicht abgrenzbar war.[216] Die in V. 23 erwähnte Nachricht wird letztlich von den Verfolgten selbst (ὁ διώκων ἡμᾶς) stammen. Aber wer diese waren, sagt er gerade nicht. Daß es Christen aus Damaskus seien, wäre nur aufgrund eines fragwürdigen doppelten Rückschlusses aus dem καὶ πάλιν ὑπέστρεψα εἰς Δάμασκον 1,17c möglich. Der erste Schluß lautet: Paulus war zur Zeit seiner Bekehrung (oder kurz danach) und vor seinem Aufenthalt in Arabien in Damaskus. Dorthin kehrt er zurück. Das ist eindeutig so. Daß der neubekehrte Paulus geraume Zeit in Damaskus wirkte, berichtet auch Lukas. Fraglich bleibt die zweite Folgerung: Die zuvor in 1,13 geschilderte „maßlose" Verfolgung der „Gemeinde Gottes" und der Versuch, sie zu zerstören, habe ebenfalls in Damaskus stattgefunden. Dies ist alles andere als sicher, ja u. E. sehr unwahrscheinlich. Denn der nachfolgende V. 14: „und ich

---

[212] ZNW 2 (1901), 85f, der an Tarsus dachte, s. M. HENGEL, Der vorchristliche Paulus, 218 vgl. 208.
[213] Gal 1,22–24; Üs. n. H. D. BETZ, Der Galaterbrief, München 1988, 120, s. dazu 157ff.
[214] Gal 1,21 vgl. Apg 9,29f, s. u. S. 245f.
[215] BETZ, Galaterbrief, 157f. S. u. S. 229–236.
[216] Gegen H. D. BETZ, Galaterbrief, 158, s. dazu M. HENGEL, Lukas, 151 Anm. 20–25: Bei Lukas ist der Sprachgebrauch nicht einheitlich. Zur Provinz Judäa s. etwa Lk 1,5; 4,44; 7,17; 23,5; Apg 10,37; 26,20. Bei Paulus vgl. noch 1. Thess 2,14 und Röm 15,31: Auch hier ist die Provinz bzw. a parte potiori das von Juden besiedelte Gebiet gemeint, wobei ja auch die hellenistischen Städte große jüdische Bevölkerungsanteile besaßen. Die ganze *Provinz* Judäa wird Gal 1,22 u. a. auch durch die vorausgehende Doppelprovinz von Syrien und Kilikien nahegelegt. S. auch BAUER/ALAND, WB, 768 zu 2. Nach Jos. ant 1,160 identifizierte Nikolaos von Damaskus in seiner Weltgeschichte „Judäa" mit „Kanaan", von Strabo 16,2,21 wird das ganze Gebiet zwischen Gaza und dem Antilibanon „Judäa" genannt. Nach M. STERN, GLAJ I, 234.263 gehört diese Ausbreitung „to the results of the Hasmonaean conquests"; man wird hinzufügen dürfen: und zu den Folgen der Ausdehnung des herodianischen Reiches. Herodes war „König von Judäa".

machte beständig größere Fortschritte in der jüdischen (Gesetzes-)lehre als viele der Altersgenossen in meinem Volk (καὶ προέκοπτον ἐν τῷ Ἰουδαϊσμῷ ὑπὲρ πολλοὺς συνηλικιώτας ἐν τῷ γένει μου)"[217], steht zur Verfolgungsaussage von V. 13 parallel. Es bezieht sich auf das Gesetzesstudium des ehrgeizigen jungen Pharisäers, und Tora studierten junge pharisäische Schriftgelehrte aus der griechischsprechenden Diaspora sehr viel eher in *Jerusalem* als in der syrischen Oasenstadt, die keinerlei jüdische Lehrhaustradition besaß. Die „vielen Altersgenossen in meinem Volk" waren die Mitstudenten in der Heiligen Stadt und nicht die Kollegen eines sonst nirgendwo bezeugten Lehrhauses in Damaskus. Von Damaskus als einem besonderen Ort pharisäischen oder rabbinischen Torastudiums[218] sagen die zeitgenössischen jüdischen Quellen nichts: nach ihnen studierte man vor 70 Tora in erster Linie in der Heiligen Stadt. Und wie sollte der Jude und Pharisäer aus Tarsus gerade nach dem weit entfernten Damaskus kommen und dort – aus heiterem Himmel – die Gemeinde hart verfolgen?[219] Und was trieb ihn von dort weiter nach Süden nach Arabien? Die geographische Reihenfolge der paulinischen Frühzeit lautet daher, auch im Blick auf Gal 1 selbst, Jerusalem, Damaskus, Arabien, Damaskus und dann, wenn auch nur kurz, wieder Jerusalem.

Die Verfolgten, die den „Gemeinden in Judäa" die Information von 1,23 gaben: ὁ διώκων ἡμᾶς ..., werden so am ehesten die aus Jerusalem vertriebenen *Hellenisten* gewesen sein,[220] nur bei ihnen, die vertrieben wurden, war er als Verfolger wirklich „persönlich bekannt", nicht bei den Gemeinden im jüdischen Mutterland von Galiläa bis Idumäa. Es handelt sich hier um einen umfassenden Plural, der Ausnahmen bei Einzelpersonen zuläßt. Paulus weiß, warum er hier nicht wie in 1,17 und 18 von Jerusalem spricht. Die Gemeinden in „Judäa" und „Jerusalem" dürfen so nicht einfach identifiziert werden. Wann diese Nachricht in „Judäa" erstmals allgemein verbreitet wurde, wissen wir

---

[217] προκόπτειν heißt hier eindeutig „Fortschritte machen" s. BAUER/ALAND, WB, 1417f; vgl. Lk 2,52; 2 Clem 17,3: ἐν ταῖς ἐντολαῖς; TJud 21,8; Ps 44(45),5 Symmachus; Josephus von sich selbst mit 14 Jahren: εἰς μεγάλην παιδείας προύκοπτον ἐπίδοσιν, μνήμῃ καὶ συνέσει δοκῶν διαφέρειν (Vita 8). Zu Ἰουδαϊσμός im Sinne von jüdischer Sitte bzw. Gesetzeslehre s. BAUER/ALAND, WB: „die jüd. Art zu glauben u. zu leben". Die Übersetzung von H. D. BETZ „und im Judentum weiter ging ...", Der Galaterbrief, 120, ist irreführend. S. M. HENGEL, Der vorchristliche Paulus, 240f.

[218] A. ASTOR, Artk. Damascus, EJ 5, 1971, 1239: „there were no institutes of learning ... in the city of Damascus."

[219] S. M. HENGEL, Der vorchristliche Paulus, 239–265.

[220] In der – übersteigerten – Schilderung der Verfolgung im letzten Eigenbericht vor Festus und Agrippa II., Apg 26,11, läßt Lukas seinen Helden bekennen: „ich versuchte, sie auch bis in die Städte außerhalb (Judäas und der umliegenden Gebiete) zu verfolgen". Auch hier geht es für Lukas um die aus Jerusalem Geflohenen (8,1.4; 11,19), d. h. in Wirklichkeit um die „Hellenisten". Zu diesen Städten zählt auch Damaskus. S. CHR. BURCHARD, Zeuge, 47 vgl. 44: „Ein Weiterlaufen der Botschaft kann Lukas nur von Jerusalem aus gedacht haben. Der Begriff μαθητής, der in 9,10.20 wieder erscheint, begegnet zuvor nur in Jerusalem 6,1f.7." Zur anderen von CHR. BURCHARD und A. DAUER vertretenen ebenfalls ernst zu nehmenden Möglichkeit, daß mit den ‚Wir' der Verfolgten Angehörige der Gemeinden in Judäa gemeint sind, s. o. Anm. 211.

nicht. Sie wird vermutlich schon relativ bald nach seiner Bekehrung während seines Aufenthalts in „Arabien", d. h. wohl schon einige Zeit vor seiner Reise nach Jerusalem (s. u. S. 221f), dorthin gelangt sein sein. Das *„persönlich* unbekannt sein" gilt jedoch auch noch für die Zeit des Besuchs bei Petrus in Jerusalem zwei bis drei Jahre später und noch lange Zeit danach. Daß man, wie ebenfalls gerne vermutet wird, bei den Judenchristen im Mutterland von Anfang an gegenüber Paulus grundlegende unüberwindliche „theologische" Vorbehalte hatte, verbietet 1,24: „und sie priesen Gott über mich", d. h. man lobte Gott über das in 1,15f geschilderte Wunder der Umkehr des Verfolgers und seiner Verwandlung in einen Verkündiger, weil man dies als ein positives Ereignis empfand. Dies schließt ein fortbestehendes, unterschwelliges Mißtrauen bei manchen gegen den bisherigen Verfolger (und gegen seine neuen gesetzeskritischen Ansichten) nicht aus.[221] Es liegt so kein Grund vor, unter Berufung auf eine sehr fragwürdige Deutung von Gal 1,22 den späteren erzählenden Parallelbericht des Lukas über die Bekehrung des Paulus in seinen Hauptlinien grundsätzlich als lukanische Dichtung und daher als unhistorisch zu verwerfen.[222] Im Gegenteil: Wenn man alle historischen Gründe für und wider betrachtet, spricht nichts wirklich für eine Verfolgung in Damaskus und viel für Lukas. Diese im ganzen positive Sicht gilt auch für weitere Aussagen der lukanischen Bekehrungserzählungen.

2.2.2. Die Bekehrung vor Damaskus: Ein Vergleich[223]

Stellen wir Paulus und Lukas gegenüber und versuchen wir, auf beide zu hören: Das „Sehen des Herrn", von dem der Apostel 1. Kor 9,1 bzw. die „Erscheinung des Auferstandenen", von der er 1. Kor 15,8 spricht, erfolgt bei Lukas auf der Reise von Jerusalem nach Damaskus in der Nähe des Ziels.[224] Es gibt keinen

---

[221] Vgl. Apg 9,26 s. u. S. 220f.

[222] Zur älteren Forschungsgeschichte vgl. E. PFAFF, Die Bekehrung des H. Paulus in der Exegese des 20. Jahrhunderts, Rom 1942, 107–139.

[223] Zu den innerlukanischen Parallelen 9,1–21; 22,6–21; 26,12–18 s. C. K. BARRETT, Acts 1, 439–445: „The agreements are much more important than the disagreements", wobei die Übereinstimmungen auf typische Züge der Theophanie hinweisen.

[224] Apg 9,3; 22,6. W. SCHMITHALS, Paulus und Jakobus (Anm. 189), 24, vermutet unter Berufung auf Gal 1,22, Paulus sei „in den Anfangszeiten der Gemeinde ... im syrisch-kilikischen Raum tätig gewesen". Drei Seiten weiter präzisiert er: „Die Tatsache, daß Paulus in der Nähe von Damaskus als Verfolger tätig war, konnte auch Lukas nicht ignorieren" (27). Ob der Vf. je eine gute Karte vom „syrisch-kilikischen Raum" angeschaut hat? Ähnlich CONZELMANN, Geschichte des Urchristentums, GNT 5, Göttingen 1969, 65: Paulus als Verfolger „wird vielmehr von (Cilicien-)Syrien aus durchs Land gereist sein" (das berichtet erst die Epistula Apostolorum, ein offenbar besonders glaubwürdiger Zeuge aus der Mitte des 2. Jh.s, s. u. Anm. 594). Kein Wunder, daß derselbe Autor lapidar dekretiert: „Der dreifache Bericht der Apostelgeschichte ... scheidet als Quelle aus, da er legendarisch ist" (Grundriß der Theologie des Neuen Testaments, bearbeitet von Andreas LINDEMANN, Tübingen 1987, 175). Liegt hier die „Legendenbildung" nicht vielmehr bei den modernen, ach so „kritischen" Neutestamentlern? Nach F. VOUGA, Geschichte, 42f, habe sich „seine Verfolgungstätigkeit

vernünftigen Grund, dies als „legendär" zu verwerfen. Daß es sich bei diesem „Sehen des Kyrios" nach Paulus um eine besondere Christus*vision* handelte, wird man kaum bezweifeln dürfen. Eben dies erzählt der angeblich notorisch unglaubwürdige Lukas in allen drei z. T. etwas variierenden Berichten.[225] Diese dreifache Berichterstattung zeigt, wie viel ihm an dieser Erzählung liegt und daß sie nicht bloße Fiktion ist, sondern auf – vermutlich mündlicher, letztlich vom Apostel selbst stammender – Tradition beruht.

Gemeinsam ist ihnen allen dreien eine hellstrahlende blendende *Lichterscheinung* „vom Himmel her"[226], das Niederstürzen des Verfolgers[227], eine *Audition* mit der vorwurfsvollen Anrede an den Verfolger und auf dessen Gegenfrage die *Selbstidentifikation des Erhöhten* als des aus dem Licht sprechenden Kyrios. Während der letzte Bericht vor Agrippa II. und Festus (26,16f) die Beauftragung zur Heidenmission (inklusive der lukanischen Interpretation) als Wort des Kyrios unmittelbar folgen läßt, geschieht diese im ersten und zweiten Bericht – noch nicht so eindeutig – erst nach der Ankunft des erblindeten Saulus in Damaskus durch Vermittlung des Ananias;[228] d. h. Lukas faßt in der letzten Erzählung das in seinen Augen theologisch Wesent-

---

... nicht in Judäa abgespielt ..., sondern wahrscheinlich in dem Gebiet der ersten hellenistischen Zentren (Damaskus, Gal 1,17)". Diese Liste „historisch-kritischer" (Fehl-)Urteile ließe sich noch lange fortsetzen.

[225] Apg 9,1–19a; 22,3–21; 26,9–20.

[226] Apg 9, 3 erzählend: ἐξαίφνης τε αὐτὸν περιήστραψεν φῶς ἐκ τοῦ οὐρανοῦ, Selbstbericht 22,6 ἐξαίφνης ἐκ τοῦ οὐρανοῦ περιαστράψαι φῶς ἱκανὸν περὶ ἐμέ, weiterentwickelter Selbstbericht 26,13: εἶδον, ... οὐρανόθεν ὑπὲρ τὴν λαμπρότητα τοῦ ἡλίου περιλάμψαν με φῶς, s. dazu CHR. BURCHARD, Zeuge, 88–136, der vor allem auf die Formparallelen zu JosAs und anderen antiken Texten hinweist; K. LÖNING, Die Saulustradition in der Apostelgeschichte, NTA NF 9, 1973, 106ff; CHR. DIETZFELBINGER, Berufung, 78–87. Das „vom Himmel her" setzt die Erhöhung „zur Rechten Gottes" nach Ps 110 voraus, s. Apg 2,25.33f; 5,31; 7,55f; vgl. Röm 8,34, dazu M. HENGEL, „Setze dich zu meiner Rechten!". C.K. BARRETT, Acts 1, 449 betont den Unterschied von der Lichterscheinung zur bloßen „inneren Erleuchtung": „it is a physical representation or accompaniment of the divine glory of Christ" (zu 9,3). Er unterscheidet die paulinische Lichtvision und Audition grundsätzlich von den Auferstehungserscheinungen, wo eine Himmelfahrt noch nicht stattgefunden hat; vgl. 24,50 und dazu Joh 20,17. A. SEGAL, Paul the Convert, New Haven/London 1990, 34–71 stellt die Christusschau vor Damaskus in den Zusammenhang der jüdischen visionären Erlebnisse von Hesekiel bis zur Merkabamystik. Das gilt jedoch eher für 2. Kor 12,1ff als für die Berufungsvision mit ihrem eigenen Gepräge. Von einer Himmelsreise ist hier gerade nicht die Rede. Auch vermeidet Lk das ἐν ἐκστάσει (vgl. dagegen die Vision im Tempel 22,17, bei Petrus 10,10 u. 11,5 und Paulus selbst 2. Kor 5,13, s. auch u. Anm. 1459–1467).

[227] Hier gibt es eine Erzählvariante: 9,4 und 22,7 betrifft dies nur Paulus, 26,14 auch die Begleiter. Nach 9,7 partizipieren diese nur an der Audition, nach 22,9 nur an der Lichtvision. Durch diese – widersprüchlichen – Unterschiede mag Lukas andeuten, daß verschiedene Versionen in Umlauf waren. 26,12ff schließt seine eigene Interpretation mit ein. Die Abhängigkeit von Visions- und Bekehrungsberichten (2. Makk 3; JosAs; Apuleius, Met 11) sollte trotz gewisser partieller Analogien nicht überbetont werden, der Bericht hat seine ganz eigenen, aus paulinischer Tradition stammenden Besonderheiten. S. dazu BURCHARD, Zeuge, 118–129. Vgl. u. Anm. 245.

[228] Vgl. 9,15f, wo der Kyrios in einer Vision zu Ananias spricht und noch keine direkte Beauftragung erfolgt und auch von einer Weitergabe des Gehörten noch nicht die Rede ist,

liche zusammen, während der erste Bericht nach Burchard „nicht Paulus' Berufung beschreibt, sondern nur seine Bekehrung" und darum am stärksten durch die Tradition geprägt ist.[229] Das bedeutet freilich nicht, daß die beiden anderen Berichte Apg 22 und 26 ausschließlich Schöpfungen des Autors sind. Könnte er nicht selbst schon verschiedene Versionen gehört haben? Auffallend sind im letzten Bericht Apg 26 die starken Anklänge an Jer 1 (LXX), die Berufung Jeremias, „des Profeten für die Völker", die Profetenstelle, auf die auch Gal 1,15f anspielt. Während Gal 1,15 die Aussonderung, d. h. „Heiligung", und Erwählung von Mutterleibe an unterstreicht, wobei Paulus vom hebräischen Text ausgeht, betont Apg 26,17 der Gefangene vor Festus und Agrippa II. die „Rettung" (ἐξαιρούμενός σε s. u. Anm. 241) vor dem Volk, d. h. Israel, und den Völkern mit deutlicher Aufnahme von Jer 1 nach der LXX, wo dieses „retten" (ἐξαιρέομαι) vor dem Volk und den Völkern dreimal (V. 8.17.19) erscheint. Auch dieses Detail zeigt die Nähe des Lukas zur genuin paulinischen Darstellung des Berufungsberichts. Lukas legt es bewußt Paulus selbst in den Mund.

Wie Paulus dagegen sein visionäres „*Sehen* des Kyrios" in 1. Kor 9,1 im Einzelnen verstanden haben will, wissen wir nicht. Auf jeden Fall hält auch er es – gegen heutige Tendenzen – für ein reales, „objektives" Sehen einer überirdischen Wirklichkeit in göttlichem Lichtglanz, die sich als der „Herr" zu erkennen gibt und von ihm als dieser (an)erkannt wird. Nirgendwo erscheint der Gedanke, daß es sich um eine Sinnestäuschung hätte handeln können.[230] Die Korinther kennen offenbar diese Geschichte vom „Sehen des Herrn" bereits (1. Kor 15,8) und er schärft ihnen damit nur ein, was sie schon wissen, daß auch er, wie die anderen ἀπόστολοι πάντες (1. Kor 15,7), deswegen ein Apostel ist, weil er „den Kyrios gesehen hat" (und von ihm ausgesandt wurde). D. h. er muß ihnen, wie den Galatern, von seiner Bekehrung bzw. Berufung (Gal 1,16f) bei der Gemeindegründung erzählt haben. Offenbar hat er ihn nach Lukas nicht so gesehen, daß er ihn einfach hätte identifizieren können, weil er ihn von früher her – Jesu Auftreten in Jerusalem liegt ja nur wenige Jahre zurück – noch von Angesicht zu Angesicht kannte.[231] Darum sagt bei Lukas, der einem alttestamentlichen Epiphanieschema folgt, der Kyrios selbst, wer er ist: der Jesus, den er bisher verfolgt hat. Dabei ist auch für ihn beim Stichwort ὁράω der Aorist Passiv wesentlich. 26,16 sagt der Kyrios zu Paulus: εἰς τοῦτο γὰρ ὤφθην σοι.[232] In 22,14 hat nach Ananias Gott selbst Paulus „vorherbe-

---

während dies 22,15 geschieht und 22,17–21 die spätere Tempelvision in Jerusalem bekräftigt wird, s. aber 22,17–21, vgl. auch schon 22,14f und allgemeiner formuliert 20,24b.

[229] BURCHARD, Zeuge, 119.122.

[230] Vgl. Apg 26, 25: ἀλλὰ ἀληθείας καὶ σωφροσύνης ῥήματα ἀποφθέγγομαι als Antwort an Festus auf den Vorwurf der μανία. S. dagegen Lk 24,37ff; Mt 14,26; Ign. Smyr 3,2; Joh 20,20.27.

[231] Daß er ihn damals kurz sah, läßt sich zwar nicht ausschließen, bleibt aber ungewiß. 2. Kor 5,16 bezieht sich auf das „fleischliche" Erkennen des Unglaubens.

[232] Vgl. 9,17 Ἰησοῦς ὁ ὀφθείς σοι ἐν τῇ ὁδῷ vgl. dazu 1. Kor 15,5–8, aber auch Apg 13,31 zu den Erscheinungen des Auferstandenen vor den Jüngern und Apg 7,2.30.35 zu den alttesta-

stimmt, den Gerechten zu sehen"[233], und nach 26,18 macht der Kyrios Paulus zum „Zeugen" dafür, „daß du (mich) gesehen hast".[234] Analog zur Darstellung des Lukas wird man so auf Grund der christologischen Aussagen der Paulusbriefe annehmen dürfen, daß er ihn als den Auferstandenen und zu Gott Erhöhten[235] in seiner himmlischen Glorie sah, d.h. als den κύριος τῆς δόξης[236], der durch die δόξα des Vaters auferweckt[237] ein σῶμα τῆς δόξης trägt, an dem die Glaubenden Anteil erhalten sollen.[238] M.a.W.: Der dreifache Bericht des Lukas hilft uns, die paulinischen Aussagen besser zu verstehen. Dem blendenden Licht der Vision bei Lukas entspricht so bei Paulus die göttliche δόξα des Erhöhten. Dies weist auf die jüdische, vom Alten Testament her geprägte, apokalyptische Gottesvorstellung hin: φῶς οἰκῶν ἀπρόσιτον sagt auf gut jüdische Weise der Hymnus 1. Tim 6,16.[239] Und weil sinngemäß bei Lukas der Betroffene die Ursache von Licht und Blendung nicht erkennen kann, tritt zur Lichtvision die *Audition* mit der *Selbstoffenbarung des Erhöhten* hinzu. Das paulinische Pendant dazu wäre die ἀποκάλυψις Ἰησοῦ Χριστοῦ (Gal 1,12), in der es ebenfalls um ein Wortgeschehen ging, ganz gleich, wie man es sich vorstellen will.[240] Der Unterschied besteht freilich darin, daß Paulus sein Evangelium, d.h. zumindest die Grundlegung seiner ureigenen Botschaft von Christus selbst empfangen hat, bei Lukas kann davon so nicht die Rede sein. Am ehesten entspricht dem noch der Hinweis auf die Sendung durch den Kyrios (26,16−18), nach der die Heiden durch das Zeugnis des Paulus im Glauben an Jesus Sündenvergebung und die Zugehörigkeit zum geheiligten Gottesvolk empfangen sollen und Paulus selbst „errettet" wurde „vor dem Volk und den Völkern", um diesen gegenüber seine Botschaft auszurichten.[241]

---

mentlichen Epiphanien. Zum Sehen s. auch Apg 22,15 ὧν ἑώρακας und 26,16b μάρτυρα ὧν τε εἶδές με vgl. 1. Kor 9,1.
[233] ἰδεῖν τὸν δίκαιον vgl. Apg 3,14; 7,52; 1.Joh 2,1. Der von Paulus verfolgte Gekreuzigte und Erhöhte ist der Gerechte (Apg 22,8 vgl. Jes 53,11). Zu Gottes Handeln s. Gal 1,15f.
[234] μάρτυρα ὧν τε εἶδές [με] s. Nestle/Aland zum Text.
[235] S.M. HENGEL, „Setze dich zu meiner Rechten!", 122−129.134-147.152.
[236] Vgl. 1. Kor 2,8; Phil 3,21.
[237] Röm 6,4.
[238] Phil 3,20f vgl. Röm 8,18−30.
[239] S.M. WEINFELD, Artk. כבוד, ThWAT 4, 1984, 27ff.38: „Der kābôd JHWHs hat ... eine konkrete Bedeutung: ein feuriges Phänomen, aus dem Strahlen und Glanz hervorgehen". S. auch die Gottesbezeichnung ‚verzehrendes Feuer' Dtn 4,24; 9,3; Jes 33,14 vgl. Jes 10,17, den kābôd des göttlichen Thronwagens bei Hesekiel und Dan 7,9f; 4QShirShabb, s. dazu C.C. NEWMAN, Paul's Glory-Christology, NT.S 69, Leiden 1992, 79−153.223f und DERS., Resurrection as Glory: Divine Presence and Christian Origins, in: S.T. Davis/D. Kendall (ed.), The Resurrection. An Interdisciplinary Symposium on the Resurrection of Jesus, Oxford 1997, 59−87 zum AT und zu Paulus. Zur Lichtmetaphorik s. auch u. Anm. 260.
[240] Vgl. noch Apg 20,24b; dazu C.C. NEWMAN, op. cit., 223 Anm. 24: „Could it be that Luke is here reflecting good Pauline tradition?"
[241] Apg 26,17: ἐξαιρούμενός σε ἐκ τοῦ λαοῦ καὶ τῶν ἐθνῶν, s. dazu BAUER/ALAND, WB, 549: ἐξαιρούμενος ist wohl eher mit „erretten" als mit „auswählen" zu übersetzen (vgl. Jer 1,9.17.19 LXX); Apg 26,18: τοῦ λαβεῖν αὐτοὺς ἄφεσιν ἁμαρτιῶν καὶ κλῆρον ἐν τοῖς ἡγιασμένοις πίστει τῇ εἰς ἐμέ. Vgl. o. S. 64f: Dieser „Rettung" widerspricht das spätere Martyrium

Damit umschreibt Lukas sein – reduziertes – Verständnis der paulinischen Botschaft. Am nächsten bei Gal 1,12 steht der separate Hinweis Apg 20,24b. Auf der anderen Seite unterscheidet er bewußt zwischen der Todesvision des Märtyrers Stephanus, der im geöffneten Himmel den Menschensohn „zur Rechten Gottes stehen" sieht,[242] und der Schau des Verfolgers, dem sich nicht der Himmel öffnet, sondern der durch die göttliche Herrlichkeit des Kyrios geblendet wird.

Bezeichnend ist weiter der Gegensatz zwischen der Audiovision des Paulus vor Damaskus und der realistischen Schilderung der leiblichen Auferstehungserscheinungen in Lk 24 und Apg 1 vor der Himmelfahrt beim selben Autor, wobei Lukas sich dieses Gegensatzes sehr wohl bewußt ist. Paulus ist für ihn eben nicht in vollem Sinne Apostel. Auffallend ist jedoch, daß hier wie dort Jesus zunächst nicht erkannt wird und seine Identität nachweisen muß (Lk 24,16.31.37 ff; Joh 20,14; 21,4; Mt 28,17). Diesen „Realismus" der Leiblichkeit teilt Lukas mit Joh 20/21 und Mt 28, d.h. er beruht auf sehr viel älterer, vorlukanischer Überlieferung. Lukas greift bei diesen differierenden Epiphanieschilderungen Apg 9; 22; 26 so offenbar auf unterschiedliche Traditionen zurück und schaltet diese nicht einfach gleich. Im Gegensatz zu dem Märtyrer sieht der Verfolger nicht in den offenen Himmel mit der Gestalt Jesu, sondern nur das blendende Licht, das ihn zu Boden wirft. Erst Ananias spricht im zweiten Bericht Apg 22,14 direkt davon, daß Paulus „den Gerechten" *gesehen* habe,[243] fügt aber sofort das Hören und damit die – für Lukas (und Paulus) wesentliche – *Sendung* hinzu; ihr Inhalt wird erst ganz am Ende in 26,16−18 voll entfaltet. Entscheidend ist dieses *Hören* des Wortes des auferstandenen und erhöhten Jesus, das bloße Sehen genügt für die Bekehrung des Verfolgers nicht. Stephanus weiß dagegen, wen er sieht und wer ihn erwartet, auch ohne Worte. An die Stelle der Frage tritt bei ihm das Bekenntnis und der Gebetsruf.[244] Zwar „spielt" Lukas erzählerisch mit einzelnen Elementen der Audiovision und arrangiert sie teilweise etwas um, der Grundbestand von blendender

---

des Paulus – von dem Lukas weiß – nicht. Auch der Profet Jeremia, dem diese Verheißung ebenfalls einst gegolten hatte, starb nach der frühjüdischen und -christlichen Überlieferung den Märtyrertod und wurde vom Volk gesteinigt (vgl. VP 2,1; Hebr 11,37; ParJer 9 u.ö.). Die im frühen Judentum verbreitete Überlieferung von Jeremias gewaltsamen Tod wird Lukas nicht unbekannt gewesen sein. Jeremia starb erst, nachdem er seine Botschaft frei und furchtlos ausgerichtet hatte, den Zeugentod (was in ParJer 9 christlich ausgestaltet wird). Vgl. den Schluß des Werks Apg 28,31: ἀκωλύτως; dazu H.-J. KLAUCK, Magie, 135: „Das letzte Wort der Apg, „ungehindert", qualifiziert ... nicht seine (des Paulus) persönlichen Verhältnisse, sondern seine Verkündigung." Diese weist über die Person des Paulus und über den Bericht der Apg hinaus „in eine offene Zukunft". Die Zeit des Lukas um 80 war noch nicht wie die Trajans von sporadischen, jedoch schweren Verfolgungen belastet. Die einmalige Verfolgung unter Nero lag bereits in der Vergangenheit.

[242] Apg 7,55 f dazu M. HENGEL, „Setze dich zu meiner Rechten!", 125.127 ff.134 u.ö. S. auch BURCHARD, Zeuge, 93: Spätere „Gesichte" sind von diesen „Christophanien" „qualitativ verschieden".

[243] 9,17 formuliert noch vorsichtiger s.o. Anm. 228.

[244] Apg 7,55 f.

Lichterscheinung und Doppelwort Jesu: Frage an den Verfolger, Gegenfrage Sauls und Identifikationswort, bleibt jedoch bestehen. Gewöhnlich wird in diesem Zusammenhang auf gewisse Entsprechungen zu alttestamentlichen, jüdischen und hellenistischen Epiphanieschilderungen hingewiesen,[245] doch sollte man diesen formalen Gesichtspunkt gerade wegen seiner Selbstverständlichkeit nicht überbewerten, da auf der anderen Seite z. T. extrem verschiedene Aspekte zur Sprache gebracht werden. Die Darstellung des Lukas hat ganz individuelle Züge. Sie folgt nicht einfach gemeinantiken Schemata.

Die Frage nach der Art und Weise der Erscheinungen des Auferstandenen wird bereits ein Differenzpunkt zwischen Paulus und den Jerusalemern gewesen sein und natürlich auch den Streit um das Apostolat des Paulus berührt haben. Wenn die Erscheinung vor den 500 (1. Kor 15,6) mit den Vorgängen an Pfingsten nach Apg 2 identisch wäre, käme sie durch die Licht- bzw. Feuervision dem paulinischen Verständnis näher. *Historisch* lassen sich diese Fragen kaum im Einzelnen mehr erhellen. Am allerwenigsten durch psychologische Vermutungen über die Ursachen.[246] Für alle Betroffenen, die Paulus etwa 1. Kor 15,4—8 aufzählt, war es jedoch ein sie tief erschütterndes Erlebnis, und in schlechterdings abgründiger Weise für den Verfolger Saulus/Paulus. Sein Leben wurde am radikalsten verändert.

Daß die Audiovision des Verfolgers vor Damaskus mit einer schweren, auch physischen Krise verbunden war und eine temporäre Blindheit zur Folge hatte,

---

[245] BURCHARD, Zeuge, 59—118 zieht JosAs zum Vergleich heran, betont aber auch die Eigenständigkeit des Berichts des Lukas; LÖNING, Saulustradition (Anm. 226), 63—78; F. E. BRENK, Greek Epiphanies and Paul on the Road to Damaskos, in: The Notion of „Religion" in Comparative Research. Selected Proceedings of the XVIth Congress of the International Association for the History of Religions, Rome, 3rd—8th September 1990, ed. by U. Bianchi, Rom 1994, 415—424; M. FRENSCHKOWSKI, Offenbarung und Epiphanie 1. Grundlagen des spätantiken und frühchristlichen Offenbarungsglaubens, WUNT II/79, 1995, 363ff; C. K. BARRETT, Acts, 441 f. Er bezeichnet die Parallele zur Heliodorlegende 2. Makk 3 als relativ „superficial". Die alttestamentlichen Parallelen in Jes 6,1—13 und Jer 1,4—10 sind „of greater importance".

[246] Diese Grenze des Historikers erkennt G. LÜDEMANN, Die Auferstehung Jesu, Göttingen 1994, 16—19.108—112.126—128.214f etc. nicht. Er gerät hier in den Bereich psychologischer Spekulationen, durch die sich nichts wirklich verifizieren läßt und am Ende dieses ganze durchaus ungewöhnliche Geschehen als alltägliche Banalität (Aufarbeitung von Schuldkomplexen) erscheint. Für derartige psychologisierende Analysen ist zudem die Quellenlage viel zu eingeschränkt. S. die Warnung vor der psychologisierenden Erklärung religiöser Phänomene bei E. BICKERMAN in seiner Besprechung von M. G. VAN DER LEEUW, Phänomenologie der Religion, in: Studies in Jewish and Christian History, III, 224: „la croyance néfaste à omnipotence de la divination psychologique". Man könnte auf Lüdemanns Buch das ironische Lob Bickermans gegenüber van der Leeuw übertragen: „Il est bon ... qu'il nous ait été ainsi prouvé que la psychologie n'est pas le bon chemin pour saisir l'ordre et les relations des choses." Richtig dagegen J. MURPHY-O'CONNOR, Paul, 77: „it is certain, that Paul was in no way disposed to expect anything to happen en route to Damascus. His reaction paralleled the initial response of Jesus' followers for whom his crucifixion was the end of hope". 78: „What actually happened must remain a mystery unless we are prepared to invoke the vivid details of Luke's accounts, in each of which ... Jesus has to identify himself ... In any event, the reality and the mental image fused and Paul's world was turned upside down."

muß eben deshalb kein bloßer Topos sein,[247] dasselbe gilt erst recht von der Mittlerrolle des Ananias, die Lukas erzählerisch nicht ungeschickt mit einer das Geschehen lenkenden Doppelvision verbindet.[248] Die ganze Urgeschichte der neuen Heilsgemeinde steht für ihn unter Gottes wunderbarer Fügung. Vermutlich haben die ersten Jüngergemeinden selbst ihren Weg „voller Wunder" so verstanden. Ihr Wahrnehmungsvermögen widerspricht so ganz und gar unseren alltäglichen Erfahrungen in einer äußerlich „aufgeklärten", scheinbar „entmythologisierten" Welt.

Daß sich entscheidende Weichenstellungen in der Urgemeinde mit Offenbarungen, Visionen, Träumen und anderen „profetisch-ekstatischen" Erlebnissen verbanden, verstand man als eine Folge des Geistbesitzes und als endzeitliche Erfüllung von Joel 3,1−5. Lukas legt diesen Text nicht ohne Bedacht als Einleitung zur Pfingstrede dem Petrus in den Mund, er spielt aber auch schon für Paulus in seinen Briefen wegen der rettenden Anrufung des Kyrios eine zentrale Rolle.[249] Gerade bei ihm finden sich zahlreiche Hinweise auf die Verbindung von Geistbesitz, revelatio specialissima und konkreten missionarischen Entscheidungen.[250]

Nachdem in der Regel die Unterschiede zwischen den kurzen paulinischen Notizen über seine Bekehrung und der relativ ausführlichen dreifachen lukanischen Erzählung hervorgehoben werden, sollte man die auffallenden *theologischen Übereinstimmungen* zwischen der formal grundverschiedenen Berichterstattung nicht übersehen.[251] Bei Paulus wird in besonderer Weise die Unbedingtheit durch den Ratschluß Gottes zum Ausdruck gebracht: ὅτε δὲ εὐδόκησεν.[252] Dahinter steht das hebräische rāṣāh, das Gottes freie, unableitbare Entscheidung bedeutet.[253] Aber auch Lukas hebt stereotyp in allen drei Be-

---

[247] Vgl. Gal 4,15 und U. HECKEL, Der Dorn im Fleisch. Die Krankheit des Apostels Paulus in 2 Kor 12,7 und Gal 4,13b, ZNW 84 (1993), 84−92.

[248] C. K. BARRETT, Acts 1, 444: „It is most improbable, that Ananias is a fictitious character."

[249] Apg 2,17−21; vgl. Röm 10,12−14; 1. Kor 1,2; auch 1. Kor 12,1−3 ist wohl auf dem Hintergrund von Joel 3,1−5 zu verstehen. Bei Lukas wäre noch auf Apg 9,14.21; 22,16 zu verweisen. Die christologische Deutung und der Bezug dieser Stelle auf die Gegenwart der Gemeinde geht in die früheste Zeit zurück.

[250] Zu Lukas vgl. noch Apg 10,3ff.11ff; 13,2; 16,6.10; 20,23; 21,11.13f; 22,17ff; zu Paulus s. Gal 2,2; 2. Kor 12,1.7; vgl. 14,6.26 und 7,40; zu den Reiseplänen gemäß „Gottes Willen" s. Röm 1,10; 15,32. Lukas schematisiert in seiner holzschnittartigen Darstellung dieses Phänomen, das wohl gerade in der frühesten Zeit eine wesentliche Rolle in der Entwicklung der Gemeinde gespielt haben mag. Daneben kennt er noch viele andere Entscheidungsformen: das Los Apg 1,26; die geistgewirkte Übereinkunft Apg 15,22.28.

[251] Hier wäre zunächst die von Lukas zweimal betonte Plötzlichkeit und d. h. zugleich Unbedingtheit des Geschehens zu nennen: ἐξαίφνης Apg 9,3; 22,6.

[252] Gal 1,15.

[253] S. H. M. BARSTADT, Artk. רצה, ThWAT 7, 1993, 640−652. Parallelbegriffe sind „erwählen", „Gefallen finden an", „lieben". M. JASTROW, Dictionary II, 1493f; M. HENGEL, Bergpredigt (Anm. 1), 361 Anm. 59.386f zu *rāṣôn* und θέλημα (θεοῦ); vgl. HATCH/REDPATH, A Concordance to the Septuagint I, 569, s. v. εὐδοκεῖν, εὐδοκία. Vgl. auch Lk 2,14 u. 10,21. Beide Begriffe rāṣah und rāṣôn finden sich auch häufig in Qumran.

richten das völlig Überraschende des Vorgangs und das Motiv der Erwählung hervor.[254] Ganz anders als bei der Charakterisierung des Cornelius und seiner frommen Werke Apg 10,2−4 hängt bei Paulus alles an Gottes souveräner, unbegründbarer Zuwendung. Es bleibt hier weder in der lukanischen noch in der paulinischen Darstellung Raum für eine psychologische Vorbereitung, und es ist müßig, über eine solche zu spekulieren. Für beide geschah ein das Leben des eifernden Verfolgers umstürzendes Wunder Gottes, das nicht mehr hinterfragt werden kann. Daß bei Paulus Gal 1,16 Gott selbst, bei Lukas dagegen eher Christus das handelnde Subjekt ist,[255] ist bedeutungslos. Schon bei Paulus ist das Handeln Gottes und Christi weitgehend austauschbar, er kann darum in Gal 1,12 von der „Offenbarung Jesu Christi", 1,15f von der Gottes und 1. Kor 9,1 vom „Sehen des Herrn" sprechen. Die sonderbaren Doppelvisionen des Ananias und Paulus bzw. des Cornelius und Petrus bekräftigen bei Lukas erzählerisch, daß es sich bei der Berufung des „auserwählten Werkzeugs" für die Völker und bei der Aufnahme des ersten eindeutigen Nichtjuden, Cornelius, in die Gemeinde durch Petrus nicht um menschliche Selbsttäuschung bzw. Eigeninitiative handelte, sondern daß sie vielmehr durch zwei voneinander getrennte „Offenbarungen" als Gottes wunderbares Eingreifen erwiesen wurden.[256] Damit sind die entscheidenen Weichen für den weiteren Weg der Gemeinde gestellt.

Das von Lukas besonders betonte, alles irdische Licht überstrahlende *Lichtmotiv* begegnet uns 2. Kor 4,4−6 bezogen auf die Verkündigung des Apostels und die dadurch bewirkte Erleuchtung im Herrn, aber doch so, daß damit zugleich auf die ursprüngliche „Erleuchtung" des ungläubigen Saulus/Paulus „durch die Erkenntnis der Herrlichkeit Gottes im Angesicht Jesu Christi" hingewiesen wird. Sie ist mit Gottes Schöpfungsakt von Gen 1,1−4 vergleichbar.[257] Auch Gal 1,15f εὐδόκησεν [ὁ θεὸς][258] ... ἀποκαλύψαι τὸν υἱὸν αὐτοῦ

---

[254] Apg 9,15: σκεῦος *ἐκλογῆς* ἐστίν μοι οὗτος τοῦ βαστάσαι τὸ ὄνομά μου ἐνώπιον ἐθνῶν τε καὶ βασιλέων υἱῶν τε Ἰσραήλ; 22,14: Ὁ θεὸς τῶν πατέρων ἡμῶν *προεχειρίσατό σε*; 21: ἐγὼ εἰς ἔθνη μακρὰν ἐξαποστελῶ σε; 26,16f: εἰς τοῦτο γὰρ ὤφθην σοι, *προχειρίσασθαί σε ὑπηρέτην καὶ μάρτυρα*.

[255] Vgl. jedoch Apg 22,14, wo „der Gott unserer Väter" Paulus erwählt, daß er Gottes Willen erkenne, den auferstandenen Gerechten sähe und seine Stimme höre.

[256] K. BERGER, Theologiegeschichte, 60.195.202.212.253.434f, macht mehrfach auf die Entsprechung zwischen Mt 16,16f und Gal 1,15 aufmerksam: Es geht um die Offenbarung des Sohnes Gottes allein durch Gott selbst und die Abweisung der Vermittlung durch Fleisch und Blut, d. h. um die einzigartige, das Apostolat begründende Offenbarung Gottes. Sollte Paulus ein Wort wie Mt 16,16−19 gekannt haben? Vgl. auch den Hinweis 1. Kor 3,11 auf den „Grundstein", der u. E. indirekt auf den Namen ‚Kephas' anspielt.

[257] Vgl. auch 2. Kor 3,18. Apg 22,14 spricht dagegen von der *Erkenntnis* von Gottes Willen. Der Text spielt eine entscheidende Rolle bei S. KIM, The Origin of Paul's Gospel, WUNT II/4, ²1984, s. Index 395, wird aber im Blick auf die Berufung des Paulus doch etwas überbetont.

[258] Das im frühen alexandrinischen Text, p⁴⁶ B und in westlichen Zeugen, lat Iren^lat, vgl. F G Epiph syrP fehlende ὁ θεός muß entweder als Glosse oder Korrektiv in den Text gelangt sein, oder es ist durch Überspringen des Abschreibers vom Artikel von ὁ θεός zu ὁ ἀφορίσας ganz früh ausgefallen; vgl. 1. Kor 1,21; 10,5. Das letztere dürfte wahrscheinlicher sein.

ἐν ἐμοί enthält implizit das schon erörterte Motiv der Offenbarung der Herrlichkeit des zu Gott erhöhten Gottessohnes[259] und die unmittelbar damit verbundene Erleuchtung des verfinsterten Herzens des Verfolgers.[260] Die ihn erleuchtende, sein Leben radikal verwandelnde Lichtvision ist eine *christologische* und in der Konsequenz *soteriologische*, von ihr hängen alle weiteren Folgerungen ab.

Die wichtigste Konsequenz ist hier für Paulus selbst wie auch für Lukas die *Berufung zum Heidenmissionar* gewesen, d. h. für Paulus zum Apostel, für den Auctor ad Theophilum zum *einzigartigen* „dreizehnten" Zeugen, der die Verheißung 1,8 an die Elf erst wirklich vollendet.[261] Lukas betont dabei mehr die äußeren Vorgänge, vor allem die Offenbarung der himmlischen δόξα Jesu, die Saulus/Paulus physisch blendet. D. h. bei dem Erzähler Lukas tritt hier die theologische Reflexion im Vergleich zu Paulus relativ zurück, obwohl auch sie, das zeigt der dreifache, sich wandelnde Bericht, durchaus nicht fehlt. Sie entfaltet sich vielmehr in diesem dreifach gestuften, jeweils veränderten Gang der Erzählung und gestaltet diese mit. Daß Saulus durch die Handauflegung des Ananias wieder sehend wird,[262] ist bereits auch Ausdruck der inneren Erleuchtung, die durch die *Taufe* besiegelt wird,[263] bei der erstmals die rettende „Anrufung des Herrn" nach Joel 3,5 erfolgt.[264] Durch die verschiedenen erzählerischen Variationen betont Lukas, daß es ihm nicht einfach nur auf das „historische Detail" ankommt, das wohl auf verschiedene u. U. widersprüchliche Weise überliefert wurde, sondern noch mehr auf den theologischen Aspekt

---

[259] Röm 1,3f; vgl. auch 8,34, dazu M. HENGEL, Sohn Gottes, 93–104; DERS., „Setze dich zu meiner Rechten!", 122–143.150f.

[260] 2. Kor 4,4.6; vgl. 1. Kor 4,5; Eph 5,8 und dazu wieder Apg 26,18 die Sendung zu den Völkern: ἀνοῖξαι ὀφθαλμοὺς αὐτῶν, τοῦ ἐπιστρέψαι ἀπὸ σκότους εἰς φῶς καὶ τῆς ἐξουσίας τοῦ Σατανᾶ ἐπὶ τὸν θεόν... Paulus spricht statt vom Satan vom „Gott dieses Äons", 2. Kor 4,6. Die ‚Lebenswende' des Verfolgers wird zum „Vorbild" der Heidenbekehrung, die zugleich Erleuchtung des Verblendeten ist. Zur Verbreitung von „Finsternis" und „Licht" als Metapher für die Bekehrung s. auch M. Minucius Felix, Octavius 1,4: *cum discussa caligine de tenebrarum profundo in lucem sapientiae et veritatis emergerem*. Vgl. auch u. Anm. 457.

[261] Apg 22,15; 26,16 vgl. dagegen 13,31. S. auch 19,21; 25,11f.21.26: Zu den Grundthemen der Apg gehört, daß sich in Paulus die Verheißung Apg 1,8 wider alle Schwierigkeiten mit der Reise des Paulus nach Rom erfüllt.

[262] Apg 9,12.17. Als Heilungsgestus s. noch 28,8; Lk 4,40; 5,13. In 22,13 geschieht die Wiederherstellung des Augenlichts ohne Handauflegung durch Heilungsbefehl. Taufe zur Sündenvergebung und Anrufung des Kyrios folgen. Die neutestamentlichen Blindenheilungen haben von Lk bis Joh häufig einen tieferen Sinn.

[263] Apg 9,12.17f, vgl. 22,13.16. S. dazu C. WEIZSÄCKER, Das Apostolische Zeitalter der christlichen Kirche, Tübingen/Leipzig 1902, 76: „Die Blendung... und die Heilung derselben durch Ananias ist eine Erzählung von durchsichtiger Symbolik. Zu denken gibt immerhin, dass Paulus nach Gal 4,15 wenigstens später ein schweres Augenleiden gehabt zu haben scheint".

[264] Apg 22,16; vgl. 9,14.21; Röm 10,12–14, s. o. Anm. 249; wer den Namen des Herrn bei der Taufe anruft, wird im Namen dieses Herrn getauft, ja der Name des Herrn wird über ihm „genannt". In beiden Fällen ist das in der LXX einschlägig verwendete Verb ἐπικαλεῖσθαι (qārā') gebraucht.

des Geschehens, den er im abschließenden Wort des Kyrios an den gescheiterten Verfolger (26,15—18) zusammenfaßt.

2.2.3. Die Taufe des Saulus/Paulus in Damaskus, seine Selbständigkeit und Verbindung mit der Gemeinde

Daß Saulus/Paulus, wie Lukas berichtet, in Damaskus auf den Namen Christi getauft[265] wurde, ist auf Grund seiner ganzen Missionspraxis und vor allem wegen des Gebrauchs der 1. Person Plural ἐβαπτίσθημεν εἰς Χριστὸν Ἰησοῦν (Röm 6,3 vgl. 1. Kor 12,13) vorauszusetzen. Die Taufe des Paulus kann historisch kaum irgendwo anders erfolgt sein als in Damaskus, in das er ja nach seinem Aufenthalt in Arabien wieder zurückkehrt;[266] Gal 1,15f setzt zwingend voraus, daß er durch die als Offenbarung verstandene Christusvision (vermutlich nach Lukas vor Damaskus) zum Glauben kam und im Zusammenhang mit derselben auch sein Apostolat zu den Völkern erhielt. Er konnte aber nicht als Ungetaufter, Nichtjünger und ehemaliger Verfolger Apostel Jesu Christi sein und zuweilen selbst im Namen Christi taufen.[267] Wenn er aber sehr bald nach seiner Begegnung mit dem Auferstandenen die Taufe empfing, muß er zuvor eine gewisse Verbindung mit den – wohl noch nicht sehr zahlreichen – Judenchristen in Damaskus aufgenommen haben. Der lange, ungeheuer gedrängte und mit umstürzenden Ereignissen gefüllte Temporalsatz Gal 1,15—17 darf im Blick auf das Verhältnis zu der ebenfalls in statu nascendi stehenden „Gemeinde" in Damaskus nicht falsch interpretiert werden. Die Beteuerung 1,16 εὐθέως οὐ προσανεθέμην σαρκὶ καὶ αἵματι, „da beriet[268] ich mich nicht sogleich mit Fleisch und Blut" schließt das folgende nachdrücklich verneinende οὐδὲ

---

[265] Apg 9,18: καὶ ἀναστὰς ἐβαπτίσθη: Wer ihn tauft, wird nicht direkt gesagt; 9,19: καὶ λαβὼν τροφὴν ἐνίσχυσεν muß nicht nur das Ende des Bußfastens anzeigen, sondern könnte auch die Teilnahme am Herrenmahl andeuten; vgl. 22,16. Zum Bußfasten s. u. Anm. 591.

[266] J. WEISS, Urchristentum (Anm. 143), 144, Anm. 1, der die Taufe im Urchristentum erst später einführen will, erwägt, ob sich Paulus erst Jahre danach, „etwa in Antiochia", taufen ließ. Das scheint uns unmöglich zu sein. J. GNILKA, Paulus, 47 hält es überhaupt für unwahrscheinlich, daß Paulus getauft wurde, und bemerkt den Widerspruch zu Röm 6,3 nicht.

[267] 1. Kor 1,14—16. Die Taufe im Namen Jesu ist eine Grundvoraussetzung zur Herausbildung der eschatologischen Heilsgemeinde in Jerusalem als Folge des Pfingstereignisses. Sie knüpft an die Johannestaufe an und schloß die Jesusgemeinde zur endzeitlichen ἐκκλησία/ qāhāl zusammen. Möglicherweise wurden diejenigen, die die Johannestaufe empfangen hatten, nach Lukas nicht mehr getauft, so die 120 Apg 1,15. Das könnte auch die rätselhaften Texte Apg 18,25 und 19,1ff erklären. Apollos kannte immerhin die Johannestaufe (Apg 19,25). Es mag sein, daß in den Anfängen der Gemeinde diejenigen, die von dem „Vorläufer" Johannes getauft worden waren, nicht mehr die Taufe im Namen Jesu empfingen. Das gilt für den größten Teil der frühesten Jünger; eben das war bei Paulus nicht mehr der Fall.

[268] Zu προσανατίθημι s. BAUER/ALAND, WB, 1425: „sich beraten"; ThWNT, I 355; X 976f; LIGHTFOOT, Gal (Anm. 120), 83: „In the double compound προσανατίθεσθαι the idea of communication or consultation is stronger" und kann u. U. eine negative Bedeutung etwa bei der Befragung von Wahrsagern etc. erhalten; F. MUSSNER, Der Galaterbrief, HThK IX, ⁴1989, 78.90 Anm. 59.

ἀνῆλθον εἰς Ἱεροσόλυμα πρὸς τοὺς πρὸ ἐμοῦ ἀποστόλους mit ein: „und ich ging *nicht* nach Jerusalem hinauf zu denen, die vor mir Apostel geworden waren", ja diese ganze Beteuerung ist in erster Linie im Blick auf die Jerusalemer Autoritäten gesagt. Sie richtet sich gegen die von den Gegnern in Galatien verbreitete Meinung, Paulus sei in seiner Verkündigung von diesen abhängig. Damaskus spielt bei diesem Streit eine Nebenrolle; Paulus erwähnt die dortigen Christen überhaupt nicht. Es geht hier darum, daß er zu seiner Botschaft *allein durch Christus autorisiert* ist und er dieselbe nur von ihm und nicht von den „Uraposteln" in Jerusalem empfangen hat. Diese Unabhängigkeit begründet er im Galaterbrief durch ein Mindestmaß an Kontakten: außer dem 15tägigen Besuch bei Kephas/Petrus und Jakobus war er in den ca. 15–17 Jahren vor dem „Apostelkonzil" vermutlich nicht mehr dort[269], und seine Unabhängigkeit von „den Aposteln vor ihm" ist ihm so wichtig, daß er sie 1,20 durch eine Schwurformel bekräftigt. Aber auch wenn er sein Evangelium und sein Apostolat nicht durch Menschen, sondern allein „durch eine Offenbarung Jesu Christi" erhalten hat, so verfügt er doch ebenso über wesentliche Überlieferungen, die er von Dritten empfing, so 1. Kor 15,1–7, wo er im Blick auf seine in Korinth verkündete Botschaft selbst betont ὃ καὶ παρέλαβον, und auch der Bericht über die letzte Nacht Jesu und das von ihm gestiftete Herrenmahl 1. Kor 11,23–25 setzt trotz des παρέλαβον ἀπὸ τοῦ κυρίου[270] selbstverständlich konkrete geschichtliche Überlieferung, die auf lebendiger Erinnerung Dritter beruht, voraus. Eine Aussage wie 1. Kor 15,11 mit der ausdrücklichen Betonung der Grundübereinstimmung in der Verkündigung der zuvor genannten Auferstehungszeugen ist nur aufgrund einer gemeinsamen Traditionsbasis möglich, die ihm von Dritten vermittelt wurde; das gälte selbst, wenn man vermutete, daß ihm wesentliche Inhalte der neuen Botschaft schon während seiner vorchristlichen Zeit durch Streitgespräche und Verhöre bekannt geworden seien. Denn eine so grundsätzliche Aussage wie 1. Kor 15,11, die in den modernen „Theologien des Neuen Testaments" oder Theologiegeschichten gerne unterschlagen wird,[271] setzt eine gewisse grundsätzliche „Übereinstimmung" voraus.

Man wird auch nicht annehmen dürfen, daß die Taufe an ihm ohne jegliche Unterrichtung oder Verpflichtung auf den neuen Glauben vollzogen wurde. Zwar sollte man in dieser frühesten Zeit noch keinerlei institutionalisierte Unterweisung im Sinne des späteren Katechumenats vermuten, auch die Taufe des äthiopischen Eunuchen, des Cornelius oder des Gefängniswärters in Philippi und ihrer Familien werden nach Lukas ohne viel Aufhebens rasch vollzogen, aber es geht ihnen immer eine Belehrung über die Grundinhalte des Glaubens an Jesus voraus. Bei Cornelius läßt dies Lukas durch die Petrusrede geschehen.

---

[269] J. WEISS, Urchristentum. Völlig auszuschließen ist es freilich nicht. Vgl. u. S. 367f.
[270] Dies bedeutet hier, daß Handlung und Einsetzungsworte auf den Kyrios selbst zurückgehen, s. o. S. 33 Anm. 117.
[271] Man findet sie selten in den Stellenindices. S. u. S. 156.164.313.438.

Auch Paulus wird bei seiner Taufe „den Herrn angerufen"[272], d. h. sich zu ihm bekannt haben, und dazu mußte er Grundlegendes über diesen Herrn wissen. Zwar dekretiert F. Vouga: „Paulus kennt Jesus nicht über die christliche Tradition (Gal 1,22−24), sondern durch die Tradition der pharisäischen, antichristlichen Polemik". Daher „war Jesus für Paulus" nur „der Übertreter des Gesetzes (!) und die Autorität, nach der man sich frei vom Gesetz verhalten durfte".[273] Aber ganz abgesehen davon, daß wir von der Gesetzeskritik Jesu allein aus den synoptischen Quellen erfahren, Paulus dagegen vom νόμος τοῦ Χριστοῦ sprechen und sich selbst als μὴ ὢν ἄνομος θεοῦ ἀλλ' ἔννομος Χριστοῦ bezeichnen kann,[274] soll man wirklich vermuten, er habe seine Christologie allein durch eine Umkehrung seiner antijesuanischen pharisäischen Anschauungen gewonnen?[275] In seinen Briefen spricht Paulus von Jesus als dem Davididen, der „unter das Gesetz" gestellt als Jude lebte und „um der Wahrheit Gottes" willen, d. h. um „die Verheißungen an die Väter zu bestätigen", ein „Diener der Beschneidung" wurde, der in seiner irdischen Wirksamkeit dem Volke Israel „diente".[276] Das alles hat mit seinem einstigen pharisäischen, zutiefst feindlichen „Jesusbild" wenig zu tun. Wenn er damals „Christus auf fleischliche Weise gekannt" (2. Kor 5,16) hatte, so ist dies jetzt ausgelöscht. Dies schließt nicht aus, daß sich entscheidende Punkte *seiner Christologie* als Antithese zu seiner bisherigen Auffassung von Jesus entwickelt haben. Darauf werden wir noch zurückkommen.

Die sieben Paulusbriefe sagen uns leider fast nichts im Detail vom Inhalt seiner gemeindegründenden Missionspredigt.[277] Die wird ganz selbstverständlich vorausgesetzt und der Apostel kann je und je kurz darauf hinweisen. Hier war er ganz ohne Zweifel auf Tradition angewiesen. Er war zwar in seinen ersten ca. sechs Jahren ein Einzelgänger, dennoch dürfen wir ihn uns aufgrund von Gal 1,12 nicht als theologischen Solipsisten vorstellen, auch nicht in seinen Anfängen. Das „ich beriet mich nicht sogleich mit Fleisch und Blut" bedeutet, daß er unmittelbar nach seiner Lebenswende nicht „Dritte" um Rat fragte und diese darum auf seine „Berufung", Verkündiger des Evangeliums bei den Völkern zu werden, wie auch auf den *besonderen* Inhalt seiner neuen Botschaft, der ihn von anderen unterschied, keinen Einfluß nehmen konnten, − insbesondere nicht die Autoritäten in Jerusalem. Auch sein Entschluß, jetzt

---

[272] Apg 22,16; s. oben Anm. 264.
[273] VOUGA, Geschichte, 100. Er macht Jesus und Paulus im Grunde zu Libertins. Leider sagt er nicht, wie er in diesem Zusammenhang Röm 13,8ff; Gal 5,13ff oder 1. Kor 5,10ff; 7,19 etc. versteht.
[274] Gal 6,2; 1. Kor 9,21. Der Fluch des Gesetzes gegenüber dem Gekreuzigten Gal 3,13f bedeutet etwas anderes als „Gesetzesübertretung".
[275] Später finden wir derartige antichristliche Polemik bei dem jüdischen Gewährsmann des Kelsos, bei Tryphon (in Justins Dialogus), im Talmud und dann in den Toledot Jeschu. Von derartigem ist bei Paulus keine Spur zu finden. Auf polemischer „Antichristologie" läßt sich keine positive Christologie gründen.
[276] Röm 1,3; Gal 4,4f; Röm 15,8f.
[277] S. o. S. 31.

nach „Arabien" und nicht nach Jerusalem zu gehen, war ganz und gar sein eigener.

Mit Gal 1,12 und 16c stimmt Lukas außerdem insofern überein, als er Ananias gegenüber Paulus *nicht* als Übermittler von Tradition auftreten läßt und Paulus auch nicht von der Gemeinde in Damaskus abhängig gemacht wird. Ananias – wie Paulus selbst und (wenn wir Lukas folgen) die ganze Urgemeinde[278] – visionär begabt, richtet nach Lukas nur aus, was der Kyrios ihm aufgetragen hat. „Ananias acts as the representative not of the church but of God."[279] Am Ende der Christusaudition hatte ja Saulus/Paulus nur die Weisung erhalten, nach Damaskus hineinzugehen, dort „wird dir gesagt werden, *was du tun* sollst". Im Folgenden geht es um dieses Tun, nicht um allgemeine Belehrung. Auch Ananias führt nur den Auftrag des Kyrios aus, Saulus/Paulus die Hände aufzulegen und ihn von seiner Blindheit zu befreien.[280] Es wird nicht einmal direkt gesagt, daß *er* ihn taufte, auch wenn das einfache Passiv ἐβαπτίσθη dies nahelegt,[281] und von (Tauf-)Unterricht ist, im Gegensatz etwa zum äthiopischen Eunuchen – historisch wohl kaum völlig zutreffend –, erst recht nicht die Rede. Bei der Ausführung des Befehls ist die Anrede Bruder auffallend. Hinzugefügt wird noch das Motiv der Geistverleihung (9,17). Damit sieht Ananias aufgrund der Anweisung des Kyrios in Saulus schon den gläubig Gewordenen, d.h. für Lukas ist durch die Epiphanie des Kyrios „auf dem Wege" (9,17) nach Damaskus die Bekehrung schon vollzogen. Es folgen Heilung, Taufe und Abbruch des Fastens. Die Vorordnung der Geistverleihung vor die Taufe in 9,17 erinnert an Apg 10,44 in der Corneliusgeschichte. D.h. für Lukas ist die Gabe des Geistes primär an den Glauben und nicht einseitig an den Vollzug der Taufe gebunden. Auch das scheint ein „altertümlicher" Zug bei ihm zu sein. Im Zweitbericht 22,16, wo die Rolle des Ananias das größte Gewicht erhält, fordert er Saulus zur Taufe zur Vergebung seiner Sünden auf, „nachdem er den Namen (des Herrn) angerufen habe". Auch hier kann man nur indirekt erschließen, daß er ihn auch taufte. Altertümlich wirkt, daß dies nicht vor der Gemeinde, sondern wie bei Philippus und dem Äthiopier spontan durch eine Einzelperson geschieht.

Weiter sagt Lukas in 9,19f lediglich, daß er „etliche Tage mit den Jüngern in Damaskus zusammen war und dann ohne Verzug in den Synagogen Jesus als den *Sohn Gottes* verkündigte". Ist es ein bloßer Zufall, daß in Apg 9,20 wie in Gal 1,16 der bei Lukas und Paulus nicht allzuhäufige – und für Lukas prononciert – messianische Titel „Sohn Gottes" auftaucht?[282] Wir werden

---

[278] Apg 2,1ff; vgl. 4,31, aber auch 1. Kor 15,6.
[279] C.K. Barrett, Acts 1, 444 im Anschluß an S.G. Wilson, The Gentiles and the Gentile Mission in Luke-Acts, MSS NTS 23, 1973, 165: „God is the subject of Paul's election and sending" – wie bei Paulus selbst in Gal 1,15f, s.o. Anm. 233.
[280] Apg 9,12.
[281] Vgl. dagegen Apg 8,38; 10,48. S. auch C.K. Barrett, Acts 1, 458.
[282] In Apg nur noch 13,33 im Zitat von Ps 2,7; häufiger in Lk 1,32.35; 3,22; 8,28; 9,35;

darauf bei der Frage nach der Christologie des neuberufenen Apostels zurückkommen.[283]

Weder in Damaskus noch drei Jahre später in Jerusalem[284] wird von Lukas auch nur entfernt angedeutet, daß Paulus sein Evangelium „von Menschen empfangen" habe und von solchen in extenso belehrt worden sei, vielmehr nimmt er nach Handauflegung, Beauftragung (und Taufe) durch Ananias als Gleichberechtigter Kontakt auf, sowohl mit den Jüngern in Damaskus wie später mit den Aposteln in Jerusalem: Letztere belehren nicht ihn, sondern hören seine wundersame Erzählung an, d.h. sie lassen sich von ihm belehren.[285] Das Problem der Abhängigkeit von der Tradition taucht gegen eine geläufige Meinung nicht so sehr bei Lukas, als vielmehr durch mehrere Hinweise in den Paulusbriefen selbst auf. M.E. hat auch Lukas durchaus um die theologische Unabhängigkeit des Paulus von den Jerusalemern gewußt und bringt sie auf seine Weise – bei grundsätzlich vermittelnder Tendenz – zum Ausdruck. Auch daß zunächst in Damaskus wie dann in Jerusalem eine gewisse Distanz, ja Furcht gegenüber dem ehemaligen Verfolger besteht,[286] ist erzählerisch, aber auch sachlich gut motiviert. Dieses Problem wird selbst in Gal 1,22 noch angedeutet. Daß aus dem Verfolger ein Verkündiger wurde, war eine ganz unerwartete, ja zunächst fast irritierende Erfahrung. Konnte man ihm wirklich trauen? Lukas weiß nur nichts von den drei Jahren Gal 1,18, bei ihm dauert der Aufenthalt in Damaskus einfach „eine längere Zeit".[287] Auch der Bericht der Apg kann so durchaus den Eindruck erwecken, Paulus habe seine Botschaft, d.h. sein „Evangelium", allein δι' ἀποκαλύψεως Ἰησοῦ Χριστοῦ erhalten, und dieses sei unmittelbar als δύναμις θεοῦ (Röm 1,16) wirksam, das ihm den Mut zu offener Verkündigung verleiht.[288] Ihr Inhalt scheint dabei ganz und gar christologisch zu sein.[289] Wer will aber bezweifeln, daß gerade Gal 1,10–12.16 auf die christologische Mitte der Botschaft des Apostels hinweisen? Diese mag, geprägt von seiner theologia crucis, wesentlich anders klingen als die relativ schlichte, aber doch bei den einzelnen Helden seines Werkes je und

---

10,22; 22,70: „Sohn Gottes" scheint bei Lukas vor allem ein jüdisch-messianischer Titel zu sein: auch hier handelt es sich um einen ‚altertümlichen' judenchristlichen Zug. In der Heidenmission tritt er ganz zurück. S. dazu M. HENGEL, Sohn Gottes, 18–31; DERS., Geschichtsschreibung, 88f; zu dem jüdischen, vermutlich messianisch zu deutenden Sohn-Gottes-Text 4Q 246, der sich eng mit Lk 1,32f berührt (Text u. Üs. K. BEYER, Die aramäischen Texte vom Toten Meer. Ergänzungsband, Göttingen 1994, 109–113), s. J. ZIMMERMANN, Messianische Vorstellungen (Anm. 177), 112–149.

[283] S.u. S. 162–173.
[284] Apg 9,19–30.
[285] Apg 9,19.27 s.u. Anm. 872.895–898.
[286] 9,13f: Die Gegenfrage des Ananias; 9,26: die Zurückhaltung der Jünger. S.u. S. 220f.
[287] Apg 9,23 ἡμέραι ἱκαναί, vgl. 9,19 die relativ kurzen ἡμέρας τινάς. ἱκανός in zeitlicher Bedeutung ist ein lukanisches Lieblingswort und deutet auf einen längeren Zeitraum hin: Lk 8,27; 20,9; 23,8; Apg 8,11; 14,3; 18,18; 27,7. S.u. Anm. 875.
[288] Apg 9,22: μᾶλλον ἐνεδυναμοῦτο καὶ συνέχυννεν τοὺς Ἰουδαίους; 9,28: παρρησιαζόμενος.
[289] Apg 9,20: υἱὸς τοῦ θεοῦ; 9,22: ὁ χριστός; 9,28: ἐν ὀνόματι τοῦ κυρίου.

je auch differenzierende Darstellung des Lukas.²⁹⁰ Dafür will dieser zunächst vornehmlich Erzähler und nicht in erster Linie argumentierender Theologe sein. Hier liegt gewiß seine theologische Schwäche. Dennoch sollten wir uns den *leicht-fertigen* Umgang mit dem Auctor ad Theophilum doch nicht zu leicht machen.

2.2.4. Die Sendung zu den Völkern

Noch zwei weitere Punkte des lukanischen Berichts berühren sich mit den Hinweisen des Paulus. Dieser verbindet das Sehen des Herrn bzw. die Offenbarung des Sohnes Gottes unmittelbar mit seinem *Apostolat*, d. h. seiner *Sendung zu den Völkern*. Er ist „berufener Apostel, weder von Menschen noch durch einen Menschen, sondern durch Jesus Christus und Gott den Vater, der ihn von den Toten auferweckt hat". Im Galaterpräskript sagt er dies ganz pointiert, in den Konfliktbriefen 1. und 2. Kor und im Röm wird der *„berufene Apostel"* ebenfalls kräftig hervorgehoben.²⁹¹ Auch Lukas betont das Motiv der Sendung. Im dritten Bericht Apg 26,16−18, der ja am stärksten durch die Theologie des Autors geformt ist, läßt er den Kyrios zu dem zu Boden Gestürzten sagen:

„Ich bin Jesus, den du verfolgst. Aber steh auf und stelle dich auf deine Füße. Denn dazu bin ich dir erschienen,²⁹² um dich zum Diener zu *erwählen* und zum *Zeugen dessen, was du [an mir] gesehen hast und was ich dir offenbaren werde.*²⁹³ Ich errette dich vor dem Volk und vor *den Heiden, zu denen ich dich sende*²⁹⁴, ihre Augen zu öffnen, um sie aus der Finsternis zum Licht und aus der Macht Satans zu Gott zu bekehren ...".²⁹⁵

Hier beruft der erhöhte Kyrios selbst den Verfolger zum in einzigartiger Weise erwählten Zeugen. Seine Schau des (gekreuzigten) Auferstandenen²⁹⁶ wird zur Grundlage seiner Botschaft für die Völker. Erwählung, Sendung und Offenbarung werden deutlich ausgesprochen; nur der Titel des Apostels, d. h. des von Christus „Gesandten", wird ihm vorenthalten. Den konnte ihm der Verfasser

---

²⁹⁰ Bezeichnend ist z.B., daß er nur Petrus und den Jüngern in Jerusalem den Titel παῖς θεοῦ in den Mund legt: Apg 3,13.26; 4,25.27.30 (s. o. Anm. 174), während bei Paulus „paulinisierende" Formeln erscheinen können: 13,38; 20,21.24.28.31f; 26,18.
²⁹¹ Gal 1,1; vgl. 1. Kor 1,1; 2. Kor 1,1; Röm 1,1; vgl. 1. Kor 9,2.
²⁹² εἰς τοῦτο γὰρ ὤφθην σοι vgl. 1. Kor 15,8 ὤφθη κἀμοί; weiter das begründende ὅτι ἔσῃ μάρτυς αὐτῷ Apg 22,15 und das finale ἵνα Gal 1,16.
²⁹³ προχειρίσασθαί σε ὑπηρέτην καὶ μάρτυρα ὧν τε εἶδές [με] ὧν τε ὀφθήσομαί σοι. Zum ὑπηρέτης ist die nächste Parallele der Prolog Lk 1,2: ὑπηρέται γενόμενοι τοῦ λόγου; zur Erwählung zum Zeugen vgl. 22,14f: ὁ θεὸς τῶν πατέρων ἡμῶν προεχειρίσατό σε ... ὅτι ἔσῃ μάρτυς αὐτῷ. προχειρίζεσθαι erscheint im NT nur dreimal in der Apg, vgl. noch 3,20, dort auf Jesus als wiederkommenden Messias bezogen. Das Verb bringt Gottes erwählendes, vorherbestimmendes Handeln zum Ausdruck.
²⁹⁴ εἰς οὓς ἐγὼ ἀποστέλλω σε. Zum Motiv der „Rettung" bei der Sendung mit Anklang an Jer 1 vgl. o. Anm. 241. Weiter Apg 20,24b: „den Dienst, den ich vom Herrn Jesus empfing (ἔλαβον), das Evangelium der Gnade zu bezeugen."
²⁹⁵ Vgl. Kol 1,13; 2. Kor 4,4−6.
²⁹⁶ Apg 2,36; 4,10 vgl. 5,30; 10,39; 13,29.

des Evangeliums nicht geben, weil für ihn die „zwölf Apostel" schon während Jesu Erdenzeit von diesem berufen[297] und Zeugen jener vierzigtägigen Gemeinschaft nach der Auferstehung sein müssen. Deshalb drückt er diesen Sachverhalt durch das Verb (ἐξ)ἀποστέλλειν (= šālaḥ) aus, das schon bei der Sendung der Profeten zu Israel (und zu den Völkern) zentrale Bedeutung besitzt.[298] Die Sendung des Apostels knüpft bei Lukas und Paulus unmittelbar an die profetische Sendung an. Es wird so verständlich, warum Lukas auf den letzten Bericht das größte Gewicht legt. Er ist nicht nur der ausführlichste und rhetorisch sorgfältigste, sondern auch der theologisch bedeutsamste. Daß der Auferstandene jetzt selbst spricht: „ich sende dich" (ἀποστέλλω σε), unterscheidet ihn von den vorhergehenden. Der neue Ton läßt sich nicht überhören, dennoch wird diese Sendung nur in einen Nebensatz eingefügt und ist auf den einen Zweck ausgerichtet, daß durch ihn den Völkern die Augen geöffnet werden und sie von der Finsternis zum Licht bekehrt, aus der Gewalt Satans befreit die Vergebung der Sünden und den Erbbesitz unter den Heiligen durch den Glauben an Christus empfangen (26,18).[299] Das ist gewiß nicht lupenrein paulinisch formuliert, vielmehr theologisch reflektierte frühchristliche Missionssprache, aber als solche dem Apostel nicht völlig fremd.[300]

[297] Lk 6,13: προσεφώνησεν ... καὶ ἐκλεξάμενος .... Die eine Ausnahme, Matthias, muß zumindest Nachfolger von Anfang an gewesen sein (Apg 1,21: τῶν συνελθόντων ἡμῖν ἀνδρῶν). Zur Auserwählung des Paulus bei Lukas vgl. Apg 9,15: σκεῦος ἐκλογῆς und 22,14; 26,16; s. o. Anm. 254.

[298] Zur Sendung der Profeten s. Jes 6,8 in einer Berufungsvision; vgl. Jer 1,7; Ez 2,3; s. aber auch die Sendung Moses Ex 3,10 und überhaupt Ex 3,1−4,17; Jes 48,16: die Sendung des Kyros; als eschatologisches Geschehen: Jes 61,1: εὐαγγελίσασθαι πτωχοῖς ἀπέσταλκέ με; als endzeitliche Sendung zu den Völkern: Jes 66,19; s. dazu u. Anm. 638; vgl. auch Apg 22,21 der abschließende Befehl Christi bei der Vision im Tempel: πορεύου, ὅτι ἐγὼ εἰς ἔθνη μακρὰν ἐξαποστελῶ σε; s. dazu u. Anm. 538 und 919.

[299] Hier sollte man auch bei Lukas nicht einfach die „erbauliche Gemeindesprache mit biblischem Einschlag" heraushören, so H. CONZELMANN, Apostelgeschichte, 149 z. St.; zustimmend zitiert von G. SCHNEIDER, Apostelgeschichte, 2, 374f. Das Stichwort „erbaulich" bei modernen Lukasexegeten klingt gar zu leicht abwertend als „unreflektiertes frommes Gerede". Bei Lukas ist – im Gegensatz zu den Vulgaten moderner kritizistischer Lukasscholastik – kaum etwas „unreflektiert", und was er schreibt, ist nicht im Kirchenton des 19. und 20. Jh.s „erbaulich", sondern – für uns ungewohnte – lebensvolle Wirklichkeit. Die Erfüllung von Jes 42,7.16 ist schon für Paulus eschatologisches Geschehen (1. Thess 5,4f; 2. Kor 4,6), der dankbare Preis über dieses geschenkte Heil verstummt nicht (Röm 11,33−36; 2. Kor 9,14f; Kol 1,12−14; Eph 5,8; 1. Petr 2,9) und führt hin zum Jubel im hymnischen Christuslied (Kol 1,15−18). Vgl. aber vor allem Lk 1,76−79; 2,32: Der ursprünglich messianische Hymnus beschreibt im lukanischen Kontext die Aufgabe Johannes des Täufers; dazu U. MITTMANN-RICHERT, Magnifikat und Benediktus. Die ältesten Zeugnisse der judenchristlichen Tradition von der Geburt des Messias, WUNT II/90, Tübingen 1996, 40−49.212−222. Daß es sich bei der Erleuchtung der in der Finsternis Weilenden (Jes 9,1f) um ein eschatologisches Geschehen handelt, zeigt auch die Verwendung des Motivs in der Habakuk-Vita der VP (16,14), wo es in Auslegung von Hab 3,2 (LXX) über die in die Wüste (zum Sinai) entrückten Kapitel der beiden Säulen Jachin und Boaz heißt: 14 Καὶ ἐν αὐτοῖς γνωσθήσεται ἐπὶ τέλει κύριος, ὅτι φωτίσουσι τοὺς διωκομένους ὑπὸ τοῦ ὄφεως ἐν σκότει ὡς ἐξ ἀρχῆς. Vgl. dazu SCHWEMER, VP II, 131−136.

[300] Vgl. etwa: ἀνοίγω 1. Kor 16,9; 2. Kor 2,12; 6,11; ὀφθαλμός Röm 11,8.10; Gal 3,1;

Im zweiten Bericht macht Lukas Ananias zum Überbringer dieser Berufung, wobei Paulus „Zeuge (für Gott) gegenüber allen Menschen werden soll *von dem, was er gesehen und gehört* hat" (22,15). Damit wird doch wohl die einzigartige Besonderheit der Offenbarung an Paulus betont. Er ist darin gerade nicht von den Aposteln abhängig. Im Erstbericht eröffnet der Herr zunächst nur Ananias die künftige Funktion des Saulus/Paulus als „erwähltes Werkzeug", der seinen Namen vor die Völker und die Könige Israels tragen soll, das künftige Leiden werde ihm der Herr selbst noch offenbaren.[301] Hier handelt es sich um eine bloße Information an Ananias, von einer Weitergabe wird noch nichts gesagt, diese aber im Zusammenhang mit der Handauflegung und Heilung vorausgesetzt (s. o. S. 76).

Die verschiedenen Varianten gehen wohl kaum auf eine einheitliche Tradition zurück, sondern zeigen, daß die Berufung des Paulus unterschiedlich mit und ohne Vermittler überliefert bzw. interpretiert wurde.[302] Die für Lukas wichtigste (und letzte) Version kommt dem Bericht des Apostels am nächsten: „seinen Sohn mir zu offenbaren, damit ich ihn unter den Völkern verkündige", während 22,15 an Gal 1,11f erinnern könnte. Ist der auctor ad Theophilum in seinem – vielschichtigen und bewußt variierenden – Bericht immer so meilenweit von dem Zeugnis des Apostels in dessen Briefen entfernt, wie gerne behauptet wird? Wir würden umgekehrt meinen, daß die allzu kurzen biographischen Notizen des Apostels durch den lukanischen Bericht, der ja die Kenntnis der Briefe noch in keiner Weise voraussetzt, trotz, ja gerade wegen seiner variierenden Form historisch wesentlich besser verständlich werden. Warum sollte diese dritte Schilderung nicht letztlich darauf zurückgehen, was der Apostel selbst seinen Gemeinden und Schülern, darunter auch Lukas, ca. 25 Jahre vor Abfassung des Werkes, u. U. mit verschiedenen Varianten, erzählt hat, während dieser in den ersten Berichten Damaszener oder auch Jerusalemer Tradition verwendet? Daß Lukas als dramatischer hellenistischer

---

ἐπιστρέφω 1. Thess 1,9; 2. Kor 3,16 vgl. Gal 4,9; der Gegensatz von σκότος und φῶς Röm 2,19; 13,12; 1. Kor 4,5; 2. Kor 4,6; 1. Thess 5,4f; 1. Thess 2,18 sieht Paulus sein Missionswerk vom Satan behindert. Statt der formelhaften Wendungen ἄφεσις ἁμαρτιῶν und κλῆρος ἁγίων findet man beim Apostel die theologisch durchdachten ausführlichen Passagen etwa in Röm 5–8 und Gal 3–4 zur Befreiung aus der Macht der Sünde und zur Sohnschaft und dem (Mit-)Erbesein der Christen. Zum lukanischen Sprachgebrauch vgl. aber auch Röm 4,7f, das Zitat aus Ps 31,1 LXX, und Röm 11,27 = Jes 27,9: Er ist judenchristlicher und noch stärker von der LXX geprägt. Zugleich verkürzt Lukas in seiner schlichteren, holzschnittartigen, aber durchaus nicht gedankenlosen Darstellungsweise. Vgl. bes. Apg 20,24 mit 2. Kor 5,18; Röm 11,13 u. ö.

[301] ὑποδείξω αὐτῷ Apg 9,15. Der Leser, für den die Apg geschrieben wurde, erkannte, daß damit zugleich auf den gewaltsamen Tod des Apostels vorausgewiesen wird.

[302] Vgl. dazu BURCHARD, Zeuge, 118–129, der freilich meint, daß hinter den drei Berichten „nur eine vorlukanische Geschichte steckt" (121). Sicher steht dahinter nur ein Geschehen, das aber bald in verschiedenen Versionen erzählt wurde, da Paulus davon relativ häufig, in Damaskus, Jerusalem und wohl bei jeder Gemeindegründung, berichten mußte (s. o. S. 65) und auch seine Gegner eigene Deutungen entwickelten. BURCHARD betont selbst, daß 26,12–18 „paulinische Tradition vorliegt" (128f), die nicht eindeutig auf Briefstellen zurückgeführt werden könne (s. auch o. S. 64 Anm. 227).

Historiker diesen für ihn entscheidenden Vorgang selbst wieder rhetorisch-erzählerisch wirksam aufbereitet, liegt in der Natur der Sache. Wie sich freilich diese „Sendung zu den Völkern", die beide, Paulus und Lukas, so sehr mit der Bekehrung verbinden, daß man genausogut von Berufung sprechen könnte, geschichtlich entwickelt hat, werden wir im einzelnen noch zu erörtern haben.

Historisch sind im lukanischen Bericht u. E. die Christusvision vor Damaskus, die Blendung des Verfolgers, seine Heilung durch Vermittlung des Ananias, seine Taufe und Kontaktaufnahme mit den dortigen Christen und die Anfänge einer messianischen Predigt in den Damaszener Synagogen. Damit verbunden ist der Empfang einer inhaltlich gefüllten Christusoffenbarung, auf die Paulus später „sein Evangelium" zurückführt, und die die Bekehrung des Verfolgers zugleich zur Berufung als „Apostel zu den Völkern" werden läßt. Bevor wir jedoch das Verhältnis des Paulus zu den Christen in Damaskus genauer untersuchen, müssen wir zunächst die jüdische Gemeinde und die Verhältnisse in der syrischen Metropole selbst in Augenschein nehmen.

2.3 Die jüdische Gemeinde in Damaskus und ihre politische Bedeutung

2.3.1 Die Synagogen der Stadt und ihre „Gottesfürchtigen"

Eine Besonderheit, die auf zuverlässiger Überlieferung beruhen wird, ist u. a. auch die Tatsache, daß Lukas weiß, daß es in Damaskus wie in Jerusalem[303] eine *Mehrzahl von Synagogen* gab. Das ist alles andere als eine Selbstverständlichkeit. Nach Apg 9,2 erbittet sich Saulus vom Hohenpriester „Briefe an die Synagogengemeinden in Damaskus" (ἐπιστολὰς εἰς Δαμασκὸν πρὸς τὰς συναγωγάς), die ihn bevollmächtigen sollen, etwaige Anhänger der neuen Sekte als Gefangene nach Jerusalem zu bringen. Gemäß 22,5 erhielt er diese vom „Hohenpriester und dem ganzen Presbyterium". Solche Briefe der höchsten jüdischen Autoritäten im Mutterland an die Diasporagemeinden werden von Lukas Apg 28,21, aber auch von der frührabbinischen Überlieferung[304] bezeugt. Mit dem Motiv der Verhaftung und der Überführung von Gefangenen hat er jedoch das historisch Wahrscheinliche überschritten. Der strafrechtliche Arm des Jerusalemer Hohenpriesters reichte wohl kaum bis nach Damaskus, und ein jüdischer Gefangenentransport über eine Entfernung von ca. 220 km Luftlinie durch verschiedene Herrschaftsgebiete, Damaskus', des Philippus, der Dekapolis und Judäas, dürfte schwer vorstellbar sein, obwohl der jüdische

---

[303] Apg 6,9; vgl. dazu M. HENGEL, Zwischen Jesus und Paulus, 182–185.

[304] S. dazu I. TAATZ, Frühjüdische Briefe, NTOA 16, 1991, 18ff.82ff.89ff. S. vor allem die aus der Zeit des 2. Tempels stammenden Rabban Gamliel I. und den Ältesten zugeschriebenen Briefe an „die Brüder" in „Ober- und Untergaliläa" wegen des Zehnten und an „die Brüder" im „Exil Babyloniens und Mediens" und „dem Exil in Griechenland und den Rest aller Exulanten Israels", tSan 2,6 (Zuckermandel 416), BILL. III,1.

Hohepriester im Rahmen der südsyrisch-palästinischen Territorien[305] ein wichtiger Machthaber war – das gilt vor allem für einen Diplomaten wie Kaiphas, hinter dem der mächtige Clan des Hannas stand und der sein Amt ca. 18 Jahre innehatte, doch wohl weil er sich mit dem Präfekten Pilatus (26–36 n. Chr.) gut verstand.[306] Es mag sich hier um eine Übertreibung des Lukas handeln, der ja sowieso dazu neigt, Paulus als Verfolger zuweilen in etwas zu grellen Farben zu schildern.[307] Saulus wird vielmehr von einer oder mehreren griechischsprechenden Synagogen Jerusalems nach Damaskus geschickt worden sein,[308] um der dortigen Judenschaft zu helfen, die Umtriebe der dorthin geflüchteten judenchristlichen „Hellenisten" einzudämmen. Daß er sich zu seiner Unterstützung ein Empfehlungsschreiben des Hohenpriesters erbat, erscheint dagegen sinnvoll. Der Hohepriester und die anderen Häupter der jüdischen Führungsschicht mußten an der Wiederherstellung der Ruhe in der wichtigen jüdischen Gemeinde in Damaskus[309] interessiert sein und die neue messianische Sekte war ihnen seit dem Prozeß Jesu verhaßt.

Die Mehrzahl von Synagogengemeinden bei Lukas ist auffällig. Sie taucht in 9,20 wieder auf und widerspricht seinem sonstigen Sprachgebrauch, der mit Ausnahme Jerusalems[310] und des zyprischen Salamis[311] nur *eine* Synagoge an den Orten voraussetzt, die Paulus aufsucht.[312] Eine Vielzahl von Synagogen ist

---

[305] Zur relativ lockeren politischen Ordnung im südlichen Syrien und im palästinischen Raum s. F. MILLAR, RNE, 34–43.
[306] S. SCHÜRER II, 230 (Nr. 14: 18–36 n. Chr.). Vgl. auch Joh 18,13: Seine Zugehörigkeit zum Hannasclan.
[307] Apg 22,4f; s. M. HENGEL, Der vorchristliche Paulus, 269.272–281; CHR. BURCHARD, Zeuge, 43f, besonders Anm. 10.
[308] Die Liste von Synagogen in Jerusalem Apg 6,9 (vgl. auch Anm. 1010) läßt vermuten, daß es dort auch eine Synagoge der Damaszener bzw. der Syrer gab.
[309] S. u. S. 150f; vgl. H. LIETZMANN, Geschichte der Alten Kirche 1. Die Anfänge, Berlin ³1953, 103 nimmt sogar einen „Auftrag des Synhedriums" an, „um die dortigen Juden ... zur Abwehr der neuen Gefahr zu ermuntern".
[310] Zu den jüdischen Synagogen in Jerusalem s. M. HENGEL, Zwischen Jesus und Paulus, 182–185 und DERS., Der vorchristliche Paulus, 259 (Lit.).
[311] Apg 13,5; 24,12; 26,11. Salamis: Nach Dio Cassius 68,32,2, s. M. STERN, GLAJ II, 385 Nr. 437, kamen bei dem jüdischen Aufstand auf Zypern 240000 Menschen um, eine stark übertreibende Zahlenangabe, die aber doch auf die große Diaspora in Zypern hinweist, die auf die persische bzw. ptolemäische Zeit zurückgeht. Die armenische Übersetzung der Chronik Eusebs berichtet über den Aufstand im 19. Jahr Trajans: „Auf Salamis, die Stadt der Insel Kipros, stürzten sich die Juden und metzelten die Griechen nieder und zerstörten die Stadt von Grund auf", GCS 20, ed. J. Karst 219, vgl. Die Chronik des Hieronymus, GCS 47, ed. R. Helm, 196, 116 n. Chr.: *Salaminam, urbem Cypri, interfectis in ea gentilibus subuertere Iudaei*. Salamis muß eine sehr große und sehr alte jüdische Gemeinde besessen haben. Bei dem Aufstand 115–117 eroberten die Juden die Stadt, töteten die Nichtjuden und zogen sich vermutlich bei nahender römischer Flotte ins Binnenland zurück, nachdem sie die Stadt zerstört hatten; vgl. Georgios Synkellos, Chronographia, ed. Mosshammer, Leipzig 1984, 657, 10f. Der Konfessionskrieg in Bosnien bietet für diese Vorgänge im antiken Zypern, der Cyrenaica und Ägypten eine lebendige Illustration.
[312] Vgl. 13,14 im pisidischen Antiochien; 14,1: Ikonion; 17,1: Thessalonich; 17,10: Beröa; 17,17: Athen; 18,4.7: Korinth; 18,19: Ephesus. Beim syrischen Antiochien und Tarsus werden

uns sonst noch durch die Kirchenväter und Malalas in Antiochien (s. u. Anm. 1149.1171), in Alexandria[313] und Rom[314] sowie in rabbinischer Zeit in Tiberias und Sepphoris bezeugt.[315] Daß Lukas denke, „die Stadt (Damaskus stehe) ganz unter jüdischem Einfluß",[316] muß man nicht vermuten. Seine jüdischen Gegner konnten Paulus ja nicht wie Stephanus verhaften und steinigen, sondern ihm nur nachstellen.[317] Lukas ist nicht nur über Jerusalem, sondern auch über Damaskus besser informiert, als allgemein angenommen wird.[318] Daß sich in Damaskus eine sehr umfangreiche und alte, vermutlich in die vorhellenistische Zeit zurückgehende jüdische Diasporagemeinde befand, um die sich ein beträchtlicher Kreis von Sympathisant(inn)en scharte, wird eindeutig durch Josephus bezeugt:

„Währenddessen hatten die Bewohner von Damaskus die Niederlage der Römer[319] erfahren und beeilten sich, die bei ihnen wohnenden Juden zu töten. Und da sie diese wegen Aufruhrverdacht schon seit geraumer Zeit im Gymnasium zusammengesperrt hatten, glaubten sie, dies ohne Mühe ausführen zu können. Sie fürchteten jedoch ihre eigenen Frauen, die *sich alle, bis auf wenige Ausnahmen, der jüdischen Gottesverehrung zugewandt* hatten (ἐδεδοίκεισαν δὲ τὰς ἑαυτῶν γυναῖκας ἁπάσας πλὴν ὀλίγων ὑπηγμένας τῇ Ἰουδαϊκῇ θρησκείᾳ). Darum gaben sie sich größte Mühe, den Plan vor diesen geheim zu halten. Sie fielen nun über die auf engem Raum zusammengedrängten, unbewaffneten 10500 Juden her und machten sie bedenkenlos in einer Stunde nieder."
Die Rede des Sikariers Eleazar in Masada spricht gar von 18000.[320]

---

keine Synagogen erwähnt, obwohl es in diesen Provinzmetropolen sicher mehrere Synagogen gegeben hat.

[313] Philo, Flacc 48; Legatio 132; zur fünfschiffigen Hauptsynagoge s. tSukk 4,6 (Zuckermandel 198) vgl. Philo, Legatio 134; SCHÜRER III, 43.104 u. ö.

[314] Philo, Legatio 155–158; vgl. H.J. LEON, The Jews in Ancient Rome, Philadelphia 1960, 140ff; SCHÜRER III,1, 96ff.142. D. NOY, Jewish inscriptions of Western Europe 2, The City of Rome, Cambridge 1995, 539f Index: „Names of Synagogues" führt für Rom 11 bzw. 12 verschiedene namentlich erwähnte Synagogen für das 3./4. Jh. n. Chr. aus Katakomben auf. Doch schon Juvenal (Anfang 2. Jh. n. Chr.) 3,296 setzt eine Mehrzahl von Synagogen in Rom voraus.

[315] S. KRAUSS, Synagogale Altertümer, 205–210; F. HÜTTENMEISTER/G. REEG, Die antiken Synagogen in Israel, BTAVO B 12,1, Wiesbaden 1977, 400–418; zu Sepphoris, wo jetzt eine neue Synagoge entdeckt wurde, s. E. NETZER/L. WEISS, Zippori, Jerusalem 1994, 56ff.69ff; nach yKil 9,4 (32a/b) hatte es 18 Synagogen, darunter – so GenR 33,3 u. 52,4 – eine der Babylonier.

[316] CHR. BURCHARD, Zeuge, 45 Anm. 0.

[317] Apg 9,23f. Eine ähnliche „Verschwörung" berichtet Lukas in Korinth, Apg 20,3.

[318] S.M. HENGEL, Lukas, 152–162.

[319] Unter Führung des Statthalters Cestius Gallus an der Beth-Horon-Steige im Oktober 66 n. Chr., Jos. bell 2,546ff.

[320] Bell 2,560f; 7,368; vgl. Vita 27; kritisch zur Darstellung des Josephus: A. KASHER, Jews and Hellenistic Cities in Eretz-Israel, TSAJ 21, Tübingen 1990, 285f, dazu u. Anm. 367. Zur Größe des Gymnasiums s. T. WEBER, ΔΑΜΑΣΚΙΝΑ. Landwirtschaftliche Produkte aus der Oase von Damaskus im Spiegel griechischer und lateinischer Schriftquellen, ZDPV 105 (1989), 162ff.

Bei dem etwas früheren Pogrom in Caesarea am Meer nennt Josephus eine
Zahl von 20000 Opfern, in Skythopolis sollen es 13000, in Askalon 2500 und in
Ptolemais/Akko 2000 gewesen sein.[321] Diese Zahlen mögen übertrieben sein,
sie sprechen gleichwohl für sich. Als weitere Orte mit Pogromen nennt er
Tyros, Hippos, Gadara und dann pauschal „die übrigen Städte Syriens".[322] Nur
die Bürger von Antiochien, Sidon und Apamea (und Gerasa) verschonten nach
dem Bericht des Josephus ihre jüdischen Mitbewohner; als einen der Gründe
nennt Josephus u. a., „daß sie wegen ihrer eigenen Überzahl keine jüdischen
Unruhen befürchten mußten."[323] In der Einleitung zu seinem Bericht über
diese Pogrome des Jahres 66 n. Chr. weist Josephus auf ein zusätzliches Phänomen hin, das in anderer Weise auch in der Damaskusnotiz auftauchte:

„Ganz Syrien wurde von furchtbaren Unruhen heimgesucht. Jede Stadt war in zwei
Heerlager gespalten, und jedes suchte seine Rettung darin, dem andern zuvorzukom-
men ... Denn auch die, die glaubten, die Juden beseitigt zu haben, behielten den
Verdacht gegen die Judenfreunde (τοὺς ἰουδαΐζοντες εἶχον ἐν ὑποψίᾳ). Man wollte
zwar diese nach beiden Seiten hin fragwürdige Gruppe (τὸ παρ' ἑκάστοις ἀμφίβολον)
nicht ohne weiteres töten, fürchtete sie aber doch, da sie mit fremdem Wesen vermischt
waren (μεμιγμένον), als seien sie wirkliche Fremde (ὡς βεβαίως ἀλλόφυλον) ... Die
ganze Provinz (ἐπαρχία) war von unbeschreiblichem Unglück erfüllt. Schlimmer als die
ständigen Greueltaten waren die nicht endenden Drohungen."[324]

Diese dramatischen und gewiß auch z. T. übertreibenden Schilderungen werfen ein Licht auf die zahlenmäßig starken jüdischen Diasporagemeinden in

---

[321] Bell 2,468.477; vgl. auch zu Caesarea 2,266−270; ant 20,173−178.184. Bei 10500
jüdischen Männern würde man eine Gemeinde von gegen 30−40.000 Gliedern annehmen
müssen. Die Zahl mag aber übertrieben sein (s. u. Anm. 332). Die Mutter von R. Jose b.
Dormaskit (ca. 80−130) war wohl eine damaskenische Proselytin. Ihr Sohn trug eigenartige
Auslegungen über die eschatologische Bedeutung von Damaskus vor, s. u. S. 88 Anm. 344. Er
besuchte noch das Lehrhaus in Jamnia (mJad 4,3). Zu seiner Person s. W. Bacher, Die
Aggada der Tannaiten, I, ²1903, 389f.

[322] Bell 2,478, vgl. 461 und die Eleazarrede 7,367 übertreibend: „Unter den Städten Syriens
ist keine, die nicht die in ihr wohnenden Juden getötet hätte, obwohl diese gegenüber uns (den
Sikariern) feindlicher gesonnen waren als gegenüber den Römern". D. h., diese ersten Opfer
des Aufstands wollten die Erhebung gegen Rom − im Gegensatz zu den Radikalen im
Mutterland − gar nicht. Eine Ausnahme machte vielleicht auch Pella, das nach Euseb, h. e.
3,5,3 vor Ausbruch des jüdischen Krieges Jerusalemer Judenchristen aufgenommen hatte.
Daß die πολυανθρωπία der Juden in den Grenzgebieten − in diesem Falle Phönizien − Ängste
verursachen konnte, zeigt Philo, Legatio 226 im Zusammenhang mit Caligulas Befehl, sein
Bildnis im Tempel aufzustellen; vgl. Jos. ant 18,263ff.269.273f.

[323] Bell 2,479. Als Ausnahme in unmittelbarer Nähe zu Eretz Israel nennt Josephus nur bell
2,480 Gerasa im Ostjordanland. Zu Antiochien s. auch u. S. 288.292.

[324] Bell 2,462f.465; vgl. auch 7,43 zur „Vermischung" von Juden und Nichtjuden in Syrien,
besonders in Antiochien. Beim letzten Wort in 2,465 ist mit Euseb, h. e. 2,26,2 ἀνάτασιν statt
ἀνάστασιν zu lesen. Zur Größe der syrischen Diaspora s. auch Philo, Legatio 245: in jeder
Stadt Syriens (und Asiens) in großer Zahl; vgl. 281. Zur Feindschaft gegen die Juden in Syrien
(und Ägypten), die zu einem guten Teil durch die politische Angst bestimmt war, s. jetzt P.
Schäfer, Judeophobia. Attitudes toward the Jews in the Ancient World, Cambridge Mass.
1997, 170ff.203ff u. ö. Die Christen sind hier mit einzubeziehen. S. u. Anm. 484.

Syrien und hier vor allem im südlichen Teil der Provinz,[325] d. h. eben dem Gebiet, in dem die früheste christliche Mission zuerst Fuß faßte, wobei Damaskus besonders hervortritt. Unmittelbar an das Mutterland angrenzend war in diesem Gebiet der Bevölkerungsanteil der Juden größer als in allen anderen Provinzen des Römischen Reiches einschließlich Ägyptens. In Caesarea am Meer mag er z. B. (einschließlich der Samaritaner) nicht viel weniger als die Hälfte der Bevölkerung betragen haben.[326] In diesen Städten waren offenbar auch die dem jüdischen Ethnos und seiner Religion zugeneigten *Sympathisanten* besonders zahlreich, so daß die hellenisierten Syrer in den jüdischen Minderheiten samt deren Freundeskreis innerhalb ihrer Städte eine politische Gefahr sahen. Sicher werden auch die (juden)christlichen Gemeinden im nichtjüdischen Palästina und südlichen Syrien nach 66 n. Chr. bedroht gewesen sein. Unklar bleibt, ob Josephus bei den ἰουδαΐζοντες ... ἐν ὑποψίᾳ Christen oder heidnische Sympathisanten oder, was das wahrscheinlichste ist, beides meinte.[327] Man mußte hier kurz nach 70 noch nicht so scharf differenzieren. Wir stoßen dabei auf dasselbe Problem wie bei Titus Flavius Clemens und seiner Frau Domitilla, beide Enkel Vespasians, und ihren Freunden in Rom, die Domitian hinrichten bzw. verbannen ließ, und wo es strittig ist, ob sie mit den Juden oder den Christen sympathisierten.[328] Daß Mk 69/70 n. Chr. auf diese erschütternden Vorgänge, den Massenmord an Zehntausenden von Juden, in Palästina und Syrien mit keinem Wort eingeht, spricht gegen die Herkunft des Evangeliums aus dem syrischen Raum und für das vom Kriegsschauplatz weit entfernte Rom als Entstehungsort. Mt entstand dagegen 25–30 Jahre nach diesen Pogromen in Palästina und Syrien, darum wies er 27,25 noch indirekt darauf hin.

Es ist so kein Wunder, daß sich die aus Jerusalem vertriebenen judenchristlichen „Hellenisten" vor allem den „hellenistischen" Städten jenseits des ge-

---

[325] Der Fund einer Werkstatt, in der Steingefäße, die den pharisäischen Reinheitsbestimmungen entsprechen, hergestellt wurden, in Hirbet Umm ed-Dananir zwischen Philadelphia und Gerasa (Palestine Grid 2271.1660) im Ostjordanland zeigt, daß nicht nur der jüdische Bevölkerungsanteil bedeutend gewesen sein muß, sondern auch pharisäischer Einfluß bemerkbar ist. Vgl. R. DEINES, Jüdische Steingefäße und pharisäische Frömmigkeit, WUNT II/52, Tübingen 1993, 154f.

[326] Bell 2,266; L.I. LEVINE, Caesarea under Roman Rule, Leiden 1975; DERS. Roman Caesarea: An Archaeological-Topographical Study, Qedem 2, Jerusalem 1975; KASHER, Hellenistic Cities, 198.201.205f; Herodes hatte Caesarea, das ehemalige Stratons-Turm, als hellenistische Stadt mit imponierendem Hafen und einer starken Festung zu seiner eigenen Sicherheit zusammen mit Sebaste/Samaria neu gegründet, aber er wagte – aus Angst vor dem Volkszorn der jüdischen Bevölkerung – nicht, seine von Mariamne stammenden Söhne in Caesarea hinrichten zu lassen, sondern verlegte die Hinrichtung ins judenfeindliche Sebaste. Schon damals muß der jüdische Bevölkerungsteil beträchtlich gewesen sein; Jos. ant 16, 394; bell 1, 551; vgl. ant 15, 292ff.

[327] Zur Frage, ob μεμιγμένον in bell 2,463 und ἀναμεμιγμένον 7,43 u. a. auch jüdischheidnische Mischehen einbeziehen könnte, s. u. Anm. 484.

[328] Cassius Dio 67,14,2; Sueton, Dom. 15,1; Euseb, h.e. 3,18,4; M. STERN, GLAJ II, 379ff Nr. 435; M. HENGEL, Schürer, 39f. Vgl. u. Anm. 448.

schlossenen jüdischen Siedlungsgebiets, wo die Juden in der Minderheit waren, zuwandten, denn wo man in den Synagogen *Sympathisanten*, die nicht Volljuden wurden, tolerierte, ja schätzte, da herrschte nicht jene rigorose Haltung, wie sie in Jerusalem bestimmend war. Gerade bei den „Hellenisten" konnte „die Ambivalenz nach beiden Seiten hin" (τὸ παρ' ἑκάστοις ἀμφίβολον) der „Sympathisanten" Interesse erwecken. Hatte sich nicht schon Jesus „Randgruppen" im Zwielicht zugewandt, ja hatte er nicht einzelnen Heiden in ihrer Not geholfen?[329] Philippus wirkt darum, bei Lukas nach der samaritanischen Episode, zunächst im von Griechen und Juden bewohnten Azotos und in den anderen Städten der Küstenebene und läßt sich am Ende in Caesarea nieder, wo er ca. 25 Jahre später Paulus freundlich aufnimmt, und auch die erste novellistisch ausgemalte Bekehrung eines Gottesfürchtigen durch Petrus ereignet sich nach Lukas dort.[330] Petrus hatte sich dagegen zuvor nur den rein jüdischen Städten Lydda und Joppe zugewandt (Apg 9,32−43). Daß andere „Hellenisten", so wie Philippus nach Azotos und Caesarea, nach dem nicht weniger wichtigen Damaskus, das im messianischen Reich zu Eretz Israel gehören sollte (s. u. S. 87ff), kamen, ist plausibel. Man wird dabei von Anfang an annehmen dürfen, daß sie je und je auch unbeschnittene Gottesfürchtige getauft haben. Lukas selbst gibt dazu Apg 8,36 u. 38 ein deutliches Signal. Zunächst mögen dies Ausnahmefälle gewesen sein, bei Frauen gab es hier sowieso kein Problem (s. u. S. 111f). Bis zur Mitte der dreißiger Jahre wurde diese Taufe von unbeschnittenen „Gottesfürchtigen" zu einer wohl außerhalb Palästinas zumindest zuweilen geübten Praxis, die dann Paulus energisch förderte. In Jerusalem hat man bis zur Verfolgung durch Agrippa, ja bis in die Mitte der vierziger Jahre dieselbe außerhalb des Heiligen Landes offenbar geduldet, − vermutlich im Blick auf das Vorbild Jesu, für den die rituellen Gebote nicht im Mittelpunkt seiner Botschaft standen. Es ist darum auch nicht sinnvoll, zu vermuten, daß der Pharisäer Saulus als Ortsansässiger in Damaskus Judenchristen verfolgt haben soll, weil sie die Beschneidung von Heiden für überflüssig hielten, denn die umfangreiche jüdische Gemeinde am Ort zeigte sich ja selbst gegenüber heidnischen Sympathisant(inn)en recht aufgeschlossen. Schon dieser Tatbestand macht eine Verfolgung in Damaskus unwahrscheinlich. Selbst

---

[329] Mt 8,5−13 = Lk 7,1−10. Mt 8,11 gehörte, wie Lk 13,28f zeigt, noch nicht in die Q-Fassung der Erzählung; Mk 7,24−30 = Mt 15,21−28. Beide Erzählungen enthalten noch keinerlei Hinweis auf die spätere intensive „Heidenmission", sie sind nicht zu deren Rechtfertigung formuliert, sondern behandeln jeweils auffallende Ausnahmen. Erst Mk 13,10 parr und 14,9, beide Mk-Redaktion, erscheint der Auftrag zur Heidenmission, vgl. betont nachösterlich Mt 28,19f. Die synoptischen Evangelien entsprechen hier gerade *nicht* den „Bedürfnissen" der Gemeinde, sondern wissen, daß die Situation z. Zt. Jesu anders war.

[330] Apg 8,40; 21,8; 10,2: Daß ein vornehmer Gottesfürchtiger wie Cornelius die Begegnung mit dem Oberhaupt jener jüdischen Sondergruppe sucht, die ihn interessiert, ist verständlich. Philippus wandert − vermutlich wegen der antijüdischen Unruhen in Caesarea zu Beginn der 60er Jahre − nach Hierapolis in Kleinasien aus, das im Bereich des paulinischen Missionsgebietes liegt, s. dazu M. HENGEL, Johanneische Frage, 82, vgl. Index s. v. Philippus. Vgl. auch M. HENGEL, Lukas, 166−169 (zu Philippus); 169−172 (Cornelius).

wenn Josephus seine Schilderung mit bitterer Ironie schrieb, hat er diese „aufgeschlossenen" Verhältnisse in der dortigen Gemeinde gewiß nicht erfunden, und wo es so viele weibliche „Gottesfürchtige" gab, die trotz oder gegen ihre Männer mit dem ethischen Monotheismus der Synagoge sympathisierten, da konnte auch eine größere Zahl von männlichen σεβόμενοι τὸν θεόν nicht fehlen.[331] Viel eher wird ein Motiv des eifernden Pharisäers Saulus in Jerusalem verständlich: Er ging nach Damaskus, um die unverschämten messianischen Sektierer daran zu hindern, die dort zahlreichen, leicht verführbaren Sympathisanten zu verderben. Mit einer jüdischen männlichen Bevölkerung von mehreren Tausend,[332] muß die Stadt wie Jerusalem, Alexandrien, Antiochien, Salamis oder Rom mehrere Synagogengebäude besessen haben: der zweifache Plural Apg 9,2.20 hat so eine reale Grundlage. Genaue Zahlen über die jüdische Gemeinde in Damaskus erhalten wir erst wieder im frühen Mittelalter im Reisebericht des Benjamin von Tudela, der eine ausführliche Schilderung gibt: Danach gab es 3000 Juden, 100 Karäer und 400 Kuthäer (Samaritaner) in der Stadt.[333] Petachja von Regensburg nennt wenig später „ungefähr 10.000 Juden" und wenigstens drei Synagogen.[334] Hier könnten die Familienangehörigen mitgezählt sein.

2.3.2 Zur Geschichte der Stadt, ihrer jüdischen Gemeinde und ihren heidnischen Kulten

Es lohnt sich aber noch ein weiterer Blick auf die jüdische Gemeinde und die Stadt selbst.[335] Mit der Geschichte Israels war Damaskus gewissermaßen „seit den Tagen Abrahams" verbunden, denn sein führender Sklave Eliezer, den man wie später Naeman als Gottesfürchtigen oder auch als Proselyten betrachten konnte, stammte von dort.[336] Nach Josephus soll die Stadt zusammen mit

---

[331] Zum Problem s. u. S. 118–132.

[332] S. o. Anm. 321: 10 500 bzw. 18 000, in beiden Fällen wird es sich um Übertreibungen handeln.

[333] P. 48, s. H. P. RÜGER, Syrien und Palästina nach dem Reisebericht des Benjamin von Tudela, ADPV 12, Wiesbaden 1990, 61.

[334] S. die Übersetzung von S. SCHREINER, Jüdische Reisen im Mittelalter, Sammlung Dieterich 416, Leipzig 1991, 155f.

[335] Zur Lit. s. C. WATZINGER/K. WULZINGER, Damaskus. Die antike Stadt, 1921; BENZINGER, PW IV,2, 1901, Artk. Damaskos, 2042–2048; SCHÜRER II, 1979, 125–130; A. KASHER, Hellenistic Cities, s. Index s. v.; R. RIESNER, Frühzeit, 66–79; vgl. J.-P. REY-COQUAIS, Des montagnes au désert: Baetocécé, le Pagus Augustus de Niha, la Ghouta à l'est de Damas, in: Sociétés urbaines, sociétés rurales dans l'Asie Mineure et la Syrie hellénistiques et romaines, Actes du colloque de Strasbourg (novembre 1985), ed. par E. Frézouls, Université des Sciences humaines de Strasbourg. Contributions et travaux de l'Institut d'Histoire Romaine IV, Strasbourg 1987, 191–216 (213f).

[336] Gen 15,2; die Stelle gab einige Rätsel auf s. schon LXX; vgl. Jub 14,2; GenR 59,5 (Theodor/Albeck 2, 637): Eliezer ist ein gerechter und gesegneter „Kanaanäer" (bzw. Kanaan der Sohn Hams), d. h. ein Gottesfürchtiger. Nach GenR 44,2 (Theodor/Albeck 1, 431) verfolgte Abraham die Könige von Gen 14 mit seiner Hilfe bis Damaskus: Gen 14,15; Jos. ant

der zum Reich Agrippas II. gehörenden Trachonitis von Uz (Οὔσης) gegründet worden sein, einem Urenkel Sems, der wahrscheinlich mit dem Erstgeborenen Nahors (und Neffen Abrahams) Uz nach Gen 22,21 identisch ist. Sie liegt „zwischen Palästina und Koilesyrien", d. h. an der Grenze von Eretz Israel, ja sie konnte im weiteren Sinne noch als zu diesem gehörig betrachtet werden. Es ist – auch für Lukas – von Judäa aus betrachtet „allernächstes Ausland".[337] Nach Nikolaos von Damaskus hat Abraham als König über die Stadt geherrscht, bevor er nach „Kanaan, das jetzt Judäa heißt", weiterzog. Noch immer werde „sein Name in der Damaskene gerühmt", und es werde „ein Dorf gezeigt, das nach ihm ‚Wohnort Abrams' genannt werde".[338] Pompeius Trogus wollte gar die Juden überhaupt von dort herstammen lassen, denn Abraham und „Israhel" seien dort Könige gewesen. Auch Mose bringt er mit Damaskus in Verbindung.[339] Nach alttestamentlich-jüdischer Vorstellung gehörte es zum Großreich Davids,[340] das die Maßstäbe für das kommende messianische Reich setzte. In der rabbinischen Halacha, bei der die Geltung der Agrargesetze, wie etwa zum Erlaßjahr oder zu den Tempelabgaben, ausschlaggebend war, besaß

1,178; GenR 60,7 (Theodor/Albeck 2, 647); Tg Jer I und Neofiti zu Gen 15,2 sprechen von Wundern, die durch Eliezer für Abraham in Damaskus geschehen seien. Vermutlich geht es auch hier um die siegreiche Verfolgung der Könige. Die spätere Haggada wertet seine Herkunft nicht mehr positiv, vgl. L. GINZBERG, The Legends of the Jews, I, 293; V, 260 Anm. 282.

[337] Ant 1,145 vgl. 153: Οὔξος; LXX Ὡς bzw. Ὡξ; MT עוּץ: Gen 10,23; 1. Chr 1,17: Sohn Arams und Enkel Seïrs; Gen 22,21: Erstgeborener Nahors. Die Damaszener gehörten zur „weiteren Verwandtschaft" Israels. Zitat: Chr. BURCHARD, Zeuge, 45 Anm. 0.

[338] Ant 1,159f. Vgl. auch die Chronik Jerachmeels, 35,3: Üs. v. M. GASTER, 1899 (Nachdr. NY 1971), 77.

[339] S. Justins Epitome des Pompeius Trogus (Ende 1. Jh. v. Chr.), 3,2,1; (zitiert nach) M. STERN, GLAJ I, 335: *Namque Iudaeis origo Damascena, Syriae nobilissima civitas.* Nach dem Begründer Damascus seien *Azelus, mox Adores* (Hasael u. Hadad) *et Abrahames et Israhel reges fuere* (3,2,14): *Itaque Moyses Damascena, antiqua patria, repetita montem Sinam occupat, in quo ... per deserta Arabiae ... venisset.* Pomp. Trog. bringt hier einiges durcheinander. Sein Bericht zeigt jedoch, wie eng für den antiken Betrachter Damaskus, Judäa und Arabien zusammenhingen. Im Mittelalter sah Benjamin von Tudela (p. 47f; Üs. RÜGER 61) in Damaskus die Reliquien des Riesenkönigs Abanes (dazu GenR 14,6), der von Damaskus aus „über die ganze Welt herrschte". Hier handelt es sich um eine Verballhornung von Abramos. Vgl. dazu Gen 14,15 und Jos. ant 1,178. Nach dem Samaritanischen Anonymus (F 1 = Euseb, praep.ev. 17,3) kam Abraham auf Gottes Befehl nach Phönizien, das klang in hellenistischer Zeit besser als Kanaan (vgl. Mk 7,26 und dagegen die Parallele Mt 15,22). Er habe dort Astronomie gelehrt und im Krieg gegen den König von Armenien geholfen (vgl. Jos. ant 13,419–429). Vgl. u. Anm. 770.

[340] 2. Sam 8,5ff; 1. Kön 11,24f; Jos. ant 7,100–104: David besiegt den nach Nikolaos überaus mächtigen König Hadad von Damaskus am Euphrat und unterwirft „Damaskus und das übrige Syrien". Vgl. schon Eupolemos (Mitte 2. Jh. v. Chr.): „David ..., der die am Fluß Euphrates wohnenden Syrer und die Kommagene und die in der Galadene (wohnenden) Assyrer und Phönizier niedergeworfen habe. Er sei auch gegen die Idumäer und Ammaniter und Moabiter und Ituräer und Nabatäer [und Nabdäer] zu Felde gezogen; dann sei er noch gegen Suron, den König von Tyros und Phönizien, zu Felde gezogen; diese alle habe er auch gezwungen, den Juden Tribut zu entrichten." (F 2; Euseb, Praep ev 9,30,3f; Üs. N. WALTER, JSHRZ I/2, 99f). Vgl. dazu u. S. 189.

es eine Zwischenposition, denn es wurde von alters her dem umstrittenen Grenzbereich von Eretz Israel zugerechnet.[341] Gerühmt wurde die Fruchtbarkeit der Oase,[342] ja Resch Laqisch im 3. Jh. n. Chr. erwog, ob hier der Eingang des Paradieses liege.[343] Auf die Endzeit gedeutete profetische Texte wie Sach 9,1, daß JHWH dort seinen „Ruheort" haben werde,[344] und Am 5,27 konnten dem Ort eine eschatologische Bedeutung geben, so in der Damaskusschrift als Ort des selbstgewählten Exils: „Dies sind die Bekehrten (oder Exulanten: šābê/ šᵉbî) Israels, die aus dem Lande Juda ausgezogen sind und im Land von Damaskus weilen."[345] In der Darstellung der neuen endzeitlichen Grenzen Israels Ez 47,15−18 und in der Auslegung von Profetentargum und LXX erstreckt sich der Erbbesitz der 12 Stämme im Norden bis zur Grenze zwischen Damaskus und dem noch weiter nördlich liegenden Hamath und im Osten bis zum Gebiet zwischen Hauran und Damaskus.[346] *Es war so durch Tradition,*

---

[341] G. STEMBERGER, Die Bedeutung des „Landes Israel" in der rabbinischen Tradition, Kairos 25 (1983), 176−199; M. HENGEL, Der vorchristliche Paulus, 279f, Anm. 318; vgl. Jos. ant 5,86: Das Stammesgebiet Naphtalis (gegen MT Jos 18,32f) umfaßt Obergaliläa und das Land „ostwärts bis zur Stadt Damaskus".

[342] T. WEBER, ΔΑΜΑΣΚΙΝΑ (Anm. 320), 151−165; BILL. II, 689f. Zur Fruchtbarkeit und Bewässerung vgl. auch E. WIRTH, Syrien. Eine geographische Landeskunde, Wissenschaftliche Länderkunde 4/5, Darmstadt 1971, 153.403.

[343] bErub 19a s. BILL. II, 689, dort weitere Belege zu Damaskus.

[344] Oder ‚Niederlassung' menûḥātô, Aquila: ἀνάπαυσις (die LXX hat θυσία: minḥātô). Ein solches Wort konnte die Flucht von Hellenisten nach Damaskus motivieren. Zur messianischen Deutung s. die Haggada des R. Jose S. der Damaszenerin SifDev 1 zu Dtn 1,1 (Horowitz/Finkelstein 7f): danach gehört Damaskus nicht nur zum messianischen Reich (Sach 9,1), sondern die „Tore Jerusalems (bzw. des Tempels) werden bis Damaskus reichen." Ähnlich auch Tg zu Sach 9,1: „und Damaskus wird wieder zum Land des Hauses der Shekina gehören." In PesK 20,7 (Mandelbaum 316f) wird auch Jes 54,2 in diesem Sinne ausgelegt; vgl. CantR 7,5 §3; Yalkut Sh II, 574 z.St. Zu den zahlreichen späteren Parallelen vgl. L. GINZBERG, The Legends of the Jews, VI, 73; s. auch BACHER, Aggada (Anm. 321), I, 301 und G. VERMES, Scripture and Tradition, SPB 4, Leiden ²1973, 43−49. Nach GenR 44,23 (Theodor/Albeck 2, 446) wurden unter Josua nur 7 der 10 zugesagten Völker unterworfen. Drei stehen noch aus. Nach R. Shimeon b. Jochai ca. 100−150 handelt es sich um die *Damaskene*, Apamea (d.h. das nördliche *Syrien*) und *Kleinasien*, nach Jehuda han-Nasi (Rabbi): *Arabien*, Shalamijja, Nabatijja; nach Eliezer b. Jakob: *Kleinasien*, *Thrakien*, Karthago. Das entspricht im Groben dem Weg der paulinischen Mission; vgl. auch yQidd 1,9 61d Z. 13ff in z.T. anderer Reihenfolge. Auf der anderen Seite kann Damaskus als Hochburg des Götzendienstes erscheinen, mit 365 Götzentempeln, wo jeden Tag eine andere Gottheit verehrt wird, nur an einem Tag im Jahr alle zusammen. In Israel werde dagegen der Eine Gott an allen Tagen verehrt: R. Jochanan Mitte 3. Jh. nach LamR proem 10; EstR 3,4. Vgl. dazu M. HENGEL, Der vorchristliche Paulus, 279f Anm. 318.

[345] CD 6,5f vgl. 7,13: „Die Standhaften retteten sich in das Land des Nordens"; es folgt das Zitat von Am 5,26f, vgl. auch ihre Ansiedlung dort 6,19; 7,19; 8,21; 20,12. Wir brauchen die umstrittene Frage der Deutung dieser Stellen hier nicht zu erörtern. Uns scheint aber doch „das Land Damaskus" in der Frühzeit der essenischen Bewegung zumindest vorübergehend Exil geboten zu haben. Als Fluchtort ist es (gewissermaßen als Gegenstück zu Ägypten) auch sonst bezeugt. Zur Flucht Herodes' I. nach Damaskus s. Jos. ant 14,178.

[346] S. dazu W. ZIMMERLI, Ezechiel, BKAT XIII,2, 1968, 1202.1214ff. S. auch das Profetentargum zu 46,16 und LXX: ἀνὰ μέσον ὁρίων Δαμασκοῦ καὶ ἀνὰ μέσον ὁρίων Ημαθ.

Geschichte und eschatologische Erwartung in vielfacher Weise mit dem Heiligen Land verbunden.

Während der Königszeit war es der Hauptgegner des Nordreichs Israel, und auch später blieb es nicht ohne Einfluß auf die jüdische Geschichte. Unter der persischen Herrschaft blühte Damaskus auf als die „berühmteste" Stadt Syriens, was im benachbarten Judäa nicht unbemerkt blieb.[347] In der hellenistisch-römischen Zeit erhielt es für das palästinische Judentum als benachbarter, traditionsreicher „Stadtstaat" wieder erhebliche Bedeutung, zumal man mit Damaskus im Gegensatz zu den hellenistischen Städten Palästinas keine unmittelbaren kriegerischen Konflikte ausgetragen hatte. In eine griechisch-makedonische Polis war es schon früh, gegen Ende des 4. Jh., wohl schon unter Antigonos Monophthalmos,[348] d.h. noch vor der Schlacht von Issos 301, verwandelt worden; das genaue Datum wissen wir nicht. Die Straßenführung in großen Rechtecken entsprach der typischen hellenistischen hippodamischen Stadtanlage.[349] Im 3. Jh. in der Regel von den Ptolemäern beherrscht, ging es durch den Sieg Antiochus' III. bei Paneas 200 v. Chr. endgültig in seleukidischen Besitz über. Nach der Teilung des schon stark geschrumpften Seleukidenreiches gegen Ende des 2. Jh.s vor Chr. wurde es vorübergehend Hauptstadt des südlichen Teiles mit Koilesyrien und Phönizien.[350] 85 v. Chr. kam es unter die Herrschaft des Nabatäerkönigs Aretas III., der sich den Beinamen Philhellen beilegte und zwischen 84 und 72 v. Chr. in Damaskus Bronze- und Silbermünzen nach Art des von ihm besiegten seleukidischen Königs schlug. Er betrachtete sich wohl als Nachfolger der makedonischen Herrscher.[351] Von

---

[347] Strabo 16,2,20: „Auch ist Damaskus eine Stadt, die Berücksichtigung verdient, war sie doch, könnte man fast sagen, die berühmteste der Städte dieser Weltgegend zur Perserzeit." Auch das Juditbuch (um 100 v.Chr. verfaßt) blickt auf die Bedeutung der Stadt in der Perserzeit zurück, vgl. 1,7.12; 2,27; 15,5. Vgl. T. Weber, ‚Damaskòs Pólis Epísemos'. Hellenistische, römische und byzantinische Bauwerke in Damaskus aus der Sicht griechischer und lateinischer Schriftquellen, Damaszener Mitteilungen 7 (1993), 137; E.A. Knauf, Damaskus im Alten Testament, Welt und Umwelt der Bibel, 3 (1997), 39.

[348] Zu seinen Städtegründungen s. V. Tcherikover, Die hellenistischen Städtegründungen von Alexander d. Gr. bis auf die Römerzeit, Ph.S 19,1, 1927, 154ff.

[349] D. Sack, Damaskus. Entwicklung und Struktur einer orientalisch-islamischen Stadt, DaF 1, Mainz 1989, 9–16; T. Weber, Damaskòs (Anm. 347), 135–176; zur Geschichte des Gebietes südlich von Damaskus s. auch J.-M. Dentzer, Développement et culture de la Syrie du Sud dans la période préprovinciale, in: Ders. (ed.), Hauran I,2, Paris 1986, Inst. franc. d. arch. du proche Orient, Bibl. archeol. et hist. 124, 387–420 (Zeittafel 390f).

[350] C. G. den Hertog, Erwägungen zur Territorialgeschichte Koilesyriens in frühhellenistischer Zeit, ZDPV 111 (1995), 168–183. Antiochos IV. Kyzikenus erhob es um 111 v.Chr. nach der Teilung Syriens zur Hauptstadt von Phönizien Koilesyrien, s. Benzinger, Artk. Damaskus, PW IV (1901), 2045f; vgl. W. Schottroff, Die Ituräer, ZDPV 97 (1990), 133f. Zum Sieg Aretas' IV. über Antiochos XII. und seiner Vorgeschichte s. Jos. bell 1,99–103 = ant 13,387–392.

[351] S. dazu Schürer I, 578f. Zur Geschichte von Damaskus und den Nabatäern noch A. Negev, The Nabataeans and the Provincia Arabia, ANRW II 8, 520–686 (538); W. Schottroff, Ituräer (Anm. 350), 134; J.D. Grainger, Hellenistic Phoenicia, Oxford 1991, 150f; F. Millar, RNE, 310ff. Zu den Münzen s. E. T. Newell, Late Seleucid Mints in Ake-Ptolemais

72–69 v. Chr. beherrschte der König Tigranes von Armenien die Stadt. Als der Ituräerfürst Ptolemaios Mennaios gegen 70/69 v. Chr. Damaskus zum zweiten Mal bedrohte, sandte die jüdische Königin Alexandra ihren Sohn Aristobul mit einem Heer nach Damaskus, wohl um dieses zu schützen, freilich ohne viel auszurichten.[352] Erst das Eingreifen Pompeius' in Syrien, der es 66 v. Chr. durch seine Unterfeldherren Lollius und Metellus besetzen ließ,[353] befreite den hellenistischen Stadtstaat von dem Druck der verschiedenen orientalischen Herrscher, vor allem der benachbarten Ituräer und Nabatäer. Von nun an war es fester Bestandteil der von dem römischen Feldherrn neu eingerichteten Provinz Syrien, freilich, ähnlich wie auch die Dekapolis, in seiner Lage etwas isoliert und durch semitische Klientelfürstentümer von den anderen hellenistischen Städten im syrischen Norden getrennt.[354] Im Jahre 63 hielt Pompeius dort sein Schiedsgericht über die streitenden Brüder Hyrkan und Aristobulos, das das Schicksal Judäas besiegelte. In dieser unruhigen Zeit erwarb sich der Vater des langjährigen Herodesberaters Nikolaos von Damaskus, Antipater, als Rhetor und Politiker Verdienste um die Unabhängigkeit der bedrohten Stadt. Die Autobiographie des Universalgelehrten Nikolaos, der lange Zeit als Vertrauter des Königs in Jerusalem wirkte, zeigt den Stolz der damaszenischen Stadtbürger, die sich als Griechen verstanden, aber sich dennoch auf Abraham als berühmten Herrscher in alter Zeit berufen konnten.[355] Erst recht werden die jüdischen Synagogengemeinden ihren Ahnherrn gerühmt haben, und wahrscheinlich wirkte diese mythische Gestalt, die ja aufgrund des auf ihn zurückgeführten Glaubens an den einen wahren Gott als der erste Proselyt galt, auch auf manche Nichtjuden anziehend. Daß die Stadt schon durch Pompeius mit der Dekapolis verbunden wurde, ist unwahrscheinlich, denn ab Augustus und Tiberius und dann wieder ab der späteren Zeit Neros schlug sie Münzen mit der traditionellen seleukidischen Ära, nicht der des Befreiers Pompeius.[356] Auf der

---

and Damaskus, Num. Notes and Monographs 84 (1939), 92–94. Zu Damaskus und den Nabatäern s. R. WENNING, Die Nabatäer – Geschichte und Denkmäler, NTOA 3, 1987, 24f; DERS., Die Dekapolis und die Nabatäer, ZDPV 110 (1994), 1–35 (4f.15–17). DENTZER, Développement (Anm. 349), 412.417f.

[352] Bell 1,115 = ant 13,448 s. dazu auch bell 1,103 = ant 13,392: Schon ca. 12 Jahre zuvor habe der Ituräer Damaskus bedrängt; vgl. schon den Zug des Jonathan 1. Makk 11,62; 12,32.

[353] Bell 1,103 = ant 13,392.

[354] F. MILLAR, RNE, 37f.

[355] JACOBY, FGrH 90 F 131. Ben Zion WACHOLDER, Nicolaus of Damascus, UCPH 75, Berkeley 1962, 54f.

[356] Zur Dekapolis s. H. BIETENHARD, Die syrische Dekapolis von Pompeius bis Trajan, ANRW II, 8, 1977, 220–261; SCHÜRER II, 125–127.157; 127–130 zu Damaskus. Dort der Hinweis, daß damaszenische Kohorten im 2. Jh. n. Chr. selbst in Germanien zu finden sind, ebenso auch ituräische Bogenschützen. Zum letzteren vgl. SCHOTTROFF, Ituräer (Anm. 350), 125. Zur Beziehung zwischen Dekapolis und Damaskus jetzt auch R. WENNING, Die Dekapolis und die Nabatäer, ZDPV 110 (1994), 1–35 (15ff), der die Entstehung der Dekapolis jedoch mit „zwischen dem Tod Herodes' Agrippa I. und dem Beginn der Regentschaft Herodes' Agrippa II., 44–53 n. Chr." oder in der „Phase des 1. Jüdischen Krieges, als es galt, sich als loyale Stadt Rom gegenüber zu erweisen" (11), viel zu spät ansetzt. Wenn die „Dekapolis" in der 2. Hälfte des 1. Jh.s n. Chr. in so verschiedenen Quellen wie Mk, Josephus und Plinius

anderen Seite führt sie vor 79 n. Chr. Plinius d. Ä. als erste Stadt der Dekapolis auf.[357] Diese war jedoch kein festverknüpfter Städteverband und ist bis zur Mitte des 2. Jh.s n. Chr. auf 18 Städte angewachsen. Vielleicht stand am Anfang nach 63 v. Chr. nur eine Pentapolis.[358]

Das *Stadtterritorium* von Damaskus muß relativ umfangreich gewesen sein.[359] Wahrscheinlich war es von Augustus auf Kosten des ituräischen Gebiets vergrößert worden. Im Westen hatte es eine gemeinsame Grenze mit der Abilene und weiter südlich auf dem Kamm des Antilibanon oder in der Biqāʿ mit Sidon, so daß es zur Zeit des Tiberius zu einem Grenzstreit mit den Sidoniern kam,[360] im Süden grenzte es an das Gebiet von Paneas (dem späteren Caesarea Philippi), an die Gaulanitis, Batanäa, Trachonitis und Auranitis, Gebiete, die Herodes von Augustus 24 v. Chr. und 20 v. Chr. zugeteilt erhalten hatte, damit er dem ausufernden Räuberunwesen in diesem Gebiet ein Ende mache, das u. a. die Handels- und Pilgerwege nach Mesopotamien bedrohte. Herodes tat dies u. a. durch die Ansiedlung jüdischer Militärkolonisten, die aus Idumäa und Babylonien kamen. Klientelkönige und freie Städte sollten sich gegenseitig überwachen.[361] Damaskus, das jetzt eine lange gemeinsame Gren-

---

d. Ä. als selbstverständliches Faktum auftaucht, bedeutet dies, daß sie schon eine längere Geschichte besitzt. Ein Zusammenschluß der Städte war durch die Lage zwischen den aggressiven nabatäischen und jüdischen Staaten von Anfang an eine politische Notwendigkeit, zumal der Sitz des Statthalters in Antiochien fern war. Sowohl die Hinweise auf die „Zehn Städte" bei Jos. bell 3,446; Vita 341f.410 als auch im NT (Mk 5,20; 7,31; Mt 4,25) setzen bereits einen längere Zeit eingebürgerten festen Sprachgebrauch voraus. Es handelt sich nicht nur um ein bloßes Territorium, sondern auch um einen politisch motivierten – vermutlich lockeren – Städtebund. Seine Wurzeln liegen in der Zerschlagung des Hasmonäerreiches, die Erweiterung zur „Dekapolis" kann bei der Aufteilung des herodianischen Reiches 4 v. (oder 6 n.) Chr. oder auch 37 n.Chr. durch Caligula (s. Anm. 373) entstanden sein. S. auch die vorzügliche Übersicht von D. GRAF, Hellenization and the Decapolis, ARAM 4 (1992), 1–48; zu Pompeius 23ff: G. weist darauf hin, daß Pompeius nur eine sehr vorläufige Ordnung schuf, die erst nach dem Tode des Herodes durch Augustus weiter ausgebaut wurde (26ff). Vgl. DERS., The Nabataean Army and the cohortes Ulpiae Petraeorum, in: The Roman and Byzantine Army in the East, Proceedings of a colloquium held at the Jagiellonian University, Kraków in September 1992, Kraków 1994, 265–311 (271ff).

[357] Nat. hist. 5,16,74.

[358] Städte: Cl. Ptolemäus, Geogr. 5,14–17; 5 Städte bei Jos. ant 14,75: Gadara, Hippos, Skythopolis, Pella und Dium, vgl. bell 1,155, wo Dium fehlt. Gadara könnte zunächst der Hauptort gewesen sein. Eine Pentapolis findet sich in der Cyrenaica und am Schwarzen Meer; vgl. auch die 5 Philisterstädte Jos. ant 6,8.

[359] F. MILLAR, RNE, 310–319.

[360] Jos. ant 18,153; A.H.M. JONES, The Cities of the Eastern Roman Provinces, Oxford ²1971, 269f, s. auch Index s. v. 582. Vgl. auch Mk 7,31: Man konnte über Sidon und über das Gebiet der Dekapolis, da Damaskus zu dieser gehörte, (und das des Philippus) zum See Genezareth gelangen. Die Kenntnis des Mk von der palästinischen Geographie war nicht so schlecht, wie sie manche Neutestamentler behaupten.

[361] Vgl. die Auseinandersetzungen des Herodes mit Zenodoros, der die Raubzüge gegen die Damaszene unterstützt hatte, und den Prozeß des Herodes vor Augustus bei dessen Besuch in Syrien ca. 20 v. Chr. mit den Bürgern von Gadara, die seiner Oberherrschaft unterstellt worden waren, Jos. ant 14,342–364. Vgl. GRAINGER, Hellenistic Phoenicia (Anm. 351), 175f.178f; GRAF, Hellenization (Anm. 356), 24.26 zu Gadara.

ze mit dem herodianischen Gebiet besaß,[362] war ein Hauptnutznießer der dadurch gesicherten Handelswege in den Süden.[363] Herodes, der schon als junger Stratege Galiläas nach Damaskus geflohen war, um einer Verurteilung durch das Synhedrium wegen der Ermordung des Bandenführers Ezekias zu entgehen, legte besonderen Wert auf gute Beziehungen zur wichtigsten Nachbarstadt im Nordosten seines Reiches. Nicht umsonst wurde er in den späteren Jahren seiner Herrschaft durch den aus der damaszenischen Aristokratie stammenden Nikolaos von Damaskus beraten.[364] So stiftete er der Stadt ein Gymnasium und ein Theater, Tyrus und Sidon erhielten nur letzteres.[365]

Das gegenseitige Wohlwollen, das sich bei den Nachfolgern des Herodes fortsetzte,[366] hatte politische, wirtschaftliche und kulturelle Gründe: 1. Die gefährlichsten Nachbarn für den jüdischen König wie für die Damaszener waren die zu Beginn des 1. Jh.s v. Chr. mächtig gewordenen Nabatäer. Die lange gemeinsame Grenze und die Bedrohung der Handelsstraßen durch räuberische Nomaden machte eine positive Zusammenarbeit notwendig. 2. Die wichtigste Verbindungsstraße von Judäa nach Mesopotamien, und d. h. zur babylonischen Diaspora, führte über Damaskus, umgekehrt gingen die Landwege von dort in die südliche Dekapolis, an die palästinische Küste und nach Ägypten durch das Reich des Herodes. 3. Die Damaszener wie die herodianischen Herrscher betrachteten sich als entschiedene Parteigänger Roms und als Protagonisten der hellenistischen Kultur, beides hing in Syrien untrennbar zusammen. Rom allein garantierte Frieden gegenüber den arabischen Stämmen und den Parthern. 4. Die große jüdische Diasporagemeinde in Damaskus sah vermutlich – wie auch anderswo in Syrien (s. u. S. 347) – in Herodes und seinen Nachkommen ihre Schutzherren. Das alles schloß natürlich nicht aus, daß man auch um ein ordentliches Verhältnis zu den Nabatä-

---

[362] Erst im Osten und Südosten grenzte es an von Nabatäern beherrschtes Gebiet, im Nordosten an das Territorium von Palmyra, im Norden wohl an den Tempelstaat von Emesa und im Nordwesten an die römische Kolonie Berytos/Heliopolis-Baalbek bzw. das Zwergkönigreich Chalkis. Ein gutes Drittel der Grenzen stieß so an von jüdischen Herrschern verwaltete Territorien.

[363] Strabo 16,2,20 p 756 berichtet, daß die Damaszener und die Kaufleute aus Südarabien schwer unter arabischen und ituräischen Räubern in der Trachonitis zu leiden hatten, vgl. auch Jos. ant 1,244; 15,345ff.389f; 16,285 = bell 1,399f. S. dazu A. SCHALIT, Herodes, 327f.719. Th. BAUZOU, Les voies de communication dans le Hauran à l'époque romaine, in: DENTZER, Hauran (Anm. 349), 138–165 (138f.140.151–154) verzeichnet 4 Straßen, die von D. nach Süden führen; DERS. Les voies romaines entre Damas et Amman, in: Géographie, ed. P.-L. Gatier/B. Helly/J.-P. Rey-Coquais, Paris 1988, 292–297. Weiter zum römischen Straßensystem und seinen Vorgängern H. I. MACADAM, Studies in the History of the Roman Province of Arabia. The Northern Sector, BAR-S 295, Oxford 1986, 19–28.68ff.

[364] Ant 14,178.295 s. auch A. SCHALIT, Herodes, 46, vgl. 58.

[365] A. SCHALIT, Herodes, 415f. Dies mag u. a. auch durch den Einfluß des Nikolaos von Damaskus bedingt gewesen sein.

[366] Vgl. Jos. ant 18, 153f.

ern bemüht war, die die Handelswege nach Osten und Süden beherrschten und wie die Juden in Damaskus ein eigenes Viertel besaßen (s. u. S. 215 Anm. 871). Letztlich hing aber der Friede vom römischen Schutz ab.

Die *jüdische Gemeinde* in Damaskus war nicht nur recht umfangreich,[367] sondern auch sehr alt. Schon 1.Kön 20,34 berichtet, daß zur Zeit Ahabs und Benhadads die Israeliten Bazare in Damaskus und die Aramäer in Samarien einrichteten.[368] Wahrscheinlich hat es so schon seit der vorexilischen Zeit eine Ansiedlung von Israeliten und dann in nachexilischer Zeit von Juden (und Samaritanern) in Damaskus gegeben. Dies legen die geographische Lage und die politische Bedeutung der Stadt nahe. Die von Josephus genannte (übertrieben hohe) Zahl wie auch die Attraktivität der jüdischen Synagogen für heidnische Sympathisanten setzt eine lange Geschichte jüdischer Ansiedlung in der Stadt voraus. Der ironische Bericht des Josephus über die Furcht der Damaszener bei Ausbruch des jüdischen Krieges bezeugt das Gewicht der jüdischen Minderheit in der Stadt.

Die politische, ökonomische und geistige Bedeutung der Juden im südlichen Syrien-Phönizien wurde dadurch verstärkt, daß im 1. Jh. n. Chr. nicht nur der Süden, sondern auch größere Teile des ehemaligen ituräischen Herrschaftsgebietes westlich und nordwestlich der Stadt sukzessive der *Herrschaft jüdischer Herodesnachkommen* unterstellt wurden.[369] Die arabischen Ituräer hatten sich nach Zerfall des Seleukidenreichs ein Machtgebiet mit dem Zentrum im Libanon, das im Süden bis nach Galiläa und im Osten in die Trachonitis reichte, mit der Hauptstadt Chalkis erworben. Während sie Galiläa an die Hasmonäer Aristobul I. und Alexander Jannai verloren, setzten sie ihrerseits Damaskus unter Druck.[370] Unter römischer Herrschaft wurde ihr Gebiet allmählich in kleinere Territorien verwandelt. Nachdem schon Herodes die Trachonitis und bald danach das Gebiet von Paneas an der Südseite des Hermon erhalten hatte,[371] wurde später weiteres ituräisches Gebiet dem Territorium seines Sohnes Philippus zugeschlagen.[372] 37 n. Chr. erhielt Agrippa I. bei der Thronbesteigung Caligulas das bislang dem Dynasten Lysanias (Lk 3,1) gehörende Gebiet von Abilene am Antilibanon nur ca. 26 km nordwestlich von Damas-

---

[367] Vgl. o. Anm. 321.332. Dies gilt auch, wenn Josephus die Zahlen zu hoch ansetzt. A. KASHER, Hellenistic Cities, 285f hält nicht nur die Zahlenangaben für maßlos übertrieben, sondern auch den gesamten Bericht für historisch unglaubwürdig. U. E. zu Unrecht. Er unterschätzt in seiner nationalistischen Geschichtsbetrachtung die *religiöse* Ausstrahlungskraft der jüdischen Diasporagemeinden.
[368] S. dazu auch Jos. ant 8,387: Die Israeliten erhielten das Recht, „nach Damaskus zu reisen" (ἐξελαύνειν εἰς αὐτήν). Zu 1. Kön 20,34 ḥûṣôt s. KÖHLER/BAUMGARTNER, Lexikon 286 und A. SCHALIT, Herodes, 289, Anm. 502.
[369] Zur komplizierten Geschichte des Ituräergebiets und seiner späteren Aufteilung s. SCHÜRER I, 561–573; vgl. auch W. SCHOTTROFF, Die Ituräer, ZDPV 98 (1982), 125–152.
[370] Jos. ant 13,418 s. o. Anm. 352.
[371] S. o. S. 91, Anm. 361, Jos. ant 5,35ff = bell 1,400.
[372] Ant 17,319 = bell 1,95. Vgl. u. Anm. 380.381.

kus³⁷³ zusammen mit der Tetrarchie seines verstorbenen Onkels Philippus. Im Jahre 41 n. Chr. machte dann Kaiser Claudius Agrippa I. zum König von ganz Judäa, wie es einst Herodes gewesen war, und fügte noch weitere kaiserliche Besitzungen im Libanongebiet hinzu.³⁷⁴ Gleichzeitig wurde seinem Bruder Herodes das westlich an die Abilene angrenzende Königreich Chalkis zwischen Libanon und Antilibanon übertragen.³⁷⁵ Nach dem Tode Agrippas I. 44 n. Chr. wurde er mit der Oberaufsicht des Jerusalemer Tempels betraut, nach seinem Tode 48 n. Chr. erhielt sein Neffe Agrippa II., der Sohn Agrippas I., die Herrschaft über Chalkis, vermutlich nur bis 53 n. Chr., als Agrippa II. die einstigen Tetrarchien des Philippus, die Abilene³⁷⁶ und das Gebiet eines weiteren Dynasten im Libanon, Varus, zugesprochen wurden,³⁷⁷ während große Teile von Chalkis zusammen mit der Tempelstadt Heliopolis/Baalbek vermutlich an die mächtige römische Kolonie Berytos fielen, wobei der alte Baal von Baalbek als Jupiter Heliopolitanus romanisiert wurde und eine breite Ausstrahlung in Syrien erhielt. Dem Aristobul, Sohn des Schutzherrn des Jerusalemer Tempels, Herodes von Chalkis, übertrug Nero (noch zusätzlich?) das Königreich Kleinarmenien.³⁷⁸ Die Töchter Agrippas I. heirateten östliche Klientelfürsten, die um dieser Ehen willen zum Judentum übertraten, Drusilla den Fürsten und Oberpriester von Emesa, Azizos, Berenike den König von Pontos, Polemon.³⁷⁹ Aus dieser Ausbreitung des Herrschaftsgebiets *jüdischer*

---

[373] Ant 18,237, vgl. 19,275 = bell 2,215.

[374] Ant 19,275: ὁπόσα ἐν τῷ Λιβάνῳ ὄρει ἐκ τῶν αὐτοῦ προσετίθει. Zu den Territorien Agrippas I. s. D. R. Schwartz, Agrippa I., 60 f. 111 f. S. auch u. S. 369 f.

[375] Ant 19,274 f = bell 2,215, s. D. R. Schwartz, Agrippa I., 92. Die genaue Lage dieses seit Claudius durch die römische Kolonie Berytos-Heliopolis/Baalbek stark eingeengten Zwergkönigtums ist ein Rätsel. S. dazu die plausiblen Überlegungen von E. Will, Un vieux problème de la topographie de la Beqāʿ antique: Chalcis du Liban, ZDPV 99 (1983), 141–146: der nördliche Teil des Antilibanon, ein Gebiet, das sich im Osten bis zur Straße Damaskus-Homs/Emesa erstreckte. Ausführlich auch G. Schmitt, Zum Königreich Chalkis, ZDPV 82 (1981), 110–124 mit einem unwahrscheinlichen Alternativvorschlag.

[376] In dem „Synchronismus" Lk 3,1 nennt Lukas vor dem Auftreten Johannes des Täufers historisch durchaus sachgemäß Philippus als Tetrarchen des ituräischen (d. h. des Gebiets um Caesarea Philippi) und des trachonitischen Gebiets und Lysanias als Tetrarch der Abilene.

[377] Schürer I, 568.572.

[378] Jos. ant 20,13 (sein Eintreten für den Tempel zusammen mit seinem Vater); unter Vespasian finden wir ihn wieder als König der „Chalkidene", die nicht mit Chalkis in Nordsyrien verwechselt werden darf: Josephus erwähnt ihn neben ihm seinen Nachbarn Somaios von Emesa, s. bell 7,226 und o. Anm. 375 die Hypothesen von E. Will und G. Schmitt. Er hatte nach Philippus' Tod dessen Witwe Salome, die Tochter der Herodias, geheiratet (ant 18,137). Bei diesen Fürsten handelte es sich durchweg um Nachkommen Aristobuls, des Herodessohns aus der Ehe mit der Hasmonäerin Mariamne. Der Stamm seines Bruders Alexander regierte zeitweise in Großarmenien (bell 2,221 vgl. 1,552; ant 18,139 f), doch betont Josephus, daß dessen Kinder von Anfang an „die Beobachtung der für das jüdische Gebiet gültigen Sitten verlassen und zu denen der Griechen übergetreten seien" (141). Es ist auffallend, wie sehr der Palästinajude und den Pharisäern zugeneigte Priester Josephus diesen Sachverhalt ausdrücklich hervorhebt; vgl. auch zu Tiberius Julius Alexander Jos. ant 20,100, vgl. dagegen bell 2,220. S. auch G. Schmitt, Königreich Chalkis (Anm. 375).

[379] Jos. ant 20, 143 ff s. u. S. 117.

Dynasten aus der Familie des Herodes und damit auch ihres Einflusses in Syrien (und im östlichen Kleinasien) während des 1. Jh.s n. Chr., die gewiß auch die jüdische Minderheit in ihrem Gebiet gemäß alter herodianischer Praxis förderten, wird deutlich, daß Rom die Nachkommen des Herodes und der Hasmonäerin Mariamne für besonders loyal hielt und ihnen darum erhebliche politische Macht in Syrien einräumte.[380] Dieses jüdische Fürstenhaus galt im Gegensatz zu den arabischen Nabatäern und Ituräern als stabilisierendes Element.[381] Von einem grundsätzlichen „Antijudaismus" der römischen Politik im Osten kann man daher kaum reden. Dies mag u. a. auch mit dem besonderen Umfang und dem Einfluß der jüdischen „Diaspora" im südlichen Syrien zusammenhängen, die zumindest in der gräzisierten Oberschicht den Herodianern und der römischen Herrschaft Sympathien entgegenbrachte. Darum läßt Josephus auch den Sikarierführer Eleazar sagen, daß die Juden in den syrischen Städten „uns", d. h. den zum Aufstand treibenden Revolutionären, „feindlicher gegenüberstanden als den Römern".[382] Denn die *Pax Romana* garantierte ihnen Kultusfreiheit, Rechtssicherheit und die ungestörte Verbindung mit dem Mutterland.[383]

Diese relativ positive Haltung gegenüber der römischen Herrschaft, die bei Paulus später in Röm 13,1−7 zutage tritt, wird schon durch die missionarischen Erfahrungen des Apostels in Syrien bekräftigt worden sein. Angesichts der zahlreichen politischen Territorien, Klientelkönigreiche und Fürstentümer, Stadtstaaten und Stammesgebiete in Syrien, Kilikien und Kleinasien erklärt sich auch, warum Paulus Röm 13,1 von ἐξουσίαι ὑπερέχουσαι spricht, und nicht etwa nur die römische Herrschaft als einheitliche Macht im Blick hat, die sie so nicht war. In der Regel hatte Paulus sich mit den örtlichen Magistraten auseinanderzusetzen (einschließlich jenen der synagogalen Gemeinden). Der Kaiser in Rom war fern. In den Briefen erwähnt er ihn nie. Wenn Paulus bei Lukas, nachdem Felix seinen Prozeß gegen zwei Jahre verschleppt hatte, vor Festus als römischer Bürger an das Kaisergericht appelliert, so mag man das auch als einen Hinweis verstehen können, daß Lukas, wie schon Paulus selbst,

---

[380] Aber vgl. dagegen Jos. ant 19,305−311 das Vorgehen des syrischen Statthalters Marsus gegen die in Tiberias versammelten Könige; dazu u. S. 347 Anm. 1421.

[381] Schon zur Zeit des Pompeius residierte ein jüdischer Dynast im mittleren Syrien, Jos. ant 14,40, vgl. Strabo 10,2,10 p 753. Herodes erhielt später von Augustus besondere Befugnisse über Syrien. Daß Agrippa I. diese politische Situation ausnutzen wollte, zeigt sich in der Anm. 380 erwähnte Fürstentreffen in Tiberias, bei dem er fünf Klientelfürsten Syriens und des östlichen Kleinasiens einlud und damit das Mißtrauen, ja die Feindschaft des syrischen Statthalters erregte.

[382] Bell 7,367. S. o. S. 82f; LOWTH u. a. konjizieren „als die Römer".

[383] Es ist billig und widerspricht aller geschichtlichen Wirklichkeit, wenn Neutestamentler, einer politischen Mode folgend, gegen die römische Herrschaft einseitig polemisieren, so K. WENGST, Pax Romana. Anspruch und Wirklichkeit, München 1986, s. die Rezension des Althistorikers U. VICTOR, BThZ 4 (1987), 96−106. Paulus und Lukas waren hier mit Recht anderer Meinung. Der Konfliktpunkt zwischen Juden und Römern und später zwischen Christen und Römern war ein religiöser: der Götzendienst, zu dem auch die politische Religion des Kaiser- und Romakultes gehörte.

die römische Rechtsordnung ernstnahm.[384] Wovon Paulus als reisender Missionar profitierte, war auch die durch die Pax Romana geschaffene, relative Sicherheit. Ein Reisender der vorrömischen hellenistischen Zeit der 2. H. des 2. und des beginnenden 1. Jh.s v. Chr. konnte zu Land und zu See damit rechnen, von (See-)Räubern entführt und auf dem Sklavenmarkt verkauft zu werden. Die κίνδυνοι λῃστῶν (2. Kor 11,26) bestanden freilich auch noch unter römischer Herrschaft, dazu braucht man nur die antiken Romane zu lesen, aber die Gefahr war doch wesentlich gemildert.[385] Die – von Theologen so gern geschmähte – Pax Romana war eine wesentliche Voraussetzung der missionarischen Arbeit des Apostels von Anfang an. Der Menschenkenner und politische Realist Paulus wußte, daß der Verzicht der staatlichen Ordnungsmächte auf das Schwert (Röm 13,4) dem Faustrecht, der Anarchie und damit jeder Form krimineller Gewalt Tür und Tor öffnen würde. Daran hat sich bis heute nichts geändert. Ein Rechtsverzicht wie in 1. Kor 6,7 war nur innerhalb einer bestehenden Rechtsordnung möglich. Wo es keinen Rechtsschutz gibt, kann man auch nicht auf diesen verzichten.[386] Paulus folgte damit einer im Diasporajudentum verbreiteten Haltung. Die römische Herrschaft seit Caesar und Augustus gab den Diasporagemeinden in den größeren Städten Rechtssicherheit und Bewegungsspielraum.[387]

Das große Stadtgebiet von Damaskus besaß auch eine Reihe *jüdischer Dörfer*, das bekannteste ist wohl Kochaba, ca. 15 km südwestlich von Damaskus.[388]

---

[384] Apg 24,27; 25,11–21 (16). Die Charakterisierung der Rechtlichkeit des Festus im Gegensatz zu Felix entspricht dem, was wir über die beiden von Josephus hören. Vgl. Röm 13,2–4; 1. Kor 6,1ff widerspricht dem nicht. Hier handelt es sich um privatrechtliche Auseinandersetzungen, um Vermögensangelegenheiten vor den städtischen Behörden in Korinth, die auch bei Juden innerhalb der Gemeinde geregelt wurden. Im Blick auf *Gottes* Gebot waren die heidnischen Richter auch für Paulus ἄδικοι. Dennoch galt Mk 12,17 und Röm 13,1–5.

[385] Zum antiken Räuberunwesen speziell in Syrien und Palästina s. M. HENGEL, Zeloten, 25–42; C. SPICQ, Notes, 1, 486–492; R. MACMULLEN, Enemies of the Roman Order. Treason, Unrest, and Alienation in the Empire, Cambridge Mass. 1966, 255–268. Zur „Befriedung" durch die römische Macht ist instruktiv R. SYME, The Subjugation of Mountain Zones, Roman Papers V, 1989, 648–660. Zum römischen Militär im südlichen Syrien, das auch Polizeiaufgaben zu erfüllen hatte, s. B. ISAAC, The Limits of Empire. The Roman Army in the East, Oxford ²1992, 134–140. Eine Inschrift nordöstlich von Damaskus aus der Zeit des Septimius Severus spricht von einem militärischen Bau, errichtet „*in securitatem publicam et scaenitarum Arabum terrorem*", CIL III, 128 (op. cit. 138).

[386] Das gilt trotz, ja gerade wegen des 2. Kor 11,26 Gesagten. Zur vorbildlichen Rechtspflege des Herodessohns Philippus vgl. etwa Jos. ant 18,106. Zu den Unruhen unter Caligula 39–41 n. Chr., als Barnabas Paulus von Tarsus nach Antiochien holte, s. u. S. 274f.

[387] S. G. DELLING, Die Bewältigung der Diasporasituation durch das hellenistische Judentum, Berlin 1987, 49ff; zu Röm 13 jetzt R. BERGMEIER, Die Loyalitätsparänese Röm 13,1–7 im Rahmen von Röm 12 und 13, ThBeitr 27 (1996), 341–357.

[388] S. dazu A. LEVANON, EncJud 5,1239; RIESNER, Frühzeit, 211 Anm. 24; 231. Nach Julius Africanus, ep. ad Aristidem = Euseb, h. e. 1,7,14 sollen „Herrenverwandte" in den jüdischen Dörfern Nazara und Kochaba gewohnt haben. Doch bei Kochaba mag es sich um ein galiläisches Dorf Kōkab ca 15 km nördlich von Nazareth gehandelt haben. Der Index BHH 3, 234 nennt mehrere Orte dieses Namens. G. SCHMITT, Siedlungen Palästinas in griechisch-römischer Zeit, BTAVO B 93, 1995, 216f; G. REEG, Ortsnamen (Anm. 190), 328.

Die *große jüdische Gemeinde* in der Metropole Koilesyriens hatte so eine alte Tradition und eine feste Organisation, vergleichbar den Gemeinden in Antiochien und Alexandrien. Ältere Analogien aus hellenistischer Zeit sind in Palästina selbst die Kolonien der „Sidonier" in Sichem, in Marisa und Jamnia,[389] weiter wäre die Niederlassung der Nabatäer in Damaskus unter der Leitung eines von König Aretas IV. eingesetzten „Ethnarchen" als Parallele zu nennen.[390] Denn auch die jüdische Gemeinde wird unter der Leitung eines Vorstehers oder aber eines „Ältestenrates", vertreten durch einen Sprecher, gestanden haben.[391] Dieser Vorsteher oder Sprecher war in der Regel ein reicher, vornehmer Bürger, vergleichbar dem Steuerpächter Johannes, der im Krisenjahr 66 n. Chr. die Interessen der Juden in Caesarea am Meer vertrat.[392]

Da Damaskus trotz seiner aramäisch/arabischen Umgebung eine selbstbewußte *hellenistische Polis* mit einer makedonisch-griechischen Bürgerschaft war, die große Stücke von ihrer griechischen Bildung hielt – dies zeigt u. a. der erwähnte Bau eines (neuen) Gymnasiums und eines Theaters durch Herodes –, muß man annehmen, daß auch der maßgebliche Teil der jüdischen Minderheit Griechisch sprach und den sozialen und kulturellen Status der Stadtbürger zu erreichen suchte. Die Inschriften der lokalen Heiligtümer auf dem Stadtterritorium, aus Damaskus selbst ist die Zahl der Inschriften wegen der modernen Überbauung sehr klein, sind im Gegensatz zum nordöstlich angrenzenden Stadtstaat von Palmyra durchweg griechisch.[393] Dies zeigt, daß sich das öffentliche und religiöse Leben vornehmlich in dieser Sprache abspielte. Die Situation war hier ähnlich wie in anderen Städten mit großen Diasporagemeinden wie Antiochien, Alexandrien, Caesarea, Tyrus, Sidon etc., jedoch sind die

---

[389] S. M. HENGEL, JuH, 66.84.115ff.166f.535f; B. ISAAC, A Seleucid Inscription from Jamnia-on-the-Sea: Antiochus V. Eupator and the Sidonians, IEJ 41 (1991), 132–144 (Lit.).

[390] S. u. S. 209–213 und E. A. KNAUF u. S. 465–471.

[391] Vgl. Jos. bell 7,47, ein ἄρχων der Juden in Antiochien, sein Sohn wird Apostat, s. u. Anm. 1199; ant 14,117 nennt einen ἐθνάρχης, Philo, Flacc. 74 (vgl. congress. erud. 133 = Mose) einen γενάρχης in Alexandrien. Zur Verfassung jüdischer Diasporagemeinden s. SCHÜRER II, 87–125. Ein anderes Beispiel ist der Alabarch Alexander in Alexandrien, der Bruder Philos, der in der dortigen Judenschaft, wie auch Philo selbst, eine führende Rolle spielte. Vermutlich war das Amt des Ethnarchen nach seiner Abschaffung im Besitz dieser Familie gewesen. Die Grabinschrift des Abramos (Leontopolis ab Mitte 2. Jh. v. Chr.) nennt diesen „bekränzt" mit ἀρχῇ πανδήμῳ ἐθνικῇ und πολιταρχῶν zweier Städte, wohl von Leontopolis und einem weiteren Ort in der Nähe (CPJ III Nr. 1530a; vgl. W. HORBURY/D. NOY, Jewish Inscriptions of Graeco-Roman Egypt, Cambridge 1992, 95.100).

[392] Jos. bell 2,287.292, vgl. F. HERRENBRÜCK, Jesus und die Zöllner, WUNT II/41, Tübingen 1990, 211–213. Auch in Cäsarea geht es um einen Konflikt der Juden mit den Syrern; freilich war dort die Lage seit der Neugründung der Stadt durch Herodes viel gespannter als in Damaskus, s. o. Anm. 320.326.

[393] IGLS Nr. 1879; 2549; 2550; 2551a.b; SEG 2 (1924), Nr. 833–841; SEG 39 (1989), Nr. 1579. Ältere Zeusinschriften bei SCHÜRER II, 37 Anm. 41. F. MILLAR, RNE, 310; eine der ganz wenigen aramäischen Inschriften in Syrien aus Nazala (nö von Damaskus) zeigt palmyrenischen Einfluß, s. J. STARCKY, Stèle d'Elahagabel, MUSJ 49 (1975/76), 501–520.

Nachrichten über das Leben der jüdischen wie der *heidnischen* Bevölkerung recht spärlich.[394] Sie konzentrieren sich auf relativ wenige Inschriften vor allem im Zusammenhang mit dem Zeus/Jupiter-Tempel. Dieses Hauptheiligtum der Stadt bildete das religiöse und wirtschaftliche Zentrum. Es befand sich am Ort des alten Hadad-Heiligtums, des Tempels „der syrischen Götter", d. h. des Hadad und seiner Parhedros Atargatis, der wohl schon in seleukidischer Zeit „hellenisiert" und Zeus gewidmet worden war. Das Heiligtum besaß eine Orakelstätte.[395] Schon die Perser hätten den antiken Berichten zufolge im Adyton ein menschengestaltiges Götterbild aufgerichtet, und Artaxerxes II. (ca. 404–363 v. Chr.) habe u. a. auch den Damaszenern die Verehrung des Standbildes der Aphrodite Anaïtis aufgetragen. Von Pompeius Trogus wird das Götterpaar euhemeristisch gedeutet. Er spricht nur noch vom Grab der Atargathes, der Gemahlin des Gründers und Königs Damaskus, das die Syrer als Tempel einer Göttin verehrten. Andere euhemeristische Gründungslegenden, die die Stadt mit Dionysos und Hermes verbinden, berichtet Stephanus von Byzanz.[396] Der alte Gottesname Hadad wurde dagegen nicht mehr verwendet, und aus dem lokalen Beinamen des Gottes wird bei Pompeius Trogus der Name des Gründers. In augusteischer Zeit erfuhr das Heiligtum eine planmäßige Neugestaltung, die mit der prächtigen Erneuerung des Tempels in Jerusalem durch Herodes I. und des Bel-Tempels in Palmyra verglichen werden kann. Vielleicht haben sich Damaskus, Palmyra und Jerusalem in einem gewissen Wetteifer gegenseitig inspiriert.[397] Der Naos selbst war wohl verhältnismäßig klein und war von zwei

---

[394] Vgl. J.-P. REY-COQUAIS, Des montagnes au désert: Baetocécé, le Pagus Augustus de Niha, la Ghouta à l'est de Damas, in: Sociétés urbaines, sociétés rurales dans l'Asie Mineure et la Syrie hellénistiques et romaines, Université des Sciences humaines de Strasbourg. Contributions et travaux de l'Institut d'Histoire Romaine IV, Strasbourg 1987, ed. par E. Frézouls, 191–216 (215) zu Damaskus: „Paradoxalment, la grande métropole syrienne nous est mal connue."

[395] S. dazu Y. HAJJAR, Divinités oraculaires en Syrie et en Phénice, ANRW II, 18,4, 2251f. Der syrische Wettergott Hadad erscheint mit der Anredeform „mein Herr" (mr'y hdd) schon in der Inschrift von Tell Fekherye in Nordmesopotamien, s. A. ABOU-ASSAF/P. BORDREUIL/A. R. MILLARD, La statue de Tell Fekherye et son inscription bilingue assyro-araméenne, Etudes Assyriologiques, Paris 1982, 1.6.16f.23; vgl. J. HOFTIJZER/K. JONGELING, Dictionary II, 684ff; s. auch A. CAQUOT, Syria 29 (1952), 114ff.

[396] Überliefert bei Justin, Epit. 36,2 (Seel 247): „Der Name wurde der Stadt vom König Damaskus gegeben, zu dessen Ehren die Syrer das Grabmal der Atargathes, seiner Gemahlin, wie einen Tempel verehrten, und von daher halten sie die Göttin in heiligster Verehrung." (*Nomen urbi a Damasco rege inditum, in cuius honorem Syri sepulcrum Atargathes uxoris eius, pro templo coluere, deamque exinde sanctissimae religionis habent*). Vgl. dazu T. WEBER, Damaskòs (Anm. 347), 165, hier auch zu der Überlieferung bei Berossos (FGrHist III C 394 [680,11]) über die persische Religionspolitik. Auf Münzen wird sie dargestellt, vgl. FLEISCHER, Artk. Atargatis, LIMC III,1, 558. Vgl. o. Anm. 339. Stephanus Byzantius, ed. A. Meineke, Berlin 1848 s. v. Δαμασκός, s. SCHÜRER II, 51.

[397] S. dazu K. S. FREYBERGER, Untersuchungen zur Baugeschichte des Jupiter-Heiligtums in Damaskus, Damaszener Mitteilungen 4, 1989, 61–86 (66): Der Nordostturm läßt sich in frühtiberianische Zeit datieren.

großen, konzentrischen Vorhöfen umgeben. Der innere Vorhof wurde durch die Temenosmauer begrenzt, an seinen Ecken standen Türme. Auf diese Temenosmauer geht die heute noch sichtbare Außenmauer der Omajadenmoschee zurück.[398] Eine äußere Mauer umschloß den den Tempel umgebenden äußeren Vorhof, der als Markt- und Handelszentrum genutzt wurde. Dieses Geviert hatte insgesamt die Maße von 385 auf 305 m.[399] Wie der Jerusalemer Tempel, aber auch der Bel-Tempel in Palmyra, der spätere des Jupiter Capitolinus in Baalbek und die Heiligtümer im Hauran, Siʿ, Sūr, Saḥar, Slīm und die Tempel in Petra ist das damaszener Heiligtum ein Zeichen für die wirtschaftliche und kulturelle Blüte, die durch die Pax Romana der frühen Kaiserzeit zwischen der 2. Hälfte des 1. Jh.s v. Chr. und dem Anfang des 3. Jh.s n. Chr. im südlichen Syrien, Judäa und in Arabien ausgelöst wurde.[400] Diese knapp 300 Jahre waren eine florierende Epoche im östlichen Teil des römischen Reiches. Durch die Inschriften ist gesichert, daß Tempel und Handelszentrum eng miteinander verbunden waren, auch der Bau des äußeren Vorhofs wurde aus dem Tempelschatz, bzw. dem Tempel gespendeten Geldern, finanziert.[401] Die bald notwendige Erweiterung durch einen Ladenbezirk entlang der Ost- und Nordseite, das sogenannte „Gamma", zeigt ebenfalls – ähnlich wie im Jerusalemer Tempel – die enge Verbindung von Handel und Tempel und das prosperierende Wirtschaftsleben.[402] Die Inschriften vermerken allein den κύριος Ζεύς als Tempelherrn und höchsten Gott; er hat den „Herrn Hadad" – äußerlich gesehen – völlig verdrängt.[403] Das Hauptportal der äußeren Mauer befand sich auf der Ostseite.[404] Von ihm aus führte im 1. Jh. n. Chr. eine Kolonnadenstraße zur Agora im Westen der Stadt. Nach Süden ging eine heilige Straße zur „Baris", dem ehemals persischen königlichen Wohnpalast, der an der „geraden

---

[398] Zu den Renovierungen in severischer Zeit s. FREYBERGER, Baugeschichte (Anm. 397), 85f.

[399] Die Außenmaße des herodianischen Tempels betragen im Osten 470m, Süden 280m, Westen 485m, Norden 315m. Das herodianische Heiligtum ist größer angelegt, aber mußte sich den ungünstigeren Verhältnissen auf dem Tempelberg, die sich nicht völlig durch Aufschüttungen ausgleichen ließen, anpassen. Die Vorhöfe des herodianischen Tempels sind für die großen Pilgerscharen bestimmt.

[400] Dazu FREYBERGER, Baugeschichte, 66. Herodes machte mit dem Neubau des Jerusalemer Heiligtums den Anfang. Zu der Datierung der Tempel in Petra, die „im späten 1. Jh. v. Chr. geplant und in der Folgezeit ... ausgeführt wurden", s. K. FREYBERGER/M. S. JOUKOWSKI, Blattranken (Anm. 742), 72.79.81. Zu den Tempeln im nabatäischen Arabien und südlichen Syriens s. auch T. BUSINK, Der Tempel von Jerusalem, 2, 1980, 1252–1358 in ständigem Vergleich mit dem Tempel in Jerusalem.

[401] SEG 2 (1924), Nr. 828; 829; 830: ... ἐκ τῶν κυρίου Διός ...; 832: ... ἐκ τῶν κυρίου Διός. S. auch u. Anm. 795.

[402] SEG 2 (1924), Nr. 832; während der Zeit Caligulas 37/38 wurde am äußeren Mauerring gearbeitet, in domitianischer Zeit entstand der späteste Bauabschnitt, das „Gamma", s. FREYBERGER, Baugeschichte, 65f.

[403] S. o. Anm. 395 und 401. Vgl. IGLS XIII,1 Nr. 9013 (aus Bostra); CIL X, 1576; ILS, 4306 (dazu u. Anm. 409). Zu κύριος als Gottestitel s. u. S. 196–201.

[404] Der Baudekor und die Inschrift weisen in die frühe Kaiserzeit, s. FREYBERGER, Baugeschichte, 72–75.

Straße" (Apg 9,11), die die Stadt von West nach Ost durchschneidet, lag. Auch diese „via recta", 300m südlich des Heiligtums verlaufend, wurde in augusteischer Zeit ausgebaut und in severischer erneuert.[405] Südlich dieser „geraden Straße" lassen sich durch die heutige Straßenführung noch die Lage von zwei römischen Theatern feststellen, deren Prozeniumswand direkt an die Straße grenzte.[406] Die „Akra" befand sich im Nordwesten des Zeus-Tempels, an ihrer Stelle erhebt sich heute die Omajaden-Zitadelle.[407] Neben dem Haupttheiligtum muß es eine ganze Reihe anderer Tempel gegeben haben, von denen wir weiter keine literarischen Nachrichten aus der Antike besitzen. Offenbar traten sie alle neben dem des κύριος Ζεύς weit zurück.[408] Auf den sieben Stadttoren waren wohl Astralgottheiten abgebildet. Wirkliche überregionale Bedeutung hatte jedoch allein der städtische Zeus, später unter dem Einfluß des verbreiteteren Jupiter Heliopolitanus von Baalbek auch „Jupiter Damascenus" genannt.[409] Nicht nur die großen öffentlichen Gebäude der Stadt wurden zu Beginn des 1. Jh.s n. Chr. erneuert. Wahrscheinlich erhielten auch private Häuser und Villen ein elegantes augusteisches Aussehen.[410] Das „Carmen honorarium" des Ariobarzanes, aus kappadokischem Königshaus, rühmt das „reiche Damaskus" als dessen Wohnsitz und als Metropolis der Araber.[411]

Die städtische Oberschicht trug vorwiegend griechische Namen, es findet sich jedoch auch eine ganze Anzahl semitischer Namen bei den weniger Hochstehenden.[412] Das Milieu der völlig hellenisierten Oberschicht, der ja auch Nikolaos entstammte, beleuchtet ein maniriertes Jagdepigramm aus dem 2. Jh.

---

[405] S. dazu FREYBERGER, Baugeschichte, 86.

[406] Damaskus wird wie die anderen syrischen Städte noch mehr Theater besessen haben. Zur Lage an der via recta s. T. WEBER, Damaskós (Anm. 347), 160ff. Wo das Theater und das Gymnasium des Herodes (vgl. o. Anm. 365) lagen, ist nicht gesichert.

[407] Zu den römischen Spolien, die teils aus dem Beginn des 1. Jh.s n. Chr. und teils aus severischer Zeit stammen, s. FREYBERGER, Baugeschichte, 84.

[408] Vgl. den Kopf einer Göttin (2. Jh. n. Chr.) aus der Umgebung von Damaskus; Abb. in: Land des Baal, Ausstellungskatalog, hg. v. K. Kohlmeyer/Eva Strommenger, Verlag Philipp Zabern, Mainz 1982, Nr. 197. Zur Darstellung der Tyche der Stadt vgl. die Münzen, in: W. WROTH, Catalogue of the Greek Coins of Galatia, Cappadocia, and Syria, Bologna 1964, lxxv; vgl. M.J. PRICE/B.L. TRELL, Coins and their Cities. Architecture on the ancient coins of Greece, Rome, and Palestine, London 1971, 36 Fig. 43; 217 Fig. 467.

[409] Das einzige Zeugnis in Syrien außerhalb von Damaskus bildet die Inschrift in Bostra (IGLS 9013): Διὶ Δαμασκηνῷ; aber auch in Puteoli ist eine Weihung *iussu Iovis Optimi Maximi Damasceni* belegt (CIL X, 1576; ILS, 4326); vgl. D. SOURDEL, Les cultes du Hauran à l'époque romaines, Paris 1952, 44; HAJJAR, Divinités, 2251.

[410] Die Mosaiken in der Omajaden-Moschee verwenden zur Darstellung paradiesischer Gegenden antike Vorlagen. Auffällig ist dabei die Anzahl der Gebäude, die typisch augusteische Fenster-, Fassaden- und Dekorationsformen enthalten. S. R. FÖRTSCH, Die Architekturdarstellungen der Umaiyadenmoschee von Damaskus und die Rolle ihrer antiken Vorbilder, Damaszener Mitteilungen 7, 1993, 177–211.

[411] SEG 7 (1934), Nr. 224, 1. Jh. n. Chr. Vgl. dazu u. Anm. 722.

[412] Vgl. J.-P. REY-COQUAIS, Montagnes, 213f.

n. Chr., das einen jungen Mann mit dem lateinischen Namen Tertullus feiert.[413] Die darin genannten Götter dienen der gebildeten Anspielung, von Frömmigkeit ist keine Rede. Man kann annehmen, daß die vornehmen Damaszener Frauen, die sich dem Judentum zuwandten, sowohl vom offiziellen Kult, der durch die neue Tempelanlage Kommerz und Heiligtum vereinte, wie von dem fast frivolen Umgang der Gebildeten mit der Götterwelt abgestoßen, vom ethischen Monotheismus des Judentums und seinen ernsthafte Frömmigkeit erbauenden Synagogenpredigten angezogen wurden. Der eine wahre Gott vom Zion und sein Gesetz wurde so in der heidnischen Metropole zum ‚Gegenspieler' des Zeus der Griechen wie des Hadad-Bel-Schamin der Syrer samt des dazugehörigen Pantheons.

Exkurs II:
Das Problem der „Sympathisanten" und der jüdischen Propaganda

1. Sympathisanten, „Gottesfürchtige", Mischehen und Proselyten

Der opferlose jüdische Synagogengottesdienst in den größeren Städten der Diaspora, d.h. auch in Damaskus, der mit Gebet, Hymnengesang, Schriftauslegung und Lehrvortrag eher einer philosophischen Veranstaltung als dem üblichen heidnischen Gottesdienst mit einer Opferhandlung glich, konnte auf Glieder (und nicht zuletzt auf Frauen[414]) der nichtjüdischen städtischen Mittel- und Oberschicht anziehend wirken, denn anders als in Jerusalem war hier der Griechisch als Muttersprache sprechende Teil der Judenschaft tonangebend.[415] Die nur oder vor allem aramäischsprechenden, aus den Dörfern des Hinterlands stammenden Juden hatten in Damaskus auch in ihrem sozialen Status nur marginale Bedeutung. Anders als die traditionellen heidnischen Kulte, bei denen Opfer, Begehungen, d.h. Prozessionen entlang der heiligen Straßen, und Hymnengesang im Mittelpunkt standen, kam der jüdische Wortgottesdienst einem gewissen intellektuellen und ethischen Grundbedürfnis entgegen. Verehrt wurde in ihm der *eine* universale und allmächtige Gott, Schöpfer der Welt und Lenker ihrer Geschichte, der Herr aller Menschen und doch besonders seines erwählten Volkes, der klare Gebote gab und eine ethische Lebensführung forderte, zu dem man ein ganz persönliches Verhältnis haben konnte und der allen Gerechten und Frommen, die sich zu seinem erwählten Volk

---

[413] J.-P. Rey-Coquais, Montagnes, 209ff. Vgl. Apg 24,1f. Der Name war im römischen Afrika relativ häufig, im Osten dagegen selten.

[414] In den rabbinischen Texten erscheint mehrfach māṭrônā/maṭrônît nicht zuletzt als eine an Problemen der Tora interessierte Gesprächspartnerin der Rabbinen, s. S. Krauss, Lehnwörter II, 332. Die Texte sind relativ spät, die frühesten seit GenR. S. die Zusammenstellung und Diskussion bei T. Ilan, Jewish Women in Greco-Roman Palestine, TSAJ 44, 1995, 200–204. Das Phänomen ist sicher älter als dieser rabbinisch-spätantike Sprachgebrauch.

[415] S. dazu M. Hengel, Proseuche und Synagoge, in: Tradition und Glaube, FS K.G. Kuhn, Göttingen 1971, 157–184; J.C. Salzmann, Lehren und Ermahnen, Zur Geschichte des christlichen Wortgottesdienstes in den ersten drei Jahrhunderten, WUNT II/59, Tübingen 1994, 450–459. Der christliche Wortgottesdienst ist fast nahtlos aus dem synagogalen hervorgegangen, und letzterer war ein wirkliches Novum in der Antike, s. M. Hengel, Judaica et Hellenistica, 171–195.

hielten, eine heilvolle Zukunft und ewiges Leben eröffnete. Das alles konnte so keine andere antike Religion bieten. Hier gab es keine anstößigen Götterabenteuer, und zugleich war es ein Glaube, der philosophisch interpretiert werden konnte. Die dadurch angezogenen heidnischen *Sympathisant(inn)en* waren das, was Lukas „Gottesfürchtige" oder „(Gottes-)Verehrer" und die rabbinische Literatur später j^e^re' šāmajim nennt, und deren Bedeutung heute mehr und mehr erkannt wird.[416] Ihre Bedeutung für die ur-

---

[416] Φοβούμενοι τὸν θεόν: Apg 10,2.22.35; 13,16.26; σεβόμενοι (τ. θ.): 13,43.50; 16,14; 17,4.17; 18,7; vgl. auch Justin, dial 10,4; Jos. ant 14,110. S. dazu F. SIEGERT, Gottesfürchtige und Sympathisanten, JSJ 4 (1973), 109–164; DERS., Artk. Gottesfürchtige, NBL I, 1991, Sp. 931f (Lit.); M. SIMON, Artk. Gottesfürchtiger, RAC 11, 1981, 1060–1070; M. STERN, GLAJ II, 103ff (Lit.); J. M. REYNOLDS/R. TANNENBAUM, Jews and Godfearers at Aphrodisias, Cambridge 1987, 167–289; S. J. D. COHEN, Conversion to Judaism in Historical Perspectives, CJ 36 (1983), 31–45; DERS., ‚Those who say they are Jews and are not'..., in: Diaspora in Antiquity, ed. S. J. D. Cohen/E. S. Frerichs, Atlanta 1943, 1–43; DERS., Respect of Judaism by Gentiles According to Josephus, HThR 80 (1987), 409–430; DERS., ‚Proselyte Baptism' in the Mishnah? The Interpretation of M.Pesahim 8.8 (= M.Eduyot 5.2), in: Pursuing the Text. Studies in Honor of Ben Zion Wacholder on the Occasion of His Seventieth Birthday, ed. by J. C. Reeves/J. Kampen, JSOT.S 184, Sheffield 1994, 278–292; S. McKNIGHT, A Light Among the Gentiles. Jewish Missionary Activity in the Second Temple Period, Minneapolis 1991 (110–113 zu Lukas); A. F. SEGAL, Conversion and Messianism. Outline of a New Approach, in: The Messiah. Developments in Earliest Judaism and Christianity, The First Princeton Symposium on Judaism and Christian Origins, ed. by J. H. Charlesworth, Minneapolis 1992, 296–340; M. REISER, Hat Paulus Heiden bekehrt?, BZ NF 39,1 (1995), 76–91. Am umfassendsten behandelt das Thema L. H. FELDMAN, Jew and Gentile.

Die Diskussion wird heute immer noch sehr kontrovers geführt und geht hin bis zur *heute so modischen* völligen Ablehnung der Annahme einer vorchristlichen jüdischen *Werbung* um die Hinkehr von Heiden zum Judentum, so A. T. KRAABEL, Immigrants, Exiles, Expatriates, and Missionaries, in: Religious Propaganda and Missionary Competition in the New Testament World. Essays Honoring Dieter Georgi, ed. by L. Borman u. a., Leiden/New York/Köln 1994, 71–88; M. GOODMAN, Jewish Proselytizing in the First Century, in: J. Lieu/J. Noth/T. Rajak (Hg.), The Jews among Pagans and Christians, London/New York 1992, 53–78; E. WILL/C. ORRIEUX, ‚Proselytisme juif'? Histoire d'une erreur, Paris 1992; DERS., Mission and Conversion. Proselytizing in the Religious History of the Roman Empire, Oxford 1994; hierzu die Rezension von S. J. D. COHEN, JSS 46 (1995), 297–300; H. BOTERMANN, Judenedikt, 69f; dagegen jetzt mit Recht L. H. FELDMAN, Jew, 292f (zu McKNIGHT).299.342–382 u. ö. (zu GOODMAN); J. M. SCOTT, Paul and the Nations. The Old Testament and Jewish Background of Paul's Mission to the Nations with Special Reference to the Destination of Galatians, WUNT 84, Tübingen 1995, 153 Anm. 92 (ältere Lit.); I. LEVINSKAYA, Diaspora Setting. The Book of Acts in its First Century Setting 5, Grand Rapids, Mich./Carlisle 1996; B. WANDER, Das Umfeld der Diasporasynagogen. Ein Beitrag zu den „Gottesfürchtigen und Sympathisanten", theol. Habil. Heidelberg 1996 (erscheint in WUNT); die Rezension zu McKNIGHT, WILL/ ORRIEUX und GOODMAN von J. CARLETON PAGET, Jewish Proselytism at the Time of Christian Origins: Chimera or Reality?, JSNT 62 (1996), 65–103; weiter P. SCHÄFER, Judeophobia, Index s.v. Godfearers. Eine wertvolle Ergänzung der aufgeführten Literatur bildet die Monographie von SACHA STERN, Jewish Identity in Early Rabbinic Writings, AGAJU 23, 1994, der die tiefe Aversion der Mehrzahl der Rabbinen gegenüber den Nichtjuden und Minim etc. (22ff.33ff.97ff.106ff u. ö.), die grundsätzliche Bedeutung der Beschneidung (63ff), die Distanz gegenüber dem unbeständigen Proselyten (93), dem „ger toshab" und nichtjüdischen Sklaven (95ff) wie auch gegenüber der (Nicht-)Einhaltung der noachidischen Gebote durch die Heiden herausgearbeitet. Die Diasporagemeinden im römischen Reich scheinen auch in späterer Zeit noch eine wesentlich positivere Haltung eingenommen zu haben als die palästinischen (und babylonischen) Gelehrten. Es bestätigt sich im Grunde das

christliche Mission wird durch ihre häufige Erwähnung bei Lukas und hier besonders durch den Satz belegt, den er Petrus zu Beginn seiner Rede vor Cornelius in den Mund legt (10,34f s. u. Anm. 422): „Wahrhaftig, ich begreife, daß Gott nicht die Person ansieht, vielmehr ist in jedem Volk ihm willkommen, der ihn fürchtet und Gerechtigkeit tut." Damit begründet der lukanische Petrus die Aufnahme unbeschnittener „Heiden" – in Wirklichkeit frommer Sympathisanten – in die Gemeinde. Lukas formuliert hier fast so etwas wie einen Lehrsatz, der zunächst für die Hellenisten galt, und den sich dann Petrus zu eigen machte, so daß sich seine Geltung auch in Jerusalem durchsetzte.[417] Für Lukas hat er programmatische Bedeutung, denn die „Gottesfürchtigen" in 10,2 u. 35 sind für ihn die „Heiden", d. h. die „Unbeschnittenen" (11,1–3), auf die es ihm vor allem ankommt. Cornelius wird damit zum exemplarischen Ausgangspunkt der Heidenmission, seine Bekehrung wird jedoch schon vorbereitet durch den äthiopischen Eunuchen und Finanzminister Apg 8,27. Daß dieser kaum als Vollproselyt gedacht werden kann, ergibt sich nicht allein aus Dtn 23,1f, sondern auch aus den kultischen Verpflichtungen seines hohen Amts. Lukas wird sich dieser Tatsache bewußt gewesen sein, aber er kann ihn noch nicht expressis verbis als „Heiden" bezeichnen, weil ein solcher erst durch Petrus Apg 10 gewonnen werden darf. Die erste Taufe eines Heiden wäre der Ehre zuviel für die Nebenfigur Philippus gewesen.[418]

Diese der Synagoge zugewandten Heiden muß man sich *in Form mehrerer konzentrischer Kreise* vorstellen, die sich um die jüdische Kerngemeinde herumlegten. Sie waren im 1. Jh. n. Chr. noch keine festumrissene und begrifflich klar definierte Gruppe, als solche tauchen sie erst ca. 200–300 Jahre später in der Aphrodisiasinschrift auf, aber es wäre völlig verkehrt, sie mit A. Th. Kraabel als nicht existent zu bezeichnen.[419] Auch ihre Bezeichnung ist nicht einheitlich.[420] Der engste Kreis bestand aus wirklichen „Gottesfürchtigen" im wahrsten Sinne des Wortes, ehemaligen Heiden, die den synago-

---

Bild mancher Exkurse in BILLERBECKS Kommentar. Die rabbinischen Texte geben durchaus nicht die volle jüdische Lebenswirklichkeit vom 2.–4. Jh. n. Chr. wieder. Zugleich wird deutlich, daß der Status der „Gottesfürchtigen" zwischen Mutterland und Diaspora immer auch kontrovers diskutiert wurde.

[417] Vgl. die von Lukas stilisierte Auseinandersetzung Apg 11,1–18 mit dem Chorschluß „der Apostel und jüdischen Brüder" (11,1) im letzten Vers: „Also hat Gott auch den *Heiden* Buße zum (ewigen) Leben gegeben."

[418] Zur Person des Äthiopen s. C. K. BARRETT, Acts, 424ff: Wesentlich ist Ps 68 (LXX 67),32 und Jes 56,3–5 sowie Zeph 3,10 u. 2,4; Apg 8,26–40 weist erstmalig zeichenhaft auf die Erfüllung von Apg 1,8 hin, denn die Äthiopier galten seit Homer (Od 1,23 vgl. Strabo 1,116) als ἔσχατοι ἀνδρῶν. Der Äthiope hatte ein Vorbild in der Königin von Saba, die nach Lk 11,31 „vom Ende der Erde kam". Nach Josephus war die Königin von Saba Königin von Ägypten und Äthiopien: Ant 8,159.165.175 und 2,249. Saba galt für ihn als Hauptstadt Äthiopiens. S. dazu J. M. SCOTT, Paul, 110f im Zusammenhang mit VP 1,8, und 169ff: Der Äthiope ist der erste fromme Vertreter von „Ham", während Cornelius ein Vertreter Japhets ist (s. u. S. 240f); vgl. auch den äthiopischen Eunuchen am Hofe Zedekias Jer 39 (LXX 46),15–18. „Ham" muß freilich nach Jerusalem wallfahrten, „Japhet" lebt in Caesarea, d. h. er „wohnt in den Zelten Sems", während „Sem" in Syrien aufgesucht wird.

[419] A. T. KRAABEL, Immigrants (Anm. 416), 71–88. Vgl. weiter u. 257ff. Zu der – revolutionären – Inschrift von Aphrodisias s. REYNOLDS/TANNENBAUM, Jews (Anm. 416); P. W. VAN DER HORST, Juden und Christen in anderen Städten Kleinasiens, in: Juden und Christen in der Antike, hg. v. J. van Amersfoort/J. van Oort, Kampen 1990, 125–143; DERS., Das Neue Testament und die jüdischen Grabinschriften aus hellenistisch-römischer Zeit, BZ 36 (1992), 169ff; L. H. FELDMAN, Jew, 342–382.

[420] Σεβόμενοι (τὸν θεόν), φοβούμενοι τὸν θεόν, θεοσεβεῖς, ἰουδαΐζοντες, *metuentes*, jîr'e

galen Gottesdienst treulich besuchten, das Gesetz nach Möglichkeit einhielten und sich um gute Werke bemühten, die an den einen Gott, der Israel erwählte, glaubten, zu ihm beteten und sich bemühten, wenn es irgend ging, Akte des Götzendienstes zu vermeiden. Auch konnten sie, obwohl rechtlich dazu nicht verpflichtet, Geld – etwa in Form der Diadrachmensteuer – oder andere Opfer- und Weihegaben nach Jerusalem senden (s. o. S. 111 Anm. 453). Gleichwohl galten sie noch als „Griechen" (d. h. als „Heiden": gôjîm = ἔθνη), weil sie noch nicht durch Beschneidung und Opfer in Jerusalem de iure zum Judentum übergetreten waren. *Lukas* schildert solche auf sehr positive Weise in der Person des Hauptmanns von Kapernaum, des Cornelius, der Purpurhändlerin Lydia in Philippi oder des Titius Iustus in Korinth und vor diesen schon in dem äthiopischen Finanzminister.[421] Sie sind solche „Heiden", die wirklich „Gott fürchten und (Werke der) Gerechtigkeit tun".[422] Wahrscheinlich zeichnet er einige dieser Gestalten so liebevoll, weil er selbst aus diesem Milieu kam.

Von *Josephus*, dem Zeitgenossen, der von einem ähnlichen Erfahrungshintergrund ausgeht, haben wir ganz am Ende seiner Apologie c. Apionem eine Reihe von Texten, die die besondere Anziehungskraft der jüdischen Gemeinden und ihrer Lehren und Sitten auf die Griechen zum Ausdruck bringt und zugleich das jüdische Selbst-, ja Überlegenheitsbewußtsein gegenüber seiner griechisch-römischen Umwelt dokumentiert.

Er beginnt mit dem schon bei Aristobul und dann vor allem von Philo betonten Topos, daß die griechischen Philosophen bei Mose in die Schule gegangen, d. h. daß sie „in Lebensführung und philosophischem Denken jenen nachgefolgt seien, indem sie in ähnlicher Weise über Gott dachten und ein einfaches Leben und gegenseitige Solidarität lehrten".[423] Aber auch die Volksmassen hätten „seit langem großes Interesse an unserer Religion gezeigt".[424] In allen Städten und Völkern habe sich der jüdische Brauch der Sabbatheiligung, des Fastens, des Anzündens von Lichtern und gewisser Speiseverbote ausgebreitet. Nachgeahmt hätten sie auch Mitmenschlichkeit, Sozialfürsorge, Arbeitsethos und Beständigkeit in Anfechtungen um der Gesetze willen. Dies habe das Gesetz nicht durch hedonistische Verführung, sondern durch die ihm innewohnende Kraft vollbracht. „Und gleichwie Gott die Welt durchwaltet, so hat das Gesetz seinen Weg zu allen Menschen gefunden."[425] Er schließt seine Ausführungen mit der Versicherung,

---

šāmājim etc. Vgl. M. SIMON, Artk. Gottesfürchtiger, RAC 11, Sp. 1060–1064; SIEGERT, Artk. Gottesfürchtige, NBL I, Sp. 931f; L. H. FELDMAN, Jew, 342ff.

[421] Lk 7,4f; Apg 10,1f; 16,14; 18,7; vgl. 8,27ff.

[422] Apg 10,35 vgl. V. 2: Cornelius wird präzise als Idealfall, d. h. als εὐσεβὴς καὶ φοβούμενος τὸν θεὸν σὺν παντὶ τῷ οἴκῳ αὐτοῦ καὶ ποιῶν ἐλεημοσύνας πολλὰς τῷ λαῷ καὶ δεόμενος τοῦ θεοῦ διὰ παντός beschrieben.

[423] c. Ap. 2,281: ... καὶ τῷ φιλοσοφεῖν ἐκείνῳ κατηκολούθησαν, ὅμοια μὲν περὶ θεοῦ φρονοῦντες, εὐτέλειαν δὲ βίου καὶ τὴν πρὸς ἀλλήλους κοινωνίαν διδάσκοντες. Schon in 2,168 betont er, daß fast alle griechischen Philosophen von Pythagoras bis zu den Stoikern von Mose belehrt auf gute und geziemende Weise Gottes Wesen und Majestät bezeugt, dieses jedoch im Gegensatz zu Mose nicht den Volksmassen mitgeteilt hätten. Vgl. 1,162–165.

[424] c. Ap. 2,282: ἀλλὰ καὶ πλήθεσιν ἤδη πολὺς ζῆλος γέγονεν ἐκ μακροῦ τῆς ἡμετέρας εὐσεβείας.

[425] c. Ap. 2,284: ὥσπερ ὁ θεὸς διὰ παντὸς τοῦ κόσμου πεφοίτηκεν, οὕτως ὁ νόμος διὰ πάντων ἀνθρώπων βεβάδικεν. C. GERBER, Ein Bild des Judentums für Nichtjuden von Flavius Josephus. Untersuchungen zu seiner Schrift Contra Apionem, AGAJU 40, Leiden u. a. 1997, 214f.372–378 u. ö. unterstreicht, daß Josephus hiermit „negiert, daß die Juden die Verbreitung ihrer Sitten und Ansichten bewußt oder gar mit unlauteren Mitteln betrieben"

"denn wenn wir nicht selbst die Kraft (ἀρετή) der Gesetze begriffen hätten, wir wären durch die Menge derer, die sie eifrig befolgen (τῶν ζηλούντων), gezwungen worden, sie in Ehren zu halten.[426]

Bei Josephus, dem Jerusalemer Priester und Pensionär des flavischen Kaiserhauses in Rom, verbinden sich in diesem seine Gesetzesapologie abschließenden Lobpreis einmal die Vorstellung von Moses als dem universalen Gesetzgeber für alle Menschen, auch wenn diese sich dessen gar nicht bewußt sind, ein Grundmotiv jüdischer Propaganda gegenüber relativ gebildeten Nichtjuden. Man darf annehmen, daß in römischen Synagogen (und nicht nur dort) vor einem anspruchsvollen, zu einem guten Teil auch heidnischen Publikum mit solchen und ähnlichen Argumenten gepredigt wurde. Gleichzeitig enthält dieser Text bei aller Übertreibung den Hinweis auf breitere Kreise von Sympathisanten, die von dieser Botschaft angezogen wurden und bereit waren, ihrem „philosophischen" Gottesbild, ihrem mitmenschlichen Ethos und gewissen rituellen Bräuchen, die man symbolisch deuten konnte, zu folgen. Von der Beschneidung ist dabei bewußt nicht die Rede.

An anderer Stelle in c. Ap. bestätigt er den letzten Punkt: „Von den Griechen sind wir mehr durch die geographische Lage als durch die Lebensweise entfernt, so daß keine Feindschaft oder Neid unsererseits gegen sie besteht. Im Gegenteil, viele von ihnen haben zugestimmt, unsere Gesetze anzuerkennen, und etliche sind dabei geblieben, andere, denen die Ausdauer fehlte, sind wieder abgefallen."[427] Josephus weist damit den Vorwurf Apions zurück, die Juden würden sich durch einen Eid verpflichten, den Fremden kein Wohlwollen zu zeigen, vor allem nicht den Griechen.[428] Die zahlreichen Griechen, die sich den jüdischen Gesetzen zuwenden, beweisen das Gegenteil. Daß er dabei vor allem „Sympathisanten" und nicht in erster Linie Proselyten meint, ergibt sich aus dem Hinweis auf die „Unbeständigen", die sich wieder abwenden. Der Kreis der „Sympathisanten" war größer und hatte verständlicherweise eine erhebliche Fluktuation.

Hinter beiden Texten mögen ägyptische,[429] aber auch römische Erfahrungen stehen, sie entsprechen jedoch den Hinweisen zu Damaskus und Antiochien. Einen konkreten römischen Fall beschreibt nicht allzu lange nach Josephus Juvenal in einem berühmten Text, und zwar den Übergang vom „Gottesfürchtigen" zum Proselyten in einem Generationswechsel:

---

(215). Josephus will dem gerade in Rom zur Zeit Domitians gefährlich gewordenen Vorwurf des „aktiven Proselytismus" (278) begegnen, der bei der jüdischen Christensekte anstößig stark war. G. unterschätzt leider in ihrer z. T. berechtigten Kritik an FELDMAN die historische Rolle der Sympathisanten, verweist zustimmend auf den „wachsenden Konsens" (genannt werden KRAABEL, REISER, GOODMAN, s. dazu o. Anm. 416) und schließt aber selbst das Problem der „Juden zugeneigte(n) Nichtjuden" aus ihrer Untersuchung aus. (376f Anm. 29).

[426] c. Ap. 2,286.
[427] c. Ap. 2,123.
[428] c. Ap. 2,121, vgl. Juvenal, Sat 14,103f und den häufigen Vorwurf der Fremdenfeindschaft; dazu M. STERN, GLAJ II, 102.107. Ob damit schon auf die Proselytentaufe angespielt wird, scheint uns fraglich zu sein. S. auch den Index STERN, GLAJ III, 136 s. v. „misanthropy"; weiter jetzt Z. YAVETZ, Judeophobia in Classical Antiquity: A Different Approach, JJS 44 (1993), 1–22 (14ff); P. SCHÄFER, Judeophobia, s. Index s. v. xenophobia.
[429] Josephus' Gegner, der Judenfeind Apion, war ein ägyptischer „Grieche".

„Einige, die gezeugt ein den Sabbat ehrender Vater (*metuentem* sabbata[430] patrem)
beten die Wolken allein und des Himmels göttliche Macht an,
und sie halten für gleich mit menschlichem Fleisch das des Schweins,
dem ihr Vater entsagt, und sie beschneiden sich frühe die Vorhaut,
aber nicht zu achten gewohnt die Gesetze der Römer
lernen sie jüdisches Recht und befolgen die Satzungen alle (Iudaicum ediscunt et servant ac *metuunt* ius[431]),
ganz wie es Moses gelehrt sie hat in verborgenen Schriften,
... Aber der Vater ist schuld, der stets am siebenten Tage faul war
und sich auch nicht mit geringsten Geschäften befaßte."[432]

Der Vater hatte das Sabbatgebot und gewisse jüdische Speisegebote aus Achtung vor dem jüdischen Gesetz und seinem göttlichen Gesetzgeber gehalten, aber die letzten Konsequenzen noch nicht gezogen. Dies tut erst der Sohn, der sich beschneiden läßt und um seines strengen Gehorsams gegen die mosaischen Gebote willen jetzt die römischen Gesetze verachtet, d.h. Jude im vollen Sinne wird. Die Schuld an diesem Abfall vom Römertum trägt der Vater, der durch seinen Aberglauben den Sohn auf die schiefe Bahn brachte. Für Juvenal gilt auch beim Aberglauben das principiis obsta der remedia amoris Ovids.[433]

Daß gerade in *Rom* im 1. Jh. n. Chr. die jüdische Propaganda erfolgreich war und darum bei den römischen Behörden solche Befürchtungen erweckte, daß sie glaubten, einschreiten zu müssen, ergibt sich aus der Nachricht, daß Tiberius, „als die Juden in großer Zahl in Rom zusammenströmten" und „viele Römer zu ihrer Lebensweise bekehrten" (συχνοὺς τῶν ἐπιχωρίων ἐς τὰ σφέτερα ἔθη μεθιστάντων), eine große Zahl aus der Stadt verbannte.[434] Diese Attraktivität der „jüdischen Riten" betraf alle

---

[430] Vgl. dazu Jos. c. Ap. 2,282; Philo, VitMos 2,21; Tertullian, ad nat 1,13; E. Lohse, Artk. σάββατον, ThWNT VII, 17f; Stern, GLAJ II, 106f.

[431] Zum zweimaligen *metuere* s. M. Stern, GLAJ II, 103−106 (Lit.): „Apparently it is not by chance that *metuere* occurs twice in this passage" unter Verweis auf J. Bernays, der schon die Verbindung zu den „Gottesfürchtigen" der talmudischen und frühchristlichen Quellen herstellte: Gesammelte Abhandlungen, Berlin 1885, 2, 71 ff; F. Siegert, Gottesfürchtige und Sympathisanten (Anm. 416), 153 ff. Zur Grabinschrift aus Pula (3.−5. Jh. n. Chr.) CIJ I Nr. 642 s. jetzt D. Noy, Jewish Inscriptions of Western Europe, I, 16f Nr. 9. Es handelt sich − wie Noy zu Recht betont − um eine Gottesfürchtige, keine Jüdin (*Soteriae matri pientissimae* [sic] *religioni Iudeicae metuenti*).

[432] Juvenal, Sat. 14,96−106; metrische Üs. v. W. Plankl, Goldmanns Gelbe Taschenbücher 472, 1988, 149f. Vgl. S. H. Braund, Juvenal and the East: Satire as an Historical Source, in: The Eastern Frontier of the Roman Empire. Proceedings of a colloquium held at Ankara in September 1988, ed. by D. H. French/C. S. Lightfoot, British Institute of Archaeology at Ankara Monograph No. 11, BAR International Series 553(i) 1989, 45−52 (47); L. H. Feldman, Jew, 345−348 weist dazu auf Plutarch, Cicero 7,6,5; Sueton, Tiberius 32,2 (zu 36 s. Anm. 434); Petron Frg. 37 hin.

[433] Sabbatheiligung und Beachtung der Speisegebote waren gewissermaßen das Schibbolet für judaisierende Neigungen. Vgl. u. Anm. 437.

[434] Cassius Dio 57,18,5a = M. Stern, GLAJ II, 365 Nr. 419; vgl. dazu schon die Fulvia-Episode bei Jos. ant 18,81ff (dazu Stern, GLAJ II, 70.382−384 und u. Anm. 462), aber auch Sueton, Tib 36 = M. Stern, GLAJ II, 112f Nr. 306 und Tacitus, Ann 2,85,4 dazu den Kommentar von M. Stern, GLAJ II, 68ff = Nr. 284 über die Maßnahmen gegen jüdische Freigelassene aufgrund eines senatus consultum des Jahres 19 n. Chr. Die Anhänger des ägyptischen und jüdischen Kults wurden zwangsweise als Auxiliarsoldaten zur Räuberbe-

sozialen Schichten: „The senatus consultum of 19 C.E. is important evidence for the wide diffusion of Judaism among the various strata of the Roman population ... ranging from freedmen (as testified by Tacitus) to the upper classes (the case of Fulvia)."[435] Sie setzt sich bis ins 2. Jh. hinein fort. Dies zeigen die Maßnahmen des Claudius, jetzt unter dem Einfluß der christlichen Mission, der Fall Poppäa und die neronische Christenverfolgung, die sich gegen die auffälligen Aktivitäten einer „messianisch-jüdischen Sekte" richteten, das Vorgehen gegen Titus Flavius Clemens, seine Frau Domitilla, Acilius Glabrio und ihnen nahestehende Kreise, die rigorose Einziehung des Fiscus Judaicus unter Domitian und deren Rückgängigmachung unter Nerva[436] und schließlich der zitierte Juvenaltext. Die Christen traten hier in gewisser Weise das Erbe der Juden an. Sie galten ja bis zum Ende des 1. Jh.s als jüdische Sekte, und die antijüdische Polemik wurde auch auf sie übertragen. Ein eindrückliches Exempel bietet Seneca. Als junger Mensch begann er, vegetarisch zu leben. Er gab dies auf Wunsch seines Vaters auf, als unter Tiberius eine solche Praxis die Vermutung des Interesses an dem sich damals ausbreitenden fremden Aberglauben erweckte. Offenbar sollte er nicht unter den Verdacht geraten, ein judaisierender Sympathisant zu sein.[437] Vielleicht wirken jene jugendlichen Erfahrungen in der von Augustin überlieferten angst- und haßerfüllten Äußerung nach:

---

kämpfung nach Sardinien abgestellt, „die übrigen mußten Italien verlassen, wenn sie nicht ihre areligiösen Riten vor einem festgelegten Datum aufgaben" (*nisi certam ante diem profanos ritus exuissent*): „Tacitus may allude here to proselytes who were left with a choice of giving up Judaism or leaving Italy" – man muß ergänzen: soweit es sich um Freigelassene und Peregrini handelte. Möglicherweise waren dabei auch eifrige „Gottesfürchtige" inbegriffen, zumal die römischen Behörden hier die Grenze nicht nach dem jüdischen Recht gezogen haben. Entscheidend war wohl der Besuch des Synagogengottesdienstes.

[435] M. STERN, GLAJ II, 71.

[436] M. STERN, GLAJ II, 380–384 zum jüdischen Einfluß in hohen senatorischen Kreisen in Rom. Vgl. SCHÜRER I, 513.528; II, 272ff; RIESNER, Frühzeit, 178f; BOTERMANN, Judenedikt, 66f.163 Anm. 526.

[437] Ep.mor 108,22; M. STERN, GLAJ I, 433f (Nr. 181): *alienigena tum sacra movebantur et inter argumenta superstitionis ponebatur quorundam animalium abstinentia*. Vgl. auch am Anfang des 1. Jh.s Valerius Maximus 1,3,3; M. STERN, GLAJ I, 358 (Nr. 147a u. b), der nicht nur einen Vorgang des Jahres 139 v. Chr. beschreibt, sondern auch auf *seine Gegenwart* anspielt: Epitoma Jan. Nep.: *Iudaeos ..., qui Romanis tradere sacra sua conati erant ... urbe exterminavit*; und Epitoma Jul. Par.: *Iudaeos, qui Sabazi Iovis cultu Romanos inficere mores* (vgl. Juvenal, dazu Anm. 431.432) *conati erant, repetere domos suas coegit*. Eine gewisse rhetorisch aufgebauschte Furcht vor den Juden in Rom erscheint bereits in der Rede Ciceros Pro Flacco 28,66 (STERN, GLAJ I, 196 Nr. 68): *scis quanta sit manus, quanta concordia, quantum valeat in contionibus*. Schon er spricht 59 v. Chr. von einer *barbara superstitio* (28,67). Vgl. weiter Horaz, Serm 1,9,67ff; dazu L. H. FELDMAN, Jew, 299; M. STERN, GLAJ I, 324f (Nr. 129): der Sabbataberglaube des römischen Dichters Fuscus Aristius und des Grammatikers Diogenes auf Rhodos gegenüber Tiberius (Sueton, Tib 32,2 = STERN, GLAJ II, 111f Nr. 305). Diese Zeugnisse ließen sich fortsetzen. Sie zeigen, daß selbst, ja gerade in Rom die jüdische Präsenz und die damit verbundene Propaganda erhebliche Beunruhigung auslöste. S. dazu Z. YAVETZ, Judeophobia (Anm. 428), 17 und jetzt die große Untersuchung von P. SCHÄFER, Judeophobia. Für Syrien, mit der dichtesten jüdischen Diaspora, sind eher noch einflußreichere Synagogengemeinden anzunehmen.

„In der Zwischenzeit hat die Lebensweise dieses verbrecherischen Volkes solchen Einfluß bekommen, daß sie jetzt von allen Ländern aufgenommen wurde: Die Besiegten haben den Siegern (ihre) Gesetze auferlegt."[438]

Daß dies nicht nur ein spezifisch römisches Problem war, zeigt das viel verhandelte Beispiel des Königshauses von *Adiabene* im Partherreich östlich des Tigris.[439] Da es die ganze Kompliziertheit und Vielfalt der Möglichkeiten des stufenweisen Übertritts zum Judentum beschreibt, soll der Vorgang kurz referiert werden, da er u. E. auch das Milieu, das in Damaskus und überhaupt in Syrien herrschte, beleuchtet.

Hier hatte ein jüdischer Kaufmann, Ananias, die Frauen des Königs von Charax Spasinou dazu gebracht, „Gott zu verehren, wie es jüdische Sitte ist"[440], und schließlich mit Hilfe der Frauen auch Izates, der am Hofe dieses Königs erzogen wurde, überzeugt. Seine Mutter Helena war in der Adiabene in gleicher Weise von einem anderen Juden belehrt worden. Als Izates geraume Zeit später dorthin zurückgerufen wurde, um nach dem Tode seines Vaters die Königsherrschaft anzutreten, und dies erfuhr, wollte er auch den letzten Schritt tun, denn „er glaubte, er wäre kein echter Jude, wenn er nicht beschnitten würde".[441] Wegen der zu befürchtenden politischen Folgen hielten ihn jedoch seine Mutter und Ananias, der ihn in die Adiabene begleitet hatte, davon ab; letzterer u. a. mit dem Argument, daß er damit ihn selbst in Gefahr brächte, da er „den König unziemliche Praktiken" gelehrt habe.[442] Dies ging solange gut, bis ein anderer jüdischer Reisender aus Galiläa, Eleazar, „der es mit den Gesetzen besonders streng nahm", d. h. vermutlich ein Pharisäer,[443] ihn mit dem Argument zum Vollzug der Beschneidung drängte, er würde sich durch seine Weigerung „aufs Schwerste gegen die

---

[438] Augustin, Civ. Dei 6,11 (= M. Stern, GLAJ I, 431f [Nr. 186]): *Cum interim usque eo sceleratissimae gentis consuetudo convaluit, ut per omnes iam terras recepta sit; victi victoribus leges dederunt.*

[439] Jos. ant 20,23.34–48; vgl. 3,318f (u. Anm. 452); Charax Spasinou war die Hauptstadt von Mesene im Mündungsgebiet des Euphrat und Tigris, s. ant 1,145 = Gen 10,23; GenR 46,11 (Theodor/Albeck 2, 467f). S. dazu L.H. SCHIFFMAN, The Conversion of the Royal Hause of Adiabene in Josephus and Rabbinic Sources, in: L.H. Feldman/G. Hata (Eds.), Josephus, Judaism and Christianity, Leiden 1987, 293–312. R. STIEHL, Jüdische Mission unter den Arabern, in: F. ALTHEIM/DIES., Die Araber in der Alten Welt II, Berlin 1965, 64–75; I. BROER, Die Konversion des Königshauses von Adiabene nach Josephus (Ant XX), in: C. Mayer u. a. (Hg.), Nach den Anfängen fragen, GSTR 8, 1994, 133–162; D.R. SCHWARTZ, God (Anm. 48), 265ff betont, daß Izates vor seiner Beschneidung nur die Gottheit verehrt, aber noch nicht die Gebote gehalten habe. Das gibt u. E. der Text nicht her. Wir können über die konkrete Lebensführung des Izates in der Zeit vor seinem vollen Übertritt wenig sagen. Er wird sich als „Sympathisant" der jüdischen Lebensform schrittweise bis zum Vollzug der Beschneidung angenähert haben. Nach ant 20,44 läßt ihn Josephus im Gesetz lesen. Zu *Kaufleuten* als Träger religiöser, vor allem christlicher Propaganda s. Ch. MARKSCHIES, Zwischen den Welten wandern. Strukturen des antiken Christentums, Frankfurt 1997, 26f.205. Jak 4,13f könnte auf eine verschlüsselte Polemik gegen Missionspläne à la Paulus hinweisen, s. M. HENGEL, Jakobusbrief (Anm. 14), 255–259.

[440] 34: ἐδίδασκεν αὐτὰς τὸν θεὸν σέβειν, ὡς Ἰουδαίοις πάτριον ἦν.

[441] 38: νομίζων τε μὴ ἂν εἶναι βεβαίως Ἰουδαῖος, εἰ μὴ περιτέμοιτο.

[442] 41: διδάσκαλος τῷ βασιλεῖ ἀπρεπῶν ἔργων.

[443] 43: πάνυ περὶ τὰ πάτρια δοκῶν ἀκριβὴς εἶναι. Das Stichwort ἀκριβής im Zusammenhang mit dem Gesetzesgehorsam ist bei Josephus (und Lukas) typisch für die Pharisäer, s. A.I. BAUMGARTEN, The Name of the Pharisees, JBL 102 (1983), 411–428; HENGEL/DEINES, Rezension Sanders, 31.

Exkurs II: „Sympathisanten" und jüdische Propaganda 109

Gesetze und daher gegen Gott versündigen"[444], worauf sich Izates sofort beschneiden ließ. Die befürchteten politischen Folgen seien durch Gottes Hilfe jedoch ausgeblieben. Offenbar vollzog sich seine Hinwendung zur jüdischen Gottesverehrung in einem längeren Prozeß, der sich dann nach dem Drängen des Eleazar mit der Beschneidung vollendete. Deutlich wird aus der Erzählung auch, daß einzelne Juden eine gezielte erfolgreiche Propaganda gerade im Bereich der Oberschicht betrieben.

Die wirklichen „Gottesfürchtigen" wollten, obwohl von der Wahrheit des jüdischen Gottesglaubens und der Offenbarung gegenüber Mose überzeugt, sich aus politischen, familiären, wirtschaftlichen oder auch ganz persönlichen Gründen nicht zur Beschneidung und d. h. zum völligen Übertritt zum Judentum entschließen und Proselyten werden. Die schwer überschaubaren sozialen Folgen erschienen ihnen wie auch ihren Lehrern aus den Diasporasynagogen zu gravierend.[445] Ein zu ostentativer Anschluß an das jüdische Volk konnte die heidnische Stadtbevölkerung bzw. die Magistrate oder wie in Adiabene und bei dem Nabatäer Syllaios (Anm. 494.736) die Untertanen gegen sie aufbringen. Auch in Rom hatte man gegen eine erfolgreiche jüdische Propaganda mit Unterdrückungsmaßnahmen reagiert. Von gesetzesstrengen Juden aus Palästina mußten die Gottesfürchtigen dagegen als gegen Gottes Gebot ungehorsame und inkonsequente Heiden abgelehnt werden, während Juden mit einer „liberaleren" Auffassung auf Grund ihrer Erfahrungen in der Diaspora sie u. U. nahezu als gleichberechtigt ansehen konnten, vor allem was die Frage des persönlichen endzeitlichen Heils anbetraf.[446] Eine generelle und eindeutige Haltung gab es hier nicht, auch wenn das palästinische Judentum und später die Rabbinen eher eine distanzierte Position zu den „Gottesfürchtigen" einnahmen.[447] Die großzügigere Einstellung galt vor allem für die Synagogengemeinden in größeren Städten außerhalb des Mutterlandes, die – wie in Damaskus – einen relativ großen Kreis von solchen „Sympathisant(inn)en" verschiedenen Grades um sich sammelten. Vermutlich gab es in der Diaspora zwischen Adiabene und Rom nicht wenige höhergestellte Personen, die aus sozialen Gründen den letzten Schritt der Beschneidung bzw. bei Frauen den endgültigen Übertritt nicht vollzogen.[448]

---

[444] 44: τὰ μέγιστα τοὺς νόμους καὶ δι' αὐτῶν τὸν θεὸν ἀδικῶν.

[445] M. SIMON, Verus Israel. Études sur les relations entre Chrétiens et Juifs dans l'Empire Romain, Paris ²1964, 326f: „Le convertir à la juidaïsme c'est rompre avec le monde"; 330f.392f.439; DERS., Artk. Gottesfürchtiger, RAC 11, 1064ff.

[446] Vgl. die weitere Argumentation des Ananias Jos. ant 20,41: Der König „könne ohne Beschneidung die Gottheit verehren, wenn er sich nur ganz dafür entschieden hätte, den väterlichen Gesetzen der Juden nachzueifern. Das zähle mehr als das Beschnittenwerden. Gott werde ihm vergeben, wenn er auf Grund einer Notlage und der Furcht vor den Untertanen dies unterlassen hätte": δυνάμενον δ' αὐτὸν ... χωρὶς τῆς περιτομῆς τὸ θεῖον σέβειν, εἴγε πάντως κέκρικε ζηλοῦν τὰ πάτρια τῶν Ἰουδαίων· τοῦτ' εἶναι κυριώτερον τοῦ περιτέμνεσθαι. D. h. die innere Haltung und die persönliche Entscheidung war wichtiger als der äußerliche Vollzug im einzelnen, vgl. Röm 2,28f. Der Jerusalemer Priester und Pharisäer Josephus vertrat dagegen die strengere Auffassung.

[447] Vgl. GOODMAN, Mission, 131f; dem widerspricht L. H. FELDMAN, Jew, 353–356; s. auch F. SIEGERT, Gottesfürchtige, 110–120.

[448] Rätselhaft ist der Fall des Titus Flavius Clemens und seiner Frau Domitilla, dem Vetter und der Nichte Domitians, die wegen „Gottlosigkeit" angeklagt wurden, zusammen mit vielen anderen, „die sich zur jüdischen Lebensweise hin verirrten", zu denen vielleicht auch der ehemalige Consul Acilius Glabrio gehörte: Hier kann es sich um jüdische oder auch schon christliche Neigungen handeln, s. Cassius Dio 67,14,2 und dagegen Euseb, h. e. 3,18,4, dazu M. HENGEL, Schürer, 39f. Es ist bezeichnend, daß beides denkbar ist: Juden und Christen

Die Frage der Beschneidung war offenbar vor allem für aus Eretz Israel stammende Juden entscheidend, denen es zugleich um die Heiligkeit und Reinheit des Landes ging.[449] Dort wurde ja auch während der militärischen Expansion der Hasmonäerzeit die Zwangsbeschneidung von Heiden in den eroberten Gebieten der Idumäer, Ituräer und der hellenistischen Städte zum Problem, das dann wieder zu Beginn des jüdischen Krieges aufbrach.[450] Auch die herodianische Familie mußte mit Rücksicht auf die Bevölkerung in Eretz Israel darauf achten, daß ihre Prinzessinnen keine unbeschnittenen heidnischen Fürsten heirateten.[451] In der Diaspora konnte, ja *mußte* man großzügiger sein. Darum war dort im Gegensatz zu dem relativ breiten und abgestuften Kreis der Gottesfürchtigen und Sympathisanten die Zahl der wirklichen Proselyten wesentlich kleiner. Wer konnte sich neben der Beschneidung auch noch eine Pilgerreise nach Jerusalem zum Zwecke eines Opfers im Tempel und das mit dem Übertritt verbundene soziale Risiko leisten? Diese verschiedene Haltung gegenüber den nichtbeschnittenen Sympathisanten in der Diaspora einerseits und in Jerusalem bzw. Judäa andererseits und der damit verbundene Konflikt wird durch einen weiteren, weniger beachteten Text bestätigt. Josephus berichtet von einer großen, viermonatigen Pilgerreise heidnischer „Gottesfürchtiger", die aus dem Partherreich jenseits des Euphrats nach Jerusalem „aus Verehrung für unseren Tempel unter großen Gefahren und Kosten" nach Jerusalem kamen. Die Wallfahrer hätten:

„Opfer dargebracht, jedoch keinen Anteil vom Opferfleisch erhalten, da Mose dies für jeden von denen, die (unsere Gesetze) nicht praktizieren (τῶν οὐ νομιζομένων) noch an unseren väterlichen Sitten teilhaben, verboten habe. Aber obwohl sie – nachdem einige nicht einmal opferten, andere ihre Opfer nur halb ausgeführt lassen mußten, viele aber überhaupt nicht einmal das Heiligtum betreten konnten – weggehen mußten, zogen sie es vor, lieber den Geboten Moses zu gehorchen als ihren eigenen Wunsch auszuführen; und dies nicht aus Furcht vor dem, der sie über diese Dinge aufklärte, sondern allein aus Achtung vor dem Gewissen (ἀλλὰ μόνον τὸ συνειδὸς ὑφορώμενοι)."[452]

---

standen noch ganz nahe beieinander. Da Cassius Dio bis zu den ersten Jahrzehnten des 3. Jh.s grundsätzlich die Erwähnung der Christen vermeidet, konnte er nur von einem εἰς τὰ τῶν Ἰουδαίων ἤθη ἐξοκέλλοντες sprechen! S. auch o. Anm. 328.

[449] Zum Ausschluß von Unbeschnittenen und Fremden vgl. die Beiträge von R. DEINES, Die Abwehr der Fremden in den Texten aus Qumran, und H. LICHTENBERGER, „Im Lande Israel zu wohnen wiegt alle Gebote der Tora auf", in: Feldmeier/Heckel (Hg.), Heiden, 59–107. Neben der rigorosen Gesetzesverschärfung in Qumran stehen die ‚gemäßigteren' pharisäischen Vorstellungen, wie sie etwa in den PsSal erkennbar werden, so 17,22ff.30.45: der Messias wird alle heidnische Unreinheit im Lande ausrotten, kein Fremder (πάροικος) und Ausländer (ἀλλογενής) wird mehr darin wohnen. Die Erwartung der eschatologischen Völkerwallfahrt zum Zion wird aber dennoch nicht aufgegeben. Vgl. dagegen Mk 11,17 par: die einlinig nur positive Haltung gegenüber den Völkern.

[450] S. dazu M. HENGEL, Zeloten, 201–204.

[451] Was Drusilla, die Schwester König Agrippas II., nicht daran hinderte, in zweiter Ehe den Prokurator Felix zu ehelichen, ein Schritt, den Josephus kritisierte. S. u. Anm. 494.

[452] Jos. ant 3,318f (zur Übersetzung dieses schwierigen Textes s. die Ausgabe von E. Nodet II, 190); vgl. D. R. SCHWARTZ, On Sacrifice by Gentiles in the Temple of Jerusalem, in: DERS., Studies in the Jewish Background of Christianity, WUNT 60, 1992, 102–116 (108f); L. H. FELDMAN, Jew, 352. Der Text beleuchtet die Vorwürfe gegen Paulus Apg 21,28, s. dazu auch M. HENGEL, Zeloten, 219f. Die Gewissensvorstellung kommt hier der paulinischen nahe. Zur Frage Gewissen und Gesetz s. 1. Kor 8. Zum Gewissen bei Josephus und Paulus s. H.-J.

Diese begeisterten Wallfahrer waren offensichtlich in ihrer Heimat von den dortigen Juden über die strenge Haltung in Jerusalem gegenüber Unbeschnittenen nicht aufgeklärt worden; sie kamen mit der Meinung in die heilige Stadt, sie seien mit ihren Gaben im Tempel ebenso willkommen wie in ihrer heimatlichen Synagoge, und waren gewiß bitter enttäuscht. Den Konflikt, der hier angedeutet wird, überdeckt der Jerusalemer Priester Josephus durch seine erbauliche Schlußbemerkung. Fast möchte man annehmen, daß ein Teil der enttäuschten Pilger sich zur letzten Konsequenz der Beschneidung entschloß. Die ganz andere Möglichkeit wäre theoretisch – Josephus datiert den Vorfall in die jüngste Vergangenheit (ἤδη) vor der Tempelzerstörung – der Anschluß an eine christliche Missionsgemeinde gewesen, wo der Opferkult des Tempels bedeutungslos geworden und die volle Gleichberechtigung garantiert war. Im Zusammenhang mit der Plünderung der Schätze des Tempels durch Crassus betont Josephus, daß der ungeheure Reichtum des Tempels nicht verwunderlich sei, da er von allen Juden und Gottesfürchtigen (σεβομένων τὸν θεόν) aus der ganzen Welt zusammengetragen worden sei.[453]

Bei den *Frauen* war dagegen vor 70, d. h. in der Zeit, da die Proselytentaufe als fester Brauch der Diaspora noch nicht nachweisbar ist,[454] die Unterscheidung zwischen der

---

ECKSTEIN, Der Begriff Syneidesis bei Paulus, WUNT II/10, Tübingen 1983, 132 ff. Zu der bei Josephus beliebten Formel τὰ πάτρια (ἔθη) s. B. SCHRÖDER, Die ‚väterlichen Gesetze', TSAJ 53, 1996.

[453] Ant 14,110. S. auch bell 4,262: Der von den Zeloten entweihte Tempel ist ὁ δ' ὑπὸ τῆς οἰκουμένης προσκυνούμενος χῶρος καὶ τοῖς ἀπὸ περάτων γῆς ἀλλοφύλοις ἀκοῇ τετιμημένος, und ant 13,77f. Vgl. die Fassung des Tempelweihgebets Salomos in Jos. ant 8,116f: Gott möge seine Hilfe nicht nur den „Hebräern" gewähren, sondern auch alle, die von den Enden der Erde zu seinem Heiligtum kämen, erhören, damit die Fremden erkennen, daß das jüdische Volk nicht fremdenfeindlich sei, sondern wünsche, daß alle Menschen Gottes Hilfe erfahren. Vgl. dazu B. WANDER, Das Umfeld der Diasporasynagogen. Ein Beitrag zu den „Gottesfürchtigen und Sympathisanten", theol. Habil. Heidelberg 1996, 167 (erscheint in WUNT).

[454] Vgl. S. J. D. COHEN, Respect of Judaism by Gentiles According to Josephus, HThR 80 (1987), 409–430 und DERS., ‚Proselyte Baptism' in the Mishnah? The Interpretation of M.Pesahim 8.8 (= M.Eduyot 5.2), in: Pursuing the Text. Studies in Honor of Ben Zion Wacholder on the Occasion of His Seventieth Birthday, ed. by J.C. Reeves/J. Kampen, JSOT.S 184, Sheffield 1994, 278–292. Sie wird weder bei Josephus noch bei einem der früheren jüdisch-hellenistischen Autoren erwähnt. Ihr frühestes Zeugnis könnte die Kontroverse zwischen der Schule Hillels und Schammais mPes 8,8 und mEd 5,2 sein, vgl. auch mKer 2,1; s. BILL. I, 102 ff. 110 ff; SCHÜRER III, 173 f. 642. Doch Cohen hält dies in seiner jüngsten Veröffentlichung für unwahrscheinlich. Ausgangspunkt ist wohl die Pflicht der Opferdarbringung im Tempel, die ein Tauchbad voraussetzte. D. h. das Problem der „Proselytentaufe" war zunächst auf die für den vollen Übertritt notwendige Pilgerfahrt nach Jerusalem beschränkt. Das hat sich dann nach der Tempelzerstörung als eigener Brauch verselbständigt, vermutlich im Gegensatz zur christlichen Taufe. Das früheste nichtjüdische Zeugnis ist Epiktet bei Arrian, Diss. 2,9,20; M. STERN GLAJ I, 542ff Nr. 254. Sib 4,165 bezieht sich wohl auf eine Täufersekte. Dazu H. LICHTENBERGER, Täufergemeinden und frühchristliche Täuferpolemik im letzten Drittel des 1. Jahrhunderts, ZThK 84 (1987), 38 ff. Zum schroffen, negativen Urteil mancher Rabbinen über nichtjüdische Frauen s. Sacha STERN, Identity, 24 zu Orphas Trennung von Ruth und Rückkehr nach Moab (RuthR 2,20); 38 zu Justina, der Tochter des Severus; 97 f zu der heidnischen Sklavin eines Rabbi; 165 f zu heidnischen Frauen als Tieren etc. Es mag hier eine Verschärfung vorliegen. S. auch BILL. IV, 368–371.374 f.382 f. Die Realität in den Synagogengemeinden muß jedoch eine andere gewesen sein. Darauf könnten die zahlreichen späten Anekdoten über Diskussionen einzelner Rabbinen mit (zumindest z. T. heidnischen) Matronen hinweisen, die als „literary model" erscheinen. S. dazu T. ILAN,

„Gottesfürchtigen" und der Proselytin schwierig. Vielleicht war dies – abgesehen von dem größeren religiösen Interesse der Frauen in der Antike überhaupt – einer der Gründe, daß sich Frauen der Mittel- und Oberschicht, die eine relative Selbständigkeit besaßen, in besonderer Weise der Synagoge zuwandten. Für die Königinmutter Helena war der Übertritt zum Judentum so einfacher als für ihren Sohn Izates.[455] Auffallend ist, daß zwei aus verschiedener Zeit und verschiedenem kulturellem Milieu stammende Novellen Proselytinnen verherrlichen, das Buch Ruth und Joseph und Aseneth[456]: Offenbar war seit der frühhellenistischen Zeit derartige Literatur gefragt. Selbst Philo preist in De virt (de paenitentia) 220ff Thamar, aus „dem palästinischen Syrien", die

„in einer polytheistischen (πολυθεῷ) Familie und einer Stadt voller Götterbilder heranwuchs".

Aber als sie „aus der Tiefe der Finsternis das kurze Aufleuchten der Wahrheit erblicken konnte, ging sie unter Todesgefahr zur Frömmigkeit über und achtete das Leben gering, wenn dieses Leben nicht ein ‚Gut Leben' (καλῶς ζῆν) sein konnte. Das ‚gut' aber bedeutete nichts anderes als die Verehrung und Anbetung des einen Urhebers (τοῦ ἑνὸς αἰτίου)".

So hätte Philo auch die gottesfürchtigen Frauen in Damaskus beschreiben können.[457]

Im Testament Joseph nähert sich die Frau des Potifar dem keuschen Joseph unter dem Vorwand, sie möchte „bei ihm das Wort des Herrn lernen", um dann ihren Mann zu überreden, sich von den heidnischen Göttern abzuwenden und das jüdische Gesetz anzunehmen, wenn Joseph nur zuvor ihre Begierde erfüllen würde.[458]

Eine besondere archaische „Gottesfürchtige" nach der Sintflut war die jüdische Sibylle, die als Schwiegertochter, oder gar eher noch als Tochter Noahs galt.[459] Mit dieser, noch der „Uroffenbarung" verpflichteten „Profetin", begann die Kette der angeblich heidnischen Sibyllen. Diese Urprofetin wirbt ganz ausdrücklich für das Ideal der „Gottesfürchtigen" in der Synagoge. Sie mahnt „die Griechen" zur Abkehr von Götzendienst, Knabenliebe, Ehebruch usw., aber nicht zur Beschneidung und zum ostentativen Übertritt zum Judentum: Sie fordert und erwartet vielmehr allgemein die Annahme des Gesetzes, das Mose am Sinai gegeben wurde, durch alle Völker, ohne dieses kasuistisch vor Augen zu führen. Sie mag dabei vor allem an den Dekalog denken.[460] Zweimal

---

Women (Anm. 414), 200–204 (202); s. auch die Belege bei S. Krauss, Monumenta Talmudica V,1, 1914 (Ndr. Darmstadt 1972), Index 186 s. v. Matrona.

[455] Schürer II, 162; T. Ilan, Women (Anm. 414), 213f; Jos. ant 20,38.

[456] Zu Joseph und Aseneth s. jetzt A. Standhartinger, Zum Frauenbild im Judentum der hellenistischen Zeit. Ein Beitrag anhand von Joseph und Aseneth, AGAJU 26, 1995. Das Buch Ruth kann vor der Mitte des 4. Jh.s anzusetzen. Es pflegt einen bewußt archaisierenden Stil und muß wie Jona als Protest gegen die Reform eines Esra und Nehemia angesehen werden.

[457] Vgl. Philo, Abr 247–254 (251): Hagar, Sklavin und gebürtige (γένος) Ägypterin, aber eine Freie und „Hebräerin" durch ihre Denk- und Sinnesweise (ἐλευθέραν δὲ καὶ εὐγενῆ τὴν διάνοιαν) und Entscheidung (τὴν δὲ προαίρεσιν Ἑβραίαν). Vgl. dazu P. Borgen, Hebrew and Pagan Features in Hagar and Ishmael, in: The New Testament and Hellenistic Judaism, edd. P. Borgen/S. Giversen, Aarhus/Oxford 1995, 151–164 (153–156). S. auch u. Anm. 546. Zur Lichtmetaphorik bei der Bekehrung s. o. Anm. 260.

[458] 4,4–5; und die darauf folgende Antwort Josephs: οὐκ ἐν ἀκαθαρσίᾳ θέλει κύριος τοὺς σεβομένους αὐτόν; vgl. dazu L. H. Feldman, Jew, 295.

[459] Sib 3,827; vgl. Schürer III, 618–654 (623.628); s. u. S. 254.

[460] 3,195; aus Sib 4,35–48 spricht die Enttäuschung, daß nicht alle Menschen der Mahnung

bezeichnet die Sibylle die Tora vom Sinai als große Freude (χάρμα) für alle Menschen im Kontrast zu den schrecklichen Unheilsweissagungen über die Völkerwelt, die sie auszustoßen gezwungen ist, weil die Völker eben noch nicht den einzigen wahren Gott und sein Gesetz anerkannt haben.[461] Auch Mt 1,3.5.6 führt im Stammbaum Jesu stolz die „Proselytinnen" Thamar, Rahab, Ruth und die Frau des Hethiters Uria vor. Es besteht eine offensichtliche Koinzidenz zwischen diesen sehr verschiedenartigen literarischen Beispielen, den Nachrichten des Josephus über die Frauen um König Izates in Adiabene, in Damaskus, die römische Matrone Fulvia, die ja kein Einzelfall war, den einschlägigen Hinweisen des Lukas, inschriftlichen Belegen und rabbinischen Nachrichten.[462] Für das 3. Jh. wäre Venturia Paula, *mater synagogarum Campi et Bolumni*, die hochbetagt mit 86½ Jahren starb, zu nennen, sie wurde erst mit 70 Jahren Proselytin und nahm den Namen Sara[463] an. Sie wird wohl vorher längere Zeit eine „Gottesfürchtige" gewesen sein.[464] Am anderen Ende dieser weiten Skala steht die von Juvenal geschilderte abergläubische römische Matrone, die sich von einer jüdischen Bettlerin, die als *interpres legum Solymarum, magna sacerdos* und *summi fida internuntia caeli* auftritt, Geheimlehren ins Ohr flüstern läßt, aber auch mit anderen Kulten sympathisiert.[465] Lukas, der mehrfach die Bedeutung vornehmer Frauen im Zusammenhang mit der Synagoge betont, gibt in der Apg das historische Milieu völlig sachgerecht wieder. Dem entspricht auch die Bedeutung der Frauen in den paulinischen Briefen.[466]

---

der Sibylle folgen; ihnen gilt das Gericht, vgl. 4,152−161.184ff. L. H. FELDMAN, Jew, 314 führt Sib 3,547−579 und 4,162−167 als Belege dafür an, daß die Sibylle an Heiden gerichtet ist und *Proselyten* gewinnen will. Doch Sib 4,162−167 wird sich kaum auf die Proselytentaufe beziehen. Vgl. o. Anm. 454.

[461] Vor allem Sib 3,583.770 vgl. 259f.757.768.

[462] S. dazu J. M. LIEU, Circumcision, Women and Salvation, NTS 40 (1994), 358−370; B. J. BROOTEN, Women Leaders in the Ancient Synagogue, BJSt 36, Chico Calif. 1982, 144−147: „Women as Proselytes to Judaism"; zu Fulvia s. Jos. ant 18,82f dazu A. A. BELL, Josephus the Satyrist? A Clue to the Original Form of the *Testimonium Flavianum*, JQR 67 (1976/77), 16−22; vgl. weiter den rätselhaften Fall der Pomponia Graecina (u. Anm. 470), die wegen *superstitio externa* angeklagt wurde. Auch bei der von Apuleius, met 9,14ff geschilderten lasterhaften Müllerin, die alle Götter verachtet zugunsten „einer lästerlich erfundenen Vorstellung von einem Gott, den sie als einzigen verkündigt" (*quem praedicaret unicum*, 9,14,5), könnte es sich um die Karikatur einer jüdischen Sympathisantin oder Christin handeln. Speziell für Palästina s. T. ILAN, Women (Anm. 414), Index 270 s. v. „Proselytes".

[463] Männer nahmen in der Regel den Namen „Juda" an; vgl. die Ossuarinschriften aus Jerusalem: SEG 17, 1960, 207 Nr. 785: Ἰούδα ν(εώτερος) προσήλυτ(ος) Τύρου; CIJ II, Nr. 1385: Ἰούδατος Λαγανίωνος προσηλύτου; Nr. 1390: mrym hgyrt hd [.. , „Mirjam, die Proselytin von [..."; und die des Proselyten Ariston von Apamea, der den hebräischen Zweitnamen Juda trug: ΑΡΙΣΤΩΝ 'rṣṭwn 'pmy yhwdh hgywr; dazu T. ILAN, New Ossuar Inscriptions from Jerusalem, Scripta Classica Israelica 11, 1991−1992, 149−159 (150.154); vgl. E. ESHEL/A. LANGE/K. F. D. RÖMHELD, Dokumentation neuer Texte, ZAH 7 (1994), 273.

[464] CIJ I, Nr. 523.

[465] Sat 6,543ff s. M. STERN, GLAJ II, 100f (Nr. 299).

[466] Vgl. Apg 13,50 die einflußreichen σεβόμεναι γυναῖκες im pisidischen Antiochien, vgl. 13,43; 16,13f; 17,4.12. Zu Paulus s. etwa 1. Kor 1,11; Röm 16,1.12; Phil 4,2f u. a. Wahrscheinlich wurden menstruierende Frauen in der Frühzeit nicht vom Herrenmahl ausgeschlossen. Das könnte eine Nachwirkung des Verhaltens Jesu sein: Mk 5,25−34; Lk 8,43−48; kürzer Mt 9,20ff: Die Berührung Jesu durch die blutflüssige Frau heilt sie und macht nicht Jesus unrein. Samaritanische Frauen waren nach jüdischem Recht immer unrein wie Menstruierende, sie wurden damit Heidinnen gleichgestellt. Joh 4,7−42 spricht Jesus nicht nur mit der samaritani-

Diese vornehmen Frauen (und Männer), die den Synagogengemeinden nahestanden, erhöhten deren gesellschaftliches Ansehen in den Städten und konnten in kritischen Situationen auch eine gewisse *Schutzfunktion* ausüben. Es war in der sozial streng hierarchisch gestuften griechisch-römischen Welt immer gut, über möglichst viele „Beziehungen" nach oben zu verfügen. Darum verhielt sich das Diasporajudentum bei hochgestellten Persönlichkeiten, die als „Patrone" im Interesse der Synagogengemeinden wirken konnten, recht großzügig. Die Hauptsache war, daß diese der fremden Religionsgemeinschaft ihre Sympathien zuwandten und wenn notwendig ihren Einfluß für sie geltend machten. Auf diese Weise ließ sich der Kreis der Sympathisant(inn)en sehr weit ziehen. Dazu gehörte selbst *Poppäa Sabina*, die Gemahlin Neros, die für die Interessen der Jerusalemer Priesterschaft gegen Agrippa II. eintrat und von Josephus in diesem Zusammenhang θεοσεβής genannt wurde.[467] Wenig später empfing sie, vermittelt durch einen jüdischen Schauspieler, Alityrus[468], den jungen Josephus als Anführer einer Priestergesandtschaft und entließ ihn mit reichen Geschenken.[469] Nach ihrem unerwarteten Tode wurde sie nicht nach römischer Sitte verbrannt, sondern „gemäß dem Brauch fremder Könige mit viel Räucherwerk einbalsamiert", d. h. man hat sie nach orientalisch-jüdischer Sitte beigesetzt.[470] Schon wegen ihrer höchsten Position konnte sie gegenüber den Juden keine „exclusive sympathy" bezeugen, gleichwohl kann man sie als Sympathisantin im weiteren Sinne bezeichnen, und Josephus hat sie so verstanden.[471] Menahem Stern verweist als zeitgenössische Parallele auf *Julia Severa* im phrygi-

---

schen Frau, sondern läßt sich von ihr zu trinken geben. Vgl. T. ILAN, Woman (Anm. 414), 105. Nach der Traditio Apostolica 20,11f (Geerlings, Fontes Christiani 1,1991, 254) ist nur die Taufe einer Menstruierenden auf einen anderen Termin zu verschieben; der Origenist Dionysios von Alexandrien wünscht, daß die Frauen während ihrer Tage nicht zum Gottesdienst kommen, damit sie nicht in ihrem unreinen Zustand an der Eucharistie teilnehmen, doch die ältere syrische Didaskalia vertritt die entgegengesetzte Meinung – beide mit Berufung auf Mt 9,20ff. Vgl. S.J.D. COHEN, Menstruants and the Sacred in Judaism and Christianity, in: Women's History and Ancient History, ed. by S.B. Pomery, London NC 1991, 273–299 (288ff), der jedoch weder die Unterschiede zwischen der christlichen Frühzeit und der Alten Kirche beachtet noch auf die pharisäischen und priesterlichen Reinheitsbestimmungen im 1. Jh. eingeht (vgl. etwa PsSal 8,12; Jos. bell 6,426) und deshalb zu dem falschen Schluß kommt, die Christen seien in der Antike rigoroser als die Juden gewesen.
[467] Ant 20,195: unter Festus (ca. 59–61), den Hohenpriester Ismael und den Schatzmeister Helkias behält sie als Geiseln in ihrem Hause. Vgl. auch STERN, GLAJ II, 202 Anm. 6.
[468] Einen jüdischen Schauspieler und Sänger, der seine Beschneidung verbergen will, erwähnt Martial 7,82; STERN, GLAJ I, 526f (Nr. 243); s. auch den seine Gedichte plagiierenden jüdischen Dichter in Rom 11,14; STERN, GLAJ I, 527f (Nr. 245).
[469] Vita 16: unter Albinus ca. 62–64.
[470] Tac., ann 16,6, vgl. dagegen Sueton, Tib 36 (zur gegenteiligen Haltung des Tiberius): *Externas caeremonias, Aegyptios, Iudaicosque ritus compescuit.* Nach dem apologetischen Briefwechsel Paulus Seneca, Ep 5, ist die Kaiserin unwillig über die Abkehr des Paulus von der „alten Religion", d.h. dem Judentum Ep. 8. Der Briefwechsel stammt aus dem Anfang des 4. Jh.s, muß aber alte Quellen verwendet haben, s. Ep 11 u. Anm. 1080. Zur Formel *externas caeremonias* s. den änigmatischen Hinweis auf die vornehme Pomponia Graecina bei Tacitus, ann 13,32: *superstitionis externae rea* (ca. 57 n. Chr.), die sich nach Anklage und Freispruch auf asketische Weise völlig von der Außenwelt zurückzog. Auch hier kann es sich um eine Sympathisantin für den jüdischen bzw. christlichen Glauben handeln (o. Anm. 462).
[471] S. dazu M. STERN, GLAJ II, 5f A. 12; E.M. SMALLWOOD, The Alleged Jewish Tendencies of Poppaea Sabina, JThS NS 10 (1959), 329–335; vgl. A. HENRICHS, Pagan Ritual and the Alleged Crimes of the Early Christians, Kyriakon. FS Quasten I, Münster 1970, 18–35; R.

Exkurs II: „Sympathisanten" und jüdische Propaganda 115

schen Akmonia, die maßgeblich an der Errichtung der dortigen Synagoge beteiligt war. Aus inschriftlichen und numismatischen Quellen wissen wir, daß sie Oberpriesterin des Kaiserkultes und Agonothetin war, und daß ihr Sohn L. Servenius Cornutus nur kurze Zeit nach L. Sergius Paullus unter Nero in den Senat kam und 73 n. Chr. Prokonsul von Asia wurde. Obwohl selbst nicht Jüdin, war sie Patronin der jüdischen Gemeinde.[472] Eine lukanische Parallele ist *Sergius Paulus*, der Statthalter Zyperns, der sich zunächst von einem jüdischen Seher und Thaumaturgen beraten ließ und sich dann für Barnabas und Paulus interessierte. Bezeichnend ist, daß Lukas zwar berichtet, daß er beeindruckt durch ein Strafwunder an seinem früheren Berater, dem jüdischen Magier, „zum Glauben gekommen" sei, „erschrocken über die Lehre des Herrn", jedoch nichts über eine Taufe sagt, die ja sonst in solchen Zusammenhängen für ihn wichtig ist. Aufgrund seiner politischen Position und seines senatorischen Standes konnte er sich trotz aller Sympathien nicht taufen lassen. Wahrscheinlich besteht ein Zusammenhang zwischen der Begegnung mit Sergius Paulus und dem Auftreten der beiden Missionare im pisidischen Antiochien, wo die Familie des Sergius Paulus Besitzungen besaß.[473] Persönliche Beziehungen und Empfehlungen waren für die urchristlichen Missionare eine wichtige Hilfe bei der missionarischen Planung.

Ein weiterer interessanter Fall – wie Poppäa an der äußersten Grenze des Judentums, doch auf einem ganz anderen Hintergrund – war der Statthalter Syriens P. Petronius, der dem Befehl des Caligula, sein Standbild im Tempel in Jerusalem aufzustellen, beharrlich Widerstand leistete. Philo versucht, sein tapferes und humanes Verhalten zu begründen:

„Aber er besaß wahrscheinlich *einen Schimmer von der jüdischen Philosophie und Frömmigkeit*, mag er sie nun in seinem Bildungsdrang schon früher kennengelernt haben oder seit seiner Statthalterschaft in Gebieten, wo Juden in jeder Stadt in großer

---

HANSLIK, Wiener Studien 76 (1963), 99f. Wahrscheinlich teilte sie die orientalischen Schwärmereien Neros, s. Sueton, Nero 40,2; M.H. WILLIAMS, θεοσεβὴς γὰρ ἦν – The Jewish Tendencies of Poppaea Sabina, JThS 39 (1988), 97–111; L.H. FELDMAN, Jew, 98.351f.

[472] S. dazu P. TREBILCO, Jewish Communities in Asia Minor, SNTS MonSer 69, Cambridge etc. 1991, 58ff.212; B. LEVICK, Roman Colonies in Southern Asia Minor, Oxford 1967, 106f. S. MITCHELL, Anatolia, Oxford 1993, II, 9.31 Anm. 176; 35 fig. 15: „a gentile woman from one of the city's leading families; related ... to a Galatian dynasty which could trace its line back to the tetrarchs and kings of the Hellenistic period. She had close connections with the Turronii, an emigrant Italian family, one of whose members P. Turronius Cladus is named on the same inscription as *archisynagogus*, while another, Turronius Rapo, was priest of the imperial cult, and appears alongside her on coins issued by the city." Man darf ähnliche Verhältnisse im pisidischen Antiochien voraussetzen, wo die Familie des Sergius Paullus einflußreich war. Vgl. op. cit., 8f.

[473] Apg 13,6–12, dazu A.D. NOCK, Paul and the Magus, in: Essays on Religion and the Ancient World, Oxford 1972, I, 308–330 (= F.J. Foakes Jackson/K. Lake (edd.), The Beginnings of Christianity, Bd. V, 1933, 164–188). Zu Sergius Paullus s. F. GROAG, PW 21, 1715–18; H. HALFMANN, Die Senatoren aus dem östlichen Teil des Imperium Romanum bis zum Ende des 2. Jh.s, Hypomnemata 58, Göttingen 1979, 55f.101.105f; C.J. HEMER, Acts, 109 mit Anm. 17; S. MITCHELL, Anatolia (Anm. 472), I, 151.154.157; II, 6ff; ausführlich R. RIESNER, Frühzeit, 121–129.245f. Auch der Prokurator Felix, der die Hilfe vielleicht desselben Magiers in Anspruch nimmt (Jos. ant 20,141–144), um Drusilla, die lebenslustige Schwester Agrippas II., zu gewinnen, gehört in ein verwandtes Milieu; vgl. Apg 24,22–26: Lukas, der u. E. hier als Augenzeuge berichtet, ist über diese Vorgänge informiert. Josephus sieht freilich in dieser zweiten Ehe mit einem in die schöne Jüdin verliebten Nichtjuden eine Gesetzesübertretung. Vgl. die Haltung Herodes' I. u. S. 121 Anm. 494.

Zahl leben, in Asia und Syrien, sei es aufgrund der Neigung seiner Seele zu einem unabhängigen, selbstbeherrschten und souveränen Verhalten, das dem Streben ihrer Natur würdig ist. Den Guten aber gibt Gott anscheinend gute Gedanken ein ...".[474]

Auch der vornehme und hochgebildete Epaphroditus, dem Josephus seine späten Werke widmete, kann als Sympathisant im weiteren Sinne bezeichnet werden. Bei den Antiquitates hatte er die Abfassung des Werkes veranlaßt und gefördert. Josephus rühmt ihn mehrfach und rechnet im Proömium der Antiquitates mit vielen Lesern, die an der jüdischen Philosophie, ihrem reinen Gottesbegriff und der Weisheit des Gesetzgebers Mose Interesse haben.[475] Aber auch c. Ap. und die Vita sind ihm dediziert. In der Schlußwidmung c. Ap. 2,296 bezeichnet ihn Josephus als besonderen Liebhaber der Wahrheit (μάλιστα τὴν ἀλήθειαν ἀγαπῶντι). Hier liegt es nahe, an die jüdische „Glaubenswahrheit" zu denken. Zur Identifikation kommen zwei Zeitgenossen gleichen Namens in Frage. Einmal der reiche Freigelassene Neros, der in den letzten Jahren des Kaisers dessen Sekretär a libellis war und von Domitian 95 n. Chr. verbannt und hingerichtet wurde. Es ist nicht auszuschließen, daß wie bei Titus Flavius Clemens und Acilius Glabrio die judaisierenden Neigungen eine gewisse Rolle spielten, obwohl die Quellen darüber nichts berichten. U. a. war er auch der von diesem gerühmte Herr des Sklaven Epiktet.[476] Die andere Möglichkeit ist der als gelehrter Grammatiker berühmt gewordene, ebenfalls reich gewordene Freigelassene, über den die Suda berichtet, M. Mettius Epaphroditus, der eine Bibliothek von 30000 Buchrollen besessen haben soll und wohl unter Nerva (96—98) im Alter von 75 Jahren starb.[477] Vermutlich ist der erstgenannte vorzuziehen.[478] Wahrscheinlich ist auch der rätselhafte Theophilus, dem Lukas seine beiden Schriften widmete, diesem hohen sozialen Milieu zuzurechnen. Lk 1,4 berichtet nur, daß er über den christlichen Glauben unterrichtet wurde, über seine Taufe wird nichts gesagt. Die besondere Hervorhebung derselben Apg 2,38—41 und die paradigmatisch erzählte Geschichte vom äthiopischen Finanzminister, die in der Taufe kulminiert (8,36.38), wie auch der Glaube des Statthalters Sergius Paulus, „erschrocken über die Lehre des Herrn" ohne Erwähnung der Taufe, könnten Hinweise dafür sein.[479]

---

[474] Legatio 245: εἶχέ τινα καὶ αὐτός, ὡς ἔοικεν, ἐναύσματα τῆς Ἰουδαϊκῆς φιλοσοφίας ἅμα καὶ εὐσεβείας; vgl. 260—315; Jos. ant 18,261—288 (bes. in seinem Bekenntnis zu Gott und dem Tempel 280f). P. Petronius war 6 Jahre Statthalter in Asia und von 39—42 Legat in Syrien. S. R. HANSLIK, Artk. P. Petronius, PW 19, 1937, Sp. 1199—1201; SCHÜRER I, 263.394—398; L. H. FELDMAN, Jew, 295f. Die jüdischen Bittsteller in Ptolemais und dann in Tiberias müssen seine Sympathien besessen haben, so daß er sich selbst durch bewußtes Zögern in Lebensgefahr brachte.

[475] Zu dem Freigelassenen Neros s. Jos. ant 1,8f; c. Ap. 1,1; 2,1.296; Vita 430; zur Werbung für die jüdische Philosophie vgl. ant 1,12.150.18—25 dazu u. Anm. 531. STEIN, PW 5,2, 1905, 2711f.

[476] Sueton, Nero 49,3 vgl. Tacitus, ann 15,33; Sueton, Domitian 14,4; Cassius Dio 67,14,4. Vgl. o. Anm. 448 zu Flavius Clemens; zu seinem Mäzenatentum vgl. Epiktet, diss. 1,1,20; 1,19,19; 1,26,11f.

[477] Zum Grammatiker s. COHN, PW 5,2, 1905, 2711—2714.

[478] So auch R. HANSLIK, KP 2, 283. C. GERBER, Contra Apionem (Anm. 425), 65f läßt die Frage unentschieden.

[479] B. H. STREETER, The Four Gospels, London 1924, 539 geht so weit, zu vermuten: „Indeed, it is not impossible that Theophilus was the secret name by which Flavius Clemens was known to the Roman Church. Theophilus (= devoted to God) would be a most appropriately chosen name. It has a more complimentary sound than θεοσεβής or proselyte." Das ist gewiß unwahrscheinlich, aber um „some other member of the high aristocracy" kann es sich

Exkurs II: „Sympathisanten" und jüdische Propaganda 117

Nicht zu vergessen ist, daß es nicht nur *Mischehen* zwischen jüdischen Männern und heidnischen Frauen gab, deren Übertritt zur Religion ihres Mannes zumindest für die Stammütter als Selbstverständlichkeit galt,[480] sondern auch Mischehen zwischen jüdischen Frauen und heidnischen Männern, bei denen der Übertritt des heidnischen Partners zum Judentum nicht immer die conditio sine qua non bildete. Ein besonderes Problem bildete hier das Estherbuch, insbesondere für das palästinische Judentum, wo die Ehe einer Jüdin selbst mit dem heidnischen Weltherrscher einen Anstoß bedeutete, mit dem sich bereits die griechische Version und dann die beiden Esthertargume auseinandersetzen mußten.[481] Auch die erwähnten späteren Verbindungen der Schwestern Agrippas II., Drusilla und Berenike,[482] die keineswegs das Gefallen des Josephus fanden, haben einzelne Parallelen in der Diaspora. Die Bezeichnung der ἰουδαΐζοντες[483] als für die Syrer verdächtige und gefürchtete vermischte Gruppe (μεμιγμένον ἀλλόφυλον) könnte dann u. U. vielleicht auch solche Mischehen zwischen Juden und Heiden einbeziehen,[484] vor allem wenn man die „gottesfürchtigen" Frauen und ihre dem Judentum dann oft nicht unfreundlich gegenüberstehenden Männer als „Vorstufen" dazu betrachten will. Zeugnisse für solche Ehen sind verständlicherweise selten, aber sie

---

wohl handeln. Der glänzend stilisierte Schlußsatz Apg 28,31 „with words of god omen" wie in der griechischen Tragödie weise das Werk u. a. „as the first of the Apologies" aus. Das ist es u. a. auch, aber nicht nur.

[480] Einen sonderbaren frühen Fall haben wir in CPJ I, 236 ff Nr. 128, wo eine Helladote, Tochter des Philonides, in einer Eingabe an den König klagt, ihr jüdischer Mann Jonathas, den sie κατὰ τὸν νόμον π]ολιτικὸν τῶν ['Iου]δαίων geheiratet habe, tue ihr Unrecht (ἀδικεῖ). Hier liegt es gegen die Herausgeber nahe, an eine heidnische Frau zu denken. Zur schroffen Ablehnung der Mischehe durch die Rabbinen s. Sacha STERN, Identity, 159−170; BILL. IV, 378−383.

[481] Vgl. B. EGO, Targum Scheni zu Ester, TSAJ 54, 1996, 225 f. 244.

[482] Dazu Anm. 494. Berenikes Verbindung mit Titus war zumindest ein eheähnliches Verhältnis, s. Cass. Dio 65,15,4; Sueton, Titus 7,1,2: *Berenicen statim ab urbe dimisit invitus invitam*. Dazu M. STERN, GLAJ II, 126−128 (127) Nr. 318.

[483] Plutarch, Cic 7,6 = M. STERN, GLAJ I, 566 Nr. 263 berichtet von einem Freigelassenen und Quaestor des Verres Caecilius, der unter dem Verdacht stand, nach jüdischer Sitte zu leben (ἔνοχος τῷ ἰουδαΐζειν) und der von Cicero verspottet wird. Möglicherweise liegt eine Verwechslung mit dem Rhetor Caecilius von Kaleakte vor, dem jüdische Herkunft nachgesagt wird. Es könnte sich freilich auch nur um einen Proselyten oder Sympathisanten handeln. Zur komplizierten historischen Frage s. STERN, loc. cit. In Euseb, praep. ev. 9,21,5 wird ἰουδαΐζειν im Zusammenhang mit dem Lehrgedicht des Theodotos über Sichem für die Beschneidung aller Einwohner Sichems als Bedingung für die Heirat des Königssohnes mit Dina, der Tochter Jakobs, gebraucht (GCS 43,1, 514 Mras); für Jos. bell 2,454 ist die Beschneidung die höchste Steigerung: μέχρι περιτομῆς ἰουδαΐζειν. S. auch Est 8,17 LXX: πολλοὶ τῶν ἐθνῶν περιετέμοντο καὶ ἰουδάϊζον διὰ τὸν φόβον τῶν Ἰουδαίων, ein Hendiadyoin als Übersetzung von mitjah*dîm. Die in Palästina entstandene rigorosere griechische Übersetzung von Esther betrachtet die Beschneidung als Voraussetzung des ἰουδαΐζειν. In Gal 2,14 und Ign. Mag 10,3 bedeutet es dagegen einfach, jüdische Gesetzessatzungen befolgen, ohne daß diese definiert werden. Act. Pil. (Tischendorf, Evang. Apoc. 222) sagt Pilatus, seine Frau sei θεοσεβής ... καὶ μᾶλλον ἰουδαΐζει σὺν ὑμῖν. Weitere christliche Belege bei Lampe, PLG 674. Der Begriff hat eine erhebliche Bedeutungsbreite.

[484] Jos. bell 2,463; M. GOODMAN, Mission, 77 lehnt dieses Verständnis ab. Uns scheint die Deutung auf Gottesfürchtige *und* Christen die wahrscheinlichste zu sein. S. o. Anm. 324.

fehlen in der Diaspora nicht ganz.[485] Die Beschneidung des Timotheus,[486] der der Ehe einer „gläubig gewordenen" Jüdin und eines Heiden entstammte, und vor allem die Mahnung und die Argumentation des Paulus in 1. Kor 7,12–16, daß sich Christen und Christinnen nicht von ihren heidnischen Partnern scheiden lassen sollten, wenn diese die Ehe aufrecht erhalten wollen, werden dadurch verständlicher.[487] Wie der Fall der Mutter des Timotheus zeigt, war bei solchen, durch Ehen mit heidnischen Männern eher am Rand des Judentums stehenden, Frauen die frühe christliche Mission offenbar besonders erfolgreich. Auch die spätere schlechterdings rigorose Ablehnung jeder Art von Mischehe oder auch nur sexuellen Beziehung zwischen Juden und Nichtjuden setzt voraus, daß damit ein akutes Problem angesprochen wurde.

Den *weitesten Kreis,* der völlig unübersehbar ist, bildeten jene Heiden, die – in durchaus synkretistischer Weise – an der Mächtigkeit *jüdischer Magie* interessiert waren. Mose galt mit als der größte Magier in der antiken Welt, und der jüdische Gott, der Gott des Himmels der persischen Zeit und der ὕψιστος bzw. παντοκράτωρ der LXX, gerade auch mit seinen hebräischen Namen Iao, Adonaios, Sabaoth etc., als in besonderer Weise wirkungsmächtig. Auch derartige Überzeugungen konnten der Synagoge Anziehungskraft verleihen und Heiden am Ende zu dem einen Gott der Juden führen. Etwa die Hälfte der Zauberpapyri und -amulette enthalten jüdische Gottes- und Engelnamen und entsprechende Vorstellungen,[488] und selbst darüber finden wir bei Lukas und Josephus aufschlußreiche Hinweise. In Syrien sind uns zwar wegen des Klimas im Gegensatz zu Ägypten keine Zauberpapyri erhalten, dafür finden wir relativ zahlreiche Amulette mit jüdisch-magischem Inhalt.[489] Man darf dabei nicht übersehen, daß auch Jesus und den Urchristen durch ihre Gegner von Anfang an Magie vorgeworfen wurde,

---

[485] L. H. FELDMAN, Jew, 78f untersucht die Belege bei Philo und verweist (487 Anm. 174) mit Vorsicht auf den Berliner Papyrus Nr. 11641 (zitiert nach W. SCHUBART, Einführung in die Papyruskunde, Berlin 1913, 330). Unter den jüdischen Grabinschriften aus Leontopolis scheint zumindest eine ägyptisch-jüdische Mischehe zwischen einer jüdischen Frau und einem heidnischen Ägypter belegt zu sein, s. HORBURY/NOY, 72 Nr. 33. Aber auch in anderen jüdischen Inschriften tauchen ägyptische Namen auf (HORBURY/NOY Nr. 34; 66; 114). In das liberale, weniger fromme Milieu der Juden in Leontopolis passen Mischehen. Das beste Vorbild war hier Joseph und Aseneth.

[486] Apg 16,1–3, vgl. 2. Tim 1,5, wo freilich unsicher ist, ob die Namen der Mutter und der Großmutter des Timotheus auf wirklicher Erinnerung beruhen oder legendäre Bildungen sind. Die Pastoralbriefe sind kaum vor 110 anzusetzen und sicher nicht zu Lebzeiten des Timotheus geschrieben.

[487] Gegen M. GOODMAN, Mission, 78 Anm. 44, der betont, es gäbe keinen Beleg für einen solchen Unterschied zwischen Diaspora und Judäa im 1. Jh. n. Chr. Zum Problem im rabbinischen Recht s. BILL. II, 741 z. St. Durch die Möglichkeit der Verheiratung jüdischer Sklav(in-n)en bzw. Freigelassenen durch heidnische Herren war dies vielleicht doch häufiger der Fall, als gemeinhin angenommen wird.

[488] L. H. FELDMAN, Jew, 380 nimmt einen noch höheren Prozentsatz an: „the number of items with no Jewish element at all is small"; vgl. W. FAUTH, Helios Megistos, 10 spricht von „allenthalben in den griechischen Zaubertexten anzutreffenden jüdischen Komponenten"; vgl. Index 264 s. v. Iao u. ö.

[489] SEG 42 (1992), Nr. 1378; vgl. die Vorwürfe gegen Piso und die Beschreibung Lukians u. S. 422f; s. auch J. NAVEH/Sh. SHAKED, Amulets and Magic Bowls. Aramaic incantations of Late Antiquity, Leiden 1987, 40–122: Amulets from Palestine and Syria; DIES., Magic Spells and Formulae. Aramaic Incantations of Late Antiquity, Jerusalem 1993; G. VELTRI, Magie und Halakha, TSAJ 62, 1997; vgl. DERS., Jewish Traditions in Greek Amulets, Bulletin of Judaeo-Greek Studies 18 (1996), 33–47. Zur Formel εἷς θεός vgl. SEG 44 (1994) Nr. 1340 (Lit.).

während die christlichen Missionare Magie als Dämonenwerk ablehnten, jedoch ihre eigene Vollmacht, ‚Wunder' zu tun, betonten.[490] Vornehme Heiden, die der Synagoge nahestanden, waren im Grunde in einer ähnlichen Situation, wie sie schon der Syrer Naeman 2. Kön 5,16−19 als Ausnahmekonflikt vor Elisa schildert.[491] Die zahlreichen Gottesfürchtigen in Damaskus und überhaupt in Syrien konnten sich auf sein Vorbild berufen. Je höher ihr sozialer Status war, desto größere Freiheiten wurden ihnen in den Diasporasynagogen zugestanden, und diese waren umso stolzer auf sie.

2. Die Auseinandersetzung um die Beschneidung und die Verbindlichkeit der Gebote

Gerade in der *Beschneidungsfrage* mußte man hier relativ großzügig sein, sonst hätte man einen beträchtlichen Teil der für den gesellschaftlichen Status in der fremden Umgebung wichtigen Sympathisanten verloren, denn die Beschneidung wurde nicht nur bei Griechen und Römern als barbarischer Brauch, der die körperliche Unversehrtheit verletzt, verachtet und war daher immer wieder Gegenstand des Spottes, sie bedeutete auch rechtlich definitiv den endgültigen Übertritt zum fremden „Ethnos" und den Bruch mit der eigenen angestammten Identität. Die oben zitierten Stellen (S. 106ff) sprechen hier für sich. Josephus betont zwar ant 1,194, daß Gott dem Abraham die Beschneidung geboten habe, „damit seine Nachkommen sich nicht mit anderen vermischen sollen", und im Blick auf den Gesetzesgehorsam allgemein in c. Ap. 1,210,

> daß der Gesetzgeber „alle die, die unter denselben Gesetzen mit uns leben wollen und sich uns anschließen, gerne aufnimmt, da er glaubt, daß Verwandtschaft nicht nur durch Abstammung, sondern auch durch Entscheidung zu gemeinsamer Lebensführung zustande komme. Dagegen wollte er nicht, daß solche, die in nicht ernsthafter Absicht kommen, sich unserer Lebensform anschließen."[492]

---

[490] Apg 13,6.8; 8,9ff; die umherziehenden jüdischen Exorzisten in Ephesus 19,13ff und die Verbrennung der Zauberpapyri 19,19 im Wert von 50.000 Denaren; dazu jetzt KLAUCK, Magie, 61−65.112-117; vgl. Mk 9,38ff; Jos. ant 8,45−49; ant 20,142. Wie weit der jüdische Magier Atomos aus Zypern mit dem Apg 13,6.8 genannten Barjesus/Elymas identisch ist, läßt sich nicht mehr entscheiden. Vgl. auch Lukian, Philopseudes 16 (STERN, GLAJ II, 222 Nr. 372); Tragodopodegra 173 (STERN, GLAJ II, 223 Nr. 374). Zu Mose als Magier s. Plinius maior, n.h. 30,11 (STERN, GLAJ I, 498f Nr. 221); Apuleius, Apol. (STERN, GLAJ II, 203f Nr. 361); J.G. GAGER, Moses in Graeco-Roman Paganism, Nashville 1972, 135.152f; Morton SMITH, Jesus the Magician, New York 1978, 114.198. Zu den ‚Wundern' des Apostels s. Paulus in Röm 15,18; 2. Kor 13,3; vgl. Hebr 2,4.
[491] Vgl. dazu P. MARINCOVIC, „Geh in Frieden" (2. Kön 5,19). Sonderformen legitimer JHWHverehrung durch ‚Heiden' in heidnischer Mitwelt, in: Feldmeier/Heckel (Hg.), Heiden, 3−22. Es ist vielleicht nicht zufällig, daß der Jerusalemer Priester Josephus über die Naemangeschichte kein Wort berichtet. Sie mochte zur Zeit Domitians und wegen des Falls von Titus Flavius Clemens politisch inopportun erscheinen, oder aber er hat sie abgelehnt.
[492] Ὅσοι μὲν γὰρ ἐθέλουσιν ὑπὸ τοὺς αὐτοὺς ἡμῖν νόμους ζῆν ὑπελθόντες δέχεται φιλοφρόνως, οὐ τῷ γένει μόνον, ἀλλὰ καὶ τῇ προαιρέσει τοῦ βίου νομίζων εἶναι τὴν οἰκειότητα. τοὺς δ' ἐκ παρέργου προσιόντας ἀναμίγνυσθαι τῇ συνηθείᾳ οὐκ ἠθέλησεν. Vgl. ant 3,318f o. S. 110f. Zur negativen Beurteilung der Beschneidung s. M. STERN, GLAJ III, 114 Index s.v. circumcision. Zum Verbot durch Hadrian s. M. HENGEL in: Judaica et Hellenistica, 381−384; vgl. u. Anm. 778. S. auch R. MEYER, Artk. περιτέμνω, ThWNT VI, 77−80.

Doch damit formuliert er ein ideales Ziel, wobei der kritische Nachsatz zeigt, daß es seiner Ansicht nach – er schreibt in Rom – nicht wenige ἐκ παρέργου προσιόντες gab. Es klingt in beiden Aussagen noch der Rigorismus des pharisäischen Priesters aus Jerusalem an, den man mit dem des Galiläers Eleazer gegenüber Izates vergleichen könnte, und diese typisch palästinische Zurückhaltung darf man keinesfalls generell auf die Diaspora übertragen. Darum hilft hier auch das einen einseitigen Standpunkt vertretende rabbinische Material nicht viel weiter.[493] Zudem fällt auf, daß Josephus nur allgemein von „denselben Gesetzen" spricht und nicht die Beschneidung als Schibbolet besonders hervorhebt.

Ganz anders war die Situation bei *den geborenen Juden* selbst, insbesondere im strengeren Mutterland. Mochten sie gegenüber Sympathisanten mit Rücksicht auf deren besondere Situation relativ großzügig sein –, für sie war die Beschneidung keineswegs ein Adiaphoron, und ihre Verweigerung bei Juden bedeutete im Grunde den Bruch mit dem Abrahambund und d. h. den Abfall vom Judentum. Dies gilt sogar für die Familie des Herodes, wo bei Ehen herodianischer Frauen mit nichtjüdischen Fürsten aus Nachbargebieten deren Beschneidung gefordert wurde und man solche politisch bedeutsamen Verbindungen lieber scheitern ließ, als daß man auf diese Forderung verzichtete.[494]

[493] Vgl. S.R. HOENIG, Circumcision: The Covenant of Abraham, JQR 53 (1962–1963), 322–334, der die starke Betonung der Beschneidung im Rabbinat auf den Gegensatz zum Christentum zurückführt; S.J.D. COHEN, Respect (Anm. 454); L.H. FELDMAN, Josephus and Modern Scholarship, Berlin/New York 1984, 732ff; B.J. BAMBERGER, Proselytism in the Talmudic Period, New York 1968, 42f; WILL/ORRIEUX, Proselytism (Anm. 416). Eine Zusammenstellung der Belege bei BILL. IV, 31–40: z.B. PRE 29 Anfang: „Die Vorhaut ist die schlimmste der Unreinheiten ... der schlimmste aller Fehler" (35f); dazu auch Sacha STERN, Identity, 55.59f0.63–67. Zwar konnten auch die Rabbinen die Existenz der „Gottesfürchtigen" nicht leugnen (s. die Zusammenstellung bei BAMBERGER, Proselytism, op.cit., 134ff; SIEGERT, Gottesfürchtige, 110–127; FELDMAN, Jew, 353–356), sie zeigen ihnen gegenüber jedoch eine deutliche Distanz. Ihre Haltung zu den Proselyten ist sehr viel positiver: Sacha STERN, Identity, 88–93. Die rabbinischen Texte betreffen nur einen Teil des nachchristlichen Judentums und widersprechen z.T. der historischen Wirklichkeit vor allem in der Diaspora, aber z.T. auch im Mutterland. Wir erinnern nur an die Bilderfrage und die zahlreichen bildlichen Darstellungen in den Synagogen. Der z.Z. des Bar Kochba-Krieges aus Palästina nach Ephesus geflohene jüdische Gesprächspartner Justins, Tryphon, fordert diesen auf: „Wenn du auf mich hören willst ..., laß dich vor allem beschneiden" (dial 8,4). Er vertritt ebenfalls diese typisch palästinische Sicht in der 1. Hälfte des 2. Jh.s. Nach bSan 39a forderte der Kaiser R. Tanchum auf: ‚„Komm wir wollen zu *einem* Volk werden'. Dieser erwiderte ihm: ‚Gut, aber wir, die wir beschnitten sind, können nicht wie ihr werden, darum müßt ihr euch beschneiden lassen und wie wir werden'." (Üs.: L. Goldschmidt); s. dazu S. STERN, Identity, 66 Anm. 121. Hier wird schon das Christentum vorausgesetzt. Zum Verständnis von ἰουδαΐζειν = „die Beschneidung vollziehen", s.o. Anm. 483.

[494] Jos. ant 20,139 läßt sich König Azizos von Emesa beschneiden, um Drusilla, die Schwester Agrippas II. zu heiraten (vgl. o. Anm. 451), nachdem Epiphanes, der Sohn Antiochus' IV. von Kommagene, trotz vorheriger Zustimmung (19,355) aus diesem Grunde die Verlobung gelöst hatte. Als die jüdische Prinzessin dann mit Hilfe des jüdischen Magiers Atomos Azizos verließ und den Prokurator Felix heiratete, betont Josephus mißbilligend, daß „sie die väterlichen Gesetze übertreten" habe (20,143). Ihre ältere Schwester Berenike heiratete in 3. Ehe den König Polemon II. von Pontos, der seit 41 auch über einige Teile Kilikiens herrschte. Sie arrangierte – wohl im Einverständnis mit ihrem Bruder – selbst die Ehe, um den Gerüchten, sie habe ein inzestuöses Verhältnis mit Agrippa II., zu entgehen. Polemon ließ sich beschneiden, aber als ihn Berenike nach kurzer Zeit wieder verließ, hielt er sich nicht mehr an die jüdische Lebensweise (Jos. ant 20, 145f). Dieses Festhalten an der

Der Jude, der die Beschneidung seiner Kinder unterließ, diese grundsätzlich ablehnte oder gar bei sich selbst rückgängig zu machen versuchte, galt vor allem seit der Makkabäerzeit als *Apostat* und hatte – für die Eiferer in Eretz Israel – damit sein Leben verwirkt.[495] Dies ist der Grund, warum Paulus, der einstige pharisäische Schriftgelehrte, an Timotheus, dem Sohn einer jüdischen Mutter, die Beschneidung vollzieht. Er hätte ihm und sich selbst als angeblichem Apostaten den Weg in die Synagogen und d. h. auch zu den „Gottesfürchtigen" verschlossen.[496] In Jerusalem hat man dann später gleichwohl auf massive Weise gegen Paulus den Vorwurf der Apostasie erhoben, insbesondere, daß er auch andere Juden zum Abfall verführe, da Judenchristen in den paulinischen Missionsgemeinden vermutlich bei ihren Kindern je und je die Beschneidung nicht mehr vollzogen.[497]

Wenn *Philo* einmal von radikalen jüdischen Allegoristen spricht, für die die wörtliche Bedeutung des Gesetzes (und damit wohl auch des Beschneidungsgebots) bedeutungslos wird, weil sie darin nur noch „Symbole geistiger Dinge" sehen wollen, so handelt es sich hier um intellektuelle Außenseiter in Alexandrien, die gerade von Philo selbst entschieden abgelehnt wurden.[498] Auch er selbst gibt der Beschneidung eine ausführliche allegorische Deutung, die auf die *Befreiung der Seele von den schädlichen Leidenschaften* ausgerichtet ist, hält aber in seiner Auslegung von Gen 17,8−14 unbedingt an ihrem wirklichen Vollzug fest.[499] Dagegen kann er in Bezug auf den Proselyten zu Ex 22,20b sagen, die Schrift mache „offenbar, daß der Proselyt nicht jemand ist, der an seiner Vorhaut, sondern in Bezug auf seine Lüste, Begierden und andere Leidenschaften der Seele beschnitten" werde. „Die Gesinnung des Proselyten" bedeute nichts anderes „als die Entfremdung gegenüber dem Schein des Polytheismus und das Vertrautwerden mit

---

Beschneidung heidnischer Männer geschah vor allem um der „Innenpolitik" im jüdischen Palästina willen. Agrippa wollte die Gunst der Juden gewinnen, s. u. Anm. 1557. Berenike erscheint in bell 2,313f als fromme Jüdin, die ein Gelübde im Tempel erfüllt und vor Florus für ihr Volk eintritt, und wird 70 n. Chr. die Geliebte des Titus (s. o. Anm. 482). Wir sehen an diesen Beispielen, daß die Beschneidungsfrage in Syrien auch eine politische Rolle spielte und man im jüdischen Palästina auf diese Vorgänge gerade in höchsten Kreisen achtete. Die Rabbinen lehnten später durch Heirat motivierte Übertritte zum Judentum ebenso ab wie die zelotische Zwangsbeschneidung (Ger 1,7; yQid 4,1 65b, 56−60; bYev 24a; vgl. Est 8,17; zur Diskussion s. S. Stern, Identity, 90f.101). Bei dem nabatäischen Machthaber Syllaios, der die Schwester des Herodes, Salome, heiraten wollte, sich jedoch weigerte, sich der „Lebensweise der Juden anzuschließen" (ἐγγραφῆναι ταῖς τῶν Ἰουδαίων ἔθεσι), vermeidet es Josephus, die Beschneidung zu erwähnen, vermutlich, weil diese bei den Arabern kein Problem war (s. u. Anm. 778).

[495] Vgl. 1. Makk 1,15f.60f; 2,46; 2. Makk 6,10; Jos. ant. 12,241; Bill. IV, 33f; s. auch M. Hengel, JuH, 99 und Index s.v. „Beschneidung"; K. G. Kuhn/H. Stegemann, Artk. Proselyten, PRE Suppl. 9 (1962), 1247−1257; weiter P. Schäfer, Der Bar Kokhba-Aufstand, TSAJ 1, 1981, 38−50 bes. 43ff zu tAZ 3,11 und tShab 15 (16),9; S. Stern, Identity, 66f und allgemein zu Abfall und ‚Häresie': 106−112.

[496] Apg 16,3 gibt die genau zutreffende Begründung; vgl. 1. Kor 9,19ff: Er tut es um des πλείονας κερδαίνειν willen. S. Bill. II, 741 unter Verweis auf bQid 68b: Shim'on b. Jochai (Mitte 2. Jh.) aufgrund einer Deutung von Dtn 7,4: Weil der Sohn einer Israelitin von einem Heiden „dein Sohn" genannt wird, ist er ebenfalls Israelit und daher zu beschneiden. Dort eine Fülle weiterer Belege. Zu den Einwänden von S. J. D. Cohen s. u. Anm. 1262.

[497] Apg 21,21 vgl. 21,28. Darum trachtete man ihm nach dem Leben, 23,12ff; 24,5 vgl. Röm 15,31.

[498] De migr. Abr. 80f. Vgl. M. Hengel, JuH, 551 Anm. 264.561.

[499] QGen 3,45−52.

der Ehre des Einen und der Natur des Alls". Die Hinzugekommenen sind solche, die „zur *Wahrheit* übergelaufen sind".[500] Hier wird doch eine gewisse Spannung zwischen der äußerlichen Beschneidung und ihrem eigentlichen „geistlichen" Sinn deutlich. Dieses Wissen um die Wahrheit der an Israel ergangenen Offenbarung des einen Gottes, des Schöpfers der Welt und Herrn der Geschichte, bildet die eigentliche Grundlage der jüdischen religiösen Propaganda, denn diese *eine* Wahrheit des *einen* Gottes galt letztlich auch allen Nichtjuden, die ja auch zu seinen Geschöpfen gehörten. Dies wird bei Philo (etwa in seiner eschatologischen Schrift „de praemiis et poenis"), aber auch bei Josephus sehr deutlich. Es wäre jedoch falsch- trotz der offensichtlichen Spannung –, aus diesem vieldiskutierten Text herauszulesen, daß Philo die Möglichkeit von „unbeschnittenen Proselyten" gekannt habe. Er geht der LXX entsprechend selbstverständlich davon aus, daß der *Proselyt*, der Vollmitglied der jüdischen Gemeinde werden wollte, sich beschneiden ließ, jedoch diese äußerliche Operation einen tieferen geistigen Sinn habe, und daß mit der äußerlichen Operation eine innere Wende zu vollziehen sei. Freilich konnte u. U. durch eine derartige „geistige Auslegung" der Beschneidung der Gottesfürchtige bzw. Sympathisant darin bestärkt werden, auf eine solche – und die damit verbundenen Konsequenzen – überhaupt zu verzichten und sich auf die allein notwendige Beschneidung des Herzens zu berufen, die dann für Paulus und Lukas und erst recht für den Barnabasbrief wesentlich ist.[501] Wie sich Philo in diesen Konfliktfällen verhalten hat, wissen wir nicht. Daß er auch den „*Sympathisanten*" seinerseits mit Sympathie gegenüberstand, ergibt sich aus seinem Bericht über das jährliche Volksfest im Gedenken an die Übersetzung der Tora, zu dem nicht allein Juden, sondern auch „sehr viele andere" zur Insel Pharos hinüberfuhren, um Gott für diese Wohltat zu danken, „obwohl es seit langem dem jüdischen Volk nicht gut gehe (τοῦ ἔθνους οὐκ εὐτυχοῦντος)":

> „Deshalb wird bis heute jedes Jahr ein Fest und eine Volksversammlung auf der Insel Pharos gefeiert, zu dem nicht nur die Juden, sondern auch eine Menge anderer (οὐκ Ἰουδαῖοι μόνον ἀλλὰ καὶ παμπληθεῖς ἕτεροι) zu Schiff hinausfahren, um den Ort zu ehren, wo zuerst die Übersetzung (der LXX) aufstrahlte, und um Gott zu danken für die alte *Wohltat* (εὐεργεσία), die immer jung bleibt. ... Normalerweise treten ja die Vorzüge derjenigen, die sich nicht in blühenden Verhältnissen befinden, in den Schatten. Aber wenn (für dieses Volk) der Beginn eines glänzenderen Schicksales käme, wie groß würde dann wahrscheinlich die Zunahme sein? (vgl. Röm 11,12!) Ich glaube, die anderen Völker werden ihre eigenen (Gebräuche) verlassen und vielfach den (eigenen) väterlichen (Gesetzen) Lebewohl sagen und jeder wird sich allein diesen Gesetzen zuwenden, um sie zu ehren. Denn wenn es dem Volk gut gehen wird, werden die Gesetze aufleuchten und die anderen zum Verdunkeln bringen wie die aufgehende Sonne die anderen Sterne."[502]

---

[500] QEx 2,2, Fragmenta Graeca, ed. F. Petit, Les Oeuvres de Philon d'Alexandrie 33, 1978, 239. Vgl. Paulus Röm 2,28f; (Kol 2,11).

[501] Röm 2,25–29; Apg 7,51 vgl. Dtn 30,6; Jer 4,4; 9,24f; vgl. die Beschneidung der Ohren Jer 6,10. Zu Barn 9,1–8; 10,12 vgl. J. CARLETON PAGET, The Epistle of Barnabas, WUNT II/64, 1994, 143–149.211f.

[502] VitMos 2,41ff; vgl. VitMos 2,25f; Praem 116f.152. S. dazu neben Röm 11,12 vor allem Sach 8,23: „In jenen Tagen werden zehn Männer aus allen Sprachen der Völker ... einen Juden am Rockzipfel fassen und sagen: ‚Wir wollen mit euch gehen, denn wir haben gehört: Gott ist mit euch!'." Vgl. weiter u. Anm. 532.

Die Sympathisanten konnten so als Vorbereitung auf die Bekehrung aller Völker zum wahren Gott verstanden werden. Dies war wohl auch für die früheste Missionspredigt der judenchristlichen Hellenisten gegenüber den „Gottesfürchtigen" wesentlich: Sie hatten von Anfang an *eschatologische Bedeutung* und sollten als „Erstlinge" (u. Anm. 541) die Völkerwallfahrt bei der Parusie vorbereiten.

Die Argumentation des Ananias gegenüber Izates lag auf der oben geschilderten „liberaleren" Linie. Der Gegensatz zwischen dem jüdischen Kaufmann Ananias, der wohl babylonischer Diasporajude war, und dem vermutlich pharisäischen Galiläer Eleazar weist auf ein Grundproblem hin, das auch in der Mission der judenchristlichen Hellenisten von Anfang an akut war und durch den endzeitlichen Charakter dieser neuen messianischen Bewegung verschärft wurde.[503]

Generelle Regeln für die von den heidnischen Sympathisanten und Gottesfürchtigen einzuhaltenden Gesetzesbestimmungen oder eine Übereinkunft über Mindestforderungen in Hinsicht auf Speise- und Reinheitsvorschriften lassen sich in den jüdischen Texten im 1. Jh. n. Chr. nicht feststellen.[504] Der Schwerpunkt der jüdischen Frömmigkeit in der Diaspora lag sicherlich auf der *Ethik*. An so unterschiedlichen Texten wie Philos Hypothetika, Ps-Phokylides' Lehrgedicht und der Gesetzesapologie des Josephus, aber auch in den paränetischen Reihen der TestXII und anderen Texten lassen sich die allgemeinen ethischen Topoi der jüdisch-hellenistischen Diaspora beobachten.[505] Nahmen Gottesfürchtige und Sympathisanten an den Synagogengottesdiensten teil, so konnten sie sich an jedem Sabbat durch die Verlesung der mosaischen Gesetze und durch deren Erklärung an den Vorzügen dieser aufgrund ihrer εὐσέβεια auf ἀρετή zielenden Ethik erbauen und diese, wenn sie wollten – bzw. konnten – auch praktizieren. Vorrangig waren hier der Dekalog, mit der Betonung des ersten Gebotes (vgl. Dtn 6,4) im täglichen Bekenntnis, und die Zusammenfassung aller Gebote auf das Doppelgebot der Gottes- und Menschenliebe.[506] Genauere Bestimmungen, die mit der späteren Vorstellung von den *noachidischen Geboten* der Rabbinen vergleichbar wären, sollte man hier nicht herauslesen wollen.[507] Zwar gibt Noah schon in Jub 7,20 bei

---

[503] S. dazu J. NOLLAND, Uncircumcised Proselytes, JSS (1981), 173–194, gegen N. J. MCELENEY, Conversion, Circumcision and the Law, NTS 20 (1974), 328–33. Gegen NOLLAND scheint uns der Konflikt des Izates kein so seltener Sonderfall gewesen zu sein. Nur so erklärt sich der relativ große Kreis der Sympathisanten um die jüdischen Kerngemeinden in der Diaspora. Bei den Frauen war die Situation vor 70 noch komplizierter, s. o. Anm. 454–472; vgl. auch die begriffliche Unschärfe des Lukas Apg 13,43: τῶν σεβομένων προσηλύτων. Es mag eifrige „Gottesfürchtige" nicht zuletzt bei den Frauen gegeben haben, die sich praktisch als „Proselyten" fühlten, nur daß sie den letzten Schritt, Pilgerreise nach Jerusalem, Tauchbad und Opferdarbringung (bzw. bei Männern zusätzlich die Beschneidung) nicht vollzogen. Vielleicht war vor 70 bei den Frauen der Übertritt zum Judentum überhaupt noch nicht so klar markiert wie bei den Männern, so daß die Grenzen zwischen Sympathisantinnen, „Gottesfürchtigen" und Proselytinnen zunächst relativ fließend waren.

[504] Vgl. F. SIEGERT, Gottesfürchtige, 125.

[505] Vgl. HENGEL, JuH, 245; dazu jetzt C. GERBER, Contra Apionem (Anm. 425), 116: „es (gab) einen ‚Fonds' frühjüdischer Gesetze ..., der sich eignete als Grundlage für zusammenfassende Darlegungen des jüdischen Gesetzes für Nicht-Kenner desselben."

[506] Vgl. G. STEMBERGER, Der Dekalog im frühen Judentum, JBTh 4 (1989), 91–103; vgl. u. Anm. 515–517.

[507] F. SIEGERT, Gottesfürchtige, 125 sah in den Bestimmungen von Ps-Phok 3–8 „den ethischen Kanon des Judentums für die Gottesfürchtigen", der den noachidischen Geboten der Rabbinen entspreche.

seiner Abschiedsrede seinen Söhnen eine Reihe von Geboten, die für alle Menschen nach der Sintflut gelten sollten.[508]

„Und er verordnete und bezeugte über seine Kinder, daß sie Gerechtigkeit täten und daß sie die Scham ihres Fleisches bedeckten und daß sie den segneten, der sie geschaffen, und daß sie Vater und Mutter ehrten und daß sie ein jeder den Nächsten liebten und daß er bewahre seine Seele vor Unzucht[509] und Unreinheit und vor aller Ungerechtigkeit."

Denn wegen „Unzucht, Unreinheit und aller Ungerechtigkeit", war die Sintflut über die Erde gekommen (V. 21). Direkt nach der Flut und vor dem Bundesschluß Gottes hatte Noah ein Opfer dargebracht zur Entsühnung *der ganzen Erde* vom vergossenen Blut.[510] Schon Hams Sünde verletzte jäh diesen Frieden, deshalb wird seine Sünde als konkreter Fall angeführt. Doch Noahs Mahnung wurde nur von Sem und seinen Nachkommen beherzigt und deshalb wird sie in der Abschiedsrede Abrahams an Isaak aufgenommen (21,21 ff) und in der an seinen Enkel Jakob noch einmal eingeschärft:

„Und auch du, mein Sohn Jakob, ... Trenne dich von den Völkern und iß nicht mit ihnen und handle nicht nach ihrem Werk ..." (22,16).

Die massa perditionis der Völker begeht Götzendienst, lebt in Unreinheit und Unzucht, deshalb muß sich „Jakob" von ihnen fernhalten. Das Jubiläenbuch, in der Mitte des 2. Jh.s v. Chr. in Judäa abgefaßt, spiegelt die Rückbesinnung auf die angestammten Gesetze nach dem Scheitern des hellenistischen Reformversuchs, betont die Unvereinbarkeit von heidnischer und jüdischer Lebensweise und gipfelt in der Festsetzung der Sabbatgebote an Israel (c. 50). Es ist kein Wunder, daß spätere Rabbinen diese Linie fortsetzen und die genaue Definition der sieben noachidischen Gebote und ihre halakhische Geltung diskutieren, denn sie wurden ja der gesamten Menschheit als Söhne Noahs gegeben.[511] Nach rabbinischem Recht unterliegen die Heiden den juridischen Bestimmungen der noachidischen Gebote, wenn sie sie übertreten, sollen sie entsprechend bestraft werden – doch das ist nur Theorie. Die Diskussion über die noachidischen Gebote geht zumeist davon aus, daß die Heiden nicht einmal imstande sind, dieses „Naturrecht" ihrer eigenen Gebote zu halten, geschweige denn die Zehn Gebote, in denen die noachidischen Gebote enthalten sind, oder gar die ganze Tora. Eben wegen ihrer Unfähigkeit, von Götzendienst, Unzucht, Mord etc. abzustehen, lehnten die Völker die Annahme der Tora am Sinai ab.[512] Aber – die Gegenstimme wird in der

---

[508] Üs. BERGER, JSHRZ II/3, 1981, 364.

[509] Darunter versteht Jub: Blutschande (16,5.8; 33,10.12; 45,25f), Ehebruch (39,6) und Mischehe (20,4; 25,1–7).

[510] Als Erweiterung von Gen 9,1–7 in Jub 6,2 „Und er nahm einen Ziegenbock. Und er sühnte mit seinem Blut für alle Sünde der Erde"; ebenso in 1QGenAp x 13: „Und Noah sühnte (כפרת) für die ganze Erde". Vgl. zum Text M. MORGENSTERN u. a., The Hitherto Unpublished Columns of the Genesis Apocryphon, Abr-Nahrain 33 (1995), 44.

[511] tAZ 8,4 (Z. 473): 1. Rechtspflege, 2. Verbot des Götzendienstes, 3. Verbot der Gotteslästerung, 4. Verbot sexueller Vergehen, 5. Verbot des Blutvergießens, 6. Verbot des Raubes, 7. Verbot des „Glied von einem Lebenden"; BerR 34,8 zu Gen 8,17 (Theodor/ Albeck 316f); bSan 56a-b; vgl. F. SIEGERT, Gottesfürchtige, 121; S. STERN, Identity, 204ff; F. AVEMARIE, Tora, 192.489f.501.

[512] MekhY Bahod 5: „Wenn sie die sieben Gebote, zu denen die Nachkommen Noahs verpflichtet sind (und) die sie auf sich genommen haben, nicht halten können, (dann doch) erst recht (nicht) die Gebote in der Tora"; SifDev 343; bAZ 2b; vgl. F. AVEMARIE, Tora,

rabbinischen Literatur nicht völlig unterdrückt – im Gegensatz dazu wird betont: Der Heide, der als Heide die Tora tut, ist „wie ein Hoherpriester".[513] In bSan 59a widerspricht dies dem Satz, jeder Nichtjude, der sich mit der Tora befasse, verdiene den Tod; wobei die Gemara den Ausgleich mit Lev 18,5[514] durch die Auskunft, dies beziehe sich nur auf die sieben noachidischen Gebote, erreicht.

Schon bei Josephus finden wir eine eigenartige Zurückhaltung gegenüber der wörtlichen Mitteilung der „zehn Worte" an seine heidnische Leserschaft. Den Dekalog teilt er in seinen einem Heiden gewidmeten, mit apologetischer Zielrichtung geschriebenen Antiquitates nicht im Wortlaut mit, sondern nur in kurzer Paraphrase.[515] Josephus behandelt ihn wie ein σύνθημα und betont, daß es Gottes eigene Worte sind. Woher diese Scheu vor der wörtlichen Mitteilung rührt, ist nicht eindeutig festzustellen. Sie mag damit zusammenhängen, daß der im Dekalog genannte Gottesname nicht ausgesprochen werden durfte und daß die Tefillin damals noch die zehn Worte enthielten.[516] Vielleicht fürchtete er magischen Mißbrauch. Auf der anderen Seite unterstreicht Josephus nicht nur in Ant 3,90, daß das jüdische Gesetz grundsätzlich mitteilbar und kein Geheimnis ist, sondern führt den Beweis, daß dieses Gesetz auch denen, die nicht darin aufgewachsen sind, verständlich gemacht werden kann, ausführlich in seiner Gesetzesapologie.[517]

3. Zur Synagogenpredigt als Mittel religiöser Propaganda

Die Gottesdienste in den Synagogen der größeren Städte waren öffentlich und werden vor allem durch ihre *Predigten* für Außenstehende so anziehend gewesen sein. Wir besitzen – wenn man vom großen Kommentarwerk Philons von Alexandrien absieht, das trotz seines hochrhetorischen, manirierten Stils und seiner philosophischen Begrifflichkeit auf seine reiche Lehr- und Predigttätigkeit[518] schließen läßt – nur noch wenige

---

501f.505–508; S. STERN, Identity, 200–206; zu den überwiegend stark negativen Urteilen über die Heiden s. dort 268 Index s. v. non-Jews.

[513] Sifra Ahare-Mot Pq 13,13 zu Lev 18,5 (Weiss 86b); bSan 59a, bBQ 38a; bAZ 3a. S. dazu F. AVEMARIE, Tora, 493–497: „der Ausspruch (zeugt) zumindest von Indifferenz gegenüber dem Unterschied zwischen Israel und den Heiden: Das einzige, worauf es ankommt, ist, die Tora zu tun." (496). S. STERN, Identity, 201.212ff, betont stärker die negativen Stimmen, die die Beschäftigung der Heiden mit der Tora als Diebstahl betrachten und mit dem todeswürdigen Verbrechen des Ehebruchs vergleichen.

[514] „Der *Mensch*, der nach ihnen handelt, wird durch sie leben".

[515] 3,90: Das ganze Volk hörte „die Stimme aus der Höhe", und Mose hat die zehn Worte schriftlich auf den beiden Tafeln hinterlassen, aber von diesen Worten gilt: οὓς οὐ θεμιτόν ἐστιν ἡμῖν λέγειν φανερῶς πρὸς λέξιν, τὰς δὲ δυνάμεις αὐτῶν δηλώσομεν.

[516] Vgl. G. STEMBERGER, Dekalog (Anm. 506), 95f. Zum Wunder der Offenbarung der Gottesstimme am Sinai bei Philo und Josephus vgl. P. KUHN, Offenbarungsstimmen im Antiken Judentum, TSAJ 20, 1989, 156–168.188.

[517] Vgl. c. Ap 2,91ff.190–210; C. GERBER, Contra Apionem (Anm. 425), 277, die jedoch auf eine Erklärung der „Arkandisziplin in bezug auf den Dekalog" verzichtet.

[518] Zu Philos Rhetorik und der Predigt s. F. SIEGERT, Philon von Alexandrien: Über die Gottesbezeichnung „wohltätig verzehrendes Feuer". ‚De Deo'. Rückübersetzung aus dem Armenischen, dt. Übersetzung und Kommentar von F.S., WUNT 46, Tübingen 1988, 5. Philo konnte als versierter Schriftsteller in verschiedenen „Höhenlagen" schreiben und sprechen.

Reste dieser jüdischen Predigt-Gattung, zu der im Grunde auch die von Lukas in Anlehnung an die „historische Situation" konzipierten skizzenhaften Reden der Acta gehören. Manche könnte man als judenchristliche „Kurzpredigten" bezeichnen.[519] Hier soll jedoch auf eine original jüdische Predigt verwiesen werden, die gerade auch Sympathisanten ansprechen konnte:

Dieses Beispiel für die einladende, aber gleichwohl ‚liberale' Verkündigung in der Synagoge ist die *ps-philonische Predigt De Jona*, die wahrscheinlich in Alexandrien abgefaßt wurde. In ihr läßt sich noch deutlich der vorsichtig werbende Ton erkennen, mit dem der Prediger dem „heidnischen" Teil seiner Hörerschaft die „mosaische Religion empfiehlt"[520] und beim jüdischen Auditorium Verständnis für die „Heiden" weckt. Die „Buße" der Niniviten dient Juden *und* Heiden als Vorbild:

„Auch die Niniviten waren einst ohne Früchte der Frömmigkeit. Sie kannten nicht die Frucht der göttlichen Gerechtigkeit; und die Ehre, die dem Schöpfer gebührt, erwiesen sie dieser Welt. Aber jetzt geben sie *nicht mehr der Natur den Dank* für ihre Früchte und halten der wärmenden Kraft der Elemente keinen Gottesdienst mehr, sondern sie bekennen sich dazu, den Geber der Früchte für die Früchte zu ehren, und haben sich verpflichtet, statt dieser Welt ihren Baumeister zu ehren."[521]

D.h. sie verehren jetzt, bekehrt durch die Bußpredigt Jonas, nicht mehr wie die Griechen, und wie es seit Spinoza wieder modern wurde, das Geschöpf Gottes, die Natur bzw. die Welt, sondern den personhaften, einen wahren Gott, der die Welt erschaffen hat. Zu dieser ihrer „Umkehr der Herzen"[522] wurden die Niniviten wegen der „Menschenliebe" Gottes (er ist mardasēr = φιλάνθρωπος[523]) bewegt:

Gott schickte den Profeten zwar wegen der Sünden der Niniviten mit seiner Ge-

---

Seine öffentliche Wirksamkeit für die große jüdische Gemeinde in Alexandrien bis hin zur Leitung der Gesandtschaft an Caligula nach Rom setzt auch die Fähigkeit zur freien, allgemeinverständlichen Rede voraus. H.A. WOLFSON, Philo, Cambridge Mass. ³1962, 1, 98 schließt aus seiner Schriftauslegung etwas übertreibend: „That Philo was a preacher with a flair for philosophy rather than primarily a philosopher. That he was a good preacher – in fact the founder of the art of preaching as we know it – and perhaps the greatest philosophic preacher that has ever lived, can be readily admitted." S.u. Anm. 530.531 zur jüdischen Lehre als der wahren Philosophie.

519 Apg 7; 13; cf. Hebr 11.
520 F. SIEGERT, Die Heiden in der pseudo-philonischen Predigt De Jona, in: Feldmeier/Heckel (Hg.), Heiden, 53. Wie Siegert zu Recht betont, fällt in dieser Predigt der Begriff „Heiden" gar nicht. Der Prediger spricht immer von „Menschen", d.h. er spricht alle Hörer in gleicher Weise an.
521 § 216f. Üs. F. SIEGERT, Heiden (Anm. 520), 52f; vgl. DERS., Drei hellenistisch-jüdische Predigten. Ps.-Philon, ‚Über Jona', ‚Über Simson' ... I, Übersetzung aus dem Armenischen und sprachliche Erläuterungen, WUNT 20, Tübingen 1980; DERS., Drei hellenistisch-jüdische Predigten. Ps.-Philon, ‚Über Jona', ‚Über Jona' (Fragment) und ‚Über Simson' II, Kommentar, WUNT 61, Tübingen 1992.
522 S.u. Anm. 525.
523 Zur universalen „Philanthropia" (einer antiken Herrschertugend) Gottes s. Tit 3,2; JosAs 13,1; Jos. ant 1,24; Philo, Opif 81 u.ö.; Sap 1,6; 7,23 s. U. LUCK, ThWNT IX, 107–111. Vgl. die Verteidigung der stoischen Lehre von der Menschenliebe Gottes: Cicero, nat deor 1,124 (die *hominum caritas* entspricht der *gratia* der Götter).

richtspredigt gegen die Stadt, um ihr den Untergang anzukündigen. Aber Gott änderte seinen Plan, „um Liebe walten zu lassen".[524] Entsprechend legt Gott selbst dem Profeten danach seine eigene Gerichtspredigt aus und zeigt ihm, wie sie sich dennoch erfüllt hat: Zwar wurde die Stadt nicht „zerstört", dafür jedoch die Herzen „gewendet".[525] Gott als der Menschenfreund bringt die Menschen, denen die wahre menschliche Selbsterkenntnis und Würde fehlt, aus ihrem tierischen Zustand zur wahren Erkenntnis der Natur und ihres Schöpfers. „Gott gleicht einem Mensch(en), der einen Sklaven um Geld gekauft[526] hat, und zwar hat er ihn *aus dem Tod ins Leben zurückgekauft.* ... Der Preis ... besteht ... in Gottes Zuwendung durch das Wort des Propheten, und er liegt in Gottes unverdientem Verzeihen."[527]

Aus dieser Predigt spricht die liberale Haltung eines jüdischen synagogalen Predigers, der offen für seine Umwelt und stoische Gedanken aufnehmend, aber die biblische Jonageschichte dennoch nicht „verwässernd", um seine heidnischen Mitbürger wirbt, damit sie zur Erkenntnis der Menschenliebe Gottes gelangen. Gleichzeitig möchte er sie von der Notwendigkeit der Annahme einer göttlichen Philanthrophie und einer entsprechenden ethischen Haltung in Dankbarkeit gegenüber ihrem Schöpfer, d.h. eines Lebens, das Gott gefällt, überzeugen.[528] Elemente dieser Forderung erscheinen – dann radikalisiert als eschatologische Gerichtsrede – in Röm 1,18–3,20.

Josephus kann in seiner Einleitung zum mosaischen Schöpfungsbericht den nicht mythologischen, vielmehr „Gottes Majestät und Menschenliebe[529]" entsprechenden, philosophischen Charakter der biblischen Darstellung betonen, die ganz mit „der Natur des Alls übereinstimmt": Sie sei eine θεωρία ... λίαν φιλόσοφος[530]. Das weltoffene Judentum der Diaspora lud darum seine heidnischen Mitbürger ein, an seinen Gottes-

---

[524] De Jona c. 46 §186; Üs. in SIEGERT, Predigten I (Anm. 521), 42.

[525] Mit diesem Wortspiel nimmt der Prediger in positiver Weise die Doppeldeutigkeit des terminus technicus für die Zerstörung Sodoms und Gomorras, die das Jonabuch verwendet, *hpk* – im Griechischen wohl καταστρέφω und ἐπιστρέφω – auf, s. dazu F. SIEGERT, Predigten I (Anm. 521), 43f; Kommentar in: DERS., Predigten II (Anm. 521), 211f. ἐπιστρέφειν ist aus der LXX übernommen und auch für Lukas ein grundlegender Begriff, vgl. die Verwendung in der Bedeutung „bekehren" Lk 1,16.17; 17,4; Apg 3,19; 9,35; 11,21; 14,15; 15,19; 26,18.20; 28,27 und ἐπιστροφή Apg 15,3. Es ist in Acta häufiger als μετανοεῖν (11/5).

[526] Vgl. Paulus mit christologischer Begründung 1. Kor 6,20; 7,23; Gal 3,13; 4,5; und Apk 5,9; 14,3f. Die Vorstellung des „Loskaufs" mag aus der synagogalen Predigt stammen. Dahinter könnte ein Stück jüdischer „Proselytentheologie" stehen.

[527] F. SIEGERT, Heiden (Anm. 520), 57f.

[528] De Jona § 118. Vgl. F. SIEGERT, Heiden (Anm. 520), 56ff. Die antijüdische Polemik der Antike hebt dagegen stereotyp die *Menschenfeindschaft* der Juden hervor. Vgl. M. STERN, GLAJ III, 136 Index s.v. „misanthropy". Das mag unseren Prediger zu seiner ungewöhnlichen Betonung von Gott als dem Menschenfreund bewegt haben. Juden – gerade in der Diaspora – war dieser Vorwurf unverständlich, s. Philo, SpecLeg II, 163–167; vgl. dazu F. SIEGERT, Predigten II (Anm. 521), 106ff. Josephus betont in c. Apionem mehrfach die Philanthropie der jüdischen Gesetzgebung: 1,283; 2,146.213.261. Vgl. A. SCHLATTER, Die Theologie des Judentums nach dem Bericht des Josephus, BFCTh 2.R. 26, 1932, 28–32: „In der Schrift findet sich ,weder Unvernünftiges noch mit der Größe und Menschenfreundlichkeit Gottes Unvereinbares'." (29 mit Zitat aus ant 1,24).

[529] Ant 1,22.24: οὔτ' ἄλογον ... οὔτε πρὸς τὴν μεγαλειότητα τοῦ θεοῦ καὶ τὴν φιλανθρωπίαν ἀνάρμοστον.

[530] Ant 1,25; Josephus ist hier wohl von Gedanken wie in Philos De opificio mundi abhängig.

diensten teilzunehmen und sich von der *wahren Philosophie*[531], d.h. der „Heilsbotschaft" Moses, überzeugen zu lassen. D.h., man stieß sie nicht zurück, weil man sich im exklusiven Besitz der Offenbarung des Einen Gottes wußte, die als eine *Wohltat für alle Menschen* verstanden wurde.[532] Das Judentum wurde damit nicht zu einer synkretistischen Religion.[533] Oft genug stieß diese „Einladung" auf Ablehnung, was u.a. auch durch die politischen Entwicklungen seit der makkabäischen Erhebung und seit der Eroberung Jerusalems durch Pompeius bedingt war.[534] Daß im Urchristentum das Stichwort der Philanthropia nur ganz am Rande auftaucht, hängt mit seinem palästini-

---

[531] Die Belege für das jüdische Selbstverständnis, die wahre „Philosophie" zu vertreten, sind gesammelt bei O. MICHEL (Peter SCHMIDT), Artk. φιλοσοφία, ThWNT IX, 177−180. In der talmudischen Literatur sind dagegen die *pjlwswpjn* Heiden; zumindest wird nirgendwo sichtbar, daß sie Juden sind. In fiktiven Dialogen wird die Überlegenheit der Rabbinen gegenüber den „Philosophen" demonstriert. Es ist bezeichnend, daß im NT und bei den apostolischen Vätern der Begriff nur zweimal negativ erscheint, in Kol 2,8 und in Apg 17,18, wo die „epikureischen und stoischen Philosophen" Gegner der christlichen Botschaft sind. Positiv begegnet er uns erst bei den Apologeten und der christlichen Gnosis, op. cit. 181−185. Das Zurücktreten des Begriffs signalisiert, daß die Christen bis zu Beginn des 2. Jh.s eher die unteren Schichten und nur in seltenen Fällen Gebildete ansprachen. D.h. die Christen haben das jüdisch-hellenistische Verständnis ihres Glaubens als „wahre Philosophie" erst relativ spät übernommen, wobei dieser Vorgang mit dem Eindringen der neuen Religion in weitere und besser gebildete Kreise etwa seit Trajan und Hadrian und auch mit der Entwicklung der großen gnostischen Schulen als Pflanzstätten einer neuen christlichen Religionsphilosophie zusammenhängt; s. dazu C. MARKSCHIES, Valentinus Gnosticus, WUNT 65, 1992, 389ff.397; W.A. LÖHR, Basilides und seine Schule, WUNT 83, 1996, 325ff; M. HENGEL, Die Ursprünge der Gnosis und das Urchristentum, in: Evangelium, Schriftauslegung, Kirche. FS für Peter Stuhlmacher zum 65. Geburtstag, hg. v. J. Ådna u.a., Göttingen 1997, 190−223 (198−203). Paulus steht näher beim palästinischen Judentum (in seiner Vielfalt) als bei Philo. Zur positiven Begegnung zwischen Juden und Philosophen s. u. Anm. 1077.

[532] Diese „besaß" man seit der 1. Hälfte des 3. Jh.s v.Chr. in den Heiligen Schriften, dem „Gesetz des Mose", dessen Übersetzung in die Weltsprache Griechisch man in Pharos mit einem Volksfest beging, an dem auch viele Nichtjuden teilnahmen. S. o. Anm. 502 zu Philo, Vita Mosis 2,41 ff. Vgl. M. HENGEL, Die Septuaginta als „christliche Schriftensammlung", in: M. Hengel/A. M. Schwemer (Hgg.), Die Septuaginta, WUNT 72, 1994, 182−284 (84f); L.H. FELDMAN, Jew, 311−314; A.M. SCHWEMER, Zum Verhältnis von Diatheke und Nomos in den Schriften der jüdischen Diaspora Ägyptens in hellenistisch-römischer Zeit, in: Bund und Tora, hg. v. H. Lichtenberger, F. Avemarie, WUNT, Tübingen 1996, 67ff.101−106.

[533] Selbst „Theokrasie" von jüdischer Seite aus kann man nur ausnahmsweise etwa in den frühen, d. h. aus dem 2./1. Jh. v. Chr. stammenden, Inschriften aus Ägypten feststellen; so im Pantempel in El-Kanais: CIJ II Nr. 1537: „Gott sei Lob, Theodotos (S.d.) Dorion, ein Jude, errettet aus dem Meere"; oder: CIJ II Nr. 1538: „Ptolemaios, (S.d.) Dionysios, ein Jude, dankt dem Gott"; vgl. W. HORBURY/D. NOY, Jewish Inscriptions, 207−212 (Nr. 121−123). Die letzte Inschrift (Nr. 123 vgl. zu Nr. 124) lautet wohl: „Ich, Lazarus, kam zum dritten Mal." Vgl. zur Identifizierung des jüdischen Gottes mit dem höchsten Gott, den auch die Heiden verehren: Aristeasbrief 16,2; zur Herleitung des ägyptischen (Tier-)Kultes von Mose s. Artapanos, Frg. 3, 4 (Euseb, praep.ev. 9,27,3−5); zur Hochschätzung des „Heiligen Wortes" des Orpheus s. Aristobulos, Frg. 4, 4 (Euseb, praep.ev. 13,12,5f), dazu L.H. FELDMAN, Jew, 66 u.ö. C. COLPE, Artk. Hypsistos, RAC 16, 1994, Sp. 1035−1056 (1054) spricht im Zusammenhang mit der jüdischen und heidnischen Verehrung des θεὸς ὕψιστος sachgemäßer von der „*Absorption*" heidnischer Gottesvorstellungen durch die jüdische. Dazu u. S. 133ff.

[534] Zur antiken Judenfeindschaft und der scharfen Reaktion in der apokalyptischen Untergrundliteratur s. Sib 3,545−549.601-607; GOODMAN, Mission, 56f; zum ganzen Problem P. SCHÄFER, Judeophobia, passim.

schen Ursprung und seinem eschatologischen Charakter zusammen. Die philosophisch eingefärbte Fachsprache blieb ihm im 1. Jh. noch relativ fremd. In ihm war – ausgehend von alttestamentlichen Texten – dafür von der „Liebe Gottes" zu seiner Gemeinde und allen Menschen die Rede.[535] Dies gab der urchristlichen Botschaft ihren eigenen Impuls.

4. Nicht „Mission", sondern „Anziehungskraft"?

Gleichwohl wäre es irreführend, von einer jüdischen „Mission" im eigentlichen Sinne zu sprechen.[536] Die „Sendung" zur Verkündigung einer *Heilsbotschaft* ist ein neues – judenchristliches – Phänomen und hängt mit dem *eschatologischen* Charakter der Reich-Gottes- und Christusverkündigung und der begrenzten Zeit vor der Parusie zusammen. Die Anfänge dieser „Mission" gehen dabei auf Jesus selbst zurück,[537] wobei jedoch nicht übersehen werden sollte, daß schon Gott im Alten Testament die Profeten „sandte", vor allem zu seinem Volk Israel, aber auch in Einzelfällen ganz konkret zu den Heiden, so Jona nach Ninive und Elia zur Salbung Hasaels nach Damaskus in Syrien.[538] Das *jüdische „Ethnos"*, das ja primär nicht eine „Religion" in unserem Sinne, sondern zumindest nach außen zunächst einmal eine politische Körperschaft freilich mit exklusiven und auffallenden religiösen Traditionen war,[539] kannte dagegen keine derartige generelle religiöse „Sendung" mit einem Verkündigungsauftrag gegenüber den Nichtjuden. Wenn der Gottesknecht bei Deuterojesaja von Gott „zum Licht der Völker", zur Ursache des göttlichen Heils bis „an die Enden der Erde" gemacht wird, so mußte dies als endzeitliche Verheißung verstanden werden und nicht als gegenwärtiger Missionsauftrag für die Synagoge. Immerhin konnte, wie das Beispiel Philos zeigt (s. o. S. 104f), die Existenz eines größeren „Sympathisantenkreises" als kleines ‚Vorzeichen' der Bekehrung der Völker zu dem einen wahren Gott und seinem Gesetz verstanden werden. Dies wird vor allem für Syrien gegolten haben, das ja einmal zum messianischen Reich gehören sollte. Um so mehr konnten derartige „messianische" Worte die enthusiastische

---

[535] Röm 5,5; 8,35.38; Joh 3,16; 1. Joh 3,1; 4,7–10. Die Wortgruppe φιλανθρωπ – begegnet auf Gott bezogen nur Tit 3,4, auf Menschen Apg 27,3; 28,2. Bei den Apostolischen Vätern fehlt sie ganz, erst bei den Apologeten und Clemens Alexandrinus findet sie sich häufiger.

[536] Vgl. McKnight, Light, 113; M. Reiser, Paulus (Anm. 416), (Lit.); Feldman, Jew, passim, verwendet dagegen bewußt den Begriff „mission" für die jüdische Werbung, um die Versuche von McKnight und Goodman, dem Judentum jede Aktivität bei der Werbung um Sympathisanten und Proselyten abzusprechen, nachdrücklich zu widerlegen; weiter u. S. 131 Anm. 545. Die Wahrheit dürfte zwischen den Extremen liegen.

[537] S. M. Hengel, Mission, 15–38.

[538] 1. Kön 19,15, vgl. Jos. ant 8,352; 9,208–214 zu Jona; vgl. auch Jer 1,4–10: Sendung zu Israel und den Völkern. In den Vitae Prophetarum wird Jona mit dem ehemals philistäischen Küstengebiet (Geburtsort ist Kariathmaous in der Nähe von Asdod, „der Stadt der Griechen") und mit Seïr (im Grab des Kenaz, wohl dem idumäischen „Patriarchengrab", wird er beigesetzt) verbunden. In diesen Angaben spiegeln sich die hasmonäischen Eroberungen, s. Schwemer, VP II, 55–60.76ff. Zu den Wandlungen des Verständnisses von Jonas Verkündigung in Ninive in der rabbinischen Literatur s. B. Ego, „Denn die Heiden sind der Umkehr nahe". Rabbinische Interpretationen zur Buße der Leute von Ninive, in: Feldmeier/Heckel (Hg.), Heiden, 158–176. Zum ἀποστέλλειν der Profeten s. o. Anm. 298 und u. 919.

[539] S. dazu M. Hengel, JuH, 44ff.560f u. ö.; H. Botermann, Judenedikt, 165 mit Hinweis auf die Inschrift aus Aphrodisias.

Urgemeinde und hier vor allem die „Hellenisten" beflügeln.[540] Mit der erhofften baldigen Parusie des Messias Jesus rückte auch die sich daran anschließende Völkerwallfahrt in unmittelbare Nähe. Die schon zuvor gewonnenen, heidnischen Sympathisanten konnten dann als „Erstlingsgabe" auf die Bekehrung aller Völker hin verstanden werden.[541]

Ganz im Gegensatz zu der ängstlichen Zurückhaltung griechischer Städte, ihr Bürgerrecht an Fremde zu vergeben, war das jüdische Ethnos – zumindest in der Diaspora – in einzigartiger Weise offen für den Anschluß von προσήλυτοι[542], d. h. von „Hinzukommenden", an das „Gottesvolk" Israel, wobei, schon im Blick auf die politische Machtlosigkeit, als ein Novum in der Antike die *religiöse* Komponente ganz im Vordergrund stand. Wenn sie sich dem einen Gott und seinen Geboten unterwarfen, erhielten sie Anteil an den Heilsgaben Israels. Das gilt dann auch – freilich abgeschwächt und nicht unumstritten – für den weiteren Kreis der Sympathisanten und „Gottesfürchtigen", selbst wenn man ihnen noch keine volle rechtliche Gleichstellung zugestehen konnte und in ihnen weiterhin „Heiden" sah. M.a.W.: Man betrieb zwar kaum eine offen werbende oder gar aggressive Propaganda, war aber im besten Sinne des Wortes „*attraktiv*", d. h. anziehend für interessierte Nichtjuden, und an denen fehlte es nicht. Denn man vertrat ja den *Wahrheitsanspruch des einen Gottes*. Das machte im vielfältigen religiösen und ethnischen „Pluralismus" der Spätantike das Judentum (und dann das frühe Christentum) so interessant.[543] Nicht umsonst bezeichnet Josephus die jüdische Verfassung im Gegensatz zu Monarchie, Aristokratie und Demokratie bei den anderen Völkern als die einzige θεοκρατία.[544] Diese Offenheit der Juden für „Proselyten" (*und* Sympathisanten) könnte man am ehesten noch mit der relativ großzügigen (und abgestuften) Vergabe des römischen Bürgerrechts vergleichen, bei dem freilich die für die Juden entscheidende religiöse Komponente ganz zugunsten des politischen Status zurücktrat, und das aufs engste mit der Ausbreitung der römischen Macht verbunden war. Es war eben diese religiöse „Anziehungskraft" und Identitätsstärke des Judentums im 1. Jh., die zu der von P. Schäfer beschriebenen ‚Judaeophobia' führte und die nicht nur Syrer und Ägypter, sondern auch Griechen und Römer beunruhigte. Ganz ohne Zweifel hat diese – primär religiöse – *Offenheit und Anziehungskraft der Synagoge in der Diaspora* – nicht so sehr

---

[540] Jes 49,6 vgl. 42,4.6f s. dazu Apg 13,47 vgl. Lk 2,32; Apg 1,8. Vgl. auch Jes 66,18−20.

[541] Vgl. den paulinischen Sprachgebrauch 1. Kor 16,15; Röm 16,5 von ἀπαρχή. In Röm 11,16 kehrt er wohl die ursprüngliche Reihenfolge um und nennt die weniger zahlreichen Judenchristen eine ἀπαρχὴ ἁγία, s. dazu R. H. BELL, Provoked to Jealousy, WUNT II/63, 1994, 118−120. Vgl. auch 2. Thess 2,13; Apk 14,4. S. auch o. S. 122f.

[542] Damit wird der Begriff *ger* der Tora übersetzt, wobei schon im Priesterkodex die „Anziehungskraft" der von Gott gegebenen Tora sichtbar wird, den die LXX-Übersetzer mit dem bisher unbekannten προσήλυτος (73 mal; von προσέρχεσθαι) einen neuen Sinn geben. S. dazu K. G. KUHN/H. STEGEMANN, Artk. Proselytos, PW Suppl. IX, 1248−1283. Philo kann auch von ἐπήλυτος sprechen.

[543] Nach 66−70 und erst recht nach 132−135 und dann wieder nach Theodosius am Ende des 4. Jh.s wurde die Situation für die jüdische „Propaganda" wesentlich schwieriger. Zum Verbot der Beschneidung von „Proselyten" durch Antoninus Pius s. M. HENGEL, Hadrians Politik gegenüber Juden und Christen, JANES 16/17 (1987), 153−182 (172ff) = Ndr. in DERS., Judaica et Hellenistica I, 358−391 (381ff); vgl. u. Anm. 778; GOODMAN, Mission, 138f.

[544] C. Ap 2,165: Es ist das einzige Vorkommen dieses Wortes in antiken Texten. Josephus hat es selbst gebildet in Analogie zu „Demokratia". Es steht deutlich in einer Relation zur jüdischen Vorstellung von der malkût haš-šamājîm. Vgl. Jos. ant 3,322: die jüdische πολιτεία stammt von Gott selbst. Phil 3,20 verwendet Paulus die Metapher πολίτευμα in eschatologisch-transzendentem Sinne.

im Mutterland – gegenüber den „Fremden", d. h. das besondere Interesse, solche für das eigene Ethnos und seine allein wahre, gottgemäße Religion zu gewinnen, *die neue eschatologisch motivierte Mission der Judenchristen vorbereitet*. Man muß sie als eine grundlegende Voraussetzung zu dieser betrachten.[545] Der Neugier der „Sympathisanten" gegenüber dem ethischen Monotheismus der Synagoge (oder zumindest an der einzigartigen magischen Kraft des jüdischen Gottes) entsprach das Interesse der jüdischen Gemeinden an der Gewinnung von am jüdischen Glauben interessierten Heiden (insbesondere aus der Mittel- und Oberschicht). Beide trafen sich letztlich in der Frage nach der *religiösen Wahrheit*. Darauf konnte die neue, eschatologisch motivierte urchristliche Mission aufbauen. Vor allem Philo betont immer wieder, daß die Heiden durch die Frage nach der *Wahrheit* angezogen wurden: „Sie verließen Blutsverwandte, Vaterland, Gebräuche, Kulte und Götterbilder, Ehren und Privilegien und strebten als gute Kolonisten weg von den mythischen Trugbildern hin zur *klaren Wahrheit* und zur Verehrung des einen *wahrhaft* seienden Gottes."[546] Die paulinische „Wahrheit des Evangeliums" ist letztlich die eschatologisch-universale Zuspitzung und befreiende Konkretisierung der Botschaft von dem *einen wahren Gott*[547] *und liebenden Vater*, der sich am Ende der Zeit (Gal 4,4) in seinem Sohn zum Heil aller Menschen, Juden wie Heiden, offenbart hat.[548] Ein letzter Punkt ist hier bedeutsam. Die grundsätzliche Rolle, die die „Gottesfürchtigen und Sympathisanten" für die Mission der ‚Hellenisten' spielten, ist auch für die *jüdische Prägung* der langsam entstehenden *"heidenchristlichen"* Gemein-

[545] S. dazu M. GOODMAN, Jewish Proselytizing in the First Century, in: J. Lieu/J. Noth/T. Rajak (Hg.), The Jews among Pagans and Christians, London/New York 1992, 53–78; DERS., Mission, 86f; M. REISER, Paulus (Anm. 416), der jedoch mit der Auskunft „die Heiden kamen ganz von sich aus" (85), die Sache ebenfalls zu einseitig sieht; gegen E. WILL/C. ORRIEUX, ‚Proselytisme juif'? (Anm. 416). Die particula veri der dort vorgetragenen polemischen Forschungsgeschichte liegt darin, daß der Begriff „Mission" für die jüdische religiöse ‚Propaganda' unangemessen ist. Dagegen verstehen wir die Polemik der Doppelautoren gegen den modernen Begriff ‚Proselytisme' nicht. Denn daß die Juden in der Diaspora ein lebendiges Interesse daran hatten, Sympathisanten anzuziehen und sie nach Möglichkeit zu wirklichen „Hinzugekommenen" zu machen, nicht nur aus sozialen Gründen, sondern auch im Bewußtsein, die *allein* wahre Religion, den allein wahren Gott zu vertreten, das sollte man nicht bezweifeln. Von seiner Vorstellung über die Urgeschichte, Gen 1–11, her wie auch aufgrund der profetischen Verheißung hatte das Judentum eine *universalistische* Tendenz. Das vielseitig herangezogene rabbinische Material ist meist relativ spät und sagt über die Situation der Diaspora im 1. Jh. n. Chr. herzlich wenig aus. Das Phänomen der „Sympathisanten" wird von beiden völlig unzulänglich behandelt. Das Buch ist ein typisches Beispiel dafür, daß dort, wo man die religiösen Wurzeln und seinen – in der Antike – einzigartigen *Wahrheitsanspruch* verkennt, das Judentum mißversteht. Das Verständnis für die Besonderheit der jüdischen Geschichte gerade in der Antike droht ein Opfer jenes historistischen Säkularismus zu werden, der genuin religiöse Phänomene nicht mehr gelten lassen will und sie daher minimalisiert oder ganz leugnet.

[546] Virt 107 vgl. 220ff zitiert o. S. 112; s. auch Spec Leg 1, 309: „Sie werden die echten Liebhaber der Einfachheit und der *Wahrheit* (ἀτυφίας καὶ ἀληθείας ἐρασταὶ γνήσιοι) und haben sich der Frömmigkeit zugewandt" als „Verehrer des wahrhaft Seienden." S. dazu die Ausführungen Philos zu den Proselyten Spec Leg 1,51–53, wo er politische Terminologie verwendet: προσηλυθέναι καινῇ καὶ φιλοθέῳ πολιτείᾳ, und auch 2,118f. Vgl. L.H. FELDMAN, Jew, 295f.

[547] Das εἷς θεός begegnet uns bereits bei Paulus mehrfach: Röm 3,10; 1. Kor 8,4 (vgl. Dtn 6,4); Gal 3,20 vgl. Eph 4,6; 1. Tim 2,5 und Jak 3,1; 1. Clem 46,6; Herm 26,1 (mand IV, 1).

[548] Vgl. das großartige Fazit der paulinischen Theologie Röm 11,25–36.

den, in denen seit den vierziger Jahren die „Heidenchristen" allmählich überwiegen konnten, verantwortlich. Schon dieser historische Tatbestand muß zu einer Korrektur der alten Ansicht der religionsgeschichtlichen Schule führen, daß das Urchristentum ganz rasch zu einer halb-paganen „synkretistischen" Bewegung wurde.

2.4 Die Anziehungskraft des jüdischen Monotheismus in Syrien und das Problem des Synkretismus

Daß gerade im syrisch-arabischen Raum trotz der politisch-nationalen Spannungen die religiöse Situation für den *ethischen Monotheismus der Juden* günstig war, hängt mit der heidnischen, vor allem im semitischen Bereich auffallenden Neigung zur monotheisierenden *Theokrasie* zusammen, die seit der Perserzeit dort sichtbar wird und die sich auf jüdischer Seite vor allem als *„Absorption"* der heidnischen Hochgottheit durch den einen wahren Gott Israels darstellte.[549] Es bestand die Tendenz, möglichst viele göttliche Funktionen auf den einen „Himmelsgott" mit solaren Zügen zu übertragen, mochte er nun Hadad, Marnas, Baal-Schamen, 'El, Dušara, Melkart, Dionysos, Kronos, Zeus, Iuppiter oder anders heißen. Am Ende stand der mono- oder pantheisierende Kult des Sol invictus. Die alten syrischen Hochgötter hatten in römischer Zeit häufig ihre einheimischen Namen aufgegeben und sich in den höchsten himmlisch-astralen Zeus, Iuppiter oder einfach namenlosen „Gott" verwandelt. So erhalten sie in Inschriften Bezeichnungen wie Optimus Maximus Caelus Aeternus Iuppiter oder, so der Gott von Heliopolis-Baalbek, Iuppiter Optimus Maximus Summus Superantissimus.[550] Der jüdische „Gott des Him-

---

[549] C. COLPE, Hypsistos (Anm. 533). Schon E. G. KRAELING vermutete, daß Jahwe als Gott des Himmels den Titel des Baal Schamin „absorbierte", The Brooklyn Museum Aramaic Papyri, New Haven 1953, 84. S. auch D. K. ANDREWS, Yahwe the God of the Heavens, in: The Seed of Wisdom. FS T. J. MEEKS, Toronto 1964, 45−57 (50). Für die ältere Zeit vgl. B. JANOWSKI, JHWH und der Sonnengott. Aspekte der Solarisierung JHWHs in vorexilischer Zeit, in: Pluralismus und Identität, hg. v. J. Mehlhausen, Gütersloh 1990, 214−241. Monotheistische Tendenzen gab es schon in der ägyptischen Religion und diese mögen entsprechend die Ausbreitung der dortigen jüdischen Diaspora begünstigt haben. Für das junge Christentum trat dagegen Ägypten zunächst zurück.

[550] Zu den griechischen und lateinischen Weihinschriften für den Juppiter Heliopolitanus von Baalbek/Heliopolis im Libanon, der auch in weiten Teilen Syriens und Palästinas verehrt wurde, s. IGLS VI, Nr. 2714−2731; und als typisches Beispiel dort Nr. 2729:

Διὶ μεγ[ίσ]τῳ Ἡλιοπολείτῃ
κυρίῳ
'Απολλώνος ὁ καὶ 'Απο-
[λ]ινάριος Σεγνα 'Αρά(δ)ιος
[εὐξάμ]ενος κατὰ χ[ρη-
ματισ]μὸν τὸν ἀνδριά[ντα]
[σὺν τοῖς] τέκνοις ἀνέθηκεν.

Zeus, dem größten (Gott) von Heliopolis,
dem Herrn,
Apollonos, der auch Apo-

mels" der Perserzeit, dessen offizielle Bezeichnung in hellenistisch-römischer Zeit θεὸς ὕψιστος war, und der höchste semitische Himmels- (und Einheits-) Gott konnten sich aufeinander zu bewegen. Zwar ist ὕψιστος – vielleicht wegen seiner Beziehung zum jüdischen Gott – auf Inschriften in Syrien und Arabien nicht so häufig vertreten wie in Kleinasien und Thrakien, aber wir finden doch auch für ihn eine Reihe von Belegen. Daneben tritt die Formel von θεὸς μέγιστος.[551] Die Idumäer, die unter Johannes Hyrkan zwangsjudaisiert

> l(l)inarios Segna aus Arados (genannt wird),
> gelobte und stellte gemäß einem O(ra-
> ke)l die Statu(e
> mit seinen) Kindern auf.

Charakteristisch ist das Epitheton „Herr", κύριος, für die Gottheit, s. u. S. 195–201. Χρησματισμός deutet auf ein Orakel hin, s. u. S. 137 Anm. 564. In IGLS Nr. 2730 erscheint δεσπότης; dazu u. S. 196 Anm. 795. Die lateinischen Weihungen verwenden durchgehend die Abkürzung „I(ovi) O(ptimo) M(aximo) H(eliopolitano)". Iuppiter Optimus Maximus ist an sich die offizielle Bezeichnung des Gottes vom Kapitol. S. dazu F. THULIN, PW 10,1, 1918, Sp. 1126–1147 (1140), aber man hat diese offizielle römische Gottesbezeichnung in Syrien und selbst im Einflußgebiet der römischen Doppelkolonie Berytos-Heliopolis in vielfacher Weise variiert und gesteigert. S. dazu F. CUMONT, Jupiter summus exsuperantissimus. ARW 9 (1906), 323–336; DERS., Deux autels de Phénice, Syria 8 (1927), 164; W. W. Graf BAUDISSIN, Kyrios als Gottesname im Judentum und seine Stelle in der Religionsgeschichte, 4 Bd.e, hg. v. O. Eissfeldt, Gießen 1929; M. P. NILSSON, Opuscula Selecta, Lund 1952, 487.493. Vgl. H. GESE, Die Religionen Altsyriens, in: H. Gese/M. Höfner/K. Rudolph, Die Religionen Altsyriens, Altarabiens und der Mandäer, RdM 10/2, Stuttgart 1970, 184ff. vgl. 212f. Für die vorhellenistische Zeit H. NIEHR, Der höchste Gott. Alttestamentlicher JHWH-Glaube im Kontext syrisch-kanaanäischer Religion des 1. Jahrtausends v. Chr., BZAW 190, Berlin/New York 1990, 45–68 u. ö.; vgl. auch B. JANOWSKI, JHWH und der Sonnengott (Anm. 549). Zur Krise unter Antiochus IV. Epiphanes vgl. E. BICKERMANN, Der Gott der Makkabäer, Berlin 1937; M. HENGEL, JuH, 486–564; SCHÜRER I, 148–168; C. COLPE, Artk. Hypsistos (Anm. 533); zur späteren Entwicklung bis hin zur „Solarisierung Christi" s. J. TUBACH, Sonnengott, passim; W. FAUTH, Helios Megistos. Zur synkretistischen Theologie der Spätantike, Religions in the Graeco-Roman World 125, Leiden 1995, behandelt den solaren Synkretismus im 2.–5. Jh. n. Chr. S. auch u. S. 136ff.

[551] Zu ὕψιστος als Gottesbezeichnung s. M. P. NILSSON, Geschichte der griechischen Religion, II, 1961, Indices zu Hypsistos; vgl. weiter die heidnischen Inschriften: IGLS VII Nr. 4027 aus Sahin, datiert 260/1 n. Chr.: Θε]ῷ ὑψίστῳ οὐρανίῳ, die sich nicht, wie CUMONT und VERMASEREN angenommen hatten, auf Mithras bezieht; dazu der Hg. J.-P. REY-COQUAIS: „Un point ... paraît certain, c'est que ce Dieu Tres-Haut, dieu de ciel, est bien le grand dieu des Semites, souvent nommé Baal-Shammin" (53). Vermutlich ist es der Gott des bekannten Heiligtums von Baitokeke s. Nr. 4028 Z. 19: περὶ τῆς ἐνεργείας θεοῦ Διὸς Βαιτοκαίκης; Z. 40: Die κάτοχοι ἁγίου οὐρανίου Διός. SEG 32 (1982), Nr. 1445: Θεῷ μεγίστῳ Κεραυνίῳ Βη<το>χιχι. S. weiter SEG 7 (1934), Nr. 146 u. 147 Palmyra: Διὶ Ὑψίστῳ καὶ ἐ[π]ηκόῳ. Nach 148 ist damit Ἥλιος gemeint; weitere Belege u. Anm. 821. Vgl. jetzt auch P. TREBILCO, Paul and Silas – „Servants of the Most High God" (Acts 16,16–18), JSNT 36 (1989), 51–73; C. BREYTENBACH, Artk. Hypsistos, DDD, Sp. 822–830 (Lit.); P. PILHOFER, Philippi, 182ff (Lit.) zu den Belegen von θεὸς ὕψιστος bzw. Ζεὺς ὕψιστος in Makedonien und Thrakien; gegen PILHOFER (187f) ist jedoch in Apg 16,17 nicht die makedonisch-thrakische Gottheit gemeint, denn die Sklavin erkennt die Apostel als Juden, und d. h. als Verehrer ihres Gottes. S. auch u. Anm. 557. Die Theos-Hypsistos-Inschriften aus dem Bosporanischen Reich an der Nordküste des Schwarzen Meeres, die im 1. Jh. n. Chr. einsetzen, zeugen dagegen von jüdischen Synagogengemeinden und heidnischen Gottesfürchtigen, s. I. LEVINSKAYA, Diaspo-

worden waren, werden ihren Gott Qos mit dem 'Adonaj-Kyrios vom Zion identifiziert haben und wurden glaubenstreue, nationaldenkende Juden.[552] Was in der Religionsnot unter Antiochus IV. noch eine Gefahr gewesen war, wurde in römischer Zeit eher zum Zeichen der Stärke: Die heidnische Neigung zur Theokrasie mit der Tendenz zu dem einen Himmelsgott[553] und „Allherrscher", der jüdischerseits die Kraft des eigenen Glaubens, fremde „Hochgötter" zu ‚absorbieren', entsprach, führte den Synagogengemeinden Syriens, vor allem in den großen Städten wie Damaskus und Antiochien, Sympathisanten zu. Die Juden konnten dabei das Argument ins Feld führen, daß ihr Gott als der Schöpfer von Himmel und Erde, aller Gestirne einschließlich der Sonne, der *eine* wahre, gegenüber seinen Geschöpfen *„transzendente"* Allherrscher, παντοκράτωρ[554], d. h. der einzige „Herr des Alls" sei.[555] Dieser Schöpfer und Herr des Alls war zugleich – wie die Visionen der Apokalyptiker zeigen – souveräner Herr der Geschichte, der Beschützer seines auserwählten Volkes und der Garant der herrlichen Zukunft dieser jetzt noch unterdrückten Gemeinschaft, wie auch der gerechte Richter und Lenker der Geschicke eines jeden einzelnen. Im Gegensatz zu den Göttern des griechischen Pantheons seit Homer war er der Macht des Schicksals nicht unterworfen. Kein antiker persönlicher Gott hatte eine solche Welt und Geschichte, Menschheit, Volk und Individuum umfassende, lenkende und rettende, schlechterdings souveräne und doch heilvolle Funktion. Dieser Gott konnte philosophisch als der ewig Seiende (ὁ ὤν

---

ra, 102−116.228-246 (Appendix 3. Text und Üs. der Inschriften). Vgl. SEG 44 (1994) Nr. 1020 (Pontus); 1058 (Phrygien); 1233 (Zypern). Zu den Hypsistariern vgl. u. Anm. 1048.

[552] Qos wurde zunächst mit Apollon identifiziert: HENGEL, JuH, 474 Anm. 24, auch bei den idumäischen Söldnern in Ägypten (OGIS II, Nr. 737); s. auch U. RAPPAPORT, RPh 43 (1969), 73−82 (75 ff). Offenbar gab es beim Übertritt zum jüdischen Glauben keine unüberwindlichen Schwierigkeiten. Die Beschneidung mögen die Idumäer ähnlich wie die Nabatäer zumindest z. T. schon vorher geübt haben, jedenfalls war sie keine Widerstand hervorrufende Schranke, s. Jos. ant 13,257 f nach Nikolaos von Damaskus. Das Kerngebiet des Barkochba-Aufstandes um Hebron war ursprünglich idumäisch; vgl. schon die Rolle der Idumäer im jüdischen Krieg. Jos. bell 1,63 = ant 13,328.353; 17,254; bell 2,228−232; 3,300−313. Zum an alter Stelle in hasmonäischer Zeit errichteten Tempel (?) von Beer Sheba s. Z. HERZOG, Israelite Sanctuaries at Arad and Beer-Sheba, in: Temples and High Places in Biblical Times. Proceedings of the Colloquium in Honor of the Centennial of Hebrew Union College − Jewish Institute of Religion, ed. by A. Biran, Jerusalem 1981, 120ff. Zu Qos und Dusares s. u. Anm. 792.

[553] Vgl. Philon von Byblos (Euseb, praep.ev. 1,10,7): τοῦτον γὰρ (φησίν) θεὸν ἐνόμιζον μόνον οὐρανοῦ κύριον Βεελσάμην καλοῦντες ὅ ἐστι παρὰ Φοίνιξι κύριος οὐρανοῦ, Ζεὺς δὲ παρ' Ἕλλησι.

[554] Die Übersetzung von ᵃdonaj und šaddaj in der LXX mit dem sonst seltenen παντοκράτωρ im 3. Jh. v. Chr. in Ägypten war ein geschickter Schachzug. Der Titel, der im NT nur 2. Kor 6,18 im Zitat und neunmal in Apk, aber häufig in der LXX begegnet, spielt eine größere Rolle in den Zauberpapyri, vgl. R. FELDMEIER, Artk. Almighty, DDD, Sp. 35−41. Im Urchristentum trat er gegenüber „Vater", „Sohn" und „Kyrios", d.h. der ‚Nähe Gottes', zurück. Zur Überweltlichkeit Gottes s. etwa Sib fr. 3,3: θεὸς μόνος εἷς πανυπέρτατος, ὃς πεποίησεν οὐρανόν ...; 46: θεὸν ... ἀληθινὸν ἀέναον (Geffcken 230f = Theophilus, ad Autol. II, 36,29).

[555] S. dazu u. S. 196 und die Argumentation Ps-Philos, der den Schöpfer der „Physis" gegenüberstellt, s. o. S. 126.

Ex 3,14 LXX) definiert, wie auch in den Psalmen als persönlicher „Partner", ja als Vater angerufen, bzw. direkt angesprochen werden. Nicht zu unterschätzen ist auch die Erwartung, daß Syrien sich mit Eretz Israel vereinigen und Teil des messianischen Reiches werden sollte. Eine aus dem palästinischen Judentum herauswachsende, *neue endzeitliche Botschaft*, die diesen Gott – ohne die Schranke des Ritualgesetzes und des politisch-religiösen „Nationalismus" – als liebenden Vater für alle Menschen verkündigte, der seinen „geliebten Sohn" selbst Mensch werden und diesen stellvertretend für die der Sünde und dem Todesgericht verfallene Menschheit den Tod erleiden läßt, um damit Sünde und Tod für alle (ὑπὲρ πολλῶν bzw. πάντων) zu überwinden, und der damit das Heil für alle Glaubenden heraufführt, das schon jetzt im Wirken des Geistes Realität gewinnt, eine solche Botschaft mußte – gerade in Syrien – nicht nur bei Juden, sondern erst recht bei Sympathisanten Aufsehen erwecken. Sie konnte einerseits zum Protest führen, aber zugleich auch nicht wenige anziehen.

Auch wenn der Gott Israels umfassender und den Menschen näher war als der semitische Himmels- und Sonnengott oder Zeus Uranios bzw. Helios, so konnte er gleichwohl mit ihm in Verbindung gebracht werden. Zu seinen vielen Namen gehörte seit der Perserzeit „der Gott des Himmels", und šamajim war eine seiner vielen Umschreibungen, selbst noch, wie die gut jüdische Formel βασιλεία τῶν οὐρανῶν zeigt, im Urchristentum.

Eine spätere Analogie könnte man darin sehen, daß der Christenfeind Aurelian durch seine massive Förderung des Sol invictus-Kultes den Sieg des Christengottes unter Konstantin vorbereitete.[556] Dies schließt nicht aus, daß Juden auch gegen den semitischen „Himmelsgott", den Baal-Schamem, polemisierten. So im Danielbuch durch das Spiel mit der Wurzel šmm im Zusammenhang mit der Entweihung des Tempels und wohl auch in der Bezeichnung Beelzebul, dem „Herrn der (himmlischen) Wohnung" bzw. des (vierten) Himmels. Der höchste Gott der rund um Galiläa lebenden Phönizier, Ituräer und Aramäer wäre dann von den Galiläern als Anführer aller Dämonen verunglimpft worden, mit dem Jesus als Exorzist im Bunde sein sollte.[557]

---

[556] Dazu W. FAUTH, Helios Megistos, Index 266 s. v. „Sol Invictus".
[557] Zu Daniel s. M. HENGEL, JuH, 542 ff; zu Beelzebul s. O. BÖCHER, EWbNT 1, 501; BILL. I, 631 ff: „Herr der Wohnung" bedeutet dann Herr des Himmelsraums, in dem „die Dämonen hausen". Für die Rabbinen bedeutete z^{e}bûl u. a. das himmlische Heiligtum s. bChag 12b. Dabei konnte diese Bezeichnung je und je persifliert werden, so wohl schon 2. Kön 1,2–16, wo der ba'al zebûl zum ba'al zebûb, d. h. zum Fliegengott, wird. Daß die Bezeichnung in rabbinischen Texten nicht erscheint, zeigt, daß sie volkstümlichen Charakter besaß und im 4. Jh. mit dem Vordringen des Christentums bedeutungslos wurde. Vgl. u. Anm. 1157. S. dazu auch A. FELDTKELLER, Identitätssuche, 104–109.119, der freilich allzu phantasievolle Schlüsse zieht. Mit der „gesetzesfreien Heidenmission" hat der Vorwurf gegen Jesus nichts zu tun, auch als „Synkretismus-Vorwurf" sollte man ihn nicht bezeichnen. Hier wird ein historisch völlig verfehlter moderner Begriff eingetragen. Zutreffend wäre der Ausdruck „Teufelsbündnis" (vgl. Joh 8,48). Auch die offizielle Bezeichnung für den „namenlosen" jüdischen Gott als θεὸς ὕψιστος im Munde von Heiden (Mk 5,7 und Apg 16,17) sollte man nicht mit der Beelzebulverleumdung vermengen. Wir haben keinerlei Hinweis darauf, daß θεὸς ὕψιστος

Die seit der religionsgeschichtlichen Schule vielverhandelte angebliche syrisch-synkretistische Beeinflussung der frühesten christlichen Gemeinden sollte freilich mit diesen monotheisierenden Tendenzen nicht in Verbindung gebracht werden.[558] Von den griechischen „Mysterien" kannte man nur die des Dionysos. Er wurde in Damaskus, Skythopolis und später als Interpretatio Graeca des Dusares im Hauran verehrt, doch bedeutete ein städtischer Dionysoskult noch nicht die Existenz von Mysterienvereinen. „Orientalische Mysterien" gab es um 30 n. Chr. noch nicht.[559] Im Gegensatz zu der von der religionsgeschichtlichen Schule vertretenen Meinung[560] läßt sich in der Frühzeit keinerlei „mysterienhafter" Einfluß auf das Urchristentum und auf Paulus feststellen, und dies gilt erst recht für eine in den Quellen des 1. Jh.s nicht nachweisbare Gnosis.[561]

Weder die jüdischen noch die ersten christlichen Gemeinden Syriens geben zu derartigen Vermutungen eines wirklichen heidnischen Einflusses im Sinne einer „Paganisierung", etwa im Bereich der Christologie, Anlaß. Die Tendenz ging eher in eine umgekehrte Richtung. Alle Vermutungen über ein (im Gegensatz zur Synagoge) „synkretistisch" durchsetztes Christentum im 1. Jh. n. Chr. finden keinen Anhalt in den Quellen und beruhen auf unbegründeten Spekulationen, denn Theokrasie, etwa durch interpretatio graeca, oder auch Absorption durch die stärkere Religion und die wirkliche *bewußt vollzogene Religionsmischung*, die man gemeinhin unter *„Synkretismus"* versteht, sind durchaus zweierlei. Auch die interpretatio graeca semitischer Gottheiten, die oft relativ oberflächlich geschah, ist davon zu unterscheiden. Die elemen-

---

für viele Juden und am Judentum orientierte Christen ein Reizwort war, „das ihnen Vereinnahmung und Einengung signalisierte". Wie sollten Heiden den „unnennbaren" Gott in seiner alles überbietenden Universalität zureichend auf andere Weise bezeichnen? Das philonische ὁ ὤν aufgrund von Ex 3,14 klang zu philosophisch abstrakt.

558 A. Feldtkeller, Identitätssuche, 107.

559 S. u. S. 261 ff zu Tarsus und S. 411 ff.416 ff zu Antiochien. Bestenfalls hatte der ägyptische Isiskult damals schon Mysteriencharakter angenommen. Dazu u. Anm. 1742. Zu Dionysos in Palästina s. Schürer II, 35–37.42 f.51; vgl. auch M. Hengel, JuH, 13.474.541.556 ff; zu Dionysos und der Jesustradition von Joh 2,1–11 s. M. Hengel, The Dionysiac Messiah, in: Ders., Studies in Early Christology, Edinburgh 1995, 293–331.

560 W. Heitmüller, Zum Problem Paulus und Jesus, ZNW 13 (1912); nachgedruckt in: Das Paulusbild in der neueren Forschung, hg. v. K. H. Rengstorf, WdF 24, Darmstadt 1964, 124–143; W. Bousset, Kyrios Christos, 48 f.113 ff.164 ff; vgl. R. Bultmann, Das Urchristentum im Rahmen der antiken Religionen, rde 157/158, München 1962, 146–152; Ders., Theologie, 127–135.

561 W. Schmithals, Theologiegeschichte des Urchristentums, 70 ff.90 ff nimmt einen massiven Einfluß einer „jüdischen Gnosis" (bzw. eines gnostizierenden Judentums) auf Paulus an, das seinen Ursprung in Samarien haben soll (85) und das bereits in Damaskus auf ihn eingewirkt habe. Den „tiefgründigen Denker(n)" des damaszenischen Christentums" sei u. a. die Präexistenzchristologie und „der vorpaulinische Christushymnus" Phil 2,6 f.9–11, ja selbst der Logoshymnus Joh 1 in seiner Urform zu verdanken. Zur Frage Gnosis und Urchristentum s. M. Hengel, Gnosis (Anm. 531).

taren Formen der Frömmigkeit blieben gerade in Syrien und Arabien weitgehend dieselben, die sie von altersher gewesen waren.[562]
Während wir für *mantische Praktiken und Orakel* am Jerusalemer Tempel in dieser Zeit nur spärliche Nachrichten haben und die jüdischen Quellen vor allem damit beschäftigt sind, zu erklären, *wann* und *warum* die Jerusalemer Priesterschaft ihre divinatorische Kraft verloren habe,[563] vollzogen die Priester an den lokalen Heiligtümern Syriens und Phöniziens die alten Riten und Praktiken weiter.[564] Daß mit dem Urchristentum plötzlich eine Bewegung auftrat, die unter dem Vorzeichen der endzeitlichen Heilsoffenbarung des *einen* Gottes in seinem „Sohn" und „Gesalbten" starke *profetisch-enthusiastische* Züge zeigte, die Vollmacht für *„Zeichen und Wunder"* beanspruchte

---

[562] Vgl. R. TURCAN, Les cultes orientaux dans le monde romain, Paris 1989, 132; J. TUBACH, Sonnengott, 59; F. MILLAR, RNE; dazu die Rezension von Seth SCHWARTZ (op. cit. Anm. 145). Bewußt vollzogene Religionsmischung finden wir im 3. Jh. n. Chr. im Manichäismus, in manchen gnostischen Bildungen des 2. Jh.s wie den Simonianern, Naassenern, Ophiten u. a. oder zu Beginn des 3. Jh.s v. Chr. bei der künstlichen Begründung des Sarapiskultes.

[563] Vgl. Jos. ant 3,214–218: Urim und Tummim hätten 200 Jahre vor seiner Zeit aufgehört, d. h. mit dem Tod von Johannes Hyrkan, der in den rabbinischen Quellen dem guten Hohenpriester Jochanan entspricht, im Gegensatz zu dem auf ihn folgenden gottlosen König Jannaj. Hier handelt es sich wohl um ein pharisäisches Theologumenon. Vorher hätte Gott durch das Aufleuchten der Steine auf den Schultern des Hohenpriesters seine Anwesenheit beim Opfer offenbart und durch das Erstrahlen der 12 Steine des hohepriesterlichen Ephods den Sieg in der kommenden Schlacht angekündigt. Daß dieses Wunder nicht mehr geschehe, sei die göttliche Strafe für die Gesetzesübertretung (d. h. die Übernahme der Macht durch die sadduzäische Partei). Vgl. 4Q 375; 376 und 1Q 22; 29. Die Frommen in Qumran tradierten nicht nur Berichte über die orakelgebende Funktion des hohepriesterlichen Ephods, sondern beschäftigten sich auch mit mantischen Praktiken und Astrologie. Gefunden wurden Horoskope, Brontologien, exorzistische Psalmen. Astrologie und Physiognomie waren internationale, ‚priesterliche' Wissenschaften und gelangten wohl nicht nur aus Babylonien (so ALEXANDER), sondern auch aus Syrien (vgl. Anm. 564) zu der priesterlichen Elite in Qumran, s. dazu P. S. ALEXANDER, Physiognomy, Initiation, and Rank in the Qumran Community, in: FS Hengel I, hg. v. P. Schäfer, Tübingen 1996, 385–394. In LibAnt 53,3 ff – vielleicht abhängig von einem Samuel-Apokryphon, das auch in Qumran vorhanden gewesen sein könnte – erhält Samuel von Eli die priesterliche Überlieferung, daß man mit dem rechten Ohr Gottes Stimme und mit dem linken die der Dämonen im Schlaf vernimmt. Wieweit die Essener selbst solche Praktiken vollzogen, ist immer noch umstritten. Dafür sprechen Hinweise auf essenische Weissagungen und Traumdeutung bei Josephus (bell 1,78–80 = ant 13,311–313; 15,372f; 17,346–348). Inspirierte Schriftauslegung und Mantik schlossen sich nicht gegenseitig aus. Die Sacharja-Vita der VP verbindet das Schwinden der divinatorischen Kraft der Priesterschaft mit dem Mord an diesem Profeten (2. Chron 24); vgl. mSot 9,12; tSot 13,2; dazu A. M. SCHWEMER, VP II, 307–320.

[564] Vgl. Y. HAJJAR, Divinités oraculaires et rites divinatoires en Syrie et en Phénicie à l'époque gréco-romaine, ANRW II, 18,4 2236–2320 zählt 44 lokale Götter und Göttinnen, die Orakel geben. Sprechende Statuen (2290 ff), Traumdeutung und Inkubation (2290 ff), Weissagung mit Hilfe von Wasser (2296 ff), Astrologie (2298 ff), Vogelschau und Tieromina (2300 ff), Losentscheid (2302 f), Buchstabenorakel (2304), die Deutung meteorologischer Phänomene, Prodigien, aber auch die profetische Ekstase spielen eine Rolle. Das Kultpersonal der lokalen Heiligtümer, deren Priester und Profeten, vollzogen in ritueller Reinheit die Befragung der jeweiligen Gottheit und erteilten die Orakel (2313–2320). Zum urchristlichen Profetentum in Syrien s. u. S. 351–362.

und die vom Gesetz errichteten Schranken zwischen Juden und Nichtjuden beseitigte, machte diese *jüdisch-messianische* Bewegung zusätzlich attraktiv. Vorbereitet wurde der Erfolg der urchristlichen Mission durch die geschilderte verbreitete Tendenz hin zum *einen* universalen Himmelsgott, der im Juden- und Christentum jedoch ein transzendenter, aber zugleich geschichtsmächtiger und ganz *persönlicher* Gott, und alles andere als nur ein philosophisches Prinzip war. Hier konnte auch „der Gott der Philosophen" nicht mithalten.

Im Grunde ist „Synkretismus" ein Etikett, das weniger erklärt als verschleiert, wenn man nicht die Phänomene genau beschreibt, die man darunter subsumieren will (s. o. Anm. 550). Eine berühmte These Hermann Gunkels hat hier bis heute in verhängnisvoller Weise weitergewirkt:

„Unsere These ist, ... dass das Christentum, aus dem synkretistischen Judentum geboren, starke synkretistische Züge aufweist. Das Urchristentum gleicht einem Strome, der aus zwei Quellflüssen zusammengeflossen ist: der eine ist spezifisch israelitisch, er entspringt dem A.T., der andere fliesst durch das Judentum hindurch von fremden orientalischen Religionen her. Hinzu kommt dann im Abendland noch der griechische Faktor ...". Das führte dann zu der abschließenden These: „Nicht das Evangelium Jesu, wie wir es vorwiegend aus den Synoptikern kennen, aber das Urchristentum des Paulus und Johannes ist eine synkretistische Religion", und endet diese Aussage steigernd mit dem lapidaren Satz: „das Christentum ist eine synkretistische Religion".[565]

Dies ist insgesamt irreführend, da als falsche Alternative formuliert. Heute müßte man sagen: Das Urchristentum, auch des Paulus und Johannes, entspringt dem *einen* breiten, fruchtbaren Strom der *alttestamentlich-jüdischen Tradition*. Dieser *eine* Strom, bei dem keinesfalls zwischen Altem Testament und Judentum getrennt werden kann, denn ersteres verdankt sich ja erst dem sich in nachexilischer Zeit formierenden Judentum, hatte bis zur Zeitenwende in einer gegen 1200jährigen Geschichte von Anfang an ständig kleinere und größere Zuflüsse erhalten, die es absorbierte und zugleich filterte, ohne seine Identität als der *eine* Strom zu verlieren, obwohl sie denselben je und je auch etwas veränderten. Diese „Zuflüsse" sind semitisch-nomadisch, kanaanäisch, assyrisch, neubabylonisch, ägyptisch, phönizisch, persisch und natürlich seit dem 4. Jh. auch z. T. in erheblicher und vielfältiger Form griechisch. Ausmaß und Charakter dieser Zuflüsse waren in verschiedenen Zeiten, Orten und Gruppen verschieden: Anders in der Diaspora Babyloniens, Ägyptens oder im Mutterland; anders bei Philo, Josephus, den Essenern, vielerlei „Apokalyptikern" oder im Urchristentum. Man könnte sie natürlich alle, ja den Strom selbst zur Not „synkretistisch" nennen. Aber dieses Etikett hilft dann überhaupt nicht weiter und führt zu keinem besseren Verstehen. Es kommt jeweils auf die Identifikation und Beschreibung der einzelnen „Zuströme" an. Einzigartig ist dabei *die kraftvolle religiöse Identität, die Kreativität und die Absorptionsfähigkeit dieses Judentums*, dem sich historisch auch das Christentum verdankt, das

---

[565] H. GUNKEL, Zum religionsgeschichtlichen Verständnis des Neuen Testaments, Göttingen 1903, 35f.88.95.

sich zunächst als ein besonders wirkungskräftiger, da eschatologisch aktiver und universal ausgerichteter Teil der alten „Mutterreligion" erweist.[566]

Die *jüdischen Synagogengemeinden in Damaskus* mögen sich so nicht allzusehr von anderen jüdischen Diasporagemeinden in den Großstädten des östlichen Mittelmeers unterschieden haben; sie werden jedoch durch die relative geographische Nähe zum Mutterland noch ein stärkeres „judäisches" Gepräge besessen haben, in dem vermutlich die Eschatologie eine größere Bedeutung besaß als in Alexandrien. Die nächste Parallele bietet *Antiochien*:

Im Zusammenhang mit seinem Bericht über das dortige Judenpogrom nach der Tempelzerstörung erzählt Josephus nicht nur, daß die jüdische Diaspora in Syrien die größte im römischen Reich war, sondern geht auch auf die Geschicke der Juden in der syrischen Metropole selbst ein.[567] Wegen der Größe der Stadt war der jüdische Bevölkerungsteil besonders zahlreich. „Zu ihren Gottesdiensten zogen sie immer eine große Menge *Griechen* an, und sie (scil. die Juden) machten diese in gewisser Weise zu einem Teil von ihnen".[568] Man wird auch in Damaskus ähnliche Verhältnisse, nur in kleinerem Maßstab, voraussetzen dürfen.

2.5 Die Anfänge der christlichen Gemeinde in Damaskus

Wir sind so ausführlich auf Damaskus, seine jüdische Gemeinde, die Frage der Sympathisanten und der jüdischen ‚Propaganda' eingegangen, da sie die erste hellenistische Stadt außerhalb Palästinas ist, in der nach Paulus und Lukas Christen erscheinen, und diese Fragen für die nun beginnende missionarische Wirksamkeit der Hellenisten *und* des Paulus in Syrien von *grundlegender* Bedeutung sind. Ohne ihre Klärung verstehen wir weder die paulinische Mission noch die Genese seiner Theologie. Zum ersten Mal werden für uns sichtbar die Grenzen von Eretz Israel wirklich überschritten. Die „Stadt Samarias", d. h. doch wohl der samaritanische Hauptort Sychar, und die Küstenstädte Asdod und Caesarea, die Lukas mit dem Namen des Evangelisten Philippus

---

[566] M. HENGEL, „Schriftauslegung" als „Schriftwerdung", in: Schriftauslegung im antiken Judentum und im Urchristentum, hg. v. M. Hengel/H. Löhr, WUNT 73, Tübingen 1994, 1–71; DERS., Das früheste Christentum als eine jüdische messianische und universalistische Bewegung, ThBeitr 28 (1997), 197–210.
[567] Bell 7,43–62. Dazu ausführlich u. S. 288–292.
[568] 7,45: ἀεί τε προσαγόμενοι ταῖς θρησκείαις πολὺ πλῆθος Ἑλλήνων, κἀκείνους τρόπῳ τινὶ μοῖραν αὐτῷ πεποίηντο. M. GOODMAN, Mission, 87f mißt diese Sympathisanten zu schnell am Maßstab späterer klarer Scheidung und Differenzierung und den Bestimmungen in der rabbinischen Literatur. Texte wie die ps-philonischen Predigten (dazu o. S. 126f) behandelt er nicht. Das historische Bild dieser Zeit wird verzerrt, wenn man Lukas nicht als historische Quelle mit seinen Angaben über die Gottesfürchtigen und Sympathisanten ernstnimmt (166 Anm. 27). Vgl. zu KRAABEL o. Anm. 416; zu WILL/ORRIEUX o. Anm. 416.545. Lukas, vermutlich selbst ein ehemaliger Sympathisant, kannte dieses Problem aus eigener Erfahrung. Kein antiker Autor schildert es so eindringlich wie er. Für palästinische oder gar babylonische Amoräer des 3.–5. Jh.s war diese Frage längst nicht mehr so akut.

verbindet,[569] konnte man noch zu „Judäa" im weiteren Sinne zählen, mit Damaskus beginnt dagegen etwas Neues. Dabei setzt Lukas voraus, daß bereits Judenchristen in Damaskus sind, und er nennt einen einzigen, Ananias, wobei er seine jüdische Frömmigkeit hervorhebt.[570] Ob der Gastgeber des Saulus, Judas, in der „geraden Straße"[571] Christ ist, scheint von der Erzählung her eher unwahrscheinlich zu sein. Wie soll der gescheiterte und durch die Christusvision geblendete Verfolger gerade bei einem Christen unterkommen? Offenbar verfügt Lukas hier über fragmentarische ältere Nachrichten, die letztlich von Paulus selbst stammen mögen und die er erzählerisch ausgestaltet.[572] Auffallend ist, daß er den Begriff ἐκκλησία in Damaskus vermeidet, nachdem er ihn in 5,11 und 8,1.3 für die Gemeinde in Jerusalem[573] und 9,31 übergreifend für die Christen in Judäa, Samaria und Galiläa verwendet hat. Erst in 13,1 spricht er von einer Gemeinde außerhalb Judäas in Antiochien und dann vereinzelt von solchen im paulinischen Missionsgebiet.[574] Dafür verwendet er in 9,2 ἡ ὁδός im Sinne von αἵρεσις, „Richtung", bzw. διδασκαλία, „Lehre".[575] Hier könnte es sich um eine ältere Bezeichnung jüdischen Ursprungs handeln, die von Christen und ihren Gegnern verwendet wurde. Da sie zu einem lukanischen Vorzugswort wurde, bleibt es ungewiß, ob sie gerade in Damaskus bzw. Syrien eine besondere Rolle spielte. Wenn ja, dann müßte es eine „altertümliche" interne Kennzeichnung gewesen sein im Sinne von „unser Weg"[576], die aber dann rasch verschwand. In 9,19 und 25[577] wird einfach von „den Jüngern" gesprochen, denen sich Saulus anschließt und die ihm bei seiner Flucht aus der Stadt helfen. Auch dieser absolute Gebrauch von οἱ μαθηταί ist ein lukanischer Lieblingsbegriff, dessen Verwendung für die nachösterliche Zeit in den Briefen

---

[569] Joh 4,5; Apg 8,5.40; M. HENGEL, Lukas, 164−169.178-182.

[570] Apg 9,10; 22,12; s. u. Anm. 584.

[571] Apg 9,11. Nach einer Version der Paulusakten in einem bisher unveröffentlichten koptischen Papyrus wird dieser Judas mit dem Herrenbruder Judas identifiziert, NT Apo ⁵1987/89, 2, 242, durch ihn werde Paulus in die Kirche eingeführt. Der Text könnte dem uns verlorengegangenen Anfang der Paulusakten entstammen, die den unbefriedigenden, dazu fragmentarischen Bericht des Lukas „ergänzen" wollen. S. auch u. Anm. 594.

[572] K. BERGER, Theologiegeschichte, 234, der dem lukanischen Bericht hier großes Vertrauen schenkt, vermutet, daß Lukas „Lokaltraditionen" verarbeitet „über eine alte christliche Gruppe in Damaskus". Aber hat Lukas die Stadt je besucht? Die Quelle dürfte vielmehr vor allem Paulus selbst sein. S. o. S. 65−71.

[573] Vgl. 11,22; 12,1.5; 15,4.22; 18,22.

[574] 15,3 Antiochien; 15,41 erstmals Plural: die Gemeinden in Syrien und Kilikien; vgl. noch 16,5; 20,17.28.

[575] BAUER/ALAND, WB, 1125.

[576] Im absoluten Gebrauch s. Apg 19,2.23; 22,4; 24,14.22; davon zu unterscheiden die Verwendung mit Genitiv, s. 18,25f; 2. Pet 2,2.15 im Sinne von „Heilsweg". S. dazu E. REPO, Der „Weg" als Selbstbezeichnung des Christentums, AASF Ser. B, 132,2, 1964, 84ff, dessen Ausführungen zu Damaskus zu spekulativ sind, und dazu M. HENGEL, Rezension ThLZ 92 (1967), 361−64. Mehr als eine jüdisch-palästinische Herkunft der Metapher (Jub 23,20; 4. Esra 14,22) und einige essenische Belege (1QS 9,17f; 10,20f; CD 1,13; 2,6) lassen sich nicht nachweisen.

[577] Vgl. schon 9,10: Ananias ist μαθητής. S. o. Anm. 220 und zu 9,25 u. S. 210f.

keine Parallele hat. Hier könnte vielleicht die älteste Selbstbezeichnung, talmî-dajja diješû[a'], die wohl schon in vorösterlicher Zeit gebildet wurde, zugrunde liegen, aber auch sie ist nicht ortsspezifisch. Vermutlich will Lukas, der ein Gespür für solche „archaischen" Formulierungen hat, damit sagen, daß die junge Gemeinde nicht fest konsolidiert war und sich gegenüber den Synagogengemeinden noch in keiner Weise organisatorisch verselbständigt hatte. Wahrscheinlich traf sie sich in einem oder mehreren Privathäusern als eine Art „messianischer Konventikel" und versuchte daneben auch, auf die Synagogenbesucher einzuwirken. Eben darum will ja Saulus nach Damaskus, um dort Ordnung zu schaffen, damit die Anhänger dieser „Richtung" die dortigen Synagogengemeinden nicht mehr verwirren und verführen können.

Es wird auch nicht davon berichtet, daß Saul in der christlichen Gemeindeversammlung lehrt, sondern nur gesagt, daß er ohne Verzug (εὐθέως) in den Synagogengemeinden Jesus als Sohn Gottes verkündigt habe.[578] Das wird in 9,22 noch gesteigert: „Saulus aber gewann noch mehr an (Überzeugungs-)Kraft und versetzte die Juden, die in Damaskus wohnten, in Erstaunen, indem er bewies, daß Jesus der Messias sei".[579] D. h., für Lukas wird, darin Gal 1,16 durchaus vergleichbar, der bisherige Verfolger ohne Verzug zum Verkünder der neuen, ihm geoffenbarten Lehre. Er, der eben noch die Christen bedroht und verwirrt hatte, was in V. 21 nachwirkt, bringt jetzt die Besucher der Synagogen in Verwirrung, weil er, man könnte hinzufügen: der pharisäische Schriftgelehrte und Schüler des berühmten Gamaliel[580], in öffentlicher Rede argumentativ den Beweis – vor allem aus der Schrift – führt (συμβιβάζων), daß Jesus der Messias sei.

Freilich geschieht nach Gal 1,16 die Lebenswende durch die Offenbarung des Gottessohnes mit dem Ziel, „damit ich ihn unter den *Völkern* verkündige", während Paulus nach Apg 9,20.22 den Gottessohn und Messias in den damaszenischen *Synagogen* predigt. Aber waren, wie Josephus bezeugt, diese Synagogen nicht voller heidnischer Sympathisant(inn)en? *War hier die Judenpredigt nicht eo ipso zugleich an (gottesfürchtige) Heiden gerichtet?* Wenn Lukas in Apg 13,43f[581], im pisidischen Antiochien, wo er Paulus erstmals ausführlich als Redner in einer Synagoge vorführt, nachdrücklich die Rolle der zahlreichen σεβόμενοι προσήλυτοι betont, und damit den großen mehrschichtigen Kreis der „Sympathisanten" meint, so setzt er diese Gruppe auch in Damaskus wie in den anderen Synagogen, in denen er Paulus predigen läßt, einfach voraus. Er will ihn nur nicht expressis verbis vor Petrus (Apg 10) zum „Heidenmissionar"

---

[578] 9,20: εὐθέως ἐν ταῖς συναγωγαῖς ἐκήρυσσεν. Lukas stellt sich das ähnlich vor wie bei Stephanus vgl. 6,9f. Zu seiner Zeit um 80 n. Chr. werden (Juden)christen kaum mehr in den Synagogen gepredigt oder diskutiert haben. Man hätte sie auf der Stelle hinausgeworfen.
[579] 9,22: Σαῦλος δὲ μᾶλλον ἐνεδυναμοῦτο καὶ συνέχυννεν [τοὺς] Ἰουδαίους τοὺς κατοικοῦντας ἐν Δαμασκῷ συμβιβάζων ὅτι οὗτός ἐστιν ὁ χριστός.
[580] Apg 22,3 vgl. 23,6; 5,34: Gamaliel, der νομοδιδάσκαλος τίμιος. Sein Schüler Saulus muß dann auf dem besten Wege gewesen sein, ebenso ein solcher zu werden, vgl. Gal 1,14.
[581] Vgl. 13,50; 16,14; 17,4.17; 18,7.

werden lassen und stand hier erzählerisch vor einem ähnlichen Problem wie bei Philippus. Aber er traute seinen Lesern wohl zu, daß sie weiter dachten (s. u. S. 240f). Auch Paulus sagt nirgendwo, daß seine Botschaft in erster Linie oder gar nur solche Heiden betraf, die von den profetischen Schriften Israels, seinem Gott, dem Gesetz und seinen Verheißungen noch nie etwas gehört hätten! Seine Briefe machen vielmehr den Eindruck, daß die Adressaten davon eine ganze Menge verstehen *mußten*. Und wo und wie wollte er solche von den heiligen Schriften Israels, ihrer Gottesverkündigung und ihrer Verheißungen ganz und gar unbeleckten Heiden ansprechen? Auf den Straßen in Damaskus, Tarsus und Antiochien oder gar vor den heidnischen Tempeln? Von einer öffentlichen „Straßenpredigt" des Apostels – à la Hydepark auf einer Seifenkiste – hören wir eigentlich nur in Athen, und da mit ganz geringem Erfolg.[582]

Aber damit haben wir wieder zu weit vorgegriffen: Noch sind wir in Damaskus und noch ist eine grundlegende Frage nicht beantwortet: Welche Christen hat er dort angetroffen, die ihn tauften und die ihm doch wohl einiges mitteilten?[583] Für Lukas waren sie, dargestellt am Beispiel des Ananias, den er Paulus „einen frommen Mann nach dem Gesetz, mit einem guten Ruf bei allen (in Damaskus) wohnenden Juden" nennen läßt,[584] fromme, gesetzestreue Judenchristen. Das entspricht seiner apologetischen Tendenz, für den Bruch mit der Synagoge grundsätzlich nur die andere Seite verantwortlich zu machen. Aber in Damaskus war man, ca. drei Jahre nach dem Tode Jesu, offenbar noch beieinander – wenn auch mit Spannungen. Das ist im Blick auf die Chronologie der jungen messianischen Sekte in statu nascendi durchaus plausibel. Warum Saul gerade diese Judenchristen verhaften und nach Jerusalem bringen will und näher liegende Christen im Küstengebiet oder Galiläa unbehelligt läßt, bleibt in dem dreifachen Bericht des Lukas unerklärt: eine der vielen lukanischen Inkonsistenzen. Er beschränkt sich in seiner die komplizierte Wirklichkeit vereinfachenden schlichten Darstellung auf eine emotionale Begründung: Es war der maßlose, zornige Eifer des Verfolgers, der die neue Sekte überall vernichten will.[585] Daß die noch kleine Schar der Christen in Damaskus Judenchristen waren, wird man – nur ca. drei Jahre nach dem Tode Jesu – kaum bezweifeln können, man muß jedoch hinzufügen, daß sie (wie die dortigen

---

[582] Apg 17,34. S. dazu auch KLAUCK, Magie, 97–111; dagegen schließt S. MCKNIGHT, Light, 55 aus Philo, SpecLeg 1,320ff, daß für Philo die Agora „(would be) a specific place of proselytizing ... not the synagogue": Hier werden falsche Alternativen errichtet und Philos Rhetorik völlig mißverstanden. Jüdische religiöse Propaganda geschah vor allem durch Einladung in den Synagogengottesdienst oder aber durch das persönliche Gespräch im privaten Kreis und mit vornehmen Frauen (und Männern) wie in der Adiabene. Sie paßte wirklich nicht auf den Marktplatz.

[583] S. o. S. 43ff. 55ff.

[584] Apg 22,12. Vgl. o. Anm. 570. Es handelt sich freilich um eine Charakterisierung vor einem jüdischen Auditorium in Jerusalem. Apg 9,10 fehlt diese Charakterisierung.

[585] In Apg 26,11 ist das περισσῶς τε ἐμμαινόμενος αὐτοῖς ἐδίωκον ἕως καὶ εἰς τὰς ἔξω πόλεις im Sinne eines Imperfekts de conatu zu verstehen, BLASS/DEBRUNNER/REHKOPF [14]1976, 268 §326.

Synagogen) auch Gottesfürchtige anzog, ja an ihnen wahrscheinlich besonders interessiert war.[586] Schon von Jesus wurde berichtet, daß er einzelne Heiden geheilt und sie nicht grundsätzlich abgewiesen habe. Die junge christliche Gemeinschaft in Damaskus hatte keinen Grund, gesetzesstrenger zu sein als die Synagogen der Stadt. Auch daß ihre Mitglieder sich ebenso wie die Jerusalemer Urgemeinde in Anknüpfung an das Alte Testament als Angehörige der endzeitlichen qahal JHWH/ἐκκλησία θεοῦ verstanden, scheint uns wahrscheinlich zu sein, obgleich Lukas im Zusammenhang mit Damaskus diesen Begriff aus den oben genannten Gründen nicht gebraucht, sondern nur für Jerusalem und Judäa.[587] Paulus nennt sich später in einer stereotypen Formel Verfolger der ἐκκλησία τοῦ θεοῦ[588] und meint damit die Gemeinde in Jerusalem.[589] Es ist nicht einzusehen, daß die Christen in Damaskus ein ganz anderes Gemeindebewußtsein besessen haben sollen.[590] Auch die Taufe im Namen Jesu werden sie geübt haben und zwar nicht nur bei Juden, sondern wohl auch bei unbeschnittenen Gottesfürchtigen (s. o. S. 85). Das dreitägige Fasten des Erblindeten ist dagegen für den Erzähler ein Bußfasten des Verfolgers als Folge der Erschütterung durch die Audiovision und kaum ein Hinweis auf das institutionelle Fasten vor der Taufe, das erst wesentlich später bezeugt wird.[591]

---

[586] S. o. Anm. 541 zu den eschatologischen Motiven der Gewinnung von solchen Sympathisanten.

[587] S. o. Anm. 573.574. Erst in 13,1 erscheint eine Einzelgemeinde außerhalb Judäas in Antiochien. Bei 23 Belegen gebraucht Lukas nur zweimal den Plural (15,41; 16,5). Die paulinische Formel ἐκκλησία θεοῦ erscheint in der Miletrede 20,28. Wahrscheinlich gab es auch für Lukas im Grunde nur die eine ἐκκλησία.

[588] 1. Kor 15,9; Gal 1,13, vgl. Phil 3,6.

[589] Vgl. 1. Kor 15,9 s. auch den Plural 1. Thess 2,14: die verfolgten Gemeinden Gottes in Judäa, vgl. Gal 1,22, gegen K. BERGER, Theologiegeschichte, 351 vgl. 334ff u. ö.

[590] Gegen FELDTKELLER, Identitätssuche, 168–171, der das chronologische Problem völlig mißachtet und zu unbegründeten Spekulationen kommt.

[591] Apg 9,9, vgl. 19. In 22,12ff wird darüber nichts mehr gesagt. K. BERGER, Theologiegeschichte, 234, möchte darin „eine Reminiszenz an das Lukas, ja dem NT sonst gänzlich unbekannte Fasten vor der Taufe" sehen, doch seine Zeugnisse gehören durchweg ins 2. oder 3. Jh. und treffen nur teilweise zu. Did 7,4; Justin, Apol 61,2; Tertullian, de bapt. 20 sprechen nicht über die Dauer des Fastens; Ps-Clementinen, Rec. 7,34,1.7 = Hom 13,9,3 nur von einem eintägigen. Erzählerisch will Apg 9,9.19 und das Gebet 9,11 die Intensität der Reue des Verfolgers illustrieren. Nach 9,9 kann Saulus ja noch gar nicht wissen, daß er getauft wird. Lukas will damit kaum einen festen liturgischen Brauch andeuten. K. BERGER möchte dann höchst phantasievoll gleich eine Brücke von den Judenchristen in Damaskus zum Johanneskreis und dem 4. Evangelium im Ostjordanland schlagen. Aber die Verbindung von Wasser- und Geisttaufe (Joh 3,5) ist allgemein lukanisch und vermutlich urchristlich. Dasselbe gilt vom Bekenntnis zu Jesus als dem Messias und Sohn Gottes. Als „Parallelen" kann Berger nur Gemeinplätze beibringen. Das chronologische Problem der Frühzeit – wenige Jahre nach dem Todespassa – sieht er wie so oft nicht. Die Paulusakten, die die Apg voraussetzen, kennen sowohl ein Gemeindefasten wie häufiger ein mehrtägiges Fasten des Helden und anderer Personen, s. C. SCHMIDT, Acta Pauli (Heidelberger koptischer Papyrus), Leipzig ²1905, 78, Index s. v. νηστεύειν, νηστεία und NTApo ⁵1989, 2, 214f.220 (Acta Pauli et Theclae c. 22.25). Von Taufe ist dabei nirgendwo die Rede. Lukas berichtet dagegen nur noch 13,2f vom Fasten, jedoch häufiger von der Taufe. Bestenfalls könnte es sich um einen alten Brauch bei Johannes dem Täufer und der Vorbereitung auf seine Bußtaufe im Jordan handeln. Aber das bleibt eine

Auch die Handauflegung des Ananias 9,12.17 muß nicht unbedingt von der nachfolgenden Taufe her verstanden werden, sondern könnte auf einen jesuanischen Heilungs- und Segensgestus hinweisen, den die Jünger weiterführten.[592] Eher wäre zu fragen, ob die Verbindung mit der Geistausgießung V. 17 dieser nicht möglicherweise die zusätzliche Bedeutung der durch den Geist vermittelten „Ordination" gibt, die für Lukas fester kirchlicher Brauch ist, aber auf die Jerusalemer Gemeinde zurückgehen kann; denn ihre letzte Wurzel ist in Dtn 34,9 zu suchen.[593] Paulus scheint nach den Briefen diese Sitte dagegen nicht zu üben. Es wird hier schwer, zwischen ursprünglicher Bedeutung und lukanischer Deutung zu unterscheiden, zumal ja fast 50 Jahre zwischen Niederschrift und Ereignis liegen.

Aus dem Bericht des Lukas läßt sich schwerlich im Einzelnen erschließen, was alles in dieser noch ganz jungen, kaum institutionalisierten Gemeinde in Damaskus schon „fester" Brauch war. Unbedingte historische Detailtreue ist nicht seine Sache, auch wenn er uns oft interessante Einzelheiten, die ursprünglich sein können, berichtet. Man wird bei dieser Gemeinde in statu nascendi noch nicht allzu viele festgeprägten Gebräuche voraussetzen können. Die Besonderheit der Frühzeit, den vom endzeitlichen Geist bewegten Enthusiasmus, kann und will Lukas so wenig zureichend erfassen wie bei seiner Schilderung der Ereignisse in Jerusalem in c. 2–7. Dieser wird wohl am ehesten in der „profetisch" wirkenden Gestalt des Ananias sichtbar.

Völlig offen bleibt die Frage bei ihm, *wie* diese Gemeinde entstanden ist. Die Epistula Apostolorum, die als einzige frühe apokryphe Schrift neben den Paulusakten und den Pseudoklementinen Damaskus erwähnt, erweckt mit einer unklaren Formulierung den Eindruck, als sei die dortige Gemeinde von den elf Aposteln begründet, zu denen der Auferstandene spricht. Da der Vf. dieser eigenartigen Schrift um die Mitte des 2. Jh.s sich trotz kräftiger Verwendung der Apg die schlimmsten Ungereimtheiten leistet, wird hier sicher keine Sondertradition vorliegen.[594] Die judenchristliche Quelle der Pseudoklementinen berichtet, daß Petrus nach Damaskus geflohen sein soll

---

Vermutung. Interessant ist, daß dreitägiges Fasten vor einer Behandlung auch häufig von den zeitgenössischen Ärzten verlangt wurde, s. J. PIGEAUD, L'introduction du Méthodisme à Rome, ANRW II, 37,1, 565–599 (595 Anm. 112) zu Galen (Kühn, Bd. 10, 582,6 [τοῖς διατριταρίοις ἰατροῖς]). Sie erhielten den Namen „Diatritarier". Vgl. zum Fasten auch H. THOMSSEN/C. PROBST, Die Medizin des Rufus von Ephesos, ANRW II 37,2, 1994, 1285.

[592] Mt 9,18; Mk 5,23; 6,5; 8,23.25; Lk 4,40; 13,13; Apg 8,17(19); 28,8.

[593] Apg 6,6; 13,3; 19,6; 1. Tim 5,22, vgl. Apg 13,3; 14,23. Die rabbinische Ordination gab es vor 70 noch nicht. Vgl. M. HENGEL, Der vorchristliche Paulus, 224 Anm. 129 (Lit.).

[594] C. SCHMIDT, Gespräche Jesu mit seinen Jüngern nach der Auferstehung, 1919, Nachdruck Hildesheim 1967, 100 [= c. 33(44)]: „Es wird jener Mann aus dem Lande Cylicien herauskommen nach Damaskus Syriens, um die Kirche (Gemeinde), die euch zu schaffen beschieden ist, auszuwurzeln ..., und er wird schnell kommen". S. auch die Übersetzungsvariante von A. GUERRIER im Text. C.D.G. MÜLLER in NT Apo [5]1989 1, 224: „die euch zu schaffen obliegt". Zur Datierung s. M. HENGEL, Johanneische Frage, 59 ff. Zu Judas in der „Geraden Straße", der in koptischen Paulusakten mit einem Herrenbruder identifiziert wird, s. o. Anm. 571.

und ihn Paulus dort verfolgen wollte: Das klingt fast wie eine Parodie der Apg.[595]

Auf die Unwahrscheinlichkeit der in jüngster Zeit beliebten Hypothese, die Jüngergemeinde in Damaskus sei – ganz unabhängig von den Vorgängen in Jerusalem – von jesuanischen „Wanderradikalen" aus Galiläa gegründet worden, haben wir schon hingewiesen.[596] Irgendwelche Argumente (ganz zu schweigen von Beweisen) dafür gibt es nicht. Die ersten Jünger dort könnten gerade so gut jüdische Jesusanhänger aus dem Reich des Philippus (Gaulanitis, Caesarea Philippi) oder der Dekapolis gewesen sein, ja, selbst daß Juden aus Damaskus und seiner Umgebung sich zum See Genezareth auf den Weg machten, um den endzeitlichen Profeten und Wundertäter zu sehen und zu hören, ist nicht auszuschließen. Schon Johannes der Täufer hatte eine breite Volksbewegung ins Leben gerufen, und Jesus hat sie auf seine Weise fortgesetzt. Wenn die Evangelien von einer weitreichenden Wirkung sprechen, so darf dies nicht in allzu primitiver Weise grundsätzlich aus angeblich späteren Gemeindeverhältnissen erklärt werden. Außerdem liegen zwischen dem Wirken Jesu und den Ereignissen in Damaskus kaum mehr als 2–4 Jahre. Wir sollten weiter nicht vergessen, daß auch Damaskus damals wohl schon zur Dekapolis gehörte.[597] Aber eine kleine Gruppe von einfachen, aramäischsprechenden Jesusjüngern aus Galiläa oder anderswoher, ohne christologisches

---

[595] Nach den pseudoclementinischen Recognitionen 1,71,4f erhält der *inimicus ille homo* (Paulus) Vollmachtschreiben von Kaiphas, um alle Gläubigen zu verfolgen, und eilt vor allem nach Damaskus, weil er glaubt, daß Petrus dorthin geflohen sei. In den koptischen Akten des Matthias wird diesem Damaskus als Missionsgebiet zugeteilt und dieser predigt dort: R.A. LIPSIUS, Apostelgeschichten II,2, 260.

[596] Vgl. o. Anm. 142.188f. G. THEISSEN hat den an sich heuristisch fruchtbaren Begriff „Wanderradikalismus" in die Diskussion eingeführt, s. ZThK 70 (1973), 245–71 = Studien zur Soziologie des Urchristentums, WUNT 19, Tübingen 1979 (^{3}1989), 79–105. Dieser wurde freilich in z.T. unqualifizierter Weise als Schlagwort verwendet. S. dazu die methodischen Überlegungen von T. SCHMELLER, Brechungen. Urchristliche Wandercharismatiker im Prisma soziologisch orientierter Exegese, SBS 136, 1986, der vor allem auf die Verbreitung dieses Phänomens hinweist, das im Grunde die ganze Kirchengeschichte durchzieht. Der wichtigste „Wandercharismatiker war Paulus", auch Columban, die irischen Mönche und spätere Missionare bis in die Neuzeit kann man als solche bezeichnen. Sie lassen sich nicht auf ein soziologisches Schema festlegen und werden in den Quellen recht verschieden dargestellt.

[597] In Mt 4,24 mag der Autor einen Hinweis auf die Herkunft seines Evangeliums geben. Übertreibend ist das εἰς ὅλην τὴν Συρίαν, das unmittelbar auf das Wirken in Galiläa folgt. Realistischer ist das folgende: Dekapolis, Jerusalem, Judäa und das Gebiet jenseits des Jordans, 4,25; vgl. Mk 3,7f, wo Idumäa und das Stadtgebiet von Tyrus und Sidon dazukommen, s. auch Lk 6,17, wo die Dekapolis aber fehlt. Er läßt sie überhaupt weg, vielleicht weil er Jesus noch nicht allzusehr mit heidnischem Gebiet in Verbindung bringen will (auch Mk 7,24.31; 8,27 werden ausgeschieden, nur 8,26–39 betritt Jesus heidnisches Gebiet). Sie erscheint bei Mk dagegen in 5,20: Der geheilte Gerasener verkündigt in der Dekapolis, was Jesus an ihm getan hat. Jesus selbst wirkt in der Dekapolis in der – geographisch durchaus verständlichen – Angabe 7,31, s. dazu A.M.H. JONES, Cities (Anm. 360), 270; M. HENGEL, Lukas, 151 Anm 19. Exegeten, die auf Grund dieser Verse meinen, Markus habe keine Ahnung von der Geographie Palästinas, zeigen nur ihre eigene Ahnungslosigkeit über die antike Geographie Palästinas und Syriens. Vgl. o. Anm. 360.

Kerygma, nur mit den frommen Weisheitssprüchen der Logienquelle bewaffnet, hätte den ehrgeizigen Jerusalemer Pharisäer und Schriftgelehrten kaum zu einer gewaltsamen Intervention provoziert.

All das macht plausibel, daß es eben doch aus Jerusalem geflohene judenchristliche „*Hellenisten*" waren, die die Synagogengemeinden in Damaskus beunruhigten. Daß sie sich gerade dorthin wandten, ist – wie wir schon sagten – nur zu gut verständlich. Damaskus war nach Caesarea als Metropole Südsyriens die am nächsten liegende große hellenistische Polis, angeblich von einem nahen Verwandten Abrahams begründet, mit einer zahlreichen Judengemeinde und vor allem vielen Gottesfürchtigen, d. h. einer Gruppe, die zu jenen „Randsiedlern" der Synagoge gehörte, für die sich die „Hellenisten" – wie das Beispiel des Philippus zeigt – besonders interessierten. Der äthiopische Finanzminister war als Verschnittener schon ein solcher „Gottesfürchtiger" gewesen, und auch die Samaritaner konnte man als am Rande des Judentums stehende „Häretiker" betrachten. So wie sie getauft wurden, hat man wohl auch „Gottesfürchtige" getauft. Man konnte dabei auf das Beispiel des heidnischen Syrers Naeman verweisen, der als Aussätziger gewissermaßen lebendig tot war und der, obwohl ein Unbeschnittener, im Gehorsam gegen das Wort des Profeten Elisa siebenmal im Jordan untertauchte (ἐβαπτίσατο), damit er „rein wurde", und dessen Leib wiederhergestellt wurde wie der eines kleinen Kindes.[598] Philippus scheint damit in die Fußstapfen Jesu getreten zu sein, der sich zu „den verlorenen Schafen" des Hauses Israel, zu den Sündern und Verachteten, gesandt wußte.[599] Bei dem die Urgemeinde beherrschenden endzeitlichen „Geistenthusiasmus" mag auch eine Anweisung des Geistes bzw. profetische Schriftdeutung etwa von Amos 5,26f im Stile von CD 6,5 oder auch von Sach 9,1 für die vertriebenen „Hellenisten" eine Rolle gespielt haben. Damaskus war ja in besonderer Weise Gegenstand profetisch-messianischer Weissagung und Erwartung.[600]

---

[598] 2. Kön 5,1–14. Die Heilung vom Aussatz kommt einem „Lebendigmachen" gleich und ist einerseits Gottes Vorrecht (5,7), zum anderen Erweis der Gegenwart des Gottesgeistes in Israel (5,8). Das Verb βαπτίζειν, das häufig die Bedeutung von „Sterben durch Ertrinken" hat, im Sinne von „Untertauchen", erscheint in der LXX nur hier als Übersetzung von ṭābal, sonst nur βάπτειν. Der ursprüngliche Sprachgebrauch von βαπτίζειν könnte durch diese Stelle beeinflußt sein. Die Wiederherstellung des bāśar erinnert an Ez 37,6.8. Es ist bezeichnend, daß Josephus mit keinem Wort die Naemangeschichte erwähnt (vgl. o. Anm. 491), und ant 18,116–119 wohl von der Taufe Johannes des Täufers berichtet, deren Zweck aber nur als „Heiligung des Leibes" beschreibt und von der Taufstelle am Jordan schweigt.

[599] Vgl. Mt 10,6; 15,24, Vgl. 9,36; Mk 2,17. S. dazu M. HENGEL, Lukas, 167; DERS., Geschichtsschreibung, 68f. Mit dem ἀνὴρ Αἰθίοψ (Apg 8,27) erreicht die urchristliche Mission den Süden, das ehemalige Reich der Königin von Saba (Lk 11,31), die einst zu Salomo kam. Vgl. J. M. SCOTT, Paul, 111f.171f. Weiter o. Anm. 418 und u. S. 392ff.

[600] S. dazu M. HENGEL, Der vorchristliche Paulus, 279; R. RIESNER, Frühzeit, 209ff: Das dort von Paulus Gesagte könnte eher für die aus Jerusalem vertriebenen und – so unsere Hypothese – nach Damaskus geflohenen Hellenisten gelten. Das Essenermotiv halten wir dagegen für bedeutungslos. Essener und ‚Hellenisten' waren durch einen Graben getrennt,

2.6 Zur frühesten Mission der Hellenisten außerhalb Palästinas

Daß die Stadt noch zum *Grenzgebiet von Eretz Israel* gerechnet werden konnte, ist nicht bedeutungslos. Die aus Jerusalem Vertriebenen suchten nach der etwas schematischen Darstellung Apg 8,1 ja nicht sofort direkt heidnisches Gebiet auf, sondern bewegten sich κατὰ τὰς χώρας τῆς Ἰουδαίας καὶ Σαμαρείας. Erst in 11,19, d. h. doch zu einem wesentlich späteren Zeitpunkt, läßt Lukas sie dann nach Phönizien, Zypern und am Ende nach Antiochien vorstoßen. Damaskus lag hier wie (Tyrus und Sidon) direkt vor der Haustür.[601] Diese Zerdehnung hat gewiß auch den Zweck, die direkte Heidenmission in Antiochien erzählerisch erst nach der Taufe des ersten Heidenchristen Cornelius einzuordnen, aber es kommt darin doch wohl auch der richtige Tatbestand zum Ausdruck, daß Antiochien erst nach Verlauf einer gewissen Frist erreicht wurde: Man versuchte zunächst, in nähergelegenen Städten rings um Eretz Israel Missionsgemeinden aus Juden und Gottesfürchtigen zu gründen. U. E. ist das viel umrätselte ἀπὸ Ἰερουσαλὴμ καὶ κύκλῳ Röm 15,19 in diesem Sinne zu verstehen. Die nächste Parallele bildet dazu 1. Makk 1,11[602], nur daß hier von Jerusalem aus gesprochen und deshalb der Name der Stadt nicht genannt wird: Von Jerusalem ausgehend wollten einst die hellenistischen Reformer die alte Abgrenzung von den „‚Heiden' im Umkreis" aufheben und die Abgeschlossenheit Jerusalems gegenüber den hellenisierten Syrern, Phöniziern und Arabern öffnen. Die judenchristlichen „Hellenisten" wollten dagegen, aus Jerusalem vertrieben, als Boten des Messias Jesus die neue Botschaft den Juden und gottesfürchtigen Heiden auch außerhalb Judäas überbringen und damit das Kommen Jesu und sein messianisches Reich im Rahmen der gegebenen Frist vorbereiten. Diese Öffnung zu den „Völkern" bekam bei Paulus einen wesentlich intensiveren Charakter. Für ihn gehörte zu dem ἐν κύκλῳ an erster Stelle Damaskus und Arabien.[603] Der kommende Herr drängte, und der

---

denn für erstere galt gerade die rigorose Einhaltung der Reinheitsgebote der Tora. Zur messianischen Weissagung s. o. Anm. 344–346.

[601] Das Stichwort Syrien erscheint bei ihm erst Apg 15,23 und 41 zusammen mit Kilikien, was an Gal 1,21 erinnert. Syrien allein finden wir dann noch später in 18,18; 20,3; 21,3; Offenbar steht diese Provinz nicht im zentralen Interesse des Lukas (auch nicht mehr des Paulus). Dies spricht gegen eine oft vermutete Herkunft des Autors aus Antiochien (vgl. o. Anm. 131). Nach Jos. ant 1,191 liegt die Grenze des Abraham verheißenen Landes Kanaan bei Sidon, d. h. auf derselben Höhe wie Damaskus; s. auch 5,85f: Das Gebiet des Stammes Asser und 5,178 Dan. Östlich davon bis Damaskus, Obergaliläa und dem Libanon, ist das Gebiet des Stammes Naphtali.

[602] Ἐν ταῖς ἡμέραις ἐκείναις ἐξῆλθον ἐξ Ἰσραὴλ υἱοὶ παράνομοι καὶ ἀνέπεισαν πολλοὺς λέγοντες· Πορευθῶμεν καὶ διαθώμεθα διαθήκην *μετὰ τῶν ἐθνῶν τῶν κύκλῳ ἡμῶν, ὅτι ἀφ' ἧς ἐχωρίσθημεν ἀπ' αὐτῶν, εὗρεν ἡμᾶς κακὰ πολλά*. Vgl. M. HENGEL, JuH, 135f.414.505f; DERS., Jerusalem als jüdische *und* hellenistische Stadt, in: Hellenismus. Akten des Internationalen Hellenismuskolloquiums 9.–14. März 1994 in Berlin, hg. v. B. Funck, Tübingen 1996, 269–307; s. J. M. SCOTT, Paul, 59 zum Begriff ἔθνη als „Völker".

[603] S. dazu M. HENGEL, Der vorchristliche Paulus, 182f.201.219 Anm. 143.277.291f; zur Diskussion vgl. J. M. SCOTT, Paul, 136–140 deutet καὶ κύκλῳ auf die Vorstellung von Jerusa-

geographische Rahmen war notwendigerweise noch relativ eng auf die Grenzgebiete von Eretz Israel beschränkt, die z. T. ja auch schon Jesus aufgesucht hatte. Große, weitreichende Missionspläne konnten wegen der ganz unmittelbaren Naherwartung zunächst noch nicht ins Auge gefaßt werden.

Bei der Schilderung der Reise des Paulus nach Jerusalem vor dem Wochenfest 57 n. Chr., in der der Wirbericht auf die Begleitung durch den Autor Lukas hinweist, verweilen Paulus und seine Begleiter sieben Tage bei den „Jüngern" in *Tyros* und einen Tag bei den „Brüdern" in *Ptolemais/Akko*. Hier wie dort wird Paulus bereitwillig aufgenommen. In *Caesarea* wird er gar von Philippus in sein Haus eingeführt und bleibt dort mehrere Tage.[604] Auf der Romreise, wohl im Herbst 59 n. Chr., darf Paulus in *Sidon* seine Glaubensfreunde besuchen und sich von ihnen im Blick auf die bevorstehende Schiffsreise unterstützen lassen.[605] Vermutlich handelt es sich bei diesen, trotz aller Spannungen mit Jerusalem, Petrus und dem Jakobuskreis Paulus positiv gegenüberstehenden Gemeinden um *Gemeindegründungen der Hellenisten* nahe an der Grenze zum jüdischen Palästina, in denen die alte Anhänglichkeit gegenüber Paulus aus seiner syrischen Zeit bewahrt worden war. Die Frage der Heidenmission ohne Forderung der rituellen Gesetzesobservanz war hier offenbar weder ein grundsätzliches gemeindetrennendes Problem gewesen noch wieder geworden. Bezeichnend ist, daß auch diese Küstenstädte im Westen unmittelbar an Galiläa, d. h. den nördlichen Vorposten des jüdischen Siedlungsgebietes in Palästina, angrenzen, ähnlich wie das Stadtgebiet von Damaskus an das von Caesarea Philippi und die Gaulanitis mit ihrem beträchtlichen jüdischen Bevölkerungsanteil anschließt.

U. E. muß man sich die Entwicklung in den syrischen und phönizischen *Städten* – und auf sie kommt es vor allem an, denn durch die missionarisch Engagierten wird die neue „Sekte" relativ rasch zur „*Stadtreligion*" – so vorstellen, daß die missionarisch aktiven Hellenisten die Gründung neuer Gemeinden (wohl zunächst mit einem gewissen durch die Naherwartung bedingten Zögern) schrittweise immer weiter nach Norden vorschoben, bis sie nach geraumer Zeit Antiochien erreichten und auch nach Zypern übersetzten. Später läßt der pseudoklementinische Roman Petrus von Caesarea aus die Küste entlang in Richtung Norden von Stadt zu Stadt wandernd und dort predigend und diskutierend nach Antiochien reisen.[606] Wie Paulus noch in Kleinasien, Makedonien und Achaia „sprang" man von einer größeren Stadt zur anderen und verweilte

---

lem als Zentrum der Welt: „... in light of Ez 5:5 and the whole Table-of-Nations tradition, it seems likely that Rom 15:19 portrays Paul's mission to the nations from Jerusalem as the center of a circle ... embracing the whole inhabited world", vgl. 252 Index zu Röm 15,19; RIESNER, Frühzeit, 214.227−231 faßte καὶ κύκλῳ wieder adverbial für die „kreisförmige Bewegung" der pln. Mission von Jerusalem bis Illyrikum, da die ἔθνη nicht genannt werden, und plädierte dafür, daß Paulus in Arabien „etwas zurückgezogener lebte" (231). BREYTENBACH, Paulus, 150 Anm. 11 ebenfalls für „von Jerusalem im weiten Umkreis".

[604] Apg 21,8−14.
[605] Apg 27,3.
[606] PsClem Hom 4,1,1−11,36,1ff. S. u. S. 398.

dann dort längere Zeit. D. h. die *geographische* Ausbreitung der neuen Botschaft in den frühen dreißiger Jahren geschah noch nicht mit jenem „Sturm und Drang" wie bei Paulus nach dem Apostelkonzil bei seiner sog. 2. und 3. Reise in Makedonien, Achaia und Asia. Noch war der Blick auf das nahe Kommen des Herrn stärker, an eine *weltweite* ‚Mission' dachte man noch lange nicht.

Damaskus kam als der wichtigsten Polis in Südsyrien, die geographisch das Tor nach Nordosten und Norden[607] bildete, nach all dem bisher Gesagten einzigartige Bedeutung zu. Daß es gegen diese Entwicklung anfänglich Widerstände gab, zeigt ein Text wie Mt 10,5, „geht nicht auf die Straße zu den Heiden und in eine Stadt der Samaritaner geht nicht hinein", der genau dem widerspricht, was Philippus in Samarien und „auf der Straße nach Gaza" tut.[608] Aber dieser Widerstand war offenbar nur von relativ kurzer Dauer. Später war, das zeigen die Vorgänge in Antiochien und Galatien, nicht mehr die Frage der Mission außerhalb von Eretz Israel, ja nicht einmal mehr die Frage der Gewinnung von „Heidenchristen" an sich kontrovers, sondern das Problem ihrer Durchführung und der Streit über deren Verhalten im Hinblick auf die Beschneidung, die jüdischen Reinheitsbestimmungen, Speisegebote und die Festtage.[609]

Zunächst missionierten die Hellenisten so noch selbstverständlich in den Synagogen der größeren hellenistischen Städte, denn wo hätten sie sonst ihre Ansprechpartner finden können? Für einen Heiden, der von jüdischer Glaubenslehre keine Ahnung hatte, mußte die neue Botschaft vom gekreuzigten, erhöhten und wiederkommenden Messias praktisch unverständlich sein. Die urchristlichen „Missionare" bildeten dann mit ihren Anhängern kleine Konventikel, man könnte auch von „Sondersynagogen" mit anstößigen messianischen Lehren sprechen, bei denen es eine Frage von Temperament und Glaubenseifer war, ob man sie kopfschüttelnd betrachtete oder direkt bekämpfte. Auch wäre es irreführend, ihre Verkündigung einfach als *„gesetzesfrei"* zu betrachten.[610] Wirklich „gesetzes*freie*" Verkündigung hat es im Urchristentum überhaupt nie gegeben. Die frühesten Christen waren keine „Antinomisten", auch Paulus nicht. Die Einhaltung der Zehn Gebote und hier wieder besonders des 1. Gebotes, aber auch des von Jesus gelehrten Doppelgebotes der Liebe wurde in dieser neuen jüdisch-messianischen Sekte mit gleichem, ja u. U. mit wesentlich größerem Nachdruck gefordert als in der Synagoge. Nur wird bei Paulus die Einhaltung der Gebote neu begründet. Sie ist nicht mehr Leistung

---

[607] Die östliche der zwei Hauptstraßen von Palästina nach Nordsyrien (Emesa) führte über Damaskus. Daneben gab es noch die Küstenstraße und die durch die Biqāʿ. Die östliche war aber fast so wichtig wie die Küstenstraße. Zu den römischen Straßen vgl. M. AVI-YONAH, The Development of the Roman Road System in Palestine, IEJ 1 (1950/1), 54–60 und die Karte u. S. 476. Ein anderer wichtiger Karawanenweg führte über Palmyra an den Euphrat.

[608] Apg 8,5.26 s. dazu M. HENGEL, Lukas, 164 ff; DERS., Geschichtsschreibung, 68.95; J. M. SCOTT, Paul, 163 f.

[609] Gal 2,3 ff.12 f; 4,10; 5,3; Röm 14,2.5 u. ö.

[610] Ich selbst habe in früheren Veröffentlichungen dieses Adjektiv benutzt, würde es aber heute als nicht präzise genug betrachten.

des freien Willens, sondern „Frucht des Geistes" (Gal 5,22). Diese Offenheit gilt selbst für das Verhältnis des Paulus zum Ritualgesetz. 1. Kor 9,20f spricht hier für sich: „Ich wurde den Juden wie ein Jude, damit ich Juden gewinne, denen unter dem Gesetz wie einer unter dem Gesetz, obwohl ich selbst nicht unter dem Gesetz bin, damit ich die unter dem Gesetz gewinne, den Gesetzlosen wie einer ohne Gesetz, obgleich ich nicht ohne Gesetz Gottes, vielmehr im Gesetz Christi lebe ...".[611] Mit dem heidnischen Götzendienst und dem Libertinismus der Städte konnte die junge messianische Gemeinde so wenig Kompromisse schließen wie fromme Juden. Das zeigen schon die grimmigen Sätze, die Paulus an die Korinther richtet,[612] ja überhaupt seine Paränese, und ebenso das spätere Verhalten der Christen vor den staatlichen Gerichten wie auch ihre rigorose Haltung gegenüber den lapsi bzw. Abtrünnigen und anderen schweren Sündern. Die Kritik der Hellenisten in Jerusalem, die den Zorn des Saulus erregt hatte, beschränkte sich zunächst vermutlich auf den durch den Tod Jesu obsolet gewordenen Tempelkult und auf die Überbetonung des Ritualgesetzes.[613] Auch hier mag die noch ganz nahe Erinnerung an Jesu Lehre und Verhalten ein wesentlicher Anstoß gewesen sein. Das letzte Motiv für eine solche Kritik lag in der *Christologie und Soteriologie*. Dies gilt dann auch für die viel radikalere, grundsätzliche Haltung des Paulus zur Gesetzesfrage, die u. E. nur aus der unmittelbaren theologischen Verarbeitung seiner Begegnung mit dem Auferstandenen vor Damaskus verständlich wird.

Die Verkündigung der Hellenisten, die in Jerusalem angesichts des Tempels und des dort verbreiteten Eifers für das Gesetz als provokativ empfunden wurde und zum Martyrium des Stephanus und zur Vertreibung aus der Stadt geführt hatte, mußte in dem ganz anderen Milieu einer griechischen Polis mit überwiegend griechischsprechenden Synagogengemeinden keine offenen Gewalttaten mehr provozieren. Als derartige Provokation wurde diese Aktivität nur von den „Eiferern" in Jerusalem empfunden,[614] deren Promotor, Saulus, dann nach Damaskus aufbrach, um dort Ordnung zu schaffen. Eine solche „Nachhilfe" war offenbar notwendig, da die Judenschaft in Damaskus selbst dazu nicht in der Lage oder nicht willens war. Denn daß Anhänger einer neuen messianischen Sekte unter Berufung auf ihren zu Gott erhöhten Lehrer behaupteten, daß ein heidnischer „Gottesfürchtiger" an der kommenden Gottesherrschaft und dem ewigen Leben Anteil haben werde, wenn er an den einen Gott und Schöpfer glaube und ein ethisch einwandfreies Leben führe und – das war das Neue und Entscheidende – sein ganzes Vertrauen allein auf den

---

[611] Zum Gesetz Gottes und Gesetz Christi vgl. Gal 6,2; 5,13–25; Röm 12,1–3; 13,8–10. Zur „apologetischen" Argumentation in 1. Kor 9,22 s. H. CHADWICK, NTS 1 (1954/1955), 261–275.

[612] 1. Kor 5 u. 6; 7,10; 10,1–22; 2. Kor 6,14–16; 13,1ff.

[613] Apg 6,13f, vgl. 6,11; 7,48f; Mk 15,38; Röm 3,25; 1. Kor 5,7; 2. Kor 5,21, s. dazu M. HENGEL, Zwischen Jesus und Paulus; W. KRAUS, Der Tod Jesu als Heiligtumsweihe, WMANT 66, 1991, 195ff.232ff; P. STUHLMACHER, Theologie I, 193f.196.233.335.

[614] Eiferer nicht im Sinne der Zeloten des jüdischen Krieges oder der Sikarier, sondern entsprechend zu Gal 1,14 oder Apg 21,20; 22,3, vgl. Röm 10,2.

gekreuzigten und zu Gott erhöhten Messias und Gottessohn Jesus von Nazareth setze, konnte man dort zunächst als absonderlichen Sektenaberglauben abtun, mußte aber darin – anders als in Jerusalem – noch nicht unbedingt einen Grund zum gewaltsamen Einschreiten sehen, solange diese „Sektenanhänger" ihren Aberglauben nur im persönlichen Gespräch vertraten und nicht den Gottesdienst der Synagoge störten. Bei einem Teil der Fragen, dem Glauben an den einen Gott, der strengen und zugleich offenen Ethik, der Gabe des ewigen Lebens – und das unabhängig von der Beschneidung, konnte man als griechisch gebildeter Diasporajude sogar zustimmen: Ein „Gottesfürchtiger", der an den einen wahren Gott glaubte, die sittlichen Gebote ernst nahm und den Götzendienst mied, durfte ja durchaus hoffen, auch ohne Beschneidung Gottes Wohlgefallen zu erlangen.[615] Gott in seiner φιλανθρωπία war gütig und kein Tyrann, der Unmögliches forderte.[616] Man bildete ja zugleich auch eine politische Körperschaft in einer fremden Stadt, und der innere und äußere Friede war ein hohes Gut. Darum blieb – relative – Toleranz gegenüber den so nützlichen „Gottesfürchtigen", die gute Gründe dafür hatten, sich nicht beschneiden zu lassen, wie auch gegenüber eschatologischen Sektierern aus dem Mutterland geboten, solange sie nur nicht die synagogale Gemeinschaft sprengten.[617] Wir hören darum im ersten Jh. vor Ignatius nichts von generellen Christenverfolgungen – durch Juden und Heiden – in *Syrien*, sondern nur in *Judäa* selbst. Auch die Hinweise auf Verfolgungen in den Evangelien werden sich überwiegend dort abgespielt haben. Nach 1. Thess 2,15 wurden „die Gemeinden Gottes in *Judäa*", nicht in Syrien, verfolgt. Das damalige Judentum besaß ja vielerlei Sonderlehren, in der Diaspora wohl noch mehr als im Mutterland. In diesem Punkt konnte man duldsam sein, vor allem dann, wenn der eigentliche Anstoß der neuen Botschaft, der das Heil *exklusiv* und *contra legem* an den gekreuzigten und erhöhten Messias Jesus band, wie er dann in der paulinischen Predigt sichtbar wird, noch nicht öffentlich verkündigt wurde. So standen in der Diasporasynagoge einer moderaten Mission der Hellenisten zunächst keine allzu großen Hemmnisse im Wege. Da diese selbst Juden waren, werden sie zunächst in der Regel ihre eigenen Kinder noch beschnitten und weder Schweine- noch Götzenopferfleisch gegessen und auch keinen Liba-

---

[615] Die 3. Sibylle verlangt z. B. von den „Griechen" nirgends expressis verbis die Beschneidung. Die „Griechen" werden vielmehr dem endzeitlichen katastrophalen Gericht entgehen, wenn sie sich an den ethischen Monotheismus halten, den die heidnische Urprofetin am Volk der Juden preist; s. Sib 3,711–766 u. ö. S. dazu o. Anm. 459–461.

[616] Vgl. die o. S. 126 zitierte Predigt De Jona.

[617] Erst wenn solche Zuwanderer Unruhen verursachten und die Gemeinden zu spalten versuchten, mußte man eingreifen, das wird aufgrund seines verschärften Gesetzesverständnisses das Problem in der paulinischen Mission: Apg 13; 16; 18; besonders die Anklage gegen Paulus als notorischen Unruhestifter (21,28); in Rom: s. Sueton, Claudius 25,4. Dazu R. RIESNER, Frühzeit, 172–180; H. BOTERMANN, Judenedikt, 50ff.114ff.151ff. u. ö. Vgl. auch Jos. bell 7,407–421.437–441 die Unruhen, die durch die palästinischen Sikarier in Alexandrien und Kyrene verursacht wurden, die für die jüdischen Gemeinden lebensgefährlich wurden.

tionswein getrunken, d. h. – im Großen und Ganzen – wie es in einer heidnischen Stadt möglich war, persönlich das Gesetz gehalten haben, auch wenn sie sich – äußerlich gesehen – wie ‚liberale' Juden verhielten. Nur ein ausgesprochen gesetzeskritischer „Eiferer" wie Paulus mußte je und je auf Widerstand stoßen.[618] Im Mutterland war das ganz anders gewesen. Dort mußten die Judenchristen um der Heiligkeit des Landes und um ihrer Existenz als Gemeinde willen zumindest nach außen die ganze Tora halten.[619]

---

[618] 2. Kor 11,24; Apg 9,23–25.
[619] Vgl. etwa das Problem der Didrachmensteuer Mt 17,24–27: ἵνα μὴ σκανδαλίσωμεν ...; vgl. noch Mt 5,18.23; 23,3.23, aber auch Apg 21,20–26: Selbst Paulus konnte in Jerusalem nicht als Verächter des Gesetzes auftreten.

3. Das neue apostolische Selbstbewußtsein des Paulus und die Grundlegung seiner Theologie

3.1 Das neue apostolische Selbstbewußtsein

Leider wissen wir nichts Näheres über den Inhalt dieser frühesten judenchristlichen Missionspredigt in den Synagogen von Damaskus, weder der Jünger, die schon in der Stadt waren, noch des neubekehrten Paulus. Wir können nur versuchen, indirekt einiges zu erschließen. Paulus, dem der Ruf vorausging, daß er ein Hasser und Verfolger der noch ganz jungen enthusiastisch-messianischen Gemeinde sei, der in Damaskus sein unheilvolles Werk fortsetzen wolle, kommt als ein Verwandelter in die südsyrische Metropole und schließt sich durch die Vermittlung eines sonst unbekannten Judenchristen Ananias der eben erst entstehenden Gemeinde an, wird getauft und verkündigt in den dortigen Synagogen zum Erstaunen, ja Erschrecken aller den neuen „Glauben, den er vernichten wollte".[620] Er formuliert bei der Schilderung der Reaktion der Betroffenen den Satz νῦν εὐαγγελίζεται τὴν πίστιν ἥν ποτε ἐπόρθει fast wie ein Zitat und verwendet dabei Begriffe, die für ihn selbst von entscheidender Bedeutung sind, die aber darüber hinaus auch bei anderen frühchristlichen Autoren erscheinen. Vor allem εὐαγγελίζεσθαι als Äquivalent zum hebräischen biśśar ist ein wichtiges Wort für die Heilsverkündigung bei Deutero- und Tritojesaja, in den Psalmen und in Joel 3,5 LXX.[621] Der letztgenannte, in der LXX gegenüber MT veränderte und für das Urchristentum grundlegende Text konnte als Ermunterung der von Jerusalem ausgehenden missionarischen Heilsverkündigung der Sendboten verstanden werden. Ich würde durchaus annehmen, daß εὐαγγελίζεσθαι, εὐαγγέλιον und das abso-

---

[620] Gal 1,23; vgl. Apg 9,13.21. S. dazu E. BAMMEL, Gal 1,23; ZNW 59 (1968), 108–112: Paulus „gibt nicht nur inhaltlich, sondern auch formal eine Ansicht wieder, die nicht von ihm stammt, aber ihm und seiner Sache zugute kommt" (108).

[621] Καὶ ἔσται πᾶς, ὃς ἂν ἐπικαλέσεται τὸ ὄνομα κυρίου, σωθήσεται· ὅτι ἐν τῷ ὄρει Σιων καὶ ἐν Ιερουσαλημ ἔσται ἀνασῳζόμενος, καθότι εἶπε Κύριος καὶ *εὐαγγελιζόμενοι οὓς Κύριος προκέκληται*: Im masoretischen Text steht statt εὐαγγελιζόμενοι ūbaśarîdîm „und unter den Entronnenen". Die Vorlage der LXX lautete wohl ūmᵉbaśśᵉrîm. Vgl. Jes 40,9; 52,7; 60,6; 61,1; dazu Nah 1,15 (MT 2,1); Ps 39 (40),9; 67 (68),11; 95 (96),2; PsSal 11,1; ParJer 3,11; 5,21 dazu J. HERZER, Die Paralipomena Jeremiae, TSAJ 43, 1994, 53f.61f; weiter die Verwendung von biśśar in den qumranischen Schriften: 1QS viii 14 und die Auslegung Jes 61,1 und 52,7 in 11QMelch ii 4ff.16; Mt 11,5 = Lk 7,22 Q, vgl. Lk 4,18 = Jes 61,1. Lk verwendet es 25mal, s. besonders Apg 8,4.12.25.35.40; 11,20; vgl. Hb 4,2.6; 1. Petr 1,12.25; 4,6; Apk 10,7; 14,6. Es ist für ihn wie für Paulus ein Vorzugswort.

lute πίστις[622] schon für die „Hellenisten" eine wesentliche Rolle spielten. Sie waren in der Übersetzung und Ausformulierung ihrer frühesten, in vielem eigenwilligen Botschaft überhaupt „sprachschöpferisch". Die neue Botschaft suchte eine neue sprachliche Form – auf dem Boden der vorgegebenen alttestamentlich-jüdischen Tradition.[623] Die Zusammenfassung der Botschaft des Paulus unter dem Begriff τὸ εὐαγγέλιον τὸ εὐαγγελισθὲν ὑπ' ἐμοῦ[624] liegt hier begründet. Er hat diese Terminologie nicht selbst geschaffen. Vermutlich steht dahinter das aramäische Substantiv zu hebräisch biśśar: bᵉśôrā' tābā' (s. u. Anm. 626). Die auch heute noch beliebte Ableitung von εὐαγγέλιον aus dem römischen Herrscherkult ist dagegen unsinnig, sonst müßte man auch den Titel „Kyrios", der in den Inschriften Palästinas und Syriens relativ häufig für den Herrscher erscheint, von dort aus erklären.[625] Sie verbietet sich für diese Frühzeit schon aus chronologischen Gründen und verkennt völlig das profetisch-apokalyptische Milieu des frühesten Christentums der ersten Jahre, seinen jüdisch-palästinischen Ursprung und darüber hinaus die Besonderheit der paulinischen Predigt, die von den ersten Anfängen an ihr eigenes, von der Sprache der Psalmen und Profeten her bestimmtes Gepräge gehabt haben muß.[626]

---

[622] Zum absoluten Gebrauch von πίστις s. noch Gal 3,23.25; 6,10; Apg 6,7; 14,22. Zu εὐαγγέλιον s. u. Anm. 625f.

[623] M. HENGEL, Zwischen Jesus und Paulus, 200ff.

[624] Gal 1,11; vgl. die Häufung in 1,8.9.16.23 und 1. Kor 15,1f; 2 Kor 11,7; Röm 1,15.

[625] G. STRECKER, Das Evangelium Jesu Christi, in: DERS., Eschaton und Historie, Aufsätze, Göttingen 1979, 183–228 (189ff.225f): „Der primäre traditionsgeschichtliche Urgrund des neutestamentlichen εὐαγγέλιον dürfte daher im Umkreis der hellenistischen Herrscherverehrung zu suchen sein, welche die Sprache auch des Kaiserkultes geprägt hat" (191f); DERS., Literaturgeschichte des Neuen Testaments, UTB 1682, Göttingen 1992, 124f. Hier redet er chronologisch unreflektiert von „der vorpaulinisch-christlichen Überlieferung ... der hellenistischen Gemeinde". Ähnlich SCHNELLE, Einleitung (Anm. 127), 184. Dagegen spricht schon die Seltenheit der Belege und die Singularform. Wie sollte ein Judenchrist in Syrien, wo wir gar keine entsprechenden Kaiserinschriften (s. die Indices von IGLS Bd. III–VIII) haben, und das Wort nirgendwo im Zusammenhang mit dem Kaiserkult erscheint, gerade dieses zum Vorbild nehmen und zum Zentralbegriff seiner Botschaft machen? Die Belege, die sich direkt auf den Kaiserkult beziehen, sind insgesamt *ganz* selten. Im Grunde konzentriert sich die Diskussion auf die Prieneinschrift, in der der Plural εὐαγγέλια überinterpretiert wird. Der Plural εὐαγγέλια bei Jos. bell 4,656 und der Sing. fem. εὐαγγελία ant 18,229 haben politische Bedeutung, aber nichts mit dem Kaiserkult zu tun. Dasselbe gilt von dem Singular in bell 2,420. Man darf nicht vergessen, daß Josephus das Bellum als Freigelassener Vespasians in Rom schreibt. In den Antiquitates hat er zwar mehrfach das Verb, aber nie mehr das Substantiv. Sollten die frühesten Christen den Begriff von den Augustus/Roma-Tempeln in Sebaste oder Caesarea übernommen haben? Ein absurder Gedanke. Hier liegen Texte wie Deuterojesaja, die Psalmen oder auch die Fastenrolle (s. nächste Anm.) und das Profetentargum viel näher.

[626] S. dazu P. STUHLMACHER, Das paulinische Evangelium I, FRLANT 95, 1968, 63–108; DERS., Theologie I, 315; gegen G. STRECKER, loc. cit. (Anm. 625); H. FRANKEMÖLLE, Evangelium, Begriff und Gattung, SBB 15, 1994 kommt in seiner historisch etwas konfusen, die Chronologie, das palästinisch-syrische Milieu und den Zusammenhang zwischen Verb *und* Substantiv zu wenig beachtenden Darstellung zu der Einsicht, daß eine Abhängigkeit vom Herrscherkult nicht nachweisbar ist, meint jedoch, daß „der neutestamentliche Begriff εὐαγ-

Dieses persönliche – paulinische – Gepräge kann man aus seinem eigenartigen Verhalten erschließen. Er wird nach kurzem, verständlichem Zögern von der Gemeinde in Damaskus aufgenommen, die selbst noch ganz jung war und sich wohl eben erst konsolidierte, und er verkündet argumentativ, d. h. mit Hilfe des Schriftbeweises, die Messianität und Gottessohnschaft Jesu in den Synagogen auf eine Weise, die dort Erstaunen, ja Anstoß erregt: Vermutlich tat er dies in einer aggressiveren Form als seine neuen judenchristlichen Brüder, wobei er wohl von Anfang an, wahrscheinlich noch sehr viel mehr als sie, ein Interesse an den zahlreichen heidnischen Sympathisanten in den damaszenischen Synagogen zeigte. Darum mag in seiner späteren Rückschau Gal 1,16f das ἵνα εὐαγγελίζωμαι αὐτὸν ἐν τοῖς ἔθνεσιν bereits für seine ersten Anfänge als „berufener Apostel Jesu Christi" gelten.[627] Man braucht diese Angaben des Lukas in Apg 9,20ff ebenso wenig grundsätzlich zu bezweifeln wie die des Paulus in Gal 1.

Aber Paulus muß nun doch nach Gal 1,16f die Gemeinde relativ rasch verlassen haben, ohne sich in seinem radikal gewandelten theologischen Den-

---

γέλιον *semitisch* ohne jede Analogie ist". Er leugnet auch den Zusammenhang von εὐαγγελίζεσθαι mit der alttestamentlich-jüdischen Überlieferung und übersieht die einzigartige Bedeutung von Verb und Substantiv für Paulus. S. die Zusammenfassung S. 251ff (253). Wie soll man sich etwa jene „hellenistische(n) Missionare" zeitlich und geographisch vorstellen, die „als Tradenten der vormarkinischen und *vor*paulinischen (!) Tradition (angeregt durch den Sprachgebrauch der Umwelt?) in Analogie zum Verbum das Substantiv im Singular gebildet haben"? Könnten nicht die „Hellenisten" (oder Paulus selbst) als erste diesen Schritt vollzogen haben, um ihre Botschaft in einem Wort zusammenzufassen? Und könnte diese Formulierung nicht dann von Markus – und vielleicht schon von dem späteren „Heidenmissionar" Petrus übernommen worden sein? Sicher ist die Herkunft des Verbs aus der profetischen Tradition und seine ganz frühe Aufnahme in der Urgemeinde, die dann rasch die Verwendung des Substantivs nach sich zog, das aufgrund seines neuen Inhalts auch eine neue Bedeutung erhalten mußte. Philologisch sind die Verhältnisse klar: So wie hinter εὐαγγελίζεσθαί das hebräische *biśśar* steht, ist εὐαγγέλιον die Übersetzung von *b*eśôrā' *ṭābā* bzw. determiniert *bśwrt' ṭbt'*, wie es in dem alten Text der Fastenrolle belegt ist (12, 35): „Am achtundzwanzigsten desselben (3. April 162 v. Chr.) kam die gute Nachricht zu den Juden, daß sie vom Gesetz nicht abzugehen brauchten" (Text u. Üs. K. BEYER, Texte vom Toten Meer, Göttingen 1984, 358). Vgl. Tg Sam 18,22.25.27 und dazu MT und LXX: Hier hat in einem sehr alten und anschaulichen Text das Wortfeld mit der alles entscheidenden Siegesbotschaft zu tun; s. dazu Tg Jer II zu Gen 49,21; mBer 9,2 u. ö. vgl. auch Tg zu Jes 53,1: *man hêmên libśôrtānā*. P. STUHLMACHER hat hier den richtigen Weg gezeigt. Spätere Versuche fallen hinter seine grundlegenden philologischen Einsichten zurück. Zu den qumranischen Belegen s. o. Anm. 621. Man müßte auf dieses gelöste Problem eigentlich nicht mehr eingehen, wenn die zahlreichen *eindeutigen semitischen Analogien* und die historische Situation nicht beharrlich ignoriert würden.

[627] Klaus BERGERS Satz (Theologiegeschichte, 236): „Nicht schon mit dem Damaskuserlebnis muß sich Paulus als Völkerapostel begriffen haben. Vielmehr wird das Christentum hier zunächst sichtbar als innerjüdische Krise", beruht auf einer bei Neutestamentlern beliebten falschen Alternative: Zum einen ist der Begriff „Völkerapostel" für die Frühzeit zwischen Arabien und Kilikien mißverständlich. Es geht um „Heiden" am Rande der Synagogen. Zum andern *verschärft* Paulus als ein den Sympathisanten, d. h. den ἔθνη in den Synagogen, zugewandter Verkündiger die durch die neue messianische Botschaft von Tod und Auferstehung Jesu, des Christus, ausgelöste „innerjüdische Krise".

ken, das jetzt Gestalt zu gewinnen beginnt, von den dortigen Judenchristen wesentlich beeinflussen zu lassen. Das schließt nicht aus, daß er dort über gewisse Grundtraditionen und Gebräuche der Jesusbewegung informiert wurde. Der rasche Aufbruch *könnte* auch auf Differenzen hinweisen. Vielleicht war den neuen Glaubensbrüdern seine Verkündigung gegenüber den synagogalen Zuhörern zu umstürzend, so daß sie neue Konflikte befürchteten, vielleicht mißfiel manchen seine *einseitige* Zuwendung zu den Gottesfürchtigen, vielleicht war es aber auch nur die persönliche Gefährdung des Neubekehrten durch radikale Glieder der synagogalen Gemeinden, die ihn aus Damaskus vertrieb. Sie konnten den unerwarteten Sinneswandel des jungen pharisäischen Schriftgelehrten, von dem sie tatkräftige Unterstützung gegen die Umtriebe der neuen messianischen Sekte erhofft hatten, als unerträgliche Provokation empfinden (Apg 9,23). Man wird ja wohl annehmen dürfen, daß Saulus/Paulus, als er in Jerusalem den Entschluß faßte, nach Damaskus aufzubrechen, schon mit einflußreichen Mitgliedern der Synagoge in Damaskus in Verbindung stand, denn er mußte ja zuvor Nachrichten von dort erhalten haben. Daß die Enttäuschung seiner Verbindungsleute nach dem Eintreffen des so völlig Verwandelten groß war, ist nur zu verständlich. So wäre es denkbar, daß er die erste Synagogen-Prügelstrafe von den fünfen, die er 2. Kor 11,24 erwähnt, bereits in Damaskus empfing und daß er in erster Linie wegen dieser Bedrohung die Stadt verließ.

Gegen die Annahme von tiefergehenden Differenzen mit den Christen in Damaskus spricht die Tatsache der Rückkehr nach seinem Arabienaufenthalt. Auch daß er „nicht nach Jerusalem hinaufzieht zu denen, die vor mir Apostel wurden", um diese kennenzulernen, beruht wohl kaum auf irgendwelchen theologischen Gegensätzen, da er ja deren Anschauungen, die in statu nascendi sicher nicht völlig einheitlich waren, noch gar nicht genau kannte. Darum will er ja später doch Petrus kennenlernen. Die Angabe des Paulus über Jerusalem und die dortigen Apostel vor ihm ist u. a. deswegen interessant, weil auch sie zeigt, daß schon bald nach dem Urgeschehen *Jerusalem*, d. h. heilsgeschichtlich der Zion, das anerkannte *Zentrum* der neuen messianischen Gemeinde geworden war. Die „Apostel" sind dort zu finden und nicht in Galiläa, der judäischen Provinz oder irgendwo in Syrien, und die Regel war, daß man sich dorthin, als dem Zentrum der neuen messianischen Gemeinde, orientierte. Das Verhalten des Paulus erschien so ungewöhnlich, daß er es später gegenüber seinen galatischen Gegnern beschwören mußte. Offenbar waren andere Versionen im Umlauf. „Die Apostel vor mir" sind identisch mit den ἀπόστολοι πάντες von 1. Kor 15,7 unter Einschluß von Kephas/Petrus und den Zwölfen, vielleicht rechnet er hier auch die Brüder des Herrn dazu, die er 1. Kor 9,5 von den λοιποὶ ἀπόστολοι unterscheidet. Wir wissen nicht, ob in Judäa über den Trägerkreis der Bezeichnung „Apostel" immer völlige Einheit bestand, und auch nicht, ob Paulus das Wort im Blick auf Dritte immer einheitlich verwendet hat. Daß alle diese „Apostel" in ihrer Grundverkündigung das eine Evangelium vom Tod des Messias für unsere Sünden und seine Auferweckung und Erhöhung zu Gott verkündigen, kann man aus 1. Kor 15,11 erschließen.

Dafür daß Paulus *nicht* nach Jerusalem reist, gibt es mehrere Gründe: 1. hängt es damit zusammen, daß er, der bisherige Verfolger, jetzt mit gleichem, ja noch größerem Eifer als die ‚Hellenisten' und ohne Verzug die neue Botschaft neben den Juden auch den „Völkern" verkündigen wollte, d. h. konkret den „Gottesfürchtigen", und zwar in einem Gebiet, das wie Damaskus an Eretz Israel angrenzte, und dessen Bewohner mit Israel stammesverwandt waren: in *Arabien*. In Jerusalem gab es solche ganz neuen „Missionsobjekte" kaum mehr. Er, der bisherige Feind Jesu, hatte einiges gutzumachen!

2. Der in nächster Nähe erwartete Herr setzte realisierbare *missionarische Nahziele*. Die Zeit war zu „gedrängt". Man mußte, vom Geist angeleitet, seine durch die kurze Frist begrenzten Missionsbereiche sorgsam auswählen und durfte keine Zeit verlieren. D. h. zunächst ging es noch nicht um die Sendung zu allen Völkern. Sicher hatte Paulus noch nicht Spanien oder Rom im Auge (Röm 15,24.28; 1,10f), sondern „Juden" *und* Heiden vor der eigenen Haustür in Damaskus und Arabien.[628]

3. Vor allem aber wäre eine rasche Rückkehr in die Heilige Stadt für ihn ein *lebensgefährliches* Unternehmen gewesen, denn seine bisherigen Freunde, die von ähnlichem Eifer für das Gesetz beseelt waren wie einst auch er, mußten in ihm jetzt einen „Apostaten" sehen, der sich hatte verführen lassen und nun selbst die schwerste Strafe verdiente. Eine sofortige Rückkehr nach Jerusalem hätte seinen Tod bedeuten können, er aber sollte doch den Gottessohn den Völkern verkündigen! Selbst nach zwei bis drei Jahren scheint er dort noch nicht sicher gewesen zu sein. Diesen Grund nennt er freilich in Gal 1,17f nicht (s. u. S. 218.226). Er würde in seine Apologie nicht passen.

Seine plötzliche Lebenswende versteht er auf jeden Fall als *Berufung und Sendung*, wie die Autoritäten in der Heiligen Stadt ist auch er *„berufener Apostel Jesu Christi"*.[629] Durch diesen selbst empfing er „die Gnadengabe (χάριν) und die Sendung (ἀποστολήν), Glaubensgehorsam unter allen Völkern zu schaffen".[630] In der „Gnadengabe" wird man das ihm durch Christus geoffenbarte, zur Verkündigung anvertraute Evangelium sehen dürfen, bezeichnet er sich doch zuvor am Beginn des Römerbriefpräskripts als „berufener Apostel, ausgesondert zum Evangelium Gottes",[631] wobei das „ausgesondert" für den Wissenden die Radikalität der Wende unterstreicht. Der pārûš hatte sich einst um der Tora willen „abgesondert", jetzt ist er es um des Evangeliums

---

[628] Vgl. selbst noch 1. Kor 7,29 und Phil 4,5. Zur anfänglichen Beschränkung des Missionsgebiets s. M. HENGEL, Mission, 17ff; O. HOFIUS, Paulus – Missionar – Theologe, in: Evangelium, Schriftauslegung, Kirche, FS für Peter Stuhlmacher zum 65. Geburtstag, Göttingen 1997, 224–237 (225ff). S. auch J. M. SCOTT, Paul, 121–134.

[629] 1. Kor 1,1; 2. Kor 1,1; vgl. Röm 1,1 und Gal 1,1.

[630] Röm 1,5. Diese Gewißheit besteht nach Gal 1,15–17 von Anfang an: Der geographische Rahmen der „Völker" hat sich dagegen schrittweise ausgeweitet. Zum Bezug der paulinischen Mission auf die Völkerliste und deren jüdische Interpretation s. J.M. SCOTT, Paul. S. auch u. S. 188f.271.

[631] κλητὸς ἀπόστολος ἀφωρισμένος εἰς εὐαγγέλιον θεοῦ.

willen.⁶³² Röm 15,15 f definiert er die ihm von Gott gegebene χάρις, „damit ich (priesterlicher) Diener Jesu Christi sei für die Völker, der den heiligen Dienst (der Verkündigung) des Evangeliums Gottes tut"⁶³³. In Gal 1,16f klingt dagegen ein alttestamentliches Motiv an: Wie der Profet Jeremia und der Gottesknecht Deuterojesajas ist er von Gott vom Mutterschoß an zum Verkündiger für die Völker berufen.⁶³⁴ Hier handelt es sich durchweg um ältere Motive. Wir wissen natürlich nicht, seit wann er diese profetischen Texte auf seine eigene Sendung bezogen hat. Aber da nach Gal 1 seine apostolische Würde untrennbar mit seiner Berufung und der Offenbarung des Auferstandenen zusammenhängt, scheint dies relativ früh geschehen zu sein. Dabei muß man zwischen dem Verkündigungsauftrag gegenüber „Heiden" und seiner späteren Strategie einer „weltweiten" Völkermission, die von Provinz zu Provinz fortschreitet, unterscheiden.

Durch die Hellenisten bzw. dann erst recht durch ihn selbst erhalten die Begriffe ἀπόστολος, εὐαγγελίζεσθαι, εὐαγγέλιον, κήρυγμα, χάρις, πίστις, ἀγάπη, ἐλπίς, δικαιοσύνη θεοῦ etc. einen neuen Inhalt und ein besonderes theologisches Gewicht⁶³⁵; die endzeitliche „apostolische" Sendung durch Gott bzw. Christus orientiert sich wohl schon für die Jünger und Zeugen der Auferstehung Jesu und erst recht für Paulus an der Sendung der Profeten des Alten Bundes,⁶³⁶ ja überbietet diese noch bei weitem, denn seine Sendung als Apostel zu den Völkern ist unmittelbare Folge, ja in gewisser Weise selbst Teil des Heilsgeschehens. Jetzt geht es um das endzeitlich-endgültige Heil, die angebrochene Heilszeit ist Entscheidungszeit: Gott *hat* sich in der Person und dem Werk Christi für das Heil *aller* Menschen *entschieden*; der Hörer sollte darauf im Glauben eine entschiedene Antwort geben: „Siehe jetzt ist die angenehme Zeit, siehe jetzt ist der Tag des Heils". D. h. die profetische Verheißung geht mit dem Christusgeschehen und dem endzeitlichen apostolischen Dienst für ihn in Erfüllung.⁶³⁷ Jesaja hatte verheißen, nicht nur die „Versprengten Israels" (Jes 56,8) sollen gesammelt werden, sondern die (gottesfürchtigen) Heiden mit ihnen, ja, einzelne aus Israel werden selbst zu den Völkern gesandt. In dem eschatologischen Schlußkapitel des Jesajabuches 66,18f verheißt der Herr selbst: „Ich komme, alle Völker und alle Zungen zu sammeln, und sie werden

---

[632] S. jetzt 4Q MMT C 7 (= 4Q397 14−21), ed. E. QIMRON/J. STRUGNELL, Qumran Cave 4. V Miqṣat Ma'aśe ha-Torah, DJD X, Oxford 1994, 58, die „Absonderung" (pārašnû merôb ha'am) der Qumranessener vom Volk aus Gründen des Toragehorsams.

[633] εἰς τὸ εἶναί με λειτουργὸν Χριστοῦ Ἰησοῦ εἰς τὰ ἔθνη, ἱερουργοῦντα τὸ εὐαγγέλιον τοῦ θεοῦ.

[634] Jer 1,5; Jes 49,1.5; vgl. Röm 10,16 = Jes 53,1 LXX. S.o. Anm. 298.538. O. HOFIUS, Paulus (Anm. 628), 236f.

[635] Zur sprachschöpferischen Kraft der ersten griechischsprechenden Gemeinde schon in Jerusalem selbst s. o. S. 154.

[636] S. zu ἀποστέλλειν bzw. ἐξαποστέλλειν = šālaḥ o. Anm. 298 und 538. Auffallend ist, daß sich das paulinische Sendungsbewußtsein gemäß Jes 61,1 nach Lk 4,18; 7,22 = Mt 11,5 mit dem Jesu berührt.

[637] 2. Kor 6,2 = Jes 49,8; Röm 8,1; 10,15; 11,31f vgl. 1. Kor 10,11; Röm 13,4.

meine Herrlichkeit schauen. Ich werde unter ihnen Zeichen aufstellen und ich werde Gerettete aus ihnen (= Israel) zu den Völkern senden (καὶ ἐξαποστελῶ ἐξ αὐτῶν σεσῳσμένους εἰς τὰ ἔθνη) nach Tharsis ... und nach Hellas und nach den fernen Inseln, die nicht meinen Namen gehört haben und noch nicht meine Herrlichkeit (δόξα) geschaut haben, und sie werden meine Herrlichkeit (δόξα) bei den Völkern verkündigen." Diese Verheißung sieht Paulus bei sich erfüllt: Der Herr ist in Jesus gekommen und wird wiederkommen; die δόξα, die Paulus den Völkern verkündigt, ist das Evangelium vom gekreuzigten und auferstandenen Herrn, der in göttlicher δόξα wiederkommen wird. Zugleich erklärt die Jesajastelle die grundsätzliche und bleibende Bedeutung Jerusalems für den Apostel. Es ist der Ort, an dem – für ihn wie für das ganze Urchristentum – die Parusie stattfindet, die sich dann im neuen Himmel und der neuen Erde vollendet (Jes 66,20–22). Von dieser Stelle her wird auch der Auftrag der Kollekte zu verstehen sein, und auch, daß Paulus trotz aller späteren Differenzen mit der Jerusalemer Gemeinde nicht brechen kann.[638] Um dieses von Jesaja geschilderten Heils willen ist bei ihm, der wie Jeremia ehelos blieb,[639] die Indienstnahme von Anfang an wie ein Zwang, dem er sich nicht entziehen kann, ohne seine Existenz aufs Spiel zu setzen[640]: „Wenn ich nämlich das Evangelium verkündige, bedeutet das für mich keinen Ruhm, denn ein Zwang ist mir auferlegt; denn wehe mir, wenn ich das Evangelium nicht verkündige. Wenn ich wirklich dies freiwillig täte, hätte ich (Anspruch auf) Lohn. Tue ich es aber unfreiwillig, so bin ich (nur) mit dem Dienst eines Verwalters betraut".[641] Der ehemalige Verfolger versteht sich nicht als freier Arbeiter, der Anspruch auf Lohn hat und seine Arbeit aufgeben kann, wenn sie ihm nicht mehr behagt,

---

[638] Zu Jes 66,18ff vgl. auch RIESNER, Frühzeit, 216–225.235ff u. ö. Doch RIESNER beachtet nicht, daß die Sendung des Paulus schon innerhalb des Abraham verheißenen Landes beginnt, d. h. schon bei den Völker in Arabien und Syrien einsetzt, die innerhalb des Gebietes des kommenden messianischen Reiches wohnen, und übersieht deshalb den Aufenthalt des Paulus in Arabien. Auf der anderen Seite besucht Paulus keineswegs alle in Jes 66,19 aufgezählten Völker, vgl. SCOTT, Nations, 146f. Zur Erwartung der Erfüllung dieser profetischen Verheißung an die Völker vgl. Tob 13,3f.11; PsSal 17,31f; 1 Hen 90,38; TestBen 9,2.8–11; Philo, Praem 162–173. Vgl. R.H. BELL, Provoked to Jealousy (Anm. 541), 132–135.343; J. FREY, Heiden – Griechen – Gotteskinder. Zu Gestalt und Funktion der Rede von den Heiden im 4. Evangelium, in: Die Heiden, hg. v. R. Feldmeier/U. Heckel, 244ff; W. KRAUS, Das Volk Gottes. Zur Grundlegung der Ekklesiologie bei Paulus, WUNT 85, Tübingen 1996, 23f.53–57.72–90. In Tharsis sah er wohl Tarsus s. u. S. 181.272.

[639] 1. Kor 9,5; 7,7.40; vgl. Jer 16,1–3. MURPHY-O'CONNOR, Paul, 62–65 vermutet ohne zureichende Gründe eine Heirat in seiner vorchristlichen Zeit und daß Frau und Kinder bei einem Unfall getötet wurden. Er setzt auch das Alter bei seiner Bekehrung mit fast 40 Jahren zu hoch an (63).

[640] Vgl. Jer 4,19; 16,1–4; 20,7–9 und zu den „Konfessionen" Jeremias die paulinischen Peristasenkataloge, dazu H. RENGSTORF, ThWNT I, 438–443, etwas anders J. MUNCK, Paulus und die Heilsgeschichte, AJut.T 6, København 1954, 21 und jetzt K.O. SANDNES, Paul – One of the Prophets, WUNT II/43 Tübingen, 1991, 5f.117–119, der u. a. auch auf Sib 3,295 vgl. 162ff u. 490 verweist.

[641] 1. Kor 9,16f. Vgl. W. SCHRAGE, Der erste Brief an die Korinther, EKK VII/2, 322–326. Zum Unterschied zu Jona s. o. S. 129 Anm. 538.

sondern er ist der Sklave seines Herrn,[642] der, ob er will oder nicht will, verpflichtet ist, die ihm übertragene οἰκονομία, den Dienst der Verkündigung des Evangeliums unter den Völkern, gegen alle Widerstände auszuführen. Zuverlässige Sklaven wurden häufig mit Verwaltungsaufgaben, etwa von Landgütern, kaiserlichem oder auch städtischem Vermögen u. a. betraut.[643] Von ihnen wurde unbedingte Treue gefordert, und sie hatten je und je für ihre Verwaltung Rechenschaft abzulegen: „So soll uns jedermann ansehen: Als Diener Christi und Verwalter der Geheimnisse Gottes. Nun wird von den Verwaltern nur verlangt, daß einer als treu erfunden wird."[644] Die Berufung war für den Apostel Herrschaftswechsel und Indienstnahme in einem. Eine längere Zeit des Schwankens und Hin- und Herüberlegens wird diesem Feuerkopf[645] nicht in den Sinn gekommen sein. Als Verfolger hatte er Jesus auf „fleischliche Weise" (v)erkannt, da ihm der „Gott dieser Weltzeit die Sinne verblendet" hatte, und entsprechend konsequent war sein Handeln.[646] Nachdem ihm vor Damaskus die „Herrlichkeit Christi" als des zum Vater erhöhten „Herrn" aufgeleuchtet war, wußte er sich von der Herrschaft der Finsternis und der Sünde befreit und in den Dienst seines neuen Herrn und dessen gegenwärtigen und kommenden Reichs gestellt.[647] Die Wahrheit seiner Botschaft hatte er an sich selbst erfahren. Auch das endzeitliche Bewußtsein der Nähe des Herrn muß in der Frühzeit noch drängender, unmittelbarer gewesen sein als in den fünfziger Jahren, wo er immer noch Sätze wie Röm 13,11 oder 1. Kor 7,29.31 schreiben konnte. Der Neuberufene hatte keine Zeit zu verlieren, ὁ καιρὸς συνεσταλμένος ἐστίν, galt damals erst recht. Er *mußte* sich von nun an als einen „von Gott durch Christus gerechtfertigten Gottlosen", als einen durch Christi Tod versöhnten „Gottesfeind" betrachten.[648] Was *iustificatio impii* ist, konnte man an ihm selbst ablesen. Auch hat er zeitlebens an seiner Vergangenheit als Verfolger schwer getragen. Sie wird ihm auch von christlicher Seite vorgehalten

---

[642] Röm 1,1: Παῦλος δοῦλος Χριστοῦ Ἰησοῦ; vgl. 2. Kor 4,5; Gal 1,10; Phil 1,10.

[643] Vgl. die Theodotos/Natan(a)el-Inschrift aus Jericho des Freigelassenen der Kaiserin Agrippina, Frau des Claudius und Mutter Neros, der vermutlich mit der Verwaltung der kaiserlichen Balsamplantagen in Jericho zu tun hatte, s. R. HACHLILI, The Goliath Family in Jericho, BASOR 235 (1979), 31–36; weiter die οἰκονόμος-Gleichnisse bei Lukas Lk 12,42; 16,1–8 s. auch Röm 16,21.

[644] 1. Kor 4,1f: ὑπηρέτας Χριστοῦ καὶ οἰκονόμους μυστηρίων θεοῦ. Bei Paulus erscheint ὑπηρέτης nur hier; sonst hat er διάκονος; vgl. 2. Kor 11,23 διάκονοι Χριστοῦ; 1. Kor 3,5; 2. Kor 3,6; Eph 3,7; Kol 1,23.25. Zu Paulus als ὑπηρέτης vgl. jedoch Apg 26,16. Vgl. auch Lk 16,1ff. Zur vielseitigen Funktion der ὑπηρέται vor allem im staatlichen Dienst s. S. STRASSI, Le funzioni degli ὑπηρέται nell' Egitto greco romano, Schriften der phil.-hist. Klasse der Heidelberger Akadamie der Wissenschaften 3, 1997.

[645] 2. Kor 11,2.29 vgl. Gal 1,14; 2. Kor 7,7; Phil 3,6. Zur Konsequenz s. Gal 1,16b.

[646] Röm 4,5; 5,10: ἐχθροὶ ὄντες; 5,6: ὑπὲρ ἀσεβῶν; 5,18: ἔτι ἁμαρτωλῶν ὄντων; 2. Kor 5,16; 4,4.

[647] 2. Kor 4,6; Röm 8,2; Kol 1,13; vgl. 1. Thess 5,4–11.

[648] Röm 4,5; 1. Thess 5,4f; 2. Kor 4,4f; Röm 6,1–19; 4,5; 5,20; vgl. Kol 1,13; 1. Tim 1,15. Lk 18,9–14; 15,1ff. S. auch W. NESTLE, Legenden vom Tod der Gottesverächter, ARW 33 (1936), 246–269. Zum „Gottesfeindmotiv" s. u. Anm. 668.

worden sein, etwa daß er deswegen den Aposteltitel nicht für sich in Anspruch nehmen könne.[649] Es mag weiter sein, daß er den schon erwähnten „Zwang" zur Verkündigung des Evangeliums und den damit verbundenen Verzicht auf Versorgung durch die Gemeinden, der ihm in Korinth zum Vorwurf gemacht worden war, von Anfang an u.a. auch als einen Akt der „Wiedergutmachung" dafür verstanden hat, daß er einst Gottes Gemeinde „zerstört" hatte.[650] Diese neue Gewißheit, dieses völlig verwandelte „Selbstverständnis", kommt auch in dem Gegensatz „einst" und „jetzt" zum Ausdruck, der seine Briefe durchzieht.[651] Am schärfsten wird dieser Gegensatz in seinem autobiographischen Bekenntnis Phil 3,4b−11 angesprochen, wo er über 20, vielleicht gar ca. 30 Jahre nach seiner Lebenswende noch – oder besser: wieder – einmal mit seiner Vergangenheit abrechnet: „Aber was mir Gewinn war, habe ich um Christi willen für Schaden geachtet ...".

All diese Überlegungen, Einsichten und Entscheidungen kann man nicht einfach zeitlich von dem radikalen Umbruch in seinem Leben abtrennen und auf sehr viel spätere Entwicklungsstufen verteilen. Damit wird die *Einheit von Biographie und Theologie* des Apostels zerbrochen und das Gesamtbild seiner Theologie verfälscht. Die Gewißheit, als Apostel und Sklave Jesu Christi vom Auferstandenen in besonderer Weise zu den „Völkern" gesandt zu sein, bildet die Grundlage seiner ganzen späteren Wirksamkeit, auch wenn sich der Blickwinkel dieser Sendung erst später im weltweiten Sinn öffnete. Ähnliches gilt von seinem neuen Selbstverständnis als „gerechtfertigtem Gottlosen". So wie er selbst ohne jede eigene Vorleistung, ja in schroffem Gegensatz zu seinen bisherigen Überzeugungen und seinem Verhalten überraschend und überwältigend die bedingungslose Gnade Gottes in Christus erfahren hatte, so sollte er jetzt die ihm durch Christus geoffenbarte Botschaft vom als reines Geschenk empfangenen Heil und dem neuen Leben „in Christus" den Heiden verkündigen: Der von Christus *Befreite* wird von jetzt an in diesem Dienst zum *Schuldner* aller Menschen, ja er hat sich nun, um möglichst viele zu gewinnen, „gegenüber allen zum Sklaven gemacht".[652] Um zu diesen Einsichten zu gelangen, brauchte er nicht viele Jahre. Den Anspruch, den Herrn gesehen zu haben und ein Apostel Jesu Christi zu sein, hat er gewiß nicht erst beim Apostelkonzil erhoben, dort hat er vielmehr sein Apostolat und sein Evangelium erfolgreich verteidigt, und auch die Sendung zu den „Völkern" erscheint nach seinem eigenen Urteil Gal 1,15f als eine unmittelbare Folge der „Offenbarung Jesu Christi" vor Damaskus und der damals erfolgten Beauftragung mit dem Evan-

---

[649] 1. Kor 15,9: διότι ἐδίωξα τὴν ἐκκλησίαν τοῦ θεοῦ; vgl. 1. Kor 9,1 f.

[650] F. LANG, Die Briefe an die Korinther, NTD 7, Göttingen u. a. 1986, 118 betont zu 1. Kor 9,16 mit Recht, daß das „Apostolatsverständnis des Paulus grundlegend durch seine Berufung geprägt ist". Weiter C. DIETZFELBINGER, Berufung, passim, besonders den Schlußabschnitt 142−147: „Verkündiger von Anfang an". Er versteht nur die Bedeutung von Apg 9,19−25 nicht, da er das zentrale Problem der Gottesfürchtigen übersieht.

[651] Röm 5,9; 6,19; 7,6; 8,1; 11,30; 2. Kor 5,16; Gal 1,13; 4,9 u. ö.

[652] Röm 1,14f; 1. Kor 9,19ff.

gelium. Sollte es in so grundlegenden Fragen wie der Heilsbedeutung des Gesetzes und der „Rechtfertigung des Gottlosen" *sola gratia* ganz anders gewesen sein? Nirgendwo wird in den Texten der Vorwurf seiner Gegner sichtbar, daß seine „Sendung" früher einen anderen Inhalt hatte. Darum konnte, ja mußte er unmittelbar danach in den Synagogen von Damaskus vor Juden *und* Sympathisanten Jesus als den Messias und d. h. als den endzeitlichen Erlöser bezeugen und dann rasch in das heidnische „Arabien" aufbrechen. Freilich, „die Völker" waren für ihn keine allgemein abstrakte, sondern eine sehr konkrete Größe. Die Sendung zu ihnen manifestierte sich immer nur jeweils an *einem*, geographisch konkret faßbaren „Volk", d. h. zunächst den Bewohnern von „Arabien".[653]

Wir würden darum auch meinen, daß er aufgrund seiner neugewonnenen missionarischen Erfahrung schon bei seinem Besuch in Jerusalem nach ca. zwei bis drei Jahren in der Lage war, sein εὐαγγέλιον und den damit verbundenen Auftrag vor Kephas/Petrus (und Jakobus) klar und eindeutig zu entfalten und auch begrifflich auf einen Nenner zu bringen. Es könnte vielleicht sein, daß die ἀποστολή ... εἰς τὰ ἔθνη zunächst noch nicht so prinzipiell ausgeprägt war wie ca. 13 Jahre später beim Apostelkonzil, aber er hätte wohl kaum zusammen mit Barnabas die drei „Säulen" im Blick auf „sein Evangelium" überzeugen können, wenn dieses gegenüber seinem ersten Besuch völlig verändert gewesen wäre.

3.2 Zur Grundlegung der paulinischen Theologie

3.2.1 Die Rechtfertigung des Sünders allein aus Gnade

Im *Mittelpunkt* steht zunächst nicht sofort und direkt die Gesetzesfrage – oder gar das Phantom einer „gesetzes*freien*" Predigt – sondern die Grundfragen des christlichen Glaubens bis heute: *Wer ist Jesus, der Messias und Gottes Sohn, und was tat er für uns*? Der Ausgangspunkt konnte nur die Person des Erhöhten, der ihm vor Damaskus begegnet war, und dessen Heilswerk sein. Am Anfang steht eine sein Leben umstürzende, *persönliche Begegnung*, ein Überwundenwerden durch den Gekreuzigten und Erhöhten. Die Frage nach der Funktion der *Tora* ist dann die notwendige und unmittelbare *Konsequenz*, die immer *mit*bedacht werden muß, und die mit eindringlicher theologischer Reflexion verbunden war. Die Christologie (und die von ihr nicht abtrennbare Soteriologie) war aber am Tag der Vision des Auferstandenen vor Damaskus u. E. in der urchristlichen Gemeinde *in ihren Grundzügen voll ausgebildet*, sonst hätte die von Paulus geschilderte Wende gar nicht diese radikale Form annehmen können. Die „*Offenbarung Jesu Christi*" und nichts anderes hat – wenn wir seinen eigenen Worten Glauben schenken (und wenn wir das nicht

---

[653] S. u. S. 178–194.

wollen, können wir nur noch schweigen) – von jetzt an seinem weiteren Weg die eindeutige Richtung gewiesen. Am ehesten wird eine *Entwicklung* noch in der geographischen Missionskonzeption sichtbar: Hier werden verschiedene Stufen sichtbar. Am Anfang stehen Damaskus und Arabien, dann folgen Kilikien und Syrien (samt dem angrenzenden Zypern, Pisidien und Lykaonien), und dann im letzten Drittel seiner Wirksamkeit die „weltweiten" Pläne: Kleinasien, Makedonien, Griechenland und der Blick nach Rom, ja bis nach Spanien, an das Ende der bewohnten Welt. Über diese in der frühen Zeit zunächst noch nicht sichtbare Verschiebung seiner geographischen Perspektiven werden wir noch nachzudenken haben, wobei auffällt, daß in Röm 15,19 Jerusalem als Ausgangspunkt genannt wird und Damaskus, Arabien und Syrien offenbar in dem rätselhaften καὶ κύκλῳ enthalten sind.[654]

Die – im vollen Sinne des Wortes – *vorpaulinische christologische Grundlage* seines neuen Denkens finden wir vor allem in den nicht wenigen christologischen Formeln und Motiven, die in seinen Briefen anklingen. Wir können im folgenden nicht die paulinische Christologie entfalten, sondern müssen uns auf einige Punkte beschränken, die für ihn „grundlegend" waren. Wichtigster Ausgangspunkt ist jener bekenntnisartige Text, den er selbst als „das von ihm verkündigte Evangelium" bezeichnet, dessen sachlichen Inhalt er möglicherweise schon in Damaskus, aus – noch ganz junger – Tradition empfing, und den er in geprägter Form „unter den ersten Stücken" bei der Gemeindegründung an die Korinther weitergab, ein Bekenntnis, das nicht nur deren Heilsstand begründet, sondern *alle* „apostolischen" Verkünder in der jungen Kirche verbindet. Von Form und Inhalt her weist es auf die Urkirche in Jerusalem zurück und ist nicht erst ein Produkt der Gemeinde in Antiochia.[655] Für uns entscheidend ist vor allem die erste Zeile, Χριστὸς ἀπέθανεν ὑπὲρ τῶν ἁμαρτιῶν ἡμῶν κατὰ τὰς γραφάς. Hier schimmert in dem Namen Χριστός noch die ursprüngliche titulare Bedeutung durch,[656] die der ganzen Formel erst ihren tieferen Sinn gibt: Der sündlose Gesalbte (und Sohn) Gottes starb für unsere Sünden,

---

[654] Dazu o. Anm. 602f.
[655] 1. Kor 15,1–11. Das „Evangelium" in Form eines katechetisch formulierenden, Ereignisse ganz knapp erzählenden und interpretierenden „Bekenntnisses" umfaßte wohl 1. Kor 15,3b–5, das einige unpaulinische Formen und Worte enthält. Aber auch das V. 6–8 Berichtete hat er damals den Korinthern mitgeteilt. Zu seiner Bedeutung s. V. 11. Gegen H. CONZELMANN, Der erste Brief an die Korinther, KEK V, [11]1969, 303–307; DERS., Theologie, 1967, 84f, der zwar annimmt, daß es „bereits vor Paulus geprägt wurde", aber wegen der „Einwirkung der Sprache der Septuaginta" eine Bildung in Jerusalem leugnet. Die LXX war freilich dort wohlbekannt. Gerade in Jerusalem finden wir die zweisprachigen ‚Gräkopalästiner'. Vgl. auch DERS., Zur Analyse der Bekenntnisformel 1. Kor. 15,3–5, in: DERS. Theologie als Schriftauslegung, BEvTh 65, München 1974, 138. Wo und wie ihm Paulus die *jetzige* Gestalt gab, wissen wir nicht. Es geschah jedoch u. E. schon relativ früh. Eine Übersicht zu den verschiedenen Vermutungen gibt A. DAUER, Paulus, 94–97.235–242 (Anm. 227 die „Überfülle der Literatur"). Zu Antiochien und diesem Bekenntnis s. u. S. 438.
[656] M. HENGEL, Erwägungen zum Sprachgebrauch von Χριστός bei Paulus und in der „vorpaulinischen" Überlieferung, in: Paul and Paulinism, FS C. K. Barrett, ed. by M. D. Hooker/S. G. Wilson, London 1982, 135–159; DERS., Jesus, der Messias Israels, in: Messiah

und zwar, wie Paulus selbst mehrfach formelhaft hervorhebt, als Gekreuzigter. Christi stellvertretender Sühnetod am Kreuz ist, wie auch seine Auferweckung aus dem Grabe am dritten Tag (15,4) durch Gott, von den profetischen „Schriften" des Alten Testaments geweissagt und gedeutet.[657] Dahinter steht historisch das Wissen darum, daß Jesus kurze Zeit zuvor unter der Anklage, mit messianischem Anspruch aufzutreten, von den Römern hingerichtet wurde, und zugleich die glaubende Gewißheit, daß er durch die Auferstehung von Gott zu sich erhöht und in diesem seinem Anspruch bestätigt worden war. Das „starb für unsere Sünden" geht letztlich auf die Gleichnishandlung und das deutende Wort beim letzten Mahl Jesu mit seinen Jüngern zurück,[658] das „nach den Schriften" deutet auf den urchristlichen geistgewirkten Schriftbeweis hin, bei dem von Anfang an Jes 53 für die soteriologische Interpretation des Todes Jesu eine entscheidende Rolle spielen mußte.[659] 1. Kor 15,11 zeigt, daß die „frohe Botschaft" von der Heilsbedeutung des Todes Jesu von allen Auferstehungszeugen geteilt wurde.

Der universal gedeutete Sühnetod des Messias machte – wie schon erwähnt – für die ersten Christen in Jerusalem den Opferbetrieb im Tempel obsolet und führte – zumindest bei den Hellenisten, vertreten etwa durch Stephanus – zur offenen Kritik am Tempel und am Ritualgesetz.[660] Während den Judenchristen, die in Jerusalem den gekreuzigten und auferstandenen Jesus als Messias Israels verkündigten, *vermutlich von Anfang an* Texte wie Dtn 21,23 und 27,26 entgegengehalten wurden, um ihre Botschaft ad absurdum zu führen, *konnten sie* – sicher geschieht das bei Paulus – die Argumentation umkehren und betonten, daß der Messias Jesus am Kreuz stellvertretend den Fluch Gottes getragen habe, der nach Dtn 27,26[661] allen Übertretern des Gesetzes angedroht

---

and Christos, FS Flusser, ed. I. Gruenwald u. a., TSAJ 32, Tübingen 1992, 155ff; DERS., Studies in Early Christology, 1–7.

[657] Dtn 21,23; 27,26 vgl. 1. Kor 1,23; 2,2; Gal 3,1;3,13; 1. Kor 1,17f; 2. Kor 5,20; Gal 5,11; 6,12.14; Phil 2,8; 3,18; s. dazu M. HENGEL, Crucifixion. In the Ancient World and the Folly of the Message of the Cross, London 1977; Ndr. in: DERS., The Cross of the Son of God, London 1986 (reprint 1997), 91–185; erweiterte Fassung: La crucifixion dans l'antiquité et la folie du message de la croix, Paris 1981.

[658] Daneben könnte auch ein Wort wie Mk 10,45 eine Rolle gespielt haben. s. M. HENGEL, The Atonement. The Origins of the Doctrine in the New Testament, London 1981, 34ff.42.49.53.71.73; Ndr. in: DERS., The Cross of the Son of God, London 1986, 222ff.230.237.241.259.261; STUHLMACHER, Theologie I, 120ff.127–130 u.ö. O. HOFIUS, Paulusstudien, 225f.339 zum Verhältnis von Deuteworten und den eucharistischen Gebeten, wie sie in den altkirchlichen Epiklesen und Anaphoren sich erhalten haben (335f).

[659] S. den Sammelband B. JANOWSKI/P. STUHLMACHER (Hg.), Der leidende Gottesknecht. Jesaja 53 und seine Wirkungsgeschichte, FAT 14, Tübingen 1996; vgl. weiter M. HENGEL, The Atonement, London 1981 = The Cross of the Son of God, London 1986 (reprint 1997), 189–304.

[660] M. HENGEL, Zwischen Jesus und Paulus, 190–195. Dagegen kann man nicht Texte wie Mt 5,23f anführen. Sie gehen auf Jesus selbst zurück. Der Urgemeinde und Mt entsprechen das Hoseazitat 6,6 in Mt 9,13 u. 12,7, vgl. 23,23 und zur Tempelsteuer 17,24–27.

[661] S. Gal 3,10 vgl. 2. Kor 3,9; 5,20; Joh 7,49. S. dazu die leidenschaftliche Beschwörung 1. Kor 16,22.

ist, d.h. daß er durch seinen Tod das ungehorsame Israel, ja alle der Sünde verfallenen Menschen mit Gott versöhnt habe. Es war wohl vor allem diese soteriologische Deutung des Todes Jesu am Fluchholz,[662] die die sühnende Wirkung des Tempelkults und damit wesentliche Teile der Tora in Frage stellte, welche den jungen pharisäischen Schriftgelehrten erbittert und zum Verfolger gemacht hatte. Ein Volksverführer und durch seinen schändlichen Tod nach dem Gesetz Verfluchter[663] sollte der verheißene Messias und Erlöser Israels sein und klare Aussagen der Tora in Frage stellen? Mußte man darin nicht eine Gotteslästerung sehen?[664] Paulus, der Eiferer für die Heiligkeit des Gesetzes und die Ehre Gottes,[665] zog daraus die Konsequenzen und wurde zum aktiven Verfolger jener Anhänger Jesu, die diese blasphemischen Ansichten öffentlich und mit Nachdruck vertraten, d.h. der Hellenisten. Das Erlebnis vor Damaskus zerbrach den stolzen Gesetzeseifer des jungen Gelehrten. Er selbst, der glaubte, nur die Forderung der Tora zu vollziehen, erkannte sich selbst als den wahren Gotteslästerer (βλάσφημος),[666] der mit der Gemeinde Gottes auch deren erhöhten Herrn und d.h. den endzeitlichen Bevollmächtigten Gottes verfolgt,[667] und damit – angesichts des nahen Gottesgerichtes – denkbar schwerste Schuld auf sich geladen hatte. Er war durch seinen Glauben an das Gesetz als Heilsweg, durch seinen „Eifer für das Gesetz" zum Kämpfer gegen Gott (θεομάχος)[668] geworden, der Gottes endzeitlichem Heil entgegenwirken

---

[662] O. Hofius, Paulus (Anm. 628), 253 vermutet im Anschluß an J. Jeremias, daß diese Deutung des Fluchwortes vom haßerfüllten Verfolger Saulus selbst stamme, aber dieses Argument wird von den priesterlichen Aristokraten, die ja Jesus als Messiasprätendenten mit Hilfe des Pilatus wohl ganz bewußt ans Kreuz brachten, von Anfang an gegen die Botschaft vom gekreuzigten und auferstandenen Messias vorgetragen worden sein: Es gab kein vernichtenderes Argument gegen Jesus. Saulus wird es jedoch mit Nachdruck verwendet haben. Vgl. auch die von Lukas freilich seiner Tendenz ad usum Theophili entsprechend stark abgeschwächten Hinweise auf das „Aufhängen am Holz" von Dtn 21,23 in der Predigt des Petrus und des Paulus, Apg 5,30; 10,39; 13,29. Vgl. 1. Petr 2,24 und o. Anm. 122.657.
[663] Gal 3,13; vgl. 1. Kor 12,3 und die Umkehrung dieses Fluches 1. Kor 16,22. Zu der Anklage Jesu als Verführer s. A. Strobel, Die Stunde der Wahrheit, WUNT 21, Tübingen 1980 und seine Hinweise auf Dtn 13 und 17, S. 54–61. Vgl. auch die Baraitha bSanh 43a, wo Jesus als Magier und Verführer Israels zum Abfall gesteinigt wird, weil man keine „Rechtfertigung" (zᵉkût) für ihn fand.
[664] Vgl. die Anklage gegen Stephanus Apg 6,11: λαλοῦντος ῥήματα βλάσφημα εἰς Μωϋσῆν καὶ τὸν θεόν. Zur Reaktion s. Apg 26,11. Jesus selbst war ja bei seinem Verhör Gotteslästerung vorgeworfen worden: Mk 14,64, vgl. 2,7.
[665] Gal 1,14; Phil 3,6; Apg 22,3; vgl. auch 2. Kor 11,2; s. dazu M. Hengel, Der vorchristliche Paulus, 200.236.240.253.268 f.283–292.
[666] S. die – späte, doch sachlich zutreffende – Charakterisierung 1. Tim 1,13a: τὸ πρότερον ὄντα βλάσφημον καὶ διώκτην καὶ ὑβριστήν. Sie setzt u. E. die Kenntnis der Apg voraus.
[667] S. die von Lukas dreimal wiederholte Frage des Auferstandenen in der Audiovision: ... τί με διώκεις und die stereotype Antwort: ἐγώ εἰμι Ἰησοῦς ὃν σὺ διώκεις: 9,4; vgl. 22,7; 26,14. U. E. geht dieses Kernstück der Damaskusvision letztlich auf die Erzählung des Paulus selbst zurück.
[668] S. dazu Apg 5,39 und den Zusatz 23,9 im Mehrheitstext und sa: μὴ θεομαχῶμεν; dazu O. Bauernfeind, ThWNT 4, 534,22 ff. Das Verb wird 2. Makk 7,19 auf Antiochos IV. Epiphanes bezogen. S. auch A. Schalit, ANRW II 2, 267.9, Anm. 124–126 und W. Nestle,

wollte. Seine Lebenswende bedeutete darum zunächst einmal die Erkenntnis abgrundtiefer Schuld. Was für alle Menschen gilt, traf ihn ganz konkret und persönlich: „Das Gesetz schafft (nur Gottes) Zorn" (Röm 4,14). Bei seinen biographischen Rückblicken schwingt dieses Motiv durchaus mit.[669] Zugleich war sein bisheriges Orientierungssystem, ausgerichtet auf die Tora, zerbrochen, denn sein Einsatz für sie und die aus ihr gezogenen Konsequenzen hatten ihn zum Verfolger und Feind Christi gemacht. Die Schilderung des den ganzen Menschen bis ins Physische hinein betreffenden Zusammenbruchs in der Apg[670] hat so durchaus einen realen Hintergrund. Modern-psychologische Erwägungen führen in der Regel hier nur zu schwer erträglichen Banalitäten. Zugleich aber eröffnete die „Offenbarung Jesu Christi", „der wegen unserer Verfehlungen dahingegeben und wegen unserer Gerechtsprechung auferweckt wurde"[671], die Möglichkeit eines völligen Neuanfangs durch die Gewißheit der ein für allemal im Tode des Christus geschehenen Vergebung aller Schuld. Er hatte den im Gesetz ausgesprochenen Fluch Gottes gegen den Übertreter stellvertretend für alle auf sich genommen und damit universale Sühne gewirkt.[672] Diese Gewißheit in der Form des gehorsamen, bedingungslosen Vertrauens in das allein durch Christus gewirkte Heil, kurz das, was Paulus in den Briefen πίστις nennt, beruhte nicht mehr wie die Umkehr (t^ešûbā) in der pharisäischen Tradition auf eigenem Entschluß[673] und konnte auch nicht als eigenes „Werk" verstanden werden, sondern war reines Geschenk, χάρις, Gabe bzw. Wirkung der ἀποκάλυψις Χριστοῦ, d. h. des Wortes des Erhöhten:

Gottesverächter (Anm. 648), 250.264ff. Wie Josephus (ant 14,310; c. Ap 1,246.263) verwendet Lukas bewußt dieses aus Euripides' Bakchen stammende Motiv (45.325.1255, vgl. 635). Zu dem sprichwörtlichen πρὸς κέντρα λακτίζειν (Apg 26,14) s. Bakchen 795.

[669] Vgl 1. Kor 15,9 und dazu 15,56; weiter Phil 3,4b-9: Die Worte ζημία und σκύβαλα deuten indirekt auf Gottes Gericht hin. S. selbst noch die spätere nachpaulinische Aussage 1. Tim 1,15. Unpaulinisch ist dagegen 1. Tim 1,13b: ἀλλὰ ἠλεήθην, ὅτι ἀγνοῶν ἐποίησα ἐν ἀπιστίᾳ. Gal 1,15 spricht er selbst nur von dem unbegründbaren εὐδοκεῖν Gottes, d. h. seiner nicht mehr hinterfragbaren Erwählung; vgl. Röm 9,14–23; 11,5; 1. Kor 1,1; 15,10.

[670] Apg 9,8f; 22,11; vgl. o. S. 68f, Anm. 247.

[671] Röm 4,25: der antithetische Parallelismus deutet auf eine alte Formel hin, deren Bekanntheit Paulus in Rom voraussetzt, ähnlich Röm 1,3f; dahinter steht Jes 53,12 LXX; vgl. 5,8–11; 8,31f. Zu Röm 4,45 s. A. DAUER, Paulus, 81f.226 Anm. 73-227, der betont, daß Paulus die Formel nicht erst in Antiochia gelernt haben muß, obwohl ihm dies als das Plausibelste erscheint. Aber die Gemeinde in Rom, wo Paulus die Formel als bekannt voraussetzt, wurde nicht von Antiochia aus gegründet s. u. Anm. 1617f. Zu Röm 1,3f s. DAUER, Paulus, 78f.219–223 Anm 9 (Lit.) – 46. U. E. ist die Formel sicher älter als die antiochenische Gemeinde.

[672] Röm 3,25; 5,8–12; 8,3ff; 2. Kor 5,14f.18–20.

[673] Gerade hier zeigt sich der Unterschied des Paulus zu rabbinischem Denken, s. E. P. SANDERS, Paul, Index s. v. repentance 624. Darum treten μετάνοια und μετανοεῖν bei Paulus relativ zurück. Auch BULTMANNS Begriff der „Entscheidung" ist hier unglücklich: Alles liegt an der bereits geschehenen Entscheidung Gottes in Christus bzw. dem „Erkanntwerden" von Gott her (1. Kor 8,3; 13,12; Gal 4,9. Darum sollte „Glaube" trotz Röm 1,5; 15,18; 16,16, vgl. 10,16 nicht primär als „Gehorsam", sondern als von Gott gewirktes Vertrauen definiert werden: Röm 8,38; vgl. 4,18ff; 8,16.28–30; Gal 3,2 etc.

Nicht Paulus hatte „sich bekehrt", sondern die Gnade Gottes hatte ihn überwunden und berufen.[674]

Es soll hier nicht versucht werden, die paulinische Lehre von der völligen Gnadenhaftigkeit des Heils oder der Rechtfertigung des Sünders allein aus Glauben in ihrer vollen und aspektreichen begrifflichen Entfaltung bereits in die Zeit seiner Bekehrung zurückzuverlegen. Wann und wie er die einzelnen Formulierungen ausbildete, können wir nur vermuten. Hier mögen diejenigen Begriffe und Vorstellungen schon ganz früh von ihm verwendet worden sein, die uns in ähnlicher Weise in Qumran oder rabbinischen Texten begegnen, etwa die Offenbarung der Gerechtigkeit Gottes, das Unvermögen des Sünders, als Fleisch Gottes Willen zu tun, und seine Angewiesenheit auf die Rechtfertigung von Gott her und das Wirken des Geistes, die Formel „Werke des Gesetzes" u. a. m. Sie könnten dem pharisäischen Schriftgelehrten schon von Jerusalem her vertraut gewesen sein.[675] Weiter wäre mit E. Lohmeyer zu fragen, ob die formelhafte Verwendung des ἐν Χριστῷ nicht u. a. auch eine Analogiebildung zu ἐν νόμῳ ist: Durch das Damaskusereignis ist der pharisäische Schriftgelehrte aus dem bisherigen „Heilsbereich" des Gesetzes,[676] der für ihn jetzt plötzlich zu einem Raum des tötenden Gottesgerichts geworden war, in den durch Christi „Sterben für uns" geschaffenen Heilsraum „in Christus" versetzt worden.

3.2.2 Zu den christologischen Voraussetzungen

Das setzt zugleich bereits vor dem Damaskuserlebnis in der Urgemeinde eine relativ ausgebildete *Christologie* voraus. Die wichtigsten Hoheitstitel wurden

---

[674] Gal 1,15: καὶ καλέσας διὰ τῆς χάριτος αὐτοῦ. Vgl. auch 1. Kor 7,25; 2. Kor 4,1. S. auch das zweimalige (abgeschwächte) ἠλεήθην 1. Tim 1,13.16.

[675] M. HENGEL, Der vorchristliche Paulus, 253f; zu den weiteren Entsprechungen s. H. BRAUN, Qumran und Das Neue Testament I, Tübingen 1966, 169–240; zur Entsprechung von ἔργα νόμου vgl. besonders 1QS 5,21; 6,18; 4QMMT C 27 und B 2: מעשי בתורה bzw. מעשי התורה oder einfach מעשים s. E. QIMRON/J. STRUGNELL, DJD X, 62 und den Kommentar dazu S. 139 (dort ältere Lit.). Der Terminus מעשים hat dieselbe Bedeutung wie מעשי התורה; in den Hss der Sektenregel sind sie austauschbar; zur Häufigkeit vgl. J. H. CHARLESWORTH, Graphic Concordance to the Dead Sea Scrolls, Tübingen/Louisville 1991, 407 f u. ö.; in 4Qflor I, 7 = 174 III, 7 ist wohl מעשי תודה statt תורה zu lesen, s. jedoch IV, 2: ועשו את כול התורה (vgl. Gal 5,3); s. A. STEUDEL, Der Midrasch zur Eschatologie aus der Qumrangemeinde (4QMidrEschat^ab), STDJ 13, 1994, 25 f.31.44. S. jetzt vor allem Chr. BURCHARD, Nicht aus Werken des Gesetzes gerecht ..., in: FS Hengel III, 405–415 (410f). Die wenigen Belege, die M. WOLTER, Ethos und Identität in paulinischen Gemeinden, NTS 43 (1997), 433 Anm. 16 als griechische „Parallelen" beibringt, geben zum Verständnis der Formel nichts her. Sie kommt aus palästinisch-jüdischem Milieu. Dazu F. AVEMARIE, Tora, 584–588.

[676] Zum formelhaften ἐν νόμῳ s. Röm 2,12.14–20.23; 3,19: τοῖς ἐν τῷ νόμῳ; Gal 3,11; 5,4 und dazu E. LOHMEYER, Grundlagen paulinischer Theologie, 1929, 23 ff.142 ff. S. auch F. NEUGEBAUER, In Christus, 1961, 14 ff.72 ff.78 ff.92 als Zusammenfassung: „Das Heil ἐν Χριστῷ stand dem Heil ἐν νόμῳ gegenüber". Röm 4,5: ὁ νόμος ὀργὴν κατεργάζεται, vgl. 5,13.20; 7,8–10; Gal 3,10.19. Zum Zorngericht Gottes in 1. Thess, das von der Gesetzeslehre nicht abgetrennt werden darf, s. u. S. 457f.

schon damals auf Jesus bezogen. So an erster Stelle *Messias*, zunächst der gebräuchliche Titel[677], der dann im griechischen Sprachraum erstaunlich schnell zum Eigennamen wurde. Durch diesen wird Jesus vor allem als Erfüller der alttestamentlichen Verheißungen und einzigartiger Träger, ja Verkörperung des Gottesgeistes bezeichnet.[678] Aufs engste verbunden mit mešîḥā/Χριστός ist „Sohn Gottes", der das einzigartige Verhältnis Jesu zu Gott, seinem ‚Vater', zum Ausdruck bringt und der wohl nicht zufällig in Gal 1,16 und Apg 9,20 an entscheidender Stelle erscheint, ja überhaupt im Galaterbrief noch mehr als in den anderen Paulusbriefen eine zentrale Rolle spielt.[679] Bereits für Paulus ist der Sohn präexistent und wird vom Vater als Mensch in die Welt gesandt, um durch seinen Tod die durch die unerbittliche Forderung des Gesetzes dem Gericht und dem Tod verfallenen Menschen „freizukaufen"[680]. D. h. schon er kennt die Vorstellung der „Inkarnation" des Gottessohnes.[681] Daß dieser Titel schon ganz früh auf Jesus übertragen wurde, ergibt sich u. a. aus der alten Formel Röm 1,3f (s. o. Anm. 671), die nicht auf allzu schlichte Weise adoptianisch gedeutet werden sollte, vielmehr die Erhöhung des Messias und Davidsohnes in göttlicher Macht und Herrlichkeit zum Ausdruck bringt. Die Gottessohnschaft Jesu hat ihren Ursprung in dessen Persongeheimnis, das in seinem nicht mehr hinterfragbaren einzigartigen Verhältnis zum Vater zum Ausdruck kommt.[682] Jesus als der auferstandene davidische Messias erscheint als der zu Gott erhöhte Gottessohn schon – wie betont – in diesem alten Bekenntnis Röm 1,3f. Der Text sagt nicht, daß der ganz gewöhnliche Mensch Jesus erst durch die Auferstehung zum Sohn Gottes wird, sondern der aus dem Geschlecht Davids stammende (gekreuzigte) Messias Jesus ist seit der Aufer-

---

[677] S. M. HENGEL, Erwägungen (Anm. 656), 135–159; D. ZELLER, Zur Transformation des Χριστός bei Paulus, in: JBTh 8 (1993), 155–167. S. auch u. S. 340–351 zur Bezeichnung Χριστιανοί in Antiochien.

[678] Jes 61,1ff; Jes 11,1ff; vgl. auch Ps 2 und die Taufe Jesu Mk 1,7–11.

[679] Gal 1,16; 2,20; 4,4.6; s. M. HENGEL, Sohn Gottes, 18–31.90–130.

[680] Gal 3,13; 4,4; vgl. 1. Kor 6,20; 7,23. Der Sprachgebrauch ist nicht spezifisch paulinisch, vgl. Apk 5,9; 14,3f. S. auch o. Anm. 520–527 zur jüdischen Predigt de Jona. S. weiter den u. Anm. 690 genannten Aufsatz in FS Hofius.

[681] Röm 8,3; Gal 4,4; Phil 2,6–8.

[682] Im Gegensatz zu früheren Veröffentlichungen bin ich gegenüber der Existenz einer nachösterlichen, ursprünglich adoptianischen Christologie skeptisch geworden. Am Anfang steht der messianische Anspruch, man könnte auch sagen, das „Sohnesgeheimnis" Jesu. S. dazu Lk 10,21f = Mt 11,26f; vgl. Mk 1,11; 9,7; 14,36; s. auch M. HENGEL, Sohn Gottes. Daß „Sohn Gottes" jüdischer messianischer Hoheitstitel wird, wird jetzt durch den aramäischen Sohn-Gottes-Text 4Q 246 erhärtet, vgl. schon das messianisch gedeutete Zitat von 2. Sam 7,11–14 in 4Q flor I, 10–12 (= 174 III, 10ff.18f.31f), auf das 18f das Zitat von Ps 2 folgt, das leider abbricht. S. dazu A. STEUDEL, Midrasch (Anm. 675), 25.45f.132f. Vom Kontext her ist dort der Anbruch der Königsherrschaft Gottes (Ex 15,17b–18) mit der des Gesalbten und Gottessohnes verbunden, s. den Gesamtzusammenhang von Kol III, 1–19. Für die Einheit von Messias und Gottessohn s. Ps 2,2.7 sowie 39,52; 89,28. Zu 4Q 246 s. E. PUECH, Fragment d'une apocalypse en araméen (4Q246 = pseudo-Dan^d) et le „Royaume de Dieu", RB 99 (1992), 98–131 und die ausführliche Analyse von J. ZIMMERMANN, Messianische Vorstellungen (Anm. 177), 112–149.

stehung als Sohn Gottes in Macht und verklärter Geistgestalt von Gott eingesetzt.[683]

Auch die Bezeichnung und Anrufung des Auferstandenen als „*Herr*" ist schon vorauszusetzen. Dies zeigt nicht nur der aramäische Gebetsruf Maran atha,[684] sondern auch die christologische Interpretation von Ps 110,1 als eine Konsequenz der Auferstehungserscheinungen: Der von Gott auferweckte Kyrios ist nicht an einen verborgenen oder beliebigen Ort der himmlischen Welt entrückt, sondern thront gewissermaßen an höchster Stelle „zur Rechten Gottes" auf dessen Thron oberhalb der himmlischen Merkabah.[685] Er wird Throngenosse Gottes – die höchste Form der Gottesgemeinschaft, die für einen Juden vorstellbar ist und die im Judentum praktisch ohne Parallele ist.

Paulus selbst betont, daß er, weil er den Kyrios gesehen hat, dessen Apostel ist.[686] Auch die rettende Anrufung des Kyrios Jesus nach Joel 3,5, etwa bei der Taufe, ist zur Zeit der Bekehrung des Paulus bereits vorauszusetzen. Die hier vorgegebene partielle Identifikation des Erhöhten mit dem JHWH-'adonaj/ κύριος des Alten Testaments mag – wie 1. Kor 8,6 vermuten läßt – mit der Neuauslegung des Shemaʿ Jiśraʾel Dtn 6,4 in der Urgemeinde zusammenhängen.[687] Bedeutungslos scheint dagegen für die bekenntnisartigen Formulierungen die Formel ὁ υἱὸς τοῦ ἀνθρώπου geworden zu sein, die im Gegensatz zum aramäischen Äquivalent bar ʾænāšā „der (konkrete) Mensch" bei den palästinischen Juden für die Griechen völlig unverständlich war. Der „*Menschensohn*" hatte keine kerygmatische Bedeutung mehr. Er lebt in der Jesusüberlieferung weiter, denn dieser hatte von sich und dem Kommenden als bar ʾænāšā gesprochen und damit seinen messianischen Anspruch verschlüsselt. Die im-

---

[683] M. HENGEL, Sohn Gottes, 19.93–104; DERS., „Setze dich zu meiner Rechten", P. STUHLMACHER, Theologie I, 305ff.313ff.

[684] 1. Kor 16,22; vgl. Apk 22,21, s. dazu H.-P. RÜGER, Zum Problem der Sprache Jesu, ZNW 59 (1968), 113–122 (120f). S. auch o. S. 58f und u. Anm. 888.1494 zu zeitgenössischen Parallelen.

[685] M. HENGEL, „Setze dich zu meiner Rechten", 108–194. Überboten wird diese Aussage nur noch durch die Christushymnen Phil 2,6–11; Kol 1,15–20 und das 4. Evangelium (Joh 1,1–3.18; 10,30 und 20,28), das das „Sitzen zur Rechten Gottes" bewußt vermeidet. An seine Stelle tritt eine Aussage wie Joh 1,18, die auch das Sein des Präexistenten miteinschließt. S. dazu M. HENGEL, Die Throngemeinschaft des Lammes mit Gott in der Johannesapokalypse, ThBeitr 27 (1996), 159–175.

[686] 1. Kor 9,1; s. o. S. 65f Anm. 232.

[687] Apg 9,14.21; 22,16 vgl. 2,21; 15,27; Röm 10,13; 1. Kor 1,2. A. FELDTKELLER, Identitätssuche, 168–171 möchte in dieser Anrufung des Kyrios ein Spezifikum der „Sympathisantenszene" in Damaskus sehen, das dann für Paulus zu einem „in Damaskus erworbene(n) Kriterium" wurde. Aber diese Anrufung geht auf die früheste Gemeinde in Jerusalem und in ihrer griechischen Form auf die „Hellenisten" zurück und wurde durch diese auch in Damaskus von Anfang an selbstverständlich gebraucht. Mit galiläischen Wanderradikalen, über die man nur spekulieren kann, hat sie nichts zu tun. Es ist bezeichnend, daß Joel 3,5 in der synoptischen Tradition keine Rolle spielt. S. dazu jetzt O. HOFIUS, „Einer ist Gott – Einer ist Herr". Erwägungen zu Struktur und Aussage des Bekenntnisses 1. Kor 8,6, in: Eschatologie und Schöpfung. FS Erich Grässer zum siebzigsten Geburtstag, hg. v. M. Evang/H. Merklein/M. Wolter, Berlin/New York 1997, 95–108.

mer determinierte Übersetzung ὁ υἱὸς τοῦ ἀνθρώπου im Gegensatz zur LXX von Ps 8,5; 80,16 (vgl. LXX 79,16.18) und Dan 7,13 mit dem undeterminierten υἱὸς ἀνθρώπου[688] weist auf eine einheitliche, sehr frühe Übersetzung dieser Formel im Kreis der „Hellenisten" hin, als diese der Traditions- und Verkündigungssprache der neuen Bewegung ihre erste griechische Formung gaben. Ohne das Wissen um den Sprachgebrauch Jesu war diese determinierte Formel einem Griechischsprechenden gar nicht verständlich[689]

Offen kann die Frage bleiben, ob, wann und wie die früheste Gemeinde definitive *Präexistenzaussagen* machte. Bei Paulus sind diese – trotz gelegentlicher Bestreitung – eindeutig und vielseitig.[690] Nun erscheint der Menschensohn von Dan 7,13 in seiner Interpretation als Messias in den Bilderreden des äthiopischen Henoch wie in 4. Esra 13 als präexistente Gestalt, und die Q-Überlieferung setzt Jesus mit der präexistenten göttlichen Weisheit in Verbindung.[691] Nichts spricht dagegen, daß Jesus selbst als messianischer Geistträger und Lehrer der Weisheit (Jes 11,1 ff) derartige Weisheitsworte gesprochen hat. Weiter ist die Präexistenz des Messias in einer Reihe von „messianischen" Texten,[692] insbesondere aber in Ps 110 (109),3 LXX angesprochen.[693] Auch wenn dieser Text erst, dann freilich häufig und mit Nachdruck, von Justin zitiert wird, bedeutet das noch nicht, daß er nicht analog zu V. 1 schon relativ früh Beachtung fand. Er hatte freilich nicht jene zentrale Bedeutung wie der erste Vers, doch er drückte eine sachlich notwendige Konsequenz aus.[694]

---

[688] Im NT nur in Zitaten Hebr 2,6 = Ps 8,5; Apk 1,13; 4,14 = Dan 7,13. Vgl. auch LXX Num 24,17b: ἀναστήσεται ἄνθρωπος ἐξ Ισραηλ.

[689] S.o. S. 58f. Daß sie in der Urgemeinde und von den Hellenisten auf Jesus bezogen verwendet wurde, deutet Lukas in Apg 7,55f an. Dieser Hinweis ist typisch für seinen historisch reflektierten Umgang mit christologischen Titeln und Formeln. Vgl. M. HENGEL, Zwischen Jesus und Paulus, 203; DERS., Geschichtsschreibung, 88. Zum Menschensohnproblem s. V. HAMPEL, Menschensohn und historischer Jesus, Neukirchen 1990.

[690] Phil 2,6–11; 1. Kor 8,6; 10,4; Röm 8,3; Gal 4,4; 2. Kor 8,9; vgl. Kol 1,15–18. S. dazu M. HENGEL, Präexistenz bei Paulus?, in dem O. HOFIUS gewidmeten Band „Jesus Christus als die Mitte der Schrift", hg. v. H. Lichtenberger u. a., BZNW 86, Berlin 1997, 479–518; weiter J. HABERMANN, Präexistenzaussagen im Neuen Testament, EHS.T 362, 1990, 91–224. S. jetzt T. SÖDING, Gottes Sohn von Anfang an, in: Gottes ewiger Sohn. Die Präexistenz Christi, hg. v. R. Laufen, Paderborn u. a. 1997, 57–93 (Lit.).

[691] Lk 7,35 = Mt 11,19; Lk 11,49, vgl. Mt 23,34; vgl. Lk 13,34f = Mt 23,37f; Lk 11,31 = Mt 12,42. S. dazu M. HENGEL, Jesus als messianischer Lehrer der Weisheit und die Anfänge der Christologie, in: Sagesse et Religion, Colloque de Strasbourg (octobre 1976), Paris 1979, 147–188; s. auch R. RIESNER, Jesus als Lehrer, [3]1988, 330–343; H. GESE, Die Weisheit, der Menschensohn und die Ursprünge der Christologie als konsequente Entfaltung der biblischen Theologie, in: DERS., Alttestamentliche Studien, Tübingen 1991, 218–248.

[692] G. SCHIMANOWSKI, Weisheit und Messias. Die jüdischen Voraussetzungen der urchristlichen Präexistenzchristologie, WUNT II/17, Tübingen 1985; dazu N. WALTER, ThLZ 112 (1987), Sp. 896–98. S. auch u. S. 430.

[693] Dazu J. SCHAPER, Eschatology in the Greek Psalter, WUNT II/76, 1995, 101–107.129.140f.162f.169ff; s. auch DERS., Der Septuagintapsalter als Dokument jüdischer Eschatologie, in: M. Hengel/A. M. Schwemer (Hg.), Die Septuaginta zwischen Judentum und Christentum, WUNT 72, Tübingen 1994, 53ff.

[694] Zu Ps 110 und Justin s. M. HENGEL, „Setze dich zu meiner Rechten", 114f.160.184f.

Gerade die christologische Entwicklung scheint in den ersten zwei oder drei Jahren der Kirche besonders stürmisch verlaufen sein, angestoßen durch die – in den Augen der Zeitgenossen – ungeheuerliche Botschaft (bzw. Behauptung in den Augen der Gegner) von der Auferstehung und Erhöhung des gekreuzigten Jesus von Nazareth verbunden mit der Ankündigung seines baldigen Kommens in göttlicher Glorie samt der endzeitlichen Gabe des Geistes für seine Jüngergemeinde und dem dadurch verursachten Enthusiasmus. Diese „stürmische" Entwicklung hat dann auch die ersten Verfolgungen, insbesondere die des Stephanus und der Hellenisten ausgelöst. Wie wir schon sagten, übertreibt Lukas hier nicht, sondern wiegelt ab und „domestiziert".

Durch die Begegnung mit dem Auferstandenen wurde für Paulus seine bisherige Existenzform als ein „Sein unter dem Gesetz" offenbar,[695] d. h. er hatte bisher in jenem „Machtbereich" (ἐν τῷ νόμῳ Röm 3,19) gelebt, in dem Gott durch sein „heiliges, gerechtes und gutes Gebot"[696] den Menschen, auch wenn dieser sich für einen vollkommen Gerechten hielt, als Sünder unerbittlich richtet und dem Tod ausliefert.[697] Es war dafür gegeben, daß durch die Erkenntnis des heiligen und guten Willens des Schöpfers „jeder Mund verschlossen und alle Welt vor Gott schuldig werde". Der Mensch, der sich selbst auf heilsame Weise durch das Gesetz als Sünder erkennen soll, war und ist *allein* auf Gottes Gnade angewiesen. Dies zu erkennen, ist die innerste Bestimmung jedes Menschen. Seine bisherige Gesetzesauffassung hatte den jungen, im Toragehorsam minutiösen und eifervollen Schriftgelehrten zum Verfolger Christi und eben damit – in seinem späteren Selbstverständnis – zum offenbaren Sünder gemacht.[698] Durch seine Berufung war er jedoch in den Machtbereich der Gerechtigkeit Gottes, d. h. „in Christus", versetzt worden. Da aber das Gesetz nach verbreiteter jüdischer Anschauung als die „Schrift gewordene" Weisheit Gottes vor aller Zeit bei Gott gegenwärtig war,[699] mußte das Prädikat des vorzeitlichen Seins erst recht auf den Sohn übertragen werden. Die Gewißheit und die Universalität des Heils gründeten letztlich in der Herkunft des Sohnes von Gott dem Vater, d. h. in seinem präexistenten Sein bei Gott. Darum ist es durchaus vorstellbar, daß auch dieser Gedanke in Analogie zur

---

Hos 6,2 wird gar erst bei Tertullian zitiert (Marc 4,23,1; adv. Iudaeos 13,23), und doch glaubt die ganze „kritische" Forschung, das „am dritten Tag" in 1. Kor 15,4 sei von dorther abzuleiten! Auch Ps 80 (LXX 79),15−18, der im NT überhaupt nicht zitiert wird, wurde sicher christologisch gedeutet.

[695] Röm 6,14f; 1. Kor 9,20; Gal 4,4f.21 vgl. dagegen 5,18.
[696] Röm 7,12.14. Der Apostel denkt hier vor allem an den Dekalog mit dem 1. Gebot als Ausgangspunkt (vgl. Dtn 6,4) oder an das Liebesgebot, d.h. an Gebote, die universale Geltung haben und nicht kasuistisch eingegrenzt werden können, s. Röm 13,8ff; Gal 5,14; vgl. auch in Röm 7 das grundsätzliche: οὐκ ἐπιθυμήσεις Röm 7,7 = Ex 20,17; Dtn 5,21 LXX. Röm 1,18ff werden zunächst die Sünden gegen das erste Gebot angesprochen.
[697] Röm 3,17f; 6,23; 4,15; 7.7−24; 2. Kor 3,6b.
[698] Vgl. Phil 3,6ff; vgl. Röm 5,10; s. o. S. 165ff.
[699] Sir 24; mAb 3,14; vgl. M. Hengel, JuH, 184.236.275f.288f.307ff; G. Schimanowski, Weisheit (Anm. 692); Habermann, Präexistenzaussagen (Anm. 690).

Präexistenz der Weisheit/Tora und um der Soteriologie willen, „getrieben vom Geist", relativ rasch in verschiedenen Formen ausgedeutet wurde. Freilich vermögen wir nicht exakt zu sagen, wann die ersten Ansätze zur Präexistenzchristologie aufkommen. Auch dies könnte schon relativ früh in Kreisen der „Hellenisten" geschehen sein.[700] Medium waren dabei die geistgewirkten christologischen Hymnen, beginnend mit den „messianischen Psalmen" 2; 8; 16; 22; 45; 69; 80; 89; 110; 118 u. a. m., die sehr rasch als Christushymnen gesungen wurden und den Anstoß zur eigenen christologisch geprägten Hymnendichtung gaben. In der inspirierten Poesie dieser Hymnen konnte man Aussagen wagen, zu denen die nüchterne Sprache theologischer Prosa noch nicht reif war. Dabei enthielt der wichtigste „messianische" Psalm 110 in V. 3 ja bereits eine klare Präexistenzaussage.[701] Die frühesten uns erhaltenen urchristlich-messianischen Hymnen das Magnifikat und das Benediktus, die die Geburt des Messias Jesus und deren Konsequenzen im Anschluß an Psalmentexte und Jes 7–12 besingen, stammen aus der judenchristlichen Gemeinde des Mutterlandes.[702]

Wenn so das Heil „in Christus" an die Stelle der Existenzform „unter" oder auch „im Gesetz" trat, dann war Christus wirklich „das *Ende des Gesetzes* zur Gerechtigkeit für jeden, der glaubt", wobei freilich nur als Nebenaspekt die Bedeutung „Ziel des Gesetzes" (Röm 10,4) mitgedacht werden kann; nicht nur, weil ὁ νόμος als Schrift auch die Verheißung enthält, sondern weil die Tora gerade durch ihre Gebote „ein Zuchtmeister auf Christus hin wurde"[703], der Israel wie in einem Gefängnis eingeschlossen davor bewahrte, durch Assimilation an die Völker der Welt das allein ihm anvertraute Gotteswort und die darin enthaltenen Verheißungen[704] zu verlieren oder zu vergessen, „bis daß der künftige Glaube offenbart würde".[705] D. h., das Gesetz war auf die Offenbarung des Evangeliums hin gegeben und zwar in seiner doppelten Form als

---

[700] Relativ archaisch klingende Formulierungen finden wir in apokalyptischem Kontext in Apk 3,14 vgl. 13,8. Dazu M. HENGEL, Throngemeinschaft (Anm. 685), 172–175.

[701] S. dazu M. HENGEL, Hymnus und Christologie, in: Wort in der Zeit, Festgabe für Karl Heinrich Rengstorf zum 75. Geburtstag, hg. v. W. Haubeck u. M. Bachmann, Leiden 1980, 1–23; DERS., Das Christuslied im frühesten Gottesdienst, in: Weisheit Gottes – Weisheit der Welt, Festschrift für Joseph Kardinal Ratzinger zum 60. Geburtstag, St. Ottilien 1987, 1, 357–404. S. auch DERS., Studies in Early Christology, 227–291. Zu Ps 110,3 vgl. o. Anm. 685.

[702] S. dazu U. MITTMANN-RICHERT, Magnifikat und Benediktus (Anm. 299).

[703] Gal 3,24: ὥστε ὁ νόμος παιδαγωγὸς ἡμῶν γέγονεν εἰς Χριστόν. Zu den beiden Aspekten des παιδαγωγός, dem negativen „der Bevormundung" und „Unfreiheit" und dem positiven, daß diese „Überwachung nach der Bestimmung des Vaters" (Gal 4,2) bis zum „Kommen des Glaubens", d. h. Christi (3,23–25), geschieht; vgl. H.-J. ECKSTEIN, Verheißung und Gesetz. Eine exegetische Untersuchung zu Galater 2,15–4,7, WUNT 86, Tübingen 1996, 216–218 vgl. 197. Man könnte hinzufügen: Ohne die überwachende Funktion des Gesetzes gäbe es keine γραφή mit ihren Verheißungen.

[704] Röm 3,2.21b.32; 4,3; 9,4f; vgl. 15,8.

[705] Gal 3,23: Πρὸ τοῦ δὲ ἐλθεῖν τὴν πίστιν ὑπὸ νόμον ἐφρουρούμεθα συγκλειόμενοι εἰς τὴν μέλλουσαν πίστιν ἀποκαλυφθῆναι, vgl. Röm 3,2: ἐπιστεύθησαν τὰ λόγια τοῦ θεοῦ. Vgl. noch Röm 3,2 und die Rolle der Tora in Aristeas 139, dazu R. FELDMEIER, Weise hinter ‚eisernen Mauern', in: M. Hengel/A. M. Schwemer (Hg.), Die Septuaginta zwischen Judentum und Christentum, WUNT 72, 1994, 20–37. Vgl. u. S. 296.

Gottes Verheißung und Gebot, denn ohne vorausgehendes Gebot hätte die rettende Macht des Evangeliums (Röm 1,16) gar nicht wirksam und erkannt werden können: „(allein) durch das Gesetz kommt (im Lichte des Evangeliums) Erkenntnis der Sünde" (3,20), denn Gott rechtfertigt keine durch eigenen Gesetzesgehorsam Gerechten, die es im Blick auf das 1. Gebot und seine Heiligkeit gar nicht geben kann, sondern nur den Sünder, der sich im Spiegel des Gesetzes, das durch das Licht Christi erhellt wird, als solcher erkennt: δικαιούμενοι δωρεὰν τῇ αὐτοῦ χάριτι διὰ τῆς ἀπολυτρώσεως ἐν Χιστῷ Ἰησοῦ.[706]

Paulus hat den radikalen Bruch mit seiner bisherigen Vergangenheit, der durch das Damaskuserlebnis bewirkt wurde, in einer in der antiken Religionsgeschichte einzigartigen Weise *denkerisch verarbeitet*. Wie lange dieser Denkprozeß dauerte, bis er in den einzelnen Punkten jene Eindeutigkeit und Klarheit erhielt, wie sie uns später im Galater- und Römerbrief entgegentrat, wissen wir nicht. Daß dieser Prozeß des Umdenkens mit dem Augenblick seiner Lebenswende begann und daß dieser bei dem hochbegabten jüdischen Schriftgelehrten unter der Erschütterung seiner Begegnung mit dem Auferstandenen äußerst intensiv verlief, das sollte man nicht bezweifeln. Die Frage nach der Heilsbedeutung der Tora und dem den Sünder rechtfertigenden Werk Christi muß ihn von Anfang an, ja u. E. am Anfang *besonders* intensiv beschäftigt haben. Hier handelt es sich weder, wie A. Schweitzer meinte, um einen bloßen „Nebenkrater", noch um ein „unnatürliches Gedankenerzeugnis".[707] Und erst recht kann es sich nicht um eine späte, sekundäre und eher zufällige Entwicklung handeln. Im Gegenteil: Die Lebenswende vor Damaskus gipfelt in der Erfahrung der „Rechtfertigung des Gottlosen" – Saulus aus Tarsus –, und sie bleibt bis zuletzt, bis zum Galater-, Philipper- und Römerbrief, die Mitte seiner Theologie – der ersten christlichen, von der wir Nachricht haben.

---

[706] Röm 3,19f; 4,5; vgl. 5,1–11.20f und Röm 7,7–25, das nicht autobiographisch, sondern unter dem Blickwinkel der glaubenden Selbsterkenntnis geschrieben ist. Vgl. schon Lk 15,20–24; 18,9–14; Mk 2,17. Diese Grunderkenntnis geht letztlich auf die Verkündigung Jesu zurück.

[707] Die Mystik des Apostels Paulus, Tübingen 1930, 220: „Die Lehre von der Gerechtigkeit aus dem Glauben ist also ein Nebenkrater, der sich im Krater der Erhöhungslehre der Mystik des Seins in Christo bildet. Daß es sich um ein unnatürliches Gedankenerzeugnis handelt, tritt darin zutage, daß Paulus bei der Vorstellung anlangt, die die Werke des Gesetzes ablehnt. Er schneidet sich also den Weg zur Ethik ab". Der Neukantianer und liberale Neuprotestant A. SCHWEITZER hat die innere Konsequenz, mit der der pharisäische Schriftgelehrte die „Offenbarung Jesu Christi" aufnahm, nicht begriffen. Nur aufgrund seiner Rechtfertigungslehre kann Paulus den Grund zu einer „Ethik der Gnade" legen, die allein die Bezeichnung *christlich* verdient: Den Werken des Fleisches stellt er die Frucht des Geistes entgegen: Gal 5,22f contra 5,18ff. Aller Selbstruhm ist ausgeschlossen (Röm 3,27), denn alles gute, notwendige Werk ist Gottes Werk in uns (Phil 2,13). Gibt es eine befreiendere Form der Ethik?

4. Arabien und der Nabatäerkönig Aretas IV.
(9 v. – 40 n. Chr.)

4.1 Der theologische Anlaß und die politischen Umstände

Nach Gal 1,17 verläßt Paulus rasch Damaskus und geht nach Arabien,[708] kehrt aber wieder nach Damaskus zurück, um von dort aus Jerusalem zu besuchen. Lukas dagegen weiß nichts von der Arabienreise. Derartige Lücken beweisen nicht seine generelle Unzuverlässigkeit, sondern sind für einen biographischen Erzähler, der vor allem auf das selbst Gehörte und auf mündliche Nachrichten Dritter angewiesen ist, ganz normal. Jeder, der selbst schon im Bereich „oral history" gearbeitet hat, kann davon ein Lied singen. Wie lückenhaft wäre eine Biographie meines Vaters, wenn ich sie nur aus dem Gedächtnis bis etwa 1930, d. h. der Zeit, in der meine eigene Erinnerung an ihn einsetzt, erzählen wollte. Obwohl er viel aus seiner Jugend berichtet hat, müßte ich wesentliche Stationen seines Lebens aus Unwissenheit übergehen.[709] Lukas schreibt ca. 20–30 Jahre nach seiner Begegnung mit Paulus; dessen Lebenswende lag zu diesem Zeitpunkt wiederum fast dieselbe Zeit zurück. Große Lücken waren hier ganz unvermeidlich. Wäre der Auctor ad Theophilum der erste Verfasser eines

---

[708] J. Becker, Paulus, 37 vgl. 87 unterschlägt den Arabienaufenthalt und betont, neben dem „Zweistromland (liege) Arabien nicht ... im Blickfeld" des Apostels. „Als Jude denkt er nicht südlicher als Jerusalem". Das widerspricht dem Selbstzeugnis des Apostels, der an dieser Stelle (Gal 1,17) von seinem Aufenthalt in Arabien spricht, das er nach Gal 4,24f geographisch kennt, und Damaskus und Arabien in Röm 15,19 (dazu o. S. 147) unter „Jerusalem καὶ κύκλῳ" zusammenfaßt.

[709] Ich hatte vor kurzer Zeit den Nachruf auf den bedeutenden Altphilologen Günther Zuntz (1902–1992) zu schreiben (Proceedings of the British Academy, 87 (1994), 493–522 = Anhang zu der postum erschienenen Doppelstudie G. Zuntz, Lukian von Samosata und der Text der Evangelien, hg. v. B. Aland/K. Wachtel, AHAW.PH 1995, 2. Abh., 63–89). Die Tochter von G. Zuntz schrieb in diesen Tagen, wieviel Unbekanntes sie darin aus der früheren Zeit ihres Vaters erfahren habe. Ich selbst habe Zuntz erst 1976 kennengelernt, war mit ihm dann aber öfter zusammen, einmal 14 Tage lang. Auch hier bereiteten mir die Zufälligkeit und Lückenhaftigkeit der biographischen Daten inklusive der damit verbundenen Fehlerquellen große Schwierigkeiten, obwohl ich Nachrichten von der Familie und älteren Freunden erhielt. Die Arbeitsweise des Lukas wurde mir dabei besser verständlich. Er mußte ja seine auf die Mission bezogene „Vita Pauli" noch in eine fortlaufende, gut lesbare und zugleich im besten Sinne „theologisch-erbauliche" Erzählung fassen! Ähnlich wie bei Zuntz ging es mir 1995 mit dem Nachruf auf Kurt Aland und eben jetzt mit einer ausführlichen Laudatio für Sir Henry Chadwick. Eigene Arbeit an Biographien macht gegenüber neutestamentlichen Erzählern nachsichtig. Die Möglichkeiten, hier Fehler zu machen, sind erschreckend groß.

Apostelromans im Stile der rund 100 Jahre späteren Paulusakten gewesen, der lediglich wie deren Verfasser aus Liebe zu Paulus schrieb,[710] hätte er die Lücken leicht mit erbaulicher Fiktion füllen können. Ein schönes Beispiel bietet hier für Palästina und Syrien der pseudoklementinische Roman. Da läuft alles „lückenlos" ab. Als an dem wirklichen Paulus orientierter, theologisch eigenständiger, aber zugleich verantwortungsvoller missionsgeschichtlich-biographischer Erzähler[711] schreibt Lukas gerade nicht so. Nicht auszuschließen ist, daß er von der Arabienreise wußte, sie aber überging, weil sie für sein Konzept unwesentlich war und eine Episode blieb. Schon aus Raumgründen mußte er den Umfang des „zweiten Berichts", der nicht mehr als eine Papyrusrolle umfaßte, beschränken. Dabei waren ausgewählte, rhetorisch gestaltete Szenen für ihn am wichtigsten; vieles andere mußte wegfallen.

Offen bleibt auch die Dauer und der Zweck des Aufenthalts in Arabien. Früher hatte ich eine relativ kurze Zeit angenommen. Hier muß ich mich korrigieren. Nach seiner Rückkehr aus Arabien wird die Wirksamkeit in Damaskus nicht mehr allzulange gedauert haben, da man annehmen darf, daß das Vorgehen des nabatäischen Ethnarchen gegenüber Paulus noch irgendwie mit dem Aufenthalt des Apostels in Arabien, d.h. im Nabatäerreich zusammenhängt. Das würde bedeuten: wenn man die „drei Jahre", die nicht von der Rückkehr aus Arabien, sondern von der Lebenswende an zu rechnen sind,[712] bis zur Jerusalemreise antiker Zeitrechnungspraxis entsprechend mit rund 2½ Jahren interpretiert, dann könnte sich Paulus dort sehr wohl gegen 1½ bis 2 Jahre aufgehalten haben.[713]

Sowohl Gal 1,16 „damit ich ihn unter den Völkern verkündige" wie auch der Bericht des Lukas Apg 9,18b-22 par machen es sehr wahrscheinlich, daß Paulus ohne Verzug *zum Verkündiger der neuen Botschaft* wurde, mit dem einen Unterschied, daß Paulus nach seiner eigenen Angabe von Anfang an auch die

---

[710] Tertullian, de bapt 17,5: *sciant in Asia presbyterum qui eam scripturam construxit quasi titulo Pauli de suo cumulans laus conuictum atque confessum id se amore Pauli fecisse loco decessisse.* S.o. S. 7.

[711] Vgl. 1,8; 26,20 s. Chr. Burchard, Zeuge, 161: „Als einziger Prediger der Apostelgeschichte arbeitet Paulus in Jerusalem und bis ans Ende der Welt." Vgl. J. Weiss, Urchristentum, 150.

[712] Sie ist das einschneidende Ereignis, mit dem die Angaben über die „neue Zeit" beginnen. Das ἔπειτα und die „drei Jahre" sind auf das ὅτε von 1,16 und nicht auf spätere Zwischenereignisse bezogen. Das εἰς Ἀραβίαν ist nicht ein bloßes „alibi", so O. Linton, The Third Aspect, StTh 3 (1949), 79–95 (84). Zur Kritik an der These Lintons s. Chr. Burchard, Zeuge, 159f. Für ein „alibi" gegenüber Jerusalem hätte auch ein „ich blieb aber in Damaskus" genügt. Der Hinweis auf die (Missions-)Reise in „Arabien" will auch seine Unabhängigkeit von den Christen in Damaskus demonstrieren, obwohl diese nicht unproblematisch ist.

[713] Zur Zeitrechnung s. H. Lietzmann, An die Galater, HNT 10, ³1953, 8 zu Gal 1,18 im Anschluß an E. Schwartz, NGWG.PH 1907, 274 = Gesammelte Schriften 5, 1963, 138. Riesner, Frühzeit, 78f0.227–231 gibt nur das Todesjahr Aretas' IV. als „terminus ante quem" an und steht der Mission in Arabien sehr skeptisch gegenüber, weil er hier Lukas folgend nicht zu einem so frühen Zeitpunkt mit „Heidenmission" rechnen will. S. dazu auch E. A. Knauf u. S. 465–471. Zur Mission in Arabien s. J. Weiss, Urchristentum, 144.

"Nichtjuden" außerhalb des Mutterlandes[714] im Auge hatte, während Lukas von einer Verkündigung in den damaszenischen Synagogen vor Juden spricht, obwohl auch er selbst in der dreifachen Berufungserzählung immer mehr die Sendung zu den Heiden betont.[715] Auch hier handelt es sich um einen Scheingegensatz. Die ἔθνη sind – wie schon gesagt – zunächst vor allem die „Gottesfürchtigen" in den Synagogen. D.h. aber, daß Paulus immer *auch* und *zugleich* Juden ansprach. Bei den ersten Missionsversuchen kann man vielleicht sogar von einem *vornehmlich* sprechen, auch wenn sich dies dann bald geändert hat. Das sagt er selbst Röm 1,16 mit den Ἰουδαίῳ πρῶτον καὶ Ἕλληνι, wobei das πρῶτον durchaus wörtlich und ernst zu nehmen ist. Dieser – programmatischen – Aussage in der Themabestimmung des Römerbriefs entspricht 1. Kor 9,20, wo er auch zuerst die Juden nennt und vor allem Röm 11,14, wo Paulus seinen Dienst als Heidenapostel preist, weil er dadurch sein eigenes Volk „eifersüchtig machen" und für Christus gewinnen und „retten" könne.[716] Hat sich dieses „Eifersüchtigmachen" nicht gerade aufgrund seiner Erfolge bei „Gottesfürchtigen" vollzogen? D.h. daß paradoxerweise der Weg zu den „Heiden" in der Regel an den Orten, an denen er zu missionieren versuchte, über die Synagoge führte. Man hat die diesbezüglichen Angaben des Lukas heftig kritisiert, sie sind aber historisch zutreffend, denn sie gelten für die Zeit, in der Lukas schreibt, gerade nicht mehr. Wahrscheinlich bevorzugte Paulus eben deshalb größere Städte, weil sich dort solche Synagogen mit einem heidnischen Sympathisantenkreis befanden. *Nirgendwo konnte er soviel hörbereite Heiden antreffen, bei denen gewisse Grundvoraussetzungen zum Verständnis seiner Predigt gegeben waren wie in diesen.* Dieser von Lukas bei den großen Reisen dargestellten „Missionsstrategie", die in keiner Weise mehr der Gegenwart des Autors um 80 n. Chr. entspricht, scheint Paulus von Damaskus bis Korinth und Ephesus, ja bis Rom, trotz der damit verbundenen Gefahren treugeblieben zu sein. Erst wenn er aus den Synagogen vertrieben worden war und von dort zumindest einen kleinen Kreis von heidnischen „Sympathisanten" und einzelne Juden mitgebracht hatte, bildete sich eine eigene, überwiegend „heidenchristliche" Gemeinde paulinischer Prägung heraus, die sich dann in irgendeinem

---

[714] H. Schlier, Der Brief an die Galater, KEK [12]1962, 56: „die Formulierung ἐν τοῖς ἔθνεσιν meint das *Gebiet* ..., das Paulus zur Mission zugewiesen bekommt." J. Murphy-O'Connor, Paul in Arabia, CBQ 55 (1993), 732–737; ders., Paul, 81–85. J. Gnilka, Paulus, 49f vermutet: „Falls Paulus missionierte, hat er sich an Juden und Proselyten gewandt. Eine unmittelbare Heidenmission wäre auszuschließen". Den Grund dafür, warum Paulus ins „unwirtliche Arabien" (50) ging, sieht Gnilka im Widerstand seiner neuen Glaubensgenossen. All das widerspricht sowohl den Angaben des Paulus in Gal 1 wie denen der Apg.

[715] Apg 26,17f; 9,15 vgl. 22,15: πρὸς πάντας ἀνθρώπους, vgl. 22,21: εἰς ἔθνη μακράν. S.o. S. 65.

[716] Ausgangspunkt ist die „Weissagung" Dtn 32,21 LXX, s. dazu R.H. Bell, Jealousy (Anm. 541), s. Index 430 z. St. Auch er betont die grundlegende Rolle der Gottesfürchtigen. Paulus setze vor allem christliche ehemalige „Gottesfürchtige" aus der Synagoge als Leser des Römerbriefs voraus, S. 70f.77f, im Anschluß an Schmithals und Lampe. S. auch 312ff zu Apg 13,45; 327f (Exkurs). „The success of the Pauline Mission among this synagogue fringe would inevitably provoke Israel to jealousy". S. auch u. Anm. 977.

Privathaus versammelte (Apg 18,6ff). Die Botschaft, mit der er heidnische „Sympathisanten" und hier nicht zuletzt Frauen in der Synagoge ansprach, läßt sich in dem einen Satz Gal 3,26—28 zusammenfassen:

„Denn ihr seid alle Söhne Gottes durch den Glauben an Jesus Christus. Denn ihr alle, die ihr auf Christus getauft wurdet, habt Christus angezogen. Da ist nicht mehr Jude noch Grieche, nicht mehr Sklave noch Freier, nicht mehr Mann und Frau, denn alle seid ihr einer in Christus Jesus."

Mögen dem Apostel Formulierungen wie „Christus in der Taufe anziehen" oder „*einer* in Christus Jesus" später zugewachsen sein (s. u. S. 443–449), die grundlegende Erkenntnis kam gewiß schon früh, daß nämlich durch die Offenbarung des Sohnes Gottes *alle Menschen*, die Gott erwählt und berufen hat, zu glaubenden, und d. h. vom „Geist" erfüllten, ja „getriebenen"[717] Kindern Gottes werden und „in Christus" wie zu „einem Leib" verbunden sind, m. a. W. daß alle ohne Unterschiede zum wahren endzeitlichen Israel[718] gehören. Dies bedeutet zugleich, daß durch das Heilswerk Christi in dem von ihm geschaffenen Heilsraum der „Gemeinde Gottes" als des „Leibes Christi" die vom Gesetz im Alten Äon gezogenen Grenzen aufgehoben sind, Grenzen, die der Verfolger zunächst verteidigen wollte. Sonst wäre die Lebenswende des neuberufenen Apostels nur Schein gewesen. Damit verkündigte er aber den heidnischen Sympathisanten, den Frauen und Sklaven volle Gleichberechtigung „in Christus" im Gegensatz zum Sein „im" bzw. „unter dem Gesetz". Hier mag ein Teil des Geheimnisses seines missionarischen Erfolges liegen. Diese Erkenntnis des bisherigen pharisäischen Schriftgelehrten war einerseits geprägt vom eschatologisch-pneumatischen Enthusiasmus der frühesten Gemeinde und andererseits eine Frucht erster grundsätzlicher theologischer Reflexion über die wahrhaft radikalen Konsequenzen der Erfüllung der alttestamentlichen Verheißungen in der „Offenbarung Jesu Christi", mit der die Endzeit angebrochen ist.

Ein weiterer auffallender Zug ist, daß der Neubekehrte offenbar als „*Einzelmissionar*" nach „Arabien" geht, obwohl doch im Judentum, bei Jesus und der Urgemeinde, aber auch noch später, die „paarweise Sendung" die Regel war.[719] Auch Lukas weiß, daß Saulus/Paulus zuerst als „Einzelkämpfer" auftrat. Es entsprach dem Charakter seiner Berufung, bei der er vom Kyrios wie die alttestamentlichen Profeten[720] als Einzelner angesprochen und gesandt

---

[717] Röm 8,14; Gal 5,18; vgl. Röm 8,4.8; Gal 3,2; 1. Kor 12,10f; 2. Kor 1,22; 3,3 etc.

[718] Israel wird ja schon im AT in vielfacher Weise Gottes Sohn bzw. Söhne genannt s. FOHRER/SCHWEIZER, Artk. υἱός κτλ. ThWNT 8, 347–357. Zur Sache vgl. Gal 6,16; 3,7; Röm 4,16; 9,6.8; 11,32. S. auch u. S. 440 zu Antiochien. Die „Leib"-Metapher hängt mit der auch im Judentum verbreiteten Vorstellung von der „corporative personality" zusammen.

[719] S. dazu J. JEREMIAS, in: Abba, 1966, 132–138. Als Ausnahme von der Regel nach dem Vorbild der alttestamentlichen Profeten beschreibt Lukas auch die Mission des Philippus in Samarien, seine Sendung durch den Engel an die Straße nach Gaza, seine Entrückung nach Asdod und schließlich, daß er in Caesarea Maritima (Apg 8) seßhaft wird. Vgl. o. Anm. 194; zu Paulus und Philippus s. u. S. 241.

[720] Vgl. K. O. SANDNES, Paul (Anm. 640), 59–64 u. ö.

wurde, und wohl auch seinem inneren Wesen. Er liebte die Unabhängigkeit, konnte sich aber doch, wenn es sein mußte, in eine Gemeinschaft einordnen, wobei er aufgrund seiner überragenden Begabung wohl rasch immer eine Führungsrolle übernahm.[721]

Als Einzelner wollte er *in Arabien* seine Botschaft, die er von Christus empfangen hatte, verkündigen. Dies schließt die Möglichkeit aus, daß er – wie E. Meyer formuliert – „sich in die Einsamkeit Arabiens zurückzog", um „der Nachwirkung der gewaltigen Erschütterung Herr zu werden, und zur inneren Klarheit zu gelangen". Dies hätte er auch in unmittelbarer Nähe von Damaskus in der Halbwüste des großen Stadtgebietes erreichen können. Aber Paulus unterscheidet zwischen „Damaskus" und „Arabia" sehr deutlich. Beides ist für ihn gerade nicht dasselbe.[722] Es heißt auch nicht wie bei Johannes dem Täufer und der Versuchung Jesu εἰς τὴν ἔρημον[723], sondern εἰς Ἀραβίαν. Eher zustimmen würde ich dagegen dem nachfolgenden Satz E. Meyers: „Hier wird er sich zu seiner späteren Lehre, wenigstens in den Grundzügen, durchgerungen haben; insoweit ist es berechtigt, daß er von einer Bekehrung durch Menschen nichts wissen will: Die Auffassung ... zu der er gelangt ist, ist in der Tat sein Eigentum, stammt also nach seiner Denkweise unmittelbar vom Herrn selbst."[724] Freilich müßte man hinzufügen: nicht einseitig durch Meditation in der Einsamkeit, sondern noch vielmehr – beginnend bereits in Damaskus – durch die lebendige Verkündigung des gekreuzigten Messias in enger Verbindung mit der Auslegung der Schrift.

Aber warum gerade nach „Arabien" und nicht nach Palmyra, Heliopolis, Emesa, in die phönizischen Städte oder in die Dekapolis? Nun, man kann annehmen, daß im südlichen Phönizien und in den an Eretz Israel angrenzenden Städten des Küstengebiets und der Dekapolis schon einzelne christliche Missionare, etwa aus den Reihen der vertriebenen „Hellenisten", wirkten. Später, im Römerbrief, betont Paulus, daß er Wert darauflegte, „nicht dort das Evangelium zu verkündigen, wo der Name Christi schon bekannt geworden war, damit er nicht auf einen fremden Grundstein baue".[725] So versteht es

---

[721] Dies wird historisch zutreffend und anschaulich deutlich in der Seefahrtserzählung Apg 27,21–25.310.33–38.42f; vgl. E. Meyer, Ursprung, 27–36. Zu seinem Verhältnis zu Barnabas s. u. S. 314–340.

[722] Justin kann Damaskus Arabien zurechnen, s. u. Anm. 735. Eine Spenderinschrift des von den Königen von Kappadozien abstammenden Ariobarzanes, der offenbar in Damaskus wohnte, nennt das „reiche (ὄλβιος) Damaskus" die Ἀ[ραβι]ῶν μητρόπολις, SEG 7 (1934), Nr. 224, 1. Jh. n. Chr. Dies entspricht gerade nicht der Geographie des Apostels; er verläßt die Stadt und begibt sich „nach Arabien" und „kehrte nach Damaskus zurück", freilich erst 2–3 Jahre später. Die Inschrift könnte dagegen das – antinabatäische – Selbstverständnis mancher Kreise in Damaskus ebenso erklären wie das Interesse der Könige Aretas III. und IV. an dieser „Perle" des südlichen Syrien.

[723] Mk 1,12 = Mt 4,1; vgl. Lk 4,1 ἐν τῇ ἐρήμῳ und Mk 1,4 parr.

[724] UAC 3, 345 s. auch o. S. 70 Anm. 256 und u. S. 192; weiter S. 469 den Hinweis von E. A. Knauf auf Aretas IV.

[725] Röm 15,20; vgl. 1. Kor 3,10; 10,15 ff. S. auch u. S. 264 ff zu Tarsus.

schon der Ambrosiaster[726] zu Gal 1,17: *a Damasco ergo in Arabiam profectus est ad praedicandam, ubi nullus erat apostolorum, et ipse hic fundaret ecclesias.* Das ist u. a. als Ausdruck seines Unabhängigkeitsstrebens zu verstehen. Er war und blieb ein Außenseiter.[727] Aber eben als solcher konnte er eine für die antike Welt bisher einzigartige Wirksamkeit entfalten. Dabei halfen ihm sein Wagemut, seine für uns heute unvorstellbare Leidens- und Opferbereitschaft, mit der er sich ganz in den Dienst seines Herrn stellte, und sein Charisma, durch Wort und Vorbild auf Menschen zu wirken. Streng argumentierendes theologisches Denken, geistgewirkter Enthusiasmus, missionarische Energie und überlegte Planung verbanden sich zu einer Einheit, die auch für die spätere Geschichte der Kirche beispielhaft geblieben ist.

Daß er nach *„Arabien"*, d. h. genauer *in das Gebiet der Nabatäer*[728] ging und

---

[726] Ed. H. I. Vogels, CSEL 81, 3, 1969, 15.
[727] H. SCHLIER, Galater, 57 spricht von dem „einsamen Weg des außerordentlichen Apostels".
[728] S. dazu E. A. KNAUF u. S. 465—471. Zu den Nabatäern und ihrer Geschichte s. D. A. GRAF, The Origins of the Nabataeans, ARAM 2 (1990), 45—75 (Lit.); DERS., Nabataean Army (Anm. 356). Sie werden erstmals in einem Rapport Zenons während seiner Palästinareise (PSI 406 ca. 259 v. Chr. S. dazu M. HENGEL, JuH, 76—82) erwähnt. S. auch A. NEGEV, Nabataeans (Anm. 351), 520—686; dort zur Ausdehnung des Siedlungsgebiets die Karte 530 fig. 3; SCHÜRER I, 574—586; R. WENNING, Nabatäer (Anm. 351), (Lit.); Paulus verwendet eine geographische Angabe, die man damals nicht anders verstehen konnte. Diodorus Sic. 19,94,1: Antigonos greift nach der kampflosen Besetzung Syriens und Phöniziens 312 v. Chr. τὴν χώραν τῶν Ἀράβων τῶν καλουμένων Ναβαταίων an (nach Hieronymus von Kardia). Vgl. 4: Die Nabatäer übertreffen alle anderen arabischen Stämme an Reichtum. S. auch 40,4,4,1: Pompeius unterwirft „Aristobul, König der Juden, Aretas, den nabatäischen Araber ... Judäa, Arabien". Vgl. Strabo 16,4,2 zur an Palästina angrenzenden Lage „Arabiens". Er identifiziert freilich fälschlicherweise Nabatäer und Idumäer; aufgrund eines Aufstandes hätten sie sich freiwillig den Juden angeschlossen! S. auch die Beschreibung Syriens bei Plinius maior, n. h. 5,66: *namque Palestine vocabatur qua contigit Arabas, et Iudaea et Coele* ... und 74 zur Dekapolis. Appian, bell. civ. 2,71 (STERN, GLAJ II, 187): Pompeius unterwirft τὸ Ἑβραίων γένος καὶ Ἄραβες οἱ τούτων ἐχόμενοι. S. auch Cl. Ptolemäus, geogr. 5,16: Das „peträische Arabien" wird im Osten von Ägypten, im Norden von Palästina/Judäa bzw. von Syrien begrenzt; vgl. auch u. Anm. 733 zu Josephus, für den „Arabien" das Nabatäerreich und „Araber" Nabatäer bedeuten. Zur Dekapolis und Arabien s. H. BIETENHARD, Dekapolis (Anm. 356), 227—230, der mit Recht eine gewisse Unschärfe der geographischen Angaben betont. Doch muß man hier zeitlich differenzieren. Die auf den älteren hellenistischen Quellen gründenden, nicht ortskundigen Autoren des 2. und 1. Jh.s v. Chr. wie Polybius und Strabo betrachten das ganze Ostjordanland noch gerne als Teil Arabiens im Gegensatz zu Josephus, der es zu Koilesyrien rechnet und die Dekapolis von Arabien unterscheidet. Hier kommt der Unterschied zwischen der hellenistischen Zeit und der römischen Herrschaft zum Ausdruck. Mit Recht hat jetzt R. WENNING, Nabatäer (Anm. 351) und DERS., Dekapolis (Anm. 356), aufgrund des archäologischen Befundes betont, daß der nabatäische Einfluß in den Städten der Dekapolis nicht überschätzt werden darf, ja teilweise erstaunlich gering war. Paulus, der die Gegend besser kannte, hätte hier wie Josephus einen Unterschied gemacht wie auch Mk und Mt, die historisch korrekt nur von der Dekapolis und nie von Arabien sprechen. Die Vermutung von BIETENHARD, Dekapolis (Anm. 356), 225f, daß bei Paulus „Arabien" nur die Dekapolis meine, ist ganz unbegründet. Das entsprach nicht dem Sprachgebrauch des 1. Jh.s n. Chr. Da war „Arabien" eindeutig das nabatäische Königreich. Falsch ist der Hinweis auf die *Provincia Arabia* bei HAENCHEN, Apostelgeschichte, 322 und H. D. BETZ, Galater,

dort versuchte, einige Zeit zu wirken, war so weder eine kurze belanglose Episode, die Paulus nur erwähnt, weil er nicht nach Jerusalem zurückkehrte,[729] noch hatte es lediglich persönlich-pragmatische Gründe: Die Tatsache, daß es von Damaskus und Eretz Israel aus gesehen „vor der Tür lag", mit beiden eine lange gemeinsame Grenze hatte ja u. U. diesem zugerechnet werden konnte und von den anderen „Missionaren" in der kurzen Frist von ca. drei Jahren seit der Kreuzigung Jesu wohl bisher übersehen worden war,[730] reicht dabei noch nicht aus, um den Schritt des Paulus zu begründen. Es hatte auch *theologische* Gründe.

Die „Araber", verkörpert durch das damals politisch mächtigste arabische Volk in der unmittelbaren Nachbarschaft von Eretz Israel, *die Nabatäer*, galten für die Juden als *Nachkommen Ismaels, des Sohnes von Abraham*, d.h. als Stammesverwandte. Sie identifizierten die Nabatäer etymologisch nicht ganz exakt mit Nabaioth (so LXX; M: N^{e}bajot), dem Erstgeborenen der zwölf Stämme Ismaels. Ein anderes, noch näher verwandtes Volk, die Idumäer und „Nachkommen Esaus", waren durch Johannes Hyrkan I (135/4−104) zum Judentum bekehrt worden. Die arabischen Nabatäer erschienen so als *die nächsten noch heidnischen „Verwandten" der Juden und als Söhne des Erzvaters*.[731] Die von Lot abstammenden Ammoniter und Moabiter waren nach Dtn 23,4 vom Anschluß an Israel ausgeschlossen[732] bzw. nicht mehr vorhanden. So

---

147, denn diese wurde erst nach der Annexion des Nabatäerreiches durch Trajan 106 n. Chr. unter Einbeziehung von Orten der Dekapolis wie Kanatha, Gerasa und Philadelphia eingerichtet.

[729] Dieses Mißverständnis liegt bei O. LINTON, Aspect (Anm. 712), 84 nahe; ihm folgt J. MUNCK, Paulus (Anm. 640), 93 Anm. 35. Auch MURPHY-O'CONNOR, Paul, 82−85 vertritt mit Nachdruck den Aufenthalt des Paulus im Nabatäerreich und den Versuch „to make converts" (82), glaubt jedoch, daß er wegen der politischen Spannungen nach dem Tode das Philippus sehr rasch schon an der Grenze zurückgewiesen wurde. Dann wäre unerklärlich, warum er den mißglückten Abstecher nach ‚Arabien' überhaupt erwähnte. Der Tod des Philippus im 20. Jahr des Tiberius (19.8.33−19.8.34) nach 37jähriger Regierung fällt vermutlich in den Winter 33/34 s. SCHÜRER I, 340. Die römische Herrschaft reagierte rasch und schlug sein Gebiet zunächst zur Provinz Syriens. Der akute militärische Konflikt zwischen Aretas IV. und Antipas entwickelte sich erst später s. u. Anm. 738−740. Es besteht so kein Grund, den Aufenthalt des Paulus in Arabien extrem abzukürzen. Erst recht ist unwahrscheinlich, daß aus diesem Grund die Nabatäer noch ca. 3 Jahre später Paulus in Damaskus nachstellten.

[730] S. u. E. A. KNAUF S. 469 zum ‚tannaitischen Grenzverzeichnis', das Petra und Hegra mit einschloß. S. auch o. S. 87 ff zu Damaskus und dem südlichen Syrien. Der Ambrosiaster loc. cit. (o. Anm. 726) meint anachronistisch, er wollte in Arabien den falschen Aposteln, die das Judentum predigten, zuvorkommen.

[731] Nabaioth/N^{e}baiot Gen 25,13: er war der Erstgeborene Ismaels; vgl. 1. Chron 1,28; Gen 28,9 heiratet Esau eine Tochter Ismaels, „eine Schwester Nebaiots"; vgl. 36,2. N. steht hier für die Nachkommen Ismaels. Die verschiedene Schreibweise n^{e}bajôt und nbṭw machen zwar einen historischen Zusammenhang unwahrscheinlich, doch lag die Identifikation für die Juden seit der frühhellenistischen Zeit nahe; s. D. A. GRAF, Origins (Anm. 728), 45−48. Vgl. E.C. BROOME u. Anm. 769. Zu den Nabatäern und ihrem Verhältnis zu den Juden s. die freilich stark national gefärbte Darstellung von A. KASHER, Jews, Idumaeans and Arabs, TSAJ 18, Tübingen 1988, s. Index 263 s.v. Nabataeans; SCHÜRER I, 574−586 und Index 3,966 f.

[732] S. BILL. IV,1, 379−381(c+e). Mit Rücksicht auf Ruth wurde dieses Verbot freilich auf

blieben die nabatäischen Araber nicht nur die nächsten Verwandten, sondern *auch geographisch die nächsten und wichtigsten „Nachbarn"* Israels, für die das Droh- und Verheißungswort Jer 12,14—17 an „meine Nachbarn" galt, „die die Wege meines Volkes lernen" sollen. Die geographische Nähe beschreibt Josephus anschaulich, wenn er schildert, wie man von dem 70 Ellen hohen Psephinusturm an der Nordwestecke Jerusalems bei Sonnenaufgang *bis nach Arabien*, d. h. zu den Bergen am Ostufer des Toten Meeres schauen konnte.[733] Hinzu kommt die profetische Verheißung: Nach Jes 60,6f sollen bei der Völkerwallfahrt *als erste* die Schätze Midians und Ephas und als Opfertiere die Herden Qedars und Nabajoths, der arabischen Stämme im Süden, dem Dienste JHWHs im Heiligtum geweiht sein. Das Tg Jes 60,6 spricht allgemein von den Arabern, 60,7 im synonymen Parallelismus mit den Nabatäern.[734] Es folgen in MT die Schiffe von Tarschisch (LXX Θαρσις), im Tg die Inseln, die auf Gottes Memra warten; im MT heißt es „Fremde" (LXX ἀλλογενεῖς), im Tg „die Söhne der Heiden" werden die Mauern Jerusalems bauen. Tarschisch/Θάρσις aber wird bei Josephus und z. T. im Targum mit Tarsus identifiziert, wohin sich Paulus nach seinem Jerusalembesuch wendet (s. u. S. 272). Später spricht der aus Neapolis in Samarien stammende Justin beständig von den μάγοι ἀπὸ Ἀραβίας gemäß Mt 2, d. h. den Heiden aus dem Nachbarvolk, die die profetische Verheißung im Blick auf das Kommen des Messias erfüllen.[735]

Vor allem seit der Makkabäerzeit lebten die Juden in ständigem engem wirtschaftlichen und politisch-kulturellem Austausch mit den Nabatäern, der freilich von heftigen Kämpfen unterbrochen wurde. Die Mutter des Herodes und Frau des Antipater, des Beraters des Hohenpriesters Hyrkan II., mit dem griechischen Namen Kypros, war eine vornehme Nabatäerin, umgekehrt wollte Salome, die Schwester des Herodes den nabatäischen Fürsten Syllaios heiraten.[736]

---

die Männer beschränkt und hatte wohl nur noch theoretische Bedeutung, s. die Kontroverse mJad 4,4 zwischen R. Gamaliel II. und R. Jehoschua über einen ammonitischen Proselyten. Der letztere argumentierte: Ammoniter und Moabiter seien durch die Völkervermischung Sanheribs verschwunden. Achior, der Führer der Ammoniter, wird nach Judith 14,10 trotz Dtn 23,4 Proselyt.

[733] Bell 5,159f; vgl. ant 5,82: Das von Josua ausgeloste Gebiet für den Stamm Simeon umfaßt Idumäa und grenzt an Arabien und an Ägypten. Der Stamm Simeon wird besonders hervorgehoben im protopharisäischen Juditbuch (9,2) und in den VP, wo die Profeten Nahum, Habakuk und Zephania aus diesem Stamm kommen. Sie liegen ebenso wie der Profet Jona im Gebiet von „Simeon", in Idumäa, d. h. in nächster Nachbarschaft zu Arabien, begraben, s. dazu A.M. Schwemer, VP II, 85—88.96f.138.140. Vgl. o. Anm. 341.601 zu Naphtali und Damaskus. Zum Sprachgebrauch des Jos. s. etwa ant 13,375; 15,111. Hier werden der Nabatäerkönig Malichos I. als Ἄραψ, 110—111 die Ἀραβία als Nabatäergebiet und die Nabatäer als Ἄραβες bezeichnet.

[734] Tg Jes 60,6.7 zweimal ʿarābāʾê; 60,7: nᵉbājôt vgl. Ps 70,2 (LXX). Zu Nabaioth s. o. Anm. 731.

[735] Dial 34,4 = Ps 72,10: βασιλεῖς Ἀρράβων; 77,4; 78,1f.5.7.8; 88,1; 102; 103,3; 106,4; dabei verbindet er Damaskus mit Arabien, obwohl es jetzt zur Syrophoinike gehöre (78,10).

[736] Kypros: Jos. bell 1,181; ant 14,121; 15,184; Syllaios und Salome: ant 16,220.225.322; 17,10.139. S. auch o. Anm. 494.

Die letzte kriegerische Auseinandersetzung wurde nach Josephus durch den Ehebruch Herodes Antipas' eingeleitet. Als seine Gemahlin, eine Tochter Aretas IV., hörte, daß Antipas der Herodias ein Eheversprechen gegeben habe, floh sie zu ihrem Vater zurück. Das war jedoch nur ein ganz äußerlicher Grund, zumal dieser Affront bei Ausbruch des Konflikts Jahre zurück lag.[737] Der konkrete Anlaß war eher der Streit um das Territorium des Philippus, der 34 n. Chr. starb. Die Auseinandersetzungen scheinen sich so etwa zwischen 34 und 36 langsam gesteigert zu haben, *d. h. etwa zur Zeit der missionarischen Versuche des Paulus in „Arabien"*. Der Konflikt endete mit einer Niederlage des Antipas, der sich erfolgreich bei Tiberius beschwerte. Der Kaiser sandte den Statthalter Syriens, Vitellius, mit einem Heer gegen die Nabatäer, der um das Passafest 37 mit seiner Streitmacht in Judäa erschien, wo er beim Besuch in Jerusalem die Nachricht vom Tode des Kaisers am 16. 3. 37 erhielt, worauf er den Feldzug abbrach.[738] Da durch den Tod des Philippus dessen weit nach Osten bis zum Westteil des Hauran reichende Tetrarchie an die Provinz Syrien gefallen war und da dieses Gebiet in seinem östlichen Teil von Nabatäern besiedelt war, ist es wahrscheinlich, daß Aretas IV. versuchte, seinen Einfluß Schritt für Schritt auf dieses von der Provinzhauptstadt Antiochien aus schwer zu verwaltende, notorisch unruhige Territorium auszudehnen. Dabei kam es zu Grenzstreitigkeiten in der Gaulanitis im Gebiet von Gamala, die den Krieg zwischen den beiden Klientelfürsten auslösten.[739] Man kann so vermuten, daß die „Mission" des Paulus im nabatäischen Arabien durch politische Spannun-

---

[737] Gegen den englischen Historiker R. L. Fox, The Unauthorized Version, Penguin Books 1992, 33 f. 423, läßt sich diese Angabe nicht zur Spätdatierung der Hinrichtung des Täufers und des Auftretens Jesu in den Jahren 34−36 verwenden. Er folgt hier den Aufstellungen von N. Kokkinos, in: J. Vardaman/E. M. Yamauchi (Hg.), Chronos, Kairos, Christos, 1989, 133 ff. Der ganze Bericht des Josephus von der Absetzung des Pilatus und dem Tod des Tiberius am 16.3.37, über die vorausgehenden politischen Ereignisse, den Tod des Philippus 33/34 n. Chr. (ant 18,106 f), den Ehehandel des Antipas, seinen Krieg mit Aretas IV. (109.113 ff), die Hinrichtung des Täufers (116 ff), das durch den Tod des Tiberius verhinderte Vorgehen des Vitellius, hat keine feste chronologische Ordnung. Der Hinweis auf die Ermordung des Täufers als Grund für die Niederlage des Antipas ist eine typische „Nachholung" (s. u. Anm. 1530) des Ereignisses, das ca. 7−8 Jahre zurückliegt, s. Lk 3,1 ff. Die Zerstörung Jerusalems geschah 8 Jahre nach der Steinigung Jakobus' des Gerechten, und doch sahen die Judenchristen darin eine Strafe für dessen Hinrichtung: Euseb, h. e. 2,19 f mit dem Hinweis auf ein falsches Josephuszitat.

[738] Ant 18,109−115.120−126. Nach Josephus betrachteten manche der Juden diese Niederlage als eine Strafe für die Hinrichtung Johannes des Täufers durch Antipas. S. dazu Schürer I, 344−350; H. W. Hoehner, Herod Antipas, SNTS.MS 17, 1972, 255; A. Kasher, Idumaeans (Anm. 731), 176−183; G. W. Bowersock, Roman Arabia, London 1983, 65−68 mit Angaben zur Chronologie und zur politischen Lage.

[739] Ant 18,113: Γαμαλικῇ Ms A; Γαμαλίτιδι MWE; Gamalica Lat. Zu den verschiedenen Konjekturen s. die Ausgaben von Niese und Feldman z. St. Zur Sache Bowersock, Arabia, 65 f; A. Kasher, Idumaeans (Anm. 731), 181 f. Nach ant 18,114 hatten Flüchtlinge aus der Tetrarchie des Philippus, die auf der Seite des Antipas kämpften, diesen verraten: Hier handelt es sich wohl um Truppen, die nach dem Tode des Philippus in sein Heer eingetreten waren. Vgl. schon die Schwierigkeiten des Herodes in diesem Gebiet (Jos. ant 15,345−48.351−53).

gen zwischen Aretas und Antipas als dem einzigen noch regierenden jüdischen Herrscher auf die Dauer behindert, ja vielleicht beendet wurde und der Apostel deswegen wieder nach Damaskus zurückkehrte, wo er Glaubensbrüder hatte, die er kannte und die ihm vertrauten.[740]

In den ersten vier Jahrzehnten der fast 50jährigen Regierungszeit des Aretas war das Verhältnis zwischen Juden und Nabatäern ein friedliches gewesen.[741] Der nationalbewußte König, mit dem Beinamen „der sein Volk liebt", förderte die Hellenisierung und Urbanisierung, Handel und Kultur. Petra wurde „a cosmopolitan place".[742] Strabo berichtet, daß noch unter Augustus dessen Philosophielehrer Athenodoros von Tarsus, ein Stoiker, Petra besucht habe und über die zahlreichen Besucher, Römer und andere Fremde, verwundert gewesen sei. Im Gegensatz zu den friedliebenden Nabatäern seien vor allem die Fremden in Prozesse verwickelt gewesen, untereinander und mit Einheimischen.[743]

Daß in den nabatäischen Städten auch Juden ansässig waren, kann schon auf Grund der engen Nachbarschaft nicht bezweifelt werden.[744] Ein anschauliches Beispiel für die Lebensweise einer jüdischen Familie zu Beginn des 2. Jh.s n. Chr. auf dem ehemaligen nabatäischen Gebiet der römischen Provinz Arabia aus der Zeit vor dem Bar Kochba-Aufstand finden wir in dem Archiv der

---

[740] Anders J. MURPHY-O'CONNOR, Paul, 84f s.o. Anm. 725. Der Ambrosiaster (loc. cit. o. Anm. 726) ist wohl etwas zu erbaulich: *reversus est Damascum, ut visitaret quibus rudis praedicaverat evangelium dei.*

[741] S. dazu SCHÜRER I, 581 ff; BOWERSOCK, Arabia, 57–65.

[742] BOWERSOCK, Arabia, 61. Vgl. zur bedeutenden städtebaulichen Entwicklung in Petra unter Obodas III. (30–9. v. Chr.) und Aretas IV. (9 v.–40 n. Chr.) die Beiträge in: T. Weber/ R. Wenning (Hg.), Petra. Antike Felsstadt zwischen arabischer Tradition und griechischer Norm, Zaberns Bildbände zur Archäologie, Mainz 1997, bes. R. WENNING/B. KOLB/L. NEHMED, Vom Zeltlager zur Stadt. Profane Architektur in Petra, 56–70; K. St. FREYBERGER/ M. S. JOUKOWSKI, Blattranken, Greife, Elefanten. Sakrale Architektur in Petra, 71–86. Die Tempel der Stadt sind in augustäischer Zeit angelegt und gebaut worden. Sie spiegeln die Veränderung der semitisch-arabischen Gottesverehrung in augustäischer Zeit „durch die Übernahme anthropomorpher griechischer Bildtypen für die eigenen Götter" (R. WENNING/ H. MERKLEIN, Die Götter in der Welt der Nabatäer, op. cit., 109). Vgl. u. Anm. 790.

[743] 16,4,21 C 779, s. BOWERSOCK, Arabia, Anm. 10. Zu Athenodoros s. auch u. Anm. 1081.

[744] In Hegra (Mādā'in Ṣāliḥ) finden sich eine Reihe von jüdischen Gräbern, vgl. A. NEGEV, Nabataeans (Anm. 351), 581. Vgl. schon Ps 120,5 und den Beitrag von E. A. KNAUF u. S. 465–471. Eine steinerne Sonnenuhr aus Mādā'in Ṣāliḥ trug den Namen des jüdischen Besitzers mnš' br ntn, Manasse bar Natan. Sie stammt aus dem 1. Jh. n. Chr., s. J. F. HEALEY, A Nabatean Sundial from Mada'in Ṣāliḥ, Syria 66 (1989), 331–336, s. 334 Anm. 18–21 zu den Juden in diesem Gebiet. Wesentlich ist hier vor allem die Sammlung der Inschriften von S. NOJA, Testimoni anche epigrafiche di Giudei nell'Arabia settentrionale, Bibbia e Oriente 21 (1979), 283–316. G. D. NEWBY, A History of the Jews of Arabia. From Ancient Times to their Eclipse Under Islam, Columbia S.C. 1988, 30ff stellt völlig unkritisch die Mission des Paulus in Arabien und die legendäre Erzählung von R. Aqibas Erklärung für die weiße Hautfarbe eines „schwarzen" Kindes (TanB naso 13) bei einem Besuch in Arabien parallel und schließt daraus: „we can safely assume that his (Aqibas) mission was at least that of bringing the word of the revolt (d.h. die Botschaft vom Messias Bar Kokhba) to the potentially sympathetic Pharisaic Jews living in Arabia" (30).

Babatha,[745] das nicht zuletzt durch seine Dreisprachigkeit – Aramäisch, Griechisch und Nabatäisch – auffällig ist. Hinzu kommt nun das Archiv einer weiteren Dame: Salome Komaïse aus Maḥoza, einem nabatäischen Ort an der Südostecke des Toten Meeres, in dem zahlreiche Juden, vielleicht sogar jüdische Söldner wohnten. Von den sechs Dokumenten sind fünf in griechischer Sprache und eines in aramäischer Sprache abgefaßt, aber in einem griechischen Dokument erscheinen Aramäisch und Nabatäisch in den Unterschriften.[746] Paulus muß in der Lage gewesen sein, sich in diesem zwei- (bzw. drei)sprachigen Milieu sicher zu bewegen.[747]

4.2 Petra, Hegra, Hagar, der Sinai und Abraham

Vermutlich hat Paulus, wie auf seinen späteren Missionsreisen, während der ein bis zwei Jahre die Synagogen in den größeren Städten, vor allem aber in der Hauptstadt Petra,[748] aufgesucht. Sie war nicht weniger als Damaskus mit der jüdischen Heilsgeschichte verbunden.

---

[745] A. NEGEV, Nabataeans (Anm. 351), 581; SCHÜRER III,1, 16f; The Documents from the Bar Kokhba Period in the Cave of Letters. Greek Papyri, ed. N. LEWIS u. a., Jerusalem 1989; H. M. COTTON/A. YARDENI (Hg.), DJD XXVII: Aramaic, Hebrew and Greek Documentary Texts from Naḥel Ḥever and other Sites, Oxford 1997, Einleitung 151–156. Das Nabatäische ist im Grunde ein aramäischer Dialekt, vgl. K. BEYER, Texte, 40ff.

[746] S. dazu H. M. COTTON, The Archive of Salome Komaise Daughter of Levi: Another Archive from the ‚Cave of Letters', ZPE 105 (1995), 171–207. Dort auch Verweise auf die früheren Veröffentlichungen. DIES., DJD XXVII (Anm. 745), 158ff u. Nr. 60–68. Zur späteren Verbreitung des Griechischen in diesem Gebiet vgl. die griechischen Namen, die A. NEGEV, Personal Names in the Nabatean Realm, Qedem 32 (1991), 204–207 auffführt; besonders auffallend ist die Häufigkeit des Namens ΑΒΡΑΑΜΙΟΣ, dazu op. cit., 208, der vor allem in späteren christlichen, aber auch vereinzelt in heidnischen Inschriften erscheint, s. IGLS XXI = Inscriptions de la Jordanie, Vol. 2, 1986, Nr. 49 opfert ein Abramos S. des Obaidos einen Adler für den semitischen Himmelsgott; s. auch H. WUTHNOW, Die semitischen Menschennamen in griechischen Inschriften und Papyri des vorderen Orients, Studien zur Epigraphik und Papyruskunde I,4, Leipzig 1930, 10f. Mit ihren Münzen weisen sich die Städte der späteren römischen Provinz Arabia, aber auch der Dekapolis, als „griechische" Städte aus. Sie zeigen durchgehend griechische Beschriftung und neben den Kaiserbildern auf der Vorderseite die Symbole der Städte (sehr oft Tyche) mit ihren herkömmlichen Attributen auf der Rückseite. Dazu A. SPIJKERMAN, The Coins of the Decapolis and Provincia Arabia, SBFCM 25, Jerusalem 1978, 282. Die Münzen der nabatäischen Könige dagegen trugen deren Bildnisse und nabatäische Beschriftung; s. SPIJKERMAN, Coins, 32–35. Vgl. zu den nordsyrischen Prägungen F. MILLAR, RNE, 257f.

[747] F. MILLAR, RNE, 19f0.95–98.404f0.414–417. Zur späteren Hellenisierung der Städte und Dörfer des Hauran vgl. M. SARTRE, Le peuplement et le développement du Hawrān antique à la lumière des inscriptions grecques et latines, in: J.-M. Dentzer, Hauran I (Anm. 349), 194f.198–202. Weiter u. S. 193.

[748] Petra heißt im ‚tannaitischen Grenzverzeichnis' Reqem d-Gayyā s. E. A. KNAUF u. S. 469. In der rabbinischen Literatur wird Reqem sowohl mit Petra als auch mit dem biblischen Qadesch identifiziert, s. REEG, Ortsnamen (Anm. 190), 592ff (dort zu den verschiedenen Identifikations- und Lokalisierungsvorschlägen); vgl. G. SCHMITT, Siedlungen Palästinas

Seinen Lebensunterhalt wird er – wie auch beharrlich bei seinen späteren großen Reisen – durch die eigene handwerkliche Tätigkeit als „Zeltmacher", der grobe Stoffe, aber auch Leder verarbeitete, verdient haben. Wo er dieses Handwerk erlernt hat, wissen wir nicht. Dies kann in Tarsus oder in Jerusalem gewesen sein.[749] Es war ein vielseitiges Handwerk, das überall, aber gerade

---

in griechisch-römischer Zeit, BTAVO B 93, Wiesbaden 1995, 276. Daß diese Tradition älter ist, zeigt Jos. ant 4,161. Er identifiziert Petra, Reqem und Qadesch, denn dort bestieg Aaron den Berg Hor, auf dem er begraben liege (ant 4,82f). Der Berg Hor lag nach Num 20,22 bei Qadesch. Daß Aaron auf dem Hor bei Petra begraben liegt, wird ebenfalls im 1. Jh. n. Chr. in der Jeremia-Vita der Vitae Prophetarum vorausgesetzt, s. dazu SCHWEMER, VP I, 230f. Auch die Targumim identifizieren Qadesch mit Petra/Reqem: Tg O u. Jer II zu Num 34,4 Tg zu Jos 15,3 u. ö. Diese Lokalisierung ist ebenso bei Euseb, Onomastikon (Klostermann 176,7f) belegt und hat sich im Namen Dschebel Harun (= Aaronsberg) bis heute erhalten.

[749] Apg 18,3. Lukas betont dabei ausdrücklich, daß Paulus in Korinth zusammen mit Aquila und Priscilla, die denselben Beruf hatten, handwerklich gearbeitet habe: καὶ ἠργάζετο· ἦσαν γὰρ σκηνοποιοὶ τῇ τέχνῃ. Völlig absurd ist die Behauptung von E. W. und W. STEGEMANN, Urchristliche Sozialgeschichte, 1995, 257f, Lukas sei der Meinung gewesen, daß „die Berufstätigkeit des Paulus nicht für dessen Subsistenz notwendig war, Paulus also durchaus über finanzielle Mittel zur Gestaltung seines Lebensunterhalts verfügte" und er nur aus „missionstaktische(n) Gründen" mit dem Ehepaar gearbeitet habe. Daß Lukas dieses Faktum nicht ausführlich erörtert, gehört zu seinem nüchternen Stil. Vgl. jedoch noch die eindeutige Aussage 20,33f, die beide Autoren übergehen. Apg 18,1–3 war für ihn die richtige Gelegenheit, eine derartige biographische Notiz anzubringen; vgl. den einmaligen Hinweis auf den Handwerksberuf Jesu Mk 6,3. Immerhin erfahren wir den *Handwerksberuf* des Paulus, wie vieles andere, nur durch Lukas und nicht durch den Apostel selbst. Trotz aller scharfen Sozialkritik im Evangelium und der Schilderung der idealen Gütergemeinschaft in Apg 2–5, deren Scheitern bereits in 6,1ff und dann wieder in 11,28 angedeutet wird, hat er nichts von jener neomarxistisch angehauchten denunziatorischen Larmoyanz, die für manche neutestamentliche ‚Sozialgeschichte' typisch ist. Paulus hat gewiß hart gearbeitet und bestand dies in seinen Briefen, aber er konnte sich dadurch seinen Lebensunterhalt und seine Reisekosten bis hin zu den Schiffspassagen für sich – und u. U. noch für seine Reisegefährten – verdienen, wobei er noch Zeit für die eigentliche Missionsverkündigung, seelsorgerliche Gespräche und Schriftstudium erübrigen konnte, ja selbst die Stundenmiete für die Lehrhalle des Tyrannos konnte er aufbringen (Apg 19,9). Man sollte Paulus wegen seines Handwerks und ebenso auch die durch ihn begründeten Gemeinden aufgrund eines sozialromantisch-pauperistischen Bildes des Urchristentums nicht dem Lumpenproletariat zurechnen. Dagegen spricht schon das hohe schriftstellerische Niveau seiner Gemeindebriefe und auch die mit Nachdruck durchgeführte Kollekte für die „Armen" in Jerusalem. Apg 17,1–3 kommt der historischen Wirklichkeit nahe, da nach tSukka 4,6 (Zuckermandel 198) Synagogen auch der Arbeitsvermittlung für Fremde dienen konnten. S. dazu M. HENGEL, Judaica et Hellenistica I, 114f und grundsätzlich zum Problem DERS., Die Arbeit im frühen Christentum, ThBeitr 17 (1986), 174–212 (196–200). Sein Beruf als σκηνοποιός gab ihm – so sehr dies den Gebrüdern Stegemann mißfällt – eine gewisse Freiheit, ohne die er nicht hätte Missionar sein können. Umstritten bleibt die genaue Deutung seines Handwerks. Vgl. M. HENGEL, Der vorchristliche Paulus, 209ff; RIESNER, Frühzeit, 130f neigt eher zum Vorschlag von LAMPE, daß Paulus „Zelte aus Leinen und kostbaren Stoffen für Privatleute angefertigt" habe, und seine Berufsausbildung in seine christliche Zeit falle (131); ähnlich HAACKER, Werdegang, 920. MURPHY-O'CONNOR, Paul, 85–89, der die verschiedenen Möglichkeiten des Handwerks im Anschluß an R. F. HOCK, The Social Context of Paul's Ministry: Tentmaking and Apostleship, Philadelphia 1980, beschreibt, vermutet, Paulus habe wegen seiner Reiseerfahrungen in Arabien sich

auch in Arabien gebraucht wurde, wo die Beduinen bis heute Zelte aus Leder und Filzstoffen verwenden, und bildete eine wesentliche Grundlage seines missionarischen Erfolgs, weil es ihn in einem neuen, noch unbekannten Missionsgebiet völlig unabhängig von der Hilfe Dritter machte, auch wenn er diese bei Gelegenheit gern in Anspruch nahm. Einstige galiläische Fischer, Bauern und selbst ein Zolleinnehmer waren bei ihren „Missionsreisen" auf fremde Unterstützung angewiesen. Der „mobile" σκηνοποιός Paulus nicht. In diesem Punkt wird er sich von Anfang an von den Jerusalemer Uraposteln unterschieden haben. Er war nicht nur im Blick auf sein „Evangelium" unabhängig, sondern auch bei seinem Lebensunterhalt. Darum konnte er immer, wenn er wollte, Einzelgänger bleiben. Dabei kann, wie Apg 18,1−3 zeigt, der Kontakt mit den örtlichen Synagogen je und je bei der Suche nach einer Arbeitsmöglichkeit bzw. nach Aufträgen geholfen haben.

Darauf, daß er im nabatäischen Arabien noch weiter in den Süden bis in die zweitwichtigste Stadt Hegra (Madā'in Ṣāliḥ) vorgedrungen ist, *könnte* Gal 4,25 hinweisen, wo er Hagar mit dem Berg Sinai in Arabien identifiziert.[750] Daß es sich um eine *geographische* Identifizierung handelt, sollte man nicht bezweifeln. Wahrscheinlich hat H. Gese Recht, der hier ein alttestamentlich-geographisches Wortspiel erkennt. Die Sklavin und Nebenfrau Abrahams, Hagar, die Mutter Ismaels, deutet auf den zur Sklaverei führenden Sinaibund hin, weil Paulus und zahlreiche jüdische Zeitgenossen den Sinai auf der Ostseite des Toten Meeres in „Arabien", im Süden des Nabatäerreiches bei Hagra (Hegra = Mādā'in Ṣāliḥ) lokalisierten. Lassen wir Gese selber sprechen:

„Es liegt nahe, hierbei an Εγρα ἐν τῇ Ἀραβίᾳ zu denken. Εγρα (Ptolemaeus VI 7,29, Stephanus Byz. I 260), *H(a)egra* (Plinius, nat. hist. VI 157), nabatäisch *ḥgr'* (CIS II 212,6) = arabisch *el-ḥeǧr* ... war neben Petra, dem es auch in der Anlage ähnelt, der bedeutendste Ort des Nabatäerreiches, der den gesamten Süden und damit *madjān* beherrschte. Wie die Bauinschriften mit der Erwähnung Aretas' IV. (9 v.−40 n. Chr.), die bei weitem die Mehrheit in Hegra darstellen, beweisen, erlebte die Stadt zur Zeit des Paulus (vgl. 2Kor 11,32) eine besondere Blüte. Bekanntlich hat es jüdische Bevölkerung im nördlichen *ḥeǧaz* gegeben. In Hegra selbst lassen sich Juden relativ häufig nachweisen."[751]

---

das Handwerk in Damaskus angeeignet. Das bleibt eine reine Vermutung. Es widerspricht ihm die relative Kürze seines Aufenthalts dort. Häufig vererbte sich die Kunst eines Handwerks vom Vater auf den Sohn. Paulus konnte sich so schon in Jerusalem als Gelehrtenschüler seinen Lebensunterhalt durch dieses Gewerbe verdient haben.

[750] Τὸ δὲ Ἁγὰρ Σινᾶ ὄρος ἐστὶν ἐν τῇ Ἀραβίᾳ. S. dazu H. Gese in: Vom Sinai zum Zion, BevTh 64, München 1974, 49−62. Der Text von Nestle/Aland 26. A. ist eindeutig die lectio difficilior.

[751] H. Gese, Sinai, 59f. S. o. Anm. 744.

Diese Gleichsetzung Hagar-Hegra wird durch die Targumim Onkelos und Jeruschalmi I[752] und die aus jüdischen Quellen gespeiste arabische Hagar-Ismael-Legende[753] bestätigt. Sie stammt daher „nicht von Paulus, sondern muß auf die jüdische Ortslegende zurückgehen. Daß Paulus von der an Hegra haftenden jüdischen Hagartradition wußte, könnte man am besten auf seinen längeren Aufenthalt in der Arabia (Gal 1,17), d. h. in nabatäischem Gebiet, zurückführen. Paulus muß gewußt haben, daß der Sinai in der Nähe von Hegra zu suchen ist."[754]

Die Lokalisierung des Sinai auf der arabischen Seite im südlichen Nabatäerreich und die Gleichsetzung von Hagar und Hegra erhöhte das Ansehen der Judenschaft in diesem ganzen Gebiet. Tg Onkelos und Jeruschalmi I zu Gen 20,1 berichten, daß sich schon *Abraham* im Südland (dārôm) zwischen Petra[755] und Hegra[756], d. h. im späteren Gebiet der Nabatäer und in der Nähe des Sinai, niedergelassen habe. Auch Iob, ein exemplarischer „Gottesfürchtiger", wird in der Nachschrift zur LXX des Buches als 5. nach Abraham König „über die Gebiete von Idumäa und Arabia" und in dieser Gegend angesiedelt und von den Königen von Teman und Südarabien besucht.[757] In byzantinischer Zeit sind jüdische Stämme noch weiter südlich in und um Jatrib/Medina ansässig. Ihre Anschauungen beeinflussen Mohammed, der sich als Wiederhersteller der wahren, ursprünglichen Religion Abrahams versteht.

---

[752] TgO Gen 16,14: Der Brunnen 'El ro'î liegt zwischen rᵉqam (= Petra; M: Qadesch) und ḥagrā' (M: Bared). TgO Gen 16,7 = Jer I ḥagrā' (Jer II: ḥalûṣāh; M: šûr): Hier ist zusammen mit V. 8 der Zusammenhang ḥagrā' – Hagar besonders deutlich. S. auch TgO Gen 20,1 = Jer I und TgO Gen 25,18.

[753] Zu den bewußten Arabismen in P (Gen 11,27–32), walād für Ismael und die Deutung des Namens Abrahams als „Völkervater", s. E. A. KNAUF, Supplementa Ismaelitica, BN 86 (1997), 49f. Zur Bedeutung der Abstammung von Abraham, Hagar und Ismael für das Selbstverständnis des frühen Islam s. P. CRONE/M. COOK, Hagarism. The Making of the Islamic World, Cambridge 1977, 12–15.

[754] H. GESE, Sinai, 61; vgl. die 59–61 aufgeführten Belege; s. auch Strabo 16,4,24 und vor allem A. NEGEV, Personal Names (Anm. 746), 577–584 mit zahlreichen Abbildungen der Gräber. Griechische Sprache und Stilelemente sind selbst hier noch nachzuweisen. Hinzu kommt die Jeremia-Vita der VP (2,14), wonach der Sinai zwischen den Bergen liegt, in denen Mose (Nebo) und Aaron (Hor) begraben sind; zum Hor bei Petra, vgl. o. Anm. 748. Tg Neofiti hat als späterer Text statt ḥagra durchweg ḥalûṣā, den nabatäischen Hauptort im Negeb, s. Jos. ant 14,18, identisch mit dem Elusa (Khalasa) der Madabakarte; dazu C. MÖLLER/G. SCHMITT, Siedlungen Palästinas nach Flavius Josephus, BTAVO.B 14, 1976, 144f. Diese Identifikation ist deutlich sekundär und erfolgte, als ḥagra/Hegra nach dem Ende des Nabatäerreiches 106 n. Chr. seine Bedeutung verloren hatte. Zu der Stadt und ihrer Rolle unter Aretas IV. s. auch G. W. BOWERSOCK, Arabia, 48f. 57.60–62.70f.88; zur jüdischen Siedlung in „Arabien", insbesondere zum Babatha-Archiv: 74.77–79.88f. Vgl. jetzt E. A. KNAUF, u. S. 465–471.

[755] rqm, M: nägäb.

[756] ḥgr', M: šûr (vgl. Anm. 752).

[757] Man identifizierte ihn mit dem Edomiterkönig Jobab aus Bosra Gen 36,33. S. auch den Historiographen Aristeas nach Alexander Polyhistor bei Euseb, praep.ev. 9,25,1–4.

Einen älteren Hinweis auf eine jüdische Diaspora in „Arabien" kann man vielleicht 4QOrNab entnehmen.[758] Hier hält sich Nabonid 7 Jahre „geschlagen mit bösem Geschwür" in der Oase Teman auf und wird aus seiner schweren Krankheit errettet, als er auf die Anweisung eines jüdischen Sehers[759] hin seinen Göttern aus „Silber, Gold" etc. den Abschied und „Ehre und Grö[ße] dem Namen Go[ttes des Höchsten][760]" gibt. Der Gott der Juden vergibt ihm seine Sünden.[761] R. Meyer nahm an, daß 4QOrNab auf eine jüdische Überlieferung aus Teman zurückgehe und erschloß daraus jüdische Militärsiedler in Teman in persischer Zeit.[762] Aber die in 4QOrNab erhaltene „Daniel"-Überlieferung kann auch aus der babylonischen Diaspora kommen.[763]

Einen weiteren wichtigen geographischen Hinweis erhalten wir aus dem Genesisapokryphon. Dort umschreibt Abraham das „Gelobte Land" der Verheißung, nachdem er es vom Hazor, einem Berg bei Bethel, aus erblickt hat:

> „Und ich, Abram, ging weg, um eine Rundreise zu machen. Ich begann die Rundreise vom Fluß Gihon (Nil) und zog am Meer (Mittelmeer) entlang, bis ich den Berg des Stieres (Taurus s. u. Anm. 1097) erreichte. Und ich zog auf meiner Rundreise von diesem großen Salzmeer weg und ging am Berg des Stieres entlang nach Osten entsprechend der Breite des Landes, bis ich den Fluß Euphrat erreichte. Und ich zog auf meiner Rundreise am Euphrat entlang, bis ich im Osten das Rote Meer (persischer Golf) erreichte. Und ich ging immerfort am Roten Meer entlang, bis ich den Schilfmeer genannten Golf erreichte, der vom Roten Meer ausgeht. Und ich zog auf meiner Rundreise im Süden weiter, bis ich den Fluß Gihon erreichte. Und ich kehrte wohlbehalten nach Hause zurück und fand alle meine Leute unversehrt vor."[764]

---

[758] Zur Textrekonstruktion s. F.M. CROSS, Fragments of the Prayer of Nabonidus, IEJ 34 (1984), 260–264; dt. Üs. in TUAT II, 936. K. BEYER, Texte, 223f rechnete mit einer zu schmalen Kolumnenbreite. S. jetzt auch A. LANGE/M. SIEKER, Gattung und Quellenwert des Gebets des Nabonid, in: H.J. Fabry/A. Lange/H. Lichtenberger, Qumranstudien, Schriften des Inst.Iud. Delitzschianum 4, 1996, 4–34.

[759] Die Lesung gzr scheint immer noch die plausibelste zu sein. A. LANGE/M. SIEKER, (Anm. 758), lesen gwr „Schutzbürger" (9f).

[760] Eine volle Prädikation des jüdischen Gottes ist nicht erhalten, CROSS und K. KOCH (s. nächste Anm.): „Höchster". Die Ergänzung '[lh' 'lyh] ist unsicher s. LANGE/SIEKER (Anm. 758), 11.

[761] Das Gebet des Nabonid gehört in die Vorgeschichte von Dan 4. Es wird in die persische bzw. frühhellenistische Zeit datiert. Vgl. R. MEYER, Das Gebet des Nabonid ... (Ndr. in: DERS., Zur Geschichte und Theologie des Judentums in hellenistisch-römischer Zeit. Ausgewählte Abhandlungen, hrg. v. W. Bernhardt, Neukirchen/Vluyn 1989, 71–129); zum Text s. F.M. CROSS, Fragments (Anm. 758), 260–264; weiter K. KOCH, Gottes Herrschaft über das Reich des Menschen. Daniel 4 im Licht neuer Funde, in: The Book of Daniel in the Light of New Findings, ed. by A.S. van der Woude, BETL 106, Leuven 1993, 77–119; A.M. SCHWEMER, VP I, 322ff (Exkurs 7 zur Daniel-Vita der VP, die verwandte Züge mit 4QOrNab enthält).

[762] MEYER, Nabonid (Anm.761), 101; vgl. I. BEN-ZVI, The Origins of the Settlement of Jewish Tribes in Arabia, ErIs 6 (1960), 130–148 (133–138); 35f* (engl. summary); DERS., Les origines de l'établissement des tribus d'Israel en Arabie, Le Muséon 74 (1984), 143–190.

[763] K. KOCH, Gottes Herrschaft (Anm.761), 98 (Lit.), der aber Teman nicht völlig ausschließt.

[764] 1QGenAp 21,15–19. Üs. nach K. BEYER, Texte, 180 vgl. SCOTT, Luke's Geographical Horizon, in: The Book of Acts in Its First Century Setting II, The Book of Acts in Its Graeco-Roman Setting, ed. by D.W.J. Gill/C. Gempf, Grand Rapids Mich. u.a. 1994, 517f; SCOTT,

Das *Abraham* verheißene und durch seine Rundreise inspizierte, ja symbolisch in Besitz genommene Land schließt ganz Arabien mit ein und entspricht der Beschreibung von Arpachschads Erbe in Jub 8—9. 1QGenAp ist literarisch von Jub abhängig. Im großen Bogen wird somit auch *ganz Arabien* umschritten, das nicht mehr expressis verbis erwähnt werden muß. Im Süden reist Abraham offensichtlich die Weihrauchstraße entlang. Wahrscheinlich entspricht die Vorstellung, daß Abraham dieses ganze Gebiet verheißen wurde, inklusiv des unmittelbar an Eretz Israel angrenzenden Siedlungsgebiets der östlichen „Diaspora" bis zum Euphrat, dem biblischen Grenzfluß, idealen Gebietsansprüchen der östlichen Diaspora und des Mutterlandes. Das beschriebene Territorium entspricht bei Eupolemos dem Weltreich Davids: „er habe die am Euphrat wohnenden Syrer und die Kommagene und die Assyrer in Gilead und die Phönizier unterworfen. Er habe aber auch die Idumäer und die Ammoniter und die Moabiter und die Ituräer und die Nabatäer ... bekriegt; dann sei er noch gegen Suron, den König von Tyros und Phönizien, zu Felde gezogen; diese alle habe er gezwungen, den Juden Tribut zu entrichten." Dieses mit auffallenden Anachronismen versehene Bild des davidischen Reiches, das sich vom Euphrat und der Kommagene im Norden bis zu den Nabatäern im Süden erstreckt, entstammt ebenfalls der Zeit kurz nach den ersten hasmonäischen Eroberungen.[765] Es umfaßt im Grunde jene Territorien, die Paulus in Gal 1 nennt: Syrien und Kilikien, das bis zum Taurus und zum Euphrat reicht, und (das ganze) Arabien. Vermutlich sah der Verfasser des GenAp im „Land der Verheißung" zugleich auch das endzeitliche Territorium Israels in der messianischen Ära. Die langjährige Beschränkung der urchristlichen Mission auf dieses Gebiet muß wohl „eschatologisch-heilsgeschichtliche" Gründe haben, dies gilt u. E. überhaupt für die paulinische „Missionsgeographie" (s. u. S. 270 ff).

Mit einem Anachronismus läßt die Elia-Vita der Vitae Prophetarum (21,1) den Propheten „aus dem Land der Araber" stammen.[766] Elia ist für Paulus ‚Typos' für seine

---

Paul, 29—33. Vgl. jetzt M. Morgenstern u.a., The Hitherto Unpublished Columns of the Genesis Apocryphon, Abr-Nahrain 33 (1995), 30—54 (50f): 17,10 erscheint der „Berg des Stieres", der Taurus als Grenze, schon bei der Teilung von Sems Erbe.

[765] Frg. 2 = Euseb, Praep ev 9,30,3f; Text auch bei Denis, Concordance, 914; Üs. Walter, JSHRZ I/2, 99f. Vgl. Jos. bell 1,3, der aber die Welt in die unter römischer Herrschaft stehenden griechischsprechenden Völker und die aramäischsprechenden teilt. Zum Grab des Propheten Hesekiel in Babylonien in der Höhle von Sem und Arphaxad, der Vorfahren Abrahams, s. A. M. Schwemer, VP I, 263—268.

[766] „Elias, (der) Thesbiter, (war) aus dem Land der Araber, (aus) dem Stamm Aaron, wohnhaft in Galaad, denn Thesbe war ein Geschenk für die Priester." Elias Geburtsort, Thesbe, ist wohl identisch mit Lištib oder Mar Ilyas. Beide Orte liegen auf halbem Weg zwischen Pella und Gerasa und gehörten zum Stadtgebiet von Gerasa. Diese Tradition muß nicht erst in der Zeit nach 106 n. Chr. entstanden sein, als das Gebiet zur Provinz Arabien geschlagen wurde, denn seit dem Zusammenbruch des seleukidischen Reiches im letzten Drittel des 2. Jh.s v. Chr. bis zu den Eroberungen Jannais im Ostjordanland stand dieses Gebiet unter nabatäischem Einfluß. Außer den VP belegen Jos. ant 8,319 und AscJes 2,14 am Ende des 1. und zu Beginn des 2. Jh.s n. Chr. „Thesbe" als Stadt in Gilead, das in seinem Westteil noch viele jüdische Siedlungen besaß, aber in seinem Charakter durch nomadische Araber bestimmt war. Zu Johannes dem Täufer und Elia s. A. M. Schwemer, Elija als Araber ..., in: Feldmeier/Heckel (Hg.), Heiden, 109; Dies., VP II, 245 f. Im Gegensatz dazu spielt die Elia-Haggada bei Paulus in diesem Zusammenhang keine besondere Rolle. Auch das spricht dafür, daß Paulus in Gal 1,16 unter Arabia das nabatäische Gebiet und nicht das ehemalige Gilead, d. h. die Städte der Dekapolis, versteht; gegen W. W. Müller, Artk. Araber, NBL 1, 1988, Sp. 144.

bisher wenig erfolgreiche Mission gegenüber Juden; wie Paulus suchte Elia in einer Krise „Arabien", d.h. den Sinai, auf.[767] Der Apostel sieht im Rückblick (Röm 11,1ff) in seiner Berufung mit ihrem Missionsauftrag, die ihn vom Verfolger zum Verfolgten gemacht hat, beispielhaft die Verheißung Gottes im Gespäch mit Elia am Sinai 1. Kön 19,18 bestätigt.[768]

Nach Josephus erhielten die *Nabatäer* ihren Namen von dem ältesten Sohn Ismaels Nabaioth, darum werde das ganze Gebiet vom Euphrat bis zum Roten Meer „Nabatene" genannt. Die 12 Söhne Ismaels gaben dem „Volk der Araber" ihren Namen „wegen ihrer *Arete* und der Berühmtheit des *Abra*mos".[769] Diese „übernationale" Abrahamüberlieferung besaß sowohl in Damaskus bei Juden und Heiden, wie bei den Nabatäern eine erhebliche Anziehungskraft. Nach einer anderen Tradition habe Abraham selbst Ismael und seinen Nachkommen das Land der Araber, den Nachkommen der Ketura das Land der Troglodyten (in Arabia felix und Eritrea), dem Isaak aber Kanaan zugeteilt.[770] Durch den *ersten Proselyten, Urweisen und „Vater vieler Völker"* waren so die Nachbarn vom Nordosten bis zum Roten Meer verwandtschaftlich eng mit Israel verbunden,[771] im Gegensatz zu den von Ham abstammenden Phöniziern, Kanaanäern und Ägyptern. Wie in den Synagogen von Damaskus wird man auch in denen des nabatäischen Arabiens Abraham besonders verehrt und versucht haben, seine Autorität auch den gottesfürchtigen heidnischen „Verwandten" nahe zu bringen.

Sollte Paulus in diesem Milieu nicht – wenigstens in ersten Ansätzen – über die *neue* heilsgeschichtliche Bedeutung „unseres Vorvaters dem Fleische nach"[772] unter dem alle bisherigen Vor-Urteile umstürzenden Zeichen der „Offenbarung Jesu Christi" nachgedacht haben? *Mußte* nicht er, den Gott schon vor seiner Beschneidung auf Grund seines *Glaubens* an Gottes Verheißungswort gerecht gesprochen hatte,[773] zum „Vater der Glaubenden" werden,[774] und alle, die an die neue Botschaft glaubten, ob Juden, Araber oder

---

[767] Röm 11,2ff; 1. Kön 19,10.14.
[768] Vgl. E. Käsemann, An die Römer, HNT 8a, ³1974, 289f.
[769] Ant 1,220f. Josephus scheint hier ein Wortspiel („Notarikon") formuliert zu haben. Vgl. E.C. Broome, Nabaiati, Nabaioth and the Nabateans: The Linguistic Problem, JSS 18 (1973), 1–16.
[770] Ant 2,213. Vgl. Pompeius Trogus (Justin, epit. 2,10 = Stern, GLAJ I, 335), der die Juden aus der Damaszene stammen, Mose und das Volk darum gleichzeitig die Damaszene und den Sinai nach siebentägigem Hungern in den Wüsten Arabiens erreichen läßt. S. auch o. Anm. 339.
[771] Artapanos (F2 = Euseb, praep.ev. 9,23,1) behauptet, Joseph habe, von seinen Brüdern bedroht, die benachbarten Araber gebeten, ihn nach Ägypten zu bringen, sie hätten seine Bitte erfüllt, denn die Könige der Araber seien Nachkommen Israels, Söhne Abrahams und Brüder Isaaks. Wahrscheinlich hat Alexander Polyhistor, der das Werk des Artapanos „Über die Juden" ausschrieb, Israel und Ismael verwechselt; s. dazu N. Walter, JSHRZ I,2, 127.
[772] Röm 4,1; vgl. auch den Beginn der vom Milieu der Hellenisten eingefärbten Stephanusrede Apg 7,2; vgl. 13,26 und – antipaulinisch verwendet – Jak 2,21.
[773] Röm 4,1–12; dagegen richtet sich das ganz andere Abrahamverständnis Jak 2,21f.
[774] Röm 4,11; vgl. 4,16–18. Vgl. die positive Darstellung Hagars und Ismaels bei Philo,

sonstige „Heiden", zu seinen ‚geistlichen (d. h. wahren) Söhnen'?[775] Die Frage der Abrahamskindschaft scheint ja schon von der Täuferpredigt her im jüdischen Palästina ein heftig diskutierter Streitpunkt gewesen zu sein, und sie spielte auch in der Verkündigung Jesu eine nicht unwesentliche Rolle.[776]
 Ein weiterer Beziehungspunkt war die *Beschneidung*: Nach Josephus[777] wurde Isaak am 8. Tag beschnitten, die Araber jedoch nach jüdischer Ansicht erst im 13. Lebensjahr; sie folgen darin Ismael, an dem Abraham nach Gen 17,23ff (P) in diesem Alter die Beschneidung vollzog. Gemäß antiker Anschauung konnte dieser Ritus bei ihnen in der Regel vorausgesetzt werden.[778] D. h. diese Frage war für sie nicht so beschwerend wie im jüdischen Mutterland selbst, wo man unbedingt auf ihr bestand, bzw. in einer griechischen Polis, wo man sie entschieden ablehnte. Auf jeden Fall waren Proselyten hier leichter zu gewinnen und vielleicht war dies ein Grund, warum die „Zwangsjudaisierung" der Idumäer nach der Eroberung Idumäas unter Johannes Hyrkan relativ rasch gelang. Die Araber und verwandte Stämme mögen sie als ein „Adiaphoron" betrachtet haben. Umgekehrt konnte Paulus die Tatsache, daß auch Heiden die Sitte der Beschneidung übten, ohne an den wahren Gott und seine Offenbarung zu glauben, als einen Hinweis dafür verstehen, daß dieselbe – wie das Beispiel Abrahams zeigt – im Gegensatz zum Glauben alle Heilsbedeutung verliere und nur noch ein äußeres Zeichen darstelle.[779] So mag Paulus das

---

Abr 247–254 (dazu o. Anm. 457); s. bes. P. BORGEN, Hagar (Anm. 457), 163f: in Gal 4,25a symbolisiert „Hagar" den Sinai und das irdische Jerusalem; sie ist Sklavin und Proselytin. Nach dem Vorbild Hagars und Ismaels wollen die „Judaisten" in Galatien die Christen zur Beschneidung und zum Übertritt zum Judentum bewegen, wo die galatischen Christen doch längst ihre eigentliche Heimat, das „obere Jerusalem", gefunden haben und freie Kinder der Verheißung geworden sind.

[775] Vgl. Gal 3,7.29.
[776] Mt 3,9 = Lk 3,8 Q; Mt 8,11 = Lk 13,28f Q; Lk 13,16; 16,22ff; Joh 8,33–58; 2. Kor 11,22. Vgl. auch Mt 1,1; Lk 1,55.73; Mk 12,26; Apg 3,15; 7,2.16f; 13,26.
[777] Ant 1,214.
[778] S. schon Herodot 2,104, den Jos. ant 8,262 und c. Ap. 1,169–71 zitiert: Kolcher (die als Ägypter gedeutet werden), Äthiopier, Ägypter, Phönizier und Syrer in Palästina, die dies von den Ägyptern gelernt haben, üben als „einzige von allen Menschen die Beschneidung". Vgl. auch den Zusatz Jer 9,25: Beschneiden lassen sich Ägypter, Juden, Edomiter, Ammoniter, Moabiter und „alle mit geschorenem Haarrand, die in der Wüste wohnen". Barn 9,6: „jeder Syrer und Araber und alle Götzenpriester" lassen sich beschneiden. Dies bestätigt Epiphanius, Pan 30,33,3 (GCS I, 379f Holl): Außer den Götzendienern und ägyptischen Priestern haben die Beschneidung die Sarazenen, Ismaeliter, Samaritaner, Idumäer und Homeriten (in Südarabien). Die Mehrzahl von diesen tut dies freilich nicht „wegen des Gesetzes, sondern aus törichter Gewohnheit". S. auch Hieronymus, in Hieremiam 2,84 zu Jer 9,25f (CChr.SL 74,101 Reiter): außer den Juden Ägypter, Idumäer, Ammoniter, Moabiter „*et omnis regio Saracenorum*". Von Hadrian wurde die Beschneidung verboten, jedoch von Antoninus Pius für geborene Juden (nicht für Proselyten) wieder gestattet; s. M. HENGEL, Hadrians Politik (Anm. 543), 172ff. U. E. war dies eine Reaktion auf Nachrichten über Unruhen in Judäa, die zum Bar Kochba-Aufstand führten, ca. 131/132 n. Chr. Lit.: R. MEYER ThWNT VI, 74f; SCHÜRER I, 537–40; O. BETZ/F. DEXINGER, TRE 5, 1980, 716–722; P. SCHÄFER, Der Bar Kokhba-Aufstand. Studien zum zweiten jüdischen Krieg gegen Rom, TSAJ 1, 1981.
[779] Der nabatäische Regent Syllaios lehnte die Übernahme des Gesetzes ab, daran scheitert

Stichwort „Arabien" Gal 1,17 und 4,25 unter anderem auch deshalb erwähnt haben, weil er dort grundlegende Einsichten gewann. Bei der Autorität Abrahams im nabatäischen Arabien ist es durchaus denkbar, daß der junge Schriftgelehrte schon damals das Argument verwendet hat, die Beschneidung Abrahams mit 99 und seines Sohnes Ismael mit 13 Jahren sei erst sehr spät erfolgt und die Rechtfertigung Abrahams auf Grund seines Glaubensgehorsams gehe dieser zeitlich weit voraus,[780] so daß die Beschneidung schon bei Abraham zum bloßen „Siegel für die Glaubensgerechtigkeit" (Röm 4,11) wurde. Der Römerbrief ist zwar der letzte große Brief des Apostels, aber er trägt darin nicht neueste Einfälle, sondern tragende Grundgedanken seiner Theologie vor, die letztlich in der „Offenbarung Jesu Christi" bei seiner Berufung wurzeln, die sein ganzes „Evangelium" bestimmt. Auch das Verhältnis von Abrahamsverheißung, Rechtfertigung und Übergabe der Tora am Sinai an Mose[781] kann er darum schon sehr früh, nämlich dort, wo „Abraham" und „Sinai" ihm unmittelbar lebendig vor Augen standen, in den Grundzügen entwickelt haben. Mußte er sich nicht bei seinem Aufenthalt in „Arabien" mit diesen Grundfragen auseinandersetzen? Daß er dort noch „die Beschneidung verkündigt" (Gal 5,11) habe, ist mehr als unwahrscheinlich. Hinter den kurzen Ausführungen in Röm 4 und Gal 3 und 4 steht bei diesem überragenden ersten jüdisch-christlichen Theologen die Fülle des mündlichen exegetischen Lehrvortrags bzw. der lebendigen Diskussion im Streitgespräch mit den jüdischen und heidnischen Zuhörern. Seine Missionspredigt dürfen wir uns nicht vornehmlich als Monolog vorstellen, vielmehr spielte der Dialog, der sich zur intensiven Diskussion steigern konnte, eine wesentliche Rolle, das wird von Lukas in seiner Darstellung des Missionars Paulus zu Recht betont. Er hatte ständig auf Fragen und Einwände zu antworten.[782] Wo aber sollte dem Paulus die Frage nach der Abrahamsverheißung und der Beschneidung so unmittelbar gestellt worden sein wie in ‚Arabien'? Paulus war ja kein philosophisch versierter, abstrakter „hellenistischer" Denker und Literat à la Philo, gleichwohl aber ein Meister logisch *argumentierender Exegese* wie auch des Midraschs und der Haggada mit praktischem Sinn und konkretem Lebensbezug.

Hinzu kommt noch ein weiteres Argument: Paulus verfügte wohl kaum über eigene „Jesuserinnerung". Jesustraditionen, auf die er als Missionar nicht verzichten konnte, besaß er nur aus zweiter Hand. Dagegen war er Schriftgelehrter, der erste uns bekannte christliche und zugleich der bedeutendste bis Origenes. D. h. er mußte seine Missionspredigt vor Juden und heidnischen Sympathisanten *exegetisch* begründen. Lag hier für den pharisäisch geschulten

---

seine Heirat mit Salome, der Schwester des Herodes: Jos. ant 16,225; von Beschneidung ist in diesem Zusammenhang nicht die Rede, s. o. Anm. 494. Die Rabbinen betrachten später die Beschneidung bei Heiden als „Unbeschnittenheit", s. S. STERN, Identity, 60.206f.

[780] Gen 17,1−14.23−27; Gen 15,1−6; 16,16; vgl. Röm 4,9−12.
[781] Gal 3,6−22.
[782] Apg 9,22: συμβιβάζειν; 9,29: συνζητεῖν; διαλέγεσθαι 17,2.17; 18,4.19; 19,8f; 20,7.9; vgl. auch 24,12.

Gelehrten nicht – in Damaskus und noch mehr in Arabien – die *Abrahamstradition* besonders nahe? Sollte er dieselbe wirklich erst viel später irgendwo zwischen Ephesus und Korinth entdeckt haben?

Die zwei bis drei Jahre des „Apostels Jesu Christi" zwischen der Bekehrung und der ersten Jerusalemreise ca. zwischen 33 und 36 mit seiner ersten missionarischen Verkündigung in Damaskus und im nabatäischen Arabien sollte man zugunsten des „hellenistischen" Antiochien, das die deutschen Neutestamentler seit der religionsgeschichtlichen Schule so sehr lieben, nicht einfach unter den Tisch fallen lassen.

Das Motiv dafür, daß er seine erste missionarische Wirksamkeit unter den „Völkern" in Arabien, d. h. im Nabatäerreich begann, scheint uns so eindeutig zu sein. Einmal die geographische Nachbarschaft zu Damaskus und Eretz Israel, ja wie bei Damaskus die Zugehörigkeit dieses Gebiets zu einem ‚erweiterten Eretz Israel' und zum anderen, daß auch die „Araber" wirkliche Abrahamssöhne „dem Fleische nach"[783] waren. Hinzu kommt die profetische Verheißung und die Nähe zu Exodus und Wüstenzug und zum Sinai. Diese erste Wirksamkeit gab ihm vermutlich bereits reichlich Anlaß, über Abraham, die wahre Abrahamskindschaft aufgrund von Abrahams Glauben (Gen 15,6), die Beschneidung und das Gesetz nachzudenken.

Auf einen letzten Punkt muß noch abschließend aufmerksam gemacht werden. In Damaskus war sehr wahrscheinlich die Sprache in den Synagogen überwiegend Griechisch, das Hebräische als Sprache der Lesung und der Liturgie und das *Aramäische* als Umgangssprache der Landbevölkerung mögen jedoch noch eine gewisse Rolle gespielt haben. Dabei deutet der Vorrang des Griechischen zugleich ein gewisses höheres soziales Niveau in den synagogalen Gemeinden an. Nur dadurch konnten sie auch auf „Griechen" und ihre Frauen anziehend wirken. Im nabatäischen Arabien sprach man nach dem Zeugnis der Inschriften ganz überwiegend Aramäisch. Das Nabatäische war im Grunde ein aramäischer Dialekt. D. h. Paulus muß, wenn er dort missionierte, *Aramäisch* fließend gesprochen haben. Daß seine Muttersprache Griechisch war, wird dadurch nicht ausgeschlossen. Er wird vielmehr alle drei Sprachen Griechisch, Aramäisch und Hebräisch beherrscht haben – und vermutlich darüber hinaus als römischer Bürger noch etwas Latein, das in Spanien, seinem letzten Missionsziel, notwendig war.[784]

Die Vermutungen von R. A. Martin, der strenge Pharisäer Paulus habe erst nach seiner Bekehrung zum neuen Glauben die griechische Sprache erlernt und sich griechischer Kultur geöffnet,[785] bestätigt nur, daß der Aberglaube vieler Neutestamentler, man könne allein gestützt auf die Paulusbriefe und ohne und gegen Lukas (auf den man im Grunde dann doch nicht verzichtet) ein historisch einigermaßen zureichendes Paulusbild entwerfen, zu Absurditäten führt. Lan-

---

[783] Röm 4,1; dieses „Faktum" wird durch Gal 4,22ff nicht einfach aufgehoben: „Abraham *hatte* zwei Söhne", vgl. Röm 9,7: Er gehört zu den τέκνα τῆς σαρκός Abrahams.
[784] Röm 15,28; 1. Clem 5,7.
[785] RAYMOND A. MARTIN, Studies in the Life and Ministry of the Early Paul, 1993.

ge Zeit wollten die „exklusiven Paulinisten" den Apostel als lupenreinen „hellenistischen" Diasporajuden darstellen, der vor seiner Bekehrung nie nach Jerusalem gekommen sei, jetzt wird er auf derselben „kritischen" Grundlage zum rigorosen schammaitischen Palästinajuden gemacht.[786] Bei dem Bild des Paulus als reinem „Hellenisten" war dabei oft ein Schuß ‚Antijudaismus' im Spiele – heute hat die Mode umgeschlagen. Umgekehrt will der dem Christentum wenig geneigte Chaim Maccoby in dem Apostel einen ehemaligen Heiden (und notorischen Lügner) sehen.[787] Auf der Spielwiese, zu der unsere neutestamentliche Disziplin geworden ist, scheint nahezu alles möglich zu sein. Wäre Paulus ursprünglich ein echter Palästinajude ohne Kenntnis des Griechischen gewesen, sein Lebensweg hätte wohl anders ausgesehen und ihn als „Apostel für die Völker" von Damaskus über „Arabien" nach Palmyra, Edessa, Hatra, nach Babylonien, in den Iran oder noch weiter geführt, d.h. in jene Gegenden, die man später dem Apostel Thomas zuteilte. Zwischen Kleinasien, der arabischen Wüste, dem indischen Ozean und dem Kaspischen Meer sprachen mehr Menschen Aramäisch als Griechisch. Nach Josephus war die Diaspora im Osten die zahlreichste, denn zur Zeit Esras seien zehn Stämme jenseits des Euphrat geblieben. Darum seien jetzt nur „zwei Stämme in Asien und Europa" den Römern untertan. Im Osten verblieben dagegen „Myriaden, deren Zahl niemand wissen könne".[788] Die spätere entschiedene Zuwendung des Paulus zum Westen hängt mit seiner Herkunft aus Tarsus, seiner griechischen Muttersprache, seinem römischen Bürgerrecht, aber auch mit seiner schriftgelehrten „missionarischen Geographie" zusammen.[789]

Exkurs III: Zur religiösen Situation in Arabien und Syrien und zum Gebrauch des Titels Kyrios

Die religiöse Situation im nabatäischen Arabien wird von der in Damaskus nicht grundlegend verschieden gewesen sein, nur daß das Milieu semitischer bzw. „arabischer" war als in der südsyrischen Metropole, die auf ihren Status als griechische Polis stolz war, und

---

[786] S. dazu M. HENGEL, Der vorchristliche Paulus, 220–224.239–265 (248); K. HAACKER, Werdegang, 875f schließt sich dem jetzt etwas halbherzig an, möchte aber dennoch den „Schammaiten" Paulus beibehalten. Es ist jedoch sehr fraglich, ob der junge Schriftgelehrte aus Tarsus im innerpharisäischen Streit der Schulen so eindeutig Stellung bezog.

[787] The Mythmaker Paul and the Invention of Christianity, London 1986; DERS., Paul and Hellenism, Philadelphia 1991. Er kann sich dabei nur auf die ebionitischen ‚Anabathmoi Jakobou' nach Epiphanius, Haer 1,30,16,6–9 berufen.

[788] Ant 11,133. Das Tobitbuch, das wohl im 3. Jh. entstand und noch unter der Assyrerherrschaft spielt, setzt diese Fiktion voraus. Eine ganz frühe Orientmission des Apostels Thomas, die über Edessa nach Indien führte, vermutet jetzt auf gelehrte und phantasievolle Weise aufgrund der Thomasakten und syrischen Überlieferungen H. WALDMANN, Der Königsweg der Apostel in Edessa, Indien und Rom, Tübingen 1997. In Wirklichkeit läßt sich das Christentum vor der Mitte des 2. Jh.s nicht in Edessa nachweisen. Wir tappen hier – wie so oft – völlig im Dunkeln.

[789] S. u. S. 270f.

Exkurs III: Zur religiösen Situation in Arabien und Syrien 195

wo die Interpretatio Graeca der traditionellen semitischen Götter vorherrschte. Von den Nabatäern gilt so im Grunde, was wir schon über Damaskus sagten, nur sehr viel eindeutiger. Auch bei den Nabatäern bestand eine Tendenz zu „eine(r) auf Dauer angelegte(n) vorrangige(n) Verehrung *einer* Gottheit".[790]

Gerade bei den arabischen Stämmen, die ihre *anonymen* „Stammes-" bzw. „*Vätergötter*[791]" verbunden mit zahlreichen wechselnden Personennamen verehrten, wird seit der Zeitenwende eine unterschwellige Tendenz zu einem undoktrinären, nicht exklusiven „praktischen Monotheismus" sichtbar: Dem an den Stamm oder Clan gebundenen, oftmals anonymen „Gott der Väter" der arabischen Nomaden entspricht dann bei der seßhaften Bevölkerung Syriens der anonyme an einen Ort oder Berg gebundene Gott, der ebenfalls zum universalen Zeus oder Θεός werden konnte.[792] Am bekanntesten sind hier Orte wie Heliopolis-Baalbek, Baitokeke oder Doliche. Relativ häufig wird hier wie dort in Inschriften ein „größerer (oder höchster) Gott" als Himmelsgott angerufen, der alle anderen Götter an Macht überragte, so daß sie als seine Boten oder Handlungsbevollmächtigten betrachtet werden konnten.[793] So finden wir die Gottesbezeichnung

---

[790] Das folgende Material bis Anm. 832 beruht mehr oder weniger auf Lesefrüchten. Das Ganze bedürfte einer neuen monographischen Behandlung. Von der Theorie der religionsgeschichtlichen Schule zum Titel „Kyrios", bliebe kaum mehr etwas übrig. Zitat: R. WENNING/ H. MERKLEIN, Die Götter in der Welt der Nabatäer, in: Petra (Anm. 742), 106 (Hervorhebung M.H./A.M.S.). Dazu auch den Beitrag im selben Band von U. HÜBNER/T. WEBER, Götterbüsten und Königsstatuen, 111−125. Auch wenn sich in Petra Stätten der Isis-Verehrung fanden, so liegen diese außerhalb des Stadtbezirks. Die drei Haupthelligtümer sind Dūšares geweiht, der in augustäischer Zeit als Zeus Hypsistos in einer Votivinschrift erscheint und dessen Darstellung als Helios auf einem Medaillon des Metopendekors am Haupttempel der Stadt ebenfalls aus augustäischer Zeit stammt. (WENNING/MERKLEIN, 107; Abb. 130a bei U. HÜBNER/T. WEBER, Götterbüsten und Königsstatuen, in: Petra [Anm. 742] 118). „Die in Petra neben Dūšarā (bzw. dem „Herrn des Hauses") verehrte Al-ʿUzzā ist weniger dessen Paargenossin denn vielmehr als der bevorzugt verehrte weibliche Aspekt der Gottheit bzw. als die weibliche Gottheit zu verstehen." (WENNING/MERKLEIN, 106). Anthropomorphe Götterdarstellungen fanden sich bisher nur an den Fassaden, nicht im Inneren der Tempel. WENNING und MERKLEIN schließen daraus zu Recht: „Es erfolgt keine synkretistische Assimilation mit dem griechischen Gott" (110). Im Adyton der Tempel wird sich nach wie vor ein „heiliger Stein" befunden haben. Zur Rückkehr zur bildlosen Gottesverehrung unter Rabb-el II. s. u. Anm. 805. Erst ab 106 n. Chr., als das Nabatäerreich römische Provinz wurde, herrschen die bildlichen Statuen wieder vor.

[791] S. dazu die berühmte Studie von A. ALT, Der Gott der Väter, BWANT III,12, 1929 = Kleine Schriften zur Geschichte des Volkes Israel 1, München 1959, 1−78, der 55 Analogien ganz aus nabatäisch-südsyrischen Inschriften bezieht, die aus späthellenistisch-römischer Zeit stammen.

[792] Dazu gehört auch Dusares: „Ḏū-Šarā = der (Gott) vom (edomitischen) Šarā- bzw. Seʿir(-Gebirge)", R. WENNING/H. MERKLEIN, Die Götter in der Welt der Nabatäer (Anm. 790), 106. Es könnte ursprünglich ein lokaler Name für den edomitschen Gott Qos gewesen sein (s.o. Anm. 552); weitere Belege in Anm. 805. Bei den Namen der semitischen Götter handelt es sich um Appelative. Diese Tendenz zum „praktischen Monotheismus" ist nicht auf den Osten beschränkt und findet sich nicht nur in philosophischer Sprache; vgl. Minucius Felix, Octavius 18,10f führt der Christ Caecilius zu Beginn des 3. Jh.s n. Chr. die allgemeine Rede von Gott als Gottesbeweis an: *audio vulgus: cum ad caelum manus tendunt, nihil aliud quam «deum» dicunt et «deus magnus est» et «deus verus est» et «si deus dederit». vulgi iste naturalis sermo est an Christiani confitentis oratio? et qui Iovem principem volunt, falluntur in nomine, sed de una potestate consentiunt.*

[793] J. TEIXIDOR, The Pagan God. Popular Religion in the Greco-Roman Near East, Prince-

„*Herr der Welt(zeit)*" in Hegra (Mādā'in Ṣaliḥ), in Palmyra für Bel Schamin, im Genesisapokryphon und in den aramäischen Henochfragmenten von Qumran und dann fast stereotyp in den jüdischen Gebeten.[794]

Im Gegensatz zur griechischen Welt sind im südsyrischen und arabischen Raum seit jeher die Götterbezeichnungen mit *mr', mrn, mrn', mrt'* etc., dann in hellenistisch-römischer Zeit κύριος und κυρία relativ häufig,[795] κύριος oft in Verbindung mit Zeus

---

ton, 1977, 161f. Diese Tendenz schloß das Festhalten an den Familien- und Stammesgöttern nicht aus. So wandelt sich der vielfach bezeugte „Gott des Aumos" (θεὸς Αὔμου) zum δεσπότην [Δία] Ἀνίκητον Ἥλιον Θεὸν Αὔμου (A. ALT, Gott der Väter (Anm. 791), 73f Nr. 33—45), besonders Nr. 41—44, dazu 1, 37ff: „Ζεὺς Ἀνίκητος Ἥλιος Θεὸς Αὔμου –, der solare Henotheismus, die letzte Ausgestaltung der heidnischen Religion ... in Syrien, ist im Begriff, den kleinen Gott um seine alte Individualität zu bringen, indem er ihn auf scheinbar ungeahnte Höhen führt" (39). Vgl. H. I. MACADAM, Epigraphy and village life in Southern Syria during the Roman and early Byzantine periods, Berytus 31 (1983), 109. S. weiter die Inschriften im Tempel des Baal Schamin in Siʿ im Hauran, D. SOURDEL, Cultes, 21; R. WENNING, Nabatäer (Anm. 351), 35f und Index S. 356 s.v. Götter, Baʿal Schamin. Vgl. TEIXIDOR, op. cit., 13—17: Pagan Monotheism: „Monotheism had always been latent among the Semites" (13). „The epigraphical material reveals that the worship of a supreme God coexisted with that of other minor Gods" (17), die als Boten oder Söhne verstanden werden konnten (14f), d.h. in die Nähe der jüdischen (Schutz-)Engel rückten. „The belief that one god is able to control all other Gods, or is supreme in that he has created and looks after the world does not constitute monotheism. But the increasing emphasis on such beliefs is evidence of a trend toward monotheism, namely to the exclusion of other Gods' existence" (17).

[794] J. TEIXIDOR, The Pagan God, 84f; zu Palmyra s. u. Anm. 820; zu Qumran: 1QapGen ar (1Q20) Frg. 2,5; xx 12f; xxi 2 (vgl. K. BEYER, Texte, 175.178; F. GARCÍA MARTÍNEZ, The Dead Sea Scrolls Translated, Leiden 1994, 230.233f) neben „Herr des Himmels" (1Q 20 vii 7; xii 17 vgl. Dan 5,23) u. ä.; zu ergänzen durch die neuentzifferten Teile: M. MORGENSTERN u. a., Abr-Nahrain 33 (1995), 30—54 = v 23: mrh kwl'; vii 7: mrh smyh; xii 12f.15 (?); s. auch x 10: mlk kwl 'lmy' l'lm wl'd 'd kwl 'lmy; 4QEn[b] iii 14 (BEYER, Texte, 237; GARCÍA MARTÍNEZ, Scrolls, 249); vgl. J. T. MILIK, The Book of Enoch, Oxford 1976, 171 und 173; dort auch die Belege aus Palmyra und Hegra. Vgl. weiter eine Stifterinschrift aus der Synagoge in Umm el-ʿAmed 3./4. Jh. n. Chr.: hdn [']tr' dmry šwmy, „diesen Ort des Herrn des Himmels", s. BEYER, Texte, 398f, weiter Index 630.713. „Herr der Welt", ribbôn(ô) šæl 'olam, wird zur verbreitetsten jüdischen Gottesanrede im Talmud neben „König der Welt". SEG 7 (1934), Nr. 233 aus Damaskus, erscheint Diokletian als δεσπότης τῶν ὅλων, d. h. als irdische Entsprechung des Allherrschers.

[795] Vgl. aus Bostra IGLS XIII,1 Nr. 9002: Διὶ [Κυ]ρίῳ καὶ Ἥρᾳ θεοῖς πατρῴοις dazu SOURDEL, Cultes, 25f: „Le grand dieu syro-phenicien Baalshamin"; SEG 7 (1934), Nr. 222 Διὶ τῷ κυρίῳ: Abila bei Damaskus vermutlich Hadad vgl. in Damaskus: SEG 1 (1923), Nr. 546: Θεῷ Οὐρανίῳ Πατρῴῳ τῷ κυρίῳ; SEG 2 (1924), Nr. 830: Bauinschrift am Zeustempel in Damaskus: ἐκ τῶν κυρίου Διός; ähnlich Nr. 832 aus dem Jahr 39/40 n. Chr., vgl. dazu o. Anm. 401. Κυρία Πατρίς: IGLS XIII,1 Nr. 9006—9009; aus Heliopolis/Baalbek IGLS VI Nr. 2729 (zitiert o. Anm. 550); „Šamaš unser Herr", belegt im 7. Jh. v. Chr. in assyrischer Transkription als Šamsimuruna, war wahrscheinlich der alte semitische Name des Gottes von Heliopolis, s. P. BORDREUIL, Du Carmel à l'Amanus, notes de toponyme phénicienne II, in: Géographie, ed. P.-L. Gatier u. a., 309; IGLS VI Nr. 2729, daneben in 2730 auch δεσπότης (Θεῷ μεγίστῳ Ἡλιουπολίτῃ δεσπότῃ); 2978 aus Angar in Chalkis für Kore (τῇ Κυρίᾳ Κόρῃ); vgl. spätere Inschriften bei S. Y. HAJJAR, Baalbek, Centre Religieux sous l'empire, ANRW II, 18,4, 2504f Nr. 365: [T]ῇ Κυρίᾳ Ἀφ[ρ]οδίτῃ ...; ebs. Nr. 368; DERS., Dieux et cultes non héliopolitains de la Béqaʿ; ANRW II, 18,4, 2533ff zu den mehrfach erhaltenen Weihinschriften an die κυρία Ἀταργάτη (die eine aus Kefr Havar [WADDINGTON 1890; vollständig bei HAJJAR, Dieux et cultes, 2534] erwähnt BOUSSET, Kyrios Christos, 96f); dazu den Index von

Exkurs III: Zur religiösen Situation in Arabien und Syrien 197

als dem höchsten Gott, d. h. der ‚Hellenisten' Baal-(Schamen)Hadad o. ä., darüber hinaus war „Herr" auch die Anrede jeder Art Respektsperson, auch der Kaiser wird (wie andere Herrscher oder Statthalter) in den Rechtsdokumenten aus der judäischen Wüste oder in Palmyra häufig als κύριος bezeichnet. U. U. konnten ein Gott und ein Herrscher in einem Atemzuge als „mein" bzw. „unser Herr" genannt werden. Das aramäische Äquivalent ist meist mārānā', das den höchsten Gott, den Kaiser, aber auch orientalische Könige und andere hochgestellte Personen bedeuten kann, wobei die suffigierte Form einfach mit κύριος übersetzt wurde. Schließlich ist Marana sogar als Eigenname bezeugt. Aber auch Engel, die ja in Menschengestalt erschienen, wurden mit „mein Herr" angeredet. Am unteren Ende der Stufenleiter steht die Anrede an den Eheherrn oder der Eigenname.[796] In Gaza war Marnas die Bezeichnung des Stadtgottes, der mit

---

ANRW II, 18,4, 2791; vgl. STARCKY, Stèle (Anm. 393), 511 zu maran Našrâ; J. TUBACH, Sonnengott, 533 Index s. v. Mārā Samyā etc. und 532 s. v. Barmārēn. SEG 41 (1991), Nr. 1420 Bilingue aus Tilli (südliches Armenien am Zusammenfluß von Tigris und Bohtan): Διὶ Ὀλυμπίῳ Μαρη[α]λαη im aramäischen Text mrylh' (mārē 'alāhē), s. dazu B. AGGOULA, Syria 69 (1992), 418—420. Vgl. dazu mārē 'alāhē in der Peschitto Apg 14,12f als Übersetzung für „Zeus". SEG 38 (1988), Nr. 1562 Heliopolis/Baalbek: ca. 250—300: Ἑρμῇ κυρίῳ Σωτῆρι, Hermes ist der Sohn der Göttertrias von Heliopolis; Nr. 1652 (Gerasa, 2. Jh. n. Chr.): τῇ Κυρίᾳ Οὐρανίᾳ Ἀρτεμίδι (erste Verbindung zwischen Artemis und der semitischen Himmelsgöttin); SEG 39 (1989), Nr. 1565: Abila bei Damaskus: Κρόν]ῳ (= El) κυρίῳ κατὰ [χρησμ]ὸν θεῶν [Διὸ]ς (= Hadad) καὶ Ἄπιδος Ἀβίλης σωτηρίας τῶν Κυρίων (aus dem Jahr 166/7). S. auch u. Anm. 841 zu κυρία πατρίς.

[796] IGLS XIII,1 Nr. 9104: τοῦ κυρίου ἡγεμόνος: der Statthalter Syriens Flavius Julius Fronto; zu König Agrippa als κύριος s. u. Anm. 799. Dem entspricht in Palmyra (132 n. Chr.): Publicius Marcellus wird hgmwn' mrn und griechisch κυρίου ὑπατικ[οῦ genannt, s. C. DUNANT, Le sanctuaire de Baalshamin à Palmyre, III, Les inscriptions, Paris 1971, 57 Nr. 45 A Z. 11f und 58 Nr. 45 B Z. 7. Selbstverständlich wurde es für die Kaiser gebraucht, SEG 32 (1982), Nr. 1537.1538 (Gerasa); 39 (1989), Nr. 1565 (Abila) s. o. Anm. 795. Zum κύριος als *Titel für den Kaiser* s. H. M. COTTON/A. YARDENI, DJD XXVII (Anm. 745), 169 = Nr. 60,5f; 177 = Nr. 61a.b: Schwur bei der τύχη Κυρίου Καίσαρος; 246 = Nr. 67,2: Engeddi als κώμη Κυρίου Καίσαρος; vgl. dazu 245 dort eine κώμη ... κυριακή in Syrien aus dem Jahr 245 n. Chr.; 209f.221 = Nr. 64a Z. 10; 64b Z. 29.31: ein κῆπον κυριακὸν καλούμενον Γανναθ Αββαιδα; in 64b, Z. 29: εἰς λόγον κυριακοῦ φίσκου; dazu S. 206f. Die griechische Urkunde ist die Übersetzung eines „Aramaic *Urtext*" (Hervorhebung COTTON/YARDENI). Eine solche Abhängigkeit ist „unparalleled in the other Greek papyri coming from the Judaean Desert". Die aramäische Entsprechung ist in dem noch nicht veröffentlichten P. Yadin 7 enthalten. Der κῆπος κυριακός heißt dort: *gnt mr'n'* „Garten *unseres Herrn*" (op. cit. 207). Derselbe Sprachgebrauch findet sich schon in einem Dokument aus nabatäischer Zeit (op. cit., 167f) P. Yadin 2 und 3 (99 n. Chr.): gnt mr'n' rb'l ... mlk nbṭw „Garten unseres Herrn Rabb'el ... des Königs der Nabatäer" (s. auch u. Anm. 805); vgl. RÉS IV, 1919, Nr. 2054: mr'n' mlkw mlk' mlk nbṭ[w], „unser Herr, Maliku, der König, der König der Nabatäer". S. weiter N. LEWIS, The Documents from the Bar Kokhba Period in the Cave of Letters. Greek Papyri, Jerusalem 1989, 43 = P. Yadin 11 Z. 1.13: ἐν Ἐνγαδοῖς κώμῃ κυρίου Καίσαρος; S. 126 = P. Yadin 16,2.34; S. 66 = P. Yadin 16 Z. 5f: Trajan als Αὐτωκράτωρ Καῖσαρ θεὸς und υἱὸς θεοῦ Νέρουα; Z. 24: ein Landgut (?) des Κύριος Καῖσαρ; Z. 34: Schwur der Babatha bei der Tyche des Kaisers Trajan. Das Dokument ist von nabatäischen und jüdischen Zeugen unterzeichnet. Man nahm in diesen Dokumenten keine Rücksicht auf jüdische Empfindlichkeiten. Op. cit., 128 = P. Yadin 34c Z. 3 und 34d Z. 1: κύριε als Anrede an den Provinzstatthalter. Mārānā' war so auch im jüdischen Palästina und im benachbarten aramäischsprechenden Gebiet eine verbreitete Gottes- und Herrscherbezeichnung, die selbst auf den Kaiser bezogen werden konnte. Zu Palmyra s. C. DUNANT, Sanctuaire (Anm. 796), 54 Nr. 44 A: θεοῦ Ἀδρ[ι]ανοῦ,

Zeus identifiziert wurde, und bedeutete wahrscheinlich ebenfalls „unser Herr"[797]. Aus severischer Zeit stammt eine Inschrift aus Tyrus, die Herakles/Melqart als obersten Stadtgott mit κύριος bezeichnet. Am selben Ort ist eine Inschrift aus dem Jahr 28/29 n. Chr. „dem Herrn Apollon" gewidmet, hinter dem wohl der semitische Resheph steht.[798] Im schon erwähnten nabatäischen Tempel in Siʿ/Seeia bei Kanatha finden wir eine Weihinschrift aus dem Jahr 29/30, die Philippus als Landesherrn erwähnt: „unser Herr Philippus" (mrn' plps).[799] Dies erinnert daran, daß die Alexandriner Agrippa I. 38

„des göttlichen Hadrian"; 56 Nr. 44 B: mr]n hdry[n] 'lh', „unser Herr Hadrian, der Gott" (130/131 n. Chr.). In dieser Bilingue hat der aramäische Text die vollere, „semitische" Titulatur mit Suffix. Die Verbindung von Gott und Herrscher begegnet uns schon in einer Inschrift aus Zincirli in S. O. Kleinasien aus der 2. H. d. 8. Jh.s, wo nacheinander der Patronatsgott des Herrschers und der Assyrerkönig Tiglatpilesar als politischer Oberherr genannt werden, KAI I, 40 Nr. 216: mr'y rkb'l wmr'y tgltplysr; vgl. dazu Ps 110,1. In der Synagoge von Qasyūn in Nordgaliläa finden wir eine Weihinschrift für Septimius Severus, seine Söhne und seine Gemahlin Julia Domna (um 200 n. Chr.): ὑπὲρ σωτηρίας τῶν κ[υρί]ων ἡμῶν Αὐτοκρατόρω[ν] Καισάρων (CIJ II, Nr. 973). Dabei darf man davon ausgehen, daß die aramäische Form mit dem Suffix der 1. sing. und plur. u. U. einfach mit ὁ κύριος übersetzt werden konnte. Selbst die Bezeichnung κυριακὸς ἡμέρα für den Sonntag und κυριακὸν δεῖπνον für das eucharistische Mahl könnten so schon sprachlich u. U. aus Palästina stammen s. u. S. 436f. Μαρανας/Μαρανος als *Eigenname* erscheint mehrfach in syrischen Inschriften: IGLS V Nr. 2218 in Homs: θεῷ Ἀζίζῳ Μάρανας ἀνέθηκεν; 2373; SEG 7 (1934), Nr. 712: Βαρνάβου (s. dazu u. Anm. 1336) Μάρανος. Κυρία ἡ καὶ Κυρίλ(λ)η erscheint auf einer Ossuarinschrift vor 70 n. Chr., s. T. ILAN in: G. AVNI/Z. GREENHUT, The Akeldama Tombs, Jerusalem 1996, 57f. Auch die Ehefrau spricht ihren Ehe„herrn" mit mry an; vgl. 1QapGen (20) ii 9.13 (BEYER, Texte, 168) oder der Sohn den Vater 1QapGen (20) ii 24 (Beyer, Texte, 169). Dies entspricht dem griechischen Vokativ κύριε. Vgl. schon BAUDISSIN, Kyrios, II, 297ff und IV, 14f. Selbst auf einer jüdischen Grabinschrift aus Rom (3.−4. Jh. n. Chr.) begegnet der Eigenname „Maran", s. NOY, Jewish Inscriptions II, 406 Nr. 516. Zur Anrede „Herr" an *Engel* in den frühjüdischen Schriften (vgl. etwa 4QAmram[b] Frag. 2,2: mr'y; engl. Üs. GARCÍA MARTÍNEZ, Scrolls [Anm. 794], 273) s. L. T. STUCKENBRUCK, Angel Veneration and Christology, WUNT II/70, 1996, 97f und dort 95 f zur Ablehnung des Titels. S. auch u. Anm. 1738. Auffallend ist vor allem die vierfache ᵃᵃdônî Daniels gegenüber dem Engel Gabriel in Menschengestalt Dan 10,16−20, das LXX/Theodotion mit κύριε bzw. ὁ κύριος μου wiedergeben.

[797] J. TEIXIDOR, The Pagan God, 97f; G. MUSSIES, Marnas God of Gaza, ANRW II, 18,4, 1990, 2412−2457 geht den verschiedenen antiken Herleitungen des Namens in der Spätantike nach und plädiert für philistäischen, nicht aramäischen Ursprung, den er aber nicht ausschließen kann (2438f.2443). Jeder Semit wird Marnas im Sinne von „unser Herr" verstanden haben.

[798] IGRR III, 1075; dazu M. CHÉBAB, Tyr à l'époque romaine, in: MUSJ 38, 1962, 13−40 (18f). Zu Apollon in Tyrus s. J.-P. REY-COQUAIS, Inscriptions grecques et latines découvertes dans les fouilles de Tyr, Tome I, Inscriptions de la Nécropole, Bulletin du Musée de Beyrouth 19, Paris 1977, 1ff Nr. 1: ... Ἀπόλλωνι κυρίῳ / ... [ἱε]ρείαι αὐτοῦ / ... AN καὶ σκη- / [νὴν ᾠκοδό]μησεν ἐκ vacat / [τῶν ἰδίων?] (ἔτους) ρνδ'; Apollon ist die hellenisierte Bezeichnung für den phönizischen Gott Rešeph, der vor allem in Sidon und im palästinischen Apollonia (= arabisch Arsūf) unter dem Namen Apollon in römischer Zeit verehrt wurde und dort κύριος genannt wurde; vgl. auch M. HENGEL, JuH, 474 Anm. 24; P. XELLA, Artk. Resheph, DDD, Sp. 1327f.

[799] RÉS IV, 1919, Nr. 2117: „Im Jahr 33 *unseres Herrn Philippos*, wurde gemacht von Witr, Sohn des Budar (?) und Kasiu, Sohn des Sudai, und Ḥannʼel, Sohn des Masakʼel und Munaʻ, Sohn des Garm, dieser Altar mit Bild/Statue (bwms ṣlm) des Gališ, des Sohnes von Banat (?). ʼAnʻam Sohn des ʼAṣb [war] der Künstler (ʻmn'). Friede (šlm)". Ein weiterer Künstler hat sich auf der Seite in griechischer Sprache verewigt: [ἔ]ργον Ζαυ/[δή]λου ἱερο/[δ]ούλου; vgl. E.

n. Chr. als *marin* verspotteten.⁸⁰⁰ Der Titel „Herr" für den letztgenannten Herrscher erscheint auf einer Stifterinschrift in el Mushennef in der Auranitis: ὑπὲρ σωτηρίας κυρίου βασιλέως Ἀγρίππα... Sie dankt für die Rückkehr des Herrschers aus Rom und berichtet von der Errichtung eines Tempels für Zeus – aufgrund eines Gelübdes – und den väterlichen Gott Apollo, d. h. für den höchsten Gott und dessen Sohn, der eine hellenisierte Stammesgottheit darstellt.⁸⁰¹ Derselbe Titel kam auch Agrippa II. zu: In eṣ-Ṣanamēn (Aire) in der Trachonitis ist eine Inschrift aus seinem 37. bzw. 32. Jahr erhalten: βασιλέως Ἀγρίππα κυρί[ου] in Verbindung mit der Weihung einer mit einer kleinen Nike und Löwenfiguren geschmückten Tempeltür für *Zeus Kyrios*. Sowohl der König als auch Zeus werden nebeneinander als Kyrios bezeichnet (s. o. Anm. 796). Wird man hier nicht an den zweifachen Sprachgebrauch von Kyrios bei Paulus erinnert?⁸⁰² Wobei freilich durch die Erhöhung zur Rechten Gottes der bisherige irdische Kyrios Jesus auch zum himmlischen in göttlicher Glorie wurde. Die einzigartige Vorstellung der Erhöhung Jesu machte es notwendig, in ihm den „menschlichen" wie den „göttlichen Herrn" vereint zu sehen. Bei ihm gehörte beides untrennbar zusammen. Die christologische Auslegung von Ps 110, wo das ne'um JHWH/ʾADONAJ la'donî (LXX: εἶπεν ὁ κύριος τῷ κυρίῳ μου) völlig semitischem Sprachgebrauch entsprechend verwendet wird, bildet hier eine wichtige semantische Brücke.⁸⁰³ Die Übertragung des JHWH-Namens mit seinem Qere „Adonaj"-Kyrios war dann nur ein letzter konsequenter, ja notwendiger Schritt. Bezeichnend ist, daß wir dagegen im Neuen Testament keine explizite Engelchristologie, sondern bestenfalls vage Andeutungen finden. Es geht hier um den zu Gott „Erhöhten" und um den „menschgewordenen Gott(essohn)". Anleihen bei paganen göttlichen Kyrioi waren dabei unnötig und sind von der Sache her auszuschließen. Schon Agrippas Urgroßvater Herodes hatte ein Nabatäer im nahen Sīʿ im Hauran eine Statue gewidmet: Βασιλεῖ Ἡρώδει κυρίῳ Ὀβαισατος Σαόδου ἔθηκα τὸν ἀνδρίαντα

LITTMANN, Semitic Inscriptions Section A: Nabatean Inscriptions, Publications of the Princeton University Archaeological Expeditions to Syria in 1904–5 and 1909, Division IV, Nr. 101; F. MILLAR, RNE, 62; A. KASHER, Idumaeans (Anm. 731), 176. Die Hgg. in RÉS vermuteten, daß ʾAnam die Statue verfertigte und Zaidelos den Sockel. Aber auch die nabatäische Inschrift verwendet das griechische Fremdwort βωμός. Diese Inschrift wurde vor 90 Jahren entdeckt und anschließend publiziert. Die Zweisprachigkeit und der Titel *marana* sind charakteristisch für das kulturelle Milieu, und das gilt auch für das zweisprachige Judentum. Für die neutestamentliche Forschung in Deutschland dagegen ist es bezeichnend, daß nirgends auf diese Inschrift, aber umso häufiger auf die Vermutungen BOUSSETS hingewiesen wurde.

⁸⁰⁰ Philo, Flacc. 39.

⁸⁰¹ OGIS 418 = SCHÜRER I, 445 Anm. 19; s. dazu D. R. SCHWARTZ, Agrippa I, 56. Vgl. die Altarinschrift (vom Hg. datiert auf 209–212 n. Chr.) aus Gerasa HCI-1: Ἀγαθῇ Τύχῃ/ ὑπὲρ σωτηρίας τῶ/ν κυρίων ἡ[/] Ἰουλίας Δόμνας Σεβ(αστῆς)/ Διὶ Οὐρανίῳ/ Δ[/] ιων Νεικομα-χ[ου] / κατ' εὐχ[ήν. S. Z. BORKOWSKI, Inscriptions on Altars from the Hippodrome of Gerasa, Syria 66 (1989), 81f. Die Formel ὑπὲρ σωτηρίας vgl. auch die Anm. 796 zitierte Synagogeninschrift aus Qasyūn) entspricht der aramäischen ʿal ḥyy, die vor allem in nabatäischen Inschriften und in Inschriften aus Palmyra belegt ist, s. dazu die Monographie von DIJKSTRA, Life and Loyality.

⁸⁰² OGIS 426 = IGRR III, 1127 vermutlich aus dem Jahr 92 n. Chr.: Διὶ κυρίῳ; vgl. OGIS 425 die demselben Herrscher gewidmete Inschrift aus Sûr: βασιλεῖ μεγάλῳ Ἀγρίππα κυρίῳ Ἀγρίππας υἱός; OGIS 421 = IGRR III 1136 =SEG 33 (1983), Nr. 1306: Der Centurio Lukios Obselmi: σπ(ε)ίρης // Αὔγουστης (vgl. Apg 27,1 σπείρης Σεβαστῆς) ἔτους ηκ (92 n. Chr.) βασιλέως με/γάλης Μάρκου Ἰουλίου Ἀγρίπ/πα κυρίου Φιλοκαίσαρος Εὐσεβοῦ καὶ Φι-λορωμαίου; dazu M. SOURDEL, ANCSOC 13/14 (1982/3), 233–240. Vgl. auch Nr. 1266.

⁸⁰³ Zu Ps 110,1 ʾadonî s. o. S. 198 Anm. 796.

ται)ς ἐμαῖς δαπάναι[ς.[804] In Hegra nennen Inschriften Dusares den „Gott unseres Herrn Aretas", d. h. Aretas IV.[805] „(Unser) Herr" war so – wie schon dargestellt – nach guter semitischer Tradition eine verbreitete Bezeichnung nabatäischer und jüdischer Herrscher, aber auch des Kaisers (vgl. Anm. 796). Neben der Beziehung auf Gott und den Herrscher konnte „Herr" aber auch (wie ba'al) den Eigentümer, den ‚Vorstand', Richter und den hohen Beamten bezeichnen. Eine zweisprachige Ossuarinschrift aus Jerusalem vor 70 nennt dann entsprechend die Brüder Matthia und Simeon als „Herren (d. h. Inhaber) der Grablege".[806] Die Bedeutungsbreite von 'adôn/mareh/rab/rabbun/ κύριος war so erstaunlich groß. Sie reichte von der familiären Anrede, dem Besitzer eines Grabes über die Respektsperson, den Lehrer und den Herrscher bis hin zur Gottheit.[807] Auf diesem semitischen, d. h. zugleich auch palästinisch-jüdischen Sprachhintergrund wird – wie schon betont – verständlich, *daß der erhöhte Herr von Anfang an als „unser Herr" angerufen werden*, daß man aber zugleich von dem „Bruder des Herrn" sprechen konnte und damit die leiblichen Brüder Jesu meinte.[808] Die Bezeichnung Herr für Jesus wies sowohl auf den Erhöhten als auch auf den Menschen Jesus hin und brachte das Verhältnis zu beiden zum Ausdruck. Der λόγος κυρίου (1. Thess 4,9) konnte das

---

[804] Waddington 2364 = OGIS 415 = IGRR III, 1243. Vgl. R. Dussaud, Les Arabes en Syrie avant l'Islam, Paris 1907, 162; F. Millar, RNE, 62.

[805] J. Starcky, Pétra et la Nabatène, DBS VII, Paris 1966, 988: CIS II, 208.209, vgl. 211 und RÉS I, 1905, Nr. 83 (aus Bostra: „für Dušara und 'Ara, dem Gott unseres Herrn, dem [Gott] in Bosra"; datiert in das 23. Jahr Rabb'els II); vgl. K. Dijkstra, Life and Loyality, 310–314. A. Alt, Gott der Väter (Anm. 791), 69f Nr. 5–8 (8 aus Petra); auch andere Inschriften aus dem Hauran beziehen sich auf Rabb'el/Rabilos II. (70/71–106) und nennen Dušara : Dušara 'lh mr'n'. Vgl. A. Alt, Gott der Väter, 70 Nr. 10 und 11. Hinzu kommt eine Inschrift, die J. Starcky, Inscriptions nabatéennes et l'histoire de la Syrie méridionale, in: J.-M. Dentzer, Hauran I. (Anm. 349), 167–181 (180f) mitteilt: Ein Heiligtum für Dušara 'lh mr'n rb'l mlk' (der Gott unseres Herrn Rabb'el des Königs) um 100/101 n. Chr. Weitere Beispiele S. 178. Rabb'els Religionspolitik zielte auf „eine Zurückdrängung der griechischen Formen und (diente) zu einer Förderung des traditionellen nabatäischen Erbes", um „Dūšarā als den überall präsenten nabatäischen Gott darzustellen und nationales Bewußtsein zu schaffen", R. Wenning/H. Merklein, in: Petra (Anm. 790), 110. Diese politisch-religiöse Reform Rabb'els II., mit dem Beinamen „der sein Volk wiederbelebt", sollte das Nabatäerreich einen und dem Verlust der Unabhängigkeit vorbeugen. In ähnlicher Weise erschien schon auf der Bilingue (assyrisch/aramäisch) von Tell Fekherye bei Tell Halaf im nördlichen Mesopotamien aus der Mitte des 9. Jh.s der Wettergott Hadad als mr' rb und persönlicher Herr (mr'y hdd) des assyrischen Statthalters (mlk) Hadad-yiš'i (= „Hadad rettet") und zugleich als Herr des Flusses Khabour (mr' hbwr), dessen Parhedros Sawl nennt der Statthalter „meine Herrin" (mrty). Derartige altorientalische Beispiele (vgl. auch o. Anm. 796) zeigen, wie sich der Gebrauch der Titulatur Herr in einem persönlichen Gottesbezug über tausend Jahre fast unverändert durchgehalten hat. S. A. Abou-Assaf/P. Bordreuil/A. R. Millard, Fekherye (Anm. 395), 61ff Z. 6.16–18.

[806] J. Hoftijzer/K. Jongeling, Dictionary II, 688; L. Y. Rahmani, A Catalogue of Jewish Ossuaries, Jerusalem 1994, 197f Nr. 560: κυρε τυς τουπου = κύριοι τοῦ τόπου; aram: mry qbr; vgl. p. 152 Nr. 327: Meister Josef, S. d. Behaja (jhwsp mrh ...) und p. 76 Nr. 8: mry ḥwsh „mein Herr Chosa" als mögliche Lesung. Eine Synagogeninschrift aus dem 4./5. Jh. aus Susiya in Südjudäa hat mry rby 'ysy, „mein Herr Issi", s. F. Hüttenmeister/G. Reeg, Die antiken Synagogen in Israel, BTAVO B 12/1, 1977, 427 Nr. 4,1.

[807] S. die zahlreichen epigraphischen Zeugnisse für *'dn* (meist phönizisch) und vor allem für *mr'* (in den aramäischen Dialekten) und *rb* (als Substantiv, neben *rbn*) bei J. Hoftijzer/K. Jongeling, Dictionary I, 15ff; II, 682–689.1048–1051.1056.

[808] 1. Kor 16,21; vgl. Apk 22,20; Did 10,5f; 15,1.46f; 1. Kor 9,5; Gal 1,14; Lk 1,43.

beider bedeuten. Es handelte sich ja um *eine* Person. Man bat darum im Herrenmahl, das er gestiftet hatte, sowohl um seine Gegenwart im Geiste als auch um sein baldiges Kommen in der Parusie. Die Verkündigung „Jesu Christi, unseres Herrn", entsprach dem gängigen Sprachempfinden im jüdischen Palästina wie in den angrenzenden Gebieten, und dies sowohl in aramäischer wie in griechischer Sprache. Dies gilt selbst von der Formel, die wir fast stereotyp in der Salutatio der Paulusbriefe finden: „von Gott, dem Vater unseres Herrn Jesus Christus".[809] Auch konnte je nach Sprachgebrauch das Possessivpronomen im Griechischen ohne weiteres wegfallen: „mein" bzw. „unser Herr" wurde „der Herr", dabei verband sich – wie schon gesagt – der „κύριος Ἰησοῦς Χριστός' relativ rasch mit dem ὁ κύριος der LXX. Durch die einzigartige, untrennbare Verbindung des zur Rechten Gottes erhöhten, ja präexistenten, zum Heil der Menschen und der Welt gesandten Sohnes mit „dem Vater" war die Christologie trotz der am Anfang deutlichen Subordination des Sohnes auf ein bi- bzw. später bei Johannes tri-nitarisches Denken angelegt und hat die Gefahr des Ditheismus überwunden. Dies zeigt schon bei Paulus die weitgehende Handlungseinheit von Sohn und Vater. Darum können – ganz anders als bei den Herrschertitulaturen – Vater und Sohn nie mit dem Plural κύριοι bezeichnet werden! Das κύριος ὁ θεὸς ἡμῶν κύριος εἷς ἐστιν von Dtn 6,4 galt weiterhin, konnte jetzt aber wie 1. Kor 8,6 zeigt (vgl. u. Anm. 1731) christologisch interpretiert werden. Der Plural bezog sich nur auf die heidnischen Götter.[810] Eher war die Möglichkeit einer modalistischen Christologie vorgegeben. Diese wurde später durch die vom 4. Evangelium ausgehende Logoschristologie überwunden. Die Christologie partizipiert – gerade aufgrund ihrer letztlich palästinisch-jüdischen Herkunft – an der ‚semitischen' Sprach- und Vorstellungswelt Syriens und Arabiens, zu der auch Palästina gehört.

Zu den Besonderheiten der semitischen Religion im arabisch-syrischen Raum, die zu der oben beschriebenen *monotheisierenden* Tendenz führen konnte, gehört auch die *anonyme Art und Weise, von Gott zu reden.* Dieser „anonyme Gott" mochte ursprünglich stammes- oder ortsgebunden gewesen sein, aber er konnte diese nähere Bestimmung völlig ablegen und zum universalen Gott werden. Hier lag dann die Beziehung zum einen Gott Israels besonders nahe.[811] In einer Inschrift zum Schutz eines Grabes in

---

[809] Röm 1,7; 1. Kor 1,3; 2. Kor 1,2; Gal 1,3; Phil 1,2; Phlm 1,3. S. dazu die nabatäischen Inschriften aus Bosra, Petra und dem Hauran o. Anm. 805. Unsinnig ist die von S. SCHULZ eingeführte Unterscheidung zwischen einem palästinischen jüdisch-apokalyptischen Mareh-Kyrios und dem hellenistischen ‚Akklamationskyrios', der erst in Antiochien aufgekommen sein soll, s. ZNW 53 (1962), 125–144. Diese These fand vielfachen Anklang, so etwa bei W. KRAMER, Christos, Kyrios, Gottessohn, AThANT 44, 1963, 91ff.95ff u. a. dazu M. HENGEL, Sohn Gottes, 120ff (Lit.).

[810] 1. Kor 8,5: ὥσπερ εἰσὶν θεοὶ πολλοὶ καὶ κύριοι πολλοί. S. dazu u. Anm. 1731.

[811] S. o. Anm. 90.794 und u. Anm. 821. Vgl. A. BIRAN, The God who is in Dan, in: DERS. (Hg.), Temples and High Places (Anm. 552), 146f zu der zweisprachigen Votivinschrift „dem Gott in Dan" aus dem 2. Jh. v. Chr.; dazu V. Tzaferis, The „God who is in Dan" and the Cult of Pan at Banias in the Hellenistic and Roman Periods, in: ErIs 23, Jerusalem 1992, 128*–135*. S. weiter die Inschrift aus Bosra in IGLS XIII, Nr. 9004 und den Kommentar von M. SARTRE, ib. Anonym den Göttern (τοὺς θεούς) gewidmet ist ein frühes griechisch-aramäisch beschriftetes Relief aus Syrien, das den Priester Philotas opfernd vor einer wohl Herakles abbildenden nackten Göttergestalt darstellt; s. P. BORDREUIL/P.-L. GATIER, Le relief du prêtre Philôtas, Syria 67 (1990), 329–338. Auch bei der in Ḥaṭrā verehrten Göttertrias Mārān, Mārtan, Barmārēn, „unser Herr, unsere Herrin, Sohn unseres Herrn" sind diese Namen im Grunde Epitheta, „welche den eigentlichen Gottesnamen verdrängten bzw. ersetzten. Die Anonymität ist in fast allen Inschriften gewahrt." (J. TUBACH, Sonnengott, 258). Auch die

Hegra wird der Fluch dessen, „der die Nacht vom Tage scheidet", angedroht.[812] In und um *Palmyra* begegnet uns auf ca. 300 Inschriften ein *anonymer Gott* mit der Bezeichnung „*dessen Name gepriesen sei für immer*" (lbryk šmh lʿlm'), mit wenigen Ausnahmen ohne jede bildliche Darstellung in der Zeit 103—268 n. Chr.[813] Die Anrufungen werden ergänzt durch Prädikate wie „einer, einzig, barmherzig"[814], gut, freigiebig, den man anrief und er hörte[815], „den man anrief in Bedrängnis und er erhörte uns durch Erleichterung für uns", „den man anruft an jedem Ort"[816], „den man anruft auf dem Festland und auf dem Meer und er erhört, er rettet und macht lebendig"[817], dessen Wohltaten man öffentlich „jeden Tag bekennt"[818], der Heilungen und andere „Krafttaten"[819] vollbringt. Wahrscheinlich handelt es sich um eine religiöse Weiterbildung des ursprünglich wesentlich andersgearteten Kultes des höchsten Gottes Baal Schamin, dem vereinzelt teilweise ähnliche Prädikate zugesprochen werden und dessen Verehrung durch diesen eher individuell gefärbten Kult zurückgedrängt wird. Dieser anonyme und in der Regel bildlose Gott wurde u. U. ähnlich wie der Himmelsgott als Ζεὺς ὕψιστος καὶ ἐπήκοος angerufen,[820] Inschriften für den θεός oder auch Ζεὺς ὕψιστος sind (nicht ganz so häufig wie in Kleinasien, s. u. S. 254ff) auch in Syrien und Arabien der hellenistisch-römischen Zeit vereinzelt bezeugt und konnten für die örtlichen Gottheiten wie für den anonymen „höchsten Gott" verwendet werden.[821] Auch die offizielle Bezeichnung des jüdischen Gottes

---

Herrscher der Stadt tragen auf den Inschriften den Titel māryā oder malkā, s. J. TUBACH, Sonnengott, 245—251. Vgl. u. Anm. 832.

[812] STARCKY, DBS (Anm. 805), 996 = A. JAUSSEN/R. SAVIGNAC, Mission archéologique en Arabie, Paris 1909, I 142 Nr. 2; vgl. TEIXIDOR, The Pagan God, 85, s. auch o. Anm. 794 zu „Herr der Welt". Die Formel „der scheidet ... zwischen Licht und Finsternis" (Gen 1,4; 11QPsAp[a] i 12f) erscheint u. a. in der Havdalabenediktion, s. W. STAERK, Altjüdische liturgische Gebete, KlT 58, Berlin ²1930, 26, s. dazu mBer 5,2 und 8,5a. Sollte hier jüdischer Einfluß vorliegen?

[813] M. GAWLIKOWSKI, Inscriptions de Palmyre, Syria 48 (1971), 407—426 (408f); DERS., Les Dieux de Palmyre, ANRW II 18,4, 1990, 2632—34.2626f.2653 (Lit.); J.T. MILIK, Dédicaces faites par des dieux, Paris 1972, 180—84.293f; fragwürdig ist die Hypothese von J. TEIXIDOR, The Pagan God, 122—130; vgl. DERS., The Pantheon of Palmyra, EPRO 79, Leiden 1979, 115—119. Vgl. jetzt auch K. DIJKSTRA, Life and Loyality, 152ff.322f.326—332.

[814] ἑνὶ μόνῳ ἐλεήμονι θεῷ, s. MILIK, Dédicaces, 293 = H. SEYRIG, Syria 14 (1933), 269—275 u. 5 (= Antiquités Syriennes 1,118—124) um 200 n. Chr.

[815] qrh lh wʿnyh oder ähnlich εὐξάμενος καὶ ἐπακουσθείς, MILIK, Dédicaces, s180.

[816] bkwl 'tr', MILIK, Dédicaces, 180; CIS II 4011, vgl. 1. Kor 1,2.

[817] dy qr' lh bybš' wbym' (w)ʿnyh wšwzph wḥḥ, MILIK, Dédicaces, 294.

[818] mwd' kwl ywm, u. a. MILIK, Dédicaces, 180.

[819] ʿbd ʿmhwn gbwrwt oder gbwrt', s. MILIK, Dédicaces, 180f.294: „La terme gbwrt' n'est ... «la puissance» mais «les puissances» terme religieux correspondant au grec δυνάμεις dans le sens de «miracles».".

[820] SEYRIG, Syria 14 (Anm. 814), 270ff. S. dazu C. H. ROBERTS/T. S. SKEAT/A. D. NOCK, The Gild of Zeus Hypsistos, HTR 29 (1936), 37—88 (62—69); J. G. FERRIER/A. B. COOK, Zeus, I, 2, 1925, 876—79; C. DUNANT, Sanctuaire (Anm. 796), Nr. 25A, dort wird ein [Διὶ ὑψίστῳ καὶ ἐπκη]κόῳ mit lmrʾ ʿlm, „Herr der Welt", wiedergegeben.

[821] Vgl. o. Anm. 550f und u. 1032 zu „hypsistos" (und „megistos") und Anm. 811 zum „anonymen" Gott. S. darüber hinaus etwa die neue bei Ḥalusa im Negev entdeckte griechische Inschrift θεῷ ὑψίστῳ mit zusätzlichem Text in palmyrensischer Schrift, Y. USTINOVA/J. NAVEH, Atiqot 22 (1993), 91—96. Zum Heiligtum des Zeus Hypsistos in Dmeir s. Y. HAJ-

Exkurs III: Zur religiösen Situation in Arabien und Syrien 203

nach außen war θεὸς ὕψιστος, die griechische Fassung des alten „Gott des Himmels" der Perserzeit. Nichtjuden gaben mit Vorliebe dem jüdischen Gott diesen Namen.[822] Wie heidnische Autoren seit Hekataios von Abdera (um 300 v. Chr.) behaupteten, daß die Juden den Himmel anbeteten,[823] so konnte Arrian im 2. Jh. n. Chr. von den Arabern sagen, daß sie den Οὐρανός verehrten.[824] Auffallend ist eine Versinschrift aus Philadelphia-Amman um 140 n. Chr., die nach Anrufung der Ἀγαθὴ τύχη feststellt: θεὸς ἡγεῖται, und dies vor dem zweiten Teil verkürzt wiederholt Z(εὺς) H(γεῖται), um am Ende Demeter (d. h. die Erde) als Spenderin der Früchte und Zeus (d. h. den Himmel) als Geber des Regens zu preisen. Ob hier die Betonung der Herrschaft der Gottheit, d. h. des Zeus, nicht die Ablehnung des Herrschaftsanspruchs eines anderen, des jüdischen bzw. christlichen Gottes zum Ausdruck bringen will?[825] Die Tendenz zum aufgeklärten,

---

JAR, Divinités oraculaires en Syrie et Phénicie, ANRW II, 18,4, 2266f. Häufiger sind Belege mit dem Äquivalent μέγιστος in Inschriften für den Baal vom Hermon op. cit. 2252 und DERS., Dieux et cultes non Hélipolitains de la Béqaʿ, ANRW II 18,4, 2538: κατὰ κέλευσιν θεοῦ μεγίστου κ[αὶ] ἁγίου ὓ (für οἱ) ὀμνύοντες ἐντεῦθεν; vgl. op. cit. 2540ff: Διὶ μεγίστῳ oder Θ]εῷ πατρῴῳ neben Διὶ πατρῴῳ für denselben Gott. S. auch SOURDEL, Cultes, 53ff: Ζεὺς ἀνίκητος Ἥλιος. Oft kann dafür nur einfach θεός erscheinen, so IGLS XIII,1 Bostra Nr. 9004. Daß es sich hier um ‚Helios' handelt, wird aus der Büste des Altars erkenntlich. Zu Ζεὺς μέγιστος s. IGLS VI Baalbek Nr. 2729.2731; Zeus oder θεός Nr. 2728: jeweils vermutlich der Gott von Heliopolis; weiter IGLS V Homs/Emesa Nr. 2219: Δ]ιὶ μεγίστῳ / Ἡλιοπολιτῷ Θεῷ ἐν Ἀουλθα; vgl. SEG 7 (1934), Nr. 1191 und 1192; vgl. op. cit. Nr. 360 (Dura): μεγίστῳ Διί; 361: Διὶ Σωτῆρι. Das abstrakte θεός und Zeus werden im syrischen Raum einfach austauschbar. Typisch etwa der als Soldatengott berühmt gewordene Baal von Doliche in Nordsyrien, SEG 17 (1960), Nr. 770 und 771: Διὶ μεγίστ[ῳ] καὶ Θεῷ Δολιχείῳ.

[822] So sachgerecht Mk 5,7 = Lk 8,28; Apg 16,17. S. dazu M. HENGEL, JuH, 544–548. S. o. S. 135 Anm. 557.

[823] M. STERN, GLAJ I, 26, 22f (Nr. 11, 4): τὸν περιέχοντα τὴν γῆν οὐρανὸν μόνον εἶναι τὸν θεὸν καὶ ὅλων κύριον. Sib 3,174.247.261.286 (vgl. 3,1.19) wird vom jüdischen Verfasser der „heidnischen" Sibylle die Gottesprädikation οὐράνιος in den Mund gelegt, um den allein wahren Gott zu bezeichnen.

[824] Anab. 7,20,1: und daneben Dionysos. Strabo 16,1,11: Zeus und Dionysos; vgl. dazu die griechischen Inschriften im Baal Schamintempel in Siʿ (Seeia) o. Anm. 793 und den Θεὸς Ἀραβικός in Gerasa, R. WENNING, Dekapolis (Anm. 356), 27–29 vgl. 13f, dort auch eine Hera als Thea Urania und Parhedros des Parkeidas, einer „semitischen Erscheinungsform des Zeus Olympios". Eine neue Inschrift ist dem Zeus Uranios gewidmet, eine weitere aus Pella dem „arabischen Himmelsgott": [Ἄγαλμα Θεοῦ Οὐ]ρανίου Ἀραβίκου // καὶ συνβωμίων θεῶν SEG 41 (1991), Nr. 1567; dazu R. WENNING, Dekapolis (Anm. 356), 27f Anm. 187/188: „Daß der Theos Arabikos ein Himmelsgott war, dafür spricht auch das Motiv eines Adlers bei einer der 6 Inschriften". Vgl. den Streit um den goldenen Adler im Tempel in Jerusalem, M. HENGEL, Zeloten, 107f.188.196f.328f. Zum Problem auch J. TEIXIDOR, The Pagan God, 82; weiter Celsus (Orig. c. Cels. 1,23): Die „Hirten", die Mose nach Palästina folgten, glaubten, es sei ein Gott εἴτε Ὕψιστον εἴτ᾽ Οὐράνιον εἴτε Σαβαώθ εἴτε καὶ ὅπῃ καὶ ὅπως χαίρουσιν ὀνομάζοντες τόνδε τὸν κόσμον; vgl. 5,41. Nach Strabo 16,4,26 verehren die Nabatäer die Sonne vgl. Jos. bell 2,128.148; dazu M. SMITH, Helios in Palestine, ErIs 16 (1982), 199–214; DERS., The Near Eastern Background of Solar Language for Jahweh, JBL 109 (1990), 29–39; Tacitus, hist. 3,24,3; s. auch TestHiob 52,8; ParJer 4,4; grBar 6,2.

[825] P.-L. GATIER/A.-M. VÉRILHAC, Les colombes de Déméter à Philadelphie-Amman, Syria 66 (1989), 337–348. Zu Baal Schamin in der dortigen Gegend s. U. HÜBNER, Ammoniter, ADPV 16 (1992), 259. Zu den Juden in Palmyra vgl. J.G. FÉVRIER, La Religion des Palmyréniens, Paris 1931, 219–226. Vgl. dazu Apg 14,17 Paulus' Rede in Lystra, wo der

an der Natur orientierten pantheisierenden „Theismus" ist auch in dieser Inschrift unübersehbar.

Man hat nicht zu Unrecht *den anonymen Gott von Palmyra mit der jüdischen Gottesvorstellung verglichen.* Die Formel „dessen Name sei gepriesen für immer" erinnert an die wichtigste Formel im Jerusalemer Kult: „Gepriesen sei der herrliche Name seines Königtums für immer und ewig", und auch die anderen Prädikate haben alttestamentliche und jüdische Entsprechungen.[826] Man darf so in dem anonymen Gott in Palmyra ein Zeichen für jene schon oben erwähnte wachsende „monotheisierende und individualistische" Tendenz im syrisch-arabischen Götterglauben sehen, der die jüdische religiöse Propaganda wie auch dann die früheste christliche Mission in diesem Raum begünstigt hat. O. Eissfeldt charakterisierte den anonymen Gott als „eine Gottesvorstellung von erstaunlicher Reinheit und Tiefe", ja als den „Höhepunkt der palmyrenischen Religionsgeschichte", hinter dem der „aus monotheistischem Empfinden entsprungene Wunsch" stand, „die bis dahin in Palmyra verehrten Götter durch den einen und Einzigen und darum notwendig Namenlosen zu ersetzen".[827] M. Gawlikowski spricht in der jüngsten Untersuchung von einer Tendenz, die göttliche Gegenwart mehr in transzendenter Form zu verehren: „cette tendence aboutira au culte personel du dieu anonyme, degagé en partie d'anciennes pratiques rituelles".[828] Die antike Welt hielt ja auch den Gott der Juden für anonym, denn ‚κύριος' war für die Griechen zunächst kein Göttername. Gerade auch der jüdische Wortgottesdienst zur Verehrung des „höchsten Gottes" und des „Herrn der Welt" in der Synagoge bildete eine solche „geistigere", auf die Frömmigkeit des Einzelnen bezogene Form der Religion. Dasselbe gilt für die Botschaft der sich bildenden judenchristlichen Missionsgemeinden, bei denen der eschatologische Impuls noch eine zusätzliche Anziehungskraft verlieh.[829] Beide waren darum im westsyrisch-arabischen Raum relativ erfolgreich, wobei die junge messianische Bewegung nicht „synkretistischer" war als die institutionalisierten Synagogengemeinden. Beide, noch nicht wirklich getrennt, antworteten auf religiöse Grundfragen, die in der frühen Kaiserzeit lebendig waren.

Auch die – durchaus judenchristlichen Vorstellungen entsprechende – *Sendung des Sohnes durch den Vater* und die *Dreiheit von Vater, Sohn und Geist*[830] konnten heidni-

---

lykaonische Himmelsgott Zeus als Regenspender erscheint; vgl. C. BREYTENBACH, Paulus, 69–73; s. auch u. S. 319 Anm. 1324.

[826] mJoma 3,8; 4,1–3; 6,2; tTaan 1,11–13; s. M. HENGEL/A. M. SCHWEMER (Hg.), Königsherrschaft Gottes und himmlischer Kult, WUNT 55, Tübingen 1991, 2–4 (Vorwort); s. auch Th. LEHNARDT, loc. cit. 290f; vgl. auch Ps 72,19.

[827] Tempel und Kulte syrischer Städte in hellenistisch-römischer Zeit, AO 40, Leipzig 1941, 91f.

[828] GAWLIKOWSKI, Les dieux de Palmyre (Anm. 813), 2633f.

[829] Vgl. das bekannte bösartige Bild, das Celsus von dem endzeitlichen Drohprediger und göttlichen Retter in „Phönizien und Palästina" zeichnet und das eine polemische Parodie auf Christus und die christliche Verkündigung darstellt (Orig. c. Cels. 7,9). S. dazu M. HENGEL, Sohn Gottes, 52f.

[830] Zu den Sendungsaussagen s. E. SCHWEIZER, Neotestamentica, 1963, 105–121; M. HENGEL, Sohn Gottes, 112ff und dagegen 58ff. Vor allem wäre hier die Sendung der Weisheit zu nennen s. Sap 9,4.10.17 vgl. 8,27; Sir 2,9f; 24,8 und die Dreiheit Gott, seine Weisheit und sein Logos Sap 9,1f und bei Philo. Zu triadischen Aussagen im Urchristentum s. 2. Kor 13,13; Mt 28,19; Did 7,1.3; davon abhängig Justin: apol 1,61,3.10.13. Da die dreigliedrige Taufformel erstmals bei Mt und Did auftaucht, könnte man sich fragen, ob sie nicht in Syrien entstanden ist.

Exkurs III: Zur religiösen Situation in Arabien und Syrien

sche Hörer verstehen und akzeptieren, da im syrisch-arabischen Bereich Göttertriaden mit einem höchsten Gott,[831] einer Muttergöttin und einem Sohn verbreitet waren.[832] Diese frühchristlichen Vorstellungen sind ganz gewiß nicht aus dem syrischen Paganismus abzuleiten, aber sie mußten den ersten heidnischen Hörern auch nicht als völlig fremdartig erscheinen. In der Trias von Heliopolis Baalbek, die auf dem Karmel auch als anonyme Gottheit verehrt wurde, war der Sohn, der romanisiert mit Hermes/Mercurius identifiziert wurde, zugleich der Götterbote.[833] Triaden erscheinen auch in anderen lokalen Kulten in Koile-Syrien.[834]

Wahrscheinlich ist von dieser semitischen Triasvorstellung das von Origenes und Hieronymus mehrfach zitierte apokryphe Jesuswort aus dem Hebräerevangelium abhängig: „Sofort ergriff mich meine Mutter, der Heilige Geist, bei einem meiner Haare und brachte mich zum großen Berg Tabor".[835] Der Geist erscheint hier entsprechend dem aramäischen rûḥā' als weibliche Macht. Man konnte etwa in Gen 1,2 die Funktion des Geistes als zweites mütterlich-weibliches Urprinzip herauslesen.

Auch im Taufbericht des Hebräerevangeliums erscheint dieses Motiv:

Es geschah aber, „als der Herr aus dem Wasser heraufgestiegen war, stieg die ganze Quelle des Heiligen Geistes auf ihn herab und ruhte auf ihm und sagte ihm: ‚Mein Sohn, in allen Propheten erwartete ich dich, daß du kämest und ich in dir ruhen könnte. Du bist nämlich meine Ruhe, du bist mein erstgeborener Sohn, der in Ewigkeit regiert."[836]

Es ist freilich bezeichnend, daß wir im ganzen Neuen Testament keine vergleichbare Aussage über den *Geist als „Mutter"* Jesu finden, so sehr dies feministische Theolog(innen) heute bedauern mögen. Erst in den „Genealogien" gnostischer Systeme erscheint ein zweites weibliches Urprinzip. Eher finden wir eine Parallele in der jüdischen Weisheit, die in Prov 8 als Schöpfungsmittlerin und Kind und in SapSal als Parhedros und Throngenossin Gottes begegnet.[837] Die nächste pagan-jüdische Analogie wäre die κυρία Προσευχή und die ἁγία Καταφυγή als Parhedros Gottes in judaisierenden heidni-

---

831 Zu Palmyra vgl. H. Niehr, Gott (Anm. 550), 35f; H. Seyrig, Bêl de Palmyre, Syria 48 (1971), 85–114; ders. Culte du Soleil en Syrie, Syria 48 (1971), 349f; J. Starcky/M. Gawlikowski, Palmyre, Édition revue et augmentée des nouvelles découvertes, Paris 1985, 89–111; Tubach, Sonnengott, s. Index s.v.; Feldtkeller, Göttin, 113f.

832 Vgl. zu den Inschriften aus Hatra, wo *mrn* „unser Herr", *mrtn* „unsere Herrin" und *brmrn* „Sohn unseres Herrn" als Triade erscheinen, Niehr, Gott (Anm. 550), 39ff; dazu J. Tubach, Sonnengott, loc. cit. (o. Anm. 811). Hoftijzer/de Jongeling, Dictionary II, 683 zu Palmyra und 684ff zu Hatra mit zahlreichen Belegen.

833 Vgl. Y. Hajjar, La Triade d' Heliopolis-Baalbek, EPRO 59, Leiden 1977; s. auch die Inschriften aus Heliopolis/Baalbek IGLS VI Nr. 2711–2713 und o. Anm. 550.

834 Dazu Y. Hajjar, Dieux et cultes non héliopolitains de la Béqaʿ, de l'Hermon et de l'Abilène à l'époque romaine, ANRW II, 18,4, 2509–2604 (2529–2532).

835 Belege bei Aland, Synopse, 34; NTApo^5 I, 146 Nr. 3.

836 Hieron., in Is IV zu 11,3 (CChr.SL 73, 1,2 p. 148 M. Adriaen). Aland, Synopse, 77; NTApo^5 I, 146 Nr. 2. Der Artikel μήτηρ von W. Michaelis, ThWNT IV, 645ff umfaßt knapp zwei Seiten. Die Weisheit als Mutter bei Philo und die Texte aus dem EvHebr werden gerade nur gestreift.

837 Prov 8,30 MT 'amôn; LXX: ἁρμόζουσα; Vulg *cuncta componens*; SapSal 7,21f ... πάντων τεχνῖτης und als solche πνεῦμα νοερόν, ἅγιον vgl. 8,5f; 8,3 συμβίωσις θεοῦ; 9,4: ἡ τῶν σῶν θρόνων πάρεδρος s. dazu M. Hengel, JuH, 275ff.304.

schen Inschriften Kleinasiens (s. u. Anm. 1038.1040). Es sind die Athener, die nach Lukas die paulinische Predigt des auferstandenen Christus mißverstehen und meinen, er verkündige „fremde Gottheiten", d. h. das Götterpaar Jesus und die Anastasis.[838] In einigen Jesusworten in Q werden ‚mütterliche Züge' der Weisheit angedeutet: So in Lk 7,33, wo von den „Kindern der Weisheit" die Rede ist, was Mt 11,19 in „Werke der Weisheit" verwandelt, oder auch in Lk 13,34 = Mt 23,27, wo sie mit einer fürsorglichen Vogelmutter verglichen wird. Aber dies wird gerade nicht weiter ausgestaltet. In 1. Kor 1,30 zieht vielmehr Christus das Prädikat der Weisheit ganz an sich. Man kann hier gerade nicht von einem besonderen urchristlichen ‚Synkretismus' sprechen, denn der in Syrien so lebendige Kult der Göttermutter hat das früheste Christentum trotz seiner intensiven Mission in Syrien überhaupt nicht beeinflußt.[839]

Wenn man unbedingt von einer „Einwirkung" einer semitisch-hellenistischen „Göttin" auf Paulus bzw. das Urchristentum reden will, dann vielleicht am ehesten noch bei dem Vergleich der beiden Bundesschlüsse und „Städte" Gal 4,24—26, des Sinai und der Hagar, der dem jetzt „versklavten" irdischen Jerusalem entspricht, dessen „Kinder" bis jetzt Sklavendienst leisten, mit dem des „oberen", d. h. himmlischen und freien Jerusalem. Auf den Münzen syrisch-phönizischer Städte von der Dekapolis bis nach Antiochien erscheint unzählige Male die Stadtgöttin, nicht selten in der Form der Tyche, der Glücksbringerin mit der Mauerkrone auf dem Haupt, und natürlich liebten es die Städte, vor allem die bedeutenderen, sich als „frei" und gar als *„Metropolis"*, als „Mutter" ganzer Gebiete und Völker zu bezeichnen. Daneben werden die Tyche der Stadt oder diese selbst gerne als κυρία (πατρίς) bezeichnet.[840] Wir besitzen dazu eine Fülle von Inschriften, gerade aus dem phönizisch-südsyrischen Raum.[841] Das „freie", „himmlische Jerusalem", das „unsere Mutter(stadt) ist" (Gal 4,26), entstammt am ehesten dieser politisch-religiösen Metaphorik. Aber selbst sie hat zugleich alttestamentliche Vorbilder, so Jes 66,10ff, wo Jerusalem als eschatologische Mutter erscheint, eine Funktion, die dann 66,13 auf JHWH selbst übergeht. Wenn im Präskript 2.Joh 1 die κυρία[842] erscheint, wird sie näher als die ἐκλεκτὴ κυρία bestimmt und bezeichnet die angeredete

---

[838] Apg 17,18: ξένων δαιμονίων δοκεῖ καταγγελεὺς εἶναι, ὅτι τὸν Ἰησοῦν καὶ τὴν ἀνάστασιν εὐηγγελίζετο. D gig läßt den letzten anstößigen Satz weg.

[839] Gegen A. FELDTKELLER, Göttin, 240, der etwa in Mt 19,11f schließt, daß die Selbstkastration aus dem Kult der Syrischen Göttin übernommen wurde.

[840] S. dazu die Münzsammlungen des Britischen Museums, G.F. HILL, Catalogue of the Greek Coins of Palestine, London 1914, 323f Index s.v. „City-goddess"; W. WROTH, Catalogue of the Greek Coins of Galatia, Cappadocia, and Syria, London 1899, 322ff Index s.v. „Tyche"; zur Tyche von Antiochien am Orontes als Statue und auf Münzen s. DOWNEY, History of Antioch, 73ff; weiter Y. MESHORER, City Coins of Eretz Israel and the Decapolis in the Roman Period, Jerusalem 1985, Index 122 s.v. Tyche, the city goddess. Für Philo ist Jerusalem mit seinem Heiligtum die ‚Metropolis' aller Juden in der ganzen Oikumene, s. in Flacc. 46 und häufig in der Legatio ad C. 203.281: aller Gebiete, in denen Juden wohnen; 294.305.334.

[841] IGLS XIII,1 Bostra Nr. 9006—7: ein Ulpios Pompeios Markos, Priester μεγάλης τύχης τῇ κυρίᾳ πατρίδι; 9008—9: ein δαδοῦχος τῇ κυρίᾳ πατρίδι; SEG 8 (1937), Nr. 91: Kaiser Commodus als κύριος und das τῇ κυρίᾳ πατρίδι geweihte Standbild; s. dazu SOURDEL, Cultes, 50f; MILIK, Dédicaces, 99—101.211f; T. FAHD, Le panthéon de l'Arabie centrale à la vieille de l'Hégire, Paris 1968, 78—84: Gad, der Glücksgott.

[842] Zu κυρία als Epitheton der syrischen Göttinnen s.o. Anm. 795. Vgl. M. HENGEL, Johanneische Frage, 136f.

Gemeinde.[843] Der Gruß nennt in 2. Joh 13 die ἀδελφὴ ἐκλεκτή, die Schwestergemeinde als Absender. 1. Petr 5,13 spricht am Briefende von der grüßenden ἡ ἐν Βαβυλῶνι συνεκλεκτή und meint die Gemeinde in Rom. Man sollte dabei nicht vergessen, daß „*Ekklesia*" in den Ohren des mit der LXX nicht vertrauten heidnischen Stadtbürgers die Versammlung der freien Bürger eines Stadtstaates bedeutete, und daß auch bei der urchristlichen Selbstbezeichnung diese politische Konnotation immer nahe lag: Die ‚Ekklesia' war die Versammlung der Bürger des himmlischen Jerusalems. Wenn diese dann im Epheserbrief zur präexistenten, überirdischen Größe wird,[844] erhält sie fast göttlichen Charakter – aber dies ist gerade kein echter paulinischer Gedanke mehr. Auch die apokalyptische Vorstellung von der im Himmel für die Endzeit bereitstehenden Stadt Jerusalem mag von der religiösen Verklärung der jeweiligen Polis durch ihre Bürger in hellenistisch-römischer Zeit beeinflußt sein.[845] Die ‚Ekklesia' als himmlischer Äon im göttlichen Pleroma erscheint dagegen erst bei den Valentinianern in der 4. Syzygie als *Paargenossin* des Anthropos.[846] Aber eine derartige, männliche und weibliche Größen im göttlichen Bewußtsein objektivierende und verbindende Spekulation ist dem Urchristentum noch fremd. Der erste Ansatz dazu findet sich lediglich für Christus und die Ekklesia im relativ späten Epheserbrief. Das hellenistische Judentum war, wie SapSal und Philo zeigen, gegenüber solchen Versuchen „religionsphilosophischer" Art offener als das früheste Christentum. Die kirchliche Gnosis führt hier Ansätze des hellenistischen Judentums platonisierend und dualistisch weiter.

---

[843] Vgl. die Anrede „Herrin" an die Kirche in den Visionen des Hirten des Hermas. Vgl. 1. Petr 5,13 ἡ συνεκλεκτή in Babylon = Rom.

[844] Eph 1,22f; 3,10f (vgl. 1,11); 5,25f.

[845] Apk 21,2 vgl. 3,12; Hebr 11,16; 12,22; vgl. auch Apk 12 die verfolgte Gottesgemeinde und das „Kind", d. h. die Märtyrer, in Apk 12; weiter die Christus-Bräutigam- und Gemeinde-Braut-Metaphorik Apk 21,2.9; 23,17; vgl. Paulus in 2. Kor 11,2.

[846] Irenäus, adv. haer. 1,1 nach der Sige, der Aletheia und der Zoe; vgl. 2,2; 5,6 u. ö. Aus diesem Paar gehen dann 12 weitere Äonen hervor. Vgl. dazu C. MARKSCHIES, Valentinus Gnosticus?, WUNT 65, 1992, 45 u. ö.

5. Die Rückkehr nach Damaskus und die Flucht aus der Stadt

5.1 Die Rückkehr und erneuter Aufenthalt

Wir sagten schon, daß der Aufenthalt des Paulus in „Arabien", d.h. im Nabatäerreich, von längerer Dauer war, und bis zu ca. zwei Jahre umfaßt haben kann. Dabei wird er, wie dann auch später, lediglich in größeren Städten missionarisch gewirkt haben, denn nur dort gab es Synagogen mit einem Kreis von heidnischen Sympathisanten.[847] Weiter ist damit zu rechnen, daß die Wirksamkeit des Paulus im Nabatäerreich in die Zeit der wachsenden Spannungen zwischen Aretas IV. und Herodes Antipas nach dem Tode des Philippus (Winter 33/34–36 n. Chr.) fiel, bei denen man um den Einfluß in dessen ehemaligem Herrschaftsgebiet an der Südgrenze des damaszenischen Stadtgebietes stritt, an dessen Ende eine kriegerische Auseinandersetzung stand, die Rom zum Eingreifen zwang (s.o. Anm. 738f). Ein Feldzug Roms wurde nur vermieden, weil Tiberius am 16. März 37 starb und der Statthalter Syriens, Vitellius, der die Nachricht in Jerusalem erhielt, sein Unternehmen gegen Aretas IV. sofort abbrach. Die Lage war auf jeden Fall über längere Zeit hin politisch sehr gespannt. Verständlicherweise wird die offene Verkündigung eines gekreuzigten *jüdischen* Messias, den Gott als Kyrios zu sich erhöht habe, und der als Richter und Erlöser in Bälde wiederkommen werde, auch die synagogalen Gemeinden und ihre heidnische Klientele in den „arabischen" Städten beunruhigt haben. Das läßt sich aus den Turbulenzen, die Paulus später in jüdischen Gemeinden auslöste, aber auch aus 2. Kor 11,24 und der Suetonnotiz über die Unruhen in Rom[848] erschließen. Vermutlich waren dem umsichtigen Aretas IV. die Umtriebe des jüdischen Sektenmissionars zu Ohren gekommen. Seine Verkündigung konnte in einer kritischen politischen Situa-

---

[847] Dabei kann man vielleicht auch noch die direkt an das nabatäische Gebiet angrenzenden Städte der Dekapolis wie Gerasa oder Philadelphia miteinbeziehen, obwohl für sie die Bezeichnung „Arabien" vor der Begründung der provincia Arabia 106 n. Chr. nicht völlig korrekt ist. In Gerasa ist später eine Synagoge nachgewiesen, s. F. HÜTTENMEISTER/G. REEG, Synagogen (Anm. 315), 126–130 (Lit.). Der direkte nabatäische Einfluß in diesen auf ihre eigene „griechisch-makedonische" Tradition stolzen Städte war relativ gering. S.o. Anm. 728.
[848] Sueton, Claudius 25,4 s. dazu R. RIESNER, Frühzeit, 139–180; H. BOTERMANN, Judenedikt, 50–102. S. auch die Rolle der Synagogen bei den Verfolgungen bei den Synoptikern (Mk 13,9; Lk 12,11; 21,12; Mt 10,17; 23,34).

tion zwischen Nabatäern und Juden sehr wohl als Politikum erscheinen. Ob und inwieweit dieser erste Missionsversuch wirklich erfolgreich war und ob bleibende Gemeinden geschaffen wurden, wissen wir nicht. Es ist jedoch nicht unwahrscheinlich. Paulus hat, soweit wir wissen, nirgendwo später völlig ohne Erfolg gewirkt. Als Missionar fühlte er sich allen anderen überlegen.[849] So verläßt er das – bedrohlich gewordene – nabatäische Missionsgebiet und kehrt in das ihm – einigermaßen – vertraute Damaskus, zu den dortigen christlichen Brüdern zurück, doch wohl ein Zeichen dafür, daß ihm die im Entstehen begriffene kleine Gemeinde, vermutlich angeführt durch vertriebene „Hellenisten", im Ganzen eher positiv gegenüberstand. Diese Rückkehr spricht auch dagegen, daß er in Damaskus selbst Verfolger gewesen war. Wohin hätte er sich sonst wenden sollen? Es gab ja kaum christliche Gemeinden außerhalb Judäas, in denen man ihm – dem ehemaligen Verfolger – Vertrauen schenkte und wo er sich vornehmlich an heidnische „Sympathisanten" wenden konnte. Wenig später zieht er sich – wieder bedroht – aus Jerusalem in das ebenfalls vertraute, jedoch weit entfernte Tarsus im Norden zurück.[850]

5.2 Die Flucht

Aber auch in Damaskus kann er nicht mehr allzulange bleiben. Von seiner abenteuerlichen Flucht aus der Stadt haben wir zwei voneinander unabhängige Berichte, einen von ihm selbst, den anderen von Lukas:

2. Kor 11,32f: „In Damaskus bewachte der Ethnarch des Königs Aretas die Stadt der Damaskener, um mich zu verhaften, und durch ein Fenster wurde ich durch die Mauer in einem Korb heruntergelassen und entfloh seinen Händen." (διὰ θυρίδος ἐν σαργάνῃ ἐχαλάσθην διὰ τοῦ τείχους)

Apg 9,23–25: „Als aber geraume Zeit vergangen war, beschlossen die Juden, ihn zu töten. Dem Saulus aber wurde ihr Plan bekannt. Sie beobachteten aber die Stadttore Tag und Nacht, damit sie ihn töteten. Aber seine Jünger nahmen (ihn) und ließen ihn bei Nacht durch die Mauer in einem Korb herab". (διὰ τοῦ τείχους καθῆκαν αὐτὸν χαλάσαντες ἐν σπυρίδι)

---

[849] E. HAENCHEN, Apostelgeschichte, 322f weiß es genau: „Diese Wirksamkeit ist jedoch ohne Frucht geblieben – Paulus spricht nirgends von einer Gemeinde, die er in diesem Gebiet begründet habe", – aber er spricht überhaupt nicht von seinen Missionserfolgen in Syrien/Kilikien/Arabien, außer Röm 15,19, angedeutet in dem καὶ κύκλῳ; vgl. 1. Kor 15,10; 2. Kor 11,5.23. Vgl. auch Jes 60,7ff, wo auf Arabien unmittelbar Taršîš, LXX Θάρσις, folgt, das z. Zt. des Paulus mit Tarsus identifiziert werden konnte. S. dazu o. Anm. 734 und u. Anm. 1101. Auch A. DAUER, Paulus, 27 vermutet u. E. zu Unrecht, „daß die Tätigkeit ... in Arabien weitgehend erfolglos und damit unbekannt geblieben war; selbst Paulus weiß ja davon herzlich wenig zu erzählen." Vgl. 169f Anm. 39 und 123.269 Anm. 26.

[850] Apg 9,30. Man erhält fast den Eindruck, Paulus weiß nicht recht, wo er sich hinwenden soll, doch s. u. S. 248ff.

Hier ist wieder zunächst der paulinische Bericht vorzuziehen. Daß die Juden gegen Paulus Anschläge machen, scheint bei Lukas fast so etwas wie ein Topos zu sein, der freilich in der Vita Pauli historisch wohlbegründet war[851] und auch in Damaskus verständlich wäre; der eigenartige Hinweis des Paulus auf den Ethnarchen des Königs Aretas gibt jedoch der ganzen Szene einen etwas anderen Hintergrund. Dessen Eingreifen würde sinnvoll, wenn er von seinem königlichen Herrn einen Wink bekommen hätte, den Unruhestifter, der bei seiner Missionstätigkeit im Nabatäerreich Anstoß erregt hatte, in seine Gewalt zu bringen. πιάζειν bedeutet ja „festnehmen", „verhaften", nicht einfach „umbringen": das wäre einfacher gewesen.[852] Damit wird dieser Vorgang auch datierbar. Er markiert sehr wahrscheinlich die zweite Phase des Aufenthalts in Damaskus. Weder wäre verständlich, daß Paulus vor dem Ethnarchen des Aretas ausgerechnet in das Herrschaftsgebiet des Königs entweicht, noch, daß er, wenn er in Damaskus in akuter Lebensgefahr geschwebt hätte, dorthin wieder zurückkehrte. Wohl aber wäre plausibel, daß er, nachdem sein Leben auch in der südsyrischen Metropole gefährdet war, sich spontan entschließt, den bisher wegen der dortigen Bedrohung vermiedenen Besuch in Jerusalem bei den führenden Männern der neuen Bewegung jetzt nach „drei Jahren" doch noch nachzuholen. Sein Leben war hier wie dort in Gefahr und lag in der Hand seines neuen Herrn.[853]

Beide Berichte stimmen darin überein, daß Paulus in Damaskus Freunde und Helfer hatte. Paulus selbst drückt dies in 2. Kor 11 durch die bloße Erzählung mit dem Aorist Passiv aus. Bei Lukas finden wir eine interessante varia lectio: Die guten Handschriften des alexandrinischen Textes lesen λαβόντες δὲ οἱ μαθηταὶ αὐτοῦ (P[74] Sin A B C 81[c] pc), der Mehrheitstext dagegen λαβόντες δὲ αὐτὸν οἱ μαθηταί.[854] Die erste Lesart, die in der Apg ein Unikum darstellt, weil das häufig gebrauchte absolute μαθηταί sonst einfach Jünger (Jesu), d. h. Christen bedeutet,[855] scheint uns die ursprünglichere zu sein. Es sind nach Lukas „Schüler" des Paulus, d. h. Männer, die er durch seine Verkündigung gewonnen hat. Dieser unlukanische Sprachgebrauch stammt wohl aus vorlukanischer Tradition. Lukas behält sie bei, um durch diesen kleinen Hinweis den ersten Missionserfolg des Neubekehrten anzudeuten. Der unlukanische Text wurde dann schon ganz früh geändert. Daß hier „Jünger" des Paulus auftreten, mag auch als ein Indiz dafür zu werten sein, daß Lukas den Aufenthalt des

---

[851] 2. Kor 11,24.26: κινδύνοις ἐκ γένους; vgl. 1. Thess 2,16.

[852] Vielleicht sollte er an Aretas ausgeliefert werden? Dies müßte gegen MURPHY-O'CONNOR (vgl. Anm. 729) und DAUER (vgl. Anm. 849) eine nachhaltigere Wirksamkeit im Nabatäerreich voraussetzen.

[853] Zur Datierung s. die gründliche Untersuchung von R. RIESNER, Frühzeit, 66–79: Aretas IV. regierte 9 v.–40 n. Chr., die Flucht muß auf jeden Fall vor 40 und auf Grund der inneren Chronologie vermutlich etwa zwischen 34 und 36 erfolgt sein. Riesner setzt dabei jedoch die Bekehrung zu früh an. S. auch J. STARCKY, DBS VII (Anm. 805), Sp. 915.

[854] S. NESTLE/ALAND, 27. Aufl. z. St. und C. K. BARRETT, Acts 1, 466f. Da der alexandrinische Text in der Regel die kürzeren Lesarten bietet, ist diese Erweiterung auffallend.

[855] Unmittelbar im Kontext 9,10.19.26.38; vgl. 9,1 μαθητὰς τοῦ κυρίου (nur hier).

ehemaligen Verfolgers in Damaskus als nicht so ganz kurz ansah, wie die „kritischen" Kommentare behaupten, und vielleicht außerdem dafür, daß eine gewisse Distanz zwischen Paulus und den Christen in Damaskus bestand. Aber bei derartigen Überlegungen erhebt sich sofort die Gefahr der Überinterpretation. Sachlich richtig ist wohl auch die lukanische Angabe, daß die ungewöhnliche Flucht bei Nacht und nicht am hellichten Tage geschah.

In der Forschung umstritten ist auch die Position des Ethnarchen des Aretas in der Stadt. Da wir keine Stadtmünzen von Damaskus zwischen 33/4 und 62/3 besitzen, wurde auf Grund von 2. Kor 11,32f vermutet, daß Damaskus von Caligula bei dessen Neuordnung der Verhältnisse im Osten 37 n. Chr. an Aretas IV. übergeben worden sei. Da u. E. die Flucht des Paulus aus Damaskus schon ca. 36 n. Chr. erfolgte, hat diese alte Streitfrage für uns keine grundsätzliche Bedeutung. Sie läßt sich zudem eindeutig beantworten: Schon Aretas III. hatte ca. 85–72/1 v. Chr. Damaskus beherrscht, und dort auch Münzen geprägt, während wir von Aretas IV. keine derartigen Hinweise erhalten.[856] Im Falle einer Übergabe der Stadt an Aretas IV. wäre der Ethnarch der königliche Statthalter in der Stadt gewesen. Allerdings würde man dann eher den Titel στρατηγός oder ἐπίτροπος erwarten. Nabatäische „Strategen" finden wir in verschiedenen bedeutsamen Städten des Königreichs, u.a. auch in Hegra. Auch ist es sehr unwahrscheinlich, daß Caligula eine traditionsreiche berühmte hellenistische Polis einem „barbarischen" und dazu eigenwilligen Klientelkönig überließ, gegen den sein Vorgänger Tiberius eben noch Krieg führen wollte. Auch geographisch ist diese Vermutung unwahrscheinlich, denn Caligula schenkte zu gleicher Zeit das Gebiet des Philippus, das weit nach Osten bis zum Hauran reichte, an seinen Freund Agrippa I. und machte diesen zum König. Durch das Reich Agrippas I. wäre Damaskus vom Nabatäergebiet teilweise abgeschnitten gewesen, andererseits hätte eine derartige Schenkung eine politische Bedrohung für Agrippa I. bedeutet, da die Nabatäer sein Gebiet von Süden, Osten und Norden fast eingekreist hätten. Schon Zahn hatte bemerkt, daß die paulinische Formulierung πόλις Δαμασκηνῶν auf eine freie Polis und ihre Bürger hinweise; auch wenn Paulus (Gal 1,17) sagt, er sei von „Arabien" nach Damaskus „zurückgekehrt", setzt er nicht voraus, daß die Stadt zum Nabatäerreich gehörte.[857] Die Münzfrage darf nicht überschätzt werden, denn die Prägung von Damaskus ist außerordentlich lückenhaft, u.a. prägte man Münzen für längere Zeit auf Vorrat. Schließlich haben wir auch keinerlei Hinweis in den Quellen auf einen solch ungewöhnlichen Vorgang. Dagegen ist es wahr-

---

[856] RIESNER, Frühzeit, 72ff; vgl. J. STARCKY, DBS VII (Anm. 805), Sp. 907f; gegen BOWERSOCK, Arabia, 24–27 und R. LANE FOX, Unauthorized Version (Anm. 737), 423 zu p. 33, der absurderweise die Kreuzigung Jesu auf den März 36 verlegt, den Vorfall in Damaskus dagegen auf Winter 36/37. S. o. S. 182 Anm. 737.
[857] RIESNER, Frühzeit, 77; vgl. Th. ZAHN, Zur Lebensgeschichte des Apostels Paulus, NKZ 15 (1904), 40.

scheinlich, daß nach dem Tod des Philippus (33/34 n. Chr.) und erst recht nach der Niederlage des Antipas der Druck des ehrgeizigen Königs auf die Stadt und damit auch sein Einfluß vorübergehend gewachsen ist.

Das Problem hat E. A. Knauf überzeugend gelöst, indem er vorschlug, der Ethnarch sei der „Vorsteher der nabatäischen Handelskolonie in Damaskus" gewesen, der wie „eine Art Konsul" die „Interessen des nabatäischen Staates vertrat".[858] Auch die Judenschaft mit ihren Synagogen bildete wohl in Damaskus eine eigene Kolonie, so wie auch in Antiochien (s. o. Anm. 391) und in Alexandrien bis Augustus unter einem „Ethnarchen" oder „Genarchen".[859] Nabatäische Handelskolonien finden wir in der Dekapolis, aber auch in Sidon und selbst in dem wichtigen Hafen Puteoli/Diokaisareia bei Neapel.[860] Sicher kam der nabatäischen Kolonie und ihrem Oberhaupt in dem Handelsknotenpunkt Damaskus besondere Bedeutung zu. Darauf weist die Tatsache hin, daß es nach arabischen Quellen ein Viertel im NO der Stadt gab, dessen Name *en Naibatun* von n^{e}baṭ und der Endung -ōn abzuleiten ist und das in römischer Zeit von Nabatäern bewohnt war und wahrscheinlich auf die Zeit des nabatäischen Königreiches vor 106 n. Chr. zurückgeht. Vermutlich war es ursprünglich außerhalb der Stadtmauer gelegen und wurde dann nachträglich in diese einbezogen. Starcky und Riesner machen darauf aufmerksam, daß die Ananiaskapelle, deren Ortstradition in die byzantinische Zeit zurückreicht, im Nabatäerviertel gelegen war, ja Riesner vermutet, daß „das Ananiashaus ... direkt an der Mauer ... gelegen haben dürfte".[861] Möglicherweise lagen Nabatäer- und

---

[858] E. A. KNAUF, Ethnarch, 145−147; ihm folgt mit ausführlicher Diskussion der Meinungen R. RIESNER, Frühzeit, 74−76; vgl. schon J. STARCKY, DBS VII (Anm. 805), Sp. 915, der als Parallele auf den jüdischen „Ethnarchen" in Alexandrien verweist (ant 14,117f, s. o. Anm. 391); J.-P. REY-COQUAIS, Syrie Romaine, de Pompée à Dioclétien, JRS 68 (1978), 44−73 (50f). R. WENNING, Dekapolis (Anm. 356), 16f ist der Vergleich mit einem „Konsul oder Handelsattaché" zu wenig und er zieht den Vergleich mit „dem arabischen Šēḫ" vor. Doch das ist ein Streit um Worte. Es gab auch „Generalkonsulate" mit erheblicher Machtfugnis gerade im Orient, etwa im osmanischen Reich vor dem 1. Weltkrieg. Die Damaszener waren bei den Handelswegen nach Osten und Südosten auf das Wohlwollen des nabatäischen Königs angewiesen (s. o. S. 92); vgl. J. M. C. BOWSHER, The Nabataean Army, in: The Eastern Frontier of the Roman Empire. Proceedings of a colloquium held at Ankara in September 1988, ed. by D. H. French/C. S. Lightfoot, British Institute of Archaeology at Ankara Monograph No. 11, BAR International Series 553(i), 1989, 21: Er sieht in diesem Ethnarchen „the highest authority of Nabataean Damascus" mit Befehlsgewalt über eine Garnison. U. E. zu Unrecht, doch garantierten vielleicht nabatäische Reiter den Schutz damaszenischer Karawanen nach Osten und Südosten gegen entsprechende Soldzahlungen. Vgl. zur militärischen Schlagkraft und den zivilen und militärischen Aufgaben des nabatäischen Heeres vor allem D. F. GRAF, Nabataean Army (Anm. 356), besonders 275−279 zu den nabatäischen Strategen (strg) und 289f zu den Centurionen (qnṭryn); „Ethnarch" gehört nicht zu den militärischen Amtsbezeichnungen. S. den grundsätzlichen Beitrag von E. A. KNAUF u. S. 465−471.

[859] SCHÜRER III,1, 92f. Vgl. auch den Archon der Juden in Antiochien und in Leontopolis, s. o. Anm. 391.

[860] RIESNER, Frühzeit, 75f; KNAUF, Ethnarch, 146f; STARCKY, DBS VII (Anm. 805), Sp. 915f: CIS II,160.188. Nach Apg 28,13f fanden Paulus und seine Begleiter, darunter Lukas, dort „Brüder", die sie baten, eine Weile bei ihnen zu bleiben.

[861] Frühzeit, 77. S. auch E. A. KNAUF u. S. 466 zur sprachlichen Ableitung.

Judenviertel ursprünglich nebeneinander. Wie groß die nabatäische „Kolonie" in Damaskus war, wissen wir nicht. Sie mag wesentlich kleiner gewesen sein als die jüdische, durch die Macht des nabatäischen Königs über die östlich- südöstlichen Karawanenwege war ihr Einfluß jedoch kaum geringer. Was den Ethnarchen zu diesem Schritt bewogen hat, eine – wahrscheinliche – Anweisung aus Petra, eine Intervention der jüdischen Gemeinde oder auch beides zusammen, kann offen bleiben. Auf jeden Fall darf man annehmen, daß die Predigt des Apostels auf die Dauer kräftiges Ärgernis erregte, im nabatäischen „Arabien", das in politische Händel mit dem jüdischen Tetrarchen Herodes Antipas verwickelt war, wie in Damaskus, d.h. bei ‚Arabern' und in den Synagogengemeinden. Sollte das nicht mit der öffentlichen Predigt vom gekreuzigten und wiederkommenden Messiaskönig Israels und der Infragestellung der Tora als Heilsweg zusammenhängen? Können wir einen anderen, besseren Grund für diesen Akt der Verfolgung angeben? „Wenn ich aber noch die Beschneidung verkündigte, was werde ich da verfolgt? Vielmehr würde das Ärgernis des Kreuzes beseitigt!"[862] Darf das erst seit den Umtrieben der „Judaisten" in Galatien gelten oder wurde der das „Ärgernis des Kreuzes" verkündigende Paulus nicht von Anfang an bedroht? Die „Beschneidung" hatte er als junger Schriftgelehrter in den griechischsprechenden Synagogen Jerusalems „verkündigt", und damals wurde er um dieses „Ärgernisses des Kreuzes" willen zum schärfsten Verfolger. Die Flucht aus Damaskus ist demgegenüber der erste Akt von Gewalt gegen Paulus, über den wir vom Apostel selber wissen.[863]

Jetzt, nach der radikalen Veränderung seines Lebens, wurde er zum Opfer, doch wohl wegen seiner anstößigen messianischen Boschaft, die schon damals für „die Juden als ein Ärgernis", für den nabatäischen Herrscher und seine Handlanger aber als gefährliche politische Umtriebe eines jüdischen Schwärmers erscheinen konnte. Nicht auszuschließen ist dabei, daß Paulus *und* die Apg Recht haben, nämlich daß die jüdische Gemeindebehörde *und* der nabatäische ‚Konsul' beim Versuch, diese unheimliche Person unschädlich zu machen, zusammenarbeiteten.

---

[862] Gal 5,11.
[863] Es ist freilich durchaus möglich, daß ihm schon in Damaskus oder auch in „Arabien" die Synagogenstrafe, die er nach 2. Kor 11,24f insgesamt fünf mal empfing, zuteil wurde. S. dazu o. S. 156.

6. Der Besuch bei Petrus in Jerusalem

6.1 Die beiden Berichte Gal 1,18–20 und Apg 9,26–30

1. Jetzt erst, nach zwei bis drei Jahren, nachdem er in Damaskus, geraume Zeit in Arabien und dann wieder in Damaskus missionarische Erfahrungen gesammelt hatte, reist Paulus nach Jerusalem.

> „Darauf, nach drei Jahren, ging ich nach Jerusalem hinauf, um Kephas kennenzulernen, und ich blieb bei ihm fünfzehn Tage, einen anderen von den Aposteln sah ich nicht, außer Jakobus, den Bruder des Herrn. Was ich aber euch schreibe – siehe, es ist vor Gott, daß ich nicht lüge."[864]

Der „missionarische Einzelgänger" wollte nun doch mit dem Haupt des Zwölferkreises und Sprecher der jungen Jesusgemeinde in der Heiligen Stadt in Verbindung treten. Der autobiographische Bericht des Paulus macht trotz seiner Kürze einen präzisen Eindruck, aber er wirft zugleich Fragen auf: Die wenigen Fakten, die er berichtet, sind dem Apostel so wichtig, daß er ihre Wahrheit mit einer Schwurformel bekräftigt.[865] Er wehrt dadurch offenbar die falsche Meinung ab, er habe sich in Jerusalem mit einer Mehrzahl von Aposteln getroffen, wie er ja auch nachher betont, daß er den „Gemeinden Judäas, die in Christus sind" (1,22), unbekannt blieb. Wahrscheinlich war von den Judaisten in Galatien verbreitet worden, er habe in einer engen Verbindung mit der Gemeinde in Jerusalem und ihrem Leitungsgremium gestanden und sei von diesen abhängig. D. h. Paulus berichtet hier mit einer apologetischen Tendenz. Lukas erzählt von diesem Besuch etwas ausführlicher (Apg 9,26–29), wobei nach ihm die abenteuerliche Flucht aus Damaskus unmittelbar vorausging (9,23–25). Aus 2. Kor 11,32 f kann man erschließen, daß dies der historischen Wirklichkeit entspricht.[866]

2. Die lukanische Fassung scheint die wenigen Angaben des Paulus einerseits

---

[864] Gal 1,18–20: Ἔπειτα μετὰ ἔτη τρία ἀνῆλθον εἰς Ἱεροσόλυμα ἱστορῆσαι Κηφᾶν καὶ ἐπέμεινα πρὸς αὐτὸν ἡμέρας δεκαπέντε, 19 ἕτερον δὲ τῶν ἀποστόλων οὐκ εἶδον εἰ μὴ Ἰάκωβον τὸν ἀδελφὸν τοῦ κυρίου. 20 ἃ δὲ γράφω ὑμῖν, ἰδοὺ ἐνώπιον τοῦ θεοῦ ὅτι οὐ ψεύδομαι.

[865] Gal 1,20; u. E. könnte sich die Verurteilung des Schwörens Jak 5,12 wie auch viele andere Warnungen des Briefes gegen Paulus richten, der auffällig häufig Schwurformeln verwendet, s. M. HENGEL, Jakobusbrief (Anm. 14), 260f.275 Anm. 76. A. DAUER, Paulus, 27 erkennt in Gal eine „paulinische Polemik", ja „geradezu eine gewisse Gereiztheit", die „auf ... Gerüchte hinweist". Lukas habe solche Traditionen „ohne Arg" übernommen, „da er den Einspruch des Paulus nicht kannte".

[866] S. o. S. 210. Unmittelbar voraus geht auch dort eine ähnliche Schwurformel wie Gal 1,20:

zu ergänzen, an einem entscheidenden Punkt widerspricht sie ihm jedoch. Daß dem Bericht des Paulus dabei grundsätzlich der Vorzug zu geben ist, leidet keinen Zweifel, auch der Versuch einer kurzschlüssigen Harmonisierung ist abzulehnen, aber das bedeutet noch nicht, daß der Beitrag des Lukas als Ganzes historisch von vornherein wertlos ist.[867] Er stimmt ja – obwohl völlig unabhängig – doch auch wieder in erstaunlicher Weise mit Gal 1,18f überein. Wenn wir ihn mit Paulus vergleichen wollen, müssen wir ihn genauer abhören.[868]

„Als er aber nach Jerusalem gekommen war, versuchte er, mit den Jüngern Verbindung aufzunehmen[869], und alle[870] fürchteten sich und glaubten nicht, daß er ein Jünger sei. Barnabas aber nahm ihn mit[871] zu den Aposteln. Und er (Paulus) erzählte ihnen[872], wie er auf dem Wege den Herrn sah, und er (der Herr)[873] mit ihm redete und wie er in Damaskus freimütig im Namen Jesu redete."

Fast möchte man annehmen, daß die Berichte des Paulus von seiner Frühzeit z. T. überhaupt, nicht zuletzt in Jerusalem, später angezweifelt wurden.

[867] H. CONZELMANN, Apostelgeschichte, 67 dekretiert zu 9,28f: „Die ganze Darstellung enthält keinen konkreten Stoff." Zur Diskussion s. A. DAUER, Paulus, 24–28.165-171 Anm. 16–45.

[868] Die besten Überlegungen zu diesem umstrittenen Text bei Chr. BURCHARD, Zeuge,145–150.153-155; s. auch C.K. BARRETT, Acts 1, 468–471; völlig an der lukanischen Intention vorbei geht G. KLEIN, Apostel, 162–166. Auch E. HAENCHEN, Apostelgeschichte, 323ff liest aus Lukas Dinge heraus, die dieser nicht sagt.

[869] Zur Übersetzung von κολλᾶσθαι s. Chr. BURCHARD, ZNW 61 (1970), 159f; vgl. 5,13; 10,28; 17,34; vgl. DERS., Zeuge, 145f und C. K. BARRETT, Acts 1, 274f.

[870] Von Lukas im Evg und in Apg gerne plerophorisch übertreibend verwendet. Gemeint sind alle, die von diesem Versuch hören. Dadurch wird eine gewisse Spannung und ein Kontrast zum Verhalten des Barnabas hergestellt. Vgl. u. Anm. 889.

[871] Zur Übersetzung von ἐπιλαβόμενος wieder Chr. BURCHARD, ZNW 61 (1970), 165 und DERS. Zeuge, 146f. Es bedeutet nicht, wie „in den deutschen Kommentaren durchweg" übersetzt wird „er nahm sich seiner an", sondern nur „anfassen" oder „mitnehmen", s. Apg 17,19 u. ö. „Von einer engen Beziehung zwischen Barnabas und Paulus, von einer Mittlertätigkeit über die Herstellung des Kontaktes hinaus sagt Lukas … kein Wort". S. schon DE WETTE/OVERBECK, Kurze Erklärung der Apostelgeschichte, 1870, 144.

[872] Hier ist auf jeden Fall ein Subjektwechsel von Barnabas zu Paulus vorauszusetzen. Entweder bei der Erzählung oder im folgenden Satz beim Sehen des Herrn. Ersteres ist wahrscheinlicher. Ein derartiger Wechsel findet sich relativ häufig in erzählenden Texten des AT und besonders in der frühjüdischen Literatur; bei Lukas dagegen ist eine solche ‚Nachlässigkeit' selten (vgl. etwa Apg 2,24). In einer Schrift wie den VP begegnet man ihm auf Schritt und Tritt. Vgl. schon A. LOISY, Les Actes des Apotres, 1920, 423; aber auch C. K. BARRETT, Acts 1, 423 und Chr. BURCHARD, Zeuge, 147f: „im übrigen ist es stilgerecht, daß eine von einem übernatürlichen Ereignis betroffene Person dieses selbst erzählt." G. SCHNEIDER, Die Apostelgeschichte, HThK V,1, 1982, 38 verweist darauf, daß im sonstigen Gebrauch von διηγέομαι bei Lukas (Lk 8,39; 9,10), vor allem aber in der gleichlautenden Parallele Apg 12,17 „Selbst-Erlebtes" erzählt wird (Ausnahme das Schriftzitat Apg 8,33). Lukas setzt wie auch später voraus, daß man das von Paulus Erlebte aus seinem eigenen Munde hören wollte.

[873] In 9,5 und 26,15 stellt Saul nur die stilgemäße Frage „Wer bist du Herr?"; in 22,8.10 noch „Was soll ich tun, Herr?". Der eigentlich Sprechende ist Jesus. A. LOISY, Actes, 423 sieht hier einen „hagiographischen" faux pas des Lukas: „Paul lui-même, dans les épîtres, ne se flatte pas d'avoir conversé avec le Christ." In V. 27 erscheint jedoch zweimal das vorausgehende Objekt beim nachfolgenden Verb als Subjekt: αὐτόν (= Paulus) und διηγήσατο, τὸν

6.2 Gemeinsame Voraussetzungen

1. Gemeinsamer Ausgangspunkt von Gal 1,18f und Apg 9,26−30 ist, daß Paulus von Damaskus nach Jerusalem kommt, und zwar vertrieben durch die von 2. Kor 11 und Apg 9,23−25 geschilderte Lebensgefahr. Auch Gal 1,18f ist vorauszusetzen, daß dem ἀνῆλθον die 2. Kor 11,32f erzählte Flucht aus Damaskus vorausging. Aus beiden Berichten geht so indirekt hervor, daß der Apostel es nicht eilig hatte, nach Jerusalem zu kommen. Der unmittelbare äußere Anlaß war eben die Notwendigkeit plötzlicher Flucht.[874] Sie aber macht es unwahrscheinlich, daß Paulus die Möglichkeit hatte, von Damaskus aus die Reise zu planen oder gar durch Voranmeldung bei Kephas/Petrus vorzubereiten. Auch über eine Einladung von diesem wird nichts berichtet. Die Initiative geht bei Lukas und in Gal 1 allein von Paulus aus. Bereits dies ist eine erstaunliche Übereinstimmung. Auf die unterschiedliche Zeitangabe habe ich schon hingewiesen. Im Gegensatz zur zweiten Hälfte der Apg, der Lukas als Augenzeuge näher steht, kann er in der ersten Hälfte kaum exakte Zeitangaben machen. Die ἡμέραι ἱκαναί deuten einfach auf einen unbestimmten, jedoch *längeren* Zeitraum hin.[875]

Auch nach der Apg drängt Paulus gerade nicht, nach Jerusalem zu kommen, um „den Anschluß an die zwölf Apostel (zu finden), der ... für die Legalität seines Amtes unerläßlich ist".[876] Im Gegenteil: In der Apg wie im Gal ergibt sich der Zeitpunkt des Besuches aus den Umständen. Er muß überraschend aus Damaskus fliehen. Wenn man nun aufgrund von Gal 1,22f annimmt, daß die Lebenswende des Verfolgers in Jerusalem bekannt war, dann sollte man auch vermuten, daß Paulus nach wie vor die Rache seiner ehemaligen Freunde und

---

κύριον und ἐλάλησεν. Dann ist wieder bis V. 29 Paulus das handelnde Subjekt in der Erzählung.

[874] A. OEPKE, Galater, ThHK IX, 1937, 26.

[875] 9,23 vgl. 9,43; 18,18; 27,27 vgl. 20,10. Peschitto: sgjw ... jwmt'; Vulgata: *dies multi*; vgl. auch P^{45} und h zu 9,19b, wo die übrigen Zeugen ἡμέρας τινάς lesen; dazu C. K. BARRETT, Acts 1, 463: „Luke seems to use both expressions when he has no precise length of time in mind, but ἱκαναί suggests a longer time". Eine exakte zeitliche Angabe in der Frühzeit findet sich erst 11,26 s. u. Anm. 1379−1385. Für die spätere Zeit 18,11 (18,18bc meint eine Teilzeit dieser 18 Monate); 19,10 und 20,31 (voneinander abweichend; vgl. auch 1. Kor 16,8); 25,5.27; 25,1 u. ö. Gerade diese Differenzierungen bei den verschiedenen Zeitangaben, die in der Apg später präziser werden (s. auch Lk 2,1 und 3,1f), weisen Lukas als Historiker aus und unterscheiden ihn von den Produzenten von Apostelromanen. Hier muß man entweder die Ernsthaftigkeit seiner Schriftstellerei bei allen Mängeln anerkennen oder sie generell verwerfen. Letzteres traut sich aber selbst die radikale Lukaskritik nicht. Zu den lukanischen Zeitangaben s. vor allem A. v. HARNACK, Apostelgeschichte, 21−53

[876] Dieses Zerrbild zeichnet G. KLEIN, Apostel, 164. Vom „Amt" des Paulus spricht Lukas nie, nur von seiner „Sendung" bzw. „Aufgabe" und die stammt allein vom Kyrios selbst. Nach E. HAENCHEN, Apostelgeschichte, 323 läßt Lukas Paulus „sehr bald nach seiner Berufung" nach Jerusalem reisen, deshalb war man dort über die Vorgänge in Damaskus nicht informiert. Er folgert daraus: „der Boden, auf dem die ganze lukanische Konstruktion errichtet ist, trägt nicht und damit stürzt alles zusammen". So einfach ist das. Der Wunsch des Exegeten schafft die „kritischen" Fakten.

Mitverfolger, der jüdischen „Hellenisten" in der heiligen Stadt, fürchten mußte, d. h. daß sein Leben auch in Jerusalem gefährdet war und daß er versuchte, bei seiner Ankunft dort nach Möglichkeit unbekannt zu bleiben. Da er nach Apg 23,16−22 am Ort einen Schwestersohn besaß, der sich gegenüber seinem christlichen Onkel auch noch ca. 20 Jahre später loyal verhielt und ihm damit das Leben rettete, kann man annehmen, daß er, ohne Aufsehen zu erregen zunächst bei seinen Verwandten unterkam. So *könnte* es zumindest geschehen sein. Denn gerade Gal 1,18f läßt es aufgrund des bekannten Faktums, daß Paulus nur mit Petrus (und Jakobus) zusammentraf und sonst keinen jener Männer sah, die „vor ihm" in Jerusalem „Apostel" waren (Gal 1,17), als plausibel erscheinen, daß dieser Besuch ganz bewußt ohne großes Aufsehen geschehen sollte. Daß *alle* anderen Apostel − wie viele es für Paulus gab, wissen wir nicht, aber doch wohl mehr als zwölf[877] − zufällig auf Missionsreisen waren, ist wenig wahrscheinlich. Eher wäre zu vermuten, daß Paulus mit ihnen nicht zusammenkam, weil sie ihn − aus Gründen der Geheimhaltung − *nicht sehen sollten*, oder aber weil sie ihn, den ehemaligen Verfolger und Verkündiger eines besonderen Evangeliums, nicht sehen wollten. Die umgekehrte Möglichkeit, die H. H. Wendt vermutete, „daß er absichtlich seinen Verkehr auf Petr(us) und Jak(obus) beschränkte und die übrigen Ap(ostel) deshalb nicht sah, weil er überhaupt nicht zu der eigentlichen Gemeinde in Jer(usalem) in Beziehung trat"[878], verkennt die Situation in Jerusalem, wo Paulus nicht als Fordernder auftreten und Vorschriften machen konnte. Die Einschränkung ging − zumal bei der Länge des Aufenthalts − doch wohl von den Jerusalemern aus. Er kommt dorthin als überraschender Gast, nicht als Herr.[879]

Daß neben Kephas/Petrus, den er kennenlernen will, auch noch der Herrenbruder *Jakobus* hinzutritt, könnte damit zusammenhängen, daß mit ihm der führende Mann des anderen − gesetzesstrengeren − Flügels dazugebeten wurde, der nach der Flucht des Petrus aufgrund der Agrippaverfolgung ca. 7 Jahre später (wohl 43 n. Chr.) die Führung in Jerusalem übernahm und darum

---

[877] Vgl. 1. Kor 15,5.7 und 9,5. Auch Jakobus wird offenbar Gal 1,19 zu den Aposteln gerechnet trotz der Unterscheidung 1. Kor 9,5. U. E. gehören zunächst einmal die Zwölf zu ihnen, doch der Kreis mußte größer sein. S. auch Röm 16,7 und 2. Kor 11,5.13: Grundvoraussetzung war eine Erscheinung des Auferstandenen und die Sendung durch ihn. Wie vielen dies − anerkanntermaßen − zuteil wurde, wissen wir nicht. Möglicherweise denkt Paulus in Gal 1,19 (und 17) jedoch vornehmlich an den − Jerusalemer − Zwölferkreis, an dessen Spitze Kephas/Petrus stand. Das bedeutete, daß Paulus ausnahmsweise hier die Zwölf, d. h. die „Apostel" nach Jerusalemer Verständnis meint.
[878] Die Apostelgeschichte, KEK 1913, 175. Zur Erörterung der verschiedenen Gründe in der neueren Forschung s. A. DAUER, Paulus, 145 Anm. 88.
[879] Das wird von PRATSCHER, Jakobus, 56 völlig übersehen. Es ist wenig wahrscheinlich, daß bei diesem „Antrittsbesuch" nur das Interesse des Paulus wesentlich war. Ob er „kein Interesse am Kontakt zu anderen Repräsentanten der Jerusalemer Gemeinde" besaß, wissen wir nicht. Vielleicht hatten diese aus den genannten Gründen kein sonderliches „Interesse". Unbezweifelbar ist, daß Paulus in Gal großes „Interesse" daran hat, sein eigenes Interesse am Jerusalembesuch zu minimalisieren.

beim „Apostelkonzil" ca. 49 n. Chr. unter den Säulen an erster Stelle steht und Kephas/Petrus die 2. Stelle zuweist.[880]

2. Die plausibelste Erklärung dafür, daß Paulus (was die Apostel anbetrifft) *nur* mit Kephas/Petrus und Jakobus zusammentraf, ist so das Motiv der *Geheimhaltung*. „Die Gefahr gebot strengstes Incognito". Er hatte sich so A. Oepke: „... geradewegs in die Höhle des Löwen begeben".[881] Man muß dabei die gespannte, stets bedrohliche Situation der Jerusalemer Gemeinde zwischen dem Stephanusmartyrium mit der sich anschließenden Vertreibung der judenchristlichen Hellenisten und der Verfolgung unter Agrippa I. berücksichtigen, als in Jerusalem immer noch Kaiphas (bis Herbst 36) regierte, hinter dem der Clan des Hannas stand. Zwischen dem Tod des Stephanus und dem Vorgehen Agrippas I. werden ca. 10 Jahre liegen, in denen es jedoch trotz der Versicherung des Lukas Apg 9,31 immer wieder zu kleineren Übergriffen gekommen sein mag. Die Bedrohung blieb, wie auch 1. Thess 2,14 und zahlreiche Evangelientexte zeigen, bestehen.[882]

Die Jerusalemer Gemeinde wird sich ca. zwei bis drei Jahre nach der Vertreibung der Hellenisten ganz überwiegend aus „Hebräern", d. h. aramäischsprechenden Judenchristen,[883] zusammengesetzt haben, wobei es sicher auch einzelne Jünger gegeben hat, die mit den Vertriebenen verbunden waren und Verständnis für sie hatten.[884] Das Erscheinen des ehemaligen Verfolgers und

---

[880] Vgl. Apg 12,17; s. dazu u. S. 383ff und M. HENGEL, Jakobus, 98–103; PRATSCHER, Jakobus, 55ff im Anschluß an F. F. BRUCE, The Epistel of Paul to the Galatians, NIGTC, Exeter 1979, 99: „James was perhaps already the leader of one group in the Jerusalem church". PRATSCHER fügt mit Recht hinzu, daß es sich dabei nur um „einen offenen Kreis von Gemeindegliedern" gehandelt haben könnte und verweist auf die „Rivalitätsformel" 1. Kor 15,7. Weiter darf man ihm auch nicht von vornherein eine generell „antipaulinische Haltung" unterstellen. Sie wird „für diese Zeit weder von den führenden Repräsentanten der Urgemeinde, noch überhaupt von einer Gruppe der aramäischsprechenden, judäischen Gemeinde berichtet, man freute sich vielmehr, daß Paulus von einem Verfolger zu einem Verkündiger geworden war (Gal 1,22ff), auch wenn manche zurückhaltend gewesen sein werden." (PRATSCHER, Jakobus 57f). Fragwürdig ist jedoch, wenn PRATSCHER aus dem εἶδον 1,19 „nur eine beiläufige, sich mehr oder minder zufällig ergebende Kontaktnahme" herauslesen will (56). Ähnlich auch MUSSNER, Galaterbrief, 96 u. a., s. dagegen A. DAUER, Paulus, 17.148 Anm. 91. Bei solch schwierigen Besuchen überließ man nach Möglichkeit nichts dem „Zufall".

[881] Galater, 26f. Vgl. J. WEISS, Urchristentum, 147.

[882] Mt 10,17–25; Mk 13,9–13; Lk 12,11f; 21,12–19; Joh 9,22; 12,42; 16,2ff; die letzten Texte mit dem Hapaxlegomenon ἀποσυνάγωγος müssen sich durchaus nicht auf die Zeit nach 70 beziehen, denn nach diesem Schicksalsjahr waren jüdische Gemeinden und Judenchristen getrennt. Sie galten mehr und mehr bereits ab der „Gründerzeit" als „Häretiker". Dazu M. HENGEL, Johanneische Frage, 288f.

[883] Apg 6,1 s. dazu M. HENGEL, Zwischen Jesus und Paulus; DERS., Der vorchristliche Paulus, 220f Anm. 146; Ps.-Clem, Hom 11,35,4 nennt später die judenchristliche Gemeinde in Jerusalem ἡ τῶν Ἑβραίων ἐκκλησία, die von Jakobus geleitet wird. Dies würde auch den energischen Protest der „Apostel und Brüder", d. h. „der aus der Beschneidung" gegen Petrus über die Taufe des Heiden Cornelius und seines „Hauses" in Jerusalem nach der Darstellung des Lukas Apg 11,1–3 erklären.

[884] Vgl. Mnason Apg 21,16; weiter 12,12f; 11,22ff.28; 15,22. Die Grenze zwischen den aus Eretz Israel stammenden als Muttersprache Aramäisch sprechenden und den der Diaspora

Eiferers für das Gesetz in Jerusalem, der jetzt in seiner Haltung gegenüber der Tora noch kritischer war als die vertriebenen „Hellenisten", konnte als gefährlich empfunden werden, und das würde die Beschränkung seiner Gesprächspartner auf die beiden maßgeblichen Männer der Gemeinde und die Aufnahme als Gast bei Petrus erklären. Man wollte, daß möglichst wenig von seinem Aufenthalt nach außen dringen sollte. Ein Bekanntwerden des Besuchs des ‚umgedrehten' Verfolgers hätte für Paulus selbst eine Gefahr bedeutet, aber auch die Gemeinde bei den „Gesetzeseiferern" in Jerusalem in ein schlechtes Licht setzen können.[885] Dieses Problem blieb bis zu seiner Verhaftung im Tempel rund 20 Jahre später bestehen.[886] D. h. der Bericht des Paulus über seinen ersten Besuch bei Petrus in Jerusalem weist genauso auf schwierige Probleme hin wie die – gewiß sekundäre – lukanische Erzählung. Paulus sagt nicht, daß er mit dem definitiven Wunsch nach Jerusalem ging, *einzig und allein* Kephas/Petrus kennenzulernen, und daß *er* alle anderen Kontakte abgelehnt habe. Der Wunsch, Petrus zu sehen, wird aber sein Hauptgrund gewesen sein[887] und weist auf die damals in der Frühzeit *absolut führende Rolle des Kephas/Petrus hin*, die uns auch Lukas eindrücklich bestätigt. Andere mögliche Wünsche mußten hinter diesem einen zurückstehen. Immerhin wurde ihm auch – wahrscheinlich nur zeitweilig – die Gegenwart des Jakobus zugemutet. Die Beschränkung auf diese beiden „prominenten" Gesprächspartner und die Tatsache, daß er bei Kephas/Petrus zwei Wochen bleiben konnte, zeigen zugleich die Bedeutung, welche man auch in Jerusalem seinem Besuch beimaß. Auch die beharrliche Verwendung des aramäischen Namens Kephā statt des sonst im Neuen Testament geläufigen griechischen „Petros" bei Paulus ist auffällig. Sie weist wie Maranatha (1. Kor 16,22) und Abba (Röm 8,15; Gal 4,6) in die Jerusalemer Anfangszeit zurück. Paulus hat diesen ungewöhnlichen Sprachgebrauch festgehalten.[888]

Doch wie fand Paulus den Weg zu Petrus und nur zu ihm? Hatte er die

---

zugewandten Griechisch sprechenden Judenchristen in Jerusalem war nicht immer ganz leicht zu ziehen. S. auch o. S. 56f.

[885] LIETZMANN, An die Galater, HNT 10, ³1953, 9: „Wenn Paulus außer Petrus und Jakobus keinen anderen Apostel gesehen hat, so wird das wohl kaum seinen Grund darin haben, daß alle Apostel auf Reisen gewesen sind, sondern darin, daß Paulus sich vor den Juden versteckt halten mußte: das mag auch Apg 9,29 durchschimmern."

[886] Apg 21,27–36. Lukas war u. E. damals selbst in Jerusalem. Paulus sah – aufgrund früherer Erfahrungen – diese Gefahr voraus, Röm 15,30f vgl. auch 2. Kor 11,24.26: Die Gefährdung durch die Volksgenossen nennt er immer zuerst: dies ist keine Marotte und Erfindung des Lukas. Die hier geschilderten Gefahren bestanden seit Beginn seiner Missionspredigt.

[887] A. OEPKE, Galater, 26: „Sein Wunsch, mit dem Führer der Urgemeinde in Verbindung zu treten, war ... dringend."

[888] Gal 1,18; 2,9 (nur in 2,8 erscheint Petros; dies kann jedoch gegen E. DINKLER, Der Brief an die Galater, VF 55 [1953/55], 279 = Signum Crucis, Tübingen 1967, 278–282 kaum auf ein wörtlich zitiertes „Protokoll" zurückgehen. Paulus erzählt ja in der 1. Person); 2,11.14; 1. Kor 1,2; 9,5; 15,5. Sonst nur noch mit Übersetzung in Joh 1,42: Einer der vielen Hinweise dafür, daß der Autor des 4. Evangeliums palästinischer Judenchrist war.

Adresse aus Damaskus mitgenommen und stracks dessen Wohnung aufgesucht: „Hier bin ich!"? Oder begann er erst nach seiner Ankunft in Jerusalem sich nach ihm zu erkundigen? Und liegt es da nicht nahe, daß ihm ein Dritter den Besuch und den Aufenthalt bei Petrus vermittelte?

Es ist darum längst nicht so sicher, wie die radikale Kritik behauptet, daß Lukas lediglich vom Faktum des Besuchs in Jerusalem wußte und alles andere frei nach seiner theologischen Tendenz gestaltete. Auf einige erstaunliche Übereinstimmungen haben wir schon hingewiesen; sie sind nur schwerer zu erkennen als die *Widersprüche*. Diese sind offenkundig.

1. Sie beginnen damit, daß Paulus in Jerusalem wieder „Jünger" findet, nachdem doch „alle"[889] nach 8,1 außer den Aposteln aus Jerusalem nach Judäa und Samarien vertrieben worden waren. Es handelt sich hier um eine der zahlreichen lukanischen Nachlässigkeiten bzw. Übertreibungen. Historisch wurden vermutlich nur die judenchristlichen „Hellenisten" vertrieben,[890] während das Verhängnis an den „Hebräern" und ihrem Führungskreis vorüberging. Daß auch sie etwas von der Erschütterung des Stephanusmartyriums und den nachfolgenden Schockwellen zu spüren bekamen, ist anzunehmen. Lukas hätte vermutlich über den kritischen Einwand verwundert geantwortet: Die Jünger sind natürlich in der längeren Zwischenzeit wieder zurückgekehrt. Schon in 8,2 läßt er Stephanus von frommen Männern begraben und beklagt werden, unmittelbar darauf folgt das Wüten des Saul gegen die ἐκκλησία (mit Ausnahme der Apostel?), die mitnichten schon zerstreut ist.[891] Die Widersprüche sind offensichtlich. Dies mag damit zusammenhängen, daß er verschiedenes Überlieferungsmaterial in falscher Reihenfolge zusammenstellte und das ganze Erzählgefüge darunter leidet, daß er die Verfolgung und Vertreibung auf die ganze Gemeinde ausdehnte.

2. Apg 9,26 erweckt den Eindruck, als seien die Jerusalemer „Jünger" über die Bekehrung des Paulus überhaupt nicht informiert und sein Bemühen, mit ihnen Verbindung aufzunehmen, versetze sie „alle" nur in Furcht und Schrecken, da sie in ihm noch den Verfolger sahen. Das läge dann auf der Linie von 9,13 und 21 und widerspräche Gal 1,21f. Doch muß man zumindest mit der Möglichkeit rechnen, daß in der Lukas vorliegenden Tradition durchaus von Furcht und Mißtrauen gegenüber dem plötzlichen Neuankömmling die Rede war, aber vielleicht aufgrund anderer Motive, etwa daß dessen Erscheinen zu

---

[889] Schon Calvin kritisiert dieses πάντες als Übertreibung (vgl. auch das πάντες 9,26 und o. Anm. 870). S. dazu C. K. BARRETT, Acts 1, 391f. Dieses abundierende, übertreibende πάντες hat Lukas häufiger als die anderen neutestamentlichen Autoren; vgl. Lk 4,22 vgl. 28; 8,40.52; 9,43; 13,27; 14,18; 20,38; 22,70; 23.48.49; im Sondergut: 1,63.66; 2,3.18.47; 6,26; 13,3.5.17; 14,29; 15,1; 19,7. Vgl. weiter Apg 1,14; 2,14.32.44; 3,24; 4,21; 5,17.37; 8,10; 9,21.35; 10,33.43; 16,33; 17,7.21; 18,2.17; 19,7; 20,25; 21,18.20.24; 22,3; 25,24; 26,4; 27,36 u.ö. Vor allem die Übertreibung in 18,2, daß Claudius *alle* Juden aus Rom vertrieben habe, ist durch ihre historische Unwahrscheinlichkeit durchsichtig und eine treffende Parallele zu 8,1.

[890] Vgl. 11,19 und o. S. 47. 147.

[891] In den „frommen Männern" 8,2 möchte Lukas vgl. C. K. BARRETT, Acts 1, 392 „,good' Jews" sehen. Wir bezweifeln aber, daß Lukas diesen Hinweis selbst erfand.

neuer Bedrohung und Unruhe führen konnte, oder, daß man aus Arabien oder Damaskus u. a. auch von seinen radikal-theologischen Neigungen gehört hatte, die vielen in Jerusalem zu weit gingen. Die „Hellenistenvertreibung" war ja noch in unmittelbarer Erinnerung und den ehemaligen Verfolger in nächster Nähe zu haben, war etwas anderes als von seiner Lebenswende und neuen Glaubenspredigt aus der Ferne zu hören.

3. Unhistorisch ist auf jeden Fall die Szene, in der Lukas Paulus „vor den Aposteln" auftreten läßt: οἱ ἀπόστολοι nennt er formelhaft die für ihn aus den zwölf Jesusjüngern bestehende Führungsgruppe in Jerusalem, die auf die Einsetzung durch Jesus zurückging und durch die Zuwahl des Matthias ergänzt wurde. Zwar spricht er nur einmal von den Zwölf,[892] aber er setzt sie doch in der Regel als maßgebliche Einheit voraus und erwähnt „die Apostel" zwischen 1,2 und 11,1 achtzehnmal in dieser Bedeutung. Ausnahmen begegnen nur 11,1, wo die Elf ohne Petrus, und 8,18, wo nur Petrus und Johannes, und 14,4.14, wo Paulus und Barnabas so bezeichnet werden. Zwischen 15,2 und 16,4 erscheinen mehrfach – als ein Zeichen für die neue Form der Gemeindeführung in der Heiligen Stadt – ebenfalls stereotyp „die Apostel *und die Ältesten*".[893] In 21,18 ist, das zeigt die völlig veränderte Lage in Jerusalem, nur noch von Jakobus und „allen Ältesten" die Rede. Diese feststehende Rede von „den Aposteln" als einer geschlossenen Einheit gehört zu dem gerade für die ideale Frühzeit holzschnittartigen Stil des Lukas. Sie läßt sich nicht, wie es in älteren konservativen Kommentaren[894] geschah, durch den Hinweis, daß mit „den Aposteln" Petrus und Jakobus gemeint seien, erklären. Lukas hat darunter den ganzen Jerusalemer Führungskreis verstanden. Welche Gesprächspartner er in der ihm überkommenen Tradition wirklich vorfand, können wir nur vermuten. Auffällig ist jedoch, daß er Paulus[895] vor den Aposteln nur seine Christusvision und seine Verkündigung des Namens Jesu in Damaskus vortragen läßt, von einer Antwort derselben oder gar einer Legitimation des neuen Missionars jedoch kein Wort sagt. In diesem Punkt stimmt der Auctor ad Theophilum durchaus mit der knappen Darstellung des Paulus in Gal 1,18f überein. Hier erfahren wir aus Gal 1,24 im Blick auf die Reaktion der „Gemeinden in Judäa"

---

[892] Apg 6,2 vgl. die „Elf" Lk 24,9.33; Apg 1,13.26; 2,24: Petrus und die Elf. Der Hinweis auf „die Zwölf" in 6,2 könnte das Relikt aus einer Quelle sein und steht zugleich in einem gewissen Kontrast zu den „Sieben" in 6,3 vgl. 21,8; s. dazu M. HENGEL, Zwischen Jesus und Paulus, 180f.

[893] Die Ältesten alleine begegnen uns erstmals schon als Empfänger der von Antiochien überbrachten Kollekte durch Barnabas und Paulus 11,30; vgl. noch 15,4.6.22f; 16,4. S. u. Anm. 1523–1525.

[894] Z. B. ZAHN, Apostelgeschichte 1, 331f; kritisch schon DE WETTE/OVERBECK, Apostelgeschichte, 145, der darauf hinweist, daß τοὺς ἀποστόλους mehr als die von Pls genannten zwei bedeuten muß. Doch daß Lukas damit „seine Selbständigkeit ihnen gegenüber ... verhüllen wolle", ist eine Unterstellung, denn von einer Abhängigkeit von ihnen ist gerade nicht die Rede.

[895] Nicht Barnabas s. o. Anm. 872.

sogar mehr: καὶ ἐδόξαζον ἐν ἐμοὶ τὸν θεόν.[896] Gewiß kann man mit Barrett aus Apg 9,27f folgern: „It is clearly implied that Saul was accepted by the apostles", aber er fügt im Blick auf V. 28 hinzu: „The wording suggests that Saul was not only with the apostles but shared their activities, and there is nothing to suggest that he did not do so *on equal terms*."[897] Auch Chr. Burchard betont: „von einer Approbation durch die Apostel verlautet nichts"[898], ja er kommt gegen E. Haenchen und G. Klein zu dem Schluß, „daß Paulus' Rang und Wirken genauso christusunmittelbar sind wie Rang und Wirken der Zwölf."[899] Lukas mag dem Paulus aus historischen und theologischen Gründen – beides läßt sich bei ihm schlecht trennen – den Aposteltitel (in der Regel) vorenthalten, eine Abhängigkeit oder Approbation seiner Verkündigung von den Jerusalemer Autoritäten wird bei ihm so wenig sichtbar wie bei Paulus selbst. Hieronymus läßt daher Paulus nicht beim ersten Besuch in Jerusalem, den er übergeht, sondern erst nach der Rückkehr von der ersten Missionsreise in Jerusalem vor den drei Säulen zum „Heidenapostel ordiniert" werden.[900]

4. Im Blick auf die Situation nach 70 zur Zeit des Lukas und später, als die großen Namen eines Petrus und Jakobus, die inzwischen Märtyrer geworden waren, eher eine höhere Autorität andeuteten als die anonymen „Apostel", wird der Unterschied zwischen Gal 1,18f und Apg 9,27–29 noch geringer. Der Eigenbericht des Paulus korrespondiert auch insofern mit dem des Lukas als beide die überragende Bedeutung des Kephas/Petrus für die Jerusalemer Urgemeinde und die Kirche überhaupt hervorheben. Ja, bei Paulus geschieht dies, gerade wenn man den Unterschied zwischen Briefen und Acta beachtet, noch mehr, da bei ihm der Einfluß des Kephas/Petrus nach dem Apostelkonzil erst recht weitergeht und bis nach Galatien und Korinth reicht, während ihn Lukas mit der Rede Apg 15,7–11 abrupt abbrechen läßt. Petrus muß danach aus der Apg verschwinden. Fast möchte man sagen: „Der Mohr hat seine Schuldigkeit getan, der Mohr kann gehen". Von jetzt an ist Lukas nur noch am Schicksal des Paulus interessiert. Umgekehrt fällt bei Paulus auf, wie sehr er sich gegenüber Petrus in Position setzt. Dieser bleibt auch später in besonderer Weise sein

---

[896] Diese Reaktion erscheint bei Lukas erst während des letzten Jerusalembesuches des Paulus Apg 21,20. Zur Formel vgl. noch 11,18 und 2. Kor 9,13.

[897] Acts 1, 469f (Hervorhebung M.H./A.M.S.).

[898] Zeuge, 148 s. auch H. v. CAMPENHAUSEN zum lukanischen Bericht: „Die Apostel können das vom Geist Getane immer nur anerkennen und lobpreisend bestätigen, während die neugewonnenen Christen sich dankbar ihrer Gemeinschaft anschließen. Dann führt Paulus die Mission vollends in neue Räume und neue Verhältnisse über. So pietätvoll sein Verhältnis zur Urgemeinde auch erscheint, er ist ihr nicht unterstellt. Die spätere, historisch undurchführbare Vorstellung von einer zentralen Regierung der Gesamtkirche durch die Apostel wird von Lukas also nicht vertreten." (Kirchliches Amt und geistliche Vollmacht in den ersten drei Jahrhunderten, BHTh 14, 1953, 167f).

[899] Zeuge, 154.

[900] Vir. ill. 5: *et iuncto sibi Barnaba multis urbibus peragratis revertensque Hierosolymam, a Petro Iacobo (man beachte die Umkehrung der Reihenfolge!) et Iohanne gentium apostolus ordinatur.*

„Kontrahent".[901] Die Bedeutung des Jakobus, den Lukas ähnlich wie Paulus nicht sonderlich liebt und darum als Person zurückstellt,[902] kann auch er nicht unterdrücken: Er sagt das abschließende, den Konflikt lösende Wort auf dem Apostelkonzil und bei ihm muß sich Paulus kurz vor Beginn seines Leidensweges einfinden und seinem Rat folgen.[903] Vielleicht ist darum das Schweigen der Apostel 9,27 trotz der in V. 28 durch die völlige Freiheit der Verkündigung angedeutete Gleichberechtigung auf seine Weise beredt, weil es unbeschadet einer grundsätzlichen Übereinstimmung[904] indirekt doch auf eine gewisse Distanz hinweisen könnte.[905] Lukas ist nicht jener *bedenkenlose* Harmonisierer, zu dem man ihn machen will. Er möchte aber in seelsorgerlicher Verantwortung schreiben und dafür fehlt dem modernen radikal-kritischen Exegeten oft das Verständnis, weil sie nicht seine historische Situation bedenken.

5. Anstoß erregte auch die Funktion der Person des *Barnabas*, deren Bedeutung z. T. stark übertrieben wurde. Daß Paulus jemandes bedurfte, der ihn – bei Petrus – einführte, ist plausibel, den Namen des Barnabas wird Lukas aus der Tradition erhalten haben.[906] Vielleicht war er als Levit aus Zypern ein Ansprechpartner in Jerusalem für die nach Damaskus geflohenen „Hellenisten". Dies würde seine spätere Rolle zwischen Jerusalem und Antiochien erklären, eine nicht leichte Aufgabe, die auch die Möglichkeit des Konflikts in sich barg. Das zeigt sein späteres Umfallen in Antiochien Gal 2,11 wie auch der Hinweis des Lukas auf den Streit mit Paulus über Johannes Markus

---

[901] Vgl. noch Gal 1,15f und Mt 16,16–19; 1.Kor 15,5 und 8–10; 9,5f; 3,11.22; Gal 2,7f.11.14 vgl. o. Anm. 887. U.E. ist er für Paulus der Exponent der ὑπερλίαν ἀπόστολοι 2. Kor 11,5.

[902] Er enthält ihm den Titel „Bruder des Herrn" vor (Apg 12,17; 15,13 und 21,18), nennt 1,14 seinen Namen nicht und verschweigt überhaupt die Verwandtschaft mit Jesus. Im Evangelium werden die Brüder Jesu 8,19–21 nur in negativem Zusammenhang erwähnt. Daß Lukas die kritische Mk-Vorlage „schönt", hängt mit der harmonisierenden Darstellung *ad usum Theophili* zusammen. S. M. HENGEL, Jakobus, 72; PRATSCHER, Jakobus, 23f leugnet eine kritische Einstellung des Lukas zu Jakobus, kann aber nicht erklären, warum Lukas seinen Ehrentitel in 12,17; 15,3 und 21,18 (wo er Augenzeuge war) unterschlägt und abgesehen von Apg 1,14 die Herrenverwandten völlig verschwinden läßt.

[903] Apg 15,13–21; 21,18–26.

[904] Vgl. 1. Kor 15,11; Gal 2,9.

[905] Daß Lukas um Spannungen wußte, aber um der Erbauung des Theophilos willen einiges verschweigt, zeigt der Protest 11,2; 13,13; 15,5.39; der änigmatisch kurze Hinweis 18,22; die Warnungen 21,4.10ff und die Mahnrede des Jakobus 21,20–25, deren Befolgung 21,26ff Paulus Lebensgefahr und Gefangenschaft bringt, wie auch die Einführung der Kollekte durch die Hintertür 24,17. In c. 22–26 läßt die Jerusalemer Gemeinde Paulus im Stich. Unterstützung erhält er 24,23 durch die ἴδιοι, d. h. u. a. wohl durch die Gemeinde in Cäsarea bzw. seine Missionsgemeinden (z.B. vielleicht Philippi, s. auch 27,3 Sidon).

[906] Das in der 2. H. des 6. Jh.s etwas später auf Zypern entstandene Enkomion des Mönchs Alexander auf Barnabas berichtet, Barnabas habe vergeblich versucht, den Verfolger Saulus zu bekehren: Daraus erklärt sich alles Weitere. Wie konnte sich Lukas eine so erbauliche Begründung entgehen lassen! S. ActaSS Junii Tom II, p. 431ff (c. 1 Ende), ed. Papebroeck; dazu R. A. LIPSIUS, Apostelgeschichten, II,1, 299.

Apg 15,37—39. Daß ihn Lukas 9,27 einfach aus freien Stücken eingefügt hat, halten wir für unwahrscheinlich. Er ist im Umgang mit Namen und Personen – im Gegensatz zu den späteren Pastoralbriefen und Apostelakten – relativ zurückhaltend.[907]

Man könnte dagegen einwenden, daß Paulus nichts von Barnabas sagt und betont, daß er „keinen von den Aposteln sah". Aber hat er seinen langjährigen Missionsgefährten Barnabas zu den *Jerusalemer* Aposteln gerechnet? 1. Kor 9,6 (und Gal 2,9) stellt er sich und Barnabas den „übrigen Aposteln" (bzw. den „Säulen") gegenüber. Wie dem auch sei, Lukas wird die Rolle des Barnabas in Jerusalem nicht aufgrund von dessen späterer Zusammenarbeit mit Paulus einfach frei erfunden, sondern übernommen haben; und es ist nicht auszuschließen, daß Barnabas Paulus damals wirklich den Weg zu Petrus gewiesen hat, ohne selber eine Rolle bei den Gesprächen zu spielen, wobei wir die Vorgänge im einzelnen nicht mehr rekonstruieren können.[908]

6. Deutlich ist, daß sich Paulus Gal 1,15—24 gegen eine *andersIautende Darstellung* wehrt, die schon damals in Galatien im Umlauf war. Zu dieser könnte gehören, daß Paulus mit dem ganzen Zwölferkreis in Verbindung getreten sei, in seiner Verkündigung von diesem abhängig sei und je nachdem, um „Menschen zu gefallen"[909], seine Überzeugung wechsle.[910] Lukas hat vermutlich das Faktum, den Besuch bei den „Aposteln", aus der Tradition übernommen, jedoch weitergehende antipaulinische Konsequenzen ebenso abgelehnt wie Paulus selbst. Daß er auf den Plural „die Apostel" Wert legt, könnte noch einen anderen Grund haben. Gal 1,18—20 erweckt den Eindruck, als sei der Besuch bei Petrus unter einer gewissen Geheimhaltung geschehen, weil das Leben des Paulus in Jerusalem bedroht war. Paulus selbst schweigt über die Ereignisse unmittelbar nach Ablauf der zwei Wochen und leitet in 1,21 sofort – mit einem ἔπειτα – zum Aufenthalt in „den Gebieten von Syrien und Kilikien" über. In dieser Sequenz besteht wieder grundsätzliche Übereinstimmung mit Lukas, dieser bringt jedoch mehr detaillierte Angaben, die sich im einzelnen schwer überprüfen lassen. Könnte es nun nicht sein, daß die Gegner des Paulus später auch die Nachricht verbreiteten, Paulus habe sich aus Ängst-

---

[907] Fiktive Personen erscheinen bei ihm nicht. S. o. Anm. 51. Zur umstrittenen Historizität der Mittlerrolle des Barnabas und von Apg 9,27 s. jetzt A. DAUER, Paulus, 24—28, der „eine (freilich historisch höchst fragwürdige) nebenpaulinische Überlieferung" bei Lukas annimmt, die aus Antiochien stammen könnte. U.E. erklärt sich seine Rolle in Antiochien besser aus seinem Handeln in Jerusalem.

[908] S. dazu Chr. BURCHARD, Zeuge, 154 zu „Barnabas und seiner Funktion" als einem „Indiz für die Tradition". Ein Hörer meiner römischen Vorlesung, von den Philippinen, bestätigte meine Bemerkung, daß man in einer paternalistischen Gesellschaft unmöglich das Oberhaupt einer größeren Gruppe als Fremder ohne Vermittlung eines Dritten aufsuchen könne. Auch Apg 21,10f deutet auf eine Vermittlung hin.

[909] Gal 1,10 vgl. 5,11.

[910] Vgl. Gal 1,10—12; 1.Thess 2,4 dagegen 1. Kor 10,33. S. auch 1. Kor 9,19ff. Die Gegner haben sich wohl auf die dort bezeugte Anpassungsfähigkeit des Paulus berufen; s.o. Anm. 496.

lichkeit in Jerusalem verborgen gehalten und nicht gewagt, dort öffentlich aufzutreten und seine Botschaft zu vertreten, und sei schließlich feige von dort geflohen?

Lukas hätte dann dagegen das überzeugende Auftreten des einstigen Verfolgers vor den Aposteln, die Gemeinschaft mit ihnen[911] und sein freies unbekümmertes Verhalten in Jerusalem (εἰσπορευόμενος καὶ ἐκπορευόμενος εἰς Ἰερουσαλήμ) betont, das zu hitzigen Streitgesprächen[912] mit seinen ehemaligen Freunden, den jüdischen „Hellenisten" aus den griechischsprachigen Synagogen Jerusalems führte. Vor allem das zweimalige παρρησιάζεσθαι ἐν ὀνόματι τοῦ Ἰησοῦ bzw. τοῦ κυρίου (9,27f), zuerst in dem Bericht vor den Aposteln über seine Verkündigung in Damaskus (vgl. Gal 1,23: νῦν εὐαγγελίζεται τὴν πίστιν) und dann allgemein in Jerusalem, ist auffallend: Es widerspricht einerseits einer Abhängigkeit des Paulus von Menschen und betont seine ausschließliche Bindung an den Herrn, der ihn berufen hat, zugleich aber erweckt es den Eindruck, als wolle Lukas damit anders lautende Behauptungen zurückweisen. Dieses παρρησιάζεσθαι führt am Ende wieder zu einem Anschlag auf sein Leben. Er kommt nicht einfach von „den Juden" allgemein, sondern diesmal von jenen jüdischen „Hellenisten", die nun über die völlige Veränderung ihres früheren Kampfgenossen erbittert waren und in ihm einen Verräter sehen mußten. Diese Szene ist daher weder als ein Nachklang der Stephanusgeschichte, noch einfach als lukanischer Verfolgungsschematismus zu verstehen.[913] Lukas mag sie – wie er es in seinem ganzen Werk tut – stilistisch wirksam gestaltet haben, aber er erzählt auch hier ältere Paulusüberlieferung. Daß ein solcher Konflikt nahelag, ergibt sich indirekt aus der rigorosen Beschränkung der Kontakte in Gal 1,18f. Paulus und Lukas stimmen auch darin überein, daß der Aufenthalt in Jerusalem nicht allzu lang, aber auch nicht ganz kurz war.[914] Nur werden Gal 1 die Gründe für die Kürze dieses Aufenthaltes nicht genannt. Lukas dagegen führt als Grund den Versuch der jüdischen „Hellenisten", Paulus zu töten, an (οἱ δὲ ἐπεχείρουν ἀνελεῖν αὐτόν). Er

---

[911] 9,28: καὶ ἦν μετ' αὐτῶν.
[912] 9,29: ἐλάλει τε καὶ συνεζήτει πρὸς τοὺς Ἑλληνιστάς. Vgl. 6,8: Glieder aus den verschiedenen Diasporasynagogen führen Streitgespräche (συζητοῦντες) mit Stephanus. Lukas gebraucht das Verb nur an diesen beiden Stellen. παρρησιάζεσθαι ist lukanisches Vorzugswort, s. noch 13,46; 14,3 (beide Male mit Barnabas); 18,26 (Apollos); 19,8; 26,26 vgl. 1. Thess 2,2. Es bezieht sich in der Regel auf das Zeugnis des Paulus in der Synagoge bzw. vor Juden und Heiden.
[913] Chr. BURCHARD, Zeuge, 154: „Ich sehe ... nicht, warum Lukas eine Auseinandersetzung mit den Hellenisten hätte erfinden sollen".
[914] A. DAUER, Paulus, 144 Anm. 86 (Lit.): „gemeint ist sicher ‚nur 15 Tage', betont ist also die relativ kurze Dauer des Aufenthalts." Richtig ist, daß Paulus im Gal an der Kürze dieses Aufenthalts viel liegt. Aber sind 15 Tage Besuch bei einer Person zu kurz? Auch sagt Paulus nicht, warum er den Besuch abbrach. S. O. BAUERNFEIND, ZNW 47 (1965), 268–276 (272ff = Kommentar und Studien zur Apostelgeschichte, WUNT 22, 1980, 468ff)): „Wer vor der Zahl 15 ein ‚nur' ergänzt, bejaht damit die heikle Frage, ob ein Zeitraum von 15 Tagen kurz ist" (468). In Wirklichkeit blieb „Paulus statt nach erfolgter Fühlungnahme wieder abzureisen ... nicht ‚nur' 15 Tage, sondern volle 15 Tage" (276 = 472).

wiederholt damit in abgewandelter Form das Motiv, das er in V. 23 für die Flucht aus Damaskus angab, den Todesbeschluß der dortigen Juden (συνεβουλεύσαντο οἱ Ἰουδαῖοι ἀνελεῖν αὐτόν). Hat er einfach das, was er schematisch schon als Ursache für die Flucht aus Damaskus erzählte (wo wir es durch 2. Kor 11,32 „besser" wissen) auch auf Jerusalem übertragen? Wenn überhaupt, kann man eher ein umgekehrtes Verhältnis vermuten, daß das Motiv der Verfolgung durch Juden aus Jerusalem auch nach Damaskus transponiert wurde; notwendig ist das jedoch nicht. Der „Eifer für das Gesetz", der auch vor Gewaltanwendung für Gottes Sache nicht zurückschreckte, war in Jerusalem und in Eretz Israel wesentlich mehr zu Hause als in den Diasporasynagogen.[915] Auch daß Paulus daran interessiert war, die radikale Kehre in seinem Leben den ehemaligen Genossen zu erklären und damit Jesus als Messias zu bezeugen, und daß dieser Wunsch am Ende doch stärker war als die anfängliche Vorsicht des Rückkehrers, wäre verständlich. Möglicherweise geschah der Kontaktversuch, nachdem er das Haus des Petrus verlassen hatte, oder aber er war der Grund für den Abbruch der fünfzehntägigen Gastfreundschaft. Vielleicht weist das eigenartige ἀπὸ Ἰερουσαλήμ Röm 15,19 auf diesen ganz kurzen und gescheiterten „missionarischen Kontakt" hin. Dann hätte die plötzliche Bedrohung, die er seinem eigenen Verkündigungseifer zuzuschreiben hatte, den abrupten Abbruch des Aufenthaltes in der Heiligen Stadt verursacht. Für ein solches gewaltsames Ende seines Besuchs spricht u. a., daß er ca. 13 Jahre lang Jerusalem nicht mehr besuchte. Daß „die Brüder"[916] ihn im Blick auf die drohende Gefahr unverzüglich nach Caesarea geleiteten und in seine Heimatstadt Tarsus schickten,[917] liegt ebenfalls in der Konsequenz des Geschehens. Die Todesgefahr für Paulus aufgrund seines unvorsichtigen Verhaltens bedeutete ja zugleich eine Bedrohung der Gemeinde. Man wollte durch seinen weiteren Aufenthalt in Jerusalem keine Gewaltakte provozieren. So *könnte* dieses Zwischenspiel in Jerusalem verlaufen sein, und ein derartiges Verständnis des lukanischen Textes, das nicht nur Gegensätze zu Paulus herausliest, sondern auch die Gemeinsamkeiten und sinnvollen Zusammhänge sieht, scheint uns plausibler zu sein als das Postulat, Lukas sei im Grunde nur ein Apostelromanschreiber mit gewissen abwegigen theologischen Tendenzen gewesen.

---

[915] S. dazu die ausführlichen Belege bei M. HENGEL, Zeloten, 61 ff0.151–154. Heute wird – gegen die zeitgenössischen Quellen – dieses Motiv gerne übersehen, so etwa bei E. P. SANDERS, Judaism. Dagegen M. HENGEL/R. DEINES, in: DERS., Judaica et Hellenistica I, 408.472 ff.

[916] Bezeichnenderweise spricht Lukas jetzt nicht mehr von Jüngern. Die, die sich zuerst weigerten, ihn als Jesusjünger anzuerkennen, sind jetzt „Brüder" geworden. Der Wechsel des Begriffs scheint mir hier bewußt vorgenommen zu sein.

[917] Das ἐξαπέστειλαν, an sich kein lukanisches Lieblingswort, ist auffallend; vgl. dagegen die ganz anders motivierte Sendung des Barnabas nach Antiochien durch die Gemeinde in Jerusalem 11,22 und die Sendung zu den Völkern durch den Kyrios in dem Visionsbericht 22,21. Es klingt in diesem Kontext nach gelindem Zwang: Man half ihm, damit er möglichst rasch (und möglichst weit) weg kam. S. auch u. S. 236.

6.4 Apg 22,17−21 Ein alternativer Bericht des Lukas

Chr. Burchard[918] macht darauf aufmerksam, daß schon die Tatsache, „daß 22,17−21 Grund, Art und Zeitpunkt der Abreise des Paulus anders zu berichten scheint als 9,29f, und zwar in einer Form, die Lukas hier durchaus hätte verwenden können", dafür „spricht ..., daß auch 29f auf Tradition beruhe". Man könnte noch 26,20 die Rede des Paulus vor Festus und Agrippa I hinzufügen, wo Lukas nach der Bekehrungsschilderung den Paulus die sonderbare Reihenfolge: „zuerst Damaskus, Jerusalem, das ganze judäische Land und die Heiden" für den Verlauf seiner Umkehrpredigt vortragen läßt: Hier haben wir wohl lupenreine *lukanische* Stilisierung vor uns. Apg 22,17−21 ist eine eigenartige Visionsschilderung, die Lukas seinen Helden als Abschluß der Rede über seine Bekehrung vor der Volksmenge nach seiner Verhaftung auf dem Tempelplatz vortragen läßt. Danach habe Paulus bei seinem Besuch in Jerusalem den Kyrios (22,19: κύριε) im Tempel in einer zusätzlichen Vision gesehen und durch ihn den Befehl erhalten, die Stadt unverzüglich zu verlassen, weil ihre Bewohner sein Christuszeugnis nicht annähmen. Auf den Einwand des Paulus, dies erkläre sich daraus, daß man hier um sein Wüten als Verfolger wisse, habe der Herr auf seiner Anweisung beharrt: „Gehe, denn ich werde dich zu den Völkern der Ferne senden."[919] Dieser Visionsbericht steht in einem deutlichen Gegensatz zu 9,29−30 (wie auch zu 26,20)[920]: Jetzt erfolgt der Befehl, Jerusalem unverzüglich zu verlassen, gegen den Willen des Paulus, der selbst die Wirkungslosigkeit seiner Predigt mit dem Hinweis auf seine Unglaubwürdigkeit als Verfolger erklärt, durch denselben Herrn, der ihm vor Damaskus erschien und ihm bereits durch Ananias die Sendung zu „allen Menschen" (22,15) mitteilen ließ. Sein Christuszeugnis, das die Jerusalemer nicht annehmen werden, ist „fern bei den Völkern" das eigentlich Zukunftsträchtige, trotz

---

[918] Zeuge, 154 vgl. 161−168.
[919] πορεύου, ὅτι ἐγὼ εἰς ἔθνη μακρὰν ἐξαποστελῶ σε. Vgl. 9,15; 22,15; 26,17: ἐκ τῶν ἐθνῶν εἰς οὓς ἐγὼ ἀποστέλλω σε. Im Blick auf die (nicht durch Dritte vermittelte) *Sendung* durch Christus zu den Völkern ist Paulus auch für Lukas ἀπόστολος, darum läßt er den Titel für Paulus und Barnabas in 14,4 und 14 stehen. Das ἀποστέλλω σε könnte aus den Profetenberufungen der LXX Jes 6,7 und Hes 2,3 kommen, s. dazu o. Anm. 298. K. O. SANDNES, Paul (Anm. 640), 76. Vgl. auch Apg 28,28 passivisch bezogen auf die Heilsbotschaft: ὅτι τοῖς ἔθνεσιν ἀπεστάλη τοῦτο τὸ σωτήριον τοῦ θεοῦ. Vgl. Jer 1,7: οὓς (= τὰ ἔθνη) ἐὰν ἐξαποστείλω σε; Jes 66,19 (ἐξαποστελῶ) dazu o. Anm. 638.
[920] S. dazu schon E. ZELLER, Die Apostelgeschichte nach ihrem Inhalt und Ursprung kritisch untersucht, Stuttgart 1854, 209: „Beide Berichte lassen sich ... nicht vereinigen, jeder von beiden ist vielmehr darauf angelegt, die Abreise des Paulus für sich allein zu erklären, ohne dass er des anderen zu seiner Ergänzung bedürfe, oder auch für ihn Raum ließe." Die Begründung von Zeller ist freilich fragwürdig: Ihre gemeinsame Tendenz sei diese, die Trennung von den Uraposteln und die Beschränkung der Wirksamkeit des Paulus auf die Heidenwelt als etwas Unfreiwilliges erscheinen zu lassen. Hier wird übersehen, daß Paulus selbst sein ganzes Wirken seit seiner Bekehrung als einen vom Kyrios erzwungenen Gehorsam versteht: 1. Kor 9,16ff.27. Der Weg des Paulus ist so auch bei Lukas durch die Berufung fest vorgeschrieben.

der 21,20 von Jakobus erwähnten „Myriaden" von Judenchristen in der Heiligen Stadt. Von einer Bedrohung ist dabei überhaupt nicht die Rede. Das Motiv zum Aufbruch ist vielmehr der Unglaube der Einwohner, die hier für die Juden überhaupt stehen,[921] und Christi Heilswillen für die Völker. Er wird in die Ferne geschickt (9,30 und 22,21 ἐξαποστέλλειν), freilich nicht mehr durch die judenchristlichen Brüder, sondern durch den Herrn selbst. Vielleicht sah Lukas nach der Vorankündigung bei der Berufung[922] in dieser Vision die unmittelbare Aufforderung zur Heidenmission, die dann – noch vor der Taufe des Cornelius durch Petrus und vor der Wirksamkeit der Hellenisten in Antiochien – gewissermaßen ganz im Stillen durch Paulus im fernen Tarsus begonnen hätte (s. u. S. 239 ff). Lukas hätte dann – ohne die Gegensätze zu 9,28−30 auszugleichen – in 22,18−21 eine andere Überlieferung, die ihm vorlag, ähnlich wie in dem dreifachen Berufungsbericht, als weitere Interpretation der äußeren Vorgänge vorgetragen. Die Bekehrung des Cornelius ist sowieso nur eine einmalige Episode und die vertriebenen „Hellenisten" sind nur bis Antiochien am Werk.[923] Das – auch nach Ansicht des Lukas – Entscheidende ist schon zuvor bei der Berufung des Paulus geschehen.

Die dem Visionsbericht 22,18−21 zugrundeliegende Tradition weicht dabei von 9,28−30 ab und entspricht auch nicht der paulinischen Überlieferung von Gal 1,16 ff. Am ehesten könnte man wieder auf Röm 15,19, ἀπὸ Ἰερουσαλήμ, verweisen, aber das μακράν scheint dort dem καὶ κύκλῳ zu widersprechen, mit dem Damaskus und Arabien gemeint ist (s. S. 147). Die Vision selbst hätte in 2. Kor 12,1 ff eine äußerliche Parallele. Diese läßt sich jedoch zeitlich, geographisch und inhaltlich nicht mit der Darstellung des Lukas in Übereinstimmung bringen, denn sie fällt in die antiochenisch-syrische Epoche – etwa um 42/43 n. Chr. So bleibt die Herkunft der Tradition ein Rätsel. Daß Paulus während seiner langen Wirksamkeit als ekstatischer Geistträger mehrere derartige Visionen hatte, sollte man nicht bezweifeln.[924] Er betrachtete sie jedoch als ganz persönliche Erlebnisse, die nicht Teil seiner Botschaft waren. Vielleicht stammt die Ausgestaltung dieser Visionserzählung von Paulusschülern, die Jerusalem (einschließlich des dortigen Judenchristentums) besonders kritisch gegenüberstanden. Daß Lukas diese – erbauliche – Erzählung nicht in 9,28 ff einfügt, zeigt, daß er als Historiker den dortigen knappen Bericht vorgezogen

---

[921] Vgl. Apg 13,46; 28,28. Hier taucht ein Motiv auf, das – ähnlich – auch Paulus in Röm 9−11 beschäftigt. Warum verkündigt er diese Botschaft vom gekommenen Messias (Röm 9,5) nicht seinen Volksgenossen, die sie doch vor allem angeht, sondern den Heiden? Vgl. Röm 11,11−16. Nur findet Paulus darauf eine theologische Antwort, die man bei Lukas, der beim Ungehorsam der Juden stehen bleibt und durch ihn die Mission gegenüber den Heiden begründet, vermißt. S. auch Apg 28,25−28.

[922] S. o. Anm. 919; u. Anm. 978.

[923] Chr. BURCHARD, Zeuge, 168: „Die Korneliusbekehrung führt zu nichts anderem als daß die Jerusalemer Gemeinde etwas dazulernt (11,18); die Bewegung der Hellenisten führt nach Zypern, Phönikien und Antiochia und endet da".

[924] Vgl. 2. Kor 12,1; vgl. weiter 2. Kor 5,13; 1. Kor 13,1 ff; 14,18 f; zur Apg s. noch 16,9; 18,9; 23,11; 27,23−26. Dazu U. HECKEL, Kraft, 54−56.74−77.307−311 u. ö.

hat, auch wenn er seine eigene theologische Ansicht in der Visionserzählung deutlicher zum Ausdruck brachte.[925] Auf jeden Fall macht Apg 22,17−21 klar, daß auch für Lukas die *Sendung* des Paulus *zu den Heiden* der Bekehrung des Cornelius und den Aktivitäten der Hellenisten in Antiochien der Sache nach und *zeitlich* vorausgeht, auch wenn er das erzählerisch zugunsten des Petrus verschleiert. Paulus ist auch für den Auctor ad Theophilum der eigentliche Heidenmissionar.

6.5 Paulus als Gast bei Petrus

Von dem interessantesten Geschehen während dieses kurzen Besuchs in Jerusalem erfahren wir nur das Faktum: Paulus war für zwei Wochen Gast bei Kephas/Petrus. Das καὶ ἐπέμεινα πρὸς αὐτὸν ἡμέρας δεκαπέντε (Gal 1,18) ist doch am besten so zu verstehen, daß er sich während dieser ganzen Zeit als Gast in dessen Wohnung aufhielt.[926]

Die Gastfreundschaft war eine wichtige urchristliche Tugend und bildete von Anfang an eine der Grundvoraussetzungen für den Zusammenhalt der verschiedenen Jesusgemeinden wie für eine erfolgreiche Arbeit ihrer Wandermissionare.[927] Allein schon die Tatsache dieser vielfältig bezeugten Gastfreundschaft, zu der selbstverständlich auch die (eucharistische) Mahlgemeinschaft gehört, widerspricht der Vorstellung von zahlreichen völlig getrennten oder sich gar bekämpfenden Gruppen. Die „charismatisch-schöpferische Vielfalt" der frühen Gemeinden mußte noch keine unüberbrückbaren Gegensätze bewirken. Jedoch, daß Kephas/Petrus einen ihm bisher unbekannten und dazu noch in mehrfacher Hinsicht problematischen Gast gleich zwei Wochen bei sich wohnen ließ, war *keine* Selbstverständlichkeit. Als Paulus ca. 20 Jahre später,

---

[925] O. BETZ, Die Vision des Paulus im Tempel von Jerusalem, Apg 22,17−21, als Beitrag zur Deutung des Damaskuserlebnisses, in: Verborum Veritas FS für Gustav Stählin, ed. O. Böcher/K. Haacker, Wuppertal 1970, 113−124 = DERS., Jesus der Herr der Kirche. Aufsätze zur biblischen Theologie II, Tübingen 1990, 91−102, verweist zu Recht auf die Berufungsvision des Jesaja 6,1−13, vor allem das Verstockungsmotiv in 6,9ff (vgl. auch Apg 28,26ff und das Sendungsmotiv Jes 8).

[926] Zu ἐπιμένειν mit Zeitangabe in der Bedeutung „als Gast verweilen bei" s. Apg 10,48: Petrus bei Kornelius; 21,4.10: Paulus bei den Brüdern in Tyros und bei Philippus; 28,14: in Puteoli sieben Tage; 1. Kor 16,7f; μένειν Apg 21,7; vgl. 16,15; 18,3. S. auch J. A. CRAMER, Catenae Graecorum Patrum NT, VI, 1842 (Ndr. 1967) ad loc.: τὸ δὲ καὶ ἐπιμεῖναι τοσαύτας ἡμέρας, φιλίας καὶ σφοδροτάτης ἀγάπης. Ähnlich Theophylakt, PG 124, Sp. 965 z. St. Zum Wohnen des Paulus bei Petrus nach Lukas s. A. DAUER, Paulus, 145 Anm. 87.

[927] Schon in der paulinischen Paränese und in der Paulustradition (Röm 12,13: τὴν φιλοξενίαν διώκοντες vgl. Gal 4,14; Röm 16,23; Hebr 13,2; 1. Petr 4,9; 1. Tim 3,2; Tit 1,8), aber auch bereits in der Jesusüberlieferung und der lukanischen „Missionsgeschichte": Mk 6,10f; Mt 10,12−14; Lk 9,4f; 10,5−12; Apg 9,43; 16,15; 17,5.7; 18,3; 21,4.7.10f.16; Joh 5ff; dazu O. HILTBRUNNER, RAC 8, 1972, Sp. 1103ff; M. PUZICHA, Die Fremdenaufnahme (Mt 25,35) als Werk der privaten Wohltätigkeit im Urteil der Alten Kirche, MBTh 47, 1980; H.-J. KLAUCK, Hausgemeinde und Hauskirche im frühen Christentum, SBS 103, Stuttgart 1981, 59; vgl. 34.43.89.101; M. HENGEL, Johanneische Frage, 132ff.

jetzt als ein bekannter Missionar, mit der Kollekte nach Jerusalem kommt, wohnt er nicht bei Jakobus oder einem der Ältesten der Gemeinde, sondern bei einem – wie Barnabas – aus Zypern stammenden „langjährigen Jünger", der wohl den „Hellenisten" nahegestanden hatte. „Die Brüder in Jerusalem, die uns (d.h. die Reisegesellschaft) *gern* aufnahmen", werden nicht näher beschrieben. Es ist auffällig, daß der Augenzeuge Lukas diese Tatsache betonen muß.[928] Daß ihn Jakobus überhaupt in Audienz empfing, erschien schon als ein Entgegenkommen.[929]

Nach der späteren Didache durften christliche Reisende nicht länger als zwei bis drei Tage bleiben, wollten sie sich länger aufhalten, sollten sie durch ihre Arbeit zum Unterhalt beitragen. Eine Ausnahme machten nur wirkliche Profeten. Falls ein Profet unter Berufung auf den Geist Geld und Gaben forderte, sollte man nicht auf ihn hören.[930] Irrlehrern mußte man erst recht die Tür weisen.[931]

In den ersten Jahren der messianischen Gemeinde, in der das in unmittelbarer lebendiger Erinnerung stehende Wort Jesu und die direkte Weisung des Geistes noch ganz lebendig waren, hatte man freilich noch nicht diese Probleme einer sich institutionalisierenden Kirche vor Augen. Die – vermutlich spontane – Gastfreundschaft des Petrus[932] muß doch wohl auch mit einem persönlichen Interesse an diesem sonderbaren Besucher, der plötzlich in Jerusalem auftauchte, verbunden gewesen sein. Bei Paulus war dieses Interesse noch eindeutiger, sonst wäre er gar nicht nach Jerusalem gekommen. So wie er

---

[928] 21,17: ἀσμένως ἀπεδέξαντο ἡμᾶς οἱ μαθηταί. Codex Dd und sy[hmg] nehmen, um den Bericht zu entschärfen, 21,16 einen Zwischenaufenthalt „in einem gewissen Dorfe" bei Mnason an. Von dort seien sie nach Jerusalem aufgebrochen. Vgl. dazu die kritischen Bemerkungen von J.H. ROPES, Beginnings III, 204 zu V. 16: „The Western text is inherently highly improbable. Its indefinite reference to the ‚village' is futile and over-emphasized."

[929] 21,18; vgl. Röm 15,31b. Daß Lukas von der Kollekte wußte, ergibt sich aus dem Hinweis 24,17. Wahrscheinlich gab der Diplomat Jakobus Paulus den Rat, die Kollekte für die Auslösung der vier judenchristlichen Nasiräer zu verwenden. So mußte die Gemeinde sie nicht annehmen und Paulus konnte beweisen, daß er kein Apostat war. S.M. HENGEL, Geschichtsschreibung, 103f; DERS., Jakobus, 95f und PRATSCHER, Jakobus, 93–100 zu Apg 21,15ff: „Die Jerusalemer sagten Paulus die Kirchengemeinschaft nicht auf, obwohl sie durch den Kontakt zu ihm Schwierigkeiten für die eigene Gemeinde zu befürchten hatten" (99).

[930] 11,12–13,3.

[931] Vgl. zum Konflikt in 2. und 3. Joh: M. HENGEL, Johanneische Frage, 127–132.145f.

[932] Gegen die Vermutung, daß es schon von Damaskus aus eine Kontaktaufnahme bzw. einen Austausch zwischen Kephas/Petrus und Saul/Paulus gegeben hatte, spricht, daß der *persönliche* Kontakt dann auch in den langen Jahren danach bis zum „Apostelkonzil" anscheinend zurücktrat. Auch die späteren, nach dem Vorfall von Gal 2,11ff geschriebenen Briefe deuten eher Spannungen als eine persönliche Verbindung an. Auffallend ist der Unterschied in der Beurteilung des Apollos (1. Kor 1,12; 3,4–12, wo das θεμέλιος u.E. auf die mit dem Namen Kephā/Petros verbundenen Ansprüche Mt 16,18; 4,6; 16,12 hinweist) und des Kephas (1,12; 3,22; 9,22), obwohl die theologischen Schwierigkeiten in 1. Kor 1–3 eher mit der alexandrinisch eingefärbten Verkündigung des Apollos als der des Kephas/Petrus zusammenhängen, dessen Abgesandte u.E. dagegen in 2. Kor 10–12 gegen Paulus auftreten. Vgl. auch Gal 2,12.16; Mt 16,17. S. dazu o. Anm. 256.

berichtet, sieht der zweiwöchige Aufenthalt fast wie eine Klausur aus, bei der es reichlich Gelegenheit zum Austausch gab. In der zurückblickenden Darstellung des Paulus soll der Gegensatz zwischen der ca. dreijährigen Abwesenheit mit der vorausgehenden Wirksamkeit in Arabien und Damaskus und den nur zwei Wochen bei Petrus die völlige Unabhängigkeit des Apostels in seinem Apostelamt unterstreichen, dies schließt nicht aus, daß *beide* sich während dieser denkwürdigen „fünfzehn Tage" nicht nur näher kennengelernt, *sondern auch voneinander gelernt haben.* Die jeweilige Bedeutung des anderen war ihnen schon zuvor bekannt, denn daß der ehemalige Verfolger, bereits als er in Jerusalem gegen die „Hellenisten" vorging und dann auch wieder in Damaskus, schon einiges über Petrus erfahren hatte, ist selbstverständlich. Sonst hätte er ihn gar nicht erst aufgesucht. Und daß auch Petrus manches von ihm gehört hatte, ergibt sich nicht nur aus Gal 1,22, sondern auch aus der Vertreibung der Hellenisten, die die „Hebräer" und ihre führenden Männer gewiß nicht unbeteiligt ließ. Diese zwei Wochen waren so recht dazu angetan, Vorurteile auf beiden Seiten abzubauen und eine *relative* Vertrauensbasis zu schaffen.

Eines ist gewiß, es handelte sich nicht nur um einen „Höflichkeitsbesuch"[933], dazu würde selbst im Orient ein halber Tag ausreichen, sondern um eine wirkliche Begegnung, die für die weitere Entwicklung des Urchristentums wesentlich wurde. Conzelmann spricht wie üblich von einem „kurzen Besuch" und fügt hinzu: „Den Inhalt der Gespräche übergeht er, weil er anscheinend für seine eigene Theologie nicht substantiell war".[934] Damit verkennt er den Sinn des Berichts von Gal 1,15–24 völlig. Denn einmal ist Paulus nirgendwo ein ausführlicher Berichterstatter biographischer Details, und zum anderen wäre ohne diese 14tägige Gemeinschaft die ca. 13 Jahre spätere Begegnung auf dem „Apostelkonzil" kaum so positiv verlaufen, zumal ja die andere maßgebliche Person unter den „Säulen", Jakobus, die beim zweiten Treffen in der Aufzählung der „Säulen" den ersten Platz einnahm und Kephas/Petrus auf den zweiten verwies, – möglicherweise nur sporadisch – hinzugezogen wurde, weil auch sie, die den besonders gesetzestreuen Flügel vertrat, den sonderbaren Gast kennenlernen (und d.h. wohl auch begutachten) wollte. Vielleicht sollte dabei Jakobus die Rolle des zusätzlichen „Zeugen" spielen. Dtn 19,15 hatte auch in

---

[933] So F. Mussner, Galaterbrief, 95. S. dazu kritisch A. Dauer, Paulus, 17.143f Anm. 84.85, dort die ganze Skala der Meinungen. Zum Sprachgebrauch vgl. O. Hofius, Paulusstudien, WUNT 51, 1989, 262, der die verbreitete Übersetzung „besuchen" ablehnt und die Übertragung „um Kephas (persönlich) *kennenzulernen*" als „einzig möglich" bezeichnet. Wenn ich jemand persönlich kennenlernen will, dann gilt dies natürlich vor allem auch für seine Anschauungen.

[934] Geschichte des Urchristentums, NTD Ergänzungsreihe 5, 1969, 66. Aber Paulus berichtet in seinen Briefen nirgendwo über die heute so beliebten „Gespräche", auch nicht Gal 2,1–21, vielmehr dort über gültige Abmachungen und die klare polemische Behauptung seines Standpunktes, der Bekenntnischarakter annimmt; und im Blick auf die „theologische Substanz" ging Conzelmann eher vom heutigen professoralen small talk aus. Man sollte auch nicht das eigene „dogmatische" Vorurteil auf die beiden größten urchristlichen Gestalten vor 2000 Jahren – ca. 6 Jahre nach dem Tode Jesu – zurückprojizieren.

der Urgemeinde eine besondere Bedeutung.[935] Daß Petrus über diesen eigenartigen Besuch später der Gemeinde berichtete, ist sehr wahrscheinlich.

Dieses „Kennenlernen" konzentrierte sich so bei Paulus sicherlich nicht auf ein bloßes „to get information from Cephas" und wird sich auch nicht auf „information about Jesus' teaching and ministry" beschränkt haben.[936] Es ging um mehr.[937] Andererseits gibt es kein „persönliches Kennenlernen", das nicht mit Information verbunden ist, vor allem, wenn es sich über zwei Wochen hinzieht, und man darf annehmen, daß Paulus weniger an den persönlichen Daten und dem Charakter des Petrus lag als an seinem theologischen Denken, genauer an *Christologie* und *Soteriologie* oder – weniger abstrakt – am Inhalt seiner Verkündigung, zu der gewiß *auch* die Erzählung von Jesu Worten und Taten gehörte.

M. a. W.: Im Mittelpunkt der Gespräche wird – ca. sechs Jahre nach dem Todespassa – vor allem *Jesus* gestanden haben, d. h. der irdische und gekreuzigte, auferstandene und erhöhte, der jetzt verkündigte und der kommende Herr. Seine Person und das durch ihn gewirkte Heil war ja für beide zum Mittelpunkt des Lebens und Denkens geworden. Dabei war das Interesse des Petrus, den Paulus und seine Botschaft gründlich kennenzulernen, wohl kaum geringer, sonst hätte er ihn nicht ca. 14 Tage bei sich behalten. D. h. aber, daß Paulus sicher, wie es Lukas vor „den Aposteln" geschehen läßt, über seine Berufung durch den Auferstandenen und seine missionarische Verkündigung berichtete, und zugleich, daß er – der ehemalige pharisäische Schriftgelehrte – über sein Verständnis der profetischen Verheißung und der Tora[938] und – das hängt untrennbar damit zusammen – über sein Evangelium sprach, das er selbst vom Auferstandenen empfangen hatte. Wenn das alles nicht zur Sprache gekommen wäre, hätte man früher auseinander gehen können. Um nur über das

---

[935] Vgl. Mt 18,16; 2. Kor 13,1; 1. Tim 5,19 vgl. Hebr 10,28. L. SCHENKE, Urgemeinde (Anm. 135), 321, hält für „denkbar..., daß bei diesen Treffen bereits grundsätzliche Klärung und Absprache über die Missionsaufgabe unter den Heiden erfolgt ist".

[936] So G. D. KILPATRICK, Galatians 1:18 ΙΣΤΟΡΗΣΑΙ ΚΗΦΑΝ, in: A. J. B. HIGGINS (ed.), New Testament Essays. Studies in Memory of Th. W. Manson, Manchester 1959, 144–149 (149) im Anschluß an LSJ, 842 I.2.a: „visit a person for the purpose of inquiry". Zur Jesustradition s. KILPATRICK, op. cit. 148 und vor allem J. D. G. DUNN, The Relationship between Paul and Jerusalem according to Galatians 1 and 2, NTS 28 (1987), 461–478 (463ff); dagegen O. HOFIUS, Paulusstudien, 255–267. S. auch G. KLEIN, Rekonstruktion und Interpretation, BEvTh 50, 1969, 112 Anm. 71, dort auch ältere Meinungen dieser Art.

[937] Dieser persönliche und nicht ganz kurze Besuch erinnert an die Wirkungsform des Evangeliums contra peccatum nach Luthers Schmalkadischen Artikeln IV (BSELK 1, 449: „... *atque etiam per mutuum colloquium et consolationem fratrum, Matthei 18: Ubi duo aut tres fuerint congregati*...". K. BERGER, Theologiegeschichte, 253 möchte zwar mit der Bemerkung „Romanschreiber haben oft darüber gerätselt, was beide einander zu sagen gehabt hätten", das Nachdenken über dieses wahrhaft denkwürdige Treffen verbieten, dabei kann man gerade an Teilen seines voluminösen Werks lernen, was exegetische „Romanschreibung" über das frühe Christentum ist. S. u. Anm. 1781.

[938] Röm 1,1 f; 3,21; 15,7–12 etc.

Wetter zu reden, war die drängende Zeit[939] zu schade. Die Dauer der Gastfreundschaft weist auf die Intensität des Austausches hin. Es wird bei beiden eine „geistgewirkte" charismatische Neugier im Spiele gewesen sein.

Jene häufig diskutierte, halb bekenntnishaft-katechetische, halb historische Aufzählung 1. Kor 15,3−8, bei der man in den letzten 50 Jahren unermüdlich darüber stritt, ob sie aus Jerusalem, Damaskus oder aus Antiochien stamme: Warum soll ihr *Inhalt* (die Formel kann später gebildet worden sein) nicht – zumindest partiell – bei diesem denkwürdigen Besuch verhandelt worden sein, bei dem die drei einzigen dort namentlich aufgeführten Einzelzeugen, Kephas, Jakobus und Paulus, zum ersten Mal zusammentrafen? Und die abschließende, zusammenfassende Bemerkung des Paulus: „Seien es nun ich oder seien es jene, so verkündigen wir (alle) und so habt ihr geglaubt"[940], die die heute so beliebte Anschauung, daß am Anfang des Urchristentums viele, sich widersprechende „Kerygmata" gestanden hätten, in den Bereich der modernen Mythenbildung verweist, wo hätte sie besser begründet werden können als bei diesem Besuch?

Noch eines ist hinzuzufügen. In der Regel fragen die Exegeten bei diesen zwei Wochen danach, welche Überlieferungen Paulus empfangen haben könne. Die umgekehrte Frage, ob der in Jerusalem als Schriftgelehrter ausgebildete Paulus, der zugleich auch das „hellenistische" Judentum kannte und bald zum erfolgreichsten Missionar und Gemeindegründer wurde, nicht auf den galiläischen Fischer gewirkt hat, wird kaum gestellt. Nach Gal 2,15 weist Paulus in Antiochien Petrus zurecht, weil er die gemeinsame Basis verläßt: „*Wir* sind von Natur Juden und nicht Sünder aus den Heiden, (wir) *wissen* aber, daß kein Mensch aus Werken des Gesetzes gerechtfertigt wird, sondern durch den Glauben an Jesus Christus ...". Paulus schließt hier Petrus in dieses durch die Heilstat Christi begründete Wissen mit ein und setzt damit selbstverständlich voraus, daß dieser es mit ihm teilt. Dafür spricht auch, daß Petrus zunächst ohne Vorbehalte mit den Heidenchristen in Antiochien Tischgemeinschaft hatte, d. h. mit ihnen die Eucharistie feierte. Paulus drückt dies überdeutlich aus: Weil Petrus dies alles genau weiß, „lebt er auf heidnische Weise."[941]

Man kann weiter folgern: Weil Petrus dies alles weiß, konnte er zusammen mit den beiden anderen „Säulen" schon auf dem vorausgehenden „Apostelkonzil" in Jerusalem das paulinische Evangelium anerkennen, wobei ich mich frage, ob er nicht unter den Dreien die eigentlich treibende Kraft war, die damals aus theologischer Überzeugung (Gal 2,15) am Ende – nach gewiß nicht

---

[939] Das galt in der frühesten Zeit noch mehr als später s. 1. Kor 7,29; Phil 4,5; 1. Thess 5,2; s. o. S. 160.

[940] 1. Kor 15,11. S. dazu auch u. S. 438. Es ist einer der wichtigsten theologischen Sätze des Apostels. Er begründet die *Einheit* der Kirche.

[941] Gal 2,11−16. Auch die Rolle, die Kephas/Petrus in der korinthischen Gemeinde spielt, setzt voraus, daß die Gesetzesfrage zwischen ihm und Paulus im Grunde nicht kontrovers ist: 1. Kor 1,12; 3,22; 9,5. Auch in 2. Kor geht es um andere Fragen. F. C. BAUR und die Tübinger Schule haben die Haltung des Petrus falsch interpretiert und damit die Geschichte des Urchristentums in einseitig verzerrter Weise dargestellt.

ganz leichten Verhandlungen, die aber kaum länger dauerten als der erste 14tägige Besuch bei Petrus – die Anerkennung der Sendung des Paulus und Barnabas zu den Völkern beim „Apostelkonzil" durchsetzte. Im selben Zusammenhang wird davon gesprochen, daß Petrus das εὐαγγέλιον bzw. die ἀποστολή für die „Beschneidung" anvertraut worden sei.[942] In Apg 10 erscheint er trotz seines zeitlichen Vorrangs zwar nicht als der eigentliche Begründer der Heidenmission, die „Sendung zu den Heiden (bezeichnet) nach Lukas eine Sache, die allein Paulus zugehört", doch führt seine durch eine revelatio specialisssima gelenkte einmalige Initiative immerhin dazu, „daß die Jerusalemer Gemeinde etwas dazulernt (11,18)."[943] Das ist – im Rahmen der lukanischen, ganz auf Paulus hin ausgerichteten „biographischen Missionsgeschichte" – auch nicht wenig. Nach 1. Kor und der späteren Petrusüberlieferung von Mk und 1. Petr über 1. Clem bis hin zu den Petrusakten und Pseudoklementinen hat Petrus in den Jahren danach selbst Heidenmission getrieben, ohne die Beschneidung zu fordern. Es ist ja doch auffallend, daß in der zu einem guten Teil auf Petrusüberlieferung zurückgehenden synoptischen Tradition die Beschneidung, wenn man von der aus judenchristlich-palästinischem Milieu stammenden Geburtsgeschichte Lk 1,59 und 2,21 absieht, überhaupt keine Rolle spielt.[944]

Lukas läßt dementsprechend Petrus in seinem Plädoyer für die Heidenmission ohne Beschneidung und strenge Gesetzesobservanz Apg 15,8–11 unter Rückverweis auf 10,44–48 davon sprechen, daß Gott, „der Herzenskundige", bei der Gabe des Geistes keinen Unterschied mache zwischen Juden und Heiden, da „er durch den Glauben ihre Herzen gereinigt habe", darum solle man den Heidenchristen nicht das Joch des Gesetzes auferlegen, „das weder unsere Väter noch wir tragen konnten, vielmehr glauben wir (Judenchristen), durch die Gnade des Herrn Jesus gerettet zu werden in derselben Weise wie jene." Das ist zwar im Blick auf die Anschauung vom Gesetz gewiß kein lupenreiner „Paulinismus", entspricht aber sonst in etwa dem, was Paulus beim Zusammenstoß in Antiochien bei Petrus im Blick auf diesen voraussetzt.

Die Frage ist darum, ob nicht gerade bei jenem zweiwöchigen Aufenthalt bei Petrus, dem wohl einzigen Treffen vor dem viel späteren „Apostelkonzil", auch der schriftgelehrte Heidenmissionar auf den damals in Jerusalem führenden Jesusjünger eingewirkt hat, zumal das paulinische Evangelium einer Tendenz der Jesusverkündigung selbst entsprach, daß Gott nämlich die Sünder annehme und rechtfertige, eine Aussage, die in den – auf petrinische Tradition

---

[942] Gal 2,7f; 1. Kor 15,9 vgl. 7f. Daß der Begriff εὐαγγέλιον nicht nur bei Paulus, sondern auch bei Petrus eine Rolle spielte, habe ich im Zusammenhang mit dem Markusevangelium vermutet s. M. HENGEL, Probleme, 260ff. S. auch o. Anm. 624–626.

[943] Chr. BURCHARD, Zeuge, 168; vgl. Apg 15,7.

[944] Das mag einerseits auf Jesu Wirksamkeit selbst (wo sie einerseits selbstverständlich vorausgesetzter Brauch, aber dann doch wieder bedeutungslos war) zurückgehen. Dies scheint sich dann aber in den petrinischen Gemeinden bis hin zu Mk und Mt verstärkt und fortgesetzt zu haben.

zurückgehenden – Synoptikern gerade auch an Petrus selbst verifiziert wird.[945] Und könnte diese Einflußnahme nicht auch noch die Entscheidung des Apostelkonzils und die vorausgehende freiere Haltung des Petrus beeinflußt haben? Eine solche Annahme würde auch die „Paulinismen" in dem in petrinischer Tradition stehenden Markusevangelium und dem 1. Petrusbrief erklären.[946]

Auf jeden Fall waren diese – intensiven – vierzehn Tage in Jerusalem, bei denen man nicht ständig ihre Kürze betonen sollte, nicht unwesentlich für das weitere Geschick der jungen Bewegung. Zwei Wochen Aufenthalt galten als eine relativ lange Zeit, selbst unter Verwandten. So erklärt Raguel seinem Schwiegersohn Tobit, daß er vierzehn Tage bei ihm bleiben soll, um die Hochzeit zu feiern.[947] Eine derartige Gastfreundschaft gilt auch heute noch als verhältnismäßig lang, das wissen alle Gastgeber(innen).[948] Petrus scheint auch von Paulus gelernt zu haben, und dieser kann ihn später mahnend darauf hinweisen. Umgekehrt ist es unwahrscheinlich, daß in der strittigen Gesetzesfrage Paulus während der nun folgenden dreizehn Jahre bis zum „Apostelkonzil" seine Meinung wesentlich geändert hätte. Eine solche Abkehr von einer früheren, weniger eindeutigen Position, etwa daß für ihn früher die Beschneidung der Nichtjuden nur ein „Adiaphoron" gewesen wäre[949] oder daß die Tora für ihn ursprünglich doch eine partielle Heilsbedeutung etwa im Sinne des pharisäischen und frühchristlichen „Synergismus" zwischen Gott und Mensch besessen hätte, ein solcher Stellungswechsel wäre ihm von seinen Gegnern sicher massiv vorgehalten worden. Davon ist aber nichts zu spüren. Theologische Inkonsequenz und Kompromißbereitschaft, wenn es um die Wahrheitsfrage ging, konnte man ihm nicht vorwerfen. Sie mag modern sein, paulinisch

---

[945] Mk 2,17 vgl. Mt 11,19 = Lk 7,34 (Q); Lk 15; 18,9–14; 19,1–10 etc. Auf Petrus bezogen s. auch Mk 14,72 u. Lk 5,8; 22,31f.

[946] M. HENGEL, Probleme, 245 ff 0.252–257; zum Paulinismus des 1. Petr s. R. FELDMEIER, Christen (Anm. 1), 195–198 und zu 1. Petr und Mk: E. SCHWEIZER, Markus (Anm. 1).

[947] Tob 8,20 Sin: „Vierzehn Tage lang darfst du nicht von hier fort. Bleibe hier und iß und trink bei mir. Meiner Tochter sollst du nach allem Leid wieder Freude schenken." Vgl. Tob 10,7 und Gen 24,55 vor allem LXX: Elieser soll (wenigstens) „ungefähr 10 Tage" bei Laban bleiben.

[948] Seit meiner Habilitation vor 34 Jahren habe ich viel großzügige Gastfreundschaft erfahren, jedoch vierzehn Tage an einem Stück Gast bei einem Kollegen war ich nie.

[949] S. dazu G. STRECKER, Befreiung (Anm. 102), 480. Ganz unglaubhaft ist die Begründung 481: „so ist die Gesetzesproblematik bis in die Zeit des 1. Thessalonicherbriefes durch Paulus noch nicht voll durchdacht worden", d. h. ca. 17 Jahre lang. Damit hätte die Argumentation des Paulus im Gal alle Kraft verloren! Gal 5,11 bezieht sich (wenn es überhaupt zeitlich zu verstehen ist) auf die vorchristliche Zeit. Verfolgt wurde Paulus von dem Augenblick an, als er selbst als Verkündiger des ihm vor Damaskus geoffenbarten gesetzeskritischen Evangeliums auftrat, d. h. von Anfang an. Vgl. dazu H.J. SCHOEPS, Paulus, Tübingen 1959, 231 im Anschluß an E. BARNIKOL, und F. MUSSNER, Galaterbrief, 358 ff. Ein „jüdischer Diasporamissionar", so BARNIKOL, Die vorchristliche und frühchristliche Zeit des Paulus, FEUC 1, Kiel 1929, 21 ff, war Paulus jedoch gewiß nicht, denn das Judentum kannte keine „Missionare". Wenn, dann hat er als junger Schriftgelehrter in Jerusalem „die Beschneidung verkündigt"; s. o. Anm. 217f.

ist sie nicht. Die Unverbrüchlichkeit der „Wahrheit des Evangeliums" ist für ihn keine späte Entdeckung. Mit seiner in diesem entscheidenden Punkt unbeugsamen Haltung mag er schon Petrus und Jakobus bei seinem ersten Besuch in Jerusalem ca. drei Jahre nach dem radikalen Umbruch in seinem Leben beeindruckt haben.

Wie und warum dieser denkwürdige Besuch nach zwei Wochen zu Ende kam, sagt Paulus Gal 1,18−20 nicht und ebensowenig, was er unmittelbar darauf in den Tagen danach getan hat, etwa ob er die Wohnung des Petrus und die Heilige Stadt am selben Tage verließ. Gewiß war er nicht der Mann, der sich gern versteckte oder verstecken ließ. Vielleicht wurde sein Aufenthalt am Ende doch bekannt, oder aber er selbst versuchte, nachdem er bei Petrus gewesen war, mit dem ihm eigenen Mut und Bekehrungseifer, die Verbindung zu seinen ehemaligen Mitstreitern aufzunehmen, um ihnen seinen neuen Glauben zu bezeugen, ja er mag ein oder mehrere Streitgespräche mit ihnen geführt haben. Er ließ sich wohl kaum gerne „Feigheit vor dem Feind" vorwerfen. Daß er dann am Ende, wie Lukas erzählt, in Lebensgefahr geriet und darum von den „Brüdern" rasch nach Caesarea gebracht wurde, ist so durchaus plausibel. Der Gastgeber wird sich auch weiterhin für die Sicherheit seines gefährdeten (und gefährlichen) Gastes verantwortlich gefühlt haben. Wenn wir Lukas nicht immer ganz und gar mißtrauen (und warum sollten wir?), könnte man ihm einräumen, daß er das – offenbar abrupte – Ende dieses überraschenden Aufenthalts in Jerusalem immer noch am einleuchtendsten erklärt.

Auf seiner Schweizerreise besuchte Goethe vom 7. bis 15. September 1779 Tübingen und bei seinem Verleger Cotta bewohnte er „ein heiteres Zimmer". Er „besuchte Gärten und Sammlungen, bewunderte die Chorfenster der Stiftskirche, interessierte sich für den Ammerkanal und machte Entdeckungen in der Universitätsbibliothek auf dem Schloß". Darüberhinaus eröffneten diese acht Tage eine „dauerhafte Beziehung zu seinem Verleger Cotta".[950] Sollten die 15 Tage des Paulus bei Petrus in Jerusalem weniger erlebnis- und ertragreich gewesen sein?

---

[950] S. Schwäbisches Tagblatt vom 26. 8. 1995 S. 33. S. dazu J. W. GOETHE, Briefwechsel mit Friedrich Schiller. Gedenkausgabe der Werke, Briefe und Gespräche, Bd. 20, hg. v. E. Beutler, Zürich ²1964, 419f.421: am 16. 9. fährt Goethe weiter.

7. Das neue Missionsgebiet im Norden: Tarsus und Kilikien

7.1 Warum ging Paulus nach Tarsus, und hat er dort missioniert?

Daß Paulus aus Tarsus in Kilikien stammt, wissen wir nur durch Lukas. Selbst in der sogenannten kritischen Forschung wird dieses Faktum kaum bezweifelt – dadurch konnte Paulus ja vom jüdischen Palästina ferngehalten und zum reinen „hellenistischen Diasporajuden" gemacht werden.[951] Es wird darum auch in den Kommentaren sein Aufenthalt in Tarsus nach der Jerusalemreise nur relativ selten geleugnet, Anstoß wird jedoch daran genommen, daß Lukas über seine Wirksamkeit in Tarsus schweigt. Dies legt für Overbeck

„die Vermuthung nahe, die AG. werfe einen Schleier über diese Reisen[952], indem sie sie zu einer blossen Reise des Paul(us) in seine Vaterstadt ohne bestimmten Charakter zusammenzieht u(nd) den Ap(ostel) in Tarsus verschwinden lässt bis zu dem Moment, wo nach dem Vorgang des Petr(us) (C. 10.) und der Hellenisten (11,19f.) und unter dem Patronat des Barn(abas) endlich auch er unter Heiden auftreten darf (11,25f)".[953]

Overbeck verweist dabei auf E. Zeller:

„Wer nur unsere Schrift kannte, würde nichts anderes glauben können, als dass er in der Zwischenzeit völlig stille gesessen sei, um so mehr, da zuerst in Antiochien einer heidenchristlichen Gemeinde Erwähnung geschieht; hören wir dagegen Gal 1,16.21, so ist es höchst unwahrscheinlich, daß sich der feurigste, welcher nicht blos nach Tarsus, sondern in die κλίματα τῆς Συρίας καὶ τῆς Κιλικίας gieng, nicht in der eifrigsten Thätigkeit bewegt haben sollte."[954]

Hier werden aus teilweise richtigen Beobachtungen falsche Konsequenzen gezogen, mit dem Ziel, Lukas wieder einmal grundsätzlich ins Unrecht zu setzen. Richtig ist, daß sich Lukas, trotz der von Anfang an betonten Berufung des Paulus als Missionar zu den Völkern,[955] überraschend Zeit läßt, bis

---

[951] Apg 22,3: geboren im kilikischen Tarsus; 9,11; 21,39: Ταρσεύς Bürger von Tarsus, s. dazu M. Hengel, Der vorchristliche Paulus, 180–190. Vgl. jedoch o. Anm. 785 zu R. Martin, der vermutet, Paulus sei Palästinajude.
[952] Von denen Paulus Gal 1,21 berichtet.
[953] De Wette/Overbeck, Apostelgeschichte, 147 Anm. **.
[954] E. Zeller, Die Apostelgeschichte nach ihrem Inhalt und Ursprung kritisch untersucht, Stuttgart 1854, 381.
[955] Apg 9,15; 22,15.21; 26,17f.

er ihn *expressis verbis* vor *Heiden* predigen läßt. Das geschieht nicht einmal in dem einen Jahr, während dem er, von Barnabas nach Antiochien geholt, dort zusammen mit diesem wirkt. Hier heißt es nur lapidar:

„Es geschah ihnen aber, daß sie ein ganzes Jahr in der Gemeinde zusammenkamen und eine große Volksmenge lehrten."[956]

Das bedeutet, daß sie in der Gemeindeversammlung vor zahlreichen Hörern lehrten, – d. h. doch wohl im Gottesdienst und nicht in einer davon unabhängigen Straßenpredigt speziell gegenüber Nichtjuden.[957]

Daß unter den vielen Zuhörern jetzt auch Nichtjuden waren, kann man nur indirekt aus 11,20f, der erfolgreichen Predigt der aus Jerusalem Vertriebenen gegenüber den „Griechen"[958] erschließen. Auch auf der sogenannten „ersten Reise" predigen Paulus und Barnabas zunächst „in den Synagogen" von Salamis vor Juden; der erste[959] Heide, dem sie begegnen, ist der von dem Juden Barjesus/Elymas „betreute" vornehme „Sympathisant" und Statthalter Zyperns, Sergius Paulus.[960] Die eindeutige, entschiedene Zuwendung zu den „Heiden" geschieht dann endlich in einer dramatischen Szene im Anschluß an die Predigt in der Synagoge im pisidischen Antiochien.[961] D. h. Lukas läßt Paulus erst dort mitten in der ersten großen Reise zum „Heidenmissionar" im vollen Sinne werden, wobei von da an sich das hier sichtbar werdende Verhalten des Missionars mehrfach wiederholt, im Grunde bis zu seinem letzten Wort vor den Häuptern der jüdischen Gemeinde in Rom (Apg 28,28). Lukas stellt

---

[956] 11,26: ἐγένετο δὲ αὐτοῖς καὶ ἐνιαυτὸν ὅλον συναχθῆναι ἐν τῇ ἐκκλησίᾳ καὶ διδάξαι ὄχλον ἱκανόν, χρηματίσαι τε πρώτως ἐν Ἀντιοχείᾳ τοὺς μαθητὰς Χριστιανούς.

[957] Der westliche Text verbessert hier, weil dies zu wenig ist: οἵτινες παραγενόμενοι ἐνιαυτὸν ὅλον συνεχύθησαν ὄχλον ἱκανόν: „als sie (in A.) angekommen waren, setzten sie ein ganzes Jahr lang eine große Volksmenge in Erregung", ohne den Gemeindegottesdienst zu erwähnen. Das ist der Stil der späteren Apostelakten, auf den sich Lukas hier eben nicht einläßt. S. dazu u. S. 336f.

[958] Es ist u. E. unbedingt Ἕλληνας (p^{74} Sin^2 A D* pauci) gegen Ἑλληνιστάς zu lesen s. u. Anm. 1145. Nur das gibt einen Sinn. U. E. ist es kein Zufall, daß Lukas hier von Griechen und nicht einfach von ἔθνη spricht. In der späteren Überlieferung sah man den Unterschied zwischen beiden Begriffen nicht mehr und glich 11,20 an 6,9 und 9,29 an. Griechen erscheinen dann erst ab 14,1.

[959] 13,5 s. o. Anm. 473.

[960] Apg 13,6–12. S. dazu jetzt C. BREYTENBACH, Paulus, 20f.38–45 u. ö. Für CONZELMANN, Apostelgeschichte, 80f ist die erste Missionsreise eine – unhistorische – „Modellreise", die die 13 Jahre Missionsarbeit von Gal 1,21 und 2,1 ersetzen soll. Überhaupt sei das Schema der ‚Reisen' eine Schöpfung des Lukas. Eine „Modellreise" ist sie gewiß, wie Lukas vieles „modellhaft" darstellt, – aber eine historische. Ähnlich schon HAENCHEN und etwas moderater G. SCHNEIDER, Apostelgeschichte 2, 111f, s. A. DAUER, Paulus, 37; zur kontroversen Datierung und Historizität 177 Anm. 112. Ein Ansatz nach dem Apostelkonzil ist abwegig. Es besteht auch kein Anlaß, hier der Einordnung durch Lukas grundsätzlich zu mißtrauen.

[961] 13,42–52. Die Zuwendung 13,46: ἰδοὺ στρεφόμεθα εἰς τὰ ἔθνη (vgl. 28,28 ἀπεστάλη). Zuvor erscheint das Stichwort im Bezug auf Paulus nur bei der Berufung 9,15; dort noch relativ unspezifisch vgl. jedoch 22,21; 26,20.23 dazu 22,15. Daß Petrus die Heidenmission ohne Vorbehalt bejaht, wird aus Gal 2,7ff.12ff deutlich. Er muß diese Position schon früher gewonnen haben.

damit schematisch und in Form einer stufenweisen Entwicklung einen elementaren Konflikt dar, der in Wirklichkeit die Haltung des Paulus schon seit Beginn seiner Predigt des Evangeliums bestimmt hat.

Warum Lukas expressis verbis Paulus so zögerlich zum Heidenmissionar im vollen Sinne werden läßt, hat verschiedene Gründe. Einmal will er mit der programmatischen, durch Gottes spezielles Eingreifen bewirkten Taufe des Cornelius und seines Hauses für die Jerusalemer ein Exempel statuieren und Petrus als Sprecher der Apostel[962] und ersten Jünger wenigstens äußerlich gesehen (doch s.o. S. 85) den Vortritt lassen. In keinem Kapitel im Neuen Testament erscheint der Name Petrus so oft wie in Apg 10, insgesamt 15 mal. Vermutlich folgt er auch in diesem Punkt der petrinischen bzw. Jerusalemer Version. Umso auffallender ist es, daß er den späteren Petrus, der dann – trotz Gal 2,7f – auch „Heidenmissionar" wird, rigoros zugunsten des Paulus ignoriert. Darin erscheint der Historiker Lukas fast als „Hyperpauliner". Im Blick auf die ersten beiden Jahrzehnte der Urgemeinde bis etwa zum Apostelkonzil hat Lukas zudem kaum zeitliche Anhaltspunkte, er kann seinen Stoff chronologisch relativ frei disponieren, tut es aber historisch gesehen nicht ungeschickt.[963] Die Bekehrung und Taufe des Cornelius, eines sozial hervorgehobenen Gottesfürchtigen aus der oberen Mittelschicht, war sicher ein für die Gemeinden in Palästina bedeutsamer Vorgang. Bei einem Centurio aus der cohors Italica[964] in Caesarea, der aufgrund seiner militärischen Position zwar „Gottesfürchtiger", aber nicht Jude werden konnte, war es Ehrensache, daß sich der Anführer der messianischen Bewegung, Petrus, selbst um ihn bemühte.[965] Seine Bekehrung ist zeitlich etwa zwischen dem Besuch des Paulus in

---

[962] Lk 5,1–10; Mt 8,29; 14,27f; 15,15; 18,21; Mk 9,5; Lk 12,41; Apg 1,15; 2,14.38; 3,4.12; 4,8; 5,3.29; 8,20 etc.

[963] J. BECKER, Paulus, 105 fragt sich, „ob nicht Apg 10 erst aus lukanischem Interesse" – gegen die historische Realität – „vor den Apostelkonvent gestellt" würde. Das setzt eine unwahrscheinliche Chronologie voraus. Gal 2 zeigt, daß Petrus keine Einwände mehr gegen eine gesetzeskritische Heidenmission hat. Auch ist Petrus nach seiner Gefangenschaft Apg 12,15 gewiß nicht „nach Caesarea" übergesiedelt. Dort war er ebenfalls im Machtbereich des Verfolgers. S. dazu u. S. 382.

[964] Apg 10, 16; s. dazu B. ISAAC, Limits (Anm. 385), 105f; vgl. auch die cohors Augusta Apg 27,1.

[965] S. dazu C. K. BARRETT, Acts 1, 490–540; M. HENGEL, Lukas, 171ff. Cornelius mußte nicht bei seiner ganzen Truppeneinheit in Caesarea gestanden haben. Er konnte in dem wichtigsten Hafen Judäas auch mit einem kleinen Truppendetachment einen Sonderauftrag wahrnehmen. So wissen wir von einem Zollbeamten und einem ἑκατονάρχης mit einer Truppe in dem nabatäischen Hafen Leukekome am Roten Meer um 75 n.Chr.: L. CASSON, The Periplus Maris Erythraei, Princeton 1989, c. 19 p. 6f.145; dazu BOWERSOCK, Arabia, 70f; B. ISAAC, Limits (Anm. 385), 125f. Vermutlich handelte es sich um einen nabatäischen Offizier. Vgl. auch Lk 7,1–10 = Mt 8,5–13: der Centurio wohl im Dienste des Antipas im Grenzort Kapernaum. Lukas macht ihn – wie Cornelius – zum aktiven Gottesfürchtigen (7,3ff); dazu U. WEGNER, Der Hauptmann von Kapernaum, WUNT II/14, 1985. Nach Plinius minor, ep. 10,77.78 wurde in Byzanz wegen des „Zustroms der Reisenden" (*confluente in eam commeantium turba*) ein Legionscenturio mit einer kleinen Truppe postiert (vgl. ep 21,1). Die Bitte des Plinius, dasselbe auch in dem relativ unbedeutenden (Gordiucome-)Juliopolis an der

Jerusalem (ca. 36 n. Chr.) und dem Regierungsantritt Agrippas I. (41 n. Chr.) anzusetzen, d. h. vermutlich gar nicht soweit entfernt von der gezielten Zuwendung der judenchristlichen „Hellenisten" in Antiochien zu den „Griechen". Vielleicht besteht zwischen diesem Vorgang und der Entsendung des Barnabas nach Antiochien (11,22) ein Zusammenhang. Beim Apostelkonzil 48/49 n. Chr. läßt Lukas den Petrus sagen, daß Gott schon „vor langer Zeit" (ἀφ' ἡμερῶν ἀρχαίων) durch ihn Heiden auserwählt habe, „daß sie das Wort des Evangeliums hören und zum Glauben kommen sollten".[966] Im Grunde ist das Neue an diesem Vorgang, daß die Taufe des der oberen Mittelschicht angehörenden „Gottesfürchtigen" Cornelius in Gegenwart und mit ausdrücklicher Zustimmung des Oberhauptes der neuen „messianischen Sekte"[967] geschieht und daß dieser den Protest der Judenchristen in Jerusalem und Judäa nicht nur zurückweist, sondern diese auch überzeugt.[968] Denn in Wirklichkeit wird Philippus je und je in Caesarea schon längst auch Nichtjuden getauft haben, und

---

Grenze zwischen Bithynien und Galatien zu tun, wird von Trajan als unbilliger Präzedenzfall abgeschlagen. S. dazu A. N. SHERWIN-WHITE, The Letters of Pliny. A Historical and Social Commentary, Oxford ³1985, 665–668: „Other centurions are known later in the territory of Prusias, Claudiopolis, Sinope, and a stationarius in Tium" (666), alles Orte im nördlichen Kleinasien. In Apg 10,1 wird nur gesagt, daß Cornelius einer cohors Italica angehörte, nicht aber daß diese selbst in Caesarea stationiert war. Eine cohors II Italica ist 69 n. Chr. bei der syrischen Armee bezeugt, die Mucianus gegen Vitellius in den Westen führte, s. SCHÜRER I, 365 Anm. 54 (CIL III 13483a = ILS 9169 auf einem Grabstein von Cornutum in Pannonien), dort weitere Beispiele aus Syrien aus dem 2. Jh. Auch daß Cornelius bereits aus dem aktiven Dienst geschieden war, aber in Caesarea noch einen Sonderauftrag wahrnahm, ist nicht auszuschließen. S. auch A. N. SHERWIN-WHITE, Roman Society and Roman Law in the New Testament, Oxford ²1969, 160f zum sehr verbreiteten Gentilnamen Cornelius. Zur Tätigkeit von Centurionen vornehmlich in Syrien und Palästina mit Sonderaufgaben s. B. ISAAC, Limits (Anm. 385), 294 Anm. 162: Straßenbau; 287: Steuereinzug (tDemai 6,3); 399: Übersetzer und negotiator; als Befehlshaber von Detachments 126.135–138.174.362. Die Centurionen konnten vielseitige polizeiliche, politische und ökonomische Aufgaben wahrnehmen. Weitere Belege für ihre vielfache Verwendung bei U. WEGNER, op. cit., 63–69.

[966] Apg 15,6. Der bei Lukas seltene Begriff εὐαγγέλιον erscheint nur hier und in der Paulusrede in Milet (20,24: εὐαγγέλιον τῆς χάριτος). Lukas legt diesen „Paulinismus" bewußt in den Mund des Petrus.

[967] Lukas kann den Begriff αἵρεσις selbst auf die Christen beziehen: 24,5.14 (von Paulus selbst); 28,22 wie auch auf Sadduzäer (5,17) und Pharisäer (15,5; 26,5). Sie alle sind für ihn noch jüdische Gruppierungen. Seine Vorliebe für das Wort mag mit seinem ärztlichen Beruf zusammenhängen, wo es einfach „(Ärzte-)Schule" bedeutet; s. o. Anm. 65.

[968] Die „Apostel und Brüder in Judäa", die von der Bekehrung der Heiden hören (11,1) und „die aus der Beschneidung", die Petrus kritisieren, sind identisch: Es sind die Judenchristen aus dem Mutterland. Nachdem sie Petrus gehört hatten, „wurden sie ruhig und priesen Gott ..." (11,18, vgl. Gal 1,23 und Apg 21,20; Röm 15,6; 2. Kor 9,13), d. h. sie ließen sich überzeugen. Daß dies dann doch nicht ganz der Fall ist, zeigen die τίνες 15,1 und die zum Glauben gekommenen Pharisäer 15,5. Auch bei Lukas, dem in seiner historischen apologia ad Theophilum das Harmonisieren ein Herzensanliegen ist, geht doch nicht alles so harmonisch zu, vor allem, wenn man, durchaus seinem Wunsch folgend, auf Andeutungen achtet und zwischen den Zeilen liest. Cod. D p w mae beseitigen in einem langen Zitat den Anstoß. Sie verstärken die missionarische Tätigkeit des Petrus in Caesarea und lassen „die Brüder aus der Beschneidung" in Jerusalem (!) den Petrus kritisieren (11,2).

dasselbe wird man auch für die Gemeinde in Damaskus annehmen dürfen. Der Duktus der lukanischen Erzählung legt den Schluß nahe, daß der Autor dies wußte und wahrscheinlich sogar voraussetzte, daß der aufmerksame Leser dieses erschließen könne. Denn nachdem Philippus in Samarien, d. h. bei jüdischen „Häretikern",[969] erfolgreich missioniert und getauft hatte, dabei selbst den „Erzhäretiker" Simon (vorübergehend) überzeugt und den äthiopischen Eunuchen und Finanzminister bekehrt hatte,[970] der für den Leser (wie Cornelius) als Gottesfürchtiger erscheinen mußte, was hätte er in Azotos/ Asdod und in Caesarea, beides Städte mit einer gemischten heidnisch-jüdischen Bevölkerung anderes tun sollen, als *gemischte* Mission zu betreiben und auch dort zu taufen?[971] Daß Philippus am gleichen Strang zog wie Paulus, konnte der Leser dann Apg 21,8−14 durch die Schilderung seiner Gastfreundschaft erfahren. Lukas sagt auch nirgendwo expressis verbis, daß vor Apg 10 in Damaskus oder dem palästinischen Küstengebiet *keine* Heiden Christen wurden. Schon der Proselyt Nikolaos aus Antiochien am Ende der Siebenerliste ist ein Fingerzeig, wohin die Entwicklung geht.[972] Lukas hätte ja die auffallende Kennzeichnung προσήλυτος auch weglassen können. Die paradigmatisch breite Schilderung der Bekehrung des frommen Heiden Cornelius läßt nur Petrus erzählerisch den Vortritt, denn er allein kann die Jerusalemer Apostel und Brüder eines Besseren belehren. Dadurch wird erklärt, was Gal offenläßt, warum nicht schon längst vor den Umtrieben der Falschbrüder Gal 2,4 (Apg 15,1.24) gegenüber der gesetzeskritischen Heidenmission eines Paulus seit Damaskus ein geharnischter Protest der Judenchristen aus Judäa erfolgt war: Lange[973] vor der Heidenpredigt in Antiochien hat Petrus in Jerusalem solcher

---

[969] Lukas ist sich der Sonderstellung der Samaritaner und der Spannungen gegenüber den Juden wohlbewußt, s. Lk 9,52ff; 10,33; 17,16. Sie erscheinen als ein eigenes ἔθνος (Apg 8,9) mit Hauptstadt (8,5), andererseits wird Samaria eng mit Galiläa (Lk 17,11; Apg 9,31) und Judäa (Apg 1,8) zusammengesehen. Dieses Wissen verbindet Lukas mit Johannes. Vgl. sonst nur noch Mt 10,5, dem Lukas in Apg 8 widerspricht. S. dazu M. HENGEL, Lukas, 175ff.

[970] Zur Wirksamkeit des Philippus s. C. K. BARRETT, Acts 1, 393−436; M. HENGEL, Mission, 15−38; DERS., Lukas, 164−169.

[971] Daß Lukas die geographischen Verhältnisse kennt, ergibt sich daraus, daß er Petrus nur die seit der Makkabäerzeit rein jüdischen Städte Lydda und Joppe besuchen läßt. Nach Caesarea muß Petrus erst von dem gottesfürchtigen Centurio gerufen werden, während Lukas zuvor Philippus im halbheidnischen Asdod − und dort durch ein Entrückungswunder des Geistes − und dann aus freien Stücken in Caesarea auftreten läßt. S. dazu M. HENGEL, Lukas, 164−173. Daß das Stadtgebiet von Caesarea, dem alten phönizischen Stratonsturm, an Samarien grenzte, wird Apg 15,3 durch die Reiseroute Phönizien/Samarien/Jerusalem deutlich; zum samaritanischen Bevölkerungsanteil in Caesarea s. L. I. LEVINE, Caesarea under Roman Rule, SJLA 1, 1975, 106−112, s. auch Index s. v. Samaria/Samaritans. Samaritaner muß es dort in größerer Zahl seit der Gründung gegeben haben. Eine entscheidende Rolle als Ort des Zusammenstoßes zwischen Petrus und Simon Magus spielt Caesarea in den Pseudo-Clementinen, s. Hom 1,15,1; vgl. Recog 12,1; Hom 3,28,1−58,2; 4,1. Als Bischof der Gemeinde von Caesarea wird Zachäus eingesetzt (3,59ff).

[972] Apg 6,5, vgl. bereits 2,11 und die unscharfe Ausdrucksweise 13,43 im Vergleich zu 13,50.

[973] 15,7: ἀφ' ἡμερῶν ἀρχαίων. Der Ausdruck ist auffallend; vgl. Jakobus Apg 15,21 über

Kritik den Boden entzogen. Auch das gesetzestreue Bekenntnis nach der Vision, die Anwort auf die Himmelsstimme 10,14f, gilt der speziellen Situation des Palästinajuden Petrus.[974] Durch das Schweigen des Lukas über die – u. E. selbstverständlich vorausgesetzte – missionarische und doch wohl auch gemeindegründende und leitende Tätigkeit des Philippus in Caesarea bleibt der Vorrang des führenden Jüngers bei der Bekehrung des ersten eindeutig als solchen angesprochenen Heiden erhalten. Petrus kann zugleich noch die erste grundsätzliche Überzeugungsarbeit in Jerusalem leisten, d. h. alles geht in der Erzählung wohlgeordnet der „heilsgeschichtlichen" Reihe nach, obwohl Lukas selbst (u. E. durchaus bewußt) Raum für die begründete Vermutung läßt, die Reihenfolge könnte in Wirklichkeit anders verlaufen sein. „Offiziell" muß der führende Apostel in Jerusalem, wider Willen durch Gottes Eingreifen selbst dazu angestoßen, grünes Licht zur Heidenmission geben.[975] Wahrscheinlich verwendet Lukas auch hier Jerusalemer Überlieferung, die dem Apostel Petrus die erste Bekehrung eines – bedeutsamen heidnischen – Gottesfürchtigen in Eretz Israel zuschrieb. Auf dieser Linie liegt auch die auf 8,4 zurückgreifende Bemerkung in 11,19, die aus Jerusalem vertriebenen und über Phönizien allmählich bis nach Antiochien vorrückenden „Hellenisten" hätten vor ihrem Eintreffen in der syrischen Hauptstadt die neue Botschaft *nur* den Juden verkündigt.[976] Das ist eine typisch lukanische Übertreibung, die den (Ehren)-Vorrang des Jerusalemer „Apostelfürsten" unterstreicht. Sachlich richtig wäre statt des „εἰ μὴ μόνον" ein „μάλιστα Ἰουδαίοις" gewesen. D. h. Lukas bringt das auch für Paulus selbstverständliche Ἰουδαίῳ πρῶτον καὶ Ἕλληνι[977] in ein historisch unzutreffendes zeitliches Schema, das er freilich selbst nicht ganz ernst nimmt. Die „heilsgeschichtlich-kirchenpolitische Ordnung" wiegt hier für ihn schwerer als die historische Realität. Theophilos erhält seinen Bericht etwas allzusehr εὐσχημόνως καὶ κατὰ τάξιν zubereitet. Das Neue in Antiochien war, daß sich die Hellenisten, doch wohl in einem längeren Prozeß in der Großstadt (s. u. S. 300ff), aufgrund ihrer Ablehnung in den Synagogen gezielt und schwerpunktmäßig den „Griechen" zuwandten, die aber auch jetzt noch

---

Mose, der ἐκ γενεῶν ἀρχαίων am Sabbat in den Synagogen der Städte verlesen und verkündigt wird. Sein Vorschlag klingt bei Lukas wie ein Kompromiß zwischen der „altbekannten" judenchristlichen Regel und der noch älteren jüdischen Sitte.

[974] Vgl. 10,28 und den Vorwurf 11,3, der seinerseits wieder dem Vorgang Gal 2,11ff entspricht. Es ging um die rituelle Verunreinigung durch den Umgang mit Unbeschnittenen als ein spezifisches Problem gesetzesstrenger Palästinajuden. Lukas geht davon aus, daß Petrus wie die Christen in Jerusalem zunächst solche waren, bis sie durch die Corneliusepisode belehrt wurden, daß der Glaube die Herzen reinigt und daß es allein darauf ankommt: 15,9 vgl. 10,15.43.

[975] Vgl. auch 15,14, wo Jakobus mit dem πρῶτον auf den Vorrang von Apg 10 zurückverweist.

[976] 11,19 μηδενὶ λαλοῦντες τὸν λόγον εἰ μὴ μόνον Ἰουδαίοις.

[977] Röm 1,16; vgl. Apg 2,9f; 3,26; 13,46; 1. Kor 1,23f; 10,32; 12,13; Gal 3,28. Paulus nannte immer die Juden vor den Griechen wie auch Lukas: Apg 14,1; 18,4; 19,10.17; 20,21; vgl. C. K. BARRETT, Acts 1, 549: „'to the Jews first, and also to the Greek' was a principle not discovered for the first time by Paul." S. auch o. S. 176 und Anm. 716.

ganz überwiegend dem vielfältig abgestuften Kreis der „Sympathisanten" angehörten. Auch hier gilt immer noch das Argument: ein von jüdischer Überlieferung völlig unbeleckter Heide hätte diese neue messianisch-enthusiastische Botschaft kaum verstanden.

Dieses schrittweise Vorgehen des Lukas erklärt, *warum er von der Missionstätigkeit des Paulus in Tarsus und Kilikien zunächst schweigt.* Es mag sein, daß er darüber auch kaum Nachrichten besaß, aber warum hat er, dem nach Meinung seiner Kritiker das freie Erfinden so leicht fiel, nicht mit leichter Hand einige erbauliche Szenen eingeflochten? Ich würde umgekehrt meinen, daß es für ihn so selbstverständlich war, daß Paulus dort als (Heiden-)Missionar wirkte, daß er darüber (wie bei Philippus) kein Wort mehr verlieren wollte. Derartige Lücken und Inkonsistenzen finden sich vor allem im ersten Teil mehrfach. Er will ja bewußt nicht fortlaufend, sondern nur in Schwerpunkten mit einzelnen Übergängen berichten und läßt weg, was nicht in seinen erzählerischen Duktus paßt, ja er nimmt an konkreten Punkten auch gegen die historische Wirklichkeit gewisse „Korrekturen" vor. Daß er nach dem „Apostelkonzil" Petrus stillschweigend von der Bühne abtreten läßt, bedeutet weder, daß er nichts mehr von ihm wußte, noch daß dieser seither der Ruhe pflegte. In der schon beschriebenen Christusvision im Tempel während seines ersten Besuchs in Jerusalem verabschiedet der Kyrios Paulus mit den Worten: „Gehe, denn ich werde dich weit weg zu den Völkern senden."[978] Der Sendung in die Ferne zu den Völkern entspricht im Geschichtsbericht, daß die „Brüder" ihn von Caesarea aus nach *Tarsus* gesandt haben.[979]

Durch den Gebrauch von ἐξαποστέλλειν bei diesen beiden sich scheinbar widersprechenden – aber für Lukas sachlich zusammenhängenden[980] – Ereignissen, weist er doch daraufhin, daß die Sendung „zu den Völkern weit weg" mit der Reise nach Tarsus begann, das immerhin rund 500 km Luftlinie von Caesarea entfernt ist. Da zwischen 9,30 und 11,25, dem Besuch des Barnabas in Tarsus, auch für Lukas ein unbestimmter längerer Zeitraum liegt, und die Schilderung des friedlichen Wachstums 9,31 den „Charakter einer Fermate"[981] besitzt, er andererseits jedoch schon seinen neuen Glauben bereits in den

---

[978] Apg 22,21: Πορεύου, ὅτι ἐγὼ εἰς ἔθνη μακρὰν ἐξαποστελῶ σε. Vgl. jedoch schon rätselhaft und zurückhaltend 9,15; deutlicher 22,15 und eindeutig 26,17−20; s. auch o. Anm. 919−923.

[979] 9,30: καὶ ἐξαπέστειλαν αὐτὸν εἰς Ταρσόν. Vielleicht will Lukas mittels der Sendung durch die Brüder diskret ausdrücken, daß sie dem mittellosen Gast die Schiffsreise nach Tarsus bezahlten, vgl. auch 20,37f; 27,3. Die Szene ist einzigartig. Bei späteren Reisen geschieht die Sendung durch den Geist 13,4; vgl. 16,6f.10 und vor allem 19,21; 20,22, oder aber Paulus entschließt sich selbst 15,36−40; 18,21−23. Von direkter Sendung ist nur noch bei den Jerusalemreisen die Rede 11,30: ἀποστείλαντες ... διὰ χειρός Β Κ Σ und 15,2: ἔταξαν ἀναβαίνειν.

[980] Das eine gibt für ihn eher das äußere Ereignis, das andere die innere Begründung wieder, während wir, ähnlich wie bei den drei Bekehrungsberichten, vor allem die Gegensätze sehen: Seine Logik war nicht unbedingt die unsere.

[981] G. SCHNEIDER, Apostelgeschichte, 1, 40.

Synagogen in Damaskus und vor den jüdischen „Hellenisten" in Jerusalem kraftvoll und frei heraus[982] verkündigte, deutet Lukas für den Leser unmißverständlich an, daß Paulus dies auch in Tarsus und Kilikien tat und sich dort keiner vita otiosa hingab. Auch Röm 15,19, das schon mehrfach zitierte ὥστε με ἀπὸ ᾽Ιερουσαλὴμ (vgl. Gal 1,18) καὶ κύκλῳ (d. h. in Arabien und Damaskus) πεπληρωκέναι τὸ εὐαγγέλιον τοῦ Χριστοῦ, in Verbindung mit Gal 1,21 (τὰ κλίματα τῆς Συρίας καὶ τῆς Κιλικίας) widerlegt die Vermutung, daß Paulus in Tarsus eine längere „Verkündigungspause" eingelegt habe.[983] Er wirkte auch in seiner Heimatstadt als Missionar. Das Selbstverständliche muß man nicht noch extra sagen. Auch Paulus sagt nicht expressis verbis, daß er in Arabien oder in „den Gebieten von Syrien und Kilikien" gepredigt habe. Dies ergibt sich jedoch aus Gal 1,16b und – im Blick auf Damaskus – aus 1,23.[984] Lukas weist auf diese Predigt, wie er es gerne tut, später indirekt – aber doch deutlich genug – hin: Nach dem „Apostelkonzil" durchzieht Paulus (mit Silas) „Syrien *und Kilikien*" und stärkt die Brüder, d.h. doch wohl in den Gemeinden, die er selbst früher gegründet hat.[985] Tarsus lag hier am Wege unmittelbar vor der kilikischen Pforte. Entsprechend ist der von Lukas formulierte Brief der „Apostel und Ältesten samt der ganzen Gemeinde" (in Jerusalem), der das „Apostelkonzil" enthält, nicht nur an „die Brüder *aus den Heiden*" in Antiochien, sondern auch in Syrien *und Kilikien* gerichtet, d.h. er setzt dort überall Heidenmission voraus,[986] für die – nach Lukas – niemand anderer verantwortlich sein kann als Paulus, denn nur er hatte sich über längere Zeit hinweg zuvor in Kilikien aufgehalten. Er möchte Leser haben, die zuweilen auch zwischen den Zeilen lesen können.

Für rund 200 Jahre verschwindet dann Tarsus aus der christlichen Missionsgeschichte. Es ist eine Zeit, wo wir relativ wenig und ganz zufällige geogra-

---

[982] 9,22: ἐνεδυναμοῦτο. 27.28 zweimal das lukanische Lieblingswort παρρησιάζεσθαι, vgl. 13,46; 14,3; 19,8 meist in Synagogen; 26,26 vor Agrippa II.; vgl. 9,15: Er trägt den Namen Christi „vor die Völker und die Könige der Kinder Israel".

[983] Das wird jetzt auch von K. HAACKER, Werdegang, 919–921 vermutet, der von einem „Rückzug nach Tarsus" spricht und denkt, daß Paulus erst in dieser Zeit das Zeltmacherhandwerk erlernt habe.

[984] Nur wo Lukas-Kritik um ihrer selbst willen betrieben wird, nimmt man daran Anstoß. So LOISY, Actes, 425: „Provisoirement il condamne ... Saul à l'inaction"; HAENCHEN, Apostelgeschichte, 325: „Der Verfasser nimmt an, daß Paulus nun eine Weile ruhig in seiner Heimatstadt Tarsus bleibt"; CONZELMANN, Apostelgeschichte, 67: „Die Zeit in Tarsus wirkt als Pause – in Wirklichkeit waren es über ein Dutzend Jahre Mission (Gal 2,1)." Grotesk (wie so oft) G. SCHILLE, Apostelgeschichte, 229: „Lukas denkt sich Saulos dort im Wartestand, in einer Art Urlaub vor dem Großeinsatz." Das alles sagt (und denkt) Lukas nicht!

[985] Apg 15,41; vgl. 14,22; 18,23; vgl. R.E. OSBORNE, St. Paul's Silent Years, JBL 84 (1965), 59–65 (60).

[986] So schon DE WETTE/OVERBECK, Apostelgeschichte, 147 Anm. 2: „Freilich scheint 15,23.41 die Voraussetzung aufzutauchen, dass Paul(us) hier als Apostel gewirkt hat"; vgl. 243f. Die Nennung von Syrien und Kilikien ist hier jedoch sicher nicht durch Gal 1,21 zu erklären, sondern setzt einfach die geographischen Gegebenheiten voraus und deutet damit indirekt und verspätet an, daß Paulus in (Tarsus und d.h. in) Kilikien Heidenmission getrieben hat. Vgl. etwa auch den nachträglichen Hinweis auf die Kollekte 24,17.

phische Nachrichten über die Existenz christlicher Gemeinden besitzen. Doch dann um 250 berichtet plötzlich Dionysios von Alexandrien an Stephan von Rom, „daß er von *Helenos*, dem Bischof von Tarsus in Kilikien, und den übrigen mit ihm verbundenen Bischöfen, von Firmilian in Kappadokien und Theoktist in Palästina", zu einer Synode nach Antiochien eingeladen worden sei.[987] Seine mehrfache Erwähnung zeigt die Bedeutung der Gemeinde von Tarsus und ihre führende Rolle in Kilikien. Man darf annehmen, daß es seit der Gemeindegründung durch Paulus immer Christen in dieser angesehenen verkehrsreichen Großstadt gegeben hat.

Auch die geographische Angabe Gal 1,21 „Darauf ging ich in die Gebiete von Syrien und Kilikien" wird zuweilen von Kritikern der Reise von Caesarea nach Tarsus auf dem Seewege entgegengehalten.[988] Aber Paulus gibt damit gewiß keine Reiseroute an,[989] sondern das gesamte Gebiet seiner Wirksamkeit in den nächsten Jahren, darum die generalisierende Voranstellung von τὰ κλίματα[990], das nicht streng auf die exakten Provinzgrenzen fixiert ist, wobei das formelhafte τῆς Συρίας καὶ (τῆς) Κιλικίας auf die Doppelprovinz hinweist, die erst 72 n. Chr. durch Vespasian getrennt wurde.[991]

„Syrien und Kilikien" (in umgekehrter Reihenfolge) wird so für die nächsten ca. 13 Jahre bis zur zweiten Jerusalemreise zum „Apostelkonzil" das wichtigste

---

[987] Euseb, h.e. 6, 46,3; vgl. 7, 5,1.4; 28,1: Er steht an erster Stelle der gegen Paulus von Samosata versammelten Bischöfe, d.h. er muß von angesehener Stellung und eine Art Metropolitanbischof von Kilikien gewesen sein, s. A. v. HARNACK, Mission, 664.730. Von jetzt an erscheint Tarsus regelmäßig in den Synodallisten.

[988] So H.H. WENDT, Apostelgeschichte (Anm. 878), 174: „Aber nach Gal 1,21 kam Paulus damals zuerst nach Syrien, dann erst nach Cilicien"; vgl. E. PREUSCHEN, Die Apostelgeschichte, HNT IV,1, Tübingen 1912, 61; J. WEISS, Urchristentum (Anm. 143), 149.

[989] Nach DE WETTE/OVERBECK, Apostelgeschichte, 147 hatten frühere Ausleger (CALOV, OLSHAUSEN) um der Übereinstimmung mit Gal 1,21 willen an Caesarea Philippi gedacht. Aber selbst wenn die Reiseroute „durch Syrien" führen sollte, war zunächst eine Schiffsreise auch von Caesarea am Meer möglich: „indem er sich nach Seleucien einschiffte und von da aus zu Land weiterging", aber auch dies ist eine unnötige Vermutung. S. selbst noch HAENCHEN, Apostelgeschichte, 325. Tarsus war von Caesarea aus am leichtesten direkt mit dem Schiff zu erreichen s.u. S. 272. Lukas weiß das.

[990] Vgl. 2. Kor 11,10: Die Provinz Achaia „in ihrem ganzen Umfang" BAUER/ALAND, WB Sp. 887; Röm 15,23; Philo, aet. mundi 147; legatio 89 u.ö.

[991] S.o. Anm. 142; J. DEININGER, Die Provinziallandtage der römischen Kaiserzeit, München, Berlin 1965, 83.87 verweist auf einen vereinten Agon des κοινοῦ Συρίας Κιλικίας Φοινείκης, der in einer Inschrift aus der zweiten Hälfte des 1. Jh. erwähnt wird (veröffentlicht bei L. MORETTI, Iscrizioni agonistiche greche, Studi pubblicati dall'Istitututo italiano per la storia antica 12, Rom 1953); RIESNER, Frühzeit, 236; G. LÜDEMANN, Paulus der Heidenapostel I. Studien zur Chronologie, 1980, 35. Bei Lukas finden wir eine ähnliche formelhafte Verwendung Apg 15,23.41. S. weiter Diodor 16,42,9 und bereits Jdt 1,12 (2.H. d. 2.Jh.s v.Chr.): πάντα τὰ ὅρια τῆς Κιλικίας καὶ Δαμασκηνῆς καὶ Συρίας; 1,7 τοὺς κατοικοῦντας τὴν Κιλικίαν καὶ Δαμασκόν. Die Blickrichtung geht dabei von Nord nach Süd, und Damaskus steht im Grunde als Hauptstadt des vorseleukidischen Syriens für ganz Syrien. Vgl. 2,25 Kilikien und Arabien als Grenzpunkte. S. auch 4. Makk 4,2: Apollonios der „Strategos in ‚Syrien und Phönikien' und Kilikien", d.h. des seleukidischen Herrschaftsgebietes westlich des Eufrats nach dem Frieden von Apamea 190 v.Chr.

Wirkungsgebiet des Apostels. Das schließt nicht aus, daß er die Grenze dieses Gebiets nicht auch zuweilen überschritten haben könnte, zumal diese – vor allem in der Zeit der frühen römischen Herrschaft – nicht immer völlig eindeutig war.[992] Wenn wir dem lukanischen Erzählungsfaden folgen – und es gibt dazu keine Alternative, die wahrscheinlich zu machen ist,[993] – dann fällt die sogenannte erste Reise in benachbarte Territorien, nach der Insel Zypern, Pisidien und Lykaonien (d.h. in den südlichen Teil der Provinz Galatien), in diese Zeit.[994] R. Riesner erwägt als weiteres Wirkungsfeld das direkt nördlich an Kilikien in seiner ganzen Länge angrenzende Kappadokien jenseits des Taurus,[995] das die LXX mit Kaphtor identifizierte und ähnlich wie Syrien, Kilikien oder Zypern eine beträchtliche Judenschaft besaß. Seine Südwestecke mit dem Hauptort Tyana, der Heimat des Wanderphilosophen und Wundertäters Apollonios, war durch die kilikische Pforte leicht zu erreichen. Aber dies bleibt ebenso eine Vermutung wie die Erwägung von J. Weiß, ob Paulus nicht damals schon eine Schiffsreise in den Westen, etwa nach Kyrene, das in rätselhafter Weise in den koptischen Paulusakten neben Syrien erwähnt wird, unternommen habe. Über den dreimaligen Schiffbruch, von dem er selbst 2. Kor 11,25 berichtet, hören wir ja von Lukas nichts, erst Apg 27 erzählt er den vierten und wohl letzten.[996] Doch gegen größere Seereisen in ganz andere Provinzen spricht Gal 1,21f in Verbindung mit 2,1.

7.2 Tarsus und seine jüdische Gemeinde

Doch warum ging Paulus ausgerechnet von Jerusalem nach *Tarsus*? Warum veränderte er seinen Wirkungsbereich, nachdem er gegen drei Jahre im Osten

---

[992] Dazu R. SYME, Observations on the Province of Cilicia, in: Anatolian Studies presented to W.H. Buckler, ed. W.M. Calder/J. Keil, Manchester 1939, 299–332. Seit der Zeit Cäsars bis 72 n. Chr. war es dann mit Syrien zu einer Einheit verbunden. Vgl. jetzt C. BREYTENBACH, Paulus, 88f mit Verweis auf SYME, Anatolica. Studies in Strabo, Oxford 1995, 219f; T.B. MITFORD, Cilicia, ANRW II, 7,2 (1980), 1232–1246.

[993] Gegen G. LÜDEMANN, Paulus; mit RIESNER, Frühzeit und C. BREYTENBACH, Paulus. Diese Reise wird zu oft für eine lukanische Konstruktion gehalten. Vgl. A. DAUER, Paulus, 177 Anm. 112 und o. Anm. 960.

[994] Apg 13 u. 14, s. dazu J. ROLOFF, Die Apostelgeschichte, NTD 5, Göttingen 1981, 194f.

[995] Frühzeit, 237f vgl. 223f. LXX Dtn 2,23; Am 9,7 (LXX u. Symmachos); Jer 47 (29), 4 (Aquila u. Theodotion). Zum Klientelkönigreich und zur (seit Tiberius) Provinz Kappadozien s. D. MAGIE, Roman Rule in Asia Minor, I, 1950 (1966), 491–496; II, 1349–1359.

[996] J. WEISS, Urchristentum (Anm. 143), 148f. Die Ereignisse 11,25 müssen sich wohl vor der 3. Reise ereignet haben. Aber schon bei der ersten und zweiten Reise war Paulus mit dem Schiff unterwegs. Zu Kyrene und Syrien s. C. SCHMIDT, Acta Pauli, Leipzig ²1905, 65. Es ist jedoch fraglich, ob es sich bei dem fragmentarischen Text überhaupt um eine Paulusreise handelt. Die Paulusakten um 180 n. Chr. folgen mit den Reiserouten weitgehend der Apg, stellen sie jedoch in recht freier Weise zusammen. Sie illustrieren, was Lukas alles aus seinen spärlichen Nachrichten von der paulinischen Frühzeit in romanhafter Form hätte machen können. Der Herausgeber C. SCHMIDT denkt an andere Missionare, die von Jerusalem aus in die Diasporamission gehen, vgl. Apg 11,19.

bzw. Süden gewirkt hatte, so weit nach Norden? Nun, nach Damaskus und Arabien konnte er offenbar nicht mehr zurück, und das kilikische Tarsus war sein Geburtsort und die Heimat seiner Familie. Andererseits weist die Tatsache, daß er es im Gegensatz zu Damaskus, Antiochien oder gar Jerusalem in seinen Briefen überhaupt nicht mehr erwähnt, doch vielleicht auf eine gewisse spätere Distanz hin, die dann auch gegenüber Antiochien, das er einmal Gal 2,11 erwähnen muß, sichtbar wird. Hätte er nicht gegenüber den Galatern seine Frühgeschichte als Christ und Missionar verteidigen und richtigstellen müssen, wir würden über seine Frühzeit von ihm überhaupt nichts erfahren, und Röm 15,19b bliebe eine unverständliche Chiffre. Zugleich hätte man Lukas aufgrund des verführerischen argumentum e silentio noch massiver tendenziöse Verfälschung vorwerfen können. Es ist überhaupt sonderbar, daß er von dem in seinen Briefen einzigartigen Bericht Gal 1 u. 2 abgesehen die ca. 13jährige Wirksamkeit „in den Gebieten von Syrien und Kilikien" nicht mehr erwähnt,[997] auch wenn ein beträchtlicher Teil der von ihm nach 2 Kor 11,22−27 erlebten Gefahren und Leiden sich schon während dieser Zeit ereignet haben mag. Dies gilt besonders von der fünfmal an ihm nach der Vorschrift von Dtn 25,3 vollzogenen Synagogenstrafe (11,24). Die Judenschaft in diesem Raum zwischen Mutterland und dem Taurosgebirge, das zeigen die Hinweise bei Josephus, war nicht nur besonders zahlreich, sondern auch recht macht- und selbstbewußt.[998] Die Furcht der Syrer vor den jüdischen Minoritäten in ihren Städten nach 66 n. Chr. war wohl nicht völlig unbegründet (s. o. S. 83f und u. 281ff).

Dieses *Schweigen* mag nicht zuletzt durch den in Gal 2,11−21 berichteten Zwischenfall in Antiochien bedingt sein, der ihn tief verletzt haben muß und – zumindest vorübergehend – nicht nur zum Bruch mit Barnabas, sondern auch mit den Judenchristen in Antiochien, die dort das Sagen hatten, führte. Auch das Verhältnis zu Petrus wurde schwer und wohl auch bleibend belastet.[999] Vermutlich hat sich dies dann auch auf die Missionsgemeinden in Kilikien und Syrien überhaupt ausgewirkt, wo der judenchristliche Anteil größer war als in den späteren Missionsgemeinden im Westen. Auch Lukas deutet Apg 15,39 durch das sehr scharfe καὶ ἐγένετο δὲ παροξυσμός einen solchen Bruch zwischen Paulus und Barnabas an, freilich in einer zeitlichen Vorwegnahme, denn der Gal 2,11 ff geschilderte Zwischenfall in Antiochien ereignete sich wohl erst nach dem Ende der sog. 2. Missionsreise etwa um 51/52 n. Chr.[1000] Zunächst

---

[997] 2. Kor 11,32f liegt vor dieser Zeit. Einen indirekten Hinweis finden wir noch Röm 15,23: νυνὶ δὲ μηκέτι τόπον ἔχων ἐν τοῖς κλίμασι τούτοις. Er weist damit auf 15,19 zurück und meint das große Gebiet von Jerusalem bis Illyricum: Jetzt möchte er die Westhälfte des römischen Reiches mit dem „Evangelium von Christus erfüllen". Vgl. J. M. SCOTT, Paul, 145.

[998] Vgl. zu Josephus u. S. 288; weiter die zweimalige Erwähnung des Tauros bei der Schilderung von Abrahams Rundreise und der Völkertafel in 1QGenAp, dazu o. Anm. 764 und u. Anm. 1097.

[999] S. dazu A. DAUER, Paulus, 127 (vgl. 272ff Lit.) als Fazit seiner Untersuchung: „Antiochia erweckt den Eindruck eines paulinischen Traumas". Der „Grund ... scheint ... der ‚Antiochenische Zwischenfall' gewesen zu sein."

[1000] S. dazu u. S. 330 Anm. 1360. Zum Ausdruck vgl. 1. Kor 13,5 οὐ παροξύνεται (!) und

kam es wegen Johannes Markus, dessen Versagen auf der „1. Reise" Paulus nicht vergessen konnte,[1001] nur zu einer Trennung der Aufgaben: Barnabas besuchte mit Johannes Markus die auf der „1. Reise" gewonnenen Gemeinden in Zypern, Paulus die im inneren Kleinasien. Nachdem Paulus selbst so sparsam über seine Wirksamkeit in Syrien und Kilikien berichtet, sollte uns nicht wundern, daß auch Lukas nicht allzuviel darüber zu erzählen weiß – obwohl er uns doch etwas mehr informiert. Vielleicht wollte Paulus später über diese schweren Enttäuschungen nicht mehr viel reden, ähnlich wie Emigranten aus Deutschland über die Jahre nach 1933.

Daß Paulus das kilikische Tarsus wählte, bzw. wie sich Lukas ausdrückt, dort „hinsenden" ließ, hat aber wohl noch andere Gründe als die bloße Familienbeziehung, die in den Briefen keine Rolle mehr spielt. Die Stadt war nicht nur die „Metropole" Kilikiens, sondern im 1. Jh. nach Antiochien politisch, kulturell und ökonomisch das zweitwichtigste Zentrum in der Doppelprovinz zwischen dem „Rauhen Kilikien" im Westen,[1002] dem Taurus als der Grenze zu Kappadokien im Norden, der Reichsgrenze am Euphrat im Osten und der syrischen Wüste im Südosten. Auch seine Ausstrahlung nach Norden und Westen war nicht gering. Im Preis der Zeitgenossen über sein blühendes Leben und als Heimat berühmter Männer, Philosophen, Rhetoren, aber auch anderer Gelehrter, war es seiner politisch bedeutenderen syrischen Konkurrentin überlegen. Die lobenden Urteile reichen von Xenophon bis hin zu Ammianus Marcellinus, dem Kirchenvater Basilius d. Gr. und Zonaras.[1003] Von Augustus beson-

---

Apg 17,16; BAUER/ALAND, WB Sp. 1271. Als Übersetzung von qæṣæp erscheint das Substantiv in der LXX Dtn 29,28 (M 27); Jer 39 (M 32), 37; 10,10 Theodotion u. L', s. Sept. Gott. ed. Ziegler, XV, 201 App. für Gottes Zorn. Zum Verb s. PsSal 4,21; griechBar 1,6.

[1001] Apg 13,13; 15,36–39.

[1002] Κιλίκια τραχεῖα (oder Τραχειῶτις) umfaßte den Westteil des Taurus und die gebirgige Mittelmeerküste zwischen Pamphylien und der kilikischen Ebene bei Soloi. Strabo 12,1,4; 12,2,11; 14,5,1–7: Die Grenzstadt von Kilikia Pedias war Soloi, eine rhodische Kolonie und Heimat des Stoikers Chrysipp: Cassius Dio 59,8,2; 68,8,2. S. dazu A.H. JONES, Cities (Anm. 360), 191–201. Dieses notorische Seeräubergebiet, das sich nach Norden bis nördlich von Derbe erstreckte, kam unter römische Herrschaft 20 v.Chr., teilweise einige Zeit an Archelaos von Kappadokien (36 v.–17 n.Chr.), den Schwiegervater des Herodessohnes Alexander, später wurde das Gebiet durch Caligula und dann nochmals durch Claudius dem Antiochos IV. Epiphanes von Kommagene zugeschlagen bis zu dessen Absetzung durch Vespasian 72 n.Chr., der das „rauhe" und „ebene Kilikien" zu einer Provinz vereinte und letzteres von Syrien trennte. Vgl. R. SYME, Observations on the Province of Cilicia, in: Anatolian Studies, FS W.H. Buckler, ed. by W.M. Calder/J. Keil, Manchester 1939, 327; T.B. MITFORD, ‚Roman Rough Cilicia', ANRW II,7.2, 1980, 1230–1261 (1239.1241.1246ff).

[1003] Zur Lit. s. die immer noch nicht überholte Darstellung von W.M. RAMSAY, The Cities of St. Paul, London 1907, 55–244; weiter H. BÖHLIG, Die Geisteskultur von Tarsus, FRLANT 19, 1913; W. RUGE, Artk. Tarsos, PW 2. R. 4, 1932, Sp. 2413–39 (bes. 2430ff); ders. Artk. Kilikien, PW 11, 1921, Sp. 385–389; E. OLSHAUSEN, KP 5, 529f; K. ZIEGLER, KP 3, 208f; A.H.M. JONES, Cities (Anm. 360), 192–207; M. HENGEL, Der vorchristliche Paulus, 180–193; RIESNER, Frühzeit, 236f. Zu den Ausgrabungen von Tarsus vgl. H. GOLDMAN u. a., Excavations at Gözlü Kule, Tarsus, 3 Bde, Princeton 1950–1963; M.V. SETON-WILLIAMS, Cilician Survey, Anatolian Studies 4 (1954), 125.139.169f. Eine ausführliche Monographie über das antike Kilikien und seine Städte ist ein dringendes Desiderat.

ders gefördert, da sein Lehrer, der Stoiker Athenodoros, von dort stammte, blühte die Stadt während des ganzen 1. Jh.s und war als Provinzhauptstadt von Cilicia pedias zugleich Mittelpunkt und Sitz des Provinziallandtags, des κοινόν Κιλικίας[1004] mit einem großen Stadtgebiet, das von der kilikischen Pforte, dem wichtigsten Paß durch den Taurus, von wo die Straße über das westliche Kappadokien nach Lykaonien und in das Innere Kleinasiens führte,[1005] bis zum Meer wenige Kilometer im Süden der Stadt reichte. Es bildete gewissermaßen das „Sprungbrett" nach Kleinasien. Im Gegensatz zu Antiochien, dessen Haupthafen Seleukia ca. 25 km südwestlich der Stadt nahe der Orontesmündung lag,[1006] war sie durch den auch für größere Schiffe befahrbaren Cydnus mit dem nahen Meer verbunden. Es trafen sich so in ihr die wichtigste Straßenverbindung von Norden aus dem inneren Kleinasien mit der von Westen kommenden beschwerlichen Küstenstraße aus Cilicia tracheia. Die Straße in Richtung Osten führte über Adana und Mopsuestia und teilte sich bei den portae Amanicae. Die Hauptverbindung wandte sich nach Süden, erreichte bei Issos das Meer und ging weiter nach Alexandreia, überwand bei den Portae Syriae das Amanusgebirge und erreichte Antiochien. Paulus wird diese Straße oftmals gewandert sein. Ein anderer Weg verlief direkt nach Osten und stieß bei Zeugma, dem großen Legionslager, an den Euphrat.[1007]

Ihrer politischen und wirtschaftlichen Bedeutung entsprechend hatte sie eine *jüdische Gemeinde*, wobei die Spuren derselben vor allem außerhalb der Stadt zu finden sind.[1008] Philo läßt Agrippa I. in seinem Brief an Caligula Kilikien unter den Provinzen aufzählen, in denen Juden wohnen.[1009] Apg 6,9 erwähnt in Jerusalem neben den Synagogengemeinden der Libertiner, Kyrenäer, Alexandriner auch Vertreter „derer von Kilikien und Asien"[1010], mit

---

[1004] KORNEMANN, Artk. Κοινόν, PW Suppl. 4, 933. J. DEININGER, Provinziallandtage (Anm. 991), 83f.

[1005] Zu dieser wichtigen Verkehrstraße, der ‚via Sebaste' s. C. BREYTENBACH, Paulus, Index 211 s. v. Via Sebaste.

[1006] Kanalbauten sind erst unter Vespasian, Titus und Domitian, aber auch Antoninus Pius (um 149) inschriftlich belegt s. IGLS III, 1131–1140. Sie dienten der Sicherung der Schiffahrt auf dem Orontes bis Antiochien, der mit Küsten-, aber nicht mit großen Seeschiffen befahrbar war. Vgl. Strabo 16,2,7; Pausanias, Descriptio 8,29,3; dazu F. MILLAR, RNE, 87f; s. u. Anm. 1723.

[1007] Zu den Straßen s. D. MAGIE, Roman Rule in Asia Minor, I, 276.375.397.410; II, 788.1144ff.1152ff. Vgl. u. Anm. 1097 zu Abrahams Reise in 1QGenAp 21. Zur Grenze zwischen Syrien und Kilikien H. TAEUBLER, Tyche 9 (1991), 201–210.

[1008] S. dazu W. M. RAMSAY, Cities, 169–186 (vor allem auf die vorrömische Zeit konzentriert); H. BÖHLIG, Tarsus, 128–157 (sehr spekulativ).

[1009] Legatio 281: Ihre Gemeinden erscheinen als Kolonien der Metropolis Jerusalem.

[1010] Ἀνέστησαν δέ τινες τῶν ἐκ τῆς συναγωγῆς τῆς λεγομένης Λιβερτίνων καὶ Κυρηναίων καὶ Ἀλεξανδρέων καὶ τῶν ἀπὸ Κιλικίας καὶ Ἀσίας συζητοῦντες τῷ Στεφάνῳ. Hier handelt es sich wohl doch trotz der unpräzisen Audrucksweise des Lukas um verschiedene Gemeinden, darunter auch die Juden aus Kilikien, vgl. den Plural in Apg 24,12; 26,11 und o. Anm. 303.311–316; dazu M. HENGEL, Zwischen Jesus und Paulus, 183ff; DERS., Der vorchristliche Paulus, 205.259.271f; C. K. BARRETT, Acts 1, 323: „Some if not all of the

denen Stephanus diskutiert haben soll. Für Lukas ist das ein erster indirekter Hinweis auf Paulus und seine Heimatprovinz.

Die spätere rabbinische Überlieferung spricht mehrfach von Synagogen der Tarsier, so in Jerusalem, wobei die Parallelüberlieferung eine Synagoge der Alexandriner erwähnt.[1011] In Jaffa fand man zwei Grabinschriften, in denen Tarsus erwähnt wird: Die erste betrifft einen Judas S. d. Jose und Ταρσεύς, d. h. Bürger von Tarsus, wie Paulus in Apg 9,11 und 21,39.[1012] Die andere Inschrift lautet: „Hier liegt Isaak, Ältester (der Gemeinde) der Kappadozier, Leinenhändler von Tarsus.[1013]

Die Analogie dieser späteren Texte zu Paulus ist auffallend: Zwei tarsische Juden, die in Eretz Israel ansässig sind, darunter einer, der wie Paulus beruflich mit Textilien umging. Auch geographisch besteht eine Entsprechung: Paulus reist von Caesarea mit dem Schiff nach Tarsus, Joppe ist der jüdische Nachbarhafen.[1014] Der Leinenhändler mag seinen Wohnsitz u. a. wegen der günstigen Verkehrslage zu seiner Lieferquelle gewählt haben.

---

persons concerned are associated with a synagogue." Wo hätten sich diese landschaftlichen Gruppen zu Diskussionen treffen sollen, wenn nicht in Synagogen?

[1011] bMeg 26a Bar (twrsjjn); tMeg 3,6 (Zuckermandel 224) = yMeg 3,1 73d Z. 40: der Alexandriner. Sie wurde für profane Zwecke verkauft. Nach bNazir 52 wurde sie durch Totengebeine entweiht, der Arzt Theodos habe sie jedoch für rein erklärt. ySheq 2,7 47a Z. 20ff nennt eine Synagoge der Tarsier vermutlich in Tiberias, nach LevR 35,12 befand sich eine solche auch in Lydda. S. KRAUSS, MGWJ 39 (1895), 54f; vgl. DERS., Talmudische Altertümer 2, 625 und Synagogale Altertümer, 206f sieht darin freilich eine Synagoge von Webern, die kunstvolle Stoffe nach tarsischer Art herstellen: tarsî kann beides bedeuten, s. JASTROW, Dictionary 1, 555b. Eine landsmannschaftliche Synagoge ist keinesfalls ausgeschlossen. In Rom und in Sepphoris haben wir berufsbezogene und geographisch nach der Herkunft benannte Synagogen nebeneinander. S. auch o. Anm. 191.315.

[1012] CIJ II Nr. 925. Zum Problem des Stadtbürgerrechts von Tarsus s. M. HENGEL, Der vorchristliche Paulus, 188–193; R. RIESNER, Frühzeit, 130f; zu anderen kleinasiatischen Städten s. P. TREBILCO, Communities, 171.257f Anm. 16–19.

[1013] CIJ II Nr. 931: Ἐνθάδε κ[ῖ]τε Ἰσάκις πρεσβύτερος τῆς Καππαδόκων Τάρσου λινοπώλου. S. KRAUSS, Synagogale Altertümer, 237 vermutet, daß Τάρσος nicht auf den Heimatort hinweise, vielmehr tarsisches Leinen bedeute, doch dann müßte man eigentlich Nachstellung und ταρσικοῦ/ῶν erwarten, s. LSJ, 1759: λίνου Ταρσικοῦ bzw. λίνα θάρσικα. Ein Weber von entsprechenden Geweben kann ταρσικάριος oder ταρσικούφικος genannt werden. Warum sollte ein Leinenhändler aus Tarsus nicht zur Gemeinde der Kappadokier gehören, wo doch Kappadokien unmittelbar nördlich der kilikischen Pforte an das Stadtgebiet von Tarsus angrenzte? Zu den „Leinenarbeitern" in Tarsus s. W. RUGE, Tarsos (Anm. 1003), 2432; nach Dio Chrysostomos, Or. 34,16,21: Gemeint ist die große Zahl der λινουργοί in Tarsus, die nicht das volle Bürgerrecht besitzen und Unruhen verursachen: „Die proletarische Bevölkerung von T."; vgl. auch Philostrat, vit. Apoll. 1,7: Die Tarsier „schätzten die feine Leinwand höher als die Athener die Weisheit".

[1014] Andererseits finden wir in Joppe/Jaffa noch mehr Gräber von Juden aus Alexandrien (bzw. Ägypten) s. W. HORBURY/D. NOY, Inscriptions, Nr. 145–151.

Exkurs IV: Jüdisch-paganer „Synkretismus" im Rauhen Kilikien und den angrenzenden Gebieten Kleinasiens

Leider haben wir bisher ganz wenige jüdische Inschriften aus Tarsus selbst und aus Cilicia Pedias.[1015] Dies hängt mit Schwierigkeiten von Ausgrabungen in der modernen Stadt und der dicht besiedelten Ebene überhaupt zusammen, wo man Steine wiederverwendete oder in Kalkbrennereien verarbeitete. Doch läßt die Tatsache, daß in dem politisch und wirtschaftlich viel weniger bedeutsamen „Rauhen Kilikien" und den angrenzenden Gebieten eine größere Zahl von jüdischen bzw. judaisierenden epigraphischen Zeugnissen erhalten ist, vermuten, daß die Judenschaft von Tarsus und in den anderen kilikischen Städten beträchtlich gewesen sein muß.[1016] Interessant ist aus der Nekropole von *Korykos* die Grabinschrift des Ducenarius Aurelios Eusambatios Menandros mit dem Beinamen Photios, Bürger von Korykos ca. 80 km westlich von Tarsus, und seiner Frau Matrona, die mit dem Trost schließt:

„Seid [nicht verzweife]lt, denn keiner ist unsterblich außer allein einer, der befohlen hat, daß dies geschehen soll, [der uns auch in den Kr]eis der Planeten versetzt hat."[1017]

Der Verstorbene muß ein vermögender Ratsherr der Stadt Kokyros gewesen sein, der Name Eusambatios und die Schlußformel weisen ihn als Juden aus. Die Inschrift ist relativ spät, doch wird man kaum annehmen dürfen, daß Diasporajuden im ersten Jh. n. Chr. „orthodoxer" waren als im vierten. Ein jüdischer Presbyter und Parfümfabrikant aus derselben Nekropole trägt denselben Namen.[1018] Häufig dagegen ist die Simplex-

---

[1015] CIJ II, 39 ff hat nur Inschriften aus dem westlichen Rauhen Kilikien, s. jedoch G. DAGRON/D. FEISSEL, Inscriptions de Cilicie, TMCB Monographies 4, Paris 1987: Nr. 36 aus Tarsus: Grab eines jüdischen Presbyters und seiner Familie = SEG 37 (1989), Nr. 1238 (ca. 6. Jh. n. Chr.); Nr. 14 aus Diocaesarea = SEG 37 Nr. 1298. Zu den Ausgrabungen in Tarsus vgl. o. Anm. 1003.

[1016] CIJ II Nr. 782–794; SCHÜRER III, 33f; ergänze dazu H. BLOEDHORN, JSS 35 (1990), 68; vgl. M. H. WILLIAMS, The Jewish Community of Corycos – Two More Inscriptions, ZPE 92 (1992), 249 ff, dazu u. Anm. 1020.

[1017] [μὴ ἀθυ]μῆτε, οὐδὶς γὰρ ἀθάνατος, εἰ μόνος εἷς, ὁ τοῦτο προστάξας γενέσθε (= γενέσθαι) [ὃς καὶ εἰς σφαῖρ]αν πλα[νητῶν κ]ατάστησεν ἡμᾶς. Wir folgen der Lesung von J. KEIL/A. WILHELM, Denkmäler aus dem rauhen Kilikien, MAMA III, 1931, 140 Nr. 262 s. dazu H. LIETZMANN, Notizen, ZNW 31 (1932), 313f. Der Text stammt aus dem 4./5. Jh. Die jüdische und die zahlreichen christlichen Sarkophage sind nicht getrennt. Zu der Formel οὐδεὶς ἀθάνατος, die in jüdischen Grabinschriften häufig ist, s. noch CIJ II Nr. 782 aus Maraş/Germanicia und vor allem P. W. VAN DER HORST, Ancient Jewish Epitaphs, Contributions to Biblical Exegesis and Theology 2, Kampen 1991, 121f, zur „astralen Unsterblichkeit" 123f: Man dachte wohl an eine Aufnahme in die himmlischen Sphären unmittelbar nach dem Tode. Wir besitzen dazu auch zahlreiche hellenistische Parallelen, s. außer der von P. W. VAN DER HORST angegebenen Literatur W. PEEK, Grabgedichte (Anm. 63), 40f Nr. 12,5; 74; 218,3; 250; 351,8; 391,4ff: Aufnahme der Seele in den Äther bzw. in die himmlischen Wohnungen vgl. auch 296; 345,9. Der Tote wird zu den Plejaden entrückt: 334,5; er wird ein Stern: 304,5f; 310,8–11; 317,13; 343,5ff. Möglicherweise steht hinter dieser Vorstellung in den jüdischen Grabinschriften eine hellenistische Interpretation von Dan 12,2 s. M. HENGEL, JuH, 228f.357–369.423ff.

[1018] CIJ II 790; wir finden diesen Namen noch bei einem Presbyter aus Hyllarima in Karien aus dem 3. Jh. und eine Eusabbatis in Rom CIJ I 379.

form Sabbataios/Sabbatis.¹⁰¹⁹ Auf zwei weitere jüdische Inschriften aus Korykos weist M. H. Williams hin, dabei erscheint auf der einen Φιλονόμιος als Eigenname.¹⁰²⁰ In unmittelbarer Nachbarschaft in Korasion finden wir einen Mennandros Sanbatios. Andererseits begegnen wir auf fünf mit einem Kreuz gekennzeichneten Särgen dem ausgesprochen jüdischen Namen Sabbatios. Hier mag es sich um „judaisierende" Christen oder zum Christentum übergetretene Juden handeln.¹⁰²¹ Lietzmann verweist auf die vieldiskutierten wesentlich älteren Inschriften bei der nur ca. 7 km nordöstlich ebenfalls am Meer gelegenen Grenzstadt des Rauhen Kilikien Elaeusa Sebaste, die einen *Kultverein der Sabbatistai* aus der Zeit des Augustus¹⁰²² bezeugen, die sich „aufgrund der gütigen Vorsorge des Gottes Sabbatistes versammelt haben".¹⁰²³ Sie bestehen aus ‚Hetairoi', d. h. wohl Sympathisanten im weiteren Sinne und eigentlichen ‚Sabbatistai' unter der Leitung eines ‚Synagogeus' mit dem semitischen Namen Aithibelios¹⁰²⁴, auch ein ‚Hiereus' wird erwähnt und Weihegaben, die in ‚naoi' aufbewahrt werden. Eine zweite Inschrift, von der nur der Anfang erhalten ist, weiht die „Genossenschaft der Sabbatistai dem Gott Aithibel".¹⁰²⁵ Es handelt sich um einen heidnischen Kult, der von der jüdischen Sabbatfeier beeinflußt war.¹⁰²⁶ In Kleinasien (und Ägypten) finden wir noch weitere Spuren der Verehrung eines „*Sabbat-Gottes*", so bei Philadelphia eine Weihung an den „großen, heiligen Gott Sabathikos", in Lydien das Gelübde einer Frau für denselben Gott ohne Beinamen, in Naukratis in Ägypten begegnet uns ein σύνοδος Σαμβαθική und auf einem Ostrakon unter einer Liste von Göttinnen der Name Σαμβαθις.¹⁰²⁷ Milik verweist auf den Namen Βαρσαββαθας in einem Papyrus aus Dura Europos und sieht darin auf dem Hintergrund des nicht nur in Kleinasien, sondern auch in Ägypten, Rom und Syrien verbreiteten Namens Sabbation bzw. Sabbatis (oder ähnlich) „le premier témoignage du culte du Dieu Sabbatique en Syrie".¹⁰²⁸ Ein „*Sam*-

---

¹⁰¹⁹ Zu ähnlichen Varianten vor allem in Ägypten s. HORBURY/NOY, Inscriptions, 127f Nr. 58 (Lit.) und Index 262; in Italien: NOY, Jewish Inscriptions of Western Europe I, 1993, 165f Nr. 126; DERS., Jewish Inscriptions of Western Europe II, Rome, 1994, Index 524; weiter die Indices von CIJ I und CPJ.

¹⁰²⁰ H. W. WILLIAMS, Corycos (Anm. 1016), 248. Er korrigiert damit überzeugend die Lesung von MAMA III, 751.

¹⁰²¹ S. dazu H. LIETZMANN, Notizen (Anm. 1017) = KEIL/WILHELM, Denkmäler (Anm. 1017), S. 114 Nr. 166; S. 118 Nr. 177 und Nr. 493b, 678, 686, 737.

¹⁰²² OGIS II Nr. 573; F. SOKOLOWSKI, Lois Sacrées de l'Asie mineure, Paris 1955, Nr. 80 Lit. (wir folgen dem Text von Sokolowski); vgl. dazu H. GRESSMANN, RE 2. R. 1, 1920, Sp. 1560–65; E. LOHSE, Artk. σάββατον, ThWNT VII, 8 Anm. 44; V. A. TCHERIKOWER/A. FUKS/M. STERN, CPJ III, 1964, 41–87: „The Sambathions" (46f); SCHÜRER III,1, 622–626 (625 Anm. 183); J. T. MILIK, Dédicaces, 69–72.

¹⁰²³ θεοῦ [προν]οίαι (OGIS: [εὐν]όαι) Σαββατίστου συνηγμένοις.

¹⁰²⁴ S. dazu H. GRESSMANN, op. cit. (Anm. 1022), Sp. 1562.

¹⁰²⁵ HEBERDEY/WILHELM, Reisen in Kilikien, DAWW.PH 44, 1896, 67: ἡ ἑταιρήα τῶν Σαμβατιστῶν Αἰθειβήλῳ θεῷ..., dazu H. GRESSMANN, op. cit. (Anm. 1022), Sp. 1561.

¹⁰²⁶ Eine Verbindung mit dem thrakisch-phrygischen Gott Sabazios, der etwa in Rom mit dem jüdischen Sabaoth verwechselt wurde, ist dagegen unwahrscheinlich. S. dazu E. N. LANE, Sabazius and the Jews in Valerius Maximus, JRS 69 (1979), 35–38; S. E. JOHNSON, The present state of Sabazios-Research, ANRW II, 17,3 (1984), 1583–1613 (zu Sabazios und den Juden 1602–7); R. TURCAN, Les cultes orientaux (Anm. 562), 314; L. H. FELDMAN, Jew, 301.

¹⁰²⁷ TCHERIKOVER/FUKS, CPJ III, 43–87 (47.50ff).

¹⁰²⁸ J. T. MILIK, Dédicaces, 67–72 (68); J. KEIL/K. v. PREMERSTEIN, Bericht über eine zweite Reise in Lydien, DAWW.PH 54,2, 1911, 117ff Nr. 224: τῷ μεγ]άλῳ θήκατο δῶρα θεῷ // Σαβαθ[ικω ἁγ]ίῳ εὐχῆς χάριν, ἣν [ἐτ]λέωσεν // ... ˚Ω μέγας ὢν κα[ὶ] δυνατὸς δ[υνάμει?]

batheion" in Thyatira ist dagegen mit großer Wahrscheinlichkeit eine Synagoge.[1029] Man wird so kaum daran zweifeln können, daß dieser heidnische Kult des θεὸς Σαββατιστής in augusteischer Zeit nicht allzu weit von Tarsus ähnlich wie der „anonyme Gott" im Umkreis von Palmyra indirekt oder direkt mit dem jüdischen Gott und den attraktiven Formen seines Kultes in Verbindung steht. Zudem war es auch für Heiden angenehm, regelmäßig an einem Tag der Woche nicht zu arbeiten. Dieses besondere heidnische Interesse am Sabbat (und z. T. auch an anderen jüdischen Festen) gerade in Kleinasien erklärt die Polemik des Paulus Gal 4,10 und eines Schülers in Kol 2,16f.

Für das junge Christentum hatte außerhalb von Eretz Jisrael diese jüdische Sitte dagegen wie auch die Beschneidung ihre Bedeutung – relativ bald – verloren. Der „Herrentag" verdrängte mit seinem Gottesdienst die Sabbatfeier (s.u. S. 310). Es zeigt sich auch daran die zentrale Bedeutung des endzeitlichen christologischen Geschehens gegenüber den alten rituellen Geboten der Tora. Christologie und Eschatologie änderten den alten Brauch. Dabei war die Sabbatfeier an sich volkstümlich. Selbst Plutarch zitiert empört den Euripidesvers „ihr Griechen, die ihr barbarische Greuel entdeckt" und bezieht ihn auf die bei diesen geübten ‚Formen' des barbarischen Aberglaubens, zu dem auch σαββατισμοί gehören.[1030] Die Polemik so verschiedener Autoren wie Plutarch und Juvenal und die stolzen Hinweise eines Josephus und Philo auf das heidnische Interesse am Sabbat zeigen, wie verbreitet die heidnische Neugier, ja die Verehrung gegenüber diesem Tag war.

Da die *jüdische Diaspora* in Kleinasien (wie die Kilikiens und Syriens) schon alt[1031] und zahlreich war, übte sie seit langem eine Wirkung auf ihre heidnische Umgebung aus, die wegen gewisser verwandter Züge zu den autochthonen Frömmigkeitsformen in Teilen des Landes, nicht zuletzt im Süden und im Innern, besonders nachhaltig war.

// Χ]αίροις, ὦ μακάρων πάντων [τε μ]έγιστος ὑπάρχων // καὶ [κραίν?]ειν· ταῦτα γάρ ἐστι θεοῦ // Τοῦ κατέχον[τος] τὸν κόσμον; Naukratis: SGUÄ Bd. I, Nr. 12: [᾿Α]μμωνίου συναγωγὸς [ἀνέθηκεν τῇ σ]υνόδῳ/Σαββατικῇ (Zeit des Augustus); Sambathis: H. C. YOUTIE, HTR 37 (1944), 209ff; 248ff. Die ausführlichste Erörterung des Problems in CPJ III, 1964, 43–87 mit Belegen der Namen aus Ägypten (vgl. Anm. 1019). Möglicherweise hat auch die jüdische Sibylle Sambathe/Sabbe (dazu u. Anm. 1036) die Verehrung einer „Sabbat-Göttin" bei judaisierenden Heiden gefördert. Zu Sambathe/Sabbe s. auch M. STERN, GLAJ II, 198–299 Nr. 360. SCHÜRER III,1, 622–626.

[1029] CIJ 752 vgl. Jos. ant 16,164 aus dem Dekret des Augustus für die Juden in Asia: Der Diebstahl von heiligen Schriften oder Geräten ἔκ τε σαββατείου (vl σαββαθίου) wird als Tempelraub geahndet, s. CPJ III, 46; SCHÜRER III,1, 624f; P. TREBILCO, Jewish Communities, 198f Anm. 17.

[1030] De Superst. 3, p. 166 A = M. STERN, GLAJ I, 549. Zitat aus Troiades 764. Zum Begriff s. Hebr 4,9 und Justin, dial 23,3: Vor Mose gab es keinen σαββατισμός. Vgl. auch den *metuentem sabbata patrem* bei Juvenal und Jos. c. Ap 2,282 o.Anm. 432; dazu M. STERN, GLAJ II, 106f unter Verweis auf diese Stelle; Philo, vita Mosis 2,21 und Tertullian, ad nat. 1,13. Vgl. auch den Brief des Augustus an Tiberius, der Sabbat und Jom Kippur verwechselt, bei Sueton, Aug. 76,2, und den Grammatiker Diogenes auf Rhodos, der nur am Sabbat Vorlesungen hielt und Tiberius, der ihn hören wollte, durch einen Sklaven auf den 7. Tag verwies, Sueton, Tib. 32,5 = GLAJ II, 110f Nr. 303.305.

[1031] Sie geht bis in die Perserzeit zurück: Sepharad in Obadja 20 ist Sardes, s. M. HENGEL, Schürer, 34ff; ergänzend zu SCHÜRER III,1, 17–36 s. H. BLOEDHORN, JSS 35 (1990), 66–69; P. TREBILCO, Jewish Communities, 5ff.192f beginnt seine Studie leider erst mit dem Brief Antiochos' III. an Zeuxis über die Ansiedlung von Juden aus Babylonien im Inneren Kleinasiens, Jos. ant 12,148–153. Zur Zahl s. Philo, Legatio 245.

Dazu gehört neben dem hier wie auch in Zypern weit verbreiteten Theos Hypsistos[1032], die Engelverehrung[1033], der schon erwähnte „Sabbatkult", das Gedenken an Noah und die Flut in Apamea Kibotos,[1034] die wohl damit verbundene Henoch-Annakosüberlieferung,[1035] und wahrscheinlich kann man auch die Entstehung der jüdischen Sibyllendichtung, die in der ägyptischen Diaspora zur eigentlichen Blüte kommt, auf die kleinasiatische jüdische Diaspora zurückführen.[1036] Die Tochter Noahs, die jüdische Sibylle, trug den Namen Sabbe, Sambethe.[1037] Es wird hier oft schwer, eigenständig phrygisch-

---

[1032] Zum Theos Hypsistos s.o. Anm. 550f.821 und P. TREBILCO, Jewish Communities, 127–144.238; vgl. T. DREW-BEAR/C. NAOUR, Divinités de Phrygie, ANRW II, 18,3, 1907–2044 (2032–2043): In Phrygien ist nur θεὸς ὕψιστος belegt, nie Ζεὺς ὕψιστος; vgl. die Abbildungen op. cit., Pl. XIIIf. Nr. 31–35b. Hier ergab sich besonders leicht ein Ansatzpunkt für jüdische Einflüsse, aber auch für direkte Propaganda. Ergänze SEG 41 (1992), Nr. 1014 (Lydien); 1115 (Pontus); zu Zypern s. T. B. MITFORD, ANRW II, 18,3, 2004–2008 = SEG 40 (1990), Nr. 1292.1319.1368.1370; SEG 41 (1991), Nr. 1475. Hier dürfte jüdischer Einfluß vorliegen.

[1033] S. dazu M. MACH, Entwicklungsstadien des jüdischen Engelglaubens in vorrabbinischer Zeit, TSAJ 34, 1992, 70f Anm. 10; dort die wesentliche Literatur. Am wichtigsten für den Stand der Diskussion ist A. R. R. SHEPPARD, Pagan Cults of Angels in Roman Asia Minor, Talanta 12/13 (1980/1), 77–101; s. auch M. P. NILSSON, Geschichte der griechischen Religion (Anm. 551), II², 540 Anm. 7 u. 577 Anm. 1; L. ROBERT, Hellenica 11/12 (1960), 430–435; DERS., Anatolica 3 (1958), 115–120; J. MICHEL, Artk. Engel I, RAC 5, 1962, Sp. 53–60; s. jetzt auch L. T. STUCKENBRUCK, Angel Veneration and Christology, WUNT II/70, 1995, 103ff (zu Gal 4,3.8f und Kol 2,18) und 181–200 (zu den kleinasiatischen Inschriften und den magischen Texten). Zu den Angelos-Inschriften in Syrien s. J. T. MILIK, Dédicaces, 196–200.423–435.

[1034] TREBILCO, Jewish Communities, 86–99.222–227. Noah-Überlieferung haftete am Ararat im weitesten Sinne. Nach Jos. ant 1,90 landete die Arche auf einem Berg in Armenien. Auch wenn die in Apamea geprägten Münzen, die Noah mit der Lade (in Form eines Toraschreins) und der Sibylle (so GEFFCKEN, COLLINS) bzw. seiner Frau (so STICHEL, SCOTT) darstellen, erst ab dem Ende des 2. Jh.s n. Chr. erscheinen, geht das auf älteren jüdischen, nicht christlichen Einfluß zurück, s. SCHÜRER III,1, 28ff; J. M. SCOTT, Paul, 35f.

[1035] TREBILCO, Jewish Communities, 88f.223; SCHÜRER III,1, 30. Hier könnte die jüdische Henochtradition eine ältere phrygische Sage beeinflußt haben. Bei Stephanus von Byzanz (FGrH 800 F 3) ist die Überlieferung sicher jüdisch geprägt.

[1036] Die Gestalt der Sibylle stammt wahrscheinlich ursprünglich aus Kleinasien und geht auf kleinasiatische Priesterinnen und Seherinnen zurück; sie wurde im klassischen Griechentum von dort übernommen. In ihrem „Stammbaum" Sib 3,813–827 lehnt die jüdische Sibylle diese Herkunft (Tochter der Kirke in 3,814f) ausdrücklich ab. Die Bücher 3, 5, 11–14 der jüdischen Sibyllen kommen aus Ägypten, das jüdische Substratum der Bücher 1–2 wohl aus Phrygien, s. J. J. COLLINS, Sibylline Oracles, in: J. H. Charlesworth (Hg.), OTP I, 1983, 322.332. Auch die euhemeristische Deutung der Theogonie (vgl. Hesiod, Theog 453–512) in Sib 3,110–155 weist neben der Abhängigkeit von Hesiod und der Völkertafel in Gen 10 Berührungen mit Kilikien auf: Japetos (vgl. Hesiod, Theog 18.134.507.746), der Vater des Prometheus und Vorfahr des Deukalion, wird von der jüdischen Sibylle mit „Japhet", dem Sohn Noahs identifiziert. Kultstätten des Japetos scheinen nicht belegt zu sein, aber Japetos ist der Vater der Anchiale, der im Ort desselben Namens in der Nähe von Tarsus verehrten Göttin. Vgl. E. SIMON, Artk. Japetos, LIMC V,1, 1990, 523f; SCOTT, Paul, 36–40.

[1037] Diese Überlieferung ist erst bei Pausanias X,12,9 (Sabbe), im Prolog des byzantinischen Herausgebers (GEFFCKEN, Oracula Sibyllina, GCS 7, 1902, 2, 33) und in der Suda, s. v. belegt; sie spiegelt aber sicher alte Tradition. Man vermutet, daß dieser Name in der Lücke hinter Sib 3,811 gestanden hat. So GEFFCKEN z. St.; vgl. KURFESS, Sibyllinische Weissagungen, München 1951, 16.

Exkurs IV: Jüdisch-paganer „Synkretismus" im Rauhen Kilikien 255

kleinasiatische Religionsformen und jüdische Einwirkungen zu trennen. In diesen halb paganen halb jüdischen Kontext gehört auch die vielverhandelte „Häresie" im phrygischen Kolossä, die sich als „Philosophie" herausputzte (Kol 2,8), in der die Verehrung und Nachahmung der Engel, visionäre Offenbarungen, kosmisch-astrologische Spekulation, aber auch die Einhaltung von Festzeiten und Speisegeboten, ja wohl selbst die Beschneidung (Kol 2,16−18.11) eine Rolle spielten. Mit den gnostischen Systemen des 2. Jh.s muß dies noch nichts zu tun haben, wohl aber mit jenem paganen, judaisierenden Milieu, das für Kleinasien in hellenistisch-römischer Zeit typisch ist.

Für diese auffallenden *heidnisch-jüdischen Mischbildungen* in Kleinasien gibt es eine ganze Reihe epigraphischer und literarischer Beispiele: Aus Sibidounda im an das rauhe Kilikien angrenzenden *Pisidien* besitzen wir die Inschrift eines „Gottesfürchtigen" mit Altar und Säule, Ἄρτιμας υἱὸς Ἀρτίμου Μομμίου καὶ Μαρκίας, die Θεῷ Ὑψίστῳ καὶ Ἁγείᾳ Καταφυγῇ gewidmet ist. Von der äußeren Form her scheint sie dem „höchsten Gott" und seiner Partnerin „Zuflucht" geweiht zu sein. Ihren jüdischen Charakter hat man jedoch längst erkannt, denn diese Inschrift nimmt Ex 17,15 auf.[1038] Man wird aber hinzufügen müssen, daß sie eigentlich nur von einem paganen Sympathisanten herrühren kann.[1039] Aus Amastris in Pontus haben wir ein Analogon in einer Dankinschrift „für den unbesiegbaren Gott Asbamaios und die Herrin Proseuche" (τῇ κυρίᾳ προσευχῇ). Asbamaios ist wohl ein Beiname des Zeus, der von einer Quelle bei Tyana in *Lykaonien* stammt, d. h. es geht hier ursprünglich um einen anonymen lokalen Gott an der kilikischen Grenze. Die „Herrin Proseuche" ist dagegen – wie wieder L. Robert gezeigt hat – von der jüdischen Synagoge abzuleiten.[1040] Auch diese Inschrift aus dem 3. Jh. weist auf einen judaisierenden heidnischen Kultverein hin.

Eine *pagane* „Theokrasie" in Kleinasien, die auch den jüdischen Gott einbezog und mit dem höchsten Gott identifizierte, bezeugt das *Orakel von Klaros* bei Kolophon an der kleinasiatischen Westküste, das Cornelius Labeo (2. oder 3. Jh.) zu interpretieren versuchte und das von Macrobius zitiert wird.[1041] Der Apoll von Klaros soll auf die

---

[1038] Ex 17,15 LXX: κύριος μου καταφυγή. J. ROBERT/L. ROBERT, Bulletin Épigraphique 4 (1959−63), 1961, 244f Nr. 750 u. 5 (1964−1967), 1965, 169 Nr. 412; vgl. PsSal 5,2; 15,1. R. FELDMEIER, Artk. Hypsistos, DDD, Sp. 829 plädiert für jüdischen Ursprung; sie paßt aber wegen des Altars und einer Säule und vom Inhalt her viel eher in das (heidnische) „Sympathisanten-Milieu".

[1039] Zu καταφυγή als t.t. für die Gottesfürchtigen und Proselyten s. JosAs 12,13; 15,7; 17,6; 19,5.8. Sie erschien später auch formelhaft auf christlichen Inschriften s. SEG 29 (1979), Nr. 1606: καταφυγὴ ὁ θεός μου dazu M. PICCIRILLO, Un braccialetto cristiano della regione Betlem, SBF 29 (1979), 244−252 (es handelt sich um ein Armband mit Zitat aus Ps 91 [90],2).

[1040] S. dazu M. HENGEL, Proseuche (Anm. 415), 179 = Judaica I, 190; vgl. dagegen A. LEVINSKAYA, Diaspora, 96.109.114f. Ihre Lesung bereitet jedoch philologische Schwierigkeiten. Der Begriff προσευχή erscheint nur in jüdischen Texten seit der LXX in der Bedeutung Gebet und Gebetsstätte. Vgl. auch die Inschrift aus Kalecik, nordöstlich von Ankyra, wohl aus dem 3. Jh. n. Chr.: τῷ μεγάλῳ θεῷ Ὑψίστῳ καὶ Ἐπουρανίῳ καὶ τοῖς Ἁγίοις αὐτοῦ Ἀγγέλοις καί τῇ προσκυνητῇ αὐτοῦ προσευχῇ; dazu SCHÜRER III, 1, 35: „probably Jewish"; vgl. M. HENGEL, Schürer, 37f. Wahrscheinlich spiegelt diese Inschrift aus dem Innern Kleinasiens das Milieu der Sympathisanten. Deutlich ist die Hervorhebung des großen Gottes als des „obersten" und „himmlischen" Gottes, aber nicht des einzigen. Die Synagoge wird als „verehrungswürdige" quasi personifiziert, der Engelkult paßt ganz in das Milieu, vgl. Kol 2,18; aber auch Gal 4,3.9.

[1041] Macrobius, Sat 1,18,18−21 = M. STERN, GLAJ II, 411f Nr. 45. Die Datierung von Cornelius Labeo ist kontrovers s. M. P. NILSSON, Geschichte der griechischen Religion, ²1961,

Frage, welcher der Götter mit dem identifiziert werden solle, der 'Ιαώ genannt werde, so geantwortet haben:

> „Jene, die die religiöse Geheimlehre (ὄργια) gelernt haben, sollen das Unaussprechliche verschweigen. / Wenn aber einer geringe Einsicht und schwachen Verstand besitzt, dem möge man sagen, der höchste Gott von allen ist 'Ιαώ.[1042] Im Winter ist er Hades, / Zeus aber am Frühlingsbeginn, Helios aber als Sommer, im Herbst dagegen der zarte Iao."[1043]

Der Schlußvers gibt dem jüdischen Gott, dessen Name durch die Zaubertexte weit verbreitet war, wie schon bei Plutarch und Tacitus die Züge des Dionysos, der freilich schon zugleich als Allgott verstanden wird.[1044] Außerdem wird auf die „Unaussprechlichkeit" des jüdischen Gottesnamens und das Geheimhaltungsgebot der Mysterien angespielt und beides miteinander verbunden. Das Bestreben, einen aussprechbaren Gottesnamen zu kennen, deutet auf geringere Einsicht hin. Man könnte hier schließlich auf die zahlreichen vor allem Apollon, aber auch Hermes u. a. zugeschriebenen Orakel verweisen, die in der *Tübinger Theosophie* enthalten sind und die um die Frage nach dem wahren und einen Gott kreisen. Bei einigen ist der jüdische Einfluß unübersehbar. Sie mögen überwiegend spät und z. T. neuplatonisch oder christlich beeinflußt sein,[1045] sie zeigen jedoch das Interesse, das im spätantiken Kleinasien der Frage nach dem *einen, wahren* Gott, seiner Schöpfung und Offenbarung, die auch die Seele, ihre Herkunft und ihr Schicksal und den wahren Gottesdienst in sich schließt, entgegengebracht wurde, und berühren sich mit den älteren genuin jüdischen Texten der Sibylle.[1046] Dieses Interesse hat den Boden für die urchristliche Mission in Syrien, Kilikien und Kleinasien vorbereitet.

Kein Wunder, daß wir gerade *in Kleinasien* – vielleicht noch mehr als in Syrien, da hier die Inschriften zahlreicher sind – abgesehen von den Verehrern des Sabbatgottes und verwandten Zeugnissen auch sonst vielfältige Hinweise auf *„Sympathisanten"* aller Art

---

II, 477 Anm. 8. Zum Folgenden s. auch S. MITCHELL, Anatolia (Anm. 472), II, 43–51: One God in Heaven.

[1042] τὸν πάντων ὕπατον θεὸν ἔμμεν 'Ιαώ.

[1043] μετοπώρου δ' ἁβρὸν 'Ιαώ.

[1044] Zur Bekanntheit dieses jüdischen Gottesnamens s. außer seinem häufigen Vorkommen in den Zauberpapyri Diodorus Sic. 1,94,2 = STERN, GLAJ I, 171 Nr. 59; Varro bei Augustin, civ. Dei 6,31; cons. Evang. 1,22,30 und 23,31 = GLAJ I, 209f Nr. 72a–c: Der jüdische Gott = Jovis; Caligula in Philo, legatio 353; s. auch D. E. AUNE, Artk. Iao, RAC 17, 1–12; zur Identifikation mit Dionysos s. vor allem Plutarch, quaest conviv 4,6,2 = GLAJ I, 553f Nr. 258; abweisend Tacitus, hist 5,5 = GLAJ II, 19.43 Nr. 281.

[1045] H. ERBSE, Fragmente griechischer Theosophie, Hamburg 1941, 167–180 vgl. z. B. §§ 12.13.21.31.35.38.39. So etwa die Inschrift aus Oinoanda (Lykien), ein Orakel des Apoll von Klaros, wo u. a. der höchste Gott und seine Engel erwähnt werden. Dieser Gott wird beschrieben als „οὔ[νομα μὴ χωρῶν ... ἐν πυρὶ ναίων, zu ihm soll man beten: εὔχεσθ' ἠῴους πρὸς ἀνατολίην ἐσορῶ[ν]τα[ς]. Vgl dazu L. ROBERT, CRAI 1971, 597–616; G. HORSLEY, New Doc 2, 1982, 39; S. MITCHELL, Anatolia (Anm. 472), II, 44, der die Inschrift mit „one of the outdoor shrines of a Hypsistarian sect" in Verbindung bringt; C.E. ARNOLD, Colossian Syncretism. The Interface Between Christianity and Folk Belief at Colossae, WUNT II/77, 1995, 78f.

[1046] S. etwa H. ERBSE, op. cit., 173f §27 nach Porphyrios: Z. 13f: ... παντόκρατορ, βασιλέστατε, καὶ μόνε θνητῶν ἀθανάτων τε πάτερ μακάρων. Das aus der LXX vertraute, spezifisch jüdische παντοκράτωρ begegnet auch in den Zauberpapyri, -amuletten und -gemmen; s. o. Anm. 488.489; s. auch die Hypsistarier u. Anm. 1048.

finden, die in dem jüdischen Gott den *einen* wahren Gott sehen.[1047] Eindrückliche Beispiele für „Gottesfürchtige" in der Synagoge bieten die vielverhandelte Theaterinschrift aus Milet: „Ort (= Sitzplatz) der Juden, die auch Gottesfürchtige (θεοσεβίον = ίων bzw. ῶν) sind", und die große Inschrift von Aphrodisias, beide wohl aus dem 3. Jh. n. Chr. Man darf diese Hinweise, trotz aller ungelösten historischen Fragen, auf jeden Fall als eine Frucht dieses intensiven jüdischen Einflusses auf die heidnische Umwelt betrachten. Eine besondere Gruppe, die etwa seit dem 3. Jh. n. Chr. nachweisbar ist, bilden die ‚Hypsistarier', die vielleicht „Gottesfürchtige" darstellen, die sich verselbständigt haben.[1048] Es ist typisch für dieses Milieu der „Sympathisanten" bzw. vom Judentum beeinflußten Heiden, das nirgendwo in so vielfältiger Weise durch Inschriften bezeugt ist wie in Kleinasien,[1049] daß es oft schwierig ist, zwischen „liberalen" Juden oder Proselyten, wirklichen „Gottesfürchtigen", die der Synagoge nahestehen und nur auf mehr oder weniger lockere Weise mit dem Judentum sympathisierenden Heiden, die lediglich einige Elemente der jüdischen (und ab dem 2. Jh. auch der christlichen) Gottesverehrung übernehmen, zu unterscheiden. In der Mehrzahl der Fälle legt sich eine Zugehörigkeit zur letzten Gruppe nahe.

Beispielhaft für diese Schwierigkeit, zwischen Juden, wirklichen Gottesfürchtigen und heidnischen Sympathisanten geringeren Grades zu unterscheiden, ist eine 1988 veröffentlichte Inschrift auf einem kleinen Altar, auf die P. W. van der Horst aufmerksam gemacht hat: θεῷ ἀψευ[δεῖ καὶ] / ἀχειροποιήτῳ / εὐχήν. Sie stammt aus *Pamphylien*, ebenfalls einer Nachbarprovinz von Cilicia tracheia und ist auf das 1. oder 2. Jh. n. Chr. zu datieren. In der LXX und in der frühjüdischen Literatur ist dasselbe Wort χειροποιη-

---

[1047] Speziell zu Kleinasien s. P. TREBILCO, Jewish Communities, 145—166; S. MITCHELL, Anatolia II (Anm. 472), 8f.31f.35ff.43—51. Vgl. aber auch die Warninschrift gegen Grabfrevel aus Tyros SEG 27 (1977), Nr. 996 = J.-P. REY-COQUAIS, Inscriptions (Anm. 798), 21ff Nr. 29 B: Θεὸς ἀθάνατος ἐκδικήσῃ/μυστήρια καὶ εἴ(δ)η τὰ εἴκοσει / λίψανα τῶν ὀνομάτων τῶν / κλαπέντων τῶν ὄντων ὧδε, / ὅ τι οὐδεὶς οἶδεν ποιήσειν / εἰ μὴ μόνος Θεός καὶ (μ)ήτις / τῶν λεκτικαρίων διὰ τὰ γενόμενα / δι' ὑμᾶς· ὢ δὲ ἐπιχηρήσῃ ἀνῦξαι / τόπον ἐμαυτοῦ Ζήνωνος, „Gott, der Unsterbliche, wird die Geheimnisse rächen und er kennt die zwanzig Gebeine der (Personen beim) Namen, die hier gestohlen worden sind, niemand weiß es zu tun (d. h. die Gräber zu öffnen), außer Gott allein, auch niemand von den Leichenträgern, wegen der von uns veranlaßten (Vorkehrungen). Wer es aber wagt, den Ort meines eigenen (Grabes) des Zenon zu öffnen [...", wahrscheinlich ist diese Inschrift spät und jüdisch oder christlich, vgl. dazu D. FEISSEL, BCH 102 (1978), 546ff. Zur Verbindung von Tod und μυστήρια vgl. REY-COQUAIS, op. cit., 63f Nr. 108.

[1048] Zu *Milet*: s. CIJ II, 748; dazu H. HOMMEL, Juden und Griechen im kaiserzeitlichen Milet. Überlegungen zur Theaterinschrift, in: Sebasmata, WUNT 32, 1984, II, 200—230: Juden und Gottesfürchtige hatten gemeinsame Theaterplätze. Zu *Aphrodisias* s. J. M. REYNOLDS/R. TANNENBAUM, Jews (Anm. 416), 167—289; M. HENGEL, Schürer, 35f; P. W. VAN DER HORST, Juden (Anm. 419); zur Auseinandersetzung mit KRAABEL vgl. auch MCKNIGHT, Light, 158 Anm. 66—70. Zu den christlichen Inschriften vgl. C. M. ROUECHÉ, Aphrodisias in Late Antiquity. The Late Roman and Byzantine Inscriptions including Texts from the Excavations at Aphrodisias conducted by K. T. Erim, London 1989. Zu den *Hypsistariern* bzw. Hypsistani s. P. TREBILCO, Jewish Communities, 163ff.255 Anm. 85.86 (unzureichend); S. MITCHELL, Anatolia (Anm. 472), II, 44f.50f.68 zum Vater von Gregor von Nazianz. Sie verehren den „höchsten Gott" und „Pantokrator", d. h. den Gott der LXX. Vgl. A. LEVINSKAYA, Diaspora, 101.115f.

[1049] In Syrien, wo die Zahl der Inschriften sehr viel geringer ist, sind wir dagegen vor allem auf das Zeugnis des Josephus angewiesen. In Ägypten brechen die Nachrichten mit dem furchtbaren Aufstand der Juden 115—117 fast schlagartig ab.

τος häufig eine Umschreibung für den „Götzen". Beide Prädikate ἀψευδής und ἀχειροποίητος werden am besten als Hinweise auf den *einen* wahren Gott verstanden, andererseits wird ein Altar kaum von einem Juden stammen. So kann man am ehesten die Herkunft von einem „Sympathisanten" vermuten, ein Sarapisverehrer ist dagegen weniger wahrscheinlich. Vielleicht hatte der fromme Verehrer Sympathien für beide Götter, da sie für ihn derselbe Gott waren. Sarapis wird jedoch in den Inschriften praktisch immer mit seinem Namen genannt, auch gab es von ihm zahllose bildliche Darstellungen.[1050] Auf diesem Hintergrund wird verständlich, daß sich das Christentum im 2. Jh. in Kleinasien am stärksten ausbreitete. Dies zeigt schon die Klage des Plinius über die aggressive Ausbreitung der neuen *superstitio prava et immodica* in Bithynien und in Pontus, die sich nicht mehr auf die Städte beschränkte, und zwei Generationen später die Erfolge des Montanismus in den ländlichen Gebieten Phrygiens.[1051] Kein Wunder, daß auch das aus jüdischer Wurzel stammende christliche theologische Denken, beginnend mit der Paulusschule und dem Johanneskreis in Ephesus, im Kleinasien des 2. Jh.s kräftig aufblühte und sich dabei gegenüber der gnostischen Reliogionsphilosophie Alexandriens relativ immun zeigte.

Da *Tarsus* als die Metropole an der Grenzscheide zwischen dem syrischen und kleinasiatischen Raum von beiden Gebieten her beeinflußt wurde, möchte man vermuten, daß das Interesse von heidnischen „Sympathisanten" der verschiedensten Prägung am jüdischen Kult und seinen einzelnen Elementen dort noch größer war als in Damaskus oder in Arabien, wo die stärkeren politischen Spannungen zwischen den Juden und ihren Nachbarn die religiöse Attraktivität des ethischen Monotheismus der Juden doch auch wieder einschränkten. Was für Kilikien gilt, wird erst recht für Kleinasien gelten, wo der „Antijudaismus" geringer war als in den an Eretz Jisrael unmittelbar angrenzenden Gebieten. Kilikien und Kleinasien wurden auch von den drei großen jüdischen Aufständen 66–73, 115–117 und 132–136 sehr viel weniger berührt als Syrien (oder Zypern und Ägypten). Auf jeden Fall ergaben sich für Paulus in seiner alten Heimatstadt mindestens ebensoviel Anknüpfungspunkte für seine missionarische Arbeit wie im südlichen Syrien oder im nabatäischen Arabien.

Im Blick auf das *heidnische Interesse* am Judentum in Kilikien und überhaupt im südlichen Kleinasien könnte noch ein Gesichtspunkt mitspielen, der bisher, soweit wir sehen, nicht beachtet wurde: Nach Josephus (bzw. Nikolaos von Damaskus) haben die Hasmonäer zahlreiche *Söldner aus Kilikien*[1052] *und Pisidien* angeworben, jedoch keine

---

[1050] P. W. VAN DER HORST, New Altar of a Godfearer, in: Hellenism – Judaism – Christianity, Kampen 1994, 65–72. Auch bei einem kleinen Altar in Pergamon mit der Inschrift: θεὸς κύριος ὁ ὢν εἰς ἀεί von einem gewissen Zopyros, der dem κύριος auch einen Lampenhalter mit einer Lampe weiht, wird man einen „Gottesfürchtigen" voraussetzen dürfen, wobei hier ebenfalls nicht völlig auszuschließen ist, daß schon im 1. Jh. ein Heide den Gott der Juden und Sarapis identifizierte. P. TREBILCO, Jewish Communities, 163.254f Anm. 79–84 (Lit.) vermutet einen Juden. Dagegen spricht jedoch wieder der Altar und die Form der Inschrift, s. dazu E. BICKERMAN, The Altars of Gentiles, RIDA 5 (1958), 137–164 = Studies in Jewish and Christian History II, AGAJU IX, Leiden 1980, 324–346. P. W. VAN DER HORST, in: Hellenism, 165–200 (187ff.195ff) rechnet mit der Möglichkeit (u. a.), daß die Altarinschrift Apg 17,23 ebenfalls auf einen „Gottesfürchtigen" zurückgehen könnte. A. LEVINSKAYA, Diaspora, 81f läßt die Frage, ob Jude oder Gottesfürchtiger, offen.

[1051] Plin. minor, ep 10,96f. Zum Montanismus s. jetzt W. TABBERNEE, Montanist Inscriptions and Testimonia, PatMS, Macon Georgia 1997.

[1052] Vermutlich vor allem aus dem kriegerischen „rauhen Kilikien".

Syrer wegen deren „angeborenem Haß gegen das (jüdische) Volk".[1053] Diese Anwerbung von Söldnern hatte schon unter Jannais Vater, Johannes Hyrkan, wohl bald nach der Erlangung der völligen Unabhängigkeit vom Seleukidenreich nach dem Tode Antiochos VII. Sidetes (129 v. Chr.) begonnen und mag bis zur Eroberung Judäas durch Pompeius (63 v. Chr.) angedauert haben.[1054] Bei Herodes (40–4 v. Chr.), der auch Galater anwarb, setzt sie sich wieder fort. Da syrische Söldner[1055] wegen ihrer Judenfeindlichkeit nicht in Frage kamen, boten hellenisierte Kilikier und Pisidier die geographisch nächstgelegene Möglichkeit zur Anwerbung. Wenn sie nach längerer Militärzeit wieder in ihre Heimat zurückkehrten, brachten sie nicht nur die Kenntnis jüdischer religiöser Gebräuche, sondern oft auch ein positives Interesse am Judentum mit. Die in Kilikien und Kleinasien besonders häufigen Mischformen müssen so nicht nur von den von Antiochos III. angesiedelten Juden aus Babylonien angeregt sein, sondern können auch von kilikischen und pisidischen und später ebenso galatischen Söldnern im Dienst der Hasmonäer und des Herodes stammen.[1056]

Aber es wäre einseitig, in *Kilikien* nur jene jüdisch-heidnischen Mischbildungen und an jüdischen Gebräuchen interessierten Heiden ernst zu nehmen. Es gab gerade in Tarsus eine *festgefügte jüdische Gemeinde* mit vielfältigen Beziehungen zum Mutterland, auch wenn die direkten Zeugnisse zufällig und selten sind. Auf Juden aus Kilikien in Eretz Israel wurde schon aufmerksam gemacht.[1057] Ein Beispiel dieser Verbindung sind auch Paulus und seine Familie. Er selbst bezeichnet sich als Pharisäer und ‚Hebraios', d.h. aramäischsprechender Palästinajude, und Lukas legt ihm den Satz in den Mund: „Ich bin ein

---

[1053] Bell 1,88 = ant 13,374. Nach bell 1,93 kämpften in der Schlacht gegen Demetrios III. Eukairos auf Seiten Jannais 9000 Söldner (1000 Reiter und 8000 zu Fuß) und 10000 Juden, nach ant 13,377 6200 Söldner und 20000 Juden. Die Söldner ließen sich nach bell 1,93f = ant 13,378 nicht, obwohl sie „Griechen" waren, auf die Seite des seleukidischen Königs locken und sind tapfer kämpfend gefallen.

[1054] Zu Hyrkan s. ant 13,249; dazu I. SHATZMAN, The Armies of the Hasmonaeans and Herod, TSAJ 25, 1991, 26.30–35: „It may be conferred that foreign gentile mercenaries became a constant element of the Hasmonaean standing army from the time of John Hyrkanus onwards." S. auch die Klage der pharisäischen (?) Fraktion vor Pompeius in Damaskus über die „Menge der Söldner" bei Diodor 40,2 (F 36 R), s. M. STERN, GLAJ I, 185 dazu Kommentar 187.

[1055] Sie dienten dann bevorzugt im römischen Heer und stellten dort ab der Zeit der Flavier fast die Hälfte der „legionary recruits" im Osten, s. D. L. KENNEDY, The Military Contribution of Syria to the Roman Imperial Army, in: The Eastern Frontier of the Roman Empire. Proceedings of a colloquium held at Ankara in September 1988, ed. by D.H. French/C.S. Lightfoot, Part 1, British Institute of Archaeology at Ankara Monograph No. 11, BAR International Series 553(i), 1989, 235–246.

[1056] „Pisidisch" deutet wohl überhaupt auf den gebirgigen Süden Kleinasiens hin. Man wird zwischen 125 und 65 v. Chr. vor allem an jene Gegenden denken müssen, in denen die kleinasiatischen Seeräuber zu Hause waren. Zu den herodianischen Söldnern s. SHATZMAN, Armies (Anm. 1054), 140–143.150.156.164.205.215. Ihre Herkunft ist nicht so eindeutig, doch spielten Kleinasiaten weiterhin eine wesentliche Rolle. Zu den Galatern s. SHATZMAN, Armies, 183–185. Daß galatische Legionäre (und Söldner) sich gerade auch im kulturell entwickelteren südöstlichen Kleinasien niederließen, zeigt die religiöse Gesetzesinschrift von Pednelissos in Pisidien: SEG 2 (1924), Nr. 710; vgl. F. SOKOLOWSKI, Lois sacrées de l'Asie Mineure, Paris 1955, 179–181 (Nr. 79) aus dem 1. Jh. n. Chr.

[1057] S. o. S. 249f.

Pharisäer, Sohn von Pharisäern".[1058] Es besteht kein Grund, an diesen Angaben zu zweifeln, ebenso auch nicht an der Nachricht, daß er von seinen Eltern schon relativ früh nach Jerusalem geschickt wurde, damit er dort eine genuin jüdische Erziehung im Gesetz erhalte. Seine Schwester war ja in der Heiligen Stadt verheiratet und sein Neffe rettete ihm das Leben.[1059] Auch spätere zufällige Nachrichten bestätigen diese Verbindung. Im 3. Jh. n. Chr. soll der palästinische Amoräer Nahum b. Simlai in Tarsus eine Auslegung von Ex 12,3 vorgetragen haben,[1060] und Epiphanius berichtet aus dem 4. Jh., daß der jüdische Patriarch in Tiberias eine Gesandtschaft unter Führung des ἀπόστολος Joseph nach Kilikien sandte, um Abgaben einzusammeln, in den Synagogengemeinden nach dem Rechten zu sehen und unfähige synagogale Amtsträger abzusetzen. Wegen angeblicher christlicher Neigungen – man fand das Evangelium bei ihm – sei er von seinen Gegnern in den Cydnus geworfen worden.[1061] Im 1. Jh. mag die Bindung an die Autoritäten in Jerusalem freilich noch nicht so eng gewesen sein. Gegen Ende des 4. Jh.s bezeugt schließlich Palladius eine oder mehrere jüdische und samaritanische Synagogen in Tarsus.[1062] Auch andere, noch spätere archäologische und epigraphische Zeugnisse weisen auf Juden in Tarsus und Kilikien hin (s. o. Anm. 1012.1013).

7.3 Heidnische und philosophisch-rhetorische Einflüsse auf Paulus?

Überhaupt war das *religiöse Leben* in Tarsus, der hellenistischen Metropole nahe der Grenzscheide zwischen Kleinasien und Syrien/Kilikien, vermutlich noch reicher, lebendiger, verwirrender als in der Oasenstadt Damaskus. Leider wissen wir auch darüber nicht allzu viel. Hans Böhlig hat versucht, die einzelnen Zeugnisse zu einem phantasievollen Gemälde auszugestalten und „die Religion von Tarsos" auf 120 Seiten zu beschreiben.[1063] Den alten kilikischen Kriegs- und Wettergott Sandon (Sandan, Sandos o. ä.), der in hellenistischer Zeit mit Herakles identifiziert wurde und bis zur Mitte des 3. Jh.s n. Chr. auf Münzen von Tarsus erscheint, da er neben Perseus als Gründer der Stadt galt,

---

[1058] Phil 3,5; Apg 23,6; s. dazu M. HENGEL, Der vorchristliche Paulus, 220ff.

[1059] Apg 22,3; 23,16ff; 26,4f; 5,34. S. dazu M. HENGEL, Der vorchristliche Paulus, 206f. Dort auch zu der von Hieronymus überlieferten Herkunft seiner Familie aus Gischala in Galiläa, die trotz der Ungenauigkeiten des Autors kaum bloße Erfindung ist und eine historische Wurzel besitzen könnte.

[1060] PesR 15,24. R. Nahum b. Simlai lebte in der Mitte des 3. Jh.s. In der par. PesK 5,17 (Mandelbaum 1, 106 Z. 10): v.l. btrsjs.

[1061] Haer 30,11,1−6. Dazu jetzt M. JACOBS, Die Institution des jüdischen Patriarchen, TSAJ 52, 1995, 308−312.

[1062] A.-M. Malingrey, Palladios. Dialogue sur la vie de Jean Chrystome I, SC 341, 1988, 404 (XX 126f): ἐν ταῖς συναγωγαῖς Σαμαρειτῶν ἢ Ἰουδαίων, μάλιστα ἀπὸ Τάρσου.

[1063] Tarsos, S. 8−107: „Die Religion von Tarsos". Vgl. jedoch S. 4: „Die Hauptschwierigkeit ist die Beschaffenheit des Quellenmaterials. Dies ist so dürftig, daß es oft schwer ist, ein klares, ja bisweilen unmöglich, ein annähernd deutliches Bild zu gestalten." Daran hat sich bis heute nichts geändert. Abgewogener W. M. RAMSAY, Cities, 137−153; vgl. auch 198−205.

sollte man nicht mehr mit Paulus in Verbindung bringen. Er hat den jungen Juden weder, wie Böhlig vermutete, beeindruckt, noch sein christologisches Denken beeinflußt. Die Münzbilder mit dem angeblichen Scheiterhaufen, die ihn als sterbenden und auferstehenden Vegetationsgott ausweisen sollten, deuten nach H. Seyrig eher auf eine in dieser Gegend verbreitete architektonische Struktur hin.[1064] Erst recht war Herakles-Sandon kein „Mysteriengott". Gänzlich irreführend ist die Behauptung von Böhlig „Mit diesem Sandon-Herakles von Tarsos haben wir in der augustäischen Epoche dieselbe Gottheit vor uns, die sonst mit Adonis in Syrien, mit Attis in Phrygien, mit Osiris in Ägypten, mit Tammuz in Babylon bezeichnet wird", daher erscheine die Feier der Verbrennung seines Gottesbildes und seiner anschließenden Auferstehung in Tarsos wie die des Adonis in Hierapolis „als Vorstufe zur Mysterienreligion".[1065] Solche Vermutungen bleiben eine ahistorische Konstruktion, typisch für die Spekulationen der religionsgeschichtlichen Schule. Herakles-Mysterien gab es in der Antike nicht, und ob orientalische Götter in der 1. H. des 1. Jh.s schon Mysteriencharakter hatten, ist nach wie vor fraglich. Man sollte darum auch nicht von einer „Vorstufe" sprechen. Man wird vielmehr zwischen der seit den Vorsokratikern und vor allem seit Platon von Eleusis ausgehenden verbreiteten religiösen *„Mysteriensprache"* und wirklichem Einfluß der Mysterien*kulte* streng unterscheiden müssen. „Mysteriensprache" findet sich vereinzelt schon in der LXX, massiver in SapSal und vor allem bei Philo. Im Neuen Testament tritt sie dagegen fast ganz zurück, obwohl sie zur „religiösen Koine" der Zeit gehörte und nicht an konkrete Kulte gebunden war.[1066]

[1064] Ch. AUGÉ, Artk. Sandas, LIMC VII,1, 1994, 662–665 (664), Lit.; H. SEYRIG, Syria 36 (1959), 43–48 = AntSyr VI, 1966, 16–21; vgl. auch H. GOLDMAN, The Sandon Monument of Tarsus, JAOS 60 (1940), 544–553; DERS., Sandon and Herakles, in: Hesperia Suppl. VIII = Com. Studies T. L. Shear, 1949, 164–174; P. CHUVIN, Apollon au trident et les dieux de Tarse, JS (1981), 305–326 (319–326); E. LAROCHE, Un syncrétisme greco-anatolien: Sandas = Héraklès, in: Les syncrétismes dans les religions grecques et romaines, Coll. de Strasbourg, 9–11 Juin 1971, 1973, 103–114. Zur älteren Lit. s. HÖFER in ROSCHERS Lexikon 4, 1909ff, Sp. 319–333; PHILIPP, Artk. Sandon, PW 2. R. 1,2, 1925, 2264–68; H. BÖHLIG, Tarsos, 23–41 mit allen damals bekannten Zeugnissen. Einen Scheiterhaufen (πυρά) zu Ehren des ἀρχηγός ὑμῶν Ἡράκλης bei einem Fest erwähnt Dio Chrys. 33,47; zu Perseus, Herakles und Apollon (und Poseidon?) als „Gründer" s. 33,1; 33,45 werden Herakles, Apollon, Athene und andere Götter erwähnt. Nach Strabo 14,5,12 (674) gründete Triptolemos mit einer Heerschar von Argivern die Stadt. Der höchste Gott war einst Baal Tarz, später als Zeus dargestellt, u. E. konnte er in römischer Zeit – gegen H. BÖHLIG – mit Herakles-Sandon identifiziert werden, zumal dieser auf den Münzdarstellungen Ähnlichkeit mit dem Zeus von Doliche und vergleichbaren semitischen Göttern zeigt. Vgl. M.J. PRICE/B. L. TRELL, Coins and their Cities. Architecture on the ancient coins of Greece, Rome, and Palestine, London 1971, 53: „The deity stands on the back of a horned beast, in the typical pose of an eastern god ... A pyramidal structure, or canopy, supports a lantern surmounted by an eagle. Without doubt this is the cult image of the great god of Tarsus"; und dort die Abbildung S. 55 Fig. 97 „Tarsus, Cilicia: Shrine of Sandan (Demetrius II of Syria 129–125 B. C.) BM."

[1065] BÖHLIG, Tarsos, 44–47 (Zit. 44f).

[1066] W. BURKERT, Mysterien, 64: „Ebensowenig gab es Herakles-Mysterien, obgleich doch

Böhlig ging noch einen Schritt weiter und wollte den tarsischen Sandon auch mit dem iranisch-anatolischen Mithras identifizieren, dessen Kult er ebenfalls in Tarsus voraussetzt. Hier konnte er sich auf die bekannte Nachricht Plutarchs[1067] berufen, daß zur Zeit, als Pompeius das östliche Mittelmeer von den Piraten reinigte (ca. 66 v. Chr.), die kilikischen Seeräuber „geheime Riten feierten (τελετάς τινας ἀπορρήτους ἐτέλουν), von denen die des Mithras bis jetzt weiterbestehen, nachdem sie zuerst von jenen bekannt gemacht worden waren". Dazu bemerkt ein Sachkenner wie R. Merkelbach[1068]: „Eine direkte

---

alle wußten von seinen ‚Mühen', seinem Tod, seinem Aufstieg in den Olymp, eine Lebensgeschichte, die sich immer wieder als Vorbild persönlicher Lebensführung anbot. Doch es waren die Mysterien von Eleusis, die auf Herakles als einen Proto-Mysten Anspruch erhoben. Weder in Ägypten noch in Babylon gab es Mysterien im griechisch-römischen Stil, obgleich es Mythen gibt um leidende Götter wie Osiris oder auch Marduk." Dasselbe gilt auch von Adonis „im Mythos fast ... ein ... Doppelgänger des Attis." S. 9−11.53−55 zum Christentum; 57 zur Gnosis; weiter A. J. M. WEDDERBURN, Baptism and Resurrection, WUNT 44, 1987, 90−163. Die verbreitete „Mysteriensprache", wie sie sich z. T. in hellenistisch-jüdischen Texten wie Sap, JosAs, dem Orpheus-Testament und vor allem bei Philo findet, „ist rein literarische Metapher, wie sie von Platon bis Philon sich etabliert hatte", W. BURKERT, Mysterien, 57.116 Anm. 6, unter Verweis auf E. DES PLACES, Platon et la langue des mystères, in: Études Platoniciennes, Leiden 1981, 83−98; Chr. RIEDWEG, Mysterienterminologie bei Platon, Philon und Klemens von Alexandrien, UalG 26, Berlin 1987 und DERS., Jüdisch-hellenistische Imitation eines orphischen Hieros Logos, Classica Monacessia 7, Tübingen 1993 zum sog. Orpheus-Testament. Diese Mysterienterminologie gehörte zur religiösen Sprache der Gebildeten. Paulus und das NT sind auffallend frei davon. D. h., bei ihm, ja im ganzen NT ist kein „Mysterieneinfluß" nachzuweisen, der nicht durch das hellenistische Judentum vermittelt wäre, und selbst dieser ist *sehr* gering; vgl. u. Anm. 1848 zur Vikariatstaufe in Korinth. Die − auf scholastische Weise − von der alten religionsgeschichtlichen Schule beeinflußte Forschung sollte hier allmählich umdenken. Ein typisches Beispiel für diese Unbelehrbarkeit ist − wie so oft − das Arbeitsbuch von H. CONZELMANN/A. LINDEMANN, Arbeitsbuch, [9]1988, s. Index 474 s. v. Mysterienreligionen (und 473 s. v. Gnosis, die so häufig erwähnt wird wie die Apokalyptik). Irreführend sind hier auch die Ausführungen S. 185ff, da zwischen orientalischen *Kulten* und wirklichen *Mysterien* nicht unterschieden wird. U. a. ist Isis keine sterbende Gottheit und Cassius Dio 53,2,4 sagt nicht, daß „unter Augustus Gesetze gegen die Mysterien erlassen", sondern daß er „keine ägyptischen (!) Heiligtümer innerhalb des Pomeriums" zuließ. Das Pauschalurteil S. 435: „Die formalen und inhaltlichen Elemente der sakramentalen Feiern des Urchristentums wurden durch die hellenistischen Mysterienreligionen beeinflußt − so z. B. die Interpretation der Taufe als ‚Mitsterben mit Christus' als der Kultgottheit (Röm 6). Auch das Abendmahl als sakramentale Mahlzeit der versammelten Gemeinde wurde durch hellenistische Ideen (was soll das bedeuten? M. H./A. M. S.) beeinflußt", gibt den Forschungsstand von vor 100 Jahren wieder. Wie und wie soll sich dieser „Einfluß" ereignet haben? S. dazu W. BURKERT, Mysterien, 11.86: „Daß die Konzeption des Neuen Testamentes von heidnischer Mysterienlehre direkt abhängig sei, ist philologisch-historisch bisher unbeweisbar; um so weniger sollte man sie zum eigentlichen Schlüssel für Ritual und Verkündigung der älteren Mysterien machen. Festzuhalten bleibt noch, daß es kaum Zeugnisse gibt für eine Taufe in den vorchristlichen Mysterien, so oft in der Forschung auch davon die Rede ist." S. schon M. HENGEL, Sohn Gottes, 120ff, o. S. 194−201 zum Kyriostitel und u. S. 417ff zu Antiochien.

[1067] Pompeius 24,5 (631).

[1068] Mithras, Königstein/T. 1984, 45; vgl. auch DERS., Weihegrade und Seelenlehre der Mithrasmysterien, Vortr. d. Rhein.-Westf. Akad. d. Wiss. (G 257), 1982; und dazu W. FAUTH, Plato Mithriacus oder Mithras Platonicus. Art und Umfang platonischer Einflüsse auf die Mithras-Mysterien, GGA 236 (1984), 36−50 (Lit.); dort auch 37 Anm. 6 zum Verhältnis

Verbindung zwischen den Mithraszeremonien der Seeräuber und den späteren Mysterien wird man nicht herstellen; zwischen den Mithraszeremonien und den späteren römischen Mysterien liegen 150 Jahre. Es hat in allen iranischen oder vom iranischen Adel beherrschten Ländern Mithrasverehrung gegeben; daß gerade die Zeremonien der Seeräuber den Griechen als erste näher bekannt geworden sind, ist nur ein Zufall." Die Mithrasmysterien ab dem 2. und 3. Jh. n. Chr. sind „eine neue Religion".[1069] Paulus kann von ihnen gar nichts gewußt haben. In Tarsus ist der Mithraskult erst durch Münzen aus der Zeit Gordians III. (238—244) bezeugt. Erste Hinweise auf den erneuerten Kult erhalten wir in Syrien und Phönizien in der 2. Hälfte des 2. Jh.s n. Chr.[1070]

Man kann so überhaupt bezweifeln, ob – abgesehen von den traditionellen griechischen Gottheiten von Eleusis wie Demeter, Persophene und Triptolemos, dem längst „verbürgerlichten" Dionysos und vielleicht der Isis – zur Zeit des Paulus in Tarsus, d. h. in den ersten Jahrzehnten des 1. Jh.s, wirkliche „Mysteriengötter" verehrt wurden. Auch Sarapis, seit der Ptolemäerzeit relativ verbreitet, doch erst seit Vespasians Aufenthalt in Alexandrien 69 n. Chr. wieder neu in Blüte, war kein Mysteriengott.[1071] Von einem nachweisbaren Einfluß der Mysterien auf den Apostel und die frühesten christlichen Gemeinden sollte man nicht mehr reden. Das Problem des „Sterbens" in der Taufe werden wir noch behandeln müssen (s. u. S. 449ff). Das von Tarsus Gesagte gilt dann auch für Antiochien. Wie alle Juden bis hin zu Philo oder dem Verfasser der Sapientia hat Paulus die heidnischen Kulte und die von dort ausgehende Verführung durch die Dämonen schroff abgelehnt: Auch er war – wie jeder fromme Jude – ein βδελυσσόμενος τὰ εἴδωλα.[1072] Darin blieb er, als Jude und Christ – dem 1. Gebot verpflichtet und kannte keine Kompromisse. Götzendienst und Götzenfurcht (wenn auch nur in der Form eines angefochtenen Gewissens bei den „Schwachen" in Korinth und Rom) war mit der Botschaft

---

zum Christentum. Die Diskussion über die kaiserzeitliche Entstehung der Mysterien ist im vollen Gange. Mehr und mehr verlegt man diesen Vorgang in den Westen. S. jetzt die grundlegende Untersuchung M. CLAUSS, Cultores Mithrae. Die Anhängerschaft des Mithras-Kultes, HABES 10, 1990, die zeigt, wie wenig der Kult im griechischen Osten, Kleinasien, Kilikien, Syrien und Ägypten im Vergleich zu den Donau- und Rheinprovinzen, Gallien, Spanien und Rom mit Italien verbreitet war. Hier hatte Sarapis, der kein Mysteriengott war, eine ganz andere Bedeutung. S. auch DERS., Mithras Kult und Mysterien, München 1990.

[1069] MERKELBACH, Mithras (Anm. 1068), 75—77: Die römischen Mithrasmysterien verhalten sich zur iranischen Religion wie das Christentum zum Judentum. Im 1. Jh. v. Chr. gehörte der iranische Mithras auch zum Pantheon des Königs Antiochos I. von Kommagene, aber war kein Mysteriengott. Zum Mithräum in Cäsarea im 2. Jh. n. Chr. vgl. L. M. HOPFE, Mithraism in Syria, ANRW II, 18,4, 1990, 2228ff.

[1070] MERKELBACH, Mithras (Anm. 1068), 186 Anm. 118. Zu Mithras in Dura s. SEG 15 (1958), Nr. 850 und 851 um 170 n. Chr.; in Sidon s. SEG 15 (1958), Nr. 848 (um 188); vgl. auch L. M. HOPFE, Mithraism (Anm. 1069), 2220ff. S. auch das Epigramm aus Kanytheda in Kilikien SEG 30 (1980), Nr. 1567, dessen Deutung freilich so ungesichert ist wie seine Datierung (2./3. Jh.?), und MERKELBACH, op. cit.

[1071] Vgl. L. VIDMAN, Isis und Sarapis, in: M.J. Vermaseren (Hg.), Die orientalischen Religionen im Römerreich, EPRO 93, 1981, 121—156 (121—124).

[1072] Röm 2,22; vgl. 1,23; Apg 14,11—18; 17,16.29; 19,23ff.

des Evangeliums schlechterdings unvereinbar, im Gegensatz zu der laxen Haltung der Korinther, denen er in diesem Punkt in aller Schärfe entgegentrat.[1073]

Dagegen mag es Einflüsse der in Tarsus blühenden *stoischen Philosophie* und der *Rhetorik* auf die synagogale Predigt und damit auch auf Paulus selbst gegeben haben. Strabo preist den Bildungseifer der Einwohner in höchsten Tönen: Er betreffe nicht nur die Philosophie, sondern „die ganze ἐγκύκλιος παιδεία", so daß sie selbst Athen und Alexandrien überträfen. U. a. zählt er vier stoische Philosophen auf: Antipater, Archedemos und die beiden Zeitgenossen mit demselben Namen Athenodoros, der eine ein Freund des Marcus Cato, der andere Erzieher des Augustus und späterer Reformer der städtischen Verhältnisse in seiner Heimatstadt.[1074] Sein Nachfolger im Stadtregiment wurde der Akademiker Nestor, der Lehrer des Augustusneffen Marcellus; unter Tiberius spielte dann der Epikuräer Lysias eine fragwürdige politische Rolle. Strabo nennt darüber hinaus noch Grammatiker und Dichter, fügt aber hinzu, daß die meisten nach Rom auswanderten. Dieses sei „voll von Tarsiern und Alexandrinern". Darüber hinaus besaß es eine angesehene Ärzteschule. Dioscorides soll dort studiert haben.[1075] Ganz anders als Strabo berichtet später Philostratos, vermutlich unter Berufung auf eine ältere Quelle des Maximos von Aigai: Der junge Apollonios von Tyana soll von seinem Vater in Tarsus einem phönizischen Rhetor Euthydemos anvertraut worden sein, der ihn umfassend unterrichtete, doch habe er sich bald wegen des philosophiefeindlichen geistigen Klimas der Stadt in das nahe Aigai zurückgezogen.[1076]

Grundlage für alle Wissenschaften war die gründliche *rhetorische Ausbildung*. An Rhetorik und Philosophie, und d.h. gleichzeitig an der Ethik, waren zumindest in den größeren Städten auch die führenden Synagogengemeinden interessiert. Man wollte in der Synagoge im Konkurrenzkampf der verschiedenen Kulte und geistigen Strömungen durch die – im Bereich antiker Religiosität neue – philosophisch eingefärbte kunstvolle religiöse Predigt Glieder der (mehr oder weniger) gebildeten Mittelschicht anziehen, aber auch sozial aufgestiegenen, der Emanzipation zugeneigten Volksgenossen die Überzeugung geben, man könne als Jude in der Treue zu den väterlichen Gesetzen leben und zugleich auch „gebildet" und „fortschrittlich" sein (s.o. S. 126ff).

Philo und Josephus setzen als jüdische Apologeten selbstverständlich *Diskussionen mit gebildeten Heiden* voraus. Dies war nur bei einer gewissen gemeinsamen Bildungsgrundlage möglich. Ja selbst der vor dem Bar-Kochba-

---

[1073] 1. Kor 8,4–13; 10,14.19–22.28; vgl. 5,10f; 6,9; 10,7; 12,1–2; 2. Kor 6,16; Gal 5,20; 1. Thess 1,9.

[1074] 14,5,13f (673f) = Athenaios 215bc; s. RUGE, PW 2.R. 4,1, 2423f; H. BÖHLIG, Tarsos, 107–128, der darauf hinweist, daß die Stoa vor allem von Philosophen aus Zypern, Kilikien und Syrien begründet und geprägt wurde. S. auch u. Anm. 1080.

[1075] De materia medica, Vorwort 5; dazu J.M. RIDDLE, High Medicine (Anm. 63), 104.

[1076] Philostrat, Vit Apoll 1,3; vgl. 1,12, dort der Hinweis auf Maximos von Aigai. Apollonius wurde später in Aigai und Mopsuestia durch Ehreninschriften gefeiert, s. SEG 28 (1978), Nr. 1251 (Lit.); 31 (1981), Nr. 130; 33 (1983), Nr. 119; 36 (1986), Nr. 1244.

Krieg geflohene Palästinajude Tryphon ließ sich von dem Sokratiker Korinthos in Argos davon überzeugen, daß man die Diskussion mit Philosophen suchen solle, da diese für beide Teile fruchtbar sein könne. Darum begrüßt er Justin, der an seiner Tracht als solcher erkennbar ist, freundlich und nimmt das Gespräch mit ihm auf, um Aufschluß über seine Gottesvorstellung zu erhalten. Man könnte hier auch an das von Klearch von Soli erzählte Gespräch des Aristoteles mit einem gebildeten Juden aus Jerusalem erinnern, das Aristoteles recht beeindruckt haben soll.[1077] Umgekehrt werden bei heidnischen Philosophen und Gelehrten Diskussionen mit Juden angedeutet. So bei dem berühmtesten Peripatetiker seiner Zeit, Nikolaos von Damaskus, der u. a. intensive Gespräche mit Herodes über philosophische Fragen führte; er hat sicher bei seinem langen Aufenthalt am Hof des Herodes in Jerusalem mit anderen Juden, etwa führenden Pharisäern, Kontakt gehabt.[1078] Auch der unbekannte Autor von De sublimitate mit seinem Preis des Moses und Schriftsteller wie Numenios, Galen und Kelsos werden mit Juden diskutiert haben. Im Talmud schließlich ist die Diskussion eines Juden mit einem ‚pîlôsôpôs‘, in der die Überlegenheit der jüdischen Lehre aufgewiesen wird, fast ein fester Topos.[1079]

Für Paulus muß man dies aufgrund von Apg 17,18 und der darauffolgenden Areopagrede 17,22−32, die für Lukas paradigmatische Bedeutung hat, annehmen. Der Apostel konnte, wenn er wollte, auch in diesem Stil reden. 1. Kor 1,22 (vgl. 1,19f) und 1,26f weisen andererseits auf negative Erfahrungen im Umgang mit griechischen Weisen hin.[1080] H. Böhlig untersucht eingehend die

---

[1077] S. z. B. die literarischen Dialoge Philos mit seinem Neffen Tiberius Julius Alexander, der um seiner Karriere im römischen Staatsdienst willen Apostat wurde, in den zwei Büchern De providentia, wo Philos Widerpart die Rolle des Skeptikers vertritt und De animalibus. Beide Werke sind nur armenisch erhalten, s. SCHÜRER III, 864−866, wobei das Letztere keine direkten Hinweise auf das Judentum enthält. Zu Tryphon s. Justin, dial 1,1−6 (1,2); s. dazu den Kommentar von N. HYLDAHL, Philosophie und Christentum, AThD 9, Kopenhagen 1966, 92ff. Zu Klearch s. Jos. c. Ap. 1,176−181.

[1078] B. Z. WACHOLDER, Nicolaus of Damascus, UCPH 75, Berkeley 1962, 29f; SCHÜRER I, 28−32; vgl. JACOBY, FGrH 90 F 135: καὶ κοινῇ ἐρρητόρευον und auf der Reise nach Rom καὶ κοινῇ ἐφιλοσόφουν.

[1079] Vgl. M. STERN, GLAJ II, 206−216 Numenius; 224−305 Kelsos, der sich gegen die Christen auf einen jüdischen Gewährsmann beruft; 306−326 Galen, der intensiv Palästina bereiste (s. auch o. Anm. 63), um Asphalt und andere Heilmittel zu erforschen. Zum ihm auch R. WALZER, Galen on Jews and Christians, Oxford 1949. L. H. FELDMAN, Jew, 152.214f u. ö. rechnet vor allem für Ps.-Longinus, De sublimitate und Noumenios mit literarischer Abhängigkeit von der LXX. Zur talmudischen Literatur s. BILL. III, 102ff; O. MICHEL, Artk. φιλοσοφία, ThWNT IX, 181.

[1080] Zu den stoischen Elementen bei Paulus vgl. Max POHLENZ, Paulus und die Stoa, ZNW 42 (1949), 64−104; H. HÜBNER, Das ganze Gesetz und das eine Gesetz. Zum Problem Paulus und die Stoa, KuD 21 (1975), 239−256; M. L. COLISH, Pauline Theology and Stoic Philosophy. An Historical Study, JAAR 47 (1949), 1−21; R. G. TANNER, S. Paul and Stoics Physics, StEv VII, 1982 = TU 126, 481−490; die Aufsätze von A. J. MALHERBE, Paul and the Popular Philosophers, Minneapolis 1989; J. W. MASTERS, R 2,14−16: A Stoic Reading, NTS 40 (1994), 55−67; zum Thema Paulus und Seneca s. die grundlegende Untersuchung von J. N. SEVENSTER, Paul and Seneca, NT.S 4, 1961 und jetzt H.-J. KLAUCK, ‚Der Gott in dir' (Ep. 41,1). Autonomie des Gewissens bei Seneca und Paulus, in: DERS., Alte Welt und neuer Glaube,

Frage der Möglichkeit des Einflusses von Athenodoros S. des Sandon, einem Schüler des Poseidonios und Hauptvertreter der mittleren Stoa, auf den jungen, lernbegierigen Juden, muß aber dann doch zugeben, daß „der Nachweis für eine direkte Beeinflussung des Paulus durch Athenodoros nicht geliefert werden (kann)"[1081], und denkt eher an die Lektüre von dessen Schriften – was sich ebensowenig beweisen läßt. In einer Anmerkung muß er P. Wendland zustimmen, dessen Urteil auch heute wieder, wo Paulus so gerne als rhetorisch hochgebildeter Autor dargestellt wird, neu beherzigt werden sollte: „Wieweit der Jude und der Schüler der Rabbinen, der in den Briefen noch zu erkennen ist, an griechischer Bildung teilgenommen hat, ist schwer zu erkennen. Weltliche Weisheit und Redekunst achtete er für Tand. Daß er seine Reden irgendwo nach den Vorschriften rhetorischer Theorie gestaltet habe, ist ganz unwahrscheinlich und unerweisbar", auch wenn seine Briefe „einiges" an „Kunstformen griechischer Rede", die „gelegentlich an sein Ohr geklungen sind", enthalten, „was wohl aus solchen Einwirkungen zu erklären ist."[1082] In Wirklichkeit gehen seine Sprache und „Bildungselemente" nicht über das hinaus, was er innerhalb der griechischsprechenden Synagogen und im Gespräch mit gebildeten Nichtjuden, dem der Missionar nicht aus dem Wege ging, gelernt haben konnte. Sie sind viel weniger vom „Jargon" der Rhetoren oder Philosophen geprägt als etwa 2.–4. Makk, Aristeas, SapSal, Aristobul, Josephus oder gar Philo. Dabei muß nicht Tarsus als Ort seiner Bildung im Mittelpunkt stehen, es genügt Jerusalem, wo die griechische Synagogenpredigt ebenfalls zu Hause war, und das als religiöses Zentrum des Judentums von heidnischen Sympathisanten und Proselyten aus dem ganzen römischen Reich wie aus dem parthischen Osten aufgesucht wurde. M. E. hat er dort bildungsmäßig seine entscheidende Prägung und Ausbildung erfahren, auch wenn er Griechisch als Muttersprache noch im kilikischen Tarsus erlernt hat. Hieronymus führt einige Worte an, die seiner Meinung nach für das in Kilikien gesprochene Griechisch typisch

---

Freiburg (Schw.) 1994, 11–32. Diese Beziehung wirkt noch bei dürftigem Inhalt in dem Briefwechsel Paulus-Seneca aus der 1. H. des 4. Jh.s nach; s. C. DÖMER in NTApo⁵ 2, 44–50; Text, Übersetzung und Kommentar bei L. BOCCIOLINI PALAGI, Epistolario apocrifo di Seneca e San Paolo, Bibliotheca Patristica 5, Florenz 1985. Vgl. zum verwandten ‚Brief des Hohenpriesters Hannas an Seneca': W. WISCHMEYER, Die Epistula Anne ad Senecam. Eine jüdische Missionsschrift des lateinischen Bereichs, in: Juden und Christen in der Antike, hg. v. J. van Amersfoort/J. van Oort, Kampen 1990, 72–93.

[1081] Tarsos, 115–128 (127f). Zu Athenodoros Sohn des Sandon, genannt Calvas, s. weiter W. M. RAMSAY, Cities, 216–227. Historische Zeugnisse bei Jakoby, FGrHist 746; zur philosophischen Wirksamkeit s. Cicero, Attic 16,11,4 u. 14,4; Seneca, Tranq. animae 3,1–8; 7,2; Strabo 14,4, 21 u. 5,13f; Diogenes Laert. 7,147 etc. Der frühere Athenodoros Kordylion im 1. Jh. v. Chr. war Vorsteher der Bibliothek in Pergamon und später Hausphilosoph beim jüngeren Cato, s. Plutarch, Cato min 10,16; Strabo 14,5,14. Vgl. R. GOULET, Dictionnaire des Philosophes I, Paris 1989, Nr. 497 und 498. Vgl. o. Anm. 1074.

[1082] H. BÖHLIG, Tarsos, 127 Anm. 2; P. WENDLAND, Die hellenistisch-römische Kultur/Die urchristlichen Literaturformen, 2. u. 3. Aufl. Tübingen 1912, 354; nach wie vor grundlegend E. NORDEN, Antike Kunstprosa, Ndr. Darmstadt 1958, II, 474–476.492-510; vgl. o. S. 6f.

sind.[1083] Auch in Jerusalem waren Gedanken griechischer Popularphilosophie, wie Kohelet und Ben Sira zeigen, ab dem 3. Jh. v. Chr. zu Hause.[1084] Vor allem seit Herodes können wir griechische Bildung in der Heiligen Stadt mit ihren zahllosen Besuchern aus aller Welt auf einer breiteren Skala voraussetzen, auch wenn sich ihr Niveau mit Tarsus und Antiochien in keiner Weise vergleichen ließ. Aber es ist ja das Auffällige bei Paulus und dem ganzen Urchristentum, daß wir eine tiefergehende, schulmäßige philosophisch-rhetorische Bildung und einen entsprechenden Stil, wie wir sie bei Philo, Justus von Tiberias oder Josephus antreffen, kaum finden. Lukas und der Auctor ad Hebraeos sind hier Ausnahmen. Die philosophische Bildungsschwelle wird erst durch die frühesten christlichen Gnostiker, Basilides, Karpokrates und Valentin, und dann durch die Apologeten seit Justin überschritten. Dies gilt im Grunde auch für die höhere rhetorische Ausbildung.[1085] Die Bedeutung der antiken Schulrhetorik für Paulus wird heute, einem Modetrend folgend, sehr übertrieben.

7.4 Zur Chronologie und Geographie

Zum Abschluß des äußerlich gesehen so unergiebigen Komplexes *Tarsus und Kilikien*, der aber doch für Paulus in den Jahren nach seinem Besuch bei Petrus wesentlich gewesen sein muß und nicht einfach zugunsten des auch nicht so sehr viel ergiebigeren Stichwortes *Antiochia* verdrängt werden darf, ist noch ein Blick auf das *chronologisch-geographische Problem* zu werfen. Paulus hat in seiner Heimatstadt (und wohl auch in den benachbarten Städten von Cilicia pedias) Mission getrieben und Gemeinden gegründet. Daß er erst in der Provinz Galatien, Makedonien und Achaia zum erfolgreichen Missionar geworden ist, ist nicht glaubhaft. Die grundlegenden Erfahrungen hatte er schon längst gesammelt. Das „ich habe mehr gearbeitet als sie alle" (1. Kor 15,10) gilt von Anfang an. Auf diese Weise läßt sich die Existenz christlicher Gemeinden in Kilikien nach Apg 15,23.41 am sinnvollsten erklären, und auch für sie muß er in Gal 2,1–10 kämpfen.

Wie lange sich Paulus in Tarsus aufgehalten hat (oder in anderen größeren Städten von Cilicia pedias – und vielleicht auch tracheia, die ebenfalls Synagogengemeinden besaßen),[1086] bleibt relativ ungewiß. Sicher war es keine ganz

---

[1083] M. HENGEL, Der vorchristliche Paulus, 212–256 (180–193 zu Tarsus); grundlegend zur Rhetorik des Paulus: F. SIEGERT, Argumentation bei Paulus, WUNT 34, 1985, besonders 108 ff. 248–254; zur Synagogenpredigt DERS., Predigten II, 20–23.39 ff.313 ff u. ö. Hieronymus, ep. ad Alg. 121,10 s. dazu N. FÖRSTER, Sprach Paulus einen kilikischen Koine-Dialekt? ZNW 88 (1997), 316–321.

[1084] M. HENGEL, JuH, 199–275; DERS. Hellenization, 21.27 (= Judaica et Hellenistica I, 40 f.45)

[1085] S. dazu E. NORDEN, Kunstprosa (Anm. 1082), 513–516; E. MEYER, Ursprung, 8–12; CLASSEN (Anm. 17); u. S. 393. Zu Lukas s. auch L. ALEXANDER, Preface, 249 f Index s. v. „rhetoric"; selbst Lukas, dem versierten Erzähler und Stilisten, fehlt der wirkliche „rhetorische Schliff", der für griechische Autoren von Rang zu seiner Zeit notwendig war.

[1086] Wir denken etwa an Städte wie Soloi/Pompeiopolis, Mopsuestia, Anazarbus, Mallus

kurze Zeit. Zwischen Apg 9,30 und 11,25, der „Verschickung" nach Tarsus und der „Abholung" von dort durch Barnabas nach Antiochien, setzt Lukas einen längeren Zeitraum voraus, in den er – historisch nur bedingt zutreffend – den entscheidenden missionarischen Fortschritt zur „Heidenmission" verlegt, der für ihn „heilsgeschichtlich" secundum ordinem legitimiert sein mußte. Wie schon gesagt (s. o. S. 147), sind die aus Jerusalem vertriebenen „Hellenisten" entlang der phönizischen Küste mit ihren traditionsreichen und weltberühmten Städten[1087] in stetem Blick auf das nahe Kommen des Herrn nur langsam, gewissermaßen schrittweise, aber immer missionarisch aktiv und darauf bedacht, Gemeinden zu gründen, nach Norden vorgerückt. Vielleicht bildete hier die vorgegebene ideale Nordgrenze von Eretz Israel Sidon – Damaskus (s. o. Anm. 601) oder die Hes 47,15–17 verheißene endzeitliche Linie zwischen Damaskus und Hamath (o. Anm. 346) eine gewisse Grenze. Später setzten einige nach Zypern über, d. h. als Barnabas, Paulus und Johannes Markus rund 8–10 Jahre später die Insel besuchten, wird es dort schon die eine oder andere Gemeinde gegeben haben.[1088] Dabei scheint es mir fraglich zu sein, ob Lukas hier an eine einzige geschlossene Gruppe denkt, die nach der Wanderung durch das südliche Phönizien Zypern aufsuchte, von der Insel aber wieder aufs Festland zurückkehrte und weiterzog, bis sie schließlich Antiochien erreichte. Das διῆλθον ἕως Φοινίκης καὶ Κύπρου καὶ Ἀντιοχείας scheint eher anzudeuten, daß die „Zerstreuten" in verschiedenen sehr kleinen Gruppen, z. T. vielleicht nur zu zweit oder zu dritt, arbeiteten, und von Judäa aus einige nur bis in die phönizischen Städte kamen, andere sich von dort nach Zypern einschifften, die aktivsten aber schließlich bis in die Hauptstadt der Provinz Syrien gelangten. Dieser abwechselnde Prozeß von Wanderung, missionarischer Verkündigung und dem Versuch der Gemeindegründung am Rande der Synagogengemeinden – wie anders soll man sich das vorstellen? – *muß* sich geraume Zeit hingezogen haben. Ein Beispiel haben wir in der Wirksamkeit des Philippus in Samarien und der Küstenebene, die am Ende zur Niederlassung in Cäsarea führte. Die Ankunft einer ersten kleinen Gruppe von „Hellenisten" in Antiochien wird so kaum viel früher geschehen sein als die des Paulus in Tarsus, d. h.

---

und dessen Hafen Magarsus. Bei der großen Diaspora in Syrien und dem südlichen Kleinasien sind in diesen in der Kaiserzeit blühenden Poleis auch jüdische Gemeinden vorauszusetzen; vgl. H. BLOEDHORN, u. a., TAVO-Karte B VI 18, Wiesbaden 1992.

[1087] Die Griechen wußten, daß sie von dort die Schrift erhielten. Die Sagen von Europa und Kadmos u. a. zeigten ihnen, wie viel sie Phönizien verdankten. Sidon wird schon bei Homer erwähnt (Ilias 6,290f; 23,743; Od. 4,84.618; 6,285; 15,425). Menelaos soll auf der Rückkehr von Troja u. a. Tyros besucht haben, s. dazu M. HENGEL, JuH, 238f.

[1088] Apg 11,19 διῆλθον ἕως Φοινίκης καὶ Κύπρου, vgl. 13,4ff, wo freilich nichts über die Existenz von Christen gesagt wird, aber das ist typisch lukanisch. Daß es Christen in Rom gab, erfahren wir eher zufällig erst in 28,15, wo sich Paulus freut, daß er von ihnen in Tres Tabernae abgeholt wurde. Offenbar war das nicht selbstverständlich. Nachher verschwinden sie wieder; zu Puteoli s. 28,14. Die zweite Reise des Barnabas und Markus nach Zypern Apg 15,39 setzt dort auf jeden Fall „Brüder" (V. 36) voraus.

etwa 36 n. Chr. Auf ein Jahr früher oder später kommt es dabei nicht an.[1089] Die umständliche Darstellung des Lukas, die mit 11,19 auf 8,4 zurückweist, deutet eine nicht unbeträchtliche zeitliche Erstreckung an, wobei das εὐαγγελιζόμενοι τὸν λόγον 8,4 und das λαλοῦντες τὸν λόγον 11,19 auf eine fortgesetzte Missionstätigkeit an den einzelnen Stationen hinweist, die natürlich längere Aufenthalte voraussetzt. Die Gewißheit der Nähe der Parusie war zunächst stärker als ein geographisch weitausgreifender Länder- und Provinzen erobernder Missionsdrang. Weder die Syrien und Phönizien missionierenden „Hellenisten" noch Paulus eilten als „rasende Reporter des nahen Endes durch die Lande".[1090] An eine Verkündigung gegenüber „*allen* Völkern" oder „bis an die Enden der Erde"[1091] dachte man im ersten Jahrzehnt zwischen 30 und 40 n. Chr. noch nicht. Gemäß der profetischen Verheißung erwartete man vielmehr, daß die jüdische Diaspora und die Heiden zur „Völkerwallfahrt auf den Zion" strömen und sich im Zusammenhang mit der Wiederkunft des „Herrn" in Eretz Israel versammeln werden.[1092] Aber in Syrien befand man sich ja immer noch im Vorhof des Heiligen Landes. Daß es sich bei diesen „Zerstreuten" von Apg 11,19 um relativ *kleine* Gruppen handelte,[1093] ergibt sich auch aus der Einschränkung 11,20: ἦσαν δέ τινες ἐξ αὐτῶν. D. h. die „Hellenisten" bildeten keine geschlossene Einheit: Nur eine kleine Gruppe hat aufgrund der besonderen Situation in Antiochien einen neuen Verkündigungsschwerpunkt gebildet und dort nach einer gewissen Anlaufzeit gezielt und erfolgreich „Heiden", d. h. vor allem Sympathisanten, gewonnen und sich dabei aufgrund der besonderen Verhältnisse weiter als bisher üblich von den synagogalen Gemeinden entfernt. Doch damit haben wir schon wieder der Entwicklung vorausgegriffen. Wir werden auf diese Besonderheit zurückkommen (s. u. S. 300−307).

Zunächst geht es nur um die *Chronologie*: Auch diese − nach dem lukanischen Schema − speziell antiochenische Entwicklung brauchte Zeit. Vor ein bis zwei Jahren wird kaum die Kunde von dieser neuen erfolgreichen Verkündigungsform und der dadurch bedingten Gemeindebildung nach Jerusalem gedrungen und dort als Antwort die Reise des Barnabas veranlaßt haben (11,22). V. 22 und 23 setzt wieder einen gewissen Zeitraum zwischen seiner Ankunft in

---

[1089] S. auch RIESNER, Frühzeit, 96−101.286.
[1090] So im Blick auf Paulus mit Recht H. CONZELMANN, Paulus und die Weisheit, NTS 12 (1965), 233 = Theologie als Schriftauslegung, BEvTh 1974, 179. Dies gilt erst recht für die Frühzeit bis zur Verfolgung durch Agrippa I.
[1091] Mk 13,10; 14,9 parr.; Mt 28,19; Lk 24,47; Apg 1,8; 13,47 = Jes 49,4 etc. S. dazu M. HENGEL, Mission; F. HAHN, Das Verständnis der Mission im Neuen Testament, 1963.
[1092] Zur Aufnahme von Jes 2,1−4 (par. Mich 4,1−3); 11,11ff; 55,9; 60,11−14; 66,18−20; Zeph 3,9ff; Sach 8,20−23; 14,16−21 vgl. Sib 3,710−724.772ff; PsSal 17,31.34; Philo, De praem et poen 170f; vgl. 152 (den Preis des Proselyten); 4. Esr 13,12f; syrBar 71f; R. D. AUS, Paul's Travel Plains to Spain, NT 21 (1979), 239ff0.246−260; J. SCOTT, Luke, 505f (Lit.); DERS., Paul, 133; selbst die rigorosen Frommen in Qumran halten an dieser Erwartung fest, vgl. R. DEINES, Die Abwehr der Fremden in den Texten aus Qumran, in: Feldmeier/Heckel (Hg.), Heiden, 66.
[1093] Teilweise vielleicht nur um eine Zwei-Mann-Kollegial-Mission, s. o. Anm. 719; Philippus wie auch zeitweise Paulus arbeitet gar nur als Einzelner vgl. o. S. 241.

der syrischen Metropole und dem Besuch bei Paulus in Tarsus voraus, als dessen Folge er Paulus von Tarsus nach Antiochien holte. Dabei hat er natürlich auch die dortige Gemeinde kennengelernt. *M. a. W. der Aufenthalt des Paulus in seiner Heimatstadt und -provinz mag wenigstens drei, vielleicht gar vier Jahre, d. h. bis ca. 39/40 n. Chr., gedauert haben.* Man sollte daher die Frühzeit des Apostels nicht einseitig auf Antiochien festlegen und weiter beachten, daß er schon in den ersten sechs oder sieben Jahre seiner missionarischen Wirksamkeit über das obligatorische Ἰουδαίῳ πρώτῳ hinaus in erster Linie mit dem Judentum mehr oder weniger sympathisierende Heiden ansprach. D. h. aber, daß man bei der Rekonstruktion einer entwickelten *vor- und außerpaulinischen* Theologie, die selbst schon „heidenchristlich" geprägt, den Apostel beeinflußt haben soll, sehr zurückhaltend sein muß. Könnte nicht *er* selbst der entscheidende *theologische Vordenker* des griechischsprechenden, missionierenden Judenchristentums in Syrien gewesen sein, der als solcher dann etwa ab 39/40 n. Chr. auch entscheidenden Einfluß auf die sich allmählich konsolidierende, *erste uns näher bekannte überwiegend „heidenchristliche" Gemeinde in Antiochien nahm,* nachdem schon zuvor die von ihm gegründeten Gemeinden in Kilikien ihre Prägung durch ihn erfahren hatten?[1094] Man hat die Ausstrahlungskraft und Originalität des ersten christlichen *Theologen* Paulus, ganz ähnlich wie später bei Johannes, zugunsten anonymer, spekulativer Traditionsquellen und „Trajectories" unterschätzt. Er läßt sich so wenig in „Traditionen" „auflösen" wie ein Sokrates oder Platon, obwohl er wie alle großen Denker natürlich Traditionen – auf höchst originelle Weise – verarbeitet hat. Umso größer war seine Nachwirkung. Ausstrahlungen seiner Missionspredigt in „Syrien und Kilikien" sind bis hin zu Ignatius, dem „Alten Johannes" in Ephesus und Polykarp von Smyrna zu spüren. Schon Jülicher sagte zu Recht: „Der Theologe Johannes steht auf den Schultern des Paulus."[1095]

Aber noch einmal zurück zu der bereits schon zweimal gestellten Frage: *Warum ging Paulus nach Tarsus?*[1096] Der Hinweis auf seine Heimatstadt und die wohl beträchtliche Zahl der am Judentum interessierten heidnischen „Sympathisanten" reicht kaum aus. Es mögen hier – wie schon bei Damaskus und noch mehr bei Arabien – *heilsgeschichtlich-geographische* und d. h. zugleich missionarisch-eschatologische Gründe eine Rolle gespielt haben.

Auffällig sind hier wieder Berührungen mit 1QGenAp 21,15–19, der oben zitierten Beschreibung von der „Rundreise" Abrahams, der den ihm und seinen Nachkommen

---

[1094] Zum chronologischen Problem s. M. HENGEL, Christologie (Anm. 150), 43–68. Die Gründung der Gemeinde in Antiochien habe ich dort mit ca. 35 vielleicht noch etwas zu früh angesetzt (61f).
[1095] In: Geschichte der christlichen Religion, Die Kultur der Gegenwart, Teil I, Abt. IV,1, 1909, 96; vgl. J. WELLHAUSEN, Das Evangelium Johannis, 121 (= Evangelienkommentare, Ndr. Berlin/New York 1987, 721): „Johannes fußt auf Paulus"; s. dazu M. HENGEL, Johanneische Frage, 299 vgl. 160.254. Zu Johannes als prägendem Theologen s. Index 469 s. v. „johanneische Schule"; 475 s. v. „Lehrautorität".
[1096] S. o. S. 237. 246f.

verheißenen Erbbesitz umschreitet und dabei die palästinisch-phönizisch-syrische Küste entlang *bis zum Taurus nach Norden geht, dort die Richtung wechselt und am Taurus entlang nach Osten bis zum Euphrat zieht* und dann die arabische Halbinsel umwandert, bis er wieder ins Heilige Land gelangt.[1097] Der westliche Taurus erstreckt sich vom tiefen Einschnitt des Tekir-Grabens, über den die Paßstraße nach Norden durch die kilikische Pforte führt, im nördlichen Hinterland von Tarsus beginnend nach Osten bis hin zum oberen Euphrat. Wenn Abraham am Fuße des Taurus entlang Richtung Osten zieht, so wählt er – das zeigt ein Blick auf die Karte –, etwa die Route Tarsus-Zeugma.[1098] Das Genesis-Apokryphon setzt also voraus, daß Abraham ungefähr von Tarsus aus am Fuße des Taurus die Straße Richtung Osten einschlägt. Es sieht das „Gelobte Land" im Anschluß an Jub 8–9 im Erbteil von Sem, Noahs Lieblingssohn, und seiner Söhne, dem *„Reich der Mitte"*.[1099] Tarsus, am westlichen Fußes des Taurusgebirges, ist in diesem Weltbild der nordwestliche Grenzpunkt, wo Japhet und Sem aufeinandertreffen. Dies entspricht der Angabe in 1QGenAp 17,10, daß der Taurus die Nachkommen von Sem und Japhet trennt. Die Überschreitung dieser Grenze in das weite Gebiet Japhets hat Paulus zunächst vermieden, aber dann später – gewiß bewußt und energisch – vollzogen.

Ein anderer interessanter geographischer Hinweis findet sich bei Josephus. Nach ihm erhielt Jona den Befehl von Gott, in das Reich des Ninos zu reisen und in der Hauptstadt Ninive das Ende von dessen Herrschaft zu verkünden.[1100] Jona fürchtete sich jedoch vor diesem Auftrag, floh nach Joppe, bestieg ein Schiff „und versuchte nach *Tarsus* in Kilikien zu segeln".[1101] Der Walfisch bringt Jona in drei Tagen ans Schwarze Meer (213): Offenbar vermutete Josephus, dies sei Ninive am nächsten. D. h. er kennt sich in der Geographie jenseits des Euphrats wenig aus.[1102] Auch in einzelnen Targumim zu

---

[1097] Dazu o. Anm. 764f. Eigenartig ist dabei, daß Paulus sich von der Mitte der Welt (Jerusalem, seinem ideellen und tatsächlichen Ausgangspunkt Röm 15,19) über die Zwischenstation Damaskus zuerst in die nach der Reisebeschreibung von 1QGenAp diametral entgegengesetzte südliche Region nach Arabien begibt und dann, als seine Mission ihm hier unmöglich wird, an die Nordgrenze des Abraham verheißenen Landes geht. Die Reisebeschreibung in 1QGenAp ist abhängig von der Völkertafel Gen 10 und deren Interpretation in Jub 8–9; dazu J. M. SCOTT, Paul, 29–33, der gezeigt hat, wie bestimmend dieses „Weltbild" für die frühjüdische Literatur, aber auch für Paulus ist. Obwohl sich Paulus von seiner Berufung an als „Apostel der Völker" versteht, denkt er – so meint SCOTT – offensichtlich erst Jahre später an eine „strategische" Mission im Bereich von Japhet, s. J. M. SCOTT, Paul, 149f. Zunächst galt seine Sendung *„für* (bestimmte) Heiden" und nicht für *„die* Heiden/Völker" schlechthin.

[1098] S. dazu o. Anm. 1005–1007. Vgl. J. M. SCOTT, Paul, 32.

[1099] Jub 8,12.

[1100] Ant 9,208 vgl. 214. Das schreibt Josephus in Rom und er hat dabei auch das Ende der römischen Herrschaft durch das messianische Reich im Sinn; vgl. zu Dan 2,36 ant 10,209f und zur Bileamsweissagung ant 4,114–117 und die Schlußbemerkung in 125.

[1101] Ant 9,208: εἰς Ταρσόν ἔπλει τῆς Κιλικίας. Das taršîš von Jona 1,3, in LXX Θαρσις, wird hier auf die kilikische Metropole gedeutet. Der jüdische Priester aus Jerusalem gibt hier wohl eine im 1. Jh. verbreitete jüdische Interpretation wieder. R. D. AUS, Paul's Travel Plains to Spain, NT 21 (1979), 232–262 betont, daß Paulus – nicht wie Josephus – seine Heimatstadt als „am Ende der Erde" liegend verstehen konnte; für Paulus müsse deshalb taršîš in Spanien gewesen sein (246 Anm. 54). In Jon 1 ist jedoch nicht vom Ende der Erde die Rede. Es genügt, daß Tarsus die Grenze zwischen Sem und Japhet bildete. S. auch o. S. 181 zu dem Zusammenhang zwischen Arabien und Tarsus.

[1102] Ant 8,181, zum Schiffshandel Salomos mit dem „tarsischen Meer" (ταρσικῇ ... θαλατ-

Gen 10,4 erscheint ṭarsôs, d. h. Tarsus als Deutung von taršîš, so im Fragmententargum, in Neofiti 1 und einer Handschrift des Tg Ps.Jon.[1103] Dem entspricht die Deutung von Gen 10,4 durch Josephus. Danach habe Tharsos der Sohn Jawans, der Enkel Japhets (Gen 10,2) den Tarsiern (Θαρσεῖς) ihren Namen gegeben: „denn so wurde einstmals Kilikien genannt. Ein Beweis dafür ist, daß die berühmteste ihrer Städte, die Metropolis, Tarsus genannt wird, wobei das Θ in ein T verwandelt wurde."[1104] Da man das alte Tartessos in Spanien nicht mehr kannte und durch die weitgehende Hellenisierung Kilikiens das semitische Element völlig zurückgedrängt war, rechnete man – im Gegensatz zur älteren Tradition von Jubiläenbuch und Genesis-Apokryphon – Kilikien mit der Hauptstadt Tarsus zum Grenzgebiet Japhets. Der Taurus bildete damit, im Gegensatz zum Genesis-Apokryphon, nicht mehr die Grenze zwischen den beiden Noah-Söhnen Sem und Japhet. Man konnte jedoch auf die kilikische Metropole das Wort Gen 9,27 beziehen: „*Gott gebe dem Japhet weiten Raum, damit er wohne in den Häusern Sems*". Tg Ps.Jon[1105] interpretiert diesen Satz „missionarisch": „Daß Jahwe verschönere die Grenzen Japhets! Daß seine Söhne Proselyten werden und wohnen im Lehrhaus des Sem." Als erster christlicher Autor zitiert Irenäus dieses Wort im missionarischen Sinne.[1106] Es wird schon für Paulus bei seiner Missionstätigkeit in Tarsus und dann erst recht bei der Begründung der Mission im eigentlichen Gebiet Japhets eine wesentliche Rolle gespielt haben.

Der Apostel tritt von Caesarea nach Tarsus eine ähnliche Seereise an wie Jona nach Josephus,[1107] doch aus ganz entgegengesetzten Beweggründen. Während dieser seinem Verkündigungsauftrag entfliehen will, bleibt ihm Paulus treu, denn er weiß, daß er demselben, der ihm (wie Jona) als Zwang auferlegt ist, nicht entgehen kann: „denn wehe mir, wenn ich nicht verkündige".[1108] Das war gewiß nicht eine nach Jahren gewonnene spätere Einsicht, sondern steht in deutlichem Zusammenhang mit seiner Lebenswende und gilt darum bereits für seinen Aufenthalt in Tarsus und Kilikien. Die Wahl des Ortes war dabei so wenig wie in „Arabien" eine Sache des bloßen Zufalls und rein pragmatischer Erwägungen, sondern war zugleich eine Entscheidung des Schriftgelehrten Paulus, der sich selbst als Werkzeug der endzeitlichen Erfüllung der profetischen Verheißungen verstand.

τῇ), das Meer vor der kilikisch-südkleinasiatischen Küste mit ihren wichtigen Häfen. Von dort führt der Handel εἰς τὰ ἐνδοτέρω τῶν ἐθνῶν. Ob diese Überlieferung nicht auf die Zeit der Söldnerverbindung mit Kilikien und Pamphylien zurückgeht? Zu taršîš s. KÖHLER/BAUMGARTNER/STAMM, Hebräisch-Aramäisches Lexikon, Lieferung IV, 1990 ad voc.

[1103] M. L. KLEIN, The Fragment-Targums of the Pentateuch, Vol. I, AnBib 76, 1980, 49; R. LE DÉAUT, Targum du Pentateuque, SC 245, 1978, 134f; s. dazu Anm. 11. Vgl. noch die Targume zu Ps 48,8; 72,10; 2. Chr 19,36f und Hiob 3,5; GenR 37,1.

[1104] Ant 1,127. Zur Erklärung der Völkertafel Gen 10 bei Josephus vgl. J. M. SCOTT, Luke's Geographical Horizon, in: The Book of Acts in Its First Century Setting II, The Book of Acts in Its Graeco-Roman Setting, ed. by D. W. J. Gill/C. Gempf, Grand Rapids Mich. u.a. 1994, 483–544 (517f); DERS., Paul, 40–49.

[1105] Brit.Mus add. 27031; s. R. LE DÉAUT (Anm. 1103), 133 und M. GINSBURGER, Pseudo Jonathan, Berlin 1903, 16: דשם במדרשא וישרון בנוי ויתניירון. Vgl. yMeg 1,11 71b; bMeg 9b; GenR 26,8; BILL. II, 488; IV, 413: Die spätere Deutung bezieht dies auf die Verwendung der griechischen Sprache in der Synagoge und die Übersetzung Aquilas. Zunächst muß jedoch die „missionarische" Bedeutung im Mittelpunkt gestanden haben.

[1106] Haer 3,5; dem 21.42.
[1107] Ant 9,208, s. o. Anm. 1101.
[1108] 1. Kor 9,16f.

Die in der deutschen Exegese seit R. Bultmann vorherrschende Meinung, fast möchte man von einem Aberglauben sprechen, „Eschatologie" und „Heilsgeschichte" (die wie alle „Geschichte" immer eine geographische Komponente hat) seien Gegensätze, wäre für Paulus unverständlich gewesen. Nicht nur erhält die „alttestamentliche Geschichte" als profetische Weissagung auf die „endzeitliche Gegenwartsgeschichte" für ihn eminente Bedeutung,[1109] auch sein vom Geist geleitetes missionarisches Wirken selbst mit dem ihm anvertrauten Evangelium ist Teil des lebendigen „endzeitlichen Heilsgeschehen", das durch die kürzer werdende Frist zur „Heilsgeschichte der letzen Zeit" im konkreten Vollzug wird.[1110] Dies zeigen seine vielseitigen Überlegungen zu den vor ihm liegenden geographisch bestimmten Missionsaufgaben[1111] wie auch zu der hinter ihm liegenden urchristlichen „Kirchen- und Missionsstrategie", auf die er zuweilen zurückschaut.[1112] Auch hier ist wahrscheinlich, daß er mit der Parusie „chiliastisch-realistische" Vorstellungen verband; darauf weisen Texte wie 1. Kor 15,23–28; 1. Kor 6,2ff; Röm 11,12.25–27 und die ἀπάντησις der Gemeinde zu dem auf die Erde kommenden Herrn 1. Thess 4,17 hin. Das paulinische Denken und seine Vorstellungswelt war sehr viel reicher und gewiß auch „mythischer" als unser aufgeklärt-reduziertes, moralisch, idealistisch oder existentialistisch interpretierendes modernes theologisches Raisonnement zugestehen will. Wir begegnen bei ihm – unter anderem – (schon es auszusprechen, widerspricht der vorherrschenden ‚theological correctness') Hinweisen auf ein prall gefülltes, mythisch-eschatologisches Drama und zugleich einer nicht weniger „dramatischen" ganz und gar *christologisch* bestimmten Biographie, verbunden mit einem im Vergleich mit der jüdischen Umwelt erstaunlich klar argumentierenden und faszinierenden Denken. Wo aber so mit theologischer Leidenschaft auf eine – weltgeschichtlich ganz neue Weise – Mission getrieben wird, da konnten auch grundlegende geographische Überlegungen nicht fehlen. Es gibt keine Geschichte ohne Geographie, das gilt auch für eine „eschatologisch-missionarische Heilsgeschichte".

[1109] Vgl. 1. Kor 10,11; Röm 4,1–24; 9,4–18; 11,1–5.33f; 15,4; Gal 3,6–22 etc.

[1110] Es ist das Verdienst von J. MUNCK, Paulus und die Heilsgeschichte, Aarhus/Københaven 1954, auf diese Engführung hingewiesen zu haben. Vgl. auch U. LUZ, Das Geschichtsverständnis des Paulus, BEvTh 49, 1968, 387–402: „In erster Linie deutet Paulus die Mission vom Alten Testament her als Erfüllung der Verheißung Gottes" (392).

[1111] 1. Kor 16; 2. Kor 8.9; Röm 1,13ff; 15,19.22–32; zum alttestamentlich-frühjüdischen geographischen Hintergrund der „Missionsstrategie" des Apostels s. jetzt J.M. SCOTT, Paul, passim.

[1112] 1. Kor 15,1–11; 9,1ff; 1,10–17; 2,1ff; 2. Kor 1; 10–12; Röm 1,9ff u.ö. Vgl. schon Mk 14,25!

8. Antiochien

8.1 Die Anfänge der Gemeinde in Antiochien

8.1.1 Der Wechsel des Paulus von Tarsus nach Antiochien

Paulus hat in Tarsus (und in Kilikien) nicht völlig isoliert gearbeitet. Auch wenn er selbst ca. 13/14 Jahre Jerusalem nicht mehr persönlich besuchte – u. E. weil sein Leben dort gefährdet war[1113] –, so stand er doch mit der Muttergemeinde der Kirche in lockerer Verbindung. Das ergibt sich nicht nur aus seinen späteren Bemühungen, die durch den Zusammenstoß mit Petrus in Antiochien und die Entwicklung in Jerusalem etwa seit 50 n. Chr. nicht leichter geworden waren, sondern auch aus dem Zugeständnis Gal 2,2, er habe sein Evangelium, das er unter „den Heiden verkündigte", gesondert den Führern der dortigen Gemeinde vorgelegt, „damit ich nicht vergeblich laufe oder gelaufen bin". Missionsarbeit als „Separatist" war für ihn undenkbar. Obwohl ein ‚Einzelkämpfer' besonderer Art, blieb er doch in die Einheit der „Gemeinde Gottes" als des Leibes Christi eingebunden.[1114] Das muß auch schon vor der Zeit des Apostelkonzils gegolten haben.

Auch hätte Barnabas in Tarsus wohl kaum nach ihm gesucht, wenn er nicht gewußt hätte, daß er dort zu finden ist. Das aber läßt vermuten, daß auch ein gewisser Kontakt zwischen Paulus und der sich neu konstituierenden, überwiegend „heidenchristlichen" Gemeinde in Antiochien bestand, zumal die neu entstehenden Gemeinden in Tarsus und Antiochien durch das besondere „heidenchristliche" Missionsinteresse verbunden waren. Die lukanische Formulierung Apg 11,25f ἐξῆλθεν δὲ εἰς Ταρσὸν ἀναζητῆσαι Σαῦλον, καὶ εὑρὼν ἤγαγεν εἰς Ἀντιόχειαν mag darauf hinweisen, daß es für Barnabas nicht ganz leicht war, Saulus/Paulus zu finden,[1115] denn daß ein aktiver, immer wieder in die Provinz reisender Missionar nicht ohne weiteres dingfest zu machen ist, liegt in der Natur der Sache. Lukas wollte mit dieser Formulierung kaum sagen, daß Paulus in Tarsus untergetaucht war und Barnabas ihn nur durch Zufall fand. Der westliche Text sieht diese Schwierigkeit und berichtet, daß Barnabas in Antiochien hörte, daß Saulus in Tarsus sei und ihn daraufhin aufsuchte. So

---

[1113] S. o. Anm. 881–885.
[1114] 1. Kor 12,12f; vgl. 4ff; vgl. Röm 12,4ff.
[1115] E. DELEBECQUE, Les Actes des Apôtres, Paris 1982, 57; C.K. BARRETT, Acts 1, 554. Vgl. in Apg 10 das von Lukas geschickt erzählerisch ausgestaltete Problem, daß die Boten des Cornelius Petrus in Joppe finden. S. dazu noch Apg 19,1; 28,14.

vermeidet er das Mißverständnis einer „speculative journey",[1116] auch ersetzt er das harte καὶ εὑρὼν ἤγαγεν εἰς ... durch ein eleganteres καὶ ὡς συντυχὼν παρεκάλησεν ἐλθεῖν εἰς ...[1117], d.h. Barnabas nimmt Paulus nicht einfach nach Antiochien mit, sondern bittet ihn dorthin mitzukommen.

Die folgenschwere Wirksamkeit in Syrien (und angrenzenden Gebieten) mit Antiochien als Zentrum, bei der Paulus seine *selbständige* Missionsarbeit aufgab, sich einem gewiß noch jungen, aber von ihm nicht begründeten Gemeindeverband anschloß und sich mit einem älteren Jünger aus der Zeit der frühesten christlichen Anfänge in Jerusalem assoziierte, mag gegen acht oder neun Jahre (ca. 39/40—48/49) gedauert haben, wenn man für die Übersiedlung etwa die Zeit um 39 oder 40 n. Chr. vermutet. Es war gewiß eine wesentliche Phase in der Entwicklung des Apostels, aber sie wird in der Forschung *überbewertet*, da Paulus zu diesem Zeitpunkt auf eine ca. 6—7jährige (ca. 33—39/40) weitgehend selbständige und sicher nicht erfolglose Missionarsarbeit zurückblicken konnte. Ein erfolgloser Missionar wäre für Barnabas bei der Aufbauarbeit in Antiochien und der Provinz keine Hilfe gewesen. Auch das kräftige Selbstbewußtsein, das uns in den Briefen begegnet, wird schon bei diesem Übergang gefestigt gewesen sein. Weiter sollte man nicht übersehen, daß die jetzt beginnende längere Zusammenarbeit am Ende unerwartet durch eine tiefe *theologisch* begründete Enttäuschung beendet wurde.

Wenn wir nach den Motiven dieser Übersiedlung fragen, so bleiben sie undeutlich. Vielleicht hatte die Wirksamkeit des Apostels im kilikischen Raum ähnlich wie später in Korinth und Ephesus oder dann überhaupt im Gebiet des östlichen Mittelmeeres[1118] einen gewissen Abschluß erreicht, und die gegründeten Gemeinden waren einigermaßen selbständig geworden. Auf der anderen Seite mag Barnabas, der Paulus doch wohl als „gleichwertige" missionarische Autorität betrachtet haben muß, mit dem ihn grundlegende theologische Übereinstimmungen verbanden, diesen davon überzeugt haben, daß er eben jetzt in Antiochien *dringend gebraucht* werde. D.h. aber, daß der Apostel, der bisher an der Grenzscheide zwischen „Japhet" und „Sem" gewirkt hatte, die Hinwendung zu „Japhet" unterließ, d.h. die Überquerung des Taurus und das Vordringen nach Kleinasien, und sich zunächst wieder „Sem" zuwandte — eine Entscheidung, die er damals im Blick auf das allezeit nahe Kommen des Herrn vielleicht sogar als eine endgültige betrachtete. Der Weg führte ihn wider Erwarten über einen längeren Zeitraum hin nicht nach Nordwesten, sondern — wieder — nach Südosten.

[1116] C.K. BARRETT, Acts 1, 555. Freilich sollte nach 9,30 der Aufenthalt des Paulus in Tarsus in Jerusalem bekannt sein.
[1117] D mae (gig p* sy^{hmg}).
[1118] Röm 15,19—23; vgl. 2. Kor 10,14—16.

8.1.2 Die unter Caligula ausgelöste Krise Herbst 38 – Frühjahr 41 n. Chr.

Der Zeitraum von 10 oder 20 Jahren bei der Entwicklung einer geistigen, philosophischen oder auch religiösen Gemeinschaft bedeutet in der Geschichte der Antike nicht viel. Dazu sind unsere Quellen viel zu bruchstückhaft. Darüber wie und wo sich z. B. das gnostische Denken in und am Rande der Kirche in den entscheidenden Jahren etwa zwischen 110 und 130 entwickelt hat, wissen wir nahezu nichts. Auch über die konkreten Ereignisse während der ersten zehn Jahre der Kirche seit dem Todespassa 30 n. Chr. besitzen wir, abgesehen von den eher punktuellen Hinweisen in Apg 1–11; Gal 1,11–21; 1. Thess 2,14; 1. Kor 9,1 ff und 15,2–8 kaum Informationen. Und doch ist es an antiken Verhältnissen gemessen erstaunlich viel, weil sich diese punktuellen Nachrichten doch annäherungsweise zu einem Gesamtbild der Entwicklung zusammenfügen lassen. Die Erzählungen der Evangelien können dagegen nur sehr schwer auf das Geschehen der Anfänge der Kirche, d. h. auf die Jahre und Jahrzehnte nach Ostern bezogen werden, so beliebt heute dieser Versuch ist. Zumindest die synoptische Jesusüberlieferung ist nicht einfach nach den Gegenwartsbedürfnissen der einzelnen Gemeinden gestaltet. Hier kann man zwar von mancherlei „Gemeindebildungen" sprechen, aber nur wenig wirklich wahrscheinlich machen. Worte wie Mt 10,5.23 oder 15,24 mögen auf eine alte Aversion im palästinischen Juden(christen)tum gegen die Heidenmission außerhalb des jüdischen Palästinas hinweisen, und natürlich hat „nachösterliche" Christologie in sehr verschiedener Weise in allen Evangelien ihren Niederschlag gefunden, so daß sie am Ende bei Joh die Geschichte, d. h. den historischen Bericht, fast ganz verschlungen hat, aber konkrete *Ereignisse* während der ersten – entscheidenden – Jahre der Kirche können wir selbst im 4. Evangelium nur mit Mühe herauslesen.[1119] Dabei muß es sich um eine *stürmische Entwicklung* gehandelt haben, die gleichzeitig unter schwierigen Verhältnissen verlief. Dazu gehören – sporadische – Verfolgungsmaßnahmen von Seiten der Synagoge,[1120] aber auch innere Spannungen und Auseinandersetzungen, die Lukas wie in Apg 5,1–11; 6,1ff und 11,1–18 seiner harmonisierenden Tendenz gemäß nur andeutet. Diese stürmische Entwicklung müssen wir auch für die Entfaltung der Lehre annehmen, insbesondere der Christologie und Soteriologie, und ebenso für die Formierung der Gemeinde selbst.

Auffallend ist dabei, daß der *äußere Geschichtsablauf* überhaupt keine Rolle spielt, obwohl auch er alles andere als problemlos war. So hören wir nichts von der Niederlage des Herodes Antipas im Krieg gegen Aretas IV., ca. 35/36 (s. o. Anm. 738.739), was im Volk als gerechte Strafe für die Ermordung Johannes

---

[1119] So vielleicht Hinweise auf die Samaritanermisssion in Joh 4 und gewiß die Hinweise auf die Gabe des Geistes in Joh 8,39 und c. 14–16, dazu die Verfolgung in 16,1–4 und das die Spekulation anregende ἀποσυνάγωγός 9,22; 12,42 und 16,2; weiter der ganze weite Komplex des vorösterlichen Jüngerunverständnisses und seiner Korrektur durch Ostern bei Mk und Joh.

[1120] Apg 4–7; 9,1; 1. Thess 2,14; Mk 13; Mt 10; 24; Lk 12,11f; 21,12. S. o. S. 60–63. 151f.

des Täufers betrachtet wurde, ein Zeichen, wie noch Jahre später der gewaltsame Tod des Täufers in lebendiger Erinnerung war.[1121] Ebensowenig vernehmen wir über die Abberufung des Pilatus durch den syrischen Statthalter Vitellius 36 n. Chr. wegen des Massakers unter den Anhängern des samaritanischen Profeten am Garizim[1122] noch von der fast gleichzeitigen Absetzung des Kaiphas beim Besuch des Vitellius in Jerusalem im Herbst des selben Jahres.[1123] Dasselbe gilt von der Einsetzung Agrippas I. als König und Nachfolger des Philippus durch Caligula 37 n. Chr.[1124] oder von der durch eine Denunziation Agrippas I., seines Neffen und Schwagers, verursachte Verbannung des Antipas nach Gallien 39 n. Chr.[1125] Die Machthändel der „Herrscher dieses Äons"[1126] waren für die neue messianische Bewegung, die schon in der Gegenwart den Einbruch der Gottesherrschaft in diese Welt erfahren hatte und ständig neu erfuhr, unwesentlich geworden; sie waren nicht mehr „der Rede wert". Agrippa wird unter seinem volkstümlich-titularen Namen Herodes[1127] von Lukas erst dann erwähnt, als er, von Claudius wegen seiner Hilfe bei dessen Machtübernahme in Rom zum König von ganz Judäa eingesetzt,[1128] vermutlich z. Zt. des Passafestes 43 die Gemeinde in Jerusalem verfolgte und den Zebedaïden Jakobus (und vielleicht auch einige andere Judenchristen) hinrichten ließ. Mit diesem gewaltsamen Eingriff beginnt ein neuer Abschnitt in der Geschichte der Urkirche.[1129] Erst im Zusammenhang mit der Verhaftung des Paulus im Tempel und seiner daraus resultierenden Gefangenschaft und Appellation an den Kaiser ab c. 21 ist Lukas an der römischen Herrschaftsmacht stärker interessiert und nennt mehrere konkrete Namen und Amtsträger.[1130] Hier berichtet er als kundiger Augenzeuge.

Selbst jener Vorgang, der das ganze jüdische Palästina und Syrien zutiefst erschütterte und bis an den Rand des Krieges brachte, *der Versuch Caligulas, sein Standbild im Tempel in Jerusalem aufzustellen*, fand keinen direkten Nie-

---

1121 Jos. ant 18,116f; Mk 6,14−20 = Mt 14,1−12; Mt 11,2 = Lk 3,19f; Johannes wurde wohl im Jahr 28/29 getötet; vgl. R. RIESNER, Frühzeit, 38ff vermutet 27/28. S. o. Anm. 737f.

1122 Jos. ant 18,85−89: Ende 36 bis Anfang 37. Pilatus kam erst nach dem Tode des Tiberius am 16.3.37 in Rom an.

1123 Jos. ant 18,90−95.

1124 Jos. ant 18,237.

1125 Jos. ant 18,247−256.

1126 1. Kor 2,8; vgl. Lk 4,6. Sie unterstehen „dem Gott dieses Äons", 2. Kor 4,4, und sind doch von Gott angeordnet, Röm 13,1. Beide Perspektiven stehen scheinbar unverbunden nebeneinander.

1127 Apg 12,1: „Herodes" war gewissermaßen der judäische „Caesar": Der Name erhielt zumindest im Volksmund ‚titulares' Gepräge. So schon bei Antipas. Vgl. Josephus zu Pharao ant 8,155−157. S. u. Anm. 1417−1421 zu den „Herodianoi" als Entsprechung zu „Caesariani".

1128 Jos. ant 19,274. S. u. S. 370.

1129 Apg 12; vgl. R. RIESNER, Frühzeit, 104−110; D. R. SCHWARTZ, Agrippa I., 119−124; s. u. S. 369−383.

1130 So den Tribun Claudius Lysias in der Antonia (23,26), die Prokuratoren Felix mit seiner Frau Drusilla und Porcius Festus (vgl. Jos. ant 20,182), König Agrippa II. und seine Schwester Berenike sowie den Hohepriester Ananias mit dem Rhetor Tertullus.

derschlag in den frühchristlichen Texten.[1131] Man mochte es – wie später die Zerstörung Jerusalems in den synoptischen Apokalypsen – als ein Symptom für die sich steigernden messianischen Wehen betrachtet haben, aber selbst das Schicksal des Tempels hatte für die neue endzeitliche Bewegung seine grundlegende Bedeutung verloren, nachdem Jesus als messianischer Prätendent (und Verbrecher gegen das Heiligtum) hingerichtet worden war und durch seinen stellvertretenden Tod am Kreuz der blutige Opferkult im Heiligtum sinnlos geworden war.[1132] Vermutlich hatte schon er den Untergang des alten Tempels angesagt.[1133] Auch Stephanus war wegen seiner Kritik an Gesetz und Tempel gesteinigt worden. Eben weil der Zweite Tempel seine *soteriologische* Bedeutung als Ort der Sühne verloren hatte und die Christen ihn bestenfalls als Ort des Gebets gelten ließen,[1134] tritt auch seine Zerstörung im Jahre 70 im urchristlichen Schrifttum relativ wenig hervor. In der römischen Geschichtsschreibung fand sie eine sehr viel größere Beachtung. Ein Text wie Mk 13,14–20 ist gewiß nicht als apokalyptisches Flugblatt aus jener Schreckenszeit zu deuten, als die Forderung des größenwahnsinnigen[1135] Kaisers das Land in Aufruhr versetzte, sondern als Hinweis auf den vor der Tür stehenden Antichrist in der Form des Nero redivivus zu verstehen.[1136] Ähnliches gilt von 2. Thess 2,3–12.[1137] Der Text ist schwer zu datieren, denn seine Echtheit ist fraglich.[1138] Das Bild des Gottesfeindes, der sich selbst als Gott verehren läßt

---

[1131] S. dazu SCHÜRER I, 384–398; M. SMALLWOOD, The Jews under Roman Rule, SJLA 20, ²1981, 235–280.174–180. D. R. SCHWARTZ, Agrippa I., 77–89.

[1132] Mk 15,38; M. HENGEL, Atonement (Anm. 658), 42.45; vgl. R. FELDMEIER, Der Gekreuzigte, in: Le trône de Dieu, ed. M. Philonenko, WUNT 69, Tübingen 1993, 213–232. Weiteres s. u. Anm. 1163–1165.1272.

[1133] Vgl. M. HENGEL, Entstehungszeit, 22–25; A. M. SCHWEMER, Irdischer und himmlischer König. Beobachtungen zur sogenannten David-Apokalypse in Hekalhot-Rabbati §§122–126, in: M. Hengel/A. M. Schwemer (Hg.), Königsherrschaft Gottes, WUNT 55, 1991, 356f.

[1134] Mk 11,17; Lk 24,53; Apg 2,46; 3,1; vgl. 5,42. Vgl. die Beschreibung des Herrenbruders Jakobus als Beter und Interzessor im Tempel, dem es allein erlaubt gewesen sei das Allerheiligste zu betreten, bei Hegesipp (Euseb, h. e. 2,23,6); dazu M. HENGEL, Jakobus, 75ff.80f; PRATSCHER, Jakobus, 110ff. Nach der judenchristlichen Quelle der Hegesipp-Euseb-Überlieferung wurden Stadt- und Tempelzerstörung als Strafe für den Mord an Jakobus betrachtet.

[1135] Vgl. Jos. ant 19,1 τῆς ὑβρεως τὴν μανίαν.

[1136] Mk 13,14: τὸ βδέλυγμα τῆς ἐρημώσεως ἑστηκότα ὅπου οὐ δεῖ. Das Perfekt mask. Akk. ἑστηκότα (vgl. die Verbesserung zum Neutrum in Mt 24,15 ἑστὸς ἐν τόπῳ ἁγίῳ, das auf die Tempelzerstörung anspielt) deutet bei Mk auf eine Person hin; s. dazu M. HENGEL, Entstehungszeit, 28f.

[1137] 2,4: ὁ ἀντικείμενος καὶ ὑπεραιρόμενος ἐπὶ πάντα λεγόμενον θεὸν ἢ σέβασμα, ὥστε αὐτὸν εἰς τὸν ναὸν τοῦ θεοῦ καθίσαι ἀποδεικνύντα ἑαυτὸν ὅτι ἐστὶν θεός.

[1138] Wir neigen dazu, ihn für nichtpaulinisch zu halten, obwohl auch dies nicht unproblematisch ist. Inhaltlich und teilweise auch sprachlich ist der Brief ganz von 1. Thess abhängig, zeigt aber andererseits erhebliche Unterschiede. Er setzt dabei nur 1. Thess voraus. D. h. das Pseudepigraphon muß noch einige Zeit vor der Sammlung der Paulusbriefe um 100 n. Chr. entstanden zu sein und war wie Eph und Kol in dieser Sammlung schon enthalten. Sein historischer Ort und Anlaß ist in diesem Fall schwer zu bestimmen. Die Hypothese, daß dadurch der 1. Brief als Fälschung erwiesen werden soll, ist ganz und gar unwahrscheinlich.

und den Tempel usurpiert, geht auf Antiochos IV. und sein Vorgehen gegen das Heiligtum und die gesetzestreuen Juden 167–164 v. Chr. zurück und hat bereits in Jes 14 ein Vorbild. Es wurde durch die Vorgänge etwa zwischen 38 und 41 n. Chr. in neuer Form aktiviert. Dies hat seinen Niederschlag eine Generation später auch in (juden)christlichen Quellen gefunden, wobei zusätzlich auch die neronische Verfolgung eine Rolle spielte.[1139] Um so mehr fällt auf, daß diese das apokalyptische Fieber steigernden Vorgänge unter Caligula weder in den Paulusbriefen, noch bei Lukas oder in den Evangelien der Erwähnung wert waren. Denn nicht nur Alexandrien und wenig später das Mutterland waren davon betroffen, die ganze Diaspora, zumindest im östlichen Teil des Reiches, wurde dadurch erschüttert.

Die Unruhen begannen in Alexandrien im Sommer 38 n. Chr. im Zusammenhang mit der Rückkehr des von Caligula zum König ernannten Agrippa I. von Rom in sein neues Herrschaftsgebiet, die ehemalige Tetrarchie des Philippus, als der neue jüdische König während eines Zwischenaufenthalts vom alexandrinischen Mob verspottet wurde. Es folgte die Entweihung von Synagogen in der Stadt durch die Aufstellung von Kaiserbildnissen, und als sich die Juden dagegen zu wehren versuchten, ein blutiger Pogrom.[1140] Der Konflikt verschärfte sich durch die jüdische Ablehnung des Herrscherkultes, die im palästinischen Jamnia zur Zerstörung eines Kaiseraltars durch den jüdischen

---

Vielleicht hängt er wie Mk 13 mit der gesteigerten Naherwartung nach der Ermordung Neros am 9. 6. 68 zusammen. Ist der Brief echt, müßte er bald nach 1. Thess entstanden sein, um die schwärmerische Naherwartung in Thessalonich mit ihren sozialen Folgen zu korrigieren. In diesem Falle könnte man den rätselhaften κατέχων (2,7) mit der paulinischen Naherwartung in Verbindung bringen. Aber auch das stößt auf große Schwierigkeiten. W. TRILLING hat mit Recht den Brief als „in vieler Hinsicht rätselhaft" bezeichnet (Der zweite Brief an die Thessalonicher, EKK 14, 1980, 22). Zum Antichristen s. loc. cit. 83–94; zur Auslegungsgeschichte 94–105. In 2,4 ist u.E. die Zerstörung des Tempels noch nicht vorausgesetzt, gegen TRILLING, 86f, der auch die Bedeutung der Caligula-Episode unterschätzt, 87 Anm. 331, und falsch datiert. Weder die Deutung auf Gott (dagegen spricht die Formulierung 2,7b), noch die spätere auf das römische Reich, noch die auf den Apostel und seine Missionsarbeit können befriedigen. Das κατέχων-Motiv bleibt für unser heutiges Wissen unlösbar.

[1139] So vor allem in Apk 12; 13, wo 13,18 gematrisch das zweite Tier als Nero redivivus identifiziert wird; vgl. Mk 13,12f (parr) und M. HENGEL, Entstehungszeit, 25–43; weiter 1. Clem 5,2ff; AscJes 4,2–8 aber auch Sib 4,121.138; 5,29f.142.363 und 3,63ff.

[1140] Philo, In Flacc 26.181 die Verspottung des Königs zeigt eigenartige Parallelen zur Verspottung Jesu in der Passionsgeschichte durch die judenfeindlichen Soldaten; zur Diskussion s. D. R. SCHWARTZ, Agrippa I., 55f; vgl. 67–70.74–77. Die Unruhe erreichte ihren Höhepunkt im August 38. Agrippas Rückreise führte ihn auch über Jerusalem, wo er im Tempel Dankopfer darbrachte, wie Paulus 19 Jahre später Nasiräer einlöste und vermutlich auch einen neuen Hohenpriester einsetzte, der nicht mehr aus dem übermächtigen Clan des Hannas, sondern aus dem herodäerfreundlichen des Boethos stammte (ant 19,297). Das Volk scheint ihn, den Enkel der Hasmonäerin Mariamne, begeistert begrüßt zu haben. In dem Brief, den ihm Philo, Legatio, zuschreibt, hebt er 278 seine hochpriesterliche Abstammung ausdrücklich hervor und bezeichnet sich als Juden und einen dem Tempel verpflichteten Verehrer des „höchsten Gottes" (τοῦ ὑψίστου θεοῦ; vgl. ant 16,163: Hyrkan II. als Hohepriester θεοῦ ὑψίστου). S. auch Philo, Flacc 46.

Bevölkerungsteil führte.[1141] Auf die Nachricht von diesem Vorfall hin gab Caligula wohl im Sommer 39 jenen unheilvollen Befehl,[1142] der Judäa an den Rand eines bewaffneten Aufstandes brachte.[1143] Der Zwischenfall in Jamnia zeigt, daß der antijüdische Pogrom in Alexandrien im Spätsommer und Herbst 38 auch in die heidnischen Städte Palästinas und Syriens ausstrahlte, wo der Haß gegen die Juden nicht geringer war als in Alexandrien. Die daraus hervorgehende antijüdische Welle unter dem Vorzeichen des Kaiserkultes und die damit verbundenen Spannungen setzten sich in Syrien bis zum schlichtenden Eingreifen des neuen Kaisers Claudius im Frühjahr 41 fort und werden wohl die meisten größeren Städte mit ihren jüdischen Gemeinden beunruhigt haben, auch wenn wir im Detail darüber kaum etwas hören. Die Spannungen verstärkten sich in der 2. Hälfte des Jahres 39 n. Chr. aufgrund der Anweisung Caligulas an den Statthalter Syriens, P. Petronius, im Tempel in Jerusalem sein Standbild aufzustellen. Nach Philo sollte das Bild dort ein eigenes Heiligtum zu Ehren des Διὸς Ἐπιφανοῦς Νέου Γαίου erhalten.[1144] Die Schreckenszeit eines Antiochus IV. schien wieder ausgebrochen, und in Palästina und Syrien bestand akute Kriegsgefahr. Die Situation war so angespannt wie später unmittelbar vor Ausbruch des jüdischen Krieges 66 n. Chr. Hätte P. Petronius nicht wesentlich klüger gehandelt als später der Prokurator Gessius Florus und der Statthalter Syriens Cestius Gallus, wäre es schon im Jahr 39/40 zur Katastrophe gekommen.

D. h. aber, die von Lukas allzu knapp beschriebene, durch die dort missionierenden „Hellenisten" ausgelöste Bewegung hin zu einer gezielten Verkündigung „auch zu den Griechen"[1145] und die daraus resultierende allmähliche Herausbildung einer *überwiegend* heidenchristlichen Gemeinde geschah zu einer Zeit, da sich die antijüdische Haltung der Stadtbevölkerung auch in Antiochien verschärfte, und sie erreichte etwa zu der Zeit, da Barnabas Paulus aus Tarsus nach Antiochien holte, im Jahr 39/40, ihren Höhepunkt.

[1141] Philo, Legatio 200–203; schon in Flacc 45ff äußert er die Befürchtung, daß die Zerstörung der Proseuchen in Alexandrien bei den Völkern des Ostens und Westens Schule machen und zu neuen schweren Unruhen führen könnte; Jos. ant 18,257–260; s. D.R. SCHWARTZ, Agrippa I., 80ff.

[1142] D.R. SCHWARTZ, Agrippa I., 86 Anm. 68: Etwa gleichzeitig mit der durch eine Denunziation Agrippas I. veranlaßten Absetzung von Herodes Antipas.

[1143] Das hebt Tac., hist 5,9,1 hervor: *Sub Tiberio quies; dein iussi a C. Caesare effigiem eius in templum locare arma potius sumpsere, quem motus Caesaris mors diremit.* M. Stern, GLAJ II, 21 Nr. 281; dazu den Kommentar S. 51 und P. Cornelius Tacitus, Die Historien, Kommentar Bd. V, von H. HEUBNER/W. FAUTH, Heidelberg 1982, 131 f; vgl. Jos. bell 2,184; ant 18,305–309; s. o. S. 277 f.

[1144] Legatio 346 = Euseb, h.e. 2,6,2; weitere Belege bei M. SMALLWOOD, Philonis Alexandrini Legatio ad Caium, Leiden 1961, 315 f. S. die tiefe Erschütterung bei der Nachricht vom Befehl des Caligula zur Entweihung bei Philo und der alexandrinischen Gesandtschaft in Puteoli, Legatio 184–190: οἴχεται ἡμῶν τὸ ἱερόν (188).

[1145] Apg 11,20 ἐλάλουν καὶ πρὸς τοὺς Ἕλληνας εὐαγγελιζόμενοι τὸν κύριον Ἰησοῦν. Gegen etwa P. PARKER, Three Variant Readings in Luke-Acts, JBL 83 (1964), 167 f und Nestle/Aland[25] ist hier nicht Ἑλληνιστάς zu lesen. Vgl. schon M. HENGEL, Zwischen Jesus und Paulus, 164. S. auch o. Anm. 958.

8.1.3 Die antijüdischen Unruhen in Antiochien

Im Gegensatz zum ptolemäischen und römischen Alexandrien haben wir über Antiochien zwischen dem 2. Jh. v. und 2. Jh. n. Chr. nur relativ vereinzelte, eher zufällige Nachrichten.[1146] Umsomehr fällt auf, daß Downey in seiner großen Monographie über die Stadt sagen kann: „the history of Antioch during Gaius short reign was eventful".[1147] Die knapp vier Jahre zwischen 18. März 37 und 24. Januar 41 werden damit besonders hervorgehoben. Caius Caligula war der Sohn des Germanicus, der am 10. 10. 19 n. Chr. nach einem Konflikt mit dem Statthalter Syriens Cn. Calpurnius Piso in Antiochien starb und den die dortige Bevölkerung sehr geschätzt hatte.[1148] Sie übertrug diese Hochschätzung auf den Sohn.

Überhaupt war ihre Haltung gegenüber der römischen Herrschaft wesentlich positiver als die der auf ihr Makedonentum und ihre Vergangenheit stolze Bürgerschaft Alexandriens, denn allein Rom vermochte Syrien und seine Hauptstadt vor der Begehrlichkeit östlicher Könige und Völkerschaften wie der Armenier, Parther und der arabischen Stämme zu schützen; auch die Juden waren wegen ihrer kriegerischen Vergangenheit in Syrien gefürchtet. Caligula konnte bald nach seinem Herrschaftsbeginn bei der Beseitigung der Folgen des Erdbebens vom 9. April 37 seine Gunst gegenüber der Hauptstadt der Provinz Syrien beweisen.

Daß die antijüdischen Unruhen, die ab dem Sommer 38 in Alexandrien ausbrachen und bei denen die göttliche Verehrung Caligulas eine wesentliche Rolle spielte, nicht nur nach Palästina, sondern auch nach Antiochien übergrif-

---

[1146] Das Standardwerk ist immer noch G. DOWNEY, A History of Antioch in Syria, Princeton 1961; vgl. auch die kürzere populäre Fassung Ancient Antioch, Princeton 1963. S. auch G. HADAD, Aspects of Social Life in Antioch in the Hellenistic-Roman Period, N.Y. 1949; A.H.M. JONES, Cities (Anm. 360), 578 Index s.v. Antioch by Daphne; J. LASSUS, La ville Antioch à l'époque romaine d'après l'archéologie, ANRW II 8, 1977, 54–102: Zum Christentum 88.100f (Lit.); F.W. NORRIS, Antioch on-the-Orontes as a Religious Center I, Paganism before Constantine, ANRW II 18,4, 1990, 2322–2379; F. MILLAR, RNE, 54f.79. 86–90.259f: zur Quellenlage: „the silting-up of the site of Antioch during the intervening centuries means that we have hardly any epigraphic record on the functioning of this major city as it was in the first few centuries AD." Auch die literarischen Zeugnisse sind ganz fragmentarisch. Zum 4. Jh., das wir am besten kennen, s. A.J. FESTUGIÈRE, Antioch paienne et chrétienne. Libanius, Chrysostome et les moins de Syrie, BEFAR 194, Paris 1959; J.H.W.G. LIEBESCHUETZ, Antioch. City and Imperial Administration in the Later Roman Empire, Oxford 1972. Eine neue monographische Untersuchung des römischen Antiochien und der unmittelbaren Nachbarstädte zwischen dem 1. Jh. v. und dem 3. Jh. n. Chr. wäre ein dringendes Erfordernis.

[1147] Op. cit., 190.

[1148] Tacitus, ann 2,72,2 u. 73,4. Zum Mordvorwurf gegen den Statthalter Piso und zum Prozeß, auf den nun Inschriften aus Spanien mit einem *senatus consultum* neues Licht werfen, s. W. ECK, Das s.c. de Cn. Pisone patre und seine Publikation in der Baetica, Cahiers du Centre G. Glotz 4 (1993), 194–197. Dazu ausführlicher u. S. 350f.

fen, wird durch eine im Detail dunkle, aber in ihrem Grundgehalt letztlich historische Nachricht aus der Chronik des Malalas deutlich.[1149] Danach kam es im 3. Jahr des Caligula, d. h. 39/40 unter der Statthalterschaft des Petronius, zu Unruhen in Antiochien, die von einem Zwist der Zirkusparteien ausgingen, der zu einem Pogrom der „Heiden" gegen die Juden ausartete, bei dem viele Juden getötet und ihre Synagogen[1150] niedergebrannt wurden. Was nun folgt klingt freilich absonderlich: In einer Gegenaktion habe der jüdische Hohepriester Phinees (Pinḥas) 30.000 Mann nach Antiochien geschickt und viele Bewohner der Stadt getötet. Darauf griff der Kaiser ein; seine Repräsentanten, Pontius (s. u. Anm. 1158) und Varius wurden bestraft, weil sie diese Ereignisse nicht verhindert hätten. Phinees sei als Anführer enthauptet worden und der Kaiser habe Geld zur Wiederherstellung der Brandschäden in der Stadt zur Verfügung gestellt.

Der Bericht ist in der vorliegenden Form sicher verwirrt, vor allem was das kriegerische Eingreifen des jüdischen Hohenpriesters Phinees zugunsten der verfolgten Juden betrifft. Hier könnte u.a. die Erzählung aus 1. Makk 11,43−51 über den erfolgreichen Einsatz einer 3000 Mann starken jüdischen Hilfstruppe durch den Hohenpriester Jonathan nach Antiochien zur Unterstützung des Seleukiden Demetrius II. eingewirkt haben. Offenbar sind dabei ganz verschiedene Nachrichten ineinander geflossen.[1151] Auf der anderen Seite ist diese eigenartige Erzählung keine bloße Erfindung.[1152] Der schon erwähnte Vorgang in Jamnia, 39 n. Chr., der den Stein ins Rollen brachte, wie auch der

---

[1149] Malalas, Chron 10,315, p. 244,15 ff ed. Dindorf 1831; A. SCHENK GRAF VON STAUFFENBERG, Die römische Kaisergeschichte bei Malalas. Griechischer Text der Bücher IX−XII und Untersuchungen, Stuttgart 1931, 23 f; vgl. dazu die altslavische Version in der engl. Üs. von M. SPINKA/G. DOWNEY, 1940, 54 f; E. und M. JEFFREYS, R. SCOTT u. a., The Chronicle of John Malalas. A Translation, Australian Association for Byzantine Studies. Byzantina Australiensia 4, Melbourne 1986, 129 f. S. weiter G. DOWNEY, Antioch, 187.190 ff; M. SMALLWOOD, The Jews (Anm. 1131), 176 Anm. 110.360 f. Daß Josephus diese Vorgänge nicht berichtet, mag damit zusammenhängen, daß sie der von ihm betonten friedlichen Haltung der Juden widersprach und daß sein Augenmerk ganz auf Alexandrien und dann auf die Vorgänge in Judäa und Rom gerichtet ist. S. auch A. A. BARRETT, Caligula, N. Y. u. a., 1990, 189.300 Anm. 27 und D. R. SCHWARTZ, Agrippa I., 93 Anm. 15.

[1150] Malalas, 245 (STAUFFENBERG, 23): ἐφόνευσαν πολλοὺς Ἰουδαίων καὶ τὰς συναγωγὰς ἔκαυσαν. Vgl. Johannes Chrysostomus v. Anm. 1193. Zum Plural vgl. weiter o. S. 81 f zu Damaskus, Salamis auf Zypern, Tarsus, Alexandrien etc.

[1151] Ca. 144 v. Chr.; vgl. Jos. ant 13,135−142. Sie sollen nach 1. Makk 11,47 ff die Stadt in Brand gesteckt, 10000 getötet und sich beinahe der Stadt bemächtigt haben: Gewiß sind das − wie bei Malalas − Übertreibungen. Wahrscheinlich ist mit dem Hohepriester Phineas der zelotische Hohepriester Phanni gemeint (STAUFFENBERG, Malalas, 190 rechnet mit zwei Hohenpriestern dieses Namens). Er wurde von den Aufständischen im Jahr 66 durch Los bestimmt, s. Jos. bell 4,155; ant 20,227; vgl. M. HENGEL, Zeloten, 224 f. Ein großes Feuer, das den Juden zur Last gelegt wurde, wird um 70 berichtet.

[1152] STAUFFENBERG, Malalas, 189−193: „Obschon wir den Bericht in vollem Umfang ... nicht halten können, da er verstümmelt ist, so scheint mir doch ..., daß hervorragendes Material zugrunde liegt." (189).

Die Anfänge der Gemeinde in Antiochien 283

spätere in Dor, Ende 41,[1153] als heidnische Fanatiker eine Kaiserbüste in der dortigen Synagoge aufstellten, zeigen, wie der alexandrinische Judenhaß in Palästina und Syrien nahrhaften Boden fand. Agrippa betrachtete den Übergriff in Dor als so schwerwiegend, daß er sofort nach Antiochien reiste und einen scharfen Brief des Petronius an die Magistrate von Dor erwirkte.[1154] Darin wird nicht nur die strenge Bestrafung der Schuldigen gefordert, sondern auch das besondere Interesse des Statthalters und Agrippas betont, „daß das jüdische Ethnos keine Gelegenheit erhalte, sich unter dem Vorwand der Selbstverteidigung zusammenzurotten, um Akte der Verzweiflung zu begehen".[1155] Zu Beginn desselben Jahres hatten in Alexandrien nach der Ermordung des Gaius die Juden zu den Waffen gegriffen, um sich für die erlittene Verfolgung zu rächen. Claudius gab dem Präfekten den Befehl, diesen Aufstand niederzuschlagen, verfaßte aber nach Josephus gleichzeitig auf Bitten Agrippas und dessen Bruder Herodes von Chalkis ein Edikt für Alexandrien *und Syrien,* das gebot, die alten Rechte der Juden zu achten, und Griechen und Juden vor jeder Art von Unruhe warnte. Von Josephus werden zwei vom Inhalt her zweifelhafte Edikte überliefert, das erste an Alexandrien und das zweite an die ganze Ökumene, daß „die Juden ungehindert nach ihren Gesetzen leben, aber auch den religiösen Glauben der anderen Völker nicht verachten sollten". An den Statthalter Syriens muß vermutlich ein besonderes Edikt ergangen sein, das die Befehle Caligulas aufhob und das wohl auch die diesem besonders geneigte Bevölkerung Antiochiens wie die Juden zum Frieden rief. Offenbar hatte es auch in Syrien Unruhen gegeben, und hier ist in erster Linie an Antiochien zu denken.[1156] Vielleicht lassen sich die Vorgänge *hypothetisch*

1153 Jos. ant 19,300−311; unmittelbar nach der Ankunft Agrippas I. in seinem durch den dankbaren Claudius auf ganz Judäa ausgedehnten Königreich. Vgl. Philo, Legatio 334 die Erlaubnis des Caligula für die heidnische Bevölkerung, außerhalb Jerusalems „Altäre, Opfer, Bilder oder Statuen" für den Kaiser zu installieren. Durch Gottes „Vorsehung und Fürsorge" sei dies jedoch nicht geschehen. Vom Vorfall in Dor weiß er jedoch nichts.

1154 Die Stadt lag unmittelbar an der Grenze seines Reiches, gehörte aber in den Machtbereich des syrischen Statthalters. Auch der 1. jüdische Krieg wurde im Jahr 66 durch Streitigkeiten wegen der Synagoge in Caesarea ausgelöst (Jos. bell 2,284−292).

1155 Jos. ant 19,309; vgl. Philos Befürchtungen, Flacc 45−48.52; Legatio 335.

1156 Ant 19,278−285: πέμπει ... διάγραμμα ... εἴς τε τὴν Ἀλεξανδρείαν καὶ Συρίαν (279); ὅπως μηδεμία ταραχὴ γένηται (285). In dem Edikt für Syrien, das nicht überliefert ist, wurde vermutlich auf einen Brief des Petronius (19,304) angespielt und u. a. die Unverletzlichkeit der Synagogen hervorgehoben. Damit wurde die Erlaubnis Caligulas, Legatio 334, aufgehoben, vgl. Jos. ant 19,286−291, wo ein Edikt „an die übrige Oikumene" erwähnt wird. Wieweit diese Edikte wirklich in der von Josephus überlieferten Form erlassen wurden, ist umstritten. S. dazu M. SMALLWOOD, Jews (Anm. 1131); SCHÜRER I, 398. Das Edikt für Alexandrien wird eher dem Brief des Claudius an die Alexandriner CPJ II, 36−53 Nr. 153 entsprechen, wo von „den Unruhen (ταραχή) und dem Aufruhr (στάσις) gegen die Juden, ja noch mehr „um die Wahrheit zu sagen, dem Krieg (πόλεμος)" die Rede ist (S. 41 Z. 74f), zugleich aber die Juden gewarnt werden, „in Spiele, die von den Gymnasiarchen und Kosmeten geleitet werden, einzudringen (ἐπισπαίειν) und Verstärkung aus Syrien und der ägyptischen Chora heranzuziehen" (Z. 88−100). Dazu RIESNER, Frühzeit, 88f; H. BOTERMANN, Judenedikt, 106−114.

etwa wie folgt rekonstruieren: Die Streitigkeiten der beiden Zirkusparteien, der Grünen und der Blauen, hatten auch einen ethnischen Hintergrund, da die Juden, die an den öffentlichen Spielen als Zuschauer teilnahmen,[1157] eine der beiden unterstützten. Diese latenten Auseinandersetzungen steigerten sich nach dem Brief des Caligula und dem Aufbruch des Petronius mit seinem Heer in Richtung Judäa zu einem antijüdischen Pogrom. Nach der überraschenden Ermordung des Kaisers kam es dann – ähnlich wie in Alexandrien – zu Racheakten der jüdischen Minderheit, die, wie in Alexandrien, auf Befehl des Claudius unterbunden wurden. Petronius, der bald darauf abberufen wurde, blieb freilich in der Gunst des Kaisers.[1158] Daß Josephus von diesen Vorgängen nicht berichtet, mag damit zusammenhängen, daß er jeden Hinweis auf eine bewaffnete Erhebung der Juden vermeiden wollte. Für Philo waren die Vorgänge in Antiochien eo ipso nicht erwähnenswert.

Der Befehl Caligulas wird in Antiochien beträchtliche Schadenfreude unter den „Feinden" der Juden hervorgerufen haben, die die Verwirrung unter den „Freunden" verstärkte.[1159] Die Gegner könnten den antiochenischen Sympathisanten u. a. „alte Geschichten" über den Jerusalemer Tempel entgegenge-

---

[1157] S. dazu SCHÜRER II, 44–48.54f und Index III, 993 s. v. Games und 1001 s. v. Theatres; vgl. auch die oben erwähnte Theaterinschrift aus Milet CPJ II, 14 Nr. 748 = SEG 4, 1930, 75 Nr. 441; dazu H. HOMMEL, Juden (Anm. 1048), 200–230; J. TREBILCO, Jewish Communities, 159–162: „Two groups – Jews and God-worshippers – were probably grouped together by the theatre management and allocated the privilege of special seats" (161 f); vgl. weiter die Juden in dem Amphitheater in Berenike, Cyrenaica, bei G. LÜDERITZ, Corpus jüdischer Zeugnisse aus der Cyrenaika, BTAVO B 53, Wiesbaden 1983, 148 ff Nr. 70. Für Philo ist der Theaterbesuch selbstverständlich, s. seine Polemik Agric 35; vgl. 119 zum Gymnasium; häufiger Besuch des Theaters Ebr 177; vgl. auch den Rat des Aristeas 284f. Die Haltung des palästinischen Judentums war dagegen eher negativ, s. BILL. IV, 401 ff, was konkrete Kenntnisse nicht ausschloß: S. LIEBERMAN, Greek in Jewish Palestine, N. Y. 1942, 31 f; vgl. auch S. STERN, Identity, 152–155. Das Christentum hat in den ersten beiden Jahrhunderten die eher negative Haltung des palästinischen Judentums fortgeführt. Zu den Pferderennen s. die Verfluchungstafel aus Apamea SEG 34 (1984), Nr. 1437/8, wo die Pferde der „Blauen" verwünscht werden κατὰ Τόπο κὲ κατὰ Ζαβλαν ἤδη ἤδη τάχυ τάχυ. Der Herausgeber W. VAN RENGEN, Deux défixions contre les bleus à Apamée (VIe siècle apr. J.-C.), in: Apamée de Syrie, ed. J. Balty, Brüssel 1984, 213–218 vermutet in τόπος (= māqôm) eine jüdische Umschreibung Gottes, in Ζαβλα einen Erzengel. Könnte es sich hier nicht um die aramaisierte Form von z^{e}bûl = Himmel handeln (s. o. Anm. 557)? S. auch AssMos 10,1 „Zabulus" als Bezeichnung für διάβολος. J. HOFTIJZER/K. JONGELING, Dictionary 1, 303 zbl² phönizisch subst. „Prinz"; JASTROW, Dictionary 1, 379: zābal I pi ‚to offer idols, make merry with idolaterous cerimonies'; 378: z^{e}bûl (heidnischer) Tempel. Zur Verfluchung von Pferden und Wagenlenkern s. auch SEG 40 (1990), Nr. 1396 aus Berytos 3. Jh. n. Chr. (unter Anrufung von Engeln).

[1158] Seneca, Apocal 14,2 tritt er als vertrauter ehemaliger Tischgenosse und Verteidiger des Claudius auf. Nach Malalas p. 244–245 entsandte Gaius zwei Senatoren Pontius und Varius nach Antiochien, die später von ihm bestraft werden, weil sie die Unruhen nicht verhindert hätten, dazu STAUFFENBERG, Malalas, 23; DOWNEY, Antioch, 191.193. Vielleicht handelt es sich hier um Beauftragte Caligulas, die von Petronius zu unterscheiden sind. Petronius erscheint bei Malalas (244,21) unter dem Namen Pronoios, so auch STAUFFENBERG, Malalas, 189. Zugleich erinnern die Namen an Pontius Pilatus und den früheren Statthalter Syriens Varus.

[1159] Falls 4. Makk typisch ist für das antiochenische Verständnis des Judentums, so wußten

halten haben: Die Juden würden in ihrem Tempel einen Eselskopf[1160] verehren, und bereits Antiochus IV. habe, als er den Tempel betrat, dort einen erbarmungswürdigen Griechen eingesperrt gefunden, denn die Juden hätten sich damals jährlich einen Griechen für ihre Kultmahlzeiten gemästet. Antiochus habe ihn dann befreit. Dieser Hohn über das jüdische Heiligtum geht wohl auf antijüdische Polemik in Syrien während der späten Seleukidenzeit zurück. In der Stadt, in der die Gestalt Antiochos IV. Epiphanes als Gründer des Stadtteiles „Epiphaneia" und als großer König gegenwärtig war, wird derartiges nicht vergessen worden sein.[1161] Noch Hadrian trat in die Fußstapfen des syrischen Königs (wie schon in gewisser Weise auch Caligula): Er vollendete in Athen den von Antiochos IV. in Angriff genommenen gewaltigen Ausbau des Tempels des Zeus Olympios, ließ sich als „Olympios" feiern, wollte „durch eine panhellenische Politik die Einheit des Vielvölkerstaates stärken" und durch die Gründung von Aelia Capitolina anstelle des zerstörten Jerusalem wie auch durch das Verbot der Beschneidung die antijüdische Politik des Seleukidenkönigs vollenden.[1162]

Die „Hellenisten", die als erste christliche Missionare die Stadt erreichten, vertraten nach den Vorwürfen gegen Stephanus und seiner Rede Apg 7 mit der gesetzeskritischen auch eine *tempelkritische* Haltung.[1163] Im Gegensatz zur

---

die hier mit dem Judentum sympathisierenden Heiden um die Gesetzestrenge dieser Religion. S. dazu u. Exkurs V, S. 293—299.
[1160] Vgl. jetzt J. W. VAN HENTEN/R. ABUSCH, The Depiction of the Jews as Typhonians and Josephus' Strategy of Refutation in Contra Apionem, in: L. H. Feldman/J. R. Levison (eds.), Josephus' Contra Apionem. Studies in ist Character and Context with a Latin Concordance to the Portion Missing in Greek, Leiden/New York 1996, 271—309.
[1161] Jos. c. Ap 2,80.89—96. Josephus verteidigt den Tempel gegen den alexandrinischen Rhetor Apion, der hatte in seiner Polemik altes Geschütz aufgeboten. Vgl. E. BICKERMAN, Ritualmord und Eselskult, in: DERS., Studies II, AGJU IX, 1980, 225—255; M. STERN, GLAJ I, 410 ff nimmt rein alexandrinische Herkunft für diese Legenden an. Das ist ziemlich unwahrscheinlich, denn dort hätte man erzählt, daß bereits Alexander der Große diese Entdeckung gemacht hätte. Man hatte im ptolemäischen Ägypten keinen Grund, den Erzfeind Antiochos IV. als Befreier zu preisen. S. auch P. SCHÄFER, Judeophobia, 170 ff. Gründer eines Stadtteils galten als „ktistes", Caesar, Tiberius und Trajan setzten diese Tradition fort; dazu F. KOLB, Antiochia in der frühen Kaiserzeit, in: FS Hengel II, hg. v. H. Cancik, Tübingen 1996, 106—109 u. ö. Der Vorwurf des Eselskults wird auf die Christen übertragen, s. Minucius Felix, Octavius 9,3; Tertullian, ad nat. 14,1; apol 16,11: dort der Zusammenhang mit dem Judentums, s. dazu I. OPPELT, RAC 6, 592 ff.
[1162] M. HENGEL, Hadrian (Anm. 543), 180 f (Zitat 180). Beide Herrscher gerieten in einen unglücklichen Konflikt mit den Juden. Zu Beginn der Herrschaft Hadrians schreibt Tacitus, hist. 5,8: *Antiochus demere superstitionem et mores Graecorum dare adnisus, quo minus taeterrimam gentem in melius mutaret.* Vgl. dagegen die Unnachgiebigkeit, die Titus in Antiochien gegenüber den heidnischen Rachegelüsten an den Juden nach 70 n. Chr. zeigte, und zu Demetrios I. s. u. S. 290.
[1163] Auch die Tempelkritik der „Hellenisten" wird letztlich auf Jesus selbst zurückgehen, sie hat in Mk 13,1; 14,58 und 11,15—17 ihren Haftpunkt. Dazu M. HENGEL, Zwischen Jesus und Paulus, 192 ff. Zur Stephanusrede als Quelle für die Theologie der „Hellenisten" vgl. É. TROCMÉ, »C'est le ciel qui est mon trône«. La polémique contre le Temple et la théologie des

heidnischen Greuelpropaganda von „Ritualmord und Eselskult"[1164] im Jerusalemer Heiligtum erschien hier eine theologisch legitime Tempelkritik, die die profetische Kultkritik des A. T.s aufnahm, die dadurch den heidnischen Sympathisanten für die jüdische Religion einleuchten konnte und zugleich aber dem vulgären Spott über den Jerusalmer Tempel seine Wirkung nahm. Denn jetzt spielte es keine einschneidende Rolle mehr, ob der Jerusalemer Tempel durch eine Kaiserstatue entweiht wurde, weil dieser ja nur „von Händen gemacht" und nie der eigentliche Wohnsitz des einen Gottes gewesen war (Apg 7,48: ἀλλ' οὐχ ὁ ὕψιστος ἐν χειροποιήτοις κατοικεῖ) und am Ende der Zeit durch den Opfertod des Messias Jesus seine Bedeutung als Ort der Sühne verloren hatte. Der blasphemische Akt des Kaisers ließ sich darüber hinaus als eine Episode im Zusammenhang mit den „messianischen Wehen" bzw. als Zeichen des Gerichts vor der nahen Parusie verstehen. Eine solche tempelkritische Einstellung mußte andererseits in Antiochien den entschiedenen Protest frommer, sich mit Jerusalem und seinem Tempel verbunden fühlender Juden[1165] hervorrufen. Offene Tempelkritik wie in der Stephanusrede war in den Synagogen Antiochiens in dieser Situation kaum willkommen. Diese Haltung beschleunigte die Absonderung und konsequente Hinwendung der „Hellenisten" zu den Randsiedlern des Judentums, den gottesfürchtigen „Griechen", und die daraus entstehenden Spannungen mögen auch einer der Gründe dafür gewesen sein, daß Barnabas in jener kritischen Zeit gerade den Theologen Paulus aus Tarsus nach Antiochien holte.[1166]

D. h., die Entwicklung in der jungen Gemeinde in Antiochien etwa ab 36/37 wird nicht so ruhig und geradlinig verlaufen sein, wie es Lukas in seinem knappen Sammelbericht darstellt. Daß die neue messianische Botschaft von den in Antiochien eingetroffenen „Hellenisten" – entgegen der einseitigen Darstellung des Lukas – nicht zum erstenmal den „Griechen" verkündigt worden war, haben wir schon mehrfach gezeigt.[1167] Heidnische „Sympathisanten" hatten die aus Jerusalem Vertriebenen schon längst im Visier.

8.1.4 Zur rechtlichen Situation der Juden in Antiochien und ihrer Geschichte

Das *Neue* hängt vielmehr mit der besonderen Situation der Großstadt zusammen. Antiochien war die drittgrößte Stadt des Reiches, die zur Zeit des

---

Hellénistes, in: Le trône de dieu, ed. M. Philonenko, WUNT 69, Tübingen 1993, 195–203. Zum Folgenden s. vor allem die Stephanusrede Apg 7,46–50; 17,24; Hebr 7,1–10,18.

[1164] S. den Titel von E. BICKERMANS grundlegendem Aufsatz o. Anm. 1161.
[1165] Vgl. u. Exkurs V.
[1166] Vgl. o. S. 280; Aussagen wie Röm 3,25; 1. Kor 11,25; Mk 14,24 oder 15,38 implizieren das Ende der Heilsbedeutung des Tempels als Ort des Sühnopfers für Israel, ja für die ganze Menschheit.
[1167] S. o. S. 103. 239f. 242ff.

Augustus in der Einwohnerzahl nur wenig hinter Alexandrien zurückstand.[1168] Alexandria soll gegen Ende der Republik über 300.000 freie Einwohner besessen haben.[1169] Die Schätzungen für Antiochien in der Kaiserzeit schwanken zwischen 150–600.000, ca. 200.000 mag dabei ein realistischer Annäherungswert sein. Hinzu käme die große Zahl der Sklaven. Zum ersten Mal hatte die neue messianische Bewegung in einer wirklichen *Großstadt* Fuß gefaßt, mit einer großen jüdischen Minorität[1170] und – wie Malalas zeigt – einer größeren Zahl von Synagogen, was, ähnlich wie in Alexandrien, eine Hauptsynagoge nicht ausschließt.[1171] Ein jüdischer Bevölkerungsteil wird in der Stadt schon seit ihrer Gründung durch Seleukos I. Nikator um 300 v. Chr.[1172] gewohnt haben. Nach Josephus sollen sie von den „Königen von Asien" für ihre Söldnerdienste besondere Privilegien erhalten haben.[1173] Als Beispiel dafür nennt er Seleukos I., der in den von ihm gegründeten Städten Asiens, des nördlichen Syriens und in der Metropole Antiochien selbst „den Juden das Bürgerrecht (πολιτεία)" und „gleiche politische Rechte wie den Makedoniern und Griechen" eingeräumt haben soll.[1174] Diese Gleichberechtigung sei in römischer Zeit trotz aller Proteste und Denunziationen von seiten der griechischen Bürgerschaft selbst in der kritischen Zeit während des jüdischen Krieges und unmittelbar nach dessen Ende aufrecht erhalten worden. Als Beweis dafür nennt Josephus das alte Vorrecht der jüdischen Stadtbürger in Antiochien, statt der obligatorischen Ölzuteilung durch die Gymnasiarchen eine Geldsum-

---

[1168] Strabo 16,2,5: οὐ πολύ τε λείπεται καὶ δυνάμει καὶ μεγέθει Σελευκείας τῆς ἐπὶ τῷ Τίγρει καὶ Ἀλεξανδρείας τῆς πρὸς Αἰγύπτου.

[1169] Diodor 17,52,6: Seine Einwohnerzahl sei größer als die anderer Städte. Zur Zeit seines Aufenthalts in Ägypten erfuhr er diese Zahl von den für den Census Verantwortlichen. In dem sehr fragmentarischen PGiess (P.Bibl.Giess. 46 = H. A. MUSURILLO, The Acts of the Pagan Martyrs, Oxford 1954, III Col 1, 15 und 2, 5, p. 12f.106.114) ist vielleicht von 180.000 männlichen Bürgern die Rede. Nach der bekannten Census-Inschrift von Apamea ILS 2683 = EHRENBERG/JONES, Documents Nr. 231 ergab ein Census in dieser syrischen Stadt immerhin 118.000 Bürger. Antiochien muß größer gewesen sein. S. dazu R. DUNCAN-JONES, The Economy of the Roman Empire, Cambridge 1974, 260f Anm. 4. Auch im 4. Jh. war Antiochien noch der Rivale Alexandriens.

[1170] Vielleicht waren die 30.000 in dem phantastischen Bericht des Malalas ursprünglich ein Hinweis auf die Zahl der Juden in der Stadt. Die kirchenslavische Übersetzung macht daraus 230.000, s. DOWNEY, Antioch, 193. Zu den Vermutungen über die Zahl der Juden in Antiochien s. auch u. Anm. 1196.1254.

[1171] S. o. Anm. 1150; zur Synagoge in Daphne s. u. Anm. 1189. Die Hauptsynagoge wird von Jos. bell 7,44f erwähnt, der dort die ausführlichste Schilderung der jüdischen Gemeinde gibt, s. 7,41–62, vgl. 100–111 und ant 12,119–124. Zur Hauptsynagoge in Alexandrien s. M. HENGEL, Proseuche (Anm. 415), 158ff.168.

[1172] Zur Gründung vgl. H. SEYRIG, Séleucus I et la fondation de la monarchie syrienne, Syria 47 (1970), 290–307.

[1173] Ant 12,119: ἐπειδὴ συνεστράτευσαν αὐτοῖς; vgl. 2. Makk 8,20f; s. dazu M. HENGEL, JuH, 29f.

[1174] S. dazu kritisch R. MARCUS, Josephus Vol VII, Loeb Edition, 1961, 731ff; positiv dagegen der beste Sachkenner, E. BICKERMAN, The Jews in the Greek Age, London 1988, 91f mit u. E. überzeugender Begründung; s. auch SCHÜRER III,1, 13f.1210.126–129 zur Diskussion dieser sowohl für Antiochien als auch für Alexandrien umstrittenen Frage.

me zu erhalten, da sie kein fremdes, d. h. unreines Öl verwenden wollten. C. Licinius Mucianus, der Statthalter Syriens im jüdischen Krieg, habe dieses Privileg trotz des Drängens der Volksversammlung nicht aufgehoben.[1175] Auch Titus habe sich nicht nur den mehrfachen und dringenden Bitten der Antiochener widersetzt, die Juden aus der Stadt zu vertreiben, sondern auch deren zweiten Wunsch abgelehnt, die Bronzetafeln zu entfernen, auf denen die Privilegien (δικαιώματα) der Juden öffentlich aufgezeichnet waren, ja er habe deren Rechtsstatus völlig unverändert gelassen.[1176]

Wir müssen hier nicht weiter auf die vieldiskutierte Frage eingehen, ob die Juden, wie Josephus mehrfach behauptet, in den Städten des Ostens das volle Bürgerrecht besessen hätten.[1177] In Alexandrien, wo die Römer das städtische Bürgerrecht sehr restriktiv handhabten, da es die Voraussetzung für die Erlangung der römischen Civität war, erweisen der Claudiusbrief und andere Papyri die Angaben des Josephus als apologetische Übertreibungen. In Antiochien mag das Stadtbürgerrecht, ähnlich wie vielleicht auch in Tarsus, auf eine kleine Zahl von alteingesessenen vornehmen Juden beschränkt gewesen sein, während die große jüdische Gemeinde als solche korporative Privilegien besaß, so vor allem das Recht, „nach den eigenen väterlichen Gesetzen zu leben." Die rechtliche Situation war dabei in den einzelnen Orten z. T. unterschiedlich. Der Streit um die politische Gleichberechtigung der Juden mit den „Griechen" bzw. Makedonen bewegte auch andere Städte in Syrien und Palästina. In Cäsarea gaben die Streitigkeiten über diese Frage den eigentlichen Anstoß zum Ausbruch des Jüdischen Krieges.[1178]

Aus den verschiedenen Nachrichten des *Josephus,* unserer wichtigsten Quelle, über die alte und große jüdische Gemeinde in Antiochia läßt sich eine *ambivalente* Situation erschließen. Zum einen waren ihre Mitglieder – ähnlich wie in Alexandrien – weitgehend hellenisiert und sprachen Griechisch als Muttersprache, darum legten sie so großen Wert auf ihre althergebrachten Privilegien und erhoben Anspruch auf rechtliche Gleichstellung mit der griechischen Bürgerschaft. Das Ölprivileg zeigt einerseits, daß sie – zumindest ihre Oberschicht – an der gymnasialen Ausbildung partizipierten, zum andern, daß

[1175] Ant 12,120 zur Weigerung der Juden, heidnisches Öl zu verwenden; zum Nutzen, den Johannes von Gischala daraus zog s. Jos. bell 2,591–592: hier allgemein auf „alle Juden in Syrien" bezogen; Vita 74–76 beschränkt sich dieser Vorgang auf Cäsarea Philippi. S. dazu M. HENGEL, Zeloten, 204; vgl. auch bell 2,123 das Ölverbot der Essener und dazu J. M. BAUMGARTEN, Essene Avoidance of Oil, RdQ 6 (1967/8), 183–193. Auch hier ging es um die Furcht vor Befleckung.

[1176] Bell 7,100–111; s. auch 41–62: Josephus spricht von der Bedrohung für die in Antiochien Überlebenden (ὑπολειπομένοις) Juden (41); vgl. dazu MICHEL/BAUERNFEIND, Josephus, II,2, 227 f Anm. 44. 237 Anm. 58.

[1177] Vgl. außer ant 12,119–128 auch c. Ap 2,38–42 und etwas zurückhaltender bell 7,44, wo nicht Seleukos I. sondern erst die seleukidischen Nachfolger des Antiochos IV. das Recht eingeräumt haben sollen ἐξ ἴσου τῆς πόλεως τοῖς Ἕλλησι μετέχειν.

[1178] Jos. bell 2,266–270.284–292; ant 20,173–178.182–184: Die Juden, die mit ihren Klagen von Nero abgewiesen wurden, „führten ihren Streit mit den Syrern weiter, bis sie schließlich die Flammen des Krieges entzündeten" (μέχρι δὴ τὸν πόλεμον ἐξῆψαν).

sie mehr als in anderen Provinzen des Reiches an den Reinheitsforderungen des Mutterlandes festhielten, eine Tendenz, die die furchtsam-schwankende Haltung der antiochenischen Judenchristen in Gal 2,11–13 verständlicher macht. Das drängende Streben nach der ἰσοπολιτεία[1179] berührt sich mit der paulinischen Metaphorik von Phil 3,20 mit dem alle politischen Bürgerrechte in Frage stellenden Hinweis auf das πολίτευμα ἐν οὐρανοῖς derer, die den Kyrios von dorther als Erlöser erwarten.[1180] Hinter der Metaphorik des Apostels steht so mehr als nur eine Anspielung auf das lateinische Bürgerrecht der Colonia Iulia Augusta Philippensium. Die paulinische Formulierung bedeutet wohl, daß die Namen der Glaubenden in der „himmlischen Bürgerliste" aufgeschrieben, daß sie Bürger der βασιλεία τῶν οὐρανῶν sind bzw. daß sie dort schon jetzt ihre οἰκία, ihren Wohnsitz (und ihr Bürgerrecht) haben.[1181] Es ging bei dem Streit wegen der ἰσοπολιτεία um eine Grundfrage der jüdischen Gemeinden in den Metropolen des östlichen Mittelmeers, die je und je zu heftigen Konflikten führen konnte. Für die Glieder der neuen messianischen Bewegung galt – in der Erwartung ihres nahen Herrn und seiner Königsherrschaft[1182] – dieser alte Streitpunkt nicht mehr. Für sie ist jede Berufung auf alte irdische „Bürgerrechte" unwesentlich geworden. Entsprechend hat auch der bei den Gegnern ostentative Stolz auf die exklusive πολιτεία τοῦ Ἰσραήλ[1183] seine Bedeutung verloren. Eben *darum* kann Paulus einerseits sein römisches Bürgerrecht verschweigen, aber andererseits – in der Erwartung des nahen Endes – im Anschluß an die traditionelle jüdisch-hellenistische Paränese in Röm 13,1–7 zur Loyalität gegenüber den staatlichen Magistraten auffordern, wobei er (im Gegensatz zu allen späteren ‚Staatstheologien') weiß, daß deren Ende nahe ist.[1184] Im Ge-

---

[1179] Zum Begriff s. Jos. ant 20,173.183 zu Caesarea; 12,8 (vgl. c. Ap 2,35) zu Alexandrien; s. auch bell 7,44 und ant 12,119 zu Antiochien. Der Sprachgebrauch des Josephus ist hier nicht völlig einheitlich. Vielleicht will er damit die Tatsache verschleiern, daß eine wirkliche Gleichberechtigung nicht gegeben war. S. dazu MICHEL/BAUERNFEIND, Josephus, II,2, 228, Anm. 27.

[1180] Vgl. auch das im Gebrauch stärker abgeschliffene πολιτεύεσθαι: Phil 1,27; Apg 23,1 und – gewiß kein Zufall – 1. Clem 3,4; 6,1; 21,1; 44,6; 51,2 und 54,4 (vgl. 2,8 und 55,1). In Polykarp Phil 5,2 klingt Phil 1,27 an. Zu Phil 3,20 jetzt P. PILHOFER, Philippi, 127–134.

[1181] Vgl. Phil 4,3; Lk 10,20; Hebr 12,23: καὶ ἐκκλησίᾳ πρωτοτόκων ἀπογεγραμμένων ἐν οὐρανοῖς; Apk 21,27; 3,5 u.ö. Vgl. auch 2. Kor 5,1ff; Joh 14,2. Mit der Parusie wird diese himmlische Stadt samt ihren Bürgern als sichtbare und greifbare Realität auch auf der Erde offenbar werden und die Herrschaft übernehmen. Vgl. zur Metaphorik Gal 4,26 ἡ ... ἄνω Ἰερουσαλὴμ ἐλευθέρα ἐστίν, ἥτις ἐστὶν μήτηρ ἡμῶν: Sie ist die Metropolis aller Glaubenden. Vgl. o. Anm. 840–845.

[1182] S. 1. Kor 15,25–28, dazu M. HENGEL, »Setze dich zu meiner Rechten!«, 143ff.

[1183] Zum Begriff vgl. Eph 2,12 und dazu Phil 3,5; 2. Kor 11,22; aber auch Röm 9,4; 11,1: Wo Gottes radikale Gnade am Werk ist, gibt es kein politisches καύχημα mehr. S. dagegen etwa Jos. c. Ap. 2,165. Darum spricht Paulus in seinen Briefen nicht von seinem römischen Bürgerrecht. Es war so unwesentlich geworden wie die jüdischen καυχήματα Phil 3,4–6 (vgl. 2. Kor 11, 21f). Dies schließt nicht aus, daß er bei seinem Prozeß in Jerusalem davon Gebrauch machte – nicht zuletzt, um nach Rom zu gelangen.

[1184] Röm 13,11; vgl. 1. Kor 7,31; s.o. S. 95f.

horsam gegen die Staatsmacht gilt es bis dahin, „das Böse durch das Gute zu besiegen" (Röm 12,21).[1185]

Zugleich wird, ähnlich wie in der Judenschaft Alexandriens gemäß dem Aristeasbrief, 3. Makk oder dem Werk Philos, das *Selbstbewußtsein* der jüdischen Gemeinde in Antiochien sichtbar, die trotz aller Unterdrückung, ja Verfolgungen unbeirrt an ihren alten Rechten festhält: Die Nachfolger des Gottesfeindes Antiochos IV., vermutlich sein ihm feindlich gesinnter Neffe Demetrios I., hatten der dortigen Hauptsynagoge die von Antiochos aus dem Tempel in Jerusalem geraubten Weihegaben aus Bronze vermacht. Sie verblieben dort und wurden nicht mehr nach Jerusalem zurückgegeben. Danach sei die jüdische Gemeinde der Stadt weiter aufgeblüht:

„Da auch die späteren Könige die Juden ebenso behandelten, vermehrte sich ihre Zahl; sie schmückten ihr Heiligtum (τὸ ἱερόν)[1186] mit kunstvollen und prächtigen Weihgeschenken."[1187]

Möglich ist, daß den Seleukiden wegen der makkabäischen Bestrebungen, für Jerusalem und Judäa die politische Unabhängigkeit zu erkämpfen, daran lag, die Hauptsynagoge in Antiochien als religiösen Versammlungsort der Juden aufzuwerten, doch wurde diese nie zu einem Konkurrenzheiligtum wie der Tempel in Leontopolis in Ägypten, den 73 n.Chr. Vespasian schließen und zerstören ließ.[1188] Dagegen ließ Titus unmittelbar nach 70 in Daphne, an dem Platz, wo bisher eine Synagoge gestanden hatte, ein Theater errichten mit der Inschrift *ex praeda Iudaea,* und am Stadttor, das nach Daphne führte, Bronzefiguren anbringen, die an den Sieg über die Juden erinnerten. D.h. er kam den judenfeindlichen Wünschen der Bevölkerung auf andere Weise entgegen.[1189] Nach einer jüdisch-arabischen Quelle[1190] sei dann wieder als erste nach der Zerstörung des zweiten Tempels auf den Gräbern der Märtyrer der Makka-

---

[1185] S. dazu jetzt R. BERGMEIER (o. Anm. 387), 341–357: Er verweist darauf, daß die Loyalitätsforderung fester Bestandteil der jüdisch-hellenistischen Paränese ist. Staatliche Verfolgung wird noch nicht angesprochen, weil diese bei Paulus „eher ein gesellschaftliches als ein staatliches Phänomen war." (387). Man wird jedoch bei den Reisen des Paulus die realistische, positive Einschätzung der Pax Romana voraussetzen dürfen.

[1186] Vom Kontext her ist damit kaum das Heiligtum in Jerusalem gemeint, sondern die führende Synagoge, die ähnlich wie die fünfschiffige Hauptsynagoge in Alexandrien besondere Bedeutung besaß. S. dazu S. KRAUSS, Synagogale Altertümer, 86f.225f. und MICHEL/ BAUERNFEIND, Josephus, II,2, 228f Anm. 28. In einer späten Inschrift (391 n. Chr.) aus dem syrischen Apamea wird die Synagoge als ναός bezeichnet: CIJ II, 805.

[1187] Bell 7,45.

[1188] Bell 7,420–436.

[1189] Malalas 260f (STAUFFENBERG, Malalas, 35; vgl. 230f); DOWNEY, Antioch, 206. Daß Josephus darüber schweigt, ist verständlich. Zu der Vielzahl der Synagogen in Antiochien s. o. Anm. 1150 und 1171; zu Daphne s. u. S. 300 Anm. 1253.

[1190] S. dazu J. OBERMANN, The Sepulchre of the Maccabean Martyrs, JBL 50 (1931), 250–265; E. BAMMEL, Zum jüdischen Märtyrerkult, ThLZ 78 (1953), 119–126 = Judaica, WUNT 37, Tübingen 1986, 79–85; E. BICKERMAN, Les Maccabées de Malalas, Byzantion 21 (1951), 63–83 = Studies in Jewish and Christian History, II, AGJU 9, Leiden 1980, 192–209, J. JEREMIAS, Heiligengräber in Jesu Umwelt, Göttingen 1958, 21f.

bäerzeit die Synagoge der „Hasmonäerin", benannt nach der Mutter der sieben Söhne (2. Makk 7 und 4. Makk), errichtet worden. Ob mit diesem Bau die antiochenische Judenschaft nicht zugleich der Opfer der Pogrome unter Caligula und im Jahre 70 und der in den Zirkusspielen getöteten Kriegsgefangenen[1191] gedachte? Diese Synagoge wurde dann gegen 380 n. Chr. in eine christliche Kirche verwandelt. Das jüdische Gedenken an die makkabäischen Märtyrer geht hier dem christlichen voraus.[1192] Etwa zu gleicher Zeit erwähnt auch Johannes Chrysostomos eine Vielzahl von Synagogen in den Vorstädten, die auch von Christen – und hier nicht zuletzt von vornehmen Frauen – aufgesucht wurden.[1193]

Diese Anziehungskraft der antiochenischen Synagoge(n) auf Nichtjuden bestätigt rund 300 Jahre früher auch Josephus, wenn er unmittelbar nach der Ausschmückung des jüdischen „Heiligtums" fortfährt: „und sie (die Juden) *zogen durch ihre Gottesdienste eine große Menge von Griechen an und machten sie*, in gewisser Weise, *zu einem Teil von ihnen selbst.*"[1194] Die synagogalen Wortgottesdienste besaßen auch hier durch den dort verkündigten, philosophisch gefärbten ethischen Monotheismus in Verbindung mit dem hohen Alter der jüdischen Religion, die mit dem Anspruch der wahren Urreligion auftreten konnte, eine erhebliche Anziehungskraft. Einer, der zu diesen προσαγόμενοι gehörte, siedelte – doch wohl aus religiösen Gründen – nach Jerusalem über und begegnet uns Apg 6,5 als letzter unter den „Sieben": Nikolaos der Proselyt aus Antiochien.[1195] Die Einschränkung τρόπῳ τινί, man hätte „diese große Menge von Griechen" nur „*in gewisser Weise*" zu einem Teil der jüdischen Gemeinde gemacht, deutet doch wohl darauf hin, daß es sich auch hier ganz überwiegend um „Sympathisanten" handelte, die die synagogalen Gottesdienste besuchten, aber nicht wirklich zum Judentum übertraten. Die wirklichen Proselyten blieben immer in der Minderzahl. Die Verhältnisse waren so durchaus ähnlich wie in Damaskus und anderen syrischen Städten, nur war durch die wesentlich höhere Einwohnerzahl und die um ein vielfaches größere Zahl der Juden und Synagogen auch die Menge dieser Sympathisanten aller Schattierungen größer und unüberschaubarer. H. Kraeling schätzte die Zahl der jüdischen Bevölkerung Antiochiens während der römischen Kaiserzeit auf

---

[1191] Jos. bell 7,38–40.96.
[1192] S. dazu W. ELTESTER, Die Kirchen Antiochias im IV. Jh., ZNW 36 (1937), 251–286; J. JEREMIAS (Anm. 1190), 18ff.
[1193] Adv. Jud 7 (MPG 48, 904); S. KRAUSS, Synagogale Altertümer, 225f; L. WILKEN, John Chrysostome and the Jews, The Transformation of the classical heritage 4, Berkeley u. a. 1983.
[1194] Bell 7,45: ἀεί τε προσαγόμενοι ταῖς θρησκείαις πολὺ πλῆθος Ἑλλήνων κἀκείνους τρόπῳ τινὶ μοῖραν αὐτῶν πεποίηντο. Wir haben schon o. S. 139 auf diesen wichtigen Text hingewiesen.
[1195] Vgl. M. HENGEL, Zwischen Jesus und Paulus, 173ff; DERS., Johanneische Frage, 82.167 Anm. 47; s. auch u. S. 335 Anm. 1378.

ca. 45–60.000; vielleicht sollte man den Spielraum auf 20–35.000 begrenzen, wobei alle Schätzungen sehr unsicher bleiben.[1196]

Zur Ambivalenz des jüdischen Gemeindelebens in der Hauptstadt der Provinz Syrien gehörte freilich auch der *Judenhaß* der Mehrheit der städtischen Bevölkerung, obwohl von Antiochien – anders als unter Caligula – während des jüdischen Krieges im Gegensatz zum südlichen Syrien keine Massentötungen berichtet werden.[1197] Dennoch kam es auch hier fast zu einem Pogrom. So erzählt Josephus, daß kurze Zeit nach Ausbruch des Krieges und nach der Ankunft Vespasians in Syrien „der Haß gegen die Juden bei allen seinen Höhepunkt erreicht habe".[1198] Ein jüdischer Apostat, der als Sohn eines Archonten der antiochenischen Juden hohes Ansehen besaß, habe damals vor der Volksversammlung im Theater die Juden wegen geplanter Brandstiftung denunziert, gemäß griechischer Sitte geopfert, „um seinen Haß gegen die Gesetze der Juden zu beweisen"[1199], und die heidnische Bevölkerung aufgefordert, von den anderen Juden zum Erweis von deren Unschuld dasselbe zu verlangen. Einige wenige der denunzierten Juden hätten der Erpressung nachgegeben, die Mehrzahl, die sich weigerte, sei hingerichtet worden. Weiter habe der Abtrünnige seine Volksgenossen in Antiochien und anderen syrischen Städten für kurze Zeit gezwungen, die Sabbatheiligung aufzugeben.[1200] D.h. die Juden lebten so während des jüdischen Krieges wieder in ständiger Furcht vor lebensbedrohenden Anklagen, und nur die Besonnenheit des Legaten Gnaeus Collega und später die maßvolle Haltung des Titus verhinderten größere Katastrophen wie in den Städten des südlichen Syriens.[1201] Das Stichwort „Haß gegen die Juden" taucht in den Berichten des Josephus immer wieder auf.[1202] Dieser „Haß" wirkte während des 1. Jh.s n. Chr. im ganzen syrisch-arabischen Raum, wo der jüdische Bevölkerungsanteil wegen der geographischen Nähe am größten war,[1203] auch dann in latenter Form, wenn er sich nicht direkt in Denunziationen, Pogromen und kriegerischen Auseinandersetzungen äußerte, und er bildete so die negative Folie zu der auch für Nichtjuden attraktiven Form des

---

[1196] C.H. KRAELING, The Jewish Community of Antioch, JBL 51 (1932), 130–160 (136). Vgl. R. RIESNER, Frühzeit, 98. Vgl. die Warnung von F. KOLB, Antiochia, 99: Die Zahl 45.000 sei reine Spekulation. S.o. Anm. 320–324 die Zahlen über die Juden in Damaskus und anderen Städten.

[1197] Bell 2,429: Ebenso nicht in Apamea und Sidon, weil in diesen Städten die Bevölkerung sich stark genug glaubte. Vgl. jedoch bell 7,41, das auf die haßerfüllte Stimmung hinweist.

[1198] Bell 7,46: τὸ δὲ κατὰ τῶν Ἰουδαίων παρὰ πᾶσιν ἤκμαζε μῖσος.

[1199] Bell 7,50: καὶ τοῦ μεμισηκέναι τὰ τοῦ Ἰουδαίων ἔθη.

[1200] Bell 7,47–53.

[1201] Bell 7,54–62.100–111; s. auch o. S. 290.

[1202] Bell 7,363: τὸ παλαιὸν μῖσος der Bürger von Caesarea; 2,478: Die syrischen Städte waren „entweder von Furcht oder Haß" beherrscht, vgl. 461; 2,498: Die ὑπερβολὴ μίσους der Alexandriner; 2,502: Die Hilfstruppen aus den syrischen Städten sind τῷ κατὰ Ἰουδαίων μίσει angespornt, vgl. 3,133 und 5,556. Der Haß der Araber und Syrer gegen die Juden führte zu unbeschreiblichen Greueltaten, die Titus erzürnten; 7,38: die mörderischen Festspiele in Caesarea. Ant 18,371 erwähnt Greueltaten der Babylonier gegen die Juden.

[1203] Jos. bell 7,43: πλεῖστον δὲ τῇ Συρίᾳ κατὰ τὴν γειτνίασιν ἀναμεμιγμένον.

jüdischen Gottesdienstes und der selbstbewußten religiösen Identität des Gottesvolkes. Die Erfolge der jüdischen religiösen Propaganda mögen diesen Haß noch verstärkt haben.
Wenn Paulus in seinem frühesten, auf der sog. zweiten Reise etwa um 50 nach Chr. geschriebenen Brief 1. Thess 2,14—16 im Blick auf die Juden, die „die Gemeinden Gottes in Judäa", aber „auch uns verfolgt haben", sagt, daß sie „Gott nicht gefallen und allen Menschen feindlich sind, wobei sie uns daran hindern, den Heiden zu verkündigen, daß sie gerettet werden"[1204], so greift er in der historisch verständlichen, aber sachlich kaum zu rechtfertigenden[1205] Erbitterung über jüdische Anfeindungen eine im Grunde heidnische antijüdische Formel auf, die ihm vor allem durch seine langjährige missionarische Tätigkeit in Syrien vertraut war. Gerade 1. Thess 2,14 und der Parallelbericht des Lukas Apg 17,5—9 zeigen, daß die neue Bewegung dem Druck *von beiden Seiten* ausgesetzt war, wobei im syrischen Raum sicher zunächst der jüdische Druck überwog.[1206] Wenn die markinische Apokalypse Mk 13,13 um 70 n. Chr. im Blick auf die vor der Tür stehenden messianischen Wehen voraussagt: „Und ihr werdet gehaßt werden von allen Völkern wegen meines Namens", so gibt sie zugleich die missionarische Erfahrung der ersten christlichen Generation wieder. Die Christen wurden dadurch, daß sie versuchten, zwischen den Fronten zu stehen, nicht beliebter. Der Haß traf sie von beiden Seiten.[1207]

Exkurs V: Antiochien, das 4. Makkabäerbuch und Paulus

Wir besitzen eine jüdisch-hellenistische Schrift, die sich einerseits einer manieristischen Rhetorik und eines künstlichen philosophischen Gewandes bedient, d. h. die ganz auf der Höhe griechischer Bildung stehen will, aber andererseits in unerbittlicher Weise an der ehernen Geltung des von Gott mitgeteilten Gesetzes festhält und der Treue zu ihm alles andere, bis hin zum eigenen Leben, unterordnet. Es handelt sich um die literarische Form einer Festrede, die zu Ehren der Märtyrer der Makkabäerzeit[1208], von denen uns 2. Makk 6 und 7 berichtet, wahrscheinlich in Antiochien[1209] in der Zeit zwischen

---

[1204] Θεῷ μὴ ἀρεσκόντων καὶ πᾶσιν ἀνθρώποις ἐναντίων, s. dazu T. Holtz, EKK XIII, Zürich u. a. ²1990, 96—113.
[1205] Paulus konnte freilich die unselige, fast 2 Jahrtausende dauernde Wirkungsgeschichte einer solchen Äußerung nicht ahnen.
[1206] Vgl. dazu R. Riesner, Frühzeit, 311—318. H. Botermann, Judenedikt, 176 sieht in Apg 17,5—9 den Einfluß der späteren Situation nach 70. Dies scheint uns nicht notwendig zu sein.
[1207] Die Formulierung hängt u. E. nicht zuletzt mit den Erfahrungen der neronischen Verfolgung (vgl. Tacitus, ann 15,44,4) zusammen, s. M. Hengel, Entstehungszeit, 35f. Vgl. besonders Lk 1,71; 6,22.27; Joh 15,18; 17,14; 1. Clem 60,3; 2. Clem 13,4. In den syrischen Raum gehören Ign. Röm 3,3 vgl. 5,1ff; Mt 10,22 (Mk); 24,9 (Q); Did 16,3.
[1208] Für einen festlichen Anlaß, den wir nicht mehr näher bestimmen können; I. Heinemann, Artk. IV. Makk, PW 14,1, 1928, 802, dachte an das Chanukkafest, dagegen H.-J. Klauck, 4. Makkabäerbuch, JSHRZ III,6, 1989, 663f.
[1209] Zu Antiochien s. Klauck, JSHRZ III,6, 667. Dafür spricht die dortige jüdische

Tiberius und Nero gehalten wurde, das sog. *4. Makkabäerbuch*. Ein Sachkenner wie E. Bickerman kommt zu dem Schluß: „Fourth Maccabees is contemporaneous with the last writings of Philo and the first letters of Paul who perhaps was influenced by the story of the Maccabean martyrs as told in this new bestseller." Auch wenn dies kaum zutrifft, so zeigen sich doch eine Reihe von eigenartigen Berührungen.[1210] Es fällt darin auf, daß trotz einer manirierten, philosophisch-rhetorischen Form, „written in the choicest ‚Asianic' Greek of the period", mit der der unbekannte Autor einen φιλοσοφώτατος λόγος vortragen und den Beweis dafür führen will, daß der εὐσεβὴς λογισμός die Leidenschaften souverän beherrsche,[1211] die hinter der Rede stehende Frömmigkeit stärker palästinisch-jüdische Prägung besitzt als etwa das Werk Philos, wobei nicht wenige sprachliche Berührungen mit Paulus sichtbar werden. Konsequent wird ähnlich wie bei Paulus fast 40 mal vom Gesetz als Gottes Dekret im Singular gesprochen, daneben erscheinen nur dreimal die ἐντολαί, zweimal als ἐντολαί τοῦ θεοῦ.[1212] Weil die Märtyrer glauben (πιστεύοντες), daß Gott das Gesetz dekretiert hat (καθεστάναι), wissen sie, daß naturgemäß (κατὰ φύσιν) der Schöpfer der Welt mit ihnen leidet (συμπαθεῖ), der dieses Gesetz gab.[1213] Es ist dies die vollkommene Form der in der Stoa so hervorgehobenen συμπάθεια.[1214] Man wird hier an 1. Kor 12,26 erinnert: „Wenn ein Glied leidet, leiden alle Glieder mit (συμπάσχει)".[1215] Die im hellenistischen Judentum beliebte

---

Märtyrertradition, s. o. Anm. 1190. Der Unterschied zum alexandrinischen Milieu ist beträchtlich.

[1210] Zur Datierung ist immer noch am überzeugendsten E. BICKERMAN, The Date of Fourth Maccabees, in: Louis Ginzberg Jubilee Volume, New York 1945, 105–112 = Studies in Jewish and Christian History, Bd. I, AGJU 9, Leiden 1976, 275–81; Zitat S. 112 = 280f unter Verweis auf DEISSMANN, Paulus (s. Anm. 1243). Für eine Entstehung vor 70, ja vor den Vorgängen mit Caligula 39/41 n. Chr. spricht, daß der Herrscherkult, obwohl dies nahegelegen hätte, noch keine Rolle spielt und daß der Tempelkult noch selbstverständlich vorausgesetzt wird (3,19–4,10). Der Schriftgelehrte Eleazar (2. Makk 6,18) wird zum Priester gemacht (4. Makk 5,4; 7,6; 17,9). Nach 70 hätte ein jüdisch-hellenistischer Autor auch schwerlich Pinchas als ὁ ζηλωτής gepriesen (14,12). Auch das von BICKERMAN betonte Argument der Einheit von Syrien, Phönizien und Kilikien 4. Makk 4,2 unter einem Statthalter (2. Makk 3,5: von Koilesyrien und Phönizien) behält seine Gültigkeit. Sie wurde 72 n. Chr. durch Vespasian aufgehoben. Auffallend ist weiter, daß entgegen der späteren jüdischen Märtyrertradition in Antiochien Eleazar, die 7 Söhne und ihre Mutter von Antiochos IV. in Jerusalem hingerichtet wurden, s. dazu E. BICKERMAN, Les Maccabées de Malalas (Anm. 1190). Diese Translatio des Martyriums und der Gebeine der Märtyrer wurde wohl erst mit der neuen, nach 70 erbauten Synagoge in Antiochien verbunden. S. auch ausführlich KLAUCK, JSHRZ III,6, 665–69.

[1211] Zum Stil s. E. BICKERMAN, Date (Anm. 1210), 271; nach E. NORDEN, Antike Kunstprosa, Nachdr. Darmstadt 1958, I, 416–420: Die Schrift passe nicht nach Alexandrien oder Palästina. Auffallend sei die „ungeheuere Zahl von hochpoetischen und meist mit souveräner Willkür neugebildeten Worte" (420). S. auch die poseidoniosische Definition der σοφία als γνῶσις θείων καὶ ἀνθρωπίνων πραγμάτων καὶ τῶν τούτων αἰτίων, die freilich mit τοῦ νόμου παιδεία identifiziert wurde 1,10. Zur Abhängigkeit von Poseidonius s. R. RENEHEM, The Greek Philosophic Background of Fourth Maccabees, RhMus 115 (1973), 223–238; R. WEBER, Eusebeia und Logismos. Zum philosophischen Hintergrund von 4. Makkabäer, JSJ 22 (1991), 212–234.

[1212] 4. Makk 13,15; 16,24 vgl. 9,1; 4,6 und 6,4 ist dagegen von den Geboten des Königs die Rede.

[1213] 5,25; vgl. 13,23 zum Miteinanderleiden der Brüder; 5,4.

[1214] Der Begriff ist sehr häufig 6,13; 14,13.18.20; 15,7.11.

[1215] Vgl. Röm 8,17; Hebr 4,15; 10,34.

Exkurs V: Antiochien, das 4. Makkabäerbuch und Paulus 295

Formel πάτρια ἔθη begegnet im Gegensatz zu νόμος nur einmal in einer textkritisch unsicheren Stelle.[1216] Der Hausvater selbst lehrte die Kinder „das Gesetz und die Propheten".[1217] Neben der Tora, den Psalmen und Sprüchen spielen – anders als in Alexandrien[1218] – letztere, und hier vor allem Daniel, eine wesentliche Rolle. Nach Palästina und auf die dortige Märtyrertradition weist auch die Vorstellung vom stellvertretenden Leiden der Märtyrer.[1219] Auffallend ist weiter die ständige Berufung auf Abraham[1220] und die Abstammung von ihm, sowie in zweiter Linie auch auf die anderen Erzväter, die Märtyrer gehen ein in die Gemeinschaft mit ihnen.[1221] Daß auch Paulus, trotz der Naherwartung der Parusie, ähnliche Vorstellungen vertraut sind, ergibt sich aus Phil 1,23.[1222] Obwohl die leibliche Auferstehung[1223] mit Rücksicht auf das philosophische Gewand zurücktritt, ist der Einfluß von Dan 12,2f durchaus noch zu spüren. Die Metaphorik der astralen Unsterblichkeit 17,5 ist primär von dort abhängig. Wenn es 7,19 heißt, daß „die an Gott glauben, nicht sterben..., sondern für Gott leben" – wie auch die Patriarchen[1224], so entspricht dies verbreitetem jüdischen und paulinisch-urchristlichen Glauben.[1225] Überhaupt finden wir die wesentlichen eschatologischen Begriffe von 4. Makk wie ἀθανασία, ἀφθαρσία oder ζωὴ αἰώνιος auch bei Paulus. Seiner Sprache entspricht auch 9,22, wo davon die Rede ist, daß der Märtyrer den Anschein erweckte, „als werde er durch das Feuer zur Unverweslichkeit umgestaltet".[1226]

4. Makk 2,4−6 entnimmt dem Dekalog das Grundgebot, „nicht zu begehren".[1227] Auch bei Paulus erscheint dieses Gebot, freilich mit umgekehrter Intention: Der Mensch scheitert daran, denn dieses Gebot kann jetzt die tödliche Begierde wecken. Nur der Geist vermag die Begierde der σάρξ und damit die Macht der Sünde zu überwinden.[1228] Das – heroisch-optimistische – Gesetzesverständnis von 4. Makk steht dem des Apostels

---

[1216] 18,5. Vielleicht ist mit Sin ursprünglicher τῶν πατρίων zu lesen. Die ἐντολαί θεοῦ begegnen uns bei Paulus formelhaft in 1. Kor 7,19; (τὰ πάτρια) ἔθη verwendet er auch nicht; vgl. dagegen Apg 6,14; 13,1; 21,21; 26,3; 28,17.
[1217] 18,5; vgl. Röm 3,21; Mt 5,17; 7,12; 11,13 = Lk 16,16; Apg 13,15; 24,14; 28,23; Joh 1,45. Vgl. auch 2. Tim 3,15; 1,3.5.
[1218] In den jüdisch-"philosophischen" Schriften herrscht hier der Pentateuch vor. Eine Ausnahme bildet die 3. Sibylle. Die „heidnische" Profetin zitiert in ihrem eschatologischen Schluß im typischen Musivstil bevorzugt die Profeten (3,741−808).
[1219] 6,28; 17,20−22; s. KLAUCK (Anm. 1208), 671ff; M. HENGEL, The Atonement (Anm. 658), 60f. Einen Einfluß der Euripideslektüre halten wir für weniger wahrscheinlich; wichtiger ist die Danieltradition.
[1220] 6,17.22; 7,19; 9,21 Sin; 13,17; 14,20; 15,18; 16,20.25; 17,6.
[1221] 13,17 vgl. 7,19; 16,25; 18,23; 5,37; 13,17; Lk 16,22.
[1222] Vgl. 2. Kor 5,1ff; 1. Thess 4,17b, aber auch Apg 7,59; Lk 16,22; 23,43.
[1223] Vgl. 2. Makk 6,9.
[1224] πιστεύοντες ὅτι θεῷ οὐκ ἀποθνῄσκουσιν... ἀλλὰ ζῶσιν τῷ θεῷ. Vgl. 16,25 und 17,17, s. dazu wieder Dan 7,13 LXX. Vgl. auf Christus bezogen Röm 14,7f; 2. Kor 5,15; Gal 2,20.
[1225] Phil 3,20: ἡμῶν γὰρ τὸ πολίτευμα ἐν οὐρανοῖς ὑπάρχει, ἐξ οὗ καὶ σωτῆρα ἀπεκδεχόμεθα κύριον Ἰησοῦν Χριστόν, vgl. 2. Kor 11,13−15; Hebr 12,22−24.
[1226] Ἐν πυρὶ μετασχηματιζόμενος εἰς ἀφθαρσίαν: Phil 3,21; 2. Kor 11,13−15 negativ; 1. Kor 15,50−54; Röm 12,2. Vgl. Mk 12,27 par und besonders Lk 20,38: πάντες γὰρ αὐτῷ ζῶσιν; Röm 6,10; 14,7−9; Gal 2,9; s. H.-J. KLAUCK (Anm. 1208), 721.
[1227] μὴ ἐπιθυμεῖν; vgl. Ex 20,17 = Dt 5,21, s. KLAUCK (Anm. 1208), 695f; vgl. dazu Jak 1,14f. In 4. Makk 5,23 wird das Gesetz zum Lehrmeister der vier Kardinaltugenden. Zum Dekalog bei Paulus als Zusammenfassung des Gesetzes s. Röm 13,9.
[1228] Röm 7,7ff; 1,24; 4,15, aber auch 6,12; vgl. 13,9; 1. Kor 10,6; Gal 5,16f.24.

radikal entgegen. Gut palästinisch ist, daß im Gesetzesgehorsam die kleinen und die gewichtigen Gebote gleichwertig sind. Auch Paulus fordert von dem, der sich auf das Gesetz einläßt, die Einhaltung der ganzen Tora, d. h. aller Gebote.[1229]

4. Makk 5,34 wird das Gesetz direkt als „Erzieher" (παιδευτὰ νόμε) angesprochen.[1230] Paulus spricht dagegen Gal 3,24 in heilsgeschichtlichem Zusammenhang auf eher abwertende, freilich nicht völlig negative Weise vom Gesetz als παιδαγωγὸς ... εἰς Χριστόν, der Israel bis zur endzeitlichen Offenbarung „verwahrte"[1231]; und so nicht eigentlich „Erzieher", sondern äußerlicher „Aufpasser" (vgl. 1. Kor 4,15) gegenüber dem Gottesvolk war, der dieses auf die Zeit des „zukünftigen Glaubens" hin behütete. Freilich kann auch παιδευτής ähnlich wie παιδαγωγός „Zuchtmeister" bedeuten: ὁ μὴ δαρεὶς ἄνθρωπος οὐ παιδεύεται,[1232] auch ist es kein Zufall, daß Paulus in diesem Zusammenhang nicht vom Gesetz als „Kerkermeister" (δεσμοφύλαξ Apg 16,23) spricht.

Unmittelbar vor 5,33 betont der Schriftgelehrte Eleazar, er wolle nicht, daß durch ihn das väterliche Gesetz zerstört werde.[1233] Gal 2,16–18 hält Paulus dagegen dem Petrus vor, daß er durch seine bisherige gesetzeskritische Lebensweise die Heilsbedeutung des Gesetzes – mit Recht – „zerstört" habe.[1234] Wenn er jetzt durch seine Trennung von den Heidenchristen beim (Herren-)Mahl dasselbe wieder aufrichte, erweise er sich als Gesetzesbrecher und mache Christus zum „Sündenknecht". Auch hier wird beim selben Sprachgebrauch der Gegensatz zu der Gesetzesauffassung der urchristlichen Heidenmissionare, allen voran Paulus, der sich offenbar selbst Petrus – freilich immer noch schwankend – angeschlossen hatte, sichtbar.

Wenn Paulus 1. Thess 4,13 schreibt, daß die Gemeinde nicht über die Verstorbenen trauern solle, wie die andern, die keine Hoffnung haben, so trauert die Mutter nicht über ihre Söhne wie Gestorbene.[1235] Vielmehr erweckt sie mit ihrem unerschütterlichen Sinn

---

[1229] Gal 3,10;5,3 und positiv Mt 5,18; 7,12; Bill. I, 221–226. Die Rabbinen schränkten freilich nach der Hadrianischen Verfolgung bei Lebensgefahr die Verpflichtung zum Gesetzesgehorsam auf ganz wenige Grundgebote ein.

[1230] 9,6 erscheint dann der Gesetzeslehrer Eleazar selbst als solcher; vgl. die Brüder 13,24 und der Vater 18,10ff; vgl. dazu die ironische Darstellung des als Gesetzeslehrer selbstbewußten Juden, der sich κατηχούμενος ἐκ τοῦ νόμου als παιδευτὴς ἀφρόνων rühmt: Röm 2,18–20.

[1231] Gal 3,23 ἐφρουρούμεθα συγκλειόμενοι, vgl. Röm 3,1; 9,3ff.

[1232] Menandri Sententiae Nr. 573; zu beiden Begriffen s. C. Spicq, Notes de Lexicographie Néo-testamentaire, II, OBO 22,2, 1978, 639–641: In hellenistischer Zeit nähern sich die beiden an: „Ainsi le pédagogue se rapproche de l'enseignement-instructeur (παιδευτής), d'abord parce que celui-ci est envisagé dans la Bible comme un éducateur qui corrige et châtie: Hos 5,2; PsSal 8,29; Hebr 12,9."

[1233] 5,33: ὥστε δι' ἐμαυτοῦ τὸν πάτριον καταλῦσαι νόμον; vgl. 4,24; 17,9; vgl. Mt 5,17; Apg 6,14.

[1234] κατέλυσα 2,18.

[1235] 1. Thess 4,13: περὶ τῶν κοιμωμένων, ἵνα μὴ λυπῆσθε; 4. Makk 16,12: οὐδ' ὡς ἀποθνησκόντων ἐλυπήθη. Vgl. dagegen die zahlreichen Grabinschriften aus der Antike, die gerade die Hoffnungslosigkeit gegenüber dem Tod ausdrücken; etwa: ἄμμοροι ἐσθλῆς ἐλπίδος ἄνθρωποι· πάντα δ' ἄδηλα Τύχη (IG XIV 1942; Rom 2. Jh. n. Chr.; s. Peek, Grabgedichte (Anm. 63), 262 Nr. 449. Zur Formel „θάρσει, οὐδεὶς ἀθάνατος" vgl. o. Anm. 1017; weiter dazu eine Grabinschrift aus Tyros (Rey-Coquais, Inscriptions (Anm. 798), 37 Nr. 62: Θάρσι, τέκνον μο/νογενὴ Θεοδοσία· / πάντων ἐστι τὸ θανῖν· / ταῦτα ὁ βίος· πλεκόμε/νος μαραίνετε· ὁ γὰρ τὸ φῶς / δοὺς κὲ πάλιν κομίζετε, „Sei guten Mutes, einziges Kind Theodosia. Alle müssen sterben; das ist das Leben. Die Girlande verwelkt. Denn der, der das Licht gegeben hat, nimmt es auch wieder zurück." Diese Inschrift voller Lebensweisheit und ohne

den Eindruck, als wolle sie die „Vollzahl ihrer Söhne zur Unsterblichkeit wiedergebären"[1236], und ermahnt sie daher zum Martyrium.

Auch die Formel ὑπομονὴ τῆς ἐλπίδος 1. Thess 1,3 begegnet uns ähnlich bei der Heldenmutter 4. Makk 17,4: τὴν ἐλπίδα τῆς ὑπομονῆς βεβαίαν ἐχουσα πρὸς τὸν θεόν[1237], und während Paulus zuvor vom ἔργον τῆς πίστεως spricht, ist bei ihr (17,2) von der γενναιότης τῆς πίστεως die Rede.

Das Verb ἀπολαμβάνειν für den Empfang der eschatologischen Gabe von Gott begegnet uns 4. Makk 18,23, die Märtyrer empfangen heilige und unsterbliche Seelen. Gal 4,5 ist es die göttliche Sohnschaft, die die Glaubenden erhalten, Kol 3,24 das himmlische Erbe, Röm 1,27 das verdiente göttliche Strafgericht.[1238]

Die Liste der Berührungen ließe sich noch lange fortsetzen. 4. Makk 18,6 spielt darauf an, daß die Schlange Eva verführt habe; bei Paulus erscheint dieses Motiv 2. Kor 11,13 und wohl auch 1. Kor 11,10. Die Verwendung des Begriffs Ἰουδαϊσμός im Sinne von (strengem) Gesetzesgehorsam begegnet uns 4. Makk 4,26 und Gal 1,13f. Es geht hier in beiden Fällen um mehr als bloße „jüdische Lebensweise". Auch der abschließende Lasterkatalog Röm 1,29−31 hat eine Entsprechung in der Aufzählung vergleichbarer und z. T. identischer Fehlhaltungen und Sünden 4. Makk 1,25−27 und 2,15, und während Paulus Röm 1,24.26.28 davon spricht, daß Gott die von ihm abgefallenen Menschen den „Begierden ihres Herzens" (ἐπιθυμίαις τῶν καρδιῶν), „schändlichen Leidenschaften" (πάθη ἀτιμίας) und einer „nichtsnutzigen Vernunft" (ἀδόκιμον νοῦν)[1239] ausgeliefert hat, kämpft 4. Makk gegen die Herrschaft der ἐπιθυμία über die vom Gesetz bestimmte Vernunft im Menschen[1240] und in gut stoischer Manier erbittert gegen die πάθη als die Wurzel allen Übels. Zusammen mit seinen Gegenbegriffen λογισμός und λόγος durchzieht das negative πάθος/πάθη das ganze Werk wie ein roter Faden.[1241] Paulus hat anstelle dieser stoischen Zentralbegriffe in 4. Makk die biblische Antithese von σάρξ/ἁμαρτία und πνεῦμα. Auch hier wird freilich zugleich der Gegensatz sichtbar: Ein Text wie Röm 7,7−25 widerspricht der Idealisierung des εὐσεβὴς λογισμός in 4. Makk entschieden.

Die stärkste Entsprechung besteht jedoch – trotz des grundsätzlichen soteriologischen und anthropologischen Gegensatzes – in der *auf das Martyrium und den Wettkampf*

Klage kann sowohl ‚heidnisch-philosophisch', als auch jüdisch sein (vgl. Hiob 1,21; zum Tod als Erlöschen des Lichts vgl. Sir 22,11 LXX); doch da sie spät ist, kann sie auch christlich sein. Vgl. dagegen den „unverwelklichen Kranz" in 1. Kor 9,25; 2. Tim 4,8; 1. Petr 5,4. Zur anfänglichen christlichen Ablehnung der Bekränzung von Gräbern mit Girlanden und der Bedeutung in der christlichen Sepulkralkunst, wo sie Zeichen des Sieges über den Tod sind, s. R. TURCAN, Artk. Girlande, RAC 11, 1981, 11f.16.

[1236] 16,13: εἰς ἀθανασίαν ἀνατίκτουσα τὸν τῶν υἱῶν ἀριθμόν...; vgl. Gal 4,19: τέκνα μου, οὓς πάλιν ὠδίνω, vgl. auch 1. Kor 4,14f.

[1237] ὑπομονή erscheint in 4. Makk 11mal. Zu ἐλπίς s. noch 11,7: ἐλπίδα ἔχεις παρὰ θεῷ σωτηρίου; πίστις: 15,24 und 16,22; πρὸς (τὸν) θεόν, vgl. 7,19.21.

[1238] Vgl. Lk 6,34; 16,25; 18,30; 23,41; 2. Joh 8.

[1239] 4. Makk spricht dagegen nur positiv vom νοῦς und schätzt vor allem den σώφρων νοῦς 1,35; 2,16.18; 3,17, vgl. auch 16,13. Vgl. dagegen Röm 7,23.25; 12,2; Phil 4,7 und Kol 2,8. Zum auch bei Paulus beliebten Stichwort δοκιμάζειν (Röm 1,28; 2,18 = Phil 1,10; Röm 12,2 etc.) s. 4. Makk 17,12.

[1240] ἐπιθυμία erscheint 14mal in der Schrift; vgl. 1,3.22.31f; 2,1.4.6 etc. Zum Verbot des ἐπιθυμεῖν im Dekalog s. o. S. 171 Anm. 696.

[1241] Es erscheint über 60mal.

bezogenen Sprache.[1242] So erhält die mit der Lesart καυθήσομαι breit bezeugte heroische Martyriumsbereitschaft 1. Kor 13,3, die wir vom Kontext her für zumindest erwägenswert halten,[1243] durch den mehrfachen Gebrauch in 4. Makk einen gewissen Rückhalt.

Phil 2,17 verwendet Paulus im Blick auf das mögliche nahe Martyrium und seinen Dienst der Glaubensverkündigung Termini des Opferkults.[1244] In der bekannten Stelle 4. Makk 17,20−32 (und 6,28 ff) wird der Tod der Märtyrer als Sühne wirkendes Opfer für die Sünde des Volkes interpretiert, was an Röm 3,25 erinnert.[1245]

Unmittelbar vor diesem Text wird die Auseinandersetzung der Märtyrer mit dem Tyrannen als Wettkampf dargestellt. Durch sie geschieht ein ἀγὼν θεῖος. Paulus und die Deuteropaulinen gebrauchen ἀγών fünfmal sowohl für die Bewährung des Glaubens in der Anfechtung, wie für die Missionsarbeit.[1246] Die Arete selbst δι' ὑπομονῆς δοκιμάζουσα setzt die Kampfpreise aus, der Sieg bedeutet ἀφθαρσία ἐν ζωῇ πολυχρονίῳ; Paulus spricht dagegen Röm 5,3 f vom „Rühmen über die Leiden", weil sie ὑπομονή bewirken und diese δοκιμή, welche ihrerseits unverbrüchliche Hoffnung bringt. Der Sieg, der ἀφθαρσία und ἀθανασία wirkt, wird freilich nicht als Lohn für den Märtyrer verstanden, sondern durch Christus geschenkt (1. Kor 15,54−57). In dem „göttlichen Wettkampf" von 4. Makk

> „trat Eleazar als Vorkämpfer in die Arena (προηγονίζετο), die Mutter der sieben Söhne trat als Kämpferin hinzu (ἐνήθλει), die Brüder führten den Kampf (ἠγωνίζοντο) weiter. Der Tyrann war der Gegner (ἀντηγωνίζετο). *Die Welt und die Menschheit schauten zu* (ἐθεώρει). Die Gottesfurcht aber siegte und bekränzte ihre Wettkämpfer". (17,13 ff)

Paulus kann entsprechend 1. Kor 4,9 die Apostel als „zum Tode Verurteilte" (ὡς ἐπιθανατίους), d. h. als morituri, bezeichnen.[1247] Tertullian übersetzt dies im Zitat mit *uelut bestiarios*, d. h. Verbrecher, die zum Tode im Tierkampf in der Arena verurteilt sind.[1248] Darauf fährt Paulus fort, *„denn wir sind ein Schauspiel* (θέατρον) *geworden für die Welt*, für Engel und Menschen." D. h. der Apostel vergleicht die Boten Christi mit „todgeweihten Gladiatoren", die „in der Arena der Welt" für Menschen und Engel ein

---

[1242] Dies gilt auch für Ignatius, s. O. PERLER, Das vierte Makkabäerbuch, Ignatius von Antiochien und die ältesten Märtyrerberichte, RivAC 25 (1949), 47−72.

[1243] Vgl. A. DEISSMANN, Paulus, Tübingen ²1925, 76 Anm. 6; s. auch B. M. METZGER, A Textual Commentary on the Greek New Testament, Stuttgart 1971, 563 ff; κατακαυθήσομαι ist eine Weiterentwicklung von καυθήσομαι.

[1244] ἀλλὰ εἰ καὶ σπένδομαι ἐπὶ τῇ θυσίᾳ καὶ λειτουργίᾳ τῆς πίστεως ὑμῶν, χαίρω καὶ συγχαίρω πᾶσιν ὑμῖν; vgl. Kol 1,24; Röm 15,16; 2. Kor 12,15, aber auch Röm 12,1−3.

[1245] 6,29: καθάρσιον αὐτῶν ποίησον τὸ ἐμοῦ αἷμα... vgl. 17,22 καὶ διὰ... τοῦ ἱλαστηρίου τοῦ θανάτου αὐτῶν... (der Artikel vor θανάτου ist ursprünglich: ἱλαστήριον hat hier die Bedeutung „Sühnemittel", in Röm 3,25 mit der LXX eher die des Sühneorts); vgl. 1,11: ὥστε καθαρισθῆναι δι' αὐτῶν τὴν πατρίδα.

[1246] 1. Thess 2,2; Phil 1,30; Kol 2,1; 1. Tim 6,12; 2. Tim 4,7: hier auf das erwartete Martyrium bezogen.

[1247] S. dazu W. SCHRAGE, Der erste Brief an die Korinther, EKK VII,1,1991, 341 f.

[1248] De Pud 14,7, s. SCHRAGE z. St.; Ambrosiaster ed. H. I. Vogels CSEL 81,2, 1982 = Vetus Latina und ähnlich Vulgata: *quasi morti destinatos*; Joh Chrysostomos n. J. A. CRAMER, Catenae V, 82: κατάδικοι.

„Schauspiel bieten".[1249] Die berühmten antiken Athleten und Schauspieler bereisten die großen Städte und nahmen an zahlreichen örtlichen Wettkämpfen teil. Viele Siege machten sie reich und geehrt. U. a. konnten sie mehrere Bürgerrechte berühmter Städte erwerben.[1250] Auch das „theatrum mundi" bezieht sich auf das wechselnde Publikum der großen Städte, die die Boten Christi aufsuchten.

Freilich besteht ein wesentlicher Unterschied zwischen Apostel und Märtyrer. In 4. Makk 17 wird der glanzvolle Sieg der Märtyrer hervorgehoben, Paulus hat dagegen die gegenwärtige Niedrigkeit und Bedrohung im Auge. Doch auch er kennt das Bild des entbehrungsvollen Wettkampfes, bei der der asketische Kämpfer am Ende den Siegeskranz erhält.[1251] In 1. Thess 2,19 und Phil 4,1 erscheinen die von Paulus begründeten Gemeinden als dessen Siegeskranz. Der Erfolg seiner Missionsarbeit erhält Bedeutung für die eigene eschatologische Vollendung des ehemaligen Verfolgers.

Diese vielfältigen Berührungen der Paulusbriefe mit 4. Makk sind auffallend, weil sie sich in Stil, Begrifflichkeit und erst recht in Intention und Theologie meilenweit von jener manierierten Prunkrede unterscheiden. Man wird auch kaum annehmen können, daß der Apostel – im Unterschied zu der in manchem verwandten Sapientia Salomonis – diese sonderbare Schrift gelesen hat. Was beide verbindet, ist das gemeinsame jüdisch-hellenistische Milieu Antiochiens bzw. der von dort aus verwalteten Doppelprovinz Syrien/Kilikien. Hier wie auch an anderen Beispielen wird deutlich, daß die Sprache des Apostels durch die synagogale Predigt im Dreieck Jerusalem, Tarsus, Antiochien bestimmt ist und nicht durch die Alexandriens.

Weiter wird an dieser Schrift noch mehr als schon in seiner Vorlage, dem 2. Makkabäerbuch, die erwähnte *Ambivalenz* des griechisch gebildeten gesetzestreuen Judentums in Syrien und Palästina – beides läßt sich, anders als Palästina und Ägypten, geographisch schwer trennen (Jos. bell 7,43) – deutlich. Es verbindet sich eine mit einiger Kunst – um nicht zu sagen Künstlichkeit – stilisierte, hochrhetorische und popularphilosophische Sprachform mit einem selbstbewußten rigorosen Festhalten an dem von Gott offenbarten Gesetz, das über alles andere gestellt wird, und dem Stolz auf das Mutterland Eretz Jisrael und seine Überlieferung. Hier wird eine für die frühe Kaiserzeit wohl einzigartige *religiöse und ethnische Identität* sichtbar, die auf Griechen entweder abstoßend – so bei der Mehrheit – oder aber doch bei Suchenden, die in der verwirrenden Vielfalt der Kulte keinen inneren Halt mehr fanden, religiös und ethisch überzeugend wirken konnte. Dies macht die Notiz über „die große Menge von Griechen" verständlich, die sich nach Josephus[1252] gerade in Antiochien den „Gottesdiensten in den Synagogen zuwandten".

[1249] W. SCHRAGE, op. cit., 342 und LIETZMANN/KÜMMEL, 1. Korinther, HNT 20 z. St. Dort Hinweise zum Gladiatorenkampf und zur stoischen Kampfmetaphorik.
[1250] SEG 39 (1989), Nr. 1596 d) Bürger von Athen, Ephesus und Smyrna; e) von Alexandrien und Tyrus.
[1251] 1. Kor 9,25; vgl. nachpaulinisch 2. Tim 4,7f.
[1252] Bell 7,45; s. o. Anm. 1194.

8.1.5 Zur Entstehung der Christengemeinde in Antiochien

8.1.5.1 Die Großstadt und die Konsequenzen der gesetzeskritischen Predigt

Auf diesem historischen Hintergrund erschließt sich uns auch ein besseres Verständnis jener knappen Sätze des Lukas über die besondere *Entwicklung der Gemeinde in Antiochien*: Apg 11,20f.

Historisch unzutreffend ist, wie schon gesagt, die durch seine Darstellung nahegelegte Meinung, die Verkündigung des Evangliums gegenüber „Griechen", d.h. griechischsprechenden Nichtjuden, sei erst in Antiochien erfolgt. Diese geschah in geringerem Maße von dem Augenblick an, als judenchristliche „Hellenisten" das im engeren Sinne jüdische Palästina verließen, so etwa bei Philippus in Samarien und Caesarea, aber auch bei Paulus selbst in Damaskus, Arabien und Tarsus. Lukas folgt dagegen einem wohl erstmals von Jerusalem aus vertretenen „heilsgeschichtlichen" Schema.

Das *Neue, das Antiochien brachte*, war – wie ebenfalls schon gesagt –, daß erstmals das Evangelium in einer wirklichen *Großstadt* verkündigt wurde, mit zahlreichen Synagogen, nicht zuletzt an der Peripherie der Stadt und in den Vorstädten wie Daphne.[1253] Wenn wir hypothetisch von einer jüdischen Bevölkerung von ca. 20–35.000 ausgehen,[1254] die nicht so sehr wie in Alexandrien oder in Rom[1255] in einem relativ geschlossenen Viertel, sondern in verschiedenen Stadtteilen zerstreut wohnte, so wird verständlich, daß die kleine Gruppe von Hellenisten in der fremden Stadt nicht mehr Verbindung mit *einer* Synagogengemeinde suchte, sondern ihre Wirksamkeit am Rande mehrerer Synagogen entfaltete, dort vor allem interessierte Sympathisanten ansprach und diese zusammen mit Judenchristen, die sich ebenfalls den Missionaren anschlossen, in einer, aber wohl bald in mehreren *Hausgemeinden*, u.U. auch in den

---

[1253] Vgl. o. S. 286f; weiter MICHEL/BAUERNFEIND, Josephus, II,2, 227, Anm. 26, W.A. MEEKS/R.L. WILKEN, Jews and Christians in Antioch, 1978. Zur Vielzahl der Synagogen Malalas (s.o. Anm. 1150) und Joh. Chrysostomos (s. Anm. 1193). Eine Synagoge befand sich in Daphne (s.o. Anm. 1189). Vgl. auch Jos. ant 17,25 die Ansiedlung von 500 jüdischen Reitern aus Babylonien in Hulatha bei Antiochien z.Z. des Herodes, s. C.H. KRAELING, Community (Anm. 1196), 133–35.

[1254] Sie kann nur auf ganz grobe Weise geschätzt werden, da auch die Zahl der Gesamtbevölkerung nicht feststeht. Vgl. o. Anm. 1196; R. RIESNER, Frühzeit, 98 (Lit.). Vergleichszahlen haben wir nur aus Rom, wo Jos. bell 2,80; ant 17,300 berichtet, daß 8000 die palästinische Gesandtschaft zu Augustus begleiteten, und Ägypten, wo Philo, in Flacc 43 wohl übertreibend von einer Million Juden spricht. Die inschriftlichen Belege über antiochenische Juden sind ganz spärlich: eine Platte mit Menora und 4 Buchstaben wurde im östlichen Stadtteil gefunden (IGLS III,1 Nr. 789); eine Stifterinschrift in Beth-Shearim: SEG 14 (1957), 835 nennt Aidesios, den Gerusiarchen von Antiochien als Stifter; zwei in Apamea erwähnen den Archisynagogos der Antiochener, Ilsasios, als Stifter (CIJ II, 803–818). Das entspricht jedoch dem Gesamtbild der verhältnismäßig geringen Zahl an epigraphischen Belegen aus Antiochien. Vgl. u. Anm. 1666.

[1255] Alexandrien: SCHÜRER III,1, 42ff besonders Anm. 46 (Jos. c. Ap 2,33.36 =Apion); Rom: Philo, Legatio 155: Die Juden siedelten sich zunächst jenseits des Tibers an, dazu P. LAMPE, Christen, 26ff.

Vorstädten, etwa in Daphne, sammelten, ähnlich wie es vermutlich auch in Rom geschah.[1256] D. h. es kam überhaupt nicht mehr zu jenen selbstverständlichen, länger andauernden Kontakten mit Synagogen, wie sie für das palästinische Mutterland und auch die kleineren Städte Phöniziens und des südlichen Syriens vorauszusetzen sind. Man bildete also von Anfang an rasch selbständig werdende „messianische Konventikel", wobei die Beibehaltung einer weiterbestehenden zusätzlichen Bindung an eine Synagoge im Ermessen der einzelnen Gemeindeglieder gestanden haben mag. Bei Judenchristen konnte diese noch stärker nachwirken als bei Sympathisanten, die in der neuen eschatologischen Heilsgemeinde mit ihrem relativ freien, geistgewirkten Gottesdienst, den wir uns aufgrund von Apg 2,42.46 und 1. Kor 11 und 14 in groben Umrissen vorstellen können, rasch ihre eigentliche „geistliche Heimat" fanden. Das profetisch-ekstatische Element unter endzeitlichen Vorzeichen mit Weissagungen, profetischer Paraklese, Hymnengesang, Glossolalie und deren charismatischer Deutung, Exorzismen und andere spontane Heilungen wird in Syrien mindestens ebenso anziehend gewirkt haben wie später in Korinth, da in der autochthonen syrischen Religion, wo zahlreiche lokale Kultstätten von altersher Orakel spendeten, die religiöse Ekstase und ähnliche Phänomene immer schon eine wichtige Rolle gespielt hatten.[1257]

Die Frage der Beschneidung und der Einhaltung der Ritualgebote, der Sabbatheiligung und Reinheitsvorschriften, verlor damit bei den ehemaligen „Sympathisanten" ihre bisherige Bedeutung, für die neu hinzukommenden Griechen waren sie sowieso bedeutungslos geworden, während die Judenchristen wie „liberale Juden" eine relative Freiheit besaßen, die alten Gesetze zu halten oder nicht. Daß bei der gemeindegründenden Predigt in Galatien das Sabbatgebot und die Verpflichtung zur Einhaltung der Festzeiten im Grunde unwesentlich geworden waren, zeigt die Polemik des Apostels Gal 4,8 ff über die Beobachtung von „Monaten, Zeiten und Jahren" (Gal 4,10), die die Sabbate, Neumonde, Gedenktage und großen Feste und Sabbatjahre miteinbeziehen. Sie gehören in den Bereich der „schwachen und armseligen Gestirnmächte"[1258], d. h. Engel, die den Jahreslauf bestimmen und die durch die endzeitliche Sendung des Gottessohnes und des Geistes entmachtet sind und denen man, nachdem man in Christus die wahre Gotteserkenntnis gewonnen hat, so wenig mehr dienen muß wie den einstigen Götzen. Paulus spricht hier – auf sehr scharf zugespitzte polemische Weise – von der Gründung der Gemeinden in

---

[1256] S. dazu P. LAMPE, Christen, 28 ff.301 ff. Zur Mehrzahl der Hauskirchen in Rom s. Röm 16,5.10f.14f. Vgl. bes. H.-J. KLAUCK, Hausgemeinde (Anm. 927).

[1257] S. Y. HAJJAR, Divinités und u. Anm. 1492. A. FELDTKELLER, Göttin, 176 (zu Lukian, Dea Syria 51), 201. C. FORBES, Prophecy, 141 ff erwähnt zwar den Profeten Eunus aus dem syrischen Apameia, der von der syrischen Göttin inspiriert den Sklavenaufstand in Sizilien inszenierte, geht aber sonst auf Syrien nicht ein, sondern behandelt hauptsächlich die griechischen Orakelstätten und die offizielle Funktion von Profeten und Priestern hier und in Ägypten.

[1258] Oder der Elementargeister (στοιχεῖα) Gal 4,9, vgl. 4,3 und Kol 2,8.16–20. Vgl. auch Röm 8,38f. S. auch o. S. 255.

(Süd-)Galatien und bezieht sich doch wohl auf das, was er sie damals gelehrt hatte. Die dortigen „Sympathisanten" hatten wohl dennoch z.T. sowohl den jüdischen Festkalender beachtet wie Beziehungen zu ihren alten heidnischen Kulten aufrechterhalten. Im Römerbrief – im Blick auf die unbekannte, nicht von Paulus gegründete Gemeinde weniger scharf formuliert – erscheinen Sabbatheiligung und Speisegebote als Adiaphora, die verschiedene Verhaltensweisen zulassen, und der Apostel unterstützt dort wie auch in Korinth diese neutrale bis kritische Haltung, fordert freilich unter Berufung auf das angefochtene Gewissen und das Liebesgebot die Rücksichtnahme auf die Schwachen.[1259] Vermutlich steht er hier nicht vor einem bisher ganz unbekannten Problem; d.h. derartige Konflikte werden nicht neu gewesen sein, sondern in Syrien ihre Vorläufer besessen haben, darum kann er sie in Korinth und Rom so souverän regeln. Auch hier liegt die letzte Wurzel im ‚liberalen' Verhalten Jesu gegenüber der Sabbatfrage und den Reinheits- und Speisegeboten.[1260] Der Konflikt setzt sich freilich unterschwellig fort, da gerade das Sabbatgebot, wie das Beispiel der Sabbatistai zeigt, auch bei Heiden populär gewesen war. Ignatius, der Barnabasbrief und Justin polemisieren darum wieder gegen die Sabbatobservanz.[1261]

Die Judenchristen dagegen, die eher zu den „Schwachen" gehörten, werden, schon um den Vorwurf der Apostasie abzuwehren, vielleicht zunächst noch ihre eigenen Kinder beschnitten haben, wie es Paulus selbst bei Timotheus tat,[1262] aber in der Gemeinschaft mit Heidenchristen bald auf die Einhaltung ritueller Bestimmungen verzichtet haben, auch wenn sie diese im Umgang mit gesetzesstrengen Juden je und je befolgten. Die Entstehung einer solchen kleinen Gemeinschaft war nur bei großer persönlicher Freiheit und Rücksichtsnahme möglich. Paulus selbst gibt 1. Kor 9,19−23 eine aus der Praxis gewonnene Anleitung dazu. D.h. sogar bei ihm selbst wird diese – aus der Liebe

---

[1259] Röm 14, vgl. vor allem V. 5: ἕκαστος ἐν τῷ ἰδίῳ νοΐ πληροφορείσθω; 1. Kor 8−10, besonders 10,25−30 und das Zitat von Ps 24,1.

[1260] Mk 2,15ff parr.; 2,18ff parr.; 2,23−27 parr.; 3,1−6 parr.

[1261] Ign. Mag 9,1: Man solle nicht mehr den Sabbat, sondern den Herrentag halten, d.h. nicht mehr am Ἰουδαϊσμός festhalten. Vgl. Barn 15,1−9; Justin, dial 10,3; 12,3; 18,2 u.ö. S. auch u. zum Sonntag Anm. 1286.

[1262] Apg 16,13: διὰ τοὺς Ἰουδαίους jener Gegend, die alle wußten, daß er einen heidnischen Vater hatte: Timotheus soll nicht als Apostat gelten, vgl. 1. Kor 9,20; Apg 21,20−26. Der Vorgang wird gerne als unhistorisch bestritten, s. A. DAUER, Paulus, 155 Anm. 118. Die Vermutung von S.J.D. COHEN, JBL 105 (1986), 251−268, daß Lukas (und Paulus) in Timotheus keinen Juden gesehen hätten, da in „premishnaic times" die Ansicht, daß bei Mischehen der jüdische Status des Kindes von dem der Mutter abhänge, noch unbekannt gewesen sei, geht bei allem Scharfsinn an der Sache vorbei. Über den Status der Kinder aus Mischehen haben wir in „premishnaic times" keine Nachrichten. Unsere Quellen über derartige halachische Details vor der Mischna sind *ganz* fragmentarisch und zufällig. Apg 16,1−3 ist als Zeugnis für eine ältere jüdische Auffassung zu betrachten. Die Rabbinen konnten diese aus der Diaspora, wo Mischehen häufiger vorkamen als im Mutterland, übernommen haben. S.J.D. COHENS Datierungsargument steht hier auf ganz schwachen Füßen. S. auch die Einwände von Chr. BRYAN, JBL 107 (1988), 292−294.

geborene – Doppelhaltung sichtbar. Wesentlich blieb, daß *alle diese Formen der Toraobservanz jede Heilsbedeutung verloren hatten*; sie waren zum individuellen bzw. ethnischen „Brauch" geworden. Problematisch wurde derselbe nur, wo er – wie in Korinth und Rom – bei der Frage des Götzenopferfleisches und des Libationsweins „schwache" Gewissen in Anfechtung führte und damit die „Pistis" bedrohte.[1263] Der Konflikt mußte jedoch dort in aller Schärfe aufbrechen, wo – durch die Hintertür – der Verdacht der Heilsbedeutung wieder eingeführt wurde. Dies geschah beim Zusammenstoß mit Petrus in Antiochien Gal 2,9–11. Zunächst war man sich in Antiochien (und Syrien) schon seit der Gründung der Gemeinde einig gewesen, daß die rituellen Gebote der Tora und das endzeitliche Heil nicht mehr zusammengehörten. Das ergibt sich zwingend aus Gal 2,1–10. Paulus ging jedoch in einem entscheidenden Punkt aufgrund seiner Christusbegegnung noch einen Schritt weiter und betonte, daß nicht die von der Tora geforderten ἔργα νόμου, sondern *allein* der Glaube an Christus die „Rechtfertigung" vor Gott schenke, ja er hat nach Gal 2,16f vorausgesetzt, daß selbst Petrus diese Auffassung teile. Kein Wunder, daß Jak 2,24a in richtiger Interpretation der formelhaften Wendung von Röm 3,28 diesem entscheidenden Punkt des ἐκ πίστεως μόνον widerspricht.

Wesentlich war bei alledem die eschatologische Naherwartung und die Gegenwart des Geistes. Seine Anweisungen und Begründungen, wie sie etwa in 1.Kor 7,17–31 erscheinen mögen, wird Paulus auch schon in Antiochien und in den kilikischen und syrischen Gemeinden vertreten haben. Die Probleme der Gemeinden waren auch auf längere Zeit hin immer wieder dieselben. Ein grundlegender Satz findet sich Röm 14,17: „denn die Herrschaft Gottes besteht nicht in Trank und Speise (und der damit verbundenen Beobachtung ritueller Reinheitsbestimmungen), sondern ist Friede und Freude im Heiligen Geist." In Gal 5,22 sind „Liebe, Freude, Friede ..." die ersten drei Wirkungen der „Frucht des Geistes", die den „Werken des Fleisches" gegenübergestellt werden. Und wenn Paulus zuvor in Röm 14,14 emphatisch beteuert: „Ich weiß und bin gewiß im Herrn,[1264] daß nichts durch sich selbst unrein ist, nur für den, der etwas als unrein betrachtet, für jenen ist es unrein", so erhält man den Eindruck, daß ihm diese Beteuerung ebenso ‚geläufig' ist, wie die christologische Verwendung des Schriftwortes Ps 24,1 in ähnlichem Zusammenhang in 1. Kor 10,26: „Die Erde ist des Herrn und ihre Fülle".[1265] Er wird solche Versicherungen nicht erst seit dem Ärger mit den Galatern abgegeben haben. Derartige Probleme mußten für ihn relativ bald akut geworden sein. Ähnliches gilt von den beiden 1. Kor 7,19 und Gal 6,15 formulierten Grundsätzen: „Die Beschneidung ist wertlos und die Vorhaut ist wertlos, vielmehr (gilt nur) die Beobachtung der Gebote Gottes" bzw. „denn weder die Beschneidung hat einen Wert

---

[1263] 1. Kor 8,1–13; 10,25–30; Röm 14,1–15,6, besonders 14,23. Zur Anpassungsfähigkeit des Paulus an die besondere missionarische Situation s. H. CHADWICK, ‚All Things to all men' (1 Cor IX.22), NTS 1 (1954/5), 261–275.

[1264] πέπεισμαι ἐν κυρίῳ ... vgl. 8,38; 13,14; Gal 5,10; Phil 2,24; 2. Thess 3,4.

[1265] Vgl. für Petrus Apg 10,14; Mk 7,15.

noch die Vorhaut, sondern (nur) die neue Kreatur". Sie drücken unter verschiedenen Perspektiven, die selbst wieder auf zwei extrem verschiedene Konfliktsituationen in Korinth und in Galatien hinweisen, dieselbe Sache aus und beschreiben in knappster Form die neue Verhaltensweise der messianischen, aus Juden und Griechen gemischten Gemeinde, denn wer „in Christus" durch den Geist neugeschaffen wurde, hält auch Gottes Gebote, die im *Liebesgebot* zusammengefaßt werden,[1266] er tut dies jedoch als „Frucht des Geistes" und nicht als „Werk". Diese Grundhaltung geht wieder letztlich auf Jesu Verkündigung zurück, für den durch das Liebesgebot das Ritualgesetz in den Hintergrund rückte und der wußte, daß nur der „gute Baum gute Früchte bringen kann".[1267] Nach einem Scholion zu Gal 6,15, das bei Euthalios, Synkellos und Photios erscheint, soll sich diese Formel in einem Mose-Apokryphon befunden haben. Dieses wird jedoch christlich und vermutlich von Gal 6,15 bzw. 1. Kor 7,19 abhängig sein, denn die Beschneidung galt ja im Judentum als ein „Grundgebot Gottes". Wer sich nicht beschneiden ließ, nahm es mit den Geboten Gottes nicht *ganz* ernst; er konnte darum auch nicht „Israelit" werden, sondern blieb selbst in liberalen Synagogengemeinden rechtlich ein „Heide". Im Blick auf das Gesetz Moses mußte die Existenz der „Gottesfürchtigen" eben doch – auch in der Diaspora – als irregulärer Sonderfall erscheinen, darum wurde ihnen jede wirkliche Gleichberechtigung beharrlich verwehrt. Diese brachte erst die neue „messianische Heilsgemeinde". Beide Formeln drücken vielmehr die – endzeitlich – christologisch begründete Überzeugung der missionierenden „Hellenisten" und des Paulus aus.[1268] Die zwei Texte 1. Kor 7,19 und Gal 6,15 bestätigen unsere Beobachtung, daß bei Paulus und bei den „Hellenisten" nicht von „gesetzes*freier*" Predigt im eigentlichen Sinne die Rede sein kann. Allein der Begriff „gesetzes*kritisch*" ist zutreffend. Die Frage war, wie weit je und je diese Kritik ging. In ihrer letzten theologischen Konsequenz wurde sie wohl erst von Paulus ganz durchdacht und sein Verständnis der Tora, wie er es im Römerbrief[1269] entfaltet, hat sich im Urchristentum gerade nicht wirklich durchgesetzt. Auch hier steht am Anfang dieses langen und schwierigen Weges die Verkündigung Jesu selbst. Das eigentliche Problem der Judenchristen, daß sie ab der zweiten Generation sich allmählig völlig von der jüdischen Sitte lösten und häufig ganz in dem sich neu formierenden Heidenchristentum aufgingen, sah man noch nicht. Die frühen Gemeinden waren ja noch nicht auf Kontinuität angelegt und dachten nicht an spätere Generationen: Das Ende stand vor der Tür und im endzeitlichen Zusammenhang war „Christus des Gesetzes Ende und Erfüllung".

[1266] 2. Kor 5,17; Röm 13,8−10; Gal 5,14, vgl. 5,22f; 6,2.
[1267] Lk 6,43 = Mt 7,17.
[1268] Euthalios: Μωϋσέως ἀποκρύφου, s. H. v. SODEN, Die Schriften des Neuen Testaments I,1, 1911, 660; weiter A.-M. DENIS, Introduction aux pseudépigraphes grecques d'Ancien Testament, SVTP 1, 1970, 160 Anm. 36; SCHÜRER III,1, 285 tritt im Anschluß an R.H. CHARLES, The Assumption of Moses, 1897, XVII für christliche Herkunft ein.
[1269] Vgl. vor allem Röm 3,19−4,17; 5,12−21 und 7,1−25.

Daß es dabei je und je zu Spannungen mit den einzelnen Synagogen kam, wird nicht nur durch die analogen Berichte des Lukas über die Schwierigkeiten der paulinischen Mission von Damaskus über das pisidische Antiochien bis nach Korinth und Ephesus, sondern auch durch die Suetonnotiz über die durch „Chrestus" ausgelösten Unruhen in den römischen Synagogen nahegelegt.[1270] Auch 1. Thess 2,15f spricht von früheren Verfolgungen und Konflikten, doch wohl in Syrien. Die Größe der Stadt, in der man sich auch zurückziehen und für kürzere Zeit relativ unbemerkt bleiben konnte, mag jedoch solche Konflikte in Antiochien entschärft haben. Offenbar wurden die „Fremden" – zumindest vor den Caligulaunruhen – dort nicht so genau und kritisch beobachtet wie in der Reichshauptstadt, wo wir immer wieder der Klage über die Überfremdung durch orientalische Einwanderer begegnen.

Vermutlich wurde diese *Ablösung von den Synagogengemeinden* auch durch die wachsenden Spannungen zwischen „Griechen" und Juden seit dem Pogrom in Alexandrien im Sommer 38 und den darauf folgenden Forderungen des größenwahnsinnigen Caligula begünstigt. Da „die Gestalt dieser Welt" vergeht und die Herrschaft Gottes und seines endzeitlichen Bevollmächtigten immer näher kommt, wollte sich die Gemeinde seines Gesalbten in die Händel „dieses Äons" nicht mehr hineinziehen lassen,[1271] zumal der bedrohte Tempel in Jerusalem bereits seit der Kreuzigung Jesu in Jerusalem „entweiht" und sein (Opfer-)Kult sinnlos geworden war.[1272] Weder die „Herrscher dieser Welt" in Jerusalem noch in Rom hatten den „Herrn der Herrlichkeit" erkannt (1. Kor 2,8). Was sich jetzt anbahnte, waren die messianischen Wehen, verursacht durch den „Gottesfeind" nach dem Vorbild Antiochos IV.[1273] Gott würde seine Gemeinde in diesen Zeiten der letzten Prüfung bewahren.[1274] Auch aus diesem Grunde galt es sich zurückzuhalten, sich nicht provozieren zu lassen und sich von den aufbrechenden Streitigkeiten und öffentlichen Tumulten zu distanzieren.

Unterstützt wurde diese Tendenz durch die Tatsache, daß die Mehrzahl der neuen Gemeindeglieder als Sympathisanten rechtlich „Griechen" waren, auch

---

[1270] R. RIESNER, Frühzeit, 144–148; vgl. H. BOTERMANN, Judenedikt, 56–102.

[1271] 1. Kor 7,31; Röm 12,2; 13,11ff. S. o. Anm. 1131–1133.

[1272] S. o. S. 285f; M. HENGEL, Zwischen Jesus und Paulus, 193ff. Als Stätte des Gebets behielt der Tempel zunächst seine Funktion für die Jerusalemer Christen. Die Tempelreinigung Jesu als profetische Zeichenhandlung mit der Anspielung auf Sach 14,21, daß es keinen „Händler" mehr im Tempel geben werde, war nicht vergessen worden. Doch die Tempelzerstörung selbst 70 n. Chr. wurde auf christlicher Seite nicht mehr mit der Erwartung eines neuen, „um des Messias willen" errichteten Tempels in Jerusalem verbunden, wie sie im rabbinischen Judentum Palästinas und in der dortigen synagogalen Liturgie lebendig war und sich etwa auch in der jüdischen Legende vom Messias Menachem ben Hiskia spiegelt. Dazu SCHWEMER, Elija (Anm. 766), 131–135. S. auch o. Anm. 1132.1162–1165.

[1273] Vgl. die Interpretation von Dan 12,11 in Mk 13,14, auch wenn Mk 13 nicht ein „Flugblatt" aus der Zeit der Caligula-Krise ist, werden dort Traditionen aufgenommen, die diese „Krise" reflektieren; dazu M. HENGEL, Entstehungszeit, 26f.

[1274] Vgl. Mk 13,20 = Mt 24,22; Apk 12,5f; vgl. Lk 22,31f; 1. Kor 10,13.

wenn der judenchristliche Anteil der Gemeinde nicht gering war und die geistige Führung behielt. Die fünf „Profeten" und „Lehrer" in Antiochien Apg 13,1, die wohl so etwas wie das Leitungsgremium der Gemeinde darstellten, waren alle Juden.[1275] Titus ist der einzige Heidenchrist aus der Zeit des Paulus aus Antiochien, den wir kennen. Ob Lukas von dort stammte, bleibt trotz der späteren altkirchlichen Überlieferung sehr unsicher, denn in diesem Falle müßte man eigentlich mehr Informationen über die dortigen Vorgänge von ihm erwarten. Er erscheint in der Apg erst in Troas und später wieder in Philippi.[1276] Auch Gal 2,11–13 und die Reaktion des Paulus darauf zeigen, daß die Autorität der Judenchristen weiterhin entscheidend war. Darum darf man auch nicht, wie es Bousset, Heitmüller, Bultmann und andere Vertreter der religionsgeschichtlichen Schule taten, annehmen, daß jetzt ein massiver pagansynkretistischer Einfluß einsetzte, der die schlichte messianische Botschaft der aus Judäa kommenden Urchristen von Grund auf veränderte und auch Paulus tiefgehend beeinflußte.[1277] Die Bausteine am Gebäude urchristlicher Christologie, Soteriologie und Anthropologie blieben weiter jüdisch, auch wenn sie in griechischer Sprache verkündigt wurden und darum – was immer das im einzelnen auch sei – einen „hellenistischen" Firnis trugen. Derartige Steine wurden schon längst auch in Jerusalem verwendet, und Texte wie Sapientia Salomonis,

---

[1275] W. SCHMITHALS, Apostelgeschichte, 119.141; DERS., Theologiegeschichte, 85.94.177, möchte das Fünfergremium durch die „Antiochener" Judas Barsabbas und Silas/Silvanus auf „Sieben" ergänzen. Selbst Judas Barsabbas (15,22.27) solle dorthin gehören und nicht nach Jerusalem. Lukas habe auch in 13,2 den Titel „Apostel" (vgl. 14,4.14 und 1.Kor 12,28) gestrichen. Doch was wissen wir über das besondere „Apostelverständnis" in Antiochien? Wir kennen nur das des Paulus und des Lukas. S. auch u. S. 401 zu Barnabas.

[1276] Bereits der älteste Evangelienprolog (s. o. Anm. 131) nennt das syrische Antiochien als Heimatstadt; ebenso lassen einige Hss des ‚westlichen' Textes die Wir-Erzählung schon in Apg 11,28 einsetzen (D gig p mae). Origenes, Hom in Luc 1,6 identifiziert dagegen den 2. Kor 8,18 erwähnten „Bruder" mit Lukas. Der Kommentar Ephrems spricht von Lukas statt Lucius von Kyrene, s. F.C. CONYBEARE, Beginnings III, 416. Diese Tradition mag bis ins zweite Jahrhundert zurückgehen. S. dazu C.-J. THORNTON, Zeuge, 268–271 u.ö.; gegen A. v. HARNACK, Lukas der Arzt, 15 u.ö.; J.A. FITZMYER, The Gospel According to St. Luke, I, AncB 28 A, Garden City/NY 1981, 41–47: „a Gentile Christian, not however as a Greek, but as a non-Jewish Semite, a native of Antioch, where he was well educated in a Hellenistic atmosphere and culture" (47); R. RIESNER, Frühzeit, 35 (Lit.); s. jetzt auch BARRETT, Acts 1, 564 z. St. Der westliche Text „saw here a way of making history livelier and of giving it greater authority". S. jetzt P. PILHOFER, Philippi, 248–254: Philippi sei entweder die Heimatstadt des Lukas, denn hier kenne sich dieser am besten aus, oder aber der Ort einer längeren Wirksamkeit. Er nimmt dazu wieder eine alte Hypothese auf; vgl. dagegen schon C.-J. THORNTON, Zeuge, 269f.

[1277] W. HEITMÜLLER, Paulus und Jesus; W. BOUSSET, Kyrios Christos; R. BULTMANN, Vorwort zu W. BOUSSET, op.cit.; vgl. schon DERS., Die Bedeutung des geschichtlichen Jesus für die Theologie des Paulus, ThB 8 (1929), 137–151 (= Glauben und Verstehen I, 1933, 188–213) und schließlich DERS., Theologie, 66–186: „Das Kerygma der hellenistischen Gemeinde vor und neben Paulus"; vgl. die bezeichnende Einschränkung zum Pharisäer Saulus 188: „Unsicher bleibt freilich, wieweit er sich theologische Gedanken dieses Synkretismus (der Mysterienreligionen und der Gnosis), die in seiner christlichen Theologie zur Geltung kommen, schon in seiner vorchristlichen Zeit zu eigen gemacht hat."

Joseph und Aseneth, 2. und erst recht 4. Makkabäer waren viel stärker „hellenistisch" eingefärbt als die Paulusbriefe und die Evangelien.

8.1.5.2 Die neue Gemeinschaft und ihr Gottesdienst

Die neue Botschaft konnte auch in Syrien und Kilikien ihre palästinisch-jüdische Herkunft nicht verleugnen, wohl aber *begünstigte die allmählich wachsende „heidenchristliche" Majorität die innere Loslösung von den synagogalen Gemeinden.* Die kleine Gruppe der aus Jerusalem vertriebenen Gründer hatte sowieso keine engere Beziehung zu bestimmten antiochenischen Synagogen, für sie bot deren Umfeld bestenfalls eine günstige Missionsgelegenheit. Sollte es zu einem Konflikt kommen, war es besser, sich in seine kleine Hausgemeinde zurückzuziehen, als diesen auf die Spitze zu treiben. Die für die neue Botschaft gewonnenen „Sympathisanten" hatten zwar Sympathie und Neugier in die Synagoge getrieben, aber sie hatten dort rechtlich nie die Chance, wirklich völlig gleichberechtigt zu werden, selbst Proselyten waren zunächst immer noch gegenüber denen, die sich stolz auf ihre „Beschneidung am 8. Tage", ihre Herkunft „aus dem Volk Israel, dem Stamme Benjamin als Hebräer aus Hebräern" oder auch auf ihre Herkunft aus „der Nachkommenschaft Abrahams" beriefen,[1278] Juden 2. Klasse.[1279] In der neuen, kleinen und daher engen Gemeinschaft, die zusammen das nahe Kommen des Herrn erwartete und die im Besitz des endzeitlichen Geistes ihre profetisch inspirierten, zuweilen auch etwas chaotischen Gottesdienste feierte, *fielen mehr und mehr alle diese Unterschiede ebenso dahin wie die nationalen, sozialen und biologischen.* Was blieb, war die Differenz in Schriftkenntnis, Traditionsreichtum und Lehrkompetenz. Hier konnten sich Heidenchristen nicht so rasch angleichen. Aber selbst bei den (petrinischen?) Konkurrenzmissionaren 2. Kor 11,22 und partiell bei Paulus (Röm 9,1ff; 11,1) spielte die Abstammung von Abraham und die Verbindung mit Eretz Israel noch eine Rolle. So ganz leicht wurden diese Schranken doch nicht überwunden.[1280] Dennoch galt: durch den auferstandenen Kyrios, dessen Kommen sie sehnsuchtsvoll erwarteten, waren alle Glaubenden in gleicher Weise mittels der Gabe des Geistes „Gottes Kinder" geworden.[1281]

Diese neue, enthusiastische Botschaft *erzwang* so auf die Dauer förmlich die Absonderung von den Synagogengemeinden, denn derartige eschatologische Gemeinschaften waren selbst in der Rolle eines relativ freien „Appendix" für einen festgefügten religiösen Verein, der ja auch gesellschaftlich-politische

---

[1278] Phil 3,6; Röm 11,1; 2. Kor 11,22. Zur Abrahamskindschaft vgl. Lk 1,55; 3,8 = Mt 3,9; Lk 13,16; 19,9; Joh 8,33.37.39; Apg 13,26. S. auch o. Anm. 731–735.764f.
[1279] Vgl. die von L. H. FELDMAN, Jew, 438–341 gesammelten Belege, der jedoch zu Recht betont, daß trotz der in den Kontroversen der Rabbinen über den Status der Proselyten sichtbar werdenden Zurückhaltung, „Jews continued to make converts in sizable numbers even after the advents of Christianity" (341).
[1280] Gal 3,28; 1. Kor 12,13; Phil 3,4–11; Kol 3,11.
[1281] Röm 8,14; Gal 3,26–28; 4,6.

Funktionen ausübte, schwer zu ertragen, nicht zuletzt in der gespannten, sich immer mehr verschärfenden und daher politisch ungewissen Situation, in der sich die Juden Antiochiens, ja Syriens und Palästinas jener Zeit überhaupt, befanden.

Hinzu kam (aus der Sicht der Synagogen), daß sich die – aus Jerusalem mit gutem Recht vertriebenen Schwärmer – wie Parasiten den ungefestigten „Sympathisanten" zuwandten und deren Köpfe verwirrten: Man mußte froh sein, wenn sie die wohlgeordneten Synagogengemeinden in Ruhe ließen bzw. nur am Rande behelligten. „Theologisch" konnte man sie sowieso nur noch als „Sektierer" betrachten. Nicht nur wegen der verrückten, ja blasphemischen[1282] Botschaft von dem gekreuzigten und auferstandenen Messias Jesus, der jetzt zur Rechten Gottes thronen und als Weltenrichter wiederkommen solle, sondern auch, weil sie in ihrem eschatologischen Enthusiasmus das Gesetz nicht mehr ernst nahmen und wesentliche Teile vernachlässigten. Für dieses Gesetz hatten die hochgeschätzten Märtyrer der Makkabäerzeit ihr Leben hingegeben. Jetzt plötzlich sollte die Beschneidung nur noch wenig, ja bei den ganz Radikalen gar nichts mehr gelten und die traditionelle und wohlbedachte Unterscheidung zwischen Volljuden, Proselyten und Gottesfürchtigen hinfällig sein. Schließlich und endlich konnte diese neuartige Verehrung eines vom Präfekten Pontius Pilatus hingerichteten messianischen Unruhestifters noch zusätzlichen Ärger mit den römischen Behörden verursachen, auf deren Verständnis und Schutz man wegen der wachsenden Feindlichkeit der städtischen Massen besonders angewiesen war. Das Beste war, ihnen so rasch wie möglich die Tür zu weisen. Die Trennung war so in der Großstadt, wo man nicht schmerzvoll nahe aufeinander saß und wo die angespannte politische Situation für beide Seiten ein Auseinandergehen nahelegte, überhaupt nicht zu vermeiden. Sie hat sich – außerhalb des jüdischen Palästina – nicht erst nach 70, sondern Schritt für Schritt schon ab dem Ende der dreißiger Jahre vollzogen. Freilich wurde man dadurch noch längst keine neue „Religion", sondern blieb nach wie vor eine – gewiß exzentrisch erscheinende – messianische jüdische „Sekte" mit – das ist das Neue – endzeitlich-universalem Anspruch. Das gilt gerade für das eigene Selbstverständnis. Man hatte nicht eine neue „Weltreligion" im Blick, sondern den in ganz naher Zeit kommenden Herrn, und man wollte auch nicht ein „drittes Geschlecht" oder „Volk" sein wie dann im 2. Jh. bei einzelnen Apologeten, sondern das wahre endzeitliche Israel, der ‚heilige Rest' vor dem Kommen Gottes. Selbst Paulus hoffte immer noch auf die Bekehrung von ganz Israel bei der Parusie (Röm 11,25–32). Was Lukas so in Apg 11,20 als erstmalige erfolgreiche Predigt gegenüber den Griechen schildert, war in Wirklichkeit *die Entstehung einer ersten größeren nach einiger Zeit zumindest zahlenmäßig überwiegend „heidenchristlichen" Gemeinde.*

[1282] Mk 14,61f.64; Apg 6,11; 1. Kor 1,23; vgl. Mk 2,7; Joh 10,33.36. Die Christen betrachteten dann ihrerseits diese Schmähung Christi und seiner Anhänger als βλασφημία: Apg 13,35; 18,3; 26,11. Zur Wirkung des Gekreuzigten auf Heiden s. M. HENGEL, Crucifixion, London 1977, 1–10; vgl. Justin, apol 1,13,4; Minucius Felix, Octavius 9,4.

Die missionarische Ausbreitung mußte von jetzt an auch nicht mehr durch die direkte Beunruhigung der Synagogen erfolgen, aber erst recht nicht durch öffentliche Straßenpredigt[1283], eine solche läßt sich nur schwer vorstellen, sondern durch die persönliche Einladung von Verwandten und Freunden zu den Gottesdiensten in den Hausgemeinden und überhaupt durch Gespräche und Bekanntschaften von Mensch zu Mensch. Dies wird von jetzt an mehr und mehr das wichtigste Mittel frühchristlicher Mission und dies gilt für die ganze vorkonstantinische Kirche. „Missionsreisen" wie bei Paulus und anderen Missionaren blieben die seltene Ausnahme und beschränkten sich vor allem auf die apostolische Zeit vor 70. Es war der enthusiastische Gottesdienst mit seinen Manifestationen des Geistes, der je und je Neugierige und religiös Suchende anziehen konnte. Wie diese auf einen „Heiden" wirkten, zeigt Paulus in 1. Kor 14,24: „Wenn aber alle profetisch reden und ein Ungläubiger oder Laie hereinkommt, er (dann) von allen durchschaut und beurteilt wird (und) das Verborgene seines Herzens offenbar wird, so wird er auf sein Angesicht fallen, Gott anbeten und bekennen, daß wahrhaftig Gott in euch ist." Diese Art von pneumatischem Gottesdienst nicht nur mit ethischer, sondern vor allem mit *soteriologischer* Ausrichtung war ein Novum in der antiken Welt und mußte heidnische Besucher entweder beeindrucken oder abstoßen. Eine neutrale Haltung gab es wohl kaum. Das religiöse Milieu Syriens wird für eine solche enthusiastisch-profetische wie endzeitlich-soteriologische Botschaft besonders empfänglich gewesen sein. Die Gottesdienste in Antiochien sind dabei wohl kaum wesentlich anders verlaufen als ca. 8–10 Jahre später in Thessalonich und Korinth. So charakterisiert die 1. Thess 5,19f erscheinende Mahnung „den Geist dämpfet nicht, die Weissagungen verachtet nicht, prüfet aber alles und das Gute behaltet" indirekt bereits den Gottesdienst in Syrien und Kilikien. Wovor makedonische Nüchternheit zurückschreckte, das wurde auf syrischem Boden hochgeschätzt. Die von Paulus angedeutete – fast zu freie – Gottesdienstform war nicht seine Erfindung, sondern wohl von Anfang an Teil der neuen Botschaft, denn am Anfang stand nicht ein frommer Quietismus im Sinne von Novalis' „selig, wer sich von der Welt ohne Haß verschließt", sondern eine unerwartete „Explosion" pneumatischer Erfahrungen, ein „Sturm" des Geistes. Dagegen könnte die erst von Justin rund 100 Jahre später in Rom vorausgesetze Gottesdienstform mit Gebet, Schriftlesung, Predigt, Gebet und Eucharistiefeier, die dem synagogalen Gottesdienst sehr viel näher kommt,[1284] eine spezielle Entwicklung der römischen Gemeinde darstellen, wo man, wie der erste Clemensbrief zeigt, lateinischer Tradition entsprechend, die gute Ordnung höher schätzte als das Wirken des Geistes und wo vielleicht auch ein unmittelbarer palästinischer Einfluß wirksam war.[1285]

[1283] Zur wenig erfolgreichen Predigt des Paulus in Athen s. S. 265; vgl. Anm. 582 zum Vorschlag McKnights.
[1284] Justin, apol I, 61–67; Salzmann, Lehren (Anm. 415), 235–257.
[1285] Vgl. etwa 1 Clem 37,1–4: Dort dient das römische Heer als Vorbild für die Ordnung in der Gemeinde, oder die beständige Mahnung zur ὁμόνοια; dazu Salzmann, Lehren

Neben der verschiedenen Gottesdienstform begegnen uns noch andere *Indizien der Abgrenzung*. Bereits bei den „Hellenisten" in Jerusalem deutete die eschatologische Selbstbezeichnung ἐκκλησία θεοῦ auf eine Unterscheidung gegenüber dem geläufigen Begriff der συναγωγή hin. Die Taufe „*im Namen Jesu*" wurde jetzt äußerlich betrachtet zum endzeitlich-religiösen „Initiationsritus" im Gegensatz zur Beschneidung, die auch die politische Aufnahme in den jüdischen Volksverband bedeutete. Der „Name Jesu" als des „Herrn" hatte dabei die ganze Kraft des Gottesnamens JHWH, d. h. des Tetragramms, in sich aufgenommen. Die Proselytentaufe war vermutlich damals in der Synagoge noch kein institutioneller Brauch (s. o. S. 111 f). Auch die *Abendmahlsfeier* mit der Vergegenwärtigung des letzten Mahls Jesu und der Zuwendung des durch Jesu Tod bewirkten Heils, ja der Partizipation an seinem verklärten Auferstehungsleib (1. Kor 10,1; 11,24.29) hatte keine Entsprechung im jüdischen Kultus. Hier formulierte sich eine *neue, ganz eigenständige Erkenntnis*, die man cum grano salis ‚mystisch' nennen könnte: Im Herrenmahl geschah die geistleibliche Partizipation mit dem Auferstandenen in seiner Glorie und die immer neue Vergewisserung der durch ihn erwirkten Erlösung. Eine pagane, ‚hellenistisch'-orientalische Ableitung ist nicht möglich. Das Herrenmahl besaß von Anfang an ein ganz eigenes „ur-christliches" Gepräge und erwuchs aus der Tischgemeinschaft Jesu mit seinen Jüngern, der Gleichnishandlung beim letzten Mahl und der besonderen geistgewirkten Gemeinschaft mit dem zu Gott Erhöhten und Kommenden. Man darf gerade im Urchristentum und bei Paulus mit – relativ zahlreichen – wirklichen *Neubildungen* rechnen. Die Gestalt des Herrenmahls muß dabei nicht völlig einheitlich gewesen sein, doch zeigt die weitgehende Übereinstimmung zwischen 1. Kor 11,23−25 (vgl. Lk 22,19f) und dem auf petrinischer Tradition beruhenden Mk 14,22−24, daß in den Missionsgemeinden von Syrien bis Rom hier ein gewisser Grundkonsens bestand. Wann die gottesdienstliche Feier am 1. Tag der Woche als dem Tag der Auferstehung eingeführt wurde, wissen wir nicht. Bei Paulus ist sie wohl schon vorauszusetzen.[1286] Nichts spricht dagegen, daß sie schon in Antiochien geübt wurde. Bei

---

(Anm. 415), 150ff. Es mag auch sein, daß die ständige Beobachtung durch die städtischen Behörden in Rom seit Claudius und Nero und der Schock der furchtbaren Verfolgung 64 n. Chr. das enthusiastische Feuer gedämpft und den Gottesdienst stärker geordnet hat.

[1286] Die Ursprünge des *Herrenmahls* und seine Entwicklung können wir hier nicht verfolgen. Es mag zwei Grundformen gegeben haben, von denen die eine, die bei Lukas Apg 2,42.46 als „Brotbrechen" beschrieben wird, auf die Mahlgemeinschaft Jesu mit seinen Jüngern zurückgeht, während das paulinische „Herrenmahl" auf das letzte Mahl Jesu vor seinem Tode zurückgeht, s. H. LIETZMANN, Messe und Herrenmahl, Leipzig 1926, 249−255. Ob die Fassung 1. Kor 11,23ff jedoch spezifisch paulinisch ist, scheint mir fraglich zu sein. Wir haben auch keine Nachrichten über regelmäßige *sakramentale* Mahlzeiten in den Synagogen. Man wird dort bei Festen fröhliche Gelage abgehalten haben, aber das entspricht noch nicht der christlichen Mahlfeier. Ähnliches gilt von heidnischen Vereins-, Fest- und Opfermählern. Die gelehrte Arbeit von M. KLINGHARDT, Gemeinschaftsmahl und Mahlgemeinschaft, TANZ 13, 1996 kann zwar die Ausgestaltung der Mahlfeiern beleuchten, aber nicht ihre frühe Form und ihren Ursprung erklären. Zur paulinischen Form des Abendmahls s. u. S. 435ff. Auf den Sonntag verweist schon Apg 20,7ff; vgl. 1. Kor 16,2; s. auch W. RORDORF,

Ignatius ist die sonntägliche Feier bereits festes Gebot und ebenso in der Didache.[1287] Man legte in diesen Missionsgemeinden einen gewissen Wert darauf, auch die äußere Form des geistgewirkten, endzeitlichen Gottesdienstes von dem der Synagoge abzugrenzen. Eigenes Gepräge gaben dem Gottesdienst daher der Friedensgruß, das Vaterunsergebet, auf das der Abbaruf Röm 8,15 und Gal 4,6 (vgl. Lk 11,2) hinweisen, und wohl noch mehr die christologischen Akklamationen (z. B. 1. Kor 12,3). Entscheidend war bei diesen Feiern, daß nicht mehr „das Gesetz", sondern die zur Rechten Gottes thronende *Person* Christi als des gottgesandten und erhöhten Erlösers im Mittelpunkt stand. Der Gottesdienst erhielt dadurch einen ganz neuen *personalen* Bezug. Christi Lehre ließ sich nicht von seiner Person ablösen. Der λόγος τοῦ θεοῦ und der λόγος τοῦ κυρίου bzw. Χριστοῦ wurden im Grunde eines; die Genitive konnten als Genitivus auctoris und als Genitivus objectivus verstanden werden.[1288] Schließlich und endlich mag in dieser frühen Zeit bereits in den armen und kleinen Hausgemeinden die billigere und praktischere Codexform zunächst für einzelne wichtige „Heilige Schriften", wie Jesaja und die Psalmen, im Gegensatz zu den teuren, luxuriös ausgeführten Torarollen und außerdem die Verwendung der besonderen Nomina Sacra anstelle des hebräischen Tetragramms in den Heiligen Schriften eingeführt worden sein. Sie beschränkten sich zunächst auf Gott (ΘΣ), Jesus (ΙΣ), Christus (ΧΣ) und Kyrios (ΚΣ). Das griechische Qᵉre „Kyrios" statt JHWH sollte damit jetzt im Schriftzitat eine ganz neue christologisch gefärbte Bedeutung erhalten.[1289] Man konnte ja die wertvollen, heiligen Schriftrollen aus den Synagogen nicht einfach mitnehmen, sondern mußte sie sich privat verschaffen und abschreiben. Dabei kam es auch zu kleinen Textveränderungen. Die Codexform war praktischer für den Schriftbeweis, das gemeinsame Studium und die Herstellung von kleineren und größeren Testimoniensammlungen.

In der Hauptstadt der Grenzprovinz Syrien, wo die römischen Behörden wohl schon immer die große jüdische Gemeinde im Auge behielten, konnte *diese Verselbständigung einer aus Judäa stammenden messianischen Gruppe,* die ein eigenartiges Interesse an der Gewinnung von Nichtjuden zeigte, auf die Dauer nicht verborgen bleiben. Dies gilt um so mehr, als sich die Trennung in einer Zeit relativer Spannung, ja vielleicht blutiger Auseinandersetzungen

---

Sabbat und Sonntag in der Alten Kirche, Zürich 1972; DERS., Ursprung und Bedeutung der Sonntagsfeier im frühen Christentum. Der gegenwärtige Stand der Forschung, LJ 31 (1981), 145–158. Zur Hochschätzung und Ablehnung des Sabbats s. o. Anm. 1070.

[1287] Magn 9,1: gegen die Sabbatfeier; Did 14,1; vgl. Apk 1,10; Barn 15,9.

[1288] Bei Paulus überwiegt noch der λόγος τοῦ θεοῦ im Sinne von Evangelium: 1. Kor 14,36; 2. Kor 2,17; 4,2; Phil 1,14; 1. Thess 2,13; doch s. auch 1,8; 4,15; Kol 1,25; 3,16.

[1289] S. dazu C.H. ROBERTS and T.C. SKEATS, The Birth of the Codex, London 1983, bes. S. 58 ff zu Antiochien. Weiter verweisen wir auf eine geplante Veröffentlichung von J.C. NEILL, Edinburgh, von der er uns eine Kopie übermittelte. Möglicherweise hängt die Codexform auch damit zusammen, daß Jesustradition in griechischer Sprache zuerst in kleinen kodexartigen Notizheften gesammelt wurde, s. M. SATO, Q und Prophetie (Anm. 188), 62–65.

zwischen den verschiedenen ethnisch-religiösen Gruppen vollzog. So ist es nicht verwunderlich, daß diese neue Gemeinschaft eine Bezeichnung erhielt, die auf den in ihr alles beherrschenden Namen Χριστός zurückging und sich an einer Namensgebung orientierte, die vor allem bei den Römern und nur am Rande bei Griechen geläufig war. Die Bezeichnung Χριστιανοί lag gewissermaßen in der Luft, und sie wurde dort „erfunden", wo man sie zum ersten Mal brauchte: in Antiochien. Die städtischen und die römischen Behörden wurden so in der Provinzhauptstadt auf die missionierende jüdische Sekte aufmerksam, doch hören wir nichts von einem gewaltsamen Vorgehen. Man war – zumindest außerhalb Roms – tolerant gegenüber fremdem Aberglauben, soweit er nicht politisch gefährlich war. Doch dies muß noch ausführlicher betrachtet werden (s. u. S. 340–350).

Das alles geschah freilich nicht in wenigen Monaten, sondern brauchte seine Zeit zum Ausreifen, d. h. einige Jahre. Auch die lukanischen Erfolgsangaben sind – wie häufig Zahlen bei antiken Historikern – weit übertrieben. Die Zahl der gelegentlichen Zuhörer mag freilich wesentlich größer gewesen sein. Wenn es nach drei oder vier Jahren in Antiochien ca. 50–100 getaufte Christen gab, so wäre das schon sehr viel. Wir wissen z. B. nicht, wie lange die Gemeinde in *einer* Hauskirche Raum fand. Noch zur Zeit des antiochenischen Zwischenfalls Gal 2,11 ff wahrscheinlich um 51/2 n. Chr. scheint die Gemeinde in einem großen Raum zur Eucharistie versammelt gewesen zu sein. Über den zahlenmäßigen Erfolg der frühesten christlichen Missionare herrscht gerade wegen der übertriebenen Ziffern des Lukas, aber auch der Plerophorie der paulinischen Selbstdarstellung, die dabei alle konkreten Angaben meidet[1290] größte Unsicherheit, darum wird es für uns auch schwer, uns die Lebenswirklichkeit dieser uns so fremden ersten heidenchristlichen Gemeinde vorzustellen. Gregor von Nyssa berichtet in seiner Vita des Gregorios Thaumaturgos, daß, als dieser um 250 als junger Mann Bischof der Gemeinde in seiner nicht unbedeutenden Vaterstadt Amasia in Pontus wurde, diese aus 17 Christen bestand. Nicht zuletzt durch die missionarische Wirksamkeit dieses großen Lehrers hatte die Stadt dann unter Licinius ca. 65 Jahre später mehrere Kirchen.[1291] Auch das kleine Häuflein der ca. zwölf „Johannesjünger" in Ephesus vor Paulus in den fünfziger Jahren sollte uns hier zu denken geben.[1292]

[1290] Vgl. Apg 2,41; 4,4 vgl. 5,14; 6,7; 11,21.24; 21,20: μυριάδες. Zu Paulus: 1. Thess 1,8f; 2,1; Röm 15,17–21; 1. Kor 15,10; 2. Kor 9,12f; 11,28; Phil 1,12–17. Vermutlich übertreibt auch Plinius min., ep 96,9f: Er will seinen Eifer in den Briefen an den Kaiser hervorheben.

[1291] Gregor von Nyssa, De vita Gregorii Thaumaturgi (MPG 46, 909), Opera X,1, 16,2f (ed. G. Heil). s. dazu Ch. MARKSCHIES, Welten (Anm. 439), 24ff. Weitere Zahlen gewinnen wir später aus den Märtyrerakten s. H. MUSURILLO, The Acts of the Christian Martyrs, Oxford 1972, 42ff: die Akten Justins nennen 7 Namen; 86: die der Märtyrer von Scili 12. Zu den Kirchen s. Euseb, vit. Const. II,1,2–21,1 (GCS I, 47f ed. Winkelmann).

[1292] Apg 19,1: τίνας μαθητάς und 19,7: ὡσεὶ δώδεκα.

8.2 Antiochien und Jerusalem

Die Entwicklung in der ersten überwiegend „heidenchristlichen" Gemeinde in Antiochien kann von dem Geschehen in Jerusalem nie völlig getrennt werden. Gerade die echten Paulusbriefe als die ältesten literarischen Zeugnisse zeigen, daß sich in der Frühzeit der neuen messianischen Sekte kein wirklicher Separatismus nachweisen läßt. Es mag zahlreiche persönliche Spannungen und Fraktionen gegeben haben, die lassen sich in einer so enthusiastischen, endzeitlich bewegten und vom Geist getriebenen Bewegung, wie sie das Urchristentum darstellte, nie vermeiden,[1293] definitive Trennungen oder Abspaltungen sind in der frühesten Zeit nicht bezeugt. Sie hätten die neue Botschaft von vornherein unglaubwürdig gemacht. Der *eine* Herr[1294], der *eine* Geist[1295] und die Gemeinde als der „*eine* Leib Christi"[1296] verpflichteten zum Zusammenhalt nicht zuletzt auch mit der „Muttergemeinde" in Jerusalem. Ja aufgrund von 1. Kor 15,11 muß man von *einem* grundlegenden Evangelium (1. Kor 15,1ff) sprechen – trotz Gal 1,6.11. Wenn dies, trotz aller Enttäuschungen und tiefgehender theologischer Differenzen[1297] für den Paulus der Briefe während seiner Mission in Makedonien, Achaia und der Provinz Asien gilt, so trifft es noch mehr für die frühere Zeit in Antiochien und für die anderen Gemeinden in Syrien zu. Ein Garant dieser Verbindung zwischen Jerusalem und Antiochien war ohne Zweifel *Barnabas*. Es ist auffällig, daß gerade er, der von seiner Herkunft her in besonderer Weise mit der Jerusalemer Gemeinde verbunden war, jetzt für lange Zeit der Missionspartner des Paulus wurde und nach dem Bruch mit ihm, jetzt freilich nur noch für eine Reise von ca. 2½ Jahren, der Jerusalemer Silas(S^e'îlā, d.h. die aramäische Form von Sā'ûl)-Silvanus. Dieses Band, das Paulus mit Jerusalem verknüpfte und das bis zur Hinrichtung des Jakobus ca. 62 n.Chr. bzw. bis zur Flucht der Urgemeinde nach Pella[1298] wohl für alle christlichen Gemeinden verpflichtend war, hat er gerade nach dem Apostelkonzil bis zu seiner Verhaftung im Jerusalemer Tempel (Apg 21,27–33) ernst genommen, obwohl es ihm, je länger desto mehr, viel Kummer bereitet hat.

[1293] Vgl. z.B. 1.Kor 1,12f und mit positiver Begründung 11,19; 12,4–26; Gal 5,15; Phil 1,14–17; 4,2; Röm 3,8; 12,3–8.16; 14,1–15,6 etc.
[1294] 1. Kor 8,6; 12,3.12; vgl. Röm 5,15.17f.; 2. Kor 5,13f; 11,4 ; Eph 4,5; 1. Tim 2,5.
[1295] 1. Kor 12,9.11.13; Eph 2,18; 4,4.
[1296] Röm 12,4f; 1. Kor 10,17; 12,12–14.20; Kol 3,15; Eph 2,16; 4,4.
[1297] Röm 15,31; Gal 2,2ff.11f.
[1298] Euseb, h.e. 3,5,3; vgl. dazu Apk 12,6; AscIs 4,13; weitere Belege und Diskussion bei F. NEIRYNCK, Evangelica, BETL 60, 1982, 566–571.577–585.57 Anm. 98. Es besteht kein überzeugender Grund, die Nachricht, die wohl auf Ariston von Pella, den Eusebius kennt, zurückgeht, für ungeschichtlich zu erklären. S. jetzt als abschreckendes Beispiel J. VERHEYDEN, De Vlucht van de Christenen naer Pella. Onderzock van het Getuignis van Eusebius en Epiphanius, VVAW.L 50, 1988, Nr. 127, der – absurderweise – eine Erfindung durch Euseb vermutet, die Ortsangabe Pella jedoch nicht erklären kann, s. dazu A.F.J. KLIJN, VigChr 44 (1990), 87: „the author is too convinced of his own ideas".

8.2.1 Paulus und Barnabas

Die Periode der gemeinsamen Arbeit von Paulus und Barnabas in Antiochien, der Doppelprovinz Syrien und Kilikien und später, wie Apg 13 und 14 zeigen, in den angrenzenden Gebieten Zypern, Pamphylien, Pisidien und Lykaonien, dauerte mit ca. acht bis neun Jahren (ca. 39/40−48/49) länger als die durch die Briefe beleuchtete ca. sieben-achtjährige Wirksamkeit des Apostels im ägäischen Raum. Wenn überhaupt jemand, dann müßte Barnabas Paulus gerade auch theologisch tiefer beeinflußt haben als irgendeine andere Person. Das sollte dann freilich bei der starken Persönlichkeit und der geistigen Potenz des ehemaligen Schriftgelehrten noch mehr umgekehrt gelten, daß nämlich Paulus auf Barnabas wirkte, und daß dieser wieder zum Vermittler paulinischer Gedanken wurde. Freilich, vom theologischen Denken des Barnabas wissen wir praktisch nichts. Er verschwindet mit seinem Versagen Gal 2,13 bzw. seinem heftigen Streit mit Paulus Apg 15,36−39 aus der „Kirchengeschichte". Der ihm später zugeschriebene Brief hat mit ihm nichts zu tun, interessant ist bestenfalls, daß der mindestens zwei, aber wohl besser drei Generationen später schreibende unbekannte Autor des nach ihm benannten Briefes Barnabas eine rigide Kritik des Ritualgesetzes, insbesondere der Beschneidung zutraut,[1299] unter der Voraussetzung, daß der Titel des Briefes ursprünglich ist. Tertullian hat beim Hebräerbrief, der im Osten als Teil der Paulusbriefsammlung dem Apostel zugeschrieben wurde, den Barnabas als Verfasser genannt, vielleicht unter montanistischem Einfluß.[1300] Insgesamt gilt die Bemerkung von R. A. Lipsius: „Die ältere kirchliche Überlieferung verhält sich über Barnabas ziemlich schweigsam."[1301] Man sah in ihm in der Regel nur den bloßen Reisebegleiter des Apostels Paulus. „Als Apostel im eigentlichen Sinne wird er erst im 4. Jahrhundert bezeichnet."[1302] Bestenfalls gestand man ihm zu, daß er zu den 70 Jüngern von Lk 10,1 gehörte.[1303] Immerhin lassen die pseudoclementini-

---

[1299] J. CARLETON PAGET, Barnabas (Anm. 501), 9−30, der den Brief u. E. jedoch zu früh ansetzt. Die Zeit unmittelbar vor dem Bar Kochba-Aufstand ca. 130 n. Chr. scheint uns immer noch am wahrscheinlichsten zu sein. Anzunehmen ist eine heidenchristliche, alexandrinische Herkunft (op. cit. 7−9.30−42). Der Brieftitel muß alt sein. Anonyme Traktate hatten kaum die Chance überliefert zu werden.

[1300] H hat als inscriptio den Hinweis auf den Autor, S nur als subscribtio, V noch die ausführliche subscriptio Ἐπιστολὴ Βαρνάβα τοῦ ἀποστόλου συνεκδήμου Παύλου τοῦ ἁγίου ἀπόστολου. Clemens Alex. nennt Barnabas schon mehrfach als Verfasser: Der Titel scheint u. E. so − wie bei 1. Clem und Hebr − ursprünglich zu sein. S. auch J. CARLETON PAGET, Barnabas (Anm. 501), 3ff zur Verfasserfrage; vgl. Hieronymus, vir. ill. 6, wo dieser im Gegensatz zur vorausgehenden Paulus- und nachfolgenden Lukas-Vita ganz knapp ist. Zu Tertullian s. de pud. 20 (vgl. Hieronymus, vir. ill. 5); ihm folgt der Gregor von Elvira (Mitte 4. Jh. n. Chr.) zugeschriebene Tractatus X origenis de libris S. Scripturarum, PLS 1, Sp. 417 (108), wo Hebr 13,15 als „sanctissimus Barnabas" zitiert wird, s. TH. ZAHN, Einleitung in das Neue Testament, Leipzig ²1907, 2, 124.

[1301] Apostelgeschichten II,2, 270.

[1302] Apostelgeschichten II,2, 271.

[1303] Clem. Alex., Strom 2,20,112, der ihn außerdem in Zusammenhang mit einem Zitat aus

schen Recognitionen ihn gleich zu Beginn des Werks noch unter Kaiser Tiberius in Rom als Einzelmissionar auftreten, der Clemens so beeindruckt, daß er hinter ihm her nach Palästina reist und von ihm in Cäsarea Petrus vorgestellt wird.[1304] In den Actus Petri Vercellenses wird er dagegen als Begleiter des Paulus von Rom aus zusammen mit Timotheus nach Makedonien geschickt.[1305] In den Nag Hammadi-Texten erscheint er überhaupt nicht. Obwohl er in den Paulusbriefen wie in der Apg neben Petrus und Jakobus – von den unmittelbaren Paulusschülern und -begleitern abgesehen – die wichtigste Gestalt ist, tritt er in späterer Zeit bis zum 4./5. Jh. gegenüber den eigentlichen Aposteln völlig zurück. Wenn er überhaupt erwähnt wird, steht er im Schatten der beiden großen Apostel.

Daß dies ursprünglich nicht so war, bezeugen Paulus *und* Lukas in auffallender Übereinstimmung. Die „missionarische Arbeitsgemeinschaft" beider in der „Heidenmission" wird von Lukas in Apg 13 und 14 beschrieben. Im Anschluß daran vertreten beide nach Lukas die theologische Grundlage derselben, d.h. den Verzicht auf die Beschneidung von Heidenchristen und die alleinige Rettung durch „die Gnade des Herrn Jesus" (15,11), gemeinsam in Jerusalem vor den Aposteln und Ältesten[1306] und werden darin durch Petrus und Jakobus mit zwei Reden unterstützt, deren Pointen in auffallender Weise verschieden sind. Dem Kompromißvorschlag des Jakobus mit dem sogenannten Apostoldekret, der auf die Forderung der Beschneidung verzichtet, stimmen die Jerusalemer Gremien, Apostel und Älteste, zu. Die beiden Abgesandten kehren erfolgreich nach Antiochien zurück: Die Beschneidung und die Einhaltung des Ritualgesetzes soll (bis auf die beiden Speisebestimmungen des Dekrets) für Heidenchristen nicht mehr gelten. Auf die erheblichen Unterschiede zwischen Apg 15 und Gal 2,1–10 braucht hier nicht weiter eingegangen zu werden. Es ist seit F.C. Baur unendlich viel darüber geschrieben worden. Uns genügt die *grundlegende Übereinstimmung* zwischen Paulus und Lukas im Blick auf die dramatis personae – bei allen Unterschieden im Detail, über die man sich bei so verschiedenen Autoren wie Paulus und Lukas nicht wundern darf: Auf der einen Seite Barnabas und Paulus, als Vertreter Antiochiens (und der syrisch-kilikischen Missionsgemeinden), begleitet von weiteren Abgesandten, die wohl den beiden zugeordnet waren. Lukas spricht 15,2 von καί τινας ἄλλους ἐξ αὐτῶν, Paulus, der zurückblickend seine eigene Rolle ganz in den Vordergrund stellt – die moderne „vornehme Art" war noch nicht seine Sache

---

Barn 16,7–9 als μάρτυς ἀποστολικός, d.h. Zeuge der apostolischen Zeit und „Mitarbeiter des Paulus" bezeichnet; vgl. Hypotyposen nach Euseb, h.e. 2,1,2. S. auch u. Anm. 1368.
[1304] 1,6–13.
[1305] Cap. 4 (Acta Apostolorum Apocrypha, ed. Lipsius I, 49).
[1306] 15,1.6–7.12: bestätigt durch Petrus 15,7–11. Zur sog. 1. Reise s. jetzt C. BREYTENBACH, Paulus, 84–94 u.ö., der mit guten Argumenten deren historischen Charakter gegen CONZELMANN u.a. verteidigt. Zu Apg 15 s. A. DAUER, Paulus, 42–59.182–207 Anm. 165–304 mit ausführlichem Literaturreferat.

–, nennt allein den „Heidenchristen" Titus, der ihm nahesteht.[1307] Das Überwiegen der 1. Person singularis in seinem Bericht, die jedoch an entscheidender Stelle durch die 1. Person pluralis ersetzt wird, zeigt einerseits die „Einseitigkeit" seiner Darstellung, zugleich jedoch, daß trotz des inzwischen erfolgten schmerzhaften Bruchs Barnabas nicht einfach übergangen werden konnte.[1308] Dieser bleibt auch nach dem Bruch mit Antiochien für Paulus eine wichtige Person, ja im Grunde ist er nach Kephas und Jakobus als führenden Autoritäten die einzige aus dem ursprünglichen Jerusalemer Umfeld, die Paulus mit Namen nennt,[1309] von Johannes erfahren wir nur den Namen und seine Stellung als letzte der drei „Säulen". Obwohl in Gal 2,1–10 sich Paulus, der längst wieder selbständiger Missionar ist,[1310] so ganz in den Vordergrund stellt, gibt er doch zu, daß Barnabas als sein gleichberechtigter Missionspartner ganz in seinem Sinne mitverhandelte und die Freigabe der Heidenmission ohne Be-

---

[1307] Apg 15,2; vgl. Gal 2,1.3: Titus war wohl sein besonderer Begleiter: ἀνέβην ... συμπαραλαβών. Die anderen (möglichen) Begleiter sind, da Judenchristen, nicht interessant.

[1308] Die Vermutung von G. LÜDEMANN, Paulus, 44f.77–79.101–105, daß trotz der chronologisch fortlaufenden Erzählung zwischen Gal 1,13–2,10 der sich anschließende mit ὅτε δὲ ἦλθεν... eingeleitete Bericht über den Vorfall in Antiochien 2,11ff sich *vor* dem Apostelkonzil abgespielt habe, ist ganz unwahrscheinlich. Die Berufung auf die Handbücher der Rhetorik ist abwegig, denn Paulus hat kaum solche gelesen. Er folgt den Regeln des gesunden Menschenverstandes und setzt solchen bei seinen zeitgenössischen (von den modernen konnte er nichts ahnen) Lesern voraus. Die Übereinkunft in Jerusalem hatte das spezielle Problem der konkreten Tischgemeinschaft bei der Eucharistie nicht geklärt, zunächst ging es um die grundsätzliche Frage von *Gesetz und Heil*, ob auch die unbeschnittenen „Heidenchristen" an dem durch den Gottessohn gewirkten Heil Anteil hätten oder nicht, eine Frage, die gegen Ende der vierziger Jahre in Jerusalem – gegen die frühere Haltung – problematisch geworden war. Damit war plötzlich die ganze Missionsarbeit des Paulus seit Damaskus (Gal 2,2), aber auch die der Christen in Antiochien seit der Gemeindegründung, darüber hinaus die Position vieler Heidenchristen in Syrien und Phönizien bedroht. Der Vorfall in Antiochien wird nur verständlich, wenn er die Übereinkunft Gal 2,6–10 voraussetzt. Außerdem hätte Paulus nach dem Bruch nie und nimmer noch zusammen mit Barnabas, u. a. auch für die Antiochener und die anderen Christen in Syrien, in dieser Weise in Jerusalem verhandeln können. S. dazu M. HENGEL, Geschichtsschreibung, 93–105; W. RADL, Das „Apostelkonzil" und seine Nachgeschichte, dargestellt am Weg des Barnabas, ThQ 162 (1982), 45–61 (Lit.), und u. S. 320.

[1309] In 2,1–2 spricht er in erster Person Singular, erwähnt aber Barnabas als maßgeblichen Reisegefährten. Dann in den entscheidenden Versen 4 u. 5 betont er die *gemeinsame* Freiheit gegenüber der Beschneidung und anderen Forderungen der Tora und die feste Entschlossenheit beider, nicht nachzugeben. Der Plural umfaßt Paulus, Titus und Barnabas. Von 2,6–9a spricht er wieder im Singular, in 9b u. 10 erscheint jedoch in bezeichnendem Zusammenhang wieder der Plural: „und als sie die Gnade erkannt hatten, die *mir* gegeben ist, Jakobus, Kephas und Johannes, die als ‚Säulen' gelten, reichten sie *mir und Barnabas* die Hand der Gemeinschaft, damit *wir* zu den Heiden, sie aber zu den Beschnittenen (gehen sollten), nur sollten *wir* der Armen gedenken, und eben das bemühte *ich* mich zu tun." Hier wird die gleichberechtigte Partnerschaft des Barnabas in der Heidenmission wie auch die beiden geltende Verpflichtung eindeutig sichtbar.

[1310] Der Galaterbrief mag ca. 55/56 in Ephesus oder auf der Reise nach Korinth entstanden sein. Wahrscheinlich wurde er nach dem 1. und vor dem 2. Korintherbrief abgefaßt. Anders SCHNELLE, Einleitung (Anm. 127), 120, der ihn nach den beiden Korintherbriefen ansetzt.

schneidung und Ritualgesetz ihnen beiden galt.[1311] Auf der anderen Seite läßt die Parenthese 2,6b, „denn *mir* haben die ‚Angesehenen' nichts zusätzlich auferlegt", vermuten, daß damals oder wohl eher später, etwa nach dem Zusammenstoß in Antiochien, Barnabas sich „zu Zusätzlichem" verpflichten ließ. Der war, wie 2,13 zeigt, eher kompromißbereit. Dabei könnte es sich um die die Tischgemeinschaft betreffenden Auflagen des „Apostoldekrets" handeln.[1312] Dennoch ist die Hervorhebung der 1. Person singularis nicht unbegründet, Wenn Paulus in 2,7 betont, daß nach der Darstellung seines „Evangeliums, das *ich* unter den Heiden verkündige" (2,2), „die Angesehenen" zu der Einsicht kamen (ἰδόντες), „daß *mir* das Evangelium für die Unbeschnittenen anvertraut ist[1313] wie dem Petrus (das Evangelium) für die Beschnittenen ...", und daß darin die besondere, ihm von Gott „geschenkte Gnade" liege,[1314] so unterstreicht er damit die Tatsache, daß ihn der Auferstandene selbst *von Anfang an* berufen hatte, „*damit er ihn unter den Völkern verkündigte*" (Gal 1,16), und daß er nicht einfach, wie wohl die Gegenseite behauptete, als bloßer Abgesandter der Antiochener nach Jerusalem ging. Er verstand sich, gerade in Konfliktfällen, ebenso sehr als „berufener Apostel Jesu Christi" wie die Jerusalemer Autoritäten. Der Vergleich mit dem Auftrag des Auferstandenen an Petrus, die Heilsbotschaft den Juden zu verkündigen, zeigt das ungeheure eschatologisch-heilsgeschichtliche Selbstbewußtsein des Heidenapostels.[1315] Er erhob damit den Anspruch, daß er der *erste* Bote Christi sei, den der Herr mit einer ihm besonders geoffenbarten Botschaft zu den *Nichtjuden* gesandt habe. Bei seiner Botschaft, die er den Jerusalemern erklärte, kann es sich nur um sein gesetzeskritisches Evangelium handeln, das er selbst vom Auferstandenen empfangen hatte (Gal 1,10ff). Auch sein Bericht über die denkwürdige Beratung in Jerusalem widerspricht so entschieden der Behauptung, das Evan-

---

[1311] 2,9: ἡμεῖς εἰς τὰ ἔθνη.
[1312] Apg 15,20f: der Vorschlag des Jakobus; 28f: das Dekret; 21,25: die Erinnerung daran wieder durch Jakobus. Lukas weiß, daß hinter dieser Bestimmung, die vermutlich das Problem von Gal 2,11ff durch einen Kompromiß lösen sollte, Jakobus stand. Paulus hat es offiziell nie anerkannt, doch geht sein seelsorgerlicher Rat wegen des Götzenopferfleisches in Korinth 1 Kor 8–10 und Röm 14 sachlich – bei ganz anderer theologischer Begründung – in dieselbe Richtung. Für den paulinischen Heidenchristen, der aus Rücksicht gegenüber den Schwachen Vegetarier und abstinent wurde, war das Dekret kein Problem mehr. Es mußte die Tischgemeinschaft nicht behindern. Auffallend ist, daß selbst nach Lukas Paulus nur im gemeinsamen Missionsgebiet mit Barnabas in Lykaonien die Auflagen des Apostoldekrets mitteilt (16,4), aber nicht mehr im späteren „eigenen" Missionsgebiet. S. dazu C.-J. THORNTON, Zeuge, 342f. Zum Dekret s. jetzt C. K. BARRETT, Acts II, z. St. Es wirkte vor allem in Syrien und Kleinasien noch lange weiter.
[1313] Das πεπίστευμαι ist Passivum divinum: Es ist ihm durch die „Offenbarung Jesu Christi anvertraut" (Gal 1,10, vgl. 1. Kor 9,1), wie dem Petrus das seine durch die Protophanie des Auferstandenen 1. Kor 15,5.
[1314] 2,9: τὴν χάριν τὴν δοθεῖσάν μοι, vgl Röm 1,5: δι' οὗ ἐλάβομεν χάριν καὶ ἀποστολὴν εἰς ὑπακοὴν πίστεως ἐν πᾶσιν τοῖς ἔθνεσιν, vgl. 12,3.6; 15,15; 1. Kor 3,10; 15,10.
[1315] Dieser Vergleich mit Petrus begegnet uns indirekt auch in seinem Berufungsbericht Gal 1,15f, in 1. Kor 15,5 und 8ff, s. o. S. 70 Anm. 256, und war sachlich nicht unbegründet. Beide waren die bedeutsamsten und historisch wirksamsten Gestalten des Urchristentums.

gelium des Paulus, wie er es in Gal, Röm, aber auch 1. und 2. Kor entfaltet, sei erst das Produkt einer späteren Entwicklung. Der einzigartige Vergleich mit dem „Apostolat" des Petrus (Gal 2,8) beweist nicht nur, daß er das Primat für die – gesetzeskritische – Heidenmission beanspruchte (eine andere ist für ihn gar nicht denkbar), sondern legt auch nahe, daß der Zeitraum zwischen Ostern und seiner Berufung nicht allzugroß gewesen war.[1316] Dies macht es wieder unwahrscheinlich, daß es in den ca. drei Jahren vor seiner Berufung – wie immer wieder behauptet wird[1317] – bereits eine gezielte „gesetzesfreie" Heidenmission von „Galiläern" oder „Hellenisten" gegeben habe, die diesen Namen verdient. Dagegen wird es zu vereinzelten Taufen von „Gottesfürchtigen" gekommen sein.[1318] Eine intensive „vorpaulinische „Heidenmission" ist schon aus chronologischen Gründen unmöglich. Dadurch erklärt sich wieder die auffallende Begründung „damit *ich* nicht vergeblich liefe oder gelaufen bin" (2,2): Wenn die Gemeinde in Jerusalem *jetzt* – entgegen früherer Haltung – die Beschneidung der „Heiden" forderte, wäre seine ganze Verkündigung des Evangeliums gegenüber den „Heiden" seit seiner Berufung, d. h. seit Damaskus, vergeblich gewesen,[1319] ebenso wie auch seine Botschaft und der dadurch gewirkte Glaube „nichtig" würden, wenn Christus nicht von den Toten auferstanden wäre (1. Kor 15,14). Eine separierte, allein „rechtgläubige" heidenchristliche Kirche, d. h. ein gespaltener „Leib Christi", war für ihn ein unmöglicher Gedanke. Zugleich wird deutlich: Die konsequente, theologisch durchreflektierte Heidenmission ist das opus proprium des Paulus und nicht irgendwelcher „vorpaulinischer" Missionare.

Im ausführlichen Gespräch mit Petrus (und Jakobus) vor 13/14 Jahren war dieser Punkt offenbar noch nicht wirklich kontrovers gewesen, und gewiß auch nicht nur deshalb, weil Paulus damals noch vor allem Judenmissionar gewesen war, sondern weil – etwa seit Agrippa I. (41–44) – *sich die Situation in Jerusalem allmählich verschärft hatte.*[1320] Vermutlich werden Barnabas, der ja schon damals die Hand im Spiele hatte, und Paulus selbst die Jerusalemer Autoritäten an den damaligen Besuch erinnert haben, auch scheint Petrus, das zeigt die von Lukas mit Bedacht stilisierte und vor die des Jakobus gestellte

---

[1316] S. o. S. 46ff. Man vergleiche den Kontrast zwischen 1. Kor 15,5 und 8ff und die Betonung 9,1, daß auch er den Herrn gesehen hat und darum gleichberechtigter Apostel ist – zumindest für die vielen heidenchristlichen Gemeinden, die er gewonnen hat.

[1317] Z. B. SCHMITHALS, Theologiegeschichte, 80: „daß Paulus bereits zu einem gesetzesfreien, universalistischen Christentum bekehrt wurde, das sich schon außerhalb des Synagogenverbandes organisierte". Dabei habe es sich um ein „gnostisierendes Judentum" in Damaskus gehandelt, 71ff.78f.85f; BECKER, Paulus, 66–69.89ff.303; zum Ganzen s. o. S. 55f.

[1318] S. o. S. 85.

[1319] Mit der Formulierung: μή πως εἰς κενὸν τρέχω ἢ ἔδραμον, bringt er seine Vergangenheit als Prediger wie seine künftigen Pläne, er schreibt ja ca. 6–7 Jahre später in Ephesus oder auf der Reise nach Korinth, zum Ausdruck; vgl. auch Phil 2,16. Dasselbe würde gelten, wenn die von ihm begründeten Gemeinden den Glauben verlören, s. auch 1. Kor 15,10; 1. Thess 3,5; vgl. Jes 49,4; 65,23 LXX.

[1320] S. u. S. 387. Wir können derartige Verschärfungen, die sich nicht zuletzt aus dem Wandel der politischen Situation erklären, beim Vordringen des radikalen Islamismus verfolgen.

Rede Apg 15,7—11, zwischen den antiochenischen Abgesandten und den anderen Jerusalemern vermittelt zu haben. Darum kann sich Paulus auf den Vergleich mit Petrus berufen (Gal 2,7f), dem dieser ja zugestimmt hatte, und darum hat Petrus später Antiochien besucht und mit den Heidenchristen in voller Tischgemeinschaft gelebt, und darum kann ihn Paulus, nach dessen Zurückweichen aus Furcht vor den Abgesandten des Jakobus, auf das Heil *sola fide* (*et gratia*) ansprechen, das (freilich nicht in paulinischer Prägnanz formuliert) als Klimax in der kurzen Petrusrede des Lukas auftaucht.[1321] Auch hier erscheint wieder das Problem des theologischen Einflusses des Paulus (oder auch des Barnabas) auf Petrus in der Verbindung mit dessen – intensiver – Prägung durch die Verkündigung Jesu, ein Einfluß, der bei Markus und im deuteropetrinischen 1. Petrusbrief seinen Niederschlag fand.[1322]

Obwohl Paulus in Gal 2,1—10 sich so selbst als den ersten und eigentlichen „Apostel zu den Heiden" in den Vordergrund stellt,[1323] gelten die von ihm berichteten Fakten auch für Barnabas, und Paulus kann in seinem durchaus tendenziösen Bericht dessen Rolle um der Wahrheit willen nicht übergehen. Barnabas war damals gleichberechtigter Gesprächspartner, beide zusammen haben in Jerusalem die gute Sache der „Heidenchristen" in Antiochien und den anderen Gemeinden Syriens und Kilikiens verfochten, und die „Säulen" in Jerusalem überzeugt. So sehr der Schriftgelehrte Paulus bei der theologischen Argumentation das Wort geführt haben mag – nicht ohne Grund läßt Lukas Paulus in Apg 13 und 14 zum Sprecher werden[1324] –, am Erfolg wird der mit den Jerusalemer Verhältnissen vertraute und dort geschätzte Barnabas mindestens

---

[1321] Apg 15,11: ἀλλὰ διὰ τῆς χάριτος τοῦ κυρίου Ἰησοῦ πιστεύομεν σωθῆναι καθ' ὃν τρόπον κἀκεῖνοι (scil. die μαθηταί aus den ἔθνη V. 7.10). Vgl. dazu Gal 2,16 und zur χάρις Χριστοῦ 1,6 vgl. 2,21; 5,4; Röm 3,24; 4,16: ἐκ πίστεως ἵνα κατὰ χάριν, 6,14; 11,6 u. ö.
[1322] S. dazu M. HENGEL, Probleme, 252—257; E. SCHWEIZER, Markus (Anm. 1), 751—773.
[1323] S. auch Röm 11,13: ἐφ' ὅσον μὲν οὖν εἰμι ἐγὼ ἐθνῶν ἀπόστολος; vgl. Röm 1,5.13; 15,18; s. weiter o. S. 315ff.
[1324] Apg 14,12: Barnabas erscheint nach Lukas den Bewohnern von Lystra als Zeus, Paulus, der die Heilung vollzieht, als Hermes: ἐπειδὴ αὐτὸς ἦν ὁ ἡγούμενος τοῦ λόγου, vgl. 13,9.16; 14,9. In Kilikien und Lykaonien war *Hermes ein* Hauptgott, gleichrangig mit „Zeus". Das ist altes luvisch-lykaonisches Erbe. Vgl. P. H. J. HOUWINK TEN CATE, The Luwian Population Groups of Lycia and Cilicia Aspera During the Hellenistic Period, DMOA 10, Leiden 1961, 132: Der alte Mondgott Arma, der auch Züge des Wettergottes hatte, wurde mit Hermes „gräzisiert"; seine Beliebtheit bezeugt die Spitzenstellung, die theophore, von Arma/ Hermes abgeleitete Namen im lykischen Onomastikum haben. In Kilikien nimmt Hermes gar in vielen Orten den höchsten Rang ein, so in Korykos, s. G. DAGRON/D. FEISSEL, Inscriptions de Cilicie (Anm. 1015), 44f. Diese Episode kann Lukas nicht erfunden haben, denn seine Erklärung, daß Paulus das Wort führte, zeigt, daß er selbst die lykaonischen Verhältnisse nicht wirklich kennt. Für ihn erscheint die Identifizierung von Paulus mit Hermes seltsam. In Wirklichkeit wird Paulus mit dem gleichrangigen, beliebten Gott identifiziert, weil die Heilung durch ihn geschah. Die Auskünfte in den Acta-Kommentaren, z.B. SCHNEIDER, Apostelgeschichte 2, 158; BARRETT, Acts 1, 676f sind irreführend; zu dem luwischen Götterpaar Trachu(nt) und Ru(nt) als Zeus und Hermes vgl. C. BREYTENBACH, Paulus, 32—38.177ff; 94f zu den verschiedenen Möglichkeiten, wie Lukas diese Lokaltradition vermittelt worden sein kann.

ebensosehr beteiligt gewesen sein, auch wenn sich Paulus im Rückblick – sachlich nicht zu Unrecht – als den ersten und erfolgreichsten „Heidenmissionar" betrachtete.

Diese, vollends nach dem Bruch mit Petrus, Barnabas und der Gemeinde in Antiochien, für viele Christen in Syrien und erst recht in Judäa anstößige Selbsteinschätzung des Apostels mag ein Grund dafür gewesen sein, daß die Jerusalemer die Anfänge der Heidenmission in anderer Weise betrachteten als Paulus und daß sie Hellenisten wie Philippus oder dann auch Petrus selbst mit der Taufe des Cornelius, den Vorrang gaben. Auch Barnabas könnte man in diesem Zusammenhang aufführen. Kein Wunder, daß der Vermittler Lukas hier das Jerusalemer Bild vorzieht, wenn er auch zwischen den Zeilen andeutet, daß alles doch komplizierter war. Dies konnte ihm umso leichter fallen, als Paulus über jene lange Zeit der ca. 15/16 Jahre zwischen Damaskus, Antiochien und dem Apostelkonzil – im Römerbrief hören wir davon abgesehen von dem änigmatischen 15,19 kein Wort –, die ein so ärgerliches Ende nahm, später nicht allzuviel berichtet hat. Auch in Gal 1 und 2[1325] tut er es nur notgedrungen und macht deutlich, daß diese lange Epoche für ihn mit einer ganz schweren Enttäuschung endete. „Man hat fast den Eindruck, Paulus suche irgendwie seine antiochenische Zeit zu verdrängen!"[1326] Nur in diesem Zusammenhang erscheint Antiochien Gal 2,11 *ein einziges Mal* in seinen Briefen. Hätten wir Lukas nicht, könnten wir Gal 1 und 2 historisch gar nicht sinnvoll einordnen. Die fragwürdigen chronologischen Rekonstruktionen von G. Lüdemann u. a.[1327] sind der beste Beweis dafür, daß wir hier ohne Lukas nicht weiterkommen.

Um so mehr muß diese lange, fast zehnjährige enge, gleichberechtigte Zusammenarbeit zwischen beiden Männern auffallen, die dann auf eine derart unglückliche Weise endete. Im Gegensatz zur späteren kirchlichen Tradition und auch manchen modernen Monographien war Barnabas kein unter- oder nachgeordneter „Mitarbeiter" neben anderen,[1328] sondern ein in der Urgemeinde in Jerusalem angesehener und auch persönlich dort verwurzelter alter

---

[1325] Vgl. 2. Kor 11,32–12,9. Dieses Rühmen ist Torheit 11,21b.
[1326] A. Dauer, Paulus, 125.
[1327] S. o. Anm. 1308; vgl. dagegen R. Riesner, Frühzeit, passim.
[1328] Diesen Eindruck erweckt – vielleicht unfreiwillig – W.-H. Ollrog, Paulus. S. die Aufzählung S. 61 f. 94, wo B. zu den „Säulen der paulinischen Missionsarbeit" gerechnet wird, 107: „wie ja Barnabas, Silvanus und Titus aus der antiochenischen Gemeinde zu ihm kamen." Bei Titus bleibt dies unsicher; er mag sich auf Grund der paulinischen Predigt bekehrt haben, wir wissen aber nicht, woher er stammt (gegen Ollrog, S. 34), bei Barnabas und Silvanus (vgl. S. 17–20) ist es direkt falsch: beide kommen aus Jerusalem. Daß „die Sendung des Silas von Jerusalem nach Antiochia lukanische Konstruktion" sein soll, ist eine willkürliche Behauptung. Nachdem zuerst Jerusalems Abgesandte in Antiochien (und wohl auch in anderen Missionsgemeinden) Unruhe gestiftet hatten, ist es nur zu gut verständlich, wenn Barnabas und Paulus auf der Rückreise von Jerusalemer Gesandten begleitet werden, die den Jerusalemer Beschluß dort bestätigen. Das Problem ist nur der Inhalt des Briefes mit dem Aposteldekret, den Lukas antiker Historiographie entsprechend selbst formuliert hat. 15,27: ... αὐτοὺς διὰ λόγου ἀπαγγέλλοντας τὰ αὐτά, ja selbst 28a bis βάρος scheint dabei durchaus noch als

Jünger. 1. Kor 9,6 betont Paulus, daß allein er und Barnabas sich während ihrer Missionsreisen durch eigene Handarbeit ernährten im Gegensatz zu den anderen Missionaren; ob sie denselben oder einen ähnlichen Beruf besaßen,[1329] muß offenbleiben, ebenso, ob Barnabas wie Paulus unverheiratet (oder Witwer) war. Auf Grund des zweimaligen „wir" in 1. Kor 9,4f möchten wir es jedoch annehmen, Paulus hätte sich dann etwas unklar ausgedrückt.[1330] Vielleicht hat man ihn wie auch Paulus in Antiochien als „Apostel" betrachtet; daß er in Jerusalem als solcher angesehen wurde, ist dagegen weniger wahrscheinlich.[1331] Denn es wird nirgendwo sichtbar, daß er sich wie Paulus auf ein „Sehen" des Herrn (1. Kor 9,1) berufen konnte und daher zu der sehr begrenzten Zahl der ἀπόστολοι πάντες bzw. der πρὸ ἐμοῦ ἀπόστολοι[1332] gerechnet wurde. Wenn ihn Paulus zusammen mit sich selbst dennoch – freilich in einer nicht ganz eindeutigen Formulierung – in 1. Kor 9,5 den „übrigen Aposteln und Brüdern des Herrn" gegenüberstellt, so bezieht sich dies auf die langjährige Missionserfahrung im syrischen Raum und angrenzenden Gebieten. Dieser Hinweis besagt auch keinesfalls, daß der Bruch in Antiochien wieder geheilt sei. Im späteren Galaterbrief 2,13 klingt mit dem συναπήχθη αὐτῶν τῇ ὑποκρίσει die einstige Empörung immer noch nach. Dafür, daß er „tatsächlich unter die Apostel gezählt wurde", läßt sich „ein exakter historischer Nachweis ... nicht erbringen".[1333] Das Problem löst sich dadurch, daß der Umfang des Apostelkreises nicht eindeutig definiert und zwischen Antiochien und Jerusalem, ja vielleicht auch in Jerusalem selbst strittig war.[1334]

Daß Barnabas sich schon sehr früh in Jerusalem der Gemeinde angeschlossen hat, wird auf Grund von Apg 4,36 in der Forschung nur noch z. T. bezweifelt. Doch alle Einzelheiten sind umstritten. Sein eigentlicher Name war Josef, Barnabas nur ein *Beiname*, der ihm von den Aposteln gegeben worden sei (Ἰωσὴφ ... ὁ ἐπικληθεὶς Βαρναβᾶς ἀπὸ τῶν ἀποστόλων). Dabei ist zu bemerken, daß Josef zu den häufigsten jüdisch-palästinischen Namen gehörte und, wie Simon Kephas oder Judas Ischariot, aber auch Josef Kaiaphas oder Josef

---

sachgemäß. Gesandt werden nur Judas und Silas, sie sollen Barnabas und Paulus begleiten. Das eigentliche Dekret erfolgte erst einige Jahre später zur Lösung der Gal 2,11ff akut gewordenen Frage *nach* dem antiochenischen Zwischenfall.

[1329] Vgl. Paulus und Priska und Aquila Apg 18,3.

[1330] F. LANG, Die Briefe an die Korinther, NTD 7, 1986, 115: „Die Verse 4 und 5 sind am besten im Lichte von V. 6 zu interpretieren; das in V. 4 einsetzende ‚wir' faßt Paulus und Barnabas in den Blick."

[1331] Vgl. Apg 14,4.14; 1. Kor 9,5f; Röm 16,7; s. auch o. S. 314f.

[1332] Vgl. auch Gal 1,19: ἕτερον ... τῶν ἀποστόλων, s. o. S. 223f.

[1333] J. ROLOFF, Apostolat, Verkündigung, Kirche, Gütersloh 1965, 61: „Eine große Zahl von Exegeten rechnen auch Barnabas unter die Apostel. Paulus freilich gibt ihm nicht ausdrücklich die Bezeichnung."

[1334] 1. Kor 9,2: εἰ ἄλλοις οὐκ εἰμὶ ἀπόστολος galt bei Paulus sicher für Jerusalem und vielleicht auch für Antiochien. Bei Barnabas mag diese Frage ebenfalls strittig gewesen sein. Daß selbst die Namen der zwölf von Jesus berufenen Jünger z. T. variieren: Mk 3,16–19 = Mt 10,2–4; Lk 6,14–16; Apg 1,13 könnte auf spätere Differenzen im palästinischen Judenchristentum selbst zurückweisen.

Barsabbas zeigen, dringend einen Beinamen zur Unterscheidung benötigte.[1335] Die lukanische Deutung des Beinamens, υἱὸς παρακλήσεως, ist merkwürdig, die Herkunft des Namens selbst rätselhaft. Gegen die verbreitete theophor-pagane Interpretation des Namens als „Sohn des (babylonischen Orakelgottes) Nabu/Nebo" spricht, daß in den vereinzelten Inschriften aus Mesopotamien und Syrien nie die regulär deklinierte Form Βαρναβᾶς, sondern das zumeist nicht deklinierte Βαρναβοῦ erscheint. D. h. schon der philologische Tatbestand macht die heute übliche Deutung als ostsemitisch-theophores Patronym unmöglich.[1336] Unter Berücksichtigung der Tatsache, daß Barnabas

---

[1335] Den vollen Namen Josef Kaiaphas erfahren wir allein bei Josephus, ant 18,35.95. Im NT wird er nur mit seinem Beinamen erwähnt. Wegen der Häufigkeit seines Namens brauchte auch Josef Barnabas einen Beinamen. Vgl. L. Y. RAHMANI, Ossuaries, 293.295 hat 19 Josef und Jose gegenüber 23 Judas und 26 Simon. Vgl. nach bGit 34b ordnete R. Gamaliel für die westliche Diaspora an, daß zur Unterscheidung Männer, die Josef heißen und Jochanan genannt werden bzw. Jochanan heißen und Josef genannt werden, in Scheidungsurkunden mit allen ihren Beinamen und ihre jeweiligen Frauen ebenfalls mit Namen und allen ihren Beinamen aufgeführt werden müssen.

[1336] Genitiv: Βαρναβᾶ s. Apg 11,30; 15,12; Gal 2,1; Kol 4,10; Dativ: Βαρναβᾷ s. Apg 13,43; 14,20; 15,2.25; Akkusativ: Βαρναβᾶν s. Apg 13,2.7.50; 15,2.39. Zu den Deutungsversuchen s. den Überblick von C. K. BARRETT, Acts 1, 257–60. S. BROCK, JThS 25 (1974), 93–98, möchte ihn von der aramäischen Wurzel bj' trösten, und zwar von der Verbform der 3. m. Sg. Perf. gebildet ableiten, was zu der Namensform nbajja führen konnte, die aber erst im Syrischen ab dem 3. Jh. auftaucht: Die Peschitto übersetzt mit bᵉrā' dᵉbûjâtâ'. Doch wäre eine solche Namensbildung ungewöhnlich. Auch eine lukanische Verwechslung der Bedeutung mit dem Namen Μαναήν, der Apg 13,1 nach Barnabas genannt wird und dem hebräischen mᵉnaḥem = Tröster entspricht, so E. SCHWARTZ, NGG 1907, 282 Anm. 1 = Gesammelte Schriften, Berlin 1963, 5, 148, Anm. 0; CONZELMANN, Apostelgeschichte, 45; HAENCHEN, Apostelgeschichte, 228; K. LAKE, H. J. CADBURY, Beginnings IV, 49; J. ROLOFF, Apostelgeschichte, 93; S. SCHILLE, Apostelgeschichte, 146 u. a., ist viel zu weit hergeholt. Eigennamen werden in der Regel (im Gegensatz zu Beinamen) nicht übersetzt. Weitere ältere Versuche einer Deutung bei A. DEISSMANN, Bibelstudien, Marburg 1895, 175–178. In Babylonien, Hatra, Hierapolis-Bambyke und Palmyra (CIS Nr. 3986.4231) haben wir den theophoren Namen brnbw nach dem Gott der Profeten und der Weisheit Nabû/Nebô; in griechischen Inschriften Βαρνεβο[υ] (IGLS I, Nr. 126 aus der Nähe von Zeugma, doch IGLS ergänzt fälschlich: Βαρνεβο[ς], im Index: Βάρναβος) und ausnahmsweise im Akkusativ Βαρνεβουν ιον καὶ Ἀπολλιναριον (IGLS I, Nr. 166 aus Nikopolis); vielleicht ist auch Βαρνᾶ (IGLS Nr. 1378) eine Abkürzung von Barnabu. Vgl. Βερνεβους Ῥησιμάχου, „Bernebus Sohn des Resimachos", neben Βαροσυμψος, in einer Grabinschrift aus Kafr ʿAruq im Antiochene (datiert: 126/127 n. Chr.), s. SEG 42 (1992), Nr. 1343. Ebenfalls aus Syrien eine zweifache aramäische Erwähnung von brnbw als Eigenname, s. J. STARCKY, Monuments des Baalshamin – Appendix: Les inscriptions, Syria 26 (1946), 38 Nr. 4. Im Grabmosaik des „Belai Bar Gusai" (von EUTING [s. Notulae Epigraphicae, Paris 1909, 230f] in der Nähe von Urfa gefunden, abgezeichnet und beschrieben, heute verloren) aus Edessa heißt eines der porträtierten Familienmitglieder in syrischer Beischrift brnbs br bly. Dazu J. LEROY, Mosaïques funéraires d'Edesse, Syria 34 (1957), 303–342 (312–315.320f; 313 Abb. 2). Schon LEROY macht darauf aufmerksam, es handle sich vielleicht nicht um den Namen Barnabas, denn die Peschitto transkribiere diesen Namen mit „Barnabâ", wahrscheinlich gehe es um den oft belegten theophoren Namen Barnebû. H. J. W. DRIJVERS, Old-Syria (Edessean) Inscriptions, SSS III, Leiden 1972, 35 datiert das Mosaik ins 2. oder 3. Jh. n. Chr. Vgl. weiter Dura Europos: F. CUMONT, Fouilles de Dura-Europos (1922–1923), Paris 1926, 444 Nr. 123 [Βα]ρνάβου 446

Apg 13,1 als erster unter den „Profeten" in Antiochien genannt wird, seinen Beinamen von „den Aposteln" erhält und daß dieser wie bei Kephas/Petrus zu seiner ständigen Bezeichnung in der christlichen Gemeinde wird, scheint uns die auf Hugo Grotius zurückgehende Interpretation ‚*filius prophetiae*', die in den älteren Kommentaren vertreten wird, immer noch am plausibelsten zu

---

Nr. 127 Βαρνάβου, hält dies jedoch „sans doute" für denselben Namen wie Barnabas im NT (444); ihm folgt H. WUTHNOW, Menschennamen (Anm. 746), 34 und zitiert diese Inschriften irreführend als Belege für „Βαρναβα (Gen)", obwohl die Lesung eindeutig und nur der Kommentar CUMONTS irreführend war; ebenso schließt sich dieser Namenserklärung SEG 7 (1934), Nr. 708 und 712 an, obwohl die Namensform Barnabou und nicht Barnabas ist und sie im Nominativ steht wie die anderen Namen dieser beiden Inschriften. S. weiter A. PERKINS (Hg.), The Excavations at Dura-Europos. Final Report V,1, 1959: C.B. WELLES/R.O. FINK/ J.F. GILLIAM, The Parchments and Papyri, Nr. 67 „Mombogaeus Barnebus", vgl. Nr. 100.101.102 (alle aus den „Files of the Cohors Vicesima Palmyrenorum"); VIII, 37. Die mehrfach belegte griechische und lateinische Umschrift des Namens in Dura Europos und die griechische Umschrift Βερνεβους aus der Antiochene (alle 2./3. Jh. n. Chr.) machen es wahrscheinlich, daß auch der Name im Grabmosaik des „Belai Bar Gusai" aus Edessa als Barnebus und nicht als Barnabas zu lesen ist. Die oft geäußerte Ansicht, daß Βαρναβας die gräzisierte Form von BRNBW sein müsse, läßt sich *nicht* belegen. Dennoch gilt diese Ableitung als opinio communis, so noch S. ABBADI, Die Personennamen der Inschriften aus Hatra, Texte und Studien zur Orientalistik 1, Hildesheim u. a. 1983, 90; J.K. STARK, Personal Names in Palmyrene Inscriptions, Oxford 1971, 79.

S. auch die Belege für Nabu/Apollon bei A. BOUNNI, LIMC VI, 1, 1992, 608–701 (Lit.) aus Palmyra und Hierapolis, insbesondere Nr. 18: Büste des Gottes mit Inschrift NBW und Personennamen BRNBW bei H. INGHOLT/H. SEYRIG/J. STARCKY, Recueil des tessères de Palmyre, Paris 1955, 41 Nr. 296 vgl. Nr. 72. In ZNW 7 (1906), 91f wies A. DEISSMANN auf eine spätere zweisprachige, griechisch-syrische Inschrift aus dem Euphratgebiet mit dem Namen eines Mosaikkünstlers Εὐτυχὴς Βαρναβίωνος hin. Ob das Patronym Βαρναβίων von Barnabu abzuleiten ist, bleibt fraglich, denn es erscheinen in den griechischen Inschriften aus Syrien semitische Namen mit der Bildung „Bar-" in Umschrift häufiger, s. etwa Βαραδατος „Sohn des Hadad" (IGLS Nr. 738,1; 2031) und Βαρναιος (IGLS Nr. 2372; 2510) oder Βαραδονιος (IGLS Nr. 634 B 1), besonders die griechischen Umschriften von Bar-ṣaumâ = „Sohn (der Zeit) der Jugend" oder „Sohn des Sonnengotts (Samas)" als: Βαρσουμης, Βαρσαμιος, Βαρσιμας.

Überhaupt scheint ein aramäischer theophorer Name mit einem babylonischen Gott als Patronym für einen auf Zypern geborenen Leviten unwahrscheinlich zu sein. Soweit wir sehen, trägt kein Jude in Syrien einen heidnisch-semitischen theophoren Namen. *Nbw* als heidnischer Gottesname war durch Jes 46,1 ebenso wie *Bel* als *jüdischer* Name definitiv ausgeschlossen. In Dan 1,7 handelt es sich um einen heidnischen Zwangsakt. Noch die MekhY, neziqin 18 (Lauterbach III, 137) nennt mit Zitat von Jes 46,1 Bel, Nabu, aber auch Qores (die Verbform קרס als Name gedeutet wohl in Anspielung auf den „Kyrios Kaisar" und den Kaiserkult) als die Götter, die die Proselyten einst verehrten. Es war undenkbar, daß ein jüdischer Vater den Namen Nabu/Nebu trug, geschweige denn daß der Sohn ihn als Patronym weitergetragen hat. Interessant ist in diesem Zusammenhang das Patronym eines Juden auf einer Steuerquittung des fiscus Iudaicus vom 31.10. 105 aus Edfu in Oberägypten Βαρναβις (Πάμφιλος Βαρνάβιος) CPJ III Nr. 331. Wenn aramäisch sprechende Juden den Namen Barnabis verwendeten, dachten sie natürlich nicht an den babylonisch-nordsyrischen Profeten-, Orakel- und Schreibergott, sondern an das biblische nābî'/n^ebî'îm/n^ebî'în/n^ebîājja'. Ναβις hieß auch der Tyrann von Sparta 207–192 v. Chr. s. V. EHRENBERG, RE 16,2, 1471, weiter ein karthagischer Priester bei Silius Ital. 15, 672 op. cit. 1482. Für die Proselyten war mit der Beschneidung ein Namenswechsel verbunden, anders als bei den Christen, die auch nach der Taufe ihre heidnisch-theophoren Namen beibehielten.

sein: Das bar nᵉbijjā¹³³⁷ o. ä. wurde zu bar nābā abgeschliffen und hätte die Bedeutung „der prophetisch Begabte". Die Übersetzung des Lukas wäre dann eine Umschreibung für „der Mann des (profetisch inspirierten) Mahnworts" bzw. „der mit inspirierter Rede Begabte".¹³³⁸

Der Barnabas der Apostelgeschichte muß nun freilich in der antilukanischen „Kritik" besonders viel erleiden. Dafür einige Beispiele: Nach G. Schille hat der Zyprier Barnabas in Jerusalem wahrscheinlich gar nichts zu tun; Lukas hat ihn nur dorthin versetzt, um ihn den Lesern wirksam vorzustellen. Daß er vor Apg 15 bzw. Gal 2,1 ff Jerusalem besucht hat, bleibe unsicher, und der „Akker", den er verkauft habe, könnte, so auch Haenchen, auf Zypern gelegen sein, den Erlös müssen die Apostel, d. h. für Schille die urchristlichen Wandermissionare, dann nicht in Jerusalem empfangen haben. Seine Personalien hat Lukas aus Apg 13,1 übernommen und nach Jerusalem übertragen. Die Namensgebung durch die Apostel ist natürlich lukanische Erfindung, möglicherweise auch die levitische Herkunft des Barnabas, obwohl Schille das Argument *Haenchens*: „Als Träger eines heidnischen theophoren Namens kann ... Barnabas kein Levit gewesen sein", nicht gelten lassen will, „da die hellenistische Zeit mit ihrem bisweilen bizarren Synkretismus auch vor dem Judentum nicht halt gemacht hat."¹³³⁹ Schon nach *Loisy* führt Lukas Barnabas hier nur ein, um

---

¹³³⁷ Oder nabajjā. Die Vokalisation des in Jerusalem im 1. Jh. n. Chr. gesprochenen Aramäisch können wir nicht exakt rekonstruieren. Der Name kann dann in den griechischsprechenden Gemeinden noch vereinfacht worden sein.

¹³³⁸ HUGO GROTIUS, Annotationes in Novum Testamentum, Luidema 1828, V,34: „Apostoli ei hoc nomen dederant in omen doni prophetici ... Graeco sermone contracte Βαρνάβας. Nil mutandum: nam Hellenistis mos prophetiam vocare παράκλησιν", vgl. den λόγος παρακλήσεως Apg 13,15; die παράκλησις τοῦ ἁγίου πνεύματος 9,31; die geistgewirkte παράκλησις 15,31; die von den Profeten geweissagte παράκλησις Israels Lk 2,25. S. auch Hebr 13,22 und den paulinischen Sprachgebrauch von der durch Christus gewirkten παρακλήσις, die über die bloße Bedeutung „Trost" weit hinausgeht, vgl. 1. Kor 14,3: ὁ δὲ προφητεύων ἀνθρώποις λαλεῖ οἰκοδομὴν καὶ παράκλησιν καὶ παραμυθίαν; und Röm 15,4: ἵνα διὰ τῆς ὑπομονῆς καὶ διὰ τῆς παρακλήσεως τῶν γραφῶν τὴν ἐλπίδα ἔχωμεν: Urchristliche Profetie wirkt durch Verheißung und Mahnung Glauben und Hoffnung. Die lukanische Übersetzung mag wie eine „Volksetymologie" klingen, wirklich „falsch" (so CONZELMANN zur Stelle) ist sie nach urchristlichem Verständnis nicht. DE WETTE/OVERBECK, Apostelgeschichte, 67, stimmen GROTIUS zu. Zum atypischen Gebrauch von bæn/bar zur Kennzeichnung einer Berufsgruppe s. H. HAAG, ThWAT 1, 674ff.

¹³³⁹ G. SCHILLE, Apostelgeschichte, 146f; E. HAENCHEN, Apostelgeschichte, 228. H. übernimmt dieses Argument von E. PREUSCHEN, Apostelgeschichte, 28 zu Apg 4,36. Es ist völlig unbegründet, zumal es sehr unwahrscheinlich ist, daß der Beiname „theophor" verstanden wurde. Er hat mit dem „Sohn des Nebu" nichts zu tun. Inzwischen weiß man durch neuere Funde, daß *Beinamen* zur Unterscheidung von Personen mit sehr gebräuchlichen Namen im antiken Palästina eher der Normalfall waren (vgl. o. Anm. 1335); vgl. etwa nach einem neuen Papyrustext aus der Todeshöhle des Bar Kochba-Aufstandes Salome Grapte und ihre Tochter Salome Komaïze (ed. COTTON; dazu Anm. 746). Dabei ist „Grapte" ein gebräuchlicher Name, während Komaïze sonst nicht belegt scheint und sich wohl von der Haarpracht der Dame herleitet. „Spitznamen" waren auch im antiken Judäa keine Seltenheit. Vgl. etwa Jos. Vita 3: Simon Psellos, „der Stotterer", Großvater des Autors, weiter die Beinamen von Jüngern mit den Allerweltsnamen Simon und Judas (Mk 3,16−19) und die „Goliath"-Familie; s. R. HACH-

dem Leser wenigstens ein Beispiel für den Verkauf von Eigentum für die gemeinschaftliche Kasse zu bieten und zugleich eine der wichtigsten Gestalten des frühesten Christentums so mit der Jerusalemer Urgemeinde zu verbinden, daß damit sein eigenes Bild derselben bestätigt wird. Es handle sich um eine „anticipation refléchie, maigre et artificielle". Durch die Einführung dieser Gestalt werde sie auf ihre zukünftige Rolle in 11,22 vorbereitet. Schon die Namensfrage weise auf eine bewußte Manipulation des „Redaktors" hin. In Wirklichkeit gehöre Barnabas zu den Hellenisten in Antiochien, und der „Redaktor" habe aus seiner Vorlage von dort „Joseph mit dem Beinamen Barnabas, (Levit?), Zypriot" bewußt in seine Beschreibung der Urgemeinde verpflanzt.[1340]

Auch für *Schmithals* ist Barnabas lediglich ein „führende(r) Missionar der syrischen Christenheit" und war „vermutlich nie ein Mitglied der Jerusalemer Gemeinde gewesen". Erst Lukas habe ihn „in 4,36 (wie Paulus ...) nach Jerusalem versetzt".[1341] Lukas wolle gegen alle historische Wirklichkeit „alle christliche Aktivität und Verkündigung auf die Zwölf Apostel als die ursprünglichen Zeugen und authentischen Traditionsträger zurückführen. Jeder andere vom Kreis der Zwölf Apostel selbständige Ursprung des Evangeliums soll damit ausgeschlossen werden."[1342] Aber stellt nicht Paulus selbst 1. Kor 15,5 Petrus und nach ihm die Zwölf an die Spitze der Auferstehungszeugen und betont er nicht ausdrücklich 15,11, daß alle aufgeführten Zeugen, einschließlich er selbst, das eine in 15,1 angesprochene Evangelium verkündigen? Richtet sich nicht sein Blick (und seine Reisepläne) in erstaunlicher Weise nach Jerusalem, das er zehnmal – weit mehr als alle anderen Städte – erwähnt, wobei er auch seine Gemeinden auf vielfältige Weise über Jerusalemer Ereignisse und Personen informiert, während er Antiochien nur einmal nennt? Ist diese *völlig enthemmte* Lukaskritik nicht nur ein Vorwand dafür, die eigene kreative Phantasie möglichst frei entfalten zu können?

Aber auch dort, wo man nicht so hoch greift und einen Aufenthalt des Barnabas in Jerusalem nicht völlig leugnet, macht man ihn, obwohl er in Apg 6 nicht erwähnt wird, zu einem führenden „Hellenisten", der mit den aus Jerusalem Vertriebenen nach Antiochien kommt und verweist Nachrichten wie Apg

---

LILI, The Goliath Family in Jericho, BASOR 235 (1979), 31–36. Weitere Beispiele sind die Beinamen auf den Ossuaren, dazu L. Y. RAHMANI, Ossuaries, 14: „Nicknames, often alluding to a physical characteristic of a deceased, occur frequently, usually in Status emphaticus ... Some of these names seem to have originated as terms of abuse or mockery ... but may have been accepted family names ... Double names, similar to classical signa (s. dazu KUBITSCHEK, PW 2A, 2448–52) occur mainly in Hebrew-Greek ...". S. auch G. H. R. HORSLEY, The use of double name, New Doc. 1984, 89–96. Barnabas ist so weder theophor noch ein Patronym. Die Herkunft aus dem jüdischen Palästina ist das Wahrscheinlichste.

[1340] A. LOISY, Actes, 262–265.
[1341] W. SCHMITHALS, Apostelgeschichte, 109f, vgl. 54 zu Apg 4,36: „Er wirkte im Umkreis von Antiochien, und wir haben keine zuverlässigen Hinweise darauf, daß er aus Jerusalem stammt."
[1342] Apostelgeschichte, 54.

9,27, die Einführung des Saulus durch Barnabas in Jerusalem oder 11,22—24 die Sendung desselben durch „die Gemeinde" in Jerusalem (nicht durch die Apostel!) nach Antiochien ebenso in den Bereich der lukanischen Erfindung wie seinen Abstecher nach Tarsus, um Paulus zu holen (11,25). Die frühen Bezüge zu Paulus habe erst Lukas auf Grund der späteren Zusammenarbeit beider hergestellt.[1343] Aber vielleicht macht man es sich mit all diesen Hypothesen doch etwas zu leicht. Da ist zunächst die Beschreibung des Doppelnamens: Ἰωσὴφ δὲ ὁ ἐπικληθεὶς Βαρναβᾶς. Es handelt sich eindeutig um einen *gruppenspezifischen Beinamen*, ähnlich wie Kephas/Petrus, nicht um ein Patronym. Dieser rätselhafte Zusatzname muß von Aramäischsprechenden verliehen worden sein. Gegen ein Patronym spricht nicht nur, daß pagane theophore Namen in semitischer Sprache bei Juden kaum vorkommen, sondern auch daß semitische Namen mit der Vorsilbe Bar = Sohn im griechischsprechenden Judentum außerhalb Palästinas relativ selten sind, häufiger finden sie sich dagegen im Mutterland selbst.[1344] Der Beiname weist so bei einem Juden nach *Palästina*, und es ist nicht einzusehen, warum ihm dieser anerkennende Beiname etwa mit der Bedeutung „der mit inspirierter Rede Begabte" nicht in der Frühzeit der Jerusalemer Gemeinde beigelegt worden sein soll.[1345] Dafür, daß

[1343] E. HAENCHEN, Apostelgeschichte, 320; vgl. seinen Artikel Barnabas, RGG³ 1,880: „Die kritische Forschung vermutet, daß B. (= Sohn des Nebo) ein hellenistisches Mitglied der Urgemeinde war und als einer der ἄνδρες Κύπριοι von Apg 11,20 die heidenchristliche Gemeinde Antiochias gründete; H. CONZELMANN, Apostelgeschichte, 67 zu 9,27; 75 zu 11,21.25; DERS., Geschichte des Urchristentums, ²1971, 52.140f; W.-H. OLLROG, Paulus, 14—17.296-215; W. SCHRAGE, 1. Kor, EKK 2, 295: „... der vermutlich zusammen mit anderen Gliedern des Stephanuskreises die Heidenmission inauguriert hat, also einer der durch die Verfolgung in Jerusalem Versprengten, die dann die antiochenische Gemeinde gründeten." Weitere Beispiele bei A. DAUER, Paulus, 16f.24f.

[1344] S. o. Anm. 1335. In Ägypten gibt es unter den ca. 900 Namen der jüdischen Prosopographie nur den oben schon erwähnten Barnabis (Anm. 1336) und in einer Grabinschrift aus spätrömischer Zeit (vielleicht aus Alexandrien): Βορζοχο[ρίας = Bar Zacharias (CIJ II, Nr. 1435; HORBURY/NOY, Jewish Inscriptions, Nr. 127); vgl. CPJ III, 171. In Rom begegnen wir unter ca. 1000 Namen nur einem Barzaharona (= Bar Zacharias), CIJ I, Nr. 497 = D. NOY, Jewish Inscriptions II, Nr. 539; die Lesung „Barvalentin" in CIJ I, Nr. 528 ist unwahrscheinlich s. NOY Nr. 617; und rätselhaft bleibt Barsheoda (?) als Beiname eines im Alter von 8 Monaten verstorbenen Mädchens (CIJ Nr. 108; Noy Nr. 551). In Jerusalem enthält der Ossuarienkatalog von L. Y. RAHMANI (Anm. 806), 292—296 unter ca. 150 aramäischen und hebräischen Namen nur einen år jhwd' und einen br nhwm und in den ca. 100 griechischen Namen keine Entsprechung. In den späteren Inschriften von Beth Shearim (2.—4. Jh. n. Chr.) in Galiläa, wo die griechischen Namen bei weitem überwiegen, haben wir vier Belege in griechischer Schrift, s. M. SCHWABE/B. LIFSHITZ, Beth Shearim, Vol. II, The Greek Inscriptions, 1967, 108: Nr. 89.97.107.160 (lauter Patronyme) und 23: Ιωσηφ βαρ Μοχιμ. Vgl. noch die Familie Βαρβαβι in Joppe, CIJ II, Nr. 943 und 986 bei Tiberias und den rätselhaften „falschen Profeten" Bar Jesu auf Zypern Apg 13,6. Dieses Patronym ist eindeutig palästinischer Herkunft. Elymas mag sein exotisch-magischer Beiname gewesen sein (13,8). Für die ganze sonstige Diaspora des östlichen Mittelmeerraumes besteht, soweit wir sehen, praktisch Fehlanzeige. Der rabbinische Index von BILL. VI, 24f zählt dagegen immerhin 10 Namensformen mit Bar auf.

[1345] Vgl. auch Apg 1,23 Ἰωσὴφ τὸν καλούμενον Βαρσαββᾶν und 15,22 Ἰούδας mit

er nicht den „Hellenisten" angehörte, die ihre Gottesdienste in griechischer Sprache feierten, spricht trotz seiner Herkunft aus Zypern eben dieser von „den Aposteln" gegebene aramäische Beiname, der ihn eher unter die „Hebräer" einreiht, aber auch seine besondere familiäre Beziehung zur Heiligen Stadt, belegt durch die Person seines Neffen (oder Vetters) Johannes Markus, den Sohn einer wohlhabenden Maria, in deren Haus Petrus verkehrte, und weiter, daß er des Aramäischen mächtig war: sonst hätte er keinen Beinamen in dieser Sprache erhalten.[1346] Auch der Grundbesitz (sicher nicht auf Zypern) und die levitische Herkunft sind Hinweise auf diese Verbindung.[1347] Es ist unredlich, wenn man Lukas unterstellt, er habe das Λευίτης 4,36 einfach, weil es besser aussieht, hinzugesetzt, dann hätte er ihn ja gleich wirksamer zum Priester[1348] machen können. Unsinnig ist das Argument von Preuschen und Haenchen, als Levit habe er keinen heidnischen theophoren Namen tragen *dürfen*[1349], ganz abgesehen davon, daß es fraglich ist, ob ein derartiges pagan-theophores ostsemitisches Patronym verstanden worden wäre.

In Wirklichkeit gehörte Barnabas als aramäischsprechender Jude, der des Griechischen mächtig war, vergleichbar mit Männern wie Johannes Markus, Silas/Silvanus, Judas Barsabbas oder dem *Kyprier* Mnason, „einem alter Jünger"[1350], zu den „Hebräern", die am für sie verständlichen Gottesdienst in aramäischer Sprache teilnahmen. Man kann ihn zu dem Kreis der *beiden Kultur- und Sprachbereichen zugehörenden ‚Graekopalästiner'* rechnen, deren überragende Bedeutung für das Urchristentum zugunsten der ‚reinen', des Aramäischen unkundigen ‚Hellenisten' gar zu gerne unterschlagen wird. Es besteht so kein wirklicher Grund, ihn zu den – durch die gottesdienstliche Versammlung in griechischer Sprache in Jerusalem selbständig gewordenen judenchristlichen – „Hellenisten" zu rechnen, die im Anschluß an die Stephanusverfolgung vertrieben wurden. Hier müßte man erwarten, daß er zu deren Leitungsgremium der ‚Sieben' gehörte, die freilich, im Gegensatz zu ihm, alle griechische Namen besaßen (Apg 6,5).[1351] Auf der anderen Seite tut der westliche Text zuviel des Guten, wenn er Apg 1,23 den Wahlbewerber Joseph,

---

demselben Beinamen, weiter Σίμων Βαριωνᾶ Mt 16,17; Ἰησοῦς Βαραββᾶς Mt 27,16f; Βαρθολομαῖος Mk 3,18 par und Βαρτιμαῖος Mk 10,46. Alle vier sind Patronyme.

[1346] Apg 12,12–17: Die Schilderung der Vorhalle (πυλών) vor dem eigentlichen Wohngebäude und die Nennung einer Sklavin mit dem griechischen Namen Rhode beschreibt historisch zutreffend das Milieu. Lukas hat keinen Grund, diese Züge zu erfinden, da sie seinem Idealbild der Gütergemeinschaft in 2,45 und 4,32–35 eher widersprechen. Zur Verwandtschaft mit Markus, s. Kol 4,10 ὁ ἀνέψιος Βαρναβᾶ.

[1347] Ἀγρός bedeutet ein ländliches Grundstück, das landwirtschaftlich genutzt wird, aber kein Garten ist. Derartiger Grundbesitz, es konnte sich auch um ein kleines Gut oder Gehöft handeln, war in der Regel verpachtet und sicherte die Existenz von Stadtbewohnern. Grundbesitz im Heiligen Land hatte dabei für den Juden wesentlich höheren Rang als in der Diaspora. Man trennte sich von ihm in der Regel nicht freiwillig.

[1348] Apg 6,7; vgl. Lk 1,5; 10,31f: Lukas kennt den Rangunterschied genau!
[1349] S. o. Anm. 1339.
[1350] Apg 21,16; vgl. 15,22.
[1351] M. HENGEL, Zwischen Jesus und Paulus.

der Barsabbas genannt wird und den Beinamen Justus trägt, in Barnabas verwandelt. Wie leicht hätte schon Lukas bei seiner angeblichen Lust am Verfälschen ein Σ durch ein N ersetzen und ein B auslassen können, um seinen wichtigen Helden noch viel näher an den Zwölferkreis heranzuziehen.[1352] Ernster zu nehmen, da eindeutig lectio difficilior, ist dagegen die Namensform Ἰωσῆς in Apg 4,36, da sie typisch palästinisch ist und bei Lukas nicht mehr vorkommt.[1353] Ἰωσήφ wäre dann möglicherweise als biblizistische Korrektur ganz früh in den Text eingedrungen.

Die fragwürdige Abtrennung des Barnabas von Jerusalem liegt, analog zu der des Paulus, in der ahistorischen Tendenz begründet, auf den Spuren F.C. Baurs den Graben zwischen Jerusalem und Antiochien von Anfang an möglichst breit zu machen. Dahinter steht eine latente Aversion gegen das Judentum des Mutterlandes.

Gegen alle diese Versuche spricht auch die Tatsache, daß die Antiochener Barnabas und Paulus als Verhandlungsführer nach Jerusalem entsenden. Barnabas, weil er in Jerusalem großes Ansehen besitzt, und Paulus als christlichen „Schriftgelehrten", weil er – wir sehen es aus seinen Briefen – so überzeugend argumentieren kann. Dabei stand für Paulus, den besonders eifrigen und erfolgreichen „Heidenmissionar", am meisten – auch theologisch – auf dem Spiele. In Gal 2,1 gebraucht er darum bewußt den Singular ἀνέβην, zumal er ja inzwischen mit Antiochien gebrochen hat. Das κατὰ ἀποκάλυψιν (Gal 2,1) hat dagegen seine nächste Parallele in Apg 13,1–3.

Daß beide *zusammen von Antiochien* aus nach Jerusalem geschickt werden, können wir dabei nur Apg 15,2 entnehmen, dem Bericht, der hier Gal 2,1 auf interessante Weise beleuchtet. Es ist auch nicht richtig, wenn behauptet wird, daß Lukas in Jerusalem beide nur als „Statisten" auftreten lasse. In 15,4 berichten sie ausführlich von ihren Missionserfolgen. Aufgrund ihrer Erzählung kommt es zu einer hitzigen Diskussion unter den versammelten „Aposteln und Ältesten" (s. auch 11,1–3), die Petrus veranlaßt, das Wort zu ergreifen. Nach Beendigung seiner Rede berichten Barnabas und Paulus noch einmal darüber, „welche Zeichen und Wunder Gott durch sie unter den Heiden getan habe",[1354] darauf folgt die Rede des Jakobus, an deren Ende der Kompromißvorschlag des „Aposteldekrets" steht. D.h. die beiden Abgesandten aus Antio-

---

[1352] Codex D; Minuskel 6 suppl., pauci, it, vg mss.
[1353] Byzantinischer Mehrheitstext, Majuskel Ψ (044), Minuskel 33 und Syr Harklensis. Die Kurzform Ἰώση für Ἰωσήφ ist eine typisch palästinische Namensform und dort wesentlich häufiger als die biblische. Außerhalb Palästinas erscheint sie ganz selten, so in Ägypten nur einmal neben 21x Ἰωσήπ(ος) bzw. -φος. Das Rabbinenverzeichnis von BILL. VI, 91–97 nennt 47 Jose neben 8 Joseph! Lukas selbst hat in Evg und Apg noch 8mal Joseph. Die Kurzform Jose begegnet uns lediglich noch bei Mk 6,3; 15,40.47 jeweils als Genitiv Ἰωσῆτος und Mt 27,56 als Genitiv Ἰωσῆ (v.l. zu Ιωσήφ). Sollte die LA nicht ursprünglich sein, ist sie wohl im palästinischen Cäsarea in den Text gekommen.
[1354] Apg 15,12; vgl. Röm 15,19; 2. Kor 12,12; Gal 3,5; vgl. Hebr 2,4. Zu den „Zeichen und Wundern" gehört natürlich für Lukas an erster Stelle die Bekehrung von „Heiden" durch die Predigt der beiden.

chien setzen sich trotz aller Widerstände durch, ihrer Bitte um Anerkennung ihres gesetzeskritischen „Apostolats" wird durch die ersten Männer in Jerusalem, Jakobus und Petrus/Kephas, stattgegeben. Sowohl in Gal 2,9, wo Jakobus als erster und Kephas als zweiter der drei Säulen genannt wird und nur noch der aus Apg 3—4 und 8 wohlbekannte Johannes als dritte Autorität hinzutritt, als auch in Apg 15, wo die Rede des Jakobus die positive Entscheidung bringt, werden indirekt auch die Führungsverhältnisse in Jerusalem sichtbar. Wir wissen jedoch nur durch Lukas, warum hier eine Verschiebung eintrat und Jakobus Petrus von der ersten Stelle, die er in Apg 1—10 innehatte, verdrängte. Es war eine Konsequenz der Verfolgung durch Herodes Agrippa I. (s. u. S. 383 ff).

Diese relativ starke Bindung des Barnabas an Jerusalem wird schließlich auch in Gal 2,13 sichtbar, wo sich Barnabas wie die anderen Judenchristen in Antiochien durch die Furcht des Kephas/Petrus vor den Abgesandten des Jakobus „mitreißen" läßt, die eucharistische Tischgemeinschaft mit den Heidenchristen abzubrechen. Die Ausdrucksweise des Paulus läßt vermuten, daß dieser „Umfall" seines Missionskollegen nach einigem Zögern geschah,[1355] aber offenbar war *die Bindung an Jerusalem* stärker als die langjährige, auch theologisch begründete Missionsgemeinschaft mit Paulus. Wahrscheinlich ist dieser — endgültige — Bruch erst einige Zeit nach dem großen Erfolg in Jerusalem erfolgt, d. h. etwa 52, nach der sogenannten 2. Reise, von deren Abschluß Lukas änigmatisch kurz spricht und nur vom Besuch des Paulus in Cäsarea, Jerusalem (?) und Antiochien berichtet.[1356] Der Besuch des Petrus in Antiochien, der ja zunächst ohne Anstoß verlief, bis Abgesandte von Jakobus nach dort kamen, scheint einige Zeit gedauert zu haben.[1357] Nach dem Eklat von Gal 2,11 ff hätte auch der Jerusalemer Silas wohl kaum mehr Paulus als missionarischer „Paargenosse" begleitet (Apg 15,40), auch hätte sich der Apostel nach der Rückkehr von der sog. „Zweiten Reise" nicht mehr längere Zeit in Antiochien aufgehalten.[1358] Daß die dortige Gemeinde, mit der er ca. 8—9 Jahre verbunden war, außer bei der Erzählung der Katastrophe Gal 2,11 in den Briefen ganz verschwindet, zeigt die tiefe Verletzung, die auch Jahre danach noch nicht völlig verheilt ist. Dies ergibt sich aus dem Galaterbrief wie auch aus der Zurückhaltung gegenüber Petrus in den beiden Korintherbriefen. Erst in der Gefangenschaft in Cäsarea oder in Rom, wo ihm Markus offenbar wieder begegnet und sich als brauchbar erweist, scheint sich der Groll gelegt zu haben.[1359]

[1355] ὥστε καὶ Βαρναβᾶς συναπήχθη αὐτῶν τῇ ὑποκρίσει.
[1356] 18,22: καὶ κατελθὼν εἰς Καισάρειαν, ἀναβὰς καὶ ἀσπασάμενος τὴν ἐκκλησίαν, κατέβη εἰς Ἀντιόχειαν. Vielleicht erfuhr Paulus dabei, daß Petrus in Antiochien sei.
[1357] Gal 2,12 συνήσθιεν hat durativen Charakter: „aß er immer ...".
[1358] 18,23: καὶ ποιήσας χρόνον τινὰ ἐξῆλθεν.
[1359] Phlm 24; vgl. Kol 4,10. Der deuteropaulinische Kolosserbrief, wohl bald nach dem Tode des Paulus (62 oder 64 n. Chr.) entstanden, setzt die Gefangenschaft des Paulus und Aristarchos in Rom voraus, vgl. Apg 19,29; 20,4 und vor allem 27,2. S. dazu OLLROG, Paulus, 45f; FEINE/BEHM/KÜMMEL, Einleitung, 20. Aufl. 1980, 298ff hält ihn noch für paulinisch. Zu der fast pathologisch wirkenden Tendenz, Johannes Markus aus Jerusalem zu entfernen und

Vermutlich war es wegen Johannes Markus zwischen Barnabas und Paulus in Antiochien nach der Rückreise vom „Konzil" zu einer *ersten* heftigen Auseinandersetzung gekommen, die zu ihrer Trennung als Missionare führte. Barnabas ging mit Markus wieder in seine Heimatprovinz Zypern, Paulus mit Silas/Silvanus, den er seit Jerusalem näher kennengelernt hatte, nach Kilikien und über den Taurus nach Lykaonien, um dann Kleinasien zu durchqueren. Offenbar legte er – gerade nach dem „Konzil" – jetzt Wert auf einen Jerusalemer Begleiter. Gegen 2½ Jahre später, d. h. ca. 52 n. Chr., traf er Barnabas und auch Petrus in Antiochien, und als dort die Sendboten von Jakobus aus Jerusalem eintrafen, folgte der wirkliche Bruch – vielleicht der tiefste Einschnitt in seinem Leben zwischen der Lebenswende und seiner Verhaftung. Lukas mag von diesen Vorgängen gewußt haben, aber sie waren für einen Theophilos entschieden zu unerbaulich. Darum begnügt er sich mit dem Hinweis auf den „heftigen Streit" (παροξυσμός[1360]) wegen Markus Apg 15,39, der zur Trennung der missionarischen Wege, aber noch nicht zum endgültigen theologischen Bruch führte. Von dem letzten – verhängnisvollen – Aufenthalt in Antiochien berichtet er dagegen in äußerster rätselhafter Verkürzung: Vermutlich *will* er darüber nichts sagen.[1361]

Wir glauben, daß die spärlichen Angaben des Paulus über Barnabas besser verständlich würden, wenn man auch den lukanischen Nachrichten mehr Vertrauen entgegenbrächte, als es heute üblich ist. Barnabas war ein Jünger der ganz frühen Zeit in Jerusalem, der durch die Gabe der inspirierten Mahnrede und die Spende eines größeren Grundstücks Ansehen in der Urgemeinde und

---

nach Antiochien zu übertragen s. OLLROG, loc. cit.: „Auf diese Weise wurde wiederum ein Mitglied der antiochenischen Gemeinde in der Jerusalemer Urgemeinde verankert". Auf *diese* Weise läßt sich wirklich alles verdrehen. Markus wird nirgendwo in den Quellen als „Mitglied der antiochenischen Gemeinde" bezeichnet. Nach Apg 12,25 nehmen ihn Barnabas und Paulus *von Jerusalem* nach Antiochien mit. Auch wenn sich Lukas hier in Bezug auf Paulus irrt (s. u. S. 368), so kann Markus Begleiter seines Onkels gewesen sein. Anschließend begleitet er sie als „Missionsgehilfe" (ὑπηρέτης) nach Zypern (13,5), gemäß 13,13 kehrt er nach Jerusalem zurück. Auch 15,37, wo Barnabas ihn wieder als Missionsgehilfen haben will und Paulus widerspricht, wird nicht gesagt, wo er sich zuvor aufhielt; es liegt nahe, daß er Barnabas, Paulus, Judas Barsabbas, Silas etc. von Jerusalem nach Antiochien gefolgt ist.

[1360] Zur Bedeutung „heftige Erbitterung" s. o. Anm. 1000; vgl. weiter Dtn 32,16, dazu C. DOGNIEZ/M. HARL, La Bible d'Alexandrie V. Le Deutéronome, Paris 1992, 330.

[1361] Apg 18,22. Schon die Nachricht von der Ankunft in Caesarea ist änigmatisch: bezieht sich das ἀναβὰς καὶ ἀσπασάμενος τὴν ἐκκλησίαν nur auf das Verlassen des Schiffs in Caesarea oder hat er auch kurz Jerusalem besucht? Nur D Ψ Mehrheitstext gig syr berichten V. 21 vom Plan einer Festreise nach Jerusalem. Von Silas/Silvanus ist schon ab 18,5 (typisch lukanisch) nicht mehr die Rede, aber bei seiner Bedeutung in Korinth (vgl. 2. Kor 1,19 und 1. Thess 1,1) möchte man annehmen, daß er damals mitzurückgereist ist. Möglicherweise hat Paulus schon in Cäsarea erfahren, daß Petrus nach Antiochien gereist sei und daß sich der Wind in Jerusalem gedreht hatte (vgl. die späteren Vorgänge 21,4.12f), so daß Paulus selbst eilte, nach Antiochien zu kommen. Doch der Jerusalembesuch ist schon durch die Notiz 18,18, daß sich Paulus in der Hafenstadt Kenchreai noch einmal die Haare schneiden ließ, weil er ein Gelübde abgelegt hatte, anvisiert, denn der Nasiräer opferte sein Haupthaar im Tempel, s. Num 6,18; vgl. BILL. II, 749ff; A. M. SCHWEMER, Paulus in Antiochien, erscheint BZ NF (1998). Bezeichnend ist weiter in Apg 19 das Schweigen über Probleme in Korinth; vgl. dagegen 1. und 2. Kor.

bei ihren Führern gewann¹³⁶² und der, obwohl in Zypern geboren, als Griechisch und Aramäisch sprechender Levit und familiär mit der Heiligen Stadt verbunden vom Gottesdienst her zu den „Hebräern" gehörte, aber doch ein „*Verbindungsmann*" zu den „Hellenisten" war. Darum gehört er nicht zu jenen, die auf Grund der Verfolgung Jerusalem verließen. Es wäre durchaus denkbar, daß die nach Damaskus geflohenen „Hellenisten" Paulus nach seiner Rückkehr aus Arabien, als er den Besuch in Jerusalem erwog, auf Barnabas als „Verbindungsmann" aufmerksam machten. Wie vieles bleibt auch dies natürlich eine Vermutung. Daß die Jerusalemer Gemeinde an der Sonderentwicklung in Antiochien, der volkreichen Provinzhauptstadt und neben Alexandrien wichtigsten Metropole im römischen Osten, bei aller Distanz interessiert war, sollte nicht verwundern. So, wie Paulus nach drei Jahren Jerusalem aufsuchte, um sich bei Petrus zu informieren, ist es nur zu verständlich, daß im Auftrag der Gemeinde in Jerusalem der diesen Vorgängen besonders zugewandte „Verbindungsmann" Barnabas nach Antiochien reiste, um sich selbst zu informieren. Ohne immer wieder erneuerte Kontakte zwischen den alten und den neuentstehenden Gemeinden läßt sich die Ausbreitung des Urchristentums überhaupt nicht vorstellen. Schon Jesus selbst war äußerlich gesehen ein „Wanderlehrer" mit Stützpunkten in verschiedenen Orten und Familien gewesen, wobei bereits Kapernaum ein erstes „Zentrum" bildete, schon er hat seine Jünger ausgesandt, und nach Ostern war das kaum anders, nur der Rahmen wurde bald größer. Freilich gab es gewisse geographische und religiöse Grenzen, die schrittweise durchbrochen werden mußten. In Antiochien wurde durch die Entstehung einer gegenüber den Synagogen völlig selbständigen Gemeinde, in der die Beschneidung und das Ritualgesetz keine Rolle mehr spielten, wo problemlos eucharistische Tischgemeinschaft zwischen Judenchristen und „Heidenchristen" möglich war und die Heidenchristen bald überwogen, eine solche Grenze überschritten. Deshalb mußte man sich darum kümmern, und kein Mann war für solche Kontaktaufnahme besser geeignet als Barnabas, der sicher auch maßgebliche „Hellenisten", etwa seine Landsleute aus Zypern (Apg 11,20) gut kannte. Persönliche Bekanntschaft durch Besuche und darauf gegründetes Vertrauen spielte ja in diesem orientalischen Milieu ohne Post und andere Formen der „Telekommunikation" eine grundlegende Rolle. Briefe mußten durch Boten überbracht (und konnten durch diese auch bei Rückfragen erläutert) werden.¹³⁶³ Die Gefahr, von „falschen Brüdern" und Betrügern irregeführt zu werden, war groß, darum wurden auch Empfehlungsbriefe wich-

---

¹³⁶² Die Tatsache, daß diese Nachricht Apg 4,36f der idealisierten Gütergemeinschaft widerspricht (4,32–35; vgl. 2,45), erweist ihre Ursprünglichkeit. Zum Problem s. M. HENGEL, Eigentum und Reichtum, 39–42.

¹³⁶³ Apg 15,27.30f; Röm 16,2f: die Diakonisse Phöbe aus Kenchreä war sicher auch die erste „Auslegerin" dieses schwierigen Briefes in Rom neben Priscilla und Aquila; vgl. auch die Boten 2. Kor 8 und 9. Es ist bezeichnend, daß in der zu schematischen Arbeit von W.-H. OLLROG das Verhältnis von Brief und Boten nicht ausdrücklich thematisiert wird. Die Briefboten konnten schwierige Passagen der Briefe auslegen. Fast möchte man meinen, daß Paulus die Briefe mit ihnen durchgesprochen hat.

tig. Dieses Problem besteht im ganzen 1. Jh. und 2. Jh.[1364] So wie in Apg 9,26−30 sagt Lukas auch in 11,22 kein Wort über eine Legitimierung durch die Apostel. Entscheidend ist für ihn der *innere Zusammenhalt der Gemeinden* in und außerhalb Judäas, und der wird auch durch Texte wie 1. Kor 15,1−11, 9,1−6; 1. Thess 2,14; Röm 15,14−33; Gal 1,2, ja durch die echten Paulusbriefe überhaupt − trotz aller theologischen und menschlichen Schwierigkeiten − bezeugt.

Wenn Barnabas in Antiochien bleibt, so, weil er in dieser neuen wachsenden, aber noch ungefestigten Gemeinde dringender gebraucht wird als in Jerusalem und den umliegenden Gebieten, und natürlich mag es sein, daß ihm auch das offene Milieu und das weite Missionsfeld eher zugesagt hat. Deutlich wird auch − obwohl dies Lukas anders darstellt −, daß man in der Jerusalemer Urgemeinde der frühen Zeit die Gewinnung von „Gottesfürchtigen", deren Taufe trotz fehlender Beschneidung und ihre Aufnahme in die Gemeinde durch die Hellenisten *außerhalb des jüdischen Palästinas* (wenn vielleicht auch oftmals widerwillig) geduldet hat, ja daß diese Form der Mission dort nicht nur beargwöhnt, sondern von manchen sogar begrüßt wurde.[1365] Uns scheint diese anfängliche Toleranz mit der offenen Haltung Jesu gegenüber Sündern und Randsiedlern in Israel, wie auch vereinzelten Heiden zusammenzuhängen. Die Erinnerung an Jesu Verhalten muß ja während dieser ersten zehn bis zwanzig Jahre noch ganz unmittelbar kräftig gewesen sein. Wie hätte man sein Vorbild und sein Wirken so rasch vergessen können!

Daß dann Barnabas ca. 3−4 Jahre nach dem Treffen zwischen Petrus und Paulus etwa 39/40 n. Chr. diesen in Tarsus aufsuchen und in die Provinzhauptstadt holen kann, wird damit zusammenhängen, daß die kilikischen Gemeinden relativ selbständig geworden waren,[1366] während die Situation in der syrischen Metropole kritischer wurde, so daß man einen Theologen von der schriftgelehrten Kompetenz, der Argumentationskraft, der Entschlossenheit und mit dem Organisationsvermögen des Paulus dringend gebrauchte. Es könnte sein, daß die Familie des Apostels, von der wir freilich sonst nichts hören,[1367] die Bildung einer stabilen Kerngemeinde in Tarsus begünstigt hat.

[1364] Apg 18,27; 2. Kor 11,16; Gal 2,4; vgl. 2. Kor 2,17; 2. Thess 2,2.15; 3,17; 2. Tim 3,6. Negativ zu Empfehlungsbriefen des Paulus 2. Kor 3,1; s. auch C. SPICQ, Notes, 2, 864f, M. HENGEL, Evangelienüberschriften (Anm. 38), 44ff. Zu den frühchristlichen Briefen s. jetzt Ch. MARKSCHIES, Welten (Anm. 439), 25−29.203−206, der von einem „Weltreisebetrieb" spricht, an dem auch die Christen beteiligt waren (205). Zum christlichen Brief s. op. cit., 62f.97−100.203: „Es wurde viel gereist und eben soviel über Briefe ausgetauscht"; und vor allem 206−208. Vgl. Epistolari cristiani (secc. I−V). Repertorio Bibliografico a cura di C. BURINI, Vol. I−III, Roma 1990.

[1365] Gal 1,23; vgl. Apg 15,12; 21,20; zu negativen Reaktionen Apg 11,2f: persönlich gegen Petrus als führenden Apostel in Jerusalem; 15,5.7. Zur Reise des B. nach Antiochien und seiner Wirksamkeit s. den Meinungsüberblick bei A. DAUER, Paulus, 12ff.23ff.

[1366] Vgl. Apg 15,23 und 41; s. o. S. 275.

[1367] Lukas berichtet nur Apg 23,16ff positiv von dem jungen Schwestersohn in Jerusalem, gewissermaßen ein Pendant zu Johannes Markus bei Barnabas. Zur Nachricht des Hieronymus über die Herkunft der Familie des Paulus aus Gischala s. o. S. 302 Anm. 1059.

Die nun beginnende lange Lehr- und Missionspartnerschaft war nur möglich, weil zwischen den beiden bei allen Unterschieden ein grundsätzliches *theologisches Einverständnis* bestand. Barnabas, vermutlich der Ältere, mag nach außen die größere Autorität besessen haben, da er als ein Jünger seit der frühesten Anfangszeit auch in Jerusalem selbst angesehen war. Um 40 n. Chr., rund 10 Jahre nach dem Todespassa, muß es noch viele Juden – nicht nur in Galiläa – gegeben haben, die Jesus persönlich gekannt oder zumindest gehört hatten und von ihm beeindruckt worden waren. Barnabas *könnte* zu ihnen gehört haben, *insofern* würde selbst die Legende bei Clemens Alexandrinus und späteren, die ihn zu den 70 bzw. 72 aus Lukas 10,1 rechnete, an der historischen Wirklichkeit *nicht völlig* vorbeigehen.[1368] Auffallend ist, daß Lukas, der auf die Reihenfolge von Namen *secundum ordinem* Wert legt, zunächst Barnabas voranstellt;[1369] dann aber nach der großen Rede des Paulus im pisidischen Antiochien erscheint Paulus an erster Stelle,[1370] darauf wechselt er die Namensstellung wieder.[1371] Vermutlich will Lukas damit den gleichen Rang beider anzeigen; in 14,4.14 nennt er – als typisch lukanischen „Ausnahmefall", durch den er entgegen seiner üblichen Darstellung eine Hintertür offen läßt – beide „Apostel" und gibt damit vielleicht die antiochenische Auffassung bzw. die des Paulus wieder. Bei der letzten Nennung des Paares[1372] 15,35 steht Paulus vorn, vier Verse weiter werden mit der Abreise des Barnabas und Markus nach Zypern beide aus der Apg verabschiedet. Kurz zuvor war Petrus mit seiner Rede in Jerusalem und der Erwähnung seines biblischen Namens Symeon[1373] durch Jakobus dasselbe widerfahren. Beide müssen fast gleichzeitig von der Bühne abtreten. Die Figuren, die Lukas als Erzähler nicht mehr brauchen kann, läßt er gnadenlos verschwinden, was gewiß nicht heißt, daß er von ihnen nicht wesentlich mehr wußte. Man sollte daher Lukas auch im Blick auf Barnabas und den frühen Paulus nicht völligen Mangel an Informationen und den daraus resultierenden Zwang zur Erfindung unterstellen. Er läßt jedoch alles weg, was seinen Erzählfaden stört oder was er – etwa wegen seiner Anstößigkeit – nicht berichten will.

Als theologischer Denker und wohl auch als Prediger war der ehemalige Schriftgelehrte Paulus dem älteren Barnabas überlegen. Er führt daher auch bei Lukas das Wort, so schon in der Auseinandersetzung mit Elymas Barje-

---

[1368] S. o. Anm. 1303. In der späteren kirchlichen Legendenbildung bestand die Tendenz, immer mehr Namen mit dem Kreis der 70 zu identifizieren. Vgl. die Auswahl an Listen bei T. SCHERMANN, Prophetarum vitae fabulosae. Indices apostolorum discipulorumque ..., Leipzig 1907, 118–126.134-143.167–170.179–183 usw.

[1369] 11,30; 12,25; 13,2.7.

[1370] 13,43.46.50.

[1371] B./P. 14,14; 15,12.25; im Brief der Jerusalemer Gemeinde; P./B. 15,2.22.35.

[1372] S. o. S. 314–321.

[1373] Apg 15,14. Lukas hat Symeon für Petrus nur an dieser Stelle; vgl. jedoch Lk 2,25.34 und den Stammbaum 3,30. Wir finden für Petrus dagegen im Doppelwerk 15mal Simon. D. h. Lukas läßt den „Hebräer" Jakobus den Petrus mit der biblischen nichtgräzisierten Form seines Namens benennen. S. auch die künstlich archaisierende Form 2. Petr 1,1 und Anm. 1375.

su.¹³⁷⁴ Man darf annehmen, daß, wie wohl auch in sehr viel geringerem Maße bei der Begegnung zwischen Petrus und Paulus, während der langen gemeinsamen Arbeit der Theologe Paulus vor allem den Barnabas belehrt hat und daß sie in den theologisch-christologischen Grundfragen einer Meinung waren. So darin, daß Heil *allein durch Christus* gewirkt und *im Glauben an ihn* zugeeignet werde, so daß das Gesetz seine *Heils*bedeutung verloren habe und der Glaubende *sola gratia* gerettet werde. Nur auf Grund einer derartig klaren Basis war eine gemeinsame Missionsverkündigung möglich, dasselbe gilt von der gemeinsamen Vertretung des antiochenischen Anliegens in Jerusalem, daß die „Heidenmission" nicht durch die Forderung der Beschneidung und Gesetzesobservanz behindert, ja unmöglich gemacht werden dürfe.

Da aber Barnabas in der „Profetenliste" von 13,1 an erster Stelle steht, gefolgt von Symeon genannt Niger, Lukios dem Kyrenäer, Manaen, dem Vertrauten des Tetrarchen Herodes (Antipas) und Paulus, muß er auf Grund seiner Persönlichkeit und seiner Gaben wie auf Grund seines Ansehens in Jerusalem in Antiochien, *eine wichtige, ja die führende Rolle* gespielt haben. Daß Paulus am Schluß steht, erinnert an die Aufzählung 1. Kor 15,4−10 und schließt nicht aus, daß er ein erfolgreicherer Missionar und Prediger war als die anderen. Es kommt darin das Defizit des Außenseiters und ehemaligen Verfolgers zum Ausdruck, der sich auch nicht auf ein besonderes Vertrauensverhältnis zu den führenden Köpfen der Gemeinde in Jerusalem berufen kann. Auffallend ist, daß alle fünf Namen auf die palästinische Gemeinde zurückverweisen: Symeon durch seine in der Diaspora ganz seltene Namensform,¹³⁷⁵ der Kyrenäer Lucius wird wohl zu den aus Jerusalem vertriebenen Kyrenäern gehören,¹³⁷⁶ der wohl schon ältere Manaen/Mᵉnaḥem ist nicht nur durch die Namensform jüdisch-palästinisch, sondern auch durch den Hinweis, daß der Träger dieses Namens als Freund des Herodes Antipas aus der jüdisch-palästinischen Aristo-

---

¹³⁷⁴ Apg 13,10f; vgl. 13,16; 14,12, s. o. Anm. 1324.
¹³⁷⁵ CPJ 3, 191−193 finden wir für Ägypten 28 Simon, aber nur einen Symeon. In Rom finden wir 6 Simon, aber keinen Symeon, CIJ I, 616.625; NOY, Jewish Inscriptions II, Nr. 52.305 (?).310. Nur bei der Inschrift aus dem Jahr 521 n. Chr. aus Venosa (NOY, Jewish Inscriptions I, Nr. 107) besteht die Möglichkeit, den Genitiv *Symonatis patris* sowohl von Simon wie von Symeon abzuleiten. Auch in der Diaspora des Ostens, Griechenland, Kleinasien, Syrien, findet sich die Form Symeon nicht. Selbst Josephus verwendet ihn nur zweimal, ant 12,265 und teilweise bei Simon S. d. Gamaliel (bell 4,159, die Vita hat später für ihn siebenmal ‚Simon'). Dagegen erscheinen bei ihm 29 verschiedene Simon. Simon, der häufigste Name im zeitgenössischen Judentum, da der griechische Name dem hebräischen šimʿôn ganz nahe kam, s. M. HENGEL, JuH, 120 Anm. 52, hatte sich auch in Palästina weitgehend durchgesetzt, dagegen war Symeon in der Diaspora ganz ungewöhnlich geworden, wobei zu beachten ist, daß Josephus in Rom schreibt. Vgl. o. Anm. 1373 zu Apg 15,14.
¹³⁷⁶ Apg 11,20; vgl. 6,9 die Synagoge der Kyrenäer in Jerusalem, 2,10; Mk 15,21 par; s. M. HENGEL, Zwischen Jesus und Paulus, 151−206 (182ff). Er wurde schon früh − zu Unrecht − mit Lukas identifiziert; vgl. schon Apg 11,28 Codex D (p w mae) der Beginn der „Wir-Erzählung" mit der 1. Person Plur.; dazu und zur Tradition von der antiochenischen Herkunft des Lukas vgl. o. Anm. 1276.

kratie kommt.[1377] Alle fünf stammen so entweder aus dem Mutterland oder hatten sich wie Lucius und Paulus offenbar längere Zeit dort aufgehalten. Die von Lukas aufgezählten fünf Namen bildeten vermutlich in der ersten 10—15 Jahren der Gemeinde so etwas wie die Führungsgruppe, vergleichbar den Zwölf in Jerusalem und den Sieben bei den „Hellenisten" ebenda, wobei auffällt, daß von den letzten fünf der Sieben keiner als ein aus Jerusalem Vertriebener unter den fünf „Profeten" in Antiochien wieder auftaucht, etwa der rätselhafte Nikolaos, Proselyt aus Antiochien, von dem Irenäus und vor allem Clemens Alexandrinus sowie die späteren Väter so Legendär-Sonderbares zu berichten wissen und dessen Spuren wir – vielleicht – in der Apokalypse wiederbegegnen.[1378] Diese zahlreichen Namen, der „Zwölf", der „Sieben", der „Fünf" und dann wieder in den Grußlisten der paulinischen Briefe, etwa in Röm 16, zeigen uns nur, wie *wenig* wir über das früheste Christentum wissen, zugleich wird deutlich, daß dies keine anonyme Bewegung war, in der die „kollektive Kreativität" einer „Gemeinde-Theologie" vorherrschte, sondern

---

[1377] Zu Manaen s. H. W. HOEHNER, Herod Antipas, SNTS MonSer 17, 1972, 14, Anm. 2 zum Begriff σύντροφος (eher „courtier, intimate friend" als „foster brother"); s. weiter 121.132.184, Anm. 3.231.305f. Er vermutet u. a. M. sei möglicherweise „an actual eyewitness of the banquet" (Mk 6,21ff) gewesen. Das geht wohl zu weit, aber wahrscheinlich hat auch dieser Mᵉnaḥem Jesus noch gekannt. Vgl. dazu Lk 8,3: Johanna die Frau des Chusa des ἐπίτροπος des Herodes Antipas. Lukas besitzt hier – für das Urchristentum – einzigartige Personalinformationen. Antipas war 38 auf Betreiben Agrippas I. von Caligula nach Gallien verbannt worden. Papias erwähnt nach Philippus von Side eine Auferweckung der Mutter eines Μαναῖμος s. FUNK/BIHLMEYER, Apost. Väter, 1924, 138f, fr. XI = J. KÜRZINGER, Papias von Hierapolis..., Regensburg 1983, 116f, fr. 16.

[1378] Clem. Alex., Strom 2,118,3; 3,25,5—26,3; Apk 2,6.15; vgl. später Irenäus, adv. haer. 1,26,2; Tert. pud 19,4; Hippolyt, ref. 7,36,3; de resurr. GCS 1,251 (Achelis); Epiphanius, Pan 25, der ihn mit seiner angeblichen sexuellen Zügellosigkeit zu einer Vorstufe des gnostischen Libertinismus macht; s. auch Hieron., Ep. (123) ad Ctesiphontem 4, der ihn als *omnium inmunditiarum repertor choros duxit femineos* zwischen Simon Magus mit seiner Helena und Marcion mit seiner weiblichen Botin und Apelles mit Philomene einreiht. Nikolaos und die Nikolaiten wurden auch in neuerer Zeit wieder zu einem Feld der Vermutungen, s. Th. ZAHN, FGNK 6, 1900, 221—23; A. v. HARNACK, JR 3 (1923), 413—422; M. GOGUEL, RHR (1937), 1—37; N. BROX, Nikolaos und Nikolaiten, VigChr 19 (1965), 23—30; neuerdings R. HEILIGENTHAL, ZNW 82 (1992), 133—37, der in den „Nikolaiten ... Vertreter (einer) aufgeklärt skeptizistischen Richtung" sieht, „die sich bis auf die Position der Starken in den paulinischen Gemeinden zurückverfolgen läßt" und die das Aposteldekret entschieden ablehnen. Die Verbindung zu Nikolaos sei fragwürdig. Für „aufgeklärte Skepsis" war im Urchristentum freilich kein Raum. Schon N. BROX, op. cit., vermutete, die Nikolaiten hätten sich sekundär auf ihn berufen. A. FELDTKELLER, Identitätssuche, 185—187, vgl. 144, möchte nun wieder eine Verbindung zwischen Apk 2,14ff und Apg 6,5 herstellen und kommt zu phantasievollen Folgerungen: „Mit einer Wirksamkeit dieser Gruppe in oder um Antiochia würde sich erklären, daß Paulus schon mit einem antiochenischen Traditionsstück auf die Herausforderung von Nikolaiten oder deren Geistesverwandten antworten konnte, als deren Einfluß die Gemeinde von Korinth erreicht hatte" (185). Er weiß auch, daß Lukas „mit Sicherheit ... die Nikolaiten ... bekannt (waren) als eine Gruppe, die das Aposteldekret bestritten". In Wirklichkeit wissen wir von Nikolaos außer dem in Apg 6,5 Gesagten gar nichts. Unklar bleibt auch, wie die „Nikolaiten" von Apk 2 mit ihm in Verbindung stehen. Mit den späteren gnostischen Bildungen haben sie noch weniger zu tun als Simon Magus.

alles an der Autorität der einzelnen Lehrer und Profeten hing. Es konnte ja doch nur jeweils der Einzelne durch eine ganz persönliche Entscheidung Christ werden. Wir müssen vielmehr mit einer Vielzahl von Individualitäten rechnen, wobei erstaunlich ist, daß diese expansive, enthusiastisch-messianische Bewegung nicht rasch in viele Sektengruppen auseinanderfiel. Dem wirkte die Tatsache entgegen, daß die wirklich maßgebenden Missionare der frühen Zeit sich als „Apostel Jesu Christi" von dem *einen* Herrn, ausgesandt wußten und nicht *ihre* privaten religiösen Erfahrungen, sondern die ihnen anvertraute Botschaft verkündigten. Diese Bindung an die *eine* „Wahrheit des Evangeliums", d. h. letztlich an den *einen* Herrn blieb bei allem Streit der Meinungen und allen z. T. erbitterten Auseinandersetzungen, zu denen der äußere Druck hinzukam, das einende Band der Kirche in der für uns so dunklen „apostolischen Zeit". Wenn Paulus in eindringlicher Weise von „den Aposteln Jesu Christi" spricht, dann hat er gerade nicht seine eigene – gewiß schwierige – Individualität, sondern diesen ganzen uns weitgehend unbekannten Kreis der ἀπόστολοι πάντες, d. h. sie alle, die „den Herrn gesehen hatten", im Auge. Aber noch nicht genug damit. Der Gefahr der sektiererischen Zersplitterung wirkten einige überragende Persönlichkeiten als theologische Autoritäten entgegen, über die wir – freilich in ganz verschiedenem Ausmaß – dank Paulus *und* Lukas nun doch einiges wissen, die drei „Säulen" Jakobus, Petrus, Johannes, Männer wie Philippus und last but not least Barnabas und (mehr als alle anderen) Paulus.

8.2.2 Das gemeinsame Jahr in Antiochien

Lukas läßt die Wirksamkeit des Paulus zusammen mit Barnabas in Antiochien mit einem *einjährigen Aufenthalt* beginnen (11,26). Er drückt sich dabei sehr knapp und etwas ungeschickt aus, so daß ihn der westliche Text wieder „korrigiert":

„Es geschah aber, daß sie ein ganzes Jahr lang in der Gemeinde zusammenkamen und eine beträchtliche Menge lehrten."[1379] Den Hinweis auf das Jahr hat Lukas aus der Überlieferung. Sein Gedankengang ist der, daß, nachdem bereits durch die Predigt der vertriebenen „Hellenisten" eine große Zahl von Griechen zum Glauben gekommen waren (11,21) und durch die geisterfüllte Verkündigung des Barnabas eine „beträchtliche Menge" (11,24 wie 26: ὄχλος

[1379] ἐγένετο δὲ αὐτοῖς καὶ ἐνιαυτὸν ὅλον συναχθῆναι ἐν τῇ ἐκκλησίᾳ καὶ διδάξαι ὄχλον ἱκανόν. D mae (gig p* sy^hmg): οἵτινες παραγενόμενοι ἐνιαυτὸν ὅλον συνεχύθησαν ὄχλον ἱκανόν. Zu den Änderungen s. BARRETT, Acts 1, 555 z. St.: Der Satz wird vereinfacht, die Gemeinde verschwindet, und der Erfolg der Lehrer wird durch das hier positiv gebrauchte συνεχύθησαν (συγχύννω nur in Apg 2,6; 9,22 s. o. S. 141 Anm. 579; 19,32; 21,31): „Sie wurden erschüttert" verstärkt. D² kombiniert beide Lesarten, s. Nestle-Aland NTG²⁷, p. 736. Das hier verstärkende καὶ vor ἐνιαυτὸν „sogar ein ganzes Jahr" fehlt in M. Die Variante sollte im Nestle-Aland aufgenommen werden. Vgl. schon o. S. 238.

ἱκανός) gewonnen wurde, sich dies durch das gemeinsame Auftreten von Barnabas und Paulus fortsetzt. Die gemeinsame Lehre geschieht in der Gemeindeversammlung in einer oder mehreren Hauskirchen und nicht etwa auf der Straße: Lukas will damit sagen: Die schon gewonnenen Gemeindeglieder werden gestärkt und neue durch die Predigt der beiden hinzugewonnen, so daß – dies ist die letzte Konsequenz – man in Antiochien auf diese neue Bewegung aufmerksam wird und sie die neue, ungewöhnliche Bezeichnung *Christianoi* annehmen. Lake und Cadbury übersetzen freilich συνάγεσθαι „were entertained in the church for a whole year" im Sinne von „wurden von der Gemeinde gastfrei aufgenommen für ein ganzes Jahr".[1380] Da aber Lukas häufig das Verb in der Bedeutung von „versammeln" verwendet[1381], ist hier sicher das „Zusammenkommen" zum Gottesdienst gemeint. Dies entspricht auch der Realität. Der eigentliche Ort der urchristlichen „Mission" war die gottesdienstliche Versammlung. Zu ihr wurden nach der Gemeindegründung – und die liegt in Antiochien schon einige Jahre zurück – Interessierte und Bekannte eingeladen. Der missionarische Erfolg mag dagegen von Lukas, wie fast immer, stark übertrieben worden zu sein. In Gal 2,11 ff setzt Paulus keine unüberschaubar große Gemeinde voraus. „Sich versammeln in der Gemeinde" und „Lehren" gehören dabei für Lukas untrennbar zusammen. Das Auftreten in der Synagoge war bei Paulus immer nur die Vorstufe eines Gemeindeaufbaus. In Antiochien war diese Trennung schon bald nach der Gründung, vor seinem Eintreffen, geschehen. Daß sich eine ähnliche Entwicklung mit der Zeit in den meisten frühen Missionsgemeinden in Syrien und Kilikien vollzog, ist aus Apg 15,3.23.41, aber auch Gal 2,2.11 ff zu erschließen.

Die aus der Tradition stammende betonte Angabe von *einem Jahr* gemeinsamer Lehrtätigkeit in Antiochien bleibt rätselhaft. Man könnte vermuten, daß dieses Jahr die Frist bis zum Besuch des Agabus und der darauffolgenden Jerusalemreise anzeigen soll, doch dann wirkt die in V. 27 folgende ganz allgemeine Zeitangabe ἐν ταύταις δὲ ταῖς ἡμέραις störend, man würde ein einfaches μετὰ ταῦτα oder eine ähnliche Formulierung erwarten;[1382] wahrscheinlicher ist, daß Lukas mit dem Neueinsatz V. 27a die besondere Bedeutung des Besuchs des Profeten aus Jerusalem hervorheben wollte. Es geht ihm darin um ein weiteres Beispiel für die Verbindung der Muttergemeinde mit der „jungen Gemeinde", wobei die Initiative jetzt auf letztere übergeht: „It now as an adult child was able and willing to care for its mother in her need. This proved both its independence and a continuing relationship."[1383]

Auf der anderen Seite hat die exakt erscheinende Zeitangabe eine Parallele in den Nachrichten über seinen *missionarischen Aufenthalt* in anderen Groß-

---

[1380] Beginnings IV, 130, s. dazu LSJ, 1691 συνάγω Nr. 7 unter Verweis auf Mt 25,35.38, vgl. LXX Dtn 22,2; 2 Reg 11,17 u. ö., s. auch BARRETT, Acts 1, z. St.
[1381] Lk 22,66; Apg 4,5.26; 13,44; 14,27; 5,6.30; 20,7f.
[1382] Vgl. Lk 10,1; 17,8; 18,4; Apg 5,37; 7,7; 13,20; 18,1.
[1383] BARRETT, Acts 1, 559.

städten, etwa Korinth und Ephesus.[1384] In Damaskus gab Lukas nur den unbestimmten Hinweis auf eine längere Wirksamkeit, in 11,26a wird dagegen zum ersten Mal ein konkreter Zeitraum genannt. Es ist auffallend, daß im 1. Teil der Apg – mit Ausnahme von 11,26 – die allgemeinen Zeitangaben die Regel sind, daß in Korinth und Ephesus wie schon in 11, 26 bei Antiochien genauere Angaben über den missionarischen Aufenthalt in Großstädten gegeben werden, jedoch ab c. 20, wo Lukas als Augenzeuge berichtet, genaue Tagesangaben erfolgen.[1385] Er wird in seinen Zeitangaben immer bestimmter. Dieser erste exakte Hinweis auf einen Aufenthalt des Helden innerhalb der lukanischen Darstellung deutet auf gute Tradition hin und meint doch wohl, daß Barnabas und Paulus *ein ganzes Jahr* zusammen als Lehrer (und d.h. zugleich als Missionare) in der syrischen Provinzhauptstadt wirkten und nicht nach kurzer Zeit aufbrachen, um andere Gemeinden zu besuchen oder zu gründen. Das nördliche Syrien war dicht besiedelt und kulturell entwickelt. An erster Stelle wären die vier Hauptorte, die dem Gebiet auch schon im Seleukidenreich den Namen ἡ τετράπολις (μέρις) gaben, außer Antiocheia und Apameia noch die Hafenstädte Seleukeia Pieria und Laodikeia zu nennen, daneben aber viele andere wie Rhosos, Alexandreia, Nikopolis, Kyrrhos, Beroia, Zeugma, Chalkis am Belos, Epiphaneia, Hierapolis-Bambyke u.a.m. Die meisten Namen weisen die Städte als makedonisch-griechische Gründungen aus.[1386] D.h. indirekt legt diese Angabe es nahe, daß sie ähnlich wie die späteren Hinweise auf eine Aufenthaltsdauer in Korinth und Ephesus zu verstehen ist und daß der Gemeindeaufbau in einer Großstadt eine längere stabilitas loci erforderte, d.h. daß erst nach Ablauf dieses ganzen Jahres beide Missionare auch andere (nord)syrische Städte besuchten und dort Gemeinden gründeten. Vielleicht war Paulus von Tarsus aus auf ähnliche Weise in Kilikien verfahren. Es werden sich zuvor um 39/40 im nördlichen Syrien wohl nur in den Städten an der Küste[1387] einige kleinere Gemeinden befunden haben, ein Zustand, der sich dann im Laufe des nächsten Jahrzehnts, nicht zuletzt durch diese Wirksamkeit des Barnabas und Paulus allmählich änderte. Zunächst aber wurden beide ein Jahr lang in Antiochien gebraucht. Das bestätigt unsere Vermutung, daß in der Krise 38–41 die junge, noch ungefestigte Gemeinde in Antiochien, die sich gerade gegenüber den traditionellen Synagogengemeinden „verselbständigt" hatte, der inneren Konsolidierung bedurfte und daß darin die beiden Partner

---

[1384] Apg 18,11: 18 Monate in Korinth; 19,10: 2 Jahre in Ephesus; 20,31: 3 Jahre; vgl. auch Gal 1,18; 2,1; 2. Kor 12,2. S. auch o. Anm. 875.

[1385] Apg 20,6.7; 24,1.11; 24,11; 25,1.6; 27,27; 28,7.11.12.13.14.17 etc., s. A. v. HARNACK, Apostelgeschichte (Beitr. NT III), 24–33. Das ist weder Zufall noch das Raffinement eines fiktiven Apostelromans. Zur Historizität der Zeitangabe V. 26 s. J. WEISS, Urchristentum, 149f.

[1386] PW 2. R. 5, 1088 Tetrapolis Nr. 4 und 2, 1206f Seleukis 2.

[1387] Vgl. Apg 11,19; 13,4. Darüber hinaus vielleicht noch in einer Großstadt wie Apamea. Leider hören wir außer den spärlichen bzw. allgemeinen Angaben des Lukas keine Städtenamen – was wieder dagegen spricht, daß er Syrer und gebürtiger Antiochener ist. Auch die geographischen Angaben erhalten ab Apg 16 bzw. 20 eine viel größere Dichte.

zunächst ihre erste Aufgabe sahen. Dabei kann man annehmen, daß es vor allem antiochenische „Gottesfürchtige" waren, die nicht in die offen ausgetragenen Auseinandersetzungen zwischen dem militanten Antijudaismus der „Griechen" und der über den Frevel Caligulas erbitterten jüdischen Minorität, bei der die Wortführer des nationalreligiösen Eifers Einfluß gewannen, hineingezogen werden wollten, und die sich darum der in der Gesetzesfrage offenen, von endzeitlichem Enthusiasmus erfüllten neuen messianischen Gemeinde mit ihren beiden herausragenden Lehrern zuwandten. Nicht nur die lebendige Verkündigung der erhöhten Person Jesu als Gottes Bevollmächtigter, Erlöser und Richter[1388] – eines Zeitgenossen, der bis vor zehn Jahren gelebt hatte und jetzt als Herr der Gemeinde und der Welt zur Rechten Gottes thronend bald wieder erwartet wurde –, sondern auch der Mensch Jesus mußte hier eine wesentliche Rolle spielen. Paulus und Barnabas konnten die neue, in Erstaunen setzende Botschaft gewiß nicht verkündigen, ohne von diesem Menschen, seinem Tod am Kreuz und seiner Auferstehung, aber *auch* von seinem Wirken und Lehren zu erzählen. Sie haben damals nicht nur kerygmatische Formeln rezitiert, die nur Eingeweihte und auch sie nur aufgrund der Jesuserzählung verstehen konnten. Das ergibt sich schon daraus, daß Paulus jetzt der alte Jerusalemer Jünger Barnabas zur Seite stand, der – nur ca. 10 Jahre nach Ostern – gewiß über reiche Jesustradition verfügte. Ein weiteres kritisches Problem war, gerade wenn die Gemeinde wuchs, der Aufbau einer einigermaßen festen Gemeindestruktur mit – gleichwohl – charismatisch-enthusiastischen Gottesdiensten, Taufe und Herrenmahl, „heiligem Kuß"[1389], „Zungenrede" und profetisch inspirierter Rede, alles Züge, durch die man sich von der Synagoge unterschied. Entscheidend aber blieb bei beiden „Antiochener Aposteln" die *Lehre*. Hier gingen von ihnen gewiß die größten und bleibenden Impulse aus. Die 10–16 Jahre späteren Paulusbriefe stehen ja – abgesehen von einer Ausnahme – nicht am Anfang der Gemeindegründungen;[1390] vielmehr setzen sie die Entstehung von Gemeinden als gewachsene Frucht von vielen Jahren, ja aufs Ganze gesehen von fast zwei Jahrzehnten missionarischer Arbeit, verbunden mit intensivem theologischem Nachdenken, voraus, zuerst in Syrien, dann im Inneren Kleinasien und schließ-

---

[1388] 1. Thess 1,9f; 5,9; Apg 17,31.

[1389] Paulus setzt ihn in seinen Briefen als selbstverständlichen gottesdienstlichen Brauch voraus: 1. Thess 5,26; 1. Kor 16,20; 2. Kor 13,12; Röm 16,16. Bezeichnend ist, daß er in Gal fehlt. Vgl. auch 1. Petr 5,14. Sollte dieser Brauch, der die Gemeinde als „Geschwister" und „Kinder Gottes" verbindet, letztlich auf den Jüngerkreis zurückgehen (Lk 22,48 vgl. Mk 14,44 = Mt 26,48)? S. dazu G. STÄHLIN, ThWNT IX, 136–140 (138): als „Einleitung zu der folgenden Mahlfeier der Gemeinde", der „die Einheit der Gemeinde als die eine Bruderschaft ..., dh als der eschatologischen Gottesfamilie (bestätigt)": Zum kultischen Kuß s. 121f: Er unterscheidet sich auffallend von dem urchristlichen Brauch. S. auch K. THRAEDE, RAC 7, 505–519 und JAC 11/12 (1968/9), 124–180. W. KLASSEN, The sacred kiss in the New Testament, NTS 39 (1993), 122–135; Ch. MARKSCHIES, Welten (Anm. 439), 113f.183f.195.

[1390] Die einzige Ausnahme bildet 1. Thess, der wohl nur ein knappes Jahr nach der Gemeindegründung entstand. S. u. S. 451–461. Vgl. aber selbst dort die Verweise auf die Gemeinde: 1,8f; 2,14.

lich rund um die Ägäis. Der Apostel kann daher immer wieder auf andere, ältere Gemeinden verweisen. Das gilt bis hin zu den Gemeinden in Judäa.[1391] Seine eigenen Missionsgemeinden faßt er plerophorisch Röm 16,4 mit πᾶσαι ἐκκλησίαι ἐθνῶν zusammen. Sie alle sind, wie er selbst, Priscilla und Aquila zum Dank verpflichtet, weil sie einst in Ephesus für ihn mit ihrem Leben gebürgt hatten. Der Kreis dieser Gemeinden wird auch syrische und kilikische einschließen und bis nach Arabien und Damaskus zurückreichen.

Das Verhältnis des Paulus zu den anderen Profeten und Lehrern, die durchweg Juden waren – die geistige Vorherrschaft des Judenchristentums bestimmt das ganze 1. Jh. – war wie gegenüber Barnabas das des gegenseitigen Gebens und Nehmens, denn Paulus ist bei aller Eigenwilligkeit doch auch kooperativ gewesen. Dies zeigt sein späteres Verhältnis zu Priscilla und Aquila, zu dem – vermutlich ganz anders gearteten – Apollos, aber auch zu dem Jerusalemer Silas/Silvanus und zu seinen zahlreichen Begleitern wie Timotheus oder Titus. Gleichwohl wird er wahrscheinlich schon in Antiochien rasch eine *geistige* Führungsrolle erworben haben. Den überragenden Theologen und Schriftgelehrten konnte er von Anfang an nicht verleugnen, auch wenn er sich scheinbar kollektiv ein-, ja u. U. unterordnete.[1392]

8.2.3 Der Christenname

Wie schon gesagt, führte die Entwicklung in Antiochien in dieser spannungsvollen Zeit dazu, daß man *in der heidnischen Öffentlichkeit* erstmals auf die sonderbare *jüdisch-messianische Sekte aufmerksam wurde*, die sich doch erheblich von den traditionellen Synagogengemeinden unterschied und den nichtjüdischen „Sympathisanten" ohne Beschneidung das Recht voller Zugehörigkeit einräumte. Diese Aufmerksamkeit wurde nicht zuletzt durch ihr missionarisches Werben und ihre Erfolge bei Nichtjuden geweckt. D. h., die neue Sekte erschien so nicht mehr einfach als eine interne, „*rein* jüdische" Bewegung. Dabei mag die Unruhe und das Aufsehen, das sie erweckte, größer gewesen sein als ihr zahlenmäßiger Missionserfolg. Es ist auch verständlich, daß diese erste Zurkenntnisnahme in der Hauptstadt der östlichen Grenzprovinz Syrien erfolgte. In der römischen Verwaltung der kleinen Provinz Judäa, wo der Präfekt vor ca. 10 Jahren den „Sektengründer" als politischen Aufrührer hinrichten ließ, war man gewiß schon längst über das Wiederaufleben dieser messianischen Bewegung unterrichtet, sah in ihnen aber offenbar eine politisch ungefährliche endzeitliche Schwärmerei, da sie sich gerade den Widerspruch zur äußeren Gewalt auf ihre Fahnen geschrieben hatte, im Gegensatz zum fanatischen Eifer der leiblichen und geistigen Nachfahren eines Judas Galiläus

---

[1391] 1. Thess 2,14; Gal 1,22; vgl. 1. Kor 7,17; 11,16; 16,19; 2. Kor 11,28 etc.

[1392] Immerhin steht er in 13,1 in der antiochenischen Fünferliste, wenn auch als ‚Außenseiter' am Ende. Das Gal 1,14 im Blick auf seine Lehrjahre als ehrgeiziger talmid ḥakam in Jerusalem Gesagte muß in anderer Form auch für den späteren Apostel gelten.

oder den Anhängern eines Eleazar ben Dinai, die in den Verstecken der judäischen Wüste auf die nächste Gelegenheit zum Losschlagen warteten.[1393] Ja es mag dem Präfekten Pilatus, der gegen Ende des Jahres 36 n. Chr. von Vitellius abgesetzt wurde, und seinem Nachfolger Marcellus (bzw. Marullus)[1394] nur recht gewesen sein, wenn in dem von chiliastischen Hoffnungen umgetriebenen Judäa eine messianische Gruppe schon die Gegenwart als beginnende Heilszeit deutete und daher politische Gewaltlosigkeit, Loyalität und Steuerzahlung gegenüber der römischen Herrschaft vertrat. Es ist auffallend, daß wir im 1. Jh. nichts von einer römischen Verfolgung der Judenchristen in Palästina hören. Im Gegenteil: Der römische Prokurator Albinus drohte dem sadduzäischen Hohepriester Hannas II. im Jahre 62 mit einem Prozeß wegen seiner Hinrichtung des Herrenbruders Jakobus und anderer Judenchristen, und seine Vorgänger Felix und Festus gehen mit dem angeklagten Judenchristen Paulus auf relativ humane Weise um. Festus bittet, da gerade erst in die Provinz gekommen, Agrippa II. über diesen sonderbaren Gefangenen um Rat, da er von „innerjüdischen Religionsstreitigkeiten" (Apg 25,19) nichts verstehe, und schickt den Gefangenen vor das Kaisergericht in Rom. Lukas hat diesen Teil des Prozesses gegen Paulus als Augenzeuge erlebt und im Rahmen seiner Möglichkeiten sachlich berichtet.[1395]

In der Provinzhauptstadt Syriens scheint das Verhalten der heidnischen Behörden ähnlich gewesen zu sein. Vielleicht gab es sogar in dieser Frage ein gewisses Einvernehmen zwischen Caesarea und Antiochien, nachdem man auch hier diese jüdisch-messianische Bewegung – freilich in einer neuen, „universalistischeren" Form – wahrgenommen hatte. Daß diese „Wahrnehmung" zu einem Zeitpunkt geschah, als auf Grund des aberwitzigen Befehls Caligulas sich die Augen der syrischen Öffentlichkeit in besonderer Weise auf die jüdische Minderheit in ihren Städten richteten, wäre wohl verständlich. Ähnlich wie auf Grund des nabatäisch-jüdischen Konfliktes in den Jahren 34–36 n. Chr. die eschatologische Predigt des Juden Paulus in Arabien dem König Aretas IV. auffallen mußte (s. o. S. 208f), wurde jetzt alles, was in den großen jüdischen Gemeinden in Antiochien (aber auch sonstwo in Syrien) geschah, für die städtischen und römischen Behörden interessant. Es ist so unwahrscheinlich, daß die Bezeichnung „*Christianoi*" als reine Selbstbezeichnung der Christen in Antiochien aufkam, da die Bezeichnung in den neutestamentlichen Texten außer Apg 11,26 nur noch 26,28 im Munde eines Nichtchristen, König Agrip-

---

[1393] M. HENGEL, Zeloten, 319–365.
[1394] Jos. ant 18,88–89. Pilatus kam nach zehnjähriger Amtszeit erst nach dem Tode des Tiberius (16. 3. 37) in Rom an. Vitellius sandte einen seiner Freunde, Marcellus, zur Übernahme der Verwaltung nach Judäa. Vielleicht ist er identisch mit dem Jos. ant 18,237 genannten, von Caligula eingesetzten Marullus, der durch Agrippa I. 41 n. Chr. abgelöst wurde, s. SCHÜRER I, 283.
[1395] Zum Prozeß des Paulus s. H. W. TAJRA, The Trial of St. Paul, WUNT II/35, 1989; zur theologischen Deutung s. V. STOLLE, Der Zeuge als Angeklagter, BWANT 102, 1973; s. auch A. N. SHERWIN-WHITE, Roman Society and Roman Law in the New Testament, The Sarum Lectures 1960–61, Oxford 1963, 48–70.

pas II., erscheint und auch 1. Petr 4,16 um 100 n. Chr. auf erste Christenprozesse von römischen Behörden wegen des *nomen ipsum* hinweist. Vielleicht hatte sich die neue Gemeinde in der Provinzhauptstadt nach ihrer ersten Konsolidierung bei den Behörden der Stadt bzw. der Provinz Syrien als jüdische „Sondersynagoge" bzw. als „religiöser Verein", d. h. als *collegium*, συναγωγή oder ἔρανος, anmelden müssen. Leider besitzen wir über die staatlichen Regelungen bei Vereinen in den Provinzen des griechischsprechenden Ostens kaum Nachrichten.[1396] Auch in den Apostolischen Vätern begegnet die neue Bezeichnung etwa zeitgleich mit der Verfolgung durch Plinius nur noch in den Ignatiusbriefen, d. h. bei dem „Bischof Syriens",[1397] der nach einer Verfolgung seiner Gemeinde in Antiochien etwa 110–113 zur Aburteilung nach Rom

---

[1396] Caesar soll nach Sueton, Caes 42,3 alle *collegia* in Rom, außer den alteingeführten (*praeter antiquitus constituta*) verboten und Augustus soll diese Maßnahme wiederholt haben (Aug 32,2). Trajan gestattet nach Plin. minor, ep 10,92–93 in der „freien Polis" Amisos in Pontus einen Verein zur Unterstützung der Armen, der jedoch nicht zu „Massendemonstrationen und unerlaubten Versammlungen" mißbraucht werden dürfe, verbot aber in Nikomedia und an anderen Orten Handwerkervereine zum Zwecke der Feuerwehr (ep 33–34). Nach dem Christenbrief ep 96,7f hat Plinius auf Veranlassung des Kaisers Vereinsversammlungen verboten, und die Christen hätten darauf ihre (abendlichen?) Gemeinschaftsmähler aufgegeben. S. dazu A. N. SHERWIN-WHITE, The Letters of Pliny (Anm. 965),606–610.688f. Vermutlich waren jedoch religiöse Vereinigungen erlaubt und nur nächtliche Kultfeiern und Gelage verpönt, die an den Bacchanalienskandal 186 v. Chr. erinnerten, s. Livius 39,10: *permixti viri feminis et noctis licentia*; vgl. Min. Felix, Octavius 9,4: *occultis ac nocturnis sacris*; vgl. 9,6f. Erlaubt waren die Synagogengemeinden, von denen wir im Rom des 3. und 4. Jh.s allein ca. 11 oder 12 kennen, und die nach den Mitgliedern benannt wurden. S. dazu H. J. LEON, Jews (Anm. 314), 135–166 und L. V. RUTGERS, The Jews in Late Ancient Rome, RGEW 129, Leiden 1995; zur christlichen Gemeinde s. jetzt T. SCHMELLER, Hierarchie und Egalität. Eine sozialgeschichtliche Untersuchung paulinischer Gemeinden und griechisch-römischer Vereine, SBS 162, Stuttgart 1995 (Lit.). Bei der Verhandlung vor Gallio Apg 18,12ff wird wohl auch der rechtliche Status der korinthischen Gemeinde verhandelt worden und ihnen das Recht einer ‚Sondersynagoge' eingeräumt worden sein. 1. Kor und 2. Kor zeigen, daß es hier anders als in Rom, wo die Judenchristen vertrieben wurden, keine Probleme gab. Vielleicht wurden die Christen in Antiochien von den Behörden als συναγωγὴ τῶν Χριστιανῶν registriert. Zu συναγωγή für eine christliche Versammlung s. Jak 2,2; Ign. Polyk 4,2; weitere Belege bei LAMPE, PGL, 1296.

Zum *nomen ipsum* s. Plin. minor, ep. 10,96,2; vgl. dazu A. N. SHERWIN-WHITE, The Letters of Pliny (Anm. 965), 696f und die zutreffenden Überlegungen von R. FELDMEIER, Die Christen als Fremde. Die Metapher der Fremde in der antiken Welt, im Urchristentum und im 1. Petrusbrief, WUNT 64, 1992, 106–108, vgl. auch 144 mit dem Hinweis auf Acta Joannis 3, das m. E. wieder von Esther 3,8 abhängig ist. Zum Namen Christianoi s. BARRETT, Acts 1, 544f z. St.; dort ist die wesentliche neuere Literatur aufgeführt. Weiter J. TAYLOR, Why were the Disciples first called „Christians" at Antioch? (Acts 11,26), RB 101 (1994), 75ff und dazu die Kritik von H. BOTERMANN, Judenedikt, 154ff, deren mit Schärfe vorgetragenen Argumente (141–177) für die Entstehung des Christennamens zu einem späteren Zeitpunkt im Zusammenhang des Prozesses gegen Paulus ca. 57–59 (Apg 26,28), wobei der Name mit der Anklage gegen Paulus nach Rom gekommen sei, gerade für Apg 11,23 keine Erklärung bieten.

[1397] Ign. Röm 2,2. Er spricht zugleich für die „Gemeinde in Syrien" Ign. Eph 21,2; Mg 14,1; Tr 13,1; Röm 9,1, und erwähnt „Syrien" sechzehnmal, Antiochien nur dreimal, immer als Ἀντιόχεια τῆς Συρίας.

abtransportiert wird, und zwar relativ häufig, jetzt erstmals bewußt als christliche Selbstbezeichnung in der Bedeutung „wahre Christen", was wieder mit der Anklage nominis causa, d. h. der wohl seit Domitian und Trajan neuen Verfolgungssituation, zusammenhängen mag.[1398] Daneben erscheint die Bezeichnung nur noch einmal in Did 12,4. Vielleicht ist es doch kein Zufall, daß dieselbe, von den Apologeten seit Aristides abgesehen,[1399] wo sie dann verständlicherweise häufig gebraucht wird, überwiegend in solchen christlichen Texten erscheint, die entweder wie Apg 11,26 und 26,8 auf Syrien (und Palästina) hinweisen oder von dort stammen.[1400] Nach der von Malalas überlieferten Legende, die sich auf Apg 11,26 gründet, soll der erste von Petrus eingesetzte Bischof von Antiochien Euodius um 41 diesen Namen in einer Ansprache eingeführt haben anstelle der älteren Bezeichnung Nazoräer und Galiläer, Bezeichnungen, die von jüdischer Seite gebraucht worden seien.[1401] Diese Notiz, die auf eine ältere lokale Quelle zurückgeht, hat gewiß keinen historischen Wert, zeigt aber den Stolz der antiochenischen Gemeinde über die erstmalige Nennung des Christennamens in ihrer Stadt. Von den Juden kann die Bezeichnung erst recht nicht stammen, hier war weiterhin die geographische Herkunftsbezeichnung naṣrajja/Ναζωραῖοι, hebräisch noṣrim,[1402] ab-

---

[1398] In den Pliniusbriefen erscheint Christianus achtmal, dagegen siebenmal in den Ignatiusbriefen, einmal als Adjektiv Tr 6,1; vgl. besonders Röm 3,2f. Daneben erscheint bei ihm erstmals Χριστιανισμός im Gegensatz zu Ἰουδαϊσμός, s. H. KRAFT, Clavis Patrum Apostolicorum, 1963, 458.

[1399] S. E. J. GOODSPEED, Index Apologeticus, 1912, 293; Kerygma Petri nach Clem. Alex. Strom 6,5,41: Die Christen als das 3. Geschlecht.

[1400] Hier wäre noch Theophilos von Antiochien zu erwähnen, s. den Index bei v. Otto, CorpAp VIII, 1861 (1961), 340; ActThom 22.23; Ps.-Clem., Rec 4,20,4; Hegesipp bei Euseb, h. e. 3,32,3. Erst in der 2. H. des 2. Jh.s setzt sich dann der Gebrauch allgemein auch bei den Christen als Selbstbezeichnung durch und gewinnt als Bekenntnisaussage große Bedeutung in den Märtyrerakten: erstmals in MartPolyk. 10,1: Χριστιανός εἰμι, vgl. 12,2; s. auch den Brief der gallischen Gemeinden (Euseb, h. e. 5,1,10) u. ö. Die Christen in Vienne und Lyon nennen sich selbst freilich δοῦλοι Χριστοῦ oder ἅγιοι 5,1,3f, d. h. sie folgen neutestamentlich-urchristlichem Sprachgebrauch.

[1401] Chron., ed. Dindorf, 246f (MPG 97, 377) = STAUFFENBERG, Malalas, 25: Ἐν δὲ ταῖς ἀρχαῖς τῆς βασιλείας τοῦ ... Κλαυδίου Καίσαρος μετὰ τὸ ἀναληφθῆναι τὸν κύριον ἡμῶν καὶ θεὸν Ἰησοῦν Χριστὸν μετὰ ἔτη δέκα πρῶτος μετὰ τὸν ἅγιον Πέτρον τὸν ἀπόστολον τὴν χειροτονίαν τῆς ἐπισκοπῆς τῆς Ἀντιοχέων μεγάλης πόλεως τῆς Συρίας ἔλαβεν Εὐόδιος γενόμενος πατριάρχης. Καὶ ἐπὶ αὐτοῦ Χριστιανοὶ ὠνομάσθησαν τοῦ αὐτοῦ ἐπισκόπου Εὐοδ⟨ί⟩ου προσομιλήσαντος αὐτοῖς καὶ ἐπιθήσαντος αὐτοῖς τὸ ὄνομα τοῦτο· πρῴην γὰρ Ναζωραῖοι [ἐκαλοῦντο] καὶ Γαλιλαῖοι ἐκαλοῦντο οἱ Χριστιανοί. S. dazu E. PETERSON, Frühkirche, Judentum und Gnosis, Rom etc., 1959, 64f. Nach Const. apost. 7,66,4 wurde Euodios von Petrus geweiht. Die Datierung stammt aus Euseb: Nach der armenischen Chronik, ed. J. Karst, GCS 20, 1911, 214, kommt Petrus im 3. Jahr des Gaius nach Antiochien und geht von dort nach Rom, Euodius wird im 2./3. Jahr des Claudius als Bischof in A. eingesetzt, s. auch h. e. 3,22; nach der Chronik des Hieronymus, ed. R. Helm, GCS 47, 1956, 178.402, erfolgt die Gründung durch Petrus erst im 2. Jahr des Claudius. Vgl. RIESNER, Frühzeit, 107f Anm. 86.

[1402] Schon Jesus wurde so bezeichnet, vgl. Mt 2,23; 26,71; Lk 18,37; Joh 18,5.7; 19,19; Apg 2,22; 3,6; 4,10; 6,14; 22,8; 24,5: In der Anklagerede des Tertullus vor Felix; 26,9. In Lk 4,34 und 24,19 gebraucht der Evangelist dagegen Ναζαρηνός, so auch durchweg Mk 1,24; 10,47;

geleitet vom Ort Nazareth in Geltung, und daneben vielleicht auch „Galiläer".[1403] Bei den Kirchenvätern werden noch andere Autoritäten genannt, die den Christen diesen Namen gegeben haben sollen,[1404] so schreibt Chrysostomos die Namensgebung Paulus zu,[1405] Vigilius von Thapsus (5. Jh.) den Aposteln, die in Antiochien zusammenkamen: Sie hätten alle Jünger mit dem neuen Namen als Christen bezeichnet.[1406] Auch Epiphanius setzt dies voraus, wenn er betont, daß die Apostel keine Gemeinde oder Gruppe mit ihrem Namen bezeichneten, da sie nicht sich selbst, sondern Christus Jesus verkündeten, vielmehr hätten sie alle der Kirche *einen* Namen gegeben. Darum „wurden sie in Antiochien erstmals Christen genannt".[1407] Andere begründeten die Bezeichnung durch den „neuen Namen" der Knechte Gottes nach Jes 65,15 oder durch den Geist, der in Antiochien die Jünger inspirierte.[1408] Man darf jedoch daraus nicht wie Bickerman, Spicq und Botermann schließen, daß sich die Christen diesen Namen als Selbstbezeichnung beilegten, zumal das χρηματίσαι (11,26) nicht einseitig reflexiv „sie nannten sich" übersetzt werden muß. Richtig ist dagegen, daß es sich um einen ingressiven Aorist handelt und das Verb eine *öffentliche Benennung* meint: „und die Jünger hießen in Antiochien zuerst (in der Öffentlichkeit) Christianer".[1409] Wir können natürlich nicht mehr mit Sicherheit sagen, wer diese Bezeichnung erfunden hat, gewiß scheint jedoch, daß sie innerhalb der Gemeinde nach allem, was wir wissen, kaum eine Rolle spielte, sondern zunächst außerhalb derselben verwendet wurde. Auffäl-

---

14,67; 16,6. Diese zweifache Namensbildung hat ihre Parallele in der Gruppenbezeichnung Ἐσσαῖοι und Ἐσσηνοί (wohl doch von hāsāh, „fromm, gerecht", abzuleiten: s. jetzt 4Q213a fr. 314,6 in DJD XXII = Qumran Cave 4 XVII, Parabiblical texts 3, 33 u. 35); s. dazu H. H. SCHAEDER, ThWNT 4, 879–884; vgl. auch Tertullian, adv. Marc 4,8,1: *unde et ipso nomine nos Iudaei Nazarenos appellant* (CCSL 1, p. 556 Kroymann). Hieronymus, in Is 5,18 (CCSL 73, pars 1,2, p. 76): *ter per singulos dies in omnibus synagogis sub nomine Nazarenorum anathemisant vocabulum Christianum*.

[1403] Apg 1,11; 2,7; vgl. Mt 26,69 u. M. HENGEL, Zeloten, 57 ff; B. LIFSHITZ, L'origine du nom des chrétiens, VigChr 16 (1962), 70.

[1404] Zum Folgenden s. E. BICKERMAN, Studies III, 139–151 (143f) = HTR 42 (1949), 109–124.

[1405] Belege: Op.cit. 143, Anm. 30; vgl. auch KRAMER, Catenae III, 198 z. St. = Theophylaktos, MPG 125, 677: Παύλου καὶ τοῦτο κατόρθωμα.

[1406] Op. cit., 143 Anm. 28: Vigilius, C. Arian. I,138 (MPL 62, 194).

[1407] Pan 42,12,3: refut. 2 u. 26 (GCS II, 174, ed. Holl).

[1408] E. BICKERMAN, Studies III, 143f mit zahlreichen Belegen.

[1409] S. dazu B. REICKE, ThWNT 9, 470f, vgl. Röm 7,3 und LSJ, 2005 im späteren Sprachgebrauch χρηματίζειν III 2 „generally to be called". BAUER/ALAND, WB, 1766: „einen Namen führen, benannt werden, heißen"; vgl. Philo, Legatio 346; Jos. ant 8,157; 12,3 u. 5. S. auch BARRETT, Acts 1, 555f und selbst BICKERMAN, Studies III, 142, Anm. 23 als Möglichkeit „bear name". Dagegen C. SPICQ, StTh 15 (1961), 68.78 und DERS., Theologie Morale du Nouveau Testament, Paris 1965, I, 406–416: „un aorist ingressif: ,Les disciples commencèrent à se dénommer'" (409). BOTERMANN, Judenedikt, 155f: die „nächstliegende sprachliche Erklärung (ergibt), daß die Christen in Antiochia erstmalig diesen Titel *annahmen*. So verstanden, würde der Vers Apg. 19,26b (versehentlich statt 11,26b) überhaupt nichts über das „*Aufkommen*" des Christennamens aussagen, sondern die *Übernahme* des … schon gebräuchlichen Wortes durch die Christen markieren." (Hervorhebung BOTERMANN).

lig ist, darauf weist Bickerman hin, daß die neue Bewegung nicht nach dem Eigennamen ihres „Stifters", Jesus, benannt wurde, wie es in den pharisäischen Schulen Beth Hillel oder Schammai und in den griechischen Philosophenschulen der Fall war. Dies fällt umso mehr auf, als der bei Paulus vorherrschende Titel Kyrios nie mit Christos allein, sondern nur mit dem Namen „Jesus" oder „Jesus Christus" verbunden wird. Erst Epiphanius weiß davon zu berichten, daß die Christen ursprünglich alle ‚Nazoräer' und dann eine kurze Zeit Ἰησσαῖοι genannt wurden (eine Bezeichnung, die Judenchristen zur Zeit des Autors entweder von Jesse „oder vom Namen Jesu, unseres Herrn", ableiteten), bevor sie den Namen Χριστιανοί annahmen. Historische Bedeutung für die Frühzeit hat diese späte Nachricht nicht.[1410] Die Tatsache, daß die Bezeichnung vom gebräuchlichsten *Würdetitel* des „Stifters" und „Heros" der neuen Bewegung abgeleitet wird, wirft ein Licht auf die Entwicklung der Christologie in der jungen antiochenischen Gemeinde. Offenbar wurde die Bewegung mit „Christos" gekennzeichnet, weil dieser Titel, der im Begriff war, ein Name zu werden, bei ihr im Mittelpunkt stand. Wahrscheinlich gebrauchte man schon zur Beschreibung des eigenen Heilsstandes die Formel ἐν Χριστῷ/(Ἰησοῦ), und die antiochenischen Christen konnten sich darum entsprechend als οἱ ἐν Χριστῷ/Ἰησοῦ und vielleicht auch schon als σῶμα Χριστοῦ bezeichnen oder sich als δοῦλοι Χριστοῦ Ἰησοῦ oder διάκονοι Χριστοῦ verstehen.[1411] Diese *völlige Zugehörigkeit* zu der zu Gott erhöhten Person des *Christus* war das Besondere, was sie von allen anderen religiösen Gruppen, im Judentum wie auch bei Nichtjuden, unterschied. Dem entspricht, daß schon in den echten Paulusbriefen Χριστός mit 270 Belegen nach θεός an zweiter Stelle steht und mehr als die Hälfte der 531 Belege für Χριστός im Neuen Testament sich bereits bei ihm finden.[1412] Dabei verwendet er Χριστός praktisch schon wie einen Eigennamen, nur noch an einzelnen Stellen und durch die Möglichkeit des inversiven Gebrauchs Χριστὸς Ἰησοῦς (das von dem Bekenntnis m^{e}šîḥā j^{e}šu^{ae} abzuleiten ist), der bei Cognomina sehr selten ist, wird deutlich, daß es sich ursprünglich um einen Titel handelte. Im Gegensatz zu Cäsar und in gewisser Weise auch Herodes, wo ein Name zum Appelativ wird, wurde hier ein Appelativ zum Namen, wobei dieser Name die Einzigartigkeit der Heilsperson mit ihrer eschatologischen, gottgegebenen Vollmacht zum Ausdruck brachte.

Auf eine eher von außen kommende als typisch christliche Sprachschöpfung weist auch die *latinisierende* Namensform mit der Endung -ιανός/-ιανοί = -*ianus*/ -*iani* hin, die, ursprünglich ein Adjektiv, bei Beinamen eine familiäre Beziehung,

---

[1410] BICKERMAN, Studies III, 145 Anm. 37; Epiph., Pan 29,1,1 und 4,9–5,5 (GCS I,321.325f, ed. Holl). Epiphanius vermengt diese obskuren Ἰησσαῖοι mit den Ἐσσαῖοι in Philos vita contemplativa. Seine Nachricht bezieht sich lediglich auf eine judenchristliche Gruppe seiner Zeit.
[1411] Vgl. Röm 8,1; 1,1; 7,22; 12,5; 1. Kor 1,12f; 3,4.22f; 12,27; Gal 1,10; Phil 1,1.
[1412] M. HENGEL, Erwägungen (Anm. 656); s. auch D. ZELLER, Zur Transformation des Χριστός bei Paulus, JBTh 8 (1993), 155–67.

eine geographische Herkunft, ein Klientelverhältnis oder allgemein eine politische oder geistige Anhängerschaft zum Ausdruck brachte.[1413] Auf dieser Basis entstanden militärische oder politische Bezeichnungen wie Caesariani (Καισαριανοί), Pompeiani, Augustiani,[1414] Pisoniani[1415] oder auch Ciceronianus.[1416] Eine weitere Parallele, auf die vor allem E. Peterson hingewiesen hat, ist uns aus dem Neuen Testament wohlvertraut: Es sind die Ἡρῳδιανοί,[1417] d. h. Parteigänger, Klienten oder auch Glieder des umfangreichen herodianischen Hauses einschließlich der Sklaven, Freigelassenen oder Beamten.[1418] Derartige „Herodianer" gab es nicht nur in Judäa, sondern auch unter der Judenschaft Roms, zumal sich Glieder dieses Clans ständig in Rom aufhielten,[1419] aber auch

---

[1413] S. H. SCHNORR V. CAROLSFELD, Das lateinische Suffix ânus, ALLG 1 (1884), 177–194, C. SPICQ, Theologie (Anm. 1409), 411 Anm. 4: Für den griechischen Bereich „on attendrait χρίστειοι ou χριστικοί, C'est-à-dire un suffix en -ειος, -αιος ou -ικος.

[1414] Belege s. Oxford Latin Dictionary, 1968ff s. v. Augustiani; Tac., ann 14,15, Sueton, Nero 25,1 die aus Prätorianern bestehenden Claqueure Neros. Das Wort begegnet uns auch als rabbinisches Lehnwort als Soldatenbezeichnung, S. KRAUSS, Griech. und Lat. Lehnwörter, 1899, 2,9; s. auch DERS., Monumenta Talmudica, 5,148 Nr. 345/6. H. B. MATTINGLY, The Origin of the Name *Christiani*, JThS.NS 9 (1958), 26–37 sah in den Augustiniani Neros das direkte Vorbild für die Christiani, doch das ist historisch unwahrscheinlich.

[1415] Dazu u. Exkurs VI, S. 350f.

[1416] In der Regel als Adjektiv, s. Oxford, Lat. Dict., s. v., vgl. jedoch Hieronymus, ep 22,30: 'mentiris', ait, 'Ciceronianus es, non Christianus; ubi thesaurus tuus, ibi et cor tuum'.

[1417] Mk 3,6; 12,13 = Mt 22,16; Mk 8,15 v. l. (P^{45} W Q etc. statt Ἡρῴδου); vgl. Jos., ant 14,450: Die Galiläer rebellieren gegen ihre Aristokratie (δυνατοί) und ertränken τοὺς τὰ Ἡρῴδου φρονοῦντες im See Genezareth, = bell 1,326; vgl. ant 15,2. Bell 1,319 werden die Anhänger des Herodes dagegen Ἡρῴδειοι und die des Antigonos Ἀντιγόνειοι genannt. Diese gut griechischen Formulierungen entstammen Nikolaos von Damaskus, d. h. noch aus der Frühzeit. Das latinisierende Ἡρῳδιανοί ist eine spätere Bildung.

[1418] E. BICKERMAN, Les Hérodiens, in: Studies III, 22–33, s. besonders 29ff, möchte für die 3 Stellen aus den Evangelien mit Erasmus, LOISY, LAGRANGE und GOGUEL nur die Bedeutung „les gens de la suite d'Hérode Antipas" bzw. „les serviteurs d'H. A." gelten lassen, doch scheint diese Bedeutung zu eng zu sein, s. A. SCHALIT, Herodes, 479f unter Hinweis auf A. MOMIGLIANO und vor allem W. OTTO, PW Suppl 2, 1913, 200–202: Sie dachten u. a. „an die Wiederherstellung des alten Reiches des Königs" und waren zugleich entschiedene „Römerfreunde" (W. OTTO, op. cit. 201). Die Entwicklung der Herrschaft Agrippas I. ab 37 und die Wiederherstellung des alten herodianischen Reiches 41 n. Chr. zeigen, wie sehr diese Frage akut war.

[1419] Persius 5,179 ist von Juden in Rom die Rede, die den „Tag des Herodes" feiern, der Scholiast spricht davon, daß die „Herodiani" den Geburtstag des Herodes wie auch den Sabbat begehen. Die späte Deutung des Scholiasten ist freilich unsicher, s. M. STERN, GLAJ I, 436 Nr. 190. Umstritten ist auch die Inschrift CIJ 173, bei der FREY eine Synagoge der Herodier vermutete; s. dagegen H. J. LEON, Jews (Anm. 314), 159ff, dessen Ergänzungsvorschlag jedoch fragwürdig ist; dazu jetzt D. NOY, Jewish Inscriptions II, 252ff Nr. 292, der in der Synagogeninschrift den Namen Ἡροδίων liest, der in anderer Schreibung auch Röm 16,11 in der Grußadresse als jüdischer Name in Rom belegt ist und dessen Zusammenhang mit dem herodianischen Herrscherhaus offenkundig ist. Der Clan des Herodes hatte in Rom eine ganze Anzahl von Angehörigen – sowohl in der engeren Familie als auch Sklaven und Freigelassene seiner verschiedenen Paläste und ihres jeweiligen Haushalts – und darunter auch nicht wenige jüdische Sympathisanten. S. die eingehende Darstellung der jüdischen und römischen Quellen von W. HORBURY, Herod's Temple and ‚Herod's Days', in: Templum amicitiae, FS Bammel, ed. by W. Horbury, Sheffield 1991, 103–149 (bes. 123–149 mit Lit.).

in Antiochien.[1420] Herodes I. und seine Nachkommen waren mit Abstand die einflußreichste Familie von Klientelkönigen und -fürsten in Syrien und Kleinasien und ihr Einfluß in der Provinz bildete einen wichtigen politischen Rückhalt für die Judenschaft in der Provinzhauptstadt.[1421] Sicherlich besaßen Herodes Antipas und ab 37 auch Herodes Agrippa I. eine Interessenvertretung am Sitz des römischen Statthalters in Antiochien. So spricht einiges für die Vermutung von E. Peterson[1422], daß „Christianoi" eine direkte Parallelbildung zu den schon in Antiochien bekannten „Herodianoi" gewesen ist. Aber auch der Gegensatz der Pisoniani und Caesariani war in der Stadt in der Zeit vor dem Tode des Germanicus 19 n. Chr. vertraut.[1423] Dabei handelte es sich um eine im griechischen Raum ungewöhnliche Wortform, die für eine *religiöse* Sekte erst recht ein Unikum war, denn die späteren Namen wie Μαρκιανοί, Οὐαλεντινιανοί, Βασιλειδιανοί und Σατορνιλιανοί[1424] sind der älteren christlichen Wortform nachgebildet.[1425] Ihre frühe Wirkung entfaltet diese vor allem im *politischen* Bereich gegenüber den heidnischen, d. h. in erster Linie den römischen Autoritäten. Entsprechend findet sich das Wort von Anfang an bei römischen Schriftstellern, zu denen in diesem Fall, als der früheste, Josephus zu rechnen ist, der in Rom schreibt und den Namen im politischen Kontext in leicht abwertender Weise verwendet.[1426] Nach ihm folgen Plinius, Tacitus

---

[1420] Dem jüdischen König Herodes I. verdankt Antiochien den Bau eines Abschnitts der Prachtstraße. S. dazu u. S. 415.

[1421] S. dazu R. D. SULLIVAN, The Dynasty of Judaea in the First Century, ANRW II 8, 1977, 296–354. S. besonders 299 zu den vielfältigen Beziehungen der Nachkommen von Herodes und Mariamne „to the dynasties of Armenia, Pontus, Commagene, Emesa, Galatia and Parthia – as well as to smaller aristocratic houses in Arabia and west to Pergamon and Ephesus", s. dazu den Stammbaum S. 300. Vgl. Jos. ant 19, 338–341, das Treffen der Klientelkönige auf Einladung Agrippas I. in Tiberias, das den Verdacht antirömischer Ambitionen bei Marsus dem Statthalter von Syrien erweckte, der dieses – familiär-politische – „Gipfeltreffen" abbrach, indem er die Könige Antiochus von Kommagene, Sampsigeramus von Emesa, Cotys von Kleinarmenien, Polemo II. von Pontus und dem rauhen Kilikien und Herodes von Chalkis unverzüglich heimschickte; dazu SULLIVAN, op. cit., 324; DERS., The Dynasty of Commagene, ANRW II 8, 1977, 787f; D. R. SCHWARTZ, Agrippa I., 137–144. Ehreninschriften für Herodes Antipas finden sich selbst auf den Inseln Kos und Delos (OGIS 416.417), die letztere von den Athenern auf der Insel. Erst recht wird Antipas Wert darauf gelegt haben, eine Klientele in Antiochien am Sitz des Statthalters zu besitzen. Dasselbe gilt später für Agrippa I. und II.

[1422] Frühkirche (Anm. 1401), 64–87 (74–77).

[1423] S. dazu Exkurs VI u. S. 350f.

[1424] Erstmals bei Justin, dial 35,6.

[1425] E. BICKERMAN, Studies III, 31. Unerklärt ist die Bezeichnung Ἑλληνιανοί in Justins Katalog jüdischer Sekten dial 80,4. Hängt es mit den „Hellenisten" (Apg 6,1; 9,29) zusammen?

[1426] Ant. 18,64: εἰς ἔτι νῦν τῶν Χριστιανῶν ἀπὸ τοῦδε ὠνομασμένον οὐκ ἐπέλιπε τὸ φῦλον, vgl. auch 20,200: Das Testimonium Flavianum ist nur leicht interpoliert. Dieser Schlußsatz ganz im Stil des Josephus ist keine Fälschung, s. auch E. PETERSON (Anm. 1401), 82f. Josephus, der ca. 93/94 schreibt, weiß (wie 1. Petr), „daß der Name als solcher strafbar ist".

und Sueton u. a.[1427] Mit beiden Namen verbindet sich der – freilich extrem verschiedene – "Machtanspruch" zweier jüdischer Gruppen, die „offen" sind gegenüber Nichtjuden: die eine Gruppe war es politisch in Bezug auf die römische Herrschaft und die heidnischen Klientelfürsten des Ostens,[1428] die andere öffnete sich gerade in Antiochien religiös-missionarisch den „Heiden" und erkannte sie als gleichberechtigte Glieder der Gemeinde an. Der politische Machtanspruch der sich mit dem Namen Herodes verband, war eindeutig, aber auch durch den Titel „Christos", dies zeigt die Darstellung des Prozesses Jesu in den Evangelien,[1429] konnten gerade auf römischer Seite politische Assoziationen erweckt werden.[1430]

Wie nun dieser Name erstmals zustande kam, wissen wir nicht. Er *könnte* die Folge von Kontakten der neuen Sekte mit den städtischen Behörden sein, die ihre Informationen in der angespannten Situation der Jahre 39–41 auch an die römischen Provinzverwaltung weitergaben. Die Magistrate von Antiochien, stolz auf ihre guten Beziehungen zu Rom seit den Tagen des Germanicus und in ihrer Spitze z. T. selbst römische Bürger, hatten – anders als in Alexandrien –

[1427] Plinius, ep 10,96.97 (s. o. Anm. 1397); Tacitus, ann. 15,44,2, ursprünglich ironisch: *quos per flagitia invisos vulgus* Chrestianos *apellabat*, vgl. dazu Tert., ad nat. 1,3,9: *corrupte a nobis Chrestiani pronuntiamur*; apol. 3,5,3; Sueton, Nero 16,3; vgl. Claudius 25,3: *impulsore Chresto*; Mark Aurel 11,3,2; Lukian, peregrin. 11–13.16; Alexander 25.33.

[1428] Hätte Claudius nach dem Tode Agrippas I. 44 dessen Sohn Agrippa II. zum Nachfolger eingesetzt, wäre der jüdische Krieg vermieden worden. Die späteren Kirchenväter vermuteten, daß die Herodianer für ihre Herren messianische Ansprüche erhoben, s. dazu E. BICKERMAN, Studies III, 23f; A. SCHALIT, Herodes, und W. HORBURY, Herod's Temple (Anm. 1419), 111ff.128, aber auch R. RIESNER, Frühzeit, 109 („Aspirationen ... als messiasähnlicher Herrscher anerkannt zu werden") nahmen an, daß dies wirklich der Fall war. Doch diese Meinung geht sicher zu weit. Herodes und seine Nachfahren waren als Juden der Ansicht, daß ihre Herrschaft und auch die Roms auf Gottes Willen beruhe, so wie auch Josephus die römische Macht als gottgegeben betrachtete und diese Ansicht gegenüber den Zeloten vertrat. „Eschatologische Aspirationen" sollte man bei ihnen nicht vermuten. Der Tempelbau galt als Erweis des göttlichen Segens für die Gegenwart und war ein Prestigeobjekt wie die Erweiterung der Tempelanlagen in Damaskus und anderen hellenistischen Städten in augustäischer Zeit.

[1429] Vgl. Mk 14,61; 15,21–26.32: der bewußte Wechsel von „Christos" und „König der Juden", der seinen Ursprung im historischen Verlauf des Prozesses Jesu selbst hat.

[1430] Gerade im griechischsprachigen Bereich erhielt die Endung -ιανός in Verbindung mit einem Herrschernamen politische Bedeutung; s. Appian, bell. civ 3,91: Oktavian und seine Anhänger und Truppen: οἱ Καισαριανοί, P. Gnomon 241 = Der Gnomon des Idios Logos, ed. W. SCHUBART, BGUV 1, 1210, neben dem typisch griechischen Καισάρειοι bei Cassius Dio 69,7; 78,16; vgl. Appian, bell. civ 3,82: Πομπηιανοί, Epiktet, diss 1,19,19: Καισαριανοί für Angehörige des kaiserlichen Hauses, 3,24,117: kaiserliche Beamte; 4,13,22: Würdenträger des kaiserlichen Hofes; Plutarch, Galba 171: κολασεῖς τῶν Νερωνιανῶν: Die Bestrafung der Anhänger Neros; zum Adjektiv s. Epiktet, diss 4,5,18; Plin. d. J., ep 3,7,10: *ultimus ex Neronianis consularibus*. S. auch Oxford Latin Dict. s. v. zu Galbianus, Othonianus, Vitellianus und Flavianus, die sowohl als Adjektive, vor allem als Ausdruck der Zugehörigkeit, wie auch als Substantive für die Anhänger gebraucht werden können. Weitere Belege bei BICKERMAN, Studies III, 145ff und SPICQ, Theologie 1 (Anm. 1409), 411f. Absurd ist auf diesem vielfältigen sprachlichen Hintergrund die Vermutung, daß die Bezeichnung Ἡρῳδιανοί Mk 3,6.12 sich „einer redaktionellen Bildung des Mk" verdanke, so W.J. BENNET jr., The Herodians in Marc's Gospel, NT 17 (1979), 9–14, und K. MÜLLER, NBL 2, 122–124.

ein positives Verhältnis zur römischen Provinzverwaltung. Auffallend ist, daß man von römischer Seite die Christen zunächst gewähren ließ. Erst in Rom kam es im Zusammenhang mit der Vertreibung der Judenchristen unter Claudius im Jahre 49 und dann in der grausamen neronischen Verfolgung 64 n. Chr. zu ernsthaften staatlichen Maßnahmen, offenbar, weil man – entsprechend der großen römischen Toleranz in religiösen Dingen – die neue Bewegung trotz ihrer missionarischen Aktivitäten in den ersten Jahrzehnten – mit Recht – zunächst politisch für relativ harmlos hielt.

Texte wie Röm 13, aber auch Mk 12,13–17 erhalten auf diesem historischen Hintergrund eine größere Bedeutung, als ihnen häufig zugemessen wird. Das gilt für Paulus wie für alle Gemeinden, die durch die neue missionarische Arbeit der „Hellenisten" gegründet wurden. Antiochien in den Krisenjahren 38–41 bildete gewissermaßen eine erste Bewährungsprobe, etwa zu der Zeit als Barnabas Paulus in die syrische Hauptstadt holte, der selbst als scharfsinniger theologischer Denker, umsichtiger Gemeindeorganisator und als in ca. sechs oder sieben Jahren selbständiger Verkündigung erfahrener „Heidenmissonar" kein unbeschriebenes Blatt mehr war. Das *eine* Jahr in Antiochien, mit dem ihre relativ lange gemeinsame Arbeit begann, wird – wie schon gesagt – für die junge Gemeinde *eine Zeit der Konsolidierung* gewesen sein. Daß sie damals auch von den städtisch-staatlichen Autoritäten unter dem Namen „*Christianoi*" mit seinem politischen Beiklang wahrgenommen wurden, ist durchaus verständlich und war einmal ein Zeichen für ihren – wenn auch in kleinem Rahmen – wachsenden missionarischen Erfolg, trotz aller Spannungen zwischen Juden und Griechen, und zum andern Ausdruck ihrer exklusiven Zugehörigkeit zu dem gekreuzigten und auferstandenen Messias Jesus von Nazareth. Indem sie den Titel „Christos" zum *Eigennamen* machten, bekannten sie zugleich indirekt, daß der *eine* Träger dieses (Würde-)Namens *der einzige wahre* „*Gesalbte*" *Gottes* sei.[1431] Selbst der Jude Josephus zögert ant 20,200 nicht, ihn so zu nennen. Die Nichtjuden, für die die titulare Bedeutung von Χριστός wie der Christusname unverständlich waren,[1432] haben auf Grund des Itazismus rasch den für sie unverständlichen Namen „Christos" mit dem Sklavennamen „Chre-

---

[1431] Sib 5,68 wird ganz Israel θεόχριστοι genannt. Aber dies bleibt eine in den uns verfügbaren Quellen einmalige Ausnahme; gegen M. KARRER, Der Gesalbte. Die Grundlagen des Christustitels, FRLANT 151, Göttingen 1991, 231, der es für eine „stereotypisierte, im Autoren- und Adressatenbewußtsein festverankerte Wendung" hält. Die Christen waren durch den Sohn zu „Söhnen Gottes" geworden (Röm 8,17.19.23) und sind mit dem Geist „gesalbt" (2. Kor 1,21 vgl. Apg 10,38.44ff; 1. Joh 2,20.27), sie werden aber nie zu „Christoi", sondern nur „Christianoi", solche, die Christus zugehören. Mit der Geistsalbung hat die Bezeichnung schlechterdings nichts zu tun. Dazu J. M. SCOTT, Adoption as Sons of God, WUNT II/48, Tübingen 1992. Vgl. zum Tragen des „Namens des Sohnes Gottes" durch die Gläubigen dann Hermas, Sim 9,13–17 (90,7; 91,5; 92,2; 94,4), der aber immer noch den Terminus Χριστιανοί meidet.

[1432] LSJ, 2007 s. v.; vgl. 1170 νεόχριστος „newly plastered"; W. GRUNDMANN, ThWNT 10, 485: „aufstreichbar, aufgestrichen, gesalbt, substantiviert τὸ χριστόν die Salbe, das Aufstreichmittel ... Außerhalb der LXX und des NT ... wird χριστός niemals auf Personen bezogen".

stos" verwechselt, und, wie schon Tacitus zeigt, aus „Christianoi" „Chrestianoi/ Chrestiani" gemacht.[1433]

Exkurs VI: Die Piso-Inschrift und die Bezeichnung Christianoi

In Antiochien war sicher nicht in Vergessenheit geraten, daß hier der beliebte Germanicus nach einer heftigen Auseindersetzung mit dem römischen Statthalter in Syrien Cn. Calpurnius Piso (24.5. 5 v.Chr. – 10.10. 19 n.Chr.) starb. Piso wurde in seinem anschließenden Prozeß vor dem Senat unter anderem vorgeworfen, daß seine Anhänger im Heer zu seiner Freude *Pisoniani* genannt, während die Parteigänger des Germanicus sich als *Caesariani* bezeichneten.[1434]

Dieses senatus consultum, das am 10. Dezember 20 n.Chr. erlassen wurde, spiegelt die Vorwürfe gegen Piso und den Prozeß genauer als die Berichte des Tacitus[1435] und anderer Historiker. Z. 54–57 der rekonstruierten Fassung der Inschrift lautet: *sed etiam donativa suo nomine ex fisco principis nostri dando, quo facto milites alios* **Pisonianos**, *alios* **Caesarianos** *dici laetatus sit, honorando etiam eos, qui post talis nominis usurpationem ipsi paruisse[n]t.* D.h. Piso habe Geldbeträge aus dem kaiserlichen Vermögen in seinem eigenen Namen an die Soldaten verteilt, um sie für sich zu gewinnen; danach habe er sich erfreut gezeigt, daß der eine Teil der Soldaten sich *Pisoniani*, der andere *Caesariani* nannte und habe erstere geehrt.[1436] In Z. 159–165 wird die Treue der

---

[1433] S. o. Anm. 1427 zum Claudiusedikt; dazu R. RIESNER, Frühzeit, 87 ff; weiter Tacitus, ann 15,44,1. Völlig abwegig ist die Meinung von M. KARRER, Der Gesalbte (Anm. 1431), 175 ff; 222 ff; 227 f; 363–376; 406 u. ö. Das maskuline Χριστός war für Griechen unverständlich. Weder kann der maskuline Titel Χριστός von allgemeinen Salbungsvorgängen im Tempel abgeleitet werden, noch ist Dan 9,26 LXX (μετὰ τοῦ χριστοῦ) neutrisch, sondern bedeutet wie Theodotion Dan 9,25f den gesalbten Hohenpriester, noch konnten heidnische Hörer aufgrund von der Verwendung von Öl im Kult oder der Salbung mit Ambrosia im Mythos eine Brücke zum Verständnis dieses wichtigsten Titels Jesu herstellen, der die Mission erleichterte. Die messianischen Texte aus Qumran zeigen auch die Unhaltbarkeit seiner Thesen über die vorchristliche jüdische Messiaserwartung. Dagegen war dem Gottesfürchtigen aus der Synagoge der Titel χριστός durch die LXX bekannt. Hier waren die Königspsalmen 2;18 (LXX 17); 20 (19); 84 (83); 89 (88); 104 (105); 132 (131) wesentlich. Die Arbeit ist ein typisches Beispiel dafür, wie man sich von falschen Voraussetzungen ausgehend mit irreführenden Textinterpretationen und Argumenten so einspinnt, daß man aus dem eigenen Kokon nicht mehr herauskommt.

[1434] S. dazu W. ECK (Anm. 1148), 196–201; DERS./A. CABALLOS/F. FERNÁNDEZ, Das senatus consultum de Cn. Pisone patre, Vestigia 48, München 1996, 42 f.175 f; Vgl. A. M. SCHWEMER, Paulus in Antiochien, erscheint in BZ NF 1998. Zum Streit zwischen Germanicus und Piso und dem Prozeß gegen letzteren s. auch W. ECK, Artk. Calpurnius [II 16], Neuer Pauly II, 946 f.

[1435] ECK/CABALLOS/FERNÁNDEZ, senatus, 109 ff.289–295.

[1436] ECK/CABALLOS/FERNÁNDEZ, senatus, 42; Üs.: 43: „indem er auch Geldgeschenke in seinem eigenem Namen aus dem Privatvermögen unseres Prinzeps gewährt habe, mit dem Effekt, daß die einen Soldaten Anhänger des Piso, die anderen Anhänger des Caesar genannt worden seien". Piso mußte wissen, „welche Konnotationen dieser Parteibegriff hatte" (op. cit. 176). Aufgrund seiner Großzügigkeit nannten ihn die Soldaten „Vater der Legionen". ECK betont: Piso stellte sich damit wahrscheinlich nicht gegen Tiberius, dessen Anhänger sich ja wohl Augustiniani genannt hätten, sondern gegen Germanicus, dessen Anhänger sich Caesa-

Soldaten gelobt, die sich nicht zur Teilnahme an Pisos Verbrechen verleiten ließen, sondern *qui fidelissuma pietate salutare huic urbi imperioq(ue) p(opuli) R(omani) nomen Caesarem coluissent*, obwohl Piso grausam seinen Willen durchsetzte und sogar einen Centurio, der römischer Bürger war, kreuzigen ließ (Z. 51f)[1437]. Das senatus consultum, in dem Pisos Vergehen verzeichnet waren, wurde in allen Provinzen veröffentlicht. So war es z. Z. der ersten Christen in Antiochien dort in griechischer Sprache auf einer Bronzetafel zu lesen, denn Z. 170f schreibt vor, „daß dieser ... Senatsbeschluß auf einer Bronzetafel eingraviert in der meistbesuchten Stadt jeder Provinz und auf dem meistbesuchten Platz der betreffenden Stadt öffentlich angebracht werde".[1438] In der Provinz Syrien war Antiochien nicht nur die größte Stadt, die als Sitz des Statthalters entsprechend „meistbesucht" war, sondern bot sich auch als Publikationsort an, weil sich hier die Vergehen ereignet hatten. Caligula war nicht nur als Sohn des Germanicus, sondern auch als „Wohltäter" – nach dem schweren Erdbeben – in Antiochien sehr populär. Diese Beobachtungen sprechen dafür, daß die Bezeichnung Christianoi etwa in der Zeit der Caligula-Krise aufgekommen ist. Die Notiz in Apg 11,26b scheint daher von Lukas mit Bedacht und gutem Grund an diese Stelle gestellt worden zu sein.[1439] Die Hervorhebung des gekreuzigten Centurio im Prozeß beleuchtet außerdem den Anstoß, den die Predigt vom gekreuzigten Messias für Juden und Heiden bedeuten mußte.

8.2.4 Der Profetenbesuch und das profetisch-ekstatische Milieu in Antiochien

Auf die Nachricht über das einjährige gemeinsame Wirken von Barnabas und Paulus in Antiochien und die Bezeichnung „Christianoi" für die „Jünger" läßt Lukas 11,27–30 den Besuch von Profeten aus Jerusalem in der syrischen Hauptstadt, die Weissagung eines von ihnen, Hagabos, über die Hungersnot

---

riani nannten. Erst im Prozeß gegen Piso nach dem Tod des Germanicus wird allein die Loyalitätsverletzung des ersteren offiziell gerügt und erhält als Anklage Gewicht.

[1437] ECK/CABALLOS/FERNÁNDEZ, senatus, 42f: „Dabei habe er auch beispiellose Grausamkeit an den Tag gelegt, da er ohne gerichtliche Untersuchung ... sehr viele Leute mit der Todesstrafe belegt habe, und nicht nur peregrine (Soldaten), sondern auch einen Centurio, einen römischen Bürger, ans Kreuz habe schlagen lassen (*centurionem c[ivem] R[omanum] cruci fixisset*)". Vgl. op.cit., 169ff zur rechtlichen Lage. Ob Piso über die Auxiliarsoldaten ebenfalls die Kreuzigung verhängt hat, wird nicht ausdrücklich gesagt, ist aber bei der Hervorhebung der Grausamkeit wahrscheinlich. Diese Nachricht widerlegt H.-W. KUHN, ANRW II 25,1, 1982, 687, der sich darauf beruft, daß Kreuzigungen in den ersten eineinhalb Jahrhunderten n. Chr. in Syrien nicht überliefert sind. Er verkennt völlig die Quellenlage, daß wir von Josephus abgesehen, der von zahlreichen Kreuzigungen in Judäa berichtet, kaum historische Nachrichten für Syrien aus dieser Zeit besitzen. Wenn Piso einen Centurio und römischen Bürger kreuzigen ließ, werden Kreuzigungen wegen schwerer Verbrechen bei den einfachen Peregrini auch in Syrien die Regel gewesen sein.

[1438] ECK/CABALLOS/FERNÁNDEZ, senatus, 50f.268ff. Weiter wird vorgeschrieben, daß dieses senatus consultum im jeweiligen Winterlager der Legionen im Fahnenheiligtum aufzubewahren sei. In der „Garnisonsstadt" Antiochien wird es also doppelt vorhanden gewesen sein und wurde sicher zum Tagesgespräch in der Stadt.

[1439] Vgl. zur Auseinandersetzung mit H. BOTERMANN: A.M. SCHWEMER, Paulus in Antiochien (Anm. 1434).

unter Claudius und die Entsendung des „Barnabas und Saulos" mit einer Unterstützung nach Jerusalem folgen. Auf gedrängtestem Raum berichtet er so sehr verschiedene Dinge, und es ist zunächst nach seinem erzählerischen Zweck und darauf nach dem historischen Hintergrund des Berichteten zu fragen.

Lukas leitet den neuen Abschnitt mit einer unbestimmten „Übergangsformel" ein, die er mit leichten Variationen gerne verwendet, um Neues einzuführen.[1440] Bei Lukas treten hier zum ersten Mal *christliche Profeten* auf, nachdem er in der Pfingstrede des Petrus Apg 2,17 mit dem Zitat von Joel 3,1 (LXX) den Anspruch der urchristlichen Gemeinde begründet hatte, den ihr als endzeitliche Gabe geschenkten Gottesgeist und das Charisma der Profetie in reichem Maße zu besitzen.[1441] Eigenartig ist freilich, daß er dann in der Apg bis 11,27 über urchristliche Profeten schweigt und diese in der Apg überhaupt nur insgesamt viermal erwähnt.[1442] Von alttestamentlichen Profeten spricht er dagegen 26mal. Man kann daraus schließen, daß zu seiner Zeit die Bedeutung der ‚Profeten' in den großen Gemeinden zugunsten des stärker institutionalisierten Amtes der Ältesten schon zurücktrat, ja daß er als ‚Mann der Ordnung' ihnen relativ kritisch gegenüberstand. Aber er weiß natürlich um ihre Bedeutung und Wirksamkeit, die für ihn vor allem auf Judäa und Syrien konzentriert ist. Im Raum der paulinischen Mission spielen sie für Lukas offenbar keine wesentliche Rolle mehr.[1443] Aber auch bei Paulus tauchen die Träger des profetischen Charismas nur wegen der Mißstände in Korinth 1. Kor 11—14 auf, wo uns zugleich ein lebendiges Bild des enthusiastischen urchristlichen Gottesdienstes vermittelt wird. Die Mahnung an die Gemeinde in Thessalonich:

„Die Gabe der Profetie verachtet nicht, den Geist dämpfet nicht."

zeigt, daß dieses charismatisch enthusiastische Geistverständnis ein ganz selbstverständlicher, für die neugewonnenen Juden- und Heidenchristen jedoch neuer Bestandteil der paulinischen Gemeindegründungen war und wohl auf den Brauch der älteren syrisch-kilikischen Gemeinden zurückgeht.[1444] Im deuteropaulinischen Epheserbrief erscheinen etwa zeitgleich mit Lukas die Profeten als feste Institution in Ämterreihen eingefügt, „Apostel, Profeten,

---

[1440] Ἐν ταύταις δὲ ἡμέραις, vgl. Lk 6,12; 23,7 Apg 1,15; 6,1 u.ö. s. E. PREUSCHEN, Apostelgeschichte, 27 u. o. S. 337.

[1441] Lukas hat in 2,17 im Joelzitat das μετὰ ταῦτα der LXX durch ein ἐν ταῖς ἐσχάταις ἡμέραις ersetzt und am Ende von V. 18 ein die vorhergehende Schilderung zusammenfassendes καὶ προφητεύσουσιν hinzugefügt. Vgl. J. JERVELL, Sons of the Prophets: The Holy Spirit in the Acts of the Apostles, in: DERS., The Unknown Paul (Anm. 30), 96—121 (112).

[1442] S. noch 13,2 die fünf προφῆται καὶ διδάσκαλοι in Antiochien; 15,32 Judas Barsabas und Silas aus Jerusalem in Antiochien; 21,10 Hagabos in Caesarea; vgl. dazu noch Lk 11,49.

[1443] Hier taucht das Verb nur noch nach der Taufe der Johannesjünger und der Handauflegung durch Paulus als Zeichen der Geistverleihung Apg 19,6 auf: ἐλάλουν τε γλώσσαις καὶ ἐπροφήτευον.

[1444] 1. Thess 5,20 vgl. auch Röm 12,6, eine kritische Mahnung, die wohl ebenfalls mit durch die korinthischen Erfahrungen beeinflußt ist. Bei C. FORBES, Prophecy, fehlt eine Untersuchung zum palästinisch-syrischen Raum, seine Studie ist vor allem an den klassischen griechischen Quellen und dem Ägypten der hellenistischen Zeit orientiert. Auch das frühe Judentum kommt zu kurz.

Evangelisten, Hirten und Lehrer",[1445] vermutlich eine Weiterführung der Charismataliste in 1. Kor 12,28f, wo abgesehen von „Apostel" noch keine fixierten „Ämter" beschrieben werden. Ca. 10−20 Jahre nach Lukas finden wir eine ausgesprochen „anticharismatische" Tendenz bei Mt und 1. Clem.[1446]
Dagegen hat die *Didache* mit ihren „wandernden Propheten, die freilich z. T. im Begriff sind, seßhaft zu werden (13,1)",[1447] das alte charismatische Profetentum erhalten. Sie kommt wohl aus dem südsyrisch-palästinischen Raum, nicht aus der Großstadt Antiochien, da sich dort, wie die Ignatiusbriefe zeigen, zu Beginn des 2. Jh.s der monarchische Episkopat mit Ältesten und Diakonen uneingeschränkt durchgesetzt hat.[1448]
Diese Beschreibung der „Apostel und Profeten" in der Didache, die fast austauschbar sind,[1449] sowie von wandernden und ortsansässigen Profeten, die als besondere Autoritäten galten und eng mit den „Lehrern" verbunden werden, da sie beide die im Judentum den Priestern vorbehaltenen landwirtschaftlichen Erstlingsfrüchte (ἀπαρχή) erhalten, ja sogar als „Hohepriester" der Gemeinde bezeichnet werden können,[1450] ist ein Unikum und verweist, wie die Eucharistiegebete, z. T. auf eine wesentlich frühere Zeit. Auch beim Gottesdienst werden sie gemeinsam genannt. Die als „Bischöfe und Diakone"[1451] Gewählten dienen in diesem mit demselben Dienst wie die „Profeten und Lehrer" und sind wie diese „die (von Gott) Geehrten".[1452] Hier wird in der spätesten Schicht jener Umbruch sichtbar, der die Kirche seit den letzten Jahrzehnten des 1. Jh.s gründlich veränderte. Insgesamt deutet die Didache in

---

[1445] Eph 4,11 vgl. 2,20: „Apostel und Profeten" als die „Grundämter", ähnlich 3,5. Zu den Evangelisten vgl. Apg 21,8: Philippus. Später galt der εὐαγγελιστής als nicht apostolischer Missionar. 1. Tim 1,18 und 4,14 sucht später um 110−120 n. Chr. einen Ausgleich zwischen monarchischem Amt und Profetie, indem er letztere bei der Auswahl des Amtsträgers mitwirken läßt. Epheser könnte dagegen zeitlich Lukas näherstehen, vertritt jedoch einen entschiedenen „paulinischen" Standpunkt. Vgl. 1,1 zum Apostolat des Paulus.

[1446] Mt 7,22f; vgl. die falschen Profeten Mk 13,22 werden verdoppelt in Mt 24,11 und 24. In Mt 28,20 fehlt jeder Hinweis auf eine Geistausgießung, dafür wird das Halten der Gebote eingeschärft; vgl. auch die einzigartige Hervorhebung des christlichen Schriftgelehrten 13,52. Christliche Profeten werden nur 23,24 in der bezeichnenden Klimax „Profeten, Weise, Schriftgelehrte" und 10,41 „Profet, Gerechter" erwähnt. Vgl. Lk 11,49 Q, hier heißt es ursprünglicher „Profeten, Apostel". 1. Clem erwähnt nur 17,1 und 43,1 die alttestamentlichen Profeten. Eine umso größere Rolle spielen die Apostel und die von ihnen eingesetzten Presbyter, s. u. Anm. 1592−1595. Diese Spannung setzt sich im 2. Jh. fort.

[1447] K. NIEDERWIMMER, Die Didache, KAV 1, Göttingen 1989, 79.

[1448] NIEDERWIMMER, 80. Bei Ignatius sind immer die alttestamentlichen Profeten gemeint, auch Philad 5,2 vgl. 9,2. Fast möchte man annehmen, daß bei ihm und Mt die große Bedeutung der Profeten in Syrien und Palästina gegen Ende des 1. Jh.s eine Gegenbewegung ausgelöst hat.

[1449] Did 11,3: der Apostel, der drei Tage bleibt, ist ein Pseudoprofet; vgl. auch Lk 11,49 Q „Profeten und Apostel" (= Boten) als Hendiadyoin. Anders Eph 2,20; 3,5; vgl. u. Anm. 1491.

[1450] Did 13,1−3: αὐτοὶ γάρ εἰσιν οἱ ἀρχιερεῖς ὑμῶν.

[1451] Vgl. Phil 1,1. In den Apost.Const. 7,31,1 sind die Presbyter ergänzt, s. NIEDERWIMMER, Didache, 241.

[1452] Did 15,1: ὑμῖν γὰρ λειτουργοῦσι καὶ αὐτοὶ τὴν λειτουργίαν τῶν προφητῶν καὶ διδασκάλων.

ihrer „Rückständigkeit der kirchenrechtlichen Entwicklung"[1453] auf ein ländliches, einstmals judenchristlich geprägtes Milieu hin, wo sich alte charismatische Formen leichter erhielten als in den größeren Stadtgemeinden, in denen sich vermutlich von Jerusalem her beeinflußt die festen Ämter der (Diakone,) Presbyter und Bischöfe früher durchsetzten.

In einem weiteren christlichen Text aus dem frühen 2. Jh. aus Syrien, der *Ascensio Jesaiae*, begegnen wir der Beschreibung eines profetisch-ekstatischen, vom Geist erfüllten Gottesdienstes. In c. 6 wird erzählt, daß sich der Profet Jesaja beim König Hiskia befand. Obwohl man ihm einen Sitz angeboten habe, wollte er im Stehen sprechen, und alle Prinzen, Eunuchen und Ratgeber des Königs versammelten sich, um die „Worte des Glaubens und der Wahrheit" zu hören, die er sprach. Davon hätten 40 Profeten aus den umliegenden Gegenden erfahren und seien gekommen, damit sie nicht nur seine Worte hören könnten, sondern er ihnen auch die Hand auflege[1454] und sie selbst profezeien könnten und Jesaja ihre Profetie hören (und prüfen[1455]) könnte.

„6 Und als Jesaja mit Hiskia die Worte der Wahrheit und des Glaubens sprach, hörten sie alle, wie eine Tür[1456] geöffnet wurde, und die Stimme des Heiligen Geistes. 7 Und der König rief alle Profeten und alle Leute, die da waren, zusammen. Und sie kamen. ... 8 und sie alle hörten die Stimme des Heiligen Geistes, sie warfen sich alle nieder auf ihre Knie und priesen den Gott der Wahrheit, den Allerhöchsten in der höchsten Welt, der in der Höhe thront, den Heiligen, der unter den Heiligen ruht.[1457] 9 Und sie gaben dem die Ehre, der so gnädig solch eine Tür in einer fremden Welt geöffnet hat, sie gnädig einem Menschen gegeben hat. 10 Doch während er mit dem Heiligen Geist sprach und alle es hörten, wurde er still, sein Geist wurde von ihm in die Höhe genommen und er sah die Männer, die vor ihm standen nicht mehr. 11 Seine Augen waren noch offen, aber sein Mund schwieg, und der Geist seines Leibes wurde von ihm in die Höhe genommen. 12 Aber sein Atem war noch in ihm, denn er sah eine Vision. ... 14 Und alle Leute, die dabei standen, dachten, außer dem Kreis der Profeten, er sei hinweg genommen worden (gestorben)."[1458]

[1453] NIEDERWIMMER, Didache, 242.

[1454] Vgl. Apg 8,18f; 1. Tim 4,14; 2. Tim 1,6: Beide Texte deuten auf einen älteren Brauch hin.

[1455] Vgl. 1. Kor 14,29; 1. Thess 5,21. Zur Handauflegung der Apostel als Mittel zur Verleihung charismatischer Geistesgaben s. Apg 6,6.8; 8,15−19; vgl. auch jetzt institutionalisiert 1. Tim 4,14; 2. Tim 1,6. In Hebr 6,2 gibt es darüber schon eine feste διδαχή.

[1456] Zu dieser Metapher für die ekstatisch-visionäre Öffnung der Trennung zwischen irdischer und himmlischer Welt vgl. Apk 4,1. Jesaja wird visionär vom irdischen zum himmlischen Gottesdienst entrückt (vgl. 9,27−10,6) und sieht danach das Kommen Christi auf die Erde, das Erdenleben, Kreuzigung und die Erhöhung Christi. Vgl. auch Mk 1,10 par; Jes 63,19 LXX.

[1457] Vgl. Jes 57,15 (LXX): κύριος ὁ ὕψιστος ὁ ἐν ὑψηλοῖς κατοικῶν τὸν αἰῶνα, ἅγιος ἐν ἁγίοις ὄνομα αὐτῷ, κύριος ὕψιστος ἐν ἁγίοις ἀναπαυόμενος. Vgl. 1. Clem 54,3; Apost. Const. 8,11,2.

[1458] Zur Üs. vgl. E. NORELLI, Ascension d'Isaïe, Apocryphes. Collection de proche de L'AELAC, Brepols 1993, 121f; M. A. KNIBB, in: J. H. Charlesworth (Hg.), OTP II, 164f. Vgl. den Kommentar von NORELLI, op. cit., 66f: „le récit présuppose sans doute une pratique

Aus seiner realistisch geschilderten Trance wieder erwacht, berichtet der Prophet dann von seiner Himmelreise. Ähnlich erzählt der christliche Schluß der Paralipomena Jeremiae c. 9 anachronistisch die visionäre Entrückung Jeremias. Nur ereignet sich diese während des Tempelgottesdienstes, während der Profet das Trishagion spricht. Sowohl AscJes wie ParJer schildern die (Christus-)Visionen der alttestamentlichen Profeten von der Erfahrung des christlichen profetisch-ekstatisch geprägten Gottesdienstes her.

Paulus selbst berichtet nach 2. Kor 12,2f eine solche ekstatische Himmelsreise, die er 14 Jahre vor Abfassung des Briefes, etwa 42 n. Chr., d. h. während seiner Wirksamkeit *in Antiochen* bzw. *in Syrien* erlebt haben muß. Er weiß dabei nicht, „ob er in oder außerhalb seines Leibes" war.[1459] Dies ist u. W. der einzige authentische ‚autobiographische' Entrückungsbericht aus der Antike. Paulus hält ausdrücklich den Zeitpunkt dieses Erlebnisses fest, aber nicht den Ort, an dem er sich damals befunden hat. Dem Kontext der „Narrenrede"[1460] entsprechend berichtet er mit großer Zurückhaltung. Diese „Reserve" hat gute Gründe. Einmal berufen sich offensichtlich seine Gegner auf „Erscheinungen und Offenbarungen des Herrn", deshalb muß (δεῖ) Paulus ja auf dieses Thema eingehen.[1461] Er tut dies gezwungenermaßen und mit knappen Worten. Denn das Renommieren (καυχᾶσθαι) mit ekstatischen Erfahrungen ist ihm persönlich zuwider und „nützt nichts" im Hinblick auf seine Verteidigung und scheint ihm auch nicht geeignet, um die Gegner von seiner apostolischen Vollmacht zu überzeugen. Paulus kann als Zeugen für dieses Geschehen allein Gott selbst anführen. Er hatte für dieses Erlebnis keine menschlichen Zeugen, die ihm (wie in AscJes und ParJer) hätten sagen können, in welchem körperlichen Zustand er sich dabei befunden hatte. Bei aller Knappheit unterstreicht Paulus die Ungewöhnlichkeit dieses Erlebnisses durch einen „doppelten" Bericht über das eine Ereignis. Die Wahl der 3. Person betont die Distanz gegenüber dem Prahlen mit Offenbarungen und die Unbegreiflichkeit des Geschehens, von dem nur Gott Sicheres weiß. Gleichzeitig versichert Paulus, daß er bei der vollen Wahrheit bleibt (2. Kor 11,31) und als Apostel eben nicht nach „dem Übermaß" der ihm widerfahrenen Offenbarungen, sondern nach dem, was man von ihm persönlich sieht und hört, beurteilt werden will (2. Kor 12,6b). Mit der zweimaligen Verwendung von ἁρπάζομαι, dem t. t. für Entrückungen, der Angabe, daß er sich im 3. Himmel befunden habe, den er zur Verdeutlichung mit dem Paradies identifiziert, und der Auskunft, daß er dort Worte gehört habe, die man nicht aussprechen dürfe, umreißt er das Geschehen.

---

commune à l'auteur et aux lecteurs envisagés. Ils connaissent des liturgies réelles ... au cours desquelles se produisent des phénomènes extatiques" (66). Jetzt E. NORELLI, Ascensio Isaiae, CC.SA 7, Turnhout 1995, 76ff; CC.SA 8, Turnhout 1995, 325ff.

[1459] Vgl. U. HECKEL, Kraft, 56–66.

[1460] Er stellt den Bericht über die Entrückung zwischen die hastige Flucht im Korb über die Stadtmauer von Damaskus und die Schilderung seiner ebenfalls unrühmlichen Krankheit.

[1461] 2. Kor 12,1 dient der Überleitung und nennt als neues Thema „Erscheinungen und Offenbarungen des Herrn"; vgl. HECKEL, Kraft, 54 Anm. 9.55.

Diese kurzen Andeutungen müssen nach der Sicht des Paulus für die Korinther hinreichend und eindeutig gewesen sein. Für uns bleiben sie dunkel und rätselhaft, denn Paulus deutet das, was er gehört hat, nur an und schweigt über das, was er gesehen haben muß, denn er kann den Ort seiner Entrückung als himmlisches Paradies identifizieren. Er beschreibt nur das „Daß" seiner Entrückung, nicht das „Wie". Gleichwohl weist ihn dieses Erlebnis zusammen mit anderen ähnlicher Art als „Apokalyptiker" aus. Die Verbindung von drittem Himmel und Paradies ist in VitAd und slHen belegt.[1462] Dort finden wir auch die Unterscheidung zwischen irdischem und himmlischem Paradies. Das himmlische Paradies ist der Ort der verstorbenen Gerechten und der dorthin ohne vorherigen Tod Entrückten,[1463] die von ihrem himmlischen Ruheort die Engel sehen und ihren Lobpreis hören.[1464] Zumeist geht man selbstverständlich davon aus, daß der dritte Himmel für Paulus der höchste war, denn, wenn er nicht im höchsten Himmel gewesen wäre, würde seine Argumentation nur den Gegnern Anlaß zum Spott geben.[1465] Aber die Spekulation über die Zahl der Himmel liegt Paulus fern, auch wenn die Siebenzahl ihm nicht unbekannt gewesen sein kann.[1466] Das in 2. Kor 12,2−4 geschilderte visionäre Erlebnis kann sich auch nicht direkt auf die apostolische Sendung des Paulus bezogen haben,[1467] eher verdankt Paulus dieser Entrückung, die sich ihm als ganz ungewöhnlich – neben anderen visionären Erlebnissen – eingeprägt hat, apo-

---

[1462] VitAd 37,3ff; 40,1 (gr. Text in: DENIS, Concordance Grecque des Pseudépigraphes d'Ancien Testament, Louvain-la-Neuve 1987, 817); vgl. ApkMos 7−8; dazu M. D. JOHNSON, Life of Adam and Eve, in: J. Charlesworth (ed.), OTP II, 1985, 251−255, der für die verschiedenen Versionen der Adam Viten eine hebräische Grundschrift und Herkunft aus Palästina (1. Jh. n. Chr.) annimmt. Zu slHen 8,1−9,1; 31,1f; 42,3 s. C. BÖTTRICH, Das slavische Henochbuch, JSHRZ V/7, 1995, 846−852.922ff.953f. Im slHen steht das irdische Paradies mit dem himmlischen durch den Paradiesesbaum in Verbindung, der im irdischen Paradies wurzelt und dessen Zweige das himmlische bedecken. Auf diese Weise ist das irdische Paradies offen bis zum dritten Himmel, aber abgeschlossen gegenüber dieser Welt (42,3 vgl. 71,28).

[1463] Vgl. grHen 25,7: „der bereitet hat solche Dinge den gerechten Menschen"; äth Hen 38,2; 39,4.5; 63,1.5; 4. Esr 7,32.36.38.80.91; 8,52: „Denn für euch ist das Paradies geöffnet, der Baum des Lebens gepflanzt, die kommende Welt bereitet, die Seligkeit vorbereitet, die Stadt erbaut, die Ruhe zugerüstet." u. ö.

[1464] Lk 23,43; Apk 22,1; vgl. slHen 31,2; 71,28f zur Entrückung Melchisedeks ins Paradies und Aufbewahrung für seine endzeitliche Funktion als Hoherpriester. Zu den ἄρρητα ῥήματα vgl. HECKEL, Kraft, 62 (Lit.); vgl. weiter u. Anm. 1466.

[1465] So auch HECKEL, Kraft, 61.

[1466] Die sieben himmlischen Heiligtümer und ihr Gottesdienst werden schon in den ShirShabb aus Qumran geschildert. Die Worte der Engel werden nicht mitgeteilt, sondern indirekt beschrieben. Sie sind einfach „wunderbar" (פלא). In den ShirShabb wird auch um die Qedusha ein Geheimnis gemacht. Vgl. A. M. SCHWEMER, Gott als König und seine Königsherrschaft in den Sabbatliedern aus Qumran, in: M. Hengel/dies., Königsherrschaft Gottes und himmlischer Kult, WUNT 55, 1991, 45−118 (97). Die ἄρρητα ῥήματα des Paulus haben nichts mit der Mysteriensprache zu tun, sondern sind ein typisch apokalyptisches Motiv. Mit nur drei Himmeln rechnet eine Bearbeitungsschicht von TestLev 2f; s. dazu J. H. ULRICHSEN, Die Grundschrift der Testamente der Zwölf Patriarchen, AUP Hist.Rel. 10, Uppsala 1991, 191.

[1467] So Th. ZAHN vgl. RIESNER, Frühzeit, 242.

kalyptische „Geheimnisse", wie 1. Kor 15,51 oder über das Geschick der „Entschlafenen" und den Ablauf der endzeitlichen Ereignisse, mit der er die Thessalonischer tröstet (1. Thess 4,13−17), oder die Überzeugung, daß die himmlischen und zukünftigen Dinge, die „kein Auge gesehen und kein Ohr gehört hat", die „Gott denen bereitet hat, die ihn lieben", ihm durch Gottes Geist offenbart sind.[1468] Inspirierte Deutung der profetischen Schriften und visionäre Entrückung stellen für Paulus keinen Gegensatz dar, sondern ergänzen sich.

Ähnliche Erfahrungen wird man auch bei seinen Gegnern in Korinth, die wohl aus Palästina oder Syrien kommen, voraussetzen dürfen. Sie waren vermutlich Vertreter der Petrusmission. Auch Petrus selbst wird als Visionär geschildert.[1469]

Die Bedeutung der frühchristlichen Geistträger für die ersten Jahrzehnte der neuen sich relativ rasch ausbreitenden Bewegung ist größer, als ihre eher zufällige Bezeugung im Neuen Testament und späteren Texten vermuten läßt. Die Wurzeln sind ganz und gar jüdisch. Sie beruhen auf der Gewißheit der Urgemeinde, daß ihr als dem wahren Israel der Endzeit der Geist der Profeten wiedergegeben sei. Eine Abhängigkeit von paganen Orakeln oder ekstatisch-orgiastischen Kulten ist nicht nachzuweisen, bestenfalls kann man vermuten, daß Heidenchristen die Geistphänomene, etwa in Korinth, auf diese Weise mißverstanden, zumal gerade diese missionarisch wirksam waren. Die Erscheinung christlich-profetischer Ekstatik läßt sich bis zum Montanismus, zu Tertullian, den Akten der Perpetua und Felicitas, den ägyptischen Märtyrern, die sich als Nachfolger Elias verstehen, ja bis hin zu Cyprian verfolgen. D. h. sie stirbt erst im 3. Jh. aus und wird kurze Zeit später durch das Mönchtum erneuert.[1470]

[1468] 1. Kor 2,9; vgl. Jes 64,3; 52,15; 65,16 u. ö. Schon Hieronymus (Comm. in Is 17) fand in AscJes 11,34 und in der ApkEl das ‚Schriftzitat' von 1. Kor 2,9 vor. Zum Problem der Ursprünglichkeit in AscJes vgl. NORELLI, Ascensio Isaiae, CCSA 8, 1995, 590ff. Die Ausgestaltungen der Himmelsreise des Paulus in der koptischen Paulusapokalypse (NHC V/2) und in der Visio Pauli (ca. Ende 4. − Anfang 5. Jh. s. H. DUENSING/A. DE SANTOS OTERO, NTApo II, ^{5}1989, 645) tragen nach, was dem kurzen Bericht in 2. Kor 12,2ff ‚fehlt', so den Aufstieg zum 10. Himmel (NHC V/2, 24,5) bzw. eine ausführliche Beschreibung der Gerechten und der Verdammten und ihrer jeweiligen Aufenthaltsorte, aber auch die Vision von Vorhang, Altar, dem himmlischen Gottesdienst vor Gottes Thron (c. 44) etc. Jüdische Himmelsvorstellungen gehen hier nahtlos in christliche über. Zur Auslegung von 2. Kor 12,2ff bei den Kirchenvätern s. HECKEL, Kraft, 62−66.

[1469] Apg 10f; 12,7−10 vgl. 1. Kor 15,4 und die bunte Ausmalung in den späteren Petruslegenden. S. dazu R. A. LIPSIUS, Apostelgeschichten II,1, 176f.218. Nach den Actus Petri cum Simone c. 5 hat Petrus eine Christusvision am Ende der 12 Jahre nach der Himmelfahrt, bei der ihn der Herr ohne Verzug nach Rom sendet (AAA, ed. Lipsius/Bonnet, I, 49); bekannt ist die Begegnung mit dem Herrn vor der Kreuzigung: Mart. Petri c. 6 (AAA I, 88).

[1470] Eine wirklich befriedigende, in die Tiefe gehende Darstellung der frühchristlichen Profetie ist noch immer ein Desiderat. Zum Thema s. E. FASCHER, ΠΡΟΦΗΤΗΣ, Gießen 1927, der jedoch den spezifisch jüdischen Hintergrund gegenüber einer sehr allgemeinen religionsgeschichtlichen Umschau vernachlässigt; grundlegend immer noch R. RENDTORFF/R. MEYER/G. FRIEDRICH, Artk. προφήτης, ThWNT VI 781−863; G. DAUTZENBERG, Urchristliche Prophetie, BWANT 104, 1975 beschränkt sich weitgehend auf 1. Kor 12−14; D. A. AUNE, Prophecy in Early Christianity, Grand Rapids 1983, dort 263−266 zu Apg 11,28; 21,11

Lukas läßt sie u. U. auch deshalb zurücktreten, weil in seiner idealisierenden Darstellung der Anfangszeit nach Apg 2,17f (= Joel 3,1) zunächst alle Christen der Gabe des profetischen Geistes teilhaftig sein sollten. Dies gilt für Petrus,[1471] Stephanus,[1472] Philippus,[1473] aber auch für Paulus und Barnabas, d. h. daß ähnlich wie später noch in der Didache die Grenze zwischen „Apostel" und „Profet" oder auch „Lehrer" und „Profet" fließend sind – wenn wir von der einzigartigen „dogmatischen" Funktion der Zwölf Apostel bei Lukas, Matthäus und in der Johannesapokalypse absehen. In 13,1f werden in der Gemeinde in Antiochien fünf „Profeten *und* Lehrer"[1474] aufgezählt, die bei Gebet und Fasten eine missionarische Weisung des Heiligen Geistes empfangen. Das Fasten bereitete die Offenbarungen und Visionen des Geistes vor und „intensivierte" das Gebet.[1475] Barnabas, „der mit profetisch inspirierter Mahnrede Begabte"[1476], wird als erster, Saulus/Paulus als letzter genannt. Wer nun Profet und wer Lehrer ist, wird nicht unterschieden, offenbar sollen alle fünf beides, Profeten und Lehrer,[1477] sein, obwohl später in 14,4 u. 14 der erste und der letzte auch den Aposteltitel erhalten.

In 15,32 werden Judas Barsabbas[1478] und Silas/Silvanus, der Partner des Paulus auf der sogenannten 2. Reise, in auffallender Weise als Profeten hervorgehoben.[1479] D. h. das „Amt" des Profeten ist in der Darstellung des Lukas

---

und 13,2, gibt eine weitausholende Darstellung unter vorwiegend formalen Gesichtspunkten; K. O. SANDNES, Paul (Anm. 640) beschränkt sich auf profetische Motive in den Briefen des Paulus. M. FRENSCHKOWSKI, Offenbarung (Anm. 245), 166–176 geht auf die frühchristliche Profetie nur am Rande ein; zu FORBES, Prophecy s. o. Anm. 1257.1444. Zu der Zeit vor Konstantin vgl. D. FRANKFURTER, Elijah in Upper Egypt. The Apocalypse of Elijah and Early Egyptian Christianity ..., Minneapolis 1993; DERS., The Cult of Martyrs in Egypt before Constantine: The Evidence of the Coptic Apocalypse of Elijah, VigChr 48 (1994), 25–45; C. M. ROBECK jr., Prophecy in Carthago, Perpetua, Tertullian, and Cyprian, Cleveland 1992.

[1471] Apg 4,8ff; 5,1–11; 10,9ff.

[1472] Apg 6,8; 7,55f.

[1473] Apg 8,26.39 vgl. dazu Hes 11,24 und 1. Kor 18,12; weiter seine vier profetischen Töchter Apg 21,9, dazu Papias und Polykrates v. Ephesus, Euseb, h. e. 3,39,9; 3,31,3 und 5,24,2.

[1474] Διδάσκαλος erscheint nur hier in der Apg.

[1475] 13,2.3; vgl. auch 14,23; 1. Kor 7,1f. Das Fasten vor dem Offenbarungsempfang ist zudem in frühjüdischen Apokalypsen sehr häufig vgl. Dan 9,3; 10,2ff; 4. Esr 5,13.20; 6,31.35; 9,23; 12,51; syrBar 9,2; 12,5; 21,1; weiter vor Heilungen dazu die alte v. l. Mk 9,29 mit dem Zusatz μετὰ νηστείας und Mt 17,21; vgl. VP 4,2f (Daniel-Vita). Zum „Bußfasten" des Paulus nach seiner Christusvision s. o. Anm. 591.

[1476] S. o. Anm. 1336–1338.

[1477] Die Verbindung von „Profet und Lehrer" ist jüdisches Erbe. Nach der Nathan-Vita der VP ist der Profet Nathan in einem typischen Anachronismus „Davids Lehrer im Gesetz"; dazu SCHWEMER, VP II, 196ff.

[1478] Wie weit er mit dem 1,23 genannten Anwärter für die Zuwahl zu den Zwölfen Joseph genannt Barsabbas mit dem Beinamen Justus zu tun hat, bleibt unklar. Letzterer wird von Papias nach Philippus von Side erwähnt s. frg. 11 FUNK-BIHLMEYER = frg. 11 KÜRZINGER. Vermutlich hat Papias die Apg gekannt.

[1479] Καὶ αὐτοὶ προφῆται ὄντες. 1. Thess 1,1 und 2. Kor 1,19 tritt Silas/Silvanus (sein aramäischer und lateinischer Name hat seine beste Parallele in Šāʾûl/Paulus) als gleichberech-

nicht eindeutig fest abgegrenzt und definiert, ähnlich wie auch bei Paulus in 1. Kor 12 und 14, der wünscht, daß möglichst viele, ja alle die Gabe der „profetischen Rede" besäßen.[1480] Dies hängt vielmehr vom freien Wirken des Geistes ab: Wer sich durch die vielgestaltige Gabe geistlicher Offenbarungserkenntnis und -rede ausgewiesen hatte, konnte Profet genannt werden, wobei, dies zeigt wieder 1. Kor 12,29; 14,29−32.37 die Zahl solcher Charismatiker in den Gemeinden nicht gering war. Auf der anderen Seite gab es einzelne, wenige Profeten, die sich durch extraordinäre „parapsychologische" Gaben, etwa eindrückliche Visionen, die Zukunftsweissagung, das „Gedankenlesen" oder „Heilungsgaben" auszeichneten. Als einen solchen läßt Lukas paradigmatisch den Hagabos in seinem Werk auftreten.

Diese Form des profetischen Charismatikertums, das in den paulinischen Missionsgemeinden begegnet, hat seinen Ursprung im frühesten Gottesdienst der Gemeinden in Palästina und wenig später in Syrien. Während in den kleinen zerstreuten ländlichen Gemeinden Galiläas und Judäas und den Grenzgebieten wandernde Profeten wirkten, erforderten die großen Städte Syriens längere Aufenthalte und eine größere stabilitas loci. So sehr Paulus und Lukas zwischen Apostel und Profeten aus theologischen Gründen differenzieren, in ihrer charismatischen Wirksamkeit in missionarischer und ermahnender Predigt verbunden mit Exorzismen und Heilungsgabe werden sie sich wenig unterschieden haben.

Das Amt, dem die Zukunft gehörte, war freilich nicht das der Profeten oder das irgendeiner Art von rigorosen „Wandercharismatikern"[1481], deren Bedeutung in der heute verbreiteten Sozial-Romantik gerne überbetont wird, sondern − Lukas sieht das sehr deutlich − die ortsfesten Presbyter, deren Heimat wie bei den Profeten in Palästina, genauer in Jerusalem zu suchen ist.[1482] Dadurch daß Lukas 11,27 *„Profeten aus Jerusalem* nach Antiochien herabkommen" läßt, in 11,29f dagegen „durch Barnabas und Saulus" als Boten eine Kollekte aus Antiochien *„zu den Ältesten" in Jerusalem* gesandt wird, deutet er erstmals eine Verschiebung der Perspektiven und der kirchlichen Entwicklung an: Das Schwergewicht der Ereignisse wird gemäß seiner Erzählung zunächst nach Norden und dann nach Westen verlagert. Die Verfolgung durch „König

---

tigter Partner neben Paulus. Timotheus steht wie einst Johannes Markus bei Paulus und Barnabas als Missionsgehilfe (13,5; 16,3; 17,14; 18,5) an dritter Stelle.

[1480] 1. Kor 14,1.6.26ff vgl. 11,4f.
[1481] S. dazu o. Anm. 151.188.596.
[1482] Apg 11,30 erscheinen sie erstmals allein, 15,2.4.6.22f; 16,4 zusammen mit den Aposteln; 21,18 als Kreis um den monarchischen „Herrenbruder" Jakobus. Nach 14,23 vgl. 20,17 haben Barnabas und Paulus in den Gemeinden Lykaoniens „Älteste" eingesetzt. Das entspricht 1. Clem 44.47.57, hat aber keinen Anhalt in den Paulusbriefen. Es ist natürlich nicht auszuschließen, daß Paulus vor seinem Abschied aus der Ägäis 56/7 „Älteste" bestellt hat. 1. Clem beruft sich ja gegen Ende des 1. Jh.s auf die von den Aposteln in Korinth eingesetzten „Presbyter". Sie hätten „von jenen oder danach von anderen anerkannten Männern unter Zustimmung der ganzen Gemeinde" (41,3) ihr Amt erhalten. In den Pastoralbriefen und bei Ignatius ist Bischofs- und Ältestenamt fest installiert.

Herodes" (Agrippa I.) in Jerusalem in c. 12 bedeutet dann nur ein folgenschweres Zwischenspiel.

Die urchristliche Profetie als das wichtigste Phänomen der durch den Geist geschenkten Charismata kann in ihrer Bedeutung für die Ausbreitung der neuen jüdisch-endzeitlichen Bewegung gar nicht überschätzt werden. Es war gegenüber den angesprochenen Juden der ostentative ‚Beweis' für die Erfüllung der profetischen Verheißungen, für den Anbruch der letzten Zeit, ja für die Antizipation der messianischen Heilszeit und zugleich ein Machterweis des zur Rechten Gottes erhöhten Messias Jesus. Allein seinem Heilswerk ist die Gabe des Geistes zu verdanken, auch wenn Gott selbst als Geber genannt wird. In dieser ekstatischen Geistbegabung verband sich exzeptionelles religiöses Erleben mit transzendenter Erfahrung – sie wird damals so attraktiv gewesen sein wie heute die charismatischen Pfingstgemeinden,[1483] die ja z.T. erstaunliche missionarische Erfolge aufzuweisen haben. Kein Wunder, daß in Korinth die sicht- und greifbaren Manifestationen des Geistes besonders geschätzt wurden. Jüdische wie heidnische Gottesdienstbesucher konnten hier zu dem Bekenntnis genötigt werden: „Gott (d.h. der eine wahre Gott, der Gott Israels) ist wahrhaftig in euch!"[1484] Für Juden war dabei das Argument wichtig, daß hier die verbreitete schriftgelehrte Ansicht vom Ende der Inspiration seit Esra ihre Gültigkeit verloren hatte.[1485] Der bei den noṣrîm wirksame Gottesgeist vermochte die alten Profeten zu überbieten, er öffnete die Herzen für die Botschaft des Evangeliums[1486] und ließ ganz neue Gottesoffenbarungen Wirklichkeit werden.[1487] Andere Manifestationen des endzeitlichen Geistes waren Krankenheilungen, Exorzismen und die Erfahrung „wunderbarer" Erlebnisse aller Art. D.h. *im Geiste offenbarte sich die Fülle des im Glauben bereits gegenwärtigen Heils*, eben darum besaß er so viele Aspekte und wirkte zahlreiche Charismata recht unterschiedlicher Art, wobei für Paulus als die entscheidenden geistlichen Gaben „Glaube, Liebe und Hoffnung" im Mittelpunkt standen,[1488] da es für ihn nicht mehr so sehr auf die ekstatisch-wunderhaften Züge, sondern auf die die glaubende Existenz begründende, neuschaffende Kraft des Geistes ankam. Im Grunde sind Männer wie Paulus und Barnabas

---

[1483] Gal 3,4; 4,5f; Röm 8,9ff.14ff; 1. Kor 2,12f; 3,16; 6,11; 12,7ff u.ö.

[1484] 1. Kor 14,25 (Zitat von Jes 45,14).

[1485] Vgl. dazu M. HENGEL, „Schriftauslegung" (Anm. 566), 20−28.

[1486] 2. Kor 4,13; vgl. Gal 5,3; 1. Kor 2,4; 12,3 u.ö. Zur „Überbietung" der Profeten s. 1. Petr 1,10−12.

[1487] 2. Kor 2,6−16 und vor allem V. 10: ἡμῖν δὲ ἀπεκάλυψεν ὁ θεὸς διὰ τοῦ πνεύματος. Die Ausführungen des Paulus haben hier nichts mit einer „Gnosis in Korinth" zu tun, sie sind auf dem Hintergrund der paulinischen Christologie (Gal 1,12) und ihren apokalyptischen Voraussetzungen zu verstehen. S. auch 2. Kor 3,12−19. S. schon Jesus selbst Lk 10,23 = Mt 13,16f; Lk 16,16 Q; vgl. Joh 8,56; 11,13; 1. Petr 1,10.

[1488] 1. Thess 1,3; 5,8; 1. Kor 13,13. In neuer Form beschreiben die joh Abschiedsreden Joh 14−17 diese durch den Parakleten gewirkte „Heilsgegenwart", die jedoch den Blick auf die zukünftige Parusie nicht ausschloß. S. dazu J. FREY, Die johanneische Eschatologie II. Zeitverständnis und Eschatologie in den johanneischen Texten, Habilitationsschrift Tübingen 1997 (erscheint in zwei Bänden in WUNT).

Apostel, Profeten und Lehrer in einem, d. h. sie vereinigen jene drei charismatischen Ämter, die Paulus wegen dem besonderen Problem seines angefochtenen Apostolats und dem falschen Charismenverständnis in Korinth getrennt und abgestuft aufführt, in einer Person. Die „Profetengabe" des Barnabas ergibt sich schon aus seinem Beinamen, und als Missionar mußte er auch von Christus ausgesandter Lehrer sein. Auch bei Paulus lassen sich zahlreiche profetische Züge erkennen.[1489] Daß er sich dennoch nur als Apostel, jedoch nie als Profet bezeichnet (vgl. jedoch die leicht ironische Bemerkung 1. Kor 7,40b), hängt damit zusammen, daß er die einzigartige Gabe des Evangeliums, das er δι' ἀποκαλύψεως Ἰησοῦ Χριστοῦ in der Begegnung mit dem Auferstandenen empfangen hat, und das ihn zum ἐθνῶν ἀπόστολος macht,[1490] ihm einen Auftrag und eine Vollmacht verleiht, die alle profetischen Analogien übersteigt. Rückblickend kann der deuteropaulinische Epheserbrief mit Recht sagen, daß die Kirche „auf dem Fundament der Apostel und Profeten erbaut" ist.[1491]

Gerade für Sympathisanten, die einerseits der Synagoge zuneigten, sich aber doch nicht von ihren örtlichen und familiären semitischen Kulten trennen wollten, war das Auftreten dieser neuen Bewegung mit ihren pneumatisch ekstatischen Gottesdiensten eindrucksvoll. Nicht nur, daß ihnen volle Gleichberechtigung und Gemeinschaft eingeräumt wurde, die hier sichtbar werdende endzeitliche Gabe der Profetie, der Zungen-, d. h. der Engelrede und ihrer ‚Übersetzung', Exorzismen, Heilungen, Visionen u. a. m. konnten Syrer und Araber attraktiv finden, da in Syrien die einzelnen örtliche Kulte schon immer mit der Gabe von Orakeln und oft auch mit ekstatischen Phänomenen verbunden gewesen waren. Die Schilderung Lukians vom Kult der Dea Syria in Hierapolis/Bambyke vermittelt hier eine lebendige Anschauung.[1492]

[1489] S. dazu die gründliche Untersuchung von K. O. SANDNES, Paul (Anm. 640) und dazu die positive Rezension von HANS HÜBNER, ThLZ 118 (1993), 745−747.

[1490] Gal 1,10f.16; Röm 11,13 vgl. 1,1−3.

[1491] Eph 2,20 vgl. 3,5 und an der Spitze einer Reihung 4,11. Vgl. aber die spätere deutliche Unterscheidung Apk 21,16; 22,6f.9.

[1492] Vgl. schon die Erzählung des Wenamun über seine Reise nach Byblos ca. 1100 v. Chr., J. B. PRITCHARD, ANET [2]1955, p. 26: der vom profetischen Geist gepackte junge Mann beim Herrscher von Byblos. S. weiter H. GESE/M. HÖFNER/K. RUDOLPH, Die Religionen Altsyriens, Altarabiens und der Mandäer, RM 10,2, 1970, 178f zu den Kultprofeten und Orakelpriestern an den syrischen und phönizischen Heiligtümern: „Ein gewisses Maß an mantischer Tätigkeit gehörte zum Betrieb eines jeden Heiligtums". Zu den beiden syrischen Sehern Leios und Debborios in Antiochien s. u. S. 412f. Vgl. zur Dea Syria auch Lukian, De Dea Syria 36; A. FELDTKELLER, Göttin, 150f; dazu die lateinisch-griechische Sarkophaginschrift einer Profetin aus Nîha, IGLS VI Nr. 2929: *virgini vati Deae Syr(iae) Nihat(enae)*; von derselben heißt es in Nr. 2928, daß sie zwanzig Jahre lang kein Brot aß. S. dazu die Abb. 164 in: D. KRENCKER, W. ZSCHIETZSCHMANN, Römische Tempel in Syrien, Denkmäler antiker Architektur 5, Berlin/Leipzig 1938, 120. Weiter etwa die von J.-P. REY-COQUAIS, Syrie Romaine, JRS 68 (1978), 49 Anm. 59 mitgeteilte Grabinschrift aus Kanatha: Τιβ(έριον) Κλ(αύδιον) Βαλσαμιον εὐσεβῆ προφήτην καὶ 'Αγριπεῖναν σύνβιον Βαλσαμιος υἱὸς μετὰ ἀδελφῶν. Schließlich berichtet Lukian, Dea Syria 28f, daß sich zweimal im Jahr ein Priester auf einer der beiden hohen Säulen vor dem Tempel der Göttin in Hierapolis eine ganze Woche ohne Schlaf aufgehalten

Gegenüber diesem alten und verbreiteten syrischen Orakelwesen konnte der urchristliche Geistenthusiasmus mit seinen profetischen Gaben als Offenbarung des *einen wahren Gottes* und seines zur Rechten erhöhten Sohnes etwas schlechterdings Neues und Überlegenes bedeuten. Hier hatte sich als Antizipation des nahen Heils der Himmel geöffnet,[1493] denn die Wirkungen des Geistes waren im Gottesdienst ständig und in immer neuen Formen gegenwärtig und nicht mehr an heilige Orte, Zeiten und Opferriten gebunden. Die ekstatisch-parapsychologischen Phänomene der heidnischen Kulte wurden dagegen, wie noch später bei den Apologeten, als Betrug und Nachäffung der Dämonen abgetan.

Dieser *urchristliche „Enthusiasmus"*, der sich auch in Akklamations- und Gebetsrufen wie „Kyrios Jesus", „Maranatha" oder in dem befreiten Gebetsschrei „Abba" äußerte,[1494] war, das zeigen schon die aramäischen Rufe, die nicht erst in Antiochien entstanden sind,[1495] ein *„Urphänomen"* der ältesten Gemeinde, das in späterer Zeit, auch bei Lukas, eher eine gewisse Verlegenheit erweckte, an das man sich zwar noch erinnerte, aber doch eher zu domestizieren versuchte.

Obwohl es der Grundtendenz des auctor ad Theophilum widerspricht, deutet er es in dem idealisierten Bild der Urgemeinde mit ihrer geistgewirkten Gütergemeinschaft an: Etwa in der ἀγαλλίασις beim Mahl, die er freilich sofort durch den Zusatz der ἀφελότης καρδίας korrigiert,[1496] in der Schilderung der ersten Geistausgießung selbst mit ihren Feuerzungen und der „Glossolalie" in fremden Sprachen, in der verschiedene Elemente verschmolzen sind,[1497] oder auch in dem ein Erdbeben auslösenden Gebet 4,31. Auch die für unser Ver-

---

habe; das einfache Volk glaube, daß er dort mit seinen Gebeten den Göttern näher sei und Gutes für ganz Syrien erbitte. Die späteren christlichen Asketen und Säulenheiligen in Syrien mit ihrer ostentativ-rigorosen Frömmigkeit haben dieses Erbe übernommen. Auch in Kleinasien findet man ein ähnliches Interesse an Orakeln und Kultprofeten. Kein Wunder, daß sich dort neben Syrien das Christentum im 1. und 2. Jh. am stärksten ausgebreitet hat. S. dazu R. L. Fox, Pagan and Christians, London 1986, 168–261: „The Language of the Gods", der besonders auf die Orakel von Oinoanda, Klaros, Didyma und den von Alexander von Abonuteichos begründeten Kult des Schlangen- und Orakelgottes Glykon eingeht. Vor allem im 2. Jh. ist das Orakelwesen in Kleinasien wieder aufgeblüht; zahlreiche Belege bei S. Mitchell, Anatolia II, 170 Index s. v. „Oracles".

[1493] Vgl. Apg 10,11; Apk 4,1; 19,1; Mk 1,10f parr.; JosAs 14,4; Hermas 1,4 und die „Tür" in AscJes 6,6.9. S. schon Jes 63,19; Hes 1,1 und zum Ganzen o. S. 354–358.

[1494] 1. Kor 12,3; 16,21 vgl. Apk 22,30; Röm 8,15; Gal 4,5. Vgl. auch das ὑπερεντυγχάνειν στεναγμοῖς ἀλαλήτοις Röm 8,26, das das irdische Pendant des Geistes zum hochpriesterlichen ἐντυγχάνειν des zur Rechten Gottes erhöhten Christus Röm 8,34 darstellt. Der Abbaruf hängt u. E. mit dem Vaterunser zusammen. „Abba" war das erste Wort des Gebets, vgl. Lk 11,2.

[1495] Gegen W. Bousset, Kyrios Christos, 84, vgl. 90.99–104 u. ö.

[1496] Apg 2,46, s. u. S. 363 Anm. 1499.

[1497] Apg 2,1–13. Der Spott 2,13 bezieht sich wohl auf die Gegner der Christen zur Zeit des Lukas. Vgl. Barrett, Acts 1, 125: „He was aware of the criticism that Christians speaking with tongues sounded to the unsympathetic hearer like drunken men"; vgl. 1. Kor 14,23: μαίνεσθε; O. Betz, Zungenrede und süßer Wein, in: ders., Jesus. Der Herr der Kirche, Aufsätze zur

ständnis anstößige Geschichte von Ananias und Saphira gehört in diesen Zusammenhang.[1498]

Codex D, der Lukas korrigiert, weil er glaubt, ihn besser zu verstehen als dieser sich selbst, ergänzt daher die Nachricht von der Ankunft der Profeten aus Jerusalem in Antiochien durch einen Rückverweis auf 2,46: ἦν δὲ πολλὴ ἀγαλλίασις.[1499] Profeten und geistgewirkter Jubel gehören für ihn zusammen.

Diese Besucher aus der Heiligen Stadt sind, wie Conzelmann richtig bemerkt, keine „Delegierten Jerusalems", sondern „freie Charismatiker". Freilich sollte man ihre Herkunft aus Judäa nicht leugnen. Viele Kommentatoren wissen hier wieder zu viel. Nach Schille „hat Lukas sofort wieder pauschalisiert, als er den einen Hagabus zu einer Mehrzahl Jerusalemer Propheten verallgemeinert hat. Hier steht wohl nur das Wissen im Hintergrund, daß judäische Gemeinden ‚Propheten' besessen haben ... Die konkrete Erzählung beginnt mitten in der Handlung und kennt nur einen Propheten." Haenchen wendet ein, daß die Profeten der Didache „einzeln und nicht wie hier in der Mehrzahl aufgetreten sind, auch daß sie von Lukas „nicht als Wanderpropheten beschrieben" werden, sondern „in Jerusalem zu Hause (sind)". Außerdem brauche „Antiochia eigentlich keinen Besuch: die Gemeinde hat ihre eigenen Propheten". „Ihre Reise in das Sündenbabel, das Antiochia damals war", bleibe so völlig unbegründet.[1500] Die „Lukas-Kritik" wird hier zum beckmesserischen Kritizismus.

Im Grunde hat Zinzendorf mit seinem bekannten Wort: *„Ich statuiere kein Christentum ohne Gemeinschaft"* das Motiv solcher Besuche angegeben. Die neugegründeten Missionsgemeinden konnten nur existieren, wenn sie mit den älteren Gemeinden, vor allem der größeren Städte, allen voran Jerusalem, ständig in Verbindung blieben, d. h. nicht nur in den Einzelgemeinden, sondern auch zwischen denselben κοινωνία lebendig werden ließen. Dieser Gedanke steht auch bei Paulus hinter der Kollekte für Jerusalem. Das ganze 1. und 2. Jh. ist darum voll von Reisen und Gemeindebesuchen, die einzeln, zu zweit, zu dritt unternommen wurden – letzteres bei Barnabas, Paulus und Markus und dann bei Paulus, Silas und Timotheus, wobei, wie wir sahen, die Grenze zwischen Apostel, Profet und Lehrer fließend war. Auch Lukas scheint ein solcher begeisterter Reisender gewesen zu sein (s. o. Anm. 46−49 u. ö.). Die Einheit der bald Provinzen übergreifenden und z. Z. eines Markus und Lukas schon die ganze Oikumene beanspruchenden Ekklesia konnte nur durch stän-

---

biblischen Theologie II, WUNT 52, Tübingen 1990, 49−65; vgl. jetzt auch C. FORBES, Prophecy, 48−51.

[1498] Apg 5,1−11 vgl. 1. Kor 5,4f.

[1499] d: *erat autem magna exultatio*, vgl. die Altlateiner p und w und die mittelägyptische koptische Überlieferung. Ἀγαλλίασις erscheint 18mal für den geistgewirkten Lobpreis im LXX-Psalter, begegnet jedoch außer 2,46 nicht mehr in der Apg, wohl aber in der lukanischen Kindheitsgeschichte Lk 1,14 und vor allem 1,44. Das Verb ἀγαλλιᾶσθαι − ca. 42mal in den Psalmen − findet sich 2mal im Evg Lk 1,47 und 10,21 von Jesus selbst: ἠγαλλιάσατο τῷ πνεύματι τῷ ἁγίῳ; Apg 2,26 = Ps 16,9; 16,34.

[1500] SCHILLE, Apostelgeschichte, 266. HAENCHEN, Apostelgeschichte, 319; vgl. schon A. LOISY, Actes, 472.

digen Austausch erhalten werden. Dieser Austausch als Realisierung von κοινωνία war für die neue Bewegung lebensnotwendig. Er gilt für die ganze frühe Kirche. Ein schönes Originalzeugnis dafür gibt gegen Ende des 2. Jh.s die poetische Grabinschrift des 72jährigen Aberkios aus dem phrygischen Hierapolis[1501]:

Der „reine Hirte", Christus, „sandte mich nach Rom, die Hauptstadt zu sehen, auch zur schönen Königin, mit dem Goldgewand" (d.h. die dortige Gemeinde). „Und Syriens Ebene sah ich und alle Städte (bis) Nisibis, nachdem ich den Euphrat überquert hatte (N. war 162 römisch geworden). Überall aber fand ich Glaubensgenossen. Paulus hatte ich auf dem Wagen, Pistis aber zog mir überall voraus. Und sie bereitete überall eine Speisung: den Fisch von der Quelle, den überaus großen und reinen, den eine reine Jungfrau gefangen hatte; und diesen gab sie mit trefflichem Wein; ihn gab sie als Fischwein und Brot."

Dieser erstaunliche Text beleuchtet im Grunde auch die ca. 150 Jahre ältere frühchristliche „Reiselust", nur daß damals der geographische Rahmen enger und die Zahl der Gemeinden kleiner war. Statt der Sammlung von Paulusbriefen (die hier für alle christlichen Schriften steht), mochte man zunächst eine Jesaja- (Apg 8,30) oder Psalmenrolle oder einen Profetencodex mit sich führen. Entscheidend war aber schon damals die Glaubens- und Mahlgemeinschaft.

8.2.5 Die Weissagung des Hagabos, die Hungersnot und die Reise nach Jerusalem

Es besteht so kein zureichender Grund, der Nachricht vom Profetenbesuch aus Jerusalem prinzipiell zu mißtrauen. Eher kann man vermuten, daß Lukas mehrere Besuche paradigmatisch in diesem einen zusammengefaßt hat.

Daß er ihn auf das Jahr des Barnabas und Paulus in Antiochien folgen läßt, hängt damit zusammen, daß er dadurch den Blick noch einmal auf Jerusalem zurücklenken und die – heute historisch umstrittene – Kollektenreise des Barnabas und Paulus nach Jerusalem motivieren will. D.h. problematisch ist die *zeitliche* Einordnung des Profetenbesuchs.

Das Schlüsselereignis ist dabei die *Profetie des Hagabos*. Daß einzelnen Profeten im Urchristentum die visionäre Gabe der Zukunftsschau zugetraut wurde, braucht man nicht zu bezweifeln, sie sollten ja hinter den alttestamentlichen Profeten nicht zurückstehen.[1502] Dieses Phänomen gehört zur geistge-

---

[1501] W. WISCHMEYER, Die Aberkiosinschrift als Grabepigramm, JbAC 23 (1980), 22–47. S. auch die dort erörterte Grabinschrift des vermutlich christlichen Kaufmanns aus dem syrischen Laodikeia aus dem 2. Hälfte des 2. bzw. Anfang des 3. Jh.s, op. cit. 36f, der häufig nach Gallien reiste und in Lyon begraben wurde. Er bereiste „viele Völker und Städte" und brachte für die Völker des Westens bis zu den Kelten Waren, die im Grunde Gaben Gottes als des Schöpfers sind. Zum Ganzen s. CHR. MARKSCHIES, Welten (Anm. 439), 203ff.

[1502] Ein gutes Beispiel bietet die Apokalypse vgl. 22,6.9.18. Ein weiterer Komplex umfaßt die Voraussage der Zerstörung Jerusalems, dazu M. HENGEL, Entstehungszeit, 21ff vgl. 16ff

wirkten urchristlichen „Wundertätigkeit", die letztlich wieder auf Jesus selbst zurückgeht und damit zu den Grundlagen der Jesusbewegung. Sie trug wesentlich zum Missionserfolg der neuen „messianischen Sekte" bei.[1503] Daß heute „das Wunder" nicht mehr „des Glaubens liebstes Kind", sondern für den ‚aufgeklärten' Theologen eher ‚des Glaubens größtes Ärgernis' ist, sollte uns nicht den Blick dafür verstellen, daß die Lebenswirklichkeit des Urchristentums in vielem eine ganz andere war als die unsere. Man besaß ein anderes, ein feineres, in die Tiefe gehendes Wahrnehmungsvermögen.

Hinter dem ungewöhnlichen Namen Ἄγαβος mag das hebräische ḥāgāḇ, Heuschrecke stehen, doch sind andere Ableitungen möglich.[1504] Esra 2,45 erscheinen unter den zurückgekehrten „Tempelsklaven" bᵉnê ḥᵃgābāh und 2,46 bᵉnê ḥᵃgāb.[1505] Vermutlich handelt es sich um einen der zahlreichen Beinamen, die oft die allzu verbreiteten Eigennamen ersetzten.[1506] Derselbe Profet taucht im Zusammenhang mit der letzten Jerusalemreise des Paulus aus „Judäa kommend" in Caesarea auf und sagt mit Hilfe einer profetischen Zeichenhandlung die Verhaftung des Paulus und seine Auslieferung an die Römer in Jerusalem voraus. Lukas berichtet diesen letzten Vorgang relativ exakt als Augenzeuge.[1507]

Unsicher bleibt dagegen der Inhalt der ersten Weissagung und die Datierung des Profetenbesuchs. Die *„große Hungersnot"*, die „den ganzen Weltkreis"

---

zur Wunderfrage. Auch die Weissagung, die die Flucht nach Pella (s. o. Anm. 1298) betrifft, und überhaupt das urchristliche „Wunder" als Wirkung des Geistes ist in diesem Rahmen zu verstehen.

[1503] Auch für Paulus ist diese ein selbstverständlicher Teil seines Apostolats: Röm 15,19; 2. Kor 12,12 vgl. Gal 3,5; 1. Kor 2,4. Vgl. J. JERVELL, The Signs of an Apostle: Paul's Miracles, in: DERS., The Unkown Paul, 77–95.

[1504] Lev 11,22; Num 11,33; Jes 40,22; 2. Chron 7,13; mShab 9,7; tShab 12 (13),5; TgO zu Lev 11,22: hāgābā u.ö.

[1505] Vgl. Neh 7,48. LXX Αγαβα und Αγαβ; Peschitto ḥāgbā' und ḥāgāb. Eine Kruginschrift von Tell el-Ful nördlich von Jerusalem ca. 100 v. Chr. nennt einen ḥnny br ḥgb, der ebenso zu diesen ‚Tempelsklaven' ‚nᵉtînîm' gehört, s. E. PUECH, BASOR 261 (1986) 69f vgl. DJD XIX Qumran Cave 4 XIV, 1995, 83. Andere Erklärungen bei BAUER/ALAND, WB, 4: der Frauenname agabā' aus Palmyra = RES 2 (1914), Nr. 1086, vielleicht abgeleitet vom syrischen gb „Lähmen". Das biblische Hebräisch kennt das Verb ʿāgab „sinnlich verlangen" und das entsprechende Substantiv ʿᵃgābāh; die spätere talmudische Literatur hat ʿᵃgābāh = Rumpf, Hintern. Oder könnte hier der griechische Frauenname Αγαυε in semitischer Form vorliegen? E. BAMMEL, BHH 1, 30 vermutet für Ἄγαβος eine Herleitung von der männlichen Form Ἀγαυός, „der Berühmte", im Anschluß an A. KLOSTERMANN, Probleme im Aposteltexte, 1883, 10. Doch diese Namensform ist sehr selten, auch paßt sie nicht ins Milieu.

[1506] Vgl. o. Anm. 1339.

[1507] Apg 21,10–14. Vgl. zum Sinn der profetischen Zeichenhandlung H. PATSCH, Die Prophetie des Agabus, ThZ 28 (1972), 228–232. Nach Röm 15,31, aber auch Apg 20,13 vgl. 21,4, wußte Paulus schon vor Beginn seiner Jerusalemreise, daß er dort in Lebensgefahr war. An beiden Acastellen beruht dieses Vorauswissen auf einer Mitteilung „des Geistes". Interessant ist die Anonymität der Weissagung, die mit dem Gürtel des Paulus demonstriert wird, weiter daß Weissagung und Erzählung der Verhaftung des Paulus 21,27–36 durchaus nicht übereinstimmen. Paulus wird nicht den Römern „ausgeliefert", sondern von diesen gerettet, verhaftet und gefesselt (21,33).

erfassen wird, hat es so weder unter Claudius noch später gegeben. Die Kommentare werden nicht müde, darauf hinzuweisen. Doch wir brauchen uns nicht länger darüber aufzuhalten, denn R. Riesner hat den ganzen Komplex vorbildlich dargestellt.[1508] Zunächst ist λιμός besser mit ‚Teuerung' zu übersetzen und zu bedenken, daß die sporadischen Hungersnöte in der Antike nicht zuletzt ein Problem der Verteilung der Lebensmittel und der sozialen Schichtung war, und die „Teuerung" in erster Linie die Armen hart traf.[1509] Zum anderen ist während der ganzen Herrschaftszeit des Claudius (25. 1. 41 – 13. 10. 54) an verschiedenen Orten von Anfang an eine Kette schwerer Versorgungskrisen aufgetreten, die vor allem den Osten des Reiches, aber auch Rom selbst, betrafen.

Nach Sueton, Claudius 18,2, führten „häufige Mißernten (*assiduae sterilitates*)" in den Getreidekammern und die Störung der Versorgung Roms zur direkten Bedrohung des Kaisers durch die aufgebrachte Bevölkerung.[1510] In Palästina bezeugt Josephus eine Hungersnot während der Amtszeit der Prokuratoren Cuspius Fadus und Tiberius Alexander (44 – 48 n. Chr.),[1511] die aber wohl noch über diese Zeit hinaus andauerte,[1512] da sie durch ein Sabbatjahr (vermutlich 48/49) verschärft wurde.[1513] Das vorausgehende Sabbatjahr würde dann auf 41/42, das erste Jahr des Claudius fallen, unmittelbar nach dem Krisenjahr 40 n. Chr., als die Juden im Herbst aufgrund der Drohung Caligulas die Aussaat verweigerten.[1514] Auch diese Weigerung zusammen mit dem folgenden Sabbatjahr konnte eine lokale Teuerung in Judäa hervorrufen. Daß die Jerusalemer Gemeinde, die bei ihrer enthusiastischen „Gütergemeinschaft" in Erwartung des nahen Endes alle vernünftige wirtschaftliche Vorsorge mißachtet hatte,[1515] darunter besonders litt, wäre wohl verständlich. Dies erklärt auch die ca. 7 oder 8 Jahre später beim „Apostelkonzil" erfolgte Auflage für Paulus

---

[1508] RIESNER, Frühzeit, 111 – 121; s. dazu H. P. KOHNS, Artk. Hungersnot, RAC 16, 1994, Sp. 828 – 893 (861 – 871) und H. BRAUNERT, Die Binnenwanderung, Bonner hist. Forschungen 26, Bonn 1964, 201 – 203.

[1509] RIESNER, Frühzeit, 112. Vgl. Apk 6,6.

[1510] Vgl. Tacitus, ann. 12,43,1. Ähnliches ereignete sich schon unter Tiberius.

[1511] Ant 20,101.51 – 53; Euseb nach der Chronik des Hieronymus ed. Helm, GCS 47, 1956, 181.

[1512] Ant 3,20 die Hungersnot unter Claudius; dazu D. R. SCHWARTZ, Studies (Anm. 452), 237 ff.

[1513] B. Z. WACHOLDER, The Calender of Sabbatical Cycles ..., HUCA 44 (1973), 153 – 196 (191) s. R. RIESNER, Frühzeit, 119.

[1514] Ant 18,272.274.284. Nach Philo, Legatio 249 befürchtete Petronius, die Juden würden die reife Ernte zerstören. S. dazu den Kommentar von SMALLWOOD, Legatio (Anm. 1144), 281 f; zur Datierung s. SCHÜRER I, 397.

[1515] Schon Apg 6,1 ff weist auf Schwierigkeiten hin. Diese „Gütergemeinschaft" war, das zeigt Apg 4 und 5, nur eine eschatologisch motivierte freiwillige, die freilich mit einem gewissen Erwartungsdruck verbunden war, keine rechtlich festgelegte Zwangsgemeinschaft, ähnlich wie bei den Essenern, und sie ist bald gescheitert; vgl. 1. Thess 4,13; 2. Thess 3,11 f. Apg 12,12 ff und 21,16 setzen wieder wohlhabende Gemeindeglieder voraus, die ihre Häuser zur Verfügung stellen und Gastfreundschaft üben. S. M. HENGEL, Eigentum, 39 – 42.

und Barnabas, „der Armen zu gedenken".[1516] Die Zahl der Armen muß auf jeden Fall so groß gewesen sein, daß die Gemeinde selbst nur noch mit Mühe für sie aufkommen konnte.

Es wäre so plausibel, wenn Hagabos in Antiochien aufgrund der Teuerung in Judäa (aber auch in Rom) etwa ab 41 n. Chr. eine kommende Welthungersnot unter apokalyptischen Vorzeichen vorausgesagt hätte, wobei die Situation im Mutterland dann als „Anfang der Wehen" verstanden wurde. Die Weltkatastrophe ging dabei – wie die unmittelbar davor liegende Caligulaepisode zeigt – vom Heiligen Lande als dem „Mittelpunkt der Welt" aus.[1517] Das in den Kommentaren immer wieder auftauchende Argument, daß diese Not ja auch die Antiochener betroffen hätte, geht ins Leere, denn deren Entschluß, jetzt dort zu helfen, wo konkrete Not herrscht, hätte ja nur dem Jesuswort Mt 6,36 entsprochen, „nicht für den kommenden Tag zu sorgen". Die Christen in Antiochien wären hier dem schlichten Gebot Jesu gefolgt. Z. Z. des Lukas, der rund 40 Jahre später schreibt, konnte man dann diese apokalyptische Weissagung von der Welthungersnot auf die *assiduae sterilitates* unter Claudius deuten.

Auch die Darstellung der Kollekte in der Gemeinde ist auffallend. Sie unterscheidet sich grundsätzlich von dem, was in Apg 4 und 5 über die Jerusalemer Urgemeinde berichtet wird, entspricht jedoch der Art und Weise, wie sie Paulus in 1. Kor 16,1–4 und 2. Kor 8 und 9 der Gemeinde in Korinth empfiehlt. Jeder gibt völlig freiwillig nach seinem Vermögen (καθὼς εὐπορεῖτο), wobei vorausgesetzt wird, daß die junge Gemeinde nicht ganz arm war.[1518]

Unklar bleibt das *Datum* des Profetenbesuchs und der dadurch angeregten Kollektenreise nach Jerusalem. Bei letzterer ist strittig, ob sie überhaupt in der von Lukas berichteten Weise stattfand, denn aus Paulus' eigener Angabe Gal 2,1 sollte man annehmen, daß er zwischen dem Besuch bei Petrus und der Reise zum Apostelkonzil 14 Jahre, d. h. wenn die angefangenen Jahre mitzählen ca. 13 Jahre, nicht in Jerusalem gewesen ist. Dies wäre dann etwa zwischen 36 und 48/49 n. Chr.

Auch wenn wir von der nicht völlig auszuschließenden, aber doch sehr

---

[1516] Gal 2,10; vgl. 1. Kor 16,1; 2. Kor 8,3–6; Röm 15,25–28.31 aber auch Apg 24,17. Daß die späteren Judenchristen die Bezeichnung 'äbjônîm/Ἐβιωναῖοι (Irenäus, adv. haer. 1,26,1f; Origenes, princ. 4,3,8; c. Cels. 2,1; Euseb, h. e. 3,27,1.6) aufgrund dieses wirtschaftlichen Niedergangs der Gemeinde erhielten und sie ihn dann unter Jakobus in einen Ehrentitel verwandelten, scheint mir wahrscheinlich zu sein. S. M. HENGEL, Eigentum, 39–42 gegen G. STRECKER, TRE 17, 1988, 312, der die historischen Zusammenhänge völlig verkennt. Die Jerusalemer Gemeinde hat dann in Analogie zu einem älteren essenischen Sprachgebrauch mit dieser Bezeichnung die eigene bedrückende soziale Realität theologisch positiv gedeutet.

[1517] Vgl. Mk 13,8: ἔσονται σεισμοὶ κατὰ τόπους, ἔσονται λιμοί· ἀρχὴ ὠδίνων ταῦτα = Mt 24,7 = Lk 21,11; Jer 15,2 vgl. Apk 6,8; 18,6; äth Hen 80,2ff; Sib 2,6–27.153ff; 4. Esr 6,22; syrBar 27,6; Hekhalot Rabbati §122; Sifre Num zu 15,41b; § 115 zu Hes 20,32f: Die drei Plagen Pest, Schwert und Hunger vor Anbruch der Königsherrschaft Gottes; rabbinische Belege bei BILL. 4, 981 ff: z. B. bSanh 97a Bar zu Amos 4,7: Im ersten Jahr Dürre, im zweiten Pfeile des Hungers, im dritten Hungersnot mit Massensterben.

[1518] S. dazu R. RIESNER, Frühzeit, 333.

unwahrscheinlichen Möglichkeit, daß Paulus in Gal 2,1 den Kollektenbesuch Apg 11,30 einfach schweigend übergeht,[1519] absehen, kann man immer noch vielerlei vermuten. Für am unwahrscheinlichsten halte ich die Hypothese, daß 11,30 mit der Reise zum „Apostelkonzil" Gal 2,1–10 identisch sei und Apg 15 von einer zweiten Verhandlung in Jerusalem berichte, bei der das „Aposteldekret" beschlossen worden sei, von dem Paulus beharrlich schweige. Auch daß Lukas die eine Reise des Paulus in die Heilige Stadt in 11,30 und 15,2ff, aus welchen Gründen auch immer, einfach verdoppelt habe, ist wenig einleuchtend. Eine Unterstützungsreise wegen drohender Hungersnot und ein Besuch zu Verhandlungen über Beschneidung und Gesetzesobservanz sind sehr verschiedene Dinge. Ohne weiteres verständlich wäre ein Irrtum des Lukas. Er könnte sich z. B. bei den Namen der Abgesandten oder zumindest bei einem von ihnen, Paulus, geirrt haben. Aber es bliebe auch die Möglichkeit, daß Paulus die Sammlung in Antiochien unterstützte, ja sogar mitreiste, aber Jerusalem selbst fernblieb, weil sein Leben dort immer noch in Gefahr war und man ihn dort nicht sehen wollte.[1520] Wir können hier – wie so oft – nur sagen ignoramus ignorabimus.

Man kann hier so allerlei annehmen, aber den Vorgang selbst nicht mehr klären. Den ganzen Bericht einfach als lukanische Erfindung abzutun, sehen wir keinen Anlaß. Die Unterstützungsreise wird stattgefunden haben. Daß sie von Barnabas, der aus Jerusalem stammte, angeführt wurde, liegt nahe; dafür spräche auch, daß er auf der Rückreise seinen Neffen Johannes Markus nach Antiochien mitnimmt (12,25). Die Rolle des Paulus bleibt dagegen im Dunkeln, in Jerusalem selbst scheint er nicht gewesen zu sein.

Im Blick auf das Datum gibt es zwei Möglichkeiten: Wenn man davon ausgeht, daß „das ganze Jahr" Apg 11,26 etwa in das Krisenjahr 40/41 n. Chr. fällt und durch die oben genannten Gründe, die Aussaatverweigerung und das darauffolgende Sabbatjahr, eine Teuerung in Jerusalem den Anstoß zur Profetie des Hagabos gab, so wäre die Hilfsaktion für die Gemeinde in Jerusalem etwa 42 n. Chr. erfolgt, d. h. sie käme zeitlich der Verfolgung durch Agrippa I., die vermutlich um das Passafest 43 anzusetzen ist, nahe. Die lukanische Chro-

---

[1519] Er sagt ja nicht expressis verbis, daß er während der 14 Jahre *nicht* in Jerusalem war. Der Duktus der Argumentation macht dies freilich wahrscheinlich. Möglich bliebe z. B., daß er diesen – im Rückblick ganz unwesentlichen – Besuch übergeht, weil er dabei nicht mit Petrus und anderen Autoritäten zu tun hatte, da diese wegen der Agrippaverfolgung Jerusalem verlassen hatten, so daß nur die „Ältesten" die Gabe aus Antiochien in Empfang nahmen und die Boten wegen der Gefahr die Stadt rasch wieder verlassen mußten: Wenn man einen Paulusroman schreiben wollte, hätte man eine Auswahl zwischen vielerlei „Möglichkeiten". Zur Forschungslage und den verschiedenen Vermutungen s. A. DAUER, Paulus, 28–35. 171–177 Anm. 46–109.

[1520] Vgl. Röm 15,31 vgl. Apg 20,23; 21,4.11; s. auch 20,3.19 und o. Anm. 881–885; dazu 2. Kor 11,24. Diese fünfmalige Synagogenstrafe wird Paulus vor allem in seiner Frühzeit in Syrien und Kilikien erhalten haben, jene Zeit, über die Lukas schweigt. Dieser Vorgang wird in den Paulusdarstellungen gar zu leicht übersehen. Zur letzten „Möglichkeit" s. auch u. Anm. 1533.

nologie, die sich bei dieser Art von episodenhafter Geschichtsschreibung in einem groben Raster bewegt, wäre in diesem Falle relativ korrekt.

Die andere Möglichkeit ist jedoch die wahrscheinlichere, daß diese Unterstützung erst nach Eintreten der gemäß Josephus nach dem Tode Agrippas I.[1521] unter dem ersten Prokurator Cuspius Fadus beginnenden Teuerung erfolgte, d.h. 44/45. Dafür spricht, daß Barnabas seinen Neffen Johannes Markus mitnahm, mit dem Paulus und Barnabas dann – vermutlich nicht allzu lange danach – zur sogenannten ersten Reise nach Zypern aufbrachen. Auch wird die Jerusalemer Gemeinde nach der Heimsuchung durch König Agrippa, die sie tief erschüttert haben muß, in besonderer Weise Hilfe gebraucht haben. Vor allem aber deutet der Hinweis, daß die Kollekte nach 11,29 den Ältesten überbracht wurde, während die Gaben einst in Apg 4,37 und 5,2 „zu Füßen der Apostel" niedergelegt wurden, auf eine grundlegende Veränderung in der Gemeinde hin, der sich Lukas durchaus bewußt ist (s.u. S. 383ff). Das alles unterstützt das spätere Datum.

Wesentlich ist dabei, daß die Verbindung zwischen der jungen Gemeinde in Antiochien und dem Ausgangspunkt der urchristlichen Bewegung, Jerusalem, nie abbrach. Gerade die spätere Entwicklung unmittelbar vor dem „Apostelkonzil" und den Jahren danach zeigt, daß ein ständiger gegenseitiger Kontakt – und damit auch der Versuch einer Einflußnahme – stattfand. In diesem Punkt stimmen Paulus und Lukas durchaus überein. Wenn dies selbst in den späteren Jahrzehnten – ab dem Zusammenstoß in Antiochien – unter für Paulus wesentlich ungünstigeren Bedingungen der Fall war, wird man einen solchen Austausch erst recht für die „Gründerjahre" und das Jahrzehnt danach annehmen müssen, zumal die längerfristige Entwicklung in Judäa nach dem Tode Agrippas I. 43/44 wegen der allmählichen Verschärfung der Gesetzesfrage einen solchen offenen Austausch eher erschwerte.

8.2.6 Die Verfolgung unter Agrippa I. und die Veränderung der Situation in Jerusalem

In den Bericht über die Überbringung der antiochenischen Kollekte in Jerusalem (11,30) und über die Rückreise der Boten Barnabas und Paulus zusammen mit Johannes Markus (12,25) nach Antiochien fügt Lukas seine Erzählung von der Verfolgung der Jerusalemer Urgemeinde durch den „König Herodes", d.h. Agrippa I., ein. Agrippa war vom Frühjahr 41 bis zu seinem vorzeitigen Tod Anfang 44 Herrscher von ganz Judäa und regierte ein Gebiet, das dem seines Großvaters Herodes nahekam. Claudius, der es nicht zuletzt Agrippas diplomatischem Geschick verdankte, daß er Kaiser geworden war, wollte

---

[1521] Dessen Datum ist unsicher. D.R. Schwartz, Agrippa I., 107–111.203–207 setzt ihn früh an (Spätherbst 43, spätestens Januar/Februar 44); s. dagegen Schürer I, 452 Anm. 43 aufgrund von Jos. ant 19,343 und Apg 12,3–5 im Frühsommer 44. Vermutlich starb er Anfang 44, da ihm Josephus nur drei Herrscherjahre über ganz Judäa zuspricht: s. u. Anm. 1576.

durch diese großzügige Gebietserweiterung dem König, der von Caligula zunächst das Gebiet des Philippus (37/8 n. Chr.) und dann zusätzlich das des Antipas (39 n. Chr.) erhalten hatte, für dessen Hilfe bei der schwierigen Übernahme der Herrschaft in Rom danken, aber zugleich auch das aufgrund der Wahnsinnspläne des Caligula schwer erschütterte Judäa wieder beruhigen. Da Agrippa sich persönlich für die Unversehrtheit des Tempels eingesetzt und gewagt hatte, Caligula direkt zu widersprechen, besaß er auch in Jerusalem einen Vertrauensvorschuß. Er erschien als der rechte Mann, Frieden und Sicherheit in der Provinz wiederherzustellen und zu erhalten. Man hat Lukas für die Einordnung der Reise gerügt, denn von der hohen Warte der Späteren aus hätte er diese so verschiedenen Ereignisse nicht vermischen dürfen.[1522]

Dieser Bericht hat jedoch hier seinen sinnvollen Ort. Einmal bringt er mit 11,29 seine knappe Darstellung der Gemeindegründung in Antiochien und die darauf folgenden Ereignisse zu einem sachgemäßen Abschluß. Mit 12,24 beginnt etwas ganz Neues, nämlich die Schilderung einer Missionsreise des Barnabas und Paulus mit Johannes Markus, eingeleitet durch 12,24a: „Das Wort Gottes wuchs und nahm zu", das als einleitendes Motto für c. 13 und 14 gelten darf. Darüber hinaus erwähnt er in 11,30 zum ersten Mal das *neue* Leitungsgremium der *christlichen* „Ältesten"[1523] in Jerusalem, nachdem er zuvor in der Apostelgeschichte lediglich von den πρεσβύτεροι als *jüdischem* Leitungsgremium in der Heiligen Stadt gesprochen hatte,[1524] und dann später im Fortlauf der Erzählung jeweils deutlich unterscheidet, wenn es nötig ist, ob von christlichen „Ältesten" oder von den jüdischen Jerusalemer „Ältesten" die Rede ist.[1525] In 12,17 beauftragt Petrus die im Haus der Maria Versammelten, seine Rettung „Jakobus und den Brüdern" mitzuteilen, was doch wohl an dieser Stelle „Jakobus und allen anderen Christen" in Jerusalem heißt und nicht wie in 21,18 auf die in 11,30 genannten Ältesten begrenzt ist. Dies könnte auf eine

---

[1522] A. LOISY, Actes, 475: „Son parfait dédain pour la vraisemblance et son goût pour les combinaisons artificielles apparaissent dans l'adaptation du voyage de Barnabé et de Paul à la persécution d'Hérode Agrippa: on dirait que les envoyés d'Antioche arrivent à Jérusalem juste à point pour y assister philosophiquement, et pour s'en retourner en paix après la mort du persécuteur." Ebenso G. SCHILLE, Apostelgeschichte, 267f.

[1523] BARRETT, Acts 1, 566 bemerkt, es seien „apparently ... the officials who deal with financial (and doubtless also other) matters". Lukas schränkt jedoch den Begriff πρεσβύτεροι nicht auf eine bestimmte Funktion ein. Er deutet hier erstmals einen Umbruch an. Zum Übergang zu Ältestengremien in den frühchristlichen Gemeinden vgl. o. S. 369 und u. S. 383–389.

[1524] Apg 4,5: τοὺς ἄρχοντας καὶ τοὺς πρεσβυτέρους καί τοὺς γραμματεῖς; 8: ἄρχοντες τοῦ λαοῦ καὶ πρεσβύτεροι; 23: οἱ ἀρχιερεῖς καὶ οἱ πρεσβύτεροι; 6,12: συνεκίνησαν τὸν λαὸν καὶ τοὺς πρεσβυτέρους καὶ τοὺς γραμματεῖς. Das Joelzitat in 2,17 nennt die „Ältesten" im antithetischen Parallelismus zu den „Jünglingen" und bedarf keiner Erklärung. Vgl. schon Lk 9,22; 20,1; 22,52 abhängig von Mk.

[1525] 14,23 (Antiochien in Pisidien); 15,2.4.6.22f; 16,4 (die Apostel und Älteste in Jerusalem); 20,17 (die Ältesten in Ephesus); 21,18 (Jakobus und die Ältesten); 23,14 (Hohepriester und – jüdische – Älteste in Jerusalem); 24,1 (der Hohepriester Ananias und seine Ältesten); 25,15 (der Hohepriester und die „Ältesten der Juden"). Vgl. o. Anm. 1482 und u. Anm. 1592–1595.

besondere, mündliche oder schriftliche „Petrusquelle" hindeuten, die dann wohl auch hinter 9,32—11,18 steht. Paulus dagegen erwähnt diese Presbyter nicht, wenn er die ca. 7 bis 8 Jahre spätere Situation auf dem „Apostelkonzil" schildert, sondern spricht zunächst von einer allgemeinen Vorstellung seines Evangeliums für die ‚Heiden' vor der Jerusalemer Gemeinde (ἀνεθέμην αὐτοῖς τὸ εὐαγγέλιον ὃ κηρύσσω ἐν τοῖς ἔθνεσιν) und dann von Verhandlungen im engeren Kreis (κατ' ἰδίαν δὲ τοῖς δοκοῦσιν), die er mit deutlicher Reserve allgemein als οἱ δοκοῦντες bezeichnet und die er nicht namentlich aufzählen will (Gal 2,2.6). Die drei führenden Häupter, Jakobus, Petrus und Johannes, mit denen sich Paulus durch Handschlag am Ende über die Missionsziele einigt, nennt er demgegenüber betont als die οἱ δοκοῦντες στῦλοι (Gal 2,9) mit Namen. Die anonymen δοκοῦντες könnten so auf den neuen Kreis der „Ältesten" hinweisen, in dem die „drei Säulen" als Troika die Führungsgruppe bilden, wobei Jakobus nicht zufällig als erster genannt wird.[1526] Von den πρὸ ἐμοῦ ἀπόστολοι[1527] sagt Paulus dagegen nichts mehr. Wahrscheinlich sind auch die τίνες ἀπὸ Ἰακώβου Gal 2,12 mit solchen „Ältesten" identisch, die von Jakobus nach Antiochien gesandt wurden, denn diese Gesandten mußten ja mit einer bestimmten Autorität auftreten.[1528] D. h. die Darstellung der grundlegenden personellen Veränderungen in Jerusalem nach der Agrippaverfolgung bei Lukas entspricht durchaus den Hinweisen, die bei Paulus Gal 1 und 2 zu entnehmen sind. Wir werden auf diese Presbyter später noch ausführlicher einzugehen haben.[1529]

Mit der unmittelbar folgenden Erzählung Apg 12,1—23 begründet Lukas u. a. die 11,30 angedeutete Änderung in der Gemeindeleitung in Jerusalem, indem er in einer ausführlich erklärenden „*Nachholung*" anfügt,[1530] was sich dort in der Zwischenzeit vor der Kollektengesandtschaft ereignet und die Situation wesentlich verändert hatte. Man darf ihn nicht so verstehen, als ob er berichten möchte, Paulus und Barnabas hätten sich ungestört in Jerusalem

---

[1526] R. AUS, Three Pillars and Three Patriarchs: A Proposal Concerning Gal 2,9, ZNW 70 (1979) 252—261 sieht in der Auswahl der „Drei" „a deliberate selection by the Aramaic-speaking Jerusalem church of the disciples/apostles as community leaders on the basis of the model of the three Patriarchs, Abraham, Isaac and Jacob", die in den rabbinischen Quellen als die drei Säulen Israels, ja der ganzen Welt bezeichnet werden. Vgl. auch Thomasevg. Log. 12 zu Jakobus. Die rabbinischen Parallelen sind jedoch relativ spät.

[1527] Gal 1,17 vgl. 19.

[1528] Vgl. schon Gal 2,4 und Apg 15,1.3: Die gesetzestrenge Fraktion muß in Jerusalem wachsenden Einfluß gewonnen haben. Sie war sicher im Ältestenkreis vertreten, hatte aber damals noch nicht die Mehrheit.

[1529] S. u. Anm. 1592—1596.

[1530] Zur literarischen Stilform der „Nachholung" in den alttestamentlichen Erzählwerken, bes. dem Jonabuch, vgl. H. GESE, Jona ben Amittai und das Jonabuch, in: DERS., Alttestamentliche Studien, Tübingen 1991, 128.131. Vgl. auch Jos. ant 18,116—119 die „Nachholung" des Berichts über die Hinrichtung des Täufers durch Antipas und 127—225 die über das herodianische Haus und die Schicksale Agrippas I. vor dem Tod des Tiberius, der bereits 18,124 berichtet wird, s. o. Anm. 737; zur Apg s. u. Anm. 1536.

während der ganzen Zeit der Verfolgung aufgehalten.[1531] Lukas muß vielmehr erklären, warum Petrus, das Haupt des Zwölferkreises (und andere Apostel) nicht mehr in dieser Stadt waren, um die Gaben aus Antiochien entgegenzunehmen, sondern dies durch die „Ältesten" geschah. Bei den „Aposteln" (einschließlich des Petrus) hatte sich ja Paulus nach Lukas bei seinem Jerusalembesuch aufgehalten, und Barnabas hatte ihn bei diesen eingeführt.[1532] Jetzt ist die Lage plötzlich völlig anders. Daß Paulus an dieser Reise – nach seinem eigenen Zeugnis Gal 2,1 – kaum teilgenommen haben kann, er bei Lukas aber als der zweite der aus Antiochien Gesandten erscheint, gehört zu jenen Ungenauigkeiten, die Lukas – wie jedem antiken und modernen(!) Historiker – öfter unterlaufen.[1533]

Wenn man so Apg 12,1–23 als „Nachholung" versteht, wird der lukanische Bericht durchsichtig.[1534] Nicht nur weil Lukas eine besondere Überlieferung zur Verfügung stand, die ausführlich von Petrus, knapp vom Martyrium des Zebedaïden Jakobus und einiges mehr über Agrippa I. zu berichten wußte, beschreibt er so ausführlich die wunderbare Rettung des Petrus.[1535] Sicherlich

---

[1531] So Haenchen, Apostelgeschichte, 364; G. Strecker, Die sogenannte zweite Jerusalemreise des Paulus, ZNW 53 (1962), 76f; Schmithals, Apostelgeschichte, 119; Schille, Apostelgeschichte, 268.

[1532] Apg 9,26–30 dazu o. S. 214–226.

[1533] Gegen Hemer, Acts, 183.266f, der wieder diesen Besuch in Jerusalem mit dem „Apostelkonzil" identifiziert; dazu R. Riesner, Frühzeit, 284f: eine „offensichtlich seit Calvin vertretene Minderheitsmeinung" (Lit.). Bezieht man diese Reise auf das Apostelkonzil, dann wird der Widerspruch zwischen Apg und Gal 2 unüberwindlich. Vgl. M. Hengel, Geschichtsschreibung, 94. Es wäre aber denkbar, daß Paulus in *Antiochien* mit dieser Kollekte befaßt war. Dann wäre die Vereinbarung auf dem Apostelkonzil, daß Paulus durch eine Kollekte in seinen neuen Missionsgemeinden die Verbindung zur Urgemeinde sichtbar demonstrieren sollte, durch seinen Einsatz für diese ältere Kollekte vorbereitet gewesen, etwa in dem Sinne: Eine solche Unterstützung wie vor Jahren können wir auch in Zukunft gebrauchen. Vgl. U. Borse, Der Standort des Galaterbriefs, BBB 41, Köln 1972, 36 Anm. 169.

[1534] Schneider, Apostelgeschichte 2, 102 sagt nur, daß Lukas „die Gleichzeitigkeit von antiochenischer Kollekte ... und der Verfolgung ... nicht explizit behauptet." Die Annahme, daß Lukas in 12,1–24 Ereignisse berichtet, die vor dem Aufenthalt von Paulus und Barnabas in der Stadt sich ereignet haben müssen ist schon älter. Overbeck, Apostelgeschichte, 181 lehnt sie als „ganz willkürlich" ab; vgl. S. 188: „wann und unter welchen Umständen aber, ob während der Verfolgung der Christen oder nachher sie nach Jerus(alem) gekommen, ist unklar".

[1535] Das schließt natürlich nicht aus, daß Lukas hier eine oder mehrere „Quellen" verwendet hat. Zum Problem der Quellen in der Apg s. o. S. 35 ff. Vor allem Haenchen hat – übertrieben – auf die vom normalen Stil des Lukas abweichende Sprache hingewiesen. J. Dupont, Études sur les Actes des Apotres, LectDiv 45, Paris 1967, 224: der Erzählstil erinnert an Markus, es ist nicht der Stil des Lukas. S. schon die von Overbeck/de Wette, Apostelgeschichte, 179 im Anschluß an Bleek geäußerte Vermutung, Joh. Markus sei „vielleicht) der ursprüngliche Berichterstatter". Er ist jedoch skeptisch gegenüber einer selbständigen schriftlichen oder mündlichen „Quelle". Vgl. Barrett, Acts 1, 568, der das Urteil von Dupont etwas einschränkt. Indizien für die Abhängigkeit von einer Quelle wären z.B., daß Agrippa I. „König Herodes" genannt wird oder daß, nachdem zu Beginn vom Tod des Jakobus des Bruders des Johannes berichtet wurde, dann in V. 17 unvermittelt von „Jakobus und den Brüdern" gesprochen wird, wo wir doch bei Lukas „Jakobus und die Ältesten"

besaß er vielerlei Traditionen, die er einfach übergehen konnte. Hier dagegen bot es sich an, die wichtigen Geschehnisse, die sich in Jerusalem in der Zwischenzeit ereignet hatten, nachzutragen. Derartige zeitliche Überschneidungen finden wir auch sonst bei ihm.[1536]

Folgen wir seiner Erzählung, so hatte „um jene Zeit"[1537] Agrippa I. einige Mitglieder der Urgemeinde (τίνες τῶν ἀπὸ τῆς ἐκκλησίας) ergreifen und mißhandeln und den Zebedaïden Jakobus[1538] mit dem Schwert hinrichten lassen. Als er sah, daß das den „Juden" gefiel, ließ er auch Petrus festnehmen. Agrippa verschob dessen (öffentliche) Hinrichtung[1539] jedoch bis nach dem Frühjahrsfestzyklus – dem Passa und der nachfolgenden Woche, „den Tagen der ungesäuerten Brote", – und verwahrte ihn während dieser Zeit im Gefängnis unter strenger Bewachung.

Warum Agrippa „Jakobus, den Bruder des Johannes," und einige andere ergreifen und ausgerechnet Jakobus „mit dem Schwert" hinrichten ließ, bleibt unklar, weil Lukas keinen Grund angibt und nur für die Ausweitung der Verfolgung auch auf Petrus die karge Erklärung ἰδὼν ὅτι ἀρεστόν ἐστιν τοῖς Ἰουδαίοις hinzufügt. Der Zebedaïde Jakobus steht in der ältesten Jüngerliste Mk 3,17 (vgl. Mt 10,2; Lk 6,14) noch vor seinem Bruder Johannes unmittelbar hinter Petrus, d.h. als zweiter Mann im Jüngerkreis, ein Zeichen für das Alter dieser Tradition.[1540] Auch im Lukasevangelium wird er 5,10; 6,14; 9,54 vor seinem Bruder genannt, in Lk 8,51; 9,28 ist die Textüberlieferung gespalten.[1541] In der Apostelgeschichte tritt er jedoch im Rang hinter Johannes

---

erwarten würden. Diese ‚Quelle' könnte z.B. eine von Lukas notierte mündliche Erzählung sein.

[1536] Auffallend ist z.B. die Verzögerung zwischen 8,2.4 und 11,29, die nicht besagt, daß alles, was dazwischen in 8,5–11,18 berichtet wird, sich auch in der Zwischenzeit ereignet hat, so daß Paulus wesentlich früher nach Tarsus kam als die vertriebenen Hellenisten nach Phönizien, Zypern und Antiochien. Auch die Wirksamkeit des Philippus von Samarien über Asdod bis Caesarea (8,4–40) muß nicht vor der Bekehrung des Paulus (c. 9) stattgefunden haben. 8,14ff setzt bereits den „Frieden" (9,31) in Jerusalem wieder voraus. Die ganze Erzählung unterbricht die Sequenz zwischen 8,3 und 9,1.

[1537] OVERBECK, Apostelgeschichte, 180: „Sehr unbestimmte Formel. Jedoch die ungefähre Gleichzeitigkeit mit jener Reise anzeigend"; SCHNEIDER, Apostelgeschichte 2, 102; BARRETT, Acts 1, 575 κατ' ἐκεῖνον τὸν καιρόν ist so unbestimmt (vgl. Apg 19,23) wie das vorausgehende ἐκείναις ταῖς ἡμέραις 11,27 s. o. S. 352.

[1538] SCHILLE, Apostelgeschichte, 269 vermißt – anachronistisch – ein „Martyrologium" für Jakobus Zebedäi. Ein solches hätte Lukas für Stephanus zur Verfügung gestanden. Lukas kann Einzelheiten, auch wenn sie ihm bekannt waren, weggelassen haben, weil er hier allein an Petrus interessiert war.

[1539] Nur BARRETT, Acts, I, 577 vermerkt richtig, daß ἀνάγεσθαι t.t. für das „Heraufführen" zur Hinrichtung ist und es nicht um ein „Heraufführen" zur Gerichtsverhandlung geht. Vgl. 2. Makk 6,10.

[1540] Selbst bei Clemens Alex. wird er noch nach Petrus, Johannes und Paulus als Empfänger der „Gnosis" von Jesus besonders hervorgehoben, s. Index von Clem. Alex. IV, 1 S. 119. Nach den Hypotyposen B. VII = Euseb, h. e. 2,9,2f bekehrt Jakobus seinen Denunzianten und wird zusammen mit ihm enthauptet. Mit solchen Legenden wurde im 2. Jh. der karge Bericht der Apg „angereichert".

[1541] Wenn Lukas im Evangelium die Dreiergruppe, Petrus, Jakobus und Johannes, nennt,

zurück, was wieder auf jene spätere Entwicklung hinweist, die Gal 2,9 sichtbar wird. Nach der Hinrichtung mußte sein Bruder Johannes in die Lücke eintreten. Jakobus wird sonst nur noch in der Liste Apg 1,13 und dort schon nach seinem Bruder erwähnt, der in den Anfangskapiteln immer zusammen mit Petrus erscheint.[1542] So weist in der Apg allein die Notiz über sein Martyrium auf seine Bedeutung in der Jerusalemer Urgemeinde hin. An einem unwichtigen Mitglied der messianischen Sekte hätte Agrippa kein Exempel statuieren können, um die öffentliche Stimmung zu „testen". Vielleicht ließ er die weniger markanten Personen nach Verhör und Auspeitschung als „Unzurechnungsfähige" laufen.[1543] Wären sie auch hingerichtet worden, hätte Lukas, der in solchen Dingen eher zur Übertreibung neigt,[1544] dies erwähnt. Es besteht so kein Anlaß anzunehmen, daß aufgrund des als vaticinium ex eventu verstandenen Jesuswortes Mk 10,39 und der Nachricht des Papias, beide Zebedaïden seien von den Juden getötet worden, damals auch Johannes hingerichtet worden sei. Diese falsche Hypothese zwingt dann dazu, wegen Gal 2,9 das „Apostelkonzil" vor der Verfolgung durch Agrippa, d. h. vor dem Passafest 43 v. Chr. anzusetzen. Es wird nirgendwo angedeutet, daß beide Zebedaïden *zu gleicher Zeit* getötet wurden, auch hätte Lukas, der ja Johannes in Apg c. 3–4 und 8 neben Petrus so hervorhebt und Jakobus in 12,2 als „Bruder des Johannes" bezeichnet, dessen Hinrichtung nicht verschwiegen. Er kann zu einem späteren Zeitpunkt etwa von Hannas II. 62 n.Chr., in den Wirren vor dem jüdischen Krieg oder auch außerhalb Judäas, ja selbst noch in Ephesus, getötet worden sein.[1545] Mk 10,38 = Mt 20,22f mag als vaticinium ex eventu auf den

---

stellt er Johannes vor Jakobus. In der handschriftlichen Überlieferung wird das z. T. sehr früh wieder korrigiert.

[1542] Vgl. M. HENGEL, Geschichtsschreibung, 94: „ein Zeichen dafür, daß Johannes weiterwirkte und nicht zusammen mit seinem Bruder getötet wurde." S. auch Gal 2,9 und M. HENGEL, Johanneische Frage, 91.317f. Lukas schreibt hier unter dem Gesichtswinkel einer späteren Zeit.

[1543] "Hand anlegen" und „mißhandeln" sind etwas anderes als eine Hinrichtung. Vgl. den Fall des Profeten Ananias Jos. bell 6,302–305; vgl. noch „humaner" Hadrian, Hist.Aug. I (vit.Hadr.), 12,5: einen Attentäter, der von Hadrians Dienern zurückgehalten wird: *ubi furiosum esse constitit, medicis curandum dedit*; „Verrücktheit" gehörte zu den häufigen Vorwürfen gegen die Christen (und Juden), *obstinatio* und *amentia*: Plinius minor, ep. 10,96,3f; Tacitus, hist. 5,13,3; *insanus*: Tertullian, apol. 50,11; *demens superstitio*: Minucius Felix, Octavius 9,1; vgl. 11,9; μανία: Justin, apol. 13,4 vgl. Origenes, c. Cels. 7,9f: christliche Profeten in Syrien; Porphyrius bei Augustin, civ. dei 19,23 (CCSL XLXXX, 692 Z.76): *dementia*; s. auch Apg 26,24; 1. Kor 14,23; Joh 10,20: μαίνεσθαι. Im Gegensatz zu Agrippa läßt Hannas II. 62 n.Chr. eine größere Zahl von Judenchristen steinigen, Jos. ant. 20,200. Man darf die τίνες aber auch nicht unterschlagen und behaupten, Lukas hätte nur zwei Verhaftete gekannt; gegen SCHILLE, Apostelgeschichte, 268. Vgl. auch Apg 15,2 zur Gesandtschaft nach Jerusalem.

[1544] S. zu Paulus als Verfolger Apg 26,10f vgl. 22,19.

[1545] E. SCHWARTZ, AGWG.PH VII/5, 1904, 263–284; DERS. ZNW 11 (1912), 89–104; F. HAHN, Mission (Anm. 1091), 76ff; A. SUHL, Paulus und seine Briefe. Ein Beitrag zur paulinischen Chronologie, StNT 11, Gütersloh 1975, 12.62.69f.316–321; dagegen R. RIESNER, Frühzeit, 108; BARRETT, Acts, 575. Zum Tod des Zebedaïden s. M. HENGEL, Johanneische

Märtyrertod der Zebedaïden verstanden worden sein; es setzt aber keinesfalls den gleichzeitigen Tod beider voraus.

Die Hinrichtungsart durchs Schwert verrät, daß Agrippa I. vom königlichen *ius gladii* Gebrauch machte,[1546] und daß der Zebedaïde Jakobus nicht nach ‚mosaischem' Strafrecht als „Verführer der Stadt"[1547] starb. Daß die Autoritäten beseitigt werden sollten, zeigt zudem die Verhaftung und geplante Hinrichtung des Petrus. D. R. Schwartz nimmt an, daß Agrippa aus politischen Gründen die Jerusalemer Urgemeinde verfolgte. Die beiden Zebedaïden, die „Donnersöhne", hätten den Zeloten nahegestanden und Petrus sei schließlich derjenige gewesen, der bei der Verhaftung Jesu zum Schwert gegriffen habe.[1548] Doch auch wenn sich unter den Jüngern ehemalige Zeloten befunden hätten, so verfolgten diese nach „Ostern" keine gewaltsam-revolutionären Ziele mehr,[1549] sondern erwarteten mit dem Wiederkommen des auferstandenen Herrn das „Reich Gottes" vom Himmel her.[1550] Zudem haben die römischen Präfekten und Prokuratoren, die energisch gegen endzeitliche Profeten wie Theudas und „den Ägypter" vorgingen, die als *Moses redivivus* auftraten, in dieser frühen Zeit in Palästina nach unseren Quellen nie von sich aus etwas gegen die Christen unternommen.[1551] Sie hielten sie offensichtlich für politisch

---

Frage, 88–92. R. EISLER, The Enigma of the Fourth Gospel, London 1939, 69–77 verweist auf eine – späte – Version der Toledot Jeschu, nach der Johanan vom König in Jerusalem getötet worden sei, doch liegt hier eine Verwechslung mit dem Täufer vor. EISLER vermutet dagegen, daß der Hinweis auf Johannes im ursprünglichen Text eliminiert worden sei. Das bleibt reine Spekulation.

[1546] Die Hinrichtung mit dem Schwert, die das alttestamentliche Strafrecht noch nicht kennt, gehört zu den vier Todesarten der Mischna, s. mSan 7,3; 9,1. Die Steinigung ist dagegen die ‚Sakralstrafe'.

[1547] Dtn 13,13–16; Tempelrolle lv 3–8; vgl. mSan 9,1; diese Bestimmung gilt von einer ganzen Stadt und bezog sich ursprünglich auf eine kriegerische Zerstörung. Einzelne Personen sind nach dem Gesetz zu steinigen vgl. Dtn 13,11; Tempelrolle lv 15–21. So verfährt man nach dem Gesetz mit Stephanus (Apg 7,58) und dem Herrenbruder Jakobus (Jos. ant 20,200; Euseb, h.e. 2,23,16). Gegen HAENCHEN, Apostelgeschichte, 367; SCHILLE, Apostelgeschichte, 268 und mit R. RIESNER, Frühzeit, 105 vgl. dort Anm. 75. Vgl. die Hinrichtung der fünf Jünger Jesu in bSan 43a Bar.

[1548] D.R. SCHWARTZ, Agrippa I., 123: „Such an assumption ... would explain, moreover, Luke's silence about the reason for the persecution." Den Schwertschlag des Petrus berichtet nur Joh 18,10f; er ist wohl eine legendäre Erweiterung. Die Synoptiker sprechen lediglich von einem anonymen Jünger.

[1549] Vgl. M. HENGEL, Zeloten, 57.72.344f.

[1550] S. die Schilderung der Großneffen Jesu nach Hegesipp vor Domitian bei Euseb, h.e. 18,20,4; vgl. dazu M. HENGEL, Reich Christi, Reich Gottes und Weltreich im Johannesevangelium, in: M. Hengel/A.M. Schwemer (Hg.), Gottes Königsherrschaft und himmlischer Kult, WUNT 55, 1991, 163f.

[1551] Auch Paulus wird zunächst von Juden im Tempelbereich angegriffen. Die römischen Soldaten schreiten erst ein, um einen Tumult zu unterbinden, und retten sein Leben. Den jüdischen Behörden liegt alles daran, Paulus möglichst schnell zu beseitigen bzw. durch die Römer hinrichten zu lassen, den römischen Präfekten und Prokuratoren dagegen an der Unterscheidung zwischen unpolitisch-religiösen, innerjüdischen Streitigkeiten und politisch-religiösen Aktionen gegen Rom. Das hat sich später geändert: Während Domitian die vor seinen Richterstuhl zitierten Herrenverwandten als harmlose „Bauern" wieder laufen ließ

ungefährlich. Warum sollte sie Agrippa dann wegen ihres angeblichen politischen Radikalismus verfolgen?

R. Riesner weist dagegen noch einmal auf den älteren Vorschlag hin, der Anlaß sei der Übergang der christlichen Mission zu den Heiden gewesen.[1552] Doch da hätte Agrippa in der Hafenstadt Caesarea mehr Grund zu einem gewaltsamen Eingreifen gehabt. Dieses Motiv könnte bestenfalls eine wachsende Aversion gegen ‚gesetzeskritische' Christen in Jerusalem erklären. Eine solche wird in den späteren Jahren bis zur Verhaftung des Paulus im Tempelvorhof 57 n. Chr. immer stärker sichtbar, war jedoch kaum das beherrschende Motiv des Königs. Als weiteren Grund erwägt Riesner, Agrippa hätte selbst messianische Ambitionen gehabt.[1553] Doch alle diese Erklärungsversuche befriedigen nicht.

Bei Josephus, geboren etwa um 33 n. Chr., fehlt – anders als beim Martyrium des Herrenbruders Jakobus im Jahr 62 n. Chr., wo er sich selbst in Jerusalem aufgehalten hat[1554] – ein entsprechender Bericht über die Verfolgung der Urgemeinde in Jerusalem durch Agrippa. Aber er erwähnt als frühester nichtchristlicher Autor die Christen nur am Rande.[1555] Trotzdem fällt durch seine Beschreibung des Charakters und Verhaltens des Königs auch auf den lukanischen Bericht und seine historischen Hintergründe einiges Licht. U. a. schreibt er – wohl abhängig von einer biographischen Quelle[1556] – von der Absicht des Königs, sich bei allen Bevölkerungsgruppen seines Reiches durch Milde beliebt zu machen und, daß er Wert darauf legte, sowohl bei Juden wie bei Heiden in Ansehen zu stehen. Ja, er sagt, daß er im Gegensatz zu seinem Großvater sein eigenes Volk bevorzugte.[1557] Die Juden waren durch die Vorgänge der Jahre 38–41 erregt und gegenüber der römischen Herrschaft noch mißtrauischer geworden. Er mußte darum vor allem der maßgeblichen Oberschicht, den ersten Familien der priesterlichen Aristokratie, deren privilegierte Position durch die wahnsinnigen Pläne des Kaisers am schwersten bedroht worden war, entgegenkommen. Bei seiner Bemühung um Anerkennung kam ihm zugute, daß er durch seine Großmutter Mariamne vom hasmonäischen Herrscherhaus abstammte. Dieser Tendenz entspricht die Angabe von Apg 12,3, daß Agrippa erst einmal die Reaktion der „Juden" auf die Mißhandlung einiger Christen und die Hinrichtung des Zebedaiden abwartete und erst danach Petrus ergreifen ließ. Die gegenüber Agrippa freundliche Quelle, die Josephus ausschreibt, betont, daß sich der König gerne regelmäßig zu den großen Festen in Jerusalem

---

(Hegesipp bei Euseb, h.e. 3,19–20,6), wurde später Simeon, Sohn des Klopas, ein Neffe Jesu, von Titus Claudius Atticus, der 99/100–102/103 Statthalter von Judäa war, gekreuzigt (ebenfalls als Hegesippzitat überliefert bei Euseb, h.e. 3,32,6). S. o. S. 67. 95.

[1552] R. Riesner, Frühzeit, 104–110; 110 Anm. 96 gegen D. R. Schwartz.
[1553] R. Riesner, Frühzeit, 109 mit Verweis auf Horbury; dazu o. Anm. 1428.
[1554] Jos. vita 12f. Vgl. M. Hengel, Jakobus, 73ff.
[1555] Jos. ant 18, 63f; 20,200.
[1556] D.R. Schwartz, Agrippa I., 8–37 u. ö.
[1557] Jos. ant 19,328–331: Agrippa I. ist εὐεργετικός, πραΰς etc.

aufhielt.[1558] Das stimmt mit der Angabe Apg 12,3f überein, daß die Verfolgung während des Passafestes stattfand. Weiter erwähnt Josephus die außerordentliche Großmut Agrippas einem Schriftgelehrten Simon gegenüber, der die kultische Reinheit bzw. die legitime Abstammung des Königs in Jerusalem öffentlich angezweifelt hatte. Dieser Simon muß ein Mann von Einfluß gewesen sein, denn er berief eine Versammlung (ἐκκλησία) – vermutlich der Priesterschaft im Tempel – ein, bei der er forderte, Agrippa vom Tempelbereich auszuschließen. Agrippa reagierte mit königlicher Milde auf diesen Affront, bestellte den Simon zu sich nach Caesarea, empfing ihn während eines Theaterbesuchs und beschämte ihn mit der Frage, was er denn hier „gegen das Gesetz Verstoßendes" (παράνομον[1559]) sehe. Simon schwieg. Das läßt vermuten, daß Simon kein pharisäischer, sondern ein aus dem Priesteradel stammender Schriftgelehrter war.[1560]

D.h. Agrippa I. suchte vor allem das Wohlwollen der im Jahr 41 politisch führenden sadduzäisch-priesterlichen Adelspartei zu erwerben und zu erhalten. So gab er das hohepriesterliche Amt der Familie des Hannas zurück, indem er es dem von ihm selbst zu Beginn seiner Aufsicht über den Tempel 38 n. Chr.[1561] eingesetzten Simon Kantheras wieder wegnahm. Simon Kantheras gehörte zur mit dem Hannasclan konkurrierenden

---

[1558] Jos. ant 19,331. Aus dieser Stelle erschließt man auch die Toratreue des Königs und seine Sympathie zu den Pharisäern, die durch die Kommentare geistert. Agrippa hatte sicher kein großes Interesse an pharisäischen Reinheitsbestimmungen, doch erfüllte er seine politisch-religiösen Pflichten gegenüber dem Jerusalemer Tempel sorgfältig und schritt gegen dessen Profanierung und die der Synagoge von Dora durch ein Kaiser-Bild ein. Er wußte, daß hier die Toleranzgrenze des jüdischen Volkes leicht überschritten werden konnte. Persönlich lebte er in jeder Hinsicht gern auf großem Fuß, liebte große Bankette, Luxus und Pracht. Schließlich starb er nach einem wahrhaft glanzvollen Auftritt, der nicht gerade von strenger Rechtgläubigkeit zeugt. Auch bei seinen Schwestern verbinden sich ostentative Frömmigkeitsformen mit lockerer Lebensführung. Während ihm seine jüdischen Untertanen für seine Regierung mit der Fama, er habe sich als Gott verehren lassen und sei als Gottesfeind gestorben, dankten, vergalten die heidnischen ihm seine „Wohltaten" nach seinem Tode dadurch, daß sie die Statuen seiner Töchter in Bordellen aufstellten. Von pharisäischer Frömmigkeit erfüllt war er gewiß nicht, aber den politisch-religiösen Umständen entsprechend ein Gönner der aristokratischen Fraktion der Sadduzäer. Diese galten als besonders hart in ihren Gerichtsurteilen. Die rabbinische Überlieferung verklärt dagegen sein Bild, vgl. mSot 7,8: Die Toralesung Agrippas I. im Tempel und sein Weinen bei der Verlesung von Dtn 17,15 und die Akklamation des Volkes; mBikk 3,4 trägt der König den Korb mit Erstlingsfrüchten in den Tempel. Vielleicht wird hier das Agrippabild des römerfreundlichen reichen ‚Patriarchen' Jehuda han-nasi' sichtbar, der die Mischna redigierte. All dies könnte sich jedoch auch auf seinen Sohn Agrippa II. beziehen.
[1559] Vgl. Jos. ant 20,200: Die Anklage gegen den Herrenbruder Jakobus, u. Anm. 1574.
[1560] Vgl. D. R. SCHWARTZ, Agrippa I., 124–130 (Lit.) So war er ein Herrscher, der bei aller Schlauheit zwischen zwei Stühlen saß. Man könnte es seiner „diplomatischen Milde" zuschreiben, wenn er nur die beiden Anführer des Jüngerkreises hinrichten wollte und nicht eine größere Anzahl von Judenchristen s. o. Anm. 1557.
[1561] Wahrscheinlich eher 38 als 41; dann ist Simon Kantheras identisch mit dem „Simon dem Gerechten", der in tSot 13,6; ySot 9,14 24b u. ö. erwähnt wird als Hoherpriester, der aus dem Allerheiligsten eine Bat Qol hörte, die ihm den Tod des Caligula ankündigte. Vgl. D. R. SCHWARTZ, Agrippa I, 12 (Lit.).

Familie des Boethos (Jos. ant 19,297). Unter Agrippa I. stellte damit die aus Alexandrien stammende Familie des Simon S. d. Boethos, der einst von Herodes I. nach Jerusalem geholt worden war, zum ersten Mal wieder nach der Verwandlung in eine Provinz 6. n. Chr., d. h. nach 31jähriger Pause, einen Hohenpriester. Dieser Alexandriner Simon, der wohl als Nachfahre Onias' IV. aus altem zadoqidischem Geschlecht stammte, wurde einer der Schwiegerväter des Königs und amtierte in den Jahren 23–5 v. Chr. Ihm folgten in den Jahren 4 v.–6 n. Chr. die Boethusäer Joazar und Eleazar. Erst der römische Statthalter Quirinius setzte 6 n. Chr. den Hannas, Sohn des Sethi, ein und brachte für die ganze Prokuratorenzeit bis 38 den Clan des Hannas zur Macht. Agrippa I. demonstrierte zunächst mit der Einsetzung des Simon Kantheras als Nachfolger des Hannas-Sohnes Theophilos[1562], daß er sich als legitimer Erbe seines Großvaters Herodes I. sah und dessen Politik gegenüber dem Jerusalemer Tempel aufnehmen wollte.[1563] Sicher bestand zwischen dem alexandrinisch-herodianischen Clan der Boethusäer und der von den Prokuratoren protegierten Familie des Hannas eine erhebliche Spannung.[1564] Nachdem Agrippa von Claudius für seine Unterstützung bei der Machtübernahme nach der Ermordung Caligulas mit der Herrschaft über Judäa und Samarien belohnt worden und im Frühjahr 41[1565] wieder nach Jerusalem zurückgekehrt war, bot er jedoch Jonathan, dem ersten und im Volk angesehenen der fünf Söhne des Hannas,[1566] die zwischen 16/17, 36 und 38 und dann ganz vereinzelt zwischen 41 und 62 n. Chr. als Hohepriester amtierten, das hohepriesterliche Amt wieder an. Von diesem erhielt er eine stolze Abfuhr mit dem Hinweis, er solle seinen Bruder Mattathias mit dem Amt versehen, da er es schon einmal innegehabt hatte.[1567] Daß Agrippa dies tat, zeigt, daß er es in der neuen, gespannten Situation nach der plötzlichen Ermordung Caligulas als nötig ansah, sich mit dem mächtigsten hohepriesterlichen Clan gut zu stellen, und zugleich wird die einzigartige Position der Familie des Hannas deutlich. Wahrscheinlich wollte der König sich nach der Caligula-Unruhe auf einen im Volk beliebten Amtsträger stützen. Das „ausländische" Haus des Boethos wurde weniger geschätzt. Darüberhinaus hatte die Familie des Hannas seit der Prokuratorenzeit auch gute Beziehungen zu Rom, sonst hätte sie sich nicht so lange an der Macht behauptet.[1568] Die Familien „Boethos" und „Hannas" haben sich als konkurrierende „Hohepriesterfamilien" gleichwohl später

---

[1562] Der Sohn des Theophilos, Johanan, und seine Tochter Johanna erscheinen auf einer Ossuarinschrift aus Jerusalem, s. L. Y. RAHMANI, Ossuaries, 259 Nr. 871. Vgl. u. Anm. 1573.

[1563] Dazu D. R. SCHWARTZ, Agrippa I., 69f.

[1564] Vgl. M. HENGEL/R. DEINES, Rezension Sanders, in: HENGEL, Judaica et Hellenistica I, 467f. M. GOODMAN, The Ruling Class of Judaea, Cambridge 1988, 42f.139f.144f.

[1565] Dazu R. RIESNER, Frühzeit, 105.

[1566] Jos. ant 20,198; Jonathan hatte bereits zwischen 36–37 amtiert. Er wurde von Vitellius abgesetzt (Jos. ant 18,123), s. SCHÜRER II, 230. Zu den fünf Söhnen muß noch Josef Kaiaphas dazugerechnet werden, der als Schwiegersohn des Hannas (Joh 18,13) von 18–36 n. Chr. unter den Präfekten Valerius Gratus und Pontius Pilatus (26–36) amtierte. Kaiphas war ein Sonderfall.

[1567] Jos. ant 19,312–316; dazu D. R. SCHWARTZ, Agrippa I., 71.115.

[1568] Gegen D. R. SCHWARTZ, Agrippa I., 71 ff, der – eine u. E. völlig unbegründete These von S. DOCKX modifiziert aufnehmend – vermutet, der ‚Boethusäer' Simon Kantheras hätte gehen müssen, weil er während der Zeit der Abwesenheit Agrippas im Jahre 40 Stephanus hätte steinigen lassen. Doch die guten Beziehungen von Jonathan zu Rom stellt auch SCHWARTZ dar. Der spätere Mord an dem stolzen und mächtigen Jonathan, durch Felix veranlaßt, steht auf einem anderen Blatt. S. DOCKX, Date de la mort d'Étienne le Protomartyr, Bib 55 (1974), 65–75; vgl. kritisch dazu M. HENGEL, Zwischen Jesus und Paulus, 188 Anm. 131.

auch verschwägert. Es wurde sogar vermutet, Kaiphas, der Schwiegersohn von Hannas, der 18 Jahre amtierte, stamme vielleicht aus der Familie Boethos.[1569] Nicht allzu lang vor Agrippas Tod erhielt jedoch der Bruder des Simon Kantheras, Elionaios Kantheras, aus dem Clan des Boethos noch einmal für kurze Zeit das höchste priesterliche Amt.[1570] Vermutlich erfolgte das Vorgehen gegen die Christen noch während der Amtszeit des Hannas-Sohnes Mattathias. Möglicherweise wollte Agrippa I. durch den Wechsel einen Ausgleich zwischen dem Haus des Hannas und den Boethusäern schaffen. Er hat in seiner siebenjährigen Regierungszeit (37–44, von 41–44 ganz Judäa) die Hohenpriester nicht häufiger als vor 70 n. Chr. üblich ausgewechselt, da seine Einsetzung des Simon Kantheras schon ins Jahr 38 und nicht erst auf 41 zu datieren ist. D. h. es lag ihm daran, jeden Bruch mit *beiden* führenden Familien des Priesteradels zu vermeiden, weil er grundsätzlich auf Kontinuität und Stabilität der Verhältnisse bedacht sein mußte. Die Hohenpriester selbst betrachteten sich dabei, auch wenn sie nur kurze Zeit amtiert hatten, für immer als solche, die durch das höchste Amt in besonderer Weise ausgezeichnet worden waren und damit als die eigentliche „Spitze" des Volkes. Der Einfluß der wenigen „ersten Familien" wurde durch den häufiger werdenden Wechsel nicht eingeschränkt,[1571] sondern noch verstärkt. Die Macht lag, von Hannas und Kaiphas abgesehen, weniger bei den einzelnen als beim Clan.

Diesen untereinander verwandten sadduzäisch-hochpriesterlichen „Sippen", vor allem der des Hannas, waren die Anhänger des gekreuzigten Messias Jesus ein Dorn im Auge. Die Hohenpriester Hannas (6–15 n. Chr.) und Kaiphas, dessen Schwiegersohn (18–36 n. Chr.),[1572] leiteten die Untersuchung vor dem Hohen Rat im Prozeß Jesu und übergaben ihn Pilatus zur Hinrichtung. Der Prozeß gegen Jesus blieb nicht nur der Gemeinde in Jerusalem, sondern auch den daran beteiligten Spitzen des Priesteradels in fester Erinnerung, denn das Ergebnis des Verhörs Jesu und der Beschluß Mk 15,1 waren gewiß in den Akten des vom Hannasclan beherrschten „Synhedriums" festgehalten. Vom hohepriesterlichen Gremium der Familie des Hannas wurden nach Lukas kurze Zeit später Petrus und Johannes verhört (Apg 4,6 vgl. 5,17f).[1573] Dafür, daß diese Familie die Christen weiterhin haßte, spricht auch das Vorgehen des Hannas II., Sohn des Hannas, der sofort eine Vakanz nach dem Tod des

---

[1569] So R. Brody in einem Appendix zu D. Schwartz, Agrippa I., 190–195 (das beruht auf der Annahme, daß Kantheras die stärker gräzisierte Namensform von Kaiaphas sei). Die Vermutung ist jedoch sehr fraglich. Vgl. auch die Traumhochzeit der Martha, Tochter des Boethos, mit dem Hohenpriester Jesus S. d. Gamala, des führenden Sadduzäers neben Hannas II., der 63–64 amtierte. Dazu M. Hengel, Zeloten, 377 Anm. 2; M. Goodman, Ruling Class (Anm. 1564), 144.
[1570] Jos. ant 19,342; vgl. zu den komplizierten Verwandtschaftsverhältnissen D. R. Schwartz, Agrippa I., 185–189 und dort S. 190–195 den Appendix von R. Brody.
[1571] Vgl. die Liste der Hohenpriester bei Schürer II, 229–332 und 332–336.
[1572] Daß Kaiphas Schwiegersohn des Hannas war, erfahren wir nur aus Joh 18,3. Diese Stelle ist ein wichtiger Fingerzeig zum Verständnis der Hohenpriesterherrschaft zwischen 6 und 37 n. Chr., s. M. Hengel, Das Johannesevangelium als Quelle für die Geschichte des antiken Judentums, in: Ders., Kleine Schriften II, WUNT 1998, 115–156.
[1573] Der Apg 4,6 genannte Hohepriester Johannes erscheint wohl auf einer Ossuarinschrift als Johanan, Sohn des Hohenpriesters Theophilos (nach 37), und damit als Enkel des Hannas und Neffe des Kaiphas. S. D. Flusser, IEJ 36 (1986), 39–44.

Prokurators Festus und vor dem Eintreffen des Albinus ausnützte und 62 n. Chr. den Herrenbruder Jakobus „und einige andere" als „Gesetzesbrecher" (ὡς παρανομησάντων) steinigen ließ.[1574] Agrippa hatte so gute Gründe durch sein Vorgehen gegen die Judenchristen, dem mächtigsten Priesterclan in Jerusalem und seinen Anhängern einen Gefallen zu erweisen, der ihn selbst wenig kostete. Daß er, nachdem Petrus entkommen war, die Soldaten, die ihn bewachen sollten, mit dem Tode bestraft hat, aber danach offensichtlich dieser Angelegenheit nicht weiter nachging, legt nahe, daß die Verfolgung nicht sein ureigenes Anliegen war. Das Abbrechen der Verfolgung spricht weiter eher dafür, daß sie sich nicht am ersten Passafest nach der Rückkehr Agrippas aus Rom, d. h. im Jahr 42, ereignete, sondern im letzten Jahr der Regierungszeit Agrippas beim Passafest 43 anzusetzen ist.[1575] Dem würde auch die lukanische Erzählung entsprechen, der direkt nach dem Entkommen des Petrus vom Tod Agrippas berichtet.[1576] Das genaue Datum von Agrippas Tod steht nicht fest. Er starb drei Jahre nachdem er die Herrschaft über ganz Judäa erhalten hatte.[1577] Damit kommen wir spätestens auf Januar/Februar 44. Daß er tödlich erkrankte, als er Festspiele für die σωτηρία des Kaisers in Caesarea veranstaltete, gibt keinen sicheren Anhaltspunkt, weil Josephus den Namen des Kaisers nicht nennt, und es so unklar bleibt, ob es sich um Wettkämpfe zu Ehren des Claudius oder des Augustus handelt.[1578] D. h. die Kollektenreise des Barnabas (und nach Lukas auch des Paulus) kann durchaus in die Zeit nach der Verfolgung bzw. nach dem Tod des Agrippa datiert werden. Man könnte dann,

---

[1574] Jos. ant. 20,200ff; Hannas II. verlor deshalb schon nach drei Monaten sein Amt. Pharisäer hatten sich sowohl bei Agrippa II. wie beim Prokurator Albinus über sein ungerechtes Verhalten beschwert. Agrippa II. setzte Hannas ab. Vgl. M. HENGEL, Jakobus, 73ff; PRATSCHER, Jakobus, 330–338.

[1575] Die Gründe von R. RIESNER, Frühzeit, 105 für die Datierung ins Jahr 41 oder 42 sind nicht hinreichend. Man darf annehmen, daß die Beschreibung von Agrippas Rückkehr bei Jos. ant 19,292–299 wohl nicht die Vorgänge im Jahr 41 schildert, sondern die im Jahr 38. Nach dem Versuch Caligulas, sein Standbild im Tempel aufzustellen, hätte Agrippa kaum die von diesem „anläßlich seiner Freilassung" aus dem Gefängnis im Jahr 38 geschenkte Kette als Weihegabe im Tempel aufgehängt, sondern eine von Claudius erhaltene Ehrengabe. Josephus ist hier ein Versehen unterlaufen und er hat einen Abschnitt aus seiner Quelle an die falsche Stelle gesetzt. Dazu D. R. SCHWARTZ, Agrippa I., 12–14 und passim.

[1576] S. o. Anm. 1521. Auch nach einem gewissen Zwischenraum konnte der Tod des Verfolgers als direkte Strafe für seine Untat verstanden werden. Vgl. Jos. ant 18,116: Die Niederlage von Herodes Antipas gilt noch ca. 9 Jahre später als göttliche Strafe für seinen Justizmord an Johannes dem Täufer. Am Ende des Hegesippberichts über das Martyrium des Herrenbruders Jakobus heißt es „und sofort belagerte sie Vespasian" (Euseb, h. e. 2,23,18). Den Kirchenvätern galt es später als ausgemacht, daß die Zerstörung des Tempels und Jerusalems die gerechte Strafe für die Kreuzigung Jesu sei. Zwischen der Verfolgung durch Agrippa und dessen Tod liegt dagegen weniger als ein Jahr.

[1577] Jos. bell 2,219; ant 19,343 vgl. 351: Er regierte 4 Jahre unter Caligula und 3 im ganzen Judäa unter Claudius.

[1578] Vgl. dazu D. R. SCHWARTZ, Agrippa I., 107–111: „In summary, it appears that Agrippa died between September/October ... 43 and January/February 44" (111); R. RIESNER, Frühzeit, 104f plädiert für das spätere Datum.

abgesehen von der Unwahrscheinlichkeit der Teilnahme des Paulus, etwa annehmen, daß das Motiv der Kollekte nicht allein die Teuerung (s. o. S. 366f), sondern auch die Unterstützung der durch den Mißerfolg der Gütergemeinschaft, die Verfolgung und teilweisen Boykott verarmten Gemeinde war. Daß sie grundsätzlich ab den vierziger Jahren auf Unterstützung angewiesen war, ergibt sich aus Gal 2,10.

Die lebendige und detailreiche Erzählung von der Befreiung des Petrus aus dem Gefängnis wirkt nur partiell legendär, in anderen Teilen dagegen realistisch. „Legendär" ist die Erscheinung des Engels, die sich als das subjektive Erlebnis des Petrus erklären ließe.[1579] Wenn die Kommentatoren hier ausgesprochene Legendenmotive finden wie das „Türöffnungswunder"[1580] oder die typologische Entsprechung zur Befreiung aus Ägypten in der Passanacht, so bedenken sie zu wenig, daß dieses Wunder ein eigenes Gepräge besitzt und es sich auch nicht in der Passanacht selbst, sondern zum letztmöglichen Zeitpunkt vor der Hinrichtung und d. h. am Ende der sieben Festtage, die bis zum 21. Nisan dauerten, ereignete. Weil das Befreiungswunder in der Passanacht bei Lukas fehlt, trägt es die Epistula Apostolorum (c. 15) ca. Mitte 2. Jh. n. Chr. ein: Hier wird Petrus während dieser Nacht vom Engel befreit, damit er an der Passafeier der Apostel, dem Gedächtnis des Todes Jesu, teilnehmen kann. Nach dem Hahnenschrei kehrt er ins Gefängnis zurück bis zu seiner – in Apg 12 berichteten – Befreiung, die geschieht, damit er das Evangelium verkünde.[1581]

[1579] Könnte hinter dieser „Befreiung" (ganz abgesehen von der erzählerischen Ausgestaltung) ein Akt der antiherodianischen und antisadduzäischen Opposition, etwa aus pharisäischen Kreisen stehen? Der „Engel", der Petrus befreite, erscheint erzählerisch wie ein junger Mann, den Petrus nicht kannte und der sich diesem nicht zu erkennen gab, sondern rasch in der Dunkelheit der Nacht wieder verschwand. Es gab vermutlich damals – wie später noch bei der Hinrichtung des Jakobus – den Christen wohlwollend gegenüberstehende Pharisäer, die gegen diese Machtdemonstration Agrippas I. und der Klientel des hohepriesterlichen Adels aus religiösen und politischen Gründen opponierten. Die ganze Erzählung hat sehr viel Irdisches an sich, so der kräftige Stoß, mit dem Petrus geweckt wird, die genauen Befehle, daß er sich rasch reisefertig zu machen hat. Alles was die Kommentatoren hier an typologischen Anklängen und alttestamentlichen Anspielungen eintragen, führt in die falsche Richtung. Overbeck, Apostelgeschichte, betont, daß die Erzählung eine „mythische Form" habe und „der zugrunde liegende Thatbestand damit überh(aupt) problematisch geworden sei", muß aber dann doch anerkennen, daß sie dennoch „deutliche Spuren der Geschichtlichkeit trägt", bes. in V. 19ff (183). Vielleicht handelte es sich bei dieser „Befreiung" um eine erfolgreiche Aktion der (pharisäischen?) Gegner der hohepriesterlichen und herodianischen Partei, die einen weiteren spektakulären „Justizmord", jetzt an dem Anführer der Christen, verhindern wollten. Wir können auch hier nur vermuten. Später konnten diese pharisäischen Sympathisanten nur noch post festum protestieren, wie die Anklagen nach der Hinrichtung des Herrenbruders Jakobus zeigen. Aber immerhin kostete dieser Protest den Hohenpriester Hannas II. das Amt. Vgl. Hengel/Deines, Rezension Sanders, 8f = Hengel, Judaica et Hellenistica I, 401f.

[1580] Zum Motiv der Türöffnung s. ausführlich O. Weinreich, Religionsgeschichtliche Studien, Darmstadt 1968, 118–198 (zu Apg 12,3–19 s. 153–158). Es handelt sich um eine ursprünglich selbständige Erzählung innerhalb einer Sammlung von Petruslegenden, die mit εἰς ἕτερον τόπον endete. Von Form und Inhalt her fällt sie aus dem Rahmen der „Befreiungswunder" heraus.

[1581] C. Grappe, D'un temple a l'autre. Pierre et l'Eglise primitive de Jérusalem, EHPhR 71,

Historisch ernst zu nehmen sind vor allem die Angaben am Ende der Erzählung über die Umstände beim Besuch im Haus der Maria, Mutter des Johannes Markus, die er ausführlich berichtet, dagegen erzählt er nur knapp vom Auftrag des Petrus, seine Rettung „Jakobus und den Brüdern" mitzuteilen, und daß sich Petrus „an einen anderen Ort" begeben habe. Petrus mußte sich in Sicherheit bringen und verließ das Herrschaftsgebiet Agrippas. Das mag auch für seine Familie gelten, denn seine Frau begleitete ihn auf seinen späteren Missionsreisen.[1582] Daß es sich bei „dem anderen Ort" um eine Verschlüsselung für Rom handle (mit einer gelehrten Anspielung auf Hes 12,3.13 LXX), und Petrus sich nun sofort dorthin begeben und die römische Gemeinde gegründet habe, beruht auf altkirchlicher Überlieferung seit Euseb und wird auch heute noch gerne vertreten.[1583] Dies läßt sich freilich historisch nicht zureichend belegen und bleibt nur eine ernstzunehmende Möglichkeit. Wir begegnen Petrus wieder ca. 5 bis 6 Jahre später in Apg 15 im Jahr 48/49 als festem Mitglied der Jerusalemer Gemeinde beim „Apostelkonzil" und einige Zeit danach in Antiochien. Hier besitzen wir neben dem Bericht des Lukas die paulinische Darstellung in Gal 2. Daß in Gal 2,1–10 nur noch die drei Säulen und daneben die anonymen δοκοῦντες genannt werden, läßt vermuten, daß als Folge der Hinrichtung des Jakobus und der Verhaftung des Petrus auch andere

---

Paris 1992, 242–251 sieht vor allem die Passatypologie und hält die Überlieferung der EpApost für eine judenchristliche Legende, die unabhängig von Apg 12 sei. Der Verfasser der EpApost hat aber die Apg gut gekannt. Wir haben hier das typische Beispiel einer legendären „Steigerung" des Wunders.

[1582] 1. Kor 9,5 (interessant ist, daß die korinthische Gemeinde solche Details weiß!); zur Familie s. außer der historischen Notiz Mk 1,29–31 auch die petrinischen Familienlegenden. So bei Clemens Alex., strom 3,52,5: Er hatte Kinder wie Philippus; das Martyrium seiner Frau 7,63,3 = Euseb, h. e. 3,30,2; dazu das Fragment über seine unheilbar gelähmte Tochter, vermutlich aus den Petrusakten s. Hennecke/Schneemelcher, NT Apo[5], 2, 256–258. S. dazu M. HENGEL, »Apostolische Ehen« und Familien, INTAMS Review 3 (1997) Heft 1, 62–74.

[1583] Vgl. R. PESCH, Die Apostelgeschichte (Apg 1–12), EKK V/1, [2]1995, 368f mit falscher Datierung; C.P. THIEDE, Artk. Petrus, NBL 3, 1167.1169 (Lit.); BARRETT, Acts I, 587 zu Recht: es gibt kein zuverlässiges Indiz dafür, daß er nach Rom ging. Ausführlich, doch allzu phantasievoll behandelt das Problem S. DOCKX, Chronologies néotestamentaires et Vie de l'Eglise primitive, Leuven 1984, 166f. Dort auch eine Übersicht über die Quellen: Euseb. Chronik des Hieronymus GCS 47, ed. R. Helm, 1956, 179: *Petrus Apostolus cum primus Antiochenam ecclesiam fundasset, Romam mittitur, ubi evangelium praedicans XXV annis eiusdem urbis episcopus perseverat* für das Jahr 42; nach Hieron., vir.ill. c. 1 kommt er im 2. Jahr des Claudius nach Rom, nachdem er zuvor in den 1. Petr 1,1 genannten Provinzen Kleinasiens gewirkt hat. Nach c. 11 soll er damals mit Philo disputiert, sich mit diesem angefreundet und deswegen Markus nach Alexandrien gesandt haben. Er malt dabei Notizen Eusebs, h. e. 2,16,1 und 17,1 aus, der die Therapeuten in Ägypten für Christen hält. Über eine interessante Vermutung kommen wir nicht hinaus. Dagegen spricht u.a., daß Paulus im Römerbrief den Namen Petrus nicht erwähnt. Sollte im Winter 56/57 die Spannung zwischen Paulus und Petrus immer noch so stark gewesen sein, daß der „Heidenapostel" den Namen des 1. Auferstehungszeugen völlig übergeht? Und warum sagt Lukas kein Wort darüber? Schweigt er, um hier Paulus in c. 28 den Vortritt zu lassen, mit ihm selbst als Begleiter (28,14)? Nachdrücklich tritt jetzt für diese frühe Romreise des Petrus H. BOTERMANN, Judenedikt, 76ff.81f.137–140.188, ein. Vgl. u. Anm. 1606.1607.

„Apostel" aus Jerusalem geflohen waren und z. T. nicht mehr dorthin zurückkehrten.

8.2.7 Jakobus und die Ältesten in Jerusalem

Nach Gal 2,9 steht in der Jerusalemer Gemeinde der Herrenbruder Jakobus an der Spitze, dann folgen Petrus und an dritter Stelle Johannes. Das heißt doch, daß Petrus in der Jerusalemer „Hierarchie" zu dieser Zeit nicht mehr den führenden Platz innehatte. Er war wohl lange genug abwesend, daß man in Jerusalem nach der Verfolgung eine neue „Gemeindeverfassung" ohne ihn schaffen mußte, aber doch nicht so lange, daß er als Auswärtiger – wie Barnabas und Paulus – betrachtet wurde. Daß er sich der Autorität des Herrenbruders dann nach- und wohl auch untergeordnet hat, diente dem Frieden in der Gemeinde.[1584]

Warum sich Petrus zum Haus der Maria und nicht direkt zu Jakobus begeben hat, kann man nur vermuten. Es mag dies auf eine gewisse Distanz hinweisen, doch weitergehende Folgerungen auf ein gespanntes Verhältnis zwischen beiden sollte man daraus nicht ziehen.[1585]

Nach dem Verrat und Tod des Judas Ischariot war in der frühesten Zeit ein Ersatzmann in den Kreis der zwölf Jünger gewählt worden. Nach dem Tod des Zebedaïden Jakobus und der Flucht des Petrus finden dagegen keine derartigen Nachwahlen mehr statt. Vermutlich waren noch andere „Apostel" des Zwölferkreises geflohen.[1586] Es könnte sehr wohl sein, daß das Ergebnis der Verfolgung, das Zurücktreten der „Zwölf"[1587], d. h. bei Lukas der „Apostel", als Leitungsgremium der Urgemeinde, auch eines der Ziele der Verfolgung gewesen war, und daß mit deren Flucht die Verfolgung endete. Man wollte mit der Beseitigung bzw. der Vertreibung der führenden Jünger Jesu, den Kern dieser enthusiastisch-eschatologischen Bewegung zerschlagen. *Die Leitung der Jerusalemer Urgemeinde ging nun auf den Herrenbruder Jakobus und das Ältestengremium, das in Apg 11,30 erstmals erwähnt wird, über.* Er gehörte zu

---

[1584] So wie sein Nachgeben in Antiochien dem Frieden dienen sollte. Nur Paulus war – um „der Wahrheit des Evangeliums willen" – entschieden anderer Meinung (Gal 2,11–21).

[1585] Die Distanz der – auf petrinischer Tradition beruhenden – Synoptiker gegenüber den Brüdern Jesu (vgl. auch Joh 7,2ff), die Jakobus nur Mk 6,3 mit den anderen Brüdern erwähnen, legen eine solche Spannung nahe. Man sollte diese freilich nicht überbetonen. Vgl. dazu M. HENGEL, Jakobus, 98–102. Vgl. auch die Distanz zwischen Jakobus und Paulus, Apg 21,16–18.

[1586] BARRETT, Acts 1, 569 weist daraufhin, daß das nicht daran liegen kann, daß zwischen Verrat, natürlichem Tod und Martyrium ein Unterschied gemacht wird.

[1587] SCHMITHALS, Apostelgeschichte, 118 rügt: „Er (Lukas) hat den für ihn so überaus wichtigen Kreis der Zwölf Apostel also, historisch gesehen, über Gebühr ‚intakt' gehalten." In Wirklichkeit spricht er von den Zwölfen expressis verbis nur in 6,1 vgl. dazu noch 1,13–26. Die Zahl der Apostel in 9,27; 11,1 und c. 15 wird nicht mehr genannt. Sie könnte so schon kleiner gewesen sein. Die Mehrzahl der Zwölf wird jedoch zu Beginn der vierziger Jahre noch gelebt haben: s. 1. Kor 15,5f.

den frühen Auferstehungszeugen (1. Kor 15,7), aber nicht zu den Zwölfen. Lukas erwähnt ihn namentlich erstmals hier (12,17) und unterschlägt dabei wie in 15,13 und 21,18, daß es sich bei ihm um den Herrenbruder handelt. Die Brüder Jesu erwähnt er nur pauschal mit der Mutter Jesu Apg 1,14f nach den Elfen unter den 120. Jakobus muß jedoch in Wirklichkeit schon früh als eindrucksvolle Persönlichkeit in der jungen Jerusalemer Gemeinde eine Rolle gespielt haben, darum wird er Gal 1,19 beim geheimen Besuch des Paulus bei Petrus als einziger hinzugezogen.[1588] Doch Lukas will kaum sagen, daß Petrus selbst mit seiner Bitte, „Jakobus und den Brüdern" seine Rettung und Flucht mitzuteilen, Jakobus die Leitung der Gemeinde übergeben hat.[1589] Daß er hier Jakobus nennt, stimmt vielmehr mit dessen Bedeutung in Gal 1,19; 2,9.12 und Apg 15,19 überein. Vermutlich hat der Bruder des Herrn der nach der Verfolgung irritierten Gemeinde zu einer neuen Konsolidierung verholfen.[1590] Freilich war damit auch eine gewisse theologische Umorientierung – nicht zuletzt in der Gesetzesfrage – verbunden. Wahrscheinlich stand er wegen seiner Gesetzesstrenge bei den Pharisäern in höherem Ansehen als Petrus.

Der nächste ausführliche Bericht des Lukas über Ereignisse in Jerusalem in Apg 15 nennt Petrus und Jakobus als maßgebliche Redner, wobei letzterer den entscheidenden Vorschlag macht, wie der Konflikt zu lösen ist. Daneben erscheinen als Leitungsgremium gemeinsam stereotyp „die Apostel *und* die Ältesten". Erstere zum letzten Mal.[1591] Sie werden auf diese Weise von Lukas (zusammen mit Petrus, der ja ihr Sprecher ist) elegant und – fast – konfliktfrei verabschiedet. Der Autor schafft damit einen Übergang, der für den ersten Leser „Theophilos" und seinen Kreis keinen Anstoß enthält. Paulus hat in seiner Darstellung des Konflikts im Galaterbrief eher eine entgegengesetzte Tendenz. Ihm liegt jede harmonisierende Darstellung der Kontroverse fern. Später in 21,18 im Wir-Bericht des Lukas beim Besuch des Paulus bei Jakobus in Jerusalem zum Wochenfest des Jahres 57 sind nur noch „alle Presbyter" zugegen und die Apostel sind verschwunden, ein Zeichen dafür, daß sich für Lukas die „apostolische Epoche" der Gemeinde dem Ende zuneigt. Etwa 7 Jahre später sind die drei größten Gestalten der Urgemeinde tot.

Wie oben (S. 370) schon betont, geht das *christliche Ältestenamt* wohl auf diese ersten Presbyter in Jerusalem zurück. Es ist nicht umgekehrt, denn Lukas trägt keine späteren „Diasporapresbyter" aus seiner eigenen Gemeindesituation in die Erzählung ein.[1592] Dagegen werden in der Theodotosinschrift aus

---

[1588] Gal 1,19; vgl. dazu o. Anm. 880.

[1589] So SCHMITHALS, Apostelgeschichte, 118: „Petrus übergibt ihm ... definitiv die Leitung der Gemeinde."

[1590] Vgl. Apg 21,20. Dafür ist auch sein Martyrium im Jahr 62 (vgl. o. Anm. 1574) ein Zeuge und die späteren hagiographischen Überlieferungen über diesen exemplarischen „Gerechten" und „Fürbitter" für die Stadt, die aus versprengten Nachrichten über ihn noch zu gewinnen sind. Dazu M. HENGEL, Jakobus, 75–88.

[1591] Apg 15,2.4.6.22f; 16,4.

[1592] Gegen G. BORNKAMM, Artk. πρέσβυς κτλ., ThWNT VI, 662f, der die jüdische Epigraphik zu wenig beachtet hat.

Jerusalem bereits πρεσβύτεροι als Gründer der Synagoge erwähnt.[1593] Diese Synagoge blühte in der Zeit vor 70 n. Chr. Theodotos, ihr Erbauer, weist darauf zurück, daß drei Generationen früher sein Vater und sein Großvater gemeinsam mit den *Ältesten* der Gemeinde und einem weiteren Stifter namens Simonides – wohl schon in herodianischer Zeit – den Grundstein der Synagoge gelegt hätten. In Palästina waren die Ältesten die Vorsteher der örtlichen zivilen und religiösen Gemeinden; in Orten, die ganz oder überwiegend von Juden besiedelt waren, bildete beides selbstverständlich eine Einheit.[1594] Während in den Synagogeninschriften bis weit in die christliche Zeit hinein in der Diaspora die entsprechenden Amtsträger ἄρχοντες heißen, begegnen die πρεσβύτεροι als eine typische Erscheinung in den Gemeinden und Synagogen des jüdischen Palästinas. Sie sind die Nachfahren der z^{e}qenîm der persischen und hellenistischen Zeit.[1595] Wahrscheinlich war diese naheliegende Form der synagogalen und kommunalen Verfassung in Palästina das Vorbild für den zweiten Kreis neben den weniger gewordenen, da z. T. geflohenen oder verstorbenen „Aposteln", den Jakobus und die Jerusalemer Gemeinde wählten, um nach der Verfolgung zu stabilen Verhältnissen zurückzukehren. Die „Apostel" wurden aber dadurch nicht plötzlich einfach abgelöst oder zu Lebzeiten ersetzt, vielmehr muß es eine Übergangsphase gegeben haben. Die Voraussetzung für die Wahl der Ältesten war die Ortsansässigkeit. Wieviele Mitglieder dieser Ältestenrat hatte, erfahren wir nicht. Mit einem Wahlverfahren hatte man schon einmal in Jerusalem einen Konflikt gelöst, als die „Sieben" aus den „Hellenisten" eingesetzt wurden. Vermutlich war der Ältestenrat des Jakobus größer

---

[1593] CIJ II 1404 endet: ἣν ἐθεμελι[ίω]σαν οἱ πατέρες [α]ὐτοῦ καὶ οἱ πρεσ[β]ύτεροι καὶ Σιμων[ί]δης. Vgl. HENGEL, Zwischen Jesus und Paulus, 184.187.189 Anm. 132. S. dazu jetzt ausführlich und überzeugend gegen die irreführenden Vermutungen von H. C. KEE: R. RIESNER, Synagogues in Jerusalem, in: The Book of Acts in its First Century Setting IV, ed. by R. Bauckham, Grand Rapids 1995, 192–200.

[1594] Vgl. Jdt 6,16.21; 7,23; 10,6; 13,12; 2. Makk 1,8 und besonders Susanna 5.41 u. ö. Im Aristeasbrief kommen die 72 „Ältesten", die die Tora in die griechische Sprache übersetzen, alle aus Judäa. Es ist die einzige griechische Schrift aus der Diaspora, wo der Begriff als Amtsbezeichnung und dazu noch extrem gehäuft auftritt (32,3; 39,2; 46,2; 184,7; 275,3; 310,2). Vgl. auch SCHÜRER II, 202ff.427–433.

[1595] G. BORNKAMM, op. cit. (Anm. 1592), 655–661; J. CONRAD, Artk. zaqen, ThWAT II, 1977, 642–650. Erst aus der Synagoge im syrischen Dura Europos (Mitte 3. Jh.), d. h. in der räumlichen Nähe Palästinas, haben wir einen Beleg aus der Diaspora dafür; spätere bei den Kirchenvätern s. SCHÜRER III, 102. Die Inschriften aus Ägypten nennen keinen πρεσβύτερος; unter denen aus der Kyrenaika findet sich einer aus dem Jahr 3/4 n. Chr., s. HORBURY/NOY, Inscriptions, 339 vgl. 319; in den ca. 600 jüdischen Inschriften aus Rom fehlt diese Amtsbezeichnung, s. NOY, Jewish Inscriptions 2, 538f; sie taucht erst später im Westen des Reiches auf: NOY, Jewish Inscriptions 1, Nr. 75 (hebräisch aus Venosa, 5. Jh. n. Chr.); alle anderen griechisch: 148; 149 (beide aus Catania, 4./5. Jh.); 157 (Sofiana); 181 (aus Spanien; neben den Archonten werden Presbyter erwähnt); für Frauen: Nr. 59; 62; 71; 163. Möglicherweise hat im Westen das ältere und verbreitetere christliche Presbyteramt die jüdischen Gemeinden zur Übernahme dieses Titels angeregt.

entsprechend dem – von Lukas stark übertriebenen – Wachstum der judenchristlichen Gemeinde (Apg 21,20).[1596]

Die jüdischen Gemeindeältesten hatten u. a. die Aufgabe, über Streitfälle und Sanktionen zu entscheiden.[1597] Auch die christlichen Jerusalemer Ältesten werden darin eine Hauptaufgabe gesehen haben, über die Aufnahme neuer Glieder in die Gemeinde zu wachen und solche Mitglieder, die sich als unwürdig erwiesen, auszuschließen.[1598] Ebenso gehörte die Annahme der Kollekte aus Antiochien und ihre Verteilung in ihre Kompetenz. Nach Apg 4,36f; 5,1–11 hatten diese Aufgabe „die Apostel" inne, gaben sie aber nach der Darstellung des Lukas Apg 6,1–6 an die „Sieben" ab. Das könnte ein die Urgemeinde idealisierender Zug sein, der auf spätere Verhältnisse hinweist, als man daranging das „Diakonenamt"[1599] einzuführen. Dagegen fürchtet Paulus Röm 15,31, daß seine Kollekte (διακονία) in Jerusalem nicht angenommen wird. Vermutlich sah er voraus, was wirklich geschah. Daß Lukas um die Kollekte wußte, zeigt seine Darstellung der Verteidigung vor Felix 24,17: „Ich bin hierher gekommen, nachdem ich mehrere Jahre lang Armengelder und Opfergaben für mein Volk gesammelt habe." Das entspricht ziemlich genau dem, was wir aus den Korintherbriefen und Röm 15 über die Kollekte des Paulus für die Jerusalemer Urgemeinde wissen. Man kann daher annehmen, daß Jakobus und die Ältesten – man beachte den Plural in 21,20 – vorgeschlagen haben, mit diesem Geld die vier judenchristlichen Nasiräer auszulösen 21,24 und dadurch seine Gesetzestreue zu beweisen. Woher hätte auch Paulus selbst den nötigen beträchtlichen Betrag für die Kosten, der nach Num 6,14–20 vorgeschriebenen Opfer aufbringen sollen?[1600]

Es ist nur konsequent, wenn die spätere Tradition des 2. Jh.s Jakobus zu dem von den Aposteln eingesetzten ersten „Bischof" von Jerusalem machte und so die Kirchenverfassung, die sich in der 1. Hälfte des 2. Jh.s durchsetzte, mit dem Beispiel der Urgemeinde in Jerusalem legitimierte. Die historische particula veri dieser Tradition ist, daß Jakobus mehr und mehr den Charakter eines

---

[1596] Zu Siebener-Gremien vgl. etwa Jos. bell 2,570f; ant 4,214.287 nach Dtn 16,18; vgl. dazu BILL. II, 641; M. HENGEL, Zwischen Jesus und Paulus, 180f; zu Zehnergruppen s. die Dekaprotoi in: Die Inschriften von Klaudion Polis, Inschriften griechischer Städte aus Kleinasien 31, Bonn 1986, 45; vgl. auch SCHÜRER II, 180 Anm. 518.

[1597] Dazu SCHÜRER II, 431 f.

[1598] Zur Gemeindezucht vgl. Mt 18,15–18; bes. dann zu den Presbytern 1. Tim 4,14; 5,22.

[1599] Erste Ansätze auf dem Wege dorthin finden sich schon in den späten Paulusbriefen Röm 16,1; Phil 1,1. Der Apostel gebraucht das Wort noch im allgemeinen Sinne des „Diener Gottes" bzw. Christi und kann sich selbst so bezeichnen (1. Kor 3,6; 6,4 etc.). Als eindeutiges „Amt" erscheint der Begriff erst 1. Tim 3,8.10. Apg 6,2–4 setzt sie u. E. noch nicht als festes Amt voraus. Das lukanische Werk nennt zwar häufig διακονεῖν und διακονία aber nie διάκονος.

[1600] Zur Kollekte s. Gal 2,10; Röm 15,26: πτωχοί; 1. Kor 16,1.15; 2. Kor 8,4; 9,1: ἅγιοι. Zum Naziratsopfer und seinen Kosten s. BILL. III, 755–761. Nach Num 6,14ff mußte Paulus die Kosten für je vier einjährige männliche und weibliche Lämmer, vier Widder, vier Körbe mit Ringbroten aus Feinmehl mit Öl, ungesäuerte mit Öl bestrichene Fladen und die üblichen Speis- und Trankopfer bezahlen.

„monarchischen" Gemeindeleiters erhielt.[1601] Von Jerusalem aus hat sich dann das Presbyteramt allmählich in der Kirche durchgesetzt, vermutlich zunächst in Syrien. Bezeichnend ist, daß Lukas noch nichts von „Ältesten" in Antiochien berichtet. Die Einsetzung von „Ältesten" in den lykaonischen Gemeinden Apg 14,21 könnte daher ein Anachronismus sein, ähnliches mag von 20,17 gelten, wobei wie 20,28 zeigt, πρεσβύτερος und ἐπίσκοπος noch austauschbar sind. Ähnlich ist die Situation in 1. Clem 42; 44, wo das Ältesten- bzw. Episkopenamt auf die Einsetzung „durch die Apostel" zurückgeführt wird. Möglicherweise hat Lukas diese ihm aus seiner Zeit vertrauten Begriffe auf die Wirksamkeit des Paulus übertragen, um die Kontinuität aufzuweisen. Vielleicht sind die „Ältesten" ein Zeichen des Jerusalemer Einflusses auf seine Theologie.

Die Verfolgung der Christen durch Agrippa I. in Jerusalem war für die dortige Urgemeinde ein „folgenschweres Zwischenspiel". Sie konnte sich danach noch rund 20 Jahre unter der Führung des Herrenbruders Jakobus erholen und wachsen,[1602] hatte aber von jetzt an besondere Rücksicht auf die unter der neuen wenig glücklichen Prokuratorenherrschaft veränderte, *radikaler werdende Situation* in der Heiligen Stadt zu nehmen. Der Schock, der vom Befehl Caligulas ausging, wirkte weiter, die Abneigung gegen Nichtjuden verstärkte sich, der Eifer für das Gesetz und die damit verbundene Gewaltbereitschaft der *„Eiferer für das Gesetz"* wuchs. Die tödliche Anklage, man gehöre zu den παρανομήσαντες (Jos. ant 20,200), konnte jetzt rasch erhoben werden, wenn unterschiedliche Meinungen aufeinander prallten, zumal die nach wie vor mächtigen, aber selbst verunsicherten hohenpriesterlichen Familien den Christen weiterhin als entschiedene Feinde gegenüberstanden. Das vorsichtige Verhalten des Jakobus, der im Blick auf die Gesetzesfrage jeden Anstoß in Jerusalem zu vermeiden suchte, und der Eifer seiner Anhänger, diese Haltung auch außerhalb Judäas zu verbreiten, wie die sich verstärkende Meinung einiger – ja vielleicht in Jerusalem der meisten – Judenchristen, daß sich doch alle Heidenchristen beschneiden lassen sollten, hängt wohl mit den von dieser Verfolgung ausgehenden Nachwirkungen zusammen. Es wäre darüber hinaus verständlich, wenn Jakobus versucht hätte, sich jener Opposition in Jerusalem, der Petrus vielleicht sein Leben verdankte, d.h. gesetzestreuen, pharisäischen Kreisen, durch seinen persönlichen strengen Gesetzesgehorsam anzunähern. Daß diese Tendenz Erfolg hatte, zeigt der pharisäische Protest gegen die Hinrichtung des Jakobus und anderer Judenchristen durch den Hohenpriester Hannas II. im Jahr 62 n. Chr. Dennoch ließ sich die Entwicklung nicht mehr umkehren, zumal die größere theologische Überzeugungskraft bei der „Gegenpartei" lag, deren geistige Führung im Grunde Paulus innehatte – trotz der Enttäuschung, die er in Antiochien erleben mußte. Dies zeigt sich

---

[1601] M. HENGEL, Jakobus, 81–85; PRATSCHER, Jakobus, 75f bezweifelt, daß Jakobus in der frühen Zeit ein Presbytergremium zur Seite stand. Das Kollegialprinzip ist jedoch typisch für das Judentum und Urchristentum, auch wenn eine Einzelperson hervorragende Bedeutung besaß.

[1602] Stark übertreibend Apg 21,20: μυριάδες.

auch am Meisterwerk des Römerbriefs, der Erhaltung der Paulusbriefe und der darauf gründenden neutestamentlichen Briefliteratur. Der Jakobusbrief – ob echt oder unecht – demonstriert die Schwäche der Gegenseite.[1603] Die Flucht der Jerusalemer Urgemeinde ins heidnische Pella, der Ausbruch des jüdischen Krieges und die Zerstörung Jerusalems besiegelten diese Entwicklung.

Die Hinrichtung des Zebedaïden Jakobus, die Flucht des Petrus aus dem Herrschaftgebiet Agrippas I. und der Übergang der Leitung der Jerusalemer Gemeinde von Petrus und den Aposteln zu Jakobus und den Ältesten finden ihre Entsprechung in einer Nachricht, die uns erstmals in dem aus dem Anfang des 2. Jh.s stammenden Kerygma Petri begegnet. Danach habe der Herr geboten, Israel Buße zu verkündigen, damit es durch seinen Namen zum Glauben an Gott komme. „Aber *nach zwölf Jahren* geht hinaus in die Welt, damit niemand sagen kann: ‚Wir haben es nicht gehört'."[1604] Eine analoge Tradition teilt der Antimontanist Apollonios ca. 197 n. Chr. aus älterer Überlieferung (ἐκ παραδόσεως) mit: „der Erlöser habe seinen Aposteln geboten, sie sollten zwölf Jahre Jerusalem nicht verlassen".[1605] Nach den Actus Petri cum Simone hielt sich Petrus aufgrund eines Befehles des Herrn zwölf Jahre in Jerusalem auf, bevor er wegen einer Christusvision nach Rom ging.[1606] Diese relativ lange Frist von zwölf Jahren steht in einem gewissen Gegensatz zu dem Aussendungsbefehl Mt 28,19, der in der späteren Apostelliteratur gerne als sofortige Sendung verstanden wurde, mit der dann auch die Auslosung der verschiedenen Missionsgebiete verbunden wurde. Es ist hier zu überlegen, ob die Tradition vom Verlassen Jerusalems nach zwölf Jahren nicht als eine schematisierende Reminiszenz an die Vertreibung des Petrus und anderer führender Jünger aufgrund der Verfolgung durch Agrippa I. im Jahre 43 (weniger wahrscheinlich: 42) darstellt.[1607] Die Verfolgung und die Flucht brachten einerseits eine grundlegende Veränderung der Gemeinde in Jerusalem zum anderen einen noch stärkeren Kontakt von geflohenen Jerusalemer Christen mit den jungen gemischten oder überwiegend heidenchristlichen Gemeinden außerhalb des Heiligen Landes. Vielleicht war auch schon die Profetengesandtschaft Apg 11,27f eine Folge dieses Umbruchs.

Noch mehr als bei der frühen Romreise des Apostels ist es – entgegen späteren Nachrichten seit Euseb – fraglich, ob Petrus in dieser Zeit schon Antiochien aufgesucht hat. Die frühchristlichen Nachrichten seit Euseb könn-

---

[1603] S. M. Hengel, Jakobusbrief (Anm. 14), 248–285.
[1604] Bei Clemens Alex., strom 6,43,3, GCS ed. Stählin 2, 453.
[1605] Euseb, h. e. 5,18,14; dazu A. v. Harnack, Chronologie I, 370f.724.
[1606] AAA, ed. Lipsius, I, 49; s. dazu R. A. Lipsius, Apostelgeschichten I, 13f; R. Riesner, Frühzeit, 106f. Zur Reise des Petrus nach Rom im 2. Jahr des Claudius s. o. Anm. 1583. Die pseudoclementinischen Recognitiones verkürzen die Zeit auf sieben Jahre (1,43,3 [GCS ed. B. Rehm p. 33]; 9,29,1 [p. 312]).
[1607] S. Harnack, Chronologie II,1, 243f unter Verweis auf Apg 12,17; vgl. 244 Anm. 2: „Ob die alte Überlieferung, welche Petrus bereits unter Claudius nach Rom bringt, ganz und gar unbrauchbar ist, ist mir fraglich. Natürlich kann es sich nur um einen Besuch handeln. Entscheiden läßt sich m. E. die Frage nicht mehr"; vgl. ders., Mission und Ausbreitung des Christentums, [4]1924, 1.49f Anm. 2; R. Riesner, loc. cit.

ten hier auf einer falschen Deutung von Gal 2,11 ff und der Tatsache beruhen, daß man für ihn aus 1. Petr 1,1 Kleinasien als Missionsgebiet erschloß, wobei sein Weg dorthin über Antiochien führen mußte.[1608] Der ἕτερος τόπος Apg 12,17 lag außerhalb des Machtbereichs Agrippas I., bleibt uns aber unbekannt. Dagegen wird der Einfluß des Petrus in Antiochien und ganz Syrien nach dem Zwischenfall in Antiochien in den fünfziger Jahren gewachsen sein. Ein Hinweis dafür ist das im (südlichen?) Syrien entstandene Matthäusevangelium, das wie schon seine Hauptquelle, das Markusevangelium, das in Rom entstand, auf die Autorität des Petrus ausgerichtet ist.[1609] Etwa zur gleichen Zeit gegen Ende des 1. Jh.s will der 1. Petrusbrief die Autorität des ersten Jüngers für Kleinasien geltend machen.

8.2.8 Die Anfänge der Gemeinde in Rom und das Schweigen über Ägypten

Die Anfänge der *römischen Christenheit* mögen in die Herrschaftszeit des Caligula zurückreichen. Nach Augustin behaupteten Heiden unter Berufung auf des Porphyrius Schrift gegen die Christen, daß das jüdische Gesetz, nachdem es nur im engen syrischen Gebiet verbreitet gewesen war, auch nach Italien gekommen sei „und zwar nach Kaiser Gaius (Caligula) oder zumindest in seiner Regierungszeit".[1610] Diese heidnischen Kontrahenten bzw. die ihnen vorliegende Fassung des Porphyriustextes hatten vermutlich die Aussage des Porphyrius mißverstanden und sie statt auf die Christen auf die Juden bezogen. Dem gelehrten und exakten Neuplatoniker, der als erster die historischen Zusammenhänge von Dan 10 und 11 durchschaute, ist eine so unsinnige Aussage, daß die Juden erst unter Claudius nach Rom kamen, nicht zuzutrauen. Wahrscheinlich hat er dies von der *lex nova* der Christen ausgesagt.[1611]

Das entspräche auch der berühmten Suetonnotiz über die Vertreibung der Juden, d. h. vermutlich der Judenchristen als den eigentlichen „Unruhestiftern", aus Rom, die sich nach Orosius im 9. Jahr des Claudius, d. h. ca. 48/49

[1608] S. Euseb nach Hieronymus' Chronik; dazu R. A. Lipsius, Apostelgeschichten II, 5.9.21. S. auch o. Anm. 1583.

[1609] Zu Mt vgl. noch über Mk hinaus das Sondergut 14,28f; 16,16ff (vgl. 1. Kor 3,10); 17,24; 18,21; weiter Ign. Röm 4,3; Sm 3,2.

[1610] Epist. 102 (ad Deograt, sex quaestiones contra paganos expositus continens) § 2 (de tempore christianae religionis): *longo post tempore lex Iudaeorum apparuit ac viguit angusta Syriae regione, postea vero prorepsit etiam fines Italos, sed post Caesarem Gaium aut certe ipso imperante.* S. auch A. v. Harnack, Porphyrius ‚Gegen die Christen', 15 Bücher, APAW.PH, 1916, Nr. 1; 94f Nr. 81.

[1611] S. dazu A. v. Harnack, op. cit., 95: „hier ist (wenn nicht etwas ausgefallen ist ...) Judentum und Christentum verwechselt. Nicht der gute Chronologe Porphyrius, sondern nur der Excerptor kann das verbrochen haben. Daß die christliche Predigt unter Gaius nach Rom gekommen ist, ist auch sonst bezeugt". S. auch Th. Zahn, Der Brief des Paulus an die Römer, ²1910, 8f Anm. 16; R. Riesner, Frühzeit, 152f. Augustin geht in ep. 102 noch mehrfach auf Porphyrius ein, s. A. v. Harnack, op. cit. Nr. 46 = 102,30; 79 = 102,16; 85 = 102,28; 91 = 102,22; 92 = 102,2.

ereignete, und würde die langjährigen Pläne des Paulus, die junge Gemeinde in Rom zu besuchen, die er zu Beginn des Römerbriefes anspricht, erklären.[1612] Da die Verbannung der Judenchristen wohl bis in die Zeit nach der Ermordung des Claudius am 13. 10. 54 bzw. nach dem Herrschaftsantritt Neros andauerte, erschien die Gemeinde für Paulus im Römerbrief aufgrund der Informationen von Priska und Aquila im Winter 56/57 als eine überwiegend „heidenchristliche". Vermutlich war es wegen des Eingreifens des Claudius im Jahre 49 in Rom zu einer analogen Entwicklung wie in Antiochien gekommen, d. h. man hatte sich von der Synagoge getrennt.[1613] Durch die direkten Einflüsse aus Jerusalem scheint die theologische Situation in Rom jedoch eine etwas andere gewesen zu sein als in Antiochien. Dabei darf hier das (nach der Aufhebung der Verbannung wieder rasch erstarkende) judenchristliche Element nicht unterschätzt werden. Vermutlich spielte Paulus seit dem „Apostelkonzil" mit dem Gedanken, in die Reichshauptstadt zu reisen. Das alles legt nahe, daß die Anfänge der römischen Christenheit auf die Zeit kurz vor dem Regierungsantritt des Claudius am 25. 1. 41 n. Chr. zurückgehen. Wahrscheinlich wurde die Gemeinde nicht von Antiochien aus, wo man sich zu dieser Zeit erst selbst konsolidieren mußte, sondern von Jerusalem aus gegründet, wo durch die zahlreichen jüdischen, nach Rom verschleppten Kriegsgefangenen der Jahre 63, 37 und 4 v. Chr. und die vielen Rückwanderer ins Heilige Land ein enges Band mit der Reichshauptstadt bestand.[1614] In Jerusalem bezeugen die Synagoge der „Libertinoi", d. h. der jüdischen Freigelassenen aus Rom, die Apg 6,9 als erste genannt wird, weiter die Theodotos-Inschrift, da der Vater des Theodotos wohl den römischen Gentilnamen Vett(i)enus trägt, diese Verbindung mit Rom.[1615] Vielleicht ist dessen Synagoge mit der der Libertiner identisch. In Rom entspricht dem die größte und älteste Synagogengemeinde der „Hebräer" in Trastevere, d. h. der ursprünglich Aramäisch sprechenden Juden.[1616] Bei

---

[1612] Orosius, adv. pag. 7,6,15: *anno eiusdem nono expulsos per Claudium Urbe Iudaeos Iosephus refert.* Orosius irrt sich in der Quelle Josephus, muß aber die Zahl aus einem römischen Chronographen übernommen haben. Aus der Apg ist sie nicht zu erschließen. Der Suetonbericht, den er anschließend zitiert, ist ihm viel wichtiger. Zu Paulus s. Röm 1,13: ὅτι πολλάκις προεθέμην ἐλθεῖν πρὸς ὑμᾶς. Zur Vertreibung ausführlich und überzeugend R. RIESNER, Frühzeit, 139−180. Die römischen Reisepläne hängen wohl mit der sog. 2. Reise 49/50 zusammen, s. u. S. 434. Zur Orosiusnotiz vgl. H. BOTERMANN, Judenedikt, 15.55f.72f u. ö.

[1613] Zum überwiegend heidenchristlichen Charakter der Gemeinde s. Röm 1,14; 11,13ff; 15,7ff.16ff.

[1614] S. bes. Philo, leg. ad C., 155−157; dazu M. HENGEL, Der vorchristliche Paulus, 203ff.

[1615] M. HENGEL, Zwischen Jesus und Paulus, 184f Anm. 121; R. RIESNER, Synagogues (Anm. 1593), 198. C. CLERMONT-GANNEAU, Syria 1 (1920), 196f verweist auf einen Finanzagenten Ciceros Vettienus (ad Att. 10,5,2; 11,5; 15,13,5), den dieser trotz gelegentlichen Ärgers schätzte, und sieht in ihm einen Freigelassenen der Gens Vettia. Seine Identifikation mit dem Juden Vettenus ist freilich spekulativ. Zum Namen s. auch H. GUNDEL, PW 8A, 1958, Sp. 1841f.

[1616] Vier Inschriften (D. NOY, Jewish Inscriptions 2, Nr. 2; 33; 578; 579) beziehen sich auf die Synagoge der „Hebräer"; sie stammen aus Katakomben und gehören ins 3./4. Jh. n. Chr.

dem ständigen engen Austausch zwischen Jerusalem und Rom wird man annehmen dürfen, daß griechischsprechende Christen gegen Ende der dreißiger Jahre, d. h. nicht allzu lange nach der Gemeindegründung in Antiochien, auch nach Rom kamen.[1617] Dies würde erklären, daß Paulus im Brief Antiochien überhaupt nicht erwähnt, sondern in 15,19.25f.31 nur Jerusalem – in der „hebräischen" Schreibweise der LXX als Ἰερουσαλήμ – nennt. Man scheint ihn von dort aus auch verleumdet zu haben.[1618] Eigenartig ist dabei, daß Paulus im Präskript Röm 1,7 den Begriff ἐκκλησία vermeidet und nur von den Geliebten Gottes und „berufenen Heiligen" spricht, „die in Rom sind". Lediglich in 16,5 erscheint die „Hausgemeinde" von Priska und Aquila. Vermutlich gab es zur Zeit des Römerbriefes im Winter 56/57 noch gar keine fest geschlossene Gesamtgemeinde, sondern nur mehrere, locker verbundene „Hausgemeinden".[1619] Vielleicht waren diese „Hausgemeinden" in der Großstadt Rom z. T. auch „Richtungsgemeinden". Dann hätte der Kreis im Haus von Priska und Aquila paulinisches Gepräge besessen, während andere mehr nach Petrus oder – stärker judenchristlich beeinflußt – nach Jakobus ausgerichtet waren. Dies könnte die Betonung der Einheit in der Paränese c. 12,3–15,6 erklären. Der Brief selbst ist freilich an alle „berufenen Heiligen" in Rom (1,7) gerichtet.

Die Hauptstadt des Reiches mußte bei der enthusiastischen apokalyptischen Naherwartung der Urgemeinde eine besondere Anziehungskraft ausgeübt haben. Sie war gewissermaßen der – gottfeindliche – Antipode zu Jerusalem und die „Höhle des Löwens". Sollte nicht gerade dort die frohe Botschaft vom Sieg des Gekreuzigten und sein Herrschaftanspruch gegenüber allen Geschöpfen verkündigt werden?[1620] Darum drängt es selbst Paulus schon lange – gegen seinen Grundsatz, nur an Orten zu wirken, wo vor ihm das Evangelium bisher noch nicht verkündigt worden war –, dorthin zu kommen. Wahrscheinlich

---

Nach Philo, leg. ad C. 155 siedelten sich die Juden vor allem in Transtiberis (πέραν τοῦ Τιβέρεως ποταμοῦ) an.

[1617] Zur frühen Gemeinde in Rom s. P. LAMPE, Christen, der leider auf die Augustinnotiz nicht eingeht. Zur Suetonnotiz jetzt grundlegend R. RIESNER, Frühzeit, 139–180: gegenüber den zahlreichen, z. T. unsäglichen Spekulationen ein Musterstück ‚historisch-kritischer' Arbeit, das endlich diesen so umstrittenen Text in den Gesamtrahmen der Religionspolitik des Claudius überhaupt hineinstellt.

[1618] Röm 3,8 vgl. 6,1; 7,7; s. noch 1. Kor 16,3; Gal 4,25f; dagegen Gal 1,17.18; 2,1. S. dazu und zur Schreibweise der LXX: M. HENGEL, Jerusalem als jüdische *und* hellenistische Stadt (Anm. 602), 271ff.

[1619] Vgl. P. LAMPE, Christen, 431 Index s. v. Hausgemeinde; H.-J. KLAUCK, Die Hausgemeinde als Lebensform im Urchristentum, in: DERS., Gemeinde – Amt – Sakrament. Neutestamentliche Perspektiven, Würzburg 1989, 11–29 (Lit.) = MThZ 32 (1981), 1–15; dagegen zu Unrecht, da die besondere Situation in Rom nicht beachtet wird, M. GIELEN, Zur Interpretation der paulinischen Formel ἡ κατ' οἶκον ἐκκλησία, ZNW 77 (1986), 109–125; G. SCHÖLLGEN, Hausgemeinden..., JbAC 31 (1988), 74–90.

[1620] Vgl. die sehr viel spätere rabbinische Legende über die Verborgenheit des Messias (bSan 98a; ShemR 1,31 u. ö.): Er harrt verborgen unter den Armen vor den Toren Roms und verbindet dort seine Wunden bis zu seinem Herrschaftsantritt. Dazu G. VERMES, Scripture and Tradition (Anm. 344), 217. Vgl. auch die Legende von der Christuserscheinung vor Petrus in Rom vor seinem Martyrium, Act. Verc. 35 (AAA I, 88).

wollte er nach der für ihn positiven Entscheidung des Apostelkonzils möglichst rasch quer durch Kleinasien über Makedonien nach Rom kommen, um dort als „Apostel der Heiden" in der heidnischen Hochburg mit seinem Evangelium die Herrschaft Christi zu proklamieren. Außerdem brauchte er die Hilfe der römischen Christen für seine Missionspläne in Spanien (Röm 15,20), d. h. am westlichen Ende der bewohnten Welt. Wenn dort mit der Predigt des Evangeliums der rettende Herrschaftsanspruch Christi proklamiert worden war, stand der Parusie des Kyrios nichts mehr im Wege. Umgekehrt schaut der Apokalyptiker Johannes später voller Zorn und Verachtung auf die „Hure Babylon", die auf sieben Hügeln sitzt (Apk 17,9), und fordert das Gottesvolk (ὁ λαός μου) auf, die dem Gericht verfallene gottlose Weltstadt zu verlassen.[1621] Lukas folgt hier eher der Schau des Paulus und schließt darum sein Werk mit der Ankunft des Paulus in Rom, denn dort hat sich für den Autor das ἕως ἐσχάτου τῆς γῆς von Apg 1,8 erfüllt. Er muß gegenüber Theophilos, der wohl von jetzt an selbst Bescheid weiß, mit dem Schlußwort über die paulinische Predigt des Kyrios μετὰ πάσης παρρησίας ἀκωλύτως (28,31) seine – ideale – Erwartung für die Zeit bis zur Parusie zum Ausdruck bringen. Einige der oben angeführten Überlegungen könnte man für einen Besuch des Petrus in Rom nach seiner Vertreibung aus Jerusalem anführen,[1622] doch es reicht schwerlich aus, einen solchen wahrscheinlich zu machen. Es bleibt bei einem non liquet. Eigenartig ist auf jeden Fall, daß Lukas diesen oder einen späteren Besuch des Petrus in Rom verschweigt und daß er nur noch an Paulus interessiert ist.

Auffallend ist weiter das Schweigen des Lukas, ja der ganzen frühchristlichen Literatur bis zu den großen Gnostikern beginnend mit Basilides über *Alexandrien und Ägypten*. Wir haben nur zwei – dürftige – Ausnahmen: den äthiopischen Eunuchen und Finanzminister, der über Ägypten in sein Reich nach Meroë zurückkehren muß und damit als erster im tiefen Süden das Evangelium „bis an die Grenze der (bewohnten) Welt" bringt,[1623] und den rhetorisch versierten Judenchristen Apollos, den Lukas Apg 18,24 einen Ἀλεξανδρεὺς τῷ γένει, d. h. einen alexandrinischen Bürger der Abstammung nach, nennt. Aber der Äthiope kommt nicht in Ägypten, sondern auf der Straße nach Gaza zum Glauben und auch bei Apollos könnte man sich fragen, ob er den neuen Glauben nicht in Judäa kennengelernt hat, da er angeblich nur um die Johannestaufe weiß (Apg 18,25). Zeugnisse von einem besonderen Einfluß Johannes des Täufers haben wir sonst aus Ägypten nicht. Erst der spätere westliche Text bemüht sich, diese Lücke zu füllen, und ergänzt: „der in seiner Heimatstadt im Wort des Herrn unterrichtet worden war".[1624] Dieses Schweigen ist doch wohl ein Hinweis dafür, daß das Evangelium später nach Alexandrien kam als nach Antiochien und Rom. Dafür spricht auch, daß die ältere altkirchliche Überlieferung keinen Apostel in dieser Stadt wirken läßt, sondern erst Petrus von Rom

---

[1621] Apk 18,4 vgl. Jer 51,45.6.9; 50,8; Jes 48,20; 52,11.
[1622] Zu H. BOTERMANN, Judenedikt, vgl. o. Anm. 1583.
[1623] Vgl. o. S. 103 Anm. 418.
[1624] D: ὃ ἦν κατηχημένος ἐν τῇ πατρίδι τὸν λόγον τοῦ κυρίου; ähnlich gig.

aus Markus dorthin schicken muß.[1625] Der Grund liegt darin, daß Ägypten zwar schon in alttestamentlicher Zeit das typische Land des Exils und der Diaspora ist,[1626] daß andererseits aber die Rückkehr in das „Sklavenhaus" nach Ägypten verpönt war, ja z. T. direkt verboten wurde.[1627] Darüber hinaus ist Mizraim-Ägypten Sohn des von Noah verfluchten Ham und Bruder Kanaans.[1628] Die ‚Heidenmission' der Hellenisten und auch des Paulus konzentrierte sich vor allem zunächst auf das Gebiet Sems und setzte sich dann bei „Japhet" fort. Da Paulus und Lukas deutlich zeigen, daß Reise- und Missionspläne mit „Weisungen des Geistes" und z. T. auch mit der Auslegung bestimmter Schrifttexte zusammenhängen, kann man annehmen, daß diese alttestamentlichen Verbote und Aversionen mit Warnungen urchristlicher Profeten längere Zeit zusammenwirkten und eine gezielte missionarische Ausbreitung nach Ägypten zunächst verhinderten. Wahrscheinlich hat dann der furchtbare Aufstand der Juden in Ägypten und der Kyrenaika (115–117) das dortige Judenchristentum weitgehend dezimiert. Dieser Tatbestand hat für die Geschichte größere Bedeutung als in der Regel gesehen wird. Der geistige Schmelztiegel Alexandrien, die Hochburg der jüdischen Religionsphilosophie wie der synkretistischen Magie, aber auch von philologischer und rhetorischer Bildung hat die noch ganz junge messianische Bewegung aus Palästina zunächst *noch nicht direkt* beeinflußt. Die Paulusbriefe bilden das beste Beispiel dafür. Nur in Korinth sind aufgrund des Wirkens des Apollos wohl gewisse Einflüsse einer alexandrinischen „Weisheitschristologie" zu spüren. Die Bildungsschranke zur höheren Bildung und zur Religionsphilosophie wird erst im 2. Jh. mit christlichen Denkern wie Basilides und seinem Sohn Isidor, Karpokrates und Valentinus überschritten. Erst jetzt tritt Alexandrien wirkungsmächtig in die Kirchengeschichte ein. Apollos war lediglich ein erster Vorbote. Leider wissen wir fast nichts über ihn.[1629]

Während der zwölf oder dreizehn Jahre zwischen dem Tode Jesu und der Agrippaverfolgung konzentrierte sich das missionarische Interesse ganz auf das Gebiet zwischen Arabien und Kilikien, wobei der nordsyrische Raum noch relativ oberflächlich erfaßt wurde. Vermutlich betrachtete man Palästina, das

---

[1625] Euseb, h. e. 2,16; Hieronymus, vir. ill. 8,12; angeblich älter ist das von M. SMITH veröffentlichte Brieffragment Clemens' v. Alexandrien, s. Clement of Alexandria and a Secret Gospel of Mark, Cambridge Mass. 1973, 279–281, das u. E. jedoch eine raffinierte und zugleich „eindeutige" Fälschung darstellt.
[1626] Vgl. Mt 2; mAv 1,11; vgl. M. HENGEL, Der vorchristliche Paulus, 230f.
[1627] Ex 14,13; Dtn 17,16; 28,68; Jer 42,7–22.
[1628] Gen 9,22–25; 10,13–20; vgl. Jub 7,10.13ff; 9,1; TestSim 6,46.
[1629] G. SELLIN, Der Streit um die Auferstehung der Toten, eine religionsgeschichtliche und exegetische Untersuchung von 1 Korinther 15, FRLANT 138, Göttingen 1986, betont seinen Einfluß wohl etwas zu stark; vgl. C. MARKSCHIES, Valentinus, 317; W. A. LÖHR, Basilides und seine Schule, WUNT 83, 1996, 325–337: mit Valentin und Basilides beginnt die christliche platonisierende Religionsphilosophie, die ihrerseits auf der jüdischen philosophischen Tradition Alexandriens gründet. Zu Kyrene s. HARNACK, Mission, II, 627f Anm. 7. 722 Anm. 2. 727f. Zum Aufstand der Juden s. M. HENGEL, Judaica I, 314–343.

nabatäische Arabien und Syrien (und Kilikien) als Teil des kommenden messianischen Reiches. Das Gemeindewachstum außerhalb Palästinas darf dabei zunächst nicht als zu rasch vorgestellt werden. Das Urchristentum brachte eine anstößig neue und ungewohnte Botschaft, die σκάνδαλον und μωρία zugleich war, und die Erwartung des nahen Kommen des Herrn hatte zunächst größeres Gewicht als die missionsgeographische Weitsicht. Palästinische Judenchristen mögen Worte wie Mt 10,5 und 23 zunächst durchaus ernstgenommen haben. Es bestand am Anfang noch kein Drang in die Ferne, hin zu den Völkern oder gar zu dem „Ende der Erde". Erst die Vertreibung der Hellenisten aus Jerusalem und die Bekehrung des Paulus führte hier zu einer gewissen Wende, vor allem aber bewirkte der Enkel des Herodes, Agrippa I. (41–44), durch sein gewaltsames Vorgehen eine generelle Umorientierung. Wie schon bei der Steinigung des Stephanus gab wieder eine Verfolgung Impulse zu neuen, weiter gespannten missionarischen Aktivitäten. Das Vordringen der Christen in die Reichshauptstadt Rom scheint hier zunächst die Ausnahme gewesen zu sein, die die Regel bestätigt. Im Grunde gilt für die ersten zwanzig Jahre urchristlicher Geschichte das biblisch-geographische Motto: Sem, dann – zurückhaltend – Japhet, aber nicht Ham. Selbst der Weg des Paulus über Griechenland und Rom nach Spanien bliebe noch im Bereich des mit Sem verbundenen Japhet. Die afrikanische Seite des Mittelmeers von Ägypten bis Mauretanien scheint außerhalb seines Gesichtskreises zu liegen. Diese Beschränkung ist eigenartig, da ja mehrere Christen aus Kyrene kamen (Mk 15,21 par; Apg 11,20 vgl. 6,9; 13,1). Von einer Mission in der kyrenischen Pentapolis hören wir in den ersten 200 Jahren der Kirchengeschichte gar nichts. Der erste Hinweis ist die rätselhafte Erwähnung von Kyrene in den Acta Pauli (o. Anm. 591). Erst in der 2. Hälfte des 3. Jh.s sind dann geordnete kirchliche Verhältnisse bezeugt (Anm. 1629).

8.2.9 Die Kollegialmission in Syrien und in Kilikien

Nach Gal 1,21 hielt sich Paulus in den ca. 14 Jahren zwischen dem Besuch bei Petrus in Jerusalem und dem „Apostelkonzil" in *„den Gebieten von Syrien und Kilikien"* auf. Daß es sich dabei – man muß ergänzen: vor allem – um Tarsus und Antiochien handelte, erfahren wir nur durch den als so unzuverlässig gescholtenen Lukas. Selbst, daß der Apostel die Reise zum ‚Konzil' von Antiochien aus, d. h. im Auftrag der Antiochener, antritt, wissen wir nur durch ihn. Daß er damit die Wahrheit sagt, ergibt sich – trotz des prononcierten Gebrauchs der 1. Person Singular in Gal 2,1–10 – aus der Tatsache, daß nicht nur Paulus (und Barnabas) ein brennendes Interesse an der Möglichkeit einer „gesetzeskritischen" Mission besaßen, sondern die ganze Gemeinde in Antiochien, die diese Art der Mission schon über 10 Jahre übte. Man muß auch die eigenen, autobiographischen Angaben des Paulus, der in seiner Selbstverteidigung in Gal 1 und 2 sein apostolisches Licht nicht unter den Scheffel stellt, mit verständnisvoll kritischen Augen lesen.

Antiochien wird seit den Tagen der religionsgeschichtlichen Schule von vielen Neutestamentlern heiß geliebt, denn es erscheint – unter heidenchristlichem Vorzeichen – als der Ort der radikalen ‚Hellenisierung' und synkretistischen Veränderung des Urchristentums, das dann – gegenüber den Jerusalemer Anfängen – fast wie eine ‚neue Religion' aufleuchtet, da hier der ‚jüdische Sauerteig' abgestoßen wurde.[1630] Wenn wir gegenüber der einseitigen Bevorzugung des lukanischen Antiochien die paulinische Angabe über das „ganze Gebiet von Syrien und Kilikien"[1631] wirklich ernst nehmen, so würde das jedoch bedeuten, daß der Apostel (und Barnabas) wohl nur den geringeren Teil jener Zeit zwischen dem Ende des einen Jahres in Antiochien und dem „Konzil", d. h. etwa zwischen 40/41 und Ende 48/Anfang 49 in Antiochien selbst verbracht hat, sondern häufiger – wohl in der Regel zusammen mit Barnabas – auf Reisen war. Lukas schildert paradigmatisch, wie das bei ihm üblich ist, zwei solcher Reisen: 1. ganz kurz die historisch unklare Kollektenreise nach Jerusalem, bei der Paulus wohl selbst nicht nach Jerusalem kam, und 2. die sogenannte 1. Missionsreise des Paulus mit Barnabas nach Zypern und von dort in das südöstliche bis mittlere Kleinasien, genauer nach Pamphylien, Pisidien und Lykaonien, die an Kilikien angrenzten, d. h. Gebiete, die Paulus – geographisch großzügig – unter dem Stichwort κλίματα offenbar in die Angabe von Gal 1,21 noch einbeziehen kann, und die damals weitgehend zur Provinz Galatien gehörten. In den Korintherbriefen spricht er wie auch Lukas nur von Achaia und Makedonien, in Röm 15,19 sagt er überraschend „bis Illyrikum"[1632], eine Provinz, die nur nördlich von Dyrrhachium auf etwa 100 km an Makedonien angrenzt. Aber vielleicht meint er einfach die Illyris Graeca, die das westliche Makedonien umfaßte und bis zum südlicher gelegenen Epirus reichte, oder aber ist das μέχρι τοῦ Ἰλλυρικοῦ im Sinne von „bis an die Grenze von Illyrikum" zu verstehen Offenbar wollte er den geographischen Radius seiner missionarischen Wirksamkeit möglichst weit ausdehnen.[1633] Bei Galatien meint er umgekehrt Südgalatien, d.h. das Gebiet der 1. Reise.[1634] Wenn wir für diese etwa ein oder zwei Jahre ansetzen – es wurden ja eine ganze Reihe von Gemeinden gegründet, und dies geschieht nicht in wenigen Tagen[1635] –, so

---

[1630] W. HEITMÜLLER, Paulus und Jesus; BOUSSET, Kyrios Christos, 75–104: „Die heidenchristliche Urgemeinde"; R. BULTMANN, Theologie: „Das Kerygma der hellenistischen Gemeinde" (123–186); auch noch BECKER, Paulus, 107–119.

[1631] Vgl. 2. Kor 11,10 und dazu BAUER/ALAND, WB Sp. 887 s. v. κλίμα. Wahrscheinlich kann man bei τὰ κλίματα noch Grenzgebiete wie das nabatäische Arabien, die Dekapolis, die Kommagene und das südliche Kappadokien, Zypern und Lykaonien dazurechnen. S. o. S. 244f.

[1632] Vgl. auch Röm 15,26 die Kollekte in Makedonien und Achaia.

[1633] Über diese Angabe ist viel gerätselt worden. S. dazu ausführlich A. SUHL, Paulus (Anm. 1545), 93–95; C.-J. THORNTON, Zeuge, 251f.

[1634] Vgl. M. HENGEL, Vorwort zu T. ZAHN, Der Brief des Paulus an die Galater, Ndr. der 3. Aufl. KNT 9, 1922, Wuppertal/Zürich 1990, VI–VII; HEMER, Acts, 277–307; RIESNER, Frühzeit, 254–259; SCOTT, Paul, 181–215; C. BREYTENBACH, Paulus. Die alte Streitfrage scheint mit den letztgenannten gründlichen Untersuchungen endgültig erledigt zu sein.

[1635] Vermutlich gibt Lukas paradigmatisch nur eine Auswahl von Orten an, an denen er wirkte, d. h. vielleicht jene, an denen er bleibend größere Gemeinden gründete.

verbleiben immer noch ca. 5−7 Jahre der missionarischen Wirksamkeit vornehmlich in Syrien – in Kilikien hatte Paulus ja schon zwischen 36/37 und 39/40 einen Grundstock von Gemeinden gelegt, so daß er, der Einladung des Barnabas folgend, nach Antiochien übersiedeln konnte. Leider schweigen Paulus selbst wie auch Lukas über diese Jahre. Es wäre nun völlig verkehrt, diese Lücke, wie es Gert Lüdemann beharrlich versucht, durch einen Vorstoß des Paulus in die Ägäis ausfüllen zu wollen.[1636] Denn dadurch werden nicht nur die klare Reihenfolge der Aussagen Gal 1 und 2, sondern auch große zusammenhängende Textkomplexe bei Lukas heillos durcheinander gebracht.[1637] Die missionarische Ausbreitung der neuen messianischen Bewegung nahm – wie schon mehrfach betont – in den ersten beiden Jahrzehnten geographisch noch keinen stürmischen Verlauf. Lukas neigt hier zum Übertreiben, nicht bei der Geographie – da ist er relativ realistisch –, wohl aber bei Zahlen und in seiner plerophoren Ausdrucksweise. Diese Neigung zur Übertreibung findet sich selbst noch im Brief des jüngeren Plinius an Trajan um 110 n. Chr., der damit gegenüber dem Kaiser die Größe der durch die Christen drohenden Gefahr und den Erfolg seiner harten Strafmaßnahmen hervorheben wollte, wie auch bei der *multitudo ingens* der Christen, die nach Tacitus bei der neronischen Verfolgung 64 n. Chr. wegen ihres „Hasses gegen das Menschengeschlecht" verurteilt wurde. Dabei handelt es sich einfach um eine Nachahmung der Schilderung des Bacchanalienskandals 186 v. Chr. durch Livius.[1638] Die rhetorische Übertreibung ist eine Unart vieler antiker Schriftsteller.

Die „Hellenisten" hatten sich nach ihrer Vertreibung aus Jerusalem zunächst in den Grenzgebieten etwa der Dekapolis, des südlichen Syriens und dann entlang der phönizischen Küste nach Norden ausgedehnt. Beim Regierungsantritt des Claudius Anfang 41 waren so mit Ausnahme der Küste und Antiochiens das mittlere und nördliche Syrien missionarisch noch kaum erschlossen. Diese Mission war und blieb eine Städtemission, die sich an den Synagogen der größeren Städte mit ihrem Kreis von „griechischen" Sympathisanten orientierte. Die viel verhandelten syrischen Wandercharismatiker, die man aufgrund der synoptischen Aussendungsberichte und der Didache[1639] rekonstruieren will, passen schwerlich in dieses Bild. Die Aussendungsüberlieferung geht mit ihrer kaum längere Zeit praktizierbaren Radikalität auf eine Initiative Jesu

---

[1636] G. Lüdemann, Paulus, s. dagegen R. Riesner, Frühzeit, der sich durchgehend kritisch und überzeugend mit ihm auseinandersetzt, s. Index 487.

[1637] S. z.B. die Schere- und Kleistermethode, mit der Apg 18,1−23 vergewaltigt wird, op. cit. S. 152−212; oder auch die Behandlung der zeitlichen Reihenfolge in Gal 1,10−2,24 S. 65−105. Den Anspruch, einen zeitlichen Rahmen allein aufgrund der Paulusbriefe zu gewinnen, hält der Verfasser selbst nicht ein. Wir können den Versuch seiner Lukaskritik nur auf der ganzen Linie als gescheitert betrachten und hinzufügen, daß von einem Autor, der so gewaltsam mit klaren Quellenaussagen umgeht, kaum weitere vertiefte Einsichten in andere umstrittene Bereiche der urchristlichen Geschichte zu erwarten sind.

[1638] Plinius minor, ep. 10,96,9f; Tacitus, ann 15,44,4 = Livius 39,13,14.

[1639] Mk 6,7−12; Mt 10,5−42; Lk 9 und 10; Did 11−13 (11,3f). S. o. S. 353f. Zu den christlichen Dörfern im Grenzgebiet s. o. Anm. 201.388.

selbst zurück und konnte bestenfalls im jüdischen Palästina und dessen ländlichen Randgebieten gewirkt haben, wo es von Anfang an dörfliche Stützpunkte der Jesusbewegung gab. Die mindestens zwei bis drei Generationen spätere Didache, die in vielem dem Matthäusevangelium nahesteht, setzt wieder (oder noch) die Existenz solcher dörflicher Christengemeinden – etwa im syrisch-palästinischen Grenzgebiet – voraus. Es ist in ihr aber gar nicht mehr von Mission die Rede, sondern nur von der Erbauung schon bestehender Gemeinden. Dies gilt erst recht für die syrische Didaskalia zu Beginn des 3. Jh.s. Grundsätzlich muß aber abgesehen von diesem Grenzgebiet auch für Syrien festgehalten werden: Außerhalb der jüdischen Wohngebiete erreichte die Mission in griechischer Sprache zuerst die Städte und erst dann schrittweise die Dörfer. Das Heidentum im offenen Land blieb selbst in der nachkonstantinischen Zeit noch lange erhalten. Durch die „Hellenisten" wurde die neue Bewegung ganz überwiegend eine Stadtreligion der Griechisch Sprechenden. Dies ergab zusammen mit der Zuwendung zu den „Sympathisanten" von Anfang an ein höheres soziales und bildungsmäßiges Niveau. Trotz aller heidnischen Polemik war das Urchristentum nie primär eine Bewegung der Allerärmsten und völlig Besitzlosen. Dazu hat es erst die moderne Sozialromantik gemacht.

Die Mission der griechischsprechenden „Hellenisten" wird schon aus sprachlichen Gründen in den Dörfern bei den syrischen Fellachen kaum großen Widerhall gefunden haben. Der Aufbau von städtischen Gemeinden mußte vielmehr planvoll erfolgen und brauchte Zeit. Das war in Syrien nicht anders als später in Makedonien, Achaia oder Kleinasien. Trotz des Schweigens eines Lukas, der in seiner Erzählung nur die großen Episoden ausmalt und nach Westen drängt, wo er später selbst zum Augenzeugen wird, und auch des Paulus, bei dem man den Eindruck erhält, als wolle er die langen syrischen Jahre vergessen, besitzen wir doch vereinzelte Spuren. Nach Apg 15,3 durchziehen Paulus und Barnabas auf der Reise zum „Apostelkonzil" nach Jerusalem „Phönizien und Samarien"[1640] und erzählen zur „großen Freude" der Brüder von der „Bekehrung der Heiden", d. h. doch wohl für Lukas von dem Erfolg der Reise nach Zypern und ins Innere Kleinasiens. Er setzt also voraus, daß man dort diese Mission nicht nur billigte, sondern selbst betrieb. Er läßt sie anstatt des rascheren und bequemeren Seeweges den schwierigeren Landweg der Küste entlang wählen, damit sie möglichst viele Gemeinden – wieder? – begrüßen können. Ihre Reiseroute ist ja dieselbe, die einst nach Apg 11,19 (und 8,5) die vertriebenen „Hellenisten", freilich in umgekehrter Richtung, eingeschlagen hatten. Später wird Apg 21,3–9 von der freundlichen Aufnahme des Paulus durch die Christen in Tyrus, Ptolemais und Caesarea berichtet, Apg 27,3 von der Unterstützung des Gefangenen durch Freunde aus Sidon. Paulus wird diese Gemeinden an der Küste während seiner Reisen mit Barnabas in

---

[1640] D. h. der Küstenstraße entlang. „Phönizien" endete südlich von Dor. Caesarea und das Karmelgebirge konnte man zu „Samaria" rechnen. S. o. S. 241 Anm. 971.

Syrien und Phönizien kennengelernt und dort Freunde gewonnenen haben. Leider sind derartige Ortsangaben auch bei Lukas nur ganz zufällig erhalten, – und dies gilt von den frühchristlichen Quellen vor dem Konzil in Nicäa überhaupt. Den ausführlichsten Ortskatalog von apostolischer Predigt in Phönizien und Syrien liefern uns die romanhaften Pseudoklementinen, deren älteste Fassung erst gegen Ende des 2. Jh.s anzusetzen ist.[1641]

Apg 15,23 nennt Lukas als Adressaten des Briefes der Jerusalemer „Apostel und Ältesten" die heidenchristlichen „Brüder in Antiocheia, *Syrien* und Kilikien". Danach traten Paulus und Barnabas in Jerusalem nicht nur als Vertreter der Gemeinde in Antiochia auf, sondern vieler Gemeinden in Syrien und Kilikien, d. h. doch wohl vor allem jener Gemeinden, in denen sie und andere Missionare der „Hellenisten" gewirkt und „Heidenchristen" gewonnen hatten und die in der Frage der Beschneidung und des Ritualgesetzes ihre Meinung teilten. Wenn Paulus dabei betont (Gal 2,2): „ob ich nicht etwa vergebens laufe oder gelaufen bin", so deutet der Aorist ἔδραμον[1642] auf seinen eigenen ganz wesentlichen Anteil an dieser im Jahr 48/49 n. Chr. schon zurückliegenden jahrelangen „gesetzeskritischen" Missionsarbeit hin. Vor allem die theologische Begründung und weitgehende Durchsetzung derselben in diesen Gemeinden mag nicht zuletzt auf seinen Einfluß zurückgehen.

Auch 1. Kor 9,5f, wo er doch wohl auf Erfahrungen gemeinsamer Missionsarbeit mit Barnabas zurückweist und ihre Handarbeit zum Lebensunterhalt wie wohl auch ihre Ehelosigkeit hervorhebt, setzt gemeinsame Reisen voraus. Ihre völlige Unabhängigkeit prädestinierte sie dazu und erklärt auch, warum „der Geist" gerade sie zur gemeinsamen Kollegialmission Apg 13,7 aussandte.

Später sollen Paulus und Silas nach Lukas auf ihrer Reise nach Lykaonien „die Gemeinden in Syrien und Kilikien" gestärkt haben (15,41). Als erste Station nach dem Überschreiten des Taurus nennt er Derbe, d. h. die beiden könnten durch das Rauhe Kilikien auf dem beschwerlichen Weg über das Kalykadnos-Tal direkt nach Derbe gewandert sein. Der „syrische" Anteil bei dieser Reise wäre dann freilich gering, und es hätte sich um Gemeinden gehandelt, die vor allem Paulus selbst in Kilikien gegründet hatte (s. o. S. 244).

Ein gutes Teil von jenen z. T. lebensbedrohlichen Gefahren und Leiden, die der Apostel 2. Kor 11,24−27 in knapper Weise aufzählt und die man zumeist weder aufgrund der Briefe noch der Apg biographisch unterbringen kann, mögen ihn schon in jenen ca. 13 Jahren zwischen ca. 33 und 46/47 in Damaskus, Arabien und dann in Kilikien und Syrien getroffen haben; so die mehrfache Synagogenstrafe, vielleicht auch eine Auspeitschung durch städtische Behörden, weiter die Gefahren bei der Durchquerung von Flüssen, durch Räuber, aus dem eigenen Volk, aber auch durch Heiden, in den Städten wie in der Einöde, ja selbst durch „falsche Brüder", die den Kritiker des Gesetzes verach-

---

[1641] Sie zählen folgende Orte auf: Tyros, Sidon, Berytos, Byblos, Tripolis, Laodikea. S. o. Anm. 606.

[1642] Zur Übersetzung s. E. Heitsch, Glossen zum Galaterbrief, ZNW 86 (1995), 173−188 (174f).

teten und haßten. Nach 1. Thess 2,15 wurden Paulus und andere Missionare von ihren Volksgenossen – doch wohl vor allem in Syrien – „wie die Profeten" verfolgt. Gemessen an der fast unbegreiflichen Fülle seiner Lebenswirklichkeit wissen wir sehr wenig von Paulus.

Die spärlichen Nachrichten über Gemeinden in Syrien aus vorkonstantinischer Zeit hat Harnack in seiner Missionsgeschichte zusammengestellt.[1643] Ignatius spricht von nahe bei Antiochien liegenden Gemeinden, die Bischöfe oder Presbyter und Diakone nach Antiochien gesandt haben.[1644] Dabei besaß die Provinzhauptstadt jedoch wohl von Anfang an einen Vorrang, der dann im Kanon VI von Nicäa festgeschrieben wurde. Darum kann schon er im Brief an die Römer sich als „Bischof Syriens" bezeichnen und zum Gebet für die verfolgte „Gemeinde in Syrien auffordern, die anstatt meiner Gott zum Hirten hat."[1645] Sollte dahinter letztlich das Vorbild Jerusalems vor 62 n. Chr. als Zentrum Judäas mit Jakobus an der Spitze stehen und Antiochien den monarchischen Episkopat – der Sache nach – von dort übernommen haben?[1646]

Den Vorrang des Bischofs von Antiochien und seine Verantwortung für die (nord-) syrischen Gemeinden zeigt auch die Korrespondenz des Bischofs Serapion um 200 mit der Gemeinde in Rhossus wegen des der Häresie verdächtigen Petrusevangeliums.[1647] In der Teilnehmerliste von Nicäa werden allein aus Nordsyrien über 20 Bistümer zwischen dem Euphrat und dem Meer (und 9 aus Kilikien), darunter die Mehrzahl der bedeutsamen Städte aufgeführt. Harnack bemerkt dazu: „Die Verteilung spricht dafür, daß das Christentum ziemlich gleichmäßig und ziemlich stark in Syrien um das Jahr 325 zu finden war."[1648] Ein erster Grundstock dazu wird in den ca. 5–6 Jahren etwa zwischen 41 und 46/47 durch die Wirksamkeit des Barnabas und Paulus und anderer uns unbekannter Missionare gelegt worden sein. Dabei scheint sich diese Reisetätigkeit jedoch weit in den Süden erstreckt zu haben, denn Sidon, Tyrus, Ptolemais und Caesarea, wo Paulus so gastfreundlich aufgenommen wurde, liegen außerhalb dieses Bereichs. Paulus könnte auch Damaskus und sogar, da Aretas IV. 40 n. Chr. gestorben war, wieder „Arabien" aufgesucht haben, wo der einstige Verfolger seine ersten Missionsversuche gewagt hatte. Beide haben nach c. 13 ja auch Zypern bereist, wo vor ihnen schon „Hellenisten" gewirkt hatten.[1649]

Man darf auch annehmen, daß der 1. Thessalonicherbrief – um 50 von Korinth aus geschrieben (s. u. S. 451f) – nicht der erste Paulusbrief an eine Gemeinde gewesen ist, denn wo hätte er die hohe Kunst des Briefeschreibens, die er meisterhaft verstand, lernen sollen? Sie scheint auf eine *ältere selbstver-*

[1643] Mission 2, 672–676.
[1644] Philad 10,2: ὡς καὶ αἱ ἔγγιστα ἐκκλησίαι ἔπεμψαν ἐπισκόπους, αἱ δὲ πρεσβυτέρους καὶ διακονίους.
[1645] IgnRöm 2,2; 9,1. Zum Kanon VI von Nicäa s. H. CHADWICK, Faith and Order at the Council of Nicaea, HThR 53 (1960), 171–195 (180ff).
[1646] M. HENGEL, Johanneische Frage, 70.129.159 Anm. 25.
[1647] Euseb, h. e. 6,12,2ff.
[1648] Mission, 2, 673; zu Kilikien s. 730f u. o. S. 244f.
[1649] Apg 11,19f; 13,4f.

ständliche Praxis zurückzugehen. Konflikte und Gemeindeprobleme, die Briefe notwendig machten, wird es schon in der ca. 15/16 jährigen missionarischen Wirksamkeit vor dem Apostelkonzil übergenug gegeben haben, nur sind diese Briefe alle verlorengegangen, wie auch später der „Vorbrief" des 1. Korintherbriefes und der „Tränenbrief" nach Korinth sowie die Antworten der Korinther.[1650] Lukas kann Paulus als Missionar beschreiben, ohne seine Briefe zu erwähnen; daß sie erhalten geblieben sind, ist ein Wunder und vielleicht dem Gemeindearchiv in Rom zu verdanken,[1651] da 1. Clemens die Paulusbriefe wieder als erster erwähnt, der 1. Petrusbrief den Römerbrief kennt und der anonyme, mit Rom zusammenhängende Hebräerbrief wohl bei der Sammlung der Briefe um 100 dem Corpus Paulinum einverleibt wurde.[1652] Das Jerusalemer Archiv, wo am ehesten frühe Gemeindebriefe hätten gesammelt werden können, ging dagegen spätestens mit der Zerstörung Jerusalems zugrunde. Auch wird man in den frühen Jahren der Kirche – bei der brennenden Naherwartung – wenig Wert auf die Erhaltung von Gemeindeschriften für die Nachwelt gelegt haben. Immerhin setzt Lukas ganz selbstverständlich die Abfassung eines Briefs mit dem „Apostedekret" an „die Brüder aus den Heiden in Antiochien, Syrien und Kilikien" voraus (Apg 15,23–29), der in der Gemeindeversammlung verlesen wurde (15,30f), während Paulus abwertend von Empfehlungsschreiben spricht, die möglicherweise aus Syrien oder Jerusalem kamen.[1653] Bei der aktiven Mission im Urchristentum wurden von Anfang an sicher sehr viel mehr Briefe geschrieben, kleinere und größere, als uns zufällig erhalten sind. Dies gilt auch für das 2. Jh.[1654]

[1650] 1. Kor 5,9.11; 2. Kor 2,3; 7,8; 1. Kor 7,1. Die Versuche, aus den beiden Korintherbriefen Fragmente der darin erwähnten verlorenen Briefe und darüber hinaus noch andere Briefteile zu entdecken, sind völlig hypothetisch. Der Versuch von W. SCHENK, Korintherbriefe, TRE 19, 1990, 628–632, 9 Briefe mit 29 Brieffragmenten herauszudestillieren, kann nur Kopfschütteln erregen. So etwas gehört nicht in eine theologische Realenzyklopädie, sondern ins Guiness Buch der Rekorde. Was für einen wildgewordenen Redaktor müßte man bei einem solchen „Briefpotpourri", das in der Antike ohne Analogie ist, annehmen? Und woher können wir – gingen wir auf die Hypothesen ein – wissen, daß diese rekonstuierten Fragmente nicht aus Briefen an ganz verschiedene Adressaten stammen?

[1651] PILHOFER, Philippi, 256f nimmt an, sie seien wie die Polykarpbriefe in Philippi gesammelt worden. Lukas habe als Philippenser zumindest den Brief des Paulus an diese Gemeinde gekannt (251). Dies läßt sich jedoch nicht wahrscheinlich machen. S. o. Anm. 12 und Anm. 1276.

[1652] Röm 1,29–32 = 1. Clem 3,5f; 1. Kor 1,10–13 = 47,1–3; 1. Kor 12,21f = 37,5; 1. Kor 13,4–7 = 49,5; Phil 4,15 = 47,2; Hebr 1,3–5.7.13 = 36,2–5. Das römische Archiv enthielt auch Esther, Judith, Sap und vielleicht 2. Makk, s. M. HENGEL, Die Septuaginta als christliche Schriftensammlung (Anm. 532), 273–279; vgl. auch C. THORNTON, Zeuge, 47–55 zum römischen Kirchenarchiv.

[1653] 2. Kor 3,1ff; vgl. 1. Kor 16,3. 2. Thess will sogar von Brieffälschungen wissen, 3,17 vgl. 2,1.15.

[1654] S. 1. – 3. Joh, dazu M. HENGEL, Johanneische Frage, 119–161; die sieben Sendschreiben der Apk oder den Briefwechsel eines Polykarp und Dionysios v. Korinth bei Euseb, h. e. 5,20,8; 4,23; vgl. M. HENGEL, Evangelienüberschriften (Anm. 38), 35f.38ff.44ff. Auch sonst sind Hinweise auf Briefe und Brieffragmente im 2. Jh. relativ zahlreich, man muß hier auch die

Die Apg 13,1 ff geschilderte Aussendung der beiden Partnermissionare nach Zypern und Kleinasien deutet darauf hin, daß man jetzt glaubte, das Missionsgebiet Phöniziens, Syriens und Kilikiens sei ausreichend „bearbeitet" und man müsse sich jetzt endgültig von Sem zu Japhet wenden. Die Reiseroute mag auf einem Kompromiß beruhen, wobei dem Zyprier Barnabas mehr seine Heimatinsel, dem Tarsier Paulus dagegen mehr die westlich an Kilikien angrenzende südgalatische Provinz am Herzen lag. Vielleicht hatte der Mann aus Tarsus diesen Überschritt schon länger im Auge, so wie er später, seit dem Apostelkonzil, den Besuch in Rom erwog. Paulus mag damals bereits ähnlich gedacht haben wie in Röm 15,23: νυνὶ δὲ μηκέτι τόπον ἔχων ἐν ταῖς κλίμασι τούτοις, nur daß er zu jener Zeit an das Verlassen von „Syrien und Kilikien" und im Römerbrief eher an Makedonien, Achaia und die Provinz Asia dachte. Auf jeden Fall drängte er von jetzt an weiter nach Westen. Eben darum, als Vorbereitung für die Mission in Makedonien und Achaia und für den schwierigen Weg nach Rom, ist der Bericht des Lukas mit seiner paradigmatischen Darstellung dieser Aussendung 13,1 ff und die sich daran anschließende Reise eine wichtige Information. Auch der Vorgang der Sendung selbst hat beispielhafte Bedeutung. Es ist nach Lukas nicht der eigene Entschluß der beiden Missionare oder eine ‚demokratische' Abstimmung der Gemeinde, sondern die Weisung „des Heiligen Geistes", der nach vorbereitendem „Gebetsdienst" und Fasten (λειτουργούντων δὲ αὐτῶν τῷ κυρίῳ καὶ νηστευόντων) durch einen oder mehrere der fünf genannten Profeten – vermutlich das charismatische „Leitungsgremium" – in Antiochien spricht[1655]: „Wählt mir Barnabas und Saulus aus zu dem Werk, zu dem ich sie berufen habe." Das προσκαλεῖν erinnert an das κλητὸς ἀπόστολος der paulinischen Briefpräskripte,[1656] das ἀφορίζειν εἰς ἔργον ... an das in Röm 1,1 folgende ἀφωρισμένος εἰς εὐαγγέλιον θεοῦ. Der Anstoß zur Missionsarbeit und großen Reisen ging offenbar häufig jeweils von „Weisungen" des Geistes oder „Offenbarungen"[1657] aus. D.h. man wird den in 13,1 ff geschilderten Vorgang in ähnlicher Weise für die Gestaltung der Mission in Syrien annehmen dürfen.

Leider wissen wir gar nichts darüber, wie weit nach der Agrippaverfolgung, d.h. nach 43 n. Chr., auch *Jerusalemer Sendboten* in Syrien missionierten und ob und inwieweit es hier zu Konflikten mit der älteren Mission der „Hellenisten" kam. Wenn sie in den fünfziger Jahren bis nach (Süd-)Galatien vordrangen, so müssen sie jedoch zuvor auch Syrien bereist haben. Die Frage ist freilich, ob sie wirklich neue Gemeinden durch missionarische Arbeit gründeten oder nur bestehende besuchten und „visitierten". Auch Mt 10,5f.23b

---

frühesten Märtyrerakten mit einschließen. Nach den Paulusbriefen könnte vielleicht der Jakobusbrief der früheste erhaltene Brief sein und der erste, der sich an alle Christengemeinden außerhalb von Eretz Jisrael wendet; s. M. HENGEL, Der Jakobusbrief (Anm. 14). Er paßt u. E. schwer in eine spätere Situation.

[1655] S. dazu o. Anm. 1275.1477.
[1656] Röm 1,1; 1. Kor 1,1.
[1657] Vgl. Gal 2,1; Apg 16,6–10; 19,21; 20,23; 22,18ff, s. o. S. 358.

mögen in Judäa noch hemmend nachgewirkt haben. Profetenbesuche aus Judäa in der Art von Apg 11,27f dienten den schon bestehenden Gemeindekontakten, hatten aber wohl kaum das Ziel, neue Gemeinden zu gründen und in „Konkurrenz" zur „gesetzeskritischen" Mission des Paulus, Barnabas und der Hellenisten zu treten. Auch das Apg 15,1ff berichtete Auftreten von Abgesandten aus Jerusalem und der Hinweis des Paulus auf „eingeschlichene Brüder", die „unsere Freiheit, die wir im Evangelium haben" ausspionieren wollten, „damit sie uns versklavten" (Gal 2,4), sind solche Gemeindebesuche; beide Notizen hängen wohl sachlich zusammen, sie weisen auf Vorgänge etwa im Jahr 48 in Antiochien hin, die dann das „Apostelkonzil" notwendig machten. Der tiefe Groll, der aus den scharf formulierten Sätzen des Apostels spricht, legt die Vermutung nahe, daß die Auseinandersetzung, von der er in Gal 2,4f berichtet, nicht die erste war. Wahrscheinlich hat sich der hier geschilderte Konflikt in den kritischer werdenden Jahren seit der Agrippaverfolgung ca. 43 n. Chr. allmählich entwickelt und erreichte mit der Gal 2,1 vorausgehenden Auseinandersetzung, die Lukas kurz Apg 15,1f erwähnt, ihren Höhepunkt, der eine Lösung des unerträglich gewordenen Problems notwendig machte. Das Eigenartige ist ja, daß dieser Konflikt nicht schon 10 oder 15 Jahre früher in den dreißiger Jahren aufgetreten war, als auch schon heidnische „Gottesfürchtige" getauft wurden, wenn auch nicht in so großer Zahl. Dies läßt sich nur aus der schon mehrfach angesprochenen Verschärfung der früher „liberaleren" Position im Jerusalemer Leitungsgremium erklären. Zugleich zeigt die Schroffheit der paulinischen Darstellung der Vorgänge in Jerusalem und später in Antiochien, daß das theologische Grundproblem, Glaubensgerechtigkeit oder Gesetzeswerke, „Verdienst" oder „Gnade", Christus oder die Tora, nicht erst mit dem Ärger über die galatischen Gemeinden aufbrach, sondern schon bei der missionarischen Arbeit in Syrien während dieser kritischen Zeit virulent gewesen sein muß. Für Paulus (und Barnabas) stand schon damals alles, nicht nur seine bisherige missionarische Arbeit, sondern die Wahrheit seines Evangeliums selbst auf dem Spiel: „damit die Wahrheit des Evangeliums euch (in Südgalatien) erhalten bleibe".[1658]

Ähnliche Auseinandersetzungen mag es darum auch in den anderen syrischen Gemeinden wohl schon seit geraumer Zeit gegeben haben. Darum ist das spätere Apostoldekret nicht nur an Antiochien, sondern zugleich auch an die heidenchristlichen Brüder *in Syrien und Kilikien* adressiert. Die Haltung vieler palästinischer Christen könnte dagegen in Sätzen wie Lk 16,17 Q, den im Rahmen des Matthäusevangeliums bereits widerspruchsvoll klingenden drei Versen der Bergpredigt 5,17–19 oder dem Wort des Thomasevangeliums 27,2:

[1658] Gal 2,5 ἵνα ἡ ἀλήθεια τοῦ εὐαγγελίου (vgl. 2,14) διαμείνῃ πρὸς ὑμᾶς: Das ὑμᾶς richtet sich direkt an die südgalatischen Gemeinden, die vor dem Konflikt in Antiochien, der zum Jerusalemer „Apostelkonzil" geführt hatte, gegründet worden waren, gilt aber auch für das ganze syrisch-kilikische Missionsgebiet des Apostels und Barnabas'.

"Wenn ihr nicht den Sabbat als Sabbat haltet, werdet ihr den Vater nicht sehen"[1659] zu Wort kommen.

Auf der anderen Seite standen die gegen Ende der vierziger Jahre führenden drei Männer der Jerusalemer und damit der Gemeinden in Judäa, die drei „Säulen", Jakobus, Petrus und Johannes, der „gesetzeskritischen" Heidenmission letztlich, bei allen Vorbehalten, die wohl verschieden stark waren und die wir so wenig durchschauen, weiterhin positiv gegenüber, allen voran Petrus. Sonst wäre es nicht zu dem in Gal 2,6−10 beschriebenen positiven Ergebnis des „Apostelkonzils" gekommen. Es bedeutete grünes Licht für Paulus auf dem Weg zu Japhet, d.h. in den Westen, an die kleinasiatische Ägäisküste, nach Makedonien, Achaia, Rom, ja – wie er dann später hoffte – nach Spanien, d.h. an das Ende der bewohnten Welt.[1660]

Es ist darum wahrscheinlich, daß sich schon in diesen ca. 6−7 Jahren zwischen 40/41 und 46/47 die Bedingungen der gesetzeskritischen Missionsarbeit in Syrien vor allem im an Palästina angrenzenden Süden, wo die jüdische Diaspora am stärksten war, langsam erschwerten, und daß diese Umstände, ganz abgesehen von dem späteren antiochenischen Zwischenfall, die Erinnerung des Paulus an seine syrische Zeit so sehr verdunkelte, daß er darüber später in seinen Briefen mit Ausnahme von Gal 1 und 2 schweigt. Seine eigene Haltung im Blick auf das Heil durch Christus allein, sola gratia und sola fide, „ohne des Gesetzes Werke", hat sich nicht grundsätzlich geändert, sonst hätte er es sich leichter machen, in Jerusalem nachgeben, Titus beschneiden und sich später in Antiochien dem Petrus und Barnabas anschließen können. Man hätte ihm auch eine solche ‚Sinnesänderung' ständig vorhalten können. Doch damit haben wir wieder den Rahmen der „unbekannten Jahre" überschritten. Sie enden im Grunde mit Apg 13,1ff, denn damit beginnen für Lukas die von jetzt an ununterbrochene Pauluserzählung und jene Gemeindegründungen, die dann auch in den Briefen angesprochen werden – zunächst in „Südgalatien".[1661]

Wir müssen darum nach Antiochien zurückkehren und die letzte Frage – die wir wieder nur ganz unvollkommen beantworten können – stellen: Wie hat sich dort das theologische Denken des Apostels entwickelt?

[1659] Vgl. auch Logion 12 über Jakobus. Das Sabbatwort wurde dann ergänzt und im gnostisch-dualistischen Sinne umgedeutet.

[1660] Zur Spanienreise s. Röm 15,24; 1. Clem 5,7; Can. Mur. 2,35−37; Actus Vercellenses 1,1 (AAA I, 45); vgl. dazu H. LIETZMANN, Petrus und Paulus in Rom, ²1927, 242−245. Ob Paulus nach zweijähriger Gefangenschaft in Rom (ca. 60−62) frei kam, noch nach Spanien reiste und dann in der neronischen Verfolgung 64 getötet wurde, kann nur mit einem non liquet beantwortet werden. Die Notiz 1. Clem 5,7, eine gute Generation später in Rom verfaßt, spricht eher dafür.

[1661] S. dazu jetzt J.M. SCOTT, Paul, 185−215; C. BREYTENBACH, Paulus, passim und BARRETT, Acts I, 608ff zu c. 13 und 14.

8.3 Antiochien und die paulinische Theologie

8.3.1 Die religiöse Situation in der Stadt: Syrischer „Synkretismus"?

Auf die Bedeutung der jüdischen Diasporagemeinde, ihre Synagogen und die ihre Gottesdienste besuchenden Sympathisanten, aber auch auf die spannungsreiche und bedrängte Lage der jüdischen Bewohner Antiochiens während der Caligulakrise sind wir schon eingegangen. Der jüdische Bevölkerungsanteil in der Stadt und den zu Großantiochien gehörenden Vorstädten mag etwa 10—15% betragen haben.[1662] Über das religiöse Milieu der gesamten Stadt wissen wir für das 1. Jh. n. Chr. sehr wenig. Antiochien blieb vorwiegend heidnisch bis weit in die nachkonstantinische Zeit.[1663] Die Metropole galt für (Ost-)Syrer bis in die Spätantike als „die schöne Stadt der Griechen", d. h. in der damaligen Zeit „der Heiden".[1664] Am ausführlichsten berichtet für das 1. Jh. n. Chr. Josephus, doch er ist nur am jüdischen Bevölkerungsteil interessiert. Als weitere antike Quellen bleiben für das heidnische Antiochien eigentlich nur die wenigen Notizen der antiken Autoren,[1665] die späteren Schriften des Libanios und des Malalas und die archäologischen Funde, die, vor allem was die Inschriften betrifft, für eine so bedeutende Stadt ebenfalls spärlich sind.[1666]

[1662] Vgl. o. Anm. 1169f. 1196. Eine wirklich zuverlässige Zahl für die Gesamtbevölkerung von Antiochien gibt es in der Antike nicht. Die schwankenden Angaben vergleichen es mit Seleukia am Tigris und Alexandrien. Josephus gibt der Stadt das Prädikat μεγάλη. Vermutlich betrug die Zahl der freien Einwohner von Groß-Antiochien mit seinen Vorstädten erst gegen Ende des 1. Jh.s n. Chr. etwa 200.000. S. die Zahlen von Apamea o. Anm. 1169. Die Angaben bei F.W. NORRIS, Artk. Antiochien, TRE I, 99; R. RIESNER, Frühzeit, 98 sind zu hoch. Antiochien war in der 1. Hälfte des 1. Jh. n. Chr. noch nicht so dicht mit insulae bebaut wie in späterer Zeit. Vgl. F. KOLB, Antiochia, 97—118 (100f).

[1663] Erst zur Zeit des Chrysostomos gegen Ende des 4. Jh.s war fast die Hälfte der Bevölkerung christlich, nach Chrysostomos, Acht Reden gegen die Juden, ed. R. Brändle/V. Jeher-Bucher, Bibliothek der griechischen Literatur 41, Stuttgart 1995, 51, gab es zu seiner Zeit 15% Juden und 40% Christen in Antiochien; dazu A. v. HARNACK, Mission, 669.

[1664] Isaak von Antiochien, carm. 15 (1, 294 ed. Bickell) in der Mitte des 5. Jh.s; vgl. A. v. HARNACK, Mission, 670.

[1665] Vgl. etwa Cicero, Arch. 4: „eine einst stark bevölkerte und wohlhabende Stadt, die als Mittelpunkt hoher Geisteskultur viele Gebildete in ihren Bann zog." Er übertreibt zugunsten seines Klienten. Geistesgrößen hat die Stadt nicht angezogen. Die Seleukiden verstanden es nicht wie die Ptolemäer, ihre Hauptstadt zum geistigen Mittelpunkt zu machen. Doch sie besaß eine Bibliothek (aufgrund einer privaten Stiftung), die beim Stadtbrand im Jahr 23/24 n. Chr. vernichtet wurde. Vgl. u. Anm. 1724. Zu Recht betont Cicero, daß die Stadt einst stärker bevölkert und wohlhabender war. Sie hatte während des Niedergangs des Seleukidenreiches schwer gelitten. Tigranes I. von Armenien (95—55) beherrschte Syrien in der Zeit von 89—63 v. Chr. und entvölkerte die Stadt; vgl. u. Anm. 1682. Ciceros Rede stammt aus dem Jahr 62 v. Chr. (s. M. FUHRMANN, Marcus Tullius Cicero. Sämtliche Reden. V, Zürich/München 1978, 61), d. h. aus einer Zeit, als Syrien gerade durch Pompeius Teil des Römischen Reiches geworden war und bevor die Stadt durch die römische Förderung und den Ausbau der Stadt seit Caesar neue Bedeutung erhielt. Dazu u. S. 415.

[1666] IGLS Bd.e II – III,2 enthalten ca. 200 Inschriften aus Antiochien, die allermeisten ganz

Die Ausgrabungen in den Jahren 1932–1939 konnten den Stadtbezirk nur unzureichend erfassen. Sie waren in Antiochien selbst durch die moderne Überbauung des ehemals syrischen Viertels, das Strabo erwähnt und in dem kaum gegraben werden konnte,[1667] begrenzt und zudem sehr erschwert durch die bis zu 10 m hohen Schutt- und Erdablagerungen, die die antike Stadt bedecken. Sie konzentrierten sich auf Teile der Prachtstraße, ihrer Kolonnaden und das Nypheum. Nach der Entdeckung der zahlreichen interessanten Mosaiken in den Vorstädten, vor allem in der Villenvorstadt Daphne, galt es erst diese zu sichern. Das Bild, das diese Grabungen von der Stadt ergaben, bestätigte, was man durch die antiken Quellen wußte: Antiochien war eine typisch hellenistisch-römische Großstadt.[1668] Der syrische Charakter der Stadt tritt nicht deutlich hervor und steht eher im Hintergrund.[1669]

Im Jahr 37 n. Chr. hatte ein Erdbeben die Stadt so schwer erschüttert, daß sogar Daphne mitbetroffen war.[1670] Caligula konnte – wie schon erwähnt – durch seine Unterstützung beim Wiederaufbau seine Verbundenheit mit der Stadt beweisen. Antiochien war eine durch raschen Aufschwung florierende „Großbaustelle", als Paulus in die Stadt kam und – so die Ortstradition – in der Straße beim Pantheon wohnte.[1671]

Caligula hatte sich bereits als großzügiger Wohltäter der Stadt erwiesen, einem solchen kam seit frühhellenistischer Zeit die „Ehre der Altäre" zu,[1672] bevor die Turbulenzen um die Aufstellung seines Standbildes im Jerusalemer Tempel ausbrachen, die auch die Juden und die mit dem Judentum sympathi-

---

kurz und spät, die Hälfte kommt aus der Umgebung. F. KOLB, Antiochia, 98.113: „Eigentlich ist nur eine einzige wirklich bemerkenswerte Inschrift publiziert". S. u. S. 415 Anm. 1723. Zu den Ausgrabungen KOLB, 105: „nur einzelne lange Schnitte und kleinere Sondagen".

[1667] Strabo 16,2,4: Antiochien besteht aus vier Stadtbezirken, zwei wurden gegründet von Seleukos I. Nikator, der 3. von Seleukos II. Kallinikos, der 4. von Antiochus IV.; vgl. F. W. NORRIS, Antioch, 2327. Zur Gründung der Tetrapolis Seleukia Pieria, Antiochia, Apamea und Laodikea durch Seleukos Nikator s. Strabo, 16,2,4; vgl. o. Anm. 1386.

[1668] Grabungsberichte: Antioch on-the-Orontes, 5 Bde, hg. v. G. ELDERKIN, J. LASSUS, R. STILLWELL, F. u. D. WAAGÉ, Princeton 1934–1972; vgl. J. LASSUS, La ville d'Antioch à l'époque romaine d'après l'archéologie, ANRW II,8, 1977, 54–102; zu den Mosaiken s. D. LEVI, Antioch Mosaic Pavemants, Princeton 1947; S. CAMPELL, The Mosaics of Antioch, Subsidia Mediaevalia 15, Luiseville 1988.

[1669] Zu den wenigen Zeugnissen der syrischen Religion in der Stadt s. u. S. 412ff.

[1670] Bereits unter Claudius kam das nächste Erdbeben, das aber nicht so schwerwiegend war.

[1671] Malalas 242 (PG 97, 372A/B); es muß, da Caesar es restaurieren ließ, innerhalb der seleukidischen Stadt gelegen haben (Malalas 217; PG 97, 336 C). Vgl. DOWNEY, Antioch, 275. Die Grabungsergebnisse in Antiochien sind sehr unbefriedigend: Man weiß nicht einmal, wo das Pantheon lag, ob es rund war, ob es wie üblich den zwölf olympischen Göttern und dem Herrscher geweiht war.

[1672] Vgl. die göttlichen Ehren für Demetrios Poliorketes in Athen, den der 290 v. Chr. aufgeführte Hymnus preist: „Dich sehen wir leibhaft hier, nicht aus Holz und nicht aus Stein" im Gegensatz zu den olympischen Göttern, die sich nicht um die Menschen kümmern (bei Duris = Athenaios VI, 63; FGrHist 76 F 13). Dazu C. HABICHT, „Athen". Die Geschichte der Stadt in hellenistischer Zeit, München 1995, 99.

sierenden Bewohner Antiochiens in Mitleidenschaft zogen. Die Antiochener waren an die Errichtung von Standbildern der Herrscher in der Stadt, in den Tempelbezirken und ebenso an den Kult der vergöttlichten Herrscher seit der Stadtgründung gewöhnt.

Seleukos I. soll sowohl die *Gründung* Seleukia Pierias wie die Antiochiens durch Opfer an die älteren einheimischen Götter eingeleitet und nach deren Weisung den Ort der Städte bestimmt haben,[1673] die alten semitischen Kulte auf den Bergen der Städte blieben bestehen und erhielten jeweils ihre interpretatio graeca. Doch die Neugründungen selbst sollten rein hellenistischen Charakter haben und wurden den Begründern und Beschützern der seleukidischen Dynastie zugesprochen. Antiochia wurde Zeus geweiht mit der Errichtung eines Zeustempels – wahrscheinlich an der Agora[1674], in der Stadt selbst war immer Zeus der vorherrschende Gott. In Daphne entstand das Heiligtum des Apoll (und der Artemis)[1675], das eine Asyl- und Orakelstätte war.[1676] Der jüdische Hohenpriester Onias III., der, obwohl er später als Vorbild der Frömmigkeit dagestellt wurde, im heidnischen Tempel Zuflucht gesucht hatte, wurde überredet, das Asyl zu verlassen, und anschließend ermordet.[1677] Die Statue des Apoll in Daphne wurde von Bryaxis geschaffen, von dem sich Seleukos I. ebenfalls porträtieren ließ. Neben den Tempelbezirken in Daphne bestand im 1. Jh. n. Chr. ein Villenvorort, denn Germanicus ist hier gestorben. Die großen Privathäuser mit ihren prächtigen Mosaiken, die durch die Grabungen erschlossen wurden, sind freilich zumeist jüngeren Datums. Da sich hier eine Synagoge befunden hat, gehörten auch Juden zu den vermögenden Kreisen.[1678] Die frühe Münzprägung der Seleukiden belegt die Bevorzugung

---

[1673] Zum Opfer an „Zeus Keraunios" (= Hadad, Baal) und Athene (= Anat, s. P.L. DAY, DDD, Sp. 62–67.68f) in Antiochien s. Malalas 201; vgl. Appian, Syr. 58. Zu Seleukia und dem Mons Kasius s. Arrian, Parthika 36; Strabo, 16,2,5; Malalas, 199 (PG 97, 312C); vgl. das Opfer Hadrians Hist.Aug., Hadrian 14,3. Der Kult ist belegt bis in die Zeit Julian Apostatas 363 n. Chr.; vgl. H. NIEHR, Artk. Zaphon, DDD Sp. 1746–1750 (1749). Strabo und Hist. Aug. verbinden den Kult auf dem Kasios mit Antiochien. Zu Antiochien selbst s. Libanios, Or. 11,85f; Malalas 199–202 (PG 97, 313A-317A). Vgl. Y. HAJJAR, Divinités oraculaire, 2265.

[1674] Malalas 200 (PG 97 213C/D); Libanios, Or. 11,76 schreibt den ersten Zeustempel Alexander dem Großen zu. Vgl. NORRIS, Antioch, 2331.

[1675] Malalas 204 (PG 97 320A). Vgl. die inschriftlich erhaltene Urkunde über die Ernennung des Oberpriesters durch Antiochus III., IGLS III Nr. 992.

[1676] Strabo 16,2,6: ἄσυλον τέμενος.

[1677] 2. Makk 4,33ff. In der Synagoge in Daphne hat man wohl sein Gedächtnis gepflegt; vgl. zu seiner Frömmigkeit 2. Makk 15,12ff; weiter Dan 9,26 und Jes 53 LXX, dazu M. HENGEL, Zur Wirkungsgeschichte von Jes 53 in vorchristlicher Zeit, in: B. Janowski/P. Stuhlmacher (Hg.), Der leidende Gottesknecht, FAT 14, Tübingen 1996, 84f. Das Orakel „schwieg" erst in der Mitte des 4. Jhs n. Chr., als man daneben ein „Martyrium" errichtete und die Gebeine des Märtyrerbischofs Babylas dorthin überführte; vgl. DOWNEY, Antioch, 364. Julian Apostata stellte das Orakel für kurze Zeit wieder her und ließ den Märtyrer entfernen. Doch schon Apollonios von Tyana soll die Qualität des Orakels gerügt haben, s. Philostrat, vit. Apoll., 1,16 vgl. NORRIS, Antioch, 2338f.

[1678] Vgl. o. Anm. 1189. Die Mosaiken in Antiochien stammen alle bis auf eine Ausnahme

Apolls.[1679] Wohl von Anfang an waren diese Heiligtümer mit dem Herrscherkult verbunden, denn von Zeus und Apoll leiteten die Seleukiden ihre Abstammung her.[1680]

Die „*Tyche*" *der Stadt* beschützte den Herrscher und seine Gründung, ihre Statue symbolisierte zugleich die Stadt. Ihr berühmtes Bronzebild wurde von Eutyches von Sikyon, einem Schüler Lysipps geschaffen. Die Göttin thront – die Mauerkrone auf dem Haupt, zu Füßen einen schwimmenden Jüngling, der den Fluß(gott) Orontes darstellt, – in fließendem Gewand, das rechte Bein über dem linken, ruhend auf dem Mons Silpius, in der rechten Hand hält sie ein Ährenbündel, mit der linken stützt sie sich auf den Berg. Die ganze Erscheinung ist überraschend elegant hellenistisch, verbindet damit aber auch die orientalische Seite durch die Betonung des Silpius und der Fruchtbarkeit der Erde. Kein Wunder, daß sie maßgebend wurde für die Darstellung der Stadtgöttin vieler hellenistischer Städte im Osten.[1681] Daneben hat sich zunächst auf den Münzen ein zweiter Bildtyp, der einer stehenden Tyche von Antiochien, durchgesetzt. Er entspricht eher den Tychedarstellungen anderer syrischer Städte.[1682]

Seit der Gründung werden auch die anderen Hauptgötter des griechischen Pantheons in der Stadt vertreten gewesen sein, an deren Spitze immer Zeus stand. Seleukos siedelte hier seine Truppen und in einem Synoikismos die

---

aus der Zeit nach 115 n. Chr., d.h. nach dem großen Erdbeben, bei dem beinahe Trajan getötet worden wäre.

[1679] Apollon stehend mit der Kithara und auf dem Omphalos sitzend, s. A. FORNI, A Catalogue of Greek Coins in the British Museum. The Seleukid Kings of Syria, Bologna 1963, 114 Index s. v. „Apollo".

[1680] Vgl. die (späteren) Priesterlisten auf den Inschriften aus Seleukia Pieria IGLS III, 1184.1185; dazu M. HENGEL, JuH, 522f.

[1681] F. W. NORRIS, Antioch, 2342f: „Few artists had the chance to help to create the character of a city that would become one of the three most important in the Mediteranean basin. Eutyches fashioned a beautiful ... statue of Tyche." Vgl. P. GARDNER, New Chapters in Greek Art, Oxford 1926, 260–266. Das Bildprogramm, das den Silpius so stark betont, wird vielleicht auf die alte semitischen Berggöttin Rücksicht genommen haben, von der die Legenden bei Malalas als „Io" noch erzählen. Die „Tyche" wurde Vorbild für die Calliope, die dann im Theater, das Trajan vollendete, stand. Der tragbare Schrein mit diesem Typos der Göttin erscheint noch auf einer Münze aus der Zeit des Trebonianus Gallus (251–253 n.Chr.), dazu M.J. PRICE/B. L. TRELL, Coins and their Cities, London 1971, 34f (Fig. 42). S. auch Marion MEYER, ‚Neue Bilder', in: Hellenismus, hg. v. B. Funck, Tübingen 1997, 244–254 (Lit. mit Abb.): „Die ‚Antiochia' ... ist ... eine neue Figur: keine neue Spezies von Gottheit ... die Veranschaulichung einer Stadt." Zur Personifizierung hellenistischer Städte in der Gestalt der Tyche s. o. S. 206.

[1682] Vgl. FORNI, Catalogue (Anm. 1679), 45f; Plate XIV: sitzende Tyche mit Füllhorn auf der Silberdrachme Demetrios' I. Soter (162–150 v.Chr.); vgl. die Tyche auf der Münze von Tigranes von Armenien, König von Syrien (83–69 v.Chr.), dazu G. DOWNEY, Ancient Antioch, Abb. Nr. 14.16 vgl. Nr. 18. Tigranes war während dieser Zeit Herr der Stadt; er vollendete ihren Niedergang, verpflanzte Teile der Bevölkerung in die von ihm begründete neue Reichshauptstadt Tigranokerta. Vgl. F. GEYER, Artk. Tigranes, PW 2. R. 6,1, 1936, Sp. 971ff. GRAINGER, Cities of Seleukid Syria, Oxford 1990, 175f.188ff folgt dagegen der Tigranes günstigen Quelle, dem Historiker Justin, der betont, Tigranes sei friedlich auf eine Einladung der Stadt hin gekommen, die sich freiwillig unter seinen Schutz gestellt habe.

Bewohner der älteren umliegenden griechischen, vor allem aus Antigoneia, und syrischen Siedlungen an, die neben den offiziellen Kulten auch ihre privaten Hauskulte und -götter mitbrachten.[1683] Der offizielle Staats- und Herrscherkult war aber ein künstlicher, konstruierter und berücksichtigte die älteren Kulte wenig. Es stand hinter ihm keine echte Religiosität.

Antiochus IV. ließ bei seiner Pompe, der glanzvollen Prozession von Antiochien nach Daphne, dann „alle von Menschen benannten oder verehrten Götter"[1684] im Festzug mitführen. Die Götterbilder seien nicht zu zählen gewesen. Noch Libanios betont im Enkomion auf seine Heimatstadt (um 360 n. Chr.):

„Unsere Stadt war der Wohnort der Götter, so daß wir, wenn wir wollten, mit dem Olymp in Wettstreit treten könnten. Denn dort sind die Erzählungen über die Götter abhängig von Worten, aber hier begegnet der Beweis den Augen."[1685]

Der Vergleich mit dem Olymp und das Tempus sind bezeichnend: Es *war* die Stadt eines *erweiterten griechischen Pantheons* und das war noch sichtbar in den Tempeln und Statuen. Der Rhetor will, daß dieses Erbe nicht durch die barbarischen Christen zerstört wird, sondern erhalten bleibt.[1686] Libanios berichtet im Kontext u. a. von der Einführung des Isiskultes in der Stadt durch Seleukos III. (2. Hälfte 3. Jh.). Da diese 245–240 unter ptolemäischer Oberherrschaft stand, wurde Isis jedoch vielleicht von Ptolemaios III. nach Antiochien gebracht.[1687] Der Kult der Isis (und des Sarapis) wurde nach einer ganzen

---

[1683] RAMSAY, Cities, 138 betont zu Recht: „In the growth of an ancient city no religious fact was ever wholly lost. When immigrants or colonists settled there, they brought their own religion with them, but they did not destroy the previously existing religion any more than they exterminated the older population. An amalgamation took place between the religions of the old und the new people." Diesem Prozeß der Assimilation schlossen sich nur die Juden nicht an, weshalb ihr volles Bürgerrecht umstritten war.

[1684] Polybios 30,25,13. Es wäre interessant zu wissen, ob und wie dabei auch ein Symbol des jüdischen Gottes vom Zion mitgetragen wurde. Auch die spätere Beschreibung der beiden alexandrinischen Gesandtschaften, der Juden und der ‚Griechen', zu Trajan ist leider lückenhaft. Die ‚Griechen' tragen eine Sarapisstatue, aber die Juden ihre Torarollen? S. Acta Hermaisci (OxyPap 1242, ed. Musurillo, Acta Alexandrinorum ..., BSGRT, Leipzig 1961, 32ff). Zur Unausgeglichenheit der Religionspolitik Antiochos' IV. s. M. HENGEL, JuH, 518–525. Die beste Übersicht über die in Antiochien verehrten Götter des *griechischen Pantheons* und die aus dem Orient kommenden Götter, die Tempel und die Feste, aber auch den Aberglauben gibt F. W. NORRIS, Antioch, 2322–2379.

[1685] Or 11,115: καὶ καταγώγιον ἦν τῶν κρειττόνων ἡ πόλις, ὥστε καὶ πρὸς τὸν Ὄλυμπον ὑπάρχειν ἡμῖν ἐρίζειν, εἰ βουλοίμεθα. ἡ μὲν γὰρ αὐτόθι τῶν θεῶν διατριβὴ ποιητῶν ἐστι φήμη, τὰ δ' αὖ παρ' ἡμῖν ὀφθαλμοὺς ἔπεισε. Daß der Gesichtssinn zuverlässiger ist als der Gehörsinn, war eine allgemein griechische Vorstellung vgl. etwa P. KUHN, Offenbarungsstimmen (Anm. 516), 168.

[1686] Vgl. seine Schutzschrift für die Tempel Or. 30; Libanios hält Or.11 zu Beginn der *olympischen* Wettkämpfe in der Stadt.

[1687] Die Hafenstadt Seleukia Pieria war zwischen 246 und 219 in ptolemäischem Besitz s. RUGE, PW 2. R. 2, 1187f. Zu Antiochien, das durch diese Eroberung Ptolemaios' III. mehr Bedeutung gewann, s. GRAINGER, The Cities of Seleukid Syria (Anm. 1682), 84.122–126.142.150f; DERS., Hellenistic Phoenicia (Anm. 351), 123f.

Reihe von Zeugnissen schon im 3. Jh. unter den Ptolemäern in ihrer Provinz Συρία καὶ Φοινίκη wie an der Küste Pamphyliens und des rauhen Kilikiens eingeführt.[1688] Weiter erinnert Libanios daran, daß die einmal einheimisch gewordenen Götter sich nicht mehr verpflanzen ließen, fremde aber gerne antiochenisch wurden.[1689] Ein einziger Olympier stand verständlicherweise nicht sehr hoch in der Verehrung der oft von Erdbeben heimgesuchten Antiochener: der Erderschütterer Poseidon.[1690] Was uns als verwirrende Vielfalt der Kulte erscheint, dient Libanios zum Ruhm der Schönheit seiner Stadt.

Es gab freilich schon seit Beginn des 1. Jahrtausends Handelsbeziehungen zwischen Griechenland und Nordsyrien, archäologisch gesichert ist eine alte griechische Handelsniederlassung im Orontestal; die Varianten der Gründungslegende spiegeln diese älteren Überlieferungen und Verbindungen noch wider.[1691]

Die Erzählungen über die Gründung einer Stadt verraten auch etwas vom religiösen Selbstverständnis ihrer Bewohner. Die *Gründungslegenden* Antiochiens führen den Ursprung in mythische Zeit zurück. Anders als in Alexandrien, wo der Ktistes der Stadt, Alexander, alle Legenden beherrscht, werden hier als erste Gründer nicht nur Alexander und Seleukos I. gerühmt. Wir besitzen auch keine jüdische Version der Gründungslegende wie in Alexand-

---

[1688] S. M. HENGEL, JuH, 285–288 und die neue Inschrift von Labwe (Libo bei Ras Baalbek) s. H. SALAMÉ-SARKIS, Berytus 34 (1986), 207–209, die nach der siegreichen Schlacht von Raphia 218 v. Chr. für Ptolemaios IV. und Arsinoe als Θεῶν Φιλοπατόρων // Σαραπίδι Ἰσίδι Σωτῆρσιν von dem alexandrinischen Archigrammateus Marsyas S. d. Demetrios geweiht ist. In Byblos war Isis seit der Perserzeit zu Hause. Vgl. auch SEG 37 (1987), Nr. 1373 aus Amathus in *Zypern*, wo Aphrodite, Sarapis, Isis und die olympischen Götter einträchtig zusammen genannt werden, und SEG 40 (1990), Nr. 1304 das Serapeion in Hamaxia im östlichen *Pamphylien*, ebenfalls seit ptolemäischer Zeit. T. B. MITFORD, ANRW II, 18,3, 2141 f. Ein Kultverein für Sarapis aus hellenistischer Zeit im ptolemäischen Herrschaftgebiet findet sich landeinwärts in Kolybrassos, op. cit. 2143 Anm. 56, der weiter in das Hinterland ausstrahlte, op. cit. 2152.

[1689] Or. 11,114.116 endet: τοσαύτη φιλοχωρία μὲ εἶχε τοὺς ἡμετέρους δαίμονας, ἐπιθυμία δὲ τοὺς ξένους ἡμετέρους γενέσθαι. Ähnliches wurde auch Rom nachgesagt, s. Minucius Felix, Octavius 6,1: ... *universa Romanos*.

[1690] Malalas 318,16–21: Beim Bau einer Basilika und einer Kirche unter Konstantin fand man eine Bronzestatue des Gottes, die bei einem Erdbeben gestürzt und nicht wieder aufgerichtet worden war. Der Statthalter ließ die Statue einschmelzen und für eine Konstantinstatue verwenden. Malalas betont, die Statue des christlichen Kaisers stehe aber bis heute; vgl. NORRIS, Antioch, 2354.

[1691] Vgl. NORRIS, Antioch, 2330 (Lit.). Zu den frühen Handelsbeziehungen, den Funden in al Mina, Knossos und Lefkandi auf Euboia, die den Einfluß des assyrischen Reiches nach Westen und den griechischen Seehandel nach Osten besonders mit Syrien und Phönizien und deren kulturelle Bedeutung für Griechenland illustrieren s. W. BURKERT, Homerstudien und Orient, in: Zweihundert Jahre Homer-Forschung. Colloquium Rauricum 2, hg. v. J. Latacz, Stuttgart/Leipzig 1991,168 f; zur ersten Erwähnung von „Joniern" in Syrien vgl. DERS., Die orientalisierende Epoche in der griechischen Religion und Literatur, SHAW 1984/1, Heidelberg 1984, 17; M. HENGEL, JuH, 60 f.

rien.[1692] Die jüdische Bevölkerung hat sich hier wohl nie so stark wie dort mit der Stadt selbst identifiziert. Schon der chronologisch älteste Bericht bei *Strabo* führt die Gründung der Stadt auf Triptolemos, den Kultheros von Eleusis, zurück. Er galt ja als derjenige, der Demeters Gaben weltweit zu allen *Griechen* brachte:

> Triptolemos sei von den Argivern ausgeschickt worden, um Io[1693] zu suchen, die in Tyros verschwunden war. Nachdem Triptolemos und seine Begleiter ganz Kilikien durchsucht hatten, gaben sie am Orontes die Suche auf und blieben dort. Seleukos I. siedelte die Nachkommen des Triptolemos in Antiochien an. Deshalb verehren die „Athener" Antiochiens bis heute Triptolemos als einen Heros und feiern sein Fest auf dem Berg Kasios bei Seleukia.[1694]

Auffällig ist die Verbindung von Kilikien und Antiochien, die bei Strabo erscheint. Vielleicht haben schon die Perser griechische Söldner in Kilikien, wo als griechische Kolonie Soloi und vielleicht auch Anchiale gegründet worden waren, und in Nordsyrien angesiedelt. Bei der Schlacht von Issos sollen angeblich 30.000 Griechen auf der Seite des Dareios gekämpft haben.[1695] Auf jeden Fall bestanden schon längst vor Alexander vielfältige und z.T. enge Verbindungen zwischen dem nordsyrischen Küstengebiet und Kilikien und der Ägäis und Griechenland, ähnlich wie in den phönizischen Städten.

Gegenüber Strabo etwas abweichend berichtet *Libanios*.[1696] Triptolemos und seine Begleiter kommen zum Silpius, fragen die Bewohner nach Io und bleiben, weil ihnen die Fruchtbarkeit der Gegend gefällt. Libanios konnte in seiner Preisrede die Gründung kurz „zitieren", seine Hörer kannten die Überlieferung.

[1692] Vgl. SCHWEMER, VP I, 180–199; zu Alexander und Antiochien vgl. Malalas 234 (PG 97, 361A).

[1693] Zur Identifikation Ios mit Isis s. u. Anm. 1698.

[1694] Strabo 16,2,5. Triptolemos galt auch in Gaza und *Tarsus* als Gründer (vgl. o. S. 261 Anm. 1064); vgl. auch RAMSAY, Cities, 168f; auf der Silberschale von Aquileia ist die Aussendung des Triptolemos als Vorbild für den Aufbruch wohl des Marcus Antonius (oder des Germanicus?) in den Osten dargestellt. S. LIMC IV,1, Sp. 905 Demeter Nr. 164 = VIII,1, Sp. 58 Triptolemos; vgl. A. ALFÖLDI, Chiron 9 (1979), 553–606.

[1695] Arrian, 2,8,6: 30.000 griechische Söldner; vgl. 2,13,2; Kallisthenes, FGrHist 124, fr. 35,18,3; G. WIRTH, Anmerkungen zur Schlacht bei Issos, in: DERS., Studien zur Alexandergeschichte, Darmstadt 1985 (= Studia in honorem Veselini Besevliev, Sofia 1978, 435–449), 116 Anm. 36 hält diese Zahl für realistisch, da sich Dareios auf die Armee Memnons und alle anderen griechischen „auf persischem Territorium befindlichen Truppen" stützen konnte.

[1696] Or. 11,44–58: „Inachos ließ nach seiner Tochter Io suchen, die in der Gestalt einer Kuh vor der Eifersucht Heras auf der Flucht war. Er beauftragte die Argiver unter Führer des Triptolemos nach seiner verschwundenen Tochter zu suchen. Die suchten sie überall, auf allen Wegen, allen Häfen, allen Inseln, allen Küsten im Bewußtsein, daß sie eher sterben als die Suche aufgeben sollten. Als sie aber auf diesen Berg, den *Silpius* bei Antiochien kamen, klopften einige an die Haustüren und fragten die Bewohner nach Io, bekamen aber keine Antwort. Die Argiver blieben, als sie die Fruchtbarkeit der Gegend erkannten, und siedelten sich an."

Am aufschlußreichsten erzählt *Malalas*:

Die Brüder Ios und weitere argivische Verwandte hätten zusammen mit Triptolemos die aus Scham über ihr uneheliches Kind mit Zeus flüchtende Io, nachdem diese zuvor in Ägypten gewesen und von dort aus Furcht vor Hermes (d. h. Thot) weiter geflüchtet war, auf dem Hausberg Antiochiens, dem Mons Silpius, gesucht und erkannt, daß sie hier gestorben sei und im Silpius begraben liege. Sie sei ihnen nähmlich im Traum in der Gestalt einer Kuh erschienen und habe gesagt: „Hier bin ich, ich, die Io".[1697] Die Argiver hätten dann beschlossen, an diesem Ort zu bleiben und hätten Io und Kronos auf dem Berg einen Tempel errichtet.

Die von Strabo und Libanios abweichenden Details könnten vermuten lassen, daß hier die Mythen über Isis-Io und Demeter[1698] aufgenommen sind. Kronos und Triptolemos werden aber auch in den Demetermysterien miteinander verbunden. Darin wird u. a. das Abschneiden der Ähre „Ernte des Kronos" genannt. Isis-Io rühmt sich als „erste Tochter des Kronos".[1699] Auch wenn es z. Z. Strabos (die Quellen für seine Geographie hat er zwischen 20 und 7 v. Chr. gesammelt) in Antiochien noch keine Isis(-Demeter)-Mysterien gegeben hat – zwischen Kult und Mysterien ist hier deutlich zu unterscheiden –, können sie bereits im Laufe des 1. bzw. 2. Jh.s n. Chr. in die Gründungslegende eingedrungen sein. Zudem wird man mit Nachwirkungen einer älteren Verehrung von semitischen Lokalgottheiten auf dem Silpius rechnen müssen. Am auffallendsten ist die Erwähnung eines Tempelbaus für Kronos, der mit der Io-*Sage* sonst nicht verbunden wird. Kronos ist die interpretatio graeca von El und Zeus die seines Sohnes Bel.[1700] Triptolemos entspricht dem Fruchtbarkeitsgott Baal

---

[1697] Malalas 29 (PG 97, 97A): Ἐνταῦθα εἰμι ἐγὼ ἡ Ἰώ. Vgl. R. MERKELBACH, Isis regina – Zeus Sarapis. Die Religion um Isis und Sarapis in griechisch-römischer Zeit, Stuttgart/Leipzig 1995, 67 ff zum Io-Mythos.

[1698] Io wird schon von Herodot mit Isis identifiziert (2,41 vgl. Diod. 1,24,8) und ihr Sohn Apaphos mit Apis. In der großen Isisaretalogie OxyPap 11, Nr. 1380, 143 f trägt die Kyria Isis als μεγίστη θεῶν als πρῶτον ὄνομα den Namen Io Sothis (Ἰοῦ Σῶθι); zu den hier erwähnten palästinischen und phönizischen Städten s. M. HENGEL, JuH, 285 ff; vgl. LIMC V,1, Sp. 782 zu Isis-Io. In die Version des Malalas ist wahrscheinlich ebenfalls die Identifikation Ios mit Isis geflossen. Ikonographisch sind im 1. Jh. n. Chr. schon Demeter und Isis kaum unterscheidbar. Dazu F. NORRIS, Isis, Sarapis and Demeter in Antioch of Syria, HThR 75 (1982), 196–204; vgl. u. S. 445 Anm. 1826 f zu Apuleius, met. 11.

[1699] Zur „Ernte des Kronos" s. W. BURKERT, Mysterien, 123 Anm. 117. Zu Isis als Tochter des Kronos s. die Offenbarungsrede der Göttin, die inschriftlich an den Tempeln angebracht war und von der Priesterin im Gewand der Göttin vorgetragen wurde, die sog. „Isisaretologie"; dazu jetzt MERKELBACH, Isis, 113–119 (115); vgl. 4.5 u. ö.

[1700] Philon v. Byblos s. FGrHist 790 F 2 = Euseb, Pr.ev. 1,10,16.20.26; dazu A. I. BAUMGARTEN, The Phoenician History of Philo of Byblos. A Commentary, EPRO 89, Leiden 1981, 180–213.214–242; weiter Serv. Aen. 1,729; Diod. 2,30: El; Alex. Polyhist. Fr. 3: Bel; Soph. Andromeda FrGT IV F 126; Plat. Minos 315c: in Karthago Moloch. Im römischen Pantheon wird Kronos mit Saturn gleichgesetzt; dies gilt auch von den romaisierten ehemals punischen Städten Afrikas, wo er z. T. als höchster Gott verehrt wurde. In Athen wurde das Fest Kronia im Tempel des Kronos und der Rhea gefeiert. Vgl. E. D. SERBETI, Artk. Kronos, LIMC VI,1, 146 Nr. 30: auf einem „golden bracelet" aus Syrien sind Kronos mit Tyche und Helios mit Selene dargestellt.

bzw. Dagan, den das Alte Testament und Philo von Byblos als den Getreidegott der „Philister" beschreiben.[1701] Mit Io, von Haus aus eine Mondgöttin, zusammen könnten sie eine Triade[1702] gebildet haben. Semitische Heiligtümer sind jedoch bisher archäologisch auf dem Silpius nicht nachgewiesen, weil entsprechende Grabungen fehlen.[1703] Es ist bezeichnend, daß solche syrisch-semitischen Überlieferungen bei Malalas wie bei dem aus Samosata stammenden Syrer Lukian nur in ihrer interpretatio graeca erscheinen.[1704]

Ein Brauch der *syrischen* Bevölkerung, von dem Malalas berichtet, deutet vielleicht auf semitische Tradition in griechischem Gewand: Alljährlich gingen die Syrer, die bis zu seiner Zeit den Bezirk auf dem Silpius Ionitai nannten, mit dem Ruf ψυχὴ Ἰοῦς σωζέσθω, „das Leben Ios soll gerettet werden", als Erinnerung an die Frage, die einst die Argiver auf ihrer Suche nach Io gestellt hätten, in die Häuser der Griechen in der Stadt.[1705] Es mag sich um einen alten Heischebrauch handeln, aber was es damit auf sich hat, ist schwer zu sagen.

Ein rätselhaftes Zeugnis für syrisch-orientalische Gottheiten in der Stadt ist auch das *Charonion*, eine kolossale Büste aus dem Fels des Silpius herausgehauen. Es läßt sich ikonographisch als Dea Syria, die Göttin von Hierapolis, bestimmen.[1706] Antiochus IV. soll das Bildnis errichtet haben, als eine Seuche in der Stadt herrschte. Ein „Profet" der Göttin namens Leïos habe diese Maßnahme angeregt.[1707] Doch das apotropäische Bildnis wurde nie fertigge-

---

[1701] Zu Dagan s. J.F. HEALLEY, Artk. Dagan, DDD, Sp. 407–413. Vgl. auch die eigenartige Yehud-Münze, BMC Palestine S. 181, Nr. 29 verso, aus persischer Zeit. Ikonographisch ist sie am nächsten mit Darstellungen von der Aussendung des Triptolemos verwandt. H. KIENLE, Der Gott auf dem Flügelrad. Zu den ungelösten Fragen der »synkretistischen« Münze BMC Palestine S. 181 Nr. 29, GOF.G 7, Wiesbaden 1975, hat die verschiedenen ikonographischen Quellen zusammengestellt und die Münze als synkretistische JHWH-Darstellung interpretiert. Doch die Details sprechen eher für „Elia auf dem Flügelrad", s. SCHWEMER, VP II, 255f. Vgl. u. Anm. 1739 zur Geburtslegende Elias.

[1702] Zu den orientalischen Göttertriaden s.o. Anm. 830–834.

[1703] Normalerweise läßt sich aus dem Bergnamen manches erschließen. Die nordsyrischen „Götterberge" trugen keine Tempel, dem Berggott wurde an einem Altar geopfert. Vgl. O. EISSFELDT, Der Gott Karmel, SDAW.PH 1, 1953 (Ndr. Berlin 1954); DERS., Baal Zaphon, Zeus Kasios und der Durchzug der Israeliten durchs Meer, BRA 1, Halle 1932; weiter die vorsichtigen Erwägungen bei NORRIS, Antioch, 2355 zum „Tempel des Zeus Kasios" auf dem Silpius (Malalas 28–30); vgl. 2329f zur Nachricht über den Tempel des „Kronos" auf dem Silpius.

[1704] Lukian, Dea Syria 13–27 teilt für die Gründung des Tempels in Hierapolis nur griechische Erzählungen mit, die aber ihre orientalischen Entsprechungen haben. Doch der Kult, den er beschreibt, ist urtümlich semitisch.

[1705] Malalas 30,3: Οἱ οὖν Σύροι Ἀντιοχεῖς ἐξ ἐκείνου τοῦ χρόνου ἀφ' οὗ οἱ Ἀργεῖοι ἐλθόντες ἐζήτησαν τὴν Ἰὼ, ποιοῦσιν οὖν τὴν μνήμην, κρούοντες τῷ καιρῷ αὐτῷ κατ' ἔτος εἰς τοὺς οἴκους τῶν Ἑλλήνων ἕως ἄρτι. Vgl. die Satire über den Bettelzug der Gallen der syrischen Göttin bei Apuleius, met 8,27ff; oder handelt es sich um einen Anklang an den Beinamen für Isis Ἰοῖ Σῶθι „Io Sothis" (OxyPap 1380, 143f)? Zum Isis-Epitheton „Sothis" (= Sirius, Hundsstern) und zur Sothis-Periode s. MERKELBACH, Isis, 110ff.

[1706] Vgl. ELDERKIN, in: Antioch-on-the-Orontes I, 83f; DOWNEY, Antioch, 103f. FELDTKELLER, Göttin, geht darauf nicht ein.

[1707] Malalas 205; er nennt den Seher Λήιός τις τελεστής. Dieser habe auf die Büste ein paar

stellt. Die Gründe liegen im Dunkeln, es wird kaum einen offiziellen Kultbetrieb an sich gezogen haben. Zudem werden sich die „makedonisch-athenischen" Bürger der Stadt eher distanziert zur „Syrischen Göttin" verhalten haben. Ein anderer Wundertäter mit dem syrischen Namen Debborios, „Biene(nmann)"[1708], habe nach dem Erdbeben unter Caligula eine Säule mit apotropäischer Büste und Inschrift errichtet.[1709] Für einen romanisierten syrischen Kult in der Stadt spricht schließlich vielleicht die Basis einer Statue, auf der sich kleine Reliefs der Trias von Heliopolis-Baalbek befinden: „Jupiter Heliopolis", „Venus Heliopolis" und „Merkur Heliopolis", aber die waren in späterer Zeit seit dem 2. Jh. n. Chr. in Syrien allgegenwärtig. Auf semitischen Hintergrund könnte eine Erzählung des Libanios über Semiramis, die den Tempel der Artemis im Stadtteil Meroë erbaut habe, hindeuten. Doch die sagenhafte Semiramis spielte auch sonst in griechischen Erzählungen über den Orient eine vielfältige Rolle.[1710] Der Name des Stadtteils weist ebenfalls in eine andere Richtung: Aus Meroë, der Hauptstadt Äthiopiens, der Isis-Io geweiht, holten die Pilger das heilige Nilwasser.[1711] Die Gleichsetzung von Artemis mit Demeter-Isis-Io gehört zudem zur Ausbreitung des Isiskultes.[1712] Diese wenigen ganz zufälligen Belege für die alteingesessenen Götter des Gebiets zeigen, wie stark die Neugründung Seleukos' I. von der griechisch-hellenistischen Bevölkerung und ihren religiösen Vorstellungen geprägt war.[1713] Der offizielle Kult war auf das olympische Pantheon und die griechische Mythologie ausgerichtet, die – wie die (späteren) Mosaiken in den Villen der Reichen zeigen – auch die private Sphäre beherrschte.[1714] Daß Isis und Sarapis in der Stadt verehrt

---

Worte geschrieben, dann hätte die Seuche aufgehört. Der Name scheint griechisch zu sein, LSJ s.v. λήιτον verweist auf Hesychios, Lexikon „λήίτη = ἱέρεια a public priestess"; vgl. H. WUTHNOW, Menschennamen (Anm. 746), verzeichnet bei den Transkriptuionen von „Levi" keine entsprechende Namensform.

[1708] Vgl. hebr. „Debora" (Gen 35,8; Ri 4,4ff; 5,1); WUTHNOW, Semitische Menschennamen, 43.

[1709] Malalas 265: mit der Aufschrift ἄσειστα, ἄπτωπα. Ein Blitz hätte sie unter Domitian getroffen und Apollonios von Tyana hätte sich geweigert, einen neuen entsprechenden Schutz gegen Erdbeben herzustellen.

[1710] Zu der Triade von Heliopolis s.o. Anm. 833 vgl. 550; Semiramis galt als Tochter der syrischen Göttin Derketo; vgl. Herodot 1,184; 3,154; Diodorus Siculus 2,4–20; vgl. W. RÖLLIG, Artk. Semiramis, KP 5, Sp. 94f.

[1711] Juvenal, sat. 6,526ff; vgl. R. MERKELBACH, Isis, 104f.

[1712] Isidoros von Narmuthis (1. Jh. v. Chr.), Hymnen I 18: Ἀστάρτην Ἄρτεμίν σε Σύροι κλήζουσιν Ἄναιαν. Zitiert nach R. MERKELBACH, Isis, 95. Vgl. den Isishymnus SEG 8 (1937), Nr. 548–551; weitere Nachweise bei MERKELBACH, XXVI.

[1713] Syrische Namen finden sich in den Inschriften aus Antiochien nur einmal als Vatersnamen (IGLS III, iii–xi Index zu Bd.en I–III); selten sind auch archäologische Hinweise auf Juden, s.o. Anm. 1254.

[1714] Später kann man auch orientalischen Einfluß feststellen, so z.B. die sassanidische Bordüre im Phönix-Mosaik aus Daphne, 5. Jh. n. Chr.; dazu auch J. LASSUS, Antioche à lépoque romaine, ANRW II, 8, 1978, Plate VII Abb. 12. Älter ist wohl die Überlieferung bei Malalas, Perseus (wohl umgedeutet aus Perses) habe den Feuerkult auf dem Silpius eingeführt (Chron. 37–38; 199).

wurden, widerspricht dem nicht. Ihr Kult war von den Griechen von Anfang an akzeptiert worden.[1715] Die syrische Bevölkerung wird wie die jüdische an den Wallfahrtsfesten zu den angestammten Heiligtümern etwa nach Hierapolis-Bambyke gepilgert sein.[1716]

Von den *Festen* ist das bekannteste das Maiuma, ein alle drei Jahre gefeiertes Frühlingsfest mit Wasser- und Fruchtbarkeitsriten, das gern als typisch syrisch angesehen wird. Es wurde unter Commodus (180—192 n. Chr.) neu organisiert als ὄργια für Aphrodite und Dionysos, dessen nächtliche Feiern – nach Malalas – schon Vergil erwähne.[1717] Daneben nennt der antiochenische Chronograph Pferderennen und Tierhetzen etc.

Daß die jüdischen Bewohner der Stadt nach Malalas während der Herrschaft Caligulas bei Zirkusspielen mit ihren heidnischen Nachbarn in Streit geraten sein sollen,[1718] wurde schon berichtet. Auch die Theater[1719] und die von Sosibios, einem wohlhabenden Bürger der Stadt z. Zt. des Augustus, gestifteten Olympischen Wettkämpfe, die unter Claudius und Commodus wieder neu belebt wurden, spielten im Leben der Stadt eine wichtige Rolle.[1720] Die agonale Metaphorik in 4. Makk, die wir ja z. T. auch bei Paulus finden, könnte durch diesen neuen Aufschwung der gymnastischen und musischen Spiele angeregt sein. Wie das schon oben erwähnte Recht der antiochenischen Juden, die Ölgabe an die Epheben als Geldzahlung zu erhalten, damit sie dafür reines Öl erwerben konnten, zeigt, beteiligten sie sich an der gymnasialen Ausbildung der Epheben, bei der Hermes und Herakles Pate standen.[1721]

[1715] Isis wurde schon im 4. Jh. in Athen verehrt. Die Inschrift IG II 2, 337 aus dem Jahr 333/2 belegt den Kult, der zunächst von ägyptischen Händlern eingeführt, dann unter ptolemäischer Herrschaft gefördert wurde und schließlich, als er nach dem Ende der ptolemäischen Herrschaft über die Ägäis „keine politische Komponente mehr" hatte, erst recht populär wurde. Vgl. jetzt R. MERKELBACH, Isis, 122f. Zu ihrer Verehrung in Phönizien vgl. M. HENGEL, JuH, 285ff.

[1716] Vgl. Lukian, Dea Syria, 49.59. Im Heiligtum der Göttin in Hierapolis wurden die Namen der Kinder aufgeschrieben, ihre Locke geweiht und erhielten sie die Tätowierung.

[1717] Malalas, 284f (PG 97, 429B-C); vgl. DOWNEY, Antioch, 234; NORRIS, Antioch, 2356; die Bischöfe wetterten gegen dieses Fest; dazu F. R. TROMBLEY, Hellenic Religion and Christianization c. 370—529, II, (EPRO) RGRW 115/2, Leiden u. a. 1994, 55; vgl. DERS. RGRW 115/1, 73. Aber auch Julian, Misopog. 362D werden die Teilnehmer des Festes getadelt; Cod. Theod. 15,6,1f verbietet es: *procax licentia ... foedum adque indecorum spectaculum*. Eine späte Grabinschrift aus Tyros zeigt, daß auch dort das Maiumafest Mysteriencharakter angenommen hatte und den eingeweihten Toten „schöne Tage" bescherte: οἱ μαιουμίζοντες / ἐν τῷ τόπῳ τούτῳ / καλὰς ἡμέρας ἔχουσιν, s. J.-P. REY-COQUAIS, Inscriptions (Anm. 798), 86f Nr. 151; vgl. die Inschrift aus Gerasa (datiert 535 n. Chr.): ἐπετελέσθη ὁ χαριέστατο[ς] / [M]αειουμᾶς (H. KRAELING, Gerasa City of the Dekapolis, 1938, Nr. 279).

[1718] S. o. S. 281—284.

[1719] Vgl. DOWNEY, Antioch, Index s. v. „Theater" Der legatus Syriens Mucianus hielt sich gerne im Theater auf und ermunterte dort u. a. die Bevölkerung, Vespasian zu unterstützen; vgl. F. MILLAR, RNE, 259f. Zu Jos. bell 7,43—62.110f vgl. o. Anm. 1176.1199.

[1720] Chron. 283f (PG 97 428C-429B); Libanios hielt Or. 11 anläßlich eines solchen Wettkampfs.

[1721] Vgl. M. HENGEL, JuH, 136. Zur Ölgabe s. o. S. 288 Anm. 1175.

Die *Römer* bauten die Stadt, die in der Zeit des Zusammenbruchs des seleukidischen Reiches sehr gelitten hatte, wieder aus und gestalteten sie um zur Residenz des Statthalters und dann des Kaisers. Caesar erneuerte die libertas der Stadt mit enger Anbindung an Rom und begann mit einem neuen Bauprogramm.[1722] Neben Amphitheater, Thermen etc. errichtete er die Basilika, das Kaisarion, in dem die Standbilder Caesars und der Tyche von Rom standen, und die seit Augustus dem Divus Julius- und Dea Roma-Kult dienten. Römische Technik garantierte die Wasserversorgung und sicherte die Verhütung von Überschwemmungen.[1723] Tiberius erneuerte den Tempel des Juppiter Capitolinus, den Antiochos IV. errichtet hatte,[1724] und begründete einen Dioskurenkult zu seinen und seines Bruders Drusus Ehren. Die Prachtstraße wurde von Herodes I. und Tiberius entlang der Mauer der seleukidischen Stadt angelegt.[1725] Herodes versuchte auf diese Weise seinen Einfluß bis nach Antiochien auszudehnen, ähnlich wie in Damaskus und den phönizischen Städten. Es lag ihm offensichtlich daran, als Mäzen hellenistischer Baukultur auch in der Provinzhauptstadt „präsent" zu sein. Die Straße bildete, als die ersten judenchristlichen „Hellenisten" in der Stadt eintrafen, das „moderne" Zentrum des Geschäftslebens. Sie wurde weiter nach Osten ausgebaut, an ihrem „Knick" war ein runder Platz als „Omphalos", auf dem das Standbild des Tiberius die Achsen der Stadt beherrschte. Tiberius errichtete am NO-Ende ein Tor, gekrönt von der Wölfin mit den Zwillingen. Rom als politische und *religiöse* Macht war in Antiochien ständig gegenwärtig von der kleinsten Münze bis hin zu den kolossalen Neubauten und wurde als Schutzmacht und ‚Entwicklungshelfer' von der Bevölkerung – anders als in Alexandrien – geschätzt. Nach dem Zusammenbruch des seleukidischen Reiches hatte man den sozialen Status und die griechische Kultur nur mit römischer Hilfe wiederherstellen und erhalten können. Die „Hellenisten" kamen

---

[1722] Zu dem Termin seiner Ankunft und seinen Bauten s. Malalas, Chron. 216f.

[1723] Zum Neubau von Aquädukten und Bädern in dieser Zeit, s. Malalas, Chronik 243–244. Vor allem galt es die winterlichen Überschwemmungen durch die Bäche, die vom Silpius herunterkommen, zu verhindern; vgl. dazu DOWNEY, Antioch, 181; KOLB, Antiochia, 113f. Die Zuverlässigkeit des römischen Kanalsystems erklärten sich die Antiochener damit, daß Tiberius einen Talisman benutzt hätte, s. Malalas, Chronik 233 (PG 97, 359B/C). Eine Bauinschrift, die die Aushebung eines Kanals im Jahr 73/74 n. Chr. belegt, wirft endlich Licht auf Namen der Vereine und der insulae sowie auf die Steuerpflicht, s. dazu F. FEISSEL, Deux listes de quartiers d'Antioche astreints au creusement d'un canal (73–74 J.C.), Syria 62 (1985), 77–103; vgl. auch F. MILLAR, RNE, 86ff zur militärischen und zivilen Bedeutung des Orontes-Kanals.

[1724] Vgl. DOWNEY, Antioch, 154f. Zu den zahlreichen Bauten des Tiberius s. Malalas 234f (PG 97, 360D–361C). Dort auch zum Stadtbrand, dem u.a. die Bibliothek zum Opfer fiel.

[1725] S. den Stadtplan bei NORRIS, Antioch, 2324 und u. S. 477. Sie wurde durch ein Slumgebiet der seleukidischen Stadt geschlagen, war eine der ersten derartigen Kolonnadenstraßen und zudem damals die größte. Zur Zuschreibung der Bauten an die verschiedenen Herrscher bei Malalas s. DOWNEY, Antioch, 169–184. Es könnte sein, daß der endgültige Ausbau erst nach dem furchtbaren Erdbeben, bei dem Trajan leicht verletzt wurde, 115 n. Chr. zu datieren ist, dazu KOLB, Antiochia, 115f.

so in eine Stadt, die im Umbruch mit hektischer Bautätigkeit war und sich zur römischen Residenz im ‚Nahen Osten' entwickelte.[1726]

W. Bousset beschrieb „die Atmosphäre", „in der das antiochenische Christentum und das der übrigen urchristlich hellenistischen Gemeinden geworden und gewachsen sind"[1727], als ein im „Gebiet der syrischen Religionsmischung" (97) entstandenes religiöses Milieu, in dem für das Urchristentum „vorbildlich" und „prägend" in den Mysterienkulten und in gnostischen Kreisen die Gottheiten als „Herr" oder „Herrin" angerufen wurden.[1728] Diese Sicht, da von R.

[1726] Paulus verwendet für sein Missionswerk der Gemeindegründung den Vergleich mit dem großen Bau und dem weisen Architekten, der das Fundament legt, in 1. Kor 3,10: Κατὰ τὴν χάριν τοῦ θεοῦ τὴν δοθεῖσάν μοι ὡς σοφὸς ἀρχιτέκτων θεμέλιον ἔθηκα.... Ign. Eph 9,1 ist weniger treffsicher in der Wahl der Metaphern beim Vergleich des Heilsgeschehens mit dem Tempelbau. Ignatius spricht vom „Baukran" (μηχανή) für das Kreuz Christi und dem „Seil" für den Heiligen Geist, durch die die Gläubigen zu Gott in die Höhe gezogen werden.

[1727] Kyrios Christos, 99.

[1728] Vgl. dazu o. Anm. 795. Die Materialsammlung BOUSSETS scheint *für seine Zeit* gut. Er zog nur die falschen Folgerungen daraus. Inzwischen hat sich auch unser Kenntnisstand über Antiochien und Syrien, die Mysterienkulte und die „Gnosis" sehr erweitert und verändert. Das wurde in der neutestamentlichen Forschung weitgehend übersehen. BOUSSET geht zunächst auf die Verwendung des Titels Herr im „Regentenkult" ein, dem er zu Recht aber keine große Bedeutung für die Entstehung des christlichen Titels zuspricht (93f); er verweist (94f) auf DREXLER, Artk. Kyrios, Roscher Lexikon, s. v. für κύριος als Gottesepitheton, nennt als weitere Belege den Londoner Zauberpapyrus CXXI 706 (Asklepios), 934.937 (Selene) und im großen Pariser Zauberpapyrus 1432 (Hekate) vgl. 2499.2502. Über kleinasiatische Beispiele kann er „kurz hinweggehen" (95) mit Verweis auf CUMONT, Les Mystères de Sabazius et le Judaisme, 63 ff. Eingehender listet er die Belege aus Ägypten auf: für κυρία ᾽Ισις: CIG 4897. 4897b. 4898. 4899. 4904. 4905. 4917. 4931—32. 4939. 4940. 4897c. 4897d. 4930b: τὴν μεγίστην θεὰν κυρίαν σώτειραν ᾽Ισιν. Ebenso werden die männlichen Götter in Ägypten κύριος genannt (CIG 5101. 5080. 5082. 5088. 5092. 5093. 5095. 5101. 5105. 5108 c d und vgl. 5087. 5096 für Hermes/Thot und CIG 4716d1 für Pan). Sarapis erhält erst auf späteren Inschriften und in privaten Urkunden aus Ägypten den Titel (OxyPap I, 110; III, 523; DEISSMANN, Licht vom Osten, 122,6. 128, 5; CIG 4684. 3163. 5115; PREISIGKE, Sammelbuch griechischer Urkunden, 1913 Nr. 171); ebenfalls aus Ägypten: OGIS 655 und PREISIGKE, Nr. 159. 239. 240. 1065. 1066. 1068. 1069; weiter nennt er Plutarch, IsOs c. 6; c. 10; c. 12; c. 35; c. 49; c. 40. Die Belege stammen aus der Zeit zwischen dem 3. Jh. v. und dem 3. Jh. n. Chr. Schwieriger scheint BOUSSET eine „Altersbestimmung" für die Belege aus Syrien. Er verweist auf die alten semitischen Gottesepitheta Baal, Adon, Mar etc. Neben der o. Anm. 795 erwähnten Inschrift des Lukios zu Ehren „der Herrin Atarcharte (sic!)" kann er auf die von DITTENBERGER, DEISSMANN, WADDINGTON u. a. mitgeteilten Belege verweisen, legt aber dem epigraphischen Material aus Syrien und Palästina, das doch das wichtigste sein müßte, leider kein Gewicht bei, sondern geht nun sofort über zu den Berichten der Kirchenväter über die Gnostiker und zur Hermetischen Literatur, um schließlich zum Ziel, dem syrischen Synkretismus, zu kommen. Aber was haben die Hermetica und die alexandrinischen und römischen Gnostiker mit Syrien zu tun? Auch die LXX-Übersetzung des Gottesnamens reiht sich ihm dann in dieses Bild ein als „allergemeinste Gottesbezeichnung" (98), wobei er übersehen hat, daß seine frühesten Belege aus Ägypten nicht Gottesepitheta, sondern Herrschertitel waren. Die LXX-Übersetzung des Pentateuchs, die Vorbild war für alle späteren, entstand bereits in der 1. H. d. 3. Jh. v. Chr., dabei wählte man κύριος als Q°rê für das Tetragramm, weil es von den Griechen gerade *nicht* als Gottestitel verwendet wurde. All dies wird bei BOUSSET nicht deutlich. Schon zuvor hatte BOUSSET zu beweisen versucht, daß der κύριος-Titel Jesu nicht auf ein aramäisches „Mar" zurückgehen könne (77—84). Kritisch zu BOUSSET schon WERNLE,

Bultmann kritiklos übernommen und von seinen Schülern ohne Überprüfung an den Quellen propagiert, war lange, ja z. T. bis heute,[1729] in Deutschland herrschend. Sie wirkt immer noch nach etwa in der Bemerkung von Feldtkeller:

„So ist der Kyrios-Titel im torahfreien Christentum nicht aus der hellenistischen Umwelt übernommen, aber seine genaue Verwendung ist eher eine hellenistische als eine traditionell jüdische."[1730]

Hier wird die altbekannte falsche Alternative zwischen Judentum und Hellenismus weitergetragen. Denn was heißt hier „hellenistisch" und was „traditionell jüdisch"? Im Sh^{e}ma beteten die Juden griechischer Sprache: κύριος ὁ θεὸς ἡμῶν κύριος εἷς ἐστιν. Die entsprechende christliche „Formel" nimmt dieses Gebet auf und wandelt es um. Der strenge, „semitisierende" Parallelismus der Formel in 1. Kor 8,6[1731] spricht für ihr Alter. Es läßt sich nicht beweisen, daß sie

---

Jesus und Paulus. Antithesen zu Boussets Kyrios Christos, ZThK 25 (1915), 1–92. Die Erwiderungen von HEITMÜLLER und BOUSSET haben schon damals nicht überzeugt, s. u. Anm. 1757. S. auch die eindeutigen Ergebnisse der großen Monographie von W. FOERSTER, Herr ist Jesus, NTF 2. R. 1, Gütersloh 1924; DERS. Artk. κύριος, ThWNT III, 1038–1056. 1081–1095.

BOUSSETS Sammlung an Belegen, steht jedoch in keinem Verhältnis zu dem reichen Schatz, den W. W. Graf BAUDISSIN, Kyrios, zusammen getragen hat, der den Rahmen seiner Untersuchungen zeitlich und geographisch viel weiter spannte und dessen Ergebnis – in dieser Hinsicht – noch heute Gültigkeit hat. Er legte – wobei er bewußt den breiten Sprachgebrauch berücksichtigte – das Hauptgewicht darauf, zu zeigen, daß die Vorstellung „eines Gottes ... als des *Herrn* einer Gemeinschaft unter den Menschen ... allgemein semitisch war" (III, 523, Hervorhebung M. H./A. M. S.) und wie diese Bezeichnung gerade das persönliche Verhältnis des Verehrers zu seiner Gottheit zum Ausdruck brachte. Dagegen konnte BAUDISSIN den von BOUSSET postulierten κύριος als „Kultheros" nirgends in seinen Quellen finden (II, 283 Anm. 1); vgl. seine Kritik II, 298; III, 705 Anm. 1 oder auch sein partielles Lob II, 312 Anm. 2 u. ö.; vgl. weiter dazu den Nachtrag des Herausgebers des postum erschienen Werkes O. EISSFELDT in IV, 67f, wo dieser darauf verweist, daß LIETZMANN die von BAUDISSIN aufgrund der Quellen angeführten Argumente teilweise berücksichtigt hat; zu BULTMANN und F. HAHN vgl. etwa G. VERMES, Jesus der Jude, 91–114. All diese Kritiker wurden allzulange nicht wirklich ernst genommen. Vgl. dagegen jetzt D. ZELLER, Artk. Kyrios, DDD, Sp. 918–928.

[1729] Vgl. etwa R. BULTMANN, Das Urchristentum im Rahmen der antiken Religionen, rde 157/158, 1962, 164f: „vor allem aber wird ‚Kyrios' ... zum beherrschenden Titel. Er charakterisiert Jesus als die im Kult verehrte Gottheit, deren Kräfte im Gottesdienst der Kultgemeinde wirksam werden. Hellenistisches Pneumatikertum mit Ekstase und Glossolalie ... finden Eingang in den Gemeinden. Der *Kyrios Jesus Christos* wird nach Art einer Mysteriengottheit verstanden, an deren Tod und Auferstehung die Gläubige durch den Empfang der Sakramente teil gewinnt." (Hervorhebung B.). Auf der anderen Seite steht für B. die durch die „*evangelische Tradition*" und die hellenistischen Synagogen vermittelte alttestamentlich-jüdische und popularphilosophische Ethik: „In der Tat: *Synkretismus* auf den ersten Blick!" (165 Hervorhebungen B.).

[1730] A. FELDTKELLER, Identitätssuche, 88. Die modische Verschlimmbesserung „torahfrei" ist nicht richtiger als „gesetzesfrei".

[1731] 1. Kor 8,6: εἷς θεὸς ὁ πατὴρ
ἐξ οὗ τὰ πάντα καὶ ἡμεῖς εἰς αὐτόν.
καὶ εἷς κύριος Ἰησοῦς Χριστός
δι' οὗ τὰ πάντα καὶ ἡμεῖς δι' αὐτοῦ.

in Antiochien entstanden ist. Paulus hat sie den Korinthern bei der Gemeindegründung zwischen 50/51 beigebracht. Die Formel dürfte „alt" sein, die „Hellenisten" könnten sie schon nach Antiochien mitgebracht oder aber Paulus könnte sie bereits früh selbst gebildet haben. Die urchristliche Mission stieß auf den vielseitigen gemeinsemitischen Gebrauch des κύριος-Titels innerhalb und außerhalb des Judentums von Anfang an, aber sie fand die vielen paganen göttlichen „Herren" völlig unvereinbar mit ihrem eigenen „Maran"-κύριος, dem gekreuzigten und erhöhten Herrn, so wie schon vorher das palästinische wie das syrische Judentum beim Bekenntnis von Dtn 6,4 wußte, daß „viele Götter und Herren" als Götzen angebetet werden, in Wirklichkeit jedoch nur „Nichtse" oder aber Dämonen sind, und daß der ᵃdonāj vom Sinai mit Baal Schamen nichts gemein hat (s. o. Anm. 557).[1732] Setzt der Gebrauch des κύριος-Titels nicht *eine ganz ungebrochene Kontinuität mit der jüdischen Tradition voraus*? Nirgendwo gab es mehr Götter mit dem Titel baʿal, bel, māreh, ʾadon oder κύριος als in Palästina und Syrien. Der jüdische und christliche Gebrauch von „Herr" in seinen verschiedenen Sprachformen bedeutet gerade den absoluten Gegensatz gegenüber *allen* autochthonen heidnischen Kulten trotz gewisser semantischer Analogien.[1733] Die neue jüdisch-messianische Bewegung hat gerade keinen Di- oder Polytheismus entwickelt und von Vater, Sohn und Geist im Plural als κύριοι gesprochen. Auch mit dem Schlagwort ‚Hellenismus' hat der Κύριος Ἰησοῦς so herzlich wenig zu tun, denn κύριος war nie ein echtes griechisches Gottesepitheton gewesen, und die Verwendung des Qᵉrê Kyrios für das Tetragramm ist so alt, ja fast noch älter als seine nachweisbare Verwendung in den ägyptischen oder syrischen Kulten.

Selbst das Postulat, daß man für die „Atmosphäre" bei den ersten antiochenischen Christen die Mysterienkulte heranziehen muß, hat seine Schlagkraft völlig verloren.[1734] Zudem fehlen uns für Antiochien alle Belege für eine

---

1. Kor 8,6 verbindet die traditionell jüdische Gebetsformel aus dem Shᵉmaʿ mit dem Bekenntnis zu dem einen Herrn als Schöpfungsmittler und steht wohl auch im Gegensatz zu den monotheisierenden heidnischen Kulten. Vgl. M. HENGEL, Christuslied (Anm. 701), 397f; O. HOFIUS, »Einer ist Gott – Einer ist Herr«. Erwägungen zu Struktur und Aussage des Bekenntnisses 1. Kor 8,6, in: FS E. Grässer, 1997, 95–108.

[1732] Sätze wie 1. Kor 8,4b οἴδαμεν ὅτι οὐδὲν εἴδωλον ἐν κόσμῳ καὶ ὅτι οὐδεὶς θεὸς εἰ μὴ εἷς. 8,5: ὥσπερ εἰσὶν θεοὶ πολλοὶ καὶ κύριοι πολλοί und dazu 10,19 und 20 ἀλλ' ἃ θύουσιν δαιμονίοις καὶ οὐ θεῷ θύουσιν, sind ausgesprochen „jüdisch-monotheistische" Aussagen, vgl. Lev 17,7ff (τοῖς ματαίοις = laśᵉʿîrîm = Bocksdämonen); Dtn 32,17; Ps 106,37; Bar 4,7: δαιμονίοις.

[1733] In den klassischen Texten ist ἄναξ/ἄνασσα vorherrschend und wird zunächst den Göttern vorbehalten, daneben wesentlich seltener δεσπότης aber auch κοίρανος s. FOERSTER, Herr ist Jesus, 56: κύριος „heißt zunächst der Besitzer einer Sache". „Fast alle syrischen Götter heißen κύριος κυρία."; DERS. Artk. κύριος, ThWNT, III, 1040ff.1045ff. S. auch die durchaus unvollständige Zusammenstellung des Materials o. S. 196–201.

[1734] Zu den „*orient*alischen Mysterienreligionen" s. W. BURKERT, Mysterien, 9. Vgl. o. Anm. 1066; A. FELDTKELLER, Göttin, 120ff betont zu Recht, daß sich keine derartigen Mysterien in Syrien in dieser Zeit nachweisen lassen. Das gilt gewiß für Mithras, aber auch für Attis und wohl auch für Isis, die als *ägyptische* Göttin in Syrien und Phönizien von alters her verbreitet war, nicht aber als *Mysterien*gottheit.

jüdische (oder christliche) Auseinandersetzung mit heidnischen Mysterien, wie wir sie aus Alexandrien für die Dionysosmysterien besitzen.[1735] Inschriftlich sind Dionysos und davon abgeleitete Personennamen in der syrischen Hauptstadt ganz spärlich belegt,[1736] was natürlich mit der unbefriedigenden Quellenlage insgesamt zusammenhängt. In Palästina haben wir fast mehr Dionysoszeugnisse, vor allem in Skytopolis an der Südgrenze Galiläas.[1737] In einer Inschrift begegnet „Kyrios" in Antiochien vielleicht als ein normaler Eigenname, aber wahrscheinlich handelt es sich um eine ehrenvolle Anrede.[1738] Auch die eigenartige Ausgestaltung der Geburtslegende des Propheten Elia, des „Profeten wie Feuer", in den VP mit einem Motiv des Demetermythos, verweist nicht nach Syrien, sondern nach Palästina.[1739] Wenn 4. Makk 18,10–19 die „Atmossphäre" der jüdischen Bevölkerung im 1. Jh. n. Chr. in Antiochien zutreffend wiedergibt, so legten die Familien großen Wert auf die häusliche Unterrichtung der Kinder im Gesetz, den Profeten und lehrten sie die Psalmen singen, bevor sie mit der heidnischen Umgebung in Berührung kamen. Diese häusliche „Lehre" werden die frühchristlichen Missionare auch in Antiochien verstärkt aufgenommen haben, wenn ihnen der Zugang zu den Synagogen verwehrt wurde.[1740]

Nach Gal 2,11–14 ging der Streit in Antiochien um die Tischgemeinschaft

---

[1735] Vgl. schon die LXX: Num 25,3.5; Dtn 23,18; 3 Reg 15,12; Am 7,6; Hos 4,14; Ψ 105,28; Sap 12,4f;14.23; dazu M. HENGEL, JuH, 13.546ff. Nach 3. Makk 2,30f hätte König Ptolemaios IV. die vollen Bürgerrechte für Juden in Ägypten von der Einweihung in die Dionysosmysterien abhängig gemacht. Das ist sicher eine jüdische polemische Verzeichnung der Mysterien, belegt aber für das 1. Jh. n. Chr. eine Auseinandersetzung um die jüdische Beteiligung an Mysterien, die als Apostasie betrachtet wurde. Sie geht aber auf einen historischen Kern zurück, vgl. den Erlaß Ptolemaios' IV. zur Registrierung der Vorsteher der Dionysosvereine; dazu G. ZUNTZ, Opuscula Selecta, 1972, 88–101. Solche Nachrichten fehlen aus Antiochien. Der Apostat Antiochos opfert selbst auf *griechische* Weise, d. h. er ißt Schweinefleisch, brennt den Gesetzestreuen aber nicht das Efeublatt des Dionysos ein (vgl. 3. Makk 2,29), sondern zwingt sie zum heidnischen Opfer und zur Arbeit am Sabbat (Jos. bell 7,49–53). Vgl. dazu o. S. 292.

[1736] IGLS 769 (Mosaik: Hermes mit dem Dionysosknaben [2.–4. Jh. n. Chr.]); vgl. weitere Dionysosmosaiken bei D. LEVI, Mosaic (Anm. 1668); Dionysios als Eigennamen: IGLS 898: Grabstein Ende 1. oder 2. Jh.; 1071Ad: auf einer Münze des Antiochos Philopator um 95 v. Chr.; 1204: Stempel auf einem Dachziegel; zu den Münzen s. P. GARDNER, ed. by R. S. Poole, A Catalogue of the Greek Coins in the British Museum. The Seleukid Kings of Syria, Bologna 1963, 115 Index s. v. „Dionysos".

[1737] Zu Skythopolis vgl. HENGEL, JuH 474f Anm. 24.546ff; DERS., Studies (Anm. 559), 293–331; SCHÜRER II, 35.37.42f.51; III, 38.143 Anm. 308. Der nabatäische Dusares wurde einerseits mit den himmlischen Hochgöttern, Zeus und Helios, aber auch mit Dionysos als Vegetationsgottheit verbunden, s. T. WEBER/R. WENNING, Petra (Anm. 742), 110.

[1738] Grabinschrift undatiert (IGLS III, 946: Κυρι χερε Δομητρι υγιενε); weiter die ehrende Anrede „Herr" für vornehme Personen, die sich oft in späten palästinischen Inschriften findet, dazu o. Anm. 796; noch im Talmud erscheint qîrî häufig s. JASTROW, Dictionnary, 1369; S. KRAUSS, Lehnwörter II, 539.

[1739] Dazu SCHWEMER, VP II, 235f Anm. 68. Vgl. o. Anm. 1701 zu Triptolemos und Elia.

[1740] Vgl. H.-J. KLAUCK, Hausgemeinde (Anm. 927), 92–97.

zwischen Juden- und Heidenchristen, d. h. um ein Problem des Ritualgesetzes, und gerade nicht um die Fragen, die in Korinth auftraten, etwa daß einige Heidenchristen weiter in den Tempeln an privaten (?) Kultmahlzeiten teilnahmen und dabei Opferfleisch und Libationswein tranken, nachdem man ein Räucherstäbchen zu Ehren des Gottes angezündet hatte.[1741] Isis war seit der 2. Hälfte des 3. Jh.s v. Chr. in Antiochien zu Hause (so Libanios s. o. S. 408f), doch daß mit dem Isistempel in Antiochien im Verlauf 1. Jh. n. Chr. ein Mysterienkult verbunden wurde, ist nicht eindeutig zu belegen und bleibt eine Hypothese.[1742] Wahrscheinlich aber waren für die stolzen Griechen Antiochiens, die sich zum Teil immer noch als „Athener" betrachteten, die Eleusinischen Mysterien in der griechischen (Ur-)Heimat und ihre dionysische Konkurrenz attraktiver.[1743] Nach Libanios wurde Artemis in Antiochien Eleusinia genannt, nachdem ihre Statue in Ägypten gewesen war.[1744] Der Dionysos-Tempel in Antiochien war ein römischer Podiumstempel, was freilich nicht

---

[1741] 1. Kor 8,10; vgl. 10,14.19ff.26ff.

[1742] Eindrucksvolle Belege für Isismysterien außerhalb Ägyptens in dieser Zeit haben wir aus Pompeii, Palestrina und Rom. In Phönizien, Palästina oder bei den Nabatäern erscheint sie bis ins 1. Jh. n. Chr. nicht als Mysteriengottheit. Zu den Fresken aus Pompeii s. N. YALOURIS, Artk. Io, LIMC V,1, 670 Nr. 65.66; vgl. V,2 Nr. 65.66, wo Isis ebenfalls mit Io identifiziert wird (dazu o. S. 411). Aber selbst in Rom konnte sich der Isiskult erst verhältnismäßig spät unter Caligula fest etablieren. Voraus ging unter Tiberius ein Skandal in Rom, als ein verliebter junger Mann eine züchtige, aber äußerst naive Ehefrau (ein glänzendes Beispiel für die δεισιδαιμονία der Frauen) mit Hilfe der Isispriesterschaft überlistete, so daß sie ihn nachts im Isistempel als „Anubis" empfing und stolz von der Liebesnacht mit dem Gott herumerzählte, s. Jos. ant 18,65−80. Doch das waren noch keine Mysterien, es handelt sich um einen national-ägyptischen Kult (*superstitio externa*); zudem ging es hier um einen Ausnahmefall, die Isismysterien waren an sich „keusch". Lucius im 11. Buch der Metamorphosen des Apuleius bekehrt sich auch von seinem ungezügelten Libertinismus, für den er durch die Eselsgestalt bestraft wurde. S. dazu VIDMAN (Anm. 1071), 144. Das Mosaik aus Daphne Harbiye in der Nähe von Antiochien (2. Jh. n. Chr.), das D. LEVI, Antioch Mosaic Pavements, Princeton 1947, I, 27.49f.163ff; II, Pl. Vb.VIIb.XXXIIIa−c.XXXIV a−b als Einweihung in die Isismysterien gedeutet hat, versteht NORRIS als eine Initiation in die Demetermysterien s. F. W. NORRIS, Isis, Sarapis and Demeter in Antioch of Syria, HThR 75 (1982), 196−204.

[1743] Vgl. vorige Anm. Zu Triptolemos vgl. o. Anm. 1696; Libanios, or. 11,110: Ἐλευσινία. Ptolemaios III., dem Schwiegervater von Antiochos II. (261−247 v. Chr.), habe ihre Statue in Antiochien so gut gefallen, daß er sie mit nach Ägypten nahm. Er mußte sie aber wieder zurückgeben, weil seine Frau krank wurde. Die Eleusinischen Mysterien blieben immer fest an diesen Ort gebunden, es gab keine „Ableger". In den Ephebenlisten aus Athen werden auch junge Männer antiochenischer Herkunft aufgeführt. Höhere griechische Bildung erwarben die wohlhabenden Antiochener ebenfalls dort. S. dazu C. HABICHT, Athen (Anm. 1672), 290.

[1744] Ptolemaios I. Soter ließ einen eleusinischen Priester und Exegeten, Timotheos, als griechischen θεολόγος nach Alexandrien kommen, um den Kult in seinem „neuen Athen" einzurichten, Vgl. Tacitus, hist. 4,83,2; Plutarch, de Iside, 28; Arnobius, adv. nat. 5,5 nennt ihn non ignobilem theologorum unum. Ein alexandrinischer Stadtteil erhielt den Namen Eleusis, man feierte dort das Fest „Eleusinia". Dazu NILSSON, Geschichte (Anm. 551), II, 345ff. Der Versuch des Claudius, die Mysterien nach Rom zu überführen, wurde ihm verwehrt: Sueton, Claud. 25; MERKELBACH, Isis, 61. Im Gegensatz zu den Mysterien von Eleusis waren die des Dionysos nicht ortsgebunden.

ausschließt, daß es daneben nichtöffentliche dionysische Kultvereine gab und auch privates Becheranstoßen und Berauschtsein als Mysterium des Gottes gefeiert wurde.[1745] Die Gnosis trat mit dem Samaritaner Menander um 100 und noch deutlicher etwas später mit seinem Schüler Satornil in Antiochien in Erscheinung, war aber bei diesen schon christlich beeinflußt. Auch Kerdon, der Lehrer Marcions, soll nach Epiphanius aus Syrien nach Rom gekommen sein. Der Ketzerbetreiter macht ihn zum Nachfolger des Simon Magus und Satornils. Wirkliche „Gnostiker" begegnen auch hier erst ab dem Beginn des 2. Jh. n. Chr.[1746]

Sonderbarerweise spielt in A. Feldtkellers neuester religionsgeschichtlicher Untersuchung Antiochien selbst keine große Rolle.[1747] Dem Pan-Syrismus huldigend kommt er zu dem etwas zwiespältigen und änigmatischen Ergebnis:

„Die Idee einer weltweiten Mission entwickelt zu haben, ist eine Eigenleistung des syrischen Christentums, die bestenfalls im Judentum, aber nicht in den paganen Religionen Syriens vorbereitet war. Aber daß diese Idee auch erfolgreich umgesetzt werden konnte, dazu hat sicher die Kompetenz im Umgang mit interreligiösen Situationen beigetragen, welche die ersten Heidenchristen aus ihrer syrischen Heimatkultur mitbrachten."[1748]

Auch wenn man wie Feldtkeller alles, was im Neuen Testament Rang und Namen hat, unter „Syrien" subsumieren wollte, kann man ihm kaum zustimmen.[1749] Unsinnig ist die Behauptung, daß das *syrische* Christentum insgesamt als „Eigenleistung" die „Idee einer weltweiten Mission" entwickelt habe. Sollen etwa Paulus, Barnabas und die Apg 13,2 genannten Autoritäten oder auch Philippus, Silas, Markus und andere urchristliche Missionare mit „das syrische Christentum" gemeint sein? Oder denkt Feldtkeller an den Missionsbefehl Mt

---

[1745] Darstellungen des berauschten Dionysos finden wir auch auf den Mosaiken aus Antiochien, s. NORRIS, Antioch, 2348ff. Ein bekanntes Beispiel für einen privaten Kultverein des Dionysos bietet die Iobakcheninschrift aus Athen, DITTENBERGER, Sylloge² III, Nr. 1109; 3. Aufl. 1915, I, Nr. 67. S. auch BURKERT, Mysterien, 12f.47f; C. AUGÉ etc., Artk. Dionysos, LIMC III,1, 521ff: Der trunkene D.; 524 Nr. 104−106: Trinkwettkampf mit Herakles, zwei Mosaiken aus Antiochien und eins aus Apamea und dazu den Kommentar S. 528ff. Vgl. auch die Dionysos Archebakchos und seinen Mysten gewidmete Inschrift aus Seleukia am Kalykadnos im rauhen Kilikien (1. Jh. n. Chr.), dazu T. B. MITFORD, ANRW II, 18,3, 2148 Anm. 82.

[1746] Irenaeus, haer. I,24,1. Epiphanius, Pan 44,1; Ps.-Filastrius, haer 44. Die Elkesaiten scheinen im 2. Jh. in Apamea ein Zentrum besessen zu haben, s. G. P. LUTTIKHUIZEN, The Revelation of Elkezai, TSAJ 8, 1985, 4.22.44: Hippolyt ref. 9,13,1. Auch der am Judentum interessierte Philosoph Numenios ist dort geboren. S. dazu H.-C. PUECH, Numénius d'Apamée et les théologies orientales au second siècle, in: AIPHO II, Melanges Bidez 1934, 775−778; s. dazu G. G. STROUMSA, Philosophy of the Barbarians, in: FS Hengel II, 345ff.

[1747] FELDTKELLER, Göttin, 69.77f.80.107.178.225 (Index fehlt). In FELDTKELLER, Identitätssuche, fällt das Stichwort „Antiochien" öfter, s. Index s. v.

[1748] FELDTKELLER, Göttin, 294.

[1749] Anders jetzt BERGER, Theologiegeschichte, der alles unter „Antiochien" einordnet. S. dazu u. S. 433 Anm. 1781. Zum „Pan-Syrismus" von VOUGA, FELDTKELLER u. a. s. schon o. S. 40f Anm. 142.144.

28,18ff, der – wie er im „Ergebnis"[1750] zu seinem ersten Buch schreibt – den eigentlichen Anstoß zu seinen Untersuchungen gab? Aber geht dieser Missionsbefehl auf syrische „Heidenchristen" zurück? Der Verfasser des 1. Evangeliums war Judenchrist, ob und wo er in „Syrien" zu Hause war, bleibt offen. Palästina oder seine Randgebiete im Norden sind hier wohl am wahrscheinlichsten.[1751] Dieses „syrische Christentum" hat es so als geographisch bestimmbare Einheit gar nicht gegeben. Antiochien war nicht Damaskus, Tyrus oder Caesarea und noch weniger Edessa. Die Auseinandersetzung in Antiochien ging auch nicht darum, ob die Heidenchristen eine Kompetenz besäßen, die sich für die weltweite Mission einsetzen ließ, sondern darum, ob sie erst „Juden" werden müssen, um vollwertige „Christen" sein zu können. Zudem wandten sich die judenchristlichen „Hellenisten" in Antiochien mit ihrer Missionspredigt weniger an echte Syrer, sondern an die *„Griechen"*, was in dieser Zeit noch nicht wie später einfach „Heiden" schlechthin bedeutet, sondern die griechischsprechende Mittel- und Oberschicht, an der sich ja auch schon die Juden der Stadt orientiert hatten. Eine Beschreibung der religiösen Situation im heidnischen Antiochien fehlt bei Feldtkeller völlig. Gal 2,11ff und der – zunächst schroffe – Bruch mit Antiochien zeigen deutlich, daß bis 70 (und z.T. noch später) in Antiochien und in Syrien überhaupt nicht das „Heidenchristentum" dominierte, sondern das der Heidenmission gegenüber (nicht ohne Schwierigkeiten) offene Judenchristentum die geistige Führung besaß. Dies gilt vor allem für Syrien, wo bis ins 3. Jh. hinein das „Judenchristentum" relativ einflußreich war und blieb. Die urchristliche Heidenmission ist eine *judenchristliche* Leistung.

Schließlich gibt es auch noch einige Zeugnisse für lebhaften *heidnischen Aberglauben* in Antiochien, der nicht erst im 3. Jh. aufgekommen ist[1752]: apotropäische Mosaiken gegen Schlangen und das böse Auge und magische

---

[1750] FELDTKELLER, Identitätssuche, 202.

[1751] Erst die spätere Legende berichtet, daß Matthäus im syrischen Hierapolis/Bambyke gesteinigt wurde und sein Grab dort verehrt werde, s. Synaxarium Constant. (ASS Prop. Nov., 230.781); Chronik Michaels des Syrers I, 148; dazu G. GOOSSENS, Hiérapolis de Syrie. Essai de monographie historique, Louvain 1943, 154.175; weiter Ps. Epiphanius, Index apostolorum (SCHERMANN, Prophetarum vitae fabulosae. Indices Apostolorum, Leipzig 1907, 111); Menologium Basilii (SCHERMANN, op. cit., 187); u. ö.

[1752] Vgl. Tacitus, ann 2,69,3: Germanicus beschuldigt auf dem Totenbett den Statthalter Syriens Piso, er habe ihn vergiftet: „Die wilde Heftigkeit der Krankheit verschlimmerte sich noch durch die Überzeugung, er sei von Piso vergiftet worden; und wirklich fanden sich, aus dem Fußboden und den Wänden herausgeholt, menschliche Leichenreste, Zaubersprüche mit Verwünschungen sowie der Name des Germanicus auf Bleitäfelchen eingeritzt, Asche halbverbrannter Körperteile, mit Jauche beschmiert, und andere Zaubermittel, durch die nach allgemeinem Glauben Seelen den Göttern der Unterwelt geweiht werden." Im senatus consultum, das am Ende des Prozesses stand, ist anders als in den literarischen Quellen von Gift und Schadenszauber nicht die Rede; s. dazu W. ECK (Anm. 1148), 195; zum Schadenszauber vgl. H.-J. KLAUCK, Die religiöse Umwelt des Urchristentums. Stadt- und Hausreligion, Mysterienkulte, Volksglaube, Kohlhammer-Studienbücher-Theologie 9, Stuttgart u. a. 1995, 169–184.

Gemmen. Apollonius von Tyana soll die Stadt mit Talismanen geschützt haben. Die vielen Formen des Aberglaubens, die Lukian im Philopseudes aufzählt, waren sicher auch in der syrischen Metropole vorhanden. Sein „Syrer aus Palästina", der die besessenen Kranken heilt, ist eine Parodie auf Juden oder Christen.[1753] Aber die Christen wollten weder in die von Lukian verspotteten Kreise heruntergekommener Philosophen eingereiht werden, noch betrachteten sie ihren „Herrn" als Neuankömmling im antiochenischen Pantheon, der sich wie andere „Herrinnen" und „Herren" neben den vielen anderen Göttern heimisch machen wollte, – auch wenn Paulus in der Straße neben dem Pantheon gewohnt haben sollte.

8.3.2 Ist Antiochien der Quellort christlicher Theologie?

Den theologischen Leser, der von den zu ihrer Zeit revolutionär erscheinenden Thesen der religionsgeschichtlichen Schule herkommt, welche dann durch R. Bultmann und einige seiner Adepten vollends Allgemeingut wurden, wird dieser letzte Abschnitt zur Frage nach den „unbekannten Jahren des Apostels" besonders interessieren. Denn nahezu alle Darstellungen einer Geschichte des Urchristentums und historisch angelegten neutestamentlichen Theologien schenken *der theologischen Entwicklung in Antiochien* ein ganz besonderes Augenmerk. Hauptquelle hierbei sind die Paulusbriefe als unsere frühesten Zeugnisse überhaupt und daneben – nolens volens – in freier, vielfältig variierender Auswahl die Apostelgeschichte.

Gerade in jüngster Zeit haben verschiedene Arbeiten in z. T. fast überschwenglicher Weise die einzigartige Bedeutung Antiochiens als des eigentlichen Quellorts der christlichen Theologie hervorgehoben. So betont J. Becker in seiner großen Paulus-Monographie: „Es gibt in den ersten zwanzig Jahren nach Ostern neben Jerusalem keine so hervorragende Stadt für das Christentum wie Antiochia". Antiochien sei „in die Kirchengeschichte eingegangen, weil diese Gemeinde sich aus der Synagoge löste und eine allein auf Christus gegründete, gesetzesfreie Gemeinschaft bildete, also die bis dahin unbestrittene, selbstverständliche Auffassung des christlichen Glaubens als innerjüdischer Gruppe preisgab und das Christentum als ein der Qualität nach Neues, allein aus sich selbst heraus zu definierendes Phänomen begriff."[1754] Hinzu komme ein „zweites Verdienst, nämlich daß Paulus etwa zwölf Jahre in dieser Gemein-

---

[1753] Lukian, Philops. 16; zum Aberglauben in Antiochien s. NORRIS, Antioch, 2366–2369; dort auch Abb. der Mosaiken. Vgl. auch die Profeten „in Phönizien oder Palästina" bei Celsus (Origenes, Cels. 7,9): Der Inhalt ihrer Predigt ist einfach „Celsus' parody of perfectly good ante-Nicene Christian preaching of a rather enthusiastic type", W.L. KNOX, Hellenistic Elements in Primitive Christianity, 1944, 83 Anm. 3, zitiert bei H. CHADWICK, Origen Contra Celsum, Cambridge 1980 (1953), 403 Anm.; s. auch M. HENGEL, Sohn Gottes, 52f. Zur jüdischen Magie s. o. Anm. 488–490.

[1754] Paulus. Der Apostel der Völker, Tübingen 1989, 107f.

de wirken konnte, zum größten Theologen der ersten urchristlichen Generation reifte und die antiochenische Situation sicherlich energisch mit- und weitergestaltete."[1755]

Dem letzten Satz von der energischen Mitwirkung des Apostels bei der Ausgestaltung der neuen Lehre in der nordsyrischen Metropole möchten wir gerne zustimmen, aber von einer zwölfjährigen Wirksamkeit des Paulus *in Antiochien* kann beim besten Willen nicht die Rede sein. Hier sollte man Paulus selbst ernster nehmen, der von einem langen – doch wohl missionarischen – Aufenthalt in *„Syrien und Kilikien"* spricht. Das bedeutet nicht einfach Antiochien. Wenn wir die Zeit in Tarsus (und Kilikien) abziehen, so schrumpfen die ca. 12/13 auf etwa 8, höchstens 9 Jahre (ca. 40–48/49 n. Chr.) zusammen, und von diesen war Paulus zusammen mit Barnabas doch wohl wenigstens die Hälfte, vermutlich jedoch länger, auf „Missionsreisen" in den angrenzenden Gebieten (Apg 13 u. 14), und – wie man aufgrund von Gal 1,21 annehmen muß – in Syrien (und Kilikien) selbst unterwegs. Was er 2. Kor 11,23–29 schildert, hat sich, wenn wir von der sogenannten „ersten" und „zweiten" Reise absehen, ja ganz gewiß nicht vornehmlich in Antiochien abgespielt. Dies gilt vor allem für die fünffache Synagogenstrafe der 39 Schläge, welche zeigt, daß sich die Ablösung von der Synagoge auch in Syrien, seit seiner Bekehrung vor Damaskus, nicht ganz so einfach und problemlos vollzog, wie die schematisierende Darstellung von J. Becker (in diesem Falle mit Lukas) glauben machen will.

W. Bousset, von welchem das – fast möchte man sagen: Phantom – einer *„heiden*christlichen *Ur*gemeinde" ausging, beginnt das für seine Gesamtdarstellung entscheidende 3. Kapitel mit dem vorsichtig formulierten Satz: „Zwischen Paulus und der palästinensischen Urgemeinde stehen die *hellenistischen Gemeinden* in Antiochia, Damaskus, Tarsus. Das wird nicht immer genügend berücksichtigt."[1756]

D. h. Bousset sieht, daß sich die theologische Entwicklung des Paulus in der Zeit vor dem Apostelkonzil nicht allein auf Antiochien festlegen läßt, sondern auch mit seinem Wirken in Damaskus und Tarsus, d. h. „in Syrien und Kilikien", zusammenhängt. Freilich urteilt auch er zu einseitig, wenn er konstatiert: „Die Beziehungen des Apostels Paulus zu Jerusalem waren höchst dürftiger Natur."[1757] Dem widerspricht nicht nur die Bedeutung Jerusalems in den

---

[1755] Ebenda, 108.

[1756] Kyrios Christos, 75. BOUSSET beruft sich seinerseits auf seine Übereinstimmung mit W. HEITMÜLLER: Zum Problem Paulus und Jesus, ZNW 13 (1912), 320–337.

[1757] Die Tatsache, daß Paulus aufs engste mit zwei Jerusalemern, Barnabas und Silas/Silvanus zusammenarbeitete, tritt hier ebenso ganz in den Hintergrund wie das Faktum, daß Jerusalem in den Paulusbriefen eine weit größere Rolle spielt als Antiochien, s. dazu o. S. 320. 325. Bezeichnend ist auch, daß BOUSSET, Kyrios Christos, 112 Anm. 2 und 276 Anm. 4 Röm 15,19 zwar zitiert, aber nur auf die „Zeichen und Wunder" des Apostels eingeht und das entscheidende ἀπὸ Ἰερουσαλήμ dagegen verschweigt, obwohl er S. 75 Anm. 2, seinen aufgrund von Gal 1,22 (s. o. Anm. 211) in der ersten Auflage geäußerten Zweifel zurücknimmt, „daß Paulus überhaupt als Verfolger der palästinensischen Urgemeinde aufgetreten sei"

Paulusbriefen, in denen vor allem Jerusalemer Autoritäten – mit Petrus an der Spitze – genannt sind, sondern auch die Tatsache, daß Paulus in seiner frühen Zeit bis zum Ende der 2. Reise vor allem *mit Jerusalemern* zusammengearbeitet hat. Auch die vier in Apg 13,1 neben Paulus genannten führenden Lehrer Antiochiens kommen vermutlich aus Jerusalem oder dem jüdischen Palästina (s. o. S. 334 f) bzw. haben sich dort aufgehalten, und der vielfach von Lukas – und in Gal 1 und 2 auch von Paulus – bezeugte Austausch zwischen den beiden Metropolen zeigt, wie sehr Antiochien von Jerusalem abhängig war und blieb. Daß Paulus selbst Jerusalem lange Zeit meiden mußte, weil dort sein Leben durch ‚Eiferer' bedroht war, steht auf einem ganz anderen Blatt. Es sollte uns dabei auch zu denken geben, daß der Apostel nicht nur von den „Armen", sondern fast stereotyp von den „Heiligen" in Jerusalem spricht, denen er durch seine Kollekte „dienen" will.[1758] So nennt man keine Glaubensgenossen, mit denen man grundsätzlich gebrochen hat. Die heidenchristlichen Gemeinden in Achaia und Makedonien sind dabei ihre „Schuldner"[1759], denn die „Heidenchristen" haben an ihren geistlichen Gaben Anteil erhalten, sie sind daher verpflichtet, ihnen u. a. mit „irdischen" Gütern zu „dienen".[1760] Die Parallele zur kultischen Didrachmensteuer für den Tempel scheint uns unübersehbar zu sein. Τὰ πνευματικά deutet das Evangelium an, wie es in 1. Kor 15,1ff und 11 beschrieben ist. Die neue Botschaft ging von den Jüngern in Jerusalem aus. Dort soll die Kollekte ihrerseits wieder Dank gegenüber Gott wirken.[1761] Antiochien ist dagegen außer in Gal 2,11 keiner Erwähnung mehr wert. Letztlich geht auch der sogenannte „Hellenismus" der Urgemeinde auf Jerusalem selbst zurück, welches viel „hellenistischer" war, als die religionsgeschichtliche Schule und ihre unkritischen Nachfolger bis heute glauben wollen.[1762]

Man sollte freilich nicht mehr von „heidenchristlicher" oder „hellenistischer" Urgemeinde reden,[1763] sondern von griechischsprechender judenchristlicher Gemeinde, denn der Begriff „hellenistisch" ist viel zu allgemein und unbestimmt – so nichtssagend wie etwa der Begriff „synkretistisch". Die frühen

---

und nicht vielmehr nur „Gegner der christlichen Bewegung in Damaskus" gewesen sei. Zur kritischen Auseinandersetzung mit BOUSSET und HEITMÜLLER siehe schon P. WERNLE, Jesus und Paulus. Antithesen zu BOUSSETS Kyrios Christos, ZThK 25 (1918), 1–92, der mit Recht die Vernachlässigung der „Theologie des Spätjudentums" kritisiert. Die Antwort W. HEITMÜLLERS, ZThK 25 (1918), 156–174, und W. BOUSSETS in: Jesus der Herr, Nachträge und Auseinandersetzungen zu Kyrios Christos, FRLANT 25 (1918) konnten seine Einwände nicht zerstreuen. S. auch o. Anm. 1728.

[1758] Röm 15,25: διακονῶν τοῖς ἁγίοις; vgl. 15,26: εἰς τοὺς πτωχοὺς τῶν ἁγίων; vgl. 1. Kor 16,1; 2. Kor 8,4; 9,1.12.
[1759] Röm 15,27: ὀφειλέται εἰσὶν αὐτῶν.
[1760] Röm 15,26: ὀφείλουσιν καὶ ἐν τοῖς σαρκικοῖς λειτουργῆσαι.
[1761] 2. Kor 9,11–13. Dabei gibt Paulus sich keinen Illusionen über die Schwierigkeiten hin, die ihn dort erwarten: Röm 15,30ff; vgl. Apg 21,13.18ff, s. o. Anm. 886.
[1762] M. HENGEL, JuH, Index 665f s. v. Jerusalem, Hellenismus; DERS. Zwischen Jesus und Paulus; DERS., Hellenization, 22–26; weiter DERS., Jerusalem als jüdische *und* hellenistische Stadt (Anm. 602).
[1763] S. W. BOUSSET, Kyrios Christos, 75 die Überschrift von Kap. III: „Die heidenchristliche Urgemeinde".

Gemeinden – und dies gilt auch noch lange für Antiochien – waren alle durch Judenchristen bestimmt. Ein wirklich *selbständiges* „Heidenchristentum" begegnet uns erst nach 70. Außerdem ist der Unterschied zwischen „palästinischem" und „hellenistischem" Christentum in dieser Schlichtheit irreführend, denn hier werden nicht nur ein geographischer und ein ‚sprachlich-kultureller' Begriff einander gegenübergestellt, auch das palästinische Judenchristentum war in sich sehr vielgestaltig, außerdem finden sich in Palästina und seinen Grenzgebieten zahlreiche bedeutende „hellenistische" Städte mit gemischter Bevölkerung. R. Bultmann konnte in seinem Geleitwort zur 5. Auflage von Boussets Werk noch 1964 schreiben: „Von der palästinischen Urgemeinde ist das hellenistische Christentum zu unterscheiden, innerhalb dessen Paulus und Johannes erst verständlich werden. Bousset hat nun klar gemacht, daß es gilt, sich ein Bild von dem *vor*paulinischen hellenistischen Christentum zu machen. Man darf sagen, daß diese Auffassung inzwischen Allgemeingut der historischen Erforschung des Neuen Testaments geworden ist."[1764]

Diese These vom „*vor*paulinischen hellenistischen Urchristentum", das durch einen Graben vom „palästinischen" getrennt ist, ist Gott sei Dank *nicht* ‚Allgemeingut der historischen Erforschung des Neuen Testaments geworden', sie scheitert allein schon aus *chronologischen* Gründen und hat die ganzen archäologisch-epigraphischen Befunde gegen sich. Aber für Chronologie und Archäologie, die zu den Grundlagen *wirklicher* „historisch-kritischer" Forschung gehören, haben sich R. Bultmann und viele seiner Schüler nie interessiert. Verständlicherweise: Beiden haftet die Erdenschwere der bruta facta an und ohne diese kann man ‚freier' urteilen. Freilich schweben religionsgeschichtliche Urteile ohne sie in der Luft. Vermutlich wollte man eben dieses. Doch in den wenigen Jahren bis zur Bekehrung des Apostels bildet sich keine ganz anders geartete „hellenistische" oder gar schon heidenchristlich bestimmte Gemeinde heraus. Wenn Bousset sagt: „Der volle Strom der neuen universalen Religionsbewegung flutete bereits, als Paulus in die Arbeit eintrat, auch er ist zunächst vom Strom getragen", so hat er nicht Unrecht. Nur ging dieser Strom von Jerusalem aus, war ganz und gar jüdischen Ursprungs und strömte

---

[1764] Kyrios Christos, V (Hervorhebung M.H./A.M.S.). BULTMANN fügte weiter unten hinzu: „Das Verständnis der *Eigenart des hellenistischen Christentums* (Hervorhebung R.B.) suchte Bousset aus der Erforschung der Verflechtung christlicher Gedanken ... mit der Gedankenwelt ... des heidnischen Hellenismus zu gewinnen. Betonte er dabei vor allem die Bedeutung der Mysterienreligionen und der Kyriosverehrung, so faßte er auch schon die Gnosis ins Auge, und die heutige Diskussion des Problems einer vorchristlichen Gnosis empfing daraus einen wesentlichen Anstoß." Bezeichnend ist, daß dabei das Judentum völlig übergangen werden kann. BULTMANN hat sich religionsgeschichtlich auf der ganzen Linie geirrt, zumal er die Ansätze BOUSSETS, der die jüdischen Quellen noch besser kannte, allzu einseitig weiterführte. Dazu s. jetzt M. HENGEL, Die Gnosis und das Urchristentum, in: FS Peter Stuhlmacher zum 65. Geburtstag, hg. v. J. Ådna u.a., Göttingen 1997, 190–223. Im selben Jahr 1964, als Bultmann dieses Vorwort schrieb, begann ich mit der Arbeit an „Judentum und Hellenismus" und schrieb damals an den Rand des Nachdrucks: „Wenn eine historische Auffassung Allgemeingut geworden ist und nicht immer wieder neu kritisch an den Quellen überprüft wird, wird sie zur sterilen Scholastik".

weder in Damaskus noch in Antiochien mächtig, als Paulus dort seine missionarische Arbeit aufnahm. Selbst die nach Bousset „universale, aus Juden und Hellenen bestehende Religionsgemeinde von Antiochia", die „ohne Paulus entstanden ist",[1765] ist in ihrem ersten Jahrzehnt noch nicht im eigentlichen Sinne „heidenchristlich", wie sowohl die Darstellung des Lukas Apg 11,19ff; 13,1ff; 15,1ff als auch die des Paulus Gal 2,11ff erkennen lassen. Eine *wirklich* „heidenchristlich" geprägte Gemeinde wäre doch wohl mit Paulus und gegen Petrus zur Tagesordnung übergegangen und hätte die „judenchristlichen Separatisten" hinausgeworfen. Das Gegenteil ist der Fall. Dies müßte umso mehr dann gelten, wenn – wie Bousset und seine Nachahmer über Bultmann bis Schmithals vermuteten – massive pagane Einflüsse etwa der hellenistisch-orientalischen Mysterien oder einer „orientalischen Gnosis" die Christologie als das Herzstück der neuen Lehre, die Geistauffassung sowie ihren Kult mit den Sakramenten geformt hätten. Hier gilt erst recht das bereits schon im Zusammenhang mit Tarsus und seinem Stadtgott Sandon/Herakles wie auch oben zur religiösen Situation in Antiochien Gesagte.

Bultmanns grundlegende Ausführungen zur synkretistischen Gestalt der frühen Christologie der „hellenistischen" Gemeinde lassen sich in keiner Weise an den religionsgeschichtlichen Quellen für die 1. Hälfte des 1. Jh.s in Syrien verifizieren. Diese sprechen vielmehr gegen sie. U. a. beruft er sich auf die „Vorstellung von Sohnesgottheiten, denen kultische Verehrung galt, und denen soteriologische Bedeutung zugeschrieben wurde", die als „in Mysterien verehrte Gottheiten ... menschliches Todesschicksal erlitten, aus dem Tode aber wieder erstanden seien", und deren „Schicksal ... nach dem Sterben ihrer Verehrer das Heil begründet", wenn diese „in der Mysterienweihe den Tod und die Wiedererstehung der Gottheit miterleben". Mit diesen „Gestalten, in denen alte Vegetationsgottheiten weiterleben", sei „die Erlösergestalt verwandt ...", insofern in ihr jene Paradoxie der Menschwerdung einer göttlichen Gestalt und ihres menschlichen Schicksals besonders ausgeprägt ist".[1766]

[1765] Kyrios Christos, 76.

[1766] So dargestellt in der „Theologie des Neuen Testaments", 132f, vgl. 134f zur „Sohnesgottheit des gnostischen Mythos", 142 zum Verständnis der Taufe „nach Analogie der Initiationssakramente der Mysterienreligionen, deren Sinn der ist, dem Mysten teilzugeben am Schicksal der Kultgottheit, die den Tod erlitten hat und wieder zum Leben erwacht ist – wie Attis, Adonis und Osiris". Zur Abwegigkeit dieser angeblichen Analogie siehe G. WAGNER, Das religionsgeschichtliche Problem von Römer 6,1–11; AThANT 39, 1962 und A.I.M. WEDDERBURN, Baptism and Resurrection, WUNT 44, 1987, s. die Indices 481 zu Adonis und Attis und S. 488 zu Osiris und die Zusammenfassungen S. 158–163, der u. a. auf die Beobachtung von A. D. NOCK verweist, daß das NT als Ganzes, vor allem aber Paulus selbst, typische Mysteriensprache und überhaupt das Vokabular „hellenistischer" Religiosität weitgehend vermeidet, s. A.D. NOCK, The Vocabulary of the New Testament, JBL 52 (1933), 131–139 (132–4) = Essays I, 341–7 (342f); s. auch DERS., Hellenistic Mysteries and Christian Sacraments, in: Mnemosyne 4. Ser 5 (1982), 177–213 = Essays II, 791–820; weiter W. BURKERT, Mysterien, 10f.53ff.65.84f s. auch Index s.v. Christentum. Nach BULTMANN, Theologie, 144 soll die Mysteriendeutung noch zusätzlich durch die „gnostische Denkweise" von der Eingliederung in das σῶμα Χριστοῦ ergänzt worden sein. Völlig phantastisch werden seine Vermu-

Aber nichts dergleichen ist der Fall. Weder hat unmittelbar nach Ostern – nach Ort und Zeit wird bei dieser Art von „historisch-kritischer" Arbeit nicht mehr gefragt – eine pagane Verfremdung des neuen Glaubens stattgefunden, noch hat sich der ehemals gesetzesstrenge Pharisäer Paulus einer solchen ungehemmt in die Arme geworfen.

Mit Nachdruck muß demgegenüber festgehalten werden, daß alle Bausteine der paulinischen Theologie, wenn sie nicht vom Apostel selbst geformt wurden – und ihr Anteil darf nicht unterschätzt werden –, aus älterer judenchristlicher und überhaupt aus der überaus reichen *jüdischen* Tradition seiner Zeit stammen. Soweit sie griechischen oder ‚orientalischen' Ursprungs sind, wurden sie durch das – vielseitige – zeitgenössische Judentum vermittelt. Dies gilt darüber hinaus im Grunde genommen so für das ganze Urchristentum.

Die seit rund 100 Jahren immer wieder neu versuchte Hervorhebung der Rolle einer ganz frühen „heidenchristlichen" Gemeinde ist ein Irrweg, bei welchem häufig auch antijüdische Untertöne anklingen. Man kann nicht mehr einfach Bousset nachsprechen, wenn er behauptet, daß dort „wo der Apostel sich auf die Tradition beruft, ... es eben ... nicht die Tradition von Jerusalem, sondern zunächst die der *heidenchristlichen* Gemeinde von Antiochia" ist und „erst indirekt die der jerusalemischen Gemeinde".[1767] Denn weder ist die Gemeinde in Antiochien zu der Zeit, als Paulus dort wirkte, d. h. etwa – mit großen Unterbrechungen – zwischen 40 und 48/49 n. Chr. – eine im strengen Sinne „heidenchristliche" – so kann man sie eindeutig erst nach 100 n. Chr. unter ihrem ersten uns bekannten Bischof Ignatius nennen (und selbst da waren die „judaisierenden Neigungen" in der Gemeinde noch recht kräf-

---

tungen, wenn er im Anschluß an die Konfusionen R. REITZENSTEINS (Die hellenistischen Mysterienreligionen, 1927³, 108f.145f) behauptet, „die gnostische Bewegung" habe – *vorchristlich* – „auch jüdische Kreise in ihren Bereich gezogen" und „in Vorderasien manche lokalen Kulte erfaßt" und sei „– in der Form von Mysteriengemeinden – mit ihnen in einem synkretistischen Prozeß verschmolzen, in dem z.B. der Erlöser mit dem phrygischen Mysteriengott Attis identifiziert wurde. In solcher Weise ist die Bewegung auch in die christlichen Gemeinden eingedrungen". Op. cit., 171f vgl. 297f, besonders 298 zu Phil 2,6–11: „Daß sich jener Mysteriengedanke [vom Tode einer Mysteriengottheit] mit dem gnostischen Mythos leicht verband in gnostischen Gemeinden, die als Mysteriengemeinden organisiert waren, und in denen etwa die Gestalt des gnostischen Erlösers mit dem Mysteriengott Attis zusammengeflossen war, ist einleuchtend, und *jedenfalls liegt solche Kombination bei Paulus vor*." (Hervorhebung M. H./A. M. S.)

[1767] Kyrios Christos, 76; Hervorhebung M. H./A. M. S. Auch E. KÄSEMANNS mit leidenschaftlichem Pathos geschriebene „Kritische Analyse von Phil 2,5–11, ZThK 47 (1956), 313–360 = Exegetische Versuche und Besinnungen I, Göttingen 1960, 51–95" beruft sich auf den „Hellenismus", die „Mysterien" und den gnostischen Urmenschenmythos als Hintergrund, korrigiert aber S. 84 aufgrund von Phil 2,10 mit dem Zitat von Jes 45,23 LXX „Boussets These ..., daß Christus Kyrios in Analogie zu den hellenistischen Kultheroen und als Haupt der christlichen Kultgemeinde heiße." Vielmehr werde deutlich, „daß die christliche Gemeinde dem aus ihrer hellenistischen Umwelt entnommenen Titel schon in *vor*paulinischer Zeit (Hervorhebung M. H./A. M. S.) unter LXX-Einfluß einen Inhalt gab, der Christus aus der Analogie zu den Kultheroen heraushob" (84). Hier wird – auf halbherzige Weise – Richtiges gesehen. S. schon o. Anm. 1757.

tig)¹⁷⁶⁸ –, noch hat Paulus die für ihn wesentlichen Traditionen erst in Antiochien empfangen. Sein Weg führte ihn, wie wir gesehen haben, von Jerusalem, wo er die erste – unerfreuliche – Bekanntschaft mit der neuen messianischen Sekte machte, auf dem Umweg einer langen Wanderschaft von ca. 6–7 Jahren über Damaskus, Arabien, wieder Damaskus und ganz kurz Jerusalem, Tarsus und Kilikien nach der syrischen Hauptstadt. Die wesentlichen Grundlagen seines Glaubens hat er dorthin mitgebracht und in den Jahren danach das „antiochenische Credo" sicher stärker mitgestaltet, als daß er sich von diesem (von dem wir herzlich wenig wissen) prägen ließ.

An diesem Punkt sollten wir wirklich dem Paulus, der sein Evangelium δι' ἀποκαλύψεως Ἰησοῦ Χριστοῦ empfing, von Jerusalem ausging und in (ganz) Syrien und Kilikien wirkte, mehr Glauben schenken als falschen Schlüssen, die man diesmal – weil es so besser paßt – vor allem aus Lukas zieht.

Bousset hat – im Gegensatz zu Bultmann, der derartige „bruta facta" verachtete – wenigstens das chronologische Problem gesehen: „Es ist ein merkwürdiges Schauspiel *einer überaus raschen Entwicklung*. Hüllen und Kleider, die eben erst um die Gestalt Jesu gewoben waren, werden wieder abgetan, und neue Hüllen und Kleider werden gewoben".¹⁷⁶⁹

Das ist wahr und falsch zugleich. Am Anfang stand nicht nur eine „überaus rasche Entwicklung", sondern eine *„Explosion"*: Ihr verdanken wir die Christologie, die eine Folge des messianischen Anspruchs Jesu, seiner Kreuzigung als Messiasprätendent *und* der Erscheinungen des Auferstandenen ist. Wer zur Rechten Gottes auf dessen Merkaba-Thron erhöht ist, der konnte aufgrund von Ps 110,1 auch im „Kult", etwa der Mahlfeier, als „Herr" angerufen werden. Vor wenigen Jahren, ja Monaten, war er ja als der irdische Herr und Meister in Galiläa und Jerusalem noch sichtbarer und greifbarer „Gastgeber" bei den Mahlfeiern mit den Jüngern gewesen. Diese Anrufung war in Jerusalem von Anfang an genau so möglich gewesen wie in Damaskus, Cäsarea, Antiochien

---

[1768] Von der Zwischenzeit zwischen 50 und 100 wissen wir nichts. Vgl. die ignatianische Polemik gegen den Ἰουδαϊσμός zugunsten des Χριστιανισμός Ign. Mg 8,1; 10,3; Phd 6,1, die einen ganz anderen Charakter besitzt als die des Paulus in Gal 2,11ff; s. auch die Polemik gegen das ἰουδαΐζειν Mg 8,1 und das σαββατίζειν Mg 9,1. Diese Mahnungen richten sich an kleinasiatische Gemeinden, gehen aber auf Erfahrungen in Antiochien zurück. S. dazu auch B. WANDER, Das Umfeld der Diasporasynagogen. Ein Beitrag zu den „Gottesfürchtigen und Sympathisanten", theol. Habil. Heidelberg 1996, 237–245 (Abschnitt VIII 2: „Das Problem der ‚Judaisierenden' und der Hintergrund von Gal 2,14" erscheint in WUNT). Aber auch im 2. Jh. setzt sich judenchristliche Überlieferung in Antiochien fort. Das gilt für angehende Gnostiker wie den Samaritaner Menander um 100 und Satornil um 120, ja noch für den Apologeten und Bischof Theophilos am Ende des 2. Jh.s, s. R. GRANT, Jewish Christianity at Antioch in the Second Century (1932), in: DERS., Christian Beginnings: Apocalypse to History. Various Reprints, London 1983, XVIII (97–108); zu Theophilos s. seine Edition: Theophilus of Antioch Ad Autolycum. Text and Translation, OECT 1970, XVII und DERS., The Problem of Theophilus, HTR 43 (1950), 179–196 (188ff) = Christian Beginnings ... XXI: „It is surprising to find in the See of Antioch towards the end of the second century a man who represents so much of what Ignatius had attacked seventy years earlier" (193).

[1769] Kyrios Christos, 77 (Hervorhebung M.H./A.M.S.).

oder Rom – auf Hebräisch, Aramäisch oder Griechisch. Lukas hat hier ein gutes Gespür, wenn er den sterbenden Protomärtyrer Stephanus, der den erhöhten „Menschensohn"[1770] zur Rechten Gottes stehen sieht, diesen mit den Worten anrufen läßt: *„Herr* Jesus, nimm meinen Geist auf!"[1771] Es ist uns unverständlich, wie Bousset gegenüber der berechtigten Kritik Wernles behaupten konnte, daß in Ps 110,1 „der Titel Adoni ... noch ausgesprochen profanen und keinen religiösen Charakter (habe)"[1772]: der Throngenosse zur Rechten Gottes ist keine areligiöse, profane Gestalt mehr! Darüber hinaus zeigt das damals allgemein verbreitete Qere κύριος für das Tetragramm bei der Verlesung der LXX, daß auch im Hebräischen schon ᵃdonaj für JHWH gelesen wurde. Wenn heidnische Sympathisanten in Syrien die Gottesbezeichnung κύριος hörten, dachten sie vor allen anderen Göttern an den *einen* Gott Israels. *Allein mit ihm* wird Jesus durch die Übertragung des Kyriostitels aufs engste, *untrennbar* verbunden.[1773] Das erste Gebot galt für Paulus und die antiochenische Gemeinde nicht weniger als für die Synagoge. Das Bekenntnis 1. Kor 8,6 wächst ja aus dem täglichen Bekenntnis zu dem *einen* Gott Israels, aus dem Shᵉmaʿ Jiṣraʾel, heraus (s. o. Anm. 1731).

Das Besondere des Kyrios-Titels war, daß er *sowohl* auf den zur Rechten Gottes erhöhten, mit diesem untrennbar verbundenen kommenden Herrn und Weltenrichter *wie* auf den irdischen Herrn, der noch ganz unmittelbar und intensiv im Gedächtnis gegenwärtig war, bezogen werden konnte. Wer aber Gottes endzeitliche Offenbarung in Gericht und Heil in noch ganz naher, ja fast gegenwärtiger Vergangenheit verkündigt und durch Tod und Auferstehung besiegelt hatte und diese in nächster Zukunft vollenden würde, bei dem *mußte* sich die Frage stellen, ob er nicht wie Gottes Weisheit, die Tora oder der Name des Messias von Uranfang mit Gott vereint war. Die Erhöhungschristologie zog mit innerer Konsequenz die Frage nach der *Präexistenz* des Sohnes nach sich.[1774] Über all das wurde in der Urgemeinde in den ersten Jahren nach dem Todespassa in geistgewirktem ‚Enthusiasmus' intensiv nachgedacht, in den Schriften geforscht und in den Gemeindeversammlungen, aber auch mit Gegnern aus dem eigenen Volk – und diese waren in der Mehrzahl – diskutiert.

[1770] Nur Apg 7,56 wird Jesus außerhalb der Evangelien und nicht von einem Jünger ὁ υἱὸς τοῦ ἀνθρώπου genannt. Lukas wußte noch um den „altertümlichen" Charakter dieser (Selbst)-Bezeichnung Jesu.

[1771] Dahinter steht die Gebetsformel Ps 31 (LXX 30),6; vgl. Lk 23,46 und BILL. II, 269.

[1772] Kyrios Christos, 78 Anm. 7; nᵉʾum JHWH laʾdonî ...; LXX: Εἶπεν ὁ κύριος τῷ κυρίῳ μου!

[1773] Siehe dazu M. HENGEL, »Setze dich zu meiner Rechten!«, 108–194.121ff; zum Qᵉre „Kyrios" s. 137 Anm. 81, s. auch oben S. 199.

[1774] Dazu G. SCHIMANOWSKI, Weisheit (Anm. 692). Vgl. dazu Ps 110,3 (LXX 109,3) und dazu J. SCHAPER, Eschatology in the Greek Psalter, WUNT II/76, Tübingen 1995, 101–107.129.140f.162f; vgl. 93–96 zu Ps 72 (LXX 71,17) zur Kirchengeschichte 169–173. Siehe auch Dan 7,13 in der LXX–Version, dazu M. HENGEL, »Setze dich zu meiner Rechten!«, 129f und dazu W. BOUSSET/H. GRESSMANN, Die Religion des Judentums im späthellenistischen Zeitalter, ³1926, 264. S. schon o. S. 170.

M. a. W. als ca. 36 n. Chr. Paulus nach Tarsus und wohl wenig später die „Hellenisten" nach Antiochien kamen, waren die Grundgedanken der Christologie schon ausformuliert und Teil der Verkündigung – auch als Grundlage des paulinischen Evangeliums.

Weisen Anrede und Titel „Herr" bereits nach Jerusalem zurück, so kann dies auch durchaus für die Präexistenzvorstellung und Schöpfungsmittlerschaft gelten, die Paulus in seinen Briefen bereits als selbstverständlich voraussetzt.[1775]

Noch ein weiterer Punkt, auf den Becker hinweist, ist zu bedenken. Becker sieht die einzigartige Bedeutung Antiochiens darin, daß „diese Gemeinde sich aus der Synagoge löste und eine allein auf Christus gegründete, gesetzesfreie Gemeinschaft bildete", weil sie „die bis dahin unbestrittene ... Auffassung des christlichen Glaubens als innerjüdischer Gruppe preisgab und das Christentum als ein der Qualität nach Neues ... begriff."[1776] So kann man vielleicht mit einem groben Raster, von hoher Warte aus, auf ein Geschehen vor fast 2000 Jahren zurückblickend urteilen, aber selbst dann ist das Urteil noch schief, weil es nicht der historischen Wirklichkeit damals entspricht. Die Gemeinde in Antiochien zwischen ihrer Gründung und dem Apostelkonzil hat sich ganz gewiß nicht so verstanden. Man dachte noch nicht an ein „Christentum" als eine ganz neue (Welt-)Religion, man sprach auch noch nicht vom „dritten Geschlecht" oder „Volk", das begegnet uns erst bei den Apologeten des 2. und 3. Jh.s.[1777] Hier wird der grundlegende eschatologisch-messianische Charakter dieser (nach wie vor) *jüdischen* Gruppe übersehen, die sich selbst als das eigentliche, von Gott erwählte, geistliche „Israel Gottes",[1778] das wahre, glaubende Israeliten und Heiden umfassende endzeitliche messianische Gottesvolk versteht, in dem sich die alten Zusagen an die Erzväter und an die Profeten erfüllen. Durch Christi Tod und Auferstehung ist die Verheißung vom Zugang der Völker zum endzeitlichen Heil Wirklichkeit geworden, auch sie können jetzt im Glauben an die Heilstat Christi ohne äußere Hindernisse ein Teil dieses neuen Gottesvolks aus Juden und Heiden werden. Beruhte das Heil Israels auf Gottes Treue zu seinen Verheißungen, die sich in Christus erfüllen, so das der Völker auf Gottes Barmherzigkeit.[1779] Der Begriff ἐκκλησία θεοῦ als Bezeichnung für diese endzeitliche Heilsgemeinde knüpfte dabei bewußt an die qᵉhal JHWH des Pentateuchs an. Man hat sich auch nicht einfach von selbst „aus der Synagoge gelöst", sondern wurde eher hinausgedrängt, davon zeugen die Narben von 5 mal 39 Schlägen auf dem Rücken des Paulus. „Insofern ich Heidenapostel bin, preise ich meinen Dienst, (insofern) als ich vielleicht meine Stammesverwandten eifersüchtig mache und einige von ihnen retten kann ...".

[1775] Phil 2,6–11; Röm 8,3; Gal 4,4; 1. Kor 8,6; 10,1ff. Vgl. Kol 1,15–20.
[1776] S. o. Anm. 1754.
[1777] Erstmals Ker.Petr. fr. 2d bei Clem. Alex., strom 6,5,41; vgl. Diog 5,1–10; s. dazu W. KINZIG, Novitas Christiana, FKD 58, 1994, 142–186. S. auch die τρία γένη ἀνθρώπων ἐν τῷδε τῷ κόσμῳ bei Aristides, apol 2,1.
[1778] Gal 6,16 vgl. 4,21–31; Röm 2,25–3,3; 9–11; 2. Kor 3,12–17.
[1779] Röm 15,8 vgl. 11,29–32.

Dieses Bekenntnis Röm 11,14 gilt für den Apostel seit seiner syrischen Zeit. Weil er glaubte, das wahre endzeitliche Israel aus Juden und Heiden zu vertreten, wobei sich letztere vor allem aus „Gottesfürchtigen" rekrutierten, hat er auch später trotz ständigen Mißerfolgs die Synagogen immer wieder erneut aufgesucht. Darüberhinaus war die ‚Synagoge' kein fest organisierter Verband, aus dem man „austrat"; es war immer möglich, relativ selbständige „Sondersynagogen" zu gründen. Es gab ja noch keine oberste jüdische „Glaubensbehörde", die *in der Diaspora* jemanden mit dem Bann belegen und generell aus der gottesdienstlichen Gemeinschaft ausschließen konnte. Gewaltsam gegen Unruhestifter konnten nur die einzelnen Orts- bzw. Synagogengemeinden vorgehen. Von Jerusalem aus konnte man dagegen bestenfalls Briefe schreiben und warnen. Nach Apg 28,21 hatten aber selbst die römischen Juden nichts derartiges aus Jerusalem empfangen. Schließlich und endlich war diese *allmähliche*, schrittweise, unter Schmerzen vollzogene „Verselbständigung" ein langwieriger Prozeß, der in Antiochien zwar durch die besondere Großstadtsituation ein eigenes Gepräge erhielt, aber er war, als die „Hellenisten" ca. 36/37 in Antiochien zu wirken begannen, schon im Gange. Er begann im Grunde bereits mit den Verfolgungen in Jerusalem. Auch werden nicht nur Paulus nach seiner Bekehrung, sondern im Grunde bereits ein Petrus und Johannes ihr *Heil* „allein auf Christus gegründet" haben, und statt „gesetzesfrei" sollte sollte man besser „gesetzeskritisch" sagen, da das ganze Urchristentum alles andere als „antinomistisch" war. Die zehn Gebote und das Liebesgebot blieben ungebrochen in Geltung, ja sie wurden eher verschärft und gegen Gesetzesbrecher konnte gerade Paulus sehr schroff vorgehen. Nur war für ihn die Erfüllung des Gotteswillen nicht selbst zu leistende Bedingung, sondern Gabe, „Frucht des Geistes".[1780] Es war alles komplizierter als wir es uns in den Fußstapfen von F. C. Baur gut protestantisch – aber historisch gesehen doch letztlich unkritisch – vorstellen.

Es besteht somit kein Anlaß zu jenem „Pan-Antiochenismus", der heute wieder (oder noch?) durch die Literatur geistert. Gerade die entscheidenden christologischen Entwicklungen geschahen bereits vor jener Zeit, als die neue jüdisch-messianische „Sekte" ca. 36/37(?) in Antiochien festen Fuß faßte, und sich dort allmählich eine eigenständige Gemeinde herausbildete, die nach einiger Zeit mehr aus ehemals heidnischen Gottesfürchtigen und Sympathisanten und z. T. dann auch aus wirklichen „Griechen" bestand als aus Judenchristen. Diese letzte Entwicklung geschah – nicht ohne kräftige Mithilfe des Paulus – wohl erst während der vierziger Jahre.

Wir haben daher keinen Grund, die dortige *Gemeinde* in den ersten ca. 10 Jahren ihrer Existenz als theologisch wesentlich „kreativer" zu betrachten als die übrigen Gemeinden in Jerusalem, Judäa, Syrien oder Kilikien. Über alle Maßen „kreativ" waren die „explosionsartigen" Auswirkungen des Urgesche-

---

[1780] Gal 5,22; vgl. Röm 8,4.13. Gal 5,18 etc.

hens am Anfang und theologisch „kreativ" waren *einzelne Vertreter*, allen voran Paulus selbst, aber auch Barnabas u. a., aber das waren sie auch schon, bevor sie nach Antiochien kamen.[1781]

[1781] Ein abschreckendes Beispiel des „Pan-Antiochenismus" bietet K. BERGER in seiner Theologiegeschichte des Urchristentums, Tübingen/Basel 1994, in welcher mehr als die Hälfte des Werkes, nämlich Teil V–XI (S. 178–422) und Teil XV–XVI (S. 580–693) unter dem Stichwort „Antiochien" stehen (in der 2. überarb. Auflage 1995 umfaßt Teil V–XI: S. 200–460; XV–XVI: 628–728; außerdem ist auch Teil XVII: 730–752 Antiochien gewidmet). „Antiochenisch" bestimmt sind nach BERGER die Paulinen und Deuteropaulinen, das Corpus Johanneum und die Synoptiker. Lediglich Jakobus und sein Brief, Simon Magus und das samaritanische Christentum und die römischen Christen vor dem Römerbrief des Paulus (inklusive des Hirten des Hermas) wurden unter das Stichwort „Abseits von Antiochien" gestellt. Historisch begründet wird diese aparte (und zugleich nicht nur chronologisch chaotische) Zusammenstellung kaum. Man merkt, daß das gelehrte Werk mit glühend heißer Nadel gestrickt wurde. Die hymnische Besprechung von Kurt FLASCH „Klaus Bergers wahre Geschichte des urchristlichen Denkens" in der Literaturbeilage der FAZ L. 24, Nr. 230 vom 4. 10. 1994: „ein großer Wurf, der sich in Anspruch und Ausführung neben Harnack und Bultmann stellt", kann ich mir nur dadurch erklären, daß der Rezensent das Buch nicht wirklich gelesen, sondern zumindest streckenweise nur überflogen und darüberhinaus vergessen hat, was und wie HARNACK und BULTMANN schrieben.
Auf die Hellenisten und dann vor allem auf Antiochien konzentriert ist die Untersuchung von E. RAU, Von Jesus zu Paulus. Entwicklung und Rezeption der antiochenischen Theologie im Urchristentum, Stuttgart etc. 1994. – Aber was wissen wir wirklich über „die *antiochenische* Theologie"? Ganz eigene Wege geht W. SCHMITHALS, Theologiegeschichte des Urchristentums. Eine problemgeschichtliche Darstellung, Stuttgart etc. 1994, s. Index 331 s.v. „Antiochien; antiochenische Theologie". Er vermutet S. 76f eine „antiochenische theologia passionis", die Paulus übernommen habe (80). S. 94ff beschreibt er dann die „antiochenische Adoptionschristologie" (Röm 1,3f) und anschließend 96–105 die „antiochenische Soteriologie" (Einfluß von Jes 53, die freilich noch auf den „palästinischen Bereich" zurückgehe). Im Gegensatz zu 2. Kor 5,21, mit der an der Inkarnation orientierten „damaszenischen" Formel, habe sich diese antiochenische Soteriologie „an Jesu Tod orientiert", vgl. Röm 4,24b.25; 3,25; 1. Kor 15,3–5; 1. Kor 11,23–25. Zunächst von einem streng antinomistischen universalistischen „damaszenischen" Christentum herkommend, das selbst wieder gnostisch beeinflußt war, habe er später „die Auffassung des hellenistischen Judenchristentums ‚antiochenischer' Prägung" zu seiner „Soteriologie des Kreuzes" fortgebildet (116f, vgl. 90ff.139.146). Auch ein ursprünglich damaszenisches und ein davon abhängiges antiochenisches „Taufverständnis" wird unterschieden, letzteres werde 1. Kor 6,11 sichtbar (189f). In DERS., Paulus und Jakobus, FRLANT 85, 1965, 23f möchte er auch noch die Steinigung des Stephanus nach Antiochien, „die Heimat der Gesetzesfreiheit", verlegen. Später ist er hier etwas zurückhaltender, s. Die Apostelgeschichte, 66; Theologiegeschichte, 85: Auf keinen Fall habe sie jedoch in Judäa stattgefunden und sei von Lukas nach Jerusalem transportiert worden. Theologiegeschichte, 94 vermutet er schließlich, „die Propheten Judas und Silas", die Lukas ebenfalls nach Jerusalem versetzt, seien „in Antiochien zu Hause" und hätten mit den fünf Propheten und Lehrern 13,2 „ein antiochenisches Leitungsgremium von sieben Mitgliedern" gebildet, analog zu den „sieben ‚Diakonen' des Stephanus". So sei „die antiochenische Gemeinde ... Muttergemeinde des hellenistischen Christentums", das sich bis 70 n. Chr. „im Verband der Synagoge organisierte", und entsprechend sei das von ihr abhängige „hellenistische Judenchristentum" als „die mit Abstand stärkste Fraktion des Christentums überhaupt als „antiochenisch" (zu) bezeichnen".

8.3.2.1 Antiochenische Formeln und Traditionen bei Paulus?

J. Becker betont am Ende seines Abschnitts „Die Bedeutung der antiochenischen Gemeinde für die Christenheit", daß „zur Beschreibung antiochenischer Theologie" nur „begründete Vermutungen möglich (sind), jedoch nicht mehr".[1782] Wir möchten noch einen Schritt weitergehen: Was wir über *„antiochenische* Theologie" zu wissen glauben, ist durchweg *„paulinische* Theologie", die natürlich ältere Traditionen, welche Paulus von Dritten erhielt, verarbeitet haben kann. Daß Paulus dabei bestimmte Theologumena erst in Antiochien übernahm, können wir nur vermuten und sollten es daher begründen. Wo er selbst (oder andere) die vieldiskutierten formelhaften Traditionsstücke, die in seinen Briefen auftauchen, gebildet hat, müßte für jeden Einzelfall geprüft werden, läßt sich aber häufig nicht nachweisen. Es ist daher fast schon zu viel gesagt, wenn Becker generell von „begründeten Vermutungen" spricht. Die Möglichkeit der Begründung bleibt die Ausnahme.

Besonders deutlich wird das Problem bei den relativ zahlreichen nicht typisch paulinischen festen Wendungen im *Römerbrief*, die sich z.T. von denen anderer Briefe wesentlich unterscheiden und bei denen man darum auch annehmen kann, daß Paulus wußte, daß sie in Rom geschätzt oder zumindest verstanden wurden. Der Brief setzt voraus, daß Paulus über die Verhältnisse in Rom und die Vorbehalte, die man dort gegen ihn hatte, verhältnismäßig genau unterrichtet war, wie er auch die Situation in Jerusalem kennt (Röm 15,30−32). Aus Röm 16,3 kann man erschließen, daß Paulus von dem aus Ephesus nach Rom zurückgekehrten Ehepaar Priska und Aquila darüber in Kenntnis gesetzt worden war, zumal er ja schon lange dorthin reisen wollte.[1783] Die Vermutung von A. Suhl und R. Riesner, daß Paulus schon auf der sogenannten 2. Reise 49 n. Chr. vorhatte, auf dem Landweg über Mazedonien nach Rom zu kommen, aber durch das Claudiusedikt davon abgehalten wurde,[1784] ist sehr bedenkenswert. Vielleicht wollte er zunächst rascher nach Rom und dann nach Spanien, an die „Grenzen der Erde", kommen, als es ihm in Wirklichkeit möglich war, weil er glaubte, damit das Kommen des Herrn zu beschleunigen. Das Zusammentreffen mit Priska und Aquila, die eben aus Rom vertrieben worden waren, in Korinth, und die enge Mitarbeiter und Freunde wurden, war darum eine ganz besondere Fügung. Nach den 18 Monaten in Korinth begleiteten sie ihn nach Ephesus und bereiteten dort seinen längeren ca. dreijährigen Aufenthalt vor.[1785] Da aber die römische Gemeinde wahrscheinlich von Jerusalem und nicht von Antiochien (das Paulus in Röm mit keinem Wort erwähnt − Jerusalem dagegen in Röm 15 viermal) gegründet wurde, kann man die von

---

[1782] BECKER, Paulus, 119.
[1783] Röm 1,9−13; 15,22ff; vgl. Apg 19,21; 23,11. Zu antiochenischer Tradition im Römerbrief s. A. DAUER, Paulus, 78−91.219−232 Anm. 9−88. S. auch o. S. 390.
[1784] Paulus und seine Briefe, 1975, 95f.326f; R. RIESNER, Frühzeit, 262f; vgl. Apg 18,2; Röm 15,22; 1,13.
[1785] Apg 18,2.18.26; 1. Kor 16,19. Zum Aufenthalt in Rom s. Röm 16,3 und später 2. Tim 4,19.

Paulus verwendeten Formeln, mit denen er an Glaube und Verkündigung der römischen Christen anknüpfen will, wohl kaum für *typisch* antiochenisch ansehen. Die gemeinsame Basis weist eher auf die „Hellenisten" in Jerusalem und die von ihnen gegründeten Gemeinden in den hellenistischen Städten Palästinas und Phöniziens, etwa Caesarea als Haupthafen Judäas für die Verbindung nach Rom, zurück. Von einer von Paulus unabhängigen Verbindung zwischen Antiochien und Rom hören wir nichts. Das gilt für die Grundformel von Röm 1,3f; für 4,25; 6,3.6; 8,34[1786], weiter für Röm 3,25; 4,17, für die Äußerung zur Taufe Röm 6,3f, für die Sendungsformel 8,3f.11.32.34 u. a. m. Paulus wollte in Rom nicht nur verstanden werden, sondern auch Zustimmung finden, dazu mußte er auf die unbestritten gemeinsame Glaubensgrundlage hinweisen. Der ganze Brief zeigt darüber hinaus, wie sehr man in Rom über seine Person selbst (doch wohl von Jerusalem her) negativ „informiert" war, darum wird sein theologisches Testament, in dem er *sein* Evangelium entfaltet, zugleich zu einer eindrücklichen theologischen Apologie. Dies mag auf die akute Verschärfung der Situation auch in Jerusalem seit dem Zwischenfall in Antiochien hinweisen. Es besteht hier nirgenwo ein Grund, typisch „antiochenische" Theologie hineinzulesen. Im Gegenteil, Röm 15,14−31 betont die Verbindung wie auch die Befürchtungen des Apostels in bezug auf Jerusalem und mutet den Römern zu, diese zu verstehen und in Gebeten „mitzukämpfen", damit dort alles gut gehe. Sie wußten offenbar gut Bescheid. Wenn wir, wofür die altkirchliche Überlieferung spricht, davon ausgehen könnten, daß Petrus nach seiner Flucht aus Judäa 43 n. Chr. nach Rom ging, würden die Zusammenhänge noch deutlicher. Aber hier gewinnen wir keine Sicherheit. Der τύπος διδαχῆς, den die römischen Christen „im Gehorsam angenommen" haben, ja dem sie (von Gott) „übergeben wurden", ist weder die besondere „Lehrform" des Apostels noch Antiochiens, sondern jenes „grundlegende" Evangelium, das Paulus in 1. Kor 15,1 anspricht, das von allen 15,4ff genannten Missionaren verkündigt und in allen Gemeinden geglaubt wird (15,11), die Botschaft von dem für unsere Sünden gestorbenen Messias und Gottessohn Jesus, den Gott von dem Tode auferweckt hat und der durch den Glauben den Sünder gerecht macht.[1787]

Ähnliches gilt von den wichtigsten Traditionsaussagen im 1. Korintherbrief. Das *letzte denkwürdige Mahl Jesu* mit den Jüngern „in der Nacht, da er ausgeliefert wurde", ereignete sich in der Heiligen Stadt und die Erinnerung daran hat sich den Jüngern, allen voran Petrus, der ihn in dieser Nacht verleug-

---

[1786] S. dazu M. HENGEL, »Setze dich zu meiner Rechten!«, 122−129.134−143: Paulus spricht in den Briefen sonst nicht mehr vom Sitzen zur Rechten Gottes, vgl. dagegen Lukas, das in Rom entstandene Markusevangelium, den mit Rom in Verbindung stehenden Hebräerbrief, 1. Petr; 1. Clem 36,5.
[1787] Vgl. Gal 2,16, wo Petrus eingeschlossen wird, und den lukanischen Petrus Apg 15,9; 10,43; 11,17. Inhaltlich ist diese „Lehrform" Christologie und Soteriologie in einem s. U. WILCKENS, Römer II, 36f. Das passivum divinum Röm 6,17 παρεδόθητε drückt dabei den Geschenkcharakter des gerechtmachenden Glaubens aus.

nete, ins Herz gebrannt.[1788] Von dieser Überlieferung, die auf den „Herrn" selbst zurückgeht, mag Paulus schon als Verfolger ca. zwei bis drei Jahre nach dem Todes-Passah in Jerusalem gehört haben. Daß wir hier traditionsgeschichtlich auf „Urgestein" stoßen, ergibt sich daraus, daß das – petrinische – Markusevangelium im Grunde ganz ähnlich berichtet, auch wenn wir den Vorgang und den Wortlaut – entgegen dem eindrücklichen Versuch von J. Jeremias[1789] – nicht mehr genau rekonstruieren können. Das τοῦτο ποιεῖτε ... εἰς τὴν ἐμὴν ἀνάμνησιν (1. Kor 11,24) hat nichts mit den antiken Totengedächtnismahlen zu tun, und erst recht nicht mit einem Mysterienritus, sondern entspricht dem hebräischen l^ezikkarôn und muß vom alttestamentlich-jüdischen Begriff des gottesdienstlichen „Gedenkens" her verstanden werden. Es geht um die „lobpreisende Proklamation der großen Taten Gottes", wie sie uns schon in den Psalmen begegnet, wobei das „Gedenken" eng mit dem „Proklamieren" des heilschaffenden Todes Christi zusammenhängt,[1790] so 1. Kor 11,26: τὸν θάνατον τοῦ κυρίου καταγγέλλετε ἄχρι οὗ ἔλθῃ. Dieses Proklamieren „des Todes des Herrn" schließt – das zeigt der Kyrios-Titel – Auferstehung und Erhöhung, beide bilden eine Einheit, mit ein; es geschieht vor allem[1791] in Gebet und Lobpreis, d. h. etwa bei dem εὐλογεῖν über Brot und Wein,[1792] in dem das ein für allemal auf Golgatha gewirkte Heil in seiner für alle wirksamen Gegenwart bekannt und gepriesen wird. Lukas deutet dieses „Gedenken" im Lobpreis – es bezieht sich ja zunächst auf ein Geschehen, das für alle noch ganz unmittelbar lebensbestimmend vor Augen steht – durch das auf das „Brotbrechen in den Häusern" folgende μετελάμβανον τροφῆς ἐν ἀγαλλιάσει an, mit dem er den frühesten Mahlgottesdienst in Jerusalem Apg 2,46 schildert.[1793] Es geht hier beim Herrenmahl wie in 1. Kor 11,21 und 25 (μετὰ τὸ δειπνῆσαι) um ein wirkliches Sättigungsmahl, das durch den Brotritus eröffnet und den „Segensbecher" abgeschlossen wird. Auch die ἀγαλλίασις knüpft direkt an das Lob der Heilstaten Gottes in den Psalmen an.[1794] Daß bei dieser urchristlichen Mahlfeier die Bitte um die Gegenwart des erhöhten Herrn im Mahl unter Brot und Wein und der Ausblick auf sein nahes Kommen „in Herrlichkeit" auf

---

[1788] 1. Kor 11,23−25; vgl. Lk 22,15−20; Mk 14,22 = Mt 26,26−29. U. E. geht die Mk-Fassung auf die petrinische, die Lk-Fassung auf paulinische Tradition zurück.

[1789] Die Abendmahlsworte Jesu, Göttingen 1967⁴; s. dazu auch P. STUHLMACHER, Theologie I, 130−143; O. HOFIUS, Herrenmahl und Herrenmahlsparadosis, in: Paulusstudien, WUNT 81, 1989, 202−240, besonders 230ff. S. auch die Übersicht bei A. DAUER, Paulus, 93f.233−235 Anm. 209−226.

[1790] O. HOFIUS, Paulusstudien, 230−233.

[1791] Das καταγγέλλετε ist Indikativ, nicht Imperativ: In den Gebeten beim Mahl proklamieren sie öffentlich und für alle hörbar das Heilsgeschehen. Es ist noch keine Spur einer ‚Arkandisziplin' sichtbar.

[1792] Vgl. 10,15: τὸ ποτήριον τῆς εὐλογίας ὃ εὐλογοῦμεν, vgl. dazu HOFIUS, Paulusstudien, 234f.

[1793] Vgl. auch Apg 16,34, wo auf das gemeinsame Herrenmahl nach der Taufe des Kerkermeisters hingewiesen wird: παρέθηκεν τράπεζαν καὶ ἠγαλλιάσατο πανοικεὶ πεπιστευκὼς τῷ θεῷ. Zu den beiden Mahltypen im Urchristentum s. o. Anm. 1286.

[1794] M. HENGEL, Christuslied (Anm. 701), 365.387ff.

engste miteinander verbunden waren, kann bei diesen frühesten „geistgewirkten" Gottesdiensten keine Frage sein; es wäre völlig verkehrt, hier einen Gegensatz zwischen einem hellenistischen Kultkyrios und einem apokalyptischen Parusiekyrios in die Texte hineinlesen zu wollen (s. o. Anm. 809). Der Gebetsruf μαρὰν ἀθά (mārān ᵃᵉtā': unser Herr komm!), der unmittelbar mit dem τὸν θάνατον τοῦ κυρίου καταγγέλλετε ἄχρι οὗ ἔλθῃ zusammenhängt, kennt nur den *einen,* zur Rechten Gottes Erhöhten, im Mahl sich selbst schenkenden und bald in Herrlichkeit kommenden Herrn (zur ‚mystischen' Gemeinschaft mit dem Auferstandenen im Herrenmahl s. o. S. 310). Die paulinische Abendmahlspraxis weist so u. a. auch auf die Mahlfeier der Jerusalemer Urgemeinde zurück, die ja dort bei den Hellenisten schon in griechischer Sprache gefeiert wurde. Interessant ist, daß mit den von Paulus selbst noch in seinen heidenchristlichen Gemeinden überlieferten aramäischen Gebetsrufen „Maran atha" oder auch „Abba" sich die *Einheit* der endzeitlichen Christusgemeinde auch über die Sprach- und Provinzgrenzen hinweg manifestiert. Natürlich hat es in Antiochien eine bestimmte Form der Herrenmahlfeier gegeben, und Paulus *kann* die dort zwischen 40 und 48 n. Chr. übliche Form an seine heidenchristlichen Missionsgemeinden rund um die Ägäis weitergegeben haben, aber wir wissen weder, ob sich diese Form von derjenigen, welche er zuvor in Tarsus, in Damaskus oder gar mit Petrus (und seiner Familie) in Jerusalem feierte, wesentlich unterschied, noch, ob er in seinen späteren Missionsgemeinden rund um die Ägäis davon in einzelnen Punkten abgewichen ist. Die apostolische „Freiheit des Geistes" mag – gerade bei der Gottesdienstgestaltung – immer auch mit im Spiele gewesen sein. Tradition und Interpretation waren gerade in der Frühzeit untrennbar miteinander verbunden, dies ergibt sich aus den Unterschieden der paulinischen und markinischen Herrenmahlsüberlieferung. Am Anfang des neuen Glaubens stand kein liturgischer Zwang, wohl aber die dankbare Aufnahme bestimmter bewährter Traditionselemente, die auf die Person Jesu als des jetzt erhöhtem Herrn zurückverwiesen: so der Gebetsruf Abba, das Herrengebet[1795] und das in die Zukunft schauende Handeln und Reden Jesu beim letzten Mahl. Es verbinden sich bei Paulus in eigenartiger Weise Freiheit *und* Traditionsgebundenheit. Jene – entscheidenden – Punkte, in denen der Bericht des Markus 14,22–25 und der des Paulus 1. Kor 11,23–26 übereinstimmen, sind auf jeden Fall schon in der Feier der Urgemeinde vorauszusetzen, wobei Paulus z. T. ältere Züge erhalten hat, seine Missionspartner waren ja Jerusalemer, zunächst Barnabas, dann – selbst noch bei der Gründung der Gemeinde in Korinth, als er dort die Mahlfeier einführte – Silas/Silvanus.

Völlig abwegig sind die Vermutungen R. Bultmanns, der die spätere ganz formalisierte Fassung von Justins Apologie[1796] – nach 150 n. Chr. – für die

---

[1795] Abbaruf und Herrengebet gehören eng zusammen. Der Abbaruf war der Anfang des letzteren, vgl. Lk 11,2: Fast könnte man von einer Abbreviatur desselben sprechen.
[1796] 1, 66,3.

älteste erklären will, obwohl diese Mischform sowohl von Mk 14,22−24 (= Mt 26,26−28) wie von Paulus (1. Kor 11,25) und in ihrer theologischen Deutung von Joh 6,53−58 und Joh 1,14 abhängig ist.[1797]

Die andere gern mit Antiochien verbundene Formel, die vom Inhalt freilich bis auf die zuletzt genannte Person wieder ganz und gar palästinisch-jerusalemisch ist, finden wir 1. Kor 15,1−8.[1798] Vom Inhalt her hat sie mit Antiochien gar nichts zu tun. Es handelt sich vielmehr um Vorgänge in Jerusalem bzw. in Galiläa oder zumindest Judäa. Paulus als der – mit Abstand – letzte, der sich deutlich von den ἀπόστολοι πάντες (!) als Sonderfall absetzt, ist der einzige, der auch geographisch aus dem Rahmen fällt. Mit den meisten inhaltlichen Aussagen dieser Formel wurde er schon als Verfolger in Jerusalem konfrontiert. In Damaskus oder während jener 14 Tage bei Petrus wird er noch weitere ergänzende Informationen darüber erhalten haben. Das ἐξ ὧν οἱ πλείονες μένουσιν ἕως ἄρτι 15,6 zeigt, daß er neuere Informationen aus Jerusalem besitzt, d. h. mit der Gemeinde dort trotz aller Spannungen indirekt oder direkt in Verbindung stand. Und schließlich ist der gern und beharrlich unterschlagene Text 1. Kor 15,11 ein Pfeiler für die – letzte – Einheit der urchristlichen Heilsbotschaft zumindest während der ersten Generation, d. h. der eigentlichen „apostolischen" Zeit. Es gab gerade für Paulus trotz Gal 1,10ff nur *ein* Heils*geschehen* und darum nur *ein* Evangelium, d. h. eine Heils*botschaft*, weil es von Christus her nur *ein Heil* und entsprechend nur *eine* endzeitliche Heilsgemeinde als der *eine* Leib Christi[1799] geben kann. In diesen *einen* Leib Christi wurde man durch die *eine* Taufe „hineingetauft".[1800] Gerade weil Paulus ein so streitbarer Theologe war, ist 1. Kor 15,11 aus seiner Feder ein *ungeheuerlicher Satz*, den wir heute, wo sich so vieles in eitle Subjektivität und wirren Pluralismus (beides hängt zusammen) auflöst, neu bedenken sollten. Wo und wie die Grundformel 1. Kor 15,3−5 erstmals gebildet wurde, wissen wir nicht. Als Paulus sie ἐν πρώτοις den Korinthern um 50 n. Chr. beibrachte, war sein Partner der Jerusalemer Silas/Silvanus. Auch er wird sich voll und ganz hinter sie gestellt haben.

8.3.2.2 Zum Problem der paulinischen Tauftheologie

Läßt sich mit besseren Gründen die besondere Ausformung der *Tauftradition*, wie sie Paulus in Gal 3,26−28 anführt, auf seinen Aufenthalt in Antiochien

---

[1797] Theologie, 148. BULTMANN übersieht völlig, daß die Form der Apologie gegenüber Nichtchristen nur eine ganz knappe, aufs äußerste verkürzte Darstellung zuläßt (das gilt auch für die folgende Schilderung des Wortgottesdienstes 1,67), und daß es in keiner Weise auf „liturgische Korrektheit" ankommt. Kürzere Formen können auch sehr spät sein. Zum Einfluß des 4. Evangeliums auf Justin s. M. HENGEL, Johanneische Frage, 65.
[1798] S. die Literaturübersicht zu 1. Kor 15,3b−5 bei A. DAUER, Paulus, 94−97.235−242 Anm. 227−277.
[1799] 1. Kor 12,12ff. Vgl. 1. Kor 8,6 und das μία πίστις Eph 4,5.
[1800] Eph 4,5; 1. Kor 12,13.

zurückführen, und zitiert Paulus hier eine „*vor*paulinische antiochenische Taufformel"?[1801] Paulus beschreibt die Situation *aller* Glaubenden in Christus, nicht nur in Antiochien (und in den anderen von ihm auf seinen Missionsreisen in Arabien, Kilikien und Syrien gegründeten Gemeinden); eine Situation, die für ihn vor dem Konflikt, der durch die „eingedrungenen Falschbrüder" ausgelöst und dann beim „Apostelkonzil" in Jerusalem geklärt wurde, selbstverständlich war und durch die „Freiheit, die wir in Christus Jesus haben" (Gal 2,4), begründet ist. Sie erwies sich u. a. konkret darin, daß Heidenchristen nicht zur Beschneidung, ja zur Einhaltung des Ritualgesetzes überhaupt gezwungen werden dürfen (Gal 2,3), aber dennoch zwischen Juden- und Heidenchristen uneingeschränkte Mahlgemeinschaft besteht. Diese darf, so betont Paulus (Gal 2,11–14), auch nicht aus Rücksicht auf die die Reinheitsgebote und Speisegesetze beobachtenden, von Jakobus kommenden Judenchristen – nicht einmal zeitweise – aufgegeben werden, sie betrifft ja das gemeinsame *eine* Herrenmahl, das *Jesus* selbst in seiner letzten Nacht gestiftet hat, und das alle zu der „Gemeinschaft des Leibes Christi" zusammenschließt, denn „*ein* Brot, *ein* Leib sind wir die Vielen, denn alle haben wir an dem *einen* Brote Anteil".[1802] Der Bruch der eucharistischen Mahlgemeinschaft spaltete den *einen* Leib Christi. Letztlich wurde hier Christi Heilswerk durch die Forderung des Gesetzes in Frage gestellt. Denn die aus dem Verhalten des Petrus folgende Konsequenz führte zu dem Zwang, daß sich die Heiden beschneiden lassen müssen, damit die Gemeinde nicht gespalten wird, und das widerspricht der „Wahrheit des Evangeliums". Kommt das Heil aber nicht allein durch Christus, sondern scheint auch das Gesetz darüberhinaus noch in irgendeiner Weise heilsnotwendig oder auch nur heilsfördernd zu sein, etwa um der Einheit der Gemeinde bei der Eucharistie willen, dann ist „Christus umsonst, d. h. sinnlos, gestorben" (Gal 2,21). Doch die Rechtfertigung vor Gott kommt nicht „aus den Werken des Gesetzes", aus der vom Gesetz geforderten Beschneidung, den Reinheitsbestimmungen oder anderen Geboten, sondern allein aus dem von Gott geschenkten Glauben an Christus (Gal 2,16).[1803] Obwohl Paulus hier nicht ausdrücklich von der Taufe spricht, verwendet er in V. 19f Termini, wie das „Mitgekreuzigtwerden" mit Christus und das neue Leben im Glauben, die – wie Röm 6,6 nahelegt – traditionell auch mit der Taufe verbunden werden konnten. Doch darauf werden wir später zurückkommen.

[1801] Vgl. J. BECKER, Galater, 45f; DERS., Paulus, 110ff.260 u. ö.; U. SCHNELLE, Gerechtigkeit, 58f; U. MELL, Neue Schöpfung. Eine traditionsgeschichtliche und exegetische Studie zu einem soteriologischen Grundsatz paulinischer Theologie, BZNW 56, Berlin 1989, 308; STUHLMACHER, Theologie I, 220.353f (mit Fragezeichen).

[1802] 1. Kor 10,16. S. dazu HEON-WOOK PARK, Die Kirche als Leib Christi bei Paulus, Giessen/Basel 1992, 275–294 (299): „Indem die Mahlteilnehmer durch das Essen des Brotes Anteil an dem in den Tod gegebenen Leib Christi bekommen, werden die Vielen zusammengeschlossen zur Einheit des ekklesiologischen Leibes Christi."

[1803] Vgl. die Diskussion zum Beitrag von J. MCHUGH, Galatians 2:11–14: Was Peter Right?, in: Paulus und das antike Judentum, hg. v. M. Hengel/U. Heckel, WUNT 58, 1991, 328ff.

So grundsätzlich formuliert Paulus seine Rechtfertigungslehre in den erhaltenen Briefen zum ersten Mal in Gal 2, aber er selbst unterstreicht nachdrücklich, daß er dies damals so in *Antiochien* – Jahre zuvor – gegenüber Petrus und der versammelten Gemeinde als „Wahrheit des Evangeliums" vertreten habe.[1804] Ja, er spricht Petrus auf seine gesetzeskritische, „heidnische" Lebensweise und auf das gemeinsame Wissen von der Rechtfertigung allein durch den Glauben an Christus an. Petrus handelte nach ihm wider besseres Wissen.[1805] Das schließt nicht aus, daß Paulus in seinem ganz knappen Rückblick seine Argumentation damals auf den einen entscheidenden Punkt zuspitzte und daß die ursprüngliche Auseinandersetzung komplizierter und langwieriger war. Daß er sich nach *diesem* Streit *endgültig* von Barnabas getrennt hat, zeigt, daß nicht antiochenische Gemeindeüberlieferung zur Debatte stand, sondern ausschließlich die theologische Wahrheitsfrage, der sich auch ein Petrus nicht entziehen durfte. Dabei hatte Paulus alle antiochenischen *Juden*christen, d. h. die führenden Männer der Gemeinde, gegen sich. Diese „antiochenische" Freiheit in *paulinischer* Interpretation finden wir auch in Gal 3,26 ff wieder. Die „Formel" mit Ringkomposition und Reihenbildung in einer Triade mit antithetischer Diktion erscheint dem unbefangenen Auge als typisch paulinisch.[1806]

Wir haben oben schon (S. 177) darauf hingewiesen, daß der Kern dieser Aussagen, daß die Heiden „in Christus" zu Gottes Söhnen werden und deshalb auch Abrahams Same sind, schon in Damaskus (und Arabien) und später in Kilikien und Syrien zur Botschaft des Paulus an die heidnischen Gottesfürchtigen gehört haben wird. Dasselbe gilt von der Erkenntnis, daß Heiden, Sklaven und Frauen „in Christus" volle Gleichberechtigung erhalten und daß in seinem Heilsbereich die Grenzen aufgehoben sind, die das „Gesetz" zog und die das Sein „im Gesetz" bestimmten. Schon in Damaskus muß das Problem aufgetre-

---

[1804] Gegen U. SCHNELLE, Gerechtigkeit, 54f, der die Auseinandersetzung mit Petrus in V. 14 enden und Paulus in V. 15–21 etwas ganz Neues beginnen läßt. Vgl. jetzt H.-J. ECKSTEIN, Verheißung, 4f, der jedoch eine längere Zeitspanne zwischen dem antiochenischen Konflikt und der Abfassung von Gal annimmt als wir.

[1805] Gal 2,14–16.

[1806] 3,26 Πάντες γὰρ υἱοὶ θεοῦ ἐστε διὰ τῆς πίστεως ἐν Χριστῷ Ἰησοῦ·
27 ὅσοι γὰρ εἰς Χριστὸν ἐβαπτίσθητε, Χριστὸν ἐνεδύσασθε.
28 οὐκ ἔνι Ἰουδαῖος οὐδὲ Ἕλλην,
οὐκ ἔνι δοῦλος οὐδὲ ἐλεύθερος,
οὐκ ἔνι ἄρσεν καὶ θῆλυ·
πάντες γὰρ ὑμεῖς εἷς ἐστε ἐν Χριστῷ Ἰησοῦ.

Vgl. 1. Kor 12,13, wo wegen der Gemeindesituation (11,3ff) „Mann und Frau" fehlt; dazu die Erweiterung in dem (frühen) deuteropaulinischen Kolosserbrief (3,9–12), der nicht nur die Reihenfolge von „Jude und Grieche" umtauscht und entsprechend dem späteren erweiterten geographischen Umfeld paradigmatisch „Barbar" und „Skythe" hinzusetzt, sondern auch vom Ausziehen des alten und Anziehen des neuen Menschen spricht. Wir haben es hier mit einer frühen Erklärung der paulinischen Taufterminologie zu tun. Zur Reihenbildung vgl. 1. Kor 3,22f; Röm 14,6ff. Zum antithetischen Stil und Reihenbildung mit dem Söhne Gottes-Motiv, hier im Zusammenhang der Geistverleihung, die untrennbar auch mit der Taufe zusammengehört, s. auch Röm 8,12–16 besonders V. 13: ὅσοι γὰρ πνεύματι θεοῦ ἄγονται, οὗτοι υἱοὶ θεοῦ . . . .

ten und gelöst worden sein, ob die gottesfürchtigen Sympathisanten, Frauen und Männer, in der christlichen Gemeinde ohne vorherigen vollständigen Übertritt zum Judentum gleichberechtigt sind und volle (Mahl-)Gemeinschaft mit den Judenchristen haben. Denn Paulus wußte sich seit seiner „Bekehrung" zum Heidenmissionar berufen. Die Frage nach der Stellung der gläubig gewordenen Heiden und der Beschneidung der Männer kann nicht erst in Antiochien aufgetreten sein, als diese Freiheit plötzlich von Judenchristen aus Jerusalem mißtrauisch beargwöhnt und bestritten wurde.[1807]

Die Gründe, die dafür aufgeführt werden, daß es sich gerade in Gal 3,26f um eine liturgische Taufformel aus Antiochien handle, die Paulus leicht abgewandelt aufgegriffen habe, sind in keiner Weise stichhaltig: Beibehalten habe er die 2. Pers. Pl. der direkten Anrede an die Täuflinge, deshalb wechsle er von der 1. zur 2. Pers. Pl. Dasselbe geschieht aber in ganz anderem Kontext auch in Röm 8,12f. Ein derartiger Personenwechsel ist typisch für die lebendige, eindringliche paulinische Paränese im Stil der Diatribe. Formgeschichtlich will man die Verse als „Taufruf" bestimmen, „der die neue Situation des Getauften vor Gott definiert"[1808] und liturgisch während der Taufe in Antiochien verwendet worden sein soll. Zwar wissen wir, daß die Gläubigen bei der Taufe *den Herrn* angerufen haben und daß sie „im Namen des Herrn" getauft wurden, doch die Annahme festgeformter liturgischer „Taufrufe", die den neuen Christenstand definieren, bleibt völlig unsicher. In den frühen und den späten Quellen fehlt fast jeder Hinweis auf eine solche liturgische Formel, und wenn, dann hat sie ganz anderen Charakter.[1809] Hat man etwa mit einem solchen „Taufruf"

[1807] Gal 2,2 denkt Paulus an seine ganze missionarische Tätigkeit, nicht nur an sein Wirken in und für Antiochien. So gern man die Angaben der Apg in der Paulusexegese als völlig unzuverlässig verwirft, so wenig kümmert man sich um diesen Grundsatz, wenn lukanische Angaben in das eigene Konzept passen.

[1808] U. SCHNELLE, Gerechtigkeit, 59; zustimmend angeführt von U. MELL, Schöpfung (Anm. 1801), 308 Anm. 102; STUHLMACHER, Theologie I, 220.353f. Als weitere „Taufrufe" gelten 1. Thess 5,5; 1. Kor 11,6bc; Gal 4,6f; Röm 8,14f, so SCHNELLE, Gerechtigkeit, 39.

[1809] Vgl. Apg 16,34: Freudenmahl nach der Taufe; ebenso ActPetr 5; Did 7,1–4 wird nur die Frage, ob fließendes Wasser verwendet werden muß und ob getauft werden kann, wenn das Untertauchen im Wasser etc. unmöglich ist, geklärt; vgl. Hipp., Trad. Apost. 21 (Text und Üs. bei W. GEERLINGS, Traditio Apostolica, Fontes Christiani 1, Freiburg u. a. 1991, 256–271): In der Trad. Apost. folgt auf die Taufe mit Taufbekenntnis die postbaptismale Salbung, dann in der Kirche mit versammelter Gemeinde die Bitte des Bischofs um den Heiligen Geist und die erste Eucharistiefeier. Mit Recht hat H. v. CAMPENHAUSEN die inflationären Vermutungen von Neutestamentlern über liturgische bekenntnisartige Formulierungen im Urchristentum bei der Taufe kritisiert, s. Das Bekenntnis im Urchristentum, in: Urchristliches und Altkirchliches, Tübingen 1979, 217–272 (239ff). Vgl. jedoch Ger 1,5: „Hat der Proselyt das Tauchbad genommen und ist er herausgestiegen, so spricht man zu ihm gute und tröstliche Worte: Heil dir (אשריך)! An wen hast du dich gehängt? An den, der da sprach, und es ward die Welt, gepriesen sei er! Denn die Welt wurde nur um Israels willen erschaffen, und nur Israeliten werden Kinder Gottes genannt. Und nur sie werden als von Gott geliebt bezeichnet!" In diesem außerkanonischen Traktat werden antichristliche Töne hörbar. Es könnte sich um eine Aufnahme und Abgrenzung von der christlichen Taufpraxis handeln. Einen entsprechenden Makarismus finden wir schon in Apk 22,14: Μακάριοι οἱ πλύνοντες τὰς

dem Täufling gratuliert? U.E. wird hier die Rolle der urchristlichen Liturgie und die Häufigkeit der Taufe überschätzt. Diese und ähnliche ‚Formeln' gehören in den regulären Wortgottesdienst und stehen in der Regel in einem paränetischen Kontext im Sinne des: „Werde, der du bist". Folgt man dem Duktus der Argumentation des Briefes, so spricht Paulus nun die Galater direkt an und erinnert sie an seine *Predigt* bzw. Unterweisung, mit der er einst zusammen mit Barnabas bei der Gründung der Gemeinden in Galatien den Sinn der Taufe und damit zugleich die neue eschatologische Existenzweise im Glauben gerade auch den neugewonnenen Heidenchristen erklärt hatte: Diese seine Unterweisung „zitiert" er in Gal 3,26f. Einen solchen gemeinsamen Grundsatz der aus den „Hellenisten" Jerusalems hervorgehenden Heidenmissionare, dem auch die Jerusalemer Autoritäten einst (Gal 2,3 vgl. 13–15) zugestimmt haben müssen, wird man ebensogut auch in der Formulierung 1. Kor 7,19 sehen können, daß weder Beschneidung noch Unbeschnittenheit soteriologische Bedeutung haben, es aber für die Christen – ob geborene Juden oder Heiden – erst recht gilt, getrieben vom Geist Gottes Gebote zu halten (auch wenn sie nicht unmittelbare Voraussetzung des Heils sind).[1810] Dasselbe wird in der polemischen Auseinandersetzung von Paulus schärfer zugespitzt formuliert mit bewußtem Verzicht auf die Erwähnung der „Gebote" in Gal 5,6 (der „durch die Liebe tätige Glaube"). In Gal 6,15, am Ende des Briefes im „eigenhändigen" Schluß mit großen Buchstaben (6,11), wird das Motiv noch einmal aufgenommen und eschatologisch-schöpfungstheologisch vertieft: Die alte Welt mit ihrer Unterscheidung zwischen Beschneidung und Unbeschnittenheit starb für Paulus (und jeden Christen) am Kreuz; der durch Gottes Gnade Gerechtfertigte ist eine „neue Schöpfung".[1811] Innerhalb des Galaterbriefes weist dieser Schluß nicht nur auf den Anfang des Briefes, sondern auch auf Gal 3,26ff zurück.

Als ein weiteres Argument für die antiochenische Entstehung des „Taufrufs" von Gal 3,26f gilt die Wendung, daß die Gläubigen in der Taufe „sich mit Christus bekleiden". J. Becker plädiert wieder für die Herkunft der „Gewandsymbolik" aus der „hellenistisch-mysterienhafte(n) Sprache". Entsprechend der gemischten Zusammensetzung der antiochenischen Gemeinde sei deren Tauformel „synkretistisch".[1812] Beides ist irreführend, denn die *Gewandmeta-*

στολὰς αὐτῶν..., was aber einen ganz anderen Charakter hat als Gal 3,26ff. In Apk 7,9.13 und 14 bezeichnen die weißen Gewänder den himmlischen δόξα-Leib (vgl. Mk 9,3 parr.; 16,5 parr.; Joh 20,12) der Märtyrer. Sie erhalten diesen als priesterliches Gewand, in dem sie am himmlischen Gottesdienst teilnehmen. Zur Gewandmetaphorik für den Körper vgl. u. Anm. 1823.1831.

[1810] Vgl. Apg 10,34f; Röm 2,10f0.25–29; 3,29ff u.ö.

[1811] Vgl. O. Hofius, Rechtfertigung des Gottlosen als Thema biblischer Theologie, in: ders., Paulusstudien, 128; U. Mell, Schöpfung (Anm. 1801), 316f; vgl. auch Gal 2,19 und dazu H.-J. Eckstein, Verheißung, 55–70 unter Bezug auf Gal 3,13 und 2. Kor 5,21.

[1812] J. Becker, Paulus, 111: jüdisch-apokalyptischer Herkunft sei „die neue Schöpfung", „sprachschöpferische" Neubildung dagegen „in Christus"; vgl. ders., Galater, 45f; s. auch o. S. 167 Anm. 676.

pher ist außerordentlich verbreitet und vielseitig, so daß man ihr mit einem Schlagwort nicht gerecht wird.[1813]

Exkurs VII: Zur Gewand-Metaphorik

Für die Herkunft der „Metapher", daß die Gläubigen sich Christus als Gewand in der Taufe angelegt haben bzw. sich mit ihm bekleiden ließen,[1814] gibt es sehr verschiedene Vorschläge. Umstritten ist, ob ἐνδύεσθαι hier wie in Röm 13,14 paränetisch zu verstehen sei[1815] oder aber ob es sich um eine „seinshafte" Vorstellung handle.[1816] Da Paulus offensichtlich beides – Indikativ Aorist Medium in Gal 3,27 und Imperativ in Röm 13,14 – mit der Metapher „Christus anziehen" ausdrücken kann, handelt es sich um eine der typischen falschen Alternativen. Sowohl bei Paulus wie in den Deuteropaulinen wird der „seinshafte" und zugleich der „ethische" Aspekt der Metapher – abgesehen von der eschatologischen „Verwandlung" in 1. Kor 15,53f – in paränetischem Kontext erwähnt.[1817] Beides läßt sich für paulinisches Denken *nicht* trennen. Wir sollten nicht unsere modernen Kategorien mit irreführenden Alternativen in die Texte einlesen.

Die metaphorische Verwendung von ἐνδύεσθαι war in der Antike weit verbreitet.[1818] Im Judentum geht die griechische Sprachform zurück auf die LXX-Übersetzung, die die Wendungen ἐνδύ(ν)εσθαι σωτηρίαν oder δικαιοσύνην gebrauchte, aber auch in negativem Sinn vom Bekleiden mit „Schande" spricht.[1819] Näher beim Bild des Gewandes bleibt der Ausdruck, sich mit „Trauer" bzw. „Freude bekleiden". Der metaphorische Sprachgebrauch wird im frühen Judentum beibehalten. In der Vita Adae et Evae (griech.) schildert Eva ihre Trauer über den Verlust der paradiesischen Unschuld mit den Worten:

[1813] S. dazu A. KEHL, Artk. Gewand (der Seele), RAC 10, 1978, Sp. 945–1025 (mit Lit. bis 1978).

[1814] U. MELL, Schöpfung (Anm. 1801), 308 betont im Anschluß an OEPKE, Artk. δύω, ThWNT II 320,34ff, daß das Medium hier passiven Sinn habe. Das entspreche besser der „paulinischen Antinomie von Indikativ und Imperativ des Heils" (loc. cit. Anm. 98). Normalerweise tendiert das Medium eher zum Aktiv, doch gibt es im NT Beispiele für Medium mit passiver Bedeutung, s. BLASS/DEBRUNNER/REHKOPF, Grammatik, 262f § 317 „sich ... lassen".

[1815] A. KEHL, Artk. Gewand (der Seele), RAC 10, 1978, Sp. 1008ff.1019ff unterstreicht etwas zu einseitig die ethische Bedeutung, denn am nächsten komme Dionys. Hal., ant. Rom. 11,5,2 „den Tarquinius anziehen", d. h. sich als übler Tyrann gebärden (1008). Das Bild wird auch in TestAbr 17,13 verwendet: Der Tod wirft den Tyrannenmantel um und zeigt sich in seiner schrecklichen Gestalt. Die altkirchliche Auslegung vertrat fast einstimmig die ethische Interpretation, ebenso ZAHN und OEPKE. Hier wird das – später nicht mehr verstandene – eschatologisch-soteriologische Motiv unterbewertet: Es geht um die wirkliche Teilhabe an der durch Christus gewirkten „neuen Schöpfung".

[1816] Vgl. SCHNELLE, Gerechtigkeit, 193 Anm. 242. Ältere „seinshafte" Interpretationen bei H. SCHLIER, Galater, 173ff, der von „Christus als einem für alle bereiteten himmlischen Gewand" spricht (173).

[1817] Vgl. 1. Thess 5,8; Röm 13,12; Kol 3,10.12; Eph 4,24; 6,11.14.

[1818] Vgl. LSJ s. v.; A. KEHL, Artk. Gewand (der Seele), RAC 10, 1978, Sp. 945–1025.

[1819] 2. Chron 5,12: ἱερεῖς σου ... ἐνδύσαιντο σωτηρίαν; Ps (LXX) 131,9: οἱ ἱερεῖς σου ἐνδύσονται δικαιοσύνην; vgl. Jes 59,17; Hiob 29,14; Sap 5,18: ἐνδύσεται θώρακα δικαιοσύνην. Hiob 8,22; 1. Makk 1,28: αἰσχύνη. Vgl. zu den weiteren alttestamentlichen Belegen F. MUSSNER, Galaterbrief, 263.

„meine Augen wurden geöffnet, und ich erkannte, daß ich nackt war (ohne) die Gerechtigkeit, mit der ich bekleidet gewesen war, ... daß ich verwandelt worden war von der Herrlichkeit, mit der ich vorher bekleidet gewesen war."[1820]

Interessant ist, daß hier ein (angeblich) „ethischer" Begriff (δικαιοσύνη) und ein „seinshafter" (δόξα) ohne weiteres nebeneinander stehen können. Dieser Schrift läßt sich wahrscheinlich auch entnehmen, daß die Bedeutung von ἐνδύω „eintauchen" dem antiken Judentum nicht völlig fremd war. Adam befiehlt Eva, zur Buße 34 Tage im Tigris zu stehen:

„Bleib stehen eingetaucht im Wasser bis zum Hals."[1821]

In der lateinischen Vita Adae beklagt sich Satan, daß er von seiner himmlischen Herrlichkeit entkleidet wurde.[1822] Ausgestaltet wird das Motiv in der frühjüdischen und -christlichen Auslegung von Gen 3,21: Gott habe nach dem ‚Fall' Adam und Eva „Kleider aus Fell", d. h. menschliche Körper, angezogen. Meeks sieht im „Bild von der Kleidung" auch in den paulinischen und deuteropaulinischen Stellen über die Taufe direkt „paradiesische(n) Motive" aufgenommen und verbindet sie mit dem Taufgewand.[1823]

Alttestamentlich belegt ist die Vorstellung, daß der (Gottes-)Geist den Propheten „bekleidet".[1824] Hat Paulus diese Vorstellung aufgenommen und umgewandelt? Versteht man ἐνεδύσασθε in passivem Sinne, legt sich diese Verbindung nahe, aber sie ist nicht zwingend. Die alte Vermutung, es handle sich bei der Gewandsymbolik um eine direkte Entlehnung aus der „Mysteriensprache" oder gar aus der „Gnosis", läßt sich – wie schon Wagner und Wedderburn betont haben – nicht halten.[1825] Das Ritual der Einweihung in die Isis-Mysterien – wie es Apuleius um 160/170 beschreibt – enthält die Elemente Reinigungsbad und Gewänder der Gottheit, entspricht aber nicht den Frühformen der christlichen Taufe. Zwischen ritueller Reinigung und dem Bekleiden mit den Gewändern der Gottheit, die dieser gehören und in ihrem Tempel aufbewahrt werden, liegt ein zehntägiges Fasten und die Weihenacht, in der der Myste eingeführt wird in die Mysterien der Göttin. In dieser Nacht kommt er bis an die „Grenze des Todes", durchschreitet alle Elemente und sieht um Mitternacht die Sonne in blendend hellem Licht. Am

---

[1820] 20,1f (Text: DENIS, Concordance Grecque, 816): καὶ ἐν αὐτῇ τῇ ὥρᾳ οἱ ὀφθαλμοί μου ἠνεῴχθησαν καὶ ἔγνων ὅτι γυμνὴ ἤμην τῆς δικαιοσύνης ἧς ἤμην ἐνδεδυμένη. καὶ ἔκλαυσα λέγουσα τὶ τοῦτο ἐποίησας ὅτι ἀπηλλοτριώθην ἐκ τῆς δόξης μου ἧς ἤμην ἐνδεδυμένη. Zum Bekleiden mit Herrlichkeit vgl. Jes 52,1; 1. Makk 14,9; Bar 5,1: ἔνδυσαι τὴν εὐπρέπειαν τῆς παρὰ τοῦ θεοῦ τῆς δόξης; weiter Röm 3,23. Vgl. die Textversion von D. A. BERTRAND, La Vie Grecque d'Adam et Eve, Recherches Intertestamentaires 1, Paris 1987, 84.

[1821] 29,10 (Text: DENIS, Concordance Grecque, 816): στῆθι ἐνδεδυμένη ἐν τῷ ὕδατι ἕως τοῦ τραχήλου. Möglich ist aber auch, daß Eva sich „bekleidet" ins Wasser stellen soll. Adam stellt sich in den Jordan und befiehlt diesem, als er soweit im Wasser ist, daß seine Haare flachliegen, zu beten und stehen zu bleiben. Das Jordanwunder (Jos 3,14−17) wiederholt sich in abgewandelter Form, wie ein Wall umgeben Adam Wasser und Engel. Evas Inferiorität und Anfälligkeit für den Versucher könnte mit dem Befehl, daß sie sich bekleidet in den Fluß stellen soll, ausgedrückt werden. In der lat. VitAd ist ihre Haut beim Heraussteigen aus dem Fluß von der Kälte wie „herba" geworden, d. h. der Satan sieht sie nicht „nackt".

[1822] VitAd (lat.) 16.

[1823] W. A. MEEKS, Urchristentum und Stadtkultur. Die soziale Welt der paulinischen Gemeinden, Gütersloh 1993, 317f, vgl. dazu u. Anm. 1831. Zur Auslegung der „Kleider von Fell" (Gen 3,21) auf die menschlichen Körper s. C. MARKSCHIES, Valentinus, 284−289.

[1824] 2. Chron 24,20; vgl. Ri 6,34; 1. Chron 12,18.

[1825] G. WAGNER, Problem (Anm. 1766); WEDDERBURN, Baptism.

Exkurs VII: Zur Gewand-Metaphorik 445

Morgen danach darf ihn „das Volk" sehen in dem wunderbarem zwölffachen Gewand mit Strahlenkrone, so daß er dem Sonnengott gleicht. Danach feiert er seinen Geburtstag als Eingeweihter mit fröhlichem Essen und Trinken.[1826] Längst vor seiner Weihe hatte ihm die Göttin ihren Schutz in diesem Leben und im Jenseits versprochen.[1827] Es lassen sich hier eher Gemeinsamkeiten mit der späteren Gestalt der Tauffeier ab dem 3. Jh. als mit der Taufe, wie sie in den frühen christlichen Quellen sichtbar wird, feststellen. Darüber hinaus gibt es eine gemeinantike „religiöse Koine" und Vorstellungswelt, an der alle antiken Religionen und Kulte, einschließlich des Alten Testaments und Judentums, partizipieren und die die religiöse Verkündigung und Propaganda überhaupt erst möglich macht.

In der ganzen antiken Welt wurden von Priestern, Priesterinnen und Verehrern nicht nur im Mysterienkult der Isis, sondern gerade auch im öffentlichen Kult die Gewänder der jeweiligen Gottheiten – vor allem in Prozessionen – „getragen". Insofern gibt es eine indirekte Beziehung vielleicht schon in der christlichen Frühzeit. Weil diese Gewänder von Menschen im Kult (aber auch im Triumphzug, im Theater oder von den Kaisern[1828]) verwendet wurden, konnte die Metapher „mit Christus bekleidet werden" von den ehemaligen Heiden analog verstanden werden.[1829] Auch die (hohe-)priesterlichen Gewänder im Jerusalemer Kult besaßen eine besondere Heiligkeit und waren schon längst mit dem Begriff „Gerechtigkeit" (oder „Heil") verbunden worden.[1830] Das christliche Taufgewand wird dagegen wohl kaum bei der Metapher „mit Christus bekleidet werden" Pate gestanden haben. Es kam erst später auf.[1831] Das Ablegen des

---

[1826] Apuleius, met 11,24,1−5; vgl. 11,24,3f: *hanc Olympiacam stolam sacrati nuncupant ... sic instar Solis exornato me et in vicem simulacri constituto*. In 11,29,5 wird Lucius belehrt, daß er in Rom eine neue Weihe braucht, weil die Gewänder der Göttin (*exuvias deae*), die er bei seiner ersten Weihe angezogen bekam, in deren Tempel in der Provinz deponiert sind. Der Isis-Kult wurde lokal organisiert. Vgl. auch H.-J. KLAUCK, Umwelt des Urchristentums (Anm. 1752), 116ff.

[1827] Apuleius, met 11,6,5.

[1828] Schon Alexander der Große soll sich zur jeweiligen Gelegenheit passende Göttergewänder angelegt haben, vgl. Athenaios, Deipn. 12,537e und die zahlreichen Belege bei F. TAEGER, Charisma I, Stuttgart 1957, 216 Anm. 40. In den Münzdarstellungen erscheinen die hellenistischen Herrscher seit Alexander d. Gr. mit den Attributen der Götter abgebildet. Der 12. Ptolemäer trug den Beinamen Neos Dionysos. Augustus und spätere Kaiser hielten im Zwölferkreis olympische Göttermahle im Götterkostüm, s. F. KOLB, Rom. Die Geschichte der Stadt in der Antike, München 1995, 283f. Kleopatra VII. ließ sich im „heiligen Gewand der Isis" „neue Isis" nennen, s. Plutarch, Antonius 54,6; zu Caligula, Nero und Commodus s. TAEGER, op. cit. II, 1960, 285f (unter Verweis auf Philo, leg. 75−113).307f.396ff.

[1829] A. J. M. WEDDERBURN, Baptism, 332−342 (339): „it seems to me undoubtedly true that the widespread convention of attiring priests and worshippers in the manner of their deities would have made this particular New Testament usage a great deal more intelligible in the Graeco-Roman world, and may indeed have suggested to early Christians this step beyond the language of the Septuagint which speaks of a metaphorical wearing or putting on of moral or religious qualities like righteousness. For all around them they saw the adherents of the various pagan cults ‚putting on' their deities, dressing up as them and imitating their actions." Vgl. R. RIESNER, Frühzeit, 332f zur Frage, ob Paulus in 1. Thess vor der Beteiligung an den Dionysos-Mysterien warnt.

[1830] Vgl. Ps 132,9.16 vgl. 2. Chr 6,41; TestLev 8,2: τὸν στέφανον τῆς δικαιοσύνης; ähnlich 2. Tim 4,8.

[1831] Gegen WEDDERBURN, Baptism, 339; W. A. MEEKS, Urchristentum und Stadtkultur. Die soziale Welt der paulinischen Gemeinden, Gütersloh 1993, 317. In den pseudoclemtini-

heillosen „alten Menschen" gehörte zur Taufparänese bevor das Taufgewand selbst eine Rolle spielte.[1832]

Paulus nimmt Rücksicht auf den ‚Verstehenshorizont' seiner Gemeinden und vertraut auf die zuverlässige Übermittlung und Erklärung durch die Mitarbeiter, die seinen Brief überbringen. Eben deshalb kann er auch in Gal 3,27 zu der Abbreviatur „mit Christus bekleidet werden" gegriffen haben, die wahrscheinlich mehrere Aspekte gleichzeitig ausdrücken soll: Die Getauften sind seit ihrer Taufe mit Christus verbunden wie mit einem Gewand,[1833] sie tragen nicht die Gewänder heidnischer Herren und Herrinnen, sie sind sogar – so Röm 6,5 – „zusammengewachsen" mit der Jesus Christus selbst eigenen „Taufe",[1834] damit sind sie aufgenommen in den „Leib Christi", d. h. in den alle Glaubenden umschließenden eschatologischen „Heilsbreich", man könnte auch sagen der „Gerechtigkeit Gottes" (2.Kor 5,21), in dem alle bisherigen ethnischen, sozialen und kreatürlichen Schranken hinfällig geworden sind. Deshalb sollen sie sich als „freie Söhne Gottes", dank der Sendung und des Kreuzestodes des Sohnes, auch entsprechend verhalten. Dann sind sie „einer in Christus", d. h. nicht nur einig in Christus, sondern bilden den einen Leib Christi, der der Einzigkeit Gottvaters und der seines Sohnes, „durch den alles ist und wir durch ihn", entspricht.[1835] Daß die Gläubigen einig sein müssen, ja „in Christus" eine untrennbare Einheit bilden, und sich nicht in Gemeinden nach beschnittenem und unbeschnittenem Ritus aufteilen können, hat Paulus in Korinth (1. Kor

---

schen Recog. 4, 35,5 f; 36,1 f wird die „Taufgnade" mit einem Hochzeits- bzw. reinen Gewand verglichen (*ut demus vobis indumenta nuptialia, quod est gratia baptismi*), die durch geistige oder körperliche bzw. geistige und körperliche Sünden wieder verlorengehen kann. Das Taufgewand selbst scheint erst bei Cyrill v. Jerusalem (4. Jh.) belegt, dazu S. BENOÎT/C. MUNIER, Die Taufe in der Alten Kirche (1.–3. Jahrhundert), aus dem Französischen übers. v. A. Spoerri, Traditio Christiana 9, Bern u. a. 1994, 73 f Nr. 57.

[1832] Röm 6,6; vgl. Eph 4,22 ff; Kol 3,9 ff.

[1833] *Das Gewand ist unabdingbarer Teil der Person.* Es darf nicht gepfändet werden, auch den gepfändeten Mantel muß man am Abend zurückgeben, Ex 22,25 f; Dtn 24,10 ff.17; Mt 5,40. Im Selbstminderungsritus der Trauer zerreißt man sein Gewand. Die Reichsteilung wird von Ahia von Siloh in profetischer Zeichenhandlung durch das Zerreißen seines Mantels in zwölf Stücke angekündigt (1. Kön 11,30 ff). Der „Rock" Christi ist „ungenäht" wie das hohepriesterliche Gewand (Joh 19,23 f). H.-J. ECKSTEIN, Verheißung, 222: „Mit der bildhaften Rede vom ‚Anziehen Christi' erinnert Paulus die Galater daran, daß ihre in der Taufe bezeugte Zugehörigkeit zu Christus wesentliche Konsequenzen für ihr Sein hat: Nunmehr ist Christus die sie umschließende dauerhafte Wirklichkeit." Das „Anziehen Christi" deutet dabei das ganz und gar als Geschenk von außen kommende (extra nos) „Umhüllwerden" durch die Heilsmacht Christi an. Es entspricht dem Leben „in Christus" und korrespondiert dem „in den Leib Christi hineingetauft werden" (1. Kor 12,13). Vgl. o. Anm. 1806.

[1834] Zu Röm 6 s. u. S. 449 f.

[1835] 1. Kor 8,6. Der „Einheitsmensch" ist eine unglückliche Formulierung von MUSSNER, Galaterbrief, 265. Es geht Paulus in Gal nicht um einen ideellen Einheitsmenschen, sondern darum, die ehemaligen (zumeist gottesfürchtigen) Heiden in Galatien daran zu erinnern, daß sie ‚nach göttlichem Recht' mit dem eschatologischen Initationsritus der Taufe vollbürtige Christen, Abrahams Same und Kinder Gottes geworden sind und damit ihre bisherigen nationalen, physischen und sozialen Beschränktheiten überwunden sind.

12,12f in Verbindung mit 7,17−20) und im Galaterbrief mit theologischer Begründung vertreten. Diese Überzeugung hat er gewiß schon im syrischen Raum ausgebildet und in Antiochien, zuletzt in dem Gal 2,11 ff geschilderten Streit, energisch verfochten. Daß er die Gewandmetapher aus antiochenischer Gemeindeüberlieferung übernommen hat, ist so eher unwahrscheinlich, weil Paulus keine antiochenische Taufformel zitiert. Aber auch daß Paulus die Gewandmetapher in Antiochien zum ersten Mal gebraucht hat, läßt sich nicht beweisen. Sie war ihm jedenfalls in seinen Briefen geläufig und hat einen breiteren jüdischen Hintergrund, als allgemein angenommen wird. In 1. Thess 5,8 und Röm 13,13.14 verwendet er sie leichter verständlich im paränetischen Zusammenhang.[1836] Aber für die Taufe selbst greift er im Römerbrief zu sehr viel stärkeren Metaphern.

Bereits Origenes[1837] hat bei der Erklärung der Gewandmetapher von Gal 3,27 auf *1. Kor 1,30* verwiesen: „Christus, der uns von Gott her zur Weisheit geworden ist, zur *Gerechtigkeit, Heiligung* und Erlösung". In 1. Kor 1,30 bleibt Paulus näher bei der metaphorischen Sprache der LXX als in Gal 3,27. Paulus drückt hier mit drei Abstrakta aus, was er in 1. Kor 6,11 noch deutlicher auf die Taufe hinweisend mit drei Verben aufnehmen kann: „ihr wurdet abgewaschen, *geheiligt* und *gerechtfertigt* im Namen des Herrn Jesus Christus und im Geist unseres Gottes".[1838] 1. Kor 1,30 bildet den Schluß des ersten Abschnitts des Briefes, den Paulus sehr unwirsch mit einer harschen Rüge für den Parteienstreit in Korinth begonnen hatte. Keine „Fraktion" hat das Recht, sich auf einen eigenen „Apostel" zu berufen. Mit drei rhetorischen Fragen führt Paulus diese Streitigkeiten ad absurdum: „Ist Christus geteilt? Ist Paulus für euch gekreuzigt worden? Seid ihr auf den Namen des Paulus etwa getauft worden?" Diese Argumentation muß sich auch gegen das Taufverständnis der Korinther richten. Denn Paulus fährt fort mit einem „Gott sei Dank, daß ich keinen von euch getauft habe." Immerhin erinnert er sich an Krispus, Gaius und das „Haus des Stephanas", gewiß nicht unbedeutende Glieder der korinthischen Gemeinde.[1839] Nicht die Person des Taufenden ist entscheidend, sondern allein Christus und der Glaube, der im Hören des Evangeliums von Gott her durch den Geist geschenkt wird.[1840] Das besondere Amt und Charisma des Apostels ist vor allem anderen die glaubenweckende und gemeindegründende Predigt des Evangeliums. Dieses apostolische Amt hält er für wichtiger als das rituelle

---

[1836] Vgl. Röm 6,13; ebenfalls leichter verständlich im eschatologischen Zusammenhang 1. Kor 15,53f; 2. Kor 5,2ff.

[1837] Comm. in Rom. 9,34 (PG 14, 1234 A−B); vgl. die weiteren Belege bei KEHL, Artk. Gewand (der Seele), RAC 10, Sp. 1012f.

[1838] Vgl. W. SCHRAGE, Der erste Brief an die Korinther, EKK VII/1, 426f.

[1839] 1. Kor 16,15 wird Stephanas dagegen als „die Erstlingsfrucht Achaias" gerühmt; bei Krispos handelt es sich um den gebürtigen Juden und Synagogenvorsteher (Apg 18,8); Gaius ist der in Röm 16,23 erwähnte ξένος, der Paulus und die ἐκκλησία aufnimmt. Als dessen Gast schreibt Paulus den Römerbrief.

[1840] 1. Kor 4,15; 9,1f.19.22. Vgl. O. HOFIUS, Wort Gottes und Glaube bei Paulus, in: DERS., Paulusstudien, 148−174 (149.151.154.163).

Handeln des „Täufers", denn das verkündigte und geglaubte Wort als das „Wort vom Kreuz", nicht der Vollzug der Taufe, legt in Wirklichkeit den Grund zur endzeitlichen ἐκκλησία θεοῦ. Den Ritus der Taufe können auch andere vollziehen.[1841] Die brennende Sorge, daß die jetzigen Spaltungen in Korinth ihre Auswirkungen im letzten Gericht haben werden, läßt Paulus gleich zu Beginn des Briefes einen derart scharfen Ton anschlagen und seine einstige Tauftätigkeit in Korinth mit großer Zurückhaltung darstellen. Der rituelle Vollzug der Taufe beim Einzelnen, mag der Täufer in Einzelfällen auch Paulus gewesen sein, ist noch kein Garant für den endzeitlichen Freispruch vor dem Richterstuhl Christi, wenn man die Einheit des Leibes Christi aufgegeben oder gar zerstört hat![1842] Sie ist ein Zeichen der Aionenwende, schützt aber nicht „automatisch" vor Sünde und Ab- bzw. Rückfall ins Heidentum, deshalb begegnet uns die „Taufparänese" (im weitesten Sinne) bei Paulus und in den Schriften des Neuen Testaments so häufig. Vermutlich konnte ein guter Teil der Gemeindepredigt im Gottesdienst einer jungen Gemeinde als permanente „Taufparänese" erscheinen, weil es sich um die Mahnung handelt, der Heilsgabe entsprechend zu leben.[1843] Dagegen fehlt die Beschreibung des Ritus; dieser war selbstverständlich und wohl noch nicht völlig eindeutig liturgisch fixiert. Die Erinnerung an die Taufe soll den Gemeindegliedern bewußt machen, daß sie an ihre einstige Lebensweise und bösen Gewohnheiten, die unter Gottes Zorn standen, nicht mehr unrettbar ausgeliefert sind.[1844] Was sie einst waren, ist überwunden und abgetan. D. h. daß nun seit der Auferweckung Jesu der neue Aion angebrochen ist, und sie sich jetzt im Heilsbereich Christi befinden und untrennbar mit ihm verbunden sind. Deshalb sollen sie sich hüten, wieder zum Götzendienst abzufallen. Mit der Taufe begannen sie einst, wie *1. Kor 6,11* erinnert: ‚abgewaschen, geheiligt und gerechtfertigt' sozusagen ihr „öffentliches", für alle sichtbares Leben in Christus. Die „Taufe auf Mose", der Durchzug durchs Rote Meer und die Wanderung in der Wolke, aber auch die Verwerfung der ungehorsamen Israeliten in der Wüste geschahen damals in längst vergangener Urzeit zum Vorbild und zur Warnung der Gläubigen der Endzeit. Nicht nur wer damals gerettet wurde, trank aus dem Felsen, dem geistlichen Christus, sondern auch die, an denen Gott keinen Gefallen hatte, weil sie trotz der überreichlichen Gaben Gottes wieder zum Götzendienst abfielen.[1845]

In Antiochien ging der Streit nicht um den Wert der Taufe im Gegensatz zur Beschneidung und auch nicht um den Rückfall ins Heidentum. Entsprechend

---

[1841] 1. Kor 3,10; 1,14−17; 2,2; Gal 3,1ff.
[1842] 1. Kor 3,17; 6,10.
[1843] Gal 6,25; Röm 6,1−11; 8,1−17 u. ö. Man sollte diesen Begriff nicht zu eng fassen.
[1844] Röm 1.18ff vgl. 1. Thess 1,9 dazu u. S. 457.
[1845] 1. Kor 10,1−13; zur endzeitlichen Bedeutung: 1. Kor 10,11; vgl. 9,10; 4,23f; 15,4. In ‚Wirklichkeit' überlebten ja nur ganz wenige − Josua und Kaleb − den Wüstenzug (Num 14,20−38; 26,63ff). Doch dieses Motiv tritt bei Paulus bewußt zurück. Vgl. auch K.-G. SANDELIN, Does Paul Argue Against Sacramentalism and Over-Confidence in 1 Cor 10.1−14?, in: The New Testament and Hellenistic Judaism, edd. P. Borgen/S. Giversen, Aarhus 1995, 165−182

führt Paulus nicht die Taufe an, wenn er sich an den Streit in Antiochien erinnert, sondern die *Rechtfertigung allein aus Glauben*. „Rechtfertigung" geschieht traditionell durch die Vergebung der Sünden bei der Taufe.[1846] Aber genausowenig wie für Paulus die Gabe des Geistes an die Gläubigen nur im Vollzug der Taufe erfolgt,[1847] kann er die „Rechtfertigung des Gottlosen" auf den rituell-sakramentalen Akt der Taufe einschränken. Weil er die „Rechtfertigung" vom Kreuz Christi her (2. Kor 5,14) theologisch tiefer und grundsätzlicher reflektiert, kommt er zu einer eher zurückhaltenden, ja fast „ambivalenten" Haltung gegenüber dem Ritus der Taufe. Dies mag u. a. auch auf ein naheliegendes, „magisches" Mißverständnis der Taufe bei einzelnen „Heidenchristen" zurückgehen, d. h. Erfahrungen, die er schon in Syrien und Kilikien machen konnte. Er nimmt aber dennoch keinen Anstoß an der – für moderne Augen seltsamen – „Vikariatstaufe" der Korinther, obwohl er dabei sicher nicht mitgewirkt hat. Diese zeigt wiederum, wie nahe für die ehemaligen Heiden in Korinth, d.h. im griechischen Mutterland ca. 50 km westlich von Eleusis, das analoge Verständnis von Taufe und Mysterienweihe lag.[1848] In Syrien muß das so noch nicht der Fall gewesen sein.

Am ausführlichsten spricht Paulus von der Taufe in *Röm 6*; aber sie ist auch dort nicht sein Hauptthema. Er wählt den eschatologischen Initiationsritus, um

---

[1846] Vgl. 1. Kor 1,30; 6,11; vgl. Röm 4,7f; Apg 2,38; vgl. 3,19; 16,31−34. Vermutlich geht die Verbindung von Taufe und Vergebung der Sünden im Zusammenhang mit der „Umkehr" schon auf Johannes den Täufer zurück (Mk 1,4; Lk 3,3 vgl. die Frage Jesu 11,30). Bei Paulus treten der Begriff „Vergebung" und der Plural „Sünden" auffallend zurück. Ihm geht es weniger um die Einzelsünde, die vergeben werden muß, als um die abgrundtiefe Sünden- und Todesverfallenheit des Menschen, aus der Christi stellvertretender Sühnetod befreit.

[1847] Gal 3,2; vgl. O. HOFIUS, Wort Gottes und Glaube, in: DERS., Paulusstudien, 400f. Gegen die Selbstverständlichkeit, mit der man annimmt, daß für Paulus „der Geist durch die Taufe verliehen wird", kommt er zu dem überzeugenden Ergebnis: „Nach Paulus geschieht die Taufe in der Kraft des Heiligen Geistes, sie gibt aber keineswegs allererst den Geist." (401). Der Glaube, durch den der Glaubende die Taufe erstrebt und vor ihr das Bekenntnis ablegt, ist schon ein Resultat des durch das Wort des Evangeliums wirksamen Geistes. Vgl. auch Lukas, der sowohl bei der Bekehrung des Paulus wie bei Cornelius den Geist vor der Taufe ausgegossen sein läßt. Dies geschieht, weil Gott, der καρδιογνώστης, den Glauben im Herzen der Betroffenen erkannt hat (Apg 10,44f; 11,15; 15,8 vgl. 1,28).

[1848] 1. Kor 15,29. Vgl. die Einweihung von „in Gesetzlosigkeit" verstorbener Vorfahren in die Dionysosmysterien in einem orphischen Text: „Die Menschen bringen dir dar zu allen Jahreszeiten das ganze Jahr hindurch vollendete Hekatomben und sie feiern die Mysterien, indem sie die Erlösung (λύσις) der gesetzlosen Vorfahren begehren. Du aber, der du die Macht hast bei ihnen (bzw. „durch sie", d. h. die Mysterien), wirst lösen, welche du willst, aus schlimmen Qualen und von grenzenlosem Stachel." (Überliefert beim Neuplatoniker Olympiodor, In Plat. Phaidon; zitiert nach O. KERN, Orphicorum Fragmenta, Nr. 232) Dieses hexametrische Gedicht geht wahrscheinlich in hellenistische Zeit zurück. Der Vorschlag von J.R. WHITE, „Baptized on account of the Dead": The Meaning of 1 Corinthians 15:29 in its Context, JBL 116 (1997) 487−499, „für die Toten" bezöge sich auf die Apostel, ist wenig überzeugend. Vgl. auch das ganz anders geartete „Taufmißverständnis" des Simon Magus, das sich nicht auf die Wassertaufe selbst, sondern auf den Geistbesitz der Apostel bezieht in Apg 8,9−13.18−24, und das seines angeblichen Schülers Menander, der aus seiner Taufe die physische Unsterblichkeit ableitete (Irenaeus, Haer 1,23,5).

den Herrschaftwechsel vom βασιλεύειν der Sünde hin zum Leben in der durch Gottes Gnade geschenkten Gerechtigkeit zu veranschaulichen. Dabei nimmt er die der römischen Gemeinde vertraute – nicht von Antiochien abhängige (s. o. S. 434f) – Tauftradition auf.[1849] Überdeutlich bringt er dies mit der Frage „Wißt Ihr nicht?" zum Ausdruck. Paulus verbindet sonst den stellvertretenden Sühnetod Jesu auf Golgatha und seine Auferweckung nicht direkt mit Aussagen über die Taufe. In Röm 6,3ff nennt er die Taufe „auf (den Namen) Jesus Christus" dagegen die „Taufe auf seinen Tod" und erläutert diese wieder als „Mitbegraben werden mit ihm durch die Taufe auf (seinen) Tod". Vom „Begrabenwerden Christi" war schon im Bekenntnis 1. Kor 15,4 die Rede, und beides setzt, wie später Kol 2,12, im Grunde die Grabtradition der Evangelien voraus. Wie in 1. Kor 15,3–5 verbindet Paulus Tod, Begräbnis und Auferstehung Christi und folgert daraus, daß alle Getauften Anteil am Tod und Begrabenwerden Christi haben, damit sie, so wie Christus von den Toten auferweckt wurde, in der „Neuheit des Lebens" wandeln.

Die Abweichungen in Röm 6 vom normalen Bild der paulinischen Taufaussagen gehen in ihrem Ursprung auf die Jerusalemer Urgemeinde zurück. Hier war rasch nach Ostern die Taufe Johannes des Täufers, die Jesus und ein guter Teil seiner Jünger empfangen hatten, in abgewandelter, jetzt durch den „Namen Jesu" bestimmter Form wieder aufgenommen worden. Schon die Johannestaufe war ein eschatologisch bestimmter, einem „Sakrament" nahekommender Ritus. Johannes taufte „jenseits des Jordans" an der Stelle, wo Josua durch den Jordan zog wie einst Mose durchs Schilfmeer. „Die Jordanwasser haben ihren eschatologisch-protologischen Sinn.... Sie sind als »Schilfmeerwasser« und Chaoswasser weniger Reinigungs- als Todeswasser. In ihnen versinkt alles Gottfeindliche."[1850] Hier wiederholten Elia und Elisa das Schilfmeerwunder, von hier wurde Elia im feurigem Wagen entrückt. – Die Wiederkunft einer analogen Heilsgestalt erwartete der Täufer im „Feuerrichter". Man könnte hinzufügen: Im Jordan wurde Naeman durch siebenmaliges Untertauchen vom tödlichen Aussatz gereinigt und gewissermaßen „wiedergeboren". Das Untertauchen (βαπτίζειν) im Jordan nach dem Bekenntnis der Sünden war ein symbolisches Sterben, das Wiederauftauchen „ein Ritus der Neugeburt aus dem Tod".[1851]

Die christliche Neuinterpretation der Taufe knüpfte nicht nur an den Ritus des Johannes als einmalige Wassertaufe im Jordan an, sondern nahm neben der Sündenvergebung auch die durch Jesusworte vorgegebene Symbolik von Tod[1852] und Neugeburt auf und verstand sie als eine Taufe auf den Tod und die

---

[1849] Vgl. o. zu 1. Kor 15, 11. J. BECKER, Paulus, 301 führt viel zu einseitig alle Tauftraditionen auf Antiochien zurück.

[1850] H. GESE, Der Johannesprolog, in: DERS., Zur biblischen Theologie, München 1977, 200.

[1851] H. GESE, op.cit., 201. Zu Naeman s. 2. Kön 5,14 LXX: ἐβαπτίσατο ἐν τῷ Ιορδάνῃ ἑπτάκι κατὰ τὸ ῥῆμα Ελισαιε, καὶ ἐπέστρεψεν ἡ σὰρξ αὐτοῦ ὡς σὰρξ παιδαρίου μικροῦ, καὶ ἐκαθαρίσθη (vgl. 1. Petr 2,2): Der alte aussätzige, todverfallene Mensch war abgetan.

[1852] Dies wird schon in einzelnen Jesusworten sichtbar, wo – der Täufersprache folgend – βαπτισθῆναι dem Sterben entspricht. Vgl. Mk 10,38f; Lk 12,50; aber auch christlich transformiert Joh 3,5 und 12,24. Zur Tötung des Hohenpriesters Aristobul III. durch Untertauchen in

Auferstehung Jesu, die dem Glaubenden Anteil gibt an Sühne- und Heilsgeschehen. Weil Christus „für uns" starb, sind wir in seinen Tod einbezogen und „kommt es zur Taufe als ... der Teilgabe an seinem Schicksal".[1853] Dabei wurde schon früh die vom Täufer angekündigte Feuertaufe nicht mehr als Gericht, sondern als endzeitliche Ausgießung des Geistes verstanden.[1854]

Paulus nimmt in Röm 6 eine Tauftraditon auf, die er sonst nicht verwendet, oder von der er nur sonst andeutungsweise zeigt, daß er sie kennt (Gal 2,19f). Bei dieser Tauftradition können wir den Ursprungsort mit sehr viel größerer Sicherheit feststellen als bei den Wendungen Gal 3,27; 1. Kor 1,30; 6,11. Sie weist nach Rom und von dort wieder nach Jerusalem bzw. den griechischsprechenden Judenchristen in Palästina selbst. Seine ‚Ambivalenz' gegenüber der Taufe hängt wohl nicht zuletzt damit zusammen, daß für ihn der Mensch nicht erst in der Taufe (sakramental) „gerechtfertigt" wird,[1855] sondern in dem durch das ‚geistgeladene Wort' bewirkten „Zum-Glauben-Kommen", das der Taufe vorangeht.

8.3.2.3 Die Paulusbriefe als Quelle für die paulinische Theologie der Frühzeit dargestellt am Beispiel des 1. Thessalonicherbriefes

Etwa im Jahr 50 n. Chr., gut eineinhalb Jahre nach dem Apostelkonzil, schreibt Paulus seinen ersten uns erhaltenen Brief an die Gemeinde in Thessalonich, das früheste literarische Zeugnis des Christentums, das wir besitzen. Die Zeit des Aufenthalts in der Hauptstadt Makedoniens war relativ kurz gewesen. Lukas spricht davon, daß der Apostel während dreier Sabbate in der Synagoge gepredigt und diskutiert und dadurch eine größere Anhängerschaft unter „den gottesfürchtigen Griechen" und „vornehmen Frauen", d.h. „Heidenchristen", gewonnen habe. Dagegen hätten „die Juden" energisch protestiert und die Missionare bei den städtischen „Politarchen" angezeigt, so daß Paulus und seine Begleiter bei Nacht fliehen mußten. Lukas mag bei der Dauer des Aufenthalts unter-, beim Erfolg der paulinischen Predigt dagegen übertrieben haben.[1856] Aus dem 1. Thess, den Paulus etwa ein knappes Jahr nach seinem Aufenthalt schreibt, wird jedoch deutlich, daß die Gemeinde noch wenig

---

einem Wasserbecken s. Jos. bell 1,437: βαπτιζόμενος ἐν κολυμβήθρᾳ τελευτᾷ. Vom Untergang eines Schiffes bell 2,556; samt seiner Besatzung 3,525 vgl. 527; ant 9,212; Vita 15.

[1853] E. KÄSEMANN, An die Römer, HNT 8a, 3. überarb. Aufl. 1974, 157.

[1854] Vgl. Mt 3,11 = Lk 3,16 und das Pfingstwunder Apg 2. Petrus antwortet auf die Frage der frommen (V. 5) jüdischen Zuschauer beim Pfingstwunder und Hörer seiner Predigt, was sie nun tun sollen, in V. 38: „tut Buße und ein jeder lasse sich taufen auf den Namen Jesu Christi zur Vergebung euerer Sünden und *ihr werdet empfangen die Gabe des Heiligen Geistes.*"

[1855] ECKSTEIN, Verheißung, 20 zu Gal 2,16.

[1856] Bei „drei Sabbaten" könnte man von einem etwa vierwöchigen Aufenthalt ausgehen, freilich bleibt unklar, wie lange die Frist zwischen letzter Synagogenpredigt und jüdischem Protest war. Was den Missionserfolg betrifft, spricht er 17,4 zuerst von τίνες der Synagogenbesucher, doch dann von τῶν τε σεβομένων Ἑλλήνων πλῆθος πολύ, γυναικῶν τε τῶν πρώτων οὐκ ὀλίγαι.

gefestigt war und auch einiges von ihren Mitbürgern erlitten hatte. Lukas wird darum Recht haben, wenn er berichtet, daß die Missionare relativ rasch aus der Stadt flüchten mußten.[1857] Auffallend ist, daß Paulus in 1. Thess 2,14 eine Verbindung zwischen den Leiden der Gemeinde und der Verfolgung „der Gemeinde Gottes" *in Judäa* „in Christus Jesus" herstellt, d. h. daß für ihn die Christen in Judäa im Blickfeld standen. Offenbar waren die Gemeinden *in Syrien* bisher nicht in dieser schroffen Weise verfolgt worden, auch nicht in Antiochien; 2. Kor 11,24 und 1. Thess 2,15: wie die Profeten „verfolgten sie uns", betrifft Paulus vor allem persönlich. Die Mißhandlungen, die er und Silas zuvor in Philippi erlitten hatten, verschweigt er dagegen nicht.[1858] Er schreibt so einen *Trost- und Mahnbrief*, der auf die konkreten Fragen und Nöte der Gemeinde eingeht, wie es ein guter und versierter Briefschreiber tut. Dagegen unterläßt er eine Explikation seiner Theologie, hier war ja das Entscheidende der Gemeinde in Thessalonich bereits bekannt. Im Römerbrief, der an eine ihm persönlich unbekannte Gemeinde, die schon einiges Selbstbewußtsein entwickelt hatte, gerichtet ist, stellt er sich als gründlicher theologischer Denker vor, nicht mit seinen neuesten „Entwicklungen" und „Fündlein", sondern vor allem mit jenen Schwerpunkten, die zwischen ihm und den Jerusalemern schon seit vielen Jahren mehr oder weniger kontrovers waren und die zu Polemik und Verleumdungen gegen ihn in Rom geführt hatten. D. h. er schreibt als der von seinem missionarischen Wirken in Antiochien und Syrien her „alt-bekannte" (fast könnte man sagen berüchtigte) Paulus, der auf dem Apostelkonzil energisch sein Evangelium den Jerusalemer Autoritäten argumentativ dargelegt und verteidigt hatte und wenige Jahre später – *nach* der Gründung der Gemeinden in Thessalonich und Korinth – beim Zwischenfall in Antiochien dasselbe in scharfer Polemik gegenüber einem schwankenden Petrus, Barnabas und den anderen Judenchristen vertrat. Weil er in Rom längst bekannt ist, betont er am Anfang des Römerbriefes, „daß ich es mir schon oftmals vorgenommen habe, zu euch zu kommen, aber bis jetzt oftmals abgehalten wurde."[1859] Gewiß mögen in den Römerbrief auch Erfahrungen der etwa 6–7jährigen Mission im Raum der Ägäis einfließen, so sicher in den „ethischen" Kapiteln 12 und 14, wo er z. T. an korinthische Probleme anknüpft, freilich in erheblich veränderter Form, insgesamt jedoch sind die Unterschiede zu 1. und 2. Korinther auffallender, obwohl er den Römern von Korinth aus schreibt und er die dortigen

---

[1857] Apg 17,11 vgl. 1. Thess 2,14 und auch 1,6; 3,4; auch 2,17 das ἀπορφανισθέντες ἀφ' ὑμῶν und die Hoffnung auf ein baldiges Wiedersehen könnten die gewaltsame Unterbrechung andeuten.

[1858] 1. Thess 2,2 vgl. 2. Kor 11,25: Philippi (Apg 16,22.37) wird hier schon mitgezählt. Eine Auspeitschung muß man auch für Ephesus (2. Kor 1) und vielleicht im Zusammenhang mit Apg 18,12–17 vermuten. Dann hätte Paulus die Synagogenstrafe vor allem in Syrien, Kilikien bzw. Arabien empfangen, die Auspeitschung dagegen durch städtische bzw. römische Behörden auf den Reisen im griechisch-kleinasiatischen Raum. Die Aussagen des Paulus und des Lukas über die Verfolgung entsprechen sich hier durchaus in den Grundzügen.

[1859] Röm 1,13 vgl. 15,22: Διὸ καὶ ἐνεκοπτόμην τὰ πολλὰ τοῦ ἐλθεῖν πρὸς ὑμᾶς, P46 B D F G verbessern stilistisch πολλάκις.

Konflikte eben mühsam genug gelöst hatte. Die Frontstellung in der von ihm gegründeten Gemeinde war eben hier eine ganz andere gewesen, und der Apostel pflegte in seinen Briefen immer zielbewußt ganz konkrete Gemeindeprobleme anzusprechen. Von abstrakten theologischen Traktaten, wie sie uns etwa seit den Apologeten begegnen, ist er meilenweit entfernt. Wir haben darum keinen Grund, aus den Briefen jener ca. 6 Jahre bei ihm selbst noch ganz neue und entscheidende „Entwicklungen" hin zu einer ganz anderen „Theologie" herauszulesen. Dies mag Lieblingsbeschäftigung und -thema vieler Paulusforscher sein, u. E. ist es vergebliche Liebesmühe. Sollte dieses Interesse an den theologischen Veränderungen bei Paulus damit zusammenhängen, daß es heute bei vielen Theologen zum guten Ton gehört, seine Ansichten nach den rasch wechselnden Moden zu ändern oder sich ihnen anzupassen?

Das Gesagte gilt erst recht für den *Galaterbrief*. Die Gemeinden in Südgalatien wurden zusammen mit Barnabas auf der sogenannten 1. Reise etwa 46/47 n. Chr., d. h. während der „antiochenisch-syrischen" Epoche des Apostels begründet. Den Brief schrieb er u. E. gegen Ende des Aufenthalts in Ephesus nach 1. Kor, wo er noch auf die von ihm angeordnete Kollekte für Jerusalem verweist,[1860] aber vor 2. Kor, wo von Galatien nicht mehr die Rede ist. Die ganzen Aufteilungshypothesen bei 1. und 2. Kor scheinen uns sehr hypothetisch und nicht wirklich zuverlässig begründbar zu sein. Wir können sie hier beiseite lassen.[1861] Die schroffe Veränderung der Situation in Galatien ließ die Frage nach der dortigen Kollekte, auf die er noch in 1. Kor 16,1 hinweist, unwesentlich werden. Vielleicht war das dort gesammelte Geld von den Sendboten aus Jerusalem,[1862] die vielleicht mit den τίνες ἀπὸ Ἰακώβου 2,12 zusammenhängen, direkt nach Jerusalem mitgenommen worden. Röm 15,26 schreibt Paulus daher nur von der in den Gemeinden Makedoniens und Achaias zusammengebrachten „Gemeinschaftsgabe" (κοινωνία). Um so mehr mußte Paulus sich bemühen, eine ordentliche Kollekte rund um die Ägäis zustandezubringen, wobei er nicht einmal wußte, ob diese in Jerusalem akzeptiert würde.[1863]

Bei der Gründung der Gemeinden in „Galatien", die Lukas in Apg 13 und 14 beschreibt, hatte er das eine gesetzeskritische Evangelium verkündigt, das er von Christus selbst empfing. Inhalt seiner „Glaubensverkündigung" (ἀκοὴ πίστεως) war und blieb der gekreuzigte Christus. Allein die geistesmächtige Botschaft von ihm wirkt Glauben und vermittelt darin die Gabe des Geistes. Dieser geistgewirkte Glaube, der sich dann selbst in den δυνάμεις manifestiert, kann darum schlechterdings nichts mit den ἔργα νόμου, den im Gesetz

---

[1860] 1. Kor 16,1. Paulus hatte diese in Galatien vermutlich auf der Durchreise nach Ephesus angeordnet. Nach dem Zusammenstoß in Antiochien wollte er seine Zusage für Jerusalem erst recht einhalten. Die Einheit der Gemeinde mußte auch durch äußere Zeichen gewahrt werden.
[1861] 1. Clem 47,1ff setzt den 1. Korintherbrief als ein einheitliches Schreiben voraus. S. o. Anm. 1650.
[1862] Vgl. Gal 2,12 vgl. 1,7; 4,16f; 5,1–10; 6,12f.
[1863] Röm 15,31 vgl. 2. Kor 8 u. 9 und Apg 21,24; 24,17, s. o. S. 363f.

geforderten Werken, zu tun haben.[1864] Deshalb widerspricht auch die Forderung „judaistischer" Sendboten aus Antiochien oder Jerusalem, die Beschneidung sei heilsnotwendig oder zumindest heilsförderlich, grundsätzlich jener Botschaft, die der Apostel einst zusammen mit Barnabas in den (süd)galatischen Gemeinden verkündigt hatte. Paulus könnte in Gal 1,10–12; 3,1–5; 4,8–19 und 5,1–12 nicht mit solcher einschneidender Schärfe argumentieren und dabei immer wieder an die Anfänge der Gemeinde erinnern, wenn er damals ganz andere, gegenüber Beschneidung und buchstäblichem Toragehorsam kompromißbereitere, Ansichten vorgetragen hätte. In der Verteidigung des Apostels taucht nirgendwo die Abwehr jenes – tödlichen – Vorwurfs auf, seine Verkündigung habe ja früher anders gelautet und er sei in dem entscheidenden Punkt, der Gesetzesfrage, einst viel großzügiger und kompromißbereiter gewesen. Der Galaterbrief ist so, bei aller Schärfe der Auseinandersetzung, vor allem *präzisierende Erinnerung* an das vom Apostel einstmals verkündigte Evangelium. Daß er dabei seine Missionskollegen (bzw. Gehilfen) Barnabas, aber auch die späteren Begleiter Silas oder Timotheus nicht erwähnt, hängt nicht nur damit zusammen, daß er jetzt diesen Streit nach dem Bruch mit Antiochien allein austragen muß,[1865] sondern auch, daß in den zurückliegenden Zeiten der Kollegialmission der christologisch-soteriologische Inhalt der Missionsbotschaft weitgehend durch das von ihm, Paulus, empfangene Evangelium geprägt war. Er war und blieb wirklich der *überragende* Theologe und Missionar des griechischsprechenden Judenchristentums außerhalb Palästinas zwischen Damaskus und Rom. 1. Kor 15,10 übertreibt nicht.

Nun wird dem gerne entgegengehalten, daß *der früheste Brief des Paulus an die Gemeinde in Thessalonich*, der noch ganz das Gepräge vor- oder frühpaulinischer „antiochenischer Theologie" trage, nichts von diesen ganzen „späteren" Theologumena über Rechtfertigung allein aus Glauben, Gesetzeswerken, Kreuzestheologie, Sündenverfallenheit der menschlichen Sarx, Unfähigkeit des Menschen zum Heil und Prädestination wisse. Eben darum hatte ihn schon F. C. Baur und die damalige Kritik als untypisch für die paulinische Theologie und daher als unpaulinisch erklärt.[1866] Dies wird heute kaum mehr vertreten. Vielmehr sieht man in ihm gerade ein Paradigma für die angeblich einfachere, stark sakramental geprägte Theologie der paulinischen Frühzeit, die im Grunde nur weitgehend die Anschauungen der „hellenistischen Gemeinde" in Antiochien wiedergäbe. Es ist jedoch gefährlich, einem kleinen Brief von 1475 Worten, der nicht länger ist als eine durchschnittliche Predigt, eine solche

---

[1864] Gal 3,1–4; vgl. dazu O. HOFIUS, Wort Gottes und Glaube bei Paulus, in: Paulusstudien, 168 ff.

[1865] Vgl. dazu die ganz persönlichen Zeilen Gal 6,11–17.

[1866] F. C. BAUR, Paulus, 480–492: „In der ganzen Sammlung der paulinischen Briefe gibt es keinen, welcher allen anderen in Hinsicht der Eigenthümlichkeit und Gewichtigkeit so sehr nachsteht, wie 1. Thess" (480); „ ... daß beiden Briefen zusammen alle Merkmale paulinischer Originalität fehlen" (491). Zur Echtheitsfrage D. H. J. HOLTZMANN, Einleitung, ³1892, 213 f; W. KÜMMEL, Einleitung in das Neue Testament, ¹²1963, 183 f.

Beweislast aufzubürden. Wir sagten es schon am Anfang, daß ein guter Prediger, und Paulus war gewiß einer, gerade nicht in jeder Predigt seine ganze Theologie hineinpackt, vor allem dann nicht, wenn er ganz konkrete seelsorgerliche Probleme in der Gemeinde behandeln will. Und diese Probleme waren in dieser noch ganz jungen Gemeinde im Übermaß vorhanden. Dazu gehörte der Leidensdruck, die rechte Lebensführung im Glauben und das Schicksal der Toten im Blick auf das in nächster Nähe erwartete Kommen des Kyrios. Auf diese Fragen mußte der Apostel Antwort geben, nicht auf grundsätzliche „dogmatische" Probleme. Alles andere konnte und mußte in dem begrenzten Raum dieser Briefe beiseitebleiben. Das ist der große Unterschied zum Römerbrief.

Gleichwohl lohnt es sich, einen Blick auf den Brief zu werfen. Hier fällt zunächst die Relation Evangelium bzw. Wort Gottes und Glaube auf – fast mehr als in anderen paulinischen Briefen: Er trägt damit ein gut ‚lutherisch-reformatorisches' Gepräge: Sein Hauptkennzeichen ist eine solide „Wort-Gottes-Theologie". Von typischer „hellenistischer Sakramentstheologie", wie sie in Antiochien gepflegt worden sein soll, ist dagegen herzlich wenig zu spüren.

Ausgangspunkt ist die Verkündigung des *Evangeliums*[1867] durch Paulus und seine Begleiter, Silas und Timotheus. Es ist dies keine andere Botschaft, als die, die er in 1. Kor 15,1–4 ausspricht und die ihm nach Gal 1,11f von Christus selbst zur Verkündigung anvertraut worden war. Dieses Evangelium erwies sich nicht nur als Menschenwort, sondern wirkte „in Kraft und im heiligen Geist und in völliger Gewißheit" (1,5f). Selten wird die Einheit von Evangeliumsverkündigung und Kraft des Geistes in den Paulusbriefen so deutlich wie hier.[1868] Eben darum konnten die Hörer in Thessalonich das von den Aposteln[1869] trotz der vorausgehenden Leiden in Philippi freimütig verkündigte[1870] Evangelium annehmen,[1871] und zwar nicht als Menschen-, sondern als Gotteswort, das sich in den Glaubenden als wirkungsmächtig erweist. Gleichzeitig kommt darin die Unverfügbarkeit des *Glaubens* zum Ausdruck.[1872] Achtmal erscheint als entscheidender Begriff πίστις – häufiger als in 1. und 2. Kor (jeweils siebenmal) oder in Phil (fünfmal). Dabei braucht er dieses Wort nicht mehr zu erklären. Was Glaube ist, worauf er gründet und wie er sich auswirkt, hatte er offenbar der Gemeinde bei dem relativ kurzen Gründungsaufenthalt

---

[1867] Der Begriff erscheint 6mal: 1,5; 2,2.4.8.9; 3,2 häufiger als in Gal (4mal) und fast so oft wie in 2. Kor (7mal).

[1868] Vgl. noch 1. Kor 1,18; 2,4f; 4,20; Röm 1,16.

[1869] Das Wort erscheint nur in 2,7 und nicht im Präskript. Die apostolische Vollmacht wurde in Th. nicht bezweifelt, darum konnten die Verkündiger darauf verzichten, sie geltend zu machen. Ganz leise klingt dabei das Problem von 1. Kor 9 an, vgl. 2,9.

[1870] 2,2f: ἐπαρρησιασάμεθα ἐν τῷ θεῷ ἡμῶν λαλῆσαι πρὸς ὑμᾶς τὸ εὐαγγέλιον.

[1871] 2,13: ἐδέξασθε vgl. 1,6. Der Begriff ist typisch für die paulinische (2. Kor 6,1; 11,4; vgl. 1. Kor 2,14; Gal 4,14) und lukanische (Apg 8,14; 11,1; 17,11; vgl. Lk 8,11; 18,17 u.ö.) Missionsstrategie.

[1872] 2,13: ὃ καὶ ἐνεργεῖται ἐν ὑμῖν τοῖς πιστεύουσιν.

fest ins Herz geschrieben, ja er kann ihren Glauben als für andere Gemeinden vorbildlich preisen.[1873] Dieser ihr Glaube ist nicht Menschenwerk, er beruht auf Gottes freier „*Gnadenwahl*" und Liebe, von der am Anfang des Briefes die Rede ist.[1874] Das Stichwort ἐκλογή muß dabei von dem Sprachgebrauch im Römerbrief (insbesondere dem κατ' ἐκλογὴν χάριτος Röm 11,5) her interpretiert werden.[1875] Dem entspricht, daß Paulus dreimal davon spricht, daß Gott die Glieder der neuen Gemeinde *berufen* habe,[1876] und zwar – so am Ende des Briefes – als der Gott, der sich selbst, d. h. seiner Gnadenwahl und Heilszusage in Christus, treu bleibt: πιστὸς ὁ καλῶν ὑμᾶς, ὃς καὶ ποιήσει: Er wird ganz gewiß das in der Predigt des Evangeliums zugesprochene Heil verwirklichen und die Gemeinde „heiligen" und für die nahe Parusie Christi bewahren. In dem Futur ποιήσει kommt zugleich die Gnade der Perseveranz zum Ausdruck. Kann man der typisch paulinischen (und dann auch reformatorischen) *Heilsgewißheit* stärkeren Ausdruck verleihen?[1877] M. a. W., das Heil gründet allein in *Gottes Treue*. Fast möchte man in dieser paulinischen Formel vom treuen Gott, der zu seiner Gnadenwahl steht, einen theologischen Grundsatz des Apostels sehen, der aus seiner Begegnung mit dem Auferstandenen vor Damaskus erwachsen ist. Damals hat er selbst, der Verfolger und Lästerer Christi, Gottes unverdiente freie Gnadenwahl und Berufung erfahren und die Treue dessen, der ihn, den Sünder, berief, hat ihn lebenslang begleitet. Vermutlich gehört diese Formel in die für ihn typische Gebetssprache.[1878] Beides, Gottes Treue und Gnadenwahl, offenbart sich aber in *Tod und Auferstehung Jesu*, die in ihrer heilvollen

---

[1873] 1. Thess 1,6−9. Er hat sich schon in der Anfechtung bewährt.

[1874] 1,4: εἰδότες, ἀδελφοὶ ἠγαπημένοι ὑπὸ τοῦ θεοῦ τὴν ἐκλογὴν ὑμῶν. Gottes Liebe kommt dem Glauben zuvor: Weil sie von Gott geliebt sind, kommen sie zum Glauben. Vgl. Röm 8,6−11; 9,16.

[1875] Vgl. noch Röm 9,11; 11,7.28; dazu Röm 8,33 und 1. Kor 1,27f.

[1876] καλεῖν 1. Thess 2,12; 4.7; 5,24; vgl. Röm 8,30.

[1877] 1. Thess 5,24 vgl. 23 und 2. Thess 3,3. S. dazu J. M. GUNDRY VOLF, Paul and Perseverance, WUNT II/37, 1990.

[1878] Ein ganz ähnlicher Gebetswunsch begegnet uns im Prooemium des Briefes 1. Kor 1,9: πιστὸς ὁ θεός, δι' οὗ ἐκλήθητε εἰς κοινωνίαν τοῦ υἱοῦ αὐτοῦ Ἰησοῦ Χριστοῦ τοῦ κυρίου ἡμῶν, vgl. 10,13; 2. Kor 1,18; vgl. auch das in anderer Frontstellung formulierte Röm 3,4: γινέσθω δὲ ὁ θεὸς ἀληθής. 2. Thess 3,3 ist von 1. Thess 5,24 abhängig, spricht aber von der Treue des Kyrios, vielleicht eines der zahlreichen kleinen Indizien für die deuteropaulinische Herkunft des weitgehend von 1. Thess abhängigen Briefes. Deutlich von Paulus abgesetzt ist das häufige, nun auf die Lehrtradition bezogene πιστὸς ὁ λόγος in den Pastoralbriefen: 1. Tim 1,15; 3,1; 4,9; 2. Tim 2,11; Tit 3,8; näher bei Paulus steht Hebr 10,23 und 11,11. S. dazu B. RIGAUX, Saint Paul. Les épitres aux Thessaloniciens, Paris 1956, 601 f. Die Formel mag auf Aussagen wie Jes 49,7b, wo ebenfalls die Erwählung betont wird, und Dtn 7,9 vgl. PsSal 14,1 zurückgehen. Zur Diskussion der paulinischen Gebetsformel s. P. VON DER OSTEN-SACKEN, Gottes Treue bis zur Parusie, ZNW 68 (1977), 176−199, der vermutet, daß Paulus in 1. Kor 1,7b−9 „geformte Tradition verarbeitet hat". Könnte es sich hier, da wirklich vergleichbare jüdische Parallelen weitgehend fehlen, nicht um eine typisch paulinische Formel handeln? Vgl. B. RIGAUX, loc. cit. zu 1. Thess 5,24: „C'est le point final d'écrit paulinien. Il résume toute la lettre, tout l'apostolat, tout la vie de Paul: ... Dieu, le Fidèle, appele, choisit ... il acchévera le qu'il à commencé (Phil 1,6), car il tient tout promesse (Rö 4,21)."

Bedeutung als Grund des Glaubens und der Hoffnung kurz in 1. Thess 4,14[1879] und ausführlicher 5,8—10 angesprochen werden: Die Glaubenden sind ausgerüstet mit dem „Panzer des Glaubens und der Liebe und dem Helm der Hoffnung auf das Heil", wobei Hoffnung für Paulus nichts anderes ist als der auf Gottes Zukunft hin ausgerichtete Glaube, „denn Gott hat uns nicht zum (Gerichts-) Zorn, sondern zur Erlangung des Heils bestimmt durch unseren Herrn Jesus Christus, der für uns gestorben ist,[1880] damit wir, ob wir nun wachen oder schlafen, mit ihm leben werden".[1881] Gottes Treue ist hier aufs engste mit seiner heilschaffenden Gerechtigkeit verbunden. Sie wurde nach Röm 3,21f „χωρὶς νόμου für alle Glaubenden" offenbar. Spricht Paulus in 1. Thess wirklich so eine ganz andere Sprache als ungefähr sechs Jahre später im Römerbrief?

An beiden Stellen, 1. Thess 4,14 und 5,8—10, erinnert der Apostel die Briefempfänger an seine gemeindegründende Verkündigung und setzt voraus, daß sie diese grundlegenden Sätze seiner Botschaft, die einem antiken Hörer ebenso wie einen modernem Neuheiden zunächst als krauses Gerede erscheinen mußten, wirklich verstehen, wobei man freilich immer annehmen darf, daß der ‚Briefbote', der das Schreiben überbrachte, bei Rückfragen aus der Gemeinde Details erklären konnte. Daß durch Christi stellvertretenden Sühnetod (τοῦ ἀποθανόντος ὑπὲρ ἡμῶν 5,10) und seine Auferweckung durch Gott (ὃν ἤγειρεν ἐκ τῶν νεκρῶν 1,10) – beides kann man nicht trennen, vielmehr bedingt die eine Aussage die andere – die Rettung im kommenden Gericht gewiß ist (τὸν ῥυόμενον ἡμᾶς ἐκ τῆς ὀργῆς τῆς ἐρχομένης), sagt Paulus so nicht nur erst am Ende seines Briefes, sondern auch schon am Anfang in 1,10, dort mit einer eschatologischen missionarischen Formel, bei der kaum bestritten werden kann, daß sie letztlich auf die ursprüngliche Verkündigung der Jerusalemer Gemeinde zurückgeht.[1882] Von dem wiederkommenden Christus als ὁ ῥυόμενος spricht Paulus auch in dem Zitat aus Jes 59,20 in Röm 11,26[1883] im Blick auf die Rettung Israels durch den kommenden Herrn, der diesem Vergebung der Sünden bringt. Es erfüllt sich darin die Erwählung des Gottesvolkes als eines Aktes der freien Gnade und Treue Gottes. Was aber ist *die Rettung* der ehemals heidnischen Götzendiener (1,9) in Thessalonich und die des jetzt noch ungläubigen Israels durch den kommenden Christus im Bezug auf das Endgericht, in

---

[1879] εἰ γὰρ πιστεύομεν ὅτι Ἰησοῦς ἀπέθανεν καὶ ἀνέστη, οὕτως καὶ ὁ θεὸς τοὺς κοιμηθέντας διὰ τοῦ Ἰησοῦ ἄξει σὺν αὐτῷ. Vgl. o. Anm. 177.1235.

[1880] Zu der Stelle s. M. LAUTENSCHLAGER, Verhältnis von Heiligung und Heil, ZNW 81 (1990), 39—59.

[1881] ὅτι οὐκ ἔθετο ἡμᾶς ὁ θεὸς εἰς ὀργὴν ἀλλὰ εἰς περιποίησιν σωτηρίας διὰ τοῦ κυρίου ἡμῶν Ἰησοῦ Χριστοῦ; 5,10: τοῦ ἀποθανόντος ὑπὲρ ἡμῶν, ἵνα εἴτε γρηγορῶμεν εἴτε καθεύδωμεν ἅμα σὺν αὐτῷ ζήσωμεν. Zu dem Zusammenhang von Gottes Treue und Gottes Gerechtigkeit s. P. STUHLMACHER, Gerechtigkeit Gottes bei Paulus, FRLANT 87, 1965; s. besonders 240: „δικαιοσύνη θεοῦ ist Gottes ... Schöpfertreue als Gottes befreiendes Recht".

[1882] Vgl. Apg 17,31; zur jüdischen Sprachgestalt der Formel 1. Thess 1,10 s. T. HOLTZ, Der erste Brief an die Thessalonicher, EKK XIII, 1986, 59f. In anderer Form s. Gal 5,5.

[1883] Vgl. Jes 54,5.8; 44,6; 47,4; 48,17; 49,7 auf Gottes eigenes Erlösungswerk bezogen mit der Wurzel g'l; 49,26: jšʿ.

dem Gottes gerechter Zorn offenbar wird (Röm 1,18ff), anderes als „*Rechtfertigung des Gottlosen*"? Die im Römerbrief und Galaterbrief gebrauchte forensische Sprache nimmt ihren Ausgangspunkt beim Gericht als Manifestation der ὀργὴ θεοῦ. Es muß auffallen, daß Paulus sonst nur noch im späten Römerbrief (geschrieben Winter 56/57) und in seinem frühesten Schreiben des Jahres 50 so massiv von Gottes eschatologischem „Zorngericht" spricht und diesem Christus als Retter gegenüberstellt.[1884] Er ist es, der allein als ῥυόμενος ἡμᾶς ἐκ τῆς ὀργῆς (1. Thess 1,10) durch seinen Tod ὑπὲρ ἡμῶν (5,10) Gottes Zorn und das damit verbundene Todesgericht stellvertretend auf sich nimmt und die jungen Christen der περιποίησις σωτηρίας gewiß macht (5,9), und der als Retter für Israel Sündenvergebung bringt (Röm 11,26). D. h. durch ihn hat Gott seine zu Feinden gewordenen Geschöpfe mit sich versöhnt, sein Tod am Kreuz hat das δικαιωθῆναι ἐκ πίστεως und die εἰρήνη πρὸς τὸν θεὸν Wirklichkeit werden lassen.[1885] Wir sollten aus dem überfließenden Reichtum der paulinischen Sprache, mit der er das *eine* Heilsgeschehen in seinen vielseitigen Aspekten umschreiben kann, nicht verschiedene, ja gegensätzliche „Soteriologien" bei Paulus herauslesen. Solche irreführenden Differenzierungen am unrechten Ort können selbst heute noch das ökumenische Gespräch verderben.[1886] Er hat bei seiner gemeindegründenden Predigt in Thessalonich sowohl die prädestinatianische Gnadenwahl wie auch die forensische „Rechtfertigung des Sünders" im Gericht einschließlich des sola fide angesprochen. Wir glauben daher nicht, daß seine Christologie und Soteriologie bei seinem Aufenthalt in Thessalonich (und dann in Korinth) eine wesentlich andere gewesen ist als im ca. 6 bis 7 Jahre später geschriebenen Römerbrief: Dagegen spricht der auffallende Sprachgebrauch von Gnadenwahl, Berufung und der Rettung von der ὀργὴ θεοῦ wie auch die Betonung des Zusammenhangs von Wort und Glaube.

Daß der *Glaube*, der die Parusie in zeitlicher Nähe erwartet, für ihn keine abwartende Passivität auslöst, sondern gerade im 1. Thess nur als πίστις δι' ἀγάπης ἐνεργουμένη (Gal 5,6) verstanden werden muß, zeigt der ganze Brief. Er will ja in dieser noch blutjungen, angefochtenen und unter erheblichem äußeren Druck stehenden Gemeinde das neu begonnene Leben aus dem Glauben stärken und nicht irgendwelche lebensfernen theologischen Theorien vortragen. Paulus ist nie „*nur*" Theologe und schon gar nicht ein abstrakter Schreibtischgelehrter, sondern immer zugleich erfolgreicher Gemeindegründer, der Missionar κατ' ἐξοχήν, und ein erfahrener Seelsorger. Aber das alles geschieht nie *ohne* theologische Reflexion. Darum spricht er schon im Pro-

---

[1884] Vgl. Röm 1,18ff und vor allem 2,5: θησαυρίζεις σεαυτῷ ὀργὴν ἐν ἡμέρᾳ ὀργῆς καὶ ἀποκαλύψεως δικαιοκρισίας τοῦ θεοῦ, vgl. 2,8; 3,5; 4,15; 5,9; 9,22. Aber das sind Redeformen, die man heute gar zu gern überhört.

[1885] Röm 5,1–11 (9): δικαιωθέντες νῦν ἐν τῷ αἵματι αὐτοῦ σωθησόμεθα δι' αὐτοῦ ἀπὸ τῆς ὀργῆς.

[1886] S. dazu E. JÜNGEL, Um Gottes willen – Klarheit! – Kritische Bemerkungen zur Verharmlosung der kriteriologischen Funktion des Rechtfertigungsartikel – aus Anlaß einer ökumenischen „Gemeinsamen Erklärung zur Rechtfertigungslehre", ZThK 94 (1997), 394–506.

oemium vom „tätigen Glauben"[1887] und läßt am Anfang und Ende des Briefes die ἀγάπη und die ἐλπίς[1888] dem Hinweis auf die πίστις folgen. Auch hier handelt es sich um eine alte gebräuchliche Dreierreihe des Apostels, die dieser wohl schon seit langer Zeit verwendet.[1889]

Das neue Leben im Glauben, das Paulus in Gal 6,15 und 2. Kor 5,17 als καινὴ κτίσις, in Gal 5,22 als „Frucht des Geistes" und Röm 8,12 als „Getriebenwerden vom Geist", der „die Werke des Fleisches tötet", beschreibt, steht in 1. Thess vor allem unter dem Stichwort ἁγιασμός;[1890] einmal erscheint auch ἁγιωσύνη.[1891] Der Begriff ist nicht moralisierend zu verstehen, sondern als Wirkung des geistesmächtigen Evangeliums und zugleich als eine Konsequenz des Glaubens an das durch Christus gewirkte Heil. Der im Glauben Gerechtfertigte ist auch durch den Geist „geheiligt" (1. Kor 6,11).

Der erste uns erhaltene Brief des Apostels unterscheidet sich so theologisch nicht grundsätzlich von seinen späteren Briefen, wohl aber gilt zu bedenken, daß Paulus in allen Briefen immer auf die besonderen Fragen und Nöten der Angeschriebenen eingeht. Er ist alles andere als ein starrer Dogmatiker, die findet man heute eher bei den kritizistischen Exegeten, er kann darum dieselbe Botschaft, das *eine* ihm anvertraute Evangelium,[1892] je nach Situation in einer reichen, ungemein variablen Metaphorik und unter unterschiedlichen Aspekten, gleichwohl aber in ungebrochener Identität, man könnte auch sagen in absoluter Treue zur Sache, vortragen. Eben deshalb ist es kurzsichtig, aus der variablen Darstellung schließen zu wollen, daß er seine theologischen Anschauungen mehrfach *wesentlich* geändert habe. Das gilt auch für die vielverhandelte Frage der angeblich ganz unterschiedlichen Eschatologie in 1. Thess 4,13−18 und 1. Kor 15,35−38. Die Fragen der Gemeinde in Thessalonich waren eben andere als die der Korinther. In Thessalonich wurde die *leibliche* Auferstehung der Toten nicht geleugnet. Man fragte vielmehr nach dem Schicksal der vor der Parusie Gestorbenen. Erst recht ist es unsinnig, zu vermuten, daß für Paulus erst durch die Aporie in Thessalonich ca. 17 Jahre nach seiner Bekehrung die Frage der Toten in Christo überhaupt zum Problem geworden sei.[1893]

[1887] So übersetzt M. DIBELIUS, HNT 11, ³1937, z. St. ἔργον τῆς πίστεως. Paulus versteht hier keinesfalls den Glauben als „Werk".

[1888] 1. Thess 1,3 vgl. 5,8; 3,6 πίστις und ἀγάπη.

[1889] Aus späterer Zeit s. 1. Kor 13,13 vgl. Kol 1,4f.

[1890] 1. Thess 4,3f.7 vgl. 5,23 als Gottes Werk; 2. Thess 2,13 interpretiert richtig ἐν ἁγιασμῷ πνεύματος. Vgl. 1. Kor 1,30; Röm 6,19. Darum sind die Glaubenden wie in allen Paulusbriefen ἅγιοι: 1. Thess 5,23 (vgl. 3,13), das von 4,14 und 17 her zu verstehen ist.

[1891] 3,13 ἀμέμπτους ἐν ἁγιωσύνῃ, vgl. 2. Kor 7,1.

[1892] 1. Thess 2,4: καθὼς δεδοκιμάσμεθα ὑπὸ τοῦ θεοῦ πιστευθῆναι τὸ εὐαγγέλιον, οὕτως λαλοῦμεν, οὐχ ὡς ἀνθρώποις ἀρέσκοντες ... vgl. dazu Gal 1,10; 2,4.7f. Formelhaft: 1. Tim 1,11; Tit 1,3.

[1893] J. BECKER, Paulus, 149−153 führt 1. Thess 4,13ff auf die antiochenische Zeit des Paulus zurück. Die „antiochenische Gemeinde der paulinischen Zeit" habe diese Problemlösung „angesichts ... der Erfahrung mit verstorbenen Gemeindegliedern" entwickelt (153). Gegen LÜDEMANN, Paulus, 258: Paulus mache die Thessalonicher „erstmals mit der Auferstehungsaussage bekannt" s. T. HOLTZ, Der erste Brief an die Thessalonicher, EKK XIII, ²1990, 187.

Wir dürfen bei den paulinischen Briefen nicht vergessen, daß sie einen winzigen Ausschnitt aus der unvorstellbaren Fülle einer 17 (1. Thess) bis 24 (Röm) jährigen mündlichen Missionspraxis und -predigt darstellen. Was sie enthalten ist zu einem guten Teil situationsgebunden und darum in der äußeren Form auch zufällig. Um so erstaunlicher ist der Reichtum und die Tiefe dieser wenigen „Fragmente", die aus seinem langjährigen Wirken erhalten sind. Das sollte uns vorsichtiger machen gegenüber dem Versuch, aus dem wenigen, was wir besitzen, tiefgreifende Entwicklungen und psychologische Veränderungen bei Paulus in seiner Spätzeit herauszulesen, die im Gegensatz zu der früheren syrisch-antiochenischen Zeit des Apostels stehen. Seine Redeform von dem ihm anvertrauten Evangelium und sein erfolgreicher Kampf um die Anerkennung dieses Evangeliums auf dem „Apostelkonzil", nachdem sich dasselbe in jahrelanger Praxis auf sehr reale Weise als δύναμις . . . θεοῦ εἰς σωτηρίαν παντὶ τῷ πιστεύοντι im Rahmen einer erfolgreichen „Heidenmission", d. h. vornehmlich bei den Sympathisanten am Rande der Synagogengemeinden, erwiesen hatte, sollte uns hier vorsichtiger machen.

Die theologisch-seelsorgerliche Erfahrung, die uns aus jedem Satz im 1. Thessalonicherbrief entgegentritt, legt es uns nahe, daß, als der Apostel nach dem ersten Bruch mit Barnabas vermutlich im Frühjahr 49 nach Kleinasien und der Ägäis aufbrach, seine Botschaft ein klares christologisch-soteriologisches Zentrum und feste Umrisse besaß. Ein ungeordneter, schwankender Denker hätte nie solche Briefe schreiben können. Das würde bedeuten, daß die theologischen Grundgedanken, die in seinen Briefen auftauchen, schon in seiner syrisch-antiochenischen Epoche, d. h. zwischen 40 und 48 zu *seinem* geistigen Eigentum gehörten, ohne daß wir dabei behaupten können, daß sie typisch *„hellenistisch-antiochenische"* Entwicklungen waren. Wie er ca. 39/40 nach Antiochien kommt, blickt er schon auf eine ca. 6–7 jährige Missionspraxis zurück. Spätestens Gal 2,11 ff, aber vielleicht bereits beim Bruch mit Barnabas Apg 15,36, zeigte es sich, daß Antiochien und Paulus nicht einfach identifiziert werden dürfen. Er war als theologischer Denker seinen Mitmissionaren haushoch überlegen, darum müssen entscheidende Wirkungen von ihm ausgegangen sein – wo und wann er sich selbst durch fremde Traditionen beeinflussen ließ, die er sicher auch in reichem Maße aufnahm, ist schwerer zu sagen. Hier wird die Frühzeit, d. h. die Epoche *vor* Antiochien (ca. 33–39/40), die größte Rolle gespielt haben. Entscheidend ist jedoch die eigene Prägung, die er diesen Traditionen gab. In der Jesustradition, die er zu seiner gemeindegründenden Predigt brauchte, bleibt er in den Briefen, wo er anderes, oftmals Kontroverses zu sagen hat, leider recht wortkarg. In diesem Bereich lag, da er nicht selbst Jesusjünger gewesen war, nicht seine Stärke. Hier waren Petrus und „die Apostel vor mir" in Jerusalem (Gal 1,17) ihm überlegen. Hätten wir von diesen echte Briefe, würde unser Bild von der urchristlichen Verkündigung wohl etwas anders aussehen. Wenn J. Becker glaubt, daß „zur Beschreibung der spezifisch antiochenischen Theologie begründete Vermutungen möglich sind, jedoch nicht mehr",[1894] so würden wir selbst dies bezweifeln. Begründete Vermutungen sind vielmehr über *die Theologie des Paulus* in jenen für ihn entscheidenden Jahren zwischen 33 und 49 n. Chr. möglich. Das Ergebnis unserer Studie läßt sich hier in *einem* fast banal klingenden Satz zusammenfassen: Seine Theologie, die uns in den Briefen zwischen ca. 50—56/7 (oder 60) begegnet, hat sich bereits in dieser vorausgehenden Epoche ausgebildet. Die entscheidenden Entwicklungen seines Denkens standen dabei sehr viel mehr am Anfang als gegen Ende seiner Wirksamkeit. Und dies hatte unabsehbare *historische* Wirkungen: Ohne ihn als theologischen Denker hätte sich weder die gesetzeskritische Heidenmission zuerst in „Syrien und Kilikien" und dann in Kleinasien, Griechenland und selbst in Rom *wirklich ganz durchgesetzt*, noch wäre es zu dem – notwendigen, da klärenden – Konflikt mit Jerusalem gekommen. Das ‚Christentum' wäre vielmehr eine messianische Sekte am Rande des Judentums geblieben und allmählich, wie andere jüdische Sekten der Antike, aus der Geschichte verschwunden. In *diesem* Punkt hat die alte religionsgeschichtliche Schule recht: Paulus ist – historisch gesehen – der „zweite Begründer" des Christentums. Er hat es – providentia Dei – als Theologe und Missionar auf jenen Weg gebracht, durch den es zur – ersten – *Welt*religion wurde. Der Grund dazu wurde in jenen unbekannten Jahren des Apostels zwischen Damaskus und Antiochien festgelegt. Mit Recht nannten ihn daher die frühen Väter (wie auch die Gnostiker) einfach „*den* Apostel".

[1894] J. BECKER, Paulus, 119.

Schluß:
Ein chronologischer Vergleich – Paulus und Luther

Analogieschlüsse sind verführerisch und leiten – voreilig gezogen – im Bereich der Geschichtsforschung leicht in die Irre. Aber ohne sie wäre historisches Argumentieren und Verstehen unmöglich. Hier am Ende sei der Vergleich der Entwicklung des Apostels mit dem wohl größten Paulusausleger erlaubt: Die Zeitdauer ihrer öffentlichen Wirksamkeit liegt nicht allzu weit auseinander. Bei Paulus sind es ca. zwischen 33 und 64 n. Chr. ungefähr 31 bei Luther zwischen 1513 und 1546 33 Jahre. Bei Luther können wir jedoch die Entwicklung seiner theologischen Einsichten sehr viel besser verfolgen als bei Paulus. Schon der „junge Luther" ist uns ganz ungleich näher und vertrauter als Paulus „zwischen Damaskus und Antiochien".[1895] Seine entscheidenden Erkenntnisse sind gereift zwischen 1513 und 1515/6, d.h. zwischen seiner ersten Psalmen- und der Römerbriefvorlesung. Die Entwicklung ist weitgehend abgeschlossen in der Galatervorlesung 1516/7, mag auch der endgültige „Durchbruch" erst im Jahr 1518 liegen.[1896] Er war wohl nur wenig älter als Paulus bei seiner Lebenswende,[1897] denn die entsprechende Zeit liegt zwischen seinem 30. und 33. Lebensjahr. D.h. wie der Pharisäer und Schriftgelehrte ist er *zu Beginn seiner Wirksamkeit* als Mönch und „Doktor der Heiligen Schrift" *zu den entscheidenden Einsichten gekommen, die er bis in seine Spätschriften festgehalten hat und die sein Wirken seit seiner „Wende" bestimmt haben*, wobei bei Paulus diese noch sehr viel radikaler und plötzlicher war. Es gab auch bei Luther später keine Einsichten des fortgeschrittenen Alters, die zu einem erneuten Umbruch mit wesentlichen Veränderungen seines Denkens geführt hätten.[1898] Man kann auch seinen Weg zum Reformator nicht einfach auf zwei Stationen verteilen: Einmal „der verzweifelte Mönch" und dann „der zielsichere Reformator."[1899]

[1895] G. Ebeling, Luther. Einführung in sein Denken, Tübingen 1964, 43: „Ich kenne keinen Parallelfall in der gesamten Geschichte, daß ein geistiger Umbruch von vergleichbarem Ausmaß in annähernd ähnlicher Intensität quellenmäßiger Untersuchung offen läge."

[1896] Vgl. M. Brecht, Artk. Luther I, TRE 21, 1991, 517: „Die reformatorische Entdeckung war das Ergebnis einer Entwicklung und schließlich doch ein bestimmtes Ereignis." Vgl. S. 526 (Lit.).

[1897] Zum Alter des Paulus vgl. Apg 7,58: νεανίας (vgl. 23,16–18.22) und Phm 9: πρεσβύτης.

[1898] Er hatte durch seine längere Lebensfrist Zeit, diese Einsichten im Alter zu vertiefen. Diese Früchte lassen sich ablesen in seiner letzten Genesisvorlesung, die sich über die Jahre 1535–1545 erstreckt.

[1899] H. A. Oberman, Luther, Berlin 1981, 166f.

Im „verzweifelten Mönch" war im Grunde der „zielsichere Reformator" schon verborgen gegenwärtig und der Reformator war immer wieder tiefen Anfechtungen ausgesetzt. Wie kein anderer wußte er um die Erfahrung einer „getrosten Verzweiflung". Noch weniger kann man bei Paulus den radikalen Theologen und den zielstrebigen Missionar trennen. Für beide gilt die Einheit von Biographie und Theologie.

Anders als wir von Paulus wissen, erscheinen die wichtigsten Schriften nach der Lebenswende in rascher Folge: Die erste von Luther selbst in Druck gegebene Schrift gehört ins entscheidende Jahr 1517.[1900] Nach den Schriften zum Ablaßstreit (1518)[1901] und zu den Sakramenten und vor allem seinem Galaterkommentar (1519) folgten 1520 neben anderen als wichtigste der Sermon von den guten Werken[1902], die Schrift an den Adel, weiter De captivitate ecclesiae und Von der Freiheit eines Christenmenschen.[1903] 1521 erscheinen die Operationes in psalmos. Die Werke der Jahre zwischen 1521 und 1524 zeigen aber auch besonders deutlich, daß auch Luther – ähnlich wie Paulus – immer situationsbezogen schreibt.[1904] 1525 verfaßt er seine reifste Schrift De servo arbitrio – eine Antwort an Erasmus – zugleich der Abschluß dieser über 12 Jahre sich erstreckenden theologischen Umwälzung (1513–1525). Diesem frühen Zeitraum würden cum grano salis bei Paulus eben jene „unbekannten" ca. 16/7 Jahre zwischen 33 und 48/9 entsprechen und man könnte mit einiger Kühnheit die Schrift De servo arbitrio und die Verhandlungen auf dem „Apostelkonzil" (bzw. zwei bis drei Jahre später den Zusammenstoß mit Petrus in Antiochien) in Parallele setzen.[1905] Es ist äußerlich gesehen ein „Zufall", daß wir bis zum „Apostelkonzil" keine Paulusschriften besitzen. Bei Luther erscheint alles „komplizierter", weil ganz unvergleichlich mehr Schriften überlie-

---

[1900] Die sieben Bußpsalmen mit deutscher Auslegung. Vgl. dazu G. EBELING, Luther (Anm. 1895), 42 ff.

[1901] Vgl. etwa gegen Schluß der Resolutiones disputationum de indulgentiarum virtute (Bonner Ausgabe I, 15–147): *Ecclesia indiget reformatione, quod est unius hominis Pontificis nec multorum ... sed totius orbis, immo solius dei. Tempus autem huius reformationis nouit solus ille, qui condidit tempora.* (146f.).

[1902] EBELING, Luther (Anm. 1895), 62: „der nicht weniger als der Inbegriff der Reformation ist".

[1903] 1520 März bis Mai: Sermo von den guten Werken; August: An den Adel deutscher Nation; am 6. Oktober erscheint: De captivitate ecclesiae; November: Von der Freiheit eines Christenmenschen. Am 15. Juni erhielt er die Bannandrohungsbulle Exsurge Domine.

[1904] Das Jahr 1521, durch den päpstlichen Bann und das Wormser Edikt, die Reichsacht, geprägt, läßt Luther weniger Zeit zu Veröffentlichungen: am 3. Januar die Vorladung zum Reichstag 6. April; Verhör vor dem Reichstag 17./18. April; am 8. Mai Wormser Edikt; vom 4. Mai – 1. März 1522 Schutzhaft auf der Wartburg; Dezember 1521 – Februar 1522 Übersetzung des Neuen Testaments; März Invocavitpredigten in Wittenberg. September 1522 erscheint die Übersetzung des Neuen Testaments im Druck. 1523 nimmt Luther seine Vorlesungen wieder auf und arbeitet eine Gottesdienstordnung aus. Es erscheinen als wichtigste Schriften 1524: Daß Jesus Christus ein geborner Jude sei; Von weltlicher Obrigkeit; Brief an die Fürsten zu Sachsen wider den aufrührererischen Geist; An die Ratsherren aller Städte ...; 1525: 3 weitere Schriften zum Bauernkrieg und im November/Dezember De servo arbitrio.

[1905] Gal 1,17 und 2,1: 3 + 14 Jahre.

fert sind. Hätten wir Werke Luthers erst ab 1527, dürfte man keineswegs daraus schließen, daß er in den „unbekannten Jahren" zuvor seine Lehre von Gesetz und Evangelium und der Rechtfertigung des Sünders allein aus Gnaden noch nicht entwickelt habe. Er hat auch diese „Grundlehren" bei weitem nicht in allen seinen in der Regel situationsbezogenen Werken vorgetragen. Sollte das alles bei Paulus, dessen Lebenswende und theologischer Umbruch noch einschneidender gewesen war, ganz anders gewesen sein?

In den nächsten 20 Jahren folgen bei Luther in atemberaubender Geschwindigkeit weitere Veröffentlichungen, neben den Vorlesungen, der Predigt- und Seelsorgetätigkeit, politischen und kirchlichen Streitigkeiten, der Sorge um die Familie und schweren Krankheiten. Man wird hier an 2. Kor 11,28f erinnert und könnte diese Zeit der sich ausbreitenden „Reformation" mit den ca. acht uns besser bekannten Missionsjahren 49–57 und der anschließenden Zeit der Gefangenschaft vergleichen.

Im Rückblick schildert Luther mehrfach, so noch 1545 kurz vor seinem Tode, die „entscheidende Wende zur reformatorischen ... Grunderkenntnis": „Ein ganz ungewöhnlich brennendes Verlangen hatte mich gepackt, Paulus im Römerbrief zu verstehen ... ‚Gottes Gerechtigkeit wird darin offenbart' (Röm 1,17). Denn ich haßte diese Vokabel ‚Gerechtigkeit Gottes' ... Bis ich ... auf den Zusammenhang der Worte achtete, nämlich: ‚Gottes Gerechtigkeit wird in ihm offenbart, nämlich die passive Gerechtigkeit, durch die uns der barmherzige Gott gerecht macht durch den Glauben, wie geschrieben ist: ‚Der Gerechte lebt aus Glauben.' Da hatte ich das Empfinden, ich sei geradezu von neuem geboren und durch geöffnete Tore in das Paradies selbst eingetreten. Da zeigte mir sofort die ganze Schrift ein anderes Gesicht. Ich durchlief dann die Schrift nach dem Gedächtnis und stellte die Analogie dazu auch in andern Vokabeln zusammen ... Wie sehr ich die Vokabel ‚Gottes Gerechtigkeit' vorher haßte, so pries ich sie nun mit entsprechend großer Liebe als das mir süßeste Wort. So ist mir diese Paulus-Stelle wahrhaftig das Tor zum Paradies geworden ..."[1906] In seinen Rückblicken verschweigt Luther die qualvoll lange Zeit des Suchens nicht. Aber nach dem entscheidenden Durchbruch blieb er dieser Erkenntnis treu. Man könnte dieses Bekenntnis Phil 3,4–11 gegenüberstellen, vor allem dann, wenn Paulus den Brief in Caesarea oder in Rom während seiner letzten Gefangenschaft zwischen ca. 58–64 n. Chr. geschrieben hätte.

Zwischen Luthers schriftlichem Œuvre – ganz zu schweigen von den Zeugnissen der Zeitgenossen über ihn – und dem äußerst schmalen Konvolut der erhaltenen Paulusbriefe besteht ein grasses Mißverhältnis. Was wir von Paulus besitzen ist ein Schatten der Fülle dessen, was er mündlich vorgetragen hat. Argumente e silentio sind deshalb gerade bei der Paulusexegese äußerst trügerisch. Die „Rechtfertigung des Gottlosen allein aus Gnade" ist keine Einsicht aus der Spätzeit des Apostels, sondern hat als Kernstück seiner Kreuzestheologie seine Verkündigung seit seiner Frühzeit geprägt. Sie wurde ihm als bleibende Grunderkenntnis durch das Damaskuserlebnis vermittelt.

[1906] Bonner Ausgabe 4, 427f. (Üs. EBELING, Luther [Anm. 1895], 33f.).

Die Arabienreise des Apostels Paulus

von

Ernst Axel Knauf

Der knappen Notiz 2 Kor 11,32f ist in der neutestamentlichen Exegese und Zeitgeschichte ein doppeltes Unglück widerfahren: zum einen entnimmt ein Teil der Forschung den beiden Versen eine historische Aussage, die der Text nicht macht; zum anderen ist der gleichen Forschung entgangen, daß 2 Kor 11,32f im Verein mit Gal 1,17f und Gal 4,25 die erste, die arabische Missionsreise des Apostels dokumentiert und in den Grundzügen rekonstruierbar macht.

Zuerst zu dem, was der Text nicht sagt: er enthält keinen Beleg dafür, nicht einmal einen Hinweis darauf, daß Damaskus zur Zeit des zweiten Aufenthalts des Apostels unter nabatäischer Herrschaft stand[1]. Ein Ethnarch ist kein „Statthalter", sondern der Vorsteher bzw. Repräsentant einer ethnischen Gruppe im Rahmen eines größeren politischen Verbandes[2]. Im Falle von Damaskus ist dabei an das nabatäische Viertel bzw. die darin angesiedelte nabatäische Handelskolonie zu denken, die angesichts der Nachbarschaft des Nabatäerreiches zur Stadt, dem weitgespannten Handelsnetz der Nabatäer (das von Nagrān in Südarabien und Gerrha in Ostarabien bis vor die Tore Roms reichte[3]) und dem aus beiden Faktoren resultierenden wirtschaftlichen

---

[1] So zuletzt J. TAYLOR, The Ethnarch of King Aretas at Damascus. A Note on 2 Cor 11,32–33. RB 99 (1992), 719–728. Zahlreiche Vorgänger nennt R. RIESNER, Die Frühzeit des Apostels Paulus. Studien zur Chronologie, Missionsstrategie und Theologie (WUNT 71; Tübingen 1994), 70–73, bes. Anm. 56, 59 und 60.

[2] RIESNER, Frühzeit, 74–76. Zu den nabatäischen Handelskolonien in der Dekapolis (ebd. 76 mit Anm. 74) ist jetzt R. WENNING, Die Dekapolis und die Nabatäer. ZDPV 110 (1994), 1–35 heranzuziehen.

[3] R. WENNING, Die Nabatäer – Denkmäler und Geschichte (NTOA 3; Freiburg i. Ue. und Göttingen 1987 [2., erweiterte Auflage in Vorbereitung]), 22–24 (Zeugnisse aus dem Mittelmeerraum zwischen Rom und dem Libanon; freilich wird man den „Strategen", der die Inschrift CIS II 160 hinterlassen hat, nicht unbedingt „durchreisend" nennen müssen [ebd., 24] – eher handelt es sich um einen „Kollegen" des Ethnarchen in Damaskus); 124–126 (Südarabien; nachzutragen: H. St. J. B. PHILBY – A. S. TRITTON, Najran Inscriptions, JRAS [1944], 119–129, 1234 und 127 und jetzt M. C. A. MACDONALD, A Dated Nabataean Inscription from Southern Arabia, in: N. Nebes ed., Arabia Felix. Beiträge zur Sprache und Kultur des vorislamischen Arabien [FS W. W. Müller; Wiesbaden 1994], 132–141). Anzuschließen ist die von Cl. Ptolemäus bezeugte Kolonie in Ostarabien, am persischen Golf (Geog. VI 20.21; dazu E. A. KNAUF, Die Herkunft der Nabatäer, in: M. Lindner ed., Petra. Neue

und politischen Gewicht der Nabatäer in und für Damaskus gewiß nicht machtund einflußlos gewesen sein kann – wie aus 2 Kor 11,32f zu Genüge hervorgeht. Das „nabatäische Viertel" hat sowohl im Stadtplan der syrischen Metropole[4] wie in der lokalen Toponymie seine Spuren hinterlassen. Man erfährt aus islamischen Quellen, daß eines ihrer Quartiere *Nabaṭīyīn* hieß[5], „die Nabatäer". Zwar änderte das Wort *nabaṭ* (Plural *anbāṭ*) zwischen dem 4. und dem 7. Jh. n. Chr., also während der Entstehungszeit der arabischen Hochsprache[6] seine Bedeutung vom Ethnonym „Nabatäer" zu einem Appellativ für „aramäischsprachige Bauern". Wo in der arabischen Literatur von *nabaṭ/anbāṭ* die Rede ist, handelt es sich gerade nicht um jene „Nabatäer", die in den beiden Jahrhunderten um Christi Geburt ein Handelsimperium aufbauten und beherrschten. Aber das fragliche damaszener Viertel war auch unter dem Namen *Naybaṭūn* bekannt[7], und hier liegt keinesfalls ein arabisches Lexem, sondern ein aramäischer Ortsname in arabischer Rezeption vor[8]: *Nəbaṭōn, der aus dem Kollektiv-Ethnonym *nəbaṭ* „Nabatäer" und der Endung *-ōn* besteht, die lokative oder diminutive Funktion haben kann[9], also „Das kleine Nabatäa" oder einfach „Die Nabatäerniederlassung" bezeichnet.

Ist die nabatäische Kolonie in Damaskus also recht gut bezeugt, so ist es die

---

Ausgrabungen und Entdeckungen [München und Bad Windsheim 1986], 74–86, 74 m. Anm. 6).

[4] D. SACK, Damaskus. Entwicklung und Struktur einer orientalisch-islamischen Stadt (DaF 1; Mainz 1989), 11; 14 und cf. schon J. SAUVAGET, Esquisse d'une histoire de la ville de Damas. Revue des Études Islamiques 8 (1934), 421–480, 442.

[5] SACK, Damaskus, 11 m. Anm. 66. Ein Kanal hiess Nahr al-Anbāṭ: J. STARCKY, DBS VII (1966), 915.

[6] E. A. KNAUF, Nabataean Origins, in: M. Ibrahim ed., Arabian Studies in Honour of Mahmud Ghul (Yarmouk University Publications, Institute of Archaeology and Anthropology Series, 2; Wiesbaden 1989), 56–61, 61; M. El FAÏZ, L'agronomie de la Mésopotamie antique. Analyse du „Livre de l'agriculture nabatéenne" deQûtâmä (SHANE 5; Leiden 1995).

[7] SAUVAGET, Esquisse, 442; SACK, Damaskus, 11 m. Anm. 66; dementsprechend ist das *Nîb(a)ṭûn* bei STARCKY, DBS VII, 915 zu verbessern.

[8] Grundlegend zur diachronen Analyse arabischer Ortsnamen in Syrien-Palästina G. KAMPFFMEYER, Alte Namen im heutigen Palästina und Syrien: I. Namen des Alten Testaments. (Leipzig 1892 [auch ZDPV 15 (1892), 1–33; 65–116; 16 (1893), 1–71]); S. WILD, Libanesische Ortsnamen. Typologie und Deutung (BTS 9; Wiesbaden 1973). Dissimilation eines ursprünglichen langen, kurzen oder gar ultrakurzen „e" zu *ai* ist nicht ungewöhnlich, vgl. nur den von WILD unerklärt gelassenen Namen *Šaiṭūḥa* (a.a.O., 163), der offensichtlich zu syrisch *šṭōḥō* "Oberfläche" gehört. Die Erklärung der arabischen Namensform als Metathese eines griechischen *Nabataiōn* (so RIESNER, Frühzeit, 76 m. Anm. 77) empfiehlt sich hingegen weniger, denn in keiner Dekapolis-Stadt dürfte Griechisch die von der Bevölkerungsmehrheit gesprochene Sprache gewesen sein, keine hat dementsprechend ihren nicht-semitischen Namen zu Lasten ihres vor-hellenistischen bewahrt (Skythopolis – *Bēsān* < *Bēt Sə'ān*; Philadelphia – *'Ammān* < *Rabbat [Bənē] 'Ammōn*; Hippos – *Sūsīya* ; Capitolias – *Bēt Rās*; Pella – *Fiḥl*). Als aramäisches Toponym blieb *Naibaṭūn* von der Bedeutungsentwicklung des „Nabatäers" im Arabischen unberührt und belegt damit die einstige Anwesenheit von Nabatäern in Damaskus.

[9] Cf. WILD, Ortsnamen, 192f.

vermeintliche Herrschaft Aretas IV. (9 v. Chr. bis 39/40 n. Chr.)[10] über die Stadt keineswegs, sondern im Gegenteil: sie wird von den Beobachtungen, die zu ihren Gunsten sprechen sollen, eher widerlegt. Daß sich ein „Ethnarch" mit keinem lexikologischen Kunstgriff in einen „Statthalter" verwandeln läßt, wurde von Schwartz bis Riesner[11] wiederholt nachgewiesen. Die durchaus ansprechende Vermutung, daß sich der Ethnarch des Paulus im Nabatäischen als „Stratege" bezeichnet haben dürfte[12], ändert an diesem Sachverhalt nichts. Denn auch ein nabatäischer (oder hauranitischer beduinischer „Stratege" zur Zeit Hadrians)[13] ist kein „Statthalter", sondern ein Beduinenscheich, der sich einen auf seine Rolle halbwegs passenden Titel aus dem Bereich der Zivilisation ausgesucht hat. Es ist richtig, daß „Strategen" im Nabatäerreich auch so etwas wie Provinzgouverneure oder Ortsvorsteher gewesen sind; aber eben nur „so etwas wie". Wie F. V. Winnett anhand der „Rebellion des Damasī" ausgeführt hat[14], entstammen diese „Gouverneure" durchweg der lokalen Stammes-Aristokratie, waren also „des Nabatäerkönigs loyale Scheichs". Nichts wäre falscher, als sich das Nabatäerreich als nach westlichen Gesichtspunkten funktionierenden Staat, die Nabatäer als „Nation" vorzustellen – ein Grundirrtum, der allzu Vielem zugrunde liegt, was über die Nabatäer geschrieben wurde und wird[15]. Die Nabatäer waren ein Beduinenstamm, der genug Geld besaß, um nach außen einige Merkmale hellenistischer Staatlichkeit zu erwerben, ohne nach innen seinen Charakter als führender Stamm eines arabischen Stämmebundes zu verändern, wie vor allem die Schilderung Strabos vom Verhalten der „Könige" zeigt[16]. „Herrschaft" war unter diesen Umständen mehr ein Gefüge

---

[10] Cf. zu den chronologischen Problemen jetzt R. WENNING, Eine neuerstellte Liste der nabatäischen Dynastie, Boreas 16 (1993), 25–38, 35f.

[11] Cf. RIESNER, Frühzeit, 74f.

[12] Soweit nachvollziehbar TAYLOR, RB 90, 722–724.

[13] WADDINGTON 2196 = DITTENBERGER, OGIS 616. Die Inschrift ist in diesem Kontext bedeutsam, da sich der Verfasser Adrianos Suwaid/Suʿaid b. Mālik, sowohl „Ethnarch" wie „Stratege" nennt. Gegen M. SARTRE, Trois études sur l'Arabie romaine et byzantine (Latomus 178; Brüssel 1982, 123f, dem TAYLOR, 723f, folgt, entspricht „Ethnarch" nicht so sehr dem arabischen amīr , „Befehlshaber, Fürst", einem Titel, der in der islamischen Geschichte nur wenigen und besonders einflußreichen Stammesoberhäuptern, aber immer von Staats wegen zugelegt wurde, als vielmehr simplen šaiḫ „Ältester, Stammesoberhaupt". „Stratege" bezieht sich sicher nicht auf eine Funktion des Adrianos bei den römischen Auxiliartruppen – dann wäre ein sehr viel bescheidenerer militärischer Rang zu erwarten –, sondern entspricht arabischem ʿaqīd als Anführer des Stammesaufgebots. Diese Würde kann, aber muß nicht mit der des Scheichs vereint sein (cf. M. Freiherr v. OPPENHEIM, Die Beduinen I [Leipzig 1939 = Hildesheim 1983], 30f); im Falle des Adrianos war sie es.

[14] Cf. F.V. WINNETT, The Revolt of Damasí: Safaitic and Nabataean Evidence, BASOR 211 (1973), 54–57

[15] Dieses grundsächliche Mißverständnis prägt besonders die – im Einzelnen bedenkenswerten – Ausführungen von M.C. A. MACDONALD, Was the Nabataean Kingdom a „Bedouin State"? ZDPV 107 (1991 [1992]), 102–119.

[16] Strabo XVI 4,26, dazu KNAUF, Herkunft (Anm. 3), 75f; DERS., „Der sein Volk liebt". Entwicklung des Nabatäischen Handelsimperiums zwischen Stamm, Königtum und Klientel. In: Th. Weber-R. Wenning ed., Petra. Antike Felsstadt zwischen arabischer Tradition und

persönlicher (und religiöser?) Loyalitäten als mit administrativen Machtmitteln durchsetzbar. Genau diese Stellung zwischen „Wüste und Staat" kommt in den Blick, wenn Paulus den Vorsteher der damaszener Nabatäer den „Ethnarchen des *Aretas* " nennt, den nabatäischen Konsul in Damaskus aber wiederum „Ethnarchen des Aretas". „Strategos" nannte sich in einer nabatäischen Inschrift sein Kollege in Sidon[17], ohne daß bislang die These vertreten worden wäre, auch Sidon habe zeitweilig unter nabatäischer Herrschaft gestanden.

Sagt der Titel „Ethnarch" schon nicht, was er nach den Vertretern der „Statthalter-Theorie" sagen sollte, so ist eine zweite Beobachtung, die dafür angeführt wird, für diese Theorie geradezu kontraproduktiv. Die Rede ist von der Lücke in der damaszener Münzemission, die ebenfalls auf nabatäische Herrschaft hinweisen soll. Nun ist diese Lücke viel größer, als diese vermeintliche Herrschaft gedauert haben kann[18]. Sie ist vor allem bedeutungslos. Alle Emissionen aller syrisch-palästinischen Provinzstädte römischer Zeit weisen mehr oder weniger große Lakunen auf; die Prägungen einiger kleinerer Orte der Dekapolis bestehen fast nur aus solchen[19]. Geprägt wurde, wenn der Bedarf des lokalen Marktes an Kleingeld durch den Münz-Umlauf nicht mehr gedeckt war. Wenn man in Damaskus 30 Jahre lang kein Bedürfnis nach neuen Münzen hatte, ist der Grund dafür in der Wirtschaftsgeschichte, nicht in der politischen Geschichte zu suchen. Geld prägen kostet schließlich auch Geld. Geprägt wurde aber auch, wenn es etwas zu feiern, zu proklamieren oder zu propagieren gab[20]. Es ist nun bemerkenswert, daß die Herrschaft Aretas III. über Damaskus den Anstoss zur nabatäischen Münzprägung überhaupt gegeben hatte und für die griechische Sprache der ersten nabatäischen Münzlegenden verantwortlich war[21], daß aber aus der Vielzahl der Prägungen Aretas IV.

---

griechischer Norm (Antike Welt Sonderheft; Mainz: von Zabern, 1997), 14—24. Darüberhinaus war der „König" – als Scheich – der Stammesversammlung Rechenschaft schuldig (ebd.).

[17] CIS II 160; die „Unklarheit" von ZNW 74 (1983), 146 Anm. 6, ist mit dieser Interpretation behoben.

[18] Sie dauert von 34 bis 62 n. Chr., wobei angesichts der starken Bautätigkeit in Damaskus und Umgebung in jüngster Zeit und dem dort und über Beirut blühenden illegalen Antiquitäten-Handel mit dem Auftauchen von Funden, die jene Lücke füllen könnten, ernstlich nicht mehr zu rechnen ist. Kleingeld wurde immer in hoher Auflage emittiert.

[19] Nach A. SPIJKERMAN, The Coins of the Dekapolis and Provincia Arabia (SBF Collectio Maior 25; Jerusalem 1978) stammen datierte Münzen von Gadara innerhalb dieses Zeitraums lediglich aus den Jahren 28/29, 37/38 oder 40/41, 44/45, 50/51, 67/68; aus Gerasa fehlen sie vor 67/68 ganz; aus Hippos desgleichen; aus Skythopolis nichts zwischen 42 und 66, aus Pella vor 82/83, aus Philadelphia vor 80/81. Auch wenn bei diesen Städten mit noch gelegentlichen Ergänzungen zu rechnen ist (cf. zuletzt U. HÜBNER, Ein neuer Münz-Typ aus Gadara in der Dekapolis, BN 67 [1993], 8—11, aus dem Jahre 239/40, das bereits durch zwei Prägungen bezeugt ist), gilt das Anm. 18 Gesagte sinngemäß auch hier.

[20] Der Charakter der römischen Münzprägung der Kaiserzeit als Vehikel imperialer Propaganda ist allgemein bekannt, cf. K. CHRIST, Antike Numismatik (Darmstadt 1972), 61—64. Cf. zur Selbstdarstellung der Dekapolis-Städte auf ihren Münzen Y. MESHORER, City-Coins of Eretz-Israel and the Decapolis in the Roman Period (Jerusalem 1985), 7.

[21] Cf. WENNING, Nabatäer (Anm. 3), 299f. Der Versuch von Y. MESHORER, Nabataean

keine einzige auf den neuerlichen Besitz der Stadt Bezug nimmt[22]. Auch der numismatische Befund spricht also eher gegen als für die „Statthalter-These".

Was kann man nun 2 Kor 11,32f wirklich über die frühen Jahre der paulinischen Missionstätigkeit entnehmen? Zum ersten, daß Paulus offensichtlich Gelegenheit gefunden hatte, sich bei Aretas IV. (in dessen Namen der Ethnarch aktiv wird) unbeliebt zu machen. Damit ist das „Arabien" von Gal 1,17 eindeutig als das Nabatäerreich identifiziert, wie auch klargestellt ist, daß sich der Apostel dorthin wandte, um zu missionieren und nicht, um zu meditieren.

Nimmt man an, daß Paulus damals wie später jüdische Gemeinden zum Ausgangspunkt seiner Lehrtätigkeit wählte, dann bieten sich im Nabatäerreich zwei Orte an, die im 1. Jh. n. Chr. jüdische Gemeinden beherbergten: die „Hauptstadt" Petra selbst und das nordwestarabische Hegra (*Madā'in Ṣāliḥ*). Die beiden Orte erscheinen im „tannaitischen Grenzverzeichnis" unter den Namen Reqem d-Gayyā und Reqem d-Ḥegrā[23]. Reqem, der indigene Name Petras (nabatäisch *raqm(u)*, „das Buntgewirkte") ist hier offenbar zu einer Art Appellativ für „Ort mit nabatäischer Felsnekropole" geworden, denn solche Nekropolen weisen beide Hauptorte des Nabatäerreiches auf[24]. Deswegen war es nötig, das peträische Reqem durch den Zusatz „von Gaia" zu spezifizieren nach der Siedlung, die unmittelbar vor dem heiligen Bezirk lag (bis Ende des 19. Jh.s el-ǧī, heute *Wādī Mūsā*) und die im Nabatäerreich mehr von den administrativen Funktionen einer Hauptstadt wahrgenommen zu haben scheint, als gemeinhin vermutet wird[25].

Coins (Qedem 3; Jerusalem 1975), 10—12, nabatäische Prägungen vor Aretas III. zu identifizieren, ist auf wenig Zustimmung gestoßen (vgl. die Literatur bei WENNING, a.a.O.).

[22] Das einzige politische Ereignis, das Aretas IV. in seiner Münzprägung aufgreift, ist der Wechsel der Königin zwischen 15/6 und 18/19 n. Chr.; cf. MESHORER, Nabataean Coins, 103.

[23] Cf. Ch. UEHLINGER, in: O. KEEL, M. KÜCHLER, CH. UEHLINGER, Orte und Landschaften der Bibel. Ein Handbuch und Studienreiseführer zum Heiligen Land. Bd. 1: Geographischgeschichtliche Landeskunde(Zürich/Olten 1984), 269—271; „Reqem von Hegra" (Nr. 24) ist hier in die Trachonitis gerutscht, während „Reqem von Gaia" (Nr. 32) seinen angestammten Ort behalten hat. Kein Textzeuge dieses Grenzverzeichnisses ist aber älter als das 6./7. Jh. n. Chr.; nach der Reichskrise des 3. Jh.s, vollends mit der totalen Islamisierung Nordarabiens geriet der Süden des ehemaligen Nabatäerreichs aus dem Gesichtskreis der mediterranen Juden und Christen. Das Arabien, das man noch kannte, war die (ehemals) römische Provinz mit ihrem Schwerpunkt im Hauran, auch wenn unerfindlich bleibt, an welche Ortstradition man bei der sekundären Lokalisierung des Reqem von Hegra gedacht hat. Daß sie sekundär ist, geht aus dem Namen selbst zur Genüge hervor. Die Wanderung dieser Tradition von Nordwestarabien nach Südsyrien hat eine Parallele in der sekundären Lokalisierung von Ijobs Heimat bei Karnaïm, die im einzelnen freilich anders zu erklären ist, cf. G. SCHMITT, Die Heimat Hiobs, ZDPV 101 (1985), 56—63.

[24] Eine dritte, freilich sehr viel kleinere und abgelegenere, hat *Muġāyir Šuʿaib* (vgl. Sure 7,85—93) im Zentrum des alten Landes Midian. Weitere derartige Nekropolen sind nicht bekannt. Hegra war das kultische (und politische?) Zentrum der Salamäer als eines den Nabatäern eher verbündeten als untertanen Stammes, wie aus der Formel *ḥrm nbṭw w-šlmw* „Tabu der Nabatäer und Salamäer" (CIS II, 199 Z.3f u. ö.) ersichtlich ist; seine Felsarchitektur wird noch im Koran (Sure 15,82) erwähnt, wenn auch nicht mehr verstanden.

[25] Cf. vorläufig E. A. KNAUF, WO 16 (1985), 117; DERS., Wadi Musa, ABD VI (1992), 864.

Inschriftlich ist für das 1. Jh. n. Chr. nur die jüdische Gemeinde von Hegra bezeugt, wie die Neuedition von CIS II 218 = H 4, Z. 2 (42/43 n. Chr.) durch John Healey geklärt hat[26]. Im 4. Jh. n. Chr. sind Juden in Hegra und in Teima belegt[27], und die frappante Übereinstimmung zwischen den jüdischen Oasenstädten des Hedschas zur Zeit Mohammeds und den Eroberungen Nabonids hat zum keineswegs unbegründeten Versuch geführt, die jüdische Diaspora in Nordarabien schon aus dem 6. Jh. v. Chr. herzuleiten[28]. Daß es in Hegra zur Zeit des Paulus Juden gab, steht jedenfalls fest, und wohl auch, daß der Apostel ihre Bekanntschaft gemacht hat. Denn H. Gese hat gezeigt, daß Gal 4,25 eine Lokaltradition der Juden von Hegra zugrunde liegt, die sich sonst nicht nachweisen läßt und demnach kaum über ihre primäre Trägergruppe hinaus Verbreitung gefunden hat[29].

---

[26] Cf. J.F. HEALEY, The Nabataean Tomb Inscriptions of Mada'in Salih (JSS Suppl. 1; Oxford 1993), 97 mit Verweis auf bekannte, aber undatierte jüdische Graffiti aus der Gegend.

[27] Vgl. die spätnabatäischen Inschriften des Yaḥya ben Simon aus dem alten Dedan (307 n. Chr.; A.M. JAUSSEN – R. SAVIGNAC, Mission archéologique en Arabie II [Paris 1914], Nr. 386) und des Adnan ben Hannai ben Samuel aus Hegra (355/56 n. Chr.; F. ALTHEIM – R. STIEHL, Die Araber in der Alten Welt, V/1 [Berlin 1968], 306). Auch Akrabos ben Samuel, aus Maqnā, der sich bei Elat in einer nabatäischen Inschrift verewigt hat (O. KEEL – M. KÜCHLER, Orte und Landschaften der Bibel. Bd. 2: Der Süden [Zürich/Olten 1982], 288; WENNING, Die Nabatäer, 192 Nr. 2), gehört eher dem 2./3. als dem 1. Jh. n. Chr. an.

[28] Cf. R. MEYER, Das Gebet des Nabonid (SSAW.PH 107,3; Berlin 1962), jetzt in: DERS., Zur Geschichte und Theologie des Judentums in hellenistisch-römischer Zeit (Berlin 1989), 71–129, 98–105; H. von WISSMANN, Madiāma, RECA Suppl. 12 (1970), 550f. Eine jüdische Diaspora in Nordarabien bezeugt auch Ps 120, cf. E.A. KNAUF, Ismael (ADPV; Wiesbaden ²1989), 72 Anm. 362; 147.

[29] Cf. H. GESE, Τὸ δὲ Ἁγὰρ Σινὰ ὄρος ἐστὶν ἐν τῇ Ἀραβίᾳ, in: Das ferne und das nahe Wort. Festschrift L. Rost, ed. F. Maass (BZAW 105; Berlin 1967), 81–94 = DERS., Vom Sinai zum Zion. Gesammelte Aufsätze zur alttestamentlichen Theologie (BEvTh 64; München 1974), 49–62. Aus der Notiz des Paulus läßt sich nicht mehr folgern, als daß es bei den Juden Hegras eine Lokaltradition zur Lage des Sinai gegeben hat, und daß der Apostel diese sonst unbezeugte Tradition am ehesten an Ort und Stelle kennengelernt hat; soviel allerdings mit einiger Wahrscheinlichkeit. Die Angaben über einen Sinai östlich des Golfes von Elat bei arabischen Geographen (zu ihnen P. MAIBERGER, Topographische und historische Untersuchungen zum Sinaiproblem [OBO 54; Freiburg i. Ue. und Göttingen 1984], 31–40) beruhen nicht auf alten Traditionen, sondern auf exegetischen Spekulationen (die zum Ausgangspunkt die Lage Midians hatten, das ihnen besser als ihren abendländischen Kollegen bekannt war). Die von MAIBERGER (S. 30) referierte Argumentation von G.I. DAVIES, VT 22 (1972), 152–160, ist weitgehend gegenstandslos (daß die jüdische Gemeinde in Hegra älter ist als 70 n. Chr., konnte man 1970 schon wissen, vgl. Anm. 28), MAIBERGERS eigener Beitrag zu Gal 4,25 (S. 80–82) krankt an lexikographischer Blauäugigkeit, cf. D. KELLERMANN, WO 16 (1985), 179. – Ich kann nach Zusammenstellung aller Indizien die Skepsis von RIESNER, Frühzeit, 227–233 hinsichtlich Aufenthalt wie Tätigkeit des Apostels bei seiner „arabischen Reise" nicht teilen. Lukas erwähnt die arabische Reise nicht (und muß darum die Juden zu Pauli Verfolgern in Damaskus machen, Apg 9,23–25), weil er ganz in alttestamentlicher, besonders priesterschriftlicher Tradition Geschichte als Gewordensein von Bleibendem und Sein-Sollendem schreibt; Folgen hatte die erste Missionsreise des Paulus, von den zwei Briefstellen abgesehen, offenbar nicht.

Paulus hat in den drei Jahren (also mindestens 14 Monaten) zwischen seinem ersten und zweiten Damaskusaufenthalt sehr wahrscheinlich das Nabatäerreich bis Hegra bereist, bei den dortigen jüdischen Gemeinden für Unruhe gesorgt und sich damit den bekannten Zorn des Königs Aretas zugezogen, wie wenig später innerjüdische Aufregungen um einen „Chrestus" die römischen Behörden aktiv werden ließen. Es spricht alles dafür und nichts dagegen, daß Paulus seit seinem ersten Damaskus-Aufenthalt missioniert hat. Nicht sicher ist, ob er schon Heiden missioniert hat oder missionieren wollte[30]. Erinnern wir uns: nach der Urform des tannaitischen Grenzverzeichnis bildet Hegra einen der Grenzpunkte des idealen Israel. Indem er nach Arabien ging, hat Paulus diese Grenze noch nicht notwendigerweise überschritten.

---

[30] Daß Paulus nicht unmittelbar vom Damaskus-Erlebnis zur Heidenmission aufbrach, nimmt auch K. BERGER, Theologiegeschichte des Urchristentums (Tübingen und Basel 1994), 235f, an. Daß Nordwest-Arabien Teil des Heiligen Landes sei, setzt schon das spätestens im 1. Jh. v. Chr. entstandene Genesis-Apokryphon (1QGenAp XXI 17f) voraus, dazu MEYER, Gebet (Anm. 28), 103f.

Zeittafel

Tiberius 14–37 n. Chr.

Pilatus 26–36
Ende 36 von Vitellius abgesetzt

Kaiphas 18–36

Aretas IV. König von Nabatäa
9 v. Chr.–39/40 n. Chr.

Tod des Tetrarchen Philippus 33/34 n. Chr.

Spannungen und am Ende Krieg zwischen Aretas IV. und Herodes Antipas um das Gebiet des Philippus 34–36 n. Chr.
(Niederlage Herodes' ca. 35/Anfang 36)

Herbst 36 setzt Vitellius Kaiphas ab; 37 Feldzug des Vitellius gegen die Nabatäer; erhält in Jerusalem die Nachricht vom Tod des Tiberius (16. 3. 37); Abbruch des Feldzugs

Caligula (18. 3. 37–24. 1. 41)

9. April 37 Erdbeben in Antiochien

Agrippa I. erhält von Caligula die Gebiete des Lysanias und des Philippus (37 n. Chr.)

Kreuzigung Jesu Passafest 30 n. Chr.

Verfolgung der „Hellenisten", Hinrichtung des Stephanus ca. 32/33 n. Chr.

Bekehrung des Paulus ca. 33 n. Chr.

Paulus in Damaskus und Arabien ca. 33–36 n. Chr.

Flucht des Paulus aus Damaskus ca. 36 n. Chr.

Besuch des Paulus bei Petrus in Jerusalem und Reise nach Tarsus ca. 36 n. Chr.

Mission des Paulus in Tarsus und Kilikien zwischen ca. 36/37 und 39/40 n. Chr.

Beginn der Mission der „Hellenisten" in Antiochien ca. 36/37 n. Chr.

474 Zeittafel

Agrippa I. in Alexandrien Sommer 38; anschließend antijüdische Unruhen in Alexandrien ab Herbst auch in Palästina (Vorfall in Jamnia).
Simon Kantheras Hoherpriester

Herbst 38 – Frühjahr 41 „Caligula-Krise"

Verbannung des Herodes Antipas, Agrippa I. erhält sein Gebiet (39 n. Chr.)

Befehl Caligulas im Sommer 39 im Tempel in Jerusalem sein Standbild aufzustellen

ab 2. H. 39 n. Chr. Unruhen in Palästina aufgrund der Anweisung Caligulas an den Statthalter Syriens, P. Petronius, seinen Befehl durchzusetzen

Reise des Barnabas nach Antiochien ca. 38/39 n. Chr.

im 3. Jahr des Caligula, d. h. 39/40 unter der Statthalterschaft des Petronius, antijüdische Unruhen in Antiochien

Barnabas holt Paulus aus Tarsus nach Antiochien ca. 39/40 n. Chr.

40 n. Chr.: die Juden in Palästina verweigern im Herbst aufgrund der Drohung Caligulas die Aussaat

ca. 40/41 n. Chr. das gemeinsame Jahr von Paulus und Barnabas in Antiochien

Claudius (25. 1. 41 – 13. 10. 54) nach Regierungsantritt Claudiusedikte für Alexandrien und Antiochien

ca. 41 bis 46/47 n. Chr. Kollegialmission in Syrien, Phönizien und Kilikien

Frühjahr 41 Agrippa wieder in Jerusalem als König von ganz Judäa

Vorfall in Dor 41 n. Chr.

41/42 Sabbatjahr

„Himmelsreise" des Paulus (2. Kor 12,2f) etwa 42/43 n. Chr.

Verfolgung durch Agrippa I. Passa 43 n. Chr.

Hinrichtung des Zebedaiden Jakobus,
Gefängnisaufenthalt und Flucht des Petrus aus Jerusalem Passa 43 n. Chr.

Tod Agrippas I. Frühjahr 44 n. Chr.

Agabos und Kollekte für Jerusalem 43/44 n. Chr. (?)

Cuspius Fadus Prokurator; Beginn der Teuerung in Judäa 44/45 n. Chr.	
	ca. 46/47 n. Chr. Reise des Paulus und Barnabas nach Zypern, Kilikien und Südgalatien (sog. 1. Missionsreise)
48/49 Sabbatjahr	
Vertreibung der Judenchristen unter Claudius aus Rom ca. 49	Ende 48/Anfang 49 „Apostelkonzil"
	Frühjahr 49 Aufbruch des Paulus nach Kleinasien und der Ägäis, Trennung von Barnabas
	50/51 Paulus in Korinth, 50 (1. Thess)
	ca. 52 Zwischenfall in Antiochien
13. 10. 54 Ermordung des Claudius, Regierungsantritt Neros	53/56 Paulus in Ephesus (1. Kor/Gal)
	54/55 Rückkehr der Judenchristen nach Rom
	56 Reise von Ephesus nach Korinth (2. Kor)
	Winter 56/57 Paulus in Korinth (Röm)
	Pfingsten 57 Verhaftung in Jerusalem
	Herbst/Frühjahr 59/60 Romreise
	60/61 Phil?
	62 Spanienreise?
	ca. 62 Jakobus in Jerusalem gesteinigt (62 oder) 64 Martyrium des Paulus in Rom
19. 7. 64 Brand Roms, Christenverfolgung durch Nero	64 Martyrium des Petrus in Rom

476　　　　　　　　　　　　　　　Karten

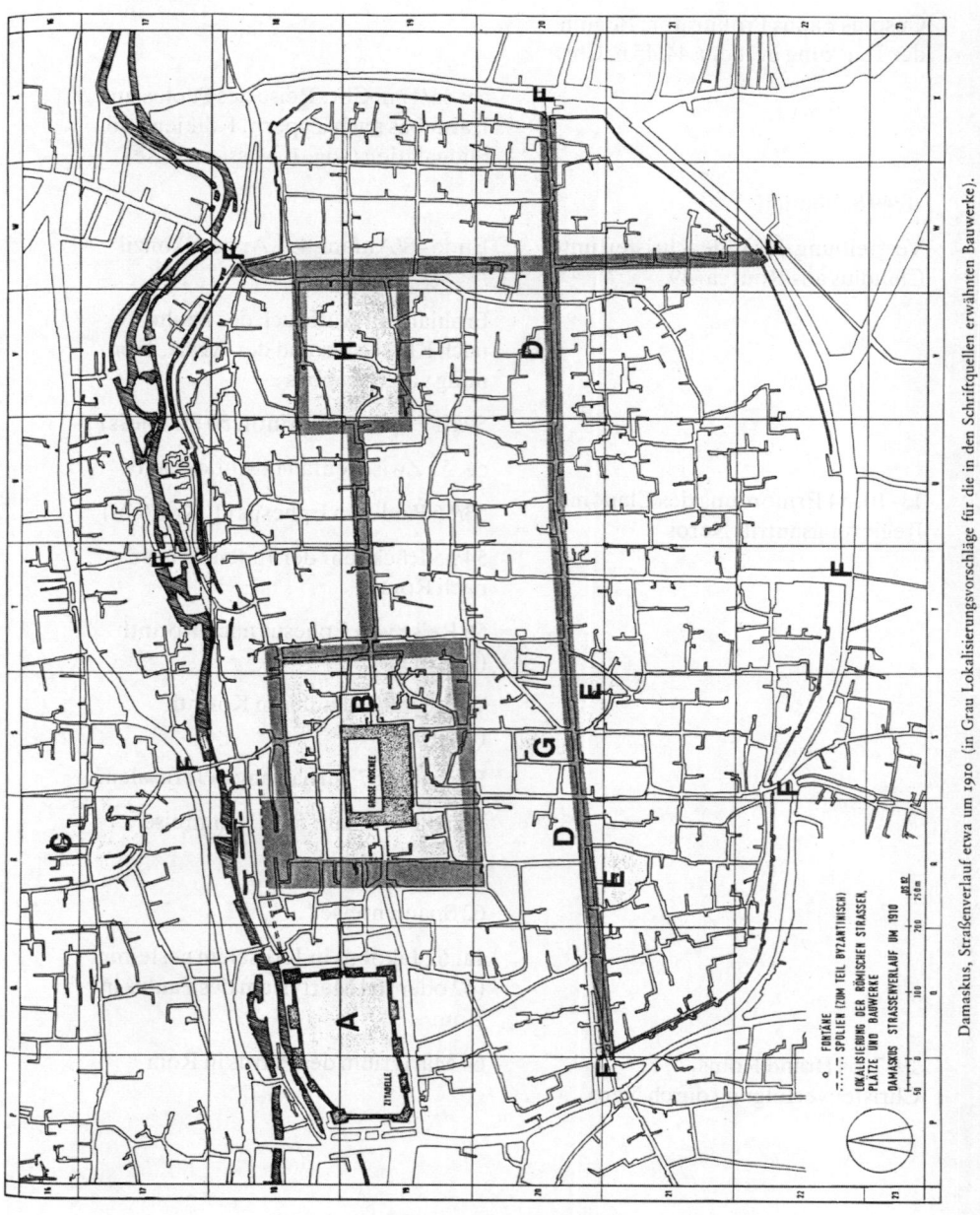

Abb. 1: Stadtplan von Damaskus
(nach Th. Weber, Damaszener Mitteilung 7, 1993, 147 Abb. 2)

Damaskus, Straßenverlauf etwa um 1910 (in Grau Lokalisierungsvorschläge für die in den Schriftquellen erwähnten Bauwerke).
A) Akra; B) Temenos und Peribolos des Zeus Damaskenos; C) Hippodrom; D) „Gerade Straße" – *Decumanus Maximus*; E) Theater; F) Stadttore; G) Baris; H) Agora.

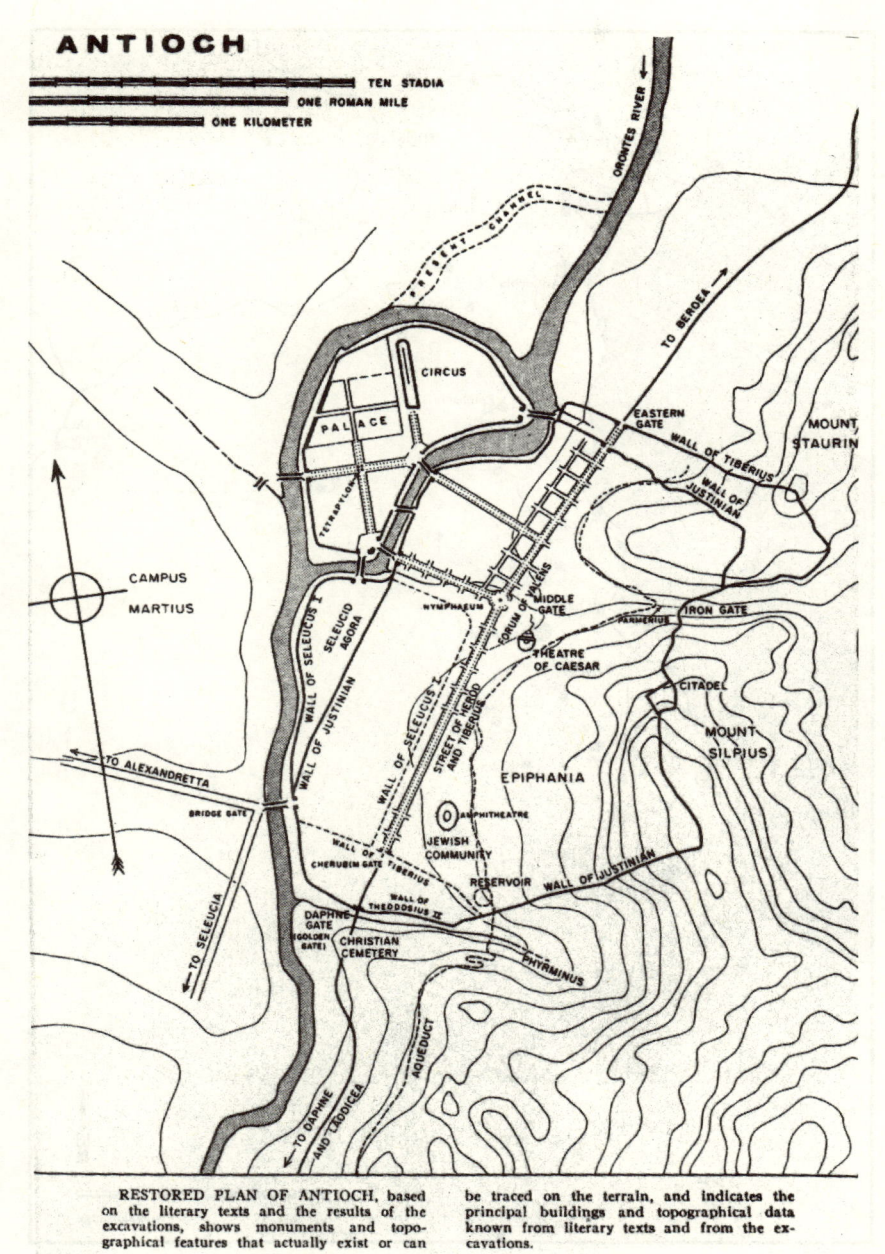

Abb. 2: Stadtplan von Antiochien am Orontes
(nach G. Downey, A History of Antioch in Syria, 1961, Taf. 11)

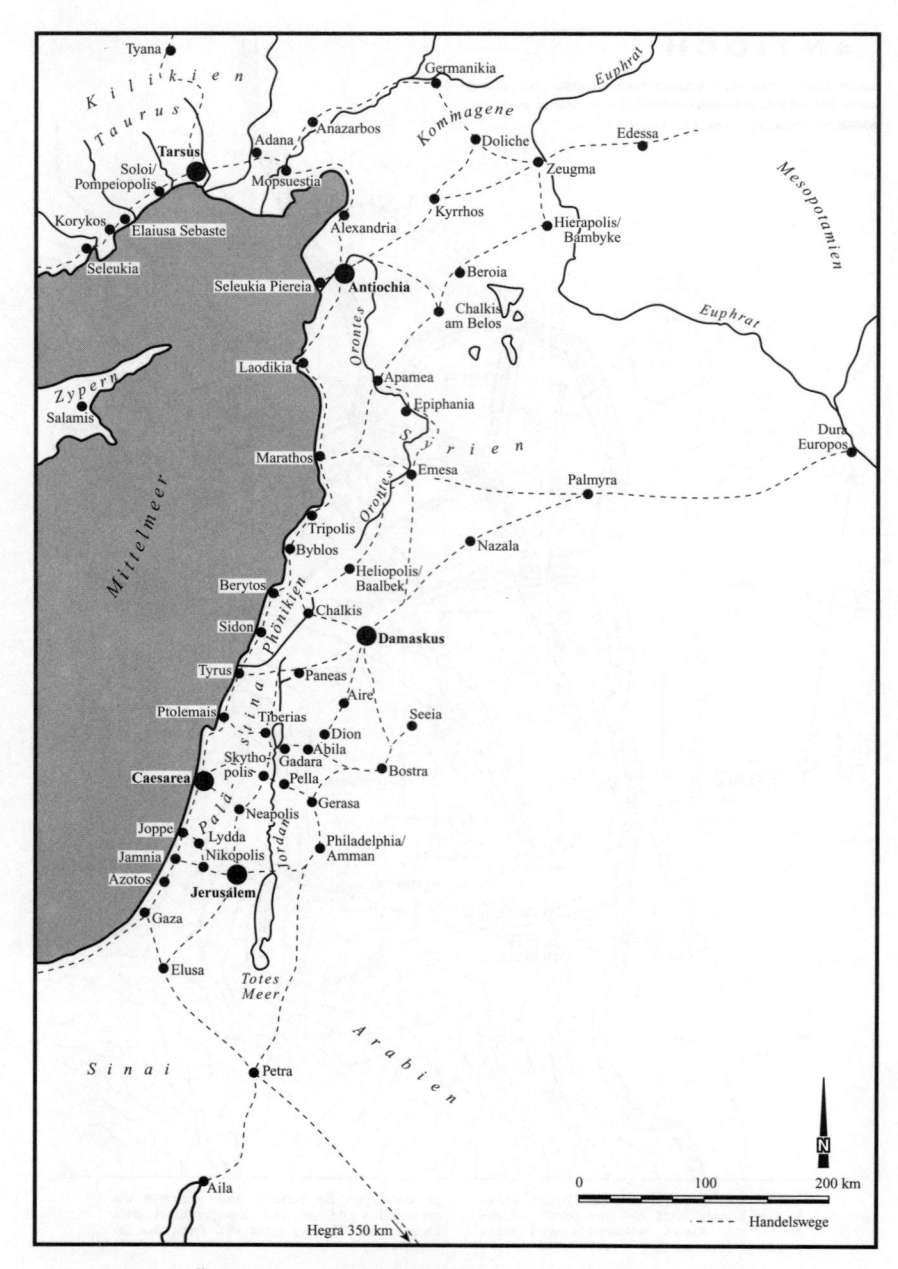

Abb. 3: Übersichtskarte zu Palästina, Arabien, Syrien und Kilikien
(von H. Bloedhorn / S. Wilhelm)

Stellenregister

Die *kursiv* gedruckten Seitenzahlen beziehen sich auf die Anmerkungen

I. Altes Testament

Genesis

1,1–4	70
1,4	*202*
1,2	205
3,21	444
8,17	*124*
9,1–7	*124*
9,27	272
10	*254, 271 f.*
10,2.4	272
10,23	87
11,27–32	187
14,15	*86 f.*
15,2 auch LXX	86
15,6	193
17,23 ff.	191
17,8–14	121
18 f.	*14*
22,21	87
24,55 LXX	*235*
25,13; 28,9	*180*
36,33	187

Exodus

3,1–4,17	78
3,10	78
3,14 LXX	135, *136*
12,3	260
15,17b-18	168
17,15	255
20,17	*171, 295*
22,20b	121
22,25 f.	446

Leviticus

18,5	125

Numeri

6,14–20	386
6,18	*330*
12,12	44
20,22	*185*
24,17b	*170*

Deuteronomium

2,23 LXX	246
4,24	66
5,21 LXX	*171, 295*
6,4	123, *131,* 169, *171,* 201, 418
7,4	*121*
7,9	456
9,3	66
13,11.13–16	375
16,18	386
17,5	377
19,15	231
21,23	34, 164, *165*
23,4	*180, 181*
24,10 ff.17	446
25,3	247
27,26	34, 164
32,1 f.	103
32,16	*330*
32,21 LXX	176
34,9	144

Josua

3,14–17	444
18,32 f.	88

Richter

6,34	444
13,6 ff.	*14*

2. Samuel

8,5ff.	87
7,11–14	168

1. Könige

11,24f.	87
11,30ff.	446
19,10.14	190
19,15	129
19,18	190
20,34	93

2. Könige

1,2–16	135
5,1–14	146
5,14 LXX	450
5,7f.	146
5,16–19	119

Jesaja

2,1–4	269
6,1–13	68, 229
6,7 LXX	227
6,8	78
6,9ff.	229
7–12	172
9,1f.	78
10,17	66
11,1ff.	168, 170
14	279
27,9	79
33,14	66
42,4.6f.	130
45,14	360
45,23 LXX	428
46,1	323
48,16	78
49,1.5	158
49,4	269, 318
49,6	130
49,7b	456
49,8	158
52,1	444
52,7	153
53 LXX	164, 406, 433
53,1 LXX	158
56,3	103
56,8	158
57,15 LXX	354
59,17	443
59,20	457
60,6f.	181
60,7ff.	209
61,1(f.)	21, 78, 153, 158
61,1ff.	168
65,15	344
65,23 LXX	318
66,10ff.(13)	206
66,18ff.	130, 158, 159, 269
66,19	78, 159, 227
66,20–22	159

Jeremia

1,4–10	68, 129
1,5	158
1,7	78, 227
9,25	191
12,14–17	181
15,2	367
39 (LXX 46), 15–18	103
47(29),4 (Aquila u. Theodotion)	246

Ezechiel

	64, 189
2,3	78, 227
12,3.13 LXX	382
37,6.8	146
47,15–17	268
47,15–18	88
47,16 LXX	88

Hosea

6,2	171
6,6	164

Joel

3,1	25, 50, 358
3,1 LXX	352
3,1–5	69
3,5	71, 169
3,5 LXX	153

Amos

5,26f.	88, 146
9,7 LXX/Symmachos	246

Obadja

20	253

Jona

1,3	112 271

Habakuk

3,2 LXX	78

Stellenregister

Zephania	
2,4	*103*
3,9ff.	*269*
3,10	*103*
Sacharja	
8,20–23	*269*
9,1	*88, 146*
14,16–21	*269*
14,21	*305*
Psalmen	*153f., 172, 436*
2	*168*
2,7	*75, 168*
24,1	*303*
8,5 LXX	*170*
24,1	*302*
31,1 LXX	*79*
31 (LXX 30),6	*430*
39,52	*168*
44 (45),5 Symmachus	*62*
68 (67),32	*103*
70,2 LXX	*181*
72 (71)	*430*
72,10	*181*
80 (79),15–18	*171*
79,16.18 LXX	*170*
80,16 LXX	*170*
89,28	*168*
95,10 LXX	*34*
110	*64, 199*
110,1	*58, 169, 170, 198f., 429f.*
110 (109),3 LXX	*170, 430*
110,3	*172*
120	*470*
120,5	*183*
131,9 LXX	*443*
132,9	*445*
Hiob	
1,21	*297*
3,16	*44*
8,22; 29,14	*443*
Proverbien	
8,30 MT, LXX, Vulg	*205*

Ruth	112
Kohelet	
6,3	*44*
Esther	117
3,8	*342*
8,17 LXX	*117*
8,17	*121*
Daniel	135, 188, 295
2,36	*271*
4	*188*
7,9f.	*66*
7,13	*49*
7,13 LXX	*170, 295, 430*
8,15; 9,21	*14*
9,25f. Theodotion	*350*
9,26 LXX	*350, 406*
10f.	*389*
10,16–20 LXX/ Theodotion	*198*
11,45–12,3	*50*
12,2	*251*
12,2f.	*295*
12,11	*305*
Esra	
2,45f.	*365*
Nehemia	
7,48 LXX und Peschitto	*365*
1. Chronik	
1,17	*87*
12,18	*444*
2. Chronik	
5,12	*443*
24	*137*
24,20	*444*

II. Apokryphen und Pseudepigraphen zum Alten Testament

Apokalypse Elias	357	*Jesus Sirach*	
		2,9f.	204
Apokalypse Mosis		22,11 LXX	297
7–8	356	24	171
		24,8	204
Aristeasbrief	187, 266		
16,2	128	*Joseph und Aseneth*	64, 68, 112, *118*, 307
		13,1	126
Ascensio Jesaiae	354		
1–5.6–11	47	*Jubiläen*	124, 189, 272
2,14	*189*	6,2	*124*
4,2–8	279	7,20	123
6	354	7,21	124
9,16	47	8–9	189, 271
9,27–10,6	*354*	8,12	*271*
11,34	*357*	14,2	86
		21,21ff.; 22,16	124
Assumptio Mosis		23,20	*140*
10,1	*284*	50	124
Baruch		*Judith*	181
5,1	*444*	1,7.12	89, *245*
		2,25	*245*
griech. Baruchapokalypse		2,27	89
6,2	203	6,16.21 u. a.	*385*
		9,2; 14,10	*181*
syr. Baruchapokalypse		15,5	89
27,6	*367*		
		Liber Antiquitatum	
4. Esra		53,3ff.	137
6,22	*367*		
7,32.36.38.80.91	356	*1. Makkabäer*	
8,52	356	1,11	147
14,22	*140*	1,15f.	*121*
		1,28	*443*
äth. Henoch		1,60f.; 2,46	*121*
38,2; 39,4.5	*356*	11,43–51	282
63,1.5	*356*	11,47ff.	*281*
80,2ff.	*367*	11,62; 12,32	90
90,38	*159*	14,9	*444*
griech. Henoch		*2. Makkabäer*	307
25,7	*356*	1,8	*385*
		3	*64, 68*
slav. Henoch		3,5	294
8,1–9,1; 31,1f.; 42,3	356	4,33ff.	*406*
71,28f.	356	6	293
		6,10	*121, 373*
		6,18	294
		7	291, 293
		7,19	*165*

8,20f.	*287*
15,12ff.	*406*

3. Makkabäer

2,29ff.	*419*

4. Makkabäer *284*, 291, 293–299, 307, 414

1,10	*294*
1,11	*298*
1,25–27	*297*
2,4–6	*295*
2,15	*297*
3,19–4,10	*294*
4,2	*245, 294*
4,6; 6,4	*294*
4,26	*297*
5,4; 7,6; 17.9	*294*
5,23	*295*
5,25	*294*
5,33f.	*296*
6,28	*295*
6,28ff.	*298*
7,19	*295*
9,6	*296*
9,22	*295*
11,7	*297*
13,15; 16,24	*294*
16,12f.	*296*
17	*299*
17,4	*297*
17,5	*295*
17,13ff.	*298*
17,20–22	*295*
17,20–32	*298*
18,5	*295*
18,10–19	*419*
18,23	*297*

Paralipomena Jeremiae

3,11; 5,21	*153*
4,4	*203*
6	*355*
9	*67*

Psalmen Salomos

8,12	*114*
17,22ff.30.45	*110*
17,31f.	*159*

Sapientia Salomonis 261, 263, 266, 299, 306

1,6	*126*
5,19	*443*
7,21f.	*205*
7,23	*126*
8,3	*205*
9,1f..10.17	*204*
9,4	*204f.*

Sibyllinen 112f., *203*, 254, 256

1–2; 3; 5; 11–14	*254*
2,6–27.153ff.	*367*
3,110–155	*254*
3,195	*112*
3,545–549	*128*
3,547–579.583.770	*113*
3,601–607	*128*
3,711–766	*151*
3,741–808	*295*
3,811	*254*
3,827	*112*
4,35–48	*112*
4,162–167	*113*
4,164	*111*
5,68	*349*
fr.3,3.46 (Geffcken 230f.)	*134*

Susanna

5.41	*385*

Testament Abrahams

17,13	*443*

Testament Hiobs

52,8	*203*

Testamente der 12 Patriarchen
T. Levi

2f.	*356*
8,2	*445*

T. Juda

21,8	*62*
25,1	*50*

T. Joseph

4,4–5	*112*

T. Benjamin

9,2.8–11	*159*
10,6ff.	*50*

Tobit 194, 235

5,4–12,21	*14*
8,20 Sin	*235*
10,7	*235*
13,3f.11	*159*

Vita Adae	
16 (lat.)	*444*
20,1f.	*444*
29,10	*444*
37,3ff.; 40,1	*356*
Vitae Prophetarum	
Jesaja-Vita 1,8	*103*
Jeremia-Vita	*185*

2,1	*67*
2,12	*50*
2,14	*187*
Daniel-Vita	*188*
Habakuk-Vita 16,14	*78*
Nathan-Vita	*358*
Elia-Vita 21,1	*189*
Sacharja-Vita	*137*

III. Qumranische Schriften

CD (Damaskusschrift)	
1,13; 2,6	*140*
6,5	*146*
6,5f.; 7,13	*88*
6,19; 7,19; 8,21; 20,12	*88*
1QS (Gemeinderegel)	
5,21; 6,18	*167*
8,14	*153*
9,17f.; 10,20f.	*140*
1QapGen ar (1Q20)	188f., 196, *247*,
	271f.
ii 9.13.24	*198*
v 23; vii 7; xii 17	*196*
x 10	*196*
x 13	*124*
xii 12f.15	*196*
xvii 10	*271*
xx 12f.; xxi 2	*196*
xxi	*249*
xxi 15–19	*270*
xxi 17f.	*471*

1Q22; 29	*137*
4Q213a fr.314,6	*344*
4Q246	*76, 168*
4Q375; 376	*137*
4Q521	*21*
fr.2 II Z. 12; fr.7,6	*50*
4QAmram[b] fr. 2,2	*198*
4QEn[b] iii,14	*196*
4QMidrEschat[ab]	
III, 7; IV, 2	*167*
III, 10ff.18f.31f.	*168*
4QMMT	
B 2	*167*
C 7	*158*
C 27	*167*
4QOrNab	*188*
4QShirShabb	*66, 356*
11QMelch	*21*
11QMelch ii 4ff.16	*153*
11QPsAp[a] i 12f.	*202*
11QTemp (Tempelrolle)	
55,3–8.15-21	*375*
64,12	*34*

IV. Jüdisch-hellenistische Literatur

Aristeas	
139	*172*
Artapan	
F3,35	*45*
Josephus Flavius	
Antiquitates Judaicae	
1,8f.	*116*
1,12.150.18–25	*116*
1,13	*25*

1,22	*127*
1,24f.	*126f.*
1,90	*254*
1,127	*272*
1,145	*87, 108*
1,159f.	*87*
1,178	*87f.*
1,191	*147*
1,194	*119*
1,213	*190*
1,214	*191*

Stellenregister

1,220	*190*	14,110	*102, 111*
2,249	*103*	14,117	*96*
2,347f.	*45*	14,121	*181*
3,20	*366*	14,178	*88, 92*
3,90	*125*	14,295	*92*
3,214−218	*137*	14,310	*166*
3,322	*130*	14,342−364	*91*
3,318f.	*108, 110, 119*	14,450; 15,2	*346*
4,82f.	*181*	15,184	*181*
4,114−117	*271*	15,292ff.	*84*
4,161	*185*	16,163	*279*
4,214.287	*386*	16,164	*253*
4,326f.	*45*	16,220.322	*181*
5,35ff.	*93*	16,225	*181, 192*
5,82	*181*	16,394	*84*
5,85f.	*147*	17,10.139	*181*
5,86	*88*	17,25; 17,300	*300*
5,178	*147*	18−20	*35*
6,8	*91*	18,35.95	*322*
7,100−104	*87*	18,64	*347*
8,45−49	*119*	18,65−80	*420*
8,116ff.	*111*	18,81ff.	*106*
8,155−157	*277*	18,82f.	*113*
8,157	*344*	18,85−89	*277*
8,159.165.175	*103*	18,88−89	*341*
8,181	*271*	18,90−95	*277*
8,262	*191*	18,106	*96*
8,319	*189*	18,106f.109.113ff.116ff.	*182*
8,387	*93*	18,109−115.120-126	*182*
9,28	*45*	18,116(f.)	*277, 380*
9,208	*271f.*	18,116−119.124	*371*
10,209f.	*271*	18,123	*378*
11,133	*194*	18,137.139f.	*94*
12−20	*23*	18,153f.	*92*
12,3.5	*344*	18,229	*154*
12,8	*289*	18,237	*94, 277, 341*
12,119(-124)	*287, 289*	18,247−256	*277*
12,120	*288*	18,257−260	*280*
12,148−153	*253*	18,261−288	*116*
12,241	*121*	18,272.274.284	*366*
12,265	*334*	18,371	*292*
13,77f.	*111*	18,432; 19,125	*21*
13,135−142	*281*	19,274f.	*94, 277*
13,249	*259*	19,278−285.286-291	*283*
13,257	*134*	19,292−299	*380*
13,311−313	*137*	19,297	*279, 378*
13,374;378	*259*	19,300−311	*283*
13,387−392	*89*	19,305−311	*95*
13,392.448	*90*	19,309	*283*
13,418	*93*	19,312−316	*378*
13,419−429	*87*	19,328−331	*376*
14,18	*187*	19,331	*377*
14,40	*95f.*	19,338−341	*347*
14,75	*91*	19,342	*379*

19,343	*369, 380*	1,181	*181*
19,355	*120*	1,155	*91*
20,13	*94*	1,362	*346*
20,23	*108*	1,400	*93*
20,34−48	*16, 108f.*	1,437	*451*
20,38	*108, 112*	1,551	*84*
20,51−53.101	*366*	1,552	*94*
20,100	*94*	2	*23, 35*
20,139.143.145f.	*120*	2,80	*300*
20,141−144	*115*	2,123	*288*
20,142	*119*	2,128.148	*203*
20,143ff.	*94*	2,215	*94*
20,173−178.(182-)184	*83, 288*	2,219	*380*
20,173.183	*289*	2,220f.	*94*
20,182	*277*	2,266	*84*
20,195	*114*	2,266−270	*288*
20,198	*378*	2,284−292	*283, 288*
20,200	*347, 349, 374−377, 387*	2,287.292	*97*
		2,313f.	*121*
20,200ff.	*380*	2,420	*154*
20,227	*281*	2,429	*292*
		2,454	*117*
Contra Apionem		2,463	*84, 117*
1,1	*116*	2,462f.465; 468.477	*83*
1,54	*21*	2,478	*83, 292*
1,169−71	*191*	2,479f.	*83*
1,176−181	*265*	2,498.502	*292*
1,210	*119*	2,546ff.	*82*
1,246.263	*166*	2,556	*451*
1,283	*127*	2,560f.; 7,368	*82*
2,1	*116*	2,570f.	*386*
2,33.36	*300*	2,591f.	*288*
2,38−42	*288*	3,432	*21*
2,80.89−96	*285*	3,446	*91*
2,91ff0.190−210	*125*	3,525	*451*
2,121;123	*105*	4,155	*282*
2,146.213.261	*127*	4,159	*334*
2,165	*130, 289*	4,262	*111*
2,168;281f.;284	*104*	4,656	*153*
2,282	*104, 106, 253*	6,134	*21*
2,286	*105*	6,283−286	*50*
2,296	*116*	6,302−305	*374*
		6,426	*114*
De Bello Judaico		7,38−40.96	*291f.*
1	*23, 35*	7,41	*288, 292*
1,2f.7.9	*23*	7,41−62	*287f.*
1,3	*189*	7,43	*83, 292*
1,63	*134*	7,43−62	*139*
1,78−80	*137*	7,44(f.)	*287−289*
1,88;93f.	*259*	7,45	*139, 290f., 299*
1,95	*93*	7,46−53	*292*
1,99−103	*89*	7,49−53	*419*
1,103.115	*90*	7,54−62	*292*
		7,100−111	*287f., 292*

7,226	94	155–158	82
7,363	292	184–190.200-203	280
7,367	83, 95f.	203	206
7,407–421	151	226	83
7,420–436	290	245	83, 116, 253
7,437–441	151	249	366
7,43	83f., 299	278	279
7,47	97	281	206, 249
		334f.	283
Vita		353	256
3	324	346	280, 344
8	62	*De Migratione Abrahami*	
12f.	376	80f.	121
16	114	*De Opificio Mundi*	
27	82	81	126
341f.410	91	*De Praemiis et Poenis*	
430	116	116f.152	122
		162–173	159
Philo von Alexandrien		*De Providentia*	265
De Abrahamo		*Quaestiones in Genesim*	
247–254	112, 191	3,45–52	121
De Aeternitate Mundi		*Quaestiones in Exodum*	
147	245	2,2	122
De Agricultura		*De Specialibus Legibus*	
35.119	284	I, 51–53.309	131
De Animalibus	265	I, 320ff.	142
De Congressu Erud.		II, 118ff.	131
133	97	II, 163–167	127
De Ebrietate		*De Virtutibus*	
177	284	107	131
In Flaccum		*De Vita Mosis*	
26.181	279	2,21	106, 253
43	300	2,25f.	122
45ff.	280	2,41ff.	122, 128
45–48.52	283		
46	206, 279	**Pseudo-Philo**	
48	82	*De Jona*	
74	97	c. 46 § 118.186	127
Legatio ad Gaium		§ 216f.	126
89	245		
132.134	82	**Pseudo-Phokylides**	
155	300, 391	3–8	123

V. Neues Testament

Matthäus		4,25	91
1,3.5.6	113	5,17–19	402
2	181, 393	5,18	296
3,11	451	5,23f.	164
4,1	178	5,35	52
4,6	230	5,40	446
4,24	40, 145	6,36	367

7,12	296	Markus	
7,17	304	1,4 parr	178, 449
7,22 f.	353	1,7—11	168
8,5—13	85	1,12	178
9,9	59	1,29—31	382
9,13	164	2,17	235
9,20 ff.	113 f.	3,6	346, 348
10,1	45	3,7 f.	145
10,2	46, 373	3,12	348
10,3	59	3,14	45 f.
10,5	54, 149 241	3,17	373
10,5 f.23	54, 276, 394, 401	3,18 par	327
10,5—42	396	5,7	135, 203
10,33	54	5,20	91, 145
10,41	353	6,3	328, 383
11,2	277	6,7—12	396
11,5	158	6,14—20	277
11,19	206, 235	6,21 ff.	335
11,24—27	152	7,24	57, 145
12,7	164	7,24—30	85
13,52	59, 353	7,31	57, 91, 145
14,1—12	277	8,15	346
15,21 par	394	8,26—39	145
15,21—28	85	8,27	57, 145
15,24	146, 276	9,38 ff.	119
16,12	230	10,38 f.	374, 450
16,16—19	70	10,45	164
16,17	327	10,46	327
16,18	230	11,17 par	110
18,15—18	386	12,13	346
19,11 f.	206	12,13—17	349
19,28	45	12,17	96
20,22 f.	374	13	279, 305
22,16	346	13,7 f.14	25
23,24	353	13,8	367
23,27	206	13,10	85, 269
23,37	52	13,12 f.	26, 279
23,37—39	59	13,13	293
24,7	367	13,14	278, 286
24,11.24	353	13,14—20	278
24,15	278	13,22(f.)	26, 353
26,26—28	438	14,9	85, 269
26,73	52	14,22—25	310, 437 f.
27,16 f.	327	14,61	348
27,25	84	15,1	379
27,56	328	15,21—26.32	348
28(,17)	67	15,34	34
28,18 ff.	422	15,38	278, 286
28,19(f.)	85, 204, 388	15,40.47	328
28,20	353	16,1—8 parrs	49
		16,7	54

Lukas

1,1–4	*17, 19, 35*
1,2	*21, 36, 77*
1,4	*116*
1,32f.	*76*
1,59	*234*
1,76–79	*78*
2,1	*26*
2,21	*234*
2,25	*324*
2,32	*78, 130*
2,52	*62*
3,1	*93, 94*
3,1ff.	*26, 182*
3,16	*451*
3,19f.	*277*
3,23	*25*
4,1	*178*
4,6	*11, 13, 277*
4,16–29	*21*
4,18	*158*
5,10	*373*
5,17	*21*
5,31	*20*
6,13	*45, 78*
6,14	*373*
6,17	*145*
6,29	*35*
6,43	*304*
7,1–10	*85*
7,10	*20*
7,22(f.)	*21, 158*
7,33	*206*
7,34	*235*
8,3	*335*
8,19–21	*223*
8,51	*373*
9;10	*396*
9,28	*373*
9,52ff.	*241*
9,54	*373*
10,1	*45, 314, 333*
10,20	*289*
10,33	*241*
11,2	*311, 362, 437*
11,30	*449*
11,31	*103, 146*
11,49	*353*
12,35–46; 19,34–36	*26*
13,16	*22*
13,28f.	*85*
13,34(f.)	*52, 59, 206*
15,27	*20*
16,17	402
17,11	*241*
17,16	*241*
19,11	*25f.*
19,27.43	*13*
19,37	*45*
20,38	*295*
21,11	*367*
21,12f	*11, 13*
21,16f.20–24.28.31f.	*26*
21,24–26	*12*
22,19f.	*310*
22,30	*45*
22,48	*339*
23,39	*34*
23,43	*356*
24,9.33	*44f.*
24,16.31.37ff.	*67*
24,25–27.44	*13*
24,36–51	*45*
24,37.39	*14*

Johannes

1	*136*
1,14	438
1,18	*169*
1,42	*219*
2,1–11	*136*
3,5	*143, 450*
4	*276*
4,7–42	*113*
8,39	*276*
8,48	*135*
9,22	*276*
10,23	*51*
12,24	*450*
12,42	*276*
14–16	*276*
14–17	*360*
14,22	14
16,1–4	*276*
16,2	14, *276*
18,3	*379*
18,10f.	*375*
18,13	*81*
19,23f.	*446*
20/21	67
20,14	67
20,17	*64*
21,4	67

Apostelgeschichte

1	67
1–10(11)	276, 329
1,1(f.)	*17*, 18, 19
1,2	221
1,3	44, 45
1,6f.	25
1,8	71, *103, 130, 241*, *392*
1,11	*51, 54, 344*
1,13	44, *46*, *221*, 374
1,14(f.)	45, 59, *223*, 384
1,15	*45, 72*
1,21	*78*
1,23	*69, 221*, 327f.
1,26	*45, 46*
2	68, *451*
2–4	49
2–5	50, *185*
2–7	144
2,1ff.	*75*
2,1–13	*362*
2,5	*451*
2,7	*54, 344*
2,11	39
2,13	*362*
2,14	45
2,16ff.	*13*
2,17(f.)	*13, 25*, 352, 358, *370*
2,17–21	*69*
2,18	*352*
2,24	215, *221*
2,36	77
2,38	*451*
2,38–41	116
2,42	301, *310*
2,45	327
2,46	278, 301, *310, 362*, 363, 436
3	329, 374
3,6	*21*
3,11	*51*
3,14	*66*
3,18.21–25	*13*
3,20	77
4	329, *366*, 367, 374
4,5	*370*
4,5–5,42	57
4,6	379
4,7f.	*79*
4,8	*370*
4,10	77
4,23	*370*
4,31	*75*, 362
4,32–35	327
4,36(f.)	321, *324*, 327, *331*, 386
4,37	369
5	*366*, 367
5,1–11	51, 276, *363*, 386
5,2	369
5,11	140
5,12	*51*
5,17f.	379
5,30	*34, 165*
5,34	*141, 260*
5,39	*165*
6	26, 325
6,1	57, *218, 347, 383*
6,1ff.	*185*, 276, *366*
6,1–6	386
6,2	*45f., 221*
6,2–4	*386*
6,3	*45, 221*
6,5	*37, 45, 241*, 291, 327, *335*
6,6	*144*
6,7	327
6,8	225
6,9	*80f., 238,* 249, *390,* 394
6,11	*165,* 308
6,12	*370*
7	26, *126,* 285
7,2	*65, 190*
7,30.35	65
7,46–50	286
7,48	286
7,51	*122*
7,52	*66*
7,55f.	67, *170*
7,56	*430*
7,58	*56, 375, 462*
8	*54, 57, 177, 241,* 329, *374*
8,1	*56,* 147, 220
8,1.3	140
8,1b–4	*57*
8,2	220, *373*
8,4	242, 269, *373*
8,4–40	*373*
8,5	*140, 149, 241,* 397
8,9(ff.)	*119, 241,* 449
8,18(f.)	221, *354*
8,26	149
8,26.39	*358*
8,26–40	*103*

Stellenregister

8,27	103, *146*	9,32–43	*54*, 85
8,30	364	9,32–11,8	371
8,33	*215*	9,34	*20, 21*
8,36.38	85, 116	9–15	34, 41
8,38	75	10	103, 234, 239, 241, 274
8,40	*85.140*		
9	67, *373*	10f.	*357*
9,1f.	57	10,1	*240*
9,1–19a	64	10,2–4	70
9,2	80, 86, 140	10,2	85, *102*, 103, *104*
9,3	*63f., 69*	10,10	*64*
9,4	*64, 165*	10,14f.	*242*
9,5	*215*	10,16	*239*
9,7	*64*	10,22	*102*
9,8f.	*166*	10,28	*242*
9,9	*143*	10,34f.	103
9,10	*140, 142*	10,35	*102*, 103, *104*
9,11	100, *140, 143, 237,* 250	10,37	*52, 54*
		10,39	*34, 165*
9,12	71, 75, 144	10,43	*435*
9,13(f.)	76, *153*, 220	10,44	75
9,15(f.)	*64, 70, 78f., 176, 227, 238, 243f.*	10,44–48	234
		10,48	75
9,16	*15*	11,1	*103*, 221, *240*, *383*
9,17	65, *67, 71,* 75, 144	11,1–3	103, *218,* 328
9,18	72	11,1–18	*103,* 276
9,18b–22	175	11,2(f.)	*223, 240, 332*
9,19(f.)	72, 75, *76,* 140, *143,* 216	11,3	*242*
		11,5	*64*
9,19–30	76	11,12–13,3	*230*
9,20	75, *76,* 81, 86, 141, 168	11,15f.	274
		11,17	*435*
9,20ff.	155	11,18	*240*
9,21	141, *153,* 220	11,19	57, 147, *220,* 242, 246, 269, *268, 338,* 397
9,22	76, 141, *244*		
9,23	76, 156, *216*		
9,23–25	*152,* 209f., 214, 216, 470	11,19f.	*399*
		11,19ff.	427
9,24f.	32	11,20	238, 269, *280,* 308, 326, 331, *334,* 394
9,25	140		
9,26	*63, 76,* 220	11,20f.	238, 300
9,26–30	214, 216, 332, *372*	11,21	336
9,27	76, *215,* 223, 224, 326, *383*	11,22	226, 240, 269, 325, 332
9,27f.	222, 225	11,22–24	326
9,27–29	222	11,23	269, *342*
9,28	76, 222f., *225*	11,24	336
9,28–30	228	11,25	243, 268, 326
9,29(f.)	*61,* 225 ,*227, 238, 347*	11,25f.	274f.
		11,26	*216,* 336, 338, 341, 343f., 351, 368
9,30	*209,* 228, 243, 268, 275		
		11,27	*79,* 337, 352, 359, *373*
9,31	52, 140, 218, *241, 243, 324*	11,27f.	388, 402
		11,27–30	351

491

11,28	*185, 306, 334, 357*	14,1	*81, 238*
11,29(f.)	359, 369f., *373*	14,4.14	*45f.*, 333, 358
11,30	*221, 243, 359,* 368–371, 383	14,12	*319*
		14,17	*203*
12	*277, 381, 382,* 360	14,21	387
12,1	*239*	14,22	13f.
12,1–23	371f.	14,23	*359, 370*
12,2	*46,* 374	15	45, 315, 324, 329, 368, 382, *383*, 384
12,3(f.)	376f.		
12,3–5	369	15,1(f.)	*240, 315, 371,* 402
12,7–10	357	15,1ff.	402, 427
12,12–17	*327,* 366	15,1.6–7.12	*315*
12,15	*239*	15,1.24	241
12,17	*215, 218, 223,* 370, 384, *372, 388,* 389	15,2	221, *243, 315, 316, 328, 359, 370, 374, 384*
12,19ff.	*381*		
12,24	370	15,2ff.	368
12,25	*330,* 368f.	15,3	*241, 337, 371,* 397
13	*126, 246,* 314f., *319,* 370, 399, 424, 453	15,4	*328, 359, 370, 384*
		15,5	*21, 223,* 240
13,1	*12, 37,* 140, *143,* 306, *322,* 323f., *334, 340,* 394, 425	15,6	*240, 315,* 370
		15,7	*241*
		15,7–11	222, *315,* 319
13,1f.	358	15,8–11	234
13,1ff.	401, 403, 427	15,9	*242,* 435
13,1–3	328	15,11	315, *319*
13,2	*306, 352,* 357f., 421, 433	15,12	328
		15,13	*127, 140, 223,* 384
13,3	*144,* 358	15,14	*242,* 333
13,4(f.)	*243,* 399	15,19	384
13,4ff.	268	15,20f.	*317*
13,5	*81, 238,* 330	15,21	*241*
13,6	*119,* 326	15,22	*69, 306,* 326
13,6–12	*115,* 238	15,23	*42, 147, 267, 332,* 337, 398
13,7	398		
13,8	*119*	15,23–29	400
13,10f.	334	15,27	*306, 320,* 331
13,12	17	15,28(f.)	*69, 317,* 320
13,13	*102, 223, 248,* 330	15,30f.	331, 400
13,14	*81,* 338	15,31	*324*
13,15	*324*	15,32	352
13,26	*102,* 190	15,35	333
13,29	*34,* 165	15,36	268, 460
13,31	*46, 52,* 65	15,36–39(40)	*243, 248,* 314
13,33	75	15,37	*330*
13,35	308	15,37–39	224
13,42–52	238	15,39	*223, 247, 268,* 330
13,43(f.)	*102, 123,* 141	15,40	329
13,45	*176*	15,41	*140, 143, 147,* 244, *267, 332,* 337, 398
13,46	*228,* 238		
13,47	*130*	16,1	17
13,50	*102,* 113	16,1–3	*118,* 302
14	*246,* 314f., *319,* 370, 424, 453	16,2f	*15*
		16,3	*121*

16,4	*46*, 221, *317, 359,*	19,25	*72*
	370, 384	20,7ff.	*310*
16,5	*142*	20,13	*365*
16,11ff.	10	20,17	*359, 370, 387*
16,13	*302*	20,20.27	*14*
16,17	*133f., 203*	20,22	*243*
16,22.37	*452*	20,22−25.38	*15*
16,23	*296*	20,24	*15, 64f.,* 67, 77, *240*
16,34	*441*	20,28	*143,* 387
17,1	*81*	20,29(f.)	*13f.*
17,1−3	*185*	20,31	*216, 338*
17,4	*451*	20,33f.	*185*
17,5−9	*293*	21	45
17,10	*81*	21,3−9	*397*
17,11	*452*	21,4.10ff.	*223*
17,16	*248*	21,8	*45, 85*
17,17	*81*	21,8−14	*148,* 241
17,18	*128, 206,* 265	21,9	*358*
17,19	*215*	21,10(f.)	*224, 352*
17,22−32	*265*	21,10−14	*365*
17,23	*258*	21,11	*357*
17,28	22	21,15ff.	*230*
17,31	*339, 457*	21,16	*218, 230, 327, 366*
17,34	*142*	21,17	*230*
18,1−3	*185,* 186	21,18	*221, 223, 230, 359,*
18,3	*185, 308, 321*		*370, 384*
18,2.18.26	*434*	21,20	*150, 228, 384, 386,*
18,4.7	*81*		*387*
18,5	*330*	21,21	*121*
18,6ff.	177	21,20−25(26)	*152, 223*
18,8	*447*	21,24	*386*
18,11	*216, 338*	21,25	*317*
18,12ff.	*342, 452*	21,26ff.	*223*
18,18	*147,* 216, *330*	21,27−33	313
18,19	*81*	21,27−36	*219, 365*
18,21	*330*	21,28	*110, 121, 151*
18,21−23	*243*	21,33	*365*
18,22	*223, 329f.*	21,39	*237, 250*
18,23	*329*	22	65, 67
18,24	*392*	22,3	*141, 150, 237, 260*
18,25	*72, 140, 392*	22,3−21	*64*
18,27	*332*	22,4f.	*81*
19	*330*	22,5	80
19,1ff.	72	22,6	*63f., 69*
19,1.7	*312*	22,7	*64, 165*
19,2	*140*	22,8	*66, 215*
19,6	*144, 352*	22,9	*64*
19,9	*8, 185*	22,10	*215*
19,10	*216, 338*	22,11	*166*
19,11	*21*	22,12	*142f.*
19,13ff.	*119*	22,14	65, 67, *70, 77f.*
19,19	*119*	22,15	*65f., 71, 77, 79, 176,*
19,21	*243*		*227, 243*
19,23	*140*	22,16(f.)	*70−72, 74, 75, 78*

22,17	*64*	28,13f.	*212*
22,17−21	*65*, 227, 228f.	28,15	*268*
22,19	227, *374*	28,21	80, 432
22,21	*70, 78, 176, 226, 228, 243*	28,23	*13*
		28,25−28	*228*
23,3	*35*	28,28	227f., 238
23,6	*15, 141, 260*	28,30	*2*
23,6ff.	*10*	28,31	*67, 117,* 392
23,9	*165*		
23,12ff.	*121*	**Römer**	
23,14	*370*	1,1	77, *160*, 401
23,16ff.	*260, 332*	1,1−17	31
23,16−22	217	1,3	*74*
23,26	*277*	1,3f.	*71, 166, 168, 233, 435*
24,1(f.)	*101, 370*		
24,2−8	22	1,5	*157, 166, 317*
24,5	*21, 121*	1,7	*201,* 391
24,12	*81*	1,9−13	*434*
24,14	*21, 140*	1,10f.	157
24,17	*223, 230,* 386	1,13	*390, 434, 452*
24,22−26	*115*	1,14f.	*161*
24,23	*223*	1,16	76, *173, 176, 242*
24,26a	*11*	1,17	*464*
24,27	*96*	1,18−3,20	127
24,50	*64*	1,18ff.	*171, 458*
25,11−21	*96*	1,24.26.28	297
25,15	*370*	1,27	297
25,19	*341*	1,29−31	297
25,23ff.	*15*	2,5	*458*
26	*65, 67*	2,18−20	*296*
26,4f.	*260*	2,22	*263*
26,8	*343*	2,25−29	*122*
26,9−20	*64*	2,28f.	*109, 122*
26,10f.	*374*	3,2	*172*
26,11	*62, 81, 142, 165,* 308	3,4	*456*
26,12ff.	*64*	3,8	*391*
26,13	*64, 71*	3,10	*131*
26,14	*22, 64, 165f.*	3,19(f.)	*167, 171, 173*
26,15	*215*	3,20	173
26,15−18	72	3,21	*457*
26,16−18	66f., 77	3,25	*286,* 298, *433,* 435
26,16(f.)	*64, 66, 71*	3,27	*173*
26,17(f.)	*65, 66, 176,* 227	3,28	*303*
26,17−20	*243*	4,1	*190, 193*
26,18	*66, 71, 78*	4,1−12	*190*
26,20	227	4,3	*1*
26,25	*65*	4,5	*160, 167, 173*
26,26	*13, 51,* 65	4,11	*190,* 192
26,27	*13*	4,14	164
26,28	*341, 342*	4,16	*319*
27	246	4,17	435
27,3	*129, 148, 223,* 397	4,25	*166, 433,* 435
27,21−25.30−38.42f.	*178*	5,1−11	*458*
28,2	*21, 129*	5,6	*160*

5,10	*160, 171*	13,1	95, *277*
6	449–451	13,1–7	95, *96,* 289
6,1 ff.	56	13,4	96
6,3	72, 435	13,8–10	74, *304*
6,3 f.	435	13,9	*295*
6,3 ff.	450	13,11	160, *289*
6,4	*49f., 66*	13,11 ff.	*305*
6,5	446	13,12	*9*
6,6	435, 439, *446*	13,13	447
6,13	447	13,14	443, 447
7	*28*	14	*317, 452*
7,3	*344*	14,2	*149*
7,7	*171*	14,5	*149, 302*
7,7–25	297	14,14	303
7,12.14	*171*	14,17	303
8,3(f.)	*170, 431,* 435	15	386, *434*
8,11	435	15,4	*324*
8,12(f.)	441, 459	15,8(f.)	74, *431*
8,12–16	*440*	15,9	*365*
8,13	*440*	15,14–33	31, 332, 435
8,14	*177, 307*	15,15 f.	158
8,15	219, 311	15,16–21	*3*
8,23	435	15,18	*119, 166*
8,26	*362*	15,19	21, *32,* 147, *148,*
8,34	71, *362,* 435		163, *174, 209,* 226,
9,1 ff.	307		228, 244, 247, *271,*
9–11	228		320, 391, 395, *424*
9,1–5	31	15,20	*178,* 392
9,4	*289*	15,22	*434, 452*
9,5	*228*	15,23	*245, 247,* 401
9,7	*193*	15,24	157, *403*
10,4	172	15,25 f.	391, *425*
10,12–14	*69*	15,26	*386, 395, 425,* 453
10,16	*158*	15,28	157, *193*
11,1	*289,* 307	15,30–32	434
11,1 ff.	*190*	15,30 f.	*219*
11,2 ff.	*190*	15,30 ff.	*425*
11,5	*456*	15,31	*52, 61, 121, 365,*
11,11–16	*228*		*368, 386,* 391, *453*
11,12	*122,* 273	15,41	*245*
11,13	2, *319, 361*	16	335
11,14	*176,* 432	16,1	*386*
11,15–32	308	16,2	*331*
11,16	*130*	16,3	434
11,25–27	273	16,4	340
11,25–36	*131*	16,5	*130, 301,* 391
11,26	*51,* 457f.	16,7	*217*
11,33–36	*78*	16,11	*346*
12	452	16,16	*166, 339*
12,3	*305*	16,21	*12*
12,3–15,6	391	16,23	447
12,14	*229*		
12,21	290	*1. Korinther*	5, 448
13	96, 349	1–3	*230*

1,1	77, 157, 401	8,6	169, 201, 313, 417, 430, 431, 446
1,2	69, 202	9	455
1,7b–9	456	9,1	44, 46, 63, 65, 70, 169, 317, 321
1,9	456		
1,12(f.)	46, 230, 233, 313	9,1–6	332
1,13	33	9,1–23	31
1,14–17	72, 448	9,1ff.	3, 46, 161, 276, 447
1,18	39	9,2	77,, 321
1,19f.	265	9,3	46
1,22	265	9,4f.	321
1,23	308	9,5	156, 217, 233, 321, 382
1,26f.	265		
1,30	206, 447, 449, 451	9,5f.	398
1,31	9	9,6	224, 321
2,2	448	9,16(f.)	161, 272
2,8	66, 277, 305	9,16ff.	227
2,9	357	9,19(ff.)	161, 447
3,4–12	230	9,19–23	302
3,6	386	9,20(f.)	150, 176
3,10	416, 448	9,21	74
3,11	70	9,22	150, 230, 447
3,17	448	9,25	299
3,22	46, 230, 233	9,27	227
4,1f.	160	10,1(ff.)	310, 431
4,5	71	10,1–13	448
4,8–13	7	10,11	448
4,9	298	10,14.19–22.28	264
4,15	297, 447	10,15	436
4,19–21	7	10,16	439
5,3f.	39	10,19f.	418
5,9.11	400	10,25–30	302f.
5,10ff.	74	10,26	303
6,1ff.	96	11	301
6,2ff.	273	11,3ff.	440
6,4	386	11,10	297
6,7	96	11,19	313
6,11	433, 447f., 449, 451	11,21	436
6,17	435	11,23ff.	33, 55, 310
7,1	400	11,23–25	73, 310, 433, 436
7,12–16	118	11,23–26	437
7,17–20	447	11,24	310, 436
7,17–31	303	11,25	286, 436, 438
7,19	74, 295, 303f., 442	11,26	436
7,29	157, 160, 233	11,29	310
7,8.29–35	9	11–14	352
7,31	157, 160, 305	12,1–3	69
7,40b	361	12,3	311, 313, 362
8	110	12,12(ff.)	313, 438
8–10	317	12,12f.	274, 447
8,1–13	303	12,13	72, 313, 438, 440, 446
8,4	131, 418		
8,4–13	264	12,26	294
8,5	201, 418	12,28(f.)	21, 353

12,29	359	16,3	*400*
12,3	55, *165*	16,15	*130, 386, 447*
13,3	298	16,19	*434*
13,4	*35*	16,20	*339*
13,5	*247*	16,22	*164f., 169*, 219
13,13	*360*		
14	301	**2. Korinther**	*4*
14,1.6.26ff.	*359*	1	*452*
14,3	*324*	1,1	*77, 157*
14,23	*303, 362*	1,16	*52*
14,24	309	1,19	*330, 358*
14,25	*360*	1,21	*349*
14,29−32.37	359	2,3	*400*
15,1	325, 435	2,6−16	*360*
15,1ff.	313, 425	2,10	*360*
15,1−4	455	3,1(ff.)	*332, 400*
15,1−7(8)	73, *438*	4,4	*71, 78*
15,1−11	31, *163*, 332	4,4−6	70
15,2−8	48, 276	4,6	*71, 78*
15,3f.	*33*	4,13	*360*
15,3−5	*163, 433,* 438, *450*	5,2ff.	*447*
15,3−8	233	5,13	*64*
15,4	*49f.*, 164, *171, 357, 450*	5,14	449
		5,16	*65, 74*
15,4ff.	435	5,17	*304, 459*
15,4−8	68	5,21	*433, 446*
15,4−10	334	6,2	*158*
15,5(f.)	*46, 217, 317,* 325, *383*	6,18	*134*
		8	*331*, 367
15,5−8	*65*	8,4	*386*
15,6	*51*, 68, *438*	8,18	*306*
15,6−8	*163*	9	*331*, 367
15,7	*65*, 156, *217f.*	9,1	*386*
15,8	44, 63, 65, *77*	9,11−13	*425*
15,8f.	*33, 47, 48*	9,14f.	*78*
15,8ff.	*46, 317*	10−12	*230*
15,9	31, *143, 161, 166, 234*	10,10	6, 7
		10,17	*9*
15,10	*3*, 27, *209*, 267, *318,* 454	11	*4*, 216
		11,2	*35, 207*
15,11	40, *49*, 73, 156, *163,* 164, *233,* 313, 325, 425, 438, *450*	11,5	*3, 46, 209, 217, 223*
		11,6	6
		11,10	*245, 395*
15,14	318	11,13	*217*, 297
15,23(25)−28	273, *289*	11,13−15	295
15,29	*449*	11,16	*332*
15,35−38	459	11,16−12,10	7
15,51	357	11,22	*289*, 307
15,53f.	443, *447*	11,22−27	247
15,54−57	298	11,22−12,6	6
15,56	28, *166*	11,23	*3, 160, 209*
16,1−4	367	11,23−29	424
16,1	*32, 386, 453*	11,24(f.)	14, 152, 208, *210,* 213, 247, *368*, 452
16,2	*310*		

11,25	246, *452*	1,17	*60*, 61, 174, 179, 187, 192, 211, 217, *371*, 460, *463*, 469
11,26	96, *210*		
11,28f.	464		
11,29	10, *35*	1,17f.	62, 157, 465
11,31	355	1,17ff.	54
11,32	*32*, 226	1,18	47, 76, *175*, *219*, 229, 244
11,32f.	209, 211, 214, 216, 247, 465f., 469		
		1,18f.	215–217, 221f., 225
12	22	1,18–20	214, 224, 236
12,1	44, *355*	1,19	*217f.*, *321*, *371*, 384
12,1ff.	*64*, 228	1,20	73, *214*
12,1–4	*44*	1,21	42, *61*, *147*, 224, *237*, 244f., *394f.*, 424
12,2f.	355		
12,2–4	356, *357*		
12,6b	355	1,21f.	220, 246
12,11	46	1,22	*52*, *61*, 63, 76, *143*, 214, 231, *340*, *424*
12,12	*21*, 365		
12,21b	7	1,22f.	61, 216
12,7–9	*22*	1,22–24	*61*, *218*
13,2	7	1,23	62, *153*, 225f., 244, *332*
13,3	*119*		
13,10	7	1,24	63, 221
13,12	*339*	2	*239*, 247, 320, 371, 394, 396, 403, 425, 440
13,13	*204*		
Galater			
1	155, 158, *176*, 189, 225, 247, 320, 371, 394, 396, 403, 425	2,1	47, 246, *316*, 328, *367f.*, *372*, 402, *463*
		2,1ff.	*316*, 324
		2,1–10	267, 303, 315f., 319, 368, 382, 394
1,1	77		
1,2	332	2,1–14	419
1,6.11	313	2,1–21	*231*
1,10(f.)	*224*, *317*, *361*	2,2	*44*, 274, *316*, 317f., 337, 371, 398, *441*
1,10ff.	317, 438		
1,10–12	76, *224*, 454	2,3	*316*, 439, 442
1,10–2,18	31	2,3ff.	*149*
1,11(f.)	13, 79, *154*	2,4	241, *332*, *371*, 402, 439
1,11–21	276		
1,12	*44*, 66, 70, 74, 75, *360*	2,5	28, 29, *401*, 402
		2,6	317, 371
1,13	*31*, 61, 62, *143*	2,6–10	*316*, 403
1,13f.	297	2,7(f.)	234, 239, 317, 319
1,14	61, *141*, *150*, *340*	2,7ff.	238
1,15	*69f.*, *166f.*	2,8	*219*, 318
1,15f.	63, *66*, 70, 72, *75*, 161, *317*	2,9	*219*, 224, *317*, 329, 371, 374, 383f.
1,15–17	72, *157*	2,9–11	303
1,15–24	224, 231	2,10	381, *386*
1,16	70, 72, 75f., *77*, 141, 168, 175, *189*, 244, 317, *361*	2,11	223, 247, 320, 425
		2,11ff.	*230*, 242, 247, 312, *316f.*, *321*, 329, 337, 389, 422, 427, *429*, 447, 460
1,16f.	65, 155, 158		
1,16ff.	*59*, 228		
1,16–2,15	41	2,11–13(14)	289, 306, 439

Stellenregister

2,11–16	233	5,11	192, *213*, 235
2,11–21	247, *383*	5,13ff.	74
2,12	*329*, 371, 384, 453	5,14	*304*
2,12ff.	*238*	5,18(ff.)	*173*, 177
2,13	314, 317, 321, 329	5,22(f.)	149, *173*, 303, *432*, 459
2,13–15	442		
2,14	28, 29, *117, 401*	6,2	74
2,14–16	*440*	6,11	442
2,15	233	6,11–17	454
2,16	*435*, 439, *451*	6,15	303f., 442, 459
2,16f.	303	6,16	*431*
2,16–18	296	6,25	448
2,18	*296*		
2,19f.	439, 451	*Epheser*	4f., 16, 207, 352, 353, 361
2,20	*168*		
2,21	439	1,22f.	207
2,24f.	*174*	2,12	289
3,1	33, 34	2,20	*353, 361*
3,1–5	454	3,5	*353, 361*
3,7.29	*191*	3,10f.	207
3,9	255	4,5	*438*
3,10	*164*, 296	4,11	*353, 361*
3,11	*167*	5,8	71, 78
3,13(f.)	34, *74, 165, 168*		
3,20	*131*	*Philipper*	2, *4, 39*, 173
3,23	*172*, 296	1,1	*353, 386*
3,23–25	*172*	1,21–26	7
3,24	*172*, 297	1,23	295
3,26f.	440–442	1,24f.	*15*
3,26–28	177, *307*, 438, *440*	1,30	298
3,27	443, 446f., 451	2,6–11	136, *169*f., *428, 431*
4,2	*172*	2,7	298
4,3	*254f.*	2,10	*428*
4,4(f.)	74, *131, 168, 170*	2,13	*173*
4,5	297	2,16	*318*
4,6	*168*, 219, *307*, 311	3,2–11	29, 31
4,8ff.	301	3,2–19	*2*
4,8–19	454	3,4–6	289
4,9	*301*, 255	3,4–9	*166*
4,10	*149*, 253, 301	3,4–11	161, 464
4,13ff.	22	3,5	*260, 289*
4,15	69, *71*	3,6(ff.)	30f., *171, 307*
4,18	*35*	3,20(f.)	66, *130*, 295, 289
4,19	*297*	3,21	*66*, 295
4,22ff.	*193*	4,1	299
4,24–26	206	4,3	*39*, 289
4,25	186, *191*, 192, 465, 470	4,5	*9, 157, 233*
		4,15	*4*
4,26	206, *289*		
5,1–12	454	*Kolosser*	
5,3	149, *167*, 296	1,12–14	78
5,4	*167*	1,15–18	78, *170*
5,5	*457*	1,15–20	*169, 431*
5,6	442, 458	2,1	298

2,8	*128*, 255	5,24	*456*
2,11	*122*, 255	5,26	*339*
2,12	*50*, 450		
2,16f.	253	*2. Thessalonicher*	*4f., 25, 278*
2,16–18	255	2,1.15	*400*
2,18	*245f.*	2,3–12	*278*
3,9–12	*440*	2,4	*278f.*
3,24	297	2,13	*130*
4,10	*327, 329*	3,3	*456*
4,14	*10, 19*	3,17	*400*
1. Thessalonicher		*1. Timotheus*	
1,1	*330, 358*	1,3.12–16	*17*
1,3	*297, 360, 459*	1,13	*165–167*
1,4	*456*	1,15	*17, 166*
1,5f.	*455*	1,16	*167*
1,6–9	*456*	1,18	*353*
1,9(f.)	56, *339*, 457	1,20	*17*
1,10	*457f.*	3,8.10	*386*
2,2(f.)	*298, 452, 455*	4,14	*17, 353f., 386*
2,4	*459*	5,22	*386*
2,7	*455*	6,12	*298*
2,9	*455*	6,16	*66*
2,13	*455*	6,20	*15*
2,14	52, *61*, *143*, 218, 276, 293, 332, *340*, 452	*2. Timotheus*	
		1,3	*15*
2,14–16	293	1,5	*15, 17, 118*
2,15(f.)	151, 305, 399	1,6	*354*
2,17	*452*	2,17	*17*
2,18	79	3,11	*15, 17*
2,19	299	3,15	*15*
3,5	318	4,7	*15, 17, 298*
3,6	*459*	4,8	*445*
3,13	*459*	4,10	*17*
4,3f.	*459*	4,16–18	*11, 15*
4,13	296	4,19	*434*
4,13–17	357		
4,13–18	*459*	*Titus*	
4,14	457, *459*	3,2	*126*
4,17	273, *459*	3,4	*129*
4,9	200		
5,1f.	*26*	*Philemon*	*2, 4f.*
5,1–11	*9*	9	*462*
5,2	*233*	22	*15*
5,4	*78*	24	*10, 329*
5,8	*360, 447, 459*		
5,8–10	*457*	*Hebräer*	*5, 13, 40, 49, 314, 400, 435*
5,9	*339, 458*		
5,10	*457f.*	2,4	*119*
5,19	*309*	4,9	*253*
5,20	*352*	6,2	*354*
5,23	*459*	11	*126*

11,37	67	2. Johannes	230
12,23	289	1	206
13,22	324	13	207
Jakobus	5, 40, 384, 401, 433	Apokalypse	13f., 392
2,2	342	2,6.15	335
2,21	190	2,13	11
2,24a	303	3,14	172
4,13	108	4,1	354
5,12	214	6,8	367
		7,9.13.14	442
1. Petrus	1, 6, 13f., 40, 235,	11,1–13	52
	319, 389, 400, 435	11,7	11
1,1	382, 389	12	207, 279
1,10–12	360	13	25, 279
2,2	450	13,2	11
2,9	78	13,8	172, 279
2,24	165	14,4	130
4,16	342	17,9	392
5,13	207	18,4	392
5,14	339	18,6	367
		21,2	207
2. Petrus		21,14	6, 46
1,1	333	22,1	356
3,15	5	22,14	441
		22,21	169
1. Johannes			
2,1	66		
2,18	25		

VI. Neutestamentliche Apokryphen

Acta Joannis		*Briefwechsel*	
3	342	*Paulus-Seneca*	266
		Ep 5.8.11	114
Acta Pauli et Theclae			
22.25	143	*Epistula Apostolorum*	1, 63, 144
(NT Apo II, 242)	140	c. 15	381
Acta Petri	41	*Hebräerevangelium*	
1,1	403	(NT Apo 1, 146 Nr. 3)	205
4	315		
5	357, 388, 441	*Jakobus-Apokryphon*	
35	391	(NHC I,2, 19–24; 8,3)	47
Acta Pilati		*Koptische Paulusapokalypse*	
I, 6	117	(NHC V,2, 24,5)	357
Acta S. Thomae	194	*Martyrium Petri 6*	357
22.23	343		

Pseudo-Clementinen	144, 175	*Homiliae*	
Recognitiones		1,15,1	*241*
1,6–13	*315*	3,28,1–58,2; 4,1	*241*
1,43,3	*388*	3,59 ff.	*241*
4,20,4	*343*	4,1,1–11,36,1 ff.	*148*
4,35,5f.; 36,1	*446*	11,35,4	*218*
7,34,1.7	*143*	13,9,3	*143*
9,29,1	*388*		
12,1	*241*	*Thomasevangelium*	*12*, 13, 40
		12	*371, 403*
		27,2	*402*

VII. Apostolische Väter

Barnabasbrief	122, 314	15,1	*353*
9,1–8; 10,12	*122*	16,3	*293*
9,6	*191*		
15,1–9	*302*	Hermas	40
16,7–9	*315*	*Mandata*	
		IV,1 (26,1)	*131*
1. Clemens	*4f.*, 6, 13, 17, *32,* 40,	*Similitudines*	
	309, 314, 353, 359,	IX,13–17 (90,7; 91,5;	
	400	92,2; 94,4)	*349*
5,5–7	*11*	Visiones	207
5,1–7; 6,1 ff.	*15*		
5,2 ff.	*279*	Ignatius	1, *4,* 6, *11,* 13, *15,*
5,7	*193, 403*		17, *32,* 298, 342,
17,1; 43,1	*353*		353, *359,* 428
36,5	*435*	*Ad Ephesios*	
37,1–4	*309*	9,1	*416*
41,3	*359*	12,2	*1, 4*
42	*387*	21,2	*342*
44	*387*	*Ad Magnesios*	
44.47.57	*359*	8,1	*429*
46,6	*131*	9,1	*302, 311, 429*
47,1 ff.	*453*	10,3	*429*
47,1–3	*4*	14,1	*342*
54,3	*354*	*Ad Romanos*	
		2,2	*399*
2. Clemens		3,3	*293*
17,3	*62*	9,1	*342, 399*
		Ad Philad.	
Didache	6, 40, *204,* 230, 311,	5,2; 9,2	*353*
	353 f., 358, 396 f.	6,1	*429*
7,1.3	*204*	10,2	*399*
7,1–4	*441*	*Ad Poly.*	
7,4	*143*	4,2	*342*
11–13	*396*	*Ad Trall.*	
11,3 (f.)	*353, 396*	6,1	*343*
12,4	*343*	13,1	*342*
13,1 (–3)	*353*		
14,1	*311*		

Martyrium des Polykarp
10,1; 12,2 343

Papias (ed. Kürzinger)
fr. 11 358
fr. 16 335

VIII. Kirchenväter, christliche Schriftsteller

Ambrosiaster
Ad Corinthios prima 4,9 *298*
Ad Galatas 1,17 *179, 183*

Apostolische Constitutionen
7,31,1 *353*
7,66,4 *343*
8,11,2 *354*

Aristides
Apologia
2,1 *431*

Arnobius
Adversus Nationes 5,5 *420*

Athenagoras
De resurrectione 18 *1*

Augustin
De Civitate Dei
6,11 *108*
6,31 *256*
19,23 *374*
Cons. Evang.
1,22,30; 23,31 *256*
Epist. 102 (ad Deograt.)
2.16.28.30
(= Porphyrius) *389*

Chronik Michaels des Syrers
I, 148 *422*

Clemens Alexandrinus
Stromateis
2,118,3 *335*
2,20,112 *314*
3,25,5−26,3 *335*
3,52,5 *382*
6,5,41 *343, 431*
6,43,3 *388*
7,63,3 *382*
7,106,4 *48*

Dionysios v. Korinth
Hist. Eccl. 2,58,8 *31*

Epiphanius v. Salamis
Panarion
1,30,16,6−9 *194*
2.26 *344*
4,9−5,5 *336*
25 *335*
29,1,1 *336*
30,11(f.) *53f.*
30,11,1−6 *260*
30,33,3 *191*
42,12,3 *344*
44,1 *421*

Pseudo-Epiphanius
Index apostolorum... *422*

Eusebius v. Cäsarea 23, 39
Chronica
214 *343*
219 *81*
Historia ecclesiastica
1,7,14 (Julius Africanus) *53, 57, 97*
2,1,2 (Clem. Alex.) *315*
2,9,2f. (Clem. Alex.) *373*
2,16 *393*
2,16,1; 2,17,1 *382*
2,23,6 (Hegesipp) *278*
2,23,16 (Hegesipp) *375*
2,23,18 (Hegesipp) *380*
2,26,2 *83*
3,4,6 *36*
3,5,3 *83, 313*
3,18,4 *84, 109*
3,19−20,6 (Hegesipp) *376*
3,22 *343*
3,27,1.6 *367*
3,31,3 *358*
3,32,3 (Hegesipp) *343*
3,32,6 (Hegesipp) *376*
3,39,9 (Papias) *358*
4,23 *400*
5,1,3f.; 5,1,10 *343*

5,1,49ff.	*21*
5,18,3 (Apollonius)	*1*
5,18,14 (Apollonius)	*388*
5,20,8	*400*
5,24,2 (Polykrates v. Ephesus)	*358*
6,12,2 ff.	*399*
6,46,3	*245*
18,20,4 (Hegesipp)	*375*
Onomastikon (ed. Klostermann)	
22,9	*54*
26,9	*54*
26,13 f.	*57*
87,6	*54*
86,18.21	*54*
88,17	*54*
92,21	*54*
98,26	*54*
108,1 ff.	*57*
108,9	*54*
112,14	*57*
136,2.25	*54*
176,7 f.	*185*
Praeparatio Evangelica	
1,10,7 (Philo v. Byblos)	*134*
1,10,16.20.26 (dito)	*411*
9,21,5	*117*
9,23,1 (Artapan)	*190*
9,25,1–4 (Aristeas)	*187*
9,27,3–5 (Artapanos)	*128*
9,30,3 f. (Samarit. Anonymus)	*87*
13,12,5 f. (Aristobulos)	*128*
17,3 (Eupolemos)	*87*
Vita Constantini	
II,1,2–21,1	*312*

Gregor von Elvira

Tractatus X origenis de libris S. Scripturarum
PLS 1, Sp. 417 (108) *314*

Gregor von Nyssa

De vita Gregorii Thaumaturgi
Opera X,1,16,2 f. *312*

Hieronymus 205, *260*

Chronicum
13.20a/b	*25*
178.402	*343*
179	*382*
181	*366*
196	*81*

Commentarium in Isaiam
IV zu 11,3	*205*
5,18	*344*
17	*357*
De viris illustribus	
1	*382*
5	*222, 314*
6	*314*
7	*36*
8,12	*393*
11	*382*
Epistulae	
22,30	*346*
130,14	*51*
Ep. ad Alg. 121,10	*267*
Ep. ad Ctes. 4	*334*
Ep. ad Dam. Nr. 20,4	*37*
In Hieremiam 2,84	*191*

Hippolyt

Refutatio omn. haer. (Philosophumena)
7,36,3	*335*
9,13,1	*421*
De resurrectione I	*335*

Irenäus

Adversus haereses
1,1	*207*
1,3,2	*47*
1,23,5	*449*
1,24,1	*421*
1,26,1 f.	*367*
1,26,2	*335*
1,30,14	*47*
3,5	*272*
4,21 f. u. a.	*1*
4,24,1	*2*
Demonstratio 21.42	*272*

Johannes Chrysostomus

Adversus Judaeos 7	*291*
Catenae V,82	*298*

Justin 13, *52*, 170, *178*, 181, 265, 267, 309

	437
1. Apologie	
1,1	*12*
13,4	*308, 374*
31,2 ff. u. a.	*13*
41,4	*34*
61–67	*309*
61,2	*143*
66,3	*437*

103,3f.	13	Minucius Felix		
2. Apologie		Octavius		
2,15.17f.	12	1,4	71	
Dialog mit Tryphon		6,1	409	
1,1–6	265	8,4	13	
8,4	120	9,1	374	
10,3; 12,3; 18,2	302	9,3	285	
10,4	102	9,4	308, 342	
23,3	253	9,6f.	342	
34,4 u. a.	181	18,10f.	195	
35,6	347			
78,10	181	Origenes		
73,1	34	Comm. in Rom. 9,34	447	
80,4	13, 52, 347	Contra Celsum		
108,1	52	1,23	203	
		1,42f.	38	
Kanon Muratori		2,1	367	
2,35–37	403	5,41	203	
		7,9	204, 423	
		7,9f.	374	
Macarius Magnes		Hom. in Lk. 1,6	4, 306	
Apocriticos 3,21	51	De principiis 4,3,8	367	
Malalas, Johannes		Orosius		
(ed. Dindorf)	404, 412	Adversus paganos		
28–30	412	7,6,15	390	
29	411			
30,3	412	Palladios		
37–38	413	Vita Joh. Chrysost.		
189	284	XX 126f.	260	
199	406, 413			
199–202.204	406	Pseudo-Philastrius		
205	412	Haer. 44	421	
216f.	415			
217.242	405	Tertullian		
233–235	415	Ad nationes		
234	410	1,13	106, 253	
243f.	415	14,1	285	
244–245	282, 284	Adversus Iudaeos		
246f.	343	13,23	171	
260f.	290	Adversus Marcionem		
265	413	3,6,4	1	
284f.	414	4,8,1	344	
318,16–21	409	4,23	171	
		Apologeticum		
Märtyrerakten	312, 343, 401	16,11	285	
Akten der Perpetua u.		50,11	374	
Felicitas	357	De baptismo		
Akten Justins	312	17,5	7, 175	
Märtyrer von Scili	312	20	143	
		De praescriptione hareticorum		
		7,9ff.	51	

De pudicitia
14,7	*298*
19,4	*335*
20	*314*

Theophylakt
Expositio in Acta apost.
XI,26	*344*

Expositio in Ep. ad Gal. I,18 — *229*

Traditio Apostolica
1,5; 21	*441*
20,11 f.	*114*

Vigilius v. Thapsus
C. Arian. I,138	*344*

IX. Rabbinische Literatur

Fastenrolle
	154, *155*
12,35	*155*

Mischna
mBer 5,2; 8,5a	*202*
mBer 9,2	*155*
mBik 3,4	*377*
mPes 8,8	*111*
mYoma 3,8; 4,1–3; 6,2	*204*
mSot 7,8	*377*
mSot 9,12	*137*
mSan 7,3.9,1	*375*
mEd 5,2	*111*
mAZ 3,14	*171*
mAb 1,11	*393*
mKer 2,1	*111*
mYad 4,3	*83*
mYad 4,4	*181*

Tosefta
tDemai 6,3	*240*
tShab 15 (16), 9	*121*
tSukk 4,6	*82, 185*
tTaan 1,11–13	*204*
tMeg 3,6	*250*
tSot 13,2	*137*
tSot 13,6	*377*
tSan 2,6	*80*
tAZ 3,11	*121*
tAZ 8,4	*124*
tHul 2,22 f.; 2,24	*53*

Palästinischer Talmud
yKil 9,4 (32a/b)	*82*
yMeg 1,11 (1,71b Z. 54)	*272*
yMeg 3,1 (73d Z. 40)	*250*
ySot 9,14 (24b)	*377*
yQid 1,9 (61d Z.13 ff.)	*88*

yQid 4,1 (65b, 56–60)	*121*
yAZ 2,2 (40d–41a)	*53*

Babylonischer Talmud
bErub 19a	*88*
bMeg 9b	*272*
bMeg 26a	*250*
bChag 12b	*135*
bYev 24a	*121*
bGit 34b	*322*
bQid 68b	*121*
bBQ 38a	*124*
bSan 39a	*120*
bSan 43a	*165*
bSan 56a–b	*124*
bSan 59a	*125*
bSan 97a Bar zu Am 4,7	*367*
bSan 98a	*391*
bAZ 2b	*124*
bAZ 3a	*125*
bAZ 17a; 27b	*53*

Gerim
1,5	*441*
1,7	*121*

Mekhilta de Rabbi Yishm'a'el
baḥodesch
V	*124*

neziqin
XVIII	*323*

Sifra
aḥare mot, pereq 13,13
zu Lev 18,5	*125*

Sifre Numeri
§ 115 zu 15,41b	*367*

Sifre Devarim (ed. Finkelstein)
§ 1 zu Dtn 1,1   *88*
§ 343   *124*

Bereschit Rabba
14,6   *87*
26,8   *272*
33,3; 52,4   *82*
34,8   *124*
44,2; 59,5   *86*
44,23   *88*
46,11   *108*
60,7   *87*

Shemot Rabba
1,31   *391*

Ruth Rabba
2,20   *111*

Shir HaShirim Rabba
7,5 §3   *88*

Qohelet Rabba
1,8 (4a−b.d)   *53*

Ekha Rabbati
proem 10   *88*

Esther Rabba
3,4   *88*

Pesiqta deRav Kahana
5,17 (Mandelbaum 1,106 Z.10)   *260*
20,7 (Mandelb. 316f.)   *88*

Pesiqta Rabbati
15,24   *260*

Tanḥuma B
naso 13   *183*

Pirqe deRabbi Eliʿezer
29   *120*

Yalkut Shimʿoni
II, 574   *88*

Chronik Jerachmeels
35,3   *87*

X. Targumim

Targum Onkelos
Gen 20,1   187
Gen 16,7.14; 20,1; 25,18   *187*
Num 34,4   *185*

Targum Jeruschalmi I (Ps. Jonathan)
Gen 9,27; 10,4   272
Gen 15,2   87
Gen 20,1   187

Targum Jeruschalmi II (Fragmententargum)
Gen 10,4   272
Gen 16,7   187
Gen 49,21   155
Num 34,4   185

Targum Neofiti
Gen 10,4   272
Gen 15,2   87

Targum Jonathan
Jos 15,3   *185*
Sam 18,22.25.27   *155*
Jes 53,1   *155*
Jes 60,6f.   *181*
Ez 47,16   *88*
Sach 9,1   *88*

Hekhalot-Literatur
Hekhalot Rabbati § 122   *367*

XI. Pagane antike Literatur

Diodorus Siculus
1,14,8	*411*
1,94,2	*256*
2,4–20	*413*
16,42,9	*245*
17,52,6	*287*
19,94,1.4	*179*
40,2	*259*
40,3,4	*203*
40,4,1	*179*

Apuleius
Apologia 90 — *119*
Metamorphoseis
8,27ff.	*412*
9,14ff.	*113*
11	*64. 420*
11,6,5; 11,24,2–5; 11,29,5	*445*

Appian
Bella civilia
2,71	*179*
3,82.91	*348*
Syriake 58	*406*

Arrian
Anabasis
2,8,6; 2,13,2	*410*
7,20,1	*203*
Diss. 2,9,20	*111*
Parthica 36	*406*

Athenaios
Deipnosophistai
12,537e — *445*

Cassius Dio
53,2,4	*262*
57,18,5a	*106*
59,8,2	*248*
65,15,4	*117*
67,14,2	*84, 109*
67,14,4	*116*
68,8,2	*248*
68,32,2	*81*
69,7; 78,16	*348*

Cicero — *35, 117, 404*
Pro Archia 4 — *404*

Epistulae ad Atticum
10,5,2; 11,5; 15,13,5	*390*
14,4; 16,11,4	*266*
De Natura Deorum
1,124 — *126*
Pro Flacco
28,66f. — *107*

Codex Theodosianus
15,6,1f. — *414*

Dio Chrysostomos
Orationes
33,1.45.47	*261*
34,16,21	*250*

Diogenes Laertius
5,1–10	*431*
7,147	*266*

Dionysios v. Halikarnass
Antiquitates Romanae
1,64,4	*45*
2,56,2	*45*
11,5,2	*443*

Epiktet
Diss.
1,1,20; 1,26,11f.	*116*
1,19,19	*116, 348*
3,24.117	*348*
4,5,18; 4,13.22	*348*
4,7,6	*52*
5,16	*179*

Euripides
Bakchen
45.325.1255.635	*166*
794f.	*22*
795	*166*

Herodot — *21*
1,184; 3,154	*413*
2,41	*411*
2,104	*191*

Hesiod
Theogonia
453–512	*254*
18.134.507.746	*254*

Stellenregister

Hist. Aug. (Vita Hadr.)	
12,5	*374*
14,3	*406*
Homer	*134*
Ilias	
6,290f.; 23,743	*268*
Odyssee	
1,23	*103*
4,84.618; 6,285; 15,425	*268*
Horaz	*9*
Oden 3,30,1	*9*
Serm. 1,9,67ff.	*107*
Isokrates	
Antidosis 7	*9*
Jacoby, Frag. Griech. Hist.	
FGrH 76 (Duris) F 13	*405*
FGrH 90 (Nikolaus v. Damaskus)	
F 131	*90*
F 135	*265*
FGrH 124 (Kallisthenes)	
F 35, 3−5	*410*
FGrH 680	
(Berossos) F 11	*98*
FGrH 800	
(Steph. v. Byzanz) F 3	*254*
Julian	
Misopogon 362D	*414*
Justin	
Epitome des Pompeius Trogus	
2,10	*190*
3,2,1	*87*
3,2,14	*87*
36,2	*98*
Juvenal	
Saturae	
3,296	*82*
6,526ff.	*413*
6,543ff.	*113*
14,96−106	*106*
14,103f.	*105*
Libanios	*404, 408f., 410, 413, 420*

Orationes	
11	*408, 414*
11,44−58	*410*
11,76.85f.	*406*
11,110	*420*
11,114.116	*409*
11,115; 30	*408*
Livius	
Ab urbe condita	
1,16,1−8	*45*
39,10	*342*
39,13,14	*396*
Lukian v. Samosata	*18f., 20, 118, 361, 412*
Alexandros	
25.33	*348*
De Dea Syria	
13−27	*412*
28f.	*361*
36	*361*
49.59	*414*
51	*301*
Philopseudes	
16	*119, 423*
Quomodo hist. conscr.	
7−13	*23*
16	*18*
De morte peregrini	
11−13.16	*348*
Tragodopodagra	
173	*119*
Macrobius	
Sat. 1,18,18−21	*255*
Mark Aurel	
11,3,2	*348*
Martial	
7,82; 11,14	*114*
Menandri Sententiae	
Nr. 573	*296*
Pausanias	
Descriptio	
9,29,3	*249*
10,12,9	*254*
Persius 5,179	*346*

Philostrat
Vita Apollonii
1,3.12   264
1,7   250
1,16   406

Pindar
Pythiae 6   9

Platon   261, 270
Apologie 29d   22

Plinius d. Ä.   39
Naturalis historia
5,16,74   91
5,66,74   179
30,11   119

Plinius d. J.   39, *239*, 342, 347, 396

Epistulae
3,7,10   348
10,77.78   239
10,92−93;   342
10,96f.   258, 348
10,96,2   342
10,96,3f.   374
10,96,9f.   396
21,1   239
33−34; 96,7f.   342

Plutarch   19
Antonius 54,6   445
Cato minor 10,16   266
Cicero 7,6(,5)   106, *117*
Galba 171   348
Pompeius 24,5   262
De Iside et Osiride
6; 10; 12; 35; 40; 49   416
28   420
De Superstitione 3   253
Quaest. conviv. 4,6,2   256

Polybios   21, *179*
30,25,13   408

Ptolemäus, Claudius
Geographica
5,14−17   91

Pseudo-Longinus
De sublimitate/
Noumenios   265

Sallust
De coniuratione
Catilinae   35

Seneca   107, *265*
Apocol. 14,2   284
Ep. 101,14   34
Ep.mor. 108,22   107
Tranq. animae
3,1−8; 7,2   266

Silius Ital. 15,672   323

Strabo   39, *179*, 183, 410f.
1,116   103
10,2,10   96
12,1,4; 12,2,11; 14,5,
1−7   248
14,4,21   266
14,5,12   261
14,5,13f.   264, 266
16,1,11   203
16,2,4   405
16,2,5   287, *406, 410*
16,2,6   406
16,2,7   249
16,2,20   89, *92*
16,4,2   179
16,4,21   183
16,4,24   187
16,4,26   203, *467*

Sueton
Augustus
32,2   342
76,2   253
Caesar
42,3   342
Claudius
18,2   366
25   420
25,3   348
25,4   *151, 208*, 305, 389, 391
Domitian
14,4   116
15,1   84
Nero
16,3   *13, 348*
25,1   346
40,2   115
49,3   116

Tiberius		15,33	*116*
32,2	*106f.*	15,44	*15, 293*
32,5	*253*	15,44,1	*350*
36	*106, 114*	15,44,2	*348*
Titus		15,44,4	*396*
7,1,2	*117*	16,6	*114*
		Historiae	
Tacitus	23, 39, 256, 347, 350	3,24,3	*203*
Annalen		4,83,2	*420*
1,1,3	*23*	5,5	*256*
2,58	*42*	5,8	*285*
2,69,3	*422*	5,9,1	*280*
2,72,2; 2,73,4	*281*	5,13,3	*374*
2,85,4	*106*		
12,43,1	*366*		
13,8	*42*	Valerius Maximus	
13,32	*113f.*	*Epitoma*	*107*
14,15	*346*		

XII. Inschriften

Aberkios-Inschrift	364	CIL	
		III, 128	*96*
Alt, Gott der Väter		III 13483a	*240*
69f. Nr. 5–8.10f.	*200*	X, 1576	*99f.*
(CIS II, 208f.211.350; RES 83.2036)			
		CIS	
Borkowski, Gerasa,		II 160	*212, 465, 468*
HCI–I	*199*	II 188	*212*
		II 199 Z. 3f.	*469*
CIJ		II 218 = H5; Z. 2	*470*
I, Nr. 108	*326*	II 3986.4231	*322*
I, Nr. 173	*346*	II 4011	*202*
I, Nr. 379	*251*		
I, Nr. 497	*326*	Cumont, Fouilles des Dura-Europos...	
I, Nr. 523	*113*	444 Nr. 123; 446 Nr. 127 *323*	
I, Nr. 528	*326*		
I, Nr. 642	*106*	Dittenberger, Sylloge[4]	
II, Nr. 748	*257*	I, Nr. 67; III, Nr. 1109 *421*	
II, Nr. 752	*253*		
II, Nr. 766	*12*	Dunant, Le Sanctuaire des Baalshamin à	
II, Nr. 782–794	*251*	Palmyre	
II, Nr. 803–818	*300*	Nr. 25 A	*202*
II, Nr. 805	*290*	Nr. 44f.	*197/8*
II, Nr. 925.931	*250*		
II, Nr. 943.986	*326*	Hajjar, Dieux et cultes...,	
II, Nr. 973	*198*	ANRW II 18,4,	
II, Nr. 1385.1390	*113*	S. 2538.2540ff.	*203*
II, Nr. 1404	*385*	Hajjar, Y., Baalbek...,	
II, Nr. 1435	*326*	ANRW II, 18,4, Nr. 365 *196*	
II, Nr. 1537f.	*128*		

Horbury/Noy, Inscriptions
Nr. 33 f.; 66; 114   118
Nr. 58   252
Nr. 121–124   128
Nr. 127   326

Hüttenmeister/Reeg, Synagogen
427 Nr. 4,1   200

IG
II, 2, 337   414
XIV, 1942   296

IGLS
Nr. 126.166   322
Nr. 789   300
Nr. 946   419
Nr. 992   406
Nr. 1131–1140   249
Nr. 1184.1185   407
Nr. 1378   322
Nr. 1879   97
Nr. 2218   198
Nr. 2219   203
Nr. 2549–2551   97
Nr. 2714–2731   132
Nr. 2728   203
Nr. 2729   132, 196, 203
Nr. 2730   133, 196
Nr. 2731   203
Nr. 2928 f.   361
Nr. 2978   196
Nr. 4027 f.   133
Nr. 9004   201, 203
Nr. 9006.9008 f.   206
Nr. 9013   99
Nr. 9104   197
Nr. 49   184

Ingolt/Seyrig/Starcky,
Recueil des tessères de Palmyre
Nr. 72; 296   323

IGRR
III, 1075   198

ILS
2683   287
4326   99 f.
9169   240

KAI I, 40 Nr. 216   198

Kraeling, Gerasa City ...
Nr. 279   414

Keil/Wilhelm, Denkmäler aus dem rauhen Kilikien, MAMA III
Nr. 166; 177; 493b;   252
Nr. 262   251
Nr. 678, 686, 737   252

Keil/v. Premerstein, Bericht über eine zweite Reise nach Lydien ...
117 ff. Nr. 224   252

Lüderitz/Reynolds, Cyrenaika
BTAVO B 53,219,
Nr. 51a   12

Noy, Jewish Inscriptions
I, Nr. 7   12
I, Nr. 9   106
I, Nr. 59; 62;71;163   385
I, Nr. 75; 148 f.; 157; 181   385
I, Nr. 107   334
I, Nr. 126   252
II, Nr. 2; 33; 578, 579   390
II, Nr. 52.305 (?).310   334
II, 244.377   12
II, Nr. 292   346
II, Nr. 516   198
II, Nr. 539; 551; 617   326

OGIS
Nr. 415   200
Nr. 416 f.   347
Nr. 418; 421; 425 f.   199
Nr. 573   252
Nr. 616   467
Nr. 655   416
Nr. 737   134

Peek, Griechische Grabgedichte
Nr. 135; 138   20
Nr. 12,5; 74; 218,3 u. a.   251
Nr. 449   296

Piso-Inschrift (senatus consultum)
(ed. Eck/Caballos/Fernández)
Z. 51 f.; 54–57;
159–165; 170 f.   350 f.

Preisigke, Sammelbuch
Nr. 171 u. a.   416

Rahmani, Catalogue of Jewish Ossuaries
Nr. 8; 327; 560   200
Nr. 871   378

RÉS
I, Nr. 83   200
II, Nr. 1086   365
IV, Nr. 2117   198
IV, Nr. 2054   197

Rey-Coquais, Inscriptions ... de Tyr
I, Nr. 1   198
I, Nr. 29B (= SEG 27)   257
I, Nr. 62   296
I, Nr. 151   414
Rey-Coquais, Syrie Romaine,
JRS 68 (1978), 49,
Anm. 59   361

Robert/Robert, Bulletin Épigraphique
4, Nr. 750; 5, Nr. 412   255

Schwabe/Lifshitz, Beth Shearim II
Nr. 23. 89.97.107.160   326

SEG

SEG 1 (1923)
Nr. 546   196
SEG 2 (1924)
Nr. 710   259
Nr. 828–830.832   99
Nr. 830.832   196
Nr. 833–841   97
SEG 4 (1930)
Nr. 441   284
SEG 7 (1934)
Nr. 146f.   133
Nr. 222   196
Nr. 224   100, 178
Nr. 360f.   203
Nr. 708   323
Nr. 712   198, 323
Nr. 1191f.   203
SEG 8 (1937)
Nr. 91   206
Nr. 548–551   413
SEG 14 (1957)
Nr. 835   300

SEG 15 (1958)
Nr. 848.850f.   263
SEG 17 (1960)
Nr. 770f.   203
Nr. 785   113
SEG 27 (1977)
Nr. 996   257
SEG 29 (1979)
Nr. 1606   255
SEG 30 (1980)
Nr. 1567   263
SEG 32 (1982)
Nr. 1445   133
Nr. 1537f.   197
SEG 33 (1983)
Nr. 1306   199
SEG 34 (1984)
Nr. 1437f.   284
SEG 37 (1989)
Nr. 1238; 1298   251
Nr. 1373   409
SEG 38 (1988)
Nr. 1562.1652   197
SEG 39 (1989)
Nr. 1565   197
Nr. 1579   97
Nr. 1596   299
SEG 40 (1990)
Nr. 1292.1319.1368.
1370   254
Nr. 1304   409
Nr. 1396   284
SEG 41 (1991)
Nr. 1014.1115.1475   254
Nr. 1420   197
Nr. 1567   203
SEG 42 (1992)
Nr. 1343   322
Nr. 1378   118
SEG 44 (1994)
Nr. 1020; 1058; 1233   134
Nr. 1340   118

SGUÄ
I, Nr. 12   253

Starcky, Monuments des Baalshamin
38 Nr. 4   322

XIII. Papyri

Cotton/Yardeni (= DJD 27)
Nr. 60,5f.; 61a.b   *197*
Nr. 64a Z. 10;
64b Z. 29.31   *197*
Nr. 67,2   *197*

CPJ
I, Nr. 128   *117*
I, Nr. 331   *323*
II, Nr. 153   *283*
III, 43–87   *252f.*
III, 46   *253*
III, Nr. 1530a   *97*

P. Berol. (Berliner Papyrus)
Nr. 11641   *118*

P. Bibl. Giess. 46
III Col. 1,15 und 2,5   *287*

PGM IV (Pariser Zauberpapyrus)
1432; 2499.2502   *416*

P. Gnomon 241   *348*

P. Lond. (Londoner Zauberpapyrus)
CXXI 706; 934.937   *416*

P. Oxy. I,110; III, 523   *416*
XI, 1380   *411*
1242 (Acta Hermaisci)   *408*

P. Yadin
2f.7.11.16.34c.d   *197*

Perkins (Hg.), The Excavations
at Dura-Europos...
Nr. 67; 100–102   *323*

Autorenregister

Die *kursiv* gedrucken Seitenzahlen beziehen sich auf die Anmerkungen

Abbadi, S. *323*
Abou-Assaf, A. *98, 200*
Abusch, R. *285*
Acerbi, A. *47*
Aland, K. *12*
Alexander, L. *17*, 19, 20, *21, 23, 24, 36, 137, 267*
Alföldi, A. *410*
Allison, D. C. *17*
Alt, A. *195, 196, 200*
Altheim, F. *470*
Andrews, D. K. *132*
Arnold, C. E. *256*
Astor, A. *62*
Augé, Ch. *261, 421*
Aune, D. E. *256, 357*
Aus, R. D. *269, 271, 371*
Avemarie, F. *9, 29, 124, 125, 167*

Bacher, W. *83, 88*
Bamberger, B. J. *120*
Bammel, E. *153, 290, 365*
Barnikol, E. *47, 235*
Barrett, C. K. *5, 23, 25, 36, 45, 49, 63f., 68f., 75, 103,* 210, *215f., 220, 239f., 242, 249, 274f., 282,* 306, *317, 319, 322, 337, 342, 344, 362, 370, 372−374, 382f., 403*
Barstadt, S. H. M. *69*
Baudissin, W. W. Graf *133, 198, 417*
Bauer, W. *41, 53*
Bauernfeind, O. *24, 165, 225, 288f., 290, 300*
Baumgarten, A. I. *52, 108, 288, 411*
Baur, F. C. *4,* 11, *29, 33, 39, 55, 233,* 315, *328, 432, 454*
Bauzou, Th. *92*
Becker, J. *28, 31, 47, 60, 174, 239, 318, 423, 424, 431, 434, 439, 442, 450, 459, 460, 461*
Behm, J. *329*
Bell, A. A. *113*
Bell, R. H. *130, 159, 176*
Ben-Zvi, I. *188*
Bennet, W. J. jr *348*

Benoît, S. *446*
Benzinger, I. *86, 89*
Berger, K. *52, 70, 124, 140, 143, 155, 232, 421, 433, 471*
Bergmeier, R. *96, 290*
Bernays, J. *106*
Bertrand, D. A. *444*
Betz, H.-D. *44,* 61, 62, *179*
Betz, O. *24, 191, 229, 362*
Beyer, K. *76, 155, 184, 188, 196, 198*
Bickerman, E. *42, 68, 133, 258, 285, 286f., 290, 294, 344f., 346−348*
Bietenhard, H. *90, 179*
Bihlmeyer, K. *335, 358*
Bilde, P. *16*
Biran, A. *201*
Bleek, F. *372*
Bloedhorn, H. *251, 253, 268*
Bocciolini Palagi, L. *266*
Böcher, O. *135*
Böhlig, H. *248f., 260f., 262, 264, 265, 266*
Bordreuil, P. *98, 196, 200f.*
Borgen, P. *112, 190*
Borkowski, S. Z. *199*
Bornkamm, G. *60, 384f.*
Borse, U. *372*
Botermann, H. *2f., 11, 31, 102, 107, 129, 151, 208, 283, 293, 305, 342, 344, 351, 382, 390, 392*
Böttrich, C. *356*
Bounnj, A. *323*
Bousset, W. *41, 60, 136, 196, 199, 306, 362, 395, 416, 417, 424, 425, 426−429, 430*
Bowersock, G. W. *182f., 187, 211, 239*
Bowsher, J. M. C. *212*
Braun, H. *167*
Braund, S. H. *106*
Braunert, H. *366*
Brecht, M. *462*
Brenk, F. E. *68*
Breytenbach, C. *133, 148, 204, 238, 246, 249, 315, 319, 395, 403*
Brock, S. *322*

Brody, R. *379*
Broer, I. *108*
Broome, E. C. *180, 190*
Brooten, B. J. *113*
Brox, N. *335*
Bruce, F. F. *218*
Bryan, Chr. *302*
Bultmann, R. 36, 38, *43*, *60*, *136*, *166*, 273, 306, *395*, 417, *423*, 426, 429, *433*, *437*, *438*
Burchard, Chr. 2, 3, *56*, 60, *62*, 64, 65, *67f.*, *79*, *81f.*, 87, *167*, *175*, *215*, *224f.*, 227, 228, *234*
Burini, C. *332*
Burkert, W. *261f.*, *409f.*, *418*, *421*, *427*
Busink, T. *99*

Caballos, A. *350f.*
Cadbury, H. J. 19, *20*, *322*, 337
Calvin, J. *220*
Campell, S. *405*
Campenhausen, H. v. *15*, *222*, *441*
Caquot, A. *98*
Carleton Paget, J. *102*, *122*, *314*
Casson, L. *239*
Chadwick, H. *12*, *38*, *150*, *174*, *303*, *399*, *423*
Charles, R. H. *302*
Charlesworth, J. H. *167*
Chébab, M. *198*
Christ, K. *468*
Chuvin, P. *261*
Classen, C. J. *7*, *267*
Clauss, M. *263*
Clermont-Ganneau, C. *390*
Cohen, S. J. D. *102*, *111*, *114*, *120f.*, *302*
Cohn, L. *116*
Colish, M. L. *265*
Collins, J. J. *254*
Colpe, C. *128*, *132f.*
Conrad, J. *385*
Conybeare, F. C. *306*
Conzelmann, H. 22, 25, 55, *56*, 63, 78, *163*, *215*, 231, 238, 244, 262, 269, 315, *322*, 324, *326*, 363
Cook, A. B. *202*
Cook, M. *187*
Cotton, H. M. *184*, *197*, *324*
Cramer, J. A. *229*, *298*
Crone, P. *187*
Cross, F. M. *188*
Cumont, F. *133*, *323*, *416*

Dagron, G. *251*, *319*
Dauer, A. 36, 38, 60, 62, *163*, *166*, 209, 210, *214f.*, *217f.*, *224f.*, 231, 238, 302, 315, 320, *326*, *332*, 368, *434*, *438*
Dautzenberg, G. *357*
Davies, G. I. *470*
Day, P. L. *406*
De Santos Otero, A. *357*
De Wette, W. M. L. *215*, *221*, *237*, *244f.*, *324*, *372*
Deines, R. 26, 31, 50, 84, 108, 226, 229, 246, *147*, *269*, *378*, *381*
Deiniger, J. *245*, *249*
Deissmann, A. *294*, *298*, *322f.*, *416*
Delebecque, E. *274*
Delling, S. G. *96*
Denis, A.-M. 50, *304*, *356*, *444*
Dentzer, J.-M. *89*, *90*
Detering, H. *39*
Dexinger, F. *191*
Dibelius, M. 6, 10, *18*, *37*, *48*, *459*
Dietzfelbinger, Chr. 30, 60, 64, *161*
Dihle, A. *23*
Dijkstra, K. *199*, *200*, *202*
Dinkler, E. *219*
Dockx, S. *378*, *382*
Dogniez, C. *330*
Dörner, C. *266*
Downey, G. *206*, *281f.*, *284*, *287*, *290*, *405*–*407*, *412*, *414f.*
Downing, F. G. *44*
Drew-Bear, T. *254*
Drexler, H. *416*
Drijvers, H. J. W. *412*, *322*
Droysen, J. G. 2, *43*
Duensing, H. *357*
Dunant, C. *197*, *202*
Duncan-Jones, R. *287*
Dunn, J. D. G. *232*
Dupont, J. 36, *372*
Dussaud, R. *199*

Ebeling, G. 2, *462*–*464*
Eck, W. *281*, *350f.*, *422*
Eckstein, H.-J. *111*, *172*, *440*, *442*, *446*, *451*
Ego, B. *117*, *129*
Ehrenberg, V. *287*, *323*
Eisler, R. *375*
Eissfeldt, O. *204*, *412*, *417*
El Faïz, M. *466*
Elderkin, G. *405*, *412*
Eltester, W. *291*
Emmet, C. W. *5*
Erbse, H. *256*
Eshel, E. *113*

Autorenregister

Fabricius, E. 22
Fahd, T. 206
Fascher, E. 357
Fauth, W. 118, 133, 135, 262, 280
Feine, P. 329
Feissel, D. 251, 257, 319
Feissel, F. 415
Feldman, L. H. 102–104, 106f., 110, 112f., 115f., 118, 120, 128f., 131, 252, 265, 307
Feldmeier, R. 1, 134, 172, 235, 255, 278, 342
Feldtkeller, A. 40f., 52, 135, 136, 143, 169, 206, 301, 335, 361, 412, 417, 418, 421f.
Fernández, F. 350f.
Ferrier, J. G. 202
Festugiére, A. J. 281
Fichte, J. G. 38
Fink, R. O. 323
Fitzmyer, J. A. 306
Flasch, K. 433
Fleddermann, H. T. 59
Fleischer, E. 98
Flusser, D. 379
Foerster, W. 418
Fohrer, G. 177
Forbes, C. 301, 352, 358, 363
Forni, A. 407
Förster, N. 267
Förtsch, S. R. 100
Frankemöller, H. 154
Frankfurter, D. 358
Franklin, E. 14
Frenschkowski, M. 68, 358
Frey, J. 159, 346, 360
Freyberger, K. S. 98, 99, 100, 183
Freyne, S. 52, 53
Friedländer, L. 19, 20
Friedrich, G. 357
Fuhrmann, M. 404
Fuks, A. 252
Funk, R. W. 335, 358

Gager, J. G. 119
García Martínez, F. 196, 198
Gardner, P. 407, 419
Gasque, W. 10, 23
Gaster, M. 87
Gatier, P.-L. 201, 203
Gawlikowsik, M. 202, 204, 205
Geerlings, W. 441
Geffcken, J. 254
Gerber, C. 104, 116, 123, 125
Gese, H. 133, 185, 170, 186, 187, 361, 371, 450, 470
Geyer, F. 407

Gielen, M. 391
Gilliam, J. F. 323
Ginsburger, M. 272
Ginzberg, L. 87f.
Gnilka, J. 47, 72, 176
Goethe, J. W. von 236
Goguel, M. 44, 52, 335, 346
Goldman, H. 248, 261
Goodman, M. 54, 102, 105, 109, 117f., 128–131, 139, 378f.
Goodspeed, S. E. J. 343
Goosens, G. 41, 422
Goulder, M. D. 4
Goulet, R. 266
Graf, D. A. 91, 179f., 212
Grainger, J. D. 89, 91, 407f.
Grant, R. 429
Grappe, C. 381
Green, E. M. B. 42
Green, M. H. 19
Gressmann, H. 252, 430
Groag, F. 115
Grotius, H. 323, 324
Grundmann, W. 53, 349
Guerrier, A. 144
Gundel, H. 390
Gundry Volf, J. M. 456
Gunkel, H. 138

Haacker, K. 56, 60, 185, 194, 244
Haag, H. 324
Habermann, J. 170f.
Habicht, C. 405, 420
Hachlili, R. 160, 325
Hadad, G. 281
Haenchen, E. 48, 60, 179, 209, 215, 238, 244, 245, 322, 324, 326, 327, 363, 372, 374
Hahn, F. 269, 374, 417
Hajjar, S. Y. 98, 100, 137, 196, 202, 216, 301, 406
Halfmann, H. 115
Hampel, V. 170
Hanslik, R. 115f.
Hanson, A. E. 19
Harbsmeier, G. 24
Harig, G. 20
Harl, M. 330
Harnack, A. v. 1, 2, 4–6, 10, 12, 16, 19, 20f. 22, 24, 26, 36, 216, 245, 306, 335, 338, 388f., 393, 399, 404, 433
Healey, J. F. 183, 412, 470
Heberdey, R. 252
Heckel, U. 6, 9, 44, 69, 228, 355–357
Heiligenthal, R. 335

Heine, R. E. *58*
Heinemann, I. *293*
Heitmüller, W. *43, 136, 306, 395, 417, 424 f.*
Heitsch, E. *398*
Hellenkemper, H. *11*
Hemer, C. J. *15, 32, 42, 58, 372, 395*
Henten, J. W. van *285*
Herrenbrück, F. *97*
Hertog den, C. G. *89*
Herzer, J. *153*
Herzog, Z. *134*
Heubner, H. *280*
Hill, C. C. *56*
Hillard, T. *35*
Hiltbrunner, O. *229*
Hobart, W. K. *19*
Hock, R. F. *185*
Hoehner, H. W. *182, 335*
Hoenig, S. R. *120*
Höfer, J. *261*
Hofius, O. *157, 158, 164 f., 169, 231 f., 418, 436, 442, 447, 449, 454*
Höfner, M. *361*
Holl, K. *10*
Hollander, H. W. *44*
Holtz, T. *293, 457, 459*
Hommel, H. *257, 284*
Hopfe, L. M. *263*
Horbury, W. *97, 118, 128, 250, 252, 326, 346, 348, 376, 385*
Horn, F. H. *28*
Horsley, G. *256, 325*
Horst, P. W. van der *103, 251, 257, 258*
Hout, G. E. van der *44*
Houwink ten Cate, P. H. J. *319*
Hübner, H. *265, 361*
Hübner, U. *195, 203, 468*
Hultgren, A. J. *60*
Hüttenmeister, F. *82, 200, 208*
Hyldah, N. *265*

Ilan, T. *101, 111–114, 198*
Ingholt, H. *323*
Isaac, B. *96, 97, 239 f.*

Jacobs, M. *260*
Janowski, B. *132 f., 164*
Jaussen, A. M. *202, 470*
Jeffreys, E. und M. *282*
Jeremias, J. *36, 165, 177, 290 f., 436*
Jervell, J. *10, 45, 352, 365*
Jewett, R. *47*
Johnson, M. D. *356*
Johnson, S. E. *252*

Jones, A. H. M. *91, 145, 248, 281, 287*
Joukowski, M. S. *99, 183*
Jülicher, A. *270*
Jüngel, E. *458*

Kähler, M. *38*
Kampfmeyer, G. *466*
Karrer, M. *32, 349 f.*
Käsemann, E. *24, 190, 428, 451*
Kasher, A. *82, 84, 86, 93, 180, 182, 198*
Kee, H. C. *52, 385*
Keel, O. *469 f.*
Kehl, A. *443, 447*
Keil, J. *251 f.*
Kellermann, D. *470*
Kellermann, U. *45*
Kennedy, D. L. *258*
Kienle, H. *412*
Kilpatrick, G. D. *232*
Kim, S. *70*
Kind, E. *18*
Kinzig, W. *431*
Klassen, W. *339*
Klauck, H.-J. *25, 45, 49, 67, 119, 142, 229, 265, 293–295, 301, 391, 419, 422, 445*
Klein, G. *4, 14, 16, 45 f., 215 f., 232*
Klein, M. L. *272*
Klijn, A. F. J. *313*
Klinghardt, M. *310*
Klostermann, A. *365*
Knauf, E. A. *32, 89, 97, 175, 178–180, 183 f., 187, 212, 465–467, 469 f.*
Knibb, M. A. *354*
Knox, J. *47, 60*
Knox, W. L. *423*
Kohns, H. P. *366*
Kokkinos, N. *182*
Kolb, B. *183*
Kolb, F. *285, 292, 404 f., 415, 445*
Kornemann, E. *249*
Köster, H. *41*
Kraabel, A. T. *102, 103, 105, 139, 257*
Kraeling, C. H. *291, 292, 300, 414*
Kraeling, E. G. *132*
Kraft, H. *343*
Kramer, W. *201*
Kraus, W. *150, 159*
Krauss, S. *82, 101, 250, 290, 346, 419*
Krencker, D. *361*
Krenkel, M. *15*
Kubitschek, W. *325*
Küchler, M. *469 f.*
Kuhn, H. W. *34, 351*
Kuhn, K. G. *121, 130*

Kuhn, P. *125, 408*
Kümmel, W. *299, 329, 454*
Kurfess, A. *254*
Kürzinger, J. *335, 358*

Lachs, S. T. *14*
Lagrange, M. J. *346*
Lake, K. *322,* 337
Lampe, P. *176, 185, 300f., 342, 391*
Lane, E. N. *252*
Lane Fox, R. *182, 362*
Lang, F. *161, 321*
Lange, A. *113, 188*
Laroche, E. *261*
Lassus, J. *281, 405, 413*
Lautenschlager, M. *457*
Le Déaut, R. *272*
Légasse, S. *32*
Lehnardt, Th. *204*
Leon, H. J. *82, 342, 346*
Leroy, J. *322*
Levanon, A. *96*
Levi, D. *405, 419f.*
Levick, B. *115*
Levine, I. L. *84, 241*
Levinskaya, I. *102, 133, 255, 257f.*
Lewis, N. *197*
Lichtenberger, H. *111*
Lieberman, S. *284*
Liebeschütz, J. H. W. G. *281*
Lietzmann, S. H. *31, 81, 175, 219, 251,* 252, *299, 310, 403, 417*
Lieu, J. M. *113*
Lifshitz, B. *326, 344*
Lightfoot, J. B. *2, 34, 39, 72*
Lindemann, A. *4, 56, 63, 262*
Linton, O. *175, 180*
Lipsius, R. A. *145, 223,* 314, *357, 388f.*
Littmann, E. *198*
Lohfink, G. *45*
Lohmeyer, E. *52f., 167*
Löhr, W. A. *128, 393*
Lohse, E. *106, 252*
Loisy, A. *215, 244, 324, 325, 346, 363, 370*
Löning, K. *64, 68*
Lösch, S. *22*
Luck, U. *126*
Lüdemann, G. *36, 38, 47, 68, 245f., 316, 320, 396, 459*
Lüderitz, G. *12, 284*
Luttikhuisen, G. P. *421*
Luz, U. *273*

MacAdam, H. I. *92, 196*

Maccoby, Ch. 194
Macdonald, M. C. A. *465, 467*
Mach, M. *254*
Mack, B. L. *44*
MacMullen, R. *96*
Magie, D. *246, 249*
Maiberger, P. *470*
Malherbe, A. J. *7, 265*
Malingrey, A.-M. *260*
Marcus, R. *287*
Marincovic, P *119*
Markschies, Chr. *41, 108, 128, 207, 312, 332, 339, 364, 393, 444*
Martin, R. A. 193, *237*
Marxsen, W. *52*
Mason, S. *16*
Masters, J. W. *265*
Matingly, H. B. *346*
McEleney, N. J. *123*
McHugh, J. *439*
McKnight, S. *102, 129, 142, 257, 309*
Mealand, D. L. *37*
Meeks, W. A. *300, 444f.*
Mell, U. *439, 441−443*
Merkel, H. *10, 13*
Merkelbach, R. *262, 263, 411−414, 420*
Merklein, H. *183, 195, 200*
Meshorer, Y. *206, 468, 469*
Metzger, B. M. *298*
Meyer, E. *10, 11, 31, 36,* 178, *267*
Meyer, M. *407*
Meyer, R. *119, 188, 191, 357, 470f.*
Michaelis, W. *205*
Michel, J. *254*
Michel, O. *128, 265, 288, 289, 300*
Milik, J. T. *196, 206, 252, 254*
Millar, F. *42, 81, 89−91, 97, 137,*184, 198f., *249, 281,*414f.
Millard, A. R. *98, 200*
Mitchell, S. *115, 256f., 362*
Mitford, T. B. *246, 248, 254, 409, 421*
Mittmann-Richert, U. *78, 172*
Möller, C. *187*
Momigliano, A. *346*
Mommsen, Th. *61*
Morgenstern, M. *189, 196*
Morgenthaler, R. *18*
Müller, C. D. G. *144*
Müller, K. *348*
Müller, W. W. *189*
Munck, J. *159, 180, 273*
Munier, C. *446*
Murphy-O'Connor, J. *7, 32, 47, 60, 68, 159, 176, 180, 185, 210*

Mussies, G. *198*
Mussner, F. *72, 218, 231, 235, 443*
Musurillo, H. A. *287, 312*

Naour, C. *254*
Naveh, J. *118, 202*
Negev, A. *89, 183f., 187*
Nehmed, L. *183*
Neill, J. C. *311*
Neirynck, F. *313*
Nestle, W. *160, 165*
Netzer, E. *82*
Neugebauer, F. *167*
Newby, G. D. *183*
Newell, E. T. *89*
Newman, C. C. *66*
Niebuhr, B. G. *3*
Niederwimmer, K. *353f.*
Niehr, H. *133, 205, 406*
Nietzsche, F. *38*
Nilsson, M. P. *133, 254f.*
Nobbs, A. *35*
Nock, A. D. *6, 8, 27, 28, 115, 202, 427*
Nodet, E. *25*
Noja, S. *183*
Nolland, J. *123*
Nolting, T. *27*
Noormann, R. *1*
Norden, E. *266f., 294*
Norelli, E. *47, 354f., 357*
Norris, F. W. *281, 404–409, 411f., 414f., 420f., 423*
Noy, D. *12, 82, 97, 106, 118, 128, 198, 250, 252, 326, 334, 346, 385, 390*
Nutton, V. *20*

Oberhelman, S. M. *22*
Oberman, H. A. *462*
Oberman, J. *290*
Oepke, A. *216, 218, 219, 443*
Ollrogg, W.-H. *12, 320, 326, 329, 330f.*
Olshausen, E. *248*
Oppelt, I. *285*
Oppenheim, M. Freiherr von *467*
Orieux, C. *102, 120, 131, 139*
Osborne, R. E. *244*
Osten-Sacken, P. von der *456*
Overbeck, F. *23, 24, 215, 221, 237, 244f., 324, 372f. 381*

Palmer, D. W. *15*
Park, H.-W. *439*
Parker, P. *280*
Patsch, H. *365*

Peek, W. *20, 261, 296*
Perkins, A. *323*
Perler, O. *298*
Pesch, R. *12, 382*
Peterson, E. *343, 346f.*
Pfaff, E. *63*
Philby, J. B. *465*
Philipp, H. *261*
Piccirillo, M. *255*
Pigeaud, J. *144*
Pilhofer, P. *4, 13, 133, 289, 306, 400*
Places, E. des *262*
Plümacher, E. *25*
Pohlenz, M. *265*
Pöschl, V. *9*
Pratscher, W. *217f., 230, 278, 380, 387*
Preuschen, E. *245, 324, 327, 352*
Price, M. J. *100, 261, 407*
Pritchard, J. B. *361*
Probst, C. *144*
Premerstein, K. v. *252*
Puech, E. *50, 168, 365*
Puech, H.-C. *421*
Puzicha, M. *229*

Qimron, E. *158, 167*

Radl, W. *316*
Rahmani, L. Y. *200, 322, 325f., 378*
Räisänen, H. *9, 44, 56, 58–60*
Ramsay, W. M. *22, 248, 249, 260, 266, 408, 410*
Rappaport, U. *134*
Rau, E. *433*
Reeg, G. *53, 82, 184, 200, 208*
Regul, J. *12, 36*
Rehm, B. *388*
Reicke, B. *25, 344*
Reiser, M. *102, 105, 129, 131*
Reitzenstein, R. *428*
Rendtorff, R. *357*
Renehem, R. *294*
Rengen, W. van *284*
Rengstorf, H. *159*
Repo, E. *140*
Rey-Coquais, J.-P. *86, 98, 100f., 133, 198, 212, 257, 296, 361, 414*
Reynolds, J. M. *12, 102f., 257*
Riddle, J. M. *20, 264*
Riedweg, Chr. *262*
Riesner, R. *4, 28, 30, 32, 42, 47, 53, 56, 86, 107, 115, 146, 148, 151, 159, 170, 175, 185, 208, 210f., 212, 245, 246, 248, 250, 268, 277, 283, 292f., 300, 305f., 320, 343, 348,*

350, 356, 366, 367, 372, 374−376, 380, 385, 388−391, 395 f., 404, 434, 445, 465 f., 467, 470
Rigaux, B. 456
Rinaldi, G. 51
Robeck, C. M. jr. 358
Robert, J. 255
Robert, L. 254, 255, 256
Roberts, C. H. 202, 311
Robinson, J. M. 41
Röllig, W. 413
Roloff, J. 246, 321 f.
Römheld, F. D. 113
Ropes, J. H. 230
Rordorf, W. 310
Roueché, C. M. 257
Rudolph, K. 361
Ruge, W. 248, 250, 408
Rüger, H. P. 86 f., 169
Rutgers, L. V. 342

Sabatier, A. 5
Sack, D. 89, 466
Salamé-Sarkis, H. 409
Saldarini, A. J. 52
Salzmann, J. C. 101, 309
Sandelin, K.-G. 448
Sanders, E. P. 166, 226
Sandnes, K. O. 159, 177, 227, 358, 361
Sänger, D. 28, 30, 60
Sartre, M. 184, 201, 467
Sato, M. 52, 59, 311
Satran, D. 50
Sauvaget, J. 466
Savignac, R. 202, 470
Scarborough, J. 19
Schade, H. H. 28
Schaeder, H. H. 344
Schäfer, P. 83, 102, 105, 107, 121, 128, 130, 191, 285
Schalit, A. 92 f., 346, 348
Schaper, J. 170, 430
Schenk, W. 39, 400
Schenke, L. 37, 232
Schiffman, L. H. 108
Schille, G. 244, 322, 324, 363, 370, 373−375
Schimanowski, G. 170 f., 430
Schlatter, A. 14, 127
Schlier, H. 176, 179, 443
Schmeller, T. 145, 342
Schmidt, C. 143 f., 246
Schmidt, K. L. 37
Schmithals, W. 13, 33, 39, 43, 63, 136, 176, 306, 318, 325, 372, 383 f. 427, 433

Schmitt, G. 94, 96, 185, 187, 469
Schneemelcher, W. 53, 60
Schneider, G. 78, 215, 238, 243, 319, 37 f.
Schnelle, U. 28, 36, 154, 316, 439−441, 443
Schnorr v. Carolsfeld 346
Schoeps, H. J. 235
Schöllgen, G. 391
Schottroff, W. 89, 90, 93
Schrage, W. 159, 298 f., 326, 447
Schreiber, S. 25, 86
Schrenk, G. 34
Schröder, B. 111
Schubart, W. 118, 348
Schulz, S. 201
Schürer, E. 15, 26, 81 f., 86, 89 f., 93, 97 f., 107, 111 f., 116, 133, 136, 179, 180, 182−184, 191, 199, 212, 240, 251, 253−255, 265, 278, 283 f., 287, 300, 304, 341, 366, 369, 378 f., 385 f., 419
Schwabe, M. 326
Schwartz, D. 16
Schwartz, D. R. 94, 108, 110, 199, 277−279, 280, 282, 347, 366, 369, 375, 376−380, 467
Schwartz, E. 3, 31, 175, 322, 374
Schwartz, S. 42, 137
Schwegler, A. 38
Schweitzer, A. 28, 173
Schweizer, E. 1, 177, 204, 235, 319
Schwemer, A. M. 34, 50, 54, 78, 128 f., 137, 181, 185, 188 f., 204, 278, 305, 350 f., 356, 410, 412, 419
Scott, J. M. 102 f., 146, 147, 149, 157, 159, 188, 247, 254, 269, 271, 272 f., 330, 349, 395, 403
Segal, A. F. 64, 102
Sellin, G. 393
Serbeti, E. D. 411
Seton-Williams, M. V. 248
Sevenster, J. N. 265
Seyrig, H. 202, 205, 261, 287, 323
Shaked, Sh. 118
Shatzman, I. 258
Sheppard, A. R. R. 254
Sherwin-White, A. N. 240, 341 f.
Sieker, M. 188
Sigel, D. 39
Simon, E. 254
Simon, M. 102, 104
Skeat, T. S. 202
Skeat, T. C. 311
Smallwood, M. 278, 280, 282 f., 366
Smith, M. 25, 119, 203, 393

Soden, H.v. *304*
Söding, T. *28, 170*
Sokolowski, F. *252, 259*
Sontheimer, W. *39*
Sourdel, D. *100, 196, 203, 206*
Sourdel, M. *199*
Spanjo, T. E. van *9*
Spicq, C. *96, 296, 332, 344, 346, 348*
Spijkerman, A. *184, 468*
Spinka, M. *282*
Staerk, W. *202*
Stählin, G. *339*
Standhartinger, A. *112*
Starcky, J. *97, 196, 200, 202, 205, 210f., 212, 322f., 466*
Stark, J. K. *323*
Stauffenberg, A. Schenk Graf von *282, 284, 290, 342*
Stegemann, E. W. *185*
Stegemann, H. *121, 130*
Stegemann, W. *17, 185*
Stein, A. *116*
Stemberger, G. *88, 123, 125*
Sterling, G. E. *15*
Stern, M. *61, 102, 105–107,* 114, *117, 119, 127, 252f., 259, 265, 280, 285*
Stern, S. *102, 111, 117, 120f., 124f., 191, 284*
Steudel, A. *167f.*
Stichel, R. *254*
Stiehl, R. *108, 470*
Stillwell, R. *405*
Stole, V. *341*
Strassi, S. *160*
Strecker, G. *27f., 154, 235, 367, 372*
Streeter, B. H. *116*
Strobel, A. *165*
Stroumsa, G. G. *421*
Strugnell, J. *158, 167*
Stuckenbruck, L. T. *198, 254*
Stuhlmacher, P. *52, 150, 154f., 164, 169, 436, 439, 441, 457*
Suhl, A. *30, 374, 395,* 434
Sullivan, R. D. *347*
Syme, R. *96, 246,* 248

Taatz, I. *80*
Tabbernee, W. *258*
Taeger, F. *445*
Tajra, H. W. *11, 15, 341*
Tannenbaum, R. *102f., 257*
Tanner, R. G. *265*
Täubler, H. *249*
Taylor, J. *342, 465, 467*

Tcherikover, V. A. *89, 252*
Teixidor, J. *195f., 198, 202f.*
Theissen G. *145*
Thiede, C. P. *382*
Thomssen, H. *144*
Thornton, C.-J. *2, 4, 10–13, 21, 24,* 35, *36f., 306, 317, 395, 400*
Thraede, K. *339*
Thulin, F. *133*
Trebilco, P. R. *115, 133, 253f., 257f., 284*
Trell, B. L. *100, 261, 407*
Trilling, W. *279*
Tritton, A. S. *465*
Trocmé, É. *285*
Tubach, J. *41f., 133, 137, 196, 201f., 205*
Turcan, R. *137, 252, 297*
Tzaferis, V. *201*

Uehlinger, Ch. *469*
Ulrichsen, J. H. *356*
Ustinova, Y. *202*

Vallance, J. *20*
Veltri, G. *118*
Verheyden, J. *313*
Vérilhac, A.-M. *203*
Vermaseren, M. J. *133*
Vermes, G. *88, 391, 417*
Victor, U. *95*
Vidman, L. *263, 420*
Vielhauer, P. *16, 24*
Vollenweider, S. *7, 9*
Vouga, F. *12, 41, 44, 52, 63, 74, 421*

Waagé, F. und D. *405*
Wacholder, B. Z. *90.265, 366*
Wagner, G. *427, 444*
Waldmann, H. *194*
Walter, N. *87, 170, 189, 190*
Walzer, R. *265*
Wander, B. *102, 111, 429*
Watzinger, C. *86*
Weber, R. *294*
Weber, T. *82, 88f., 98, 100, 195, 419*
Wedderburn, A. J. M. *8, 262, 427, 444f.*
Wegner, U. *239f.*
Weinfeld, S. M. *66*
Weinreich, O. *381*
Weiss, J. *41, 72f., 175, 218, 246, 338*
Weiss, L. *82*
Weizsäcker, C. *71*
Wellers, C. B. *323*
Wellhausen, J. *270*
Wendland, P. *266*

Wendt, H. H. 217, *245*
Wengst, K. *95*
Wenning, R. *90, 179, 183, 195, 196, 200, 203, 212, 419, 465, 467–470*
Wernle, P. *416, 425,* 430
Westermann, A. *18*
White, J. R. *449*
Wilckens, U. *435*
Wild, S. *466*
Wilhelm, A. *251 f.*
Wilken, R. L. *291, 300*
Will, E. *94, 102, 120, 131, 139*
Williams, M. H. *115, 251,* 252
Wilson, S. G. *75*
Windisch, H. *5, 11*
Winnett, F. V. *467*
Winter, B. *35*
Wirth, E. *88*
Wirth, G. *410*
Wischmeyer, W. *266, 364*
Wissmann, H. von *470*
Wissowa, G. *19*
Wolfson, H. A. *126*

Wolter, M. *167*
Wrede, W. *2*
Wroth, W. *100, 206*
Wulzinger, K. *86*
Wuthnow, H. *184, 323, 413*

Xella, P. *198*

Yalouris, N. *420*
Yardeni, A. *184, 197*
Yavetz, Z. *105, 107*
Youtie, H. C. *253*

Zahn, Th. *7, 11, 19, 31, 36,* 211, *221, 314, 335, 356, 389, 443*
Zeller, D. *168, 345, 417*
Zeller, E. *38,* 227, 237
Ziegler, K. *248*
Zimmerli, W. *88*
Zimmermann, J. *50, 76, 168*
Zschitzschmann, W. *361*
Zuntz, G. *174, 419*

Geographisches Register

Die *kursiv* gedruckten Seitenzahlen beziehen sich auf die Anmerkungen

Abila *196f.*
Abilene 91, 93f.
Achaia 148f., *245*, 267, 313, 395, 401, 425, 453
Adana 249
Adiabene 108f., 113, *142*
Aelia Capitolina 285
Ägäis 27, 30, 339, 396, 410, 460
Ägypten (s. Sachregister)
Afrika 101
Aigai *264*
Akmonia 115
Alexandreia (Syrien) 249, 338
Alexandrien (s. Sachregister)
Amanus-Gebirge 249
Amasia 312
Amastris 255
Amathus *409*
Anazarbus *267*
Anchiale *410*
ʿAnǧar *196*
Antilibanon 91, 93f.
Antiochien am Orontes (s. Sachregister)
Antiochien (Pisidien) 46, *81*, *113*, 115, 238, 305, *370*
Apamea (Syrien) 83, *88*, *113*, *274*, *290*, *292*, *300*, 338, *405*, *421*
Apamea Kibotos 254
Aphrodisias 103, 257
Apollonia/Arsf *198*
Arabien 40, 62, 75, *88*, *92*, 99, 133, 137, 147, 148, 157, *159*, 162, 174f., 178, 183, 186, 189, 192–194, 201f., 208, 228, *271*, 394, *395*, 469, 471
– röm. Provinz 79, 183, *184*, *189*, *208*
Arad *134*
Arados *133*
Armenien 94
Asdod/Azotos 57, 85, *129*, 139, *177*, 241
Asia 115, 149, 401
Askalon 83
Athen *51*, *81*, 142, *264*, 285, *405*, *411*, *414*, *420f.*
Auranitis (s. Hauran)

Babylon 261, *262*
Babylonien *80*, 91f., *137*, 138, 188, 194, *253*, *300*, *322*
Baitokeke *133*, 195
Batanäa 91
Beer Sheba *134*
Berenike *284*
Beroia (Makedonien) *81*
Berytos (Syrien) 92, 94, *133*, *398*
Beth Horon *82*
Beth Shearim *300*, *326*
Bethel 188
Biqāʿ 91, *149*, 202
Bithynien *240*
Bostra 99f., *196*, 200–202
Byblos *361*, *398*, *409*
Byzanz *239*

Caesarea (maritima) 2, 10, 16, 57, 83–85, 97, 139, 146, 148, *154*, *177*, *223*, 226, 236, 239–241, 245, *263*, 268, 272, 288, *292*, 300, 315, 329, 341, 365, 376, 397, 399, 422, 429, 435
Caesarea Philippi, s. a. Paneas 91, *94*, 145, 148, *288*
Catania *385*
Chalkis 92, 93f.
Chalkis am Belos 338
Charax Spasinou 108
Cornutum *240*

Damaskus (s. Sachregister)
Daphne *290*, *300*, 405f., *408*, *413*, *420*
Dekapolis 40, 54, 80, 90–92, 145, 178, *179*, *184*, 206, *208*, 212, *395*, 396, *465*, 468
Delos *347*
Derbe *248*, 398
Diocaesarea *251*
Dium *91*
Dmeir *202*
Doliche 195, *203*, *261*
Dor 283, *397*
Dura Europos 252, *263*, *323*, *385*
Dyrrhachium *395*

Geographisches Register

Edessa 12, 41f., 194, *322f.*, 422
Edfu *323*
Elaeusa Sebaste 252
Eleusis *262*
Elusa/alua/Khalasa *187*, *202*
Emesa/Homs 94, *120*, *149*, 178, *198*, *203*
Engeddi *197*
Ephesus 2, 8, 32, *81*, *120*, 176, 192, 258, 275, 305, 312, *316*, *318*, 338, 340, *370*, 374, 434, 452f.
Epiphaneia 338
Eretz Israel 54, 57, 85, 87f., 110, 135, 138f., 147–149, 157, 178, 180, 189, 193, 226, 242, 259, 268, 299
Euphrat 41f., *149*, 189f., 194, 249, 271, 399

Gadara 83, *91*, *468*
Galatien 28, 31, *32*, 34, 57, 62, 73, *88*, 92f, 149, *190f.*, 213f., *240*, 246, 304, 395, 401
– Südgalatien 302, 401–403
Galiläa (s. Sachregister)
Gallien *263*, 277, *305*
Gamala 182
Garizim 277
Gaulanitis 54, 91, 145, 148, 182
Gaza *177*, 197, 392, *410*
Genezareth, See 145
Gerasa 83, *84*, *189*, *197*, *199*, *203*, *208*, *414*, *468*
Germanicia/Maraş *251*
Germanien 90
Gerrha 465
Gordiucome/Juliopolis *239*
Griechenland *80*, 163, 394, 409f., 461

Hamath 88
Hamaxia *409*
Ḥarrān *41*
Ḥaṭrā *41*, 194, *201*, *205*, *322*
Hauran 88, 91, 136, 182, *184*, 199, *201*, 211
Hazor 188
Hebron *134*
Hegra/Mādāʿ, in Ṣaliḥ *183*, 186f., 196, 200, 202, 211, 469–471
Heliopolis/Baalbek *92*, 94, 100, 132, *195–197*, 205, 413
Hermon 40, 93, *202*
Hierapolis/Bambyke *41*, 132, *322f.*, 338, 361, 364, 412, 414, *422*
Hierapolis (Lydien) 85
Hippos 83, *91*, *468*
Hor/Harun (Berg) *185*, *187*
Hulatha *300*
Hyllarima *251*

Idumäa 40, 62, 91, *145*
Ikonium *15*, *81*
Illyrikum *148*, 395
Indien *194*
Iran 194
Issos 89, 249, 410
Italien *107*, *263*, 389

Jamnia *83*, 97, 279f., 282
Jericho *160*
Jerusalem (s. Sachregister)
Joppe/Jaffa 85, *241*, 250, 271
Jordan 146, 450
Judäa 52, 55, 57, 61f., 80, 87, 89, 99, 140, 143, *145*, 156, 182, *191*, 209, 240f., 290, 320, 340f., 346, 352, 369f., *385*

Kabul *53*
KafrʿAruq *322*
Kalecik *255*
Kalykadnos 398
el-Kanais *128*
Kanatha 198, *361*
Kanytheda *263*
Kapernaum *239*, 331
Kappadokien 42, *178*, 245f., *250*, *395*
Karmel 205, *397*
Karthago *88*
Kasius (Berg) *406*, 410
Kefar Havar *196*
Kefar Sakhnin *53*
Kefar Semai *53*
Kilikien 95, *120*, *140*, *147*, 163, 248f., 258–260, *264*, 266f, 270, 272, 330, 338, *452*
– Ebenes (Cilicia pedias) *248*, 249, 267
– Rauhes (Cilicia tracheia) 42, 248, 251f., 267, 398
– röm. Doppelprovinz (mit Syrien) 27, 32, 40, 42, *61*, *147*, *189*, 224, *244–246*, 298, *307*, *319*, *337*, *368*, 394, 398, 401f., *424*, 461
Klaros *255*, *256*
Kleinasien (s. Sachregister)
Knossos *409*
Kochaba 96
Kolophon 255
Kolossä 255
Kolybrassos *409*
Kommagene 42, 189, *395*
Korasion 252
Korinth *14*, 29, 31, 43, 46, *81*, *96*, 176, *185*, 192, 222, 263, 275, 301f., 303–305, 309, 338, 357, 360, 393, 399, 434, 447f.

Korykos 251f., *319*
Kos *347*
Kydnus 260
Kyrenaika *81*, *91*, *385*, 393
Kyrene *151*, 246, 394
Kyrrhos 338

Labwe *409*
Laodikeia 338, *398*, *405*
Lefkandi *409*
Leontopolis 97, *118*, *212*, 290
Leukekome *239*
Libanon 93f., *132*, *147*
Lydda 85, *241*, *250*
Lydien 252, 254
Lykaonien 163, 246, 255, 314, *319*, 330, *359*, 395
Lystra *15*, *203*, *319*

Magarsus *268*
Maḥoza 184
Makedonien *133*, 148f., 163, 267, 313, 392, 395f., 401, 425, 434, 453
Mallus *267*
Marisa 97
Masada 82
Mauretanien 394
Medien *80*
Meroë 392, 413
Mesopotamien 91f.
Midian 181, *469*
Milet 240, *284*
al-Mina *409*
Mopsuestia 249, *264*, *267*
el-Mushennef 199

Nagrān 465
Naukratis 252
Nazala 97
Nazar *96*
Nazareth 21, 344
Neapolis/Nablus 13, 181
Nebo *187*
Negev *187*
Nicäa *53*, 398f.
Nikopolis *322*, 338
Ninive 129, 271

Oinoanda *256*
Orontes 407, 409f.
Osroëne 41
Ostjordanland *143*, *179*

Palästina 40, 42, 52, 97, *121*, *132*, *145*, 148, 191, *197*, 201, *240*, 295, 300, 326, *334*, 359, 393f., 419, *420*, 422
Palestrina *420*
Palmyra *92*, 97−99, *149*, 178, 194, 196f., *199*, 202, 204, *205*, 253, *322f.*
Pamphylien *248*, 257, 314, 395, *409*
Paneas/Banias, s. a. Caesarea Ph. 89, 91, 93, *201*
Parthien 41f., 110
Pella *83*, *91*, *189*, *203*, 313, *365*, *468*
Peräa 57
Pergamon *257f.*
Petra 99, 183f., *195*, *200f.* 213, 469
Pharos 122, *128*
Philadelphia/Amman *84*, 203, *208*, *468*
Philadelphia (Lydien) 252
Philippi 10, 73, *223*, *400*
Phönizien 57, *83*, *87*, 89, 93, 137, 147, 178, 242, 268, 396−398, *420*
Phrygien 254, 261
Pisidien 163, 246, 255, 258, 314, 395
Pompeii *420*
Pontos 94, *120*, 254
Portae Amanicae 249
Portae Syriae 249
Ptolemais/Akko 40, 54, 83, *89*, *116*, 148, 397, 399
Puteoli *100*, 212

Qadesch *184f.*
Qasyūn *198*
Qedar 181

Raphia 40, *409*
Reqem *184f.*
Rhodos *107*
Rhosos 338, 399
Rom (s. Sachregister)
Rotes Meer 190

Saba *103*, *146*
Saḥar 99
Sahin *133*
Salamis 81, 86
Sama 397
Samaria Sebaste *84*
Samarien 57, 93, *136*, 140, 149, *177*, 220, 241, 268, 300, 378
es-Sanamēn/Aire 199
Sardinien *107*
Schwarzes Meer *91*, *133*, 271
Seleukia Pieria 249, 338, *405*−*408*
Seleukia (Kilikien) *421*

Sepphoris 54, 82
Sīʿ/Seeia 99, *196*, 198f., *203*
Sibidounda 255
Sichem 97, *117*
Sidon 54, 83, 91f., 97, *145*, 147f., *198*, 212, *223*, *263*, *268*, *292*, 397, *398*, 399, 468
Silpius (Berg) 407, 410, 412
Sinai 124, 184, 186f., 189, *190*, 192f., 206, *470*
Skythopolis 83, *91*, 136, 419, *468*
Slīm 99
Sofiana *385*
Soloi/Pompeiopolis *249*, *264*, *267*, 4100
Spanien 157, 163, 193, *263*, *385*, 392, 394, 403
Sūr 99, *199*
Syrien (s. Sachregister)

Tarschisch 181, 209, *271*, 272
Tarsus (s. Sachregister)
Tartessos 272
Taurus 42, 189, 271f., 330, 398
Tell el-Ful *365*
Tell Fekheriye *200*
Teman 187f.
Thesbe *189*

Thessalonich 29, *81*, 309, 451, 458f.
Thrakien *88*, 133
Thyatira 253
Tiberias 82, *95*, *116*, *250*, 260, *326*, *347*, 415, *420*
Tigranokerta *407*
Tilli *196*
Totes Meer 181, 184
Trachonitis 54, 87, 91, *92*, 93
Tripolis *398*
Troas 306
Troja *268*
Tyana 246, 255, *413*
Tyrus 54, 83, *87*, 92, 97, *113*, *145*, 147f., 198, *257*, *268*, 397–399, *414*, 422

Umm ed-Dananir *84*
Umm el-ʿAmed *196*

Venosa *334*, *385*

Zeugma 249, *322*, 338
Zincirli 198
Zypern 42, *81*, 115, 147f., 163, 223, *228*, 230, 238, 246, 248, 254, 268, 314, *323*, 324, *326*, 327, 330, 369, 395, 397, 399, 401, *409*

Sachregister

Die *kursiv* gedruckten Seitenzahlen beziehen sich auf die Anmerkungen

Aaron *185, 187*
Abba/Abbaruf 219, 311, *362*, 437
Abraham 87, 90, 119, 123, 146, *147, 159*, 180, 186–193, 295
– in Arabien („Rundreise") 187–189, *247, 249,* 270f.
– Beschneidung 192
– Rechtfertigung 192
– Verheißung 192
– Abrahambund 120
– Abrahamskindschaft 191, 193
Abstinenz *317*
Adam 444
Adonis 261, *262, 427*
Agabos, s. Hagabos
Agrippa I. 93f., *95,* 198, 211, 249, 277, 279, 283, 318, 329, *341, 346,* 347, *348,* 360, 368–370, 372–380
– bei Josephus 376f., 380
– Christenverfolgung 85, 218, *269,* 372–376, 380, 387, 394
Agrippa II. 51, *62,* 64f., 94, 114, *120f.,* 199, *277, 341, 348, 377, 380*
Agrippina d. Jüngere, Kaiserin *160*
Ägypten *83,* 84, *88,* 92, 118, *128, 132, 134,* 138, *181,* 252, *257, 262f., 285, 326,* 334, *385, 392f., 416*
– Juden 300
– Religion *132*
– religiöse Bedeutung *393*
Ahab 93
Akklamation(en)/Gebetsrufe (s. a. Maranatha u. Abba) 311, 362
Albinus, Prokurator *114,* 341, 380
Alexander d. Große *20, 285, 406,* 409f.
Alexander, Alabarch in Alexandrien 97
Alexander, Tiberius Julius, Neffe Philos 94, *265,* 366
Alexander, Sohn des Herodes I. *94, 248*
Alexander Jannai 93, *137, 189,* 259
Alexander v. Abunoteichos 39, *362*

Alexandrien 97, 126, 139, *151,* 212, *250,* 258, 263f., 281, 284, 287f., *326,* 392f., *420*
– Caligula-Unruhen 279f.
– Juden 212, 283, 300
– Pogrom 279f.
– Synagogen 82, 86
Alityrus, jüd. Schauspieler 114
Älteste/Presbyter 45, 221, 352, 359, 370f., 383–387
Ältestenamt 352, 370, 384f., 387
Ammoniter 180
Amoräer *139*
Amt/Ämter (in der christl. Gemeinde) 352–354, 358
Ananias (Damaskus) 64f., 67, 69–71, 75f., 79f., 140, 142, 144, 153, 227
Ananias, Hoherpriester 277
Ananias (jüd. Kaufmann/Adiabene) 108, 123
Ananias und Saphira 363
Anat, Göttin *406*
Anonyme Götter 201, 204
Anthropologie, christliche 306
Antichrist *25, 278f.*
Antigonos Monophtalmos 89, *179*
Antijudaismus, s. Judenfeindschaft
Antiochenischer Zwischenfall 32, 247, 303, *316,* 329f., 389, 435, 452
Antiochien, Orontes 32, 40, 55, 58, 139, *143,* 147–149, 182, 193, *201,* 206, 223, *224;* 233, 238, 248f., 263, 267, 347, 372, 388–390, 394, 404ff.
– Aberglauben *422, 423*
– Bauwerke 415
– Bürgerrecht 287–289
– Caligula-Unruhen 282, 284, 305
– Christenname 312, 337, 343–349
– christl. Gemeinde *166,* 270, 274f., 280, 286, 300f., 305–308, 312, 331, 336f., 339, 342, 349, 394–427f., 431, 440
– Einwohnerzahl 287, *404*

Sachregister

- Erdbeben 351, 405, *415*
- Feste/Spiele 414
- Gründungslegenden 409–411
- Heiligtümer 406f., 420
- Hellenisten 229, 240, 242, 269, 300, 336, 422
- Jerusalem, Verhältnis zu 313, 328, 369, 425
- Juden/jüdische Bevölkerung 134, 212, 284f., 286–292, 300, 308, 404, 419
- Kulte 411–415, 420
- Pogrom 139, 282, 284, 291f.
- Rom, Verhältnis zu 281, 348f., 435
- Synagogen 82, 86, 287, 290f., 300
- Synkretismus 395, 416, 427
- Theologie (Entwicklung) 163, 345, 427
- Vereine 415

Antiochos I. v. Kommagene 263
Antiochos II. 420
Antiochos III. 89, *253*, 259, 406
Antiochos IV. Epiphanes 50, 89, 134, *165*, 279, 280, 285, *288*, 290, *294*, 305, *405*, 408, 412, 415
Antiochos IV. Epiphanes v. Kommagene 248
Antiochos VII. Sidetes 259
Antiochos XII. *89*
Antipater 90, 181
Antipater, Stoiker 264
Antoninus Pius *130, 191,* 249
Aphrodisiasinschrift 103
Aphrodite (Anaïtis) 98, *409,* 414
Apion 285
Apokalyptik/apokalyptisch (s. a. Naherwartung) 25, 50, 356, *360*
Apollon *134,* 198f., 256, *261,* 406f.
Apollonios v. Tyana 406, *413,* 246, 264, 423
Apollos (Apg 18) 17, *72,* 230, 340, 392f.
Apologeten 11, 13, *52, 128f.,* 308, 431, 343
Apostat(en)/Apostasie *17,* 120f., 157, *230,* 302
Apostel (als Gremium/Gruppe) *1,* 31, 45, 76, 156, 186, 217, 221–225, 321, 336, 358, 383–386
- Apostelschüler *1,* 13
- Aposteltitel *1,* 45, 77, 161, 222, *227, 306,* 358
Apostelakten 11, 15, 17, 224, 238
Aposteldekret 315, 317, *320f.,* 328, 402
Apostelgeschichte 5
- Alexandrinischer Text 210
- Berufungsberichte, s. Lukas
- Buchtitel 6
- Datierung 6, 11, 15

- historische Zuverlässigkeit *2,* 10f.
- Mehrheitstext 210, *238*
- Reden 49, 126, 265, 318/19
- „Westlicher" Text *206, 240,* 274, *306,* 327, *334,* 336, 363, 392
Apostelkonzil 27, *47,* 223, 231, 233f., *316,* 371, 402f., 452
Apostolische Väter *52, 128f.,* 342
Aquila, jüd. Übersetzer *88,* 272
Aquila und Priscilla *185, 331,* 340, 390f., 434
Araber 180f., *190,* 191, 193, 195
Aramäer 93, 135
Aramäische Sprache 56, 60, *189,* 193f., 201, *218,* 327
Archedemos, Stoiker 264
Archelaos v. Kappadokien 248
Aretas III. 89, *178,* 211, 468
Aretas IV. 32, *89,* 97, 175, *178, 180,* 182f., *187,* 200, 208, *210,* 211, 276, 341, 467, 469
Aristarchos 12, 17, 22, *329*
Aristobul, jüd. Philosoph 104, 266
Aristobul, Sohn des Herodes v. Chalkis 94
Aristobul I. 93
Aristobul II. 90
Aristobul III. *450*
Ariston v. Pella *313*
Aristoteles 265
Arpachschad/Arphaxad 189
Arsinoe *409*
Artaxerxes II. 98
Artemis 406, 413, 420
Ärzte/Arztberuf (s. a. Galen) 18, *19,* 20, 22, *144,* 264
Asklepios 20
Asser, Stamm 147
Astrologie/Astromonie *87, 137*
Atargatis, Göttin 98
Athen/Athener *51,* 206, 264, 285, *411*
Athene *261,* 406
Athenodoros Kordylion, Stoiker 264
Athenodoros, S. des Sandon, Stoiker 183, 249, 264, 266
Äthiopischer Eunuch/Finanzminister 73, 75, 103f., 116, 146, 241, 392
Atomos aus Zypern (Magier) *119f.*
Attis, Gott *418, 427f.*
Auferstehung 50, 295, 459
Auferstehung Jesu, s. Jesus
- Erscheinungen des Auferstandenen 48, 54, 58, *64f.,* 67, 169
- Zeugen 44, 78, 158
Augustus, Kaiser 90f., *95,* 183, 248, *253, 342,* 380

Sachregister

Aurelian, Kaiser 135
Azizos v. Emesa 94, *120*

Baal *406,* 411
- von Baalbek 94
Baal Schamen/Schamin 132, 135, 197, 202, *203,* 418
Babatha u. Salome Komaïse, Archive 183f.
Bar-Kochba-Aufstand 54, *134,* 183, *191*
Barjesus/Elymas 119, 238, *326,* 333
Barnabas 17, 31, 221, 230, 238, 240, 247f., 269, 274f., 313–315, 321, 324–334, 349, 368f., 398, *424*
- Jerusalem (Verhältnis zu) 223, 329–331
- Name 321–324, 326
- Paulus (Verhältnis zu) 224, 333f.
Barsabbas Justus 44, 328, *358*
Barsabbas, Judas *306,* 327, 358
Basilides, Gnostiker *5,* 267, 392f.
Beelzebul 135
Befreiungstheologie 16
Bel *323,* 411
Benhadad 93
Benjamin v. Tudela 86, *87*
Berenike, Tochter Agrippas I. 94, 117, 120f., 277
Beschneidung *102,* 104–106, 108f., 110f., 119–122, *134,* 149, 151, 191–193, 234f., 253, 255, 285, 301, 304, 308, 310, 314f., 318, *323,* 439, 442
- des Herzens 122
- Zwangsbeschneidung 110, *121,* 191
Biographie, antike 7, 24
Blindenheilung 71
Boethos/Familie des B. *279,* 378f.
Brief(e), christlich 5f., 400
- Briefbote 331, 457
- Briefschreibung, antike *5, 7*
Brüder Jesu 31, 45, 156, 200, *223, 383,* 384
Bürgerrecht, griech. Städte 130, 287–289, 299

Caesar *285, 342, 405,* 415
Caligula *83, 91,* 93, 115, *126,* 211, *248,* 249, 277, 279, 281, 341, 351, 366, 370, *377,* 378, *380,* 389, 405, 414, *420*
- Unruhen *96,* 279f.
Cassius Dio 21, 39, *110*
Celsus *203f., 423*
Cestius Gallus, Statthalter 280
Charismata 360f.
Christenname (s. a. Antiochien) 341f.
Christentum
- Ablösung von der Synagoge 432

- Chronologie 43f., 46–48, 54, 142, *143,* 154, *182,* 239f., 267, 269f., 276, 366–369, 373, 380
- Einheit 313, 336, 438
- Haltung zum Gesetz 432
- messianische (jüd.) Sekte 2, 43, 51, 107, 308, 340, 461
- Rom/röm. Herrschaft 341f.
- Stadtreligion 57, 148, 397
- theol. Entwicklung 43, 136, 138f., 306, 429f.
- Verfolgungen 11, 13, *67,* 151, 171, *290,* 341–343
- Weltreligion 461
Christologie (s. a. Paulus) 48f., 136, 150, 167–171, 201, 232, 429, 431f., 253, 276, 306
- Präexistenz 168, 170–172, 430f.
Christos, Titel 345, 348f., *350*
Christushymnen *169,* 172
Cicero *35, 117*
Claudius 94, 107, *248,* 277, 280, 283f., *343, 348,* 349, 366, 369, 378, 380, 389f., *391, 405,* 414
Claudius Lysias (Apg 23) 277
Claudius Ptolemäus 47, *465*
Clemens v. Alexandrien *12, 15, 129, 314,* 315
Codexform 31
Commodus 414
Cornelius (Apg 10) 70, 73, 85, 103f., 147, *218,* 239–241
Cornelius Labeo 255
Corpus Johanneum *5,* 14, *433*
Crassus 111
Cuspius Fadus, Prokurator 366, 369

Dagan, Gott 412
Damaskus 57, 60–62, 72, 76, 86–101, 129, *136,* 144, 147, 149, *169,* 176, 180, 183, *186,* 190, 193, 209–213, *245,* 291, 465
- Bauwerke/Straßen 100, 212
- Endzeit/messianisches Reich 87f., 146
- Gemeinde 48, *53,* 60, 72, 75f., 80, 140–146, 155, 209, 241
- Geschichte 89–91
- Gründungslegenden 98
- Handelswege 92, *212*
- Heiligtümer 98f.
- Hellenist. Polis 97, 100, 146, 194, 211
- Herodes 91f., 97
- Inschriften 97–99
- Juden/jüd. Gemeinde 80, 82, 86, 92–97, 101, 134, 139, 141, 146, 156, 212f., 226

Sachregister

- nabatäisches Viertel 97, 212, 465, 466
- Pogrom 82
- Rom, Verhältnis zu 92
- Sprachen 193
- Stadtterritorium 91f., *190*
- Synagogen 80, 86, 93
- Wirtschaftsleben 99

Dan, Stamm *147*
Dareios *410*
David, Großreich 87, 189
Dea Roma-Kult *95*, 415
Dea Syria *301*, 361, 412, 413
Dekalog 112, 123–125, 149, *171*, 295, 432
Demeter(mysterien), vgl. Eleusis 203, 263, 410f., 413
Demetrios I. 290
Demetrios II. 282
Demetrios III. *259*
Demetrios Poliorketes *405*
Derketo, syr. Göttin *413*
Deuteropaulinen 5, 10, *433*
Diakonenamt 386
Diaspora/Diasporajudentum 39, 80, *93*, 96, 109, 114, 127, 130, 138, 151, 226, 279
Diasporasynagogen/-gemeinden 56, *102*, 109, 119
Didrachmensteuer (Fiscus Judaicus) 104, 107, 152, 425
Dina *117*
Diogenes auf Rhodos, Grammatiker *107*, *253*
Diokletian *196*
Dionysios v. Alexandrien *114*, 245
Dionysos 98, 132, *203*, *256*, 263, 414, 419, *421*
- Mysterien 136, 419, *449*
Dioskurenkult 415
Divination *137*
Doketismus *14*
Domitian 11f., 14, 17, 84, 107, *109*, 116, 119, *413*, *249*, 343, *375*
Domitilla 84, 107, *109*
Drusilla 94, *110*, *115*, 117, *120*, 277
Drusus 415
Dusares, Gott 132, 136, *195*, 200, *419*

Ehescheidung 118
Eifer für das Gesetz 150, 157, 165, 226, 387
Ekstase *64*, 357, 360, 362
El, Gott 132, 411
Eleazar (4. Makk.) *294*, 296
Eleazar (Pharisäer aus Galiläa/Adiabene) 108f., 120, 123
Eleazar (Sikarierführer bei Josephus) 95

Eleazar b. Dinai 341
Eleazar, Hoherpriester 378
Eleusis/Eleusinische Mysterien 261, 263, 410, 420, 449
Eli *137*
Elia 129, 189f., *357*, 450
- Entrückung *45*
- Geburtslegende 419
- Haggada *189*
Eliezer, Knecht Abrahams 86, *87*, *235*
Elionaios Kantheras 379
Elisa 119, 146, 450
Emmausjünger 45
Endzeit (s. a. Naherwartung) 13, 25, 49f., 131, 177, 207, 289, 304f., 360
- Geistausgießung 49f., 58, 69, 171, 451
- Heil 109, 137, 158, 165
- Heilsgemeinde *72*, 143, 301, 304, 431
- Gericht 49, *151*, 457f.
- Israel/Gottesvolk 13, 308, 432
- Territorium Israels 189
Engel 197, 301
- Christologie 199
- Namen 118
- Verehrung 254f.
Enthusiasmus (s. a. Geist Gottes) 50f., 137, 144, 146, 171, 177, 308, 362, 430
Entrückung *354*, 355–357
Epaphroditus, M. Mettius 116
Ephiphanie 65, 67f.
Episkopat, monarchischer 15, 353, 399
Erbe/Erbbesitz 78, *79*
Erfüllung (der Verheißung) 13, 25, 158f., 177, 181, 272, 360
Esau 180
Eschatologie (s. a. Endzeit) 25, 139, 253
Eselskultlegende 285f.
Esra *112*, 194, 360
Essener *2*, *88*, *137*, 138, *146*, 158, *288*, 366
Ethik 123, 150f., *173*
Ethnarch
- des Aretas 97, 175, 210–212
- Titel/Begriff 211, 465, 467f.
(Eucharistische) Mahlgemeinschaft, s. Tischgemeinschaft
Eunus, syrischer Profet *301*
Euodius, Bischof v. Antiochien 343
Eva 297, 443f.
Evangelien 145, 279, 307
- Datierung 13
- Ostergeschichten 48
- Prologe *12*, *306*
Evangelien, apokryphe *11*, 13
Ewiges Leben 151

Exodus 193
Exorzismus 21f., *25, 137*, 301, 359f.

Fasten *72*, 104, 143, *144*, 358, 401
Felix, Prokurator 95, *110, 115, 120, 277,* 341, *378*
Festtage/Festzeiten 149, 301
Festus, Prokurator *62*, 64, *65*, 95, *114*, 227, 277, 341, 380
Fiscus Judaicus, s. Didrachmensteuer
Fluch Gottes 164, 166
Frauen (Gottesfürchtige/Sympathisantinnen) 85, 101f., 111–115, 118, *123, 142*, 177
Freiheit (in Christus) 439–441
Fremde *110*, 131
– Fremdenfeindschaft *105, 111*
Friedensgruß 311
Fronto, Flavius Julius, Statthalter Syriens *197*
Fulvia, röm. Matrone 113

Gabriel *198*
Gaius, Gastgeber des Paulus in Rom 447
Galaterbrief *4*, 5, 28, *32*, 73, 168, 173, 329, 442, 447, 453, 454
– Datierung *316*
– Präskript 77
Galen (s. a. Ärzte/Arztberuf) 20f., *143*, 265
Galiläa 18, 40, 43, 46, 51–55, *59*, *80*, 93, 108, 135, 140, 142, 145, 148, 156, 419
– christl. Gemeinden 52–54
– Dialekt 52
– Heidenmission 53, 55
– Judentum 53
– Synkretismus 53, 55
Galiläer *13*, 52f., 55, 135
Gastfreundschaft 229f., 235
Gebote/Gebotseinhaltung 149, 442
– Doppelgebot (der Gottes- und Nächstenliebe) 123, 149
– Erstes Gebot 123, 149, *171*, 173, 430
– Liebesgebot *171*, 302, 304, 432
Geist (Gottes) 59, 144, 146, 157, 167, 205, 295, 303, 352, 356, 358, 360, 362, 401, 442, 453, 455
– Geistverleihung/-gabe 75, 144, 234, *276*, 307, 360
Gemeinde (Begriff) 140, 143, 207, 310
Gemeindearchiv(e) 36f., 400
Geographie/antikes Weltbild (s. a. Paulus u. Mission) *21, 179*
Gerechtigkeit (als ethischer Begriff) 444f.
Gerechtigkeit (Gottes) 167, 171, 464

Germanicus 281, 350f., 406, *422*
Geschichtsschreibung *16*, 24, *35*
Gesetz, s. Tora
– Gesetzesfrage 29, 55, *233*, 235, *316*, 384, 387, 454
– Gesetzesgehorsam, s. Toragehorsam
Gessius Florus, Prokurator *121*, 280
Gewissen *110*
Gleichberechtigung
– in Christus 177, 304, 307, 440f.
– politisch zw. Juden u. Griechen 287–289
Glossolalie 301, 361f.
Glykon, Heilgott *362*
Gnaeus Collega, röm. Legat 292
Gnosis 14, 40, *128*, 136, 205, 207, 255, 258, *416*, 444
Götterberg(e) *412*
Göttertriade, s. Trias
Gottesdienst
– christlich 309–311, 339, 354f., 359, 362
– jüdisch, s. Synagogengottesdienst
Gottesfürchtige (s. a. Sympathisanten) 55, 85f., 102–107, 109–111, 122f., 130, 143, 146, 150f., 156, *161*, 176, 239, 318, 339, *350*
Gottesknecht 129
Gotteslästerung 165
Gottesnamen, jüdische (s. a. Tetragramm) 118, 256
Götzendienst *88*, *95*, 112, 124, 150f., *263*
Götzenopferfleisch *317*
Grab Jesu/Grabestradition *50*
Grabsymbolik *296f.*
Griechisch (Sprache) 54, 56, *58f.*, 60, *128*, *184, 187, 189*, 193f., *201*, *219*, 266, *272*, 288, 306, 327
Gütergemeinschaft *185, 331*, 362, 366, 381

Hadad *87*, *98*, 132, 197, *200*, *406*
Hadad-Bel-Schamin 101
Hadrian 119, *128, 191*, 285, *296*, *406*
Hagabos 351, 359, 364f., 367
Hagar *112*, 186f., *191*, 206
Ham *86, 103*, 124, 393f.
Handauflegung 71, 79, 144, *354*
Hannas I. 81, 378f.
Hannas II. 341, 374, 379, *380f.*, 387
Hannas, Familie 218, *279*, 377–379
Hasael *87*, 129
Hauptmann v. Kapernaum 104
„Hebräer" (aram. sprechende Judenchristen) 48, 57, 59, 218, 220, 231, 327, 331, 390
Heiden, s. Völker

Heidenchristen(tum) *40*, 55, 149, 233, 302, 304, *316*, 329, 426
Heidenmission 54f., 64, *76*, 85, 103, 147f., 242, 244, 320, 376
- vorpaulinisch 43, 55, 318
Heidnischer Kult 101, 361f.
Heilungswunder/Krankenheilung 21f., *25*, 359f.
Helena v. Adiabene 108, 112
Heliodorlegende *68*
Helios, Gott 135, *195*, *203*, *411*, *419*
„Hellenisten" 26, 28, 48, *53*, 55, *58*, 59, 62, 84f., 103, 130, 146, *155*, 158, 164f., *169*, 170f., 178, 217-220, 223, 225, 230f., 242, 285f., 300, 310, 327, 331, 435
- Mission 43, 123, 131, 139, 147-152, 154, 242, 268f., 396f., 401, 422
- Vertreibung aus Jerusalem 57, 150, 218, 220f.
Hellenistische Städte 57, 130, *184*, 191
Henoch/Henochtradition 254
Hera *203*
Herakles 198, *201*, 414
Hermes 98, 205, 256, *319*, 414
Hermetica *416*
Herodes Antipas 13, 57, *180*, 182f., 208, 212f., *239*, 276f., *335*, 347, *380*
Herodes I. d. Große *13*, *26*, *61*, *84*, *88*, 91, 93-95, 98, *115*, 181, 199, 259, 265, *346*, 347, *348*, 378, 415
Herodes v. Chalkis 94, 283
Herodianer, herodianische Familie 95, 110, 120, 346f., *348*
Herodias 94, 182
Herrenmahl 72, 73, *113f.*, 198, 201, 310, 436f.
- Ursprünge 310
Herrentag/Sonntag 198, 253, *302*, *310f.*
Herrscherkult (s. a. Kaiserbild) 11, *95*, 154, 279f., *294*, *323*, 415
Hillel *111*
Himmel
- dritter 355f.
- Himmelfahrt 45, *64*, 67
- Himmelsgott (s. a. Hypsistos) 132-135, 138, *184*, 195, 202
- Himmelsreise *64*
Hippokrates(vita) 18, 22
Hoheitstitel 167-170
Horoskope *137*
Hungersnot (unter Claudius) 365-369
Hypsistos *128*, 133, *195*, 202f., 254f., *279*
Hyrkan II. 90, 181, *279*

Idumäer 55, 110, 133, *134*, *179*, 180, 191
Inkarnation 168
Interpretatio graeca 136, 195, 406
Io (s. a. Isis) 410-413
Iranische Religion 263
Irenäus 1, *37*, 47, 272, 335
Isaak 124, 190f.
Isidor, Gnostiker 393
Isis/Isiskult *136*, *195*, *262*, 263, 408, *409*, 411-414, *418*, 420, 444
Islam *187*
Ismael 180, 186, 190-192
Israel, Gottesvolk 66, 129f., *134*, 172, *177*, 431
Ituräer 90, 93, 95, 110, 135
Izates v. Adiabene 108f., 112, 120, 123

Jakob 124
Jakobus, Herrenbruder 31, 54, 162, *182*, 217-219, 223, 230f., 233, 278, 315f., *317*, 319, 328f., 341, *359*, 383-387
Jakobus, Zebedaide 17, 277, 372-375
Japetos, Vater des Prometheus *254*
Japhet *103*, *254*, 270, 272, 275, 393f., 403
Jeremia 65, 158f., 355
Jerusalem 51f., 54, 56f., 62, 98, 147, 151, 156, 163, 182, 216f., 260, 265-267, 364
- Gemeinde 31, 49, 53, 59, 143, 156, *169f.*, 214, 217-226, 318, 320, 326, 330-332, 366f., 370-372, 381, 387, 450
- Mission 332, 401-403
- Verfassung 383
- Griechische Bildung/Philosophie 267
- himmlisches *192*, 206f.
- Synagogen(gemeinden) 80f., 86, 249f., 390
- Zerstörung 12, 52, *182*, 278, *380*, 388
Jesaja 159, 354
Jesus 21, 32, 50-52, 54, 57f., 65, 67, 85, *113*, 118, 129, 145f., 148, 191, 200, 206, *215*, 232, *234*, 331
- Auferstehung 49, 78, 164, 171, 450, 456f.
- Begräbnis 450
- Exorzismus 135
- Geburt 26
- Gottessohn 155, 168
- Heiden 143, 332
- Jüngeraussendung 396f.
- Jüngerberufung/-einsetzung 45, 221
- Kreuzigung 33f., 48, 164, 308
- letztes Mahl 164, 310, 435
- Magie, Vorwurf 165
- Messias 34, 130, 140, *143*, 150f., 155, 162, 164f., 168, 213, 226, 349

- Prozeß 81, 348, 379
- Ritualgesetz, Verhältnis 85, 150, 302, 304
- Stammbaum 113
- Sühnetod 49, 135, 164f., 278, 450, 456f.
- Versuchung 178
- Würdebezeichnung „Meister" und „Herr" 58

Jesustradition 32, 54, 58−60, 169, 192, 229, 276, *311*
Joazar, Hoherpriester 378
Johanna, Frau des Chusa 335
Johannes der Täufer 25, 78, *94, 143,* 145, 146, 178, *182,* 191, 277, *380,* 392, *449,* 450
Johannes Hyrkan 133, *137,* 180, 191, 259
Johannes Markus 223, 248, 327, 329f., *359,* 368f.
Johannes v. Gischala 288
Johannes, der „Alte" in Ephesus 270
Johannes, Evangelist *241,* 270
Johannes, Hoherpriester (Apg 4) 379
Johannes, Zebedaide *1,* 17, 45, 221, 316, 329, 373f., *375*
Johannesevangelium *1,* 13f., 40, *49,* 54, 138, *143, 169,* 201, 276
- Abschiedsreden 49, *360*
- Logoschristologie 201
- Prolog *136*
- Verfasser *52, 219*

Johannestaufe *72,* 392
Jom Kippur 253
Jona *112,* 126, 129, *181,* 271
Jonathan, Makkabäer *90,* 282
Jonathan, S. d. Hannas 378
Josef 190
Josef v. Tiberias 53
Josephus 4, *8,* 11f., 15, *16,* 19, 23, 39, 82−84, 93, *94,* 95, *103,* 104f., 110f., 113f., 116, 119f., 122, 125, 127, 130, 138, 141, *146, 179,* 181f., 190f., 194, 247, 253, *257,* 258, 264, 266f., 271f., 283f., *285,* 287f., *290,* 291f., 347, *348,* 349, 366, 404
- Antiquitates *15,* 116, 125, *154*
- Bellum *15, 25, 35, 154*
- Contra Apionem 104f., 116
- Gesetzesapologie 123, 125
- Quellen *35*
- Rom *271*
- Tendenz/historische Zuverlässigkeit 25, *35, 282,* 376
- Vita *25, 35,* 116

Josua *88, 181,* 450
Judas (Gastgeber des Paulus in Damaskus) 140, *144*
Judas (Herrenbruder) 140, *144*

Judas Galiläus *52,* 340
Juden/Judentum 138
- als „wahre Philosphie" 128
- Feindschaft/-haß (Antijudaismus) *127f.,* 130, 280, 285, 292
- Jüdische Mission/Propaganda *102,* 104−107, 109, 122, 129−131, *142,* 204, *235, 254,* 293
- palästinisch *52,* 109, 117, 120, 151
- Pogrome 83f.

Judenchristen(tum) *52, 218,* 302, 304, 329
- palästinisch 56, 63, 152, 172, *321,* 426
- syrisch (s. a. Syrien) 56, 270

Julia Domna, Kaiserin *198*
Julia Severa, Kaiserin 114
Julian Apostata *406*
Julius Africanus 53
Jünger Jesu 46, 51f., 54, 57, 145, 158, 210, *321,* 383
Juppiter, s. Zeus
- Capitolinus 415
- Heliopolitanus 94, 100, *132*
- Optimus Maximus 132, *133*

Justina, Tocher des Severus *111*
Justus v. Tiberias *35,* 267
Juvenal 105f., 113, 253

Kaiphas, Josef 81, *145,* 218, 277, *378,* 379
Kaiserbild *184,* 279f., *283,* 286, *377*
Kaiserkult, s. Herrscherkult
Kanaan (Enkel Noahs) 393
Karäer 86
Kardinaltugenden 295
Karpokrates, Gnostiker 267, 393
Katechumenat 73
Katholische Briefe 5
Kaufleute (als Träger rel. Propaganda) *108*
Kelsos *74,* 265
Kerdon, Gnostiker 17, 421
Ketura 190
Klearch v. Soli 265
Kleinasien *88,* 95, 133, 148, 194, 202, 248, 253−256, *263,* 287, 339, *362,* 392, 395, 397, 401, *416,* 460f.
- Christentum 258, *362*
- Judentum 253f., 257
- Sympathisanten/Gottesfürchtige 256−258
- Synkretismus 255

Kollekte 159, *185, 221,* 230, 363, 367, *372,* 380f., 386, 425, 453
Kolosserbrief *4f.*
- Datierung 329

Königsherrschaft Gottes *168*

Sachregister 535

Konstantin, Kaiser 135
Korintherbriefe 6, 77, 329, 452
– Aufteilungshypothese *39, 400,* 453
1. Korintherbrief
– Traditionsformeln 163, 435, 438
Korinthos, Sokratiker 265
Kreuzigung (s. a. Jesus, Kreuzigung) 34, *351*
Krispus (Apg 18) 447
Kronos, Gott 132
Kuß, heiliger 339
Kuthäer (s. Samaritaner) 86
Kyniker *44*
Kypros, Mutter des Herodes 181
Kyrios 169, *417*
– Anrufung *40,* 69, 71, 169, 429, 431
– Begriff 430
– Titel (s. a. Maranatha) 58, 154, *195,* 196–201, 345, *416,* 418f., 430f.
Kyros *78*
L. Servenius Cornutus 115
Laban *235*
Lapsi 150
Logienquelle 15, 53, 59, 146
Lot 180
Lukanisches Doppelwerk 5
– Datierung 12–15, 17
– Intention/Tendenz 17, 23
– Prologe 19
Lukas
– als Arzt 18–22, *240*
– Berufungsberichte 64–80
– Geographie *241*
– Herkunft *17,* 104, *139, 147,* 306
– als Historiker (s. a. Tendenz) 2, *4,* 7, 10, 11, 15, 17f., 23f., *25f.,* 36–39, 65, 71, 80, *139,* 142, 144, *170,* 174f., 215f., *219,* 223, 226, 239, 300, *327,* 333, *335,* 338, 370, 372
– Josephus, Verhältnis zu *4, 15f.*
– Juden 210, *228*
– Name 11, *12*
– Paulusbild 23, *25,* 26, 35, 44–46, 67, 71, 76, 141f., *185,* 222, 225, *227,* 229, 237–239, 243f., 320
– Paulusbriefe, Kenntnis der *4*
– Quellen (s. a. Tradition) 14, 35–38, *45,* 140, *221,* 371, *372*
– Reisebegleiter des Paulus 10, 15, 148, 230
– Rom/röm. Herrschaft, Verhältnis zu *11,* 13, 277
– Stil 22, 37, *185,* 225, 227, 267
– Tendenz (s. a. Theologie) *4,* 17f., 23, 25f., *32,* 35, 67, 141f., *165,* 171, 175, 220, 222–225, 227, 237–239, *240,* 242f., 247,

268, 300, 320, 330, 333, 352, 358, 362, 364, *373,* 384, 392, 396
– Theologie 46, 69, 71, 75, 77, 220, *228*
– Tradition (s. a. Quellen) 49, 67, 144, 210, 220, 225, 228, 242, *319,* 337, 373
Lukasevangelium 14, 54
– Datierung 12f.
– Prolog 36
– Sozialkritik *185*
Lukaskritik 10, 11, 24, 38f., *216,* 220, 237, *244,* 324–326, 363, *396*
Lukios v. Kyrene (Apg 13) 334
Luther *232,* 462–464
Lydia 104
Lysanias v. Abilene (Lk 3) 93, *94*
Lysias, Epikuräer 264
Lysipp, Bildhauer 407

Madaba-Karte *187*
Magie 118, 137
Magistrate, städtische 32, 95, 109
Malichos I., Nabatäerkönig *181*
Manaen (Apg 13) 334, *335*
Manichäismus *137*
Mantik 137
Maranatha 169, 219, 362, 437
Marcellus, Präfekt in Judäa 341
Marcion 1, 5, 13, 16, 17, *19, 39, 335,* 421
Maria, Mutter Jesu 59, 384
Maria, Mutter des Joh. Markus 382
Mariamne *84, 94,* 95, *279,* 376
Markus, Evangelist *1, 91, 145, 155, 179*
Markusevangelium *1,* 13, 40, 54, 84, *234,* 235, *276,* 319, 389, *435,* 436
– Apokalypse 293, *305*
Marnas (Gottesname) 132, 197, *198*
Marsus, Statthalter Syriens *95, 347*
Märtyrer, makkabäische 290f., 293–295, 308
Mattathias, S. d. Hannas 378f.
Matthäus, Jünger/Apostel *1,* 59
Matthäus, Evangelist 14, *145, 179, 422*
Matthäusevangelium *1,* 6, 13f., 40, 54, 84, *145, 204, 234,* 353, 389
– Verfasserfrage *59, 422*
Matthias, Jünger 44, *78,* 221
Maximos v. Aigai 264
Melchisedek *356*
Melkart, Gott 132, 198
Memnon *410*
Menachem b. Hiskia *305*
Menander, Gnostiker 421, *429, 449*
Menelaos 268
Menschenfeindschaft (Vorwurf) *127*

Sachregister

Menschensohn (Titel) 169f., *430*
Menstruation *113f.*
Merkabamystik *64*
Merkabathron, s. Thron Gottes
Messias 50, *110*, 149, *391*
– Titel 168
– Messianisches Reich 85, 87f., *394*
– Messianische Wehen (s. a. Endzeit) 286, 305
Minim *102*
Mischehen *84*, 117f., *302*
Mission
– urchristliche 103, 107, 131, 138, *146*, 204, 268f., *396*, 401
– weltweite 421f.
– Missionsbefehl 421f.
– Missionsgeographie, christliche 393, 396
Mithras/Mithraskult *133*, 262f., *418*
Mizraim (Enkel Noahs) 393
Mnason (Apg 21) *218*, 327
Moabiter 180
Mohammed 187
Moloch *410*
Mönchtum 357
Monotheismus, ethischer 86, 101, 131f., *151*, 258, 291
Montanus/Montanismus *58*, 258, 357
Mose *78*, 87, 104f., 187, *190*, 192, *203*, 242, 265, *450*
– als Magier 118, *119*
Mucianus, C. Licinius, Statthalter *240*, 288
Münzen/Münzprägung 39, 90, *184*, 211, *468*
Muttergöttin/Göttermutter 205f.
Mysterienkulte 40, 136, 261, 263, *416*, 418
Mysteriensprache 261, *262*, *356*, *427*
Mysterienweihe 449

Naassener *137*
Nabaioth, Sohn Ismaels 180f., 190
Nabatäer 90, 92, 95, *134*, 179–184, 189f., 195, *203*, 466
Nabatäerreich 42, 175, 187, 190, 193, *195*, *200*, 208, 211, 467, 469
– Handelskolonien 212
Nabatäisch (Sprache) 193
Nabonid 188
Nabu/Nebo, Gott 322
Naeman 86, 119, 146, 450
Nag-Hammadi-Texte 315
Naherwartung (s. a. Endzeit) 9, 25, 37, 148, 157, 269, 275, *279*, 286, 289, 303, 307f., 366, 391, 394 458
Nahor 87
Namensgebung *323f.*, 326

Naphtali *88*, *147*, *181*
Nasiräer 230, *279*, *330*, 386
Nero *1*, 90, 94, 114–116, *279*, *288*, 294, *346*, 390
– redivivus 25, 278, *279*
– Verfolgung *1*, 2, 14, *15*, 26, *67*, 107, 279, 293, 349, 396
Nerva 107, 116
Nestor, Lehrer des Augustusneffen Marcellus 264
Nicäa, Konzil 399
Nikolaiten *335*
Nikolaos v. Antiochien (Apg 6) 241, 291, 335
Nikolaos v. Damaskus *61*, 87, 90, 92, 100, *134*, 258, 265, *346*
Noah 123f., 254
– Noachidische Gebote 123–125
Numenios, Philosoph 265, *421*

Obodas III. *183*
Offenbarung (des Auferstandenen) 69–72, 77, 122, 128, 158 162, 166, *173*, 177, 192
Onias III. 406
Onias IV. 378
Opfer (jüdisch) 104, 110, *123*
Opferfleisch und Libationswein 151, 303, 420
Ophiten *137*
Origenes 3, 192, 205, 447
Orpha (Buch Ruth) *111*
Osiris *427*

P. Petronius, Statthalter 115, *116*, 280, 282, 284
Papias, Papiasnotiz 6, *24*, 374
Paradies 88, 355f.
Parusie (s. a. Naherwartung u. Endzeit) 51, 123, 129f., 159, 201, 286, *289*, 308, 458
Pastoralbriefe 5, *15*, 17, *118*, 224, *359*
Patriarchen *50*, 295
Paulus v. Samosata 245
Paulus
– Abraham 190, 193
– Antiochien (Verhältnis zu) 274, 320
– apostolisches Amt/Apostolat 1, 2, 44, 46, 65, 67f., 71–73, 77, 158, 161, 169, 231, 361, 447
– Barnabas *178*, *215*, 314–316, 319, 321, 333f., 440
– Berufung 29, 44, 63–71, 77, 79f., 157–159, 167, 177, *227*, 232
– Blindheit/Blendung 68, 80
– Bürgerrecht

Sachregister

- Rom 32, 95, 194, 289
- Tarsus 250
- Christenverfolger 48, 55−57, 60−63, 80f., 85, 142f., *145,* 160, 165f., 209, 219
- Christologie, s. Theologie
- Christusvision(en), s. a. Berufung 44, 64−66, 72, 80, 228
- Chronologie 2f., 27, 30, 46−48, 175, 193 *210f., 238,* 267f., 275, 318, 329, 395f., 424
- Damaskus 61, 80, 86, 155f., 178
- Evangelium 66, 73, 76, 80, 154, 157, 161f., 192, 232, 274, 317f., 447
  - Verkündigung 159−161, *235,* 453, 455
- Exegese 192
- Familie 32, *159,* 217, 259f., 332
- Formeln 33, 417f., 434−438, 440, 457
- Gefangenschaft(en) 2, 16, 32, *329*
- Geographie/Missionsgeographie 163, *178f.,* 194, 270
- geschichtliche Wirkung 2f., 270, 461
- Handwerk 185f., *244,* 321
- Heidenapostel/-missionar 2, 71, 74, 77, 141f., *155,* 157f., 161, 176, 194, 229, 238, 243f., *271,* 296, 317, 320
- Herkunft 32, 194, 247, 259
- „Himmelsreise" 355f.
- Jerusalem 60−63, 76, *152,* 156f., 159, 185, *271,* 274, 313, 325, 391, 424f.
- Jesustradition 32f., 46, 192, 339
- Juden/Judentum 176, 270, 293, 308
- Martyrium 11, 15
- Mission 2, 27, 139, 241, 244, 267, 270, 273−275, 298f., 339, 398, 401−403
  - Konzeption/Strategie (s. a. Geographie) 163, 176, *271,* 273, 328, 392, 395
  - Predigt 34, 74, 153f., 177, 192, 213
- Name 32
- Persönlichkeit 1, 5, 179
- Pharisäer 8, 28, 60, 62, 85f., 141, 146, 165, 167, *173,* 193
- Physische Konstitution 7
- Prediger (s. a. Mission) 29, 141f., 192
- Prozeß 341
- Quellen (zur Biographie) 9f.
- Reisen 148f., 176, *238,* 246, *290,* 368, 390, 395, 399, 434
- Rhetorik/Schriftstellerei (s. a. Stil) 3, 6f., 9, 265f.
- Ritualgesetz 150
- Rom, Gemeinde 391f.
- römische Herrschaft, Verhältnis zur 95f., 289f.
- Schriftgelehrter 192, 233
- Sendung (zu den Völkern) 66f., 77f., 80, 129, 157f., 161f., *216, 226,* 227, 243, *271,* 401
- (Sklaven)dienst 159−161
- Sprachen 184, 193f., 266
- Stil (s. a. Rhetorik) 7, 8, 265
- Synagogenstrafen 156, 247, *368,* 398, 424, *452*
- Taufe 71−75, 80, 144, 153
- Tauftätigkeit/Taufverständnis 447−449
- Tempelvision (Apg 22) *64f.,* 78, 227
- Theologie 1, 27, 29, 76, 138, 161, 180, 192, 235, 270, 273, 334, 402f., 428f., 438f., 453f., 459
  - Aufnahme von Tradition(en) 73−76, 163, 167, 233, 270, 460
  - Christologie 29f., 66, 74, 76, 162f., 168
  - Entwicklung 28, 30, 139, 155f., 167, 173, 424, 460
  - Eschatologie 273, 297
  - Gesetz 27−29, 149f., *151f.,* 162, 171, 232, 296, 304
  - Rechtfertigungslehre 27−29, 160−162, 167, 173, 234f.303, 439f., 449, 458, 464
  - Soteriologie 29, 162, 458
- als Wundertäter 25
- Zwang (zur Mission/Verkündigung) 159−161, *227,* 272
Paulusakten 17, *48, 140, 143,* 144, 175, 246, 394
Paulusbriefe 1−4, 6, 8f., 14, *29,* 40, 142, 144, 161, *185,* 279, 298, 307, 313, 339, 345, *359,* 388, 393, 400, *433,* 435
- Ausrichtung/Zweck 453
- Frauen 113
- Salutatio 201
- Sammlung 5, 6, *278,* 314, 400
Pax Romana 95f., 99, *290*
Persephone 263
Perseus 260, *413*
Petachja v. Regensburg 86
Petrus *1,* 17, 31, 45f., 48, 54, 57, 70, 85, 103, 141, 144, 148, *155,* 156, 162, 214, 216−222, 229−236, 239−242, 315−319, 328f., 357, 375, 382f., 435, 440
- Antiochien 329
- Befreiungswunder 372f., 381f.
- Familie 382
- Heidenmission 234, *238,* 239, 242, 320, 403
- Name 219, 323
- Rom 382, 388, 392, 435
- Theologie 232f.
- Verhältnis zu Paulus *32,* 230−236, 319, *382*

Petrusapokalypse *41*
Petrusevangelium 13, 40, *41*, 54
Pfingstereignis *72, 451*
– Rede (des Petrus) 25, 48f., 69, 352, *451*
Phanni, Hohepriester *282*
Pharisäer 8, *84, 137, 240*, 265, *377*, 384, 387
Philanthropie (göttliche) *126*, 127f., 151
Philippus 17, 57, 75, 85, 103, 139, 142, 145f., 149, *177*, 240–242, 268, 300, 320
Philippus, Herodessohn 80, 93f., *96, 180*, 182, 198, 208, 211f., 277
Philo v. Alexandrien 2, 8, *97*, 104, 112, 115, *118*, 120f., 125, 129, 131, *134*, 138, *142, 190*, 192, *205f.*, 249, 253, 261, 263f., *265*, 267, *279*, 280, 284, 294
Philo v. Byblos 412
Philosophie/Philosophen 104, *128*, 264f.
Phinees, Hoherpriester *282*
Phöbe *331*
Physiognomie *137*
Pilatus, Pontius *13*, 50, 81, *117, 165*, 277, *284*, 341, *378*, 379
Pilgerreise (nach Jerusalem) 110f., *123*
Pinchas *294*
Piraten/Seeräuber *259*, 262
Piso, Cn. Calpurnius, Statthalter 281, 350f., *422*
Polemon II. v. Pontos 94, *120*
Polykarp v. Smyrna *15, 32*, 270
Pompeius 90, *95*, 128, *179*, 259, 262, *404*
Pomponia Graecina *113f.*
Poppäa Sabina 107, 114f.
Porcius Festus, s. Festus
Porphyrius 17, *51*, 389
Poseidon 409
Poseidonios, Stoiker 266, *294*
Präexistenz, s. Christologie
Predigt, jüdische (s. a. Synagoge) 125f.
Priesteraristokratie 50, 57, *165*, 376–379, *381*
Priscillian *12*
Profeten 78, 129, 154, 158, 177, 230, *295*, 352, 364
– Berufung(en) *227*
Profeten/Profetie, christlich 352f., 358–360
– Amt 352, 358f.
– Charisma 352, 359f.
Proselyten *102*, 105f., 109f., *113*, 122, 130, 191, 291, 307, *323*
– Taufe 111, *113*, 310
Ptolemäer 89, *404*
Ptolemaios I. Soter *420*
Ptolemaios II. *13*
Ptolemaios III. 408

Ptolemaios IV. *409, 419*
Ptolemaios Mennaios v. Chalkis 90

Qos, Edomitischer Gott 134, *195*
Quirinius, Statthalter 378
Qumran *50, 110, 137*, 167, 196, *269, 350, 356*

R. Aqiba *183*
R. Eliezer b. Jakob 88
R. Gam(a)liel I. *80*, 141
R. Gam(a)liel II. *181, 322*
R. Jehoschua (b. Chananja) *181*
R. Jehuda han-Nasi *88*, 377
R. Jose b. Dormaskit *83*
R. Nahum b. Simlai 260
R. Shimeon b. Jochai *88*
R. Tanchum *120*
Rabb'el/Rabilos II. *195*, 200
Rabbinen 8, *101f.*, 109, *111, 117, 120f.*, 123f., *128, 135, 166, 192, 296, 302, 307, 391*
Rabbinica 39, 167
Raguel 235
Rahab 113
Räuberunwesen 91f., 96
Rechtfertigung, s. Paulus, Theologie
Reinheit/Heiligkeit des Landes *110*, 152
Reinheitsgebote 123, *147*, 149, 301
Reisen 20, 96, 331, *332*, 363f.
Religionsgeschichtliche Schule 40, 55, 132, 136, *195*, 261, *262*, 306, 394, 423, 425f.
Resch Laqisch 88
Resheph, Gott 198
Rhetorik, antike 267
Rhode (Apg 12) *327*
Ritualgesetz(e) 56, 150, 164, 301
Rom (Stadt) 2, 10f., 18, 82, 84, 86, 157, 176, 198, *251*, 263f., 305, *326, 334*, 342, 346, 349, *385*, 391f., *403, 420*, 461
– Gemeinde 32, *166*, 207, *268*, 301, 309
– Entstehung 390f.
– Jerusalem, Verhältnis zu 390f.
– Juden 105–108, *300, 342*, 389, 432
– Synagogen 82, 86, 390
Rom (Reich) 13, 32
– Friedensordnung, s. Pax Romana
– Heer *309*
– Kaiser 32, 95, 197, 200
– Politik im Osten 95
– Rechtsordnung 96
Roman, antiker 96
Römerbrief 5, 7, 28, 32, 77, 173, 176, 178, 192, 302, 304, 388, 391, 400, 434, 452, 458

Sachregister

- Formeln/Tradition *166*, 168, 435
- Präskript 157
Ruth *111*, 113, *180*

Saba, Königin von *103*
Sabbat
- Heiligung/Feier 104, 106, 124, 253, 292, 301 f.
- Gott (Theos Sabbatistes) 252 f.
- Heidnischer Kult 252–254
Sabazios, thrakisch-phrygischer Gott 252
Sadduzäer *13*, *137*, 377
Sallust 35
Salome Alexandra 90
Salome, Tochter der Herodias 94
Salome, Schwester des Herodes I. *121*, 181, *192*
Salomo *146*, *271*
Samaritaner 146, *241*, 276
Samuel/Samuel-Apokryphon *137*
Sandon/Herakles 260–262, 427
Sanherib *181*
Sarapis 137, 258, 263, 408, *409*, 413
Satan *71*, 78, *79*, 444
Satornil, Gnostiker 421, *429*
Saturn *410*
„Säulen" (Gal. 2) 27, 162, 218, 231, 233, 316, 319, 371
Schammai *111*
Schebuot/Wochenfest 48 f.
Schöpfung 70
- Neuschöpfung 159, 459
- Schöpfungsmittlerschaft 431
Schriftbeweis 155, 164, 311
Schriftstudium 311, 430
Schwur/Schwören *214*
Seele/Seelenlehre 256
Selbstkastration *206*
Seleukiden/Seleukidenreich 89, *245*, *404*
Seleukos I. Nikator 287, *288*, *405*, 406 f., *410*
Seleukos II. Kallinikos *405*
Seleukos III. Soter Keraunos *408*
Sem 87, *103*, 124, 189, 271 f., 275, 393 f.
Semiramis 413
Sendung (zu den Völkern), s. unter Paulus
- paarweise 177
Seneca 107, *265*
Septimius Severus 96, *198*
Septuaginta *8*, 19, 23, 122, *163*, 261, *350*
Sergius Paulus 17, 115 f., 238
Shema Israel 169, 417, 430
Sibylle Sambathe/Sabbe *253*, 254
„Sieben" (Apg 6) *45*, *221*, 291, 327, 335, 385 f.

Sikarier *150 f.*
Silas/Silvanus 12, 17, *306*, 313, *320*, 327, 329 f., 340, 358, 398, *424*, 437, 438, 452
Simeon (Stamm) *181*
Simeon, S. d. Klopas 376
Simon Kantheras 377–379
Simon Magus *17*, 241, *335*, *433*, *449*
Simon, S. d. Boethos, Hoherpriester 378
Simonianer *137*
Sinai *78*, 186 f., 190, *191*, 192 f., *206*, *470*
Sinaibund 186
Sintflut 124
Sitzen zur Rechten Gottes *64*, 435
Sodom und Gomorra *127*
Sohn Gottes (Titel) 75, *76*, 168
Sokrates 270
Sol invictus 132, 135
Sonntag, s. Herrentag
Soteriologie 150, 172, 232, 276, 306
Sozialfürsorge 104
Speisegebote/-verbote 104, 106, 123, 149, 255, 302
Stämme Israels 194
Steinigung 375
Stephan v. Rom, Papst 245
Stephanas (von Korinth) 447
Stephanus 17, *44*, 82, *141*, 164, 171, 220, *225*, 250, 278, 285, 430
- Martyrium 55 f., 150, 218, 220
- Vision 67
Stoiker/Stoa *104*, *126*, 127, *264*, 294
Suda *254*
Sünde *79*, 135, 295, *449*, 450
Sündenvergebung 49, 66, 78, 166, 449 f., 457
Syllaios (Nabatäer) 109, *121*, 181, *191*
Symeon, genannt Niger (Apg 13) 334
Sympathisant(inn)en (s. a. Gottesfürchtige) 84, 85 f., 102–110, 119 f., 122 f., 130 f., 134 f., 141, 155, 176, 243, 286, 291, 307 f., 360, 397
Synagogen(gemeinden) 14, 176, *185*, 186, 204, *218*, *250*, 307 f.
- Gottesdienst 101, 123, 125, *142*, 151, 204, 291
- Predigt 125 f., 264, 266, 299
- Verband 432
Synergismus 235
Synkretismus *133*, 136, 138, 204, 206, 306, 416, 427
Synoptiker *52*, *169*, 235, 276, *433*
- Apokalypsen 278
Syrien 40–42, *88*, 99, 108, 118, *121*, 132, 135, 137, *147*, 151, *159*, 163, *179*, 201 f., 204, 240, *245*, *257*, *263 f.*, 280, *322*, 338, 352, 389, 396–398, 401

- röm. Doppelprovinz (mit Kilikien) 27, 32, 40, 42, *61, 147,* 189, 224, 244–246, 298, 307, 319, 337, *368,* 394, 398, 401 f., 424, 461
- Christentum/christl. Gemeinden 40 f., 56, 136, 397–399, 421 f., 452
- Judentum/jüd. Gemeinden 83 f., 93, 95, *107,* 136, 139, 247
- Religion 301, 309, 361, *362*
- Teil des messianischen Reiches 129, 135, 394

Talmud *74, 196*
Targumim *185,* 187
Tarsus 62, 181, 185, 194, 209, 226, 243–245, 247–250, 258, 260, 394
- Ärzteschule 264
- Juden/jüdische Gemeinde 249 f., 259 f., 264
- Philosophie und Rhetorik 264, 267
- religiöse Situation 260, 427
- Stoa 264
Tauchbad *111, 123*
Taufe 85, *111,* 116, 143, 146, 263, 310, *323*
- Taufformel/Taufrufe *204,* 441
- Tauftradition 439, 450
Tempel (in Jerusalem) 51, 94, 98 f., 110 f., 137, 150, 278, 285 f., 305, *348,* 377
- Kritik 56, 150, 164, 278, 285 f.
- Kult 111, 165, 305
- Tempelsteuer, s. Didrachmensteuer
Tempelweihgebet Salomos *111*
Tertullus, Rhetor 22, *277, 343*
Tetragramm 310 f., 430
Thamar 112 f.
Tharsos, Sohn Jawans 272
Theodosius 130
Theokrasie *128,* 132, 134, 136
Theophanie *63*
Theophilos, Apologet und Bischof 429
Theophilos, S. d. Hannas 378, *379*
Theophilus, Adressat des Lukas 11, 17 f., 116, *223*
Thessalonich 29, 451 f.
1. Thessalonicherbrief *4 f., 278,* 293, *339,* 399, 451–461
- Eschatologie 459
- Inhalt/Theologie 455 f.
Theudas 375
Thomas, Apostel 194
Thron Gottes 48, 169, 429
Tiberius, Kaiser 90 f., 106 f., *114, 180,* 182, 208, 211, *253,* 264, *285,* 294, 315, *341, 350*
Tiglatpileser *198*

Tigranes I. v. Armenien 90, *404, 407*
Timotheus 12, 17, 118, 121, 302, 340, *359*
Tischgemeinschaft (s. a. Herrenmahl) 229, 233, 317, 319, 329, 419 f., *439*
Titius Iustus (Apg 18) 104
Titus (Gal 2) 12, 306, 316, *320,* 340
Titus, Kaiser 12, *50, 117, 121, 249,* 288, 290, 292
Titus Claudius Atticus, Statthalter 376
Titus Flavius Clemens 84, 107, *109,* 116, *119*
Toledot Jeschu *74,* 375
Toleranz, religiöse 312, 349
Tora/Gesetz 104, 106, 112 f., *124 f.,* 142, 152, 157, 165, 171 f., *193,* 294, 296, 299, 308
- als Heilsweg 30, 165, 173, 213, 235, 303, 334
- Toragehorsam 30, 119, *158,* 171, 173, 234, 294, 296 f., 303, 454
- Torastudium 62
Totenauferweckung 49
Totentrauer 296
Trajan 11, 14, 18, *67, 128, 180, 197, 240, 285, 342,* 343, *407 f.*
Trias, semitische Götter- 205, 413
Trinität 204
Triptolemos *261,* 263, 410, 411
Troglodyten 190
Tryphon *74, 120,* 265
Tübinger Schule 10, 24, 34, 38, *233*
Tyche, Stadtgöttin *184,* 206, 407
Tychikos, Begleiter des Paulus 12

Übersetzung (ins Griechische) 58, 122, *128*
Unbeschnittene (s. a. Beschneidung) *110 f., 192*
Unreinheit *242*
Unsterblichkeit *49, 251, 449*
- astral 295
Urgeschichte (Gen 1–11) *131*
Urim und Tummim *137*
Uz 87

Valentin, Valentinianer *48,* 207, 267, 393
Valerius Gratus, Präfekt 378
Varus, Statthalter 284
Vätergötter 195
Vaterunser 311
Vegetarismus *317*
Venturia Paula 113
Verein/Collegium 342
Vergil 414
Verheißung (profetische) 13, 25, *131,* 142, 269

Sachregister

Vespasian 12, 17, *42*, 84, *94*, *154*, 245, *249*, 263, 290, 292, *294*
Vitellius 182, 208, *240*, 277, 341, *378*
Völker/Heiden 65f., 78, 85, *102*, 103f., *110*, 112, 124, 129–131, 141, 147, 157f., 162, 172, 176, 227f., 238
– Völkerwallfahrt zum Zion *110*, 123, 130, 181, 269

Wandermissionar(e) 6, 229
„Wanderradikale" *40*, 43, *44*, 52, 145, *169*
Weisheit 170, 172, *204*, 205f.
Wettkampf 297–299
Wunder(tätigkeit) *24*, 365

Zauberpapyri/-texte 118, *119*, *134*, 256
Zeitrechnung 25, 175
Zeloten 50, *111*, *150*, *348*, 375
Zenon (Zenon-Papyri) *179*
Zeus/Juppiter 98, 101, 132, 195, 199, 203, *319*, 406f., 411, *419*
Zeus Hypsistos, s. Hypsistos
Zeus Uranios 135, *203*
Zeus von Doliche *261*
Zorn Gottes 458
Zuchtmeister 172, 296
Zwangsbeschneidung, s. Beschneidung
Zwölferkreis, die „Zwölf" 31, 45f., 54, 59, *217*, 221, 224, 335, 383f.

Griechische Begriffe und Wendungen

ἀγαλλίασις/ἀγαλλιᾶσθαι	362, *363*, 436	ἐπικαλεῖσθαι	*71*
ἀγάπη	459	ἐπιμένειν	*229*
ἁγιασμός/ἁγιωσύνη	459	ἐπίσκοπος	387
ἀγών	298	ἐπιστρέφω	*79, 127*
ἀθανασία	295, 298	ἔργα νόμου	453
αἵρεσις	*21*, 140, *240*	εὐαγγελίζεσθαι	153, *155*
ἀνάγεσθαι	*373*	εὐαγγέλιον	154, *155, 234, 240*
ἄναξ/ἄνασσα	*418*	εὐαγγελιστής	*353*
ἀνοίγω	*78*	Ζεὺς ὕψιστος	202 f.
ἀπαρχή	*130*, 353	ζωὴ αἰώνιος	295
ἀποκάλυψις	*44, 166*	Ἡρῳδιανοί	346
(ἐξ)ἀποστέλλειν	78, *226*, 243	θεοκρατία	130
(οἱ) ἀπόστολοι	156, 221	θεός	345
ἀποσυνάγωγος	*218, 276*	θεὸς ὕψιστος/μέγιστος	133, 202 f.
ἁρπάζομαι	355	ἰᾶσθαι	*20*
ἄρχοντες	385	Ἰαώ	256
ἄφεσις ἁμαρτιῶν	*79*	Ἰερουσαλήμ	391
ἀφθαρσία	295, 298	ἱκανός	*76*
βαπτίζειν/βάπτειν	*146*, 450	ἱλαστήριον	*298*
βασιλεία τῶν οὐρανῶν	289	ἰουδαΐζειν	117, *429*
βλασφημία	*308*	Ἰουδαϊσμός	*62, 297, 429*
δεσπότης	*418*	ἰσοπολιτεία	289
δέχομαι	*455*	καινὴ κτίσις	459
διακονία	386	καλεῖν	*456*
διδασκαλία	140	καταφυγή	205, *255*
διηγέομαι	*215*	κατέχων	*279*
δικαιοσύνη	444	καύχημα/καυχᾶσθαι	*289*, 355
δικαιώματα	288	κλῆρος ἁγίων	*79*
δοκιμάζειν	*297*	κλητὸς ἀπόστολος	401
(οἱ) δοκοῦντες	371	κλίματα	395
δόξα	444	κοινωνία	363, 453
δυνάμεις	453	κολλᾶσθαι	*215*
ἔθνη	176	κυρία (πατρίς)	196, *197*, 205f., 416
εἷς θεός	*131, 417*		
ἐκκλησία (θεοῦ)	72, 140, 143, 207, 220, 391, 431	κυριακὸν δεῖπνον	*198*
		κυριακὸς ἡμέρα	*198*
ἐκλογή	456	κύριος	169, 197f., 201, 204, *416f.*, 418, 430
ἔκτρωμα	*44*		
ἐλπίς	*297*, 459		
ἐξαιρέομαι	65	μαθητής/(οἱ) μαθηταί	*62*, 140, 210
ἐνδύεσθαι	443 f.	μανία/μαίνεσθαι	374
ἐντολαί	294	μαραναθά	437
ἐν Χριστῷ (Ἰησοῦ)	345	Ναζαρηνός	*343*
ἐπιθυμία	297	Ναζωραῖοι	343

Griechische Begriffe und Wendungen

νόμος	295	προσανατίθημι	72
νοῦς	297	προσευχή	205, 255
ὁδός	140	προσήλυτοι	130
ὀργὴ θεοῦ	458	σάρξ	295, 297
ὀφθαλμός	78	σκότος/φῶς	79
πάθη	297	στοιχεῖα	301
παιδευτής/παιδαγωγός	296	συμπάθεια	294
παντοκράτωρ	118, 134, 256	συναγωγή	342
παράκλησις	324	τύπος διδαχῆς	435
παρρησιάζεσθαι	225, 244	ὁ υἱὸς (τοῦ) ἀνθρώπου	169f., 430
πίστις	154, 166, 297, 455, 459	ὑπομονή	297f.
		ὕψιστος (s. a. θεός/Ζεὺς)	118, 133
πνεῦμα	297	φιλανθρωπία	129
πολιτεία/πολίτευμα	130	χάρις	166
πολιτεία τοῦ ᾽Ισραήλ	289	χρηματίζειν	344
πολιτεύεσθαι	289	Χριστιανοί	312, 345
πρεσβύτερος/οι	370, 385, 387	Χριστός (᾽Ιησοῦς)	312, 345
προκόπτειν	62		

Hebräische und aramäische Begriffe

’adôn/mareh/rab/rabbun	200	ṭābal	146
’ᵃdonaj	134, 169, 418, 430	lᵉzikkarôn	436
bar ’ᵃᵉnāšā	169	mārānā’	197, 199
bar nᵉbijjā / bar nābā	324	mr’/mrn/mrn’/mrt’	196
bāśar	146	mᵉšîḥā jᵉšua’	345
bᵉśorā’ tābā’	154, 155	qāhāl	72
biśśar	153f., 155	qᵉhal JHWH	431
ger	130	qîrî	419
hpk	127	rāṣāh	69
zᵉbûl	135	šaddaj	134
ḥāgāb / bᵉnê ḥᵃgāb(āh)	365		

Wissenschaftliche Untersuchungen zum Neuen Testament

Alphabetische Übersicht der ersten und zweiten Reihe

Anderson, Paul N.: The Christology of the Fourth Gospel. 1996. *Band II/78.*
Appold, Mark L.: The Oneness Motif in the Fourth Gospel. 1976. *Band II/1.*
Arnold, Clinton E.: The Colossian Syncretism. 1995. *Band II/77.*
Avemarie, Friedrich und *Hermann Lichtenberger* (Hrsg.): Bund und Tora. 1996. *Band 92.*
Bachmann, Michael: Sünder oder Übertreter. 1992. *Band 59.*
Baker, William R.: Personal Speech-Ethics in the Epistle of James. 1995. *Band II/68.*
Balla, Peter: Challenges to New Testament Theology. 1997. *Band II/95.*
Bammel, Ernst: Judaica. Band I 1986. *Band 37* – Band II 1997. *Band 91.*
Bash, Anthony: Ambassadors for Christ. 1997. *Band II/92.*
Bauernfeind, Otto: Kommentar und Studien zur Apostelgeschichte. 1980. *Band 22.*
Bayer, Hans Friedrich: Jesus' Predictions of Vindication and Resurrection. 1986. *Band II/20.*
Bell, Richard H.: Provoked to Jealousy. 1994. *Band II/63.*
– No One Seeks for God. 1998. *Band 106.*
Bergman, Jan: siehe *Kieffer, René*
Betz, Otto: Jesus, der Messias Israels. 1987. *Band 42.*
– Jesus, der Herr der Kirche. 1990. *Band 52.*
Beyschlag, Karlmann: Simon Magus und die christliche Gnosis. 1974. *Band 16.*
Bittner, Wolfgang J.: Jesu Zeichen im Johannesevangelium. 1987. *Band II/26.*
Bjerkelund, Carl J.: Tauta Egeneto. 1987. *Band 40.*
Blackburn, Barry Lee: Theios Anēr and the Markan Miracle Traditions. 1991. – *Band II/40.*
Bockmuehl, Markus N.A.: Revelation and Mystery in Ancient Judaism and Pauline Christianity. 1990. *Band II/36.*
Böhlig, Alexander: Gnosis und Synkretismus. Teil 1 1989. *Band 47* – Teil 2 1989. *Band 48.*
Böttrich, Christfried: Weltweisheit – Menschheitsethik – Urkult. 1992. *Band II/50.*
Bolyki, János: Jesu Tischgemeinschaften. 1997. *Band II/96.*
Büchli, Jörg: Der Poimandres – ein paganisiertes Evangelium. 1987. *Band II/27.*

Bühner, Jan A.: Der Gesandte und sein Weg im 4. Evangelium. 1977. *Band II/2.*
Burchard, Christoph: Untersuchungen zu Joseph und Aseneth. 1965. *Band 8.*
– Studien zur Theologie, Sprache und Umwelt des Neuen Testaments. Hrsg. von D. Sänger. 1998. *Band 107.*
Cancik, Hubert (Hrsg.): Markus-Philologie. 1984. *Band 33.*
Capes, David B.: Old Testament Yaweh Texts in Paul's Christology. 1992. *Band II/47.*
Caragounis, Chrys C.: The Son of Man. 1986. *Band 38.*
– siehe *Fridrichsen, Anton.*
Carleton Paget, James: The Epistle of Barnabas. 1994. *Band II/64.*
Ciampa, Roy E.: The Presence and Function of Scripture in Galatians 1 and 2. 1998. *Band II/102.*
Crump, David: Jesus the Intercessor. 1992. *Band II/49.*
Deines, Roland: Jüdische Steingefäße und pharisäische Frömmigkeit. 1993. *Band II/52.*
– Die Pharisäer. 1997. *Band 101.*
Dietzfelbinger, Christian: Der Abschied des Kommenden. 1997. *Band 95.*
Dobbeler, Axel von: Glaube als Teilhabe. 1987. *Band II/22.*
Du Toit, David S.: Theios Anthropos. 1997. *Band II/91*
Dunn, James D.G. (Hrsg.): Jews and Christians. 1992. *Band 66.*
– Paul and the Mosaic Law. 1996. *Band 89.*
Ebertz, Michael N.: Das Charisma des Gekreuzigten. 1987. *Band 45.*
Eckstein, Hans-Joachim: Der Begriff Syneidesis bei Paulus. 1983. *Band II/10.*
– Verheißung und Gesetz. 1996. *Band 86.*
Ego, Beate: Im Himmel wie auf Erden. 1989. *Band II/34.*
Eisen, Ute E.: siehe *Paulsen, Henning.*
Ellis, E. Earle: Prophecy and Hermeneutic in Early Christianity. 1978. *Band 18.*
– The Old Testament in Early Christianity. 1991. *Band 54.*
Ennulat, Andreas: Die ›Minor Agreements‹. 1994. *Band II/62.*
Ensor, Peter W.: Jesus and His ›Works‹. 1996. *Band II/85.*
Eskola, Timo: Theodicy and Predestination in Pauline Soteriology. 1998. *Band II/100.*

Feldmeier, Reinhard: Die Krisis des
  Gottessohnes. 1987. Band II/21.
– Die Christen als Fremde. 1992. Band 64.
Feldmeier, Reinhard und Ulrich Heckel
  (Hrsg.): Die Heiden. 1994. Band 70.
Fletcher-Louis, Crispin H.T.: Luke-Acts:
  Angels, Christology and Soteriology.
  1997. Band II/94.
Forbes, Christopher Brian: Prophecy
  and Inspired Speech in Early Christianity
  and its Hellenistic Environment. 1995.
  Band II/75.
Fornberg, Tord: siehe Fridrichsen, Anton.
Fossum, Jarl E.: The Name of God and
  the Angel of the Lord. 1985. Band 36.
Frenschkowski, Marco: Offenbarung
  und Epiphanie. Band 1 1995. Band II/79
– Band 2 1997. Band II/80.
Frey, Jörg: Eugen Drewermann und
  die biblische Exegese. 1995.
  Band II/71.
– Die johanneische Eschatologie. Band I.
  1997. Band 96. – Band II. 1998. Band 110.
Fridrichsen, Anton: Exegetical Writings.
  Hrsg. von C.C. Caragounis und
  T. Fornberg. 1994. Band 76.
Garlington, Don B.: ›The Obedience
  of Faith‹. 1991. Band II/38.
– Faith, Obedience, and Perseverance.
  1994. Band 79.
Garnet, Paul: Salvation and Atonement
  in the Qumran Scrolls. 1977. Band II/3.
Gese, Michael: Das Vermächtnis
  des Apostels. 1997. Band II/99.
Gräßer, Erich: Der Alte Bund im Neuen.
  1985. Band 35.
Green, Joel B.: The Death of Jesus. 1988.
  Band II/33.
Gundry Volf, Judith M.: Paul and
  Perseverance. 1990. Band II/37.
Hafemann, Scott J.: Suffering and the Spirit.
  1986. Band II/19.
– Paul, Moses, and the History of Israel.
  1995. Band 81.
Hartman, Lars: Text-Centered New
  Testament Studies. Hrsg. von
  D. Hellholm. 1997. Band 102.
Heckel, Theo K.: Der Innere Mensch. 1993.
  Band II/53.
Heckel, Ulrich: Kraft in Schwachheit. 1993.
  Band II/56.
– siehe Feldmeier, Reinhard.
– siehe Hengel, Martin.
Heiligenthal, Roman: Werke als Zeichen.
  1983. Band II/9.
Hellholm, D.: siehe Hartman, Lars.
Hemer, Colin J.: The Book of Acts
  in the Setting of Hellenistic History. 1989.
  Band 49.

Hengel, Martin: Judentum und Hellenismus.
  1969, ³1988. Band 10.
– Die johanneische Frage. 1993. Band 67.
– Judaica et Hellenistica. Band 1. 1996.
  Band 90. – Band 2. 1998. Band 109.
Hengel, Martin und Ulrich Heckel (Hrsg.):
  Paulus und das antike Judentum. 1991.
  Band 58.
Hengel, Martin und Hermut Löhr (Hrsg.):
  Schriftauslegung im antiken Judentum
  und im Urchristentum. 1994. Band 73.
Hengel, Martin und Anna Maria Schwemer:
  Paulus zwischen Damaskus und
  Antiochien. 1998. Band 108.
Hengel, Martin und Anna Maria Schwemer
  (Hrsg.): Königsherrschaft Gottes und
  himmlischer Kult. 1991. Band 55.
– Die Septuaginta. 1994. Band 72.
Herrenbrück, Fritz: Jesus und die Zöllner.
  1990. Band II/41.
Herzer, Jens: Paulus oder Petrus? 1998.
  Band 103.
Hoegen-Rohls, Christina: Der nachöster-
  liche Johannes. 1996. Band II/84.
Hofius, Otfried: Katapausis. 1970. Band 11.
– Der Vorhang vor dem Thron Gottes.
  1972. Band 14.
– Der Christushymnus Philipper 2,6–11.
  1976, ²1991. Band 17.
– Paulusstudien. 1989, ²1994. Band 51.
Hofius, Otfried und Hans-Christian
  Kammler: Johannesstudien. 1996.
  Band 88.
Holtz, Traugott: Geschichte und Theologie
  des Urchristentums. 1991. Band 57.
Hommel, Hildebrecht: Sebasmata. Band 1
  1983. Band 31 – Band 2 1984.
  Band 32.
Hvalvik, Reidar: The Struggle for Scripture
  and Covenant. 1996. Band II/82.
Kähler, Christoph: Jesu Gleichnisse
  als Poesie und Therapie. 1995. Band 78.
Kammler, Hans-Christian: siehe
  Hofius, Otfried.
Kamlah, Ehrhard: Die Form der katalogi-
  schen Paränese im Neuen Testament.
  1964. Band 7.
Kieffer, René und Jan Bergman (Hrsg.):
  La Main de Dieu / Die Hand Gottes.
  1997. Band 94.
Kim, Seyoon: The Origin of Paul's Gospel.
  1981, ²1984. Band II/4.
– »The ›Son of Man‹« as the Son of God.
  1983. Band 30.
Kleinknecht, Karl Th.: Der leidende
  Gerechtfertigte. 1984, ²1988.
  Band II/13.
Klinghardt, Matthias: Gesetz und Volk
  Gottes. 1988. Band II/32.

Köhler, Wolf-Dietrich: Rezeption - des Matthäusevangeliums in der Zeit vor Irenäus. 1987. *Band II/24.*
Korn, Manfred: Die Geschichte Jesu in veränderter Zeit. 1993. *Band II/51.*
Koskenniemi, Erkki: Apollonios von Tyana in der neutestamentlichen Exegese. 1994. *Band II/61.*
Kraus, Wolfgang: Das Volk Gottes. 1996. *Band 85.*
- siehe *Walter, Nikolaus.*
Kuhn, Karl G.: Achtzehngebet und Vaterunser und der Reim. 1950. *Band 1.*
Laansma, Jon: I Will Give You Rest. 1997. *Band II/98.*
Lampe, Peter: Die stadtrömischen Christen in den ersten beiden Jahrhunderten. 1987, ²1989. *Band II/18.*
Lau, Andrew: Manifest in Flesh. 1996. *Band II/86.*
Lichtenberger, Hermann: siehe *Avemarie, Friedrich.*
Lieu, Samuel N.C.: Manichaeism in the Later Roman Empire and Medieval China. ²1992. *Band 63.*
Loader, William R.G.: Jesus' Attitude Towards the Law. 1997. *Band II/97.*
Löhr, Gebhard: Verherrlichung Gottes durch Philosophie. 1997. *Band 97.*
Löhr, Hermut: siehe *Hengel, Martin.*
Löhr, Winrich Alfried: Basilides und seine Schule. 1995. *Band 83.*
Luomanen, Petri: Entering the Kingdom of Heaven. 1998. *Band II/101.*
Maier, Gerhard: Mensch und freier Wille. 1971. *Band 12.*
- Die Johannesoffenbarung und die Kirche. 1981. *Band 25.*
Markschies, Christoph: Valentinus Gnosticus? 1992. *Band 65.*
Marshall, Peter: Enmity in Corinth: Social Conventions in Paul's Relations with the Corinthians. 1987. *Band II/23.*
Meade, David G.: Pseudonymity and Canon. 1986. *Band 39.*
Meadors, Edward P.: Jesus the Messianic Herald of Salvation. 1995. *Band II/72.*
Meißner, Stefan: Die Heimholung des Ketzers. 1996. *Band II/87.*
Mell, Ulrich: Die »anderen« Winzer. 1994. *Band 77.*
Mengel, Berthold: Studien zum Philipperbrief. 1982. *Band II/8.*
Merkel, Helmut: Die Widersprüche zwischen den Evangelien. 1971. *Band 13.*
Merklein, Helmut: Studien zu Jesus und Paulus. Band 1 1987. *Band 43.* – Band 2 1998. *Band 105.*

Metzler, Karin: Der griechische Begriff des Verzeihens. 1991. *Band II/44.*
Metzner, Rainer: Die Rezeption des Matthäusevangeliums im 1. Petrusbrief. 1995. *Band II/74.*
Mittmann-Richert, Ulrike: Magnifikat und Benediktus. 1996. *Band II/90.*
Niebuhr, Karl-Wilhelm: Gesetz und Paränese. 1987. *Band II/28.*
- Heidenapostel aus Israel. 1992. *Band 62.*
Nissen, Andreas: Gott und der Nächste im antiken Judentum. 1974. *Band 15.*
Noormann, Rolf: Irenäus als Paulusinterpret. 1994. *Band II/66.*
Obermann, Andreas: Die christologische Erfüllung der Schrift im Johannesevangelium. 1996. *Band II/83.*
Okure, Teresa: The Johannine Approach to Mission. 1988. *Band II/31.*
Paulsen, Henning: Studien zur Literatur und Geschichte des frühen Christentums. Hrsg. von Ute E. Eisen. 1997. *Band 99.*
Park, Eung Chun: The Mission Discourse in Matthew's Interpretation. 1995. *Band II/81.*
Philonenko, Marc (Hrsg.): Le Trône de Dieu. 1993. *Band 69.*
Pilhofer, Peter: Presbyteron Kreitton. 1990. *Band II/39.*
- Philippi. Band 1 1995. *Band 87.*
Pöhlmann, Wolfgang: Der Verlorene Sohn und das Haus. 1993. *Band 68.*
Pokorný, Petr und *Josef B. Souček:* Bibelauslegung als Theologie. 1997. *Band 100.*
Prieur, Alexander: Die Verkündigung der Gottesherrschaft. 1996. *Band II/89.*
Probst, Hermann: Paulus und der Brief. 1991. *Band II/45.*
Räisänen, Heikki: Paul and the Law. 1983, ²1987. *Band 29.*
Rehkopf, Friedrich: Die lukanische Sonderquelle. 1959. *Band 5.*
Rein, Matthias: Die Heilung des Blindgeborenen (Joh 9). 1995. *Band II/73.*
Reinmuth, Eckart: Pseudo-Philo und Lukas. 1994. *Band 74.*
Reiser, Marius: Syntax und Stil des Markusevangeliums. 1984. *Band II/11.*
Richards, E. Randolph: The Secretary in the Letters of Paul. 1991. *Band II/42.*
Riesner, Rainer: Jesus als Lehrer. 1981, ³1988. *Band II/7.*
- Die Frühzeit des Apostels Paulus. 1994. *Band 71.*
Rissi, Mathias: Die Theologie des Hebräerbriefs. 1987. *Band 41.*
Röhser, Günter: Metaphorik und Personifikation der Sünde. 1987. *Band II/25.*

Wissenschaftliche Untersuchungen zum Neuen Testament

Rose, Christian: Die Wolke der Zeugen. 1994. *Band II/60*.
Rüger, Hans Peter: Die Weisheitsschrift aus der Kairoer Geniza. 1991. *Band 53*.
Sänger, Dieter: Antikes Judentum und die Mysterien. 1980. *Band II/5*.
– Die Verkündigung des Gekreuzigten und Israel. 1994. *Band 75*.
– siehe *Burchard, Chr.*
Salzmann, Jorg Christian: Lehren und Ermahnen. 1994. *Band II/59*.
Sandnes, Karl Olav: Paul – One of the Prophets? 1991. *Band II/43*.
Sato, Migaku: Q und Prophetie. 1988. *Band II/29*.
Schaper, Joachim: Eschatology in the Greek Psalter. 1995. *Band II/76*.
Schimanowski, Gottfried: Weisheit und Messias. 1985. *Band II/17*.
Schlichting, Günter: Ein jüdisches Leben Jesu. 1982. *Band 24*.
Schnabel, Eckhard J.: Law and Wisdom from Ben Sira to Paul. 1985. *Band II/16*.
Schutter, William L.: Hermeneutic and Composition in I Peter. 1989. *Band II/30*.
Schwartz, Daniel R.: Studies in the Jewish Background of Christianity. 1992. *Band 60*.
Schwemer, Anna Maria: siehe *Hengel, Martin*
Scott, James M.: Adoption as Sons of God. 1992. *Band II/48*.
– Paul and the Nations. 1995. *Band 84*.
Siegert, Folker: Drei hellenistisch-jüdische Predigten. Teil I 1980. *Band 20* – Teil II 1992. *Band 61*.
– Nag-Hammadi-Register. 1982. *Band 26*.
– Argumentation bei Paulus. 1985. *Band 34*.
– Philon von Alexandrien. 1988. *Band 46*.
Simon, Marcel: Le christianisme antique et son contexte religieux I/II. 1981. *Band 23*.
Snodgrass, Klyne: The Parable of the Wicked Tenants. 1983. *Band 27*.
Söding, Thomas: Das Wort vom Kreuz. 1997. *Band 93*.
– siehe *Thüsing, Wilhelm.*
Sommer, Urs: Die Passionsgeschichte des Markusevangeliums. 1993. *Band II/58*.
Souček, Josef B.: siehe *Pokorný, Petr.*
Spangenberg, Volker: Herrlichkeit des Neuen Bundes. 1993. *Band II/55*.

Speyer, Wolfgang: Frühes Christentum im antiken Strahlungsfeld. 1989. *Band 50*.
Stadelmann, Helge: Ben Sira als Schriftgelehrter. 1980. *Band II/6*.
Strobel, August: Die Stunde der Wahrheit. 1980. *Band 21*.
Stuckenbruck, Loren T.: Angel Veneration and Christology. 1995. *Band II/70*.
Stuhlmacher, Peter (Hrsg.): Das Evangelium und die Evangelien. 1983. *Band 28*.
Sung, Chong-Hyon: Vergebung der Sünden. 1993. *Band II/57*.
Tajra, Harry W.: The Trial of St. Paul. 1989. *Band II/35*.
– The Martyrdom of St.Paul. 1994. *Band II/67*.
Theißen, Gerd: Studien zur Soziologie des Urchristentums. 1979, [3]1989. *Band 19*.
Thornton, Claus-Jürgen: Der Zeuge des Zeugen. 1991. *Band 56*.
Thüsing, Wilhelm: Studien zur neutestamentlichen Theologie. Hrsg. von Thomas Söding. 1995. *Band 82*.
Tsuji, Manabu: Glaube zwischen Vollkommenheit und Verweltlichung. 1997. *Band II/93*.
Twelftree, Graham H.: Jesus the Exorcist. 1993. *Band II/54*.
Visotzky, Burton L.: Fathers of the World. 1995. *Band 80*.
Wagener, Ulrike: Die Ordnung des »Hauses Gottes«. 1994. *Band II/65*.
Walter, Nikolaus: Praeparatio Evangelica. Hrsg. von Wolfgang Kraus und Florian Wilk. 1997. *Band 98*.
Wander, Bernd: Gottesfürchtige und Sympathisanten. 1998. *Band 104*.
Watts, Rikki: Isaiah's New Exodus and Mark. 1997. *Band II/88*.
Wedderburn, A.J.M.: Baptism and Resurrection. 1987. *Band 44*.
Wegner, Uwe: Der Hauptmann von Kafarnaum. 1985. *Band II/14*.
Welck, Christian: Erzählte ›Zeichen‹. 1994. *Band II/69*.
Wilk, Florian: siehe *Walter, Nikolaus.*
Wilson, Walter T.: Love without Pretense. 1991. *Band II/46*.
Zimmermann, Alfred E.: Die urchristlichen Lehrer. 1984, [2]1988. *Band II/12*.

Einen Gesamtkatalog erhalten Sie gerne vom Verlag
Mohr Siebeck · Postfach 2040 · D–72010 Tübingen.
Neueste Informationen im Internet: http://www.mohr.de